# VISTAS

## INTRODUCCIÓN A LA LENGUA ESPAÑOLA

### FOURTH EDITION

**José A. Blanco**

**Philip Redwine Donley, Late**
Austin Community College

**VISTA®**
HIGHER LEARNING

Boston, Massachusetts

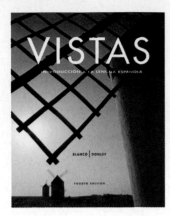

The **VISTAS, Fourth Edition** cover features the work of award winning photographer, Jean-Dominique Dallet. Famous for its beloved literary hero, Don Quijote, the landscape depicted here from the **Castilla La Mancha** region of Spain, is one of the many locations in the Spanish-speaking world that you will learn about in **VISTAS**.

**Publisher:** José A. Blanco
**Executive Editors:** Deborah Coffey, María Eugenia Corbo
**Managing Editor:** Paola Ríos Schaaf (Technology)
**Editors:** Darío González (Technology), Lauren Krolick, Adriana Lavergne
**Production and Design Director:** Marta Kimball
**Design Manager:** Susan Prentiss
**Design and Production Team:** María Eugenia Castaño, Oscar Díez, Mauricio Henao, Jhoany Jiménez, Andrés F. Vanegas García, Nick Ventullo

Student Text ISBN: 978-1-60576-881-6
Instructor's Annotated Edition ISBN: 978-1-60576-888-5

Library of Congress Control Number: 2010934550

12 13 14 15 16 17 WC 20 19 18 17 16

# TO THE STUDENT

To Vista Higher Learning's great pride, **VISTAS** became the best-selling new introductory college Spanish program in more than a decade in its first edition, and its success has only grown over time. It is now our pleasure to welcome you to **VISTAS, Fourth Edition**, your gateway to the Spanish language and to the vibrant cultures of the Spanish-speaking world.

A direct result of extensive reviews and ongoing input from students and instructors, **VISTAS 4/e** includes both the highly successful, ground-breaking features of the original program, plus many exciting new elements designed to keep **VISTAS** the most student-friendly program available. Here are just some of the features you will encounter:

## Original, hallmark features

- A unique, easy-to-navigate design built around color-coded sections that appear either completely on one page or on spreads of two facing pages
- Integration of an appealing video, up-front in each lesson of the student text
- Practical, high-frequency vocabulary in meaningful contexts
- Clear, comprehensive grammar explanations with high-impact graphics and other special features that make structures easier to learn and use
- Ample guided practice to make you comfortable with the vocabulary and grammar you are learning and to give you a solid foundation for communication
- An emphasis on communicative interactions with a classmate, small groups, the full class, and your instructor
- A process approach to the development of reading, writing, and listening skills
- Coverage of the entire Spanish-speaking world and integration of everyday culture
- Unprecedented learning support through on-the-spot student sidebars and on-page correlations to the print and technology ancillaries for each lesson section
- A complete set of print and technology ancillaries to help you learn Spanish

## NEW! to the Fourth Edition

- A dynamic new **Fotonovela** video that presents language and culture in an engaging context
- In-text integration of the enormously successful **Flash cultura**
- An improved **En pantalla** section, featuring new TV clips as well as authentic short films
- **vText**, an online virtual interactive student edition
- New content and features on the **VISTAS** Supersite, including flashcards with audio, more grammar diagnostics, audio record-submit activities, a powerful bilingual dictionary, and much more, all designed to help you learn

**VISTAS 4/e** has eighteen lessons, each of which is organized exactly the same way. To familiarize yourself with the organization of the text, as well as its original and new features, turn to page xiv and take the **at-a-glance** tour.

# table of contents

| | contextos | fotonovela |
|---|---|---|

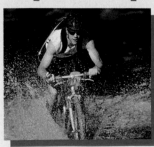

| cultura | estructura | adelante |
|---|---|---|

**En detalle:** Saludos y besos en los países hispanos...... 10
**Perfil:** La plaza principal .......11

**1.1** Nouns and articles ...... 12
**1.2** Numbers 0–30 .......... 16
**1.3** Present tense of **ser** ..... 19
**1.4** Telling time ........... 24
**Recapitulación** ............. 28

**Lectura:** Tira cómica de Quino .. 30
**Escritura** ................... 32
**Escuchar** .................. 33
**En pantalla** ............... 34
**Flash cultura** ...............35
**Panorama:** Estados Unidos y Canadá ................ 36

---

**En detalle:** La elección de una carrera universitaria ....... 48
**Perfil:** La Universidad de Salamanca ............... 49

**2.1** Present tense of **-ar** verbs ............. 50
**2.2** Forming questions in Spanish ............. 55
**2.3** Present tense of **estar** .... 59
**2.4** Numbers 31 and higher .. 63
**Recapitulación** ............. 66

**Lectura:** *¡Español en Madrid!*.. 68
**Escritura** ................... 70
**Escuchar** .................. 71
**En pantalla** ............... 72
**Flash cultura** ............... 73
**Panorama:** España ........... 74

---

**En detalle:** ¿Cómo te llamas?.. 86
**Perfil:** La familia real española ................. 87

**3.1** Descriptive adjectives ... 88
**3.2** Possessive adjectives .... 93
**3.3** Present tense of **-er** and **-ir** verbs ........ 96
**3.4** Present tense of **tener** and **venir** ............ 100
**Recapitulación** ............. 104

**Lectura:** *Gente... Las familias*.. 106
**Escritura** ................... 108
**Escuchar** .................. 109
**En pantalla** ...............110
**Flash cultura** ...............111
**Panorama:** Ecuador ..........112

---

**En detalle:** Real Madrid y Barça: rivalidad total ...... 124
**Perfiles:** Lionel Messi y Lorena Ochoa ............ 125

**4.1** Present tense of **ir** ..... 126
**4.2** Stem-changing verbs: e→ie, o→ue ......... 129
**4.3** Stem-changing verbs: e→i ........... 133
**4.4** Verbs with irregular **yo** forms............. 136
**Recapitulación** ............. 140

**Lectura:** *No sólo el fútbol* .... 142
**Escritura** ................... 144
**Escuchar** .................. 145
**En pantalla** ............... 146
**Flash cultura** .............. 147
**Panorama:** México .......... 148

# table of contents

| | contextos | fotonovela |
|---|---|---|

| cultura | estructura | adelante |
|---|---|---|

# table of contents

| | contextos | fotonovela |
|---|---|---|

| cultura | estructura | adelante |
|---------|-----------|----------|

# table of contents

| | contextos | fotonovela |
|---|---|---|

## cultura

## estructura

## adelante

# table of contents

|  | contextos | fotonovela |
|---|---|---|

## Consulta (*Reference*)

## cultura

## estructura

## adelante

## Lesson Openers
## outline the content and features of each lesson.

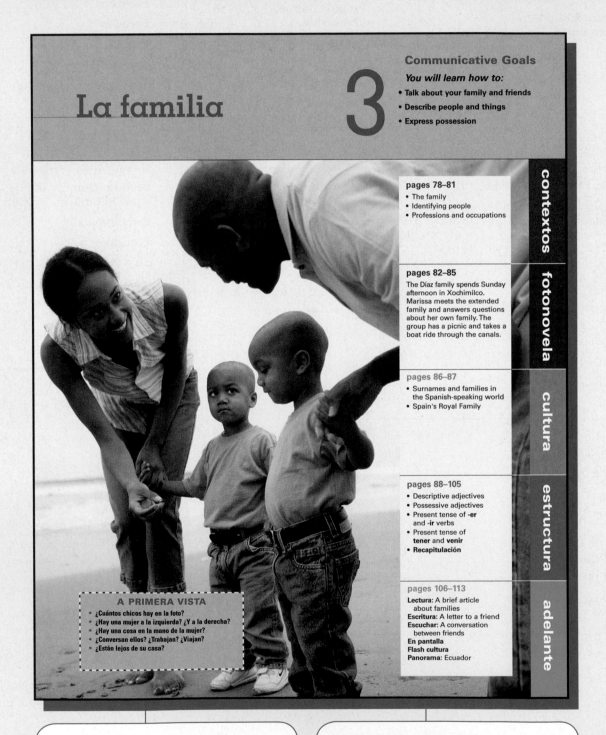

**La familia**

3

**Communicative Goals**

*You will learn how to:*
- Talk about your family and friends
- Describe people and things
- Express possession

**pages 78–81**
- The family
- Identifying people
- Professions and occupations

*contextos*

**pages 82–85**

The Díaz family spends Sunday afternoon in Xochimilco. Marissa meets the extended family and answers questions about her own family. The group has a picnic and takes a boat ride through the canals.

*fotonovela*

**pages 86–87**
- Surnames and families in the Spanish-speaking world
- Spain's Royal Family

*cultura*

**pages 88–105**
- Descriptive adjectives
- Possessive adjectives
- Present tense of **-er** and **-ir** verbs
- Present tense of **tener** and **venir**
- **Recapitulación**

*estructura*

**pages 106–113**

**Lectura:** A brief article about families
**Escritura:** A letter to a friend
**Escuchar:** A conversation between friends
**En pantalla**
**Flash cultura**
**Panorama:** Ecuador

*adelante*

**A PRIMERA VISTA**
- ¿Cuántos chicos hay en la foto?
- ¿Hay una mujer a la izquierda? ¿Y a la derecha?
- ¿Hay una cosa en la mano de la mujer?
- ¿Conversan ellos? ¿Trabajan? ¿Viajan?
- ¿Están lejos de su casa?

**A primera vista** activities jump-start the lessons, allowing you to use the Spanish you know to talk about the photos.

**Communicative goals** highlight the real-life tasks you will be able to carry out in Spanish by the end of each lesson.

# Contextos
# presents vocabulary in meaningful contexts.

---

**Más vocabulario** boxes call out other important theme-related vocabulary in easy-to-reference Spanish-English lists.

**Illustrations** High-frequency vocabulary is introduced through expansive, full-color illustrations.

**Práctica** This section always begins with two listening exercises and continues with activities that practice the new vocabulary in meaningful contexts.

**Variación léxica** presents alternate words and expressions used throughout the Spanish-speaking world.

**Recursos** The icons in the **Recursos** boxes let you know exactly which print and technology ancillaries you can use to reinforce and expand on every section of every lesson.

**Comunicación** activities allow you to use the vocabulary creatively in interactions with a partner, a small group, or the entire class.

# VISTAS at-a-glance

## Fotonovela
### follows the adventures of a group of students living and traveling in Mexico.

**Personajes** The photo-based conversations take place among a cast of recurring characters—a Mexican family with two college-age children, and their group of friends.

**Fotonovela Video** Updated for the Fourth Edition, the **NEW!** video episodes that correspond to this section are available for viewing online. For more information on the **Fotonovela** Video, turn to page xxviii.

**Conversations** Taken from the **NEW! Fotonovela** Video, the conversations reinforce vocabulary from **Contextos**. They also preview structures from the upcoming **Estructura** section in context *and* in a comprehensible way.

**Icons** signal activities by type (pair, group, audio, info gap) and let you know which activities can be completed online. For a legend explaining all icons used in the student text, see page xxxi.

**Expresiones útiles** These expressions organize new, active structures by language function so you can focus on using them for real-life, practical purposes.

# Pronunciación & Ortografía
## present the rules of Spanish pronunciation and spelling.

**Pronunciación** explains the sounds and pronunciation of Spanish in Lessons 1–9.

**Supersite icon** An icon indicates which additional resources are available on the **VISTAS** Supersite (**vistas.vhlcentral.com**). For more information, see page xxvii.

**Ortografía** focuses on topics related to Spanish spelling in Lessons 10–18.

# VISTAS at-a-glance

## Cultura
## exposes you to different aspects
## of Hispanic culture tied to the lesson theme.

**En detalle & Perfil(es)** Two articles on the lesson theme focus on a specific place, custom, person, group, or tradition in the Spanish-speaking world. In Spanish starting in Lesson 7, these features also provide reading practice.

**Activities** check your understanding of the material and lead you to further exploration. A mouse icon indicates that activities are available on the **VISTAS** Supersite (**vistas.vhlcentral.com**).

**Así se dice & El mundo hispano** Lexical and comparative features expand cultural coverage to people, traditions, customs, trends, and vocabulary throughout the Spanish-speaking world.

**Coverage** While the **Panorama** section takes a regional approach to cultural coverage, **Cultura** is theme-driven, covering several Spanish-speaking regions in every lesson.

**Conexión Internet** A mouse icon leads you to research a topic related to the lesson theme on the **VISTAS** Supersite (**vistas.vhlcentral.com**).

# Estructura
## presents Spanish grammar in a graphic-intensive format.

**Ante todo** This introduction eases you into the grammar with definitions of grammatical terms, reminders about what you already know of English grammar, and Spanish grammar you have learned in earlier lessons.

**Compare & Contrast** This feature focuses on aspects of grammar that native speakers of English may find difficult, clarifying similarities and differences between Spanish and English.

**Diagrams** To clarify concepts, clear and easy-to-grasp grammar explanations are reinforced by diagrams that colorfully present sample words, phrases, and sentences.

**Charts** To help you learn, colorful, easy-to-use charts call out key grammatical structures and forms, as well as important related vocabulary.

**Student sidebars** provide you with on-the-spot linguistic, cultural, or language-learning information directly related to the materials in front of you.

**¡Inténtalo!** offers an easy first step into each grammar point. A mouse icon indicates these activities are available with auto-grading on the **VISTAS** Supersite (vistas.vhlcentral.com).

# VISTAS at-a-glance

## Estructura
## provides directed and communicative practice.

### Práctica **A wide range of guided, yet meaningful exercises weave current and previously learned vocabulary together with the current grammar point.**

### Comunicación **Opportunities for creative expression use the lesson's grammar and vocabulary. These activities take place with a partner, in small groups, or with the whole class.**

### Síntesis **activities integrate the current grammar point with previously learned points, providing built-in, consistent review and recycling as you progress through the text.**

### Information Gap activities **engage you and a partner in problem-solving and other situations based on handouts your instructor gives you. However, you and your partner each have only half of the information you need, so you must work together to accomplish the task at hand.**

### Sidebars **The Notas culturales expand coverage of the cultures of Spanish-speaking peoples and countries, while Ayuda sidebars provide on-the-spot language support.**

### NEW! Additional activities **New to the Fourth Edition, the Activity Pack provides additional communicative and discrete practice for every grammar point. Your instructor will distribute these handouts for review and extra practice.**

# Estructura
## *Recapitulación* reviews the grammar of each lesson and provides a short quiz, available with auto-grading on the Supersite.

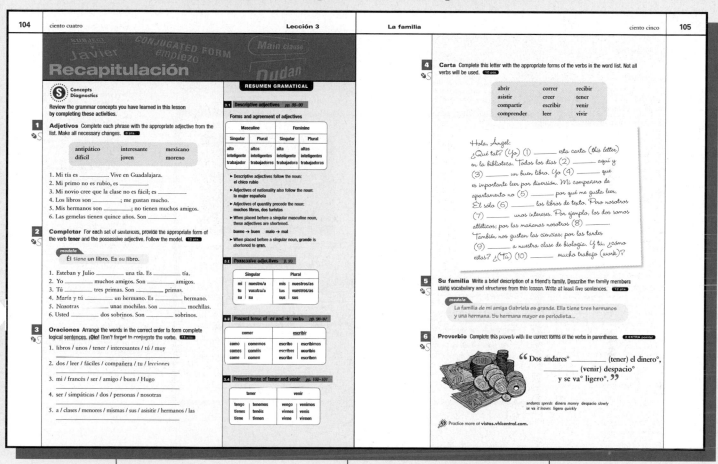

**Resumen gramatical** This review panel provides you with an easy-to-study summary of the basic concepts of the lesson's grammar, with page references to the full explanations.

**Activities** A series of activities, moving from directed to open-ended, systematically test your mastery of the lesson's grammar. The section ends with a riddle or puzzle using the grammar from the lesson.

**Points** Each activity is assigned a point value to help you track your progress. All **Recapitulación** sections add up to ⸻ points, plus two additional points for ⸻ ssfully completing the bonus activity.

**Supersite icon** An icon lets you know that **Recapitulación** can be completed online with diagnostics to help you identify where you are strong or where you might need review.

**NEW! Extra practice** An icon indicates when there is extra practice available online. In this case, after you finish **Recapitulación**, you can complete a set of follow-up activities to compare your results!

# VISTAS at-a-glance

## Adelante
## *Lectura* develops reading skills in the context of the lesson theme.

### Lectura

**Antes de leer**

**Estrategia**
**Identifying point of view**

You can understand a narrative more completely if you identify the point of view of the narrator. You can do this by simply asking yourself from whose perspective the story is being told. Some stories are narrated in the first person. That is, the narrator is a character in the story, and everything you read is filtered through that person's thoughts, emotions, and opinions. Other stories have an omniscient narrator who is not one of the story's characters and who reports the thoughts and actions of all the characters.

**Examinar el texto**
Lee brevemente este cuento escrito por Marco Denevi. ¿Crees que se narra en primera persona o tiene un narrador omnisciente? ¿Cómo lo sabes?

**Punto de vista**
Éstos son fragmentos de *Esquina peligrosa* en los que se cambió el punto de vista° a primera persona. Completa la oración de manera lógica.

1. Le _____ a mi chofer que me condujese hasta aquel barrio...
2. Al doblar la esquina _____ el almacén, el mismo viejo y sombrío almacén donde _____ había trabajado como dependiente...
3. El recuerdo de _____ niñez me puso nostálgico. Se _____ humedecieron los ojos.
4. Yo _____ la canasta de mimbre, _____ llenándola con paquetes [...] y _____ a hacer el reparto.

punto de vista *point of view*

Practice more at **vistas.vhlcentral.com**.

Marco Denevi (1922–1998) fue un escritor y dramaturgo argentino. Estudió derecho y más tarde se convirtió en escritor. Algunas de sus obras, como *Rosaura a las diez*, han sido° llevadas al cine. Denevi se caracteriza por su gran creatividad e ingenio, que jamás dejan de sorprender al lector°.

### Esquina peligrosa

*Marco Denevi*

El señor Epidídimus, el magnate de las finanzas°, uno de los hombres más ricos del mundo, sintió un día el vehemente deseo de visitar el barrio donde había vivido cuando era niño y trabajaba como dependiente de almacén.

Le ordenó a su chofer que lo condujese hasta aquel barrio humilde° y remoto. Pero el barrio estaba tan cambiado que el señor Epidídimus no lo reconoció. En lugar de calles de tierra había bulevares asfaltados°, y las míseras casitas de antaño° habían sido reemplazadas por torres de departamentos°.

Al doblar una esquina vio el almacén, el mismo viejo y sombrío° almacén donde él había trabajado como dependiente cuando tenía doce años.

—Deténgase aquí—le dijo al chofer. Descendió del automóvil y entró en el almacén. Todo se conservaba igual que en la época de su infancia: las estanterías, la anticuada caja registradora°, la balanza de pesas° y, alrededor, el mudo asedio° de la mercadería.

El señor Epidídimus percibió el mismo olor de sesenta años atrás: un olor picante y agridulce a jabón

amarillo, a aserrín° húmedo, a vinagre, a aceitunas, a acaroína°. El recuerdo de su niñez lo puso nostálgico. Se le humedecieron los ojos. Le pareció que retrocedía en el tiempo.

Desde la penumbra del fondo° le llegó la voz ruda del patrón:

—¿Estas son horas de venir? Te quedaste dormido, como siempre.

El señor Epidídimus tomó la canasta de mimbre, fue llenándola con paquetes de azúcar, de yerba y de fideos, y salió a hacer el reparto°.

La noche anterior había llovido y las calles de tierra estaban convertidas en un lodazal°.

(1974)

© Denevi, Marco, Cartas peligrosas y otros cuentos. Obras Completas, Tomo 5, Buenos Aires, Corregidor, L999, págs. L92–L93.

**Glossary:** han sido *have been*   lector *reader*   finanzas *finance*   humilde *humble, modest*   asfaltados *paved with asphalt*   antaño *yesteryear*   torres de departamentos *apartment buildings*   sombrío *somber*   anticuada caja registradora *old-fashioned cash register*   balanza de pesas *scale*   mudo asedio *silent siege*   aserrín *sawdust*   acaroína *pesticide*   penumbra del fondo *half-light from the back*   reparto *delivery*   lodazal *bog*

### Después de leer

**Comprensión** 🖉S
Indica si las oraciones son **ciertas** o **falsas**. Corrige las falsas.

Cierto   Falso

1. El señor Epidídimus tiene una tienda con la que gana poco dinero.
2. Epidídimus vivía en un barrio humilde cuando era pequeño.
3. Epidídimus le ordenó al chofer que lo llevara a un barrio de gente con poco dinero.
4. Cuando Epidídimus entró al almacén se acordó de experiencias pasadas.
5. Epidídimus les dio órdenes a los empleados del almacén.

**Interpretación**
Responde a estas preguntas con oraciones completas.

1. ¿Es rico o pobre Epidídimus? ¿Cómo lo sabes?
2. ¿Por qué Epidídimus va al almacén?
3. ¿De quién es la voz "ruda" que Epidídimus escucha? ¿Qué orden crees que le dio a Epidídimus?
4. ¿Qué hace Epidídimus al final?

**Coméntalo**
En parejas, hablen de sus impresiones y conclusiones. Tomen como guía estas preguntas.

- ¿Te sorprendió el final de este cuento? ¿Por qué?
- ¿Qué va a hacer Epidídimus el resto del día?
- ¿Crees que Epidídimus niño estaba soñando o Epidídimus adulto estaba recordando?
- ¿Por qué crees que el cuento se llama *Esquina peligrosa*?

---

**Antes de leer** Valuable reading strategies and pre-reading activities strengthen your reading abilities in Spanish.

**Readings** Selections related to the lesson theme recycle vocabulary and grammar you have learned. The selections in Lessons 1–12 are cultural texts, while those in Lessons 13–18 are literary pieces.

**Después de leer** Activities include post-reading exercises that review and check your comprehension of the reading as well as expansion activities.

**NEW! Selections** Three readings are new to this edition. Lessons 1 and 11 now offer authentic comics by Quino and Tute, while lesson 14 now has a short story by Marco Denevi.

# Adelante

## *Escritura* develops writing skills while *Escuchar* practices listening skills in the context of the lesson theme.

**Estrategia** Strategies help you prepare for the writing and listening tasks to come.

**Escuchar** A recorded conversation or narration develops your listening skills in Spanish. **Preparación** prepares you for listening to the recorded passage.

**Escritura** The **Tema** describes the writing topic and includes suggestions for approaching it.

**Ahora escucha** walks you through the passage, and **Comprensión** checks your listening comprehension.

# VISTAS at-a-glance

## Adelante
### *En pantalla* and *Flash cultura* present additional video tied to the lesson theme.

**En pantalla**

In the Spanish-speaking world, grandparents play an important role in the nuclear family structure. Even in the U.S., where retirement communities and nursing homes abound, in Latino families it is often expected that members of the older generation will live with their adult children and grandchildren. This living situation usually brings benefits—financial, emotional, and logistical—that improve the quality of life for everyone involved, and it facilitates the passing on of family history and culture.

**Vocabulario útil**

| | |
|---|---|
| la canción | song |
| cocinar | to cook |
| el espíritu | spirit |
| los frijoles | beans |
| la lágrima | tear |
| el milagro | miracle |
| romántico/a | romantic |
| se aparece en | appears in |
| supersticioso/a | superstitious |

**Preparación**
Have you or anyone in your family ever experienced a situation that seemed supernatural? What happened?

**Preguntas**
Choose the correct answer for each question.
1. ¿Qué hace (*is she doing*) la abuela?
   a. Prepara tortillas.  b. Come tortillas.
2. ¿Quién escucha una canción?
   a. la abuela  b. el nieto
3. ¿Quién se aparece en la tortilla?
   a. el nieto  b. el abuelo
4. ¿Qué tiene el nieto?
   a. sed  b. hambre

**Los personajes**
Choose one of the characters and write a description of him or her. Use as many adjectives as you can and mention the person's likes and dislikes. Be creative! Then, in pairs, read your description to a partner.

*¿me llamaste? you called me?*

**Tears & Tortillas**

Ay, Carlos. Nuestra canción.

¡Beto!... ¡Beto!...

Abuelita... ¿me llamaste?°

*Tears & Tortillas forms part of a growing U.S. market for Latino cinema. Director Xóchitl Dorsey's narrative and documentary films have appeared on Showtime and PBS, as well as in various film festivals.*

**S** Video: Short Film

Practice more at **vistas.vhlcentral.com**.

**Flash CULTURA**

If a Spanish-speaking friend told you he was going to a **reunión familiar**, what type of event would you picture? Most likely, your friend would not be referring to an annual event reuniting family members from far-flung cities. In Hispanic culture, family gatherings are much more frequent and relaxed, and thus do not require intensive planning or juggling of schedules. Some families gather every Sunday afternoon to enjoy a leisurely meal; others may prefer to hold get-togethers on a Saturday evening, with food, music, and dancing. In any case, gatherings tend to be laid-back events in which family members spend hours chatting, sharing stories, and telling jokes.

**Vocabulario útil**

| | |
|---|---|
| el Día de la Madre | Mother's Day |
| estamos celebrando | we are celebrating |
| familia grande y feliz | a big, happy family |
| familia numerosa | a large family |
| hacer (algo) juntos | to do (something) together |
| el patio interior | courtyard |
| pelear | to fight |
| reuniones familiares | family gatherings, reunions |

**Preparación**
What is a "typical family" like where you live? Is there such a thing? What members of a family usually live together?

**Completar**
Complete this paragraph with the correct options.
Los Valdivieso y los Bolaños son dos ejemplos de familias en Ecuador. Los Valdivieso son una familia (1) _____ (difícil/numerosa). Viven en una casa (2) _____ (grande/buena). En el patio, hacen (*they do*) muchas reuniones (3) _____ (familiares/con amigos). Los Bolaños son una familia pequeña. Ellos comen (4) _____ (separados/juntos) y preparan canelazo, una bebida (*drink*) típica ecuatoriana.

*tan so*

**La familia**

—Érica, ¿y cómo se llaman tus padres?
—Mi mamá, Lorena y mi papá, Miguel.

¡Qué familia tan° grande tiene!

Te presento a la familia Bolaños.

**S** Video: Flash cultura

Practice more at **vistas.vhlcentral.com**.

**recursos**
VM pp. 205-206 · vistas.vhlcentral.com Lección 3

---

**En pantalla** TV clips, many **NEW!** to this edition, give you additional exposure to authentic language. The clips include commercials, newscasts, short films, and TV shows that feature the language, vocabulary, and theme of the lesson.

**Presentation** Cultural notes, video stills with captions, and vocabulary support all prepare you to view the clips. Activities check your comprehension and expand on the ideas presented.

**NEW! Cortometraje** The **En pantalla** sections for lessons 3, 15, and 16 now feature authentic short films from the U.S., Mexico, and Spain. Pre-and post-viewing support is increased in lessons 15 and 16.

**Supersite icon** Icons lead you to the Supersite (**vistas.vhlcentral.com**), where you can view the videos and get further practice.

**Flash cultura** An icon lets you know that the enormously successful **Flash cultura** Video offers specially-shot content tied to the lesson theme.

**NEW! Activities** Due to the overwhelming popularity of the **Flash cultura** Video, previewing support and comprehension activities are now integrated into the student text. To learn more about the video, turn to page xxx.

# Panorama
## presents the nations of the Spanish-speaking world.

**El país en cifras** presents interesting key facts about the featured country.

**Maps** point out major cities, rivers, and geographical features and situate the country in the context of its immediate surroundings and the world.

**Readings** A series of brief paragraphs explores facets of the country's culture such as history, places, fine arts, literature, and aspects of everyday life.

**¡Increíble pero cierto!** highlights an intriguing fact about the country or its people.

**Conexión Internet** offers Internet activities on the **VISTAS** Supersite (**vistas.vhlcentral.com**) for additional avenues of discovery.

***Panorama cultural* Video** This video's authentic footage takes you to the featured Spanish-speaking country, letting you experience the sights and sounds of an aspect of its culture. To learn more about the video, turn to page xxx.

# VISTAS at-a-glance

## Vocabulario
## summarizes all the active vocabulary of the lesson.

| 3 | vocabulario | 114 | ciento catorce |

### La familia

| | |
|---|---|
| el/la abuelo/a | grandfather/grandmother |
| los abuelos | grandparents |
| el apellido | last name; surname |
| el/la bisabuelo/a | great-grandfather/great-grandmother |
| el/la cuñado/a | brother-in-law/sister-in-law |
| el/la esposo/a | husband; wife; spouse |
| la familia | family |
| el/la gemelo/a | twin |
| el/la hermanastro/a | stepbrother/stepsister |
| el/la hermano/a | brother/sister |
| el/la hijastro/a | stepson/stepdaughter |
| el/la hijo/a | son/daughter |
| los hijos | children |
| la madrastra | stepmother |
| la madre | mother |
| el/la medio/a hermano/a | half-brother/half-sister |
| el/la nieto/a | grandson/granddaughter |
| la nuera | daughter-in-law |
| el padrastro | stepfather |
| el padre | father |
| los padres | parents |
| los parientes | relatives |
| el/la primo/a | cousin |
| el/la sobrino/a | nephew/niece |
| el/la suegro/a | father-in-law/mother-in-law |
| el/la tío/a | uncle/aunt |
| el yerno | son-in-law |

### Otras personas

| | |
|---|---|
| el/la amigo/a | friend |
| la gente | people |
| el/la muchacho/a | boy/girl |
| el/la niño/a | child |
| el/la novio/a | boyfriend/girlfriend |
| la persona | person |

### Profesiones

| | |
|---|---|
| el/la artista | artist |
| el/la doctor(a), el/la médico/a | doctor; physician |
| el/la ingeniero/a | engineer |
| el/la periodista | journalist |
| el/la programador(a) | computer programmer |

### Adjetivos

| | |
|---|---|
| alto/a | tall |
| antipático/a | unpleasant |
| bajo/a | short (in height) |
| bonito/a | pretty |
| buen, bueno/a | good |
| delgado/a | thin; slender |
| difícil | difficult; hard |
| fácil | easy |
| feo/a | ugly |
| gordo/a | fat |
| gran, grande | big; large |
| guapo/a | handsome; good-looking |
| importante | important |
| inteligente | intelligent |
| interesante | interesting |
| joven (sing.), jóvenes (pl.) | young |
| mal, malo/a | bad |
| mismo/a | same |
| moreno/a | brunet(te) |
| mucho/a | much; many; a lot of |
| pelirrojo/a | red-haired |
| pequeño/a | small |
| rubio/a | blond(e) |
| simpático/a | nice; likeable |
| tonto/a | silly; foolish |
| trabajador(a) | hard-working |
| viejo/a | old |

### Nacionalidades

| | |
|---|---|
| alemán, alemana | German |
| argentino/a | Argentine |
| canadiense | Canadian |
| chino/a | Chinese |
| costarricense | Costa Rican |
| cubano/a | Cuban |
| ecuatoriano/a | Ecuadorian |
| español(a) | Spanish |
| estadounidense | from the U.S. |
| francés, francesa | French |
| inglés, inglesa | English |
| italiano/a | Italian |
| japonés, japonesa | Japanese |
| mexicano/a | Mexican |
| norteamericano/a | (North) American |
| puertorriqueño/a | Puerto Rican |
| ruso/a | Russian |

### Verbos

| | |
|---|---|
| abrir | to open |
| aprender (a + inf.) | to learn |
| asistir (a) | to attend |
| beber | to drink |
| comer | to eat |
| compartir | to share |
| comprender | to understand |
| correr | to run |
| creer (en) | to believe (in) |
| deber (+ inf.) | should; must; ought to |
| decidir (+ inf.) | to decide |
| describir | to describe |
| escribir | to write |
| leer | to read |
| recibir | to receive |
| tener | to have |
| venir | to come |
| vivir | to live |

| | |
|---|---|
| Possessive adjectives | See page 93. |
| Expressions with tener | See page 101. |
| Expresiones útiles | See page 83. |

Audio: Vocabulary

recursos

LM p. 18 | vistas.vhlcentral.com Lección 3

**Recorded vocabulary** The headset icon, the Supersite icon, and **Recursos** boxes highlight that the active lesson vocabulary is recorded for convenient study on the **VISTAS** Supersite (vistas.vhlcentral.com).

# Supersite

The **VISTAS** Supersite provides a wealth of resources for both students and instructors. Icons indicate exactly which resources are available on the Supersite for each strand of every lesson.

## For Students

Student resources, available through a Supersite code, are provided free-of-charge with the purchase of a new student text. Here is an example of what you will find at **vhlcentral.com:**

- Activities from the student text, with auto-grading
- Additional practice for each and every textbook section

  *Practice more at* **vhlcentral.com.**
- Record and submit oral assessment activities
- Four video programs—**Fotonovela, Flash cultura, En pantalla,** and **Panorama cultural**—in streaming video
- MP3 files for the complete **VISTAS** Textbook, Lab, and Testing Programs
- **NEW!** Flashcards with audio
- Voice Boards

## For Instructors

Instructors have access to the entire student site, as well as these key resources:

- The entire instructor ancillary package, in downloadable and printable formats
- A robust course management system
- Voice Board capabilities for you to create additional activities
- And much, much more…

# Supersiteplus

In addition to the resources already listed, Supersite Plus offers:

- **WebSAM** The online, interactive Student Activities Manual includes audio record and submit activities, auto-grading for select activities, and a single gradebook for Supersite and WebSAM activities.
- **Wimba Pronto** Extend communication beyond the classroom with this powerful tool that features synchronous chat, online tutoring, online office hour capabilities, and more.
- **vText** Students have everything they need at the click of a mouse: textbook, practice activities, audio, video, and all Supersite resources. Plus, the instructor gradebook links assignments and grades to the **vText**.

## *FOTONOVELA* VIDEO PROGRAM

### The cast NEW!

Here are the main characters you will meet in the **Fotonovela** Video:

**From Mexico,**
**Jimena Díaz Velázquez**

**From Argentina,**
**Juan Carlos Rossi**

**From Mexico,**
**Felipe Díaz Velázquez**

**From the U.S.,**
**Marissa Wagner**

**From Mexico,**
**María Eugenia (Maru)**
**Castaño Ricaurte**

**From Spain,**
**Miguel Ángel**
**Lagasca Martínez**

Brand-new and fully integrated with your text, the **VISTAS 4/e Fotonovela** Video is a dynamic and contemporary window into the Spanish language. The new video centers around the Díaz family, whose household includes two college-aged children and a visiting student from the U.S. Over the course of an academic year, Jimena, Felipe, Marissa, and their friends explore **el D.F.** and other parts of Mexico as they make plans for their futures. Their adventures take them through some of the greatest natural and cultural treasures of the Spanish-speaking world, as well as the highs and lows of everyday life.

The **Fotonovela** section in each textbook lesson is actually an abbreviated version of the dramatic episode featured in the video. Therefore, each **Fotonovela** section can be done before you see the corresponding video episode, after it, or as a section that stands alone.

In each dramatic segment, the characters interact using the vocabulary and grammar you are studying. As the storyline unfolds, the episodes combine new vocabulary and grammar with previously taught language, exposing you to a variety of authentic accents along the way. At the end of each episode, the **Resumen** section highlights the grammar and vocabulary you are studying.

We hope you find the new **Fotonovela** Video to be an engaging and useful tool for learning Spanish!

### EN PANTALLA
### VIDEO PROGRAM

The **VISTAS** Supersite features an authentic video clip for each lesson. Clip formats include commercials, news stories, and even short films. These clips, many **NEW!** to the Fourth Edition, have been carefully chosen to be comprehensible for students learning Spanish, and are accompanied by activities and vocabulary lists to facilitate understanding. More importantly, though, these clips are a fun and motivating way to improve your Spanish!

Here are the countries represented in each lesson in **En pantalla:**

| | | |
|---|---|---|
| Lesson 1 U.S. | Lesson 7 Argentina | Lesson 13 Argentina |
| Lesson 2 Chile | Lesson 8 Peru | Lesson 14 Argentina |
| Lesson 3 U.S. | Lesson 9 Chile | Lesson 15 Mexico |
| Lesson 4 Peru | Lesson 10 Argentina | Lesson 16 Spain |
| Lesson 5 Mexico | Lesson 11 Colombia | Lesson 17 Mexico |
| Lesson 6 Mexico | Lesson 12 Argentina | Lesson 18 Mexico |

### FLASH CULTURA
### VIDEO PROGRAM

In the dynamic **Flash cultura** Video, young people from all over the Spanish-speaking world share aspects of life in their countries with you. The similarities and differences among Spanish-speaking countries that come up through their adventures will challenge you to think about your own cultural practices and values. The segments provide valuable cultural insights as well as linguistic input; the episodes will introduce you to a variety of accents and vocabulary as they gradually move into Spanish.

### PANORAMA CULTURAL
### VIDEO PROGRAM

The **Panorama cultural** Video is integrated with the **Panorama** section in each lesson. Each segment is 2–3 minutes long and consists of documentary footage from each of the countries featured. The images were specially chosen for interest level and visual appeal, while the all-Spanish narrations were carefully written to reflect the vocabulary and grammar covered in the textbook.

## STUDENT ANCILLARIES

▶ **Supersite**
Student access to the Supersite (**vhlcentral.com**) is free with the purchase of a new student text. The Student Supersite provides:
- Textbook and extra-practice activities
- All **VISTAS 4/e** video programs
- Textbook Audio Program MP3s (audio recordings for the listening based textbook activities and recordings of the active vocabulary for each lesson of the student text)
- Lab Audio Program MP3s
- Study resources (online dictionary, tutorials, flashcards)
See page xxvii for a complete list of resources.

▶ **Supersite Plus**
The Student Supersite Plus provides:
- The **VISTAS 4/e** Supersite.
- **WebSAM**, the entire Workbook, Video Manual, and Lab Manual online, as well as a robust learning management system that completely integrates with the **VISTAS 4/e** Supersite.
- Instructor-enabled Voice Boards.

▶ **NEW! vText**
The online virtual interactive student edition provides students with:
- Note-taking and highlighting capabilities
- Easy browsing via table of contents or page number
- Links to textbook mouse-icon activities
- Assignments and grades on the **vText** page
- Direct access to all Supersite resources

▶ **Workbook/Video Manual**
The Workbook/Video Manual contains the workbook activities for each textbook lesson, activities for the **Fotonovela** Video, and pre-, while-, and post-viewing activities for the **Flash cultura** and **Panorama cultural** Videos.

▶ **Lab Manual**
The Lab Manual contains lab activities for each textbook lesson for use with the Lab Audio Program.

▶ *Fotonovela* **Video DVD**
The **Fotonovela** DVD provides the complete **Fotonovela** Video Program with subtitles in English and Spanish.

## INSTRUCTOR ANCILLARIES

▶ **Instructor's Annotated Edition (IAE)**
The IAE contains a wealth of teaching information. The expanded trim size and enhanced design of **VISTAS 4/e** make the annotations and facsimile student pages easy to read and reference in the classroom.

▶ **NEW! Activity Pack**
The **VISTAS** Activity Pack offers discrete and communicative practice for individuals, pairs, and groups. Formats include surveys, multiple choice questions, information gap activities, role-plays, board games, and more.

▶ **Supersite**
The password-protected Instructor Supersite allows instructors to assign and track student progress through its course management system. Instructors have full access to the Student Supersite, and seamless integration with the **VISTAS 4/e WebSAM** and **vText**. Instructor Resources for easy access and download include:
- Classroom handouts for the textbook
- Answers to directed activities in the textbook
- Audioscripts
- Video program transcripts and translations
- Workbook/Lab Manual/Video Manual Answer Keys
- Overhead Transparencies
- Grammar Slides

▶ **Supersite Plus**
Supersite Plus offers:
- The complete **VISTAS 4/e** Supersite
- The **WebSAM** online Workbook/Lab Manual/Video Manual, with auto-graded and instructor-graded activities, and oral record-submit activities
- **Voice Boards** for oral assignments, group discussions, homework, projects, and explanation of complex material

▶ **Instructor's DVD Set**
Three video DVDs (**Fotonovela, Flash cultura,** and **Panorama cultural**) available with subtitles in English and Spanish.

**Testing Program**
The Testing Program is provided in three formats: within a powerful Test Generator, in customizable .rtf files, and as PDFs.
- **NEW!** Volume I of the Testing Program contains quizzes for each **Contextos** presentation and each **Estructura** grammar point. There are two versions of each quiz.
- **NEW!** Volume II of the Testing Program contains two additional versions (**Prueba E** and **Prueba F**) of the tests for each textbook lesson.
  In addition to the six versions of tests for each textbook lesson, Volume II also contains quarter exams, semester exams, listening scripts, answer keys for the tests, and optional test items for culture, video, and reading sections.

# icons and ancillaries

## STUDENT ANCILLARIES

▶ **Supersite**
Student access to the Supersite (**vhlcentral.com**) is free with the purchase of a new student text. The Student Supersite provides:
- Textbook and extra-practice activities
- All **VISTAS 4/e** video programs
- Textbook Audio Program MP3s (audio recordings for the listening based textbook activities and recordings of the active vocabulary for each lesson of the student text)
- Lab Audio Program MP3s
- Study resources (online dictionary, tutorials, flashcards)

See page xxvii for a complete list of resources.

▶ **Supersite Plus**
The Student Supersite Plus provides:
- The **VISTAS 4/e** Supersite.
- **WebSAM**, the entire Workbook, Video Manual, and Lab Manual online, as well as a robust learning management system that completely integrates with the **VISTAS 4/e** Supersite.
- Instructor-enabled Wimba Pronto.

▶ **NEW! VText**
The online virtual interactive student edition provides students with:
- Note-taking and highlighting capabilities
- Easy browsing via table of contents or page number
- Links to textbook mouse-icon activities
- Assignments and grades on the **VText** page
- Direct access to all Supersite resources

▶ **Workbook/Video Manual**
The Workbook/Video Manual contains the workbook activities for each textbook lesson, activities for the **Fotonovela** Video, and pre-, while-, and post-viewing activities for the **Flash cultura** and **Panorama cultural** Videos.

▶ **Lab Manual**
The Lab Manual contains lab activities for each textbook lesson for use with the Lab Audio Program.

▶ *Fotonovela* **Video DVD**
The **Fotonovela** DVD provides the complete **Fotonovela** Video Program with subtitles in English and Spanish.

▶ **En línea 3.0**
The ground-breaking online version of **VISTAS 4/e, En línea 3.0** allows students to interact with the textbook, do practice activities, complete tests, and communicate with their instructors and e-partners online. For instructors, it also has complete classroom management tools.

## INSTRUCTOR ANCILLARIES

▶ **Instructor's Annotated Edition (IAE)**
The IAE contains a wealth of teaching information. The expanded trim size and enhanced design of **VISTAS 4/e** make the annotations and facsimile student pages easy to read and reference in the classroom.

▶ **NEW! Activity Pack**
The **VISTAS** Activity Pack offers discrete and communicative practice for individuals, pairs, and groups. Formats include surveys, multiple choice questions, information gap activities, role-plays, board games, and more.

▶ **Supersite**
The password-protected Instructor Supersite allows instructors to assign and track student progress through its course management system. Instructors have full access to the Student Supersite, and seamless integration with the **VISTAS 4/e WebSAM** and **VText**. Instructor Resources for easy access and download include:
- Classroom handouts for the textbook
- Answers to directed activities in the textbook
- Audioscripts
- Video program transcripts and translations
- Workbook/Lab Manual/Video Manual Answer Keys
- Overhead Transparencies
- Grammar *PowerPoints*

▶ **Supersite Plus**
Supersite Plus offers:
- The complete **VISTAS 4/e** Supersite
- The **WebSAM** online Workbook/Lab Manual/Video Manual, with auto-graded and instructor-graded activities, and oral record-submit activities
- **NEW! Wimba Pronto**, with instant messaging, video calling, whiteboard for online collaboration and demonstration, application sharing, and online office hours

▶ **Instructor's DVD Set**
Three video DVDs (**Fotonovela, Flash cultura,** and **Panorama cultural**) available with subtitles in English and Spanish.

▶ **Testing Program**
The Testing Program is provided in three formats: within a powerful Test Generator, in customizable .rtf files, and as PDFs.
- **NEW!** Volume I of the Testing Program contains quizzes for each **Contextos** presentation and each **Estructura** grammar point. There are two versions of each quiz.
- **NEW!** Volume II of the Testing Program contains two additional versions (**Prueba E** and **Prueba F**) of the tests for each textbook lesson.
- In addition to the six versions of tests for each textbook lesson, Volume II also contains quarter exams, semester exams, listening scripts, answer keys for the tests, and optional test items for culture, video, and reading sections.

On behalf of its authors and editors, Vista Higher Learning expresses its sincere appreciation to the many instructors and college professors across the U.S. and Canada who contributed their ideas and suggestions. Their insights and detailed comments were invaluable to us as we created the Fourth Edition.

**VISTAS, Fourth Edition**, is the direct result of extensive reviews and ongoing input from both students and instructors using the Third Edition. Accordingly, we gratefully acknowledge those who shared their suggestions, recommendations, and ideas as we prepared this Fourth Edition.

We express our sincere appreciation to over 150 instructors using the Third Edition who completed our online review. Their comments and suggestions were instrumental in shaping the entire **VISTAS 4/e** program.

Finally, we thank those instructors who also served as editors and writers, including Martín Gaspar of Harvard University, Ronna Feit of Nassau Community College, and Mercedes Hussey Pailos of Brevard Community College.

## Reviewers

Joseph Alonso
The Evergreen State College, WA

Aleta Anderson
Grand Rapids Community College, MI

Blanca Anderson
Loyola University, LA

Patricia Antunez
Choate Rosemary Hall, CT

Damian Bacich
San Jose State University, CA

Vicki Baggia
Phillips Exeter Academy, NH

Christine Bain
Drake University, IA

Catherine R. Baranello
SUNY Cortland, NY

Cindy Barnett
Murray State University, KY

Kevin Beard
Richland College, TX

Leon Bensadon
University of Washington, WA

Leela Bingham
San Diego Mesa College, CA

Joelle Bonamy
Nicholls State University, LA

Josephine Books
Inver Hills Community College, MN

Genevieve Breedon
Darton College, GA

Amy Brevik
Concordia College, MN

Carol Brinks
Interlochen Arts Academy, MI

Froylan Cabuto
Cerritos College, CA

Ramiro F. Canto-Lugo
Yuba College, CA

Ezequiel Cardenas
Cuyamaca College, CA

Beth Cardon
Georgia Perimeter College, GA

Monica Casco
Queens College, NY

Kirby Chadwick
Scottsdale Community College, AZ

Donald R. Clymer
Eastern Mennonite University, VA

Vilma Concha-Chiaraviglio
Meredith College, NC

Mary Condon
Park Center International
Baccalaureate School, MN

Lisa Contreras
Transylvania University, KY

Raymond D. Cornelius III
Daytona State College/DeLand
Campus, FL

Dominic Corraro
Notre Dame High School, CT

Antonio Crespo
Grossmont College, CA

Miryam Criado
Hanover College, IN

José Cruz
Fayetteville Technical Community
College, NC

William R. Cummins
Ashland University, OH

Debra Currere
Rock Valley College, IL

Deborah Cutler
Pima Community College, AZ

# acknowledgments

Patricia S. Davis
Darton College, GA

Callie K. DeBellis
Meredith College, NC

Alberto Descalzo de Blas
Franciscan University of
Steubenville, OH

Rejane Dias
Lake Land College, IL

Lucia Dzikowski
Seminole Community College, FL

Teresa Dombrowski
John Tyler Community College, VA

Hayden D. Duncan
Gustavus Adolphus College, MN

Deborah Edson
Tidewater Community College, VA

Steven Egland
Husson University, ME

Kristen Elley
Kennesaw State University, GA

Carol Faber
Grand Valley State University, MI

Joseph Fallis
John Tyler Community College, VA

Mary Farsaci
North Yarmouth Academy, ME

Linda Fix
Minnesota School of Business, MN

Ruston Ford
Indian Hills Community College, IA

Flor Frau
Knox College, IL

Sarah Fritz
Madison Area Technical College, WI

Dianne Fruit
Cascadia Community College, WA

Prospero N. Garcia
University of Massachusetts,
Amherst, MA

LeeAnn Gilroy
Solon High School, IA

Guillermo Giron
San Joaquin Delta College, CA

Angela M. Gonzales
University of Kentucky, KY

Lucila Gonzalez-Cirre
Cerro Coso Community College, CA

Kate Grovergrys
Madison Area Technical College, WI

Marta C. Gumpert
Southeastern Louisiana University, LA

John Hall
Minnesota State University,
Moorhead, MN

Richard Heath
Kirkwood Community College, IA

Claudio Hidalgo
Kirkwood Community College, IA

Carmen M. Hernández
Grossmont College, CA

Karla Hernández
Cuyamaca College, CA

Maria Eugenia Hernandez-Hall
Scottsdale College, AZ

Nan Hussey
Houghton College, NY

Stewart James-Lejarcegui
Iowa Wesleyan College, IA

Hilda M. Kachmar
College of St. Catherine, MN

Richard Keenan
Corpus Christi College, BC

Ruthanne Keenan Orihuela
University of Idaho, ID

Darcie Khanukayev
Cerro Coso Community College, CA

Telma Koch
Oakwood Friends, NY

Ruth F. Konopka
Grossmont College, CA

Marcela Labounty
College of Southern Nevada, NV

Stephanie Langston
Georgia Perimeter College, GA

Louis Lanni
Edison State College,
Collier Campus, FL

Jean LeLoup
SUNY Cortland, NY

Raul de Leon
San Diego Mesa College, CA

Patricia M. Lestrade
Mississippi State University, MS

Carla Ligo
Grove City College, PA

Pamela Llorens
Miami Dade College, FL

Debora Maldonado-DeOliveira
Meredith College, NC

Jodie Marion
Mt. Hood Community College, WA

Nereyda Maroot
Fresno City College, CA

Patricia Martin
Calvary Christian School, KY

Laura Martinez
Centralia College, WA

María Inés Martínez
University of Manitoba, Canada

Fernando Mayoral
Edison State College, FL

Leticia McGrath
Georgia Southern University, GA

Michael McGrath
Georgia Southern University, GA

MaryYetta McKelva
Grayson County College, TX

Albert Meggers
Cosby High School, VA

Luis Millan
Minnesota School of Business, MN

David Miller
St. Andrew's School of Delaware, DE

Jerome Miner
Knox College, IL

Deborah Mistron
Middle Tennessee State University, TN

Clayton Mitchell
Drake University, IA

Laura Lee Moore
Pearl River Community College, MS

Iani Moreno
Suffolk University, MA

Gabriel Mucino
Concordia University, WI

Jose A. Narbona
Rice University, TX

Kelly Negaard
Minnesota School of Business, MN

Sherry Pachman
St. Michael's College, VT

Joseph Palumbo
College of Southern Nevada, NV

Elizabeth Parr
Darton College, GA

Maria C. Perez
Iowa Western Community College, IA

Maria Elena Perez
Lubbock Christian University, TX

Martha Perez-Bendorf
Kirkwood Commuity College, IA

Jennifer Perry
East Carolina University, NC

Melissa Pilkington
Georgia Institute of Technology, GA

Lori Piotrowski
College of Southern Nevada, NV

Thomas R. Porter
Southern Virginia University, VA

Antonio Prado
Knox College, IL

Kay Queen
Lon Morris College, TX

Robin Ragan
Knox College, IL

Aida Ramos-Sellman
Goucher College, MD

Jacqueline M. Ramsey
Concordia University Wisconsin, WI

Kenneth Randall
Cincinnati Country Day School, OH

Caterina Reitano
University of Manitoba, Canada

Jose Manuel Reyes
Hanover College, KY

Nelly Rios-Freund
University of Saint Thomas, MN

Monica Rivas
Mission College, FL

Wallace J. Robertson
Ivy Tech Community College, IN

Patricia Robitaille
Cincinnati Country Day School, OH

Monica Rodriguez
Lyon College, AR

Amie Russell
Mississippi State University, MS

Virginia Sánchez-Bernardy
San Diego Mesa College, CA

Eduardo Santa Cruz
Hanover College, IN

Jeffrey Schmidt
Crafton Hill College, CA

Dora Schoenbrun-Fernandez
San Diego Mesa College, CA

Elizabeth Schwartz
San Joaquin Delta College, CA

Amber Schwegman
Northwest Nazarene University, ID

Linda Q. Sites
Piedmont Virginia Community
College, VA

Anita Smith
Pitt Community College, NC

Nancy Smith
Allegheny College, PA

Kathleen Spinnenweber
Franciscan University, OH

Carol Stuardo
Cuyamaca College, CA

Cristina Szterensus
Rock Valley College, IL

Roy Tanner
Truman State University, MO

Ron Tapia
Ivy Tech Community College, IN

Alison Tatum-Davis
Goucher College, MD

John Nicholas Tavernakis
College of San Mateo, CA

Robert Taylor
Grand Rapids Community College, MI

Rachel Tease
National-Louis University, WI

Daniel G. Tight
University of St. Thomas, MN

Linda Tracy
Santa Rosa Junior College, CA

Jorge Trinchet
Murray State University, KY

James R. Wilson
Madison Area Technical College, WI

Wendy Valenteen
Mercersburg Academy, PA

María Villagomez
Napa Valley College, CA

María Villalobos-Buehner
Grand Valley State University, MI

Hilde Votaw
University of Oklahoma, OK

Virginia Young
Grossmont College, CA

# Hola, ¿qué tal?

**1**

## Communicative Goals

*You will learn how to:*

- Greet people in Spanish
- Say goodbye
- Identify yourself and others
- Talk about the time of day

# Hola, ¿qué tal?

## Más vocabulario

| | |
|---|---|
| **Buenos días.** | *Good morning.* |
| **Buenas noches.** | *Good evening; Good night.* |
| **Hasta la vista.** | *See you later.* |
| **Hasta pronto.** | *See you soon.* |
| **¿Cómo se llama usted?** | *What's your name? (form.)* |
| **Le presento a…** | *I would like to introduce you to (name). (form.)* |
| **Te presento a…** | *I would like to introduce you to (name). (fam.)* |
| **el nombre** | *name* |
| **¿Cómo estás?** | *How are you? (fam.)* |
| **No muy bien.** | *Not very well.* |
| **¿Qué pasa?** | *What's happening?; What's going on?* |
| **por favor** | *please* |
| **De nada.** | *You're welcome.* |
| **No hay de qué.** | *You're welcome.* |
| **Lo siento.** | *I'm sorry.* |
| **Gracias.** | *Thank you; Thanks.* |
| **Muchas gracias.** | *Thank you very much; Thanks a lot.* |

## Variación léxica

*Items are presented for recognition purposes only.*

Buenos días. ⟷ Buenas.
De nada. ⟷ A la orden.
Lo siento. ⟷ Perdón.
¿Qué tal? ⟷ ¿Qué hubo? *(Col.)*
Chau. ⟷ Ciao; Chao.

**1**

**ELENA** Patricia, éste es el señor Perales.
**PATRICIA** Encantada.
**SEÑOR PERALES** Igualmente. ¿De dónde es usted, señorita?
**PATRICIA** Soy de México. ¿Y usted?
**SEÑOR PERALES** De Puerto Rico.

**2**

**TOMÁS** ¿Qué tal, Alberto?
**ALBERTO** Regular. ¿Y tú?
**TOMÁS** Bien. ¿Qué hay de nuevo?
**ALBERTO** Nada.

**3**

**SEÑOR VARGAS** Buenas tardes, señora Wong. ¿Cómo está usted?
**SEÑORA WONG** Muy bien, gracias. ¿Y usted, señor Vargas?
**SEÑOR VARGAS** Bien, gracias.
**SEÑORA WONG** Hasta mañana, señor Vargas. Saludos a la señora Vargas.
**SEÑOR VARGAS** Adiós.

In Spanish, people can be addressed either formally or informally. Dialogues 1 and 3 are formal exchanges and use **usted** (*you*) forms. Dialogues **2**, **4**, and **5** are informal and use the familiar **tú** (*you*) form or other informal expressions. You will learn more about this in **Estructura 1.3.**

**4**

**BERTA** Hasta luego, Tere.

**TERESA** Chau, Berta. Nos vemos mañana.

**CARMEN** Buenas tardes. Me llamo Carmen. ¿Cómo te llamas tú?

**ANTONIO** Buenas tardes. Me llamo Antonio. Mucho gusto.

**CARMEN** El gusto es mío. ¿De dónde eres?

**ANTONIO** Soy de los Estados Unidos, de California.

# Práctica

**1** **Escuchar** Listen to each question or statement, then choose the correct response.

| | | |
|---|---|---|
| 1. | a. Muy bien, gracias. | b. Me llamo Graciela. |
| 2. | a. Lo siento. | b. Mucho gusto. |
| 3. | a. Soy de Puerto Rico. | b. No muy bien. |
| 4. | a. No hay de qué. | b. Regular. |
| 5. | a. Mucho gusto. | b. Hasta pronto. |
| 6. | a. Nada. | b. Igualmente. |
| 7. | a. Me llamo Guillermo Montero. | b. Muy bien, gracias. |
| 8. | a. Buenas tardes. ¿Cómo estás? | b. El gusto es mío. |
| 9. | a. Saludos a la Sra. Ramírez. | b. Encantada. |
| 10. | a. Adiós. | b. Regular. |

**2** **Identificar** You will hear a series of expressions. Identify the expression (**a**, **b**, **c**, or **d**) that does not belong in each series.

1. ____     3. ____

2. ____     4. ____

**3** **Escoger** For each expression, write another word or phrase that expresses a similar idea.

> **modelo**
>
> ¿Cómo estás? ¿Qué tal?

1. De nada.          4. Te presento a Antonio.

2. Encantado.       5. Hasta la vista.

3. Adiós.             6. Mucho gusto.

**4** **Ordenar** Work with a partner to put this scrambled conversation in order. Then act it out.

—Muy bien, gracias. Soy Rosabel.

—Soy de México. ¿Y tú?

—Mucho gusto, Rosabel.

—Hola. Me llamo Carlos. ¿Cómo estás?

—Soy de Argentina.

—Igualmente. ¿De dónde eres, Carlos?

CARLOS _____

ROSABEL _____

CARLOS _____

ROSABEL _____

CARLOS _____

ROSABEL _____

**5**

**Completar** Work with a partner to complete these dialogues.

> **modelo**
>
> **Estudiante 1:** ¿Cómo estás?
> **Estudiante 2:** _Muy bien, gracias._

1. **Estudiante 1:** _____
   **Estudiante 2:** Buenos días. ¿Qué tal?

2. **Estudiante 1:** _____
   **Estudiante 2:** Me llamo Carmen Sánchez.

3. **Estudiante 1:** _____
   **Estudiante 2:** De Canadá.

4. **Estudiante 1:** Te presento a Marisol.
   **Estudiante 2:** _____

5. **Estudiante 1:** Gracias.
   **Estudiante 2:** _____

6. **Estudiante 1:** _____
   **Estudiante 2:** Regular.

7. **Estudiante 1:** _____
   **Estudiante 2:** Nada.

8. **Estudiante 1:** ¡Hasta la vista!
   **Estudiante 2:** _____

**6**

**Cambiar** Work with a partner and correct the second part of each conversation to make it logical.

> **modelo**
>
> **Estudiante 1:** ¿Qué tal?
> **Estudiante 2:** ~~No hay de qué.~~ Bien. ¿Y tú?

1. **Estudiante 1:** Hasta mañana, señora Ramírez. Saludos al señor Ramírez.
   **Estudiante 2:** *Muy bien, gracias.*

2. **Estudiante 1:** ¿Qué hay de nuevo, Alberto?
   **Estudiante 2:** *Sí, me llamo Alberto. ¿Cómo te llamas tú?*

3. **Estudiante 1:** Gracias, Tomás.
   **Estudiante 2:** *Regular. ¿Y tú?*

4. **Estudiante 1:** Miguel, ésta es la señorita Perales.
   **Estudiante 2:** *No hay de qué, señorita.*

5. **Estudiante 1:** ¿De dónde eres, Antonio?
   **Estudiante 2:** *Muy bien, gracias. ¿Y tú?*

6. **Estudiante 1:** ¿Cómo se llama usted?
   **Estudiante 2:** *El gusto es mío.*

7. **Estudiante 1:** ¿Qué pasa?
   **Estudiante 2:** *Hasta luego, Alicia.*

8. **Estudiante 1:** Buenas tardes, señor. ¿Cómo está usted?
   **Estudiante 2:** *Soy de Puerto Rico.*

◄ **¡LENGUA VIVA!**

The titles **señor,
señora,** and **señorita**
are abbreviated
**Sr., Sra.,** and **Srta.**
Note that these
abbreviations are
capitalized, while
the titles themselves
are not.

•••

There is no Spanish
equivalent for the
English title *Ms.;*
women are addressed
as **señora** or **señorita.**

# Comunicación

**7**

**Diálogos** With a partner, complete and act out these conversations.

> ### Conversación 1

—Hola. Me llamo Teresa. ¿Cómo te llamas tú?

—_____

—Soy de Puerto Rico. ¿Y tú?

—_____

> ### Conversación 2

—_____

—Muy bien, gracias. ¿Y usted, señora López?

—_____

—Hasta luego, señora. Saludos al señor López.

—_____

> ### Conversación 3

—_____

—Regular. ¿Y tú?

—_____

—Nada.

**8**

**Conversaciones** This is the first day of class. Write four short conversations based on what the people in this scene would say.

**9**

**Situaciones** In groups of three, write and act out these situations.

1. On your way out of class on the first day of school, you strike up a conversation with the two students who were sitting next to you. You find out each student's name and where he or she is from before you say goodbye and go to your next class.
2. At the next class you meet up with a friend and find out how he or she is doing. As you are talking, your friend Elena enters. Introduce her to your friend.
3. As you're leaving the bookstore, you meet your parents' friends Mrs. Sánchez and Mr. Rodríguez. You greet them and ask how each person is. As you say goodbye, you send greetings to Mrs. Rodríguez.
4. Make up and act out a real-life situation that you and your classmates can role-play with the language you've learned.

# Bienvenida, Marissa

**Marissa llega a México para pasar un año con la familia Díaz.**

PERSONAJES  MARISSA  SRA. DÍAZ

 **Video:** *Fotonovela*
**Record and Compare**

**MARISSA** ¿Usted es de Cuba?

**SRA. DÍAZ** Sí, de La Habana. Y Roberto es de Mérida. Tú eres de Wisconsin, ¿verdad?

**MARISSA** Sí, de Appleton, Wisconsin.

**MARISSA** ¿Quiénes son los dos chicos de las fotos? ¿Jimena y Felipe?

**SRA. DÍAZ** Sí. Ellos son estudiantes.

**DON DIEGO** ¿Cómo está usted hoy, señora Carolina?

**SRA. DÍAZ** Muy bien, gracias. ¿Y usted?

**DON DIEGO** Bien, gracias.

**DON DIEGO** Buenas tardes, señora. Señorita, bienvenida a la Ciudad de México.

**MARISSA** ¡Muchas gracias!

**MARISSA** ¿Cómo se llama usted?

**DON DIEGO** Yo soy Diego. Mucho gusto.

**MARISSA** El gusto es mío, don Diego.

**SRA. DÍAZ** Ahí hay dos maletas. Son de Marissa.

**DON DIEGO** Con permiso.

**DON DIEGO**

**SR. DÍAZ**

**FELIPE**

**JIMENA**

**SR. DÍAZ** ¿Qué hora es?

**FELIPE** Son las cuatro y veinticinco.

**SRA. DÍAZ** Marissa, te presento a Roberto, mi esposo.

**SR. DÍAZ** Bienvenida, Marissa.

**MARISSA** Gracias, señor Díaz.

**JIMENA** ¿Qué hay en esta cosa?

**MARISSA** Bueno, a ver, hay tres cuadernos, un mapa... ¡Y un diccionario!

**JIMENA** ¿Cómo se dice mediodía en inglés?

**FELIPE** "Noon".

**FELIPE** Estás en México, ¿verdad?

**MARISSA** ¿Sí?

**FELIPE** Nosotros somos tu diccionario.

## Expresiones útiles

### Identifying yourself and others

**¿Cómo se llama usted?**
*What's your name?*
**Yo soy Diego, el portero. Mucho gusto.**
*I'm Diego, the doorman. Nice to meet you.*
**¿Cómo te llamas?**
*What's your name?*
**Me llamo Marissa.**
*My name is Marissa.*
**¿Quién es...? / ¿Quiénes son...?**
*Who is...? / Who are...?*
**Es mi esposo.**
*He's my husband.*
**Tú eres..., ¿verdad?/¿cierto?/¿no?**
*You are..., right?*

### Identifying objects

**¿Qué hay en esta cosa?**
*What's in this thing?*
**Bueno, a ver, aquí hay tres cuadernos...**
*Well, let's see, here are three notebooks...*
**Oye/Oiga, ¿cómo se dice *suitcase* en español?**
*Hey, how do you say suitcase in Spanish?*
**Se dice *maleta*.**
*You say maleta.*

### Saying what time it is

**¿Qué hora es?**
*What time is it?*
**Es la una. / Son las dos.**
*It's one o'clock. / It's two o'clock.*
**Son las cuatro y veinticinco.**
*It's four twenty-five.*

### Polite expressions

**Con permiso.**
*Pardon me; Excuse me.*
*(to request permission)*
**Perdón.**
*Pardon me; Excuse me. (to get someone's attention or excuse yourself)*
**¡Bienvenido/a!** *Welcome!*

**recursos**

VM
pp. 213–214

(S)
vistas.vhlcentral.com
Lección 1

# ¿Qué pasó?

**1**

**¿Cierto o falso?** Indicate if each statement is **cierto** or **falso**. Then correct the false statements.

|  | Cierto | Falso |
|---|:---:|:---:|
| 1. La Sra. Díaz es de Caracas. | ○ | ○ |
| 2. El Sr. Díaz es de Mérida. | ○ | ○ |
| 3. Marissa es de Los Ángeles, California. | ○ | ○ |
| 4. Jimena y Felipe son profesores. | ○ | ○ |
| 5. Las dos maletas son de Jimena. | ○ | ○ |
| 6. El Sr. Díaz pregunta "¿qué hora es?". | ○ | ○ |
| 7. Hay un diccionario en la mochila (*backpack*) de Marissa. | ○ | ○ |

**2**

**Identificar** Indicate which person would make each statement. One name will be used twice.

1. Son las cuatro y veinticinco, papá.
2. Roberto es mi esposo.
3. Yo soy de Wisconsin, ¿de dónde es usted?
4. ¿Qué hay de nuevo, doña Carolina?
5. Yo soy de Cuba.
6. ¿Qué hay en la mochila, Marissa?

**MARISSA** **FELIPE** **SRA. DÍAZ**

**DON DIEGO** **JIMENA**

**¡LENGUA VIVA!**

In Spanish-speaking countries, **don** and **doña** are used with first names to show respect: **don Diego**, **doña Carolina**. Note that these titles, like **señor** and **señora**, are not capitalized.

**3**

**Completar** Complete the conversation between Don Diego and Marissa.

**DON DIEGO** Hola, (1)_____.
**MARISSA** Hola, señor. ¿Cómo se (2)_____ usted?
**DON DIEGO** Yo me llamo Diego, ¿y (3)_____?
**MARISSA** Yo me llamo Marissa. (4)_____.
**DON DIEGO** (5)_____, señorita Marissa.
**MARISSA** Nos (6)_____, don Diego.
**DON DIEGO** Hasta (7)_____, señorita Marissa.

**4**

**Conversar** Imagine that you are chatting with a traveler you just met at the airport. With a partner, prepare a conversation using these cues.

| Estudiante 1 | Estudiante 2 |
|---|---|
| Say "good afternoon" to your partner and ask for his or her name. → | Say hello and what your name is. Then ask what your partner's name is. |
| Say what your name is and that you are glad to meet your partner. → | Say that the pleasure is yours. |
| Ask how your partner is. → | Say that you're doing well, thank you. |
| Ask where your partner is from. → | Say where you're from. |
| Say it's one o'clock and say goodbye. → | Say goodbye. |

 Practice more at **vistas.vhlcentral.com**.

# Pronunciación

**Audio: Concepts, Activities
Record & Compare**

## The Spanish alphabet

The Spanish and English alphabets are almost identical, with a few exceptions. For example, the Spanish letter **ñ (eñe)** doesn't occur in the English alphabet. Furthermore, the letters **k (ka)** and **w (doble ve)** are used only in words of foreign origin. Examine the chart below to find other differences.

| Letra | Nombre(s) | Ejemplos | Letra | Nombre(s) | Ejemplos |
|---|---|---|---|---|---|
| a | a | adiós | m | eme | mapa |
| b | be | bien, problema | n | ene | nacionalidad |
| c | ce | cosa, cero | ñ | eñe | mañana |
| ch | che | chico | o | o | once |
| d | de | diario, nada | p | pe | profesor |
| e | e | estudiante | q | cu | qué |
| f | efe | foto | r | ere | regular, señora |
| g | ge | gracias, Gerardo, regular | s | ese | señor |
| h | hache | hola | t | te | tú |
| i | i | igualmente | u | u | usted |
| j | jota | Javier | v | ve | vista, nuevo |
| k | ka, ca | kilómetro | w | doble ve | *walkman* |
| l | ele | lápiz | x | equis | existir, México |
| ll | elle | llave | y | i griega, ye | yo |
| | | | z | zeta, ceta | zona |

**El alfabeto** Repeat the Spanish alphabet and example words after your instructor.

**Práctica** Spell these words aloud in Spanish.

1. nada
2. maleta
3. quince
4. muy
5. hombre
6. por favor
7. San Fernando
8. Estados Unidos
9. Puerto Rico
10. España
11. Javier
12. Ecuador
13. Maite
14. gracias
15. Nueva York

**Refranes** Read these sayings aloud.

Ver es creer.[1]

En boca cerrada no entran moscas.[2]

1 Seeing is believing. 2 Silence is golden.

Additional Reading

# Saludos y besos en los países hispanos

**In Spanish-speaking countries,** kissing on the cheek is a customary way to greet friends and family members. Even when people are introduced for the first time, it is common for them to kiss, particularly in non-business settings. Whereas North Americans maintain considerable personal space when greeting, Spaniards and Latin Americans tend to decrease their personal space and give one or two kisses (**besos**) on the cheek, sometimes accompanied by a handshake or a hug. In formal business settings, where associates do not know one another on a personal level, a simple handshake is appropriate.

Greeting someone with a **beso** varies according to gender and region. Men generally greet each other with a hug or warm handshake, with the exception of Argentina, where male friends and relatives lightly kiss on the cheek. Greetings between men and women, and between women, generally include kissing, but can differ depending on the country and context. In Spain, it is customary to give **dos besos**, starting with the right cheek first. In Latin American countries, including Mexico, Costa Rica, Colombia, and Chile, a greeting consists of a single "air kiss" on the right cheek. Peruvians also "air kiss," but

strangers will simply shake hands. In Colombia, female acquaintances tend to simply pat each other on the right forearm or shoulder.

### Tendencias

| País | Beso | País | Beso |
|------|------|------|------|
| Argentina | 💋 | España | 💋💋 |
| Bolivia | 💋 | México | 💋 |
| Chile | 💋 | Paraguay | 💋💋 |
| Colombia | 💋 | Puerto Rico | 💋 |
| El Salvador | 💋 | Venezuela | 💋/💋💋 |

**1** **¿Cierto o falso?** Indicate whether these statements are true (**cierto**) or false (**falso**). Correct the false statements.

1. In Spanish-speaking countries, people use less personal space when greeting than in the U.S.

2. Men never greet with a kiss in Spanish-speaking countries.

3. Shaking hands is not appropriate for a business setting in Latin America.

4. Spaniards greet with one kiss on the right cheek.

5. In Mexico, people greet with an "air kiss."

6. Gender can play a role in the type of greeting given.

7. If two women acquaintances meet in Colombia, they should exchange two kisses on the cheek.

8. In Peru, a man and a woman meeting for the first time would probably greet each other with an "air kiss."

## ASÍ SE DICE

### Saludos y despedidas

| | |
|---|---|
| ¿Cómo te/le va? | *How are things going (for you)?* |
| ¡Cuánto tiempo! | *It's been a long time!* |
| Hasta ahora. | *See you soon.* |
| ¿Qué hay? | *What's new?* |
| ¿Qué onda? (Méx., Arg., Chi.); ¿Qué más? (Ven., Col.) | *What's going on?* |

## EL MUNDO HISPANO

### Parejas y amigos famosos

Here are some famous couples and friends from the Spanish-speaking world.

- **Jennifer López** y **Marc Anthony** (Estados Unidos/ Puerto Rico) Both singers, the couple married in 2004, and often perform together. They both starred in the **2007** film *El Cantante.*

- **Gael García Bernal** (México) y **Diego Luna** (México) These lifelong friends became famous when they starred in the 2001 Mexican film *Y tu mamá también.* They continue to work together on projects, such as the 2008 film, *Rudo y Cursi.*

- **Salma Hayek** (México) y **Penélope Cruz** (España) These two close friends developed their acting skills in their countries of origin before meeting in Hollywood.

## PERFIL

# La plaza principal

In the Spanish-speaking world, public space is treasured. Small city and town life revolves around the **plaza principal.** Often surrounded by cathedrals or municipal buildings like the **ayuntamiento** (*city hall*), the pedestrian **plaza** is designated as a central meeting place for family and friends. During warmer months, when outdoor cafés usually line the **plaza**, it is a popular spot to have a leisurely cup of coffee, chat, and people

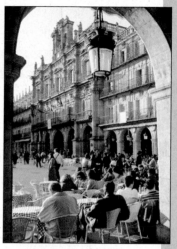

La Plaza Mayor de Salamanca

watch. Many town festivals, or **ferias**, also take place in this space. One of the most famous town squares is the **Plaza Mayor** in the university town of Salamanca, Spain. Students gather underneath its famous clock tower to meet up with friends or simply take a coffee break.

La Plaza de Armas, Lima, Perú

### Conexión Internet

What are the **plazas principales** in large cities such as Mexico City and Caracas?

Go to **vistas.vhlcentral.com** to find more cultural information related to this **Cultura** section.

## ACTIVIDADES

**2** **Comprensión** Answer these questions.

1. What are two types of buildings found on the **plaza principal**?
2. What two types of events or activities are common at a **plaza principal?**
3. How would Diego Luna greet his friends?
4. Would Salma Hayek and Jennifer López greet each other with one kiss or two?

**3** **Saludos** Role-play these greetings with a partner. Include a verbal greeting as well as a kiss or handshake, as appropriate.

1. friends in Mexico
2. business associates at a conference in Chile
3. friends meeting in Madrid's Plaza Mayor
4. Peruvians meeting for the first time
5. relatives in Argentina

Practice more at **vistas.vhlcentral.com.**

**1.1** # Nouns and articles  **Tutorial**

## Spanish nouns

**ANTE TODO** A noun is a word used to identify people, animals, places, things, or ideas. Unlike English, all Spanish nouns, even those that refer to non-living things, have gender; that is, they are considered either masculine or feminine. As in English, nouns in Spanish also have number, meaning that they are either singular or plural.

**Nouns that refer to living things**

| Masculine nouns | | Feminine nouns | |
|---|---|---|---|
| **el hombre** | *the man* | **la mujer** | *the woman* |
| *ending in –o* | | *ending in –a* | |
| **el chico** | *the boy* | **la chica** | *the girl* |
| **el pasajero** | *the (male) passenger* | **la pasajera** | *the (female) passenger* |
| *ending in –or* | | *ending in –ora* | |
| **el conductor** | *the (male) driver* | **la conductora** | *the (female) driver* |
| **el profesor** | *the (male) teacher* | **la profesora** | *the (female) teacher* |
| *ending in –ista* | | *ending in –ista* | |
| **el turista** | *the (male) tourist* | **la turista** | *the (female) tourist* |

▶ Generally, nouns that refer to males, like **el hombre**, are masculine, while nouns that refer to females, like **la mujer**, are feminine.

▶ Many nouns that refer to male beings end in **–o** or **–or**. Their corresponding feminine forms end in **–a** and **–ora**, respectively.

el conductor

la profesora

▶ The masculine and feminine forms of nouns that end in **–ista**, like **turista**, are the same, so gender is indicated by the article **el** (masculine) or **la** (feminine). Some other nouns have identical masculine and feminine forms.

**el** joven
*the youth; the young man*

**la** joven
*the youth; the young woman*

**el** estudiante
*the (male) student*

**la** estudiante
*the (female) student*

## Nouns that refer to non-living things

### Masculine nouns

**ending in –o**

| | |
|---|---|
| **el cuaderno** | *the notebook* |
| **el diario** | *the diary* |
| **el diccionario** | *the dictionary* |
| **el número** | *the number* |
| **el video** | *the video* |

**ending in –ma**

| | |
|---|---|
| **el problema** | *the problem* |
| **el programa** | *the program* |

**ending in –s**

| | |
|---|---|
| **el autobús** | *the bus* |
| **el país** | *the country* |

### Feminine nouns

**ending in –a**

| | |
|---|---|
| **la computadora** | *the computer* |
| **la cosa** | *the thing* |
| **la escuela** | *the school* |
| **la maleta** | *the suitcase* |
| **la palabra** | *the word* |

**ending in –ción**

| | |
|---|---|
| **la lección** | *the lesson* |
| **la conversación** | *the conversation* |

**ending in –dad**

| | |
|---|---|
| **la nacionalidad** | *the nationality* |
| **la comunidad** | *the community* |

¡LENGUA VIVA!

The Spanish word for *video* can be pronounced with the stress on the **i** or the **e**. For that reason, you might see the word written with or without an accent: **video** or **vídeo**.

▶ As shown above, certain noun endings are strongly associated with a specific gender, so you can use them to determine if a noun is masculine or feminine.

▶ Because the gender of nouns that refer to non-living things cannot be determined by foolproof rules, you should memorize the gender of each noun you learn. It is helpful to learn each noun with its corresponding article, **el** for masculine and **la** for feminine.

▶ Another reason to memorize the gender of every noun is that there are common exceptions to the rules of gender. For example, **el mapa** (*map*) and **el día** (*day*) end in **–a**, but are masculine. **La mano** (*hand*) ends in **–o**, but is feminine.

## Plural of nouns

▶ To form the plural, add **–s** to nouns that end in a vowel. For nouns that end in a consonant, add **–es**. For nouns that end in **z**, change the **z** to **c**, then add **–es**.

| | |
|---|---|
| el chico ⟶ los chic**os** | la nacionalidad ⟶ las nacionalida**des** |
| el diario ⟶ los diario**s** | el país ⟶ los país**es** |
| el problema ⟶ los problema**s** | el lápiz (*pencil*) ⟶ los lápi**ces** |

CONSULTA

You will learn more about accent marks in **Lección 4, Pronunciación,** p. 123.

▶ In general, when a singular noun has an accent mark on the last syllable, the accent is dropped from the plural form.

| | |
|---|---|
| la lec**ción** ⟶ las lecc**iones** | el auto**bús** ⟶ los auto**buses** |

▶ Use the masculine plural form to refer to a group that includes both males and females.

1 pasajero + 2 pasajeras = 3 pasajeros    2 chicos + 2 chicas = 4 chicos

# Spanish articles

**ANTE TODO** As you know, English often uses definite articles (*the*) and indefinite articles (*a, an*) before nouns. Spanish also has definite and indefinite articles. Unlike English, Spanish articles vary in form because they agree in gender and number with the nouns they modify.

## Definite articles

▶ Spanish has four forms that are equivalent to the English definite article *the*. Use definite articles to refer to specific nouns.

| Masculine | | Feminine | |
|---|---|---|---|
| SINGULAR | PLURAL | SINGULAR | PLURAL |
| **el** diccionario | **los** diccionarios | **la** computadora | **las** computadoras |
| *the dictionary* | *the dictionaries* | *the computer* | *the computers* |

## Indefinite articles

▶ Spanish has four forms that are equivalent to the English indefinite article, which according to context may mean *a, an,* or *some*. Use indefinite articles to refer to unspecified persons or things.

| Masculine | | Feminine | |
|---|---|---|---|
| SINGULAR | PLURAL | SINGULAR | PLURAL |
| **un** pasajero | **unos** pasajeros | **una** fotografía | **unas** fotografías |
| *a (one) passenger* | *some passengers* | *a (one) photograph* | *some photographs* |

**¡LENGUA VIVA!**

Feminine singular nouns that begin with **a-** or **ha-** require the masculine articles **el** and **un**. This is done in order to avoid repetition of the **a** sound. The plural forms still use the feminine articles.

**el agua** *water*
**las aguas** *waters*
**un hacha** *ax*
**unas hachas** *axes*

**¡LENGUA VIVA!**

Since **la fotografía** is feminine, so is its shortened form, **la foto,** even though it ends in **–o**.

**¡INTÉNTALO!** Provide a definite article for each noun in the first column and an indefinite article for each noun in the second column.

| ¿el, la, los o las? | ¿un, una, unos o unas? |
|---|---|
| 1. ___la___ chica | 1. ___un___ autobús |
| 2. _____ chico | 2. _____ escuelas |
| 3. _____ maleta | 3. _____ computadora |
| 4. _____ cuadernos | 4. _____ hombres |
| 5. _____ lápiz | 5. _____ señora |
| 6. _____ mujeres | 6. _____ lápices |

**recursos**

WB
p. 3

LM
p. 3

S

vistas.
vhlcentral.com
Lección 1

# Práctica

**1** **¿Singular o plural?** If the word is singular, make it plural. If it is plural, make it singular.

1. el número
2. un diario
3. la estudiante
4. el conductor
5. el país
6. las cosas
7. unos turistas
8. las nacionalidades
9. unas computadoras
10. los problemas
11. una fotografía
12. los profesores
13. unas señoritas
14. el hombre
15. la maleta
16. la señora

**2** **Identificar** For each drawing, provide the noun with its corresponding definite and indefinite articles.

**modelo**
las maletas, unas maletas

1. _____

2. _____

3. _____

4. _____

5. _____

6. _____

7. _____

8. _____

# Comunicación

**3** **Charadas** In groups, play a game of charades. Individually, think of two nouns for each charade, for example, a boy using a computer (**un chico**; **una computadora**). The first person to guess correctly acts out the next charade.

 Practice more at **vistas.vhlcentral.com.**

## 1.2   Numbers 0–30    Tutorial

### Los números 0 a 30

| | | | | | |
|---|---|---|---|---|---|
| **0** | cero | | | | |
| **1** | uno | **11** | once | **21** | veintiuno |
| **2** | dos | **12** | doce | **22** | veintidós |
| **3** | tres | **13** | trece | **23** | veintitrés |
| **4** | cuatro | **14** | catorce | **24** | veinticuatro |
| **5** | cinco | **15** | quince | **25** | veinticinco |
| **6** | seis | **16** | dieciséis | **26** | veintiséis |
| **7** | siete | **17** | diecisiete | **27** | veintisiete |
| **8** | ocho | **18** | dieciocho | **28** | veintiocho |
| **9** | nueve | **19** | diecinueve | **29** | veintinueve |
| **10** | diez | **20** | veinte | **30** | treinta |

**AYUDA**

Though it is less common, the numbers 16 through 29 (except 20) can also be written as three words: **diez y seis, diez y siete…**

▶ The number **uno** (*one*) and numbers ending in **–uno**, such as **veintiuno**, have more than one form. Before masculine nouns, **uno** shortens to **un**. Before feminine nouns, **uno** changes to **una**.

> **un** hombre ⟶ veinti**ún** hombres      **una** mujer ⟶ veinti**una** mujeres

▶ **¡Atención!** The forms **uno** and **veintiuno** are used when counting (**uno, dos, tres… veinte, veintiuno, veintidós…**). They are also used when the number *follows* a noun, even if the noun is feminine: **la lección uno**.

▶ To ask *how many people* or *things* there are, use **cuántos** before masculine nouns and **cuántas** before feminine nouns.

▶ The Spanish equivalent of both *there is* and *there are* is **hay**. Use **¿Hay…?** to ask *Is there…?* or *Are there…?* Use **no hay** to express *there is not* or *there are not*.

—**¿Cuántos** estudiantes **hay**?
*How many students are there?*

—**Hay** seis estudiantes en la foto.
*There are six students in the photo.*

—**¿Hay** chicos en la fotografía?
*Are there guys in the picture?*

—**Hay** tres chicas y **no hay** chicos.
*There are three girls, and there are no guys.*

**recursos**

WB
p. 4

LM
p. 4

vistas.
vhlcentral.com
Lección 1

**¡INTÉNTALO!**   Provide the Spanish words for these numbers.

1. **7** _____
2. **16** _____
3. **29** _____
4. **1** _____

5. **0** _____
6. **15** _____
7. **21** _____
8. **9** _____

9. **23** _____
10. **11** _____
11. **30** _____
12. **4** _____

13. **12** _____
14. **28** _____
15. **14** _____
16. **10** _____

# Práctica

**1**

**Contar** Following the pattern, write out the missing numbers in Spanish.

1. 1, 3, 5, ..., 29
2. 2, 4, 6, ..., 30
3. 3, 6, 9, ..., 30
4. 30, 28, 26, ..., 0
5. 30, 25, 20, ..., 0
6. 28, 24, 20, ..., 0

**2**

**Resolver** Solve these math problems with a partner.

*modelo*

5 + 3 =

**Estudiante 1:** *cinco más tres son...*
**Estudiante 2:** *ocho*

**AYUDA**

| | | |
|---|---|---|
| + | → | **más** |
| – | → | **menos** |
| = | → | **son** |

1. **2 + 15 =**
2. **20 – 1 =**
3. **5 + 7 =**
4. **18 + 12 =**
5. **3 + 22 =**

6. **6 – 3 =**
7. **11 + 12 =**
8. **7 – 2 =**
9. **8 + 5 =**
10. **23 – 14 =**

**3**

**¿Cuántos hay?** How many persons or things are there in these drawings?

*modelo*

Hay tres maletas.

1. _____    2. _____

3. _____    4. _____    5. _____

6. _____    7. _____    8. _____

# Comunicación

**4**

**En la clase** With a classmate, take turns asking and answering these questions about your classroom.

1. ¿Cuántos estudiantes hay?
2. ¿Cuántos profesores hay?
3. ¿Hay una computadora?
4. ¿Hay una maleta?
5. ¿Cuántos mapas hay?

6. ¿Cuántos lápices hay?
7. ¿Hay cuadernos?
8. ¿Cuántos diccionarios hay?
9. ¿Hay hombres?
10. ¿Cuántas mujeres hay?

**5**

**Preguntas** With a classmate, take turns asking and answering questions about the drawing. Talk about:

1. how many children there are
2. how many women there are
3. if there are some photographs
4. if there is a boy
5. how many notebooks there are

6. if there is a bus
7. if there are tourists
8. how many pencils there are
9. if there is a man
10. how many computers there are

 Practice more at **vistas.vhlcentral.com.**

## 1.3 Present tense of ser  Tutorial

### Subject pronouns

**ANTE TODO**  In order to use verbs, you will need to learn about subject pronouns. A subject pronoun replaces the name or title of a person and acts as the subject of a verb. In both Spanish and English, subject pronouns are divided into three groups: first person, second person, and third person.

| Subject pronouns | | | | |
|---|---|---|---|---|
| | **SINGULAR** | | **PLURAL** | |
| **FIRST PERSON** | **yo** | *I* | **nosotros** | *we* (masculine) |
| | | | **nosotras** | *we* (feminine) |
| **SECOND PERSON** | **tú** | *you* (familiar) | **vosotros** | *you* (masc., fam.) |
| | **usted (Ud.)** | *you* (formal) | **vosotras** | *you* (fem., fam.) |
| | | | **ustedes (Uds.)** | *you* (form.) |
| **THIRD PERSON** | **él** | *he* | **ellos** | *they* (masc.) |
| | **ella** | *she* | **ellas** | *they* (fem.) |

**¡LENGUA VIVA!**

In Latin America, **ustedes** is used as the plural for both **tú** and **usted**. In Spain, however, **vosotros** and **vosotras** are used as the plural of **tú**, and **ustedes** is used only as the plural of **usted**.

• • •

**Usted** and **ustedes** are abbreviated as **Ud.** and **Uds.**, or occasionally as **Vd.** and **Vds.**

▶ Spanish has two subject pronouns that mean *you* (singular). Use **tú** when addressing a friend, a family member, or a child you know well. Use **usted** to address a person with whom you have a formal or more distant relationship, such as a superior at work, a professor, or an older person.

> **Tú** eres de Canadá, ¿verdad, David?
> *You are from Canada, right, David?*

> ¿**Usted** es la profesora de español?
> *Are you the Spanish professor?*

▶ The masculine plural forms **nosotros**, **vosotros**, and **ellos** refer to a group of males or to a group of males and females. The feminine plural forms **nosotras**, **vosotras**, and **ellas** can refer only to groups made up exclusively of females.

nosotros, vosotros, ellos      nosotros, vosotros, ellos      nosotras, vosotras, ellas

▶ There is no Spanish equivalent of the English subject pronoun *it*. Generally *it* is not expressed in Spanish.

> Es un problema.
> *It's a problem.*

> Es una computadora.
> *It's a computer.*

# The present tense of ser

**ANTE TODO**  In **Contextos** and **Fotonovela**, you have already used several present-tense forms of **ser** (*to be*) to identify yourself and others, and to talk about where you and others are from. **Ser** is an irregular verb; its forms do not follow the regular patterns that most verbs follow. You need to memorize the forms, which appear in this chart.

| The verb ser (*to be*) | | | |
|---|---|---|---|
| SINGULAR FORMS | yo | **soy** | *I am* |
| | tú | **eres** | *you are* (fam.) |
| | Ud./él/ella | **es** | *you are* (form.); *he/she is* |
| PLURAL FORMS | nosotros/as | **somos** | *we are* |
| | vosotros/as | **sois** | *you are* (fam.) |
| | Uds./ellos/ellas | **son** | *you are* (form.); *they are* |

## Uses of *ser*

▶ Use **ser** to identify people and things.

—¿Quién **es** él?
*Who is he?*

—**Es** Felipe Díaz Velázquez.
*He's Felipe Díaz Velázquez.*

—¿Qué **es**?
*What is it?*

—**Es** un mapa de España.
*It's a map of Spain.*

Es Marissa.

Es una maleta.

▶ **Ser** also expresses possession, with the preposition **de**. There is no Spanish equivalent of the English construction [*noun*] + 's (*Maru's*). In its place, Spanish uses [*noun*] + **de** + [*owner*].

—¿**De** quién **es**?
*Whose is it?*

—**Es** el diario **de** Maru.
*It's Maru's diary.*

—¿**De** quién **son**?
*Whose are they?*

—**Son** los lápices **de** la chica.
*They are the girl's pencils.*

▶ When **de** is followed by the article **el**, the two combine to form the contraction **del**. **De** does *not* contract with **la**, **las**, or **los**.

—**Es** la computadora **del** conductor.
*It's the driver's computer.*

—**Son** las maletas **del** chico.
*They are the boy's suitcases.*

▶ **Ser** also uses the preposition **de** to express origin.

¿De dónde eres?

Yo soy de Wisconsin.

¿De dónde es usted?

Yo soy de Cuba.

—¿**De** dónde **es** Juan Carlos?
*Where is Juan Carlos from?*

—Es **de** Argentina.
*He's from Argentina.*

—¿**De** dónde **es** Maru?
*Where is Maru from?*

—**Es de** Costa Rica.
*She's from Costa Rica.*

▶ Use **ser** to express profession or occupation.

Don Francisco **es conductor.**
*Don Francisco is a driver.*

Yo **soy estudiante.**
*I am a student.*

▶ Unlike English, Spanish does not use the indefinite article (**un, una**) after **ser** when referring to professions, unless accompanied by an adjective or other description.

Marta **es** profesora.
*Marta is a teacher.*

Marta **es una** profesora excelente.
*Marta is an excellent teacher.*

**Somos Perú** **LanPerú**

**¡INTÉNTALO!** Provide the correct subject pronouns and the present forms of **ser.**

1. Gabriel ___él___ ___es___
2. Juan y yo _____ _____
3. Óscar y Flora _____ _____
4. Adriana _____ _____
5. las turistas _____ _____
6. el chico _____ _____
7. los conductores _____ _____
8. los señores Ruiz _____ _____

# Práctica

**1**

**Pronombres** What subject pronouns would you use to (a) talk *to* these people directly and (b) talk *about* them to others?

> **modelo**
> un joven  tú, él

1. una chica
2. el presidente de México
3. tres chicas y un chico

4. un estudiante
5. la señora Ochoa
6. dos profesoras

**2**

**Identidad y origen** With a partner, take turns asking and answering these questions about the people indicated: **¿Quién es?/¿Quiénes son?** and **¿De dónde es?/¿De dónde son?**

> **modelo**
> Selena Gomez (Estados Unidos)
> **Estudiante 1:** ¿Quién es?          **Estudiante 1:** ¿De dónde es?
> **Estudiante 2:** Es Selena Gomez.    **Estudiante 2:** Es de los Estados Unidos.

1. Enrique Iglesias (España)
2. Robinson Canó (República Dominicana)
3. Rebecca Lobo y Martin Sheen (Estados Unidos)
4. Carlos Santana y Salma Hayek (México)
5. Shakira (Colombia)
6. Antonio Banderas y Penélope Cruz (España)
7. Taylor Swift y Demi Lovato (Estados Unidos)
8. Daisy Fuentes (Cuba)

**3**

**¿Qué es?** Ask your partner what each object is and to whom it belongs.

> **modelo**
> **Estudiante 1:** ¿Qué es?              **Estudiante 1:** ¿De quién es?
> **Estudiante 2:** Es un diccionario.    **Estudiante 2:** Es del profesor Núñez.

1.          2.          3.          4.

# Comunicación

**4**

**Preguntas** Using the items in the word bank, ask your partner questions about the ad.
Be imaginative in your responses.

| ¿Cuántas? | ¿De dónde? | ¿Qué? |
|-----------|------------|-------|
| ¿Cuántos? | ¿De quién? | ¿Quién? |

## SOMOS ECOTURISTA, S.A.
### Los autobuses oficiales de la Ruta Maya

- 25 autobuses en total
- 30 conductores del área
- pasajeros internacionales
- mapas de la región

### ¡Todos a bordo!

---

**5**

**¿Quién es?** In small groups, take turns pretending to be a famous person from a Spanish-speaking country (such as Spain, Mexico, Puerto Rico, Cuba, or the United States). Use the list of professions to think of people from a variety of backgrounds. Your partners will ask you questions and try to guess who you are.

| actor *actor* | cantante *singer* | escritor(a) *writer* |
|---------------|-------------------|----------------------|
| actriz *actress* | deportista *athlete* | músico/a *musician* |

**modelo**

**Estudiante 3:** ¿Eres de Puerto Rico?
**Estudiante 1:** No. Soy de Colombia.
**Estudiante 2:** ¿Eres hombre?
**Estudiante 1:** Sí. Soy hombre.
**Estudiante 3:** ¿Eres escritor?
**Estudiante 1:** No. Soy actor.
**Estudiante 2:** ¿Eres John Leguizamo?
**Estudiante 1:** ¡Sí! ¡Sí!

 Practice more at **vistas.vhlcentral.com**.

## 1.4 Telling time   (S) Tutorial

**ANTE TODO**   In both English and Spanish, the verb *to be* (**ser**) and numbers are used to tell time.

▶ To ask what time it is, use **¿Qué hora es?** When telling time, use **es + la** with **una** and **son + las** with all other hours.

**Es la** una.         **Son las** dos.         **Son las** seis.

▶ As in English, you express time in Spanish from the hour to the half-hour by adding minutes.

Son las cuatro **y cinco**.       Son las once **y veinte**.

▶ You may use either **y cuarto** or **y quince** to express fifteen minutes or quarter past the hour. For thirty minutes or half past the hour, you may use either **y media** or **y treinta**.

Es la una     Son las nueve        Son las doce     Son las siete
**y cuarto.**      **y quince.**         **y media.**      **y treinta.**

▶ You express time from the half-hour to the hour in Spanish by subtracting minutes or a portion of an hour from the next hour.

Es la una      Son las tres     Son las ocho     Son las tres
**menos cuarto.**   **menos quince.**   **menos veinte.**   **menos diez.**

▶ To ask at what time a particular event takes place, use the phrase **¿A qué hora (...)?**
To state at what time something takes place, use the construction **a la(s)** + *time*.

**¿A qué hora** es la clase de biología?
*(At) what time is biology class?*

La clase es **a las dos**.
*The class is at two o'clock.*

**¿A qué hora** es la fiesta?
*(At) what time is the party?*

**A las ocho.**
*At eight.*

▶ Here are some useful words and phrases associated with telling time.

Son las ocho **en punto**.
*It's 8 o'clock on the dot/sharp.*

Son las nueve **de la mañana**.
*It's 9 a.m./in the morning.*

Es **el mediodía**.
*It's noon.*

Son las cuatro y cuarto **de la tarde**.
*It's 4:15 p.m./in the afternoon.*

Es **la medianoche**.
*It's midnight.*

Son las diez y media **de la noche**.
*It's 10:30 p.m./at night.*

¿Qué hora es?

Son las cuatro menos diez.

¿Qué hora es?

Son las cuatro y veinticinco.

**¡INTÉNTALO!**   Practice telling time by completing these sentences.

1. (1:00 a.m.) Es la _____ una _____ de la mañana.
2. (2:50 a.m.) Son las tres _____ diez de la mañana.
3. (4:15 p.m.) Son las cuatro y _____ de la tarde.
4. (8:30 p.m.) Son las ocho y _____ de la noche.
5. (9:15 a.m.) Son las nueve y quince de la _____.
6. (12:00 p.m.) Es el _____.
7. (6:00 a.m.) Son las seis de la _____.
8. (4:05 p.m.) Son las cuatro y cinco de la _____.
9. (12:00 a.m.) Es la _____.
10. (3:45 a.m.) Son las cuatro menos _____ de la mañana.
11. (2:15 a.m.) Son las _____ y cuarto de la mañana.
12. (1:25 p.m.) Es la una y _____ de la tarde.
13. (6:50 a.m.) Son las _____ menos diez de la mañana.
14. (10:40 p.m.) Son las once menos veinte de la _____.

# Práctica

**1** **Ordenar** Put these times in order, from the earliest to the latest.

a. Son las dos de la tarde.
b. Son las once de la mañana.
c. Son las siete y media de la noche.
d. Son las seis menos cuarto de la tarde.
e. Son las dos menos diez de la tarde.
f. Son las ocho y veintidós de la mañana.

**2** **¿Qué hora es?** Give the times shown on each clock or watch.

**modelo**
> Son las cuatro y cuarto/quince de la tarde.

p.m.                    p.m.          p.m.          a.m.

1. _____ 2. _____ 3. _____ 4. _____ 5. _____

a.m.          a.m.          p.m.

6. _____ 7. _____ 8. _____ 9. _____ 10. _____

**NOTA CULTURAL**

Many Spanish-speaking countries use both the 12-hour clock and the 24-hour clock (that is, military time). The 24-hour clock is commonly used in written form on signs and schedules. For example, 1 p.m. is **13h**, 2 p.m. is **14h** and so on. See the photo on p. 33 for a sample schedule.

**3** **¿A qué hora?** Ask your partner at what time these events take place. Your partner will answer according to the cues provided.

**modelo**
> la clase de matemáticas (2:30 p.m.)
> **Estudiante 1:** ¿A qué hora es la clase de matemáticas?
> **Estudiante 2:** Es a las dos y media de la tarde.

1. el programa *Las cuatro amigas* (11:30 a.m.)
2. el drama *La casa de Bernarda Alba* (7:00 p.m.)
3. el programa *Las computadoras* (8:30 a.m.)
4. la clase de español (10:30 a.m.)
5. la clase de biología (9:40 a.m.)
6. la clase de historia (10:50 a.m.)
7. el partido (*game*) de béisbol (5:15 p.m.)
8. el partido de tenis (12:45 p.m.)
9. el partido de baloncesto (*basketball*) (7:45 p.m.)

**NOTA CULTURAL**

**La casa de Bernarda Alba** is a famous play by Spanish poet and playwright **Federico García Lorca** (1898–1936). Lorca was one of the most famous writers of the 20th century and a close friend of Spain's most talented artists, including the painter Salvador Dalí and the filmmaker Luis Buñuel.

# Comunicación

**4**

**En la televisión** With a partner, take turns asking questions about these television listings.

> **modelo**
>
> **Estudiante 1:** ¿A qué hora es el documental *Las computadoras*?
> **Estudiante 2:** Es a las nueve en punto de la noche.

## TV Hoy – Programación

| | | | |
|---|---|---|---|
| **11:00 am** | Telenovela: *La casa de la familia Díaz* | **5:00 pm** | Telenovela: *Tres mujeres* |
| **12:00 pm** | Película: *El cóndor* (drama) | **6:00 pm** | Noticias |
| **2:00 pm** | Telenovela: *Dos mujeres y dos hombres* | **7:00 pm** | Especial musical: *Música folklórica de México* |
| **3:00 pm** | Programa juvenil: *Fiesta* | **7:30 pm** | La naturaleza: *Jardín secreto* |
| **3:30 pm** | Telenovela: *¡Sí, sí, sí!* | **8:00 pm** | Noticiero: *Veinticuatro horas* |
| **4:00 pm** | Telenovela: *El diario de la Sra. González* | **9:00 pm** | Documental: *Las computadoras* |

**5**

**Preguntas** With a partner, answer these questions based on your own knowledge.

1. Son las tres de la tarde en Nueva York. ¿Qué hora es en Los Ángeles?

2. Son las ocho y media en Chicago. ¿Qué hora es en Miami?

3. Son las dos menos cinco en San Francisco. ¿Qué hora es en San Antonio?

4. ¿A qué hora es el programa *Saturday Night Live?*; ¿A qué hora es el programa *American Idol?*

**6**

**Más preguntas** Using the questions in the previous activity as a model, make up four questions of your own. Then get together with a classmate and take turns asking and answering each other's questions.

# Síntesis

**7**

**Situación** With a partner, play the roles of a journalism student interviewing a visiting literature professor (**profesor(a) de literatura**) from Venezuela. Be prepared to act out the conversation for your classmates.

| **Estudiante** | **Profesor(a) de literatura** |
|---|---|
| Ask the professor his/her name. | Ask the student his/her name. |
| Ask the professor what time his/her literature class is. | Ask the student where he/she is from. |
| Ask how many students are in his/her class. | Ask to whom the notebook belongs. |
| Say thank you and goodbye. | Say thank you and you are pleased to meet him/her. |

# Recapitulación

**S Concepts Diagnostics**

Review the grammar concepts you have learned in this lesson by completing these activities.

**1 Completar** Complete the charts according to the models. **14 pts.**

| Masculino | Femenino |
|---|---|
| el chico | la chica |
| | la profesora |
| | la amiga |
| el señor | |
| | la pasajera |
| el estudiante | |
| | la turista |
| el joven | |

| Singular | Plural |
|---|---|
| una cosa | unas cosas |
| un libro | |
| | unas clases |
| una lección | |
| un conductor | |
| | unos países |
| | unos lápices |
| un problema | |

**2 En la clase** Complete each conversation with the correct word. **11 pts.**

 César

 Beatriz

**CÉSAR** ¿(1) _____ (Cuántos/Cuántas) chicas hay en la (2) _____ (maleta/clase)?

**BEATRIZ** Hay (3) _____ (catorce/cuatro) [14] chicas.

**CÉSAR** Y, ¿(4) _____ (cuántos/cuántas) chicos hay?

**BEATRIZ** Hay (5) _____ (tres/trece) [13] chicos.

**CÉSAR** Entonces (Then), en total hay (6) _____ (veintiséis/veintisiete) (7) _____ (estudiantes/chicas) en la clase.

Ariana  Daniel

**ARIANA** ¿Tienes (Do you have) (8) _____ (un/una) diccionario?

**DANIEL** No, pero (but) aquí (9) _____ (es/hay) uno.

**ARIANA** ¿De quién (10) _____ (son/es)?

**DANIEL** (11) _____ (Son/Es) de Carlos.

## RESUMEN GRAMATICAL

**1.1 Nouns and articles** *pp. 12–14*

### Gender of nouns

**Nouns that refer to living things**

| | Masculine | | Feminine |
|---|---|---|---|
| -o | el chico | -a | la chica |
| -or | el profesor | -ora | la profesora |
| -ista | el turista | -ista | la turista |

**Nouns that refer to non-living things**

| | Masculine | | Feminine |
|---|---|---|---|
| -o | el libro | -a | la cosa |
| -ma | el programa | -ción | la lección |
| -s | el autobús | -dad | la nacionalidad |

### Plural of nouns

► ending in vowel + -s    la chica → las chicas

► ending in consonant + -es   el señor → los señores

   (-z → -ces   un lápiz → unos lápices)

► Definite articles: el, la, los, las

► Indefinite articles: un, una, unos, unas

**1.2 Numbers 0–30** *p. 16*

| 0 | cero | 8 | ocho | 16 | dieciséis |
|---|---|---|---|---|---|
| 1 | uno | 9 | nueve | 17 | diecisiete |
| 2 | dos | 10 | diez | 18 | dieciocho |
| 3 | tres | 11 | once | 19 | diecinueve |
| 4 | cuatro | 12 | doce | 20 | veinte |
| 5 | cinco | 13 | trece | 21 | veintiuno |
| 6 | seis | 14 | catorce | 22 | veintidós |
| 7 | siete | 15 | quince | 30 | treinta |

**1.3 Present tense of *ser*** *pp. 19–21*

| yo | soy | nosotros/as | somos |
|---|---|---|---|
| tú | eres | vosotros/as | sois |
| Ud./él/ella | es | Uds./ellos/ellas | son |

**3** **Presentaciones** Complete this conversation with the correct form of the verb **ser**. `6 pts.`

**JUAN** ¡Hola! Me llamo Juan. (1) _____ estudiante en la clase de español.

**DANIELA** ¡Hola! Mucho gusto. Yo (2) _____ Daniela y ella (3) _____ Mónica. ¿De dónde (4) _____ (tú), Juan?

**JUAN** De California. Y ustedes, ¿de dónde (5) _____ ?

**MÓNICA** Nosotras (6) _____ de Florida.

| 1.4 | **Telling time** *pp. 24–25* | |
|---|---|---|
| | Es la una. | *It's 1:00.* |
| | Son las dos. | *It's 2:00.* |
| | Son las tres y diez. | *It's 3:10.* |
| | Es la una y cuarto/ quince. | *It's 1:15.* |
| | Son las siete y media/ treinta. | *It's 7:30.* |
| | Es la una menos cuarto/quince. | *It's 12:45.* |
| | Son las once menos veinte. | *It's 10:40.* |
| | Es el mediodía. | *It's noon.* |
| | Es la medianoche. | *It's midnight.* |

**4** **¿Qué hora es?** Write out in words the following times, indicating whether it's morning, noon, afternoon, or night. `10 pts.`

1. It's 12:00 p.m.

_____

2. It's 7:05 a.m.

_____

3. It's 9:35 p.m.

_____

4. It's 5:15 p.m.

_____

5. It's 1:30 p.m.

_____

**5** **¡Hola!** Write five sentences introducing yourself and talking about your classes. You may want to include: your name, where you are from, who your Spanish teacher is, the time of your Spanish class, how many students are in the class, etc. `9 pts.`

_____

_____

_____

_____

**6** **Canción** Use the two appropriate words from the list to complete this children's song. `2 EXTRA points!`

| cinco | cuántas | cuatro | media | quiénes |

"¿ _____ patas° tiene un gato°? Una, dos, tres y _____ ."

patas *legs*  tiene un gato *does a cat have*

Practice more at **vistas.vhlcentral.com**.

# Lectura

## Antes de leer

### Estrategia
### Recognizing cognates

As you learned earlier in this lesson, cognates are words that share similar meanings and spellings in two or more languages. When reading in Spanish, it's helpful to look for cognates and use them to guess the meaning of what you're reading. But watch out for false cognates. For example, **librería** means *bookstore,* not *library,* and **embarazada** means *pregnant,* not *embarrassed.* Look at this list of Spanish words, paying special attention to prefixes and suffixes. Can you guess the meaning of each word?

| | |
|---|---|
| importante | oportunidad |
| farmacia | cultura |
| inteligente | activo |
| dentista | sociología |
| decisión | espectacular |
| televisión | restaurante |
| médico | policía |

### Examinar el texto
Glance quickly at the reading selection and guess what type of document it is. Explain your answer.

### Cognados
Read the document and make a list of the cognates you find. Guess their English equivalents, then compare your answers with those of a classmate.

 Practice more at **vistas.vhlcentral.com.**

Joaquín Salvador Lavado nació (*was born*) en Argentina en 1932 (mil novecientos treinta y dos). Su nombre profesional es **Quino**. Es muy popular en Latinoamérica, Europa y Canadá por sus tiras cómicas (*comic strips*). Mafalda es su serie más famosa. La protagonista, Mafalda, es una chica muy inteligente de seis años (*years*). La tira cómica ilustra las aventuras de ella y su grupo de amigos. Las anécdotas de Mafalda y los chicos también presentan temas (*themes*) importantes como la paz (*peace*) y los derechos humanos (*human rights*).

## Después de leer
### Preguntas
Answer these questions.

1. What is Joaquín Salvador Lavado's pen name?
2. What is Mafalda like?
3. Where is Mafalda in panel 1? What is she doing?
4. What happens to the sheep in panel 3? Why?
5. Why does Mafalda wake up?
6. What number corresponds to the sheep in panel 5?
7. In panel 6, what is Mafalda doing? How do you know?

## Los animales

This comic strip uses a device called onomatopoeia: a word that represents the sound that it stands for. Did you know that many common instances of onomatopoeia are different from language to language? The noise a sheep makes in English is *baaaah*, but in Mafalda's language it is **béeeee**.

Do you think you can match these animals with their Spanish sounds? First, practice saying aloud each animal sound in group B. Then, match each animal with its sound in Spanish. If you need help remembering the sounds the alphabet makes in Spanish, see p. 9.

**A**

1. ___ **gato**   2. ___ **perro**   3. ___ **vacas**   4. ___ **gallo**

5. ___ **rana**   6. ___ **pato**   7. ___ **cerdo**

**B**

a. kikirikí   b. muuu   c. croac   d. guau

e. cuac cuac   f. miau   g. oinc

# Escritura

## Estrategia
### Writing in Spanish

Why do we write? All writing has a purpose. For example, we may write an e-mail to share important information or compose an essay to persuade others to accept a point of view. Proficient writers are not born, however. Writing requires time, thought, effort, and a lot of practice. Here are some tips to help you write more effectively in Spanish.

### DO

▸ Try to write your ideas in Spanish

▸ Use the grammar and vocabulary that you know

▸ Use your textbook for examples of style, format, and expression in Spanish

▸ Use your imagination and creativity

▸ Put yourself in your reader's place to determine if your writing is interesting

### AVOID

▸ Translating your ideas from English to Spanish

▸ Simply repeating what is in the textbook or on a web page

▸ Using a dictionary until you have learned how to use foreign language dictionaries

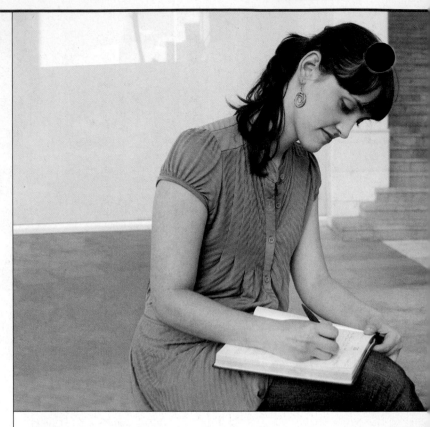

## Tema

### Hacer una lista

Create a telephone/address list that includes important names, numbers, and websites that will be helpful to you in your study of Spanish. Make whatever entries you can in Spanish without using a dictionary. You might want to include this information:

▸ The names, phone numbers, and e-mail addresses of at least four classmates

▸ Your professor's name, e-mail address, and office hours

▸ Three phone numbers and e-mail addresses of campus offices or locations related to your study of Spanish

▸ Five electronic resources for students of Spanish, such as chat rooms and sites dedicated to the study of Spanish as a second language

**Nombre** *Sally (la chica de Indiana)*
**Teléfono** 655-8888
**Dirección electrónica** *sally@uru.edu*

**Nombre** *Profesor José Ramón Casas*
**Teléfono** 655-8090
**Dirección electrónica** *jrcasas@uru.edu*
*Horas de oficina* 12 a 12:30

**Nombre** *Biblioteca* 655-7000
**Dirección electrónica** *library@uru.edu*

# Escuchar  Audio: Activities

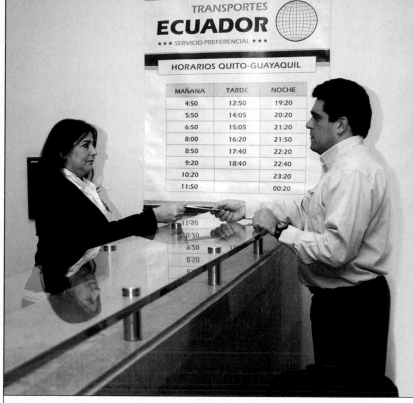

TRANSPORTES
**ECUADOR**
★★★ SERVICIO PREFERENCIAL ★★★

HORARIOS QUITO-GUAYAQUIL

| MAÑANA | TARDE | NOCHE |
|--------|-------|-------|
| 4:50 | 12:50 | 19:20 |
| 5:50 | 14:05 | 20:20 |
| 6:50 | 15:05 | 21:20 |
| 8:00 | 16:20 | 21:50 |
| 8:50 | 17:40 | 22:20 |
| 9:20 | 18:40 | 22:40 |
| 10:20 | | 23:20 |
| 11:50 | | 00:20 |

### Estrategia

**Listening for words you know**

You can get the gist of a conversation by listening for words and phrases you already know.

 To help you practice this strategy, listen to the following sentence and make a list of the words you have already learned.

## Preparación

Based on the photograph, what do you think Dr. Cavazos and Srta. Martínez are talking about? How would you get the gist of their conversation, based on what you know about Spanish?

## Ahora escucha

Now you are going to hear Dr. Cavazos's conversation with Srta. Martínez. List the familiar words and phrases each person says.

| Dr. Cavazos | Srta. Martínez |
|-------------|----------------|
| 1. _____ | 9. _____ |
| 2. _____ | 10. _____ |
| 3. _____ | 11. _____ |
| 4. _____ | 12. _____ |
| 5. _____ | 13. _____ |
| 6. _____ | 14. _____ |
| 7. _____ | 15. _____ |
| 8. _____ | 16. _____ |

With a classmate, use your lists of familiar words as a guide to come up with a summary of what happened in the conversation.

## Comprensión

### Identificar

Who would say the following things, Dr. Cavazos or Srta. Martínez?

1. Me llamo…
2. De nada.
3. Gracias. Muchas gracias.
4. Aquí tiene usted los documentos de viaje (*trip*) señor.
5. Usted tiene tres maletas, ¿no?
6. Tengo dos maletas.
7. Hola, señor.
8. ¿Viaja usted a Buenos Aires?

### Contestar

1. Does this scene take place in the morning, afternoon, or evening? How do you know?

2. How many suitcases does Dr. Cavazos have?

3. Using the words you already know to determine the context, what might the following words and expressions mean?
   - boleto
   - pasaporte
   - un viaje de ida y vuelta
   - ¡Buen viaje!

 Practice more at **vistas.vhlcentral.com.**

# En pantalla

Latinos form the largest-growing minority group in the United States. This trend is expected to continue; the Census Bureau projects that by the year 2050, the Latino population will grow to 30 percent. Viewership of the two major Spanish-language TV stations, **Univisión** and **Telemundo**, has skyrocketed, at times surpassing that of the four major English-language networks. With Latino purchasing power estimated at 1.3 trillion dollars for 2015, many companies have responded by adapting successful marketing campaigns to target a Spanish-speaking audience. Turn on a Spanish-language channel any night of the week, and you'll see ads for the world's biggest consumer brands, from soft drinks to car makers; many of these advertisements are adaptations of their English-language counterparts. Bilingual ads, which use English and Spanish in a way that is accessible to all viewers, have become popular during events such as the Super Bowl, where advertisers want to appeal to a diverse market.

## Vocabulario útil

| | |
|---|---|
| carne en salsa | *beef with sauce* |
| copa de helado | *cup of ice cream* |
| no tiene precio | *priceless* |
| plato principal | *main course* |
| un domingo en familia | *Sunday with the family* |

### Emparejar

Match each item with its price according to the ad. **¡Ojo!** (*Careful!*) One of the responses will not be used.

_____ 1. aperitivo        a. quince dólares
_____ 2. plato principal    b. ocho dólares
_____ 3. postre            c. treinta dólares
                         d. seis dólares

### Un comercial

With a partner, brainstorm and write a MasterCard-like TV ad about something you consider priceless. Then read it to the class. Use as much Spanish as you can.

Aperitivo *Appetizer* Postre *Dessert*

### Anuncio de MasterCard

Aperitivo°...

Postre°...

copa de helado: $6

un domingo en familia: no tiene precio

Un domingo en familia...

Video: TV Clip

Practice more at **vistas.vhlcentral.com.**

## Encuentros en la plaza

The **Plaza de Mayo** in Buenos Aires, Argentina, is perhaps best known as a place of political protest. Aptly nicknamed **Plaza de Protestas** by the locals, it is the site of weekly demonstrations. Despite this reputation, for many it is also a traditional **plaza**, a spot to escape from the hustle of city life. In warmer months, office workers from neighboring buildings flock to the plaza during lunch hour. **Plaza de Mayo** is also a favorite spot for families, couples, and friends to gather, stroll, or simply sit and chat. Tourists come year-round to take in the iconic surroundings: **Plaza de Mayo** is flanked by the rose-colored presidential palace (**Casa Rosada**), city hall (**municipalidad**), a colonial-era museum (**Cabildo**), and a spectacular cathedral (**Catedral Metropolitana**).

**Today we are at the Plaza de Mayo.**

| Vocabulario útil | |
|---|---|
| abrazo | *hug* |
| ¡Cuánto tiempo! | *It's been a long time!* |
| encuentro | *encounter* |
| plaza | *city or town square* |
| ¡Qué bueno verte! | *It's great to see you!* |
| ¡Qué suerte verlos! | *How lucky to see you!* |

**People come to walk and get some fresh air...**

### Preparación

Where do you and your friends usually meet? Are there public places where you get together? What activities do you take part in there?

### Identificar

Identify the person or people who make(s) each of these statements.

1. ¿Cómo están ustedes?        a. Gonzalo
2. ¡Qué bueno verte!            b. Mariana
3. Bien, ¿y vos?               c. Mark
4. Hola.                       d. Silvina
5. ¡Qué suerte verlos!

**And children come to play...**

S  Video: *Flash cultura*

Practice more at **vistas.vhlcentral.com**.

| recursos | |
|---|---|
| VM pp. 291–292 | vistas.vhlcentral.com Lección 1 |

# Estados Unidos

## El país en cifras°

- ▶ **Población° de los EE.UU.:** 310 millones
- ▶ **Población de origen hispano:** 49 millones
- ▶ **País de origen de hispanos en los EE.UU.:**

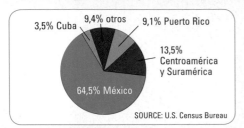

3,5% Cuba
9,4% otros
9,1% Puerto Rico
13,5% Centroamérica y Suramérica
64,5% México

SOURCE: U.S. Census Bureau

- ▶ **Estados con la mayor° población hispana:**

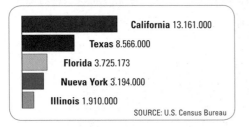

**California** 13.161.000
**Texas** 8.566.000
**Florida** 3.725.173
**Nueva York** 3.194.000
**Illinois** 1.910.000

SOURCE: U.S. Census Bureau

# Canadá

## El país en cifras

- ▶ **Población de Canadá:** 34 millones
- ▶ **Población de origen hispano:** 700.000
- ▶ **País de origen de hispanos en Canadá:**

48% España
9,1% México
8,8% El Salvador
34,1% otros

SOURCE: Statistics Canada

- ▶ **Ciudades° con la mayor población hispana:**
  Montreal, Toronto, Vancouver

en cifras *by the numbers* Población *Population* mayor *largest*
Ciudades *Cities* creció *grew* más *more* cada *every* niños *children*
Se estima *It is estimated* va a ser *it is going to be*

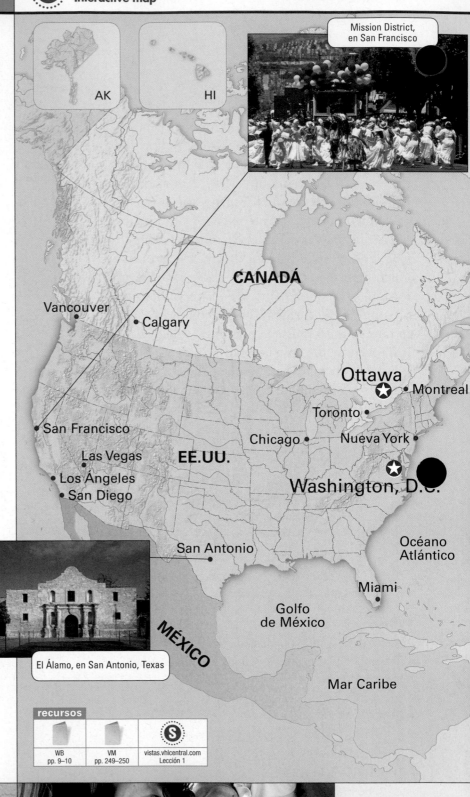

Mission District, en San Francisco

AK

HI

CANADÁ

Vancouver
Calgary

Ottawa
Montreal
Toronto

San Francisco
Las Vegas
EE.UU.
Chicago
Nueva York
Los Ángeles
San Diego
Washington, D.C.

San Antonio

Océano Atlántico

Miami

Golfo de México

MÉXICO

Mar Caribe

El Álamo, en San Antonio, Texas

**recursos**

WB pp. 9–10

VM pp. 249–250

vistas.vhlcentral.com Lección 1

## ¡Increíble pero cierto!

La población hispana en los EE.UU. creció° un 3,2% entre los años 2007 (dos mil siete) y 2008 (dos mil ocho) (1,5 millones de personas más°). Hoy, uno de cada° cinco niños° en los EE.UU. es de origen hispano. Se estima° que en el año 2021 va a ser° uno de cada tres.

SOURCE: U.S. Census Bureau and The Associated Press

## Comida • La comida mexicana

La comida° mexicana es muy popular en los Estados Unidos. Los tacos, las enchiladas, las quesadillas y los frijoles frecuentemente forman parte de las comidas de muchos norteamericanos. También° son populares las variaciones de la comida mexicana en los Estados Unidos: el tex-mex y el cali-mex.

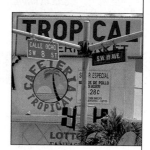

## Lugares • La Pequeña Habana

La Pequeña Habana° es un barrio° de Miami, Florida, donde viven° muchos cubanoamericanos. Es un lugar° donde se encuentran° las costumbres° de la cultura cubana, los aromas y sabores° de su comida y la música salsa. La Pequeña Habana es una parte de Cuba en los Estados Unidos.

## Costumbres • Desfile puertorriqueño

Cada junio, desde° 1951 (mil novecientos cincuenta y uno), los puertorriqueños celebran su cultura con un desfile° en Nueva York. Es un gran espectáculo con carrozas° y música salsa, merengue y hip-hop. Muchos espectadores llevan° la bandera° de Puerto Rico en su ropa° o pintada en la cara°.

## Comunidad • Hispanos en Canadá

En Canadá viven° muchos hispanos. Toronto y Montreal son las ciudades° con mayor° población hispana. Muchos de ellos tienen estudios universitarios° y hablan° una de las lenguas° oficiales: inglés o francés°. Los hispanos participan activamente en la vida cotidiana° y profesional de Canadá.

**¿Qué aprendiste?** Completa las frases con la información adecuada (*appropriate*).

1. Hay _____ de personas de origen hispano en los Estados Unidos.
2. Los cuatro estados con las poblaciones hispanas más grandes son (en orden) _____, Texas, Florida y _____.
3. Toronto, Montreal y _____ son las ciudades con más población hispana de Canadá.
4. Las quesadillas y las enchiladas son platos (*dishes*) _____.
5. La Pequeña _____ es un barrio de Miami.
6. En Miami hay muchas personas de origen _____.
7. Cada junio se celebra en Nueva York un gran desfile para personas de origen _____.
8. Muchos hispanos en Canadá hablan _____ o francés.

**Conexión Internet** Investiga estos temas en **vistas.vhlcentral.com.**

1. Haz (*Make*) una lista de seis hispanos célebres de los EE.UU. o Canadá. Explica (*Explain*) por qué (*why*) son célebres.
2. Escoge (*Choose*) seis lugares en los Estados Unidos con nombres hispanos e investiga sobre el origen y el significado (*meaning*) de cada nombre.

Practice more at **vistas.vhlcentral.com.**

comida *food* También *Also* La Pequeña Habana *Little Havana* barrio *neighborhood* viven *live* lugar *place* se encuentran *are found* costumbres *customs* sabores *flavors* Cada junio desde *Each June since* desfile *parade* con carrozas *with floats* llevan *wear* bandera *flag* ropa *clothing* cara *face* viven *live* ciudades *cities* mayor *most* tienen estudios universitarios *have a degree* hablan *speak* lenguas *languages* inglés o francés *English or French* vida cotidiana *daily life*

## Saludos

| | |
|---|---|
| **Hola.** | Hello; Hi. |
| **Buenos días.** | Good morning. |
| **Buenas tardes.** | Good afternoon. |
| **Buenas noches.** | Good evening; Good night. |

## Despedidas

| | |
|---|---|
| **Adiós.** | Goodbye. |
| **Nos vemos.** | See you. |
| **Hasta luego.** | See you later. |
| **Hasta la vista.** | See you later. |
| **Hasta pronto.** | See you soon. |
| **Hasta mañana.** | See you tomorrow. |
| **Saludos a...** | Greetings to… |
| **Chau.** | Bye. |

## ¿Cómo está?

| | |
|---|---|
| **¿Cómo está usted?** | How are you? (form.) |
| **¿Cómo estás?** | How are you? (fam.) |
| **¿Qué hay de nuevo?** | What's new? |
| **¿Qué pasa?** | What's happening?; What's going on? |
| **¿Qué tal?** | How are you?; How is it going? |
| **(Muy) bien, gracias.** | (Very) well, thanks. |
| **Nada.** | Nothing. |
| **No muy bien.** | Not very well. |
| **Regular.** | So-so; OK. |

## Expresiones de cortesía

| | |
|---|---|
| **Con permiso.** | Pardon me; Excuse me. |
| **De nada.** | You're welcome. |
| **Lo siento.** | I'm sorry. |
| **(Muchas) gracias.** | Thank you (very much); Thanks (a lot). |
| **No hay de qué.** | You're welcome. |
| **Perdón.** | Pardon me; Excuse me. |
| **por favor** | please |

## Títulos

| | |
|---|---|
| **señor (Sr.); don** | Mr.; sir |
| **señora (Sra.); doña** | Mrs.; ma'am |
| **señorita (Srta.)** | Miss |

## Presentaciones

| | |
|---|---|
| **¿Cómo se llama usted?** | What's your name? (form.) |
| **¿Cómo te llamas?** | What's your name? (fam.) |
| **Me llamo...** | My name is… |
| **¿Y usted?** | And you? (form.) |
| **¿Y tú?** | And you? (fam.) |
| **Mucho gusto.** | Pleased to meet you. |
| **El gusto es mío.** | The pleasure is mine. |
| **Encantado/a.** | Delighted; Pleased to meet you. |
| **Igualmente.** | Likewise. |
| **Éste/Ésta es...** | This is… |
| **Le presento a...** | I would like to introduce you to (name). (form.) |
| **Te presento a...** | I would like to introduce you to (name). (fam.) |
| **el nombre** | name |

## ¿De dónde es?

| | |
|---|---|
| **¿De dónde es usted?** | Where are you from? (form.) |
| **¿De dónde eres?** | Where are you from? (fam.) |
| **Soy de...** | I'm from… |

## Palabras adicionales

| | |
|---|---|
| **¿cuánto(s)/a(s)?** | how much/many? |
| **¿de quién...?** | whose…? (sing.) |
| **¿de quiénes...?** | whose…? (plural) |
| **(no) hay** | there is (not); there are (not) |

## Países

| | |
|---|---|
| **Argentina** | Argentina |
| **Costa Rica** | Costa Rica |
| **Cuba** | Cuba |
| **Ecuador** | Ecuador |
| **España** | Spain |
| **Estados Unidos (EE.UU.)** | United States |
| **México** | Mexico |
| **Puerto Rico** | Puerto Rico |

## Sustantivo

| | |
|---|---|
| **el autobús** | bus |
| **la capital** | capital city |
| **el chico** | boy |
| **la chica** | girl |
| **la computadora** | computer |
| **la comunidad** | community |
| **el/la conductor(a)** | driver |
| **la conversación** | conversation |
| **la cosa** | thing |
| **el cuaderno** | notebook |
| **el día** | day |
| **el diario** | diary |
| **el diccionario** | dictionary |
| **la escuela** | school |
| **el/la estudiante** | student |
| **la foto(grafía)** | photograph |
| **el hombre** | man |
| **el/la joven** | youth; young person |
| **el lápiz** | pencil |
| **la lección** | lesson |
| **la maleta** | suitcase |
| **la mano** | hand |
| **el mapa** | map |
| **la mujer** | woman |
| **la nacionalidad** | nationality |
| **el número** | number |
| **el país** | country |
| **la palabra** | word |
| **el/la pasajero/a** | passenger |
| **el problema** | problem |
| **el/la profesor(a)** | teacher |
| **el programa** | program |
| **el/la turista** | tourist |
| **el video** | video |

## Verbo

| | |
|---|---|
| **ser** | to be |

| | |
|---|---|
| **Numbers 0–30** | See page 16. |
| **Telling time** | See pages 24–25. |
| **Expresiones útiles** | See page 7. |

  **Audio: Vocabulary**

**recursos**

LM p. 6

vistas.vhlcentral.com Lección 1

# En la universidad

**2**

## Communicative Goals

*You will learn how to:*

- Talk about your classes and school life
- Discuss everyday activities
- Ask questions in Spanish
- Describe the location of people and things

## A PRIMERA VISTA
- ¿Hay dos chicos en la foto?
- ¿Hay tres cuadernos o siete?
- ¿Son turistas o estudiantes?
- ¿Qué hora es, la una de la mañana o de la tarde?

# En la universidad

## Más vocabulario

| | |
|---|---|
| la biblioteca | *library* |
| la cafetería | *cafeteria* |
| la casa | *house; home* |
| el estadio | *stadium* |
| el laboratorio | *laboratory* |
| la librería | *bookstore* |
| la residencia estudiantil | *dormitory* |
| la universidad | *university; college* |
| el/la compañero/a de clase | *classmate* |
| el/la compañero/a de cuarto | *roommate* |
| la clase | *class* |
| el curso | *course* |
| la especialización | *major* |
| el examen | *test; exam* |
| el horario | *schedule* |
| la prueba | *test; quiz* |
| el semestre | *semester* |
| la tarea | *homework* |
| el trimestre | *trimester; quarter* |
| la administración de empresas | *business administration* |
| el arte | *art* |
| la biología | *biology* |
| las ciencias | *sciences* |
| la computación | *computer science* |
| la contabilidad | *accounting* |
| la economía | *economics* |
| el español | *Spanish* |
| la física | *physics* |
| la geografía | *geography* |
| la música | *music* |

## Variación léxica

pluma ⟷ bolígrafo
pizarra ⟷ tablero (*Col.*)

el reloj

la ventana

la puerta

la profesora

el estudiante

la mesa

la calculadora

el libro

la pluma

LAS MATERIAS | COURSES
--- | ---
la historia | history
las humanidades | humanities
el inglés | English
las lenguas extranjeras | foreign languages
la literatura | literature
las matemáticas | mathematics
el periodismo | journalism
la psicología | psychology
la química | chemistry
la sociología | sociology

el mapa

la pizarra

el papel

el borrador

la tiza

la papelera

el escritorio

la mochila

la estudiante

la silla

# Práctica

**1 Escuchar** 🎧 Listen to Professor Morales talk about her Spanish classroom, then check the items she mentions.

| | | | | | |
|---|---|---|---|---|---|
| puerta | ○ | tiza | ○ | plumas | ○ |
| ventanas | ○ | escritorios | ○ | mochilas | ○ |
| pizarra | ○ | sillas | ○ | papel | ○ |
| borrador | ○ | libros | ○ | reloj | ○ |

**2 Identificar** 🎧 You will hear a series of words. Write each one in the appropriate category.

| Personas | Lugares | Materias |
|---|---|---|
| _____ | _____ | _____ |
| _____ | _____ | _____ |
| _____ | _____ | _____ |

**3 Emparejar** Match each question with its most logical response. **¡Ojo!** (*Careful!*) One response will not be used.

1. ¿Qué clase es?
2. ¿Quiénes son?
3. ¿Quién es?
4. ¿De dónde es?
5. ¿A qué hora es la clase de inglés?
6. ¿Cuántos estudiantes hay?

a. Hay veinticinco.
b. Es un reloj.
c. Es de Perú.
d. Es la clase de química.
e. Es el señor Bastos.
f. Es a las nueve en punto.
g. Son los profesores.

**4 Identificar** Identify the word that does not belong in each group.

1. examen • casa • tarea • prueba
2. economía • matemáticas • biblioteca • contabilidad
3. pizarra • tiza • borrador • librería
4. lápiz • cafetería • papel • cuaderno
5. veinte • diez • pluma • treinta
6. conductor • laboratorio • autobús • pasajero

**5 ¿Qué clase es?** Name the class associated with the subject matter.

modelo

los elementos, los átomos    Es la clase de química.

1. Abraham Lincoln, Winston Churchill
2. Picasso, Leonardo da Vinci
3. Freud, Jung
4. África, el océano Pacífico
5. la cultura de España, verbos
6. Hemingway, Shakespeare
7. geometría, calculadora

## Los días de la semana

¿Qué día es hoy (today)?

Hoy es martes.

¿Cuándo (When) es el examen?

Es el viernes.

### septiembre

| lunes | martes | miércoles | jueves | viernes | sábado | domingo |
|-------|--------|-----------|--------|---------|--------|---------|
|       | 1      | 2         | 3      | 4       | 5      | 6       |
| 7     | 8      | 9         | 10     |         |        |         |

**¡LENGUA VIVA!**

The days of the week are never capitalized in Spanish.

• • •

Monday is considered the first day of the week in Spanish-speaking countries.

**CONSULTA**

Note that September in Spanish is **septiembre**. For all of the months of the year, go to **Contextos, Lección 5,** p. 154.

**6**   **¿Qué día es hoy?** Complete each statement with the correct day of the week.

1. Hoy es martes. Mañana es _____. Ayer fue (*Yesterday was*) _____.
2. Ayer fue sábado. Mañana es _____. Hoy es _____.
3. Mañana es viernes. Hoy es _____. Ayer fue _____.
4. Ayer fue domingo. Hoy es _____. Mañana es _____.
5. Hoy es jueves. Ayer fue _____. Mañana es _____.
6. Mañana es lunes. Hoy es _____. Ayer fue _____.

**7**   **Analogías** Use these words to complete the analogies. Some words will not be used.

| | | | |
|------|-----------|-------------|----------|
| arte | día | martes | pizarra |
| biblioteca | domingo | matemáticas | profesor |
| catorce | estudiante | mujer | reloj |

1. maleta ⟷ pasajero ⊜ mochila ⟷ _____
2. chico ⟷ chica ⊜ hombre ⟷ _____
3. pluma ⟷ papel ⊜ tiza ⟷ _____
4. inglés ⟷ lengua ⊜ miércoles ⟷ _____
5. papel ⟷ cuaderno ⊜ libro ⟷ _____
6. quince ⟷ dieciséis ⊜ lunes ⟷ _____
7. Cervantes ⟷ literatura ⊜ Dalí ⟷ _____
8. autobús ⟷ conductor ⊜ clase ⟷ _____
9. los EE.UU. ⟷ mapa ⊜ hora ⟷ _____
10. veinte ⟷ veintitrés ⊜ jueves ⟷ _____

Practice more at **vistas.vhlcentral.com.**

# Comunicación

**8** **Horario** Choose three courses from the chart to create your own class schedule, then discuss it with a classmate.

**¡ATENCIÓN!**

Use **el** + [*day of the week*] when an activity occurs on a specific day and **los** + [*day of the week*] when an activity occurs regularly.

**El lunes** tengo un examen.

***On Monday*** *I have an exam.*

**Los lunes y miércoles** tomo biología.

***On Mondays and Wednesdays*** *I take biology.*

• • •

Except for **sábados** and **domingos,** the singular and plural forms for days of the week are the same.

| materia | horas | días | profesor(a) |
|---------|-------|------|-------------|
| historia | 9–10 | lunes, miércoles | Prof. Ordóñez |
| biología | 12–1 | lunes, jueves | Profa. Dávila |
| periodismo | 2–3 | martes, jueves | Profa. Quiñones |
| matemáticas | 2–3 | miércoles, jueves | Prof. Jiménez |
| arte | 12–1:30 | lunes, miércoles | Prof. Molina |

*modelo*

**Estudiante 1:** Tomo (*I take*) biología los lunes y jueves, de 12 a 1, con (*with*) la profesora Dávila.

**Estudiante 2:** ¿Sí? Yo no tomo biología. Yo tomo arte los lunes y miércoles, de 12 a 1:30, con el profesor Molina.

**9** **Memoria** How well do you know your Spanish classroom? Take a good look around and then close your eyes. Your partner will ask you questions about the classroom, using these words and other vocabulary. Each person should answer six questions and switch roles every three questions.

| | | | |
|---|---|---|---|
| escritorio | mapa | pizarra | reloj |
| estudiante | mesa | profesor(a) | ventana |
| libro | mochila | puerta | silla |

*modelo*

**Estudiante 1:** ¿Cuántas ventanas hay?

**Estudiante 2:** Hay cuatro ventanas.

**10** **Nuevos amigos** During the first week of class, you meet a new student in the cafeteria. With a partner, prepare a conversation using these cues. Then act it out for the class.

| **Estudiante 1** | **Estudiante 2** |
|------------------|------------------|
| Greet your new acquaintance. | → Introduce yourself. |
| Find out about him or her. | → Tell him or her about yourself. |
| Ask about your partner's class schedule. | → Compare your schedule to your partner's. |
| Say nice to meet you and goodbye. | → Say nice to meet you and goodbye. |

# ¿Qué estudias?

Felipe, Marissa, Juan Carlos y Miguel visitan Chapultepec
y hablan de las clases.

PERSONAJES    MARISSA    FELIPE

 Video: *Fotonovela*
Record and Compare

**FELIPE** Dos boletos, por favor.

**EMPLEADO** Dos boletos son
64 pesos.

**FELIPE** Aquí están 100 pesos.

**EMPLEADO** 100 menos 64 son
36 pesos de cambio.

**MIGUEL** Marissa, hablas muy bien
el español... ¿Y dónde está
tu diccionario?

**MARISSA** En casa de los Díaz.
Felipe necesita practicar inglés.

**MIGUEL** ¡Ay, Maru! Chicos, nos
vemos más tarde.

**FELIPE** Ésta es la Ciudad
de México.

**FELIPE** Oye, Marissa, ¿cuántas
clases tomas?

**MARISSA** Tomo cuatro clases:
español, historia, literatura y
también geografía. Me gusta
mucho la cultura mexicana.

**FELIPE** Juan Carlos, ¿quién enseña
la clase de química este semestre?

**JUAN CARLOS** El profesor Morales.
Ah, ¿por qué tomo química
y computación?

**FELIPE** Porque te gusta la tarea.

**JUAN CARLOS**     **MIGUEL**     **EMPLEADO**     **MARU**

**7**

**FELIPE** Los lunes y los miércoles, economía a las 2:30. Tú tomas computación los martes en la tarde, y química, a ver... Los lunes, los miércoles y los viernes ¿a las 10? ¡Uf!

**8**

**FELIPE** Y Miguel, ¿cuándo regresa?

**JUAN CARLOS** Hoy estudia con Maru.

**MARISSA** ¿Quién es Maru?

**9**

**MIGUEL** ¿Hablas con tu mamá?

**MARU** Mamá habla. Yo escucho. Es la 1:30.

**MIGUEL** Ay, lo siento. Juan Carlos y Felipe...

**MARU** Ay, Felipe.

**10**

**MARU** Y ahora, ¿adónde? ¿A la biblioteca?

**MIGUEL** Sí, pero primero a la librería. Necesito comprar unos libros.

## Expresiones útiles

### Talking about classes

**¿Cuántas clases tomas?**
*How many classes are you taking?*
**Tomo cuatro clases.**
*I'm taking four classes.*
**Mi especialización es en arqueología.**
*My major is archeology.*
**Este año, espero sacar buenas notas y, por supuesto, viajar por el país.**
*This year, I hope / I'm hoping to get good grades. And, of course, travel through the country.*

### Talking about likes/dislikes

**Me gusta mucho la cultura mexicana.**
*I like Mexican culture a lot.*
**Me gustan las ciencias ambientales.**
*I like environmental science.*
**Me gusta dibujar.**
*I like to draw.*
**¿Te gusta este lugar?**
*Do you like this place?*

### Paying for tickets

**Dos boletos, por favor.**
*Two tickets, please.*
**Dos boletos son sesenta y cuatro pesos.**
*Two tickets are sixty-four pesos.*
**Aquí están cien pesos.**
*Here's a hundred pesos.*
**Son treinta y seis pesos de cambio.**
*That's thirty-six pesos change.*

### Talking about location and direction

**¿Dónde está tu diccionario?**
*Where is your dictionary?*
**Está en casa de los Díaz.**
*It's at the Díaz's house.*
**Y ahora, ¿adónde? ¿A la biblioteca?**
*And now, where to? To the library?*
**Sí, pero primero a la librería. Está al lado.**
*Yes, but first to the bookstore. It's next door.*

**recursos**

VM
pp. 215–216

vistas.vhlcentral.com
Lección 2

# ¿Qué pasó?

**1**

**Escoger** Choose the answer that best completes each sentence.

1. Marissa toma (*is taking*) _____ en la universidad.
   a. español, psicología, economía y música   b. historia, inglés, sociología y periodismo
   c. español, historia, literatura y geografía

2. El profesor Morales enseña (*teaches*) _____.
   a. química   b. matemáticas   c. historia

3. Juan Carlos toma química _____.
   a. los miércoles, jueves y viernes   b. los lunes, miércoles y viernes
   c. los lunes, martes y jueves

4. Miguel necesita ir a (*needs to go to*) _____.
   a. la biblioteca   b. la residencia estudiantil   c. la librería

**2**

**Identificar** Indicate which person would make each statement.
The names may be used more than once.

1. ¿Maru es compañera de ustedes? _____
2. Mi mamá habla mucho. _____
3. El profesor Morales enseña la clase de química
   este semestre. _____
4. Mi diccionario está en casa de Felipe
   y Jimena. _____
5. Necesito estudiar con Maru. _____
6. Yo tomo clase de computación los martes
   por la tarde. _____

MARU

JUAN CARLOS     MARISSA

MIGUEL

**3**

**Completar** These sentences are similar to things said in the **Fotonovela**.
Complete each sentence with the correct word(s).

| Castillo de Chapultepec | estudiar | miércoles |
| clase | inglés | tarea |

1. Marissa, éste es el _____.
2. Felipe tiene (*has*) el diccionario porque (*because*)
   necesita practicar _____.
3. A Juan Carlos le gusta mucho la _____.
4. Hay clase de economía los lunes y _____.
5. Miguel está con Maru para _____.

**4**

**Preguntas personales** Interview a classmate about his/her university life.

1. ¿Qué clases tomas en la universidad?
2. ¿Qué clases tomas los martes?
3. ¿Qué clases tomas los viernes?
4. ¿En qué clase hay más chicos?
5. ¿En qué clase hay más chicas?
6. ¿Te gusta la clase de español?

Practice more at **vistas.vhlcentral.com**.

# Pronunciación

**Audio: Concepts, Activities
Record & Compare**

**Spanish vowels**

**a** **e** **i** **o** **u**

Spanish vowels are never silent; they are always pronounced in a short, crisp way without the glide sounds used in English.

| | | | |
|---|---|---|---|
| **Álex** | **clase** | **nada** | **encantada** |

The letter **a** is pronounced like the *a* in *father*, but shorter.

| | | | |
|---|---|---|---|
| **el** | **ene** | **mesa** | **elefante** |

The letter **e** is pronounced like the *e* in *they*, but shorter.

| | | | |
|---|---|---|---|
| **Inés** | **chica** | **tiza** | **señorita** |

The letter **i** sounds like the *ee* in *beet*, but shorter.

| | | | |
|---|---|---|---|
| **hola** | **con** | **libro** | **don Francisco** |

The letter **o** is pronounced like the *o* in *tono*, but shorter.

| | | | |
|---|---|---|---|
| **uno** | **regular** | **saludos** | **gusto** |

The letter **u** sounds like the *oo* in *room*, but shorter.

**Práctica** Practice the vowels by saying the names of these places in Spain.

1. Madrid
2. Alicante
3. Tenerife
4. Toledo
5. Barcelona
6. Granada
7. Burgos
8. La Coruña

**Oraciones** Read the sentences aloud, focusing on the vowels.

1. Hola. Me llamo Ramiro Morgado.
2. Estudio arte en la Universidad de Salamanca.
3. Tomo también literatura y contabilidad.
4. Ay, tengo clase en cinco minutos. ¡Nos vemos!

**Refranes** Practice the vowels by reading these sayings aloud.

Del dicho al hecho hay un gran trecho.[1]

Cada loco con su tema.[2]

1 *Easier said than done.*
2 *To each his own.*

Additional Reading

# La elección de una carrera universitaria

**Since higher education in the Spanish-speaking world** is heavily state-subsidized, tuition is almost free. As a result, public universities see large enrollments. Spanish and Latin American students generally choose their **carrera universitaria** (major) when they're eighteen—which is either the year they enter the university or the year before. In order to enroll, all students must complete a high school degree, known as the **bachillerato**. In countries like Bolivia, Mexico, and Peru, the last year of high school (**colegio***) tends to be specialized in an area of study, such as the arts or natural sciences.

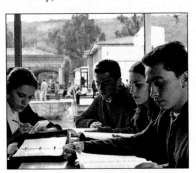

Students then choose their major according to their area of specialization. Similarly, university-bound students in Argentina follow the **polimodal** track during the last three years of high school. **Polimodal** refers to exposure to various disciplines, such as business, social sciences, or design. Based on this coursework, Argentine students choose their **carrera**. Finally, in Spain, students choose their major according to the score they receive on the **prueba de aptitud** (skills test or entrance exam).

University graduates receive a **licenciatura,** or bachelor's degree. In Argentina and Chile, a **licenciatura** takes four to six years to complete,

**Universidad Central de Venezuela en Caracas**

and may be considered equivalent to a master's degree. In Peru and Venezuela, a bachelor's degree is a five-year process. Spanish and Colombian **licenciaturas** take four to five years, although some fields, such as medicine, require six or more.

> ### Estudiantes hispanos en los EE.UU.
>
> In the 2004–05 academic year, over 13,000 Mexican students (2.3% of all international students) studied at U.S. universities. Colombians were the second-largest Spanish-speaking group, with over 7,000 students.

*¡Ojo! El colegio is a false cognate. In most countries, it means *high school*, but in some regions it refers to an elementary school. All undergraduate study takes place at la universidad.

## ACTIVIDADES

**1** **¿Cierto o falso?** Indicate whether these statements are **cierto** or **falso**. Correct the false statements.

1. Students in Spanish-speaking countries must pay large amounts of money toward their college tuition.

2. **Carrera** refers to any undergraduate or graduate program that students enroll in to obtain a professional degree.

3. After studying at a **colegio**, students receive their **bachillerato**.

4. Undergraduates study at a **colegio** or an **universidad**.

5. In Latin America and Spain, students usually choose their majors in their second year at the university.

6. The **polimodal** system helps students choose their university major.

7. In Mexico, the **bachillerato** involves specialized study.

8. In Spain, majors depend on entrance exam scores.

9. Venezuelans complete a **licenciatura** in five years.

10. According to statistics, Colombians constitute the third-largest Latin American group studying at U.S. universities.

## ASÍ SE DICE

### Clases y exámenes

| | |
|---|---|
| aprobar | to pass |
| la asignatura (Esp.) | la clase, la materia |
| la clase anual | year-long course |
| el examen parcial | midterm exam |
| la facultad | department, school |
| la investigación | research |
| el profesorado | faculty |
| reprobar; suspender (Esp.) | to fail |
| sacar buenas/ malas notas | to get good/ bad grades |
| tomar apuntes | to take notes |

## EL MUNDO HISPANO

### Las universidades hispanas

It is not uncommon for universities in Spain and Latin America to have extremely large student body populations.

- **Universidad de Buenos Aires** (Argentina) 325.000 estudiantes

- **Universidad Autónoma de Santo Domingo** (República Dominicana) 180.000 estudiantes

- **Universidad Complutense de Madrid** (España) 86.200 estudiantes

- **Universidad Central de Venezuela** (Venezuela) 62.600 estudiantes

## PERFIL

# La Universidad de Salamanca

The University of Salamanca, established in 1218, is the oldest university in Spain. It is located in Salamanca, one of the most spectacular Renaissance cities in Europe. Salamanca is nicknamed **La Ciudad Dorada** (*The Golden City*) for the golden glow of its famous sandstone buildings, and it was declared a UNESCO World Heritage Site in 1968.

Salamanca is a true college town, as its prosperity and city life depend and revolve around the university population. Over 38,000 students from all over Spain, as well as abroad, come to study here each year. The school offers over 250 academic programs, as well as renowned Spanish courses for foreign students. To walk through the university's historic grounds is to follow the footsteps of immortal writers like Miguel de Cervantes and Miguel de Unamuno.

### Conexión Internet

To which **facultad** does your major belong in Spain or Latin America?

Go to **vistas.vhlcentral.com** to find more cultural information related to this **Cultura** section.

## ACTIVIDADES

**2** **Comprensión** Complete these sentences.

1. The University of Salamanca was established in the year _____.
2. A _____ is a year-long course.
3. Salamanca is called _____.
4. Over 300,000 students attend the _____.
5. An _____ occurs about halfway through a course.

**3** **La universidad en cifras** With a partner, research a Spanish or Latin American university online and find five statistics about that institution (for instance, the total enrollment, majors offered, year it was founded, etc.). Using the information you found, create a dialogue between a prospective student and a university representative. Present your dialogue to the class.

 Practice more at **vistas.vhlcentral.com**.

**2.1** # Present tense of -ar verbs  Tutorial

**ANTE TODO** In order to talk about activities, you need to use verbs. Verbs express actions or states of being. In English and Spanish, the infinitive is the base form of the verb. In English, the infinitive is preceded by the word *to*: *to study*, *to be*. The infinitive in Spanish is a one-word form and can be recognized by its endings: **-ar**, **-er**, or **-ir**.

| *-ar* verb | | *-er* verb | | *-ir* verb | |
|---|---|---|---|---|---|
| **estudiar** | *to study* | **comer** | *to eat* | **escribir** | *to write* |

▶ In this lesson, you will learn the forms of regular **-ar** verbs.

### The verb estudiar (*to study*)

| | | | |
|---|---|---|---|
| **SINGULAR FORMS** | yo | estudi**o** | *I study* |
| | tú | estudi**as** | *you* (fam.) *study* |
| | Ud./él/ella | estudi**a** | *you* (form.) *study; he/she studies* |
| **PLURAL FORMS** | nosotros/as | estudi**amos** | *we study* |
| | vosotros/as | estudi**áis** | *you* (fam.) *study* |
| | Uds./ellos/ellas | estudi**an** | *you* (form.) *study; they study* |

Juan Carlos estudia ciencias ambientales.

Y tú, ¿qué estudias, Miguel?

▶ To create the forms of most regular verbs in Spanish, drop the infinitive endings (**-ar**, **-er**, **-ir**). You then add to the stem the endings that correspond to the different subject pronouns. This diagram will help you visualize verb conjugation.

### Conjugation of *-ar* verbs

| INFINITIVE | VERB STEM | CONJUGATED FORM |
|---|---|---|
| estudi**ar** | estudi- | yo estudi**o** |
| bail**ar** | bail- | tú bail**as** |
| trabaj**ar** | trabaj- | nosotros trabaj**amos** |

## Common -ar verbs

| | | | |
|---|---|---|---|
| **bailar** | to dance | **estudiar** | to study |
| **buscar** | to look for | **explicar** | to explain |
| **caminar** | to walk | **hablar** | to talk; to speak |
| **cantar** | to sing | **llegar** | to arrive |
| **cenar** | to have dinner | **llevar** | to carry |
| **comprar** | to buy | **mirar** | to look (at); to watch |
| **contestar** | to answer | **necesitar (+ inf.)** | to need |
| **conversar** | to converse, to chat | **practicar** | to practice |
| **desayunar** | to have breakfast | **preguntar** | to ask (a question) |
| **descansar** | to rest | **preparar** | to prepare |
| **desear (+ inf.)** | to desire; to wish | **regresar** | to return |
| **dibujar** | to draw | **terminar** | to end; to finish |
| **enseñar** | to teach | **tomar** | to take; to drink |
| **escuchar** | to listen (to) | **trabajar** | to work |
| **esperar (+ inf.)** | to wait (for); to hope | **viajar** | to travel |

▶ **¡Atención!** Unless referring to a person, the Spanish verbs **buscar**, **escuchar**, **esperar**, and **mirar** do not need to be followed by prepositions as they do in English.

**Busco** la tarea.
*I'm looking for the homework.*

**Escucho** la música.
*I'm listening to the music.*

**Espero** el autobús.
*I'm waiting for the bus.*

**Miro** la pizarra.
*I'm looking at the blackboard.*

### COMPARE & CONTRAST

English uses three sets of forms to talk about the present: (1) the simple present (*Paco works*), (2) the present progressive (*Paco is working*), and (3) the emphatic present (*Paco does work*). In Spanish, the simple present can be used in all three cases.

Paco **trabaja** en la cafetería.
1. *Paco works in the cafeteria.*
2. *Paco is working in the cafeteria.*
3. *Paco does work in the cafeteria.*

In Spanish and English, the present tense is also sometimes used to express future action.

Marina **viaja** a Madrid mañana.
1. *Marina travels to Madrid tomorrow.*
2. *Marina will travel to Madrid tomorrow.*
3. *Marina is traveling to Madrid tomorrow.*

▶ When two verbs are used together with no change of subject, the second verb is generally in the infinitive. To make a sentence negative in Spanish, the word **no** is placed before the conjugated verb. In this case, **no** means *not*.

**Deseo hablar** con el señor Díaz.
*I want to speak with Mr. Díaz.*

Alicia **no** desea bailar ahora.
*Alicia doesn't want to dance now.*

▶ Spanish speakers often omit subject pronouns because the verb endings indicate who the subject is. In Spanish, subject pronouns are used for emphasis, clarification, or contrast.

—¿Qué enseñan?
*What do they teach?*

—**Ella** enseña arte y **él** enseña física.
*She teaches art, and he teaches physics.*

—¿Quién desea trabajar hoy?
*Who wants to work today?*

—**Yo** no deseo trabajar hoy.
*I don't want to work today.*

## The verb gustar

▶ To express your likes and dislikes, use the expression **(no) me gusta** + **el/la** + [*singular noun*] or **(no) me gustan** + **los/las** + [*plural noun*]. Note: You may use the phrase **a mí** for emphasis, but never the subject pronoun **yo**.

**Me gusta la música** clásica.
*I like classical music.*

**Me gustan las clases** de español y biología.
*I like Spanish and biology classes.*

**A mí me gustan las artes**.
*I like the arts.*

**A mí no me gusta el programa.**
*I don't like the program.*

▶ To talk about what you like and don't like to do, use **(no) me gusta** + [*infinitive(s)*]. Note that the singular **gusta** is always used, even with more than one infinitive.

**No me gusta viajar** en autobús.
*I don't like to travel by bus.*

**Me gusta cantar** y **bailar**.
*I like to sing and dance.*

▶ To ask a classmate about likes and dislikes, use the pronoun **te** instead of **me**. Note: You may use **a ti** for emphasis, but never the subject pronoun **tú**.

—¿**Te gusta la geografía?**
*Do you like geography?*

—**Sí, me gusta. Y a ti, ¿te gusta el inglés?**
*Yes, I like it. And you, do you like English?*

▶ You can use this same structure to talk about other people by using the pronouns **nos**, **le**, and **les**. Unless your instructor tells you otherwise, only the **me** and **te** forms will appear on test materials until **Lección 7**.

**Nos gusta dibujar. (nosotros)**
*We like to draw.*

**Nos gustan las clases de español e inglés. (nosotros)**
*We like Spanish class and English class.*

**No le gusta trabajar. (usted, él, ella)**
*You don't like to work.*
*He/She doesn't like to work.*

**Les gusta el arte. (ustedes, ellos, ellas)**
*You like art.*
*They like art.*

**¡ATENCIÓN!**

Note that **gustar** does not behave like other **-ar** verbs. You must study its use carefully and pay attention to prepositions, pronouns, and agreement.

**AYUDA**

Use the construction **a** + [*name/pronoun*] to clarify to whom you are referring. This construction is not always necessary.
**A Gabriela** le gusta bailar.
**A Sara y a él** les gustan los animales.
**A mí** me gusta viajar.
¿**A ti** te gustan las clases?

**CONSULTA**

For more on **gustar** and other verbs like it, see **Estructura 7.4**, pp. 246–247.

 **¡INTÉNTALO!**   Provide the present tense forms of these verbs. The first items have been done for you.

**hablar**

1. Yo _hablo_ español.
2. Ellos _____ español.
3. Inés _____ español.
4. Nosotras _____ español.
5. Tú _____ español.

**gustar**

1. _Me gusta_ el café. (a mí)
2. ¿_____ las clases? (a ti)
3. No _____ el café. (a ti)
4. No _____ las clases. (a mí)
5. No _____ el café. (a mí)

# Práctica

**1** **Completar** Complete the conversation with the appropriate forms of the verbs in parentheses.

**JUAN** ¡Hola, Linda! ¿Qué tal las clases?

**LINDA** Bien. (1)_____ (Tomar) tres clases… química, biología y computación. Y tú, ¿cuántas clases (2)_____ (tomar)?

**JUAN** (3)_____ (Tomar) tres también… biología, arte y literatura. El doctor Cárdenas (4)_____ (enseñar) la clase de biología.

**LINDA** ¿Ah, sí? Lily, Alberto y yo (5)_____ (tomar) biología a las diez con la profesora Garza.

**JUAN** ¿(6)_____ (Estudiar) mucho ustedes?

**LINDA** Sí, porque hay muchos exámenes. Alberto y yo (7)_____ (necesitar) estudiar dos horas todos los días (*every day*).

**2** **Oraciones** Form sentences using the words provided. Remember to conjugate the verbs and add any other necessary words.

1. ustedes / practicar / vocabulario
2. ¿preparar (tú) / tarea?
3. clase de español / terminar / once
4. ¿qué / buscar / ustedes?
5. (nosotros) buscar / pluma
6. (yo) comprar / calculadora

**3** **Gustos** Read what these people do. Then use the information in parentheses to tell what they like.

> **modelo**
> Yo enseño en la universidad. (las clases)  Me gustan las clases.

1. Tú deseas mirar cuadros (*paintings*) de Picasso. (el arte)
2. Soy estudiante de economía. (estudiar)
3. Tú estudias italiano y español. (las lenguas extranjeras)
4. No descansas los sábados. (cantar y bailar)
5. Busco una computadora. (la computación)

**4** **Actividades** Get together with a classmate and take turns asking each other if you do these activities. Which activities does your partner like? Which do you both like?

> **modelo**
> tomar el autobús
> **Estudiante 1:** ¿Tomas el autobús?
> **Estudiante 2:** Sí, tomo el autobús, pero (*but*) no me gusta./ No, no tomo el autobús.

| | | |
|---|---|---|
| bailar merengue | escuchar música rock | practicar el español |
| cantar bien | estudiar física | trabajar en la universidad |
| dibujar en clase | mirar la televisión | viajar a Europa |

# Comunicación

**5** **Describir** With a partner, describe what you see in the pictures using the given verbs. Also ask your partner whether or not he/she likes one of the activities.

enseñar
*La profesora enseña química. ¿Te gusta la química?*

1. caminar, hablar, llevar

2. buscar, descansar, estudiar

3. dibujar, cantar, escuchar

4. llevar, tomar, viajar

**6** **Charadas** In groups of three, play a game of charades using the verbs in the word bank. For example, if someone is studying, you say "**Estudias.**" The first person to guess correctly acts out the next charade.

| | | | | |
|---|---|---|---|---|
| bailar | cantar | descansar | enseñar | mirar |
| caminar | conversar | dibujar | escuchar | preguntar |

# Síntesis

**7** **Conversación** Get together with a classmate and pretend that you are friends who have not seen each other on campus for a few days. Have a conversation in which you catch up on things. Mention how you're feeling, what classes you're taking, what days and times you have classes, and which classes you like and don't like.

# 2.2 Forming questions in Spanish  Tutorial

**ANTE TODO**  There are three basic ways to ask questions in Spanish. Can you guess what they are by looking at the photos and photo captions on this page?

Te gusta mucho la tarea, ¿no?

¿Hablas con tu mamá?

¿Quién es Maru?

▶ One way to form a question is to raise the pitch of your voice at the end of a declarative sentence. When writing any question in Spanish, be sure to use an upside down question mark (¿) at the beginning and a regular question mark (?) at the end of the sentence.

| Statement | Question |
|---|---|
| Ustedes trabajan los sábados. | ¿Ustedes trabajan los sábados? |
| *You work on Saturdays.* | *Do you work on Saturdays?* |
| Carlota busca un mapa. | ¿Carlota busca un mapa? |
| *Carlota is looking for a map.* | *Is Carlota looking for a map?* |

▶ You can also form a question by inverting the order of the subject and the verb of a declarative statement. The subject may even be placed at the end of the sentence.

| Statement | Question |
|---|---|
| SUBJECT   VERB | VERB   SUBJECT |
| **Ustedes trabajan** los sábados. | **¿Trabajan ustedes** los sábados? |
| *You work on Saturdays.* | *Do you work on Saturdays?* |
| SUBJECT   VERB | VERB   SUBJECT |
| **Carlota regresa** a las seis. | **¿Regresa** a las seis **Carlota**? |
| *Carlota returns at six.* | *Does Carlota return at six?* |

▶ Questions can also be formed by adding the tags **¿no?** or **¿verdad?** at the end of a statement.

| Statement | Question |
|---|---|
| Ustedes trabajan los sábados. | Ustedes trabajan los sábados, **¿no?** |
| *You work on Saturdays.* | *You work on Saturdays, don't you?* |
| Carlota regresa a las seis. | Carlota regresa a las seis, **¿verdad?** |
| *Carlota returns at six.* | *Carlota returns at six, right?* |

# Question words

| Interrogative words | | | |
|---|---|---|---|
| **¿Adónde?** | *Where (to)?* | **¿De dónde?** | *From where?* |
| **¿Cómo?** | *How?* | **¿Dónde?** | *Where?* |
| **¿Cuál?, ¿Cuáles?** | *Which?; Which one(s)?* | **¿Por qué?** | *Why?* |
| **¿Cuándo?** | *When?* | **¿Qué?** | *What?; Which?* |
| **¿Cuánto/a?** | *How much?* | **¿Quién?** | *Who?* |
| **¿Cuántos/as?** | *How many?* | **¿Quiénes?** | *Who (plural)?* |

▶ To ask a question that requires more than a *yes* or *no* answer, use an interrogative word.

**¿Cuál** de ellos estudia en la biblioteca?
*Which of them studies in the library?*

**¿Adónde** caminamos?
*Where are we walking?*

**¿Cuántos** estudiantes hablan español?
*How many students speak Spanish?*

**¿Por qué** necesitas hablar con ella?
*Why do you need to talk to her?*

**¿Dónde** trabaja Ricardo?
*Where does Ricardo work?*

**¿Quién** enseña la clase de arte?
*Who teaches the art class?*

**¿Qué** clases tomas?
*What classes are you taking?*

**¿Cuánta** tarea hay?
*How much homework is there?*

**CONSULTA**

You will learn more about the difference between **qué** and **cuál** in **Estructura 9.3**, p. 316.

▶ When pronouncing this type of question, the pitch of your voice falls at the end of the sentence.

**¿Cómo** llegas a clase?
*How do you get to class?*

**¿Por qué** necesitas estudiar?
*Why do you need to study?*

▶ Notice the difference between **¿por qué?**, which is written as two words and has an accent, and **porque**, which is written as one word without an accent.

**¿Por qué** estudias español?
*Why do you study Spanish?*

**¡Porque** es divertido!
*Because it's fun!*

▶ In Spanish **no** can mean both *no* and *not*. Therefore, when answering a yes/no question in the negative, you need to use **no** twice.

**¿Caminan** a la universidad?
*Do you walk to the university?*

**No, no** caminamos a la universidad.
*No, we do not walk to the university.*

 **¡INTÉNTALO!** Make questions out of these statements. Use the intonation method in column 1 and the tag **¿no?** method in column 2.

| Statement | Intonation | Tag questions |
|---|---|---|
| 1. Hablas inglés. | ¿Hablas inglés? | Hablas inglés, ¿no? |
| 2. Trabajamos mañana. | _____ | _____ |
| 3. Ustedes desean bailar. | _____ | _____ |
| 4. Raúl estudia mucho. | _____ | _____ |
| 5. Enseño a las nueve. | _____ | _____ |
| 6. Luz mira la televisión. | _____ | _____ |

**recursos**

WB
pp. 15–16

LM
p. 10

Ⓢ
vistas.
vhlcentral.com
Lección 2

# Práctica

**1**

**Preguntas** Change these sentences into questions by inverting the word order.

> **modelo**
>
> Ernesto habla con su compañero de clase.
> ¿Habla Ernesto con su compañero de clase? /
> ¿Habla con su compañero de clase Ernesto?

1. La profesora Cruz prepara la prueba.

2. Sandra y yo necesitamos estudiar.

3. Los chicos practican el vocabulario.

4. Jaime termina la tarea.

5. Tú trabajas en la biblioteca.

**2**

**Completar** Irene and Manolo are chatting in the library. Complete their conversation with the appropriate questions.

| | |
|---|---|
| **IRENE** | Hola, Manolo. (1)_____ |
| **MANOLO** | Bien, gracias. (2)_____ |
| **IRENE** | Muy bien. (3)_____ |
| **MANOLO** | Son las nueve. |
| **IRENE** | (4)_____ |
| **MANOLO** | Estudio historia. |
| **IRENE** | (5)_____ |
| **MANOLO** | Porque hay un examen mañana. |
| **IRENE** | (6)_____ |
| **MANOLO** | Sí, me gusta mucho la clase. |
| **IRENE** | (7)_____ |
| **MANOLO** | El profesor Padilla enseña la clase. |
| **IRENE** | (8)_____ |
| **MANOLO** | No, no tomo psicología este (*this*) semestre. |
| **IRENE** | (9)_____ |
| **MANOLO** | Regreso a la residencia a las once. |
| **IRENE** | (10)_____ |
| **MANOLO** | No, no deseo tomar una soda. ¡Deseo estudiar! |

**3**

**Dos profesores** In pairs, create a dialogue, similar to the one in **Actividad 2**, between Professor Padilla and his colleague Professor Martínez. Use question words.

> **modelo**
>
> **Prof. Padilla:** ¿Qué enseñas este semestre?
> **Prof. Martínez:** Enseño dos cursos de sociología.

 Practice more at **vistas.vhlcentral.com.**

# Comunicación

**4**

**Encuesta** Your instructor will give you a worksheet. Change the categories in the first column into questions, then use them to survey your classmates. Find at least one person for each category. Be prepared to report the results of your survey to the class.

**5**

**Un juego** In groups of four or five, play a game (**un juego**) of Jeopardy®. Each person has to write two clues. Then take turns reading the clues and guessing the questions. The person who guesses correctly reads the next clue.

| **Es algo que...** | **Es un lugar donde...** | **Es una persona que...** |
|---|---|---|
| *It's something that...* | *It's a place where...* | *It's a person that...* |

 **modelo**

**Estudiante 1:** Es un lugar donde estudiamos.
**Estudiante 2:** ¿Qué es la biblioteca?

**Estudiante 1:** Es algo que escuchamos.
**Estudiante 2:** ¿Qué es la música?

**Estudiante 1:** Es un director de España.
**Estudiante 2:** ¿Quién es Pedro Almodóvar?

**NOTA CULTURAL**

**Pedro Almodóvar** is an award-winning film director from Spain. His films are full of both humor and melodrama, and their controversial subject matter has often sparked great debate. His film **Hable con ella** won the Oscar for Best Original Screenplay in 2002. His 2006 hit **Volver** was nominated for numerous awards, and won the Best Screenplay and Best Actress award for the entire female cast at the Cannes Film Festival.

**6**

**El nuevo estudiante** In pairs, imagine you are a transfer student and today is your first day of Spanish class. Ask your partner questions to find out all you can about the class, your classmates, and the university. Then switch roles.

 **modelo**

**Estudiante 1:** Hola, me llamo Samuel. ¿Cómo te llamas?
**Estudiante 2:** Me llamo Laura.
**Estudiante 1:** ¿Quiénes son ellos?
**Estudiante 2:** Son Melanie y Lucas.
**Estudiante 1:** Y él, ¿de dónde es?
**Estudiante 2:** Es de California.
**Estudiante 1:** En la universidad hay cursos de ciencias, ¿verdad?
**Estudiante 2:** Sí, hay clases de biología, química y física.
**Estudiante 1:** ¿Cuántos exámenes hay en esta clase?
**Estudiante 2:** Hay dos.

# Síntesis

**7**

**Entrevista** Imagine that you are a reporter for the school newspaper. Write five questions about student life at your school and use them to interview two classmates. Be prepared to report your findings to the class.

## 2.3 Present tense of estar  Tutorial

**CONSULTA**

To review the forms of **ser**, see **Estructura 1.3**, pp. 19–21.

**ANTE TODO** In **Lección 1**, you learned how to conjugate and use the verb **ser** *(to be)*. You will now learn a second verb which means *to be*, the verb **estar**. Although **estar** ends in **-ar**, it does not follow the pattern of regular **-ar** verbs. The **yo** form (**estoy**) is irregular. Also, all forms have an accented **á** except the **yo** and **nosotros/as** forms.

| The verb estar (*to be*) | | |
|---|---|---|
| **SINGULAR FORMS** | | |
| yo | est**oy** | *I am* |
| tú | est**ás** | *you* (fam.) *are* |
| Ud./él/ella | est**á** | *you* (form.) *are; he/she is* |
| **PLURAL FORMS** | | |
| nosotros/as | est**amos** | *we are* |
| vosotros/as | est**áis** | *you* (fam.) *are* |
| Uds./ellos/ellas | est**án** | *you* (form.) *are; they are* |

¡Estamos en Perú!

María está en la biblioteca.

### COMPARE & CONTRAST

Compare the uses of the verb **estar** to those of the verb **ser**.

**AYUDA**

Use **la casa** to express *the house*, but **en casa** to express *at home*.

**CONSULTA**

To learn more about the difference between **ser** and **estar**, see **Estructura 5.3**, pp. 170–171.

**Uses of *estar***

**Location**
Estoy en casa.
*I am at home.*

Marissa **está** al lado de Felipe.
*Marissa is next to Felipe.*

**Health**
Juan Carlos **está** enfermo hoy.
*Juan Carlos is sick today.*

**Well-being**
—¿Cómo **estás**, Jimena?
*How are you, Jimena?*

—**Estoy** muy bien, gracias.
*I'm very well, thank you.*

**Uses of *ser***

**Identity**
Hola, **soy** Maru.
*Hello, I'm Maru.*

**Occupation**
**Soy** estudiante.
*I'm a student.*

**Origin**
—¿**Eres** de México?
*Are you from Mexico?*

—Sí, **soy** de México.
*Yes, I'm from Mexico.*

**Telling time**
**Son** las cuatro.
*It's four o'clock.*

▶ **Estar** is often used with certain prepositions to describe the location of a person or an object.

## Prepositions often used with estar

| | | | |
|---|---|---|---|
| **al lado de** | next to; beside | **delante de** | in front of |
| **a la derecha de** | to the right of | **detrás de** | behind |
| **a la izquierda de** | to the left of | **en** | in; on |
| **allá** | over there | **encima de** | on top of |
| **allí** | there | **entre** | between; among |
| **cerca de** | near | **lejos de** | far from |
| **con** | with | **sin** | without |
| **debajo de** | below | **sobre** | on; over |

La tiza **está al lado de** la pluma.
*The chalk is next to the pen.*

Los libros **están encima del** escritorio.
*The books are on top of the desk.*

El laboratorio **está cerca de** la clase.
*The lab is near the classroom.*

Maribel **está delante de** José.
*Maribel is in front of José.*

La maleta **está allí**.
*The suitcase is there.*

El estadio no **está lejos de** la librería.
*The stadium isn't far from the bookstore.*

El mapa **está entre** la pizarra y la puerta.
*The map is between the blackboard and the door.*

Los estudiantes **están en** la clase.
*The students are in class.*

La calculadora **está sobre** la mesa.
*The calculator is on the table.*

Los turistas **están allá**.
*The tourists are over there.*

Hoy estudia con Maru.

La biblioteca está al lado de la librería.

**¡INTÉNTALO!** Provide the present tense forms of **estar**.

1. Ustedes ___están___ en la clase.
2. José _____ en la biblioteca.
3. Yo _____ bien, gracias.
4. Nosotras _____ en la cafetería.
5. Tú _____ en el laboratorio.
6. Elena _____ en la librería.
7. Ellas _____ en la clase.
8. Ana y yo _____ en la clase.
9. ¿Cómo _____ usted?
10. Javier y Maribel _____ en el estadio.
11. Nosotros _____ en la cafetería.
12. Yo _____ en el laboratorio.
13. Carmen y María _____ enfermas.
14. Tú _____ en la clase.

recursos

WB
pp. 17–18

LM
p. 11

vistas.
vhlcentral.com
Lección 2

# Práctica

**1**

**Completar** Daniela has just returned home from the library. Complete this conversation with the appropriate forms of **ser** or **estar**.

MAMÁ    Hola, Daniela. ¿Cómo (1)_____?

▶ DANIELA    Hola, mamá. (2)_____ bien. ¿Dónde (3)_____ papá?
¡Ya (*Already*) (4)_____ las ocho de la noche!

MAMÁ    No (5)_____ aquí. (6)_____ en la oficina.

DANIELA    Y Andrés y Margarita, ¿dónde (7)_____ ellos?

MAMÁ    (8)_____ en el restaurante La Palma con Martín.

DANIELA    ¿Quién (9)_____ Martín?

MAMÁ    (10)_____ un compañero de clase. (11)_____ de México.

DANIELA    Ah. Y el restaurante La Palma, ¿dónde (12)_____?

MAMÁ    (13)_____ cerca de la Plaza Mayor, en San Modesto.

DANIELA    Gracias, mamá. Voy (*I'm going*) al restaurante. ¡Hasta pronto!

**2**

**Escoger** Choose the preposition that best completes each sentence.

1. La pluma está (encima de / detrás de) la mesa.
2. La ventana está (a la izquierda de / debajo de) la puerta.
3. La pizarra está (debajo de / delante de) los estudiantes.
4. Las sillas están (encima de / detrás de) los escritorios.
5. Los estudiantes llevan los libros (en / sobre) la mochila.
6. La biblioteca está (sobre / al lado de) la residencia estudiantil.
7. España está (cerca de / lejos de) Puerto Rico.
8. México está (cerca de / lejos de) los Estados Unidos.
9. Felipe trabaja (con / en) Ricardo en la cafetería.

**3**

**La librería** Imagine that you are in the school bookstore and can't find various items. Ask the clerk (your partner) the location of five items in the drawing. Then switch roles.

▶ *modelo*

**Estudiante 1:** ¿Dónde están los diccionarios?
**Estudiante 2:** Los diccionarios están debajo de los libros de literatura.

 Practice more at **vistas.vhlcentral.com**.

# Comunicación

**4** **¿Dónde estás...?** Get together with a partner and take turns asking each other where you normally are at these times.

> **modelo**
>
> lunes / 10:00 a.m.
> **Estudiante 1:** ¿Dónde estás los lunes a las diez de la mañana?
> **Estudiante 2:** Estoy en la clase de español.

1. sábados / 6:00 a.m.
2. miércoles / 9:15 a.m.
3. lunes / 11:10 a.m.
4. jueves / 12:30 a.m.

5. viernes / 2:25 p.m.
6. martes / 3:50 p.m.
7. jueves / 5:45 p.m.
8. miércoles / 8:20 p.m.

**5** **La ciudad universitaria** You are an exchange student at a Spanish university. Tell a classmate which buildings you are looking for and ask for their location relative to where you are.

> **modelo**
>
> **Estudiante 1:** ¿Está lejos la Facultad de Medicina?
> **Estudiante 2:** No, está cerca. Está a la izquierda de la Facultad de Administración de Empresas.

Facultad de Medicina
Facultad de Administración de Empresas
Facultad de Filosofía y Letras
Biblioteca
Tú estás aquí.
Facultad de Bellas Artes
Colegio Mayor Cervantes

**¡LENGUA VIVA!**

La Facultad (*School*) de Filosofía y Letras includes departments such as language, literature, philosophy, history, and linguistics. Fine arts can be studied in **la Facultad de Bellas Artes**. In Spain, the business school is sometimes called **la Facultad de Administración de Empresas**. **Residencias estudiantiles** are referred to as **colegios mayores**.

# Síntesis

**6** **Entrevista** In groups of three, ask each other these questions.

1. ¿Cómo estás?
2. ¿Dónde tomas la clase de inglés/periodismo/física/computación?
3. ¿Dónde está tu (*your*) compañero/a de cuarto ahora?
4. ¿Cuántos estudiantes hay en tu clase de historia/literatura/química/matemáticas?
5. ¿Quién(es) no está(n) en la clase hoy?
6. ¿A qué hora terminan tus clases los lunes?
7. ¿Estudias mucho?
8. ¿Cuántas horas estudias para (*for*) una prueba?

## [2.4] Numbers 31 and higher  Tutorial

**ANTE TODO** You have already learned numbers 0–30. Now you will learn the rest of the numbers.

## Numbers 31–100

▶ Numbers 31–99 follow the same basic pattern as 21–29.

| Numbers 31–100 | | |
|---|---|---|
| **31** treinta y uno | **40** cuarenta | **50** cincuenta |
| **32** treinta y dos | **41** cuarenta y uno | **51** cincuenta y uno |
| **33** treinta y tres | **42** cuarenta y dos | **52** cincuenta y dos |
| **34** treinta y cuatro | **43** cuarenta y tres | **60** sesenta |
| **35** treinta y cinco | **44** cuarenta y cuatro | **63** sesenta y tres |
| **36** treinta y seis | **45** cuarenta y cinco | **64** sesenta y cuatro |
| **37** treinta y siete | **46** cuarenta y seis | **70** setenta |
| **38** treinta y ocho | **47** cuarenta y siete | **80** ochenta |
| **39** treinta y nueve | **48** cuarenta y ocho | **90** noventa |
| | **49** cuarenta y nueve | **100** cien, ciento |

▶ **Y** is used in most numbers from **31** through **99**. Unlike numbers 21–29, these numbers must be written as three separate words.

Hay **noventa y dos** exámenes.
*There are ninety-two exams.*

Hay **cuarenta y dos** estudiantes.
*There are forty-two students.*

Hay cuarenta y siete estudiantes en la clase de geografía.

Cien menos sesenta y cuatro son treinta y seis pesos de cambio.

▶ With numbers that end in **uno** (31, 41, etc.), **uno** becomes **un** before a masculine noun and **una** before a feminine noun.

Hay **treinta y un** chicos.
*There are thirty-one guys.*

Hay **treinta y una** chicas.
*There are thirty-one girls.*

▶ **Cien** is used before nouns and in counting. The words **un, una,** and **uno** are never used before **cien** in Spanish. Use **cientos** to say *hundreds.*

Hay **cien** libros y **cien** sillas.
*There are one hundred books and one hundred chairs.*

¿Cuántos libros hay? **Cientos.**
*How many books are there? Hundreds.*

# Numbers 101 and higher

▶ As shown in the chart, Spanish uses a period to indicate thousands and millions, rather than a comma, as is used in English.

| Numbers 101 and higher | | | |
|---|---|---|---|
| **101** | ciento uno | **1.000** | mil |
| **200** | doscientos/as | **1.100** | mil cien |
| **300** | trescientos/as | **2.000** | dos mil |
| **400** | cuatrocientos/as | **5.000** | cinco mil |
| **500** | quinientos/as | **100.000** | cien mil |
| **600** | seiscientos/as | **200.000** | doscientos/as mil |
| **700** | setecientos/as | **550.000** | quinientos/as cincuenta mil |
| **800** | ochocientos/as | **1.000.000** | un millón (de) |
| **900** | novecientos/as | **8.000.000** | ocho millones (de) |

▶ Notice that you should use **ciento**, not **cien**, to count numbers over 100.

110 = **ciento diez**    118 = **ciento dieciocho**    150 = **ciento cincuenta**

▶ The numbers 200 through 999 agree in gender with the nouns they modify.

324 plum**as**                     3.505 libr**os**
trescient**as** veinticuatro plum**as**     tres mil quinient**os** cinco libr**os**

▶ The word **mil**, which can mean *a thousand* and *one thousand*, is not usually used in the plural form to refer to an exact number, but it can be used to express the idea of *a lot*, *many*, *or thousands*. **Cientos** can also be used to express *hundreds* in this manner.

¡Hay **miles** de personas en el estadio!    Hay **cientos** de libros en la biblioteca.
*There are thousands of people*              *There are hundreds of books*
   *in the stadium!*                           *in the library!*

▶ To express a complex number (including years), string together all of its components.

55.422    cincuenta y cinco mil cuatrocientos veintidós

---

 **¡INTÉNTALO!**    Write out the Spanish equivalent of each number.

1. **102** _____ *ciento dos* _____
2. **5.000.000** _____
3. **201** _____
4. **76** _____
5. **92** _____
6. **550.300** _____

7. **235** _____
8. **79** _____
9. **113** _____
10. **88** _____
11. **17.123** _____
12. **497** _____

# Práctica y Comunicación

**1** **Baloncesto** Provide these basketball scores in Spanish.

1. Ohio State 76, Michigan 65
2. Florida 92, Florida State 104
3. Stanford 83, UCLA 89
4. Purdue 81, Indiana 78
5. Princeton 67, Harvard 55
6. Duke 115, Virginia 121

**2** **Completar** Following the pattern, write out the missing numbers in Spanish.

1. 50, 150, 250 ... 1.050

2. 5.000, 20.000, 35.000 ... 95.000

3. 100.000, 200.000, 300.000 ... 1.000.000

4. 100.000.000, 90.000.000, 80.000.000 ... 0

**3** **Resolver** In pairs, take turns reading the math problems aloud for your partner to solve.

**AYUDA**

| | | |
|---|---|---|
| + | → | más |
| – | → | menos |
| = | → | son |

> **modelo**
> 200 + 300 =
> **Estudiante 1:** Doscientos más trescientos son...
> **Estudiante 2:** ...quinientos.

1. 1.000 + 753 =
2. 1.000.000 – 30.000 =
3. 10.000 + 555 =
4. 15 + 150 =
5. 100.000 + 205.000 =
6. 29.000 – 10.000 =

**4** **Entrevista** Find out the telephone numbers and e-mail addresses of four classmates.

> **modelo**
> **Estudiante 1:** ¿Cuál es tu (your) número de teléfono?
> **Estudiante 2:** Es el 635-19-51.
> **Estudiante 1:** ¿Y tu dirección de correo electrónico?
> **Estudiante 2:** Es a-Smith-arroba-pe-ele-punto-e-de-u. (asmith@pl.edu)

**AYUDA**

**arroba** *at* (@)
**punto** *dot* (.)

# Síntesis

**5** **¿A qué distancia...?** Your instructor will give you and a partner incomplete charts that indicate the distances between Madrid and various locations. Fill in the missing information on your chart by asking your partner questions.

> **modelo**
> **Estudiante 1:** ¿A qué distancia está Arganda del Rey?
> **Estudiante 2:** Está a veintisiete kilómetros de Madrid.

 Practice more at **vistas.vhlcentral.com.**

# Recapitulación

**S** Concepts
Diagnostics

Review the grammar concepts you have learned in this lesson by completing these activities.

**1**  **Completar** Complete the chart with the correct verb forms.  **12 pts.**

| yo | tú | nosotros | ellas |
|---|---|---|---|
| compro | | | |
| | deseas | | |
| | | miramos | |
| | | | preguntan |

**2**  **Números** Write these numbers in Spanish.  **8 pts.**

> **modelo**
> 645: *seiscientos cuarenta y cinco*

1. **49:** _____
2. **97:** _____
3. **113:** _____
4. **632:** _____
5. **1.781:** _____
6. **3.558:** _____
7. **1.006.015:** _____
8. **67.224.370:** _____

**3**  **Preguntas** Write questions for these answers.  **12 pts.**

1. —¿_____ Patricia?
   —Patricia es de Colombia.
2. —¿_____ él?
   —Él es mi amigo (*friend*).
3. —¿_____ (tú)?
   —Hablo dos idiomas (*languages*).
4. —¿_____ (ustedes)?
   —Deseamos tomar café.
5. —¿_____?
   —Tomo biología porque me gustan las ciencias.
6. —¿_____?
   —Camilo descansa por las mañanas.

## RESUMEN GRAMATICAL

**2.1**  **Present tense of *-ar* verbs** *pp. 50–52*

| estudiar | |
|---|---|
| estudio | estudiamos |
| estudias | estudiáis |
| estudia | estudian |

**The verb gustar**

(no) me gusta + el/la + [*singular noun*]

(no) me gustan + los/las + [*plural noun*]

(no) me gusta + [*infinitive(s)*]

**Note:** You may use **a mí** for emphasis, but never **yo**.

To ask a classmate about likes and dislikes, use **te** instead of **me**, but never **tú**.

¿Te gusta la historia?

**2.2**  **Forming questions in Spanish** *pp. 55–56*

▸ ¿Ustedes trabajan los sábados?

▸ ¿Trabajan ustedes los sábados?

▸ Ustedes trabajan los sábados, ¿verdad?/¿no?

| Interrogative words | | |
|---|---|---|
| ¿Adónde? | ¿Cuánto/a? | ¿Por qué? |
| ¿Cómo? | ¿Cuántos/as? | ¿Qué? |
| ¿Cuál(es)? | ¿De dónde? | ¿Quién(es)? |
| ¿Cuándo? | ¿Dónde? | |

**2.3**  **Present tense of *estar*** *pp. 59–60*

▸ estar: estoy, estás, está, estamos, estáis, están

**2.4**  **Numbers 31 and higher** *pp. 63–64*

| 31 | treinta y uno | 101 | ciento uno |
|---|---|---|---|
| 32 | treinta y dos | 200 | doscientos/as |
| | (and so on) | 500 | quinientos/as |
| 40 | cuarenta | 700 | setecientos/as |
| 50 | cincuenta | 900 | novecientos/as |
| 60 | sesenta | 1.000 | mil |
| 70 | setenta | 2.000 | dos mil |
| 80 | ochenta | 5.100 | cinco mil cien |
| 90 | noventa | 100.000 | cien mil |
| 100 | cien, ciento | 1.000.000 | un millón (de) |

**4**

**Al teléfono** Complete this telephone conversation with the correct forms of the verb **estar**.

8 pts.

**MARÍA TERESA**  Hola, señora López. (1) ¿_____ Elisa en casa?

**SRA. LÓPEZ**  Hola, ¿quién es?

**MARÍA TERESA**  Soy María Teresa. Elisa y yo (2) _____ en la misma (*same*) clase de literatura.

**SRA. LÓPEZ**  ¡Ah, María Teresa! ¿Cómo (3) _____?

**MARÍA TERESA**  (4) _____ muy bien, gracias. Y usted, ¿cómo (5) _____?

**SRA. LÓPEZ**  Bien, gracias. Pues, no, Elisa no (6) _____ en casa. Ella y su hermano (*her brother*) (7) _____ en la Biblioteca Cervantes.

**MARÍA TERESA**  ¿Cervantes?

**SRA. LÓPEZ**  Es la biblioteca que (8) _____ al lado del café Bambú.

**MARÍA TERESA**  ¡Ah, sí! Gracias, señora López.

**SRA. LÓPEZ**  Hasta luego, María Teresa.

**5**

**¿Qué te gusta?** Write a paragraph of at least five sentences stating what you like and don't like about your university. If possible, explain your likes and dislikes. 10 pts.

> *Me gusta la clase de música porque no hay muchos exámenes. No me gusta cenar en la cafetería...*

**6**

**Canción** Use the appropriate forms of the verb **gustar** to complete the beginning of a popular song by Manu Chao. 2 EXTRA points!

“ Me _____ los aviones°,
me gustas tú,
me _____ viajar,
me gustas tú,
me gusta la mañana,
me gustas tú. ”

aviones *airplanes*

 Practice more at **vistas.vhlcentral.com**.

# Lectura

## Antes de leer

### Estrategia

**Predicting Content through Formats**

Recognizing the format of a document can help you to predict its content. For instance, invitations, greeting cards, and classified ads follow an easily identifiable format, which usually gives you a general idea of the information they contain. Look at the text and identify it based on its format.

| | lunes | martes | miércoles | jueves | viernes |
|---|---|---|---|---|---|
| 8:30 | biología | | biología | | biología |
| 9:00 | | historia | | historia | |
| 9:30 | inglés | | inglés | | inglés |
| 10:00 | | | | | |
| 10:30 | | | | | |
| 11:00 | | | | | |
| 12:00 | | | | | |
| 12:30 | | | | | |
| 1:00 | | | | | |
| 2:00 | arte | | arte | | arte |

If you guessed that this is a page from a student's schedule, you are correct. You can now infer that the document contains information about a student's weekly schedule, including days, times, and activities.

## Cognados

With a classmate, make a list of the cognates in the text and guess their English meanings. What do cognates reveal about the content of the document?

## Examinar el texto

Look at the format of the document entitled *¡Español en Madrid!* What type of text is it? What information do you expect to find in this type of document?

# ¡ESPAÑOL EN MADRID!

# UAM

**Programa de Cursos Intensivos de Español**
Universidad Autónoma de Madrid

## Después de leer

### Correspondencias

Provide the letter of each item in Column B that matches the words in Column A. Two items will not be used.

**A**

1. profesores
2. vivienda
3. Madrid
4. número de teléfono
5. Español 2B
6. número de fax

**B**

a. (34) 91 523 4500
b. (34) 91 524 0210
c. 23 junio–30 julio
d. capital cultural de Europa
e. 16 junio–22 julio
f. especializados en enseñar español como lengua extran
g. (34) 91 523 4623
h. familias españolas

**Universidad Autónoma de Madrid**

*Madrid, la capital cultural de Europa, y la UAM te ofrecen cursos intensivos de verano° para aprender° español como nunca antes°.*

| Cursos | Empieza° | Termina |
|---|---|---|
| Español 1A | 16 junio | 22 julio |
| Español 1B | 23 junio | 30 julio |
| Español 1C | 30 junio | 10 agosto |
| Español 2A | 16 junio | 22 julio |
| Español 2B | 23 junio | 30 julio |
| Español 3A | 16 junio | 22 julio |
| Español 3B | 23 junio | 30 julio |

**¿Dónde?**
En el campus de la UAM, edificio° de la Facultad de Filosofía y Letras.

**¿Quiénes son los profesores?**
Son todos hablantes nativos del español y catedráticos° de la UAM especializados en enseñar el español como lengua extranjera.

**¿Qué niveles se ofrecen?**
Se ofrecen tres niveles° básicos:
1. Español Elemental, A, B y C
2. Español Intermedio, A y B
3. Español Avanzado, A y B

**Viviendas**
Para estudiantes extranjeros se ofrece vivienda° con familias españolas.

**¿Cuándo?**
Este verano desde° el 16 de junio hasta el 10 de agosto. Los cursos tienen una duración de 6 semanas.

**Información**
Para mayor información, sirvan comunicarse con la siguiente° oficina:

**Universidad Autónoma de Madrid**
Programa de Español como Lengua Extranjera
Ctra. Colmenar Viejo, Km. 15, 28049 Madrid, España
**Tel.** (34) 91 523 4500, **Fax** (34) 91 523 4623
**www.uam.es**

---

verano *summer* aprender *to learn* nunca antes *never before* edificio *building* catedráticos *professors* niveles *levels* vivienda *housing* desde *from* Empieza *Begins* siguiente *following*

## ¿Cierto o falso?

Indicate whether each statement is **cierto** or **falso**.
Then correct the false statements.

|  | Cierto | Falso |
|---|---|---|
| 1. La Universidad Autónoma de Madrid ofrece (*offers*) cursos intensivos de italiano. | ○ | ○ |
| 2. La lengua nativa de los profesores del programa es el inglés. | ○ | ○ |
| 3. Los cursos de español son en la Facultad de Ciencias. | ○ | ○ |
| 4. Los estudiantes pueden vivir (*can live*) con familias españolas. | ○ | ○ |
| 5. La universidad que ofrece los cursos intensivos está en Salamanca. | ○ | ○ |
| 6. Español 3B termina en agosto. | ○ | ○ |
| 7. Si deseas información sobre (*about*) los cursos intensivos de español, es posible llamar al (34) 91 523 4500. | ○ | ○ |
| 8. Español 1A empieza en julio. | ○ | ○ |

# Escritura

## Estrategia
### Brainstorming

How do you find ideas to write about? In the early stages of writing, brainstorming can help you generate ideas on a specific topic. You should spend ten to fifteen minutes brainstorming and jotting down any ideas about the topic. Whenever possible, try to write your ideas in Spanish. Express your ideas in single words or phrases, and jot them down in any order. While brainstorming, don't worry about whether your ideas are good or bad. Selecting and organizing ideas should be the second stage of your writing. Remember that the more ideas you write down while you're brainstorming, the more options you'll have to choose from later when you start to organize your ideas.

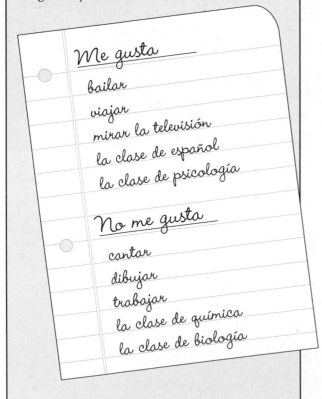

Me gusta

bailar
viajar
mirar la televisión
la clase de español
la clase de psicología

No me gusta

cantar
dibujar
trabajar
la clase de química
la clase de biología

## Tema

### Una descripción
Write a description of yourself to post in a chat room on a website in order to meet Spanish-speaking people. Include this information in your description:

▸ your name and where you are from, and a photo (optional) of yourself
▸ your major and where you go to school
▸ the courses you are taking
▸ where you work (if you have a job)
▸ some of your likes and dislikes

¡Hola! Me
llamo Alicia
Roberts. Estudio
matemáticas en
la Universidad
de Toronto.

# Escuchar  Ⓢ Audio: Activities

## Estrategia
### Listening for cognates

You already know that cognates are words that have similar spellings and meanings in two or more languages: for example, *group* and **grupo** or *stereo* and **estéreo**. Listen for cognates to increase your comprehension of spoken Spanish.

 To help you practice this strategy, you will now listen to two sentences. Make a list of all the cognates you hear.

## Preparación

Based on the photograph, who do you think Armando and Julia are? What do you think they are talking about?

## Ahora escucha 🎧 ✎Ⓢ

Now you are going to hear Armando and Julia's conversation. Make a list of the cognates they use.

| Armando | Julia |
|---------|-------|
| _____ | _____ |
| _____ | _____ |
| _____ | _____ |
| _____ | _____ |

Based on your knowledge of cognates, decide whether the following statements are **cierto** or **falso**.

|  | Cierto | Falso |
|---|:---:|:---:|
| 1. Armando y Julia hablan de la familia. | ○ | ○ |
| 2. Armando y Julia toman una clase de matemáticas. | ○ | ○ |
| 3. Julia toma clases de ciencias. | ○ | ○ |
| 4. Armando estudia lenguas extranjeras. | ○ | ○ |
| 5. Julia toma una clase de religión. | ○ | ○ |

Ⓢ Practice more at **vistas.vhlcentral.com.**

## Comprensión

### Preguntas ✎Ⓢ
Answer these questions about Armando and Julia's conversation.
1. ¿Qué clases toma Armando?
_____
2. ¿Qué clases toma Julia?
_____

### Seleccionar ✎Ⓢ
Choose the answer that best completes each sentence.
1. Armando toma _____ clases en la universidad.
   a. cuatro        b. cinco        c. seis
2. Julia toma dos clases de _____.
   a. matemáticas  b. lengua       c. ciencias
3. Armando toma italiano y _____.
   a. astronomía   b. japonés      c. geología
4. Armando y Julia estudian _____ los martes y jueves.
   a. filosofía     b. matemáticas  c. italiano

### Preguntas personales
1. ¿Cuántas clases tomas tú este semestre?
2. ¿Qué clases tomas este semestre?
3. ¿Qué clases te gustan y qué clases no te gustan?

# En pantalla

Christmas isn't always in winter. During the months of cold weather and snow in North America, the southern hemisphere enjoys warm weather and longer days. Since Chile's summer lasts from December to February, school vacation coincides with these months. In Chile, the school year starts in early March and finishes toward the end of December. All schools, from preschools to universities, observe this scholastic calendar, with only a few days' variation between institutions.

| Vocabulario útil | |
|---|---|
| quería | I wanted |
| pedirte | to ask you |
| te preocupa | it worries you |
| ahorrar | to save (money) |
| Navidad | Christmas |
| aprovecha | take advantage of |
| nuestras | our |
| ofertas | offers, deals |
| calidad | quality |
| no cuesta | doesn't cost |

### ¿Qué hay?

For each item, write **sí** if it appears in the TV clip or **no** if it does not.

_____ 1. papelera
_____ 2. lápiz
_____ 3. mesa
_____ 4. computadora
_____ 5. diccionario
_____ 6. cuaderno
_____ 7. tiza
_____ 8. ventana

### ¿Qué quieres?

Write a list of things that you want for your next birthday. Then read it to the class so they know what to get you. Use as much Spanish as you can.

Lista de cumpleaños°

Quiero°...

 **Video: TV Clip**

Practice more at **vistas.vhlcentral.com**.

cumpleaños _birthday_ Quiero _I want_ Viejito Pascuero _Santa Claus (Chile)_

Mexican author and diplomat Octavio Paz (March 31, 1914–April 19, 1998) studied both law and literature at the **Universidad Nacional Autónoma de México** (**UNAM**), but after graduating he immersed himself in the art of writing. An incredibly prolific writer of novels, poetry, and essays, Paz solidified his prestige as Mexico's preeminent author with his 1950 book *El laberinto de la soledad*, a fundamental study of Mexican identity. Among the many awards he received in his lifetime are the **Premio Miguel de Cervantes** (1981) and Nobel Prize for Literature (1990). Paz foremost considered himself a poet and affirmed that poetry constitutes "**la religión secreta de la edad° moderna**".

### Vocabulario útil

| | |
|---|---|
| **¿Cuál es tu materia favorita?** | *What is your favorite subject?* |
| **¿Cuántos años tienes?** | *How old are you?* |
| **¿Qué estudias?** | *What do you study?* |
| **el/la alumno/a** | *student* |
| **la carrera (de medicina)** | *(medical) degree program, major* |
| **derecho** | *law* |
| **reconocido** | *well-known* |

### Preparación

What is the name of your school or university? What degree program are you in? What classes are you taking this semester?

### Emparejar

Match the first part of the sentence in the left column with the appropriate ending in the right column.

1. En la UNAM no hay
2. México, D.F. es
3. La UNAM es
4. La UNAM ofrece

a. una universidad muy grande.
b. 74 carreras de estudio.
c. residencias estudiantiles.
d. la ciudad más grande (*biggest*) de Hispanoamérica.

## Los estudios

—¿Qué estudias?
—Ciencias de la comunicación.

Estudio derecho en la UNAM.

¿Conoces a algún° profesor famoso que dé° clases... en la UNAM?

 **Video:** *Flash cultura*

**recursos**

VM pp. 293–294

vistas.vhlcentral.com Lección 2

edad *age* ¿Conoces a algún...? *Do you know any...?* que dé *that teaches*

 Practice more at **vistas.vhlcentral.com.**

**Video:** *Panorama cultural*
**Interactive map**

# España

## El país en cifras

- ▶ **Área:** 504.750 km² (kilómetros cuadrados) o 194.884 millas cuadradas°, incluyendo las islas Baleares y las islas Canarias
- ▶ **Población:** 47.203.000
- ▶ **Capital:** Madrid—6.213.000
- ▶ **Ciudades° principales:** Barcelona—5.315.000, Valencia—832.000, Sevilla, Zaragoza

SOURCE: Population Division, UN Secretariat

- ▶ **Moneda°:** euro
- ▶ **Idiomas°:** español o castellano, catalán, gallego, valenciano, euskera

Gallego

Euskera

Catalán

Español

Valenciano

**Regiones lingüísticas**

Bandera de España

## Españoles célebres

- ▶ **Miguel de Cervantes,** escritor° (1547–1616)
- ▶ **Pedro Almodóvar,** director de cine° (1949– )
- ▶ **Rosa Montero,** escritora y periodista° (1951– )
- ▶ **Fernando Alonso,** corredor de autos° (1981– )
- ▶ **Paz Vega,** actriz° (1976– )

millas cuadradas *square miles* Ciudades *Cities* Moneda *Currency*
Idiomas *Languages* escritor *writer* cine *film* periodista *reporter*
corredor de autos *race car driver* actriz *actress* pueblo *town*
Cada año *Every year* Durante todo un día *All day long*
se tiran *throw at each other* varias toneladas *many tons*

La Sagrada Familia
en Barcelona

Plaza Mayor
en Madrid

Mar Cantábrico

FRANCIA

La Coruña

San Sebastián

ANDORRA

Pirineos

Zaragoza Río Ebro

Barcelona

Salamanca

PORTUGAL

ESPAÑA

Menorca

Mallorca

Madrid

Ibiza

Valencia

Islas
Baleares

Sierra Nevada

Mar
Mediterráneo

Sevilla

Estrecho
de Gibraltar

Ceuta

Melilla

MARRUECOS

El baile flamenco

**Islas Canarias**

La Palma

Tenerife Gran
Canaria

Lanzarote

Fuerteventura

Gomera

Hierro

**recursos**

WB
pp. 21–22

VM
pp. 251–252

vistas.vhlcentral.com
Lección 2

## ¡Increíble pero cierto!

En Buñol, un pueblo° de Valencia, la producción de tomates es un recurso económico muy importante. Cada año° se celebra el festival de *La Tomatina*. Durante todo un día°, miles de personas se tiran° tomates. Llegan turistas de todo el país, y se usan varias toneladas° de tomates.

## Gastronomía • José Andrés

José Andrés es un chef español famoso internacionalmente°. Le gusta combinar platos° tradicionales de España con las técnicas de cocina más innovadoras°. Andrés vive° en Washington, DC, es dueño° de varios restaurantes en los EE.UU. y presenta° un programa en PBS (foto, izquierda). También° ha estado° en *Late Show with David Letterman* y *Top Chef*.

## Cultura • La diversidad

La riqueza° cultural y lingüística de España refleja la combinación de las diversas culturas que han habitado° en su territorio durante siglos°. El español es la lengua oficial del país, pero también son oficiales el catalán, el gallego, el euskera y el valenciano.

Póster en catalán

## Artes • Velázquez y el Prado

El Prado, en Madrid, es uno de los museos más famosos del mundo°. En el Prado hay pinturas° importantes de Botticelli, de El Greco y de los españoles Goya y Velázquez. *Las meninas* es la obra° más conocida° de Diego Velázquez, pintor° oficial de la corte real° durante el siglo° XVII.

*Las meninas,*
Diego Velázquez, 1656

## Comida • La paella

La paella es uno de los platos más típicos de España. Siempre se prepara° con arroz° y azafrán°, pero hay diferentes recetas°. La paella valenciana, por ejemplo, es de pollo° y conejo°, y la paella marinera es de mariscos°.

La costa de Ibiza

**¿Qué aprendiste?** Completa las oraciones con la información adecuada.

1. El chef español _____ es muy famoso.
2. El arroz y el azafrán son ingredientes básicos de la _____.
3. El Prado está en _____.
4. José Andrés vive en _____.
5. El chef José Andrés tiene un _____ de televisión en PBS.
6. El gallego es una de las lenguas oficiales de _____.

**Conexión Internet** Investiga estos temas en **vistas.vhlcentral.com**.

Practice more at **vistas.vhlcentral.com**.

1. Busca información sobre la Universidad de Salamanca u otra universidad española. ¿Qué cursos ofrece (*does it offer*)? ¿Ofrece tu universidad cursos similares?

2. Busca información sobre un español o una española célebre (por ejemplo, un[a] político/a, un actor, una actriz, un[a] artista). ¿De qué parte de España es y por qué es célebre?

**internacionalmente** *internationally* **platos** *dishes* **más innovadoras** *most innovative* **vive** *lives* **dueño** *owner* **presenta** *hosts* **También** *Also* **ha estado** *has been* **riqueza** *richness* **han habitado** *have lived* **durante siglos** *for centuries* **mundo** *world* **pinturas** *paintings* **obra** *work* **más conocida** *best-known* **pintor** *painter* **corte real** *royal court* **siglo** *century* **Siempre se prepara** *It is always prepared* **arroz** *rice* **azafrán** *saffron* **recetas** *recipes* **pollo** *chicken* **conejo** *rabbit* **mariscos** *seafood*

## La clase y la universidad

| | |
|---|---|
| el/la compañero/a de clase | classmate |
| el/la compañero/a de cuarto | roommate |
| el/la estudiante | student |
| el/la profesor(a) | teacher |
| el borrador | eraser |
| la calculadora | calculator |
| el escritorio | desk |
| el libro | book |
| el mapa | map |
| la mesa | table |
| la mochila | backpack |
| el papel | paper |
| la papelera | wastebasket |
| la pizarra | blackboard |
| la pluma | pen |
| la puerta | door |
| el reloj | clock; watch |
| la silla | seat |
| la tiza | chalk |
| la ventana | window |
| la biblioteca | library |
| la cafetería | cafeteria |
| la casa | house; home |
| el estadio | stadium |
| el laboratorio | laboratory |
| la librería | bookstore |
| la residencia estudiantil | dormitory |
| la universidad | university; college |
| la clase | class |
| el curso, la materia | course |
| la especialización | major |
| el examen | test; exam |
| el horario | schedule |
| la prueba | test; quiz |
| el semestre | semester |
| la tarea | homework |
| el trimestre | trimester; quarter |

## Las materias

| | |
|---|---|
| la administración de empresas | business administration |
| la arqueología | archeology |
| el arte | art |
| la biología | biology |
| las ciencias | sciences |
| la computación | computer science |
| la contabilidad | accounting |
| la economía | economics |
| el español | Spanish |
| la física | physics |
| la geografía | geography |
| la historia | history |
| las humanidades | humanities |
| el inglés | English |
| las lenguas extranjeras | foreign languages |
| la literatura | literature |
| las matemáticas | mathematics |
| la música | music |
| el periodismo | journalism |
| la psicología | psychology |
| la química | chemistry |
| la sociología | sociology |

## Preposiciones

| | |
|---|---|
| al lado de | next to; beside |
| a la derecha de | to the right of |
| a la izquierda de | to the left of |
| allá | over there |
| allí | there |
| cerca de | near |
| con | with |
| debajo de | below; under |
| delante de | in front of |
| detrás de | behind |
| en | in; on |
| encima de | on top of |
| entre | between; among |
| lejos de | far from |
| sin | without |
| sobre | on; over |

## Palabras adicionales

| | |
|---|---|
| ¿Adónde? | Where (to)? |
| ahora | now |
| ¿Cuál?, ¿Cuáles? | Which?; Which one(s)? |
| ¿Por qué? | Why? |
| porque | because |

## Verbos

| | |
|---|---|
| bailar | to dance |
| buscar | to look for |
| caminar | to walk |
| cantar | to sing |
| cenar | to have dinner |
| comprar | to buy |
| contestar | to answer |
| conversar | to converse, to chat |
| desayunar | to have breakfast |
| descansar | to rest |
| desear | to wish; to desire |
| dibujar | to draw |
| enseñar | to teach |
| escuchar la radio/ música | to listen (to) the radio/music |
| esperar (+ *inf.*) | to wait (for); to hope |
| estar | to be |
| estudiar | to study |
| explicar | to explain |
| gustar | to like |
| hablar | to talk; to speak |
| llegar | to arrive |
| llevar | to carry |
| mirar | to look (at); to watch |
| necesitar (+ *inf.*) | to need |
| practicar | to practice |
| preguntar | to ask (a question) |
| preparar | to prepare |
| regresar | to return |
| terminar | to end; to finish |
| tomar | to take; to drink |
| trabajar | to work |
| viajar | to travel |

## Los días de la semana

| | |
|---|---|
| ¿Cuándo? | When? |
| ¿Qué día es hoy? | What day is it? |
| Hoy es… | Today is… |
| la semana | week |
| lunes | Monday |
| martes | Tuesday |
| miércoles | Wednesday |
| jueves | Thursday |
| viernes | Friday |
| sábado | Saturday |
| domingo | Sunday |

| | |
|---|---|
| Numbers 31 and higher | See pages 63–64. |
| Expresiones útiles | See page 45. |

  **Audio: Vocabulary**

# La familia

## Communicative Goals

**You will learn how to:**
- Talk about your family and friends
- Describe people and things
- Express possession

## A PRIMERA VISTA
- ¿Cuántos chicos hay en la foto?
- ¿Hay una mujer a la izquierda? ¿Y a la derecha?
- ¿Hay una cosa en la mano de la mujer?
- ¿Conversan ellos? ¿Trabajan? ¿Viajan?
- ¿Están lejos de su casa?

# La familia

## Más vocabulario

| | |
|---|---|
| los abuelos | grandparents |
| el/la bisabuelo/a | great-grandfather/ great-grandmother |
| el/la gemelo/a | twin |
| el/la hermanastro/a | stepbrother/stepsister |
| el/la hijastro/a | stepson/stepdaughter |
| la madrastra | stepmother |
| el medio hermano/ la media hermana | half-brother/ half-sister |
| el padrastro | stepfather |
| los padres | parents |
| los parientes | relatives |
| el/la cuñado/a | brother-in-law/ sister-in-law |
| la nuera | daughter-in-law |
| el/la suegro/a | father-in-law/ mother-in-law |
| el yerno | son-in-law |
| el/la amigo/a | friend |
| el apellido | last name; surname |
| la gente | people |
| el/la muchacho/a | boy/girl |
| el/la niño/a | child |
| el/la novio/a | boyfriend/girlfriend |
| la persona | person |
| el/la artista | artist |
| el/la ingeniero/a | engineer |
| el/la doctor(a), el/la médico/a | doctor; physician |
| el/la periodista | journalist |
| el/la programador(a) | computer programmer |

## Variación léxica

madre ⟷ mamá, mami (*colloquial*)

padre ⟷ papá, papi (*colloquial*)

muchacho/a ⟷ chico/a

## La familia de José Miguel Pérez Santoro

**Juan Santoro Sánchez**

mi abuelo (*my grandfather*)

**Ernesto Santoro González**

mi tío (*uncle*)
hijo (*son*) de Juan y Socorro

**Marina Gutiérrez de Santoro**

mi tía (*aunt*)
esposa (*wife*) de Ernesto

**Silvia Socorro Santoro Gutiérrez**

mi prima (*cousin*)
hija (*daughter*) de Ernesto y Marina

**Héctor Manuel Santoro Gutiérrez**

mi primo (*cousin*)
nieto (*grandson*) de Juan y Socorro

**Carmen Santoro Gutiérrez**

mi prima
hija de Ernesto y Marina

### ¡LENGUA VIVA!

In Spanish-speaking countries, it is common for people to go by both their first name and middle name, such as **José Miguel** or **Juan Carlos.** You will learn more about names and naming conventions on p. 86.

Socorro González de Santoro

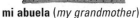

**mi abuela** (*my grandmother*)

Mirta Santoro de Pérez

**mi madre** (*mother*)
**hija de Juan y Socorro**

Rubén Ernesto Pérez Gómez

**mi padre** (*father*)
**esposo de mi madre**

José Miguel Pérez Santoro

**hijo de Rubén y de Mirta**

Beatriz Alicia Pérez de Morales

**mi hermana** (*sister*)

Felipe Morales Zapata

**esposo** (*husband*) **de Beatriz Alicia**

Víctor Miguel Morales Pérez

Anita Morales Pérez

**mi sobrino** (*nephew*)
**hermano** (*brother*) **de Anita**

**mi sobrina** (*niece*)
**nieta** (*granddaughter*) **de mis padres**

**los hijos** (*children*) **de Beatriz Alicia y de Felipe**

# Práctica

**1** **Escuchar** 🎧 Listen to each statement made by José Miguel Pérez Santoro, then indicate whether it is **cierto** or **falso**, based on his family tree.

|  | Cierto | Falso |  | Cierto | Falso |
|---|---|---|---|---|---|
| 1. | ○ | ○ | 6. | ○ | ○ |
| 2. | ○ | ○ | 7. | ○ | ○ |
| 3. | ○ | ○ | 8. | ○ | ○ |
| 4. | ○ | ○ | 9. | ○ | ○ |
| 5. | ○ | ○ | 10. | ○ | ○ |

**2** **Personas** 🎧 Indicate each word that you hear mentioned in the narration.

1. _____ cuñado      4. _____ niño      7. _____ ingeniera
2. _____ tía           5. _____ esposo    8. _____ primo
3. _____ periodista   6. _____ abuelos

**3** **Emparejar** Provide the letter of the phrase that matches each description. Two items will not be used.

1. Mi hermano programa las computadoras.
2. Son los padres de mi esposo.
3. Son los hijos de mis (*my*) tíos.
4. Mi tía trabaja en un hospital.
5. Es el hijo de mi madrastra y el hijastro de mi padre.
6. Es el esposo de mi hija.
7. Es el hijo de mi hermana.
8. Mi primo dibuja y pinta mucho.
9. Mi hermanastra enseña en la universidad.
10. Mi padre trabaja con planos (*blueprints*).

a. Es médica.
b. Es mi hermanastro.
c. Es programador.
d. Es ingeniero.
e. Son mis suegros.
f. Es mi novio.
g. Es mi padrastro.
h. Son mis primos.
i. Es artista.
j. Es profesora.
k. Es mi sobrino.
l. Es mi yerno.

**4** **Definiciones** Define these family terms in Spanish.

> **modelo**
> hijastro *Es el hijo de mi esposo/a, pero no es mi hijo.*

1. abuela      5. suegra
2. bisabuelo   6. cuñado
3. tío         7. nietos
4. primas      8. medio hermano

**5**   **Escoger** Complete the description of each photo using words you have learned in **Contextos**.

1. La _____ de Sara es grande.

2. Héctor y Lupita son _____.

3. Maira Díaz es _____.

4. Rubén habla con su _____.

5. Los dos _____ están en el parque.

6. Irene es _____.

7. Elena Vargas Soto es _____.

8. Don Manuel es el _____ de Martín.

Practice more at **vistas.vhlcentral.com**.

# Comunicación

**6**

**Una familia** With a classmate, identify the members in the family tree by asking questions about how each family member is related to Graciela Vargas García.

> **modelo**
>
> **Estudiante 1:** ¿Quién es Beatriz Pardo de Vargas?
> **Estudiante 2:** Es la abuela de Graciela.

**CONSULTA**

To see the cities where these family members live, look at the map in **Panorama** on p. 112.

David Vargas Olmedo — de Quito

Beatriz Pardo de Vargas — de Ibarra

Carlos Antonio López Ríos — de Cuenca

Lupe Vargas de López — de Quito

Juan Vargas Pardo — de Quito

María Susana García de Vargas — de Guayaquil

Ernesto López Vargas — de Loja

Ramón Vargas García — de Machala

Graciela Vargas García — de Machala

Now take turns asking each other these questions. Then invent three original questions.

1. ¿Cómo se llama el primo de Graciela?
2. ¿Cómo se llama la hija de David y de Beatriz?
3. ¿De dónde es María Susana?
4. ¿De dónde son Ramón y Graciela?
5. ¿Cómo se llama el yerno de David y de Beatriz?
6. ¿De dónde es Carlos Antonio?
7. ¿De dónde es Ernesto?
8. ¿Cuáles son los apellidos del sobrino de Lupe?

**7**

**Preguntas personales** With a classmate, take turns asking each other these questions.

1. ¿Cuántas personas hay en tu familia?
2. ¿Cómo se llaman tus padres? ¿De dónde son? ¿Dónde trabajan?
3. ¿Cuántos hermanos tienes? ¿Cómo se llaman? ¿Dónde estudian o trabajan?
4. ¿Cuántos primos tienes? ¿Cuáles son los apellidos de ellos? ¿Cuántos son niños y cuántos son adultos? ¿Hay más chicos o más chicas en tu familia?
5. ¿Eres tío/a? ¿Cómo se llaman tus sobrinos/as? ¿Dónde estudian o trabajan?
6. ¿Quién es tu pariente favorito?
7. ¿Tienes novio/a? ¿Tienes esposo/a? ¿Cómo se llama?

**AYUDA**

**tu** *your* (sing.)
**tus** *your* (plural)
**mi** *my* (sing.)
**mis** *my* (plural)
**tienes** *you have*
**tengo** *I have*

# Un domingo en familia

Marissa pasa el día en Xochimilco con la familia Díaz.

PERSONAJES    FELIPE    TÍA NAYELI

**S** Video: *Fotonovela*
Record and Compare

**JIMENA** Hola, tía Nayeli.

**TÍA NAYELI** ¡Hola, Jimena! ¿Cómo estás?

**JIMENA** Bien, gracias. Y, ¿dónde están mis primas?

**TÍA NAYELI** No sé. ¿Dónde están mis hijas? ¡Ah!

**MARISSA** ¡Qué bonitas son tus hijas! Y ¡qué simpáticas!

**MARISSA** La verdad, mi familia es pequeña.

**SRA. DÍAZ** ¿Pequeña? Yo soy hija única. Bueno, y ¿qué más? ¿Tienes novio?

**MARISSA** No. Tengo mala suerte con los novios.

**FELIPE** Soy guapo y delgado.

**JIMENA** Ay, ¡por favor! Eres gordo, antipático y muy feo.

**TÍO RAMÓN** ¿Tienes una familia grande, Marissa?

**MARISSA** Tengo dos hermanos mayores, Zack y Jennifer, y un hermano menor, Adam.

**MARISSA** Tía Nayeli, ¿cuántos años tienen tus hijas?

**TÍA NAYELI** Marta tiene ocho años y Valentina doce.

JIMENA

MARTA

VALENTINA

SRA. DÍAZ

TÍO RAMÓN

SR. DÍAZ

MARISSA

**SRA. DÍAZ** Chicas, ¿compartimos una trajinera?

**MARISSA** ¡Claro que sí! ¡Qué bonitas son!

**SRA. DÍAZ** ¿Vienes, Jimena?

**JIMENA** No, gracias. Tengo que leer.

**MARISSA** Me gusta mucho este sitio. Tengo ganas de visitar otros lugares en México.

**SRA. DÍAZ** ¡Debes viajar a Mérida!

**TÍA NAYELI** ¡Sí, con tus amigos! Debes visitar a Ana María, la hermana de Roberto y de Ramón.

(*La Sra. Díaz habla por teléfono con la tía Ana María.*)

**SRA. DÍAZ** ¡Qué bien! Excelente. Sí, la próxima semana. Muchísimas gracias.

**MARISSA** ¡Gracias, Sra. Díaz!

**SRA. DÍAZ** Tía Ana María.

**MARISSA** Tía Ana María.

**SRA. DÍAZ** ¡Un beso, chau!

**MARISSA** *Bye!*

**recursos**

VM pp. 217–218

vistas.vhlcentral.com Lección 3

## Expresiones útiles

### Talking about your family

**¿Tienes una familia grande?**
*Do you have a big family?*
**Tengo dos hermanos mayores y un hermano menor.**
*I have two older siblings and a younger brother.*
**La verdad, mi familia es pequeña.**
*The truth is, my family is small.*
**¿Pequeña? Yo soy hija única.**
*Small? I'm an only child.*

### Describing people

**¡Qué bonitas son tus hijas!**
**Y ¡qué simpáticas!**
*Your daughters are so pretty!*
*And so nice!*
**Soy guapo y delgado.**
*I'm handsome and slim.*
**¡Por favor! Eres gordo, antipático y muy feo.**
*Please! You're fat, unpleasant, and very ugly.*

### Talking about plans

**¿Compartimos una trajinera?**
*Shall we share a trajinera?*
**¡Claro que sí! ¡Qué bonitas son!**
*Of course! They're so pretty!*
**¿Vienes, Jimena?**
*Are you coming, Jimena?*
**No, gracias. Tengo que leer.**
*No, thanks. I have to read.*

### Saying how old people are

**¿Cuántos años tienen tus hijas?**
*How old are your daughters?*
**Marta tiene ocho años y Valentina doce.**
*Marta is eight and Valentina twelve.*

### Additional vocabulary

**ensayo** *essay*
**pobrecito/a** *poor thing*
**próxima** *next*
**sitio** *place*
**todavía** *still*
**trajinera** *type of barge*

# ¿Qué pasó?

**1** **¿Cierto o falso?** Indicate whether each sentence is **cierto** or **falso**. Correct the false statements.

|  | Cierto | Falso |
|---|---|---|
| 1. Marissa dice que (*says that*) tiene una familia grande. | ○ | ○ |
| 2. La Sra. Díaz tiene dos hermanos. | ○ | ○ |
| 3. Marissa no tiene novio. | ○ | ○ |
| 4. Valentina tiene veinte años. | ○ | ○ |
| 5. Marissa comparte una trajinera con la Sra. Díaz y la tía Nayeli. | ○ | ○ |
| 6. A Marissa le gusta mucho Xochimilco. | ○ | ○ |

**NOTA CULTURAL**

**Xochimilco** is famous for its system of canals and **chinampas**, or artificial islands, which have been used for agricultural purposes since Pre-Hispanic times. In 1987, UNESCO declared **Xochimilco** a World Heritage Site.

**2** **Identificar** Indicate which person would make each statement. The names may be used more than once. **¡Ojo!** One name will not be used.

1. Felipe es antipático y feo.
2. Mis hermanos se llaman Jennifer, Adam y Zack.
3. ¡Soy un joven muy guapo!
4. Mis hijas tienen ocho y doce años.
5. ¡Qué bonitas son las trajineras!
6. Ana María es la hermana de Ramón y Roberto.
7. No puedo (*I can't*) compartir una trajinera porque tengo que leer.
8. Tus hijas son bonitas y simpáticas, tía Nayeli.

**SRA. DÍAZ**

**JIMENA**

**MARISSA**

**FELIPE**
**TÍA NAYELI**

**NOTA CULTURAL**

**Trajineras** are large passenger barges that you can rent in **Xochimilco**. Each boat is named and decorated and has a table and chairs so passengers can picnic while they ride.

**3** **Escribir** In pairs, choose Marissa, Sra. Díaz, or tía Nayeli and write a brief description of her family. Be creative!

**MARISSA**

**SRA. DÍAZ**

**TÍA NAYELI**

Marissa es de los EE.UU. ¿Cómo es su familia?

La Sra. Díaz es de Cuba. ¿Cómo es su familia?

La tía Nayeli es de México. ¿Cómo es su familia?

**4** **Conversar** With a partner, use these questions to talk about your families.

1. ¿Cuántos años tienes?
2. ¿Tienes una familia grande?
3. ¿Tienes hermanos o hermanas?
4. ¿Cuántos años tiene tu abuelo (tu hermana, tu primo, etc.)?
5. ¿De dónde son tus padres?

**AYUDA**

Here are some expressions to help you talk about age.

**Yo tengo... años.**
*I am... years old.*
**Mi abuelo tiene... años.**
*My grandfather is... years old.*

 Practice more at **vistas.vhlcentral.com.**

# Pronunciación  **S** **Audio: Concepts, Activities Record & Compare**
### Diphthongs and linking

---

| **hermano** | **niña** | **cuñado** |

In Spanish, **a**, **e**, and **o** are considered strong vowels. The weak vowels are **i** and **u**.

---

| **ruido** | **parientes** | **periodista** |

A diphthong is a combination of two weak vowels or of a strong vowel and a weak vowel. Diphthongs are pronounced as a single syllable.

---

| **mi hijo** | **una clase excelente** |

Two identical vowel sounds that appear together are pronounced like one long vowel.

**la abuela**

---

| **con Natalia** | **sus sobrinos** | **las sillas** |

Two identical consonants together sound like a single consonant.

---

| **es ingeniera** | **mis abuelos** | **sus hijos** |

A consonant at the end of a word is linked with the vowel at the beginning of the next word.

---

| **mi hermano** | **su esposa** | **nuestro amigo** |

A vowel at the end of a word is linked with the vowel at the beginning of the next word.

---

**Práctica** Say these words aloud, focusing on the diphthongs.

| | | |
|---|---|---|
| 1. historia | 5. residencia | 9. lenguas |
| 2. nieto | 6. prueba | 10. estudiar |
| 3. parientes | 7. puerta | 11. izquierda |
| 4. novia | 8. ciencias | 12. ecuatoriano |

**Oraciones** Read these sentences aloud to practice diphthongs and linking words.

1. Hola. Me llamo Anita Amaral. Soy del Ecuador.
2. Somos seis en mi familia.
3. Tengo dos hermanos y una hermana.
4. Mi papá es del Ecuador y mi mamá es de España.

**Refranes** Read these sayings aloud to practice diphthongs and linking sounds.

Cuando una puerta se cierra, otra se abre.[1]

Hablando del rey de Roma, por la puerta se asoma.[2]

1 When one door closes, another opens.
2 Speak of the devil and he will appear.

**recursos**

LM p. 14

**S** vistas.vhlcentral.com Lección 3

**EN DETALLE**

**Additional Reading**

# ¿Cómo te llamas?

**In the Spanish-speaking world,** it is common to have two last names: one paternal and one maternal. In some cases, the conjunctions **de** or **y** are used to connect the two. For example, in the name **Juan Martínez de Velasco,** *Martínez* is the paternal surname (**el apellido paterno**), and *Velasco* is the maternal surname (**el apellido materno**); **de** simply links the two. This convention of using two last names (**doble apellido**) is a European tradition that Spaniards brought to the Americas. It continues to be practiced in many countries, including Chile, Colombia, Mexico, Peru, and Venezuela. There are exceptions, however. In Argentina, the prevailing custom is for children to inherit only the father's last name.

When a woman marries in a country where two last names are used, legally she retains her two maiden surnames. However, socially she may take her husband's paternal surname in place of her inherited maternal surname. For example, **Mercedes Barcha**

Gabriel García Márquez

Mercedes Barcha Pardo

Rodrigo García Barcha

**Pardo,** wife of Colombian writer **Gabriel García Márquez,** might use the names **Mercedes Barcha García** or **Mercedes Barcha de García** in social situations (although officially her name remains **Mercedes Barcha Pardo**). Adopting a husband's last name for social purposes, though widespread, is only legally recognized in Ecuador and Peru.

Most parents do not break tradition upon naming their children; regardless of the surnames the mother uses, they use the father's first surname followed by the mother's first surname, as in the name **Rodrigo García Barcha.** However, one should note that both surnames come from the grandfathers, and therefore all **apellidos** are effectively paternal.

### Hijos en la casa

In Spanish-speaking countries, family and society place very little pressure on young adults to live on their own (**independizarse**), and children often live with their parents well into their thirties. For example, about 60% of Spaniards under 34 years of age live at home with their parents. This delay in moving out is both cultural and economic—lack of job security or low wages coupled with a high cost of living may make it impractical for young adults to live independently before they marry.

---

**ACTIVIDADES**

**1** **¿Cierto o falso?** Indicate whether these statements are **cierto** or **falso.** Correct the false statements.

1. Most Spanish-speaking people have three last names.

2. Hispanic last names generally consist of the paternal last name followed by the maternal last name.

3. It is common to see **de** or **y** used in a Hispanic last name.

4. Someone from Argentina would most likely have two last names.

5. Generally, married women legally retain two maiden surnames.

6. In social situations, a married woman often uses her husband's last name in place of her inherited paternal surname.

7. Adopting a husband's surname is only legally recognized in Peru and Ecuador.

8. Hispanic last names are effectively a combination of the maternal surnames from the previous generation.

## ASÍ SE DICE

### Familia y amigos

| | |
|---|---|
| el/la bisnieto/a | *great-grandson/daughter* |
| el/la chamaco/a (Méx.); el/la chamo/a (Ven.); el/la chaval(a) (Esp.); el/la pibe/a (Arg.) | el/la muchacho/a |
| mi colega (Esp.); mi cuate (Méx.); mi parcero/a (Col.); mi pana (Ven., P. Rico, Rep. Dom.) | *my pal; my buddy* |
| la madrina | *godmother* |
| el padrino | *godfather* |
| el/la tatarabuelo/a | *great-great-grandfather/ great-great-grandmother* |

## EL MUNDO HISPANO

### Las familias

Although worldwide population trends show a decrease in average family size, households in many Spanish-speaking countries are still larger than their U.S. counterparts.

- **México** 4,0 personas
- **Colombia** 3,9 personas
- **Argentina** 3,6 personas
- **Uruguay** 3,0 personas
- **España** 2,9 personas
- **Estados Unidos** 2,6 personas

## PERFIL

# La familia real española

Undoubtedly, Spain's most famous family is **la familia real** (*Royal*). In 1962, then prince **Juan Carlos de Borbón** married Princess **Sofía** of Greece. In the late 1970s, **el Rey** (*King*) **Juan Carlos** and **la Reina** (*Queen*) **Sofía** returned to Spain and helped transition the country to democracy after a forty-year dictatorship. The royal couple, who enjoys immense public support, has three children: las **infantas** (*Princesses*) **Elena** and **Cristina**, and a son, **el príncipe** (*Prince*) **Felipe**, whose official title is **el Príncipe de Asturias**. In 2004, Felipe married **Letizia Ortiz Rocasolano** (now **la Princesa de Asturias**), a journalist and TV presenter. The future king and queen have two daughters, **las infantas Leonor** (born in 2005) and **Sofía** (born in 2007).

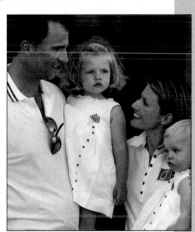

### Conexión Internet

What role do **padrinos** and **madrinas** have in today's Hispanic family?

Go to **vistas.vhlcentral.com** to find more cultural information related to this **Cultura** section.

## ACTIVIDADES

**2** **Comprensión** Complete these sentences.

1. Spain's royals were responsible for guiding in _____.
2. In Spanish, your godmother is called _____.
3. Princess Leonor is the _____ of Queen Sofía.
4. Uruguay's average household has _____ people.
5. If a Venezuelan calls you **mi pana**, you are that person's _____.

**3** **Una familia famosa** Create a genealogical tree of a famous family, using photos or drawings labeled with names and ages. Present the family tree to a classmate and explain who the people are and their relationships to each other.

  Practice more at **vistas.vhlcentral.com**.

## 3.1 Descriptive adjectives  Tutorial

**ANTE TODO** Adjectives are words that describe people, places, and things. In Spanish, descriptive adjectives are used with the verb **ser** to point out characteristics such as nationality, size, color, shape, personality, and appearance.

### Forms and agreement of adjectives

**COMPARE & CONTRAST**

In English, the forms of descriptive adjectives do not change to reflect the gender (masculine/feminine) and number (singular/plural) of the noun or pronoun they describe.

*Juan is **nice**.*          *Elena is **nice**.*          *They are **nice**.*

In Spanish, the forms of descriptive adjectives agree in gender and/or number with the nouns or pronouns they describe.

Juan es simpátic**o**.          Elena es simpátic**a**.          Ellos son simpátic**os**.

▶ Adjectives that end in **-o** have four different forms. The feminine singular is formed by changing the **-o** to **-a**. The plural is formed by adding **-s** to the singular forms.

| Masculine | | Feminine | |
|---|---|---|---|
| SINGULAR | PLURAL | SINGULAR | PLURAL |
| el muchach**o** alt**o** | los muchach**os** alt**os** | la muchach**a** alt**a** | las muchach**as** alt**as** |

¡Qué bonitas son tus hijas, tía Nayeli!

Felipe es gordo, antipático y muy feo.

▶ Adjectives that end in **-e** or a consonant have the same masculine and feminine forms.

| Masculine | | Feminine | |
|---|---|---|---|
| SINGULAR | PLURAL | SINGULAR | PLURAL |
| el chico inteligent**e** | los chicos inteligent**es** | la chica inteligent**e** | las chicas inteligent**es** |
| el examen difícil | los exámenes difíci**les** | la clase difícil | las clases difíci**les** |

▶ Adjectives that end in **-or** are variable in both gender and number.

| Masculine | | Feminine | |
|---|---|---|---|
| SINGULAR | PLURAL | SINGULAR | PLURAL |
| el hombre trabajad**or** | los hombres trabajad**ores** | la mujer trabajad**ora** | las mujeres trabajad**oras** |

▶ Use the masculine plural form to refer to groups that include males and females.

Manuel es alt**o**.          Lola es alt**a**.          Manuel y Lola son alt**os**.

## Common adjectives

| | | | | | |
|---|---|---|---|---|---|
| **alto/a** | tall | **gordo/a** | fat | **moreno/a** | brunet(te) |
| **antipático/a** | unpleasant | **grande** | big; large | **mucho/a** | much; many; |
| **bajo/a** | short (in | **guapo/a** | handsome; | | a lot of |
| | height) | | good-looking | **pelirrojo/a** | red-haired |
| **bonito/a** | pretty | **importante** | important | **pequeño/a** | small |
| **bueno/a** | good | **inteligente** | intelligent | **rubio/a** | blond(e) |
| **delgado/a** | thin; slender | **interesante** | interesting | **simpático/a** | nice; likeable |
| **difícil** | hard; difficult | **joven** | young | **tonto/a** | silly; foolish |
| **fácil** | easy | **malo/a** | bad | **trabajador(a)** | hard-working |
| **feo/a** | ugly | **mismo/a** | same | **viejo/a** | old |

## Adjectives of nationality

▶ Unlike in English, Spanish adjectives of nationality are **not** capitalized. Proper names of countries, however, are capitalized.

## Some adjectives of nationality

| | | | |
|---|---|---|---|
| **alemán, alemana** | German | **francés, francesa** | French |
| **argentino/a** | Argentine | **inglés, inglesa** | English |
| **canadiense** | Canadian | **italiano/a** | Italian |
| **chino/a** | Chinese | **japonés, japonesa** | Japanese |
| **costarricense** | Costa Rican | **mexicano/a** | Mexican |
| **cubano/a** | Cuban | **norteamericano/a** | (North) American |
| **ecuatoriano/a** | Ecuadorian | **puertorriqueño/a** | Puerto Rican |
| **español(a)** | Spanish | **ruso/a** | Russian |
| **estadounidense** | from the U.S. | | |

▶ Adjectives of nationality are formed like other descriptive adjectives. Those that end in **-o** change to **-a** when forming the feminine.

chin**o** ⟶ chin**a**          mexican**o** ⟶ mexican**a**

The plural is formed by adding an **-s** to the masculine or feminine form.

argentin**o** ⟶ argentin**os**          cuban**a** ⟶ cuban**as**

▶ Adjectives of nationality that end in **-e** have only two forms, singular and plural.

canadiense ⟶ canadiens**es**          estadounidense ⟶ estadounidens**es**

▶ To form the feminine of adjectives of nationality that end in a consonant, add **–a**.

alem**án** ⟶ alem**a**na          españo**l** ⟶ españo**la**

japoné**s** ⟶ japone**sa**          inglé**s** ⟶ ingle**sa**

## Position of adjectives

▶ Descriptive adjectives and adjectives of nationality generally follow the nouns they modify.

El niño **rubio** es de España.
*The blond boy is from Spain.*

La mujer **española** habla inglés.
*The Spanish woman speaks English.*

▶ Unlike descriptive adjectives, adjectives of quantity precede the modified noun.

Hay **muchos** libros en la biblioteca.
*There are many books in the library.*

Hablo con **dos** turistas puertorriqueños.
*I am talking with two Puerto Rican tourists.*

▶ **Bueno/a** and **malo/a** can appear before or after a noun. When placed before a masculine singular noun, the forms are shortened: **bueno → buen; malo → mal**.

Joaquín es un **buen** amigo.
Joaquín es un amigo **bueno.**  ⟶  *Joaquín is a good friend.*

Hoy es un **mal** día.
Hoy es un día **malo.**  ⟶  *Today is a bad day.*

▶ When **grande** appears before a singular noun, it is shortened to **gran,** and the meaning of the word changes: **gran** = *great* and **grande** = *big, large.*

Don Francisco es un **gran** hombre.
*Don Francisco is a great man.*

La familia de Inés es **grande**.
*Inés' family is large.*

---

 **¡INTÉNTALO!**   Provide the appropriate forms of the adjectives.

**simpático**
1. Mi hermano es ___simpático___.
2. La profesora Martínez es _____.
3. Rosa y Teresa son _____.
4. Nosotros somos _____.

**alemán**
1. Hans es ___alemán___.
2. Mis primas son _____.
3. Marcus y yo somos _____.
4. Mi tía es _____.

**difícil**
1. La química es ___difícil___.
2. El curso es _____.
3. Las pruebas son _____.
4. Los libros son _____.

**guapo**
1. Su esposo es ___guapo___.
2. Mis sobrinas son _____.
3. Los padres de ella son _____.
4. Marta es _____.

# Práctica

**1** **Emparejar** Find the words in column B that are the opposite of the words in column A. One word in B will not be used.

| A | B |
|---|---|
| 1. guapo | a. delgado |
| 2. moreno | b. pequeño |
| 3. alto | c. malo |
| 4. gordo | d. feo |
| 5. joven | e. viejo |
| 6. grande | f. rubio |
| 7. simpático | g. antipático |
|  | h. bajo |

**2** **Completar** Indicate the nationalities of these people by selecting the correct adjectives and changing their forms when necessary.

1. Penélope Cruz es _____.
▶ 2. Carlos Fuentes es un gran escritor (*writer*) de México; es _____.
3. Ellen Page y Avril Lavigne son _____.
4. Giorgio Armani es un diseñador de modas (*fashion designer*) _____.
5. Daisy Fuentes es de La Habana, Cuba; ella es _____.
6. Emma Watson y Daniel Radcliffe son actores _____.
7. Heidi Klum y Boris Becker son _____.
8. Apolo Anton Ohno y Shaun White son _____.

**3** **Describir** Look at the drawing and describe each family member using as many adjectives as possible.

1. Susana Romero Barcos es _____.
2. Tomás Romero Barcos es _____.
3. Los dos hermanos son _____.
4. Josefina Barcos de Romero es _____.
5. Carlos Romero Sandoval es _____.
6. Alberto Romero Pereda es _____.
7. Tomás y su (*his*) padre son _____.
8. Susana y su (*her*) madre son _____.

 Practice more at **vistas.vhlcentral.com**.

# Comunicación

**4**

**¿Cómo es?** With a partner, take turns describing each item on the list. Tell your partner whether you agree (**Estoy de acuerdo**) or disagree (**No estoy de acuerdo**) with their descriptions.

> **modelo**
>
> San Francisco
> **Estudiante 1:** San Francisco es una ciudad *(city)* muy bonita.
> **Estudiante 2:** No estoy de acuerdo. Es muy fea.

1. Nueva York
2. Steve Carell
3. las canciones *(songs)* de Celine Dion
4. el presidente de los Estados Unidos
5. Steven Spielberg
6. la primera dama *(first lady)* de los Estados Unidos
7. el/la profesor(a) de español
8. las personas de Los Ángeles
9. las residencias de mi universidad
10. mi clase de español

**AYUDA**

Here are some tips to help you complete the descriptions:

• Steve Carell es actor de cine y de televisión.
• Celine Dion es cantante.
• Steven Spielberg es director de cine.

**5**

**Anuncio personal** Write a personal ad that describes yourself and your ideal boyfriend, girlfriend, or mate. Then compare your ad with a classmate's. How are you similar and how are you different? Are you looking for the same things in a romantic partner?

**SOY ALTA,** morena y bonita. Soy cubana, de Holguín. Estudio arte en la universidad. Busco un chico similar. Mi novio ideal es alto, moreno, inteligente y muy simpático.

**AYUDA**

**casado/a**      *married*
**divorciado/a**  *divorced*
**soltero/a**     *single; unmarried*

These words and others like them are presented in **Contextos, Lección 9**, p. 302.

# Síntesis

**6**

**Diferencias** Your instructor will give you and a partner each a drawing of a family. Describe your version of the drawing to your partner in order to find at least five differences between your picture and your partner's.

> **modelo**
>
> **Estudiante 1:** Susana, la madre, es rubia.
> **Estudiante 2:** No, la madre es morena.

## 3.2 Possessive adjectives  Tutorial

**ANTE TODO** Possessive adjectives, like descriptive adjectives, are words that are used to qualify people, places, or things. Possessive adjectives express the quality of ownership or possession.

### Forms of possessive adjectives

| SINGULAR FORMS | PLURAL FORMS | |
|---|---|---|
| mi | mis | *my* |
| tu | tus | *your* (fam.) |
| su | sus | *his, her, its, your* (form.) |
| nuestro/a | nuestros/as | *our* |
| vuestro/a | vuestros/as | *your* (fam.) |
| su | sus | *their, your* (form.) |

**COMPARE & CONTRAST**

In English, possessive adjectives are invariable; that is, they do not agree in gender and number with the nouns they modify. Spanish possessive adjectives, however, do agree in number with the nouns they modify.

| *my cousin* | *my cousins* | *my aunt* | *my aunts* |
|---|---|---|---|
| **mi** primo | **mis** primos | **mi** tía | **mis** tías |

The forms **nuestro** and **vuestro** agree in both gender and number with the nouns they modify.

| nuestr**o** prim**o** | nuestr**os** prim**os** | nuestr**a** tía | nuestr**as** tí**as** |
|---|---|---|---|

▶ Possessive adjectives are always placed before the nouns they modify.

—¿Está **tu novio** aquí?              —No, **mi novio** está en la biblioteca.
*Is your boyfriend here?*              *No, my boyfriend is in the library.*

▶ Because **su** and **sus** have multiple meanings (*your, his, her, their, its*), you can avoid confusion by using this construction instead: [*article*] + [*noun*] + **de** + [*subject pronoun*].

**sus** parientes ◀
| los parientes **de él/ella** | *his/her relatives* |
| los parientes **de Ud./Uds.** | *your relatives* |
| los parientes **de ellos/ellas** | *their relatives* |

**¡INTÉNTALO!**  Provide the appropriate form of each possessive adjective.

1. Es _____mi_____ (*my*) libro.
2. _____ (*My*) familia es ecuatoriana.
3. _____ (*Your*, fam.) esposo es italiano.
4. _____ (*Our*) profesor es español.
5. Es _____ (*her*) reloj.
6. Es _____ (*your*, fam.) mochila.
7. Es _____ (*your*, form.) maleta.
8. _____ (*Their*) sobrina es alemana.

1. _____Sus_____ (*Her*) primos son franceses.
2. _____ (*Our*) primos son canadienses.
3. Son _____ (*their*) lápices.
4. _____ (*Their*) nietos son japoneses.
5. Son _____ (*our*) plumas.
6. Son _____ (*my*) papeles.
7. _____ (*My*) amigas son inglesas.
8. Son _____ (*his*) cuadernos.

# Práctica

**1** **La familia de Manolo** Complete each sentence with the correct possessive adjective from the options in parentheses. Use the subject of each sentence as a guide.

1. Me llamo Manolo, y _____ (nuestro, mi, sus) hermano es Federico.
2. _____ (Nuestra, Sus, Mis) madre Silvia es profesora y enseña química.
3. Ella admira a _____ (tu, nuestro, sus) estudiantes porque trabajan mucho.
4. Yo estudio en la misma universidad, pero no tomo clases con _____ (mi, nuestras, tus) madre.
5. Federico trabaja en una oficina con _____ (mis, tu, nuestro) padre.
6. _____ (Mi, Su, Tu) oficina está en el centro de la Ciudad de México.
7. Javier y Óscar son _____ (mis, mi, sus) tíos de Oaxaca.
8. ¿Y tú? ¿Cómo es _____ (mi, su, tu) familia?

**AYUDA**

Remember that possessive adjectives don't agree in number or gender with the owner of an item; they always agree with the item(s) being possessed.

**2** **Clarificar** Clarify each sentence with a prepositional phrase. Follow the model.

> **modelo**
>
> Su hermana es muy bonita. (ella)
> *La hermana de ella es muy bonita.*

1. Su casa es muy grande. (ellos) _____
2. ¿Cómo se llama su hermano? (ellas) _____
3. Sus padres trabajan en el centro. (ella) _____
4. Sus abuelos son muy simpáticos. (él) _____
5. Maribel es su prima. (ella) _____
6. Su primo lee los libros. (ellos) _____

**3** **¿Dónde está?** With a partner, imagine that you can't remember where you put some of the belongings you see in the pictures. Your partner will help you by reminding you where your things are. Take turns playing each role.

**CONSULTA**

For a list of useful prepositions, refer to the table *Prepositions often used with* **estar**, in **Estructura 2.3**, p. 60.

> **modelo**
>
> **Estudiante 1:** *¿Dónde está mi mochila?*
> **Estudiante 2:** *Tu mochila está encima del escritorio.*

1.

2.

3.

4.

5.

6.

# Comunicación

**4**

**Describir** With a partner, describe the people and places listed below. Make note of any similarities and be prepared to share them with the class.

> **modelo**
>
> la biblioteca de su universidad
> La biblioteca de nuestra universidad es muy grande. Hay muchos libros en la biblioteca. Mis amigos y yo estudiamos en la biblioteca.

1. tu profesor favorito
2. tu profesora favorita
3. su clase de español
4. la librería de su universidad
5. tus padres
6. tus abuelos
7. tu mejor (*best*) amigo
8. tu mejor amiga
9. su universidad
10. tu país de origen

**5**

**Una familia famosa** Assume the identity of a member of a famous family, real or fictional (the Hiltons, Cyruses, Simpsons, Clintons, Beckhams, Jolie-Pitts, etc.) and write a description of "your" family. Be sure not to use any names! Then, in small groups, take turns reading the descriptions aloud. The other group members may ask follow-up questions to help them identify the famous person.

> **modelo**
>
> **Estudiante 1:** Hay cuatro personas en mi familia. Mi padre es delgado y muy trabajador. Su trabajo (*job*) es importante; él viaja mucho. Mi madre es guapa e inteligente. Tengo una hermana mayor. Ella y yo estudiamos en una escuela privada. Nuestra casa está en la capital.
> **Estudiante 2:** ¿Son ustedes de la capital?
> **Estudiante 1:** No, somos de Chicago.
> **Estudiante 3:** ¿Eres Sasha Obama?
> **Estudiante 1:** Sí.

# Síntesis

**6**

**Describe a tu familia** Get together with two classmates and describe your family to them in several sentences (**Mi padre es alto y moreno. Mi madre es delgada y muy bonita. Mis hermanos son…**). They will work together to try to repeat your description (**Su padre es alto y moreno. Su madre…**). If they forget any details, they can ask you questions (**¿Es alto tu hermano?**). Alternate roles until all of you have described your families.

## 3.3 Present tense of -er and -ir verbs  Tutorial

**ANTE TODO** In **Lección 2,** you learned how to form the present tense of regular -**ar** verbs. You also learned about the importance of verb forms, which change to show who is performing the action. The chart below shows the forms from two other important groups, -**er** verbs and -**ir** verbs.

**CONSULTA**

To review the conjugation of -**ar** verbs, see **Estructura 2.1**, p. 50.

| Present tense of -er and -ir verbs | | |
|---|---|---|
| | **comer** *(to eat)* | **escribir** *(to write)* |
| **SINGULAR FORMS** | | |
| yo | com**o** | escrib**o** |
| tú | com**es** | escrib**es** |
| Ud./él/ella | com**e** | escrib**e** |
| **PLURAL FORMS** | | |
| nosotros/as | com**emos** | escrib**imos** |
| vosotros/as | com**éis** | escrib**ís** |
| Uds./ellos/ellas | com**en** | escrib**en** |

▶ -**Er** and -**ir** verbs have very similar endings. Study the preceding chart to detect the patterns that make it easier for you to use them to communicate in Spanish.

Felipe y su tío comen.

Jimena lee.

**AYUDA**

Here are some tips on learning Spanish verbs:
1) Learn to identify the verb's stem, to which all endings attach.
2) Memorize the endings that go with each verb and verb tense.
3) As often as possible, practice using different forms of each verb in speech and writing.
4) Devote extra time to learning irregular verbs, such as **ser** and **estar**.

▶ Like -**ar** verbs, the **yo** forms of -**er** and -**ir** verbs end in -**o**.

Yo com**o**.        Yo escrib**o**.

▶ Except for the **yo** form, all of the verb endings for -**er** verbs begin with -**e**.

| -es | -emos | -en |
|---|---|---|
| -e | -éis | |

▶ -**Er** and -**ir** verbs have the exact same endings, except in the **nosotros/as** and **vosotros/as** forms.

nosotros ◀ com**emos**          vosotros ◀ com**éis**
           escrib**imos**                    escrib**ís**

## Common -er and -ir verbs

| -er verbs | | -ir verbs | |
|---|---|---|---|
| **aprender (a + _inf._)** | _to learn_ | **abrir** | _to open_ |
| **beber** | _to drink_ | **asistir (a)** | _to attend_ |
| **comer** | _to eat_ | **compartir** | _to share_ |
| **comprender** | _to understand_ | **decidir (+ _inf._)** | _to decide_ |
| **correr** | _to run_ | **describir** | _to describe_ |
| **creer (en)** | _to believe (in)_ | **escribir** | _to write_ |
| **deber (+ _inf._)** | _should; must; ought to_ | **recibir** | _to receive_ |
| **leer** | _to read_ | **vivir** | _to live_ |

Ellos **corren** en el parque.

Él **escribe** una carta.

**¡INTÉNTALO!** Provide the appropriate present tense forms of these verbs.

**correr**

1. Graciela ___corre___.
2. Tú _____.
3. Yo _____.
4. Sara y Ana _____.
5. Usted _____.
6. Ustedes _____.
7. La gente _____.
8. Marcos y yo _____.

**abrir**

1. Ellos ___abren___ la puerta.
2. Carolina _____ la maleta.
3. Yo _____ las ventanas.
4. Nosotras _____ los libros.
5. Usted _____ el cuaderno.
6. Tú _____ la ventana.
7. Ustedes _____ las maletas.
8. Los muchachos _____ los cuadernos.

**aprender**

1. Él ___aprende___ español.
2. Maribel y yo _____ inglés.
3. Tú _____ japonés.
4. Tú y tu hermanastra _____ francés.
5. Mi hijo _____ chino.
6. Yo _____ alemán.
7. Usted _____ inglés.
8. Nosotros _____ italiano.

**recursos**

WB
pp. 29–30

LM
p. 17

vistas.
vhlcentral.com
Lección 3

# Práctica

**1**

**Completar** Complete Susana's sentences about her family with the correct forms of the verbs in parentheses. One of the verbs will remain in the infinitive.

1. Mi familia y yo _____ (vivir) en Mérida, Yucatán.
2. Tengo muchos libros. Me gusta _____ (leer).
3. Mi hermano Alfredo es muy inteligente. Alfredo _____ (asistir) a clases los lunes, miércoles y viernes.
4. Los martes y jueves Alfredo y yo _____ (correr) en el Parque del Centenario.
5. Mis padres _____ (comer) mucha lasaña los domingos y se quedan dormidos (*they fall asleep*).
6. Yo _____ (creer) que (*that*) mis padres deben comer menos (*less*).

**2**

**Oraciones** Juan is talking about what he and his friends do after school. Form complete sentences by adding any other necessary elements.

> **modelo**
> yo / correr / amigos / lunes y miércoles
> *Yo corro con mis amigos los lunes y miércoles.*

1. Manuela / asistir / clase / yoga
2. Eugenio / abrir / correo electrónico (*e-mail*)
3. Isabel y yo / leer / biblioteca
4. Sofía y Roberto / aprender / hablar / inglés
5. tú / comer / cafetería / universidad
6. mi novia y yo / compartir / libro de historia

**3**

**Consejos** Mario and his family are spending a year abroad to learn Japanese. In pairs, use the words below to say what he and/or his family members are doing or should do to adjust to life in Japan. Then, create one more sentence using a verb not on the list.

> **modelo**
> recibir libros / deber practicar japonés
> **Estudiante 1:** *Mario y su esposa reciben muchos libros en japonés.*
> **Estudiante 2:** *Los hijos deben practicar japonés.*

aprender japonés          decidir explorar el país
asistir a clases          escribir listas de palabras en japonés
beber sake                leer novelas japonesas
deber comer cosas nuevas  vivir con una familia japonesa
¿?                        ¿?

 Practice more at **vistas.vhlcentral.com**.

# Comunicación

**4**

**Entrevista** In pairs, use these questions to interview each other. Be prepared to report the results of your interviews to the class.

1. ¿Dónde comes al mediodía? ¿Comes mucho?
2. ¿Cuándo asistes a tus clases?
3. ¿Cuál es tu clase favorita? ¿Por qué?
4. ¿Dónde vives?
5. ¿Con quién vives?
6. ¿Qué cursos debes tomar el próximo (*next*) semestre?
7. ¿Lees el periódico (*newspaper*)? ¿Qué periódico lees y cuándo?
8. ¿Recibes muchos mensajes de texto (*text messages*)? ¿De quién(es)?
9. ¿Escribes poemas?
10. ¿Crees en fantasmas (*ghosts*)?

**5**

**¿Acción o descripción?** In small groups, take turns choosing a verb from the list. Then choose to act out the verb or give a description. The other members of the group will say what you are doing. Be creative!

abrir (un libro, una puerta, una mochila)
aprender (a bailar, a hablar francés, a dibujar)
asistir (a una clase de yoga, a un concierto de rock, a una clase interesante)
beber (agua, Coca-Cola)
comer (pasta, un sándwich, pizza)
compartir (un libro, un sándwich)

correr (en el parque, en un maratón)
escribir (una composición, un mensaje de texto [*text message*], con lápiz)
leer (una carta [*letter*] de amor, un mensaje electrónico [*e-mail message*], un periódico [*newspaper*])
recibir un regalo (*gift*)
¿?

> **modelo**
> **Estudiante 1:** (*pantomimes typing a keyboard*)
> **Estudiante 2:** ¿Escribes un mensaje electrónico?
> **Estudiante 1:** Sí.

> **modelo**
> **Estudiante 1:** Soy estudiante y tomo muchas clases. Vivo en Roma.
> **Estudiante 2:** ¿Comes pasta?
> **Estudiante 1:** No, no como pasta.
> **Estudiante 3:** ¿Aprendes a hablar italiano?
> **Estudiante 1:** ¡Sí!

# Síntesis

**6**

**Horario** Your instructor will give you and a partner incomplete versions of Alicia's schedule. Fill in the missing information on the schedule by talking to your partner. Be prepared to reconstruct Alicia's complete schedule with the class.

**3.4** **Present tense of tener and venir**  Tutorial

**ANTE TODO**    The verbs **tener** (*to have*) and **venir** (*to come*) are among the most frequently used in Spanish. Because most of their forms are irregular, you will have to learn each one individually.

| The verbs **tener** and **venir** | | | |
|---|---|---|---|
| | | **tener** | **venir** |
| **SINGULAR FORMS** | yo | ten**go** | ven**go** |
| | tú | tien**es** | vien**es** |
| | Ud./él/ella | tien**e** | vien**e** |
| **PLURAL FORMS** | nosotros/as | ten**emos** | ven**imos** |
| | vosotros/as | ten**éis** | ven**ís** |
| | Uds./ellos/ellas | tien**en** | vien**en** |

▶ The endings are the same as those of regular **-er** and **-ir** verbs, except for the **yo** forms, which are irregular: **tengo, vengo.**

▶ In the **tú, Ud.,** and **Uds.** forms, the **e** of the stem changes to **ie,** as shown below.

| INFINITIVE | VERB STEM | VERB FORM |
|---|---|---|
| tener ⟶ | ten- ⟶ | tú t**ie**nes |
| | | Ud./él/ella t**ie**ne |
| | | Uds./ellos/ellas t**ie**nen |
| venir ⟶ | ven- ⟶ | tú v**ie**nes |
| | | Ud./él/ella v**ie**ne |
| | | Uds./ellos/ellas v**ie**nen |

¿Tienes una familia grande, Marissa?

No, tengo una familia pequeña.

▶ Only the **nosotros** and **vosotros** forms are regular. Compare them to the forms of **comer** and **escribir** that you learned on page 96.

| | tener | comer | venir | escribir |
|---|---|---|---|---|
| nosotros/as | ten**emos** | com**emos** | ven**imos** | escrib**imos** |
| vosotros/as | ten**éis** | com**éis** | ven**ís** | escrib**ís** |

▶ In certain idiomatic or set expressions in Spanish, you use the construction **tener** + [*noun*] to express *to be* + [*adjective*]. This chart contains a list of the most common expressions with **tener**.

### Expressions with tener

| | | | |
|---|---|---|---|
| tener... años | *to be... years old* | tener (mucha) prisa | *to be in a (big) hurry* |
| tener (mucho) calor | *to be (very) hot* | tener razón | *to be right* |
| tener (mucho) cuidado | *to be (very) careful* | no tener razón | *to be wrong* |
| tener (mucho) frío | *to be (very) cold* | tener (mucha) sed | *to be (very) thirsty* |
| tener (mucha) hambre | *to be (very) hungry* | tener (mucho) sueño | *to be (very) sleepy* |
| tener (mucho) miedo (de) | *to be (very) afraid/ scared (of)* | tener (mucha) suerte | *to be (very) lucky* |

—¿**Tienen** hambre ustedes?
*Are you hungry?*

—Sí, y **tenemos** sed también.
*Yes, and we're thirsty, too.*

▶ To express an obligation, use **tener que** (*to have to*) + [*infinitive*].

—¿Qué **tienes que** estudiar hoy?
*What do you have to study today?*

—**Tengo que** estudiar biología.
*I have to study biology.*

▶ To ask people if they feel like doing something, use **tener ganas de** (*to feel like*) + [*infinitive*].

—¿**Tienes ganas de** comer?
*Do you feel like eating?*

—No, **tengo ganas de** dormir.
*No, I feel like sleeping.*

MICIUDAD.COM

Usted tiene que visitarnos.

**¡INTÉNTALO!** Provide the appropriate forms of **tener** and **venir**.

**tener**

1. Ellos ___tienen___ dos hermanos.
2. Yo _____ una hermana.
3. El artista _____ tres primos.
4. Nosotros _____ diez tíos.
5. Eva y Diana _____ un sobrino.
6. Usted _____ cinco nietos.
7. Tú _____ dos hermanastras.
8. Ustedes _____ cuatro hijos.
9. Ella _____ una hija.

**venir**

1. Mis padres ___vienen___ de México.
2. Tú _____ de España.
3. Nosotras _____ de Cuba.
4. Pepe _____ de Italia.
5. Yo _____ de Francia.
6. Ustedes _____ de Canadá.
7. Alfonso y yo _____ de Portugal.
8. Ellos _____ de Alemania.
9. Usted _____ de Venezuela.

# Práctica

**1** **Emparejar** Find the expression in column B that best matches an item in column A. Then, come up with a new item that corresponds with the leftover expression in column B.

| A | B |
|---|---|
| 1. el Polo Norte | a. tener calor |
| 2. una sauna | b. tener sed |
| 3. la comida salada (*salty food*) | c. tener frío |
| 4. una persona muy inteligente | d. tener razón |
| 5. un abuelo | e. tener ganas de |
| 6. una dieta | f. tener hambre |
| | g. tener 75 años |

**2** **Completar** Complete the sentences with the correct forms of **tener** or **venir**.

1. Hoy nosotros _____ una reunión familiar (*family reunion*).
2. Yo _____ en autobús de la Universidad de Quito.
3. Todos mis parientes _____, excepto mi tío Manolo y su esposa.
4. Ellos no _____ ganas de venir porque viven en Portoviejo.
5. Mi prima Susana y su novio no _____ hasta las ocho porque ella _____ que trabajar.
6. En las fiestas, mi hermana siempre (*always*) _____ muy tarde (*late*).
7. Nosotros _____ mucha suerte porque las reuniones son divertidas (*fun*).
8. Mi madre cree que mis sobrinos son muy simpáticos. Creo que ella _____ razón.

**3** **Describir** Describe what these people are doing or feeling using an expression with **tener**.

1. _____ 2. _____ 3. _____

4. _____ 5. _____ 6. _____

 Practice more at **vistas.vhlcentral.com**.

# Comunicación

**4**

**¿Sí o no?** Indicate whether these statements apply to you by checking either **Sí** or **No**.

|  | Sí | No |
|---|---|---|
| 1. Mi padre tiene 50 años. | ○ | ○ |
| 2. Mis amigos vienen a mi casa todos los días (*every day*). | ○ | ○ |
| 3. Vengo a la universidad los martes. | ○ | ○ |
| 4. Tengo hambre. | ○ | ○ |
| 5. Tengo dos computadoras. | ○ | ○ |
| 6. Tengo sed. | ○ | ○ |
| 7. Tengo que estudiar los domingos. | ○ | ○ |
| 8. Tengo una familia grande. | ○ | ○ |

Now interview a classmate by transforming each statement into a question. Be prepared to report the results of your interview to the class.

> **modelo**
>
> **Estudiante 1:** ¿Tiene tu padre 50 años?
> **Estudiante 2:** No, no tiene 50 años. Tiene 65.

**5**

**Preguntas** Get together with a classmate and ask each other these questions.

1. ¿Tienes que estudiar hoy?
2. ¿Cuántos años tienes? ¿Y tus hermanos/as?
3. ¿Cuándo vienes a la clase de español?
4. ¿Cuándo vienen tus amigos a tu casa, apartamento o residencia estudiantil?
5. ¿De qué tienes miedo? ¿Por qué?
6. ¿Qué tienes ganas de hacer esta noche (*tonight*)?

**6**

**Conversación** Use an expression with **tener** to hint at what's on your mind. Your partner will ask questions to find out why you feel that way. If your partner cannot guess what's on your mind after three attempts, tell him/her. Then switch roles.

> **modelo**
>
> **Estudiante 1:** Tengo miedo.
> **Estudiante 2:** ¿Tienes que hablar en público?
> **Estudiante 1:** No.
> **Estudiante 2:** ¿Tienes un examen hoy?
> **Estudiante 1:** Sí, y no tengo tiempo para estudiar.

# Síntesis

**7**

**Minidrama** Act out this situation with a partner: you are introducing your boyfriend/girlfriend to your extended family. To avoid any surprises before you go, talk about who is coming and what each family member is like. Switch roles.

# Recapitulación

 **Concepts Diagnostics**

Review the grammar concepts you have learned in this lesson by completing these activities.

**1** **Adjetivos** Complete each phrase with the appropriate adjective from the list. Make all necessary changes. **6 pts.**

| | | |
|---|---|---|
| antipático | interesante | mexicano |
| difícil | joven | moreno |

1. Mi tía es _____. Vive en Guadalajara.
2. Mi primo no es rubio, es _____.
3. Mi novio cree que la clase no es fácil; es _____.
4. Los libros son _____; me gustan mucho.
5. Mis hermanos son _____; no tienen muchos amigos.
6. Las gemelas tienen quince años. Son _____.

**2** **Completar** For each set of sentences, provide the appropriate form of the verb **tener** and the possessive adjective. Follow the model. **12 pts.**

> Él *tiene* un libro. Es *su* libro.

1. Esteban y Julio _____ una tía. Es _____ tía.
2. Yo _____ muchos amigos. Son _____ amigos.
3. Tú _____ tres primas. Son _____ primas.
4. María y tú _____ un hermano. Es _____ hermano.
5. Nosotras _____ unas mochilas. Son _____ mochilas.
6. Usted _____ dos sobrinos. Son _____ sobrinos.

**3** **Oraciones** Arrange the words in the correct order to form complete logical sentences. ¡Ojo! Don't forget to conjugate the verbs. **10 pts.**

1. libros / unos / tener / interesantes / tú / muy

   _____

2. dos / leer / fáciles / compañera / tu / lecciones

   _____

3. mi / francés / ser / amigo / buen / Hugo

   _____

4. ser / simpáticas / dos / personas / nosotras

   _____

5. a / clases / menores / mismas / sus / asisitir / hermanos / las

   _____

---

**RESUMEN GRAMATICAL**

**3.1** **Descriptive adjectives** *pp. 88–90*

**Forms and agreement of adjectives**

| Masculine | | Feminine | |
|---|---|---|---|
| Singular | Plural | Singular | Plural |
| alto | altos | alta | altas |
| inteligente | inteligentes | inteligente | inteligentes |
| trabajador | trabajadores | trabajadora | trabajadoras |

► Descriptive adjectives follow the noun: **el chico rubio**

► Adjectives of nationality also follow the noun: **la mujer española**

► Adjectives of quantity precede the noun: **muchos libros, dos turistas**

► When placed before a singular masculine noun, these adjectives are shortened.

   **bueno → buen    malo → mal**

► When placed before a singular noun, **grande** is shortened to **gran**.

**3.2** **Possessive adjectives** *p. 93*

| Singular | | Plural | |
|---|---|---|---|
| mi | nuestro/a | mis | nuestros/as |
| tu | vuestro/a | tus | vuestros/as |
| su | su | sus | sus |

**3.3** **Present tense of -er and -ir verbs** *pp. 96–97*

| comer | | escribir | |
|---|---|---|---|
| como | comemos | escribo | escribimos |
| comes | coméis | escribes | escribís |
| come | comen | escribe | escriben |

**3.4** **Present tense of tener and venir** *pp. 100–101*

| tener | | venir | |
|---|---|---|---|
| tengo | tenemos | vengo | venimos |
| tienes | tenéis | vienes | venís |
| tiene | tienen | viene | vienen |

**4** **Carta** Complete this letter with the appropriate forms of the verbs in the word list. Not all verbs will be used. **10 pts.**

| | | |
|---|---|---|
| abrir | correr | recibir |
| asistir | creer | tener |
| compartir | escribir | venir |
| comprender | leer | vivir |

Hola, Ángel:

¿Qué tal? (Yo) (1) _____ esta carta (this letter) en la biblioteca. Todos los días (2) _____ aquí y (3) _____ un buen libro. Yo (4) _____ que es importante leer por diversión. Mi compañero de apartamento no (5) _____ por qué me gusta leer. Él sólo (6) _____ los libros de texto. Pero nosotros (7) _____ unos intereses. Por ejemplo, los dos somos atléticos; por las mañanas nosotros (8) _____. También nos gustan las ciencias; por las tardes (9) _____ a nuestra clase de biología. Y tú, ¿cómo estás? ¿(Tú) (10) _____ mucho trabajo (work)?

**5** **Su familia** Write a brief description of a friend's family. Describe the family members using vocabulary and structures from this lesson. Write at least five sentences. **12 pts.**

> **modelo**
>
> La familia de mi amiga Gabriela es grande. Ella tiene tres hermanos y una hermana. Su hermana mayor es periodista...

**6** **Proverbio** Complete this proverb with the correct forms of the verbs in parentheses. **2 EXTRA points!**

   **" Dos andares° _____ (tener) el dinero°, _____ (venir) despacio° y se va° ligero. "**

andares *speeds* dinero *money* despacio *slowly* se va *it leaves* ligero *quickly*

Practice more at **vistas.vhlcentral.com**.

# Lectura

## Antes de leer

### Estrategia

**Guessing meaning from context**

As you read in Spanish, you'll often come across words you haven't learned. You can guess what they mean by looking at the surrounding words and sentences. Look at the following text and guess what **tía abuela** means, based on the context.

¡Hola, Claudia!

¿Qué hay de nuevo?

¿Sabes qué? Ayer fui a ver a mi tía abuela, la hermana de mi abuela. Tiene 85 años, pero es muy independiente. Vive en un apartamento en Quito con su prima Lorena, quien también tiene 85 años.

If you guessed *great-aunt*, you are correct, and you can conclude from this word and the format clues that this is a letter about someone's visit with his or her great-aunt.

### Examinar el texto

Quickly read through the paragraphs and find two or three words you don't know. Using the context as your guide, guess what these words mean. Then glance at the paragraphs where these words appear and try to predict what the paragraphs are about.

### Examinar el formato

Look at the format of the reading. What clues do the captions, photos, and layout give you about its content?

# Gente ... Las familias

**1.** Me llamo Armando y tengo setenta años, pero no me considero viejo. Tengo seis nietas y un nieto. Vivo con mi hija y tengo la oportunidad de pasar mucho tiempo con ella y con mi nieto. Por las tardes salgo a pasear° por el parque con él y por la noche le leo cuentos°.

**Armando. Tiene seis nietas y un nieto.**

**2.** Mi prima Victoria y yo nos llevamos muy bien. Estudiamos juntas° en la universidad y compartimos un apartamento. Ella es muy inteligente y me ayuda° con los estudios. Además°, es muy simpática y generosa. Si necesito cualquier° cosa, ¡ella me la compra!

**Diana. Vive con su prima.**

**3.** Me llamo Ramona y soy paraguaya, aunque° ahora vivo en los Estados Unidos. Tengo tres hijos, uno de nueve años, uno de doce y el mayor de quince. Es difícil a veces, pero mi esposo y yo tratamos° de ayudarlos y comprenderlos siempre°.

**Ramona. Sus hijos son muy importantes para ella.**

**4.** Tengo mucha suerte. Aunque mis padres están divorciados, tengo una familia muy unida. Tengo dos hermanos y dos hermanas. Me gusta hablar y salir a fiestas con ellos. Ahora tengo novio en la universidad y él no conoce a mis hermanos. ¡Espero que se lleven bien!

Ana María. Su familia es muy unida.

**5.** Antes quería° tener hermanos, pero ya no° es tan importante. Ser hijo único tiene muchas ventajas°: no tengo que compartir mis cosas con hermanos, no hay discusiones° y, como soy nieto único también, ¡mis abuelos piensan° que soy perfecto!

Fernando. Es hijo único.

**6.** Como soy joven todavía°, no tengo ni esposa ni hijos. Pero tengo un sobrino, el hijo de mi hermano, que es muy especial para mí. Se llama Benjamín y tiene diez años. Es un muchacho muy simpático. Siempre tiene hambre y por lo tanto vamos° frecuentemente a comer hamburguesas. Nos gusta también ir al cine° a ver películas de acción. Hablamos de todo. ¡Creo que ser tío es mejor que ser padre!

Santiago. Cree que ser tío es divertido.

salgo a pasear *I go take a walk* cuentos *stories* juntas *together* me ayuda *she helps me* Además *Besides* cualquier *any* aunque *although* amos *we try* siempre *always* quería *I wanted* ya no *no longer* tajas *advantages* discusiones *arguments* piensan *think* todavía *still* os *we go* ir al cine *to go to the movies*

# Después de leer

## Emparejar

Glance at the paragraphs and see how the words and phrases in column A are used in context. Then find their definitions in column B.

| A | B |
|---|---|
| 1. me la compra | a. the oldest |
| 2. nos llevamos bien | b. movies |
| 3. no conoce | c. the youngest |
| 4. películas | d. buys it for me |
| 5. mejor que | e. borrows it from me |
| 6. el mayor | f. we see each other |
| | g. doesn't know |
| | h. we get along |
| | i. portraits |
| | j. better than |

## Seleccionar

Choose the sentence that best summarizes each paragraph.

1. Párrafo 1
   a. Me gusta mucho ser abuelo.
   b. No hablo mucho con mi nieto.
   c. No tengo nietos.
2. Párrafo 2
   a. Mi prima es antipática.
   b. Mi prima no es muy trabajadora.
   c. Mi prima y yo somos muy buenas amigas.
3. Párrafo 3
   a. Tener hijos es un gran sacrificio, pero es muy bonito también.
   b. No comprendo a mis hijos.
   c. Mi esposo y yo no tenemos hijos.
4. Párrafo 4
   a. No hablo mucho con mis hermanos.
   b. Comparto mis cosas con mis hermanos.
   c. Mis hermanos y yo somos como (*like*) amigos.
5. Párrafo 5
   a. Me gusta ser hijo único.
   b. Tengo hermanos y hermanas.
   c. Vivo con mis abuelos.
6. Párrafo 6
   a. Mi sobrino tiene diez años.
   b. Me gusta mucho ser tío.
   c. Mi esposa y yo no tenemos hijos.

# Escritura

## Estrategia

### Using idea maps

How do you organize ideas for a first draft? Often, the organization of ideas represents the most challenging part of the process. Idea maps are useful for organizing pertinent information. Here is an example of an idea map you can use:

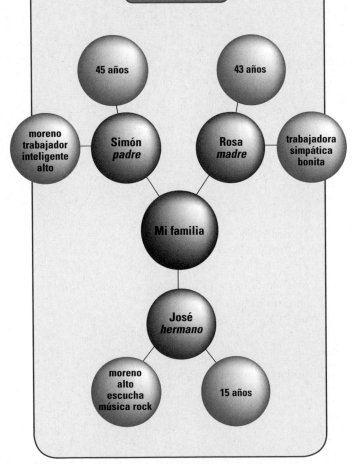

**MAPA DE IDEAS**

- 45 años
- 43 años
- moreno / trabajador / inteligente / alto
- Simón / *padre*
- Rosa / *madre*
- trabajadora / simpática / bonita
- Mi familia
- José / *hermano*
- moreno / alto / escucha música rock
- 15 años

## Tema

### Escribir un mensaje electrónico

A friend you met in a chat room for Spanish speakers wants to know about your family. Using some of the verbs and adjectives you have learned in this lesson, write a brief e-mail describing your family or an imaginary family, including:

▸ Names and relationships
▸ Physical characteristics
▸ Hobbies and interests

Here are some useful expressions for writing an e-mail or letter in Spanish:

**Salutations**

| | |
|---|---|
| Estimado/a Julio/Julia: | *Dear Julio/Julia,* |
| Querido/a Miguel/Ana María: | *Dear Miguel/Ana María,* |

**Closings**

| | |
|---|---|
| Un abrazo, | *A hug,* |
| Abrazos, | *Hugs,* |
| Cariños, | *Much love,* |
| ¡Hasta pronto! | *See you soon!* |
| ¡Hasta la próxima semana! | *See you next week!* |

# Escuchar  Audio: Activities

## Estrategia

### Asking for repetition/
### Replaying the recording

Sometimes it is difficult to understand what people say, especially in a noisy environment. During a conversation, you can ask someone to repeat by saying **¿Cómo?** (*What?*) or **¿Perdón?** (*Pardon me?*). In class, you can ask your teacher to repeat by saying **Repita, por favor** (*Repeat, please*). If you don't understand a recorded activity, you can simply replay it.

 To help you practice this strategy, you will listen to a short paragraph. Ask your professor to repeat it or replay the recording, and then summarize what you heard.

## reparación

Based on the photograph, where do you think Cristina and Laura are? What do you think Laura is saying to Cristina?

## Ahora escucha

Now you are going to hear Laura and Cristina's conversation. Use **R** to indicate which adjectives describe Cristina's boyfriend, Rafael. Use **E** for adjectives that describe Laura's boyfriend, Esteban. Some adjectives will not be used.

| | |
|---|---|
| ____ rubio | ____ interesante |
| ____ feo | ____ antipático |
| ____ alto | ____ inteligente |
| ____ trabajador | ____ moreno |
| ____ un poco gordo | ____ viejo |

## Comprensión

### Identificar

Which person would make each statement: Cristina or Laura?

|  | Cristina | Laura |
|---|:---:|:---:|
| 1. Mi novio habla sólo de fútbol y de béisbol. | ○ | ○ |
| 2. Tengo un novio muy interesante y simpático. | ○ | ○ |
| 3. Mi novio es alto y moreno. | ○ | ○ |
| 4. Mi novio trabaja mucho. | ○ | ○ |
| 5. Mi amiga no tiene buena suerte con los muchachos. | ○ | ○ |
| 6. El novio de mi amiga es un poco gordo, pero guapo. | ○ | ○ |

### ¿Cierto o falso?

Indicate whether each sentence is **cierto** or **falso**, then correct the false statements.

|  | Cierto | Falso |
|---|:---:|:---:|
| 1. Esteban es un chico interesante y simpático. | ○ | ○ |
| 2. Laura tiene mala suerte con los chicos. | ○ | ○ |
| 3. Rafael es muy interesante. | ○ | ○ |
| 4. Laura y su novio hablan de muchas cosas. | ○ | ○ |

# En pantalla

In the Spanish-speaking world, grandparents play an important role in the nuclear family structure. Even in the U.S., where retirement communities and nursing homes abound, in Latino families it is often expected that members of the older generation will live with their adult children and grandchildren. This living situation usually brings benefits—financial, emotional, and logistical—that improve the quality of life for everyone involved, and it facilitates the passing on of family history and culture.

| Vocabulario útil | |
|---|---|
| la canción | song |
| cocinar | to cook |
| el espíritu | spirit |
| los frijoles | beans |
| la lágrima | tear |
| el milagro | miracle |
| romántico/a | romantic |
| se aparece en | appears in |
| supersticioso/a | superstitious |

## Preparación

Have you or anyone in your family ever experienced a situation that seemed supernatural? What happened?

## Preguntas

Choose the correct answer for each question.
1. ¿Qué hace (*is she doing*) la abuela?
   a. Prepara tortillas.  b. Come tortillas.
2. ¿Quién escucha una canción?
   a. la abuela      b. el nieto
3. ¿Quién se aparece en la tortilla?
   a. el nieto      b. el abuelo
4. ¿Qué tiene el nieto?
   a. sed      b. hambre

## Los personajes

Choose one of the characters and write a description of him or her. Use as many adjectives as you can and mention the person's likes and dislikes. Be creative! Then, in pairs, read your description to a partner.

¿me llamaste? *you called me?*

## Tears & Tortillas

**Ay, Carlos. Nuestra canción.**

**¡Beto!... ¡Beto!...**

**Abuelita... ¿me llamaste?°**

*Tears & Tortillas* forms part of a growing U.S. market for Latino cinema. Director Xóchitl Dorsey's narrative and documentary films have appeared on Showtime and PBS, as well as in various film festivals.

 **Video: Short Film**

 Practice more at **vistas.vhlcentral.com.**

If a Spanish-speaking friend told you he was going to a **reunión familiar,** what type of event would you picture? Most likely, your friend would not be referring to an annual event reuniting family members from far-flung cities. In Hispanic culture, family gatherings are much more frequent and relaxed, and thus do not require intensive planning or juggling of schedules. Some families gather every Sunday afternoon to enjoy a leisurely meal; others may prefer to hold get-togethers on a Saturday evening, with food, music, and dancing. In any case, gatherings tend to be laid-back events in which family members spend hours chatting, sharing stories, and telling jokes.

## Vocabulario útil

| | |
|---|---|
| el Día de la Madre | *Mother's Day* |
| estamos celebrando | *we are celebrating* |
| familia grande y feliz | *a big, happy family* |
| familia numerosa | *a large family* |
| hacer (algo) juntos | *to do (something) together* |
| el patio interior | *courtyard* |
| pelear | *to fight* |
| reuniones familiares | *family gatherings, reunions* |

**Preparación**

What is a "typical family" like where you live? Is there such a thing? What members of a family usually live together?

**Completar**

Complete this paragraph with the correct options.

Los Valdivieso y los Bolaños son dos ejemplos de familias en Ecuador. Los Valdivieso son una familia (1) _____ (difícil/numerosa). Viven en una casa (2) _____ (grande/buena). En el patio, hacen (*they do*) muchas reuniones (3) _____ (familiares/con amigos). Los Bolaños son una familia pequeña. Ellos comen (4) _____ (separados/juntos) y preparan canelazo, una bebida (*drink*) típica ecuatoriana.

tan *so*

# La familia

—Érica, ¿y cómo se llaman tus padres?
—Mi mamá, Lorena y mi papá, Miguel.

¡Qué familia tan° grande tiene!

Te presento a la familia Bolaños.

 **Video:** *Flash cultura*

 Practice more at **vistas.vhlcentral.com.**

| recursos | |
|---|---|
| VM pp. 295–296 | vistas.vhlcentral.com Lección 3 |

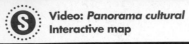

# Ecuador

## El país en cifras

▸ **Área:** 283.560 km² (109.483 millas²), *incluyendo las islas Galápagos, aproximadamente el área de Colorado*

▸ **Población:** 14.596.000

▸ **Capital:** Quito — 2.035.000

▸ **Ciudades° principales:**
Guayaquil — 2.941.000, Cuenca, Machala, Portoviejo

SOURCE: Population Division, UN Secretariat

▸ **Moneda:** dólar estadounidense

▸ **Idiomas:** español (oficial), quichua

*La lengua oficial de Ecuador es el español, pero también se hablan° otras° lenguas en el país. Aproximadamente unos 4.000.000 de ecuatorianos hablan lenguas indígenas; la mayoría° de ellos habla quichua. El quichua es el dialecto ecuatoriano del quechua, la lengua de los incas.*

Bandera de Ecuador

## Ecuatorianos célebres

▸ **Francisco Eugenio De Santa Cruz y Espejo,** médico, periodista y patriota (1747–1795)

▸ **Juan León Mera,** novelista (1832–1894)

▸ **Eduardo Kingman,** pintor° (1913–1998)

▸ **Rosalía Arteaga,** abogada°, política y ex vicepresidenta (1956– )

Ciudades *cities* se hablan *are spoken* otras *other* mayoría *majority* pintor *painter* abogada *lawyer* sur *south* mundo *world* pies *feet* dos veces más alto que *twice as tall as*

Las islas Galápagos

ESTADOS UNIDOS
OCÉANO PACÍFICO
OCÉANO ATLÁNTICO
ECUADOR
AMÉRICA DEL SUR

COLOMBIA

Muchos indígenas de Ecuador hablan quichua.

Río Esmeraldas

• Ibarra

Quito ★

Volcán Cotopaxi ▲    Río Napo

Portoviejo •

Volcán Tungurahua ▲

Río Daule

Cordillera de los Andes

Río Pastaza

Guayaquil •

Volcán Chimborazo ▲

Océano Pacífico

• Cuenca

• Machala

Indígenas del Amazonas

La ciudad de Quito y la Cordillera de los Andes

• Loja

**PERÚ**

Catedral de Guayaquil

**recursos**

WB
pp. 33–34

VM
pp. 253–254

vistas.vhlcentral.com
Lección 3

## ¡Increíble pero cierto!

El volcán Cotopaxi, situado a unos 60 kilómetros al sur° de Quito, es considerado el volcán activo más alto del mundo°. Tiene una altura de 5.897 metros (19.340 pies°). Es dos veces más alto que° el monte Santa Elena (2.550 metros o 9.215 pies) en el estado de Washington.

## Lugares • Las islas Galápagos

Muchas personas vienen de lejos a visitar las islas Galápagos porque son un verdadero tesoro° ecológico. Aquí Charles Darwin estudió° las especies que inspiraron° sus ideas sobre la evolución. Como las Galápagos están lejos del continente, sus plantas y animales son únicos. Las islas son famosas por sus tortugas° gigantes.

## Artes • Oswaldo Guayasamín

Oswaldo Guayasamín fue° uno de los artistas latinoamericanos más famosos del mundo. Fue escultor° y muralista. Su expresivo estilo viene del cubismo y sus temas preferidos son la injusticia y la pobreza° sufridas° por los indígenas de su país.

*Madre y niño en azul*, 1986, Oswaldo Guayasamín

## Deportes • El *trekking*

El sistema montañoso de los Andes cruza° y divide Ecuador en varias regiones. La Sierra, que tiene volcanes, grandes valles y una variedad increíble de plantas y animales, es perfecta para el *trekking*. Muchos turistas visitan Ecuador cada° año para hacer° *trekking* y escalar montañas°.

## Lugares • Latitud 0

Hay un monumento en Ecuador, a unos 22 kilómetros (14 millas) de Quito, donde los visitantes están en el hemisferio norte y el hemisferio sur a la vez°. Este monumento se llama la Mitad del Mundo° y es un destino turístico muy popular.

Explosión del volcán Tungurahua en 1999

**¿Qué aprendiste?** Completa las oraciones con la información correcta.

1. La ciudad más grande (*biggest*) de Ecuador es _____.
2. La capital de Ecuador es _____.
3. Unos 4.000.000 de ecuatorianos hablan _____.
4. Darwin estudió el proceso de la evolución en _____.
5. Dos temas del arte de _____ son la pobreza y la _____.
6. Un monumento muy popular es _____.
7. La Sierra es un lugar perfecto para el _____.
8. El volcán _____ es el volcán activo más alto del mundo.

**Conexión Internet** Investiga estos temas en **vistas.vhlcentral.com**.

1. Busca información sobre una ciudad de Ecuador. ¿Te gustaría (*Would you like*) visitar la ciudad? ¿Por qué?
2. Haz una lista de tres animales o plantas que viven sólo en las islas Galápagos. ¿Dónde hay animales o plantas similares?

Practice more at **vistas.vhlcentral.com**.

**verdadero tesoro** *true treasure* **estudió** *studied* **inspiraron** *inspired* **tortugas** *tortoises* **fue** *was* **escultor** *sculptor* **pobreza** *poverty* **sufridas** *suffered* **cruza** *crosses* **cada** *every* **hacer** *to do* **escalar montañas** *to climb mountains* **a la vez** *at the same time* **Mitad del Mundo** *Equatorial Line Monument (lit. Midpoint of the World)*

## La familia

| | |
|---|---|
| el/la abuelo/a | grandfather/ grandmother |
| los abuelos | grandparents |
| el apellido | last name; surname |
| el/la bisabuelo/a | great-grandfather/ great-grandmother |
| el/la cuñado/a | brother-in-law/ sister-in-law |
| el/la esposo/a | husband; wife; spouse |
| la familia | family |
| el/la gemelo/a | twin |
| el/la hermanastro/a | stepbrother/ stepsister |
| el/la hermano/a | brother/sister |
| el/la hijastro/a | stepson/ stepdaughter |
| el/la hijo/a | son/daughter |
| los hijos | children |
| la madrastra | stepmother |
| la madre | mother |
| el/la medio/a hermano/a | half-brother/ half-sister |
| el/la nieto/a | grandson/ granddaughter |
| la nuera | daughter-in-law |
| el padrastro | stepfather |
| el padre | father |
| los padres | parents |
| los parientes | relatives |
| el/la primo/a | cousin |
| el/la sobrino/a | nephew/niece |
| el/la suegro/a | father-in-law/ mother-in-law |
| el/la tío/a | uncle/aunt |
| el yerno | son-in-law |

## Otras personas

| | |
|---|---|
| el/la amigo/a | friend |
| la gente | people |
| el/la muchacho/a | boy/girl |
| el/la niño/a | child |
| el/la novio/a | boyfriend/girlfriend |
| la persona | person |

## Profesiones

| | |
|---|---|
| el/la artista | artist |
| el/la doctor(a), el/la médico/a | doctor; physician |
| el/la ingeniero/a | engineer |
| el/la periodista | journalist |
| el/la programador(a) | computer programmer |

## Adjetivos

| | |
|---|---|
| alto/a | tall |
| antipático/a | unpleasant |
| bajo/a | short (in height) |
| bonito/a | pretty |
| buen, bueno/a | good |
| delgado/a | thin; slender |
| difícil | difficult; hard |
| fácil | easy |
| feo/a | ugly |
| gordo/a | fat |
| gran, grande | big; large |
| guapo/a | handsome; good-looking |
| importante | important |
| inteligente | intelligent |
| interesante | interesting |
| joven (sing.), jóvenes (pl.) | young |
| mal, malo/a | bad |
| mismo/a | same |
| moreno/a | brunet(te) |
| mucho/a | much; many; a lot of |
| pelirrojo/a | red-haired |
| pequeño/a | small |
| rubio/a | blond(e) |
| simpático/a | nice; likeable |
| tonto/a | silly; foolish |
| trabajador(a) | hard-working |
| viejo/a | old |

## Nacionalidades

| | |
|---|---|
| alemán, alemana | German |
| argentino/a | Argentine |
| canadiense | Canadian |
| chino/a | Chinese |
| costarricense | Costa Rican |
| cubano/a | Cuban |
| ecuatoriano/a | Ecuadorian |
| español(a) | Spanish |
| estadounidense | from the U.S. |
| francés, francesa | French |
| inglés, inglesa | English |
| italiano/a | Italian |
| japonés, japonesa | Japanese |
| mexicano/a | Mexican |
| norteamericano/a | (North) American |
| puertorriqueño/a | Puerto Rican |
| ruso/a | Russian |

## Verbos

| | |
|---|---|
| abrir | to open |
| aprender (a + *inf.*) | to learn |
| asistir (a) | to attend |
| beber | to drink |
| comer | to eat |
| compartir | to share |
| comprender | to understand |
| correr | to run |
| creer (en) | to believe (in) |
| deber (+ *inf.*) | should; must; ought to |
| decidir (+ *inf.*) | to decide |
| describir | to describe |
| escribir | to write |
| leer | to read |
| recibir | to receive |
| tener | to have |
| venir | to come |
| vivir | to live |

| | |
|---|---|
| Possessive adjectives | See page 93. |
| Expressions with *tener* | See page 101. |
| Expresiones útiles | See page 83. |

**Audio: Vocabulary**

# Los pasatiempos

## 4

**Communicative Goals**

*You will learn how to:*

- Talk about pastimes, weekend activities, and sports
- Make plans and invitations

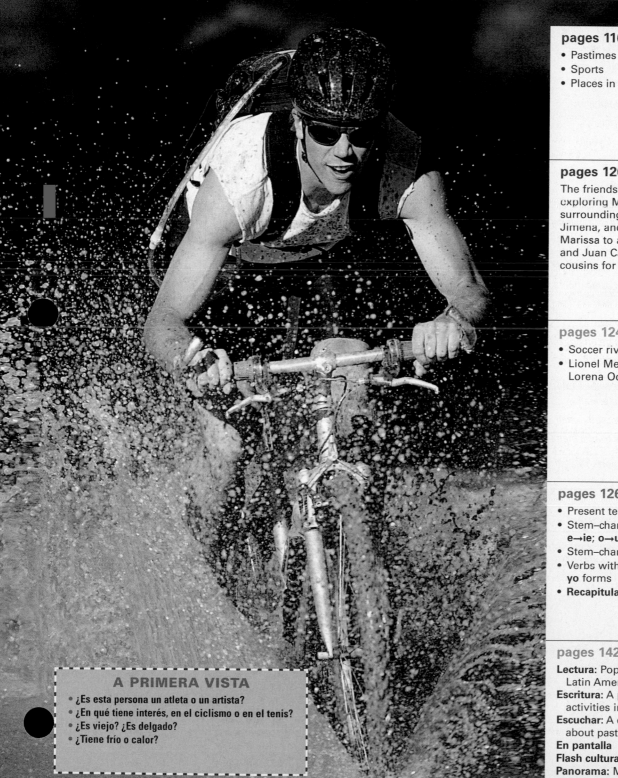

**A PRIMERA VISTA**
- ¿Es esta persona un atleta o un artista?
- ¿En qué tiene interés, en el ciclismo o en el tenis?
- ¿Es viejo? ¿Es delgado?
- ¿Tiene frío o calor?

# Los pasatiempos

## Más vocabulario

| | |
|---|---|
| el béisbol | baseball |
| el ciclismo | cycling |
| el esquí (acuático) | (water) skiing |
| el fútbol americano | football |
| el golf | golf |
| el hockey | hockey |
| la natación | swimming |
| el tenis | tennis |
| el vóleibol | volleyball |
| el equipo | team |
| el parque | park |
| el partido | game; match |
| la plaza | city or town square |
| andar en patineta | to skateboard |
| bucear | to scuba dive |
| escalar montañas (f., pl.) | to climb mountains |
| esquiar | to ski |
| ganar | to win |
| ir de excursión | to go on a hike |
| practicar deportes (m., pl.) | to play sports |
| escribir una carta/ un mensaje electrónico | to write a letter/ an e-mail |
| leer correo electrónico | to read e-mail |
| leer una revista | to read a magazine |
| deportivo/a | sports-related |

## Variación léxica

piscina ⟷ pileta (*Arg.*); alberca (*Méx.*)
baloncesto ⟷ básquetbol (*Amér. L.*)
béisbol ⟷ pelota (*P. Rico, Rep. Dom.*)

PARQUE MUNDIAL

Lee el periódico.
(leer)

Pasea en bicicleta.
(pasear)

la pelota

el fútbol

la jugadora

Visitan el monumento.
(visitar)

Pasean.
(pasear)

Toma el sol.
(tomar)

Nada.
(nadar)

la piscina

Patina en línea.
(patinar)

el jugador

el baloncesto

# Práctica

**1** **Escuchar** 🎧 Indicate the letter of the activity in Column B that best corresponds to each statement you hear. Two items in Column B will not be used.

| A | B |
|---|---|
| 1. _____ | a. leer correo electrónico |
| 2. _____ | b. tomar el sol |
| 3. _____ | c. pasear en bicicleta |
| 4. _____ | d. ir a un partido de fútbol americano |
| 5. _____ | e. escribir una carta |
| 6. _____ | f. practicar muchos deportes |
| | g. nadar |
| | h. ir de excursión |

**2** **Ordenar** 🎧 Order these activities according to what you hear in the narration.

_____ a. pasear en bicicleta    _____ d. tomar el sol
_____ b. nadar                  _____ e. practicar deportes
_____ c. leer una revista       _____ f. patinar en línea

**3** **¿Cierto o falso?** Indicate whether each statement is **cierto** or **falso** based on the illustration.

| | Cierto | Falso |
|---|---|---|
| 1. Un hombre nada en la piscina. | ○ | ○ |
| 2. Un hombre lee una revista. | ○ | ○ |
| 3. Un chico pasea en bicicleta. | ○ | ○ |
| 4. Dos muchachos esquían. | ○ | ○ |
| 5. Una mujer y dos niños visitan un monumento. | ○ | ○ |
| 6. Un hombre bucea. | ○ | ○ |
| 7. Hay un equipo de hockey. | ○ | ○ |
| 8. Una mujer toma el sol. | ○ | ○ |

**4** **Clasificar** Fill in the chart below with as many terms from **Contextos** as you can.

| Actividades | Deportes | Personas |
|---|---|---|
| | | |
| | | |
| | | |
| | | |
| | | |
| | | |

el cine

el museo

el gimnasio

el restaurante

el café

**En el centro**

| **Más vocabulario** | |
|---|---|
| la diversión | fun activity; entertainment; recreation |
| el fin de semana | weekend |
| el pasatiempo | pastime; hobby |
| los ratos libres | spare (free) time |
| el videojuego | video game |
| la iglesia | church |
| el lugar | place |
| ver películas (f., pl.) | to watch movies |
| favorito/a | favorite |

**5**

**Identificar** Identify the place where these activities would take place.

> **modelo**
>
> Esquiamos. Es una montaña.

1. Tomamos una limonada.
2. Vemos una película.
3. Nadamos y tomamos el sol.
4. Hay muchos monumentos.
5. Comemos tacos y fajitas.
6. Miramos pinturas (*paintings*) de Diego Rivera y Frida Kahlo.
7. Hay mucho tráfico.
8. Practicamos deportes.

**6**

**Preguntar** Ask a classmate what he or she does in the places mentioned below. Your classmate will respond using verbs from the word bank.

> **modelo**
>
> una plaza
>
> **Estudiante 1:** ¿Qué haces (*do you do*) cuando estás en una plaza?
>
> **Estudiante 2:** Camino por la plaza y miro a las personas.

| beber | escalar | mirar | practicar |
|---|---|---|---|
| caminar | escribir | nadar | tomar |
| correr | leer | patinar | visitar |

1. una biblioteca
2. un estadio
3. una plaza
4. una piscina
5. las montañas
6. un parque
7. un café
8. un museo

 Practice more at **vistas.vhlcentral.com.**

# Comunicación

**7**

**Crucigrama** Your instructor will give you and your partner an incomplete crossword puzzle. Yours has the words your partner needs and vice versa. In order to complete the puzzle, take turns giving each other clues, using definitions, examples, and phrases.

> **modelo**
>
> **2 horizontal:** Es un deporte que practicamos en la piscina.
>
> **6 vertical:** Es un mensaje que escribimos con lápiz o con pluma.

**8**

**Entrevista** In pairs, take turns asking and answering these questions.

1. ¿Hay un café cerca de la universidad? ¿Dónde está?
2. ¿Cuál es tu restaurante favorito?
3. ¿Te gusta viajar y visitar monumentos? ¿Por qué?
4. ¿Te gusta ir al cine los fines de semana?
5. ¿Cuáles son tus películas favoritas?
6. ¿Te gusta practicar deportes?
7. ¿Cuáles son tus deportes favoritos? ¿Por qué?
8. ¿Cuáles son tus pasatiempos favoritos?

> **CONSULTA**
>
> To review expressions with **gustar**, see **Estructura 2.1**, p. 52.

**9**

**Conversación** Using the words and expressions provided, work with a partner to prepare a short conversation about pastimes.

| ¿a qué hora? | ¿con quién(es)? | ¿dónde? |
| ¿cómo? | ¿cuándo? | ¿qué? |

> **modelo**
>
> **Estudiante 1:** ¿Cuándo patinas en línea?
>
> **Estudiante 2:** Patino en línea los domingos. Y tú, ¿patinas en línea?
>
> **Estudiante 1:** No, no me gusta patinar en línea. Me gusta practicar el béisbol.

**10**

**Pasatiempos** In pairs, tell each other what pastimes three of your friends and family members enjoy. Be prepared to share with the class any pastimes you noticed they have in common.

> **modelo**
>
> **Estudiante 1:** Mi hermana pasea mucho en bicicleta, pero mis padres practican la natación. Mi hermano no nada, pero visita muchos museos.
>
> **Estudiante 2:** Mi primo lee muchas revistas, pero no practica muchos deportes. Mis tíos esquían y practican el golf...

# Fútbol, cenotes y mole

Maru, Miguel, Jimena y Marissa visitan un cenote, mientras
Felipe y Juan Carlos van a un partido de fútbol.

PERSONAJES    MIGUEL    PABLO

Video: *Fotonovela*
Record and Compare

**MIGUEL** Buenos días a todos.

**TÍA ANA MARÍA** Hola Miguel.
Maru, ¿qué van a hacer hoy?

**MARU** Miguel y yo vamos a
llevar a Marissa a un cenote.

**MARISSA** ¿No vamos a nadar?
¿Qué es un cenote?

**MIGUEL** Sí, sí vamos a nadar.
Un cenote... difícil de
explicar. Es una piscina
natural en un hueco profundo.

**MARU** ¡Ya vas a ver! Seguro
que te va a gustar.

(*unos minutos después*)

**EDUARDO** Hay un partido de fútbol
en el parque. ¿Quieren ir conmigo?

**PABLO** Y conmigo. Si no consigo
más jugadores, nuestro equipo
va a perder.

**ANA MARÍA** Marissa, ¿qué
te gusta hacer? ¿Escalar
montañas? ¿Ir de excursión?

**MARISSA** Sí, me gusta ir de
excursión y practicar el esquí
acuático. Y usted, ¿qué prefiere
hacer en sus ratos libres?

**PABLO** Mi mamá tiene muchos
pasatiempos y actividades.

**EDUARDO** Sí. Ella nada y juega
al tenis y al golf.

**PABLO** Va al cine y a los museos.

**ANA MARÍA** Sí, salgo mucho los
fines de semana.

**FELIPE** ¿Recuerdas el restaurante
del mole?

**EDUARDO** ¿Qué restaurante?

**JIMENA** El mole de mi tía
Ana María es mi favorito.

**MARU** Chicos, ya es hora. ¡Vamos!

**ANA MARÍA**

**MARU**

**MARISSA**

**EDUARDO**

**FELIPE**

**JUAN CARLOS**

**JIMENA**

**DON GUILLERMO**

**7**

(*más tarde, en el parque*)

**PABLO** No puede ser. ¡Cinco a uno!

**FELIPE** ¡Vamos a jugar! Si perdemos, compramos el almuerzo. Y si ganamos...

**EDUARDO** ¡Empezamos!

**8**

(*mientras tanto, en el cenote*)

**MARISSA** ¿Hay muchos cenotes en México?

**MIGUEL** Sólo en la península de Yucatán.

**MARISSA** ¡Vamos a nadar!

**9**

(*Los chicos visitan a don Guillermo, un vendedor de paletas heladas.*)

**JUAN CARLOS** Don Guillermo, ¿dónde podemos conseguir un buen mole?

**FELIPE** Eduardo y Pablo van a pagar el almuerzo. Y yo voy a pedir un montón de comida.

**10**

**FELIPE** Sí, éste es el restaurante. Recuerdo la comida.

**EDUARDO** Oye, Pablo... No tengo...

**PABLO** No te preocupes, hermanito.

**FELIPE** ¿Qué buscas? (*muestra la cartera de Pablo*) ¿Esto?

**recursos**

VM
pp. 219–220

vistas.vhlcentral.com
Lección 4

## Expresiones útiles

### Making invitations

**Hay un partido de fútbol en el parque. ¿Quieren ir conmigo?**
*There's a soccer game in the park. Do you want to come with me?*

**¡Yo puedo jugar!**
*I can play!*

**Mmm... no quiero.**
*Hmm... I don't want to.*

**Lo siento, pero no puedo.**
*I'm sorry, but I can't.*

**¡Vamos a nadar!**
*Let's go swimming!*

**Sí, vamos.**
*Yes, let's go.*

### Making plans

**¿Qué van a hacer hoy?**
*What are you going to do today?*

**Vamos a llevar a Marissa a un cenote.**
*We are taking Marissa to a* cenote.

**Vamos a comprar unas paletas heladas.**
*We're going to buy some popsicles.*

**Vamos a jugar. Si perdemos, compramos el almuerzo.**
*Let's play. If we lose, we'll buy lunch.*

### Talking about pastimes

**¿Qué te gusta hacer? ¿Escalar montañas? ¿Ir de excursión?**
*What do you like to do? Mountain climbing? Hiking?*

**Sí, me gusta ir de excursión y practicar esquí acuático.**
*Yes, I like hiking and water skiing.*

**Y usted, ¿qué prefiere hacer en sus ratos libres?**
*And you, what do you like to do in your free time?*

**Salgo mucho los fines de semana.**
*I go out a lot on the weekends.*

**Voy al cine y a los museos.**
*I go to the movies and to museums.*

### Additional vocabulary

**la cartera** *wallet*  **el hueco** *hole*
**un montón de** *a lot of*

# ¿Qué pasó?

**1**

**Escoger** Choose the answer that best completes each sentence.

1. Marissa, Maru y Miguel desean _____.
   a. nadar        b. correr por el parque        c. leer el periódico

2. A Marissa le gusta _____.
   a. el tenis        b. el vóleibol        c. ir de excursión y practicar esquí acuático

3. A la tía Ana María le gusta _____.
   a. jugar al hockey    b. nadar y jugar al tenis y al golf    c. hacer ciclismo

4. Pablo y Eduardo pierden el partido de _____.
   a. fútbol        b. béisbol        c. baloncesto

5. Juan Carlos y Felipe desean _____.
   a. patinar        b. esquiar        c. comer mole

> **NOTA CULTURAL**
>
> **Mole** is a typical sauce in Mexican cuisine. It is made from pumpkin seeds, chile, and chocolate, and it is usually served with chicken, beef, or pork. To learn more about **mole**, go to page 272.

**2**

**Identificar** Identify the person who would make each statement.

1. A mí me gusta nadar, pero no sé qué es un cenote. _____
2. Mamá va al cine y al museo en sus ratos libres. _____
3. Yo voy a pedir mucha comida. _____
4. ¿Quieren ir a jugar al fútbol con nosotros en el parque? _____
5. Me gusta salir los fines de semana. _____

MARISSA

FELIPE

EDUARDO

PABLO

TÍA ANA MARÍA

> **NOTA CULTURAL**
>
> **Cenotes** are deep, freshwater sinkholes found in caves throughout the Yucatán peninsula. They were formed in prehistoric times by the erosion and collapse of cave walls. The Mayan civilization considered the **cenotes** sacred, and performed rituals there. Today, they are popular destinations for swimming and diving.

**3**

**Preguntas** Answer the questions using the information from the **Fotonovela**.

1. ¿Qué van a hacer Miguel y Maru?

2. ¿Adónde van Felipe y Juan Carlos mientras sus amigos van al cenote?

3. ¿Quién gana el partido de fútbol?

4. ¿Quiénes van al cenote con Maru y Miguel?

**4**

**Conversación** With a partner, prepare a conversation in which you talk about pastimes and invite each other to do some activity together. Use these expressions and also look at **Expresiones útiles** on the previous page.

| | | |
|---|---|---|
| ¿A qué hora? *(At) What time?* | ¿Dónde? *Where?* | Nos vemos a las siete. *See you at seven.* |
| contigo *with you* | No puedo porque... *I can't because...* | |

▶ ¿Eres aficionado/a a...?     ▶ ¿Por qué no...?     ▶ ¿Qué vas a hacer esta noche?
▶ ¿Te gusta...?     ▶ ¿Quieres... conmigo?

 Practice more at **vistas.vhlcentral.com**.

# Pronunciación

**Audio: Concepts, Activities Record & Compare**

## Word stress and accent marks

| pe-lí-cu-la | e-di-fi-cio | ver | yo |
|---|---|---|---|

Every Spanish syllable contains at least one vowel. When two vowels are joined in the same syllable they form a **diphthong\***. A **monosyllable** is a word formed by a single syllable.

| bi-blio-te-ca | vi-si-tar | par-que | fút-bol |
|---|---|---|---|

The syllable of a Spanish word that is pronounced most emphatically is the "stressed" syllable.

| pe-lo-ta | pis-ci-na | ra-tos | ha-blan |
|---|---|---|---|

Words that end in **n, s,** or a **vowel** are usually stressed on the next to last syllable.

| na-ta-ción | pa-pá | in-glés | Jo-sé |
|---|---|---|---|

If words that end in **n, s,** or a **vowel** are stressed on the last syllable, they must carry an accent mark on the stressed syllable.

| bai-lar | es-pa-ñol | u-ni-ver-si-dad | tra-ba-ja-dor |
|---|---|---|---|

Words that do *not* end in **n, s,** or a **vowel** are usually stressed on the last syllable.

| béis-bol | lá-piz | ár-bol | Gó-mez |
|---|---|---|---|

If words that do *not* end in **n, s,** or a **vowel** are stressed on the next to last syllable, they must carry an accent mark on the stressed syllable.

*\*The two vowels that form a diphthong are either both weak or one is weak and the other is strong.*

**Práctica** Pronounce each word, stressing the correct syllable. Then give the word stress rule for each word.

1. profesor
2. Puebla
3. ¿Cuántos?
4. Mazatlán
5. examen
6. ¿Cómo?
7. niños
8. Guadalajara
9. programador
10. México
11. están
12. geografía

**Oraciones** Read the conversation aloud to practice word stress.

**MARINA** Hola, Carlos. ¿Qué tal?
**CARLOS** Bien. Oye, ¿a qué hora es el partido de fútbol?
**MARINA** Creo que es a las siete.
**CARLOS** ¿Quieres ir?
**MARINA** Lo siento, pero no puedo. Tengo que estudiar biología.

**Refranes** Read these sayings aloud to practice word stress.

En la unión está la fuerza.²

Quien ríe de último, ríe mejor.¹

1 He who laughs last, laughs best.　2 United we stand.

recursos

LM p. 20

vistas.vhlcentral.com Lección 4

**EN DETALLE**

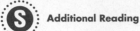

Additional Reading

# Real Madrid y Barça:
# rivalidad total

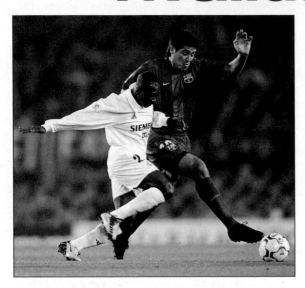

**Soccer in Spain is a force to be reckoned with,** and no two teams draw more attention than **Real Madrid** and the **Fútbol Club Barcelona**. Whether the venue is Madrid's **Santiago Bernabéu** or Barcelona's **Camp Nou**, the two cities shut down for the showdown, paralyzed by **fútbol** fever. A ticket to the actual game is always the hottest ticket in town.

The rivalry between **Real Madrid** and **Barça** is about more than soccer. As the two biggest, most powerful cities in Spain, Barcelona and Madrid are constantly compared to one another and have a natural rivalry. There is also a political component to the dynamic. Barcelona, with its distinct language and culture, has long struggled for increased autonomy from Madrid's centralized government. Under Francisco Franco's rule (1939–1975), when repression of the Catalan identity was at its height, a game between **Real Madrid** and **FC Barcelona** was wrapped up with all the symbolism of the regime versus the resistance, even though both teams suffered casualties in Spain's civil war and the subsequent Franco dictatorship.

Although the dictatorship is far behind, the momentum of all those decades of competition still transforms both cities into a frenzied, tense panic leading up to the game. Once the final score is announced, one of those cities is transformed again, this time into the best party in the country.

### Rivalidades del fútbol

| | |
|---|---|
| **Argentina:** | Boca Juniors vs River Plate |
| **México:** | Águilas del América vs Chivas del Guadalajara |
| **Chile:** | Colo Colo vs Universidad de Chile |
| **Guatemala:** | Comunicaciones vs Municipal |
| **Uruguay:** | Peñarol vs Nacional |
| **Colombia:** | Millonarios vs Independiente Santa Fe |

**ACTIVIDADES**

**1** **¿Cierto o falso?** Indicate whether each statement is cierto or falso. Correct the false statements.

1. People from Spain don't like soccer.
2. Madrid and Barcelona are the most important cities in Spain.
3. Santiago Bernabéu is a stadium in Barcelona.
4. The rivalry between Real Madrid and FC Barcelona is not only in soccer.
5. Barcelona has resisted Madrid's centralized government.

6. Only the FC Barcelona team was affected by the civil war.
7. During Franco's regime, the Catalan culture thrived.
8. There are many famous rivalries between soccer teams in the Spanish-speaking world.
9. River Plate is a popular team from Argentina.
10. Comunicaciones and Peñarol are famous rivals in Guatemala.

## ASÍ SE DICE

### Los deportes

| | |
|---|---|
| el/la árbitro/a | referee |
| el/la atleta | athlete |
| la bola; el balón | **la pelota** |
| el campeón/ la campeona | champion |
| la carrera | race |
| competir | to compete |
| empatar | to draw; to tie |
| la medalla | medal |
| el/la mejor | the best |
| mundial | worldwide |
| el torneo | tournament |

## EL MUNDO HISPANO

### Atletas importantes

**World-renowned Hispanic athletes:**

- **Rafael Nadal** (España) is one of the best tennis players in the world. His medals include six Grand Slam singles titles and the 2008 Olympic gold medal in singles.

- **Dayron Robles** (Cuba), an Olympic champion hurdler, holds the world record in the 110-meter hurdles.

- **Carolina Ruiz Castillo** (España), an alpine skier, competed in the 2006 and 2010 Olympics.

- **Paola Milagros Espinosa Sánchez** (México) has made two Olympic appearances (2004, 2008) in diving. She and her partner, Tatiana Ortiz, took home the bronze medal in 2008.

## PERFIL

# Lionel Messi y Lorena Ochoa

**Lionel Andrés Messi** is considered one of the best soccer players of his generation. Born in 1987 in Argentina, Messi suffered a hormone deficiency that conflicted with his athletic dreams. He moved to Spain as a teenager and, at just 17, played his first game for the team **Fútbol Club Barcelona**. He is now the highest-paid player in the Spanish league.

Mexican golfer **Lorena Ochoa**, born in 1981, took up the sport at the age of five and won her first national event two years later. Winner of the LPGA Tour Player of the Year award every year from 2006-2009, Ochoa was ranked number one worldwide among female golfers when she retired in 2010.

### Conexión Internet

¿Qué deportes son populares en los países hispanos?

Go to **vistas.vhlcentral.com** to find more cultural information related to this **Cultura** section.

## ACTIVIDADES

**2** **Comprensión** Write the name of the athlete described in each sentence.

1. Es un jugador de fútbol de Argentina. _____
2. Es una chica que practica el golf. _____
3. Es una chica española a la que le gusta esquiar. _____
4. Es una chica mexicana que practica un deporte en la piscina. _____

**3** **¿Quién es?** Write a short paragraph describing an athlete that you like, but do not mention their name. What do they look like? What sport do they play? Where do they live? Read your description to the class to see if they can guess who they are.

 Practice more at **vistas.vhlcentral.com**.

# 4.1 Present tense of ir  Tutorial

**ANTE TODO** The verb **ir** (*to go*) is irregular in the present tense. Note that, except for the **yo** form (**voy**) and the lack of a written accent on the **vosotros** form (**vais**), the endings are the same as those for regular present tense -**ar** verbs.

| The verb **ir** (*to go*) | | | |
|---|---|---|---|
| **Singular forms** | | **Plural forms** | |
| yo | **voy** | nosotros/as | **vamos** |
| tú | **vas** | vosotros/as | **vais** |
| Ud./él/ella | **va** | Uds./ellos/ellas | **van** |

▶ **Ir** is often used with the preposition **a** (*to*). If **a** is followed by the definite article **el**, they combine to form the contraction **al**. If **a** is followed by the other definite articles (**la, las, los**), there is no contraction.

> **a + el = al**

Voy **al** parque con Juan.
*I'm going to the park with Juan.*

Mis amigos van **a las** montañas.
*My friends are going to the mountains.*

**CONSULTA**

To review the contraction **de** + **el**, see **Estructura 1.3**, pp. 20–21.

▶ The construction **ir a** + [*infinitive*] is used to talk about actions that are going to happen in the future. It is equivalent to the English *to be going* + [*infinitive*].

**Va a leer** el periódico.
*He is going to read the newspaper.*

**Van a pasear** por el pueblo.
*They are going to walk around town.*

**AYUDA**

When asking a question that contains a form of the verb **ir**, remember to use **adónde**:

**¿Adónde vas?**
*(To) Where are you going?*

¡Voy a ir con ellos!

Ella va al cine y a los museos.

▶ **Vamos a** + [*infinitive*] can also express the idea of *let's (do something)*.

**Vamos a** pasear.
*Let's take a stroll.*

¡**Vamos a** ver!
*Let's see!*

**¡INTÉNTALO!** Provide the present tense forms of **ir**.

1. Ellos ___van___.
2. Yo _____.
3. Tu novio _____.
4. Adela _____.
5. Mi prima y yo _____.
6. Tú _____.
7. Ustedes _____.
8. Nosotros _____.
9. Usted _____.
10. Nosotras _____.
11. Miguel _____.
12. Ellas _____.

**recursos**

WB
pp. 39–40

LM
p. 21

vistas.
vhlcentral.com
Lección 4

# Práctica  Practice more at
vistas.vhlcentral.com.

**1** **¿Adónde van?** Everyone in your neighborhood is dashing off to various places.
Say where they are going.

1. la señora Castillo / el centro
2. las hermanas Gómez / la piscina
3. tu tío y tu papá / el partido de fútbol
4. yo / el Museo de Arte Moderno
5. nosotros / el restaurante Miramar

**2** **¿Qué van a hacer?** These sentences describe what several students in a college
hiking club are doing today. Use **ir a** + [*infinitive*] to say that they are also going to do the
same activities tomorrow.

> **modelo**
>
> Martín y Rodolfo nadan en la piscina.
>
> Van a nadar en la piscina mañana también.

1. Sara lee una revista.
2. Yo practico deportes.
3. Ustedes van de excursión.
4. El presidente del club patina.
5. Tú tomas el sol.
6. Paseamos con nuestros amigos.

**3** **Preguntas** With a partner, take turns asking and answering questions about where the people are
going and what they are going to do there.

> **modelo**
>
> **Estudiante 1:** ¿Adónde va Estela?
> **Estudiante 2:** Va a la Librería Sol.
> **Estudiante 1:** Va a comprar un libro.

Estela

1. Álex y Miguel        2. mi amigo        3. tú

4. los estudiantes        5. profesora Torres        6. ustedes

# Comunicación

**4** **Situaciones** Work with a partner and say where you and your friends go in these situations.

1. Cuando deseo descansar...
2. Cuando mi novio/a tiene que estudiar...
3. Si mis compañeros de clase necesitan practicar el español...
4. Si deseo hablar con mis amigos...
5. Cuando tengo dinero (*money*)...
6. Cuando mis amigos y yo tenemos hambre...
7. En mis ratos libres...
8. Cuando mis amigos desean esquiar...
9. Si estoy de vacaciones...
10. Si tengo ganas de leer...

**5** **Encuesta** Your instructor will give you a worksheet. Walk around the class and ask your classmates if they are going to do these activities today. Find one person to answer **Sí** and one to answer **No** for each item and note their names on the worksheet in the appropriate column. Be prepared to report your findings to the class.

**modelo**
**Tú:** ¿Vas a leer el periódico hoy?
**Ana:** Sí, voy a leer el periódico hoy.
**Luis:** No, no voy a leer el periódico hoy.

| Actividades | Sí | No |
|---|---|---|
| 1. comer en un restaurante chino | | |
| 2. leer el periódico | Ana | Luis |
| 3. escribir un mensaje electrónico | | |
| 4. correr 20 kilómetros | | |
| 5. ver una película de terror | | |
| 6. pasear en bicicleta | | |

**6** **Entrevista** Talk to two classmates in order to find out where they are going and what they are going to do on their next vacation.

**modelo**
**Estudiante 1:** ¿Adónde vas de vacaciones (*on vacation*)?
**Estudiante 2:** Voy a Guadalajara con mis amigos.
**Estudiante 3:** ¿Y qué van a hacer (*to do*) ustedes en Guadalajara?
**Estudiante 2:** Vamos a visitar unos monumentos y museos. ¿Y tú?

# Síntesis

**7** **Planes** Make a schedule of your activities for the weekend. Then, share with a partner.

▶ For each day, list at least three things you have to do.
▶ For each day, list at least two things you will do for fun.
▶ Tell a classmate what your weekend schedule is like. He or she will write down what you say.
▶ Switch roles to see if you have any plans in common.
▶ Take turns asking each other to participate in some of the activities you listed.

# 4.2 Stem-changing verbs:  Tutorial
## e→ie, o→ue

**ANTE TODO** Stem-changing verbs deviate from the normal pattern of regular verbs. When stem-changing verbs are conjugated, they have a vowel change in the last syllable of the stem.

**CONSULTA**

To review the present tense of regular **-ar** verbs, see **Estructura 2.1**, p. 50.

• • •

To review the present tense of regular **-er** and **-ir** verbs, see **Estructura 3.3**, p. 96.

| INFINITIVE | | VERB STEM | | STEM CHANGE | | CONJUGATED FORM |
|---|---|---|---|---|---|---|
| empezar | ▶ | emp**ez**- | ▶ | emp**iez**- | ▶ | emp**ie**zo |
| volver | | v**o**lv- | | v**uelv**- | | v**ue**lvo |

▶ In many verbs, such as **empezar** (*to begin*), the stem vowel changes from **e** to **ie**. Note that the **nosotros/as** and **vosotros/as** forms don't have a stem change.

### The verb empezar (e:ie) (*to begin*)

| Singular forms | | Plural forms | |
|---|---|---|---|
| yo | emp**ie**zo | nosotros/as | empezamos |
| tú | emp**ie**zas | vosotros/as | empezáis |
| Ud./él/ella | emp**ie**za | Uds./ellos/ellas | emp**ie**zan |

Los chicos empiezan a hablar de su visita al cenote.

Ellos vuelven a comer en el restaurante.

▶ In many other verbs, such as **volver** (*to return*), the stem vowel changes from **o** to **ue**. The **nosotros/as** and **vosotros/as** forms have no stem change.

### The verb volver (o:ue) (*to return*)

| Singular forms | | Plural forms | |
|---|---|---|---|
| yo | v**ue**lvo | nosotros/as | volvemos |
| tú | v**ue**lves | vosotros/as | volvéis |
| Ud./él/ella | v**ue**lve | Uds./ellos/ellas | v**ue**lven |

▶ To help you identify stem-changing verbs, they will appear as follows throughout the text:

**empezar (e:ie), volver (o:ue)**

## Common stem-changing verbs

| e:ie | | o:ue | |
|---|---|---|---|
| cerrar | to close | almorzar | to have lunch |
| comenzar (a + *inf.*) | to begin | contar | to count; to tell |
| empezar (a + *inf.*) | to begin | dormir | to sleep |
| entender | to understand | encontrar | to find |
| pensar | to think | mostrar | to show |
| perder | to lose; to miss | poder (+ *inf.*) | to be able to; can |
| preferir (+ *inf.*) | to prefer | recordar | to remember |
| querer (+ *inf.*) | to want; to love | volver | to return |

**¡LENGUA VIVA!**

The verb **perder** can mean *to lose* or *to miss*, in the sense of "to miss a train".

**Siempre pierdo mis llaves.**

*I always lose my keys.*

**Es importante no perder el autobús.**

*It's important not to miss the bus.*

▶ **Jugar** (*to play a sport or a game*) is the only Spanish verb that has a **u:ue** stem change. **Jugar** is followed by **a** + [*definite article*] when the name of a sport or game is mentioned.

Ella juega al tenis y al golf.

Los chicos juegan al fútbol.

▶ **Comenzar** and **empezar** require the preposition **a** when they are followed by an infinitive.

**Comienzan a** jugar a las siete.
*They begin playing at seven.*

Ana **empieza a** escribir una postal.
*Ana is starting to write a postcard.*

▶ **Pensar** + [*infinitive*] means *to plan* or *to intend to do something*. **Pensar en** means *to think about someone* or *something*.

¿**Piensan** ir al gimnasio?
*Are you planning to go to the gym?*

¿**En** qué **piensas**?
*What are you thinking about?*

**¡INTÉNTALO!** Provide the present tense forms of these verbs.

**cerrar (e:ie)**

1. Ustedes ___cierran___.
2. Tú _____.
3. Nosotras _____.
4. Mi hermano _____.
5. Yo _____.
6. Usted _____.
7. Los chicos _____.
8. Ella _____.

**dormir (o:ue)**

1. Mi abuela no ___duerme___.
2. Yo no _____.
3. Tú no _____.
4. Mis hijos no _____.
5. Usted no _____.
6. Nosotros no _____.
7. Él no _____.
8. Ustedes no _____.

**recursos**

WB
pp. 41–42

LM
p. 22

Ⓢ
vistas.
vhlcentral.com
Lección 4

# Práctica

**1 Completar** Complete this conversation with the appropriate forms of the verbs. Then act it out with a partner.

**PABLO** Óscar, voy al centro ahora.

**ÓSCAR** ¿A qué hora (1)_____ (pensar) volver? El partido de fútbol (2)_____ (empezar) a las dos.

**PABLO** (3)_____ (Volver) a la una. (4)_____ (Querer) ver el partido.

**ÓSCAR** (5)¿_____ (Recordar) que (*that*) nuestro equipo es muy bueno? (6)¡_____ (Poder) ganar!

**PABLO** No, (7)_____ (pensar) que va a (8)_____ (perder). Los jugadores de Guadalajara son salvajes (*wild*) cuando (9)_____ (jugar).

**2 Preferencias** With a partner, take turns asking and answering questions about what these people want to do, using the cues provided.

**modelo**
Guillermo: estudiar / pasear en bicicleta
**Estudiante 1:** ¿Quiere estudiar Guillermo?
**Estudiante 2:** No, prefiere pasear en bicicleta.

1. tú: trabajar / dormir
2. ustedes: mirar la televisión / jugar al dominó
3. tus amigos: ir de excursión / descansar
4. tú: comer en la cafetería / ir a un restaurante
5. Elisa: ver una película / leer una revista
6. María y su hermana: tomar el sol / practicar el esquí acuático

**3 Describir** Use a verb from the list to describe what these people are doing.

almorzar    cerrar    contar    dormir    encontrar    mostrar

1. las niñas
2. yo
3. nosotros
4. tú
5. Pedro
6. Teresa

Practice more at **vistas.vhlcentral.com**.

# Comunicación

**4**

**Frecuencia** In pairs, take turns using the verbs from the list and other stem-changing verbs you know to tell your partner which activities you do daily (**todos los días**), which you do once a month (**una vez al mes**), and which you do once a year (**una vez al año**). Record your partner's responses in the chart so that you can report back to the class.

> **modelo**
>
> **Estudiante 1:** Yo recuerdo a mi familia todos los días.
> **Estudiante 2:** Yo pierdo uno de mis libros una vez al año.

| cerrar | perder |
|--------|--------|
| dormir | poder |
| empezar | preferir |
| encontrar | querer |
| jugar | recordar |
| ¿? | ¿? |

| todos los días | una vez al mes | una vez al año |
|----------------|----------------|----------------|
|                |                |                |

**5**

**En la televisión** Read the television listings for Saturday. In pairs, write a conversation between two siblings arguing about what to watch. Be creative and be prepared to act out your conversation for the class.

> **modelo**
>
> **Hermano:** Podemos ver la Copa Mundial.
> **Hermana:** ¡No, no quiero ver la Copa Mundial! Prefiero ver...

| | 13:00 | 14:00 | 15:00 | 16:00 | 17:00 | 18:00 | 19:00 | 20:00 | 21:00 | 22:00 | 23:00 |
|---|-------|-------|-------|-------|-------|-------|-------|-------|-------|-------|-------|
| **7** | Copa Mundial (*World Cup*) de fútbol | | | | República Deportiva | Campeonato (*Championship*) Mundial de Vóleibol: México-Argentina | | | | Torneo de Natación | |
| **8** | Abierto (*Open*) Mexicano de Tenis: Santiago González (México) vs. Nicolás Almagro (España). Semifinales | | | Campeonato de baloncesto: Los Correcaminos de Tampico vs. los Santos de San Luis | | | | Aficionados al buceo | | Cozumel: Aventuras | |
| **12** | Yo soy Betty, la fea | Héroes | | Hermanos y hermanas | | | Película: **Sin nombre** | | | Película: **El coronel no tiene quien le escriba** | |
| **13** | El padrastro | | 60 Minutos | | | | El esquí acuático | | | Patinaje artístico | |
| **17** | Biografías: La artista Frida Kahlo | | | Música de la semana | | | Entrevista del día: Iker Casillas y su pasión por el fútbol | | | Cine de la noche: **Elsa y Fred** | |

**NOTA CULTURAL**

**Iker Casillas Fernández** is a famous goalkeeper for **Real Madrid**. A native of Madrid, he is among the best goalkeepers of his generation.

# Síntesis

**6**

**Situación** Your instructor will give you and your partner each a partially illustrated itinerary of a city tour. Complete the itineraries by asking each other questions using the verbs in the captions and vocabulary you have learned.

> **modelo**
>
> **Estudiante 1:** Por la mañana, empiezan en el café.
> **Estudiante 2:** Y luego...

# [4.3] Stem-changing verbs: e→i  Tutorial

**ANTE TODO** You've already seen that many verbs in Spanish change their stem vowel when conjugated. There is a third kind of stem-vowel change in some verbs, such as **pedir** (*to ask for; to request*). In these verbs, the stressed vowel in the stem changes from **e** to **i**, as shown in the diagram.

| INFINITIVE | VERB STEM | STEM CHANGE | CONJUGATED FORM |
|---|---|---|---|
| pedir ▶ | ped- ▶ | pid- ▶ | pido |

▶ As with other stem-changing verbs you have learned, there is no stem change in the **nosotros/as** or **vosotros/as** forms in the present tense.

### The verb **pedir** (e:i) (*to ask for; to request*)

| Singular forms | | Plural forms | |
|---|---|---|---|
| yo | pido | nosotros/as | pedimos |
| tú | pides | vosotros/as | pedís |
| Ud./él/ella | pide | Uds./ellos/ellas | piden |

**¡LENGUA VIVA!**

As you learned in **Lección 2, preguntar** means *to ask a question*. **Pedir**, however, means *to ask for something*.

**Ella me pregunta cuántos años tengo.** *She asks me how old I am.*

**Él me pide ayuda.** *He asks me for help.*

▶ To help you identify verbs with the **e:i** stem change, they will appear as follows throughout the text:

**pedir (e:i)**

▶ These are the most common **e:i** stem-changing verbs:

| **conseguir** | **decir** | **repetir** | **seguir** |
|---|---|---|---|
| *to get; to obtain* | *to say; to tell* | *to repeat* | *to follow; to continue; to keep (doing something)* |

**Pido** favores cuando es necesario. *I ask for favors when it's necessary.*

**Sigue** con su tarea. *He continues with his homework.*

Javier **dice** la verdad. *Javier is telling the truth.*

**Consiguen** ver buenas películas. *They get to see good movies.*

▶ **¡Atención!** The verb **decir** is irregular in its **yo** form: **yo digo**.

▶ The **yo** forms of **seguir** and **conseguir** have a spelling change in addition to the stem change **e:i**.

**Sigo** su plan. *I'm following their plan.*

**Consigo** novelas en la librería. *I get novels at the bookstore.*

**recursos**

WB pp. 43–44

LM p. 23

vistas. vhlcentral.com Lección 4

**¡INTÉNTALO!** Provide the correct forms of the verbs.

**repetir (e:i)**
1. Arturo y Eva _repiten_.
2. Yo _____.
3. Nosotros _____.
4. Julia _____.
5. Sofía y yo _____.

**decir (e:i)**
1. Yo _digo_.
2. Él _____.
3. Tú _____.
4. Usted _____.
5. Ellas _____.

**seguir (e:i)**
1. Yo _sigo_.
2. Nosotros _____.
3. Tú _____.
4. Los chicos _____.
5. Usted _____.

# Práctica

**1**

**Completar** Complete these sentences with the correct form of the verb provided.

1. Cuando mi familia pasea por la ciudad, mi madre siempre (*always*) va a un café y _____ (pedir) una soda.
2. Pero mi padre _____ (decir) que perdemos mucho tiempo. Tiene prisa por llegar al Bosque de Chapultepec.
3. Mi padre tiene suerte, porque él siempre _____ (conseguir) lo que (*that which*) desea.
4. Cuando llegamos al parque, mis hermanos y yo _____ (seguir) conversando (*talking*) con nuestros padres.
5. Mis padres siempre _____ (repetir) la misma cosa: "Nosotros tomamos el sol aquí sin ustedes".
6. Yo siempre _____ (pedir) permiso para volver a casa un poco más tarde porque me gusta mucho el parque.

**NOTA CULTURAL**

A popular weekend destination for residents and tourists, **el Bosque de Chapultepec** is a beautiful park located in Mexico City. It occupies over 1.5 square miles and includes lakes, wooded areas, several museums, and a botanical garden. You may recognize this park from **Fotonovela, Lección 2.**

**2**

**Combinar** Combine words from the two columns to create sentences about yourself and people you know.

| A | B |
|---|---|
| yo | (no) pedir muchos favores |
| mi compañero/a de cuarto | nunca (*never*) pedir perdón |
| mi mejor (*best*) amigo/a | nunca seguir las instrucciones |
| mi familia | siempre seguir las instrucciones |
| mis amigos/as | conseguir libros en Internet |
| mis amigos/as y yo | repetir el vocabulario |
| mis padres | poder hablar dos lenguas |
| mi hermano/a | dormir hasta el mediodía |
| mi profesor(a) de español | siempre perder sus libros |

**3**

**Opiniones** In pairs, take turns guessing how your partner completed the sentences from **Actividad 2**. If you guess incorrectly, your partner must supply the correct answer.

*modelo*

**Estudiante 1:** Creo que tus padres consiguen libros en Internet.
**Estudiante 2:** ¡No! Mi hermana consigue libros en Internet.

**CONSULTA**

To review possessive adjectives, see **Estructura 3.2,** p. 93.

**4**

**¿Quién?** Your instructor will give you a worksheet. Talk to your classmates until you find one person who does each of the activities. Use **e:ie**, **o:ue**, and **e:i** stem-changing verbs.

*modelo*

**Tú:** ¿Pides consejos con frecuencia?
**Maira:** No, no pido consejos con frecuencia.
**Tú:** ¿Pides consejos con frecuencia?
**Lucas:** Sí, pido consejos con frecuencia.

# Comunicación

**5**   **Las películas** Use these questions to interview a classmate.

1. ¿Prefieres las películas románticas, las películas de acción o las películas de terror? ¿Por qué?

2. ¿Dónde consigues información sobre (*about*) cine y televisión?

3. ¿Dónde consigues las entradas (*tickets*) para ver una película?

4. Para decidir qué películas vas a ver, ¿sigues las recomendaciones de los críticos de cine? ¿Qué dicen los críticos en general?

5. ¿Qué cines en tu comunidad muestran las mejores (*best*) películas?

6. ¿Vas a ver una película esta semana? ¿A qué hora empieza la película?

# Síntesis

**6**   **El cine** In pairs, first scan the ad and jot down all the stem-changing verbs. Then answer the questions. Be prepared to share your answers with the class.

1. ¿Qué palabras indican que *Avatar* es una película dramática?

2. ¿Cómo son los dos personajes (*characters*) del póster? ¿Qué relación tienen?

3. ¿Te gustan las películas como ésta (*this one*)? ¿Por qué?

4. Describe tu película favorita con los verbos de la **Lección 4**.

★ ★ ★ ★ ★

## Ganadora de tres premios Óscar

Cuando todas las puertas se cierran, siempre hay una oportunidad para volver a empezar.

### Del productor y director de
## Titanic y Terminator

Un mundo lejano puede desaparecer, su salvación está en las manos de un hombre que también puede perderlo todo... Incluso el amor.
### ¿Cuentan con él?

**4.4** # Verbs with irregular **yo** forms  Tutorial

**ANTE TODO** In Spanish, several verbs have irregular **yo** forms in the present tense. You have already seen three verbs with the **-go** ending in the **yo** form: **decir → digo, tener → tengo,** and **venir → vengo.**

▶ Here are some common expressions with **decir.**

| | |
|---|---|
| **decir la verdad** | **decir mentiras** |
| *to tell the truth* | *to tell lies* |
| **decir que** | **decir la respuesta** |
| *to say that* | *to say the answer* |

▶ The verb **hacer** is often used to ask questions about what someone does. Note that when answering, **hacer** is frequently replaced with another, more specific action verb.

## Verbs with irregular yo forms

| | **hacer** <br>*(to do; to make)* | **poner** <br>*(to put; to place)* | **salir** <br>*(to leave)* | **suponer** <br>*(to suppose)* | **traer** <br>*(to bring)* |
|---|---|---|---|---|---|
| **SINGULAR FORMS** | **hago** <br>haces <br>hace | **pongo** <br>pones <br>pone | **salgo** <br>sales <br>sale | **supongo** <br>supones <br>supone | **traigo** <br>traes <br>trae |
| **PLURAL FORMS** | hacemos <br>hacéis <br>hacen | ponemos <br>ponéis <br>ponen | salimos <br>salís <br>salen | suponemos <br>suponéis <br>suponen | traemos <br>traéis <br>traen |

Salgo mucho los fines de semana.

Yo no salgo, yo hago la tarea y veo películas en la televisión.

▶ **Poner** can also mean *to turn on* a household appliance.

| | |
|---|---|
| Carlos **pone** la radio. | María **pone** la televisión. |
| *Carlos turns on the radio.* | *María turns on the television.* |

▶ **Salir de** is used to indicate that someone is leaving a particular place.

| | |
|---|---|
| Hoy **salgo del** hospital. | **Sale de** la clase a las cuatro. |
| *Today I leave the hospital.* | *He leaves class at four.* |

▶ **Salir para** is used to indicate someone's destination.

   Mañana **salgo para** México.          Hoy **salen para** España.
   *Tomorrow I leave for Mexico.*          *Today they leave for Spain.*

▶ **Salir con** means *to leave with someone* or *something*, or *to date someone*.

   Alberto **sale con** su mochila.        Margarita **sale con** Guillermo.
   *Alberto is leaving with his backpack.*  *Margarita is going out with Guillermo.*

## The verbs ver and oír

▶ The verb **ver** (*to see*) has an irregular **yo** form. The other forms of **ver** are regular.

| The verb **ver** (*to see*) | | | |
|---|---|---|---|
| **Singular forms** | | **Plural forms** | |
| yo | **veo** | nosotros/as | vemos |
| tú | ves | vosotros/as | veis |
| Ud./él/ella | ve | Uds./ellos/ellas | ven |

▶ The verb **oír** (*to hear*) has an irregular **yo** form and the spelling change **i:y** in the **tú**, **usted**, **él**, **ella**, **ustedes**, **ellos**, and **ellas** forms. The **nosotros/as** and **vosotros/as** forms have an accent mark.

| The verb **oír** (*to hear*) | | | |
|---|---|---|---|
| **Singular forms** | | **Plural forms** | |
| yo | **oigo** | nosotros/as | oímos |
| tú | o**y**es | vosotros/as | oís |
| Ud./él/ella | o**y**e | Uds./ellos/ellas | o**y**en |

▶ While most commonly translated as *to hear*, **oír** is also used in contexts where the verb *to listen* would be used in English.

   **Oigo** a unas personas en la otra sala.    ¿**Oyes** la radio por la mañana?
   *I hear some people in the other room.*       *Do you listen to the radio in the morning?*

**¡INTÉNTALO!**    Provide the appropriate forms of these verbs.

| | | | |
|---|---|---|---|
| 1. salir | Isabel _sale_. | Nosotros _____. | Yo _____. |
| 2. ver | Yo _____. | Uds. _____. | Tú _____. |
| 3. poner | Rita y yo _____. | Yo _____. | Los niños _____. |
| 4. hacer | Yo _____. | Tú _____. | Ud. _____. |
| 5. oír | Él _____. | Nosotros _____. | Yo _____. |
| 6. traer | Ellas _____. | Yo _____. | Tú _____. |
| 7. suponer | Yo _____. | Mi amigo _____. | Nosotras _____. |

# Práctica

**1**  **Completar** Complete this conversation with the appropriate forms of the verbs. Then act it out with a partner.

**ERNESTO**  David, ¿qué (1)_____ (hacer) hoy?

**DAVID**  Ahora estudio biología, pero esta noche (2)_____ (salir) con Luisa.
Vamos al cine. Los críticos (3)_____ (decir) que la nueva (*new*) película
de Almodóvar es buena.

**ERNESTO**  ¿Y Diana? ¿Qué (4)_____ (hacer) ella?

**DAVID**  (5)_____ (Salir) a comer con sus padres.

**ERNESTO**  ¿Qué (6)_____ (hacer) Andrés y Javier?

**DAVID**  Tienen que (7)_____ (hacer) las maletas. (8)_____ (Salir) para
Monterrey mañana.

**ERNESTO**  Pues, ¿qué (9)_____ (hacer) yo?

**DAVID**  Yo (10)_____ (suponer) que puedes estudiar o (11)_____ (ver) la televisión.

**ERNESTO**  No quiero estudiar. Mejor (12)_____ (poner) la televisión. Mi programa
favorito empieza en unos minutos.

**2**  **Oraciones** Form sentences using the cues provided and verbs from **Estructura 4.4**.

> **modelo**
> tú / _____ / cosas / en / su lugar / antes de (*before*) / salir
> *Tú pones las cosas en su lugar antes de salir.*

1. mis amigos / _____ / conmigo / centro
2. tú / _____ / mentiras / pero / yo _____ / verdad
3. Alberto / _____ / música del café Pasatiempos
4. yo / no / _____ / muchas películas
5. domingo / nosotros / _____ / mucha / tarea
6. si / yo / _____ / que / yo / querer / ir / cine / mis amigos / ir / también

**3**  **Describir** Use the verbs from **Estructura 4.4** to describe what these people are doing.

1. Fernán

2. los aficionados

3. yo

4. nosotros

5. la señora Vargas

6. el estudiante

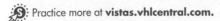
Practice more at **vistas.vhlcentral.com**.

# Comunicación

**4**

**Tu rutina** In pairs, take turns asking each other these questions.

1. ¿Qué traes a clase?
2. ¿Quiénes traen un diccionario a clase? ¿Por qué traen un diccionario?
3. ¿A qué hora sales de tu residencia estudiantil o de tu casa por la mañana? ¿A qué hora sale tu compañero/a de cuarto?
4. ¿Dónde pones tus libros cuando regresas de clase? ¿Siempre (*Always*) pones tus cosas en su lugar?
5. ¿Qué prefieres hacer, oír la radio o ver la televisión?
6. ¿Oyes música cuando estudias?
7. ¿Ves películas en casa o prefieres ir al cine?
8. ¿Haces mucha tarea los fines de semana?
9. ¿Sales con tus amigos los fines de semana? ¿A qué hora? ¿Qué hacen?
10. ¿Te gusta ver deportes en la televisión o prefieres ver otros programas? ¿Cuáles?

**5**

**Charadas** In groups, play a game of charades. Each person should think of two phrases containing the verbs **hacer, oír, poner, salir, traer,** or **ver**. The first person to guess correctly acts out the next charade.

**6**

**Entrevista** You are doing a market research report on lifestyles. Interview a classmate to find out when he or she goes out with these people and what they do for entertainment.

▶ los/las amigos/as
▶ el/la novio/a
▶ el/la esposo/a
▶ la familia

# Síntesis

**7**

**Situación** Imagine that you are speaking with your roommate. With a partner, prepare a conversation using these cues.

| Estudiante 1 | Estudiante 2 |
|---|---|
| Ask your partner what he or she is doing. | Tell your partner that you are watching TV. |
| Say what you suppose he or she is watching. | Say that you like the show _____. Ask if he or she wants to watch. |
| Say no, because you are going out with friends, and tell where you are going. | Say you think it's a good idea, and ask what your partner and his or her friends are doing there. |
| Say what you are going to do, and ask your partner whether he or she wants to come along. | Say no and tell your partner what you prefer to do. |

# Recapitulación

**Concepts Diagnostics**

Review the grammar concepts you have learned in this lesson by completing these activities.

**1 Completar** Complete the chart with the correct verb forms. `15 pts.`

| Infinitive | yo | nosotros/as | ellos/as |
|---|---|---|---|
|  | vuelvo |  |  |
| comenzar |  | comenzamos |  |
|  |  | hacemos | hacen |
| ir |  |  |  |
|  | juego |  |  |
| repetir |  |  | repiten |

**2 Un día típico** Complete the paragraph with the appropriate forms of the verbs in the word list. Not all verbs will be used. Some may be used more than once. `10 pts.`

| | | |
|---|---|---|
| almorzar | ir | salir |
| cerrar | jugar | seguir |
| empezar | mostrar | ver |
| hacer | querer | volver |

¡Hola! Me llamo Cecilia y vivo en Puerto Vallarta, México. ¿Cómo es un día típico en mi vida (*life*)? Por la mañana bebo café con mis padres y juntos (*together*) (1)_____ las noticias (*news*) en la televisión. A las siete y media, (yo) (2)_____ de mi casa y tomo el autobús. Me gusta llegar temprano (*early*) a la universidad porque siempre (*always*) (3)_____ a mis amigos en la cafetería. Tomamos café y planeamos lo que (4)_____ hacer cada (*each*) día. A las ocho y cuarto, mi amiga Sandra y yo (5)_____ al laboratorio de lenguas. La clase de francés (6)_____ a las ocho y media. ¡Es mi clase favorita! A las doce y media (yo) (7)_____ en la cafetería con mis amigos. Después (*Afterwards*), yo (8)_____ con mis clases. Por las tardes, mis amigos (9)_____ a sus casas, pero yo (10)_____ al vóleibol con mi amigo Tomás.

## RESUMEN GRAMATICAL

**4.1 Present tense of ir** *p. 126*

| yo | voy | nos. | vamos |
|---|---|---|---|
| tú | vas | vos. | vais |
| él | va | ellas | van |

► ir a + [*infinitive*] = *to be going* + [*infinitive*]

► a + el = al

► vamos a + [*infinitive*] = *let's (do something)*

**4.2 Stem-changing verbs e:ie, o:ue, u:ue** *pp. 129–130*

| | empezar | volver | jugar |
|---|---|---|---|
| yo | empiezo | vuelvo | juego |
| tú | empiezas | vuelves | juegas |
| él | empieza | vuelve | juega |
| nos. | empezamos | volvemos | jugamos |
| vos. | empezáis | volvéis | jugáis |
| ellas | empiezan | vuelven | juegan |

► Other e:ie verbs: cerrar, comenzar, entender, pensar, perder, preferir, querer

► Other o:ue verbs: almorzar, contar, dormir, encontrar, mostrar, poder, recordar

**4.3 Stem-changing verbs e:i** *p. 133*

| | | pedir | | |
|---|---|---|---|---|
| yo | pido | nos. | pedimos |
| tú | pides | vos. | pedís |
| él | pide | ellas | piden |

► Other e:i verbs: conseguir, decir, repetir, seguir

**4.4 Verbs with irregular yo forms** *pp. 136–137*

| hacer | poner | salir | suponer | traer |
|---|---|---|---|---|
| hago | pongo | salgo | supongo | traigo |

► ver: veo, ves, ve, vemos, veis, ven

► oír: oigo, oyes, oye, oímos, oís, oyen

**3** **Oraciones** Arrange the cues provided in the correct order to form complete sentences. Make all necessary changes. **14 pts.**

1. tarea / los / hacer / sábados / nosotros / la

_____

2. en / pizza / Andrés / una / restaurante / el / pedir

_____

3. a / ? / museo / ir / ¿ / el / (tú)

_____

4. de / oír / amigos / bien / los / no / Elena

_____

5. libros / traer / yo / clase / mis / a

_____

6. película / ver / en / Jorge y Carlos / pensar / cine / una / el

_____

7. unos / escribir / Mariana / electrónicos / querer / mensajes

_____

**4** **Escribir** Write a short paragraph about what you do on a typical day. Use at least six of the verbs you have learned in this lesson. You can use the paragraph on the opposite page (**Actividad 2**) as a model. **11 pts.**

*Un día típico*

*Hola, me llamo Julia y vivo en Vancouver, Canadá. Por la mañana, yo...*

**5** **Rima** Complete the rhyme with the appropriate forms of the correct verbs from the list. **2 EXTRA points!**

| | |
|---|---|
| contar | poder |
| oír | suponer |

❝ Si no _____ dormir
y el sueño deseas,
lo vas a conseguir
si _____ ovejas°. ❞

ovejas *sheep*

Practice more at **vistas.vhlcentral.com**.

# Lectura

## Antes de leer

### Estrategia

**Predicting content from visuals**

When you are reading in Spanish, be sure to look for visual clues that will orient you as to the content and purpose of what you are reading. Photos and illustrations, for example, will often give you a good idea of the main points that the reading covers. You may also encounter very helpful visuals that are used to summarize large amounts of data in a way that is easy to comprehend; these include bar graphs, pie charts, flow charts, lists of percentages, and other sorts of diagrams.

### Examinar el texto

Take a quick look at the visual elements of the magazine article in order to generate a list of ideas about its content. Then compare your list with a classmate's. Are they the same or are they different? Discuss your lists and make any changes needed to produce a final list of ideas.

### Contestar

Read the list of ideas you wrote in **Examinar el texto**, and look again at the visual elements of the magazine article. Then answer these questions:

1. Who is the woman in the photo, and what is her role?

2. What is the article about?

3. What is the subject of the pie chart?

4. What is the subject of the bar graph?

---

**por María Úrsula Echevarría**

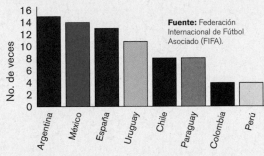

El fútbol es el deporte más popular en el mundo° hispano, según° una encuesta° reciente realizada entre jóvenes universitarios. Mucha gente practica este deporte y tiene un equipo de fútbol favorito. Cada cuatro años se realiza la Copa Mundial°. Argentina y Uruguay han ganado° este campeonato° más de una vez°. Los aficionados siguen los partidos de fútbol en casa por tele y en muchos otros lugares como bares, restaurantes, estadios y clubes deportivos. Los jóvenes juegan al fútbol con sus amigos en parques y gimnasios.

**Países hispanos en campeonatos mundiales de fútbol (1930–2010)**

*Bar graph showing No. de veces (y-axis 0 to 16) for: Argentina, México, España, Uruguay, Chile, Paraguay, Colombia, Perú*

**Fuente:** Federación Internacional de Fútbol Asociado (FIFA).

Pero, por supuesto°, en los países de habla hispana también hay otros deportes populares. ¿Qué deporte sigue al fútbol en estos países? Bueno, ¡depende del país y de otros factores!

## Después de leer

### Evaluación y predicción

Which of the following sporting events would be most popular among the college students surveyed? Rate them from one (most popular) to five (least popular). Which would be the most popular at your college or university?

_____ 1. la Copa Mundial de Fútbol

_____ 2. los Juegos Olímpicos

_____ 3. el Campeonato de Wimbledon

_____ 4. la Serie Mundial de Béisbol

_____ 5. el Tour de Francia

# No sólo el fútbol

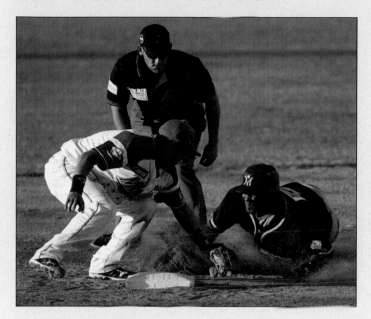

En Colombia, el béisbol también es muy popular después del fútbol, aunque° esto varía según la región del país. En la costa del norte de Colombia, el béisbol es una pasión. Y el ciclismo también es un deporte que los colombianos siguen con mucho interés.

## Donde el béisbol es más popular

En los países del Caribe, el béisbol es el deporte predominante. Éste es el caso en Puerto Rico, Cuba y la República Dominicana. Los niños empiezan a jugar cuando son muy pequeños. En Puerto Rico y la República Dominicana, la gente también quiere participar en otros deportes, como el baloncesto, o ver los partidos en la tele. Y para los espectadores aficionados del Caribe, el boxeo es número dos.

## Donde el fútbol es más popular

En México, el béisbol es el segundo° deporte más popular después° del fútbol. Pero en Argentina, después del fútbol, el rugby tiene mucha importancia. En Perú a la gente le gusta mucho ver partidos de vóleibol. ¿Y en España? Muchas personas prefieren el baloncesto, el tenis y el ciclismo.

**Deportes más populares**

- Fútbol (69%)
- Béisbol (10%)
- Baloncesto (8%)
- Cicliomo (4%)
- Tenis (4%)
- Boxeo (3%)
- Vóleibol (2%)

---

**mundo** *world*  **según** *according to*  **encuesta** *survey*  **se realiza la Copa Mundial** *the World Cup is held*  **han ganado** *have won*  **campeonato** *championship*  **más de una vez** *more than once*  **por supuesto** *of course*  **segundo** *second*  **después** *after*  **aunque** *although*

---

## ¿Cierto o falso?

Indicate whether each sentence is **cierto** or **falso**, then correct the false statements.

|  | Cierto | Falso |
|---|---|---|
| 1. El vóleibol es el segundo deporte más popular en México. | ○ | ○ |
| 2. En España a la gente le gustan varios deportes como el baloncesto y el ciclismo. | ○ | ○ |
| 3. En la costa del norte de Colombia, el tenis es una pasión. | ○ | ○ |
| 4. En el Caribe, el deporte más popular es el béisbol. | ○ | ○ |

## Preguntas

Answer these questions in Spanish.

1. ¿Dónde ven el fútbol los aficionados? Y tú, ¿cómo ves tus deportes favoritos?
2. ¿Te gusta el fútbol? ¿Por qué?
3. ¿Miras la Copa Mundial en la televisión?
4. ¿Qué deportes miras en la televisión?
5. En tu opinión, ¿cuáles son los tres deportes más populares en tu universidad? ¿En tu comunidad? ¿En tu país?
6. ¿Practicas deportes en tus ratos libres?

# Escritura

## Estrategia
### Using a dictionary

A common mistake made by beginning language learners is to embrace the dictionary as the ultimate resource for reading, writing, and speaking. While it is true that the dictionary is a useful tool that can provide valuable information about vocabulary, using the dictionary correctly requires that you understand the elements of each entry.

If you glance at a Spanish-English dictionary, you will notice that its format is similar to that of an English dictionary. The word is listed first, usually followed by its pronunciation. Then come the definitions, organized by parts of speech. Sometimes the most frequently used definitions are listed first.

To find the best word for your needs, you should refer to the abbreviations and the explanatory notes that appear next to the entries. For example, imagine that you are writing about your pastimes. You want to write, "I want to buy a new racket for my match tomorrow," but you don't know the Spanish word for "racket." In the dictionary, you may find an entry like this:

> **racket** *s* 1. alboroto; 2. raqueta (*dep.*)

The abbreviation key at the front of the dictionary says that *s* corresponds to **sustantivo** (*noun*). Then, the first word you see is **alboroto**. The definition of **alboroto** is *noise* or *racket*, so **alboroto** is probably not the word you're looking for. The second word is **raqueta**, followed by the abbreviation *dep.*, which stands for **deportes**. This indicates that the word **raqueta** is the best choice for your needs.

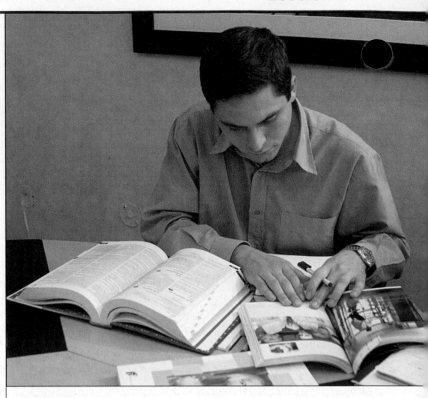

## Tema

### Escribir un folleto

Choose one topic to write a brochure.

1. You are the head of the Homecoming Committee at your school this year. Create a pamphlet that lists events for Friday night, Saturday, and Sunday. Include a brief description of each event and its time and location. Include activities for different age groups, since some alumni will bring their families.

2. You are on the Freshman Student Orientation Committee and are in charge of creating a pamphlet for new students that describes the sports offered at your school. Write the flyer and include activities for both men and women.

3. You work for the Chamber of Commerce in your community. It is your job to market your community to potential residents. Write a brief pamphlet that describes the recreational opportunities your community provides, the areas where the activities take place, and the costs, if any. Be sure to include activities that will appeal to singles as well as couples and families; you should include activities for all age groups and for both men and women.

# Escuchar  Audio: Activities

## Preparación

Based on the photo, what do you think Anabela is like? Do you and Anabela have similar interests?

## Ahora escucha

You will hear first José talking, then Anabela. As you listen, check off each person's favorite activities.

### Pasatiempos favoritos de José

1. _____ leer el correo electrónico
2. _____ jugar al béisbol
3. _____ ver películas de acción
4. _____ ir al café
5. _____ ir a partidos de béisbol
6. _____ ver películas románticas
7. _____ dormir la siesta
8. _____ escribir mensajes electrónicos

### Pasatiempos favoritos de Anabela

9. _____ esquiar
10. _____ nadar
11. _____ practicar el ciclismo
12. _____ jugar al golf
13. _____ jugar al baloncesto
14. _____ ir a ver partidos de tenis
5. _____ escalar montañas
6. _____ ver televisión

 Practice more at **vistas.vhlcentral.com.**

## Comprensión

### Preguntas

Answer these questions about José's and Anabela's pastimes.

1. ¿Quién practica más deportes?
2. ¿Quién piensa que es importante descansar?
3. ¿A qué deporte es aficionado José?
4. ¿Por qué Anabela no practica el baloncesto?
5. ¿Qué películas le gustan a la novia de José?
6. ¿Cuál es el deporte favorito de Anabela?

### Seleccionar

Which person do these statements best describe?

1. Le gusta practicar deportes.
2. Prefiere las películas de acción.
3. Le gustan las computadoras.
4. Le gusta nadar.
5. Siempre (*Always*) duerme una siesta por la tarde.
6. Quiere ir de vacaciones a las montañas.

# En pantalla

In many Spanish-speaking countries, soccer isn't just a game; it's a way of life. Many countries have professional and amateur leagues, and soccer is even played in the streets. Every four years, during the World Cup, even those who aren't big fans of the sport find it impossible not to get swept up in "soccer fever." During the month-long Cup, passions only increase with each of the sixty-four matches played. Companies also get caught up in the soccer craze, running ad campaigns and offering promotions with prizes ranging from commemorative glasses to all-expenses-paid trips to the World Cup venue.

## Vocabulario útil

| | |
|---|---|
| cracks | stars, aces (sports) |
| lo tuvo a Pelé de hijo | he was a better player than Pelé (coll. expr. Peru) |
| Dios me hizo | God made me |
| patito feo | ugly duckling |
| plata | money (S. America) |
| jugando | playing |

## Comprensión

Indicate whether each statement is **cierto** or **falso**.

| | Cierto | Falso |
|---|:---:|:---:|
| 1. La familia juega al baloncesto. | ○ | ○ |
| 2. No hay mujeres en el anuncio (*ad*). | ○ | ○ |
| 3. La pareja tiene cinco hijos. | ○ | ○ |
| 4. El hijo más joven es un mariachi. | ○ | ○ |

## Conversación

With a partner, discuss these questions in Spanish.

1. En el anuncio hay varios elementos culturales representativos de la cultura de los países hispanos. ¿Cuáles son?

2. ¿Qué otros elementos culturales de los países hispanos conocen (*do you know*)?

jugaba *used to play* cuna *crib* barriga *womb* Por eso *That's why*
esperaban que yo fuera *they expected that I would be*
el mejor de todos *the best of all*

Mi hermano mayor jugaba° desde la cuna°.

Mi segundo hermano, desde la barriga°.

Por eso° esperaban que yo fuera° el mejor de todos°.

Ⓢ Video: TV Clip

🖰 Practice more at **vistas.vhlcentral.com**.

The rivalry between the teams **Real Madrid** and **F.C. Barcelona** is perhaps the fiercest in all of soccer—just imagine if they occupied the same city! Well, each team also has competing clubs within its respective city: Spain's capital has the **Club Atlético de Madrid**, and Barcelona is home to **Espanyol**. In fact, across the Spanish-speaking world, it is common for a city to have more than one professional team, often with strikingly dissimilar origins, identity, and fan base. For example, in Bogotá, the **Millonarios** were so named for the large sums spent on players, while the **Santa Fe** team is one of the most traditional in Colombian soccer. **River Plate** and **Boca Juniors**, who enjoy a famous rivalry, are just two of twenty-four clubs in Buenos Aires—the city with the most professional soccer teams in the world.

### Vocabulario útil

| | |
|---|---|
| afición | fans |
| celebran | they celebrate |
| preferido/a | favorite |
| rivalidad | rivalry |
| se junta con | it's tied up with |

### Preparación

What is the most popular sport at your school? What teams are your rivals? How do students celebrate a win?

### Escoger

Select the correct answer.

1. Un partido entre el Barça y el Real Madrid es un _____ (deporte/evento) importante en toda España.
2. Ronaldinho fue (*was*) un futbolista estrella (*soccer star*) del _____ (Barça/Real Madrid).
3. Los aficionados _____ (miran/celebran) las victorias de sus equipos en las calles (*streets*).
4. La rivalidad entre el Real Madrid y el Barça está relacionada con la _____ (religión/política).

## ¡Fútbol en España!

1

(*Hay mucha afición al fútbol en España.*)

2

¿Y cuál es vuestro jugador favorito?

3

—¿Y quién va a ganar?
—El Real Madrid.

 Video: *Flash cultura*

Practice more at **vistas.vhlcentral.com**.

recursos / VM pp. 297–298 / vistas.vhlcentral.com Lección 4

# México

## El país en cifras

▶ **Área:** 1.972.550 km$^2$
(761.603 millas$^2$), *casi° tres veces°
el área de Texas*

*La situación geográfica de México,
al sur° de los Estados Unidos, ha
influido en° la economía y la sociedad de los dos
países. Una de las consecuencias es la emigración
de la población mexicana al país vecino°. Hoy día,
más de 30 millones de personas de ascendencia
mexicana viven en los Estados Unidos.*

▶ **Población:** 115.528.000
▶ **Capital:** México, D.F. (y su área
metropolitana)—20.078.000
▶ **Ciudades principales:** Guadalajara
—4.648.000, Monterrey—4.118.000,
Puebla—2.460.000,
Ciudad Juárez—1.470.000

SOURCE: Population Division, UN Secretariat

▶ **Moneda:** peso mexicano
▶ **Idiomas:** español (oficial), náhuatl,
otras lenguas indígenas

Bandera de México

**Mexicanos célebres**

▶ **Benito Juárez,** héroe nacional (1806–1872)
▶ **Octavio Paz,** poeta (1914–1998)
▶ **Elena Poniatowska,** periodista y escritora
(1933– )
▶ **Julio César Chávez,** boxeador (1962– )

casi *almost* veces *times* sur *south* ha influido en *has influenced*
vecino *neighboring* se llenan de luz *get filled with light* flores *flowers*
Muertos *Dead* se ríen *laugh* muerte *death* lo cual se refleja *which is
reflected* calaveras de azúcar *sugar skulls* pan *bread* huesos *bones*

Cabo San Lucas

**ESTADOS UNIDOS**

Autorretrato con mono
(*Self-portrait with monkey*),
1938, Frida Kahlo

Ciudad Juárez

Golfo de California

Baja California

Río Grande

Río Bravo del Norte

Sierra Madre Oriental

Sierra Madre Occidental

ESTADOS UNIDOS

**MÉXICO**

OCÉANO
ATLÁNTICO

OCÉANO
PACÍFICO

AMÉRICA DEL SUR

Monterrey

Océano Pacífico

Puerto
Vallarta

**Ciudad de
México**

Guadalajara

P

Acapulco

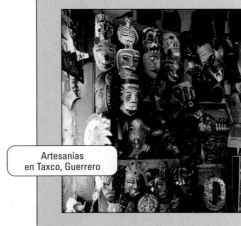

Artesanías
en Taxco, Guerrero

**recursos**

WB
pp. 47–48

VM
pp. 255–256

vistas.vhlcentral.com
Lección 4

Pirámide de Kukulcán
en Chichén Itzá

## ¡Increíble pero cierto!

Cada dos de noviembre los cementerios de
México se llenan de luz°, música y flores°. El Día
de Muertos° no es un evento triste; es una fiesta
en honor a las personas muertas. En ese día,
los mexicanos se ríen° de la muerte°, lo cual se
refleja° en detalles como las calaveras de azúcar°
y el pan° de muerto —pan en forma de huesos°.

## Ciudades • México, D.F.

La Ciudad de México, fundada° en 1525, también se llama el D.F. o Distrito Federal. Muchos turistas e inmigrantes vienen a la ciudad porque es el centro cultural y económico del país. El crecimiento° de la población es de los más altos° del mundo. El D.F. tiene una población mayor que las de Nueva York, Madrid o París.

## Artes • Diego Rivera y Frida Kahlo

Frida Kahlo y Diego Rivera eran° artistas mexicanos muy famosos. Se casaron° en 1929. Los dos se interesaron° en las condiciones sociales de la gente indígena de su país. Puedes ver algunas° de sus obras° en el Museo de Arte Moderno de la Ciudad de México.

Golfo
de México

Península
de Yucatán

Mérida

Bahía de
Campeche
Cancún

Veracruz

Istmo de
Tehuantepec

**BELICE**

**GUATEMALA**

## Historia • Los aztecas

Los aztecas dominaron° en México del siglo° XIV al siglo XVI. Sus canales, puentes° y pirámides con templos religiosos eran muy importantes.
El fin del imperio azteca comenzó° con la llegada° de los españoles en 1519, pero la presencia azteca sigue hoy. La Ciudad de México está situada en la capital azteca de Tenochtitlán, y muchos turistas van a visitar sus ruinas.

## Economía • La plata

México es el mayor productor de plata° del mundo°. Estados como Zacatecas y Durango tienen ciudades fundadas cerca de los más grandes yacimientos° de plata del país. Estas ciudades fueron° en la época colonial unas de las más ricas e importantes. Hoy en día, aún° conservan mucho de su encanto° y esplendor.

 **¿Qué aprendiste?** Responde a cada pregunta con una oración completa.

1. ¿Qué lenguas hablan los mexicanos?

2. ¿Cómo es la población del D.F. en comparación con la de otras ciudades?

3. ¿En qué se interesaron Frida Kahlo y Diego Rivera?

4. Nombra algunas de las estructuras de la arquitectura azteca.

5. ¿Dónde está situada la capital de México?

6. ¿Qué estados de México tienen los mayores yacimientos de plata?

**Conexión Internet** Investiga estos temas en **vistas.vhlcentral.com**.

1. Busca información sobre dos lugares de México. ¿Te gustaría (*Would you like*) vivir allí? ¿Por qué?

2. Busca información sobre dos artistas mexicanos. ¿Cómo se llaman sus obras más famosas?

Practice more at
**vistas.vhlcentral.com**

**fundada** *founded* **crecimiento** *growth* **más altos** *highest* **eran** *were* **Se casaron** *They got married* **se interesaron** *were interested* **algunas** *some* **obras** *works* **dominaron** *dominated* **siglo** *century* **puentes** *bridges* **comenzó** *started* **llegada** *arrival* **plata** *silver* **mundo** *world* **yacimientos** *deposits* **fueron** *were* **aún** *still* **encanto** *charm*

## Pasatiempos

| | |
|---|---|
| andar en patineta | to skateboard |
| bucear | to scuba dive |
| escalar montañas (f., pl.) | to climb mountains |
| escribir una carta | to write a letter |
| escribir un mensaje electrónico | to write an e-mail |
| esquiar | to ski |
| ganar | to win |
| ir de excursión | to go on a hike |
| leer correo electrónico | to read e-mail |
| leer un periódico | to read a newspaper |
| leer una revista | to read a magazine |
| nadar | to swim |
| pasear | to take a walk; to stroll |
| pasear en bicicleta | to ride a bicycle |
| patinar (en línea) | to (inline) skate |
| practicar deportes (m., pl.) | to play sports |
| tomar el sol | to sunbathe |
| ver películas (f., pl.) | to watch movies |
| visitar monumentos (m., pl.) | to visit monuments |
| la diversión | fun activity; entertainment; recreation |
| el fin de semana | weekend |
| el pasatiempo | pastime; hobby |
| los ratos libres | spare (free) time |
| el videojuego | video game |

## Deportes

| | |
|---|---|
| el baloncesto | basketball |
| el béisbol | baseball |
| el ciclismo | cycling |
| el equipo | team |
| el esquí (acuático) | (water) skiing |
| el fútbol | soccer |
| el fútbol americano | football |
| el golf | golf |
| el hockey | hockey |
| el/la jugador(a) | player |
| la natación | swimming |
| el partido | game; match |
| la pelota | ball |
| el tenis | tennis |
| el vóleibol | volleyball |

## Adjetivos

| | |
|---|---|
| deportivo/a | sports-related |
| favorito/a | favorite |

## Lugares

| | |
|---|---|
| el café | café |
| el centro | downtown |
| el cine | movie theater |
| el gimnasio | gymnasium |
| la iglesia | church |
| el lugar | place |
| el museo | museum |
| el parque | park |
| la piscina | swimming pool |
| la plaza | city or town square |
| el restaurante | restaurant |

## Verbos

| | |
|---|---|
| almorzar (o:ue) | to have lunch |
| cerrar (e:ie) | to close |
| comenzar (e:ie) | to begin |
| conseguir (e:i) | to get; to obtain |
| contar (o:ue) | to count; to tell |
| decir (e:i) | to say; to tell |
| dormir (o:ue) | to sleep |
| empezar (e:ie) | to begin |
| encontrar (o:ue) | to find |
| entender (e:ie) | to understand |
| hacer | to do; to make |
| ir | to go |
| jugar (u:ue) | to play (a sport or a game) |
| mostrar (o:ue) | to show |
| oír | to hear |
| pedir (e:i) | to ask for; to request |
| pensar (e:ie) | to think |
| pensar (+ inf.) | to intend |
| pensar en | to think about |
| perder (e:ie) | to lose; to miss |
| poder (o:ue) | to be able to; can |
| poner | to put; to place |
| preferir (e:ie) | to prefer |
| querer (e:ie) | to want; to love |
| recordar (o:ue) | to remember |
| repetir (e:i) | to repeat |
| salir | to leave |
| seguir (e:i) | to follow; to continue |
| suponer | to suppose |
| traer | to bring |
| ver | to see |
| volver (o:ue) | to return |

| | |
|---|---|
| *Decir* expressions | See page 136. |
| Expresiones útiles | See page 121. |

  Audio: Vocabulary

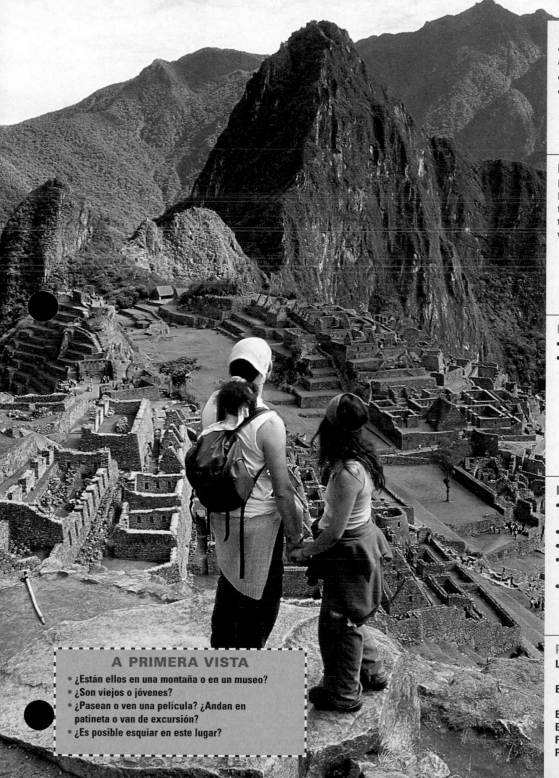

# Las vacaciones

## 5

## A PRIMERA VISTA
- ¿Están ellos en una montaña o en un museo?
- ¿Son viejos o jóvenes?
- ¿Pasean o ven una película? ¿Andan en patineta o van de excursión?
- ¿Es posible esquiar en este lugar?

# Las vacaciones

## Más vocabulario

| | |
|---|---|
| la cama | *bed* |
| la habitación individual, doble | *single, double room* |
| el piso | *floor (of a building)* |
| la planta baja | *ground floor* |
| el campo | *countryside* |
| el paisaje | *landscape* |
| el equipaje | *luggage* |
| la estación de autobuses, del metro, de tren | *bus, subway, train station* |
| la llegada | *arrival* |
| el pasaje (de ida y vuelta) | *(round-trip) ticket* |
| la salida | *departure; exit* |
| la tabla de (wind)surf | *surfboard/sailboard* |
| acampar | *to camp* |
| estar de vacaciones | *to be on vacation* |
| hacer las maletas | *to pack (one's suitcases)* |
| hacer un viaje | *to take a trip* |
| hacer (wind)surf | *to (wind)surf* |
| ir de compras | *to go shopping* |
| ir de vacaciones | *to go on vacation* |
| ir en autobús (m.), auto(móvil) (m.), motocicleta (f.), taxi (m.) | *to go by bus, car, motorcycle, taxi* |

## Variación léxica

automóvil ⟷ coche (*Esp.*), carro (*Amér. L.*)
autobús ⟷ camión (*Méx.*), guagua (*Caribe*)
motocicleta ⟷ moto (*coloquial*)

la agente de viajes

el pasaporte

Confirma una reservación. (confirmar)

### En la agencia de viajes

la habitación

el ascensor

el empleado

la llave

la huésped

el botones

el huésped

### En el hotel

**recursos**

WB
pp. 49–50

LM
p. 25

**S**
vistas.vhlcentral.com
Lección 5

/Toma fotos. (sacar, tomar)

BIENVENIDOS

el avión

el viajero

la inspectora de aduanas

**En el aeropuerto**

Pesca. (pescar)

Monta a caballo. (montar)

Va en barco. (ir)

Juegan a las cartas. (jugar)

el mar

la playa

**En la playa**

# Práctica

**1** **Escuchar** 🎧 Indicate who would probably make each statement you hear. Each answer is used twice.

a. el agente de viajes    1. _____    4. _____
b. la inspectora de aduanas    2. _____    5. _____
c. un empleado del hotel    3. _____    6. _____

**2** **¿Cierto o falso?** 🎧 Mario and his wife, Natalia, are planning their next vacation with a travel agent. Indicate whether each statement is **cierto** or **falso** according to what you hear in the conversation.

| | Cierto | Falso |
|---|---|---|
| 1. Mario y Natalia están en Puerto Rico. | ○ | ○ |
| 2. Ellos quieren hacer un viaje a Puerto Rico. | ○ | ○ |
| 3. Natalia prefiere ir a la montaña. | ○ | ○ |
| 4. Mario quiere pescar en Puerto Rico. | ○ | ○ |
| 5. La agente de viajes va a confirmar la reservación. | ○ | ○ |

**3** **Escoger** Choose the best answer for each sentence.

1. Un huésped es una persona que _____.
   a. toma fotos    b. está en un hotel    c. pesca en el mar
2. Abrimos la puerta con _____.
   a. una llave    b. un caballo    c. una llegada
3. Enrique tiene _____ porque va a viajar a otro (another) país.
   a. un pasaporte    b. una foto    c. una llegada
4. Antes de (Before) ir de vacaciones, hay que _____.
   a. pescar    b. ir en tren    c. hacer las maletas
5. Nosotros vamos en _____ al aeropuerto.
   a. autobús    b. pasaje    c. viajero
6. Me gusta mucho ir al campo. El _____ es increíble.
   a. paisaje    b. pasaje    c. equipaje

**4** **Analogías** Complete the analogies using the words below. Two words will not be used.

| auto | huésped | mar | sacar |
|---|---|---|---|
| botones | llegada | pasaporte | tren |

1. acampar ⟶ campo ⊜ pescar ⟶
2. agencia de viajes ⟶ agente ⊜ hotel ⟶
3. llave ⟶ habitación ⊜ pasaje ⟶
4. estudiante ⟶ libro ⊜ turista ⟶
5. aeropuerto ⟶ viajero ⊜ hotel ⟶
6. maleta ⟶ hacer ⊜ foto ⟶

## Las estaciones y los meses del año

el invierno: **diciembre, enero, febrero**

la primavera: **marzo, abril, mayo**

el verano: **junio, julio, agosto**

el otoño: **septiembre, octubre, noviembre**

—**¿Cuál es la fecha de hoy?**      *What is today's date?*
—**Es el primero de octubre.**      *It's the first of October.*
—**Es el dos de marzo.**      *It's March 2$^{nd}$.*
—**Es el diez de noviembre.**      *It's November 10$^{th}$.*

## El tiempo

—**¿Qué tiempo hace?**      *How's the weather?*
—**Hace buen/mal tiempo.**      *The weather is good/bad.*

**Hace (mucho) calor.**
*It's (very) hot.*

**Hace (mucho) frío.**
*It's (very) cold.*

**Llueve. (llover o:ue)**
*It's raining.*

**Está lloviendo.**
*It's raining.*

**Nieva. (nevar e:ie)**
*It's snowing.*

**Está nevando.**
*It's snowing.*

### Más vocabulario

| | |
|---|---|
| **Está (muy) nublado.** | *It's (very) cloudy.* |
| **Hace fresco.** | *It's cool.* |
| **Hace (mucho) sol.** | *It's (very) sunny.* |
| **Hace (mucho) viento.** | *It's (very) windy.* |

**5**   **El Hotel Regis**  Label the floors of the hotel.

**Números ordinales**

| | |
|---|---|
| **primer** *(before a masculine singular noun)*, **primero/a** | *first* |
| **segundo/a** | *second* |
| **tercer** *(before a masculine singular noun)*, **tercero/a** | *third* |
| **cuarto/a** | *fourth* |
| **quinto/a** | *fifth* |
| **sexto/a** | *sixth* |
| **séptimo/a** | *seventh* |
| **octavo/a** | *eighth* |
| **noveno/a** | *ninth* |
| **décimo/a** | *tenth* |

a. _____ piso
b. _____ piso
c. _____ piso
d. _____ piso
e. _____ piso
f. _____ piso
g. _____ piso
h. _____ baja

**6**   **Contestar**  Look at the illustrations of the months and seasons on the previous page. In pairs, take turns asking each other these questions.

> **modelo**
>
> **Estudiante 1:** *¿Cuál es el primer mes de la primavera?*
> **Estudiante 2:** *marzo*

1. ¿Cuál es el primer mes del invierno?
2. ¿Cuál es el segundo mes de la primavera?
3. ¿Cuál es el tercer mes del otoño?
4. ¿Cuál es el primer mes del año?
5. ¿Cuál es el quinto mes del año?
6. ¿Cuál es el octavo mes del año?
7. ¿Cuál es el décimo mes del año?
8. ¿Cuál es el segundo mes del verano?
9. ¿Cuál es el tercer mes del invierno?
10. ¿Cuál es el sexto mes del año?

**7**   **Las estaciones**  Name the season that applies to the description.

1. Las clases terminan.
2. Vamos a la playa.
3. Acampamos.
4. Nieva mucho.
5. Las clases empiezan.
6. Hace mucho calor.
7. Llueve mucho.
8. Esquiamos.
9. el entrenamiento (*training*) de béisbol
10. el Día de Acción de Gracias (*Thanksgiving*)

**8**   **¿Cuál es la fecha?**  Give the dates for these holidays.

> **modelo**
>
> el día de San Valentín   *14 de febrero*

1. el día de San Patricio
2. el día de Halloween
3. el primer día de verano
4. el Año Nuevo
5. mi cumpleaños (*birthday*)
6. mi día de fiesta favorito

## 9

**Seleccionar** Paco is talking about his family and friends. Choose the word or phrase that best completes each sentence.

1. A mis padres les gusta ir a Yucatán porque (hace sol, nieva).
2. Mi primo de Kansas dice que durante (*during*) un tornado, hace mucho (sol, viento).
3. Mis amigos van a esquiar si (nieva, está nublado).
4. Tomo el sol cuando (hace calor, llueve).
5. Nosotros vamos a ver una película si hace (buen, mal) tiempo.
6. Mi hermana prefiere correr cuando (hace mucho calor, hace fresco).
7. Mis tíos van de excursión si hace (buen, mal) tiempo.
8. Mi padre no quiere jugar al golf si (hace fresco, llueve).
9. Cuando hace mucho (sol, frío) no salgo de casa y tomo chocolate caliente (*hot*).
10. Hoy mi sobrino va al parque porque (está lloviendo, hace buen tiempo).

## 10

**El clima** With a partner, take turns asking and answering questions about the weather and temperatures in these cities. Use the model as a guide.

> **modelo**
>
> **Estudiante 1:** ¿Qué tiempo hace hoy en Nueva York?
> **Estudiante 2:** Hace frío y hace viento.
> **Estudiante 1:** ¿Cuál es la temperatura máxima?
> **Estudiante 2:** Treinta y un grados (*degrees*).
> **Estudiante 1:** ¿Y la temperatura mínima?
> **Estudiante 2:** Diez grados.

☀ soleado    ☂ lluvia    ❄ nieve    ☁ nublado    🌬 viento

| Nueva York | Miami | Chicago | París | Madrid | Tokio |
|---|---|---|---|---|---|
| Máx. 31° | Máx. 84° | Máx. 23° | Máx. 38° | Máx. 42° | Máx. 49° |
| Mín. 10° | Mín. 62° | Mín. 5° | Mín. 26° | Mín. 27° | Mín. 34° |

| Montreal | México D.F. | Cozumel | Caracas | Quito | Buenos Aires |
|---|---|---|---|---|---|
| Máx. 18° | Máx. 76° | Máx. 91° | Máx. 80° | Máx. 60° | Máx. 85° |
| Mín. 2° | Mín. 41° | Mín. 73° | Mín. 72° | Mín. 51° | Mín. 59° |

**NOTA CULTURAL**

In most Spanish-speaking countries, temperatures are given in degrees Celsius. Use these formulas to convert between **grados centígrados** and **grados Fahrenheit**.

degrees C. × 9 ÷ 5 + 32 = degrees F.

degrees F. - 32 × 5 ÷ 9 = degrees C.

## 11

**Completar** Complete these sentences with your own ideas.

1. Cuando hace sol, yo…
2. Cuando llueve, mis amigos y yo…
3. Cuando hace calor, mi familia…
4. Cuando hace viento, la gente…
5. Cuando hace frío, yo…
6. Cuando hace mal tiempo, mis amigos…
7. Cuando nieva, muchas personas…
8. Cuando está nublado, mis amigos y yo…
9. Cuando hace fresco, mis padres…
10. Cuando hace buen tiempo, mis amigos…

 Practice more at **vistas.vhlcentral.com**.

**CONSULTA**

**Calor** and **frío** can apply to both weather and people. Use **hacer** to describe weather conditions or climate.

(**Hace frío en Santiago.** *It's cold in Santiago.*)

Use **tener** to refer to people.

(**El viajero tiene frío.** *The traveler is cold.*)

See **Estructura 3.4** p. 101.

# Comunicación

**12   Preguntas personales**   In pairs, ask each other these questions.

1. ¿Cuál es la fecha de hoy? ¿Qué estación es?
2. ¿Te gusta esta estación? ¿Por qué?
3. ¿Qué estación prefieres? ¿Por qué?
4. ¿Prefieres el mar o las montañas? ¿La playa o el campo? ¿Por qué?
5. Cuando haces un viaje, ¿qué te gusta hacer y ver?
6. ¿Piensas ir de vacaciones este verano? ¿Adónde quieres ir? ¿Por qué?
7. ¿Qué deseas ver y qué lugares quieres visitar?
8. ¿Cómo te gusta viajar? ¿En avión? ¿En motocicleta...?

**13   Encuesta**   Your instructor will give you a worksheet. How does the weather affect what you do? Walk around the class and ask your classmates what they prefer or like to do in the weather conditions given. Note their responses on your worksheet. Make sure to personalize your survey by adding a few original questions to the list. Be prepared to report your findings to the class.

**14   La reservación**   In pairs, imagine that one of you is a receptionist at a hotel and the other is a tourist calling to make a reservation. Read only the information that pertains to you. Then role-play the situation.

### Turista

Vas a viajar a Yucatán con un amigo. Llegan a Cancún el 23 de febrero y necesitan una habitación con baño privado para cuatro noches. Ustedes quieren descansar y prefieren una habitación con vista (*view*) al mar. Averigua (*Find out*) toda la información que necesitas (el costo, cuántas camas, etc.) y decide si quieres hacer la reservación o no.

### Empleado/a

Trabajas en la recepción del Hotel Oceanía en Cancún. Para el mes de febrero, sólo quedan (*remain*) dos habitaciones: una individual ($168/noche) en el primer piso y una doble ($134/noche) en el quinto piso que tiene descuento porque no hay ascensor. Todas las habitaciones tienen baño privado y vista (*view*) a la piscina.

**15   Minidrama**   With two or three classmates, prepare a skit about people who are on vacation or are planning a vacation. The skit should take place in one of these locations.

- una agencia de viajes
- una casa
- un aeropuerto, una estación de tren/autobuses
- un hotel
- el campo o la playa

# Síntesis

**16   Un viaje**   You are planning a trip to Mexico and have many questions about your itinerary on which your partner, a travel agent, will advise you. Your instructor will give you and your partner each a sheet with different instructions for acting out the roles.

# ¡Vamos a la playa!

**Los seis amigos hacen un viaje a la playa.**

PERSONAJES    FELIPE    JUAN CARLOS

**Video:** *Fotonovela*
**Record and Compare**

**TÍA ANA MARÍA** ¿Están listos para su viaje a la playa?

**TODOS** Sí.

**TÍA ANA MARÍA** Excelente... ¡A la estación de autobuses!

**MARU** ¿Dónde está Miguel?

**FELIPE** Yo lo traigo.

*(se escucha un grito de Miguel)*

**FELIPE** Ya está listo. Y tal vez enojado. Ahorita vamos.

**FELIPE** No está nada mal el hotel, ¿verdad? Limpio, cómodo... ¡Oye, Miguel! ¿Todavía estás enojado conmigo? *(a Juan Carlos)* Miguel está de mal humor. No me habla.

**JUAN CARLOS** ¿Todavía?

**EMPLEADO** Bienvenidas. ¿En qué puedo servirles?

**MARU** Hola. Tenemos una reservación para seis personas para esta noche.

**EMPLEADO** ¿A nombre de quién?

**JIMENA** ¿Díaz? ¿López? No estoy segura.

**EMPLEADO** No encuentro su nombre. Ah, no, ahora sí lo veo, aquí está. Díaz. Dos habitaciones en el primer piso para seis huéspedes.

**EMPLEADO** Aquí están las llaves de sus habitaciones.

**MARU** Gracias. Una cosa más. Mi novio y yo queremos hacer windsurf, pero no tenemos tablas.

**EMPLEADO** El botones las puede conseguir para ustedes.

**MARISSA**   **JIMENA**   **MARU**   **MIGUEL**   **MAITE FUENTES**   **ANA MARÍA**   **EMPLEADO**

**7**

**JUAN CARLOS** ¿Qué hace este libro aquí? ¿Estás estudiando en la playa?

**JIMENA** Sí, es que tengo un examen la próxima semana.

**8**

**JUAN CARLOS** Ay, Jimena. ¡No! ¿Vamos a nadar?

**JIMENA** Bueno, como estudiar es tan aburrido y el tiempo está tan bonito...

**9**

**MARISSA** Yo estoy un poco cansada. ¿Y tú? ¿Por qué no estás nadando?

**FELIPE** Es por causa de Miguel.

**10**

**MARISSA** Hmm, estoy confundida.

**FELIPE** Esta mañana. ¡Sigue enojado conmigo!

**MARISSA** No puede seguir enojado tanto tiempo.

**recursos**

VM
pp. 221–222

vistas.vhlcentral.com
Lección 5

## Expresiones útiles

### Talking with hotel personnel

**¿En qué puedo servirles?**
*How can I help you?*
**Tenemos una reservación.**
*We have a reservation.*
**¿A nombre de quién?**
*In whose name?*
**¿Quizás López? ¿Tal vez Díaz?**
*Maybe López? Maybe Díaz?*
**Ahora lo veo, aquí está. Díaz.**
*Now I see it. Here it is. Díaz.*
**Dos habitaciones en el primer piso
para seis huéspedes.**
*Two rooms on the first floor
for six guests.*
**Aquí están las llaves.**
*Here are the keys.*

### Describing a hotel

**No está nada mal el hotel.**
*The hotel isn't bad at all.*
**Todo está tan limpio y cómodo.**
*Everything is so clean and comfortable.*
**Es excelente/estupendo/fabuloso/
fenomenal/increíble/magnífico/
maravilloso/perfecto.**
*It's excellent/stupendous/fabulous/
phenomenal/incredible/magnificent/
marvelous/perfect.*

### Talking about how you feel

**Yo estoy un poco cansado/a.**
*I am a little tired.*
**Estoy confundido/a.** *I'm confused.*
**Todavía estoy/Sigo enojado/a contigo.**
*I'm still angry with you.*

### Additional vocabulary

**afuera** *outside*
**agradable** *pleasant*
**el balde** *bucket*
**la crema de afeitar**
*shaving cream*
**entonces** *so, then*
**es igual** *it's the same*
**el frente (frío)** *(cold) front*
**el grito** *scream*
**la temporada** *period of time*

# ¿Qué pasó?

**1** **Completar** Complete these sentences with the correct term from the word bank.

| | | |
|---|---|---|
| aburrido | botones | la llave |
| el aeropuerto | la estación de autobuses | montar a caballo |
| amable | habitaciones | reservación |

1. Los amigos van a _____ para ir a la playa.
2. La _____ del hotel está a nombre de los Díaz.
3. Los amigos tienen dos _____ para seis personas.
4. El _____ puede conseguir tablas de windsurf para Maru.
5. Jimena dice que estudiar en vacaciones es muy _____.

**CONSULTA**

The meaning of some adjectives, such as **aburrido,** changes depending on whether they are used with **ser** or **estar.** See **Estructura 5.3,** pp. 170–171.

**2** **Identificar** Identify the person who would make each statement.

**EMPLEADO**    **MARU**    **TÍA ANA MARÍA**    **FELIPE**    **JUAN CARLOS**

1. No lo encuentro, ¿a nombre de quién está su reservación?
2. ¿Por qué estás estudiando en la playa? ¡Mejor vamos a nadar!
3. Nuestra reservación es para seis personas en dos habitaciones.
4. El hotel es limpio y cómodo, pero estoy triste porque Miguel no me habla.
5. Suban al autobús y ¡buen viaje a la playa!

**3** **Ordenar** Place these events in the correct order.

_____ a. El empleado busca la reservación.
_____ b. Marissa dice que está confundida.
_____ c. Los amigos están listos para ir a la playa.
_____ d. El empleado da (*gives*) las llaves de las habitaciones a las chicas.
_____ e. Miguel grita (*screams*).

**4** **Conversar** With a partner, use these cues to create a conversation between a hotel employee and a guest in Mexico.

| **Huésped** | **Empleado/a** |
|---|---|
| Say hi to the employee and ask for your reservation. | → Tell the guest that you can't find his/her reservation. |
| Tell the employee that the reservation is in your name. | → Tell him/her that you found the reservation and that it's for a double room. |
| Tell the employee that the hotel is very clean and orderly. | → Say that you agree with the guest, welcome him/her and give him/her the keys. |
| Ask the employee to call the bellhop to help you with your luggage. | → Call the bellhop to help the guest with his/her luggage. |

 Practice more at **vistas.vhlcentral.com.**

# Pronunciación   Ⓢ Audio: Concepts, Activities
### Spanish **b** and **v**

| bueno | vóleibol | biblioteca | vivir |

There is no difference in pronunciation between the Spanish letters **b** and **v**. However, each letter can be pronounced two different ways, depending on which letters appear next to them.

| bonito | viajar | también | investigar |

**B** and **v** are pronounced like the English hard *b* when they appear either as the first letter of a word, at the beginning of a phrase, or after **m** or **n**.

| deber | novio | abril | cerveza |

In all other positions, **b** and **v** have a softer pronunciation, which has no equivalent in English. Unlike the hard **b**, which is produced by tightly closing the lips and stopping the flow of air, the soft **b** is produced by keeping the lips slightly open.

| bola | vela | Caribe | declive |

In both pronunciations, there is no difference in sound between **b** and **v**. The English *v* sound, produced by friction between the upper teeth and lower lip, does not exist in Spanish. Instead, the soft **b** comes from friction between the two lips.

### Verónica y su esposo cantan boleros.

When **b** or **v** begins a word, its pronunciation depends on the previous word. At the beginning of a phrase or after a word that ends in **m** or **n**, it is pronounced as a hard **b**.

### Benito   es de Boquerón   pero vive   en Victoria.

Words that begin with **b** or **v** are pronounced with a soft **b** if they appear immediately after a word that ends in a vowel or any consonant other than **m** or **n**.

Ⓢ **Práctica** Read these words aloud to practice the **b** and the **v**.

| | | | |
|---|---|---|---|
| 1. hablamos | 4. van | 7. doble | 10. nublado |
| 2. trabajar | 5. contabilidad | 8. novia | 11. llave |
| 3. botones | 6. bien | 9. béisbol | 12. invierno |

No hay mal que por bien no venga.[1]

Hombre prevenido vale por dos.[2]

Ⓢ **Oraciones** Read these sentences aloud to practice the **b** and the **v**.

1. Vamos a Guaynabo en autobús.
2. Voy de vacaciones a la Isla Culebra.
3. Tengo una habitación individual en el octavo piso.
4. Víctor y Eva van en avión al Caribe.
5. La planta baja es bonita también.
6. ¿Qué vamos a ver en Bayamón?
7. Beatriz, la novia de Víctor, es de Arecibo, Puerto Rico.

Ⓢ **Refranes** Read these sayings aloud to practice the **b** and the **v**.

[2] *An ounce of prevention equals a pound of cure.*
[1] *Every cloud has a silver lining.*

**recursos**

LM
p. 26

Ⓢ
vistas.vhlcentral.com
Lección 5

EN DETALLE

Additional Reading

# Las cataratas del Iguazú

**Imagine the impressive and majestic Niagara Falls,** the most powerful waterfall in North America. Now, if you can, imagine a waterfall four times as wide and almost twice as tall that caused Eleanor Roosevelt to exclaim "Poor Niagara!" upon seeing it for the first time. Welcome to **las cataratas del Iguazú!**

Iguazú is located in Iguazú National Park, an area of subtropical jungle where Argentina meets Brazil. Its name comes from the indigenous Guaraní word for "great water." A UNESCO World Heritage Site, **las cataratas del Iguazú** span three kilometers and comprise 275 cascades split into two main sections by the San Martín Island. Most of the falls are about 82 meters (270 feet) high. The horseshoe-shaped cataract **Garganta del Diablo** (Devil's Throat) has the greatest water flow and is considered to be the most impressive; it also marks the border between Argentina and Brazil.

Each country offers different views and tourist options. Most visitors opt to use the numerous catwalks that are available on both

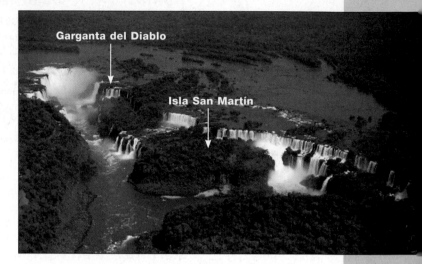
Garganta del Diablo
Isla San Martín

sides; however, from the Argentinean side, tourists can get very close to the falls, whereas Brazil provides more panoramic views. If you don't mind getting wet, a jet boat tour is a good choice; those looking for wildlife—such as toucans, ocelots, butterflies, and jaguars—should head for San Martín Island. Brazil boasts less conventional ways to view the falls, such as helicopter rides and rappelling, while Argentina focuses on sustainability with its **Tren Ecológico de la Selva** (*Ecological Jungle Train*), an environmentally friendly way to reach the walkways.

No matter which way you choose to enjoy the falls, you are certain to be captivated.

## Más cascadas° en Latinoamérica

| Nombre | País | Altura° | Datos |
|---|---|---|---|
| Salto Ángel | Venezuela | 979 metros | la más alta° del mundo° |
| Catarata del Gocta | Perú | 771 metros | descubierta° en 2006 |
| Piedra Volada | México | 453 metros | la más alta de México |

cascadas *waterfalls* Altura *Height* más alta *tallest* mundo *world* descubierta *discovered*

---

**ACTIVIDADES**

1. **¿Cierto o falso?** Indicate whether these statements are **cierto** or **falso**. Correct the false statements.

1. Iguazú Falls is located on the border of Argentina and Brazil.
2. Niagara Falls is four times as wide as Iguazú Falls.
3. Iguazú Falls has a few cascades, each about 82 meters.
4. Tourists visiting Iguazú can see exotic wildlife.
5. *Iguazú* is the Guaraní word for "blue water."
6. You can access the walkways by taking the **Garganta del Diablo**.
7. It is possible for tourists to visit Iguazú Falls by air.
8. **Salto Ángel** is the tallest waterfall in the world.
9. There are no waterfalls in Mexico.
10. For the best views of Iguazú Falls, tourists should visit the Brazilian side.

## ASÍ SE DICE

### Viajes y turismo

| | |
|---|---|
| **el asiento del medio, del pasillo, de la ventanilla** | *center, aisle, window seat* |
| **el itinerario** | *itinerary* |
| **media pensión** | *breakfast and one meal included* |
| **el ómnibus (Perú)** | **el autobús** |
| **pensión completa** | *all meals included* |
| **el puente** | *long weekend (lit., bridge)* |

## EL MUNDO HISPANO

### Destinos populares

- **Las playas del Parque Nacional Manuel Antonio** (Costa Rica) ofrecen° la oportunidad de nadar y luego caminar por el bosque tropical°.

- **Teotihuacán** (México) Desde la época° de los aztecas, aquí se celebra el equinoccio de primavera en la Pirámide del Sol.

- **Puerto Chicama** (Perú), con sus olas° de cuatro kilómetros de largo°, es un destino para surfistas expertos.

- **Tikal** (Guatemala) Aquí puedes ver las maravillas de la selva° y ruinas de la civilización maya.

- **Las playas de Rincón** (Puerto Rico) Son ideales para descansar y observar ballenas°.

ofrecen *offer* bosque tropical *rainforest*
Desde la época *Since the time* olas *waves*
de largo *in length* selva *jungle* ballenas *whales*

## PERFIL

# Punta del Este

One of South America's largest and most fashionable beach resort towns is Uruguay's **Punta del Este**, a narrow strip of land containing twenty miles of pristine beaches. Its peninsular shape gives it two very different seascapes. **La Playa Mansa**, facing the bay and therefore the more protected side, has calm waters. Here, people practice water sports like swimming, water skiing, windsurfing, and diving. **La Playa Brava**, facing the east, receives the Atlantic Ocean's powerful, wave-producing winds, making it popular for surfing, body boarding, and kite surfing. Besides the beaches, posh shopping, and world-famous nightlife, **Punta** offers its 600,000 yearly visitors yacht and fishing clubs, golf courses, and excursions to observe sea lions at the **Isla de Lobos** nature reserve.

### ⊘ Conexión Internet

| | |
|---|---|
| **¿Cuáles son los sitios más populares para el turismo en Puerto Rico?** | Go to **vistas.vhlcentral.com** to find more cultural information related to this **Cultura** section. |

## ACTIVIDADES

**2** **Comprensión** Complete the sentences.
1. En las playas de Rincón puedes ver _____.
2. Cerca de 600.000 turistas visitan _____ cada año.
3. En el avión pides un _____ si te gusta ver el paisaje.
4. En Punta del Este, la gente prefiere nadar en la Playa _____.
5. El _____ es un medio de transporte en Perú.

**3** **De vacaciones** Spring break is coming up, and you want to go on a short vacation with some friends. Working in a small group, decide which of the locations featured on these pages best suits the group's likes and interests. Come to an agreement about how you will get there, where you prefer to stay and for how long, and what each of you will do during free time. Present your trip to the class.

 Practice more at **vistas.vhlcentral.com**.

## 5.1 Estar with conditions and emotions

**ANTE TODO** As you learned in **Lecciones 1** and **2**, the verb **estar** is used to talk about how you feel and to say where people, places, and things are located. **Estar** is also used with adjectives to talk about certain emotional and physical conditions.

**CONSULTA**

To review the present tense of **estar**, see **Estructura 2.3**, p. 59.

• • •

To review the present tense of **ser**, see **Estructura 1.3**, p. 20.

▶ Use **estar** with adjectives to describe the physical condition of places and things.

> La habitación **está** sucia.
> *The room is dirty.*

> La puerta **está** cerrada.
> *The door is closed.*

▶ Use **estar** with adjectives to describe how people feel, both mentally and physically.

Yo estoy cansada.

¿Están listos para su viaje?

▶ **¡Atención!** Two important expressions with **estar** that you can use to talk about conditions and emotions are **estar de buen humor** (*to be in a good mood*) and **estar de mal humor** (*to be in a bad mood*).

### Adjectives that describe emotions and conditions

| | | | | | |
|---|---|---|---|---|---|
| **abierto/a** | *open* | **contento/a** | *happy; content* | **listo/a** | *ready* |
| **aburrido/a** | *bored* | **desordenado/a** | *disorderly* | **nervioso/a** | *nervous* |
| **alegre** | *happy; joyful* | **enamorado/a** | *in love* | **ocupado/a** | *busy* |
| **avergonzado/a** | *embarrassed* | **(de)** | *(with)* | **ordenado/a** | *orderly* |
| **cansado/a** | *tired* | **enojado/a** | *mad; angry* | **preocupado/a** | *worried* |
| **cerrado/a** | *closed* | **equivocado/a** | *wrong* | **(por)** | *(about)* |
| **cómodo/a** | *comfortable* | **feliz** | *happy* | **seguro/a** | *sure* |
| **confundido/a** | *confused* | **limpio/a** | *clean* | **sucio/a** | *dirty* |
| | | | | **triste** | *sad* |

**¡INTÉNTALO!** Provide the present tense forms of **estar**, and choose which adjective best completes the sentence.

1. La biblioteca _____está_____ (cerrada / nerviosa) los domingos por la noche. *cerrada*
2. Nosotros _____ muy (ocupados / equivocados) todos los lunes.
3. Ellas _____ (alegres / confundidas) porque tienen vacaciones.
4. Javier _____ (enamorado / ordenado) de Maribel.
5. Diana _____ (enojada / limpia) con su novio.
6. Yo _____ (nerviosa / abierta) por el viaje.
7. La habitación siempre _____ (ordenada / segura) cuando vienen sus padres.
8. Ustedes no comprenden; _____ (equivocados / tristes).

**recursos**

WB
pp. 51–52

LM
p. 27

vistas.
vhlcentral.com
Lección 5

# Práctica y Comunicación

**1** ¿**Cómo están?** Complete Martín's statements about how he and other people are feeling. In the first blank, fill in the correct form of **estar**. In the second blank, fill in the adjective that best fits the context.

1. Yo _____ un poco _____ porque tengo un examen mañana.
2. Mi hermana Patricia _____ muy _____ porque mañana va a hacer una excursión al campo.
3. Mis hermanos Juan y José salen de la casa a las cinco de la mañana. Por la noche, siempre _____ muy _____.
4. Mi amigo Ramiro _____ _____; su novia se llama Adela.
5. Mi papá y sus colegas _____ muy _____ hoy. ¡Hay mucho trabajo!
6. Patricia y yo _____ un poco _____ por ellos porque trabajan mucho.
7. Mi amiga Mónica _____ un poco _____ porque su novio no puede salir esta noche.
8. Esta clase no es muy interesante. ¿Tú _____ _____ también?

**2** **Describir** Describe these people and places.

1. Anabela

2. Juan y Luisa

3. la habitación de Teresa

4. la habitación de César

**3** **Situaciones** With a partner, use **estar** to talk about how you feel in these situations.

1. Cuando hace sol…
2. Cuando tomas un examen…
3. Cuando viajas en avión…
4. Cuando estás en la clase de español…
5. Cuando ves una película con tu actor/actriz favorito/a…

**4** **En la tele** In small groups, imagine that you are a family that stars on a reality TV show. You are vacationing together, but the trip isn't going well for everyone. Write the script of a scene from the show and then act it out. Use at least six adjectives from the previous page and be creative!

modelo

**Papá:** ¿Por qué estás enojada, María Rosa? El hotel es muy bonito y las habitaciones están limpias.

**Mamá:** ¡Pero mira, Roberto! Las maletas de Elisa están abiertas y, como siempre, sus cosas están muy desordenadas.

 Practice more at **vistas.vhlcentral.com.**

## 5.2 The present progressive  Tutorial

**ANTE TODO** Both Spanish and English use the present progressive, which consists of the present tense of the verb *to be* and the present participle of another verb (the *-ing* form in English).

Las chicas están hablando con el empleado del hotel.

¿Estás estudiando en la playa?

▶ Form the present progressive with the present tense of **estar** and a present participle.

FORM OF **ESTAR** + PRESENT PARTICIPLE

**Estoy** **pescando.**
*I am* *fishing.*

FORM OF **ESTAR** + PRESENT PARTICIPLE

**Estamos** **comiendo.**
*We are* *eating.*

▶ The present participle of regular **-ar**, **-er**, and **-ir** verbs is formed as follows:

| INFINITIVE | | STEM | | ENDING | | PRESENT PARTICIPLE |
|---|---|---|---|---|---|---|
| hablar | ▶ | habl- | ▶ | **-ando** | ▶ | habl**ando** |
| comer | | com- | | **-iendo** | | com**iendo** |
| escribir | | escrib- | | **-iendo** | | escrib**iendo** |

▶ **¡Atención!** When the stem of an **-er** or **-ir** verb ends in a vowel, the present participle ends in **-yendo**.

| INFINITIVE | | STEM | | ENDING | | PRESENT PARTICIPLE |
|---|---|---|---|---|---|---|
| leer | ▶ | le- | ▶ | **-yendo** | ▶ | le**yendo** |
| oír | | o- | | **-yendo** | | o**yendo** |
| traer | | tra- | | **-yendo** | | tra**yendo** |

▶ **Ir**, **poder**, and **venir** have irregular present participles (**yendo, pudiendo, viniendo**). Several other verbs have irregular present participles that you will need to learn.

▶ **-Ir** stem-changing verbs have a stem change in the present participle.

### -ir stem-changing verbs

| e:ie in the present tense | e → i in the present participle |
|---|---|
| preferir | → prefiriendo |

| e:i in the present tense | e → i in the present participle |
|---|---|
| conseguir | → consiguiendo |

| o:ue in the present tense | o → u in the present participle |
|---|---|
| dormir | → durmiendo |

The use of the present progressive is much more restricted in Spanish than in English. In Spanish, the present progressive is mainly used to emphasize that an action is in progress at the time of speaking.

Maru **está escuchando** música latina **ahora mismo**.
*Maru is listening to Latin music right now.*

Felipe y su amigo **todavía están jugando** al fútbol.
*Felipe and his friend are still playing soccer.*

In English, the present progressive is often used to talk about situations and actions that occur over an extended period of time or in the future. In Spanish, the simple present tense is often used instead.

Xavier **estudia** computación este semestre.
*Xavier is studying computer science this semester.*

Marissa **sale** mañana para los Estados Unidos.
*Marissa is leaving tomorrow for the United States.*

Estamos pensando en lo mismo:

su **F**uturo

*Su asesor para ganar*
**FIDU**COLOMBIA
Sociedad Fiduciaria S.A.

**¡INTÉNTALO!** Create complete sentences by putting the verbs in the present progressive.

1. mis amigos / descansar en la playa _Mis amigos están descansando en la playa._
2. nosotros / practicar deportes _____
3. Carmen / comer en casa _____
4. nuestro equipo / ganar el partido _____
5. yo / leer el periódico _____
6. él / pensar comprar una bicicleta _____
7. ustedes / jugar a las cartas _____
8. José y Francisco / dormir _____
9. Marisa / leer correo electrónico _____
10. yo / preparar sándwiches _____
11. Carlos / tomar fotos _____
12. ¿dormir / tú? _____

**recursos**

WB
p. 53

LM
p. 28

Ⓢ
vistas.
vhlcentral.com
Lección 5

# Práctica

**1**

**Completar** Alfredo's Spanish class is preparing to travel to Puerto Rico. Use the present progressive of the verb in parentheses to complete Alfredo's description of what everyone is doing.

1. Yo _____ (investigar) la situación política de la isla (*island*).
2. La esposa del profesor _____ (hacer) las maletas.
3. Marta y José Luis _____ (buscar) información sobre San Juan en Internet.
4. Enrique y yo _____ (leer) un correo electrónico de nuestro amigo puertorriqueño.
5. Javier _____ (aprender) mucho sobre la cultura puertorriqueña.
6. Y tú _____ (practicar) el español, ¿verdad?

**2**

**¿Qué están haciendo?** María and her friends are vacationing at a resort in San Juan, Puerto Rico. Complete her description of what everyone is doing right now.

**CONSULTA**

For more information about Puerto Rico, see **Panorama**, pp. 186–187.

1. Yo

2. Javier

3. Alejandro y Rebeca

4. Celia y yo

5. Samuel

6. Lorenzo

**3**

**Personajes famosos** Say what these celebrities are doing right now, using the cues provided.

*modelo*

Celine Dion

*Celine Dion está cantando una canción ahora mismo.*

| A | | B | |
|---|---|---|---|
| Stephenie Meyer | Nelly Furtado | bailar | hacer |
| Rachael Ray | Steve Nash | cantar | jugar |
| James Cameron | Las Rockettes de | correr | preparar |
| Venus y Serena | Nueva York | escribir | ¿? |
| Williams | ¿? | hablar | ¿? |
| Jason Bay | ¿? | | |

**AYUDA**

Stephenie Meyer: **novelas**
Rachael Ray: **televisión, negocios** (*business*)
James Cameron: **cine**
Venus y Serena Williams: **tenis**
Jason Bay: **béisbol**
Nelly Furtado: **canciones**
Steve Nash: **baloncesto**
Las Rockettes de Nueva York: **baile**

Practice more at **vistas.vhlcentral.com**.

# Comunicación

**4**

**Preguntar** With a partner, take turns asking each other what you are doing at these times.

> **modelo**
>
> 8:00 a.m.
> **Estudiante 1:** ¡Hola, Andrés! Son las *ocho de la mañana*. ¿Qué estás haciendo?
> **Estudiante 2:** Estoy desayunando.

| | | | |
|---|---|---|---|
| 1. 5:00 a.m. | 3. 11:00 a.m. | 5. 2:00 p.m. | 7. 9:00 p.m. |
| 2. 9:30 a.m. | 4. 12:00 p.m. | 6. 5:00 p.m. | 8. 11:30 p.m. |

**5**

**Describir** Work with a partner and use the present progressive to describe what is going on in this Spanish beach scene.

> **NOTA CULTURAL**
>
> Nearly 60 million tourists travel to Spain every year, many of them drawn by the warm climate and beautiful coasts. Tourists wanting a beach vacation go mostly to the **Costa del Sol** or the Balearic Islands, in the Mediterranean.

**6**

**Conversar** Imagine that you and a classmate are each babysitting a group of children. With a partner, prepare a telephone conversation using these cues. Be creative and add further comments.

| **Estudiante 1** | **Estudiante 2** |
|---|---|
| Say hello and ask what the kids are doing. | Say hello and tell your partner that two of your kids are doing their homework. Then ask what the kids at his/her house are doing. |
| Tell your partner that two of your kids are running and dancing in the house. | Tell your partner that one of the kids is reading. |
| Tell your partner that you are tired and that two of your kids are watching TV and eating pizza. | Tell your partner that one of the kids is sleeping. |
| Tell your partner you have to go; the kids are playing soccer in the house. | Say goodbye and good luck (**¡Buena suerte!**). |

# Síntesis

**7**

**¿Qué están haciendo?** A group of classmates is traveling to San Juan, Puerto Rico for a week-long Spanish immersion program. In order for the participants to be on time for their flight, you and your partner must locate them. Your instructor will give you each a handout to help you complete this task.

## 5.3   Ser and estar    Tutorial

**ANTE TODO**   You have already learned that **ser** and **estar** both mean *to be* but are used for different purposes. These charts summarize the key differences in usage between **ser** and **estar**.

### Uses of ser

| | |
|---|---|
| 1. Nationality and place of origin . . . . . . . | Juan Carlos **es** argentino. <br> **Es** de Buenos Aires. |
| 2. Profession or occupation . . . . . . . . . . | Adela **es** agente de viajes. <br> Francisco **es** médico. |
| 3. Characteristics of people and things . . . | José y Clara **son** simpáticos. <br> El clima de Puerto Rico **es** agradable. |
| 4. Generalizations . . . . . . . . . . . . . . . . . . . | ¡**Es** fabuloso viajar! <br> **Es** difícil estudiar a la una de la mañana. |
| 5. Possession . . . . . . . . . . . . . . . . . . . . . . | **Es** la pluma de Jimena. <br> **Son** las llaves del señor Díaz. |
| 6. What something is made of . . . . . . . . | La bicicleta **es** de metal. <br> Los pasajes **son** de papel. |
| 7. Time and date . . . . . . . . . . . . . . . . . . . . | Hoy **es** martes. **Son** las dos. <br> Hoy **es** el primero de julio. |
| 8. Where or when an event takes place . . | El partido **es** en el estadio Santa Fe. <br> La conferencia **es** a las siete. |

Ellos son mis amigos.

Miguel está enojado conmigo.

### Uses of estar

| | |
|---|---|
| 1. Location or spatial relationships . . . . . | El aeropuerto **está** lejos de la ciudad. <br> Tu habitación **está** en el tercer piso. |
| 2. Health . . . . . . . . . . . . . . . . . . . . . . . . . | ¿Cómo **estás**? <br> **Estoy** bien, gracias. |
| 3. Physical states and conditions . . . . . . . | El profesor **está** ocupado. <br> Las ventanas **están** abiertas. |
| 4. Emotional states . . . . . . . . . . . . . . . . . | Marissa **está** feliz hoy. <br> **Estoy** muy enojado con Maru. |
| 5. Certain weather expressions . . . . . . . . | **Está** lloviendo. <br> **Está** nublado. |
| 6. Ongoing actions (progressive tenses) . . | **Estamos** estudiando para un examen. <br> Ana **está** leyendo una novela. |

**¡ATENCIÓN!**

**Ser de** expresses not only origin (**Es de Buenos Aires.**) and possession (**Es la pluma de Maru.**), but also what material something is made of (**La bicicleta es de metal.**).

# Ser and estar with adjectives

▶ With many descriptive adjectives, **ser** and **estar** can both be used, but the meaning will change.

Juan **es** delgado.
*Juan is thin.*

Juan **está** más delgado hoy.
*Juan looks thinner today.*

Ana **es** nerviosa.
*Ana is a nervous person.*

Ana **está** nerviosa por el examen.
*Ana is nervous because of the exam.*

▶ In the examples above, the statements with **ser** are general observations about the inherent qualities of Juan and Ana. The statements with **estar** describe conditions that are variable.

▶ Here are some adjectives that change in meaning when used with **ser** and **estar**.

| With ser | With estar |
|---|---|
| El chico **es listo**. <br> *The boy is smart.* | El chico **está listo**. <br> *The boy is ready.* |
| La profesora **es mala** <br> *The professor is bad.* | La profesora **está mala**. <br> *The professor is sick.* |
| Jaime **es aburrido**. <br> *Jaime is boring.* | Jaime **está aburrido**. <br> *Jaime is bored.* |
| Las peras **son verdes**. <br> *Pears are green.* | Las peras **están verdes**. <br> *The pears are not ripe.* |
| El gato **es muy vivo**. <br> *The cat is very lively.* | El gato **está vivo**. <br> *The cat is alive.* |
| Iván **es un hombre seguro**. <br> *Iván is a confident man.* | Iván no **está seguro**. <br> *Iván is not sure.* |

**¡ATENCIÓN!**

When referring to objects, **ser seguro/a** means *to be safe*.
**El puente es seguro.**
*The bridge is safe.*

**¡INTÉNTALO!**  Form complete sentences by using the correct form of **ser** or **estar** and making any other necessary changes.

1. Alejandra / cansado
   Alejandra está cansada.

2. ellos / pelirrojo

3. Carmen / alto

4. yo / la clase de español

5. película / a las once

6. hoy / viernes

7. nosotras / enojado

8. Antonio / médico

9. Romeo y Julieta / enamorado

10. libros / de Ana

11. Marisa y Juan / estudiando

12. partido de baloncesto / gimnasio

**recursos**

WB
pp. 54–55

LM
p. 29

vistas.
vhlcentral.com
Lección 5

# Práctica

**1**

**¿Ser o estar?** Indicate whether each adjective takes **ser** or **estar**. ¡Ojo!
Three of them can take both verbs.

|  | ser | estar |  | ser | estar |
|---|---|---|---|---|---|
| 1. delgada | ○ | ○ | 5. seguro | ○ | ○ |
| 2. canadiense | ○ | ○ | 6. enojada | ○ | ○ |
| 3. enamorado | ○ | ○ | 7. importante | ○ | ○ |
| 4. lista | ○ | ○ | 8. avergonzada | ○ | ○ |

**2**

**Completar** Complete this conversation with the appropriate forms of **ser** and **estar**.

**EDUARDO**  ¡Hola, Ceci! ¿Cómo (1)_____?

**CECILIA**  Hola, Eduardo. Bien, gracias. ¡Qué guapo (2)_____ hoy!

**EDUARDO**  Gracias. (3)_____ muy amable. Oye, ¿qué (4)_____ haciendo?
(5)¿_____ ocupada?

**CECILIA**  No, sólo le (6)_____ escribiendo una carta a mi prima Pilar.

**EDUARDO**  ¿De dónde (7)_____ ella?

**CECILIA**  Pilar (8)_____ de Ecuador. Su papá (9)_____ médico en Quito. Pero
ahora Pilar y su familia (10)_____ de vacaciones en Ponce, Puerto Rico.

**EDUARDO**  Y… ¿cómo (11)_____ Pilar?

**CECILIA**  (12)_____ muy lista. Y también (13)_____ alta, rubia y muy bonita.

**3**

**En el parque** With a partner, take turns describing the people in the drawing. Your descriptions
should answer the questions provided.

1. ¿Quiénes son?
2. ¿Dónde están?
3. ¿Cómo son?
4. ¿Cómo están?

5. ¿Qué están haciendo?
6. ¿Qué estación es?
7. ¿Qué tiempo hace?
8. ¿Quiénes están de vacaciones?

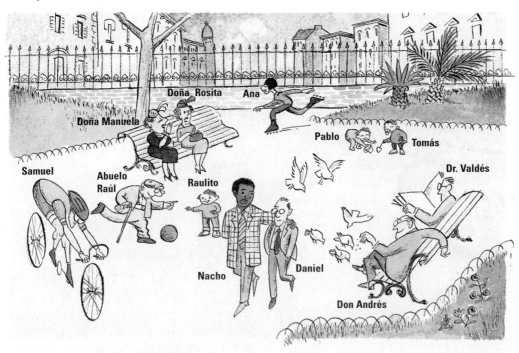

# Comunicación

**4**

**Describir** With a classmate, take turns describing these people. Mention where they are from, what they are like, how they are feeling, and what they are doing right now.

> **modelo**
>
> tu compañero/a de cuarto
>
> Mi compañera de cuarto es de San Juan, Puerto Rico. Es muy inteligente.
> Está cansada pero está estudiando porque tiene un examen.

1. tu mejor (*best*) amigo/a
2. tu actor/actriz favorito/a
3. tu profesor(a) favorito/a
4. tu novio/a o esposo/a
5. tus abuelos
6. tus padres

**5**

**Adivinar** Get together with a partner and take turns describing a celebrity using these items as a guide. Don't mention the celebrity's name. Can your partner guess who you are describing?

- descripción física
- cómo está ahora
- origen
- dónde está ahora
- qué está haciendo ahora
- profesión u ocupación

**6**

**En el aeropuerto** In groups of three, take turns assuming the identity of a character from this drawing. Your partners will ask you questions using **ser** and **estar** until they figure out who you are.

> **modelo**
>
> **Estudiante 3:** ¿Dónde estás?
> **Estudiante 1:** Estoy cerca de la puerta.
> **Estudiante 2:** ¿Qué estás haciendo?
> **Estudiante 1:** Estoy escuchando a otra persona.
> **Estudiante 3:** ¿Eres uno de los pasajeros?
> **Estudiante 1:** No, soy empleado del aeropuerto.
> **Estudiante 2:** ¿Eres Camilo?

# Síntesis

**7**

**Conversación** In pairs, imagine that you and your partner are two of the characters in the drawing in **Actividad 6**. After boarding, you are seated next to each other and strike up a conversation. Act out what you would say to your fellow passenger.

# 5.4   Direct object nouns and pronouns   Ⓢ Tutorial

| SUBJECT | VERB | DIRECT OBJECT NOUN |
|---|---|---|
| Juan Carlos y Jimena | están tomando | fotos. |
| *Juan Carlos and Jimena* | *are taking* | *photos.* |

▶ A direct object noun receives the action of the verb directly and generally follows the verb. In the example above, the direct object noun answers the question *What are Juan Carlos and Jimena taking?*

▶ When a direct object noun in Spanish is a person or a pet, it is preceded by the word **a**. This is called the personal **a**; there is no English equivalent for this construction.

La señora Díaz visita **a** la doctora Salas.     La señora Díaz visita el café Delicias.
*Mrs Díaz is visiting Dr. Salas.*              *Mrs. Díaz is visiting the Delicias café.*

▶ In the first sentence above, the personal **a** is required because the direct object is a person. In the second sentence, the personal **a** is not required because the direct object is a place, not a person.

Miguel no me habla.

No tenemos tablas de windsurf.

El botones las puede conseguir para ustedes.

▶ Direct object pronouns are words that replace direct object nouns. Like English, Spanish uses a direct object pronoun to avoid repeating a noun already mentioned.

| | DIRECT OBJECT | | | DIRECT OBJECT PRONOUN |
|---|---|---|---|---|
| Maribel hace | las maletas. | ▶ | Maribel | las hace. |
| Felipe compra | el sombrero. | | Felipe | lo compra. |
| Vicky tiene | la llave. | | Vicky | la tiene. |

## Direct object pronouns

| SINGULAR | | PLURAL | |
|---|---|---|---|
| **me** | *me* | **nos** | *us* |
| **te** | *you* (fam.) | **os** | *you* (fam.) |
| **lo** | *you* (m., form.) | **los** | *you* (m., form.) |
| | *him; it* (m.) | | *them* (m.) |
| **la** | *you* (f., form.) | **las** | *you* (f., form.) |
| | *her; it* (f.) | | *them* (f.) |

▶ In affirmative sentences, direct object pronouns generally appear before the conjugated verb. In negative sentences, the pronoun is placed between the word **no** and the verb.

| | |
|---|---|
| Adela practica **el tenis**. | Gabriela no tiene **las llaves**. |
| Adela **lo** practica. | Gabriela **no las** tiene. |
| Carmen compra **los pasajes**. | Diego no hace **las maletas**. |
| Carmen **los** compra. | Diego **no las** hace. |

▶ When the verb is an infinitive construction, such as **ir a** + [*infinitive*], the direct object pronoun can be placed before the conjugated form or attached to the infinitive.

Ellos van a escribir **unas postales**.
< Ellos **las** van a escribir.
Ellos van a escribir**las**.

Lidia quiere ver **una película**.
< Lidia **la** quiere ver.
Lidia quiere ver**la**.

▶ When the verb is in the present progressive, the direct object pronoun can be placed before the conjugated form or attached to the present participle. **¡Atención!** When a direct object pronoun is attached to the present participle, an accent mark is added to maintain the proper stress.

Gerardo está leyendo **la lección**.
< Gerardo **la** está leyendo.
Gerardo está leyéndo**la**.

Toni está mirando **el partido**.
< Toni **lo** está mirando.
Toni está mirándo**lo**.

**CONSULTA**

To learn more about accents, see **Lección 4, Pronunciación**, p. 123, **Lección 10, Ortografía**, p. 339, and **Lección 11, Ortografía**, p. 375.

**¡INTÉNTALO!** Choose the correct direct object pronoun for each sentence.

1. Tienes el libro de español.  *c*
   a. La tienes.　　　　b. Los tienes.　　　　c. Lo tienes.
2. Voy a ver el partido de baloncesto.
   a. Voy a verlo.　　　b. Voy a verte.　　　　c. Voy a vernos.
3. El artista quiere dibujar a Luisa y a su mamá.
   a. Quiere dibujarme.　b. Quiere dibujarla.　c. Quiere dibujarlas.
4. Marcos busca la llave.
   a. Me busca.　　　　b. La busca.　　　　c. Las busca.
5. Rita me lleva al aeropuerto y también lleva a Tomás.
   a. Nos lleva.　　　　b. Las lleva.　　　　c. Te lleva.
6. Puedo oír a Gerardo y a Miguel.
   a. Puedo oírte.　　　b. Puedo oírlos.　　　c. Puedo oírlo.
7. Quieren estudiar la gramática.
   a. Quieren estudiarnos.　b. Quieren estudiarlo.　c. Quieren estudiarla.
8. ¿Practicas los verbos irregulares?
   a. ¿Los practicas?　　b. ¿Las practicas?　　c. ¿Lo practicas?
9. Ignacio ve la película.
   a. La ve.　　　　　b. Lo ve.　　　　　c. Las ve.
10. Sandra va a invitar a Mario a la excursión. También me va a invitar a mí.
   a. Los va a invitar.　b. Lo va a invitar.　c. Nos va a invitar.

**recursos**

WB
p. 56

LM
p. 30

Ⓢ
vistas.
vhlcentral.com
Lección 5

# Práctica

**1**

**Simplificar** Professor Vega's class is planning a trip to Costa Rica. Describe their preparations by changing the direct object nouns into direct object pronouns.

> **modelo**
> La profesora Vega tiene su pasaporte.
> *La profesora Vega lo tiene.*

1. Gustavo y Héctor confirman las reservaciones.
2. Nosotros leemos los folletos (*brochures*).
3. Ana María estudia el mapa.
4. Yo aprendo los nombres de los monumentos de San José.
5. Alicia escucha a la profesora.
6. Miguel escribe las direcciones para ir al hotel.
7. Esteban busca el pasaje.
8. Nosotros planeamos una excursión.

**¡LENGUA VIVA!**

There are many Spanish words that correspond to *ticket.* **Billete** and **pasaje** usually refer to a ticket for travel, such as an airplane ticket. **Entrada** refers to a ticket to an event, such as a concert or a movie. **Boleto** can be used in either case.

**2**

**Vacaciones** Ramón is going to San Juan, Puerto Rico with his friends, Javier and Marcos. Express his thoughts more succinctly using direct object pronouns.

> **modelo**
> Quiero hacer una excursión.
> *Quiero hacerla./La quiero hacer.*

1. Voy a hacer mi maleta.
2. Necesitamos llevar los pasaportes.
3. Marcos está pidiendo el folleto turístico.
4. Javier debe llamar a sus padres.
5. Ellos desean visitar el Viejo San Juan.
6. Puedo llamar a Javier por la mañana.
7. Prefiero llevar mi cámara.
8. No queremos perder nuestras reservaciones de hotel.

**NOTA CULTURAL**

Puerto Rico is a U.S. territory, so people do not need travel documents when traveling to and from Puerto Rico from the U.S. mainland. However, everyone must meet all requirements for entering the U.S. when traveling directly to Puerto Rico from abroad.

**3**

**¿Quién?** The Garza family is preparing to go on a vacation to Puerto Rico. Based on the clues, answer the questions. Use direct object pronouns in your answers.

> **modelo**
> ¿Quién hace las reservaciones para el hotel? (el Sr. Garza)
> *El Sr. Garza las hace.*

1. ¿Quién compra los pasajes para el vuelo (*flight*)? (la Sra. Garza)
2. ¿Quién tiene que hacer las maletas de los niños? (María)
3. ¿Quiénes buscan los pasaportes? (Antonio y María)
4. ¿Quién va a confirmar las reservaciones de hotel? (la Sra. Garza)
5. ¿Quién busca la cámara? (María)
6. ¿Quién compra un mapa de Puerto Rico? (Antonio)

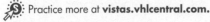 Practice more at **vistas.vhlcentral.com.**

# Comunicación

**4**

**Entrevista** Take turns asking and answering these questions with a classmate. Be sure to use direct object pronouns in your responses.

1. ¿Ves mucho la televisión?
2. ¿Cuándo vas a ver tu programa favorito?
3. ¿Quién prepara la comida (*food*) en tu casa?
4. ¿Te visita mucho tu familia?
5. ¿Visitas mucho a tus abuelos?
6. ¿Nos entienden nuestros padres a nosotros?
7. ¿Cuándo ves a tus amigos/as?
8. ¿Cuándo te llaman tus amigos/as?

**5**

**Los pasajeros** Get together with a partner and take turns asking each other questions about the drawing. Use the word bank and direct object pronouns.

**AYUDA**

For travel-related vocabulary, see **Contextos**, pp. 152–163.

> **modelo**
>
> **Estudiante 1:** ¿Quién está leyendo el libro?
> **Estudiante 2:** Susana lo está leyendo./Susana está leyéndolo.

| buscar | confirmar | escribir | leer | tener | vender |
|--------|-----------|----------|------|-------|--------|
| comprar | encontrar | escuchar | llevar | traer | ¿? |

Sra. Sánchez    Orlando      Sr. López

Marta    Sr. Sánchez      Susana      Miguelito

# Síntesis

**6**

**Adivinanzas** In pairs, take turns describing a person, place, or thing for your partner to guess. Each of you should give at least five descriptions.

> **modelo**
>
> **Estudiante 1:** Lo uso para (*I use it to*) escribir en mi cuaderno.
>           No es muy grande y tiene borrador. ¿Qué es?
> **Estudiante 2:** ¿Es un lápiz?
> **Estudiante 1:** ¡Sí!

## Recapitulación

 **Concepts Diagnostics**

Review the grammar concepts you have learned in this lesson by completing these activities.

**1**

**Completar** Complete the chart with the correct present participle of these verbs. **8 pts.**

| Infinitive | Present participle | Infinitive | Present participle |
|---|---|---|---|
| hacer | | estar | |
| acampar | | ser | |
| tener | | vivir | |
| venir | | estudiar | |

**2**

**Vacaciones en París** Complete this paragraph about Julia's trip to Paris with the correct form of **ser** or **estar**. **12 pts.**

Hoy (1) _____ (es/está) el 3 de julio y voy a París por tres semanas. (Yo) (2) _____ (Soy/Estoy) muy feliz porque voy a ver a mi mejor amiga. Ella (3) _____ (es/está) de Puerto Rico, pero ahora (4) _____ (es/está) viviendo en París. También (yo) (5) _____ (soy/estoy) un poco nerviosa porque (6) _____ (es/está) mi primer viaje a Francia. El vuelo (*flight*) (7) _____ (es/está) hoy por la tarde, pero ahora (8) _____ (es/está) lloviendo. Por eso (9) _____ (somos/estamos) preocupadas, porque probablemente el avión va a salir tarde. Mi equipaje ya (10) _____ (es/está) listo. (11) _____ (Es/Está) tarde y me tengo que ir. ¡Va a (12) _____ (ser/estar) un viaje fenomenal!

**3**

**¿Qué hacen?** Respond to these questions by indicating what people do with the items mentioned. Use direct object pronouns. **5 pts.**

> **modelo**
> ¿Qué hacen ellos con la película? (ver)
> La ven.

1. ¿Qué haces tú con el libro de viajes? (leer) _____
2. ¿Qué hacen los turistas en la ciudad? (explorar) _____
3. ¿Qué hace el botones con el equipaje? (llevar) _____
4. ¿Qué hace la agente con las reservaciones? (confirmar) _____
5. ¿Qué hacen ustedes con los pasaportes? (mostrar) _____

---

**RESUMEN GRAMATICAL**

**5.1** **Estar with conditions and emotions**   *p. 164*

► Yo **estoy** aburrido/a, feliz, nervioso/a.
► El cuarto **está** desordenado, limpio, ordenado.
► Estos libros **están** abiertos, cerrados, sucios.

**5.2** **The present progressive**   *pp. 166–167*

► The present progressive is formed with the present tense of **estar** plus the present participle.

**Forming the present participle**

| infinitive | stem | ending | present participle |
|---|---|---|---|
| hablar | habl- | -ando | hablando |
| comer | com- | -iendo | comiendo |
| escribir | escrib- | -iendo | escribiendo |

**-ir stem-changing verbs**

| | infinitive | present participle |
|---|---|---|
| e:ie | preferir | prefiriendo |
| e:i | conseguir | consiguiendo |
| o:ue | dormir | durmiendo |

► Irregular present participles: **yendo (ir), pudiendo (poder), viniendo (venir)**

**5.3** **Ser and estar**   *pp. 170–171*

► Uses of **ser**: nationality, origin, profession or occupation, characteristics, generalizations, possession, what something is made of, time and date, time and place of events

► Uses of **estar**: location, health, physical states and conditions, emotional states, weather expressions, ongoing actions

► Many adjectives can be used with both **ser** and **estar**, but the meaning of the adjectives will change.

| Juan **es** delgado. | Juan **está** más delgado hoy. |
| *Juan is thin.* | *Juan looks thinner today.* |

**4** **Opuestos** Complete these sentences with the appropriate form of the verb **estar** and an antonym for the underlined adjective. `5 pts.`

> **modelo**
>
> Mis respuestas están <u>bien</u>, pero las de Susana *están mal*.

1. Las tiendas están <u>abiertas</u>, pero la agencia de viajes _____ _____.
2. No me gustan las habitaciones <u>desordenadas</u>. Incluso (*Even*) mi habitación de hotel _____ _____.
3. Nosotras estamos <u>tristes</u> cuando trabajamos. Hoy comienzan las vacaciones y _____ _____.
4. En esta ciudad los autobuses están <u>sucios</u>, pero los taxis _____ _____.
5. —El avión sale a las 5:30, ¿verdad? —No, estás <u>confundida</u>. Yo _____ _____ de que el avión sale a las 5:00.

---

**5.4** **Direct object nouns and pronouns** *pp. 174–175*

**Direct object pronouns**

| Singular | | Plural | |
|---|---|---|---|
| me | lo | nos | los |
| te | la | os | las |

In affirmative sentences:
Adela practica el tenis. → Adela lo practica.

In negative sentences: Adela **no** lo practica.

With an infinitive:
Adela lo va a practicar./Adela va a practicarlo.

With the present progressive:
Adela lo está practicando./Adela está practicándolo.

---

**5** **En la playa** Describe what these people are doing. Complete the sentences using the present progressive tense. `8 pts.`

1. El Sr. Camacho _____.
2. Felicia _____.
3. Leo _____.
4. Nosotros _____.

**6** **Antes del viaje** Write a paragraph of at least six sentences describing the time right before you go on a trip. Say how you feel and what you are doing. You can use **Actividad 2** as a model. `12 pts.`

> **modelo**
>
> Hoy es viernes, 27 de octubre. Estoy en mi habitación...

**7** **Refrán** Complete this Spanish saying by filling in the missing present participles. Refer to the translation and the drawing. `2 EXTRA points!`

¡LA CIUDAD ESTÁ MUY SUCIA!

❝ Se consigue más
_____ que
_____ . ❞

*(You can accomplish more by doing than by saying.)*

Practice more at **vistas.vhlcentral.com**.

# Lectura

## Antes de leer

### Estrategia
**Scanning**

Scanning involves glancing over a document in search of specific information. For example, you can scan a document to identify its format, to find cognates, to locate visual clues about the document's content, or to find specific facts. Scanning allows you to learn a great deal about a text without having to read it word for word.

### Examinar el texto

Scan the reading selection for cognates and write down a few of them.

1. _____    4. _____
2. _____    5. _____
3. _____    6. _____

Based on the cognates you found, what do you think this document is about?

_____

### Preguntas

Read these questions. Then scan the document again to look for answers.

1. What is the format of the reading selection?
   _____

2. Which place is the document about?
   _____

3. What are some of the visual cues this document provides? What do they tell you about the content of the document?
   _____

4. Who produced the document, and what do you think it is for?
   _____

# Turismo ecológico en Puerto Rico

# Hotel Vistahermosa
### ~ Lajas, Puerto Rico ~

- 40 habitaciones individuales
- 15 habitaciones dobles
- Teléfono/TV por cable/Internet
- Aire acondicionado
- Restaurante (Bar)
- Piscina
- Área de juegos
- Cajero automático°

El hotel está situado en Playa Grande, un pequeño pueblo de pescadores del mar Caribe. Es el lugar perfecto para el viajero que viene de vacaciones. Las playas son seguras y limpias, ideales para tomar el sol, descansar, tomar fotografías y nadar. Está abierto los 365 días del año. Hay una rebaja° especial para estudiantes universitarios.

DIRECCIÓN: Playa Grande 406, Lajas, PR 00667, cerca del Parque Nacional Foresta.

Cajero automático *ATM*  rebaja *discount*

## Atracciones cercanas

**Playa Grande** ¿Busca la playa perfecta? Playa Grande es la playa que está buscando. Usted puede pescar, sacar fotos, nadar y pasear en bicicleta. Playa Grande es un paraíso para el turista que quiere practicar deportes acuáticos. El lugar es bonito e interesante y usted va a tener muchas oportunidades para descansar y disfrutar en familia.

**Valle Niebla** Ir de excursión, tomar café, montar a caballo, caminar, hacer picnics. Más de cien lugares para acampar.

**Bahía Fosforescente** Sacar fotos, salidas de noche, excursión en barco. Una maravillosa experiencia llena de luz°.

**Arrecifes de Coral** Sacar fotos, bucear, explorar. Es un lugar único en el Caribe.

**Playa Vieja** Tomar el sol, pasear en bicicleta, jugar a las cartas, escuchar música. Ideal para la familia.

**Parque Nacional Foresta** Sacar fotos, visitar el Museo de Arte Nativo. Reserva Mundial de la Biosfera.

**Santuario de las Aves** Sacar fotos, observar aves°, seguir rutas de excursión.

llena de luz *full of light*   aves *birds*

# Después de leer

## Listas

Which amenities of Hotel Vistahermosa would most interest these potential guests? Explain your choices.

1. dos padres con un hijo de seis años y una hija de ocho años

   _____

2. un hombre y una mujer en su luna de miel (*honeymoon*)

   _____

3. una persona en un viaje de negocios (*business trip*)

   _____

## Conversaciones

With a partner, take turns asking each other these questions.

1. ¿Quieres visitar el Hotel Vistahermosa? ¿Por qué?
2. Tienes tiempo de visitar sólo tres de las atracciones turísticas que están cerca del hotel. ¿Cuáles vas a visitar? ¿Por qué?
3. ¿Qué prefieres hacer en Valle Niebla? ¿En Playa Vieja? ¿En el Parque Nacional Foresta?

## Situaciones

You have just arrived at Hotel Vistahermosa. Your classmate is the concierge. Use the phrases below to express your interests and ask for suggestions about where to go.

1. montar a caballo
2. bucear
3. pasear en bicicleta
4. pescar
5. observar aves

## Contestar

Answer these questions.

1. ¿Quieres visitar Puerto Rico? Explica tu respuesta.

   _____

2. ¿Adónde quieres ir de vacaciones el verano que viene? Explica tu respuesta.

   _____

# Escritura

## Estrategia

### Making an outline

When we write to share information, an outline can serve to separate topics and subtopics, providing a framework for the presentation of data. Consider the following excerpt from an outline of the tourist brochure on pages 180–181.

IV. Descripción del sitio (con foto)
- A. Playa Grande
  - 1. Playas seguras y limpias
  - 2. Ideal para tomar el sol, descansar, tomar fotografías, nadar
- B. El hotel
  - 1. Abierto los 365 días del año
  - 2. Rebaja para estudiantes universitarios

### Mapa de ideas

Idea maps can be used to create outlines. The major sections of an idea map correspond to the Roman numerals in an outline. The minor idea map sections correspond to the outline's capital letters, and so on. Examine the idea map that led to the outline above.

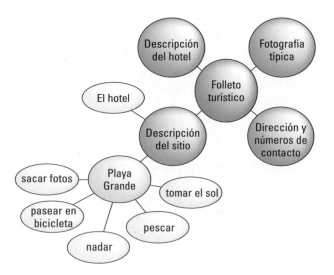

## Tema

### Escribir un folleto

Write a tourist brochure for a hotel or resort you have visited. If you wish, you may write about an imaginary location. You may want to include some of this information in your brochure:

- ▶ the name of the hotel or resort
- ▶ phone and fax numbers that tourists can use to make contact
- ▶ the hotel website that tourists can consult
- ▶ an e-mail address that tourists can use to request information
- ▶ a description of the exterior of the hotel or resort
- ▶ a description of the interior of the hotel or resort, including facilities and amenities
- ▶ a description of the surrounding area, including its climate
- ▶ a listing of nearby scenic natural attractions
- ▶ a listing of nearby cultural attractions
- ▶ a listing of recreational activities that tourists can pursue in the vicinity of the hotel or resort

# Escuchar  Audio: Activities

## Estrategia

**Listening for key words**

By listening for key words or phrases, you can identify the subject and main ideas of what you hear, as well as some of the details.

 To practice this strategy, you will now listen to a short paragraph. As you listen, jot down the key words that help you identify the subject of the paragraph and its main ideas.

## Preparación

Based on the illustration, who do you think Hernán Jiménez is, and what is he doing? What key words might you listen for to help you understand what he is saying?

## Ahora escucha

Now you are going to listen to a weather report by Hernán Jiménez. Note which phrases are correct according to the key words and phrases you hear.

**Santo Domingo**

1. hace sol
2. va a hacer frío
3. una mañana de mal tiempo
4. va a estar nublado
5. buena tarde para tomar el sol
6. buena mañana para la playa

**San Francisco de Macorís**

1. hace frío
2. hace sol
3. va a nevar
4. va a llover
5. hace calor
6. mal día para excursiones

## Comprensión

### ¿Cierto o falso?

Indicate whether each statement is **cierto** or **falso**, based on the weather report. Correct the false statements.

1. Según el meteorólogo, la temperatura en Santo Domingo es de 26 grados.
   _____

2. La temperatura máxima en Santo Domingo hoy va a ser de 30 grados.
   _____

3. Está lloviendo ahora en Santo Domingo.
   _____

4. En San Francisco de Macorís la temperatura mínima de hoy va a ser de 20 grados.
   _____

5. Va a llover mucho hoy en San Francisco de Macorís.
   _____

### Preguntas

Answer these questions about the weather report.

1. ¿Hace viento en Santo Domingo ahora?

2. ¿Está nublado en Santo Domingo ahora?

3. ¿Está nevando ahora en San Francisco de Macorís?

4. ¿Qué tiempo hace en San Francisco de Macorís?

 Practice more at **vistas.vhlcentral.com.**

# En pantalla

If you like adventure or extreme sports, Latin America might be a good destination for you. The area of Patagonia, located in Chile and Argentina, offers both breath-taking scenery and an adrenaline rush. Here, one can enjoy a variety of sports, including whitewater rafting, kayaking, trekking, and skiing. One weeklong itinerary in Argentina might include camping, hiking the granite rock of Mount Fitz Roy, and trekking across the deep blue Perito Moreno Glacier, a massive 18-mile-long sheet of ice and one of the world's few advancing glaciers.

    Now, hold on to your helmets as we travel to Mexico to see what sort of adventure you can experience there.

| Vocabulario útil | |
|---|---|
| **callejones** | *alleyways, narrow streets* |
| **calles** | *streets* |
| **carrera de bicicleta** | *bicycle race* |
| **descender (escaleras)** | *to descend (stairs)* |
| **reto, desafío** | *challenge* |

## Preparación

Some areas attract tourists because of their unusual sports and activities. Do you know of any such destinations? Where?

## Preguntas

Answer these questions in complete sentences.

1. ¿Por qué viajan ciclistas (*cyclists*) a Taxco?

2. ¿Es Taxco una ciudad turística moderna o colonial?

3. ¿Hay competidores de otros (*other*) países en la carrera de bicicleta?

4. ¿Cómo está el reportero (*reporter*) después (*after*) de descender las escaleras, aburrido o cansado?

 **Deportes extremos**

In pairs, discuss these questions: **¿Cómo son las personas que hacen deportes extremos? ¿Por qué crees que los practican? ¿Viajarías (***Would you travel***) a algún destino para practicarlos?**

menor *least*   lo más alto *the highest point*   hasta *to*   diseño *design*

**Reportaje sobre Down Taxco**

**El reto es descender en el menor° tiempo posible...**

**... desde lo más alto° de la ciudad hasta° la plaza central.**

**El principal desafío es el diseño° de la ciudad...**

 **Video: TV Clip**

 Practice more at **vistas.vhlcentral.com.**

Between 1438 and 1533, when the vast and powerful Incan Empire was at its height, the Incas built an elaborate network of **caminos** (*trails*) that traversed the Andes Mountains and converged on the empire's capital, Cuzco. Today, hundreds of thousands of tourists come to Peru annually to walk the surviving trails and enjoy the spectacular scenery. The most popular trail, **el Camino Inca**, leads from Cuzco to **Intipunku** (*Sun Gate*), the entrance to the ancient mountain city of Machu Picchu.

### Vocabulario útil

| | |
|---|---|
| ciudadela | *citadel* |
| de cultivo | *farming* |
| el/la guía | *guide* |
| maravilla | *wonder* |
| quechua | *Quechua (indigenous Peruvian)* |
| sector (urbano) | *(urban) sector* |

### Preparación

Have you ever visited an archeological or historic site? Where? Why did you go there?

### Completar

Complete these sentences. Make the necessary changes.

1. Las ruinas de Machu Picchu son una antigua _____ inca.

2. La ciudadela estaba (*was*) dividida en tres sectores: _____ , religioso y de cultivo.

3. Cada año los _____ reciben a cientos (*hundreds*) de turistas de diferentes países.

4. Hoy en día, la cultura _____ está presente en las comunidades andinas (*Andean*) de Perú.

## ¡Vacaciones en Perú!

**Machu Picchu [...] se encuentra aislada sobre° esta montaña...**

**... siempre he querido° venir [...] Me encantan° las civilizaciones antiguas°.**

**Somos una familia francesa [...] Perú es un país muy, muy bonito de verdad.**

Video: *Flash cultura*

Practice more at **vistas.vhlcentral.com**.

**recursos**
VM pp. 299–300
vistas.vhlcentral.com Lección 5

se encuentra aislada sobre *it is isolated on*  siempre he querido *I have always wanted*  Me encantan *I love*  antiguas *ancient*

# Puerto Rico

## El país en cifras

▶ **Área:** 8.959 km² (3.459 millas²)
*menor° que el área de Connecticut*

▶ **Población:** 4.074.000
*Puerto Rico es una de las islas más densamente pobladas° del mundo. Más de la mitad de la población vive en San Juan, la capital.*

▶ **Capital:** San Juan—2.763.000

SOURCE: Population Division, UN Secretariat

▶ **Ciudades principales:** Arecibo, Bayamón, Fajardo, Mayagüez, Ponce

▶ **Moneda:** dólar estadounidense

▶ **Idiomas:** español (oficial); inglés (oficial)
*Aproximadamente la cuarta parte de la población puertorriqueña habla inglés, pero en las zonas turísticas este porcentaje es mucho más alto. El uso del inglés es obligatorio para documentos federales.*

Bandera de Puerto Rico

## Puertorriqueños célebres

▶ **Raúl Juliá,** actor (1940–1994)

▶ **Roberto Clemente,** beisbolista (1934–1972)

▶ **Julia de Burgos,** escritora (1914–1953)

▶ **Benicio del Toro,** actor y productor (1967– )

▶ **Rosie Pérez,** actriz y bailarina (1964– )

menor *less* pobladas *populated* río subterráneo *underground river* más largo *longest* cuevas *caves* bóveda *vault* fortaleza *fort* caber *fit*

Playa en San Juan

Faro en Arecibo

Océano Atlántico

San Juan ✪

Arecibo

Bayamón

Río Grande de Añasco

Mayagüez

Cordillera Central

Sierra de Cayey

Ponce

Mar Caribe

Pescadores en Mayagüez

Iglesia en Ponce

OCÉANO ATLÁNTICO

PUERTO RICO

OCÉANO PACÍFICO

**recursos**

| WB pp. 57–58 | VM pp. 257–258 | vistas.vhlcentral.com Lección 5 |

## ¡Increíble pero cierto!

El río Camuy es el tercer río subterráneo° más largo° del mundo y tiene el sistema de cuevas° más grande del hemisferio occidental. La Cueva de los Tres Pueblos es una gigantesca bóveda°, tan grande que toda la fortaleza° del Morro puede caber° en su interior.

## Lugares • **El Morro**

El Morro es una fortaleza que se construyó para proteger° la bahía° de San Juan desde principios del siglo° XVI hasta principios del siglo XX. Hoy día muchos turistas visitan este lugar, convertido en un museo. Es el sitio más fotografiado de Puerto Rico. La arquitectura de la fortaleza es impresionante. Tiene misteriosos túneles, oscuras mazmorras° y vistas fabulosas de la bahía.

## Artes • **Salsa**

La salsa, un estilo musical de origen puertorriqueño y cubano, nació° en el barrio latino de la ciudad de Nueva York. Dos de los músicos de salsa más famosos son Tito Puente y Willie Colón, los dos de Nueva York. Las estrellas° de la salsa en Puerto Rico son Felipe Rodríguez y Héctor Lavoe. Hoy en día, Puerto Rico es el centro internacional de este estilo musical. El Gran Combo de Puerto Rico es una de las orquestas de salsa más famosas del mundo°.

Río Loíza

Isla de Culebra

Fajardo

Isla de Vieques

## Ciencias • **El Observatorio de Arecibo**

El Observatorio de Arecibo tiene uno de los radiotelescopios más grandes del mundo. Gracias a este telescopio, los científicos° pueden estudiar las propiedades de la Tierra°, la Luna° y otros cuerpos celestes. También pueden analizar fenómenos celestiales como los quasares y pulsares, y detectar emisiones de radio de otras galaxias, en busca de inteligencia extraterrestre.

## Historia • **Relación con los Estados Unidos**

Puerto Rico pasó a ser° parte de los Estados Unidos después de° la guerra° de 1898 y se hizo° un estado libre asociado en 1952. Los puertorriqueños, ciudadanos° estadounidenses desde° 1917, tienen representación política en el Congreso, pero no votan en las elecciones presidenciales y no pagan impuestos° federales. Hay un debate entre los puertorriqueños: ¿debe la isla seguir como estado libre asociado, hacerse un estado como los otros° o volverse° independiente?

 **¿Qué aprendiste?** Responde a las preguntas con una oración completa.

1. ¿Cuál es la moneda de Puerto Rico?
2. ¿Qué idiomas se hablan (*are spoken*) en Puerto Rico?
3. ¿Cuál es el sitio más fotografiado de Puerto Rico?
4. ¿Qué es el Gran Combo?
5. ¿Qué hacen los científicos en el Observatorio de Arecibo?

 **Conexión Internet** Investiga estos temas en **vistas.vhlcentral.com**.

Practice more at **vistas.vhlcentral.com**.

1. Describe a dos puertorriqueños famosos. ¿Cómo son? ¿Qué hacen? ¿Dónde viven? ¿Por qué son célebres?
2. Busca información sobre lugares en los que se puede hacer ecoturismo en Puerto Rico. Luego presenta un informe a la clase.

..................................................................................................

proteger *protect* bahía *bay* siglo *century* mazmorras *dungeons* nació *was born* estrellas *stars* mundo *world* científicos *scientists* Tierra *Earth* Luna *Moon* pasó a ser *became* después de *after* guerra *war* se hizo *became* ciudadanos *citizens* desde *since* pagan impuestos *pay taxes* otros *others* volverse *to become*

## Los viajes y las vacaciones

| | |
|---|---|
| acampar | to camp |
| confirmar una reservación | to confirm a reservation |
| estar de vacaciones (f. pl.) | to be on vacation |
| hacer las maletas | to pack (one's suitcases) |
| hacer un viaje | to take a trip |
| hacer (wind)surf | to (wind)surf |
| ir de compras (f. pl.) | to go shopping |
| ir de vacaciones | to go on vacation |
| ir en autobús (m.), auto(móvil) (m.), avión (m.), barco (m.), moto(cicleta) (f.), taxi (m.) | to go by bus, car, plane, boat, motorcycle, taxi |
| jugar a las cartas | to play cards |
| montar a caballo (m.) | to ride a horse |
| pescar | to fish |
| sacar/tomar fotos (f. pl.) | to take photos |
| el/la agente de viajes | travel agent |
| el/la inspector(a) de aduanas | customs inspector |
| el/la viajero/a | traveler |
| el aeropuerto | airport |
| la agencia de viajes | travel agency |
| el campo | countryside |
| el equipaje | luggage |
| la estación de autobuses, del metro, de tren | bus, subway, train station |
| la llegada | arrival |
| el mar | sea |
| el paisaje | landscape |
| el pasaje (de ida y vuelta) | (round-trip) ticket |
| el pasaporte | passport |
| la playa | beach |
| la salida | departure; exit |
| la tabla de (wind)surf | surfboard/sailboard |

## El hotel

| | |
|---|---|
| el ascensor | elevator |
| el/la botones | bellhop |
| la cama | bed |
| el/la empleado/a | employee |
| la habitación individual, doble | single, double room |
| el hotel | hotel |
| el/la huésped | guest |
| la llave | key |
| el piso | floor (of a building) |
| la planta baja | ground floor |

## Adjetivos

| | |
|---|---|
| abierto/a | open |
| aburrido/a | bored; boring |
| alegre | happy; joyful |
| amable | nice; friendly |
| avergonzado/a | embarrassed |
| cansado/a | tired |
| cerrado/a | closed |
| cómodo/a | comfortable |
| confundido/a | confused |
| contento/a | happy; content |
| desordenado/a | disorderly |
| enamorado/a (de) | in love (with) |
| enojado/a | mad; angry |
| equivocado/a | wrong |
| feliz | happy |
| limpio/a | clean |
| listo/a | ready; smart |
| nervioso/a | nervous |
| ocupado/a | busy |
| ordenado/a | orderly |
| preocupado/a (por) | worried (about) |
| seguro/a | sure; safe; confident |
| sucio/a | dirty |
| triste | sad |

## Los números ordinales

| | |
|---|---|
| primer, primero/a | first |
| segundo/a | second |
| tercer, tercero/a | third |
| cuarto/a | fourth |
| quinto/a | fifth |
| sexto/a | sixth |
| séptimo/a | seventh |
| octavo/a | eighth |
| noveno/a | ninth |
| décimo/a | tenth |

## Palabras adicionales

| | |
|---|---|
| ahora mismo | right now |
| el año | year |
| ¿Cuál es la fecha (de hoy)? | What is the date (today)? |
| de buen/mal humor | in a good/bad mood |
| la estación | season |
| el mes | month |
| todavía | yet; still |

| Seasons, months, and dates | See page 154. |
| Weather expressions | See page 154. |
| Direct object pronouns | See page 174. |
| Expresiones útiles | See page 159. |

  **Audio: Vocabulary**

# ¡De compras!

**6**

## Communicative Goals

*You will learn how to:*

- Talk about and describe clothing
- Express preferences in a store
- Negotiate and pay for items you buy

## A PRIMERA VISTA
- ¿Está comprando algo la chica?
- ¿Crees que busca una maleta o una blusa?
- ¿Está contenta o enojada?
- ¿Cómo es la chica?

# ¡De compras!

## Más vocabulario

| | |
|---|---|
| el abrigo | coat |
| los calcetines (el calcetín) | sock(s) |
| el cinturón | belt |
| las gafas (de sol) | (sun)glasses |
| los guantes | gloves |
| el impermeable | raincoat |
| la ropa | clothing; clothes |
| la ropa interior | underwear |
| las sandalias | sandals |
| el traje | suit |
| el vestido | dress |
| los zapatos de tenis | sneakers |
| el regalo | gift |
| el almacén | department store |
| el centro comercial | shopping mall |
| el mercado (al aire libre) | (open-air) market |
| el precio (fijo) | (fixed; set) price |
| la rebaja | sale |
| la tienda | shop; store |
| costar (o:ue) | to cost |
| gastar | to spend (money) |
| pagar | to pay |
| regatear | to bargain |
| vender | to sell |
| hacer juego (con) | to match (with) |
| llevar | to wear; to take |
| usar | to wear; to use |

## Variación léxica

calcetines ⟷ medias (*Amér. L.*)

cinturón ⟷ correa (*Col., Venez.*)

gafas/lentes ⟷ espejuelos (*Cuba, P.R.*),
anteojos (*Arg., Chile*)

zapatos de tenis ⟷ zapatillas de deporte (*Esp.*),
zapatillas (*Arg., Perú*)

**recursos**

WB pp. 59–60

LM p. 31

vistas.vhlcentral.com Lección 6

Damas

los pantalones cortos

el traje de baño

los pantalones

la camiseta

el dependiente/el vendedor

la camisa

la clienta

el dinero en efectivo

la blusa

la bolsa

el suéter

la falda

las medias

# Práctica

el sombrero

Caballeros

un par de zapatos

los zapatos

la chaqueta

la caja

la cartera

la dependienta/la vendedora

la corbata

la tarjeta de crédito

los (blue)jeans

la bota

**1** **Escuchar** Listen to Juanita and Vicente talk about what they're packing for their vacations. Indicate who is packing each item. If both are packing an item, write both names. If neither is packing an item, write an **X**.

1. abrigo _____
2. zapatos de tenis _____
3. impermeable _____
4. chaqueta _____
5. sandalias _____
6. bluejeans _____
7. gafas de sol _____
8. camisetas _____
9. traje de baño _____
10. botas _____
11. pantalones cortos _____
12. suéter _____

**2** **¿Lógico o ilógico?** Listen to Guillermo and Ana talk about vacation destinations. Indicate whether each statement is **lógico** or **ilógico**.

1. _____
2. _____
3. _____
4. _____

**3** **Completar** Anita is talking about going shopping. Complete each sentence with the correct word(s), adding definite or indefinite articles when necessary.

| | | |
|---|---|---|
| caja | medias | tarjeta de crédito |
| centro comercial | par | traje de baño |
| dependientas | ropa | vendedores |

1. Hoy voy a ir de compras al _____.
2. Voy a ir a la tienda de ropa para mujeres. Siempre hay muchas rebajas y las _____ son muy simpáticas.
3. Necesito comprar _____ de zapatos.
4. Y tengo que comprar _____ porque el sábado voy a la playa con mis amigos.
5. También voy a comprar unas _____ para mi mamá.
6. Voy a pagar todo (*everything*) en _____.
7. Pero hoy no tengo dinero. Voy a tener que usar mi _____.
8. Mañana voy al mercado al aire libre. Me gusta regatear con los _____.

**4** **Escoger** Choose the item in each group that does not belong.

1. almacén • centro comercial • mercado • sombrero
2. camisa • camiseta • blusa • botas
3. jeans • bolsa • falda • pantalones
4. abrigo • suéter • corbata • chaqueta
5. mercado • tienda • almacén • cartera
6. pagar • llevar • hacer juego (con) • usar
7. botas • sandalias • zapatos • traje
8. vender • regatear • ropa interior • gastar

## Los colores

amarillo/a · anaranjado/a · azul
blanco/a · gris · marrón, café · morado/a · negro/a
rojo/a · rosado/a · verde

**¡LENGUA VIVA!**

The names of colors vary throughout the Spanish-speaking world. For example, in some countries, **anaranjado/a** may be referred to as **naranja**, **morado/a** as **púrpura**, and **rojo/a** as **colorado/a**.

Other terms that will prove helpful include **claro** (*light*) and **oscuro** (*dark*): **azul claro, azul oscuro**.

### Adjetivos

| | |
|---|---|
| barato/a | cheap |
| bueno/a | good |
| cada | each |
| caro/a | expensive |
| corto/a | short (in length) |
| elegante | elegant |
| hermoso/a | beautiful |
| largo/a | long |
| loco/a | crazy |
| nuevo/a | new |
| otro/a | other; another |
| pobre | poor |
| rico/a | rich |

**5** **Contrastes** Complete each phrase with the opposite of the underlined word.

1. una corbata <u>barata</u> • unas camisas…
2. unas vendedoras <u>malas</u> • unos dependientes…
3. un vestido <u>corto</u> • una falda…
4. un hombre muy <u>pobre</u> • una mujer muy…
5. una cartera <u>nueva</u> • un cinturón…
6. unos trajes <u>hermosos</u> • unos jeans…
7. un impermeable <u>caro</u> • unos suéteres…
8. unos calcetines <u>blancos</u> • unas medias…

**6** **Preguntas** Answer these questions with a classmate.

1. ¿De qué color es la rosa de Texas?
2. ¿De qué color es la bandera (*flag*) de Canadá?
3. ¿De qué color es la casa donde vive el presidente de los EE.UU.?
4. ¿De qué color es el océano Atlántico?
5. ¿De qué color es la nieve?
6. ¿De qué color es el café?
7. ¿De qué color es el dólar de los EE.UU.?
8. ¿De qué color es la cebra (*zebra*)?

**CONSULTA**

Like other adjectives you have seen, colors must agree in gender and number with the nouns they modify. Ex: **las camisas verdes, el vestido amarillo**. For a review of descriptive adjectives, see **Estructura 3.1,** pp. 88–89.

 Practice more at **vistas.vhlcentral.com**.

# Comunicación

**7**

**Las maletas** With a classmate, answer these questions about the drawings.

1. ¿Qué ropa hay al lado de la maleta de Carmela?

2. ¿Qué hay en la maleta?

3. ¿De qué color son las sandalias?

4. ¿Adónde va Carmela?

**CONSULTA**

To review weather, see **Lección 5, Contextos,** p. 154.

▶ 5. ¿Qué tiempo va a hacer?

6. ¿Qué hay al lado de la maleta de Pepe?

7. ¿Qué hay en la maleta?

8. ¿De qué color es el suéter?

**NOTA CULTURAL**

**Bariloche** is a popular resort for skiing in South America. Located in Argentina's Patagonia region, the town is also known for its chocolate factories and its beautiful lakes, mountains, and forests.

▶ 9. ¿Qué va a hacer Pepe en Bariloche?

10. ¿Qué tiempo va a hacer?

**8**

**El viaje** Get together with two classmates and imagine that the three of you are going on vacation. Pick a destination and then draw three suitcases. Write in each one what clothing each person is taking. Present your drawings to the rest of the class, answering these questions.

- ¿Adónde van?
- ¿Qué tiempo va a hacer allí?
- ¿Qué van a hacer allí?
- ¿Qué hay en sus maletas?
- ¿De qué color es la ropa que llevan?

**9**

**Preferencias** Take turns asking and answering these questions with a classmate.

1. ¿Adónde vas a comprar ropa? ¿Por qué?
2. ¿Qué tipo de ropa prefieres? ¿Por qué?
3. ¿Cuáles son tus colores favoritos?
4. En tu opinión, ¿es importante comprar ropa nueva frecuentemente? ¿Por qué?
5. ¿Gastas mucho dinero en ropa cada mes? ¿Buscas rebajas?
6. ¿Regateas cuando compras ropa? ¿Usas tarjetas de crédito?

# En el mercado

Los chicos van de compras al mercado. ¿Quién hizo la mejor compra?

PERSONAJES
 FELIPE
 JUAN CARLOS

 **Video:** *Fotonovela*
**Record and Compare**

**MARISSA** Oigan, vamos al mercado.

**JUAN CARLOS** ¡Sí! Los chicos en un equipo y las chicas en otro.

**FELIPE** Tenemos dos horas para ir de compras.

**MARU** Y don Guillermo decide quién gana.

**JIMENA** Esta falda azul es muy elegante.

**MARISSA** ¡Sí! Además, este color está de moda.

**MARU** Éste rojo es de algodón.

(*Las chicas encuentran unas bolsas.*)

**VENDEDOR** Ésta de rayas cuesta 190 pesos, ésta 120 pesos y ésta 220 pesos.

**MARISSA** ¿Me das aquella blusa rosada? Me parece que hace juego con esta falda, ¿no? ¿No tienen otras tallas?

**JIMENA** Sí, aquí. ¿Qué talla usas?

**MARISSA** Uso talla 4.

**JIMENA** La encontré. ¡Qué ropa más bonita!

(*En otra parte del mercado*)

**FELIPE** Juan Carlos compró una camisa de muy buena calidad.

**MIGUEL** (*a la vendedora*) ¿Puedo ver ésos, por favor?

**VENDEDORA** Sí, señor. Le doy un muy buen precio.

**VENDEDOR** Son 530 por las tres bolsas. Pero como ustedes son tan bonitas, son 500 pesos.

**MARU** Señor, no somos turistas ricas. Somos estudiantes pobres.

**VENDEDOR** Bueno, son 480 pesos.

**MARISSA**

**JIMENA**

**MARU**

**MIGUEL**

**DON GUILLERMO**

**VENDEDORA**

**VENDEDOR**

**7**

**JUAN CARLOS** Miren, mi nueva camisa. Elegante, ¿verdad?

**FELIPE** A ver, Juan Carlos... te queda bien.

**8**

**MARU** ¿Qué compraste?

**MIGUEL** Sólo esto.

**MARU** ¡Qué bonitos aretes! Gracias, mi amor.

**9**

**JUAN CARLOS** Y ustedes, ¿qué compraron?

**JIMENA** Bolsas.

**MARU** Acabamos de comprar tres bolsas por sólo 480 pesos. ¡Una ganga!

**10**

**FELIPE** Don Guillermo, usted tiene que decidir quién gana. ¿Los chicos o las chicas?

**DON GUILLERMO** El ganador es... Miguel. ¡Porque no compró nada para él, sino para su novia!

**recursos**

VM
pp. 223–224

vistas.vhlcentral.com
Lección 6

## Expresiones útiles

### Talking about clothing

**¡Qué ropa más bonita!**
*What nice clothing!*
**Esta falda azul es muy elegante.**
*This blue skirt is very elegant.*
**Está de moda.**
*It's in style.*
**Éste rojo es de algodón/lana.**
*This red one is cotton/wool.*
**Ésta de rayas/lunares/cuadros es de seda.**
*This striped / polka-dotted / plaid one is silk.*
**Es de muy buena calidad.**
*It's very good quality.*
**¿Qué talla usas/llevas?**
*What size do you wear?*
**Uso/Llevo talla 4.**
*I wear a size 4.*
**¿Qué número calza?**
*What size shoe do you wear?*
**Yo calzo siete.**
*I wear a size seven.*

### Negotiating a price

**¿Cuánto cuesta?**
*How much does it cost?*
**Demasiado caro/a.**
*Too expensive.*
**Es una ganga.**
*It's a bargain.*

### Saying what you bought

**¿Qué compraste?/¿Qué compró usted?**
*What did you buy?*
**Sólo compré esto.**
*I only bought this.*
**¡Qué bonitos aretes!**
*What beautiful earrings!*
**Y ustedes, ¿qué compraron?**
*And you guys, what did you buy?*

### Additional vocabulary

**híjole** *wow*

# ¿Qué pasó?

**1**

**¿Cierto o falso?** Indicate whether each sentence is **cierto** or **falso**. Correct the false statements.

|   | Cierto | Falso |
|---|:---:|:---:|
| 1. Jimena dice que la falda azul no es elegante. | ○ | ○ |
| 2. Juan Carlos compra una camisa. | ○ | ○ |
| 3. Marissa dice que el azul es un color que está de moda. | ○ | ○ |
| 4. Miguel compra unas sandalias para Maru. | ○ | ○ |

◄

**2**

**Identificar** Provide the first initial of the person who would make each statement.

___ 1. ¿Te gusta cómo se me ven mis nuevos aretes?

___ 2. Juan Carlos compró una camisa de muy buena calidad.

___ 3. No podemos pagar 500, señor, eso es muy caro.

___ 4. Aquí tienen ropa de muchas tallas.

___ 5. Esta falda me gusta mucho, el color azul es muy elegante.

___ 6. Hay que darnos prisa, sólo tenemos dos horas para ir de compras.

**MARU**

**FELIPE**

**JIMENA**

**3**

**Completar** Answer the questions using the information in the **Fotonovela**.

1. ¿Qué talla es Marissa?

2. ¿Cuánto les pide el vendedor por las tres bolsas?

3. ¿Cuál es el precio que pagan las tres amigas por las bolsas?

4. ¿Qué dice Juan Carlos sobre su nueva camisa?

5. ¿Quién ganó al hacer las compras? ¿Por qué?

◄

**4**

**Conversar** With a partner, role-play a conversation between a customer and a salesperson in an open-air market. Use these expressions and also look at **Expresiones útiles** on the previous page.

| ¿Qué desea? | Estoy buscando... | Prefiero el/la rojo/a. |
|---|---|---|
| *What would you like?* | *I'm looking for...* | *I prefer the red one.* |

| Cliente/a | Vendedor(a) |
|---|---|
| Say good afternoon. | Greet the customer and ask what he/she would like. |
| Explain that you are looking for a particular item of clothing. | Show him/her some items and ask what he/she prefers. |
| Discuss colors and sizes. | Discuss colors and sizes. |
| Ask for the price and begin bargaining. | Tell him/her a price. Negotiate a price. |
| Settle on a price and purchase the item. | Accept a price and say thank you. |

 Practice more at **vistas.vhlcentral.com**.

# Pronunciación   Audio: Concepts, Activities Record & Compare

## The consonants **d** and **t**

| **¿Dónde?** | **vender** | **nadar** | **verdad** |
|---|---|---|---|

Like **b** and **v**, the Spanish **d** can also have a hard sound or a soft sound, depending on which letters appear next to it.

| **Don** | **dinero** | **tienda** | **falda** |
|---|---|---|---|

At the beginning of a phrase and after **n** or **l**, the letter **d** is pronounced with a hard sound. This sound is similar to the English *d* in *dog*, but a little softer and duller. The tongue should touch the back of the upper teeth, not the roof of the mouth.

| **medias** | **verde** | **vestido** | **huésped** |
|---|---|---|---|

In all other positions, **d** has a soft sound. It is similar to the English *th* in *there*, but a little softer.

### Don Diego no tiene el diccionario.

When **d** begins a word, its pronunciation depends on the previous word. At the beginning of a phrase or after a word that ends in **n** or **l**, it is pronounced as a hard **d**.

### Doña Dolores es de la capital.

Words that begin with **d** are pronounced with a soft **d** if they appear immediately after a word that ends in a vowel or any consonant other than **n** or **l**.

| **traje** | **pantalones** | **tarjeta** | **tienda** |
|---|---|---|---|

When pronouncing the Spanish **t**, the tongue should touch the back of the upper teeth, not the roof of the mouth. Unlike the English *t*, no air is expelled from the mouth.

**Práctica** Read these phrases aloud to practice the **d** and the **t**.

1. Hasta pronto.
2. De nada.
3. Mucho gusto.
4. Lo siento.
5. No hay de qué.
6. ¿De dónde es usted?
7. ¡Todos a bordo!
8. No puedo.
9. Es estupendo.
10. No tengo computadora.
11. ¿Cuándo vienen?
12. Son las tres y media.

**Oraciones** Read these sentences aloud to practice the **d** and the **t**.

1. Don Teodoro tiene una tienda en un almacén en La Habana.
2. Don Teodoro vende muchos trajes, vestidos y zapatos todos los días.
3. Un día un turista, Federico Machado, entra en la tienda para comprar un par de botas.
4. Federico regatea con don Teodoro y compra las botas y también un par de sandalias.

**Refranes** Read these sayings aloud to practice the **d** and the **t**.

> En la variedad está el gusto.[1]

> Aunque la mona se vista de seda, mona se queda.[2]

[1] *Variety is the spice of life.* [2] *You can't make a silk purse out of a sow's ear.*

recursos

LM p. 32

 vistas.vhlcentral.com Lección 6

**Additional Reading**

# Los mercados al aire libre

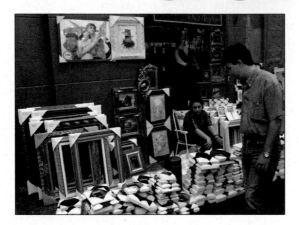

**Mercados al aire libre** are an integral part of commerce and culture in the Spanish-speaking world. Whether they take place daily or weekly, these markets are an important forum where tourists, locals, and vendors interact. People come to the marketplace to shop, socialize, taste local foods, and watch street performers. Wandering from one **puesto** (*stand*) to the next, one can browse fresh fruits and vegetables, clothing, CDs and DVDs, and **artesanías** (*crafts*). Some markets offer a mix of products, while others specialize in food, fashion, or used merchandise, such as antiques and books.

When shoppers see an item they like, they can bargain with the vendor. Friendly bargaining is an expected ritual and may result in a significantly lower price. When selling food, vendors may give the customer a little extra of what they purchase; this free addition is known as **la ñapa**.

Many open-air markets are also tourist attractions. The market in Otavalo, Ecuador, is world-famous and has taken place every Saturday since pre-Incan times. This market is well-known for the colorful textiles woven by the **otavaleños**, the indigenous people of the area. One can also find leather goods and wood carvings from nearby towns. Another popular market is **El Rastro**, held every Sunday in Madrid, Spain. Sellers set up **puestos** along the streets to display their wares, which range from local artwork and antiques to inexpensive clothing and electronics.

**Mercado de Otavalo**

mariscos *seafood* pescado *fish* verduras *vegetables* flores *flowers*

## Otros mercados famosos

| Mercado | Lugar | Productos |
|---|---|---|
| Feria Artesanal de Recoleta | Buenos Aires, Argentina | artesanías |
| Mercado Central | Santiago, Chile | mariscos°, pescado°, frutas, verduras° |
| Tianguis Cultural del Chopo | Ciudad de México, México | ropa, música, revistas, libros, arte, artesanías |
| El mercado de Chichicastenango | Chichicastenango, Guatemala | frutas y verduras, flores°, cerámica, textiles |

## ACTIVIDADES

**1** **¿Cierto o falso?** Indicate whether these statements are **cierto** or **falso**. Correct the false statements.

1. Generally, open-air markets specialize in one type of goods.

2. Bargaining is commonplace at outdoor markets.

3. Only new goods can be found at open-air markets.

4. A Spaniard in search of antiques could search at **El Rastro**.

5. If you are in Guatemala and want to buy ceramics, you can go to Chichicastenango.

6. A **ñapa** is a tax on open-air market goods.

7. The **otavaleños** weave colorful textiles to sell on Saturdays.

8. Santiago's **Mercado Central** is known for books and music.

## La ropa

| | |
|---|---|
| la chamarra (Méx.) | la chaqueta |
| de manga corta/larga | *short/long-sleeved* |
| los mahones (P. Rico); el pantalón de mezclila (Méx.); los tejanos (Esp.); los vaqueros (Arg., Cuba, Esp., Uru.) | los bluejeans |
| la marca | *brand* |
| la playera (Méx.); la remera (Arg.) | la camiseta |

## Diseñadores de moda

- **Adolfo Domínguez** (España) Su ropa tiene un estilo minimalista y práctico. Usa telas° naturales y cómodas en sus diseños.

- **Silvia Tcherassi** (Colombia) Los colores vivos y las líneas asimétricas de sus vestidos y trajes muestran influencias tropicales.

- **Óscar de la Renta** (República Dominicana) Diseña ropa opulenta para la mujer clásica.

- **Narciso Rodríguez** (EE.UU.) En sus diseños delicados y finos predominan los colores blanco y negro. Hizo° el vestido de boda° de Carolyn Bessette Kennedy.

telas *fabrics* Hizo *He made* de boda *wedding*

# Carolina Herrera

In 1980, at the urging of some friends, **Carolina Herrera** created a fashion collection as a "test." The Venezuelan designer received such a favorable response that within one year she moved her family from Caracas to New York City and created her own label, Carolina Herrera, Ltd.

"I love elegance and intricacy, but whether it is in a piece of clothing or a fragrance, the intricacy must appear as simplicity," Herrera once stated. She quickly found that many sophisticated women agreed; from the start, her sleek and glamorous

designs have been in constant demand. Over the years, Herrera has grown her brand into a veritable fashion empire that encompasses her fashion and bridal collections, cosmetics, perfume, and accessories that are sold around the globe.

### Conexión Internet

¿Qué marcas de ropa son populares en el mundo hispano?

Go to **vistas.vhlcentral.com** to find more cultural information related to this **Cultura** section.

---

**ACTIVIDADES**

**2** **Comprensión** Complete these sentences.

1. Adolfo Domínguez usa telas _____ y _____ en su ropa.
2. Si hace fresco en el D.F., puedes llevar una _____.
3. La diseñadora _____ hace ropa, perfumes y más.
4. La ropa de _____ muestra influencias tropicales.
5. Los _____ son una ropa casual en Puerto Rico.

**3** **Mi ropa favorita** Write a brief description of your favorite article of clothing. Mention what store it is from, the brand, colors, fabric, style, and any other information. Then get together with a small group, collect the descriptions, and take turns reading them aloud at random. Can the rest of the group guess whose favorite piece of clothing is being described?

 Practice more at **vistas.vhlcentral.com**.

## 6.1 Saber and conocer  Tutorial

**ANTE TODO** Spanish has two verbs that mean *to know*: **saber** and **conocer**. They cannot be used interchangeably. Note the irregular **yo** forms.

### The verbs saber and conocer

|  |  | **saber** *(to know)* | **conocer** *(to know)* |
|---|---|---|---|
| **SINGULAR FORMS** | yo | sé | conozco |
|  | tú | sabes | conoces |
|  | Ud./él/ella | sabe | conoce |
| **PLURAL FORMS** | nosotros/as | sabemos | conocemos |
|  | vosotros/as | sabéis | conocéis |
|  | Uds./ellos/ellas | saben | conocen |

▶ **Saber** means *to know a fact or piece(s) of information* or *to know how to do something.*

No **sé** tu número de teléfono.
*I don't know your telephone number.*

Mi hermana **sabe** hablar francés.
*My sister knows how to speak French.*

▶ **Conocer** means *to know* or *be familiar/acquainted* with a person, place, or thing.

¿**Conoces** la ciudad de Nueva York?
*Do you know New York City?*

No **conozco** a tu amigo Esteban.
*I don't know your friend Esteban.*

▶ When the direct object of **conocer** is a person or pet, the personal **a** is used.

¿Conoces La Habana?      *but*      ¿Conoces **a** Celia Cruz?
*Do you know Havana?*      *Do you know Celia Cruz?*      ◀

▶ **¡Atención! Parecer** *(to seem)* and **ofrecer** *(to offer)* are conjugated like **conocer.**

▶ **¡Atención! Conducir** *(to drive)* and **traducir** *(to translate)* also have an irregular **yo** form, but since they are **-ir** verbs, they are conjugated differently from **conocer.**

| conducir | ▶ | conduzco, conduces, conduce, conducimos, conducís, conducen |
|---|---|---|
| traducir | | traduzco, traduces, traduce, traducimos, traducís, traducen |

 **¡INTÉNTALO!** Provide the appropriate forms of these verbs.

| **saber** | **conocer** |
|---|---|
| 1. José no _sabe_ la hora. | 1. Usted y yo _conocemos_ bien Miami. |
| 2. Sara y yo _____ jugar al tenis. | 2. ¿Tú _____ a mi amigo Manuel? |
| 3. ¿Por qué no _____ tú estos verbos? | 3. Sergio y Taydé _____ mi pueblo. |
| 4. Mis padres _____ hablar japonés. | 4. Emiliano _____ a mis padres. |
| 5. Yo _____ a qué hora es la clase. | 5. Yo _____ muy bien el centro. |
| 6. Usted no _____ dónde vivo. | 6. ¿Ustedes _____ la tienda Gigante? |
| 7. Mi hermano no _____ nadar. | 7. Nosotras _____ una playa hermosa. |
| 8. Nosotros _____ muchas cosas. | 8. ¿Usted _____ a mi profesora? |

# Práctica y Comunicación

**1** **Completar** Indicate the correct verb for each sentence.

1. Mis hermanos (conocen/saben) conducir, pero yo no (sé/conozco).
2. —¿(Conocen/Saben) ustedes dónde está el estadio? —No, no lo (conocemos/sabemos).
3. —¿(Conoces/Sabes) a Lady Gaga? —Bueno, (sé/conozco) quién es, pero no la (conozco/sé).
4. Mi profesora (sabe/conoce) Cuba y también (conoce/sabe) bailar salsa.

**2** **Combinar** Combine elements from each column to create sentences.

| A | B | C |
|---|---|---|
| Shakira | (no) conocer | Conan O'Brien |
| los Yankees | (no) saber | cantar y bailar |
| el primer ministro | | La Habana Vieja |
| de Canadá | | muchas personas importantes |
| mis amigos y yo | | hablar dos lenguas extranjeras |
| tú | | jugar al béisbol |

**3** **Preguntas** In pairs, ask each other these questions. Answer with complete sentences.

1. ¿Conoces a un(a) cantante famoso/a? ¿Te gusta cómo canta?
2. En tu familia, ¿quién sabe cantar bien? ¿Tu opinión es objetiva?
3. Y tú, ¿conduces bien o mal? ¿Y tus amigos?
4. Si un(a) amigo/a no conduce muy bien, ¿le ofreces crítica constructiva?
5. ¿Cómo parece estar el/la profesor(a) hoy? ¿Y tus compañeros de clase?

**4** **Entrevista** Jot down three things you know how to do, three people you know, and three places you are familiar with. Then, in a small group, find out what you have in common.

>
> **Estudiante 1:** ¿Conocen ustedes a David Lomas?
> **Estudiante 2:** Sí, conozco a David. Vivimos en la misma residencia estudiantil.
> **Estudiante 3:** No, no lo conozco. ¿Cómo es?

**5** **Anuncio** In groups, read the ad and answer these questions.

1. Busquen ejemplos de los verbos **saber** y **conocer**.
2. ¿Qué saben del Centro Comercial Oviedo?
3. ¿Qué pueden hacer en el Centro Comercial Oviedo?
4. ¿Conocen otros centros comerciales similares? ¿Cómo se llaman? ¿Dónde están?
5. ¿Conocen un centro comercial en otro país? ¿Cómo es?...

 Practice more at **vistas.vhlcentral.com**.

Él sabe dónde comer lo que más le gusta.

Él sabe cómo jugar cuatro horas seguidas.

Él sabe dónde está su regalo de cumpleaños.

Él sabe dónde divertirse...

Oviedo Centro Comercial

... y usted sabe dónde puede encontrar un poco de todo. ¿Conoce algún otro lugar como éste?    Sabe lo que te gusta.

## 6.2 Indirect object pronouns  Tutorial

**ANTE TODO** In **Lección 5**, you learned that a direct object receives the action of the verb directly. In contrast, an indirect object receives the action of the verb indirectly.

| SUBJECT | I.O. PRONOUN | VERB | DIRECT OBJECT | INDIRECT OBJECT |
|---|---|---|---|---|
| Roberto | **le** | presta | cien pesos | **a Luisa**. |
| *Roberto* | | *lends* | *100 pesos* | *to Luisa.* |

An indirect object is a noun or pronoun that answers the question *to whom* or *for whom* an action is done. In the preceding example, the indirect object answers this question:
**¿A quién le presta Roberto cien pesos?** *To whom does Roberto lend 100 pesos?*

### Indirect object pronouns

| Singular forms | | Plural forms | |
|---|---|---|---|
| **me** | (to, for) *me* | **nos** | (to, for) *us* |
| **te** | (to, for) *you* (fam.) | **os** | (to, for) *you* (fam.) |
| **le** | (to, for) *you* (form.) | **les** | (to, for) *you* (form.) |
| | (to, for) *him; her* | | (to, for) *them* |

▶ **¡Atención!** The forms of indirect object pronouns for the first and second persons (**me**, **te**, **nos**, **os**) are the same as the direct object pronouns. Indirect object pronouns agree in number with the corresponding nouns, but not in gender.

Acabo de mostrarles
que sí sabemos regatear.

Bueno, le doy
un descuento.

## Using indirect object pronouns

▶ Spanish speakers commonly use both an indirect object pronoun and the noun to which it refers in the same sentence. This is done to emphasize and clarify to whom the pronoun refers.

| I.O. PRONOUN | INDIRECT OBJECT | I.O. PRONOUN | INDIRECT OBJECT |
|---|---|---|---|
| Ella **le** vende la ropa | **a Elena**. | **Les** prestamos el dinero | **a Inés y a Álex**. |

▶ Indirect object pronouns are also used without the indirect object noun when the person for whom the action is being done is known.

Ana **le** presta la falda **a Elena**.
*Ana lends her skirt to Elena.*

También **le** presta unos jeans.
*She also lends her a pair of jeans.*

▶ Indirect object pronouns are usually placed before the conjugated form of the verb. In negative sentences the pronoun is placed between **no** and the conjugated verb.

> Martín **me** compra un regalo.                    Eva **no me** escribe cartas.
> *Martín is buying me a gift.*                       *Eva doesn't write me letters.*

**CONSULTA**

For more information on accents, see **Lección 4**, **Pronunciación**, p. 123, **Lección 10**, **Ortografía**, p. 339, and **Lección 11**, **Ortografía**, p. 375.

▶ When a conjugated verb is followed by an infinitive or the present progressive, the indirect object pronoun may be placed before the conjugated verb or attached to the infinitive or present participle. **¡Atención!** When an indirect object pronoun is attached to a present participle, an accent mark is added to maintain the proper stress.

> Él no quiere **pagarte**./                          Él está **escribiéndole** una postal a ella./
> Él no **te** quiere pagar.                           Él **le** está escribiendo una postal a ella.
> *He does not want to pay you.*                      *He is writing a postcard to her.*

▶ Because the indirect object pronouns **le** and **les** have multiple meanings, Spanish speakers often clarify to whom the pronouns refer with the preposition **a** + [*pronoun*] or **a** + [*noun*].

UNCLARIFIED STATEMENTS                               CLARIFIED STATEMENTS
Yo **le** compro un abrigo.                          Yo **le** compro un abrigo **a usted/él/clla**.

Ella **le** describe un libro.                       Ella **le** describe un libro **a Juan**.

UNCLARIFIED STATEMENTS                               CLARIFIED STATEMENTS
Él **les** vende unos sombreros.                     Él **les** vende unos sombreros **a ustedes/ellos/ellas**.

Ellos **les** hablan muy claro.                      Ellos **les** hablan muy claro **a los clientes**.

▶ The irregular verbs **dar** (*to give*) and **decir** (*to say; to tell*) are often used with indirect object pronouns.

### The verbs dar and decir

| | Singular forms | | | Plural forms | |
|---|---|---|---|---|---|
| | **dar** | **decir** | | **dar** | **decir** |
| yo | **doy** | **digo** | nosotros/as | **damos** | **decimos** |
| tú | **das** | **dices** | vosotros/as | **dais** | **decís** |
| Ud./él/ella | **da** | **dice** | Uds./ellos/ellas | **dan** | **dicen** |

**Me dan** una fiesta cada año.                      **Te digo** la verdad.
*They give (throw) me a party every year.*           *I'm telling you the truth.*

Voy a **darle** consejos.                            No **les digo** mentiras a mis padres.
*I'm going to give her advice.*                      *I don't tell lies to my parents.*

**recursos**

WB
pp. 62–63

LM
p. 34

**S**

vistas.
vhlcentral.com
Lección 6

**¡INTÉNTALO!**   Use the cues in parentheses to provide the correct indirect object pronoun for each sentence.

1. Juan _____ le _____ quiere dar un regalo. (*to Elena*)
2. María _____ prepara un café. (*for us*)
3. Beatriz y Felipe _____ escriben desde (*from*) Cuba. (*to me*)
4. Marta y yo _____ compramos unos guantes. (*for them*)
5. Los vendedores _____ venden ropa. (*to you, fam. sing.*)
6. La dependienta _____ muestra los guantes. (*to us*)

# Práctica

**1** **Completar** Fill in the blanks with the correct pronouns to complete Mónica's description of her family's holiday shopping.

1. Juan y yo _____ damos una blusa a nuestra hermana Gisela.
2. Mi tía _____ da a nosotros una mesa para la casa.
3. Gisela _____ da dos corbatas a su novio.
4. A mi mamá yo _____ doy un par de guantes negros.
5. A mi profesora _____ doy dos libros de José Martí. ◄
6. Juan _____ da un regalo a mis padres.
7. Mis padres _____ dan un traje nuevo a mí.
8. Y a ti, yo _____ doy un regalo también. ¿Quieres verlo?

**NOTA CULTURAL**

Cuban writer and patriot **José Martí** (1853–1895) was born in **La Habana Vieja**, the old colonial center of Havana. Founded by Spanish explorers in the early 1500s, Havana, along with San Juan, Puerto Rico, served as a major stopping point for Spaniards traveling to Mexico and South America.

**2** **En La Habana** Describe what happens on Pascual's trip to Cuba based on the cues provided.

1. ellos / cantar / canción / (mí)

2. él / comprar / libros / (sus hijos) / Plaza de Armas

3. yo / preparar el almuerzo (*lunch*) / (ti)

4. él / explicar cómo llegar / (conductor)

5. mi novia / sacar / foto / (nosotros)

6. el guía (*guide*) / mostrar / catedral de San Cristóbal / (ustedes) ◄

**NOTA CULTURAL**

**La Habana Vieja**, Cuba, is the site of another well-known outdoor market. Located in the **Plaza de la Catedral**, it is a place where Cuban painters, artists, and sculptors sell their work, and other vendors offer handmade crafts and clothing.

**3** **Combinar** Use an item from each column and an indirect object pronoun to create logical sentences.

> **modelo**
> Mis padres les dan regalos a mis primos.

| A | B | C | D |
|---|---|---|---|
| yo | comprar | mensajes electrónicos | mí |
| el dependiente | dar | corbata | ustedes |
| el profesor Arce | decir | dinero en efectivo | clienta |
| la vendedora | escribir | tarea | novia |
| mis padres | explicar | problemas | primos |
| tú | pagar | regalos | ti |
| nosotros/as | prestar | ropa | nosotros |
| ¿? | vender | ¿? | ¿? |

 Practice more at **vistas.vhlcentral.com**.

# Comunicación

**4** **Entrevista** In pairs, take turns asking and answering for whom you do these activities. Use the model as a guide.

> cantar canciones de amor (*love songs*)     escribir mensajes electrónicos
> comprar ropa                                mostrar fotos de un viaje
> dar una fiesta                              pedir dinero
> decir mentiras                              preparar comida (*food*) mexicana

> **modelo**
> escribir mensajes electrónicos
> **Estudiante 1:** ¿A quién le escribes mensajes electrónicos?
> **Estudiante 2:** Le escribo mensajes electrónicos a mi hermano.

**5** **¡Somos ricos!** You and your classmates chipped in on a lottery ticket and you won! Now you want to spend money on your loved ones. In groups of three, discuss what each person is buying for family and friends.

> **modelo**
> **Estudiante 1:** Quiero comprarle un vestido de Carolina Herrera a mi madre.
> **Estudiante 2:** Y yo voy a darles un automóvil nuevo a mis padres.
> **Estudiante 3:** Voy a comprarles una casa a mis padres, pero a mis amigos no les voy a dar nada.

**6** **Entrevista** Use these questions to interview a classmate.

1. ¿Qué tiendas, almacenes o centros comerciales prefieres?
2. ¿A quién le compras regalos cuando hay rebajas?
3. ¿A quién le prestas dinero cuando lo necesita?
4. Quiero ir de compras. ¿Cuánto dinero me puedes prestar?
5. ¿Te dan tus padres su tarjeta de crédito cuando vas de compras?

# Síntesis

**7** **Minidrama** In groups of three, take turns playing the roles of two shoppers and a clerk in a clothing store. The shoppers should talk about the articles of clothing they are looking for and for whom they are buying the clothes. The clerk should recommend several items based on the shoppers' descriptions. Use these expressions and also look at **Expresiones útiles** on page 195.

> Me queda grande/pequeño.          ¿Está en rebaja?
> *It's big/small on me.*            *Is it on sale?*
> ¿Tiene otro color?                 También estoy buscando...
> *Do you have another color?*       *I'm also looking for...*

# 6.3 Preterite tense of regular verbs  Tutorial

**ANTE TODO**   In order to talk about events in the past, Spanish uses two simple tenses:
the preterite and the imperfect. In this lesson, you will learn how to
form the preterite tense, which is used to express actions or states completed in the past.

## Preterite of regular -ar, -er, and -ir verbs

|  |  | -ar verbs | -er verbs | -ir verbs |
|---|---|---|---|---|
|  |  | **comprar** | **vender** | **escribir** |
| SINGULAR FORMS | yo | compr**é** *I bought* | vend**í** *I sold* | escrib**í** *I wrote* |
|  | tú | compr**aste** | vend**iste** | escrib**iste** |
|  | Ud./él/ella | compr**ó** | vend**ió** | escrib**ió** |
| PLURAL FORMS | nosotros/as | compr**amos** | vend**imos** | escrib**imos** |
|  | vosotros/as | compr**asteis** | vend**isteis** | escrib**isteis** |
|  | Uds./ellos/ellas | compr**aron** | vend**ieron** | escrib**ieron** |

▶ **¡Atención!** The **yo** and **Ud./él/ella** forms of all three conjugations have written
accents on the last syllable to show that it is stressed.

▶ As the chart shows, the endings for regular **-er** and **-ir** verbs are identical in the preterite.

¿Qué compraste?

Compré estos aretes.

▶ Note that the **nosotros/as** forms of regular **-ar** and **-ir** verbs in the preterite are identical
to the present tense forms. Context will help you determine which tense is being used.

En invierno **compramos** ropa.          Anoche **compramos** unos zapatos.
*In the winter, we buy clothing.*          *Last night we bought some shoes.*

**CONSULTA**

There are a few high-frequency irregular verbs in the preterite. You will learn more about them in **Estructura 9.1**, p. 310.

▶ **-Ar** and **-er** verbs that have a stem change in the present tense are regular in the
preterite. They do *not* have a stem change.

|  | PRESENT | PRETERITE |
|---|---|---|
| **cerrar** (e:ie) | La tienda **cierra** a las seis. | La tienda **cerró** a las seis. |
| **volver** (o:ue) | Carlitos **vuelve** tarde. | Carlitos **volvió** tarde. |
| **jugar** (u:ue) | Él **juega** al fútbol. | Él **jugó** al fútbol. |

▶ **¡Atención!** **-Ir** verbs that have a stem change in the present tense also have a stem
change in the preterite.

**CONSULTA**

You will learn about stem-changing verbs in **Estructura 8.1**, p. 274.

▶ Verbs that end in **-car**, **-gar**, and **-zar** have a spelling change in the first person singular (**yo** form) in the preterite.

| bus**car** | busc- | **qu-** | yo bus**qu**é |
| lle**gar** | lleg- | **gu-** | yo lle**gu**é |
| empe**zar** | empez- | **c-** | yo empe**c**é |

▶ Except for the **yo** form, all other forms of **-car**, **-gar**, and **-zar** verbs are regular in the preterite.

▶ Three other verbs—**creer**, **leer**, and **oír**—have spelling changes in the preterite. The **i** of the verb endings of **creer**, **leer**, and **oír** carries an accent in the **yo**, **tú**, **nosotros/as**, and **vosotros/as** forms, and changes to **y** in the **Ud./él/ella** and **Uds./ellos/ellas** forms.

| creer | cre- | creí, creíste, cre**y**ó, creímos, creísteis, cre**y**eron |
| leer | le- | leí, leíste, le**y**ó, leímos, leísteis, le**y**eron |
| oír | o- | oí, oíste, o**y**ó, oímos, oísteis, o**y**eron |

▶ **Ver** is regular in the preterite, but none of its forms has an accent.

**ver** ⟶ vi, viste, vio, vimos, visteis, vieron

### Words commonly used with the preterite

| anoche | *last night* | pasado/a (*adj.*) | *last; past* |
| anteayer | *the day before yesterday* | el año pasado | *last year* |
| ayer | *yesterday* | la semana pasada | *last week* |
| de repente | *suddenly* | una vez | *once; one time* |
| desde... hasta... | *from... until...* | dos veces | *twice; two times* |
| | | ya | *already* |

**Ayer** llegué a Santiago de Cuba.
*Yesterday I arrived in Santiago de Cuba.*

**Anoche** oí un ruido extraño.
*Last night I heard a strange noise.*

▶ **Acabar de** + [*infinitive*] is used to say that something has just occurred. Note that **acabar** is in the present tense in this construction.

**Acabo de comprar** una falda.
*I just bought a skirt.*

**Acabas de ir** de compras.
*You just went shopping.*

**¡INTÉNTALO!** Provide the appropriate preterite forms of the verbs.

| | comer | salir | comenzar | leer |
|---|---|---|---|---|
| 1. ellas | comieron | salieron | comenzaron | leyeron |
| 2. tú | _____ | _____ | _____ | _____ |
| 3. usted | _____ | _____ | _____ | _____ |
| 4. nosotros | _____ | _____ | _____ | _____ |
| 5. yo | _____ | _____ | _____ | _____ |

# Práctica

**1**

**Completar** Andrea is talking about what happened last weekend. Complete each sentence by choosing the correct verb and putting it in the preterite.

1. El viernes a las cuatro de la tarde, la profesora Mora _____ (asistir, costar, usar) a una reunión (*meeting*) de profesores.
2. A la una, yo _____ (llegar, bucear, llevar) a la tienda con mis amigos.
3. Mis amigos y yo _____ (comprar, regatear, gastar) dos o tres cosas.
4. Yo _____ (costar, comprar, escribir) unos pantalones negros y mi amigo Mateo _____ (gastar, pasear, comprar) una camisa azul.
5. Después, nosotros _____ (llevar, vivir, comer) cerca de un mercado.
6. A las tres, Pepe _____ (hablar, pasear, nadar) con su novia por teléfono.
7. El sábado por la tarde, mi mamá _____ (escribir, beber, vivir) una carta.
8. El domingo mi tía _____ (decidir, salir, escribir) comprarme un traje.
9. A las cuatro de la tarde, mi tía _____ (beber, salir, encontrar) el traje y después nosotras _____ (acabar, ver, salir) una película.

**2**

**Preguntas** Imagine that you have a pesky friend who keeps asking you questions. Respond that you already did or have just done what he/she asks. Make sure you and your partner take turns playing the role of the pesky friend and responding to his/her questions.

> **modelo**
>
> leer la lección
> **Estudiante 1:** ¿Leíste la lección?
> **Estudiante 2:** Sí, ya la leí./Sí, acabo de leerla.

1. escribir el mensaje electrónico
2. lavar (*to wash*) la ropa
3. oír las noticias (*news*)
4. comprar pantalones cortos
5. practicar los verbos
6. pagar la cuenta (*bill*)
7. empezar la composición
8. ver la película *Diarios de motocicleta*

**NOTA CULTURAL**

Based on Ernesto "Che" Guevara's diaries, *Diarios de motocicleta* (2004) traces the road trip of Che (played by Gael García Bernal) with his friend Alberto Granado (played by Rodrigo de la Serna) through Argentina, Chile, Peru, Colombia, and Venezuela.

**3**

**¿Cuándo?** Use the time expressions from the word bank to talk about when you and others did the activities listed.

| anoche | anteayer | el mes pasado | una vez |
| ayer | la semana pasada | el año pasado | dos veces |

1. mi compañero/a de cuarto: llegar tarde a clase
2. mi mejor (*best*) amigo/a: salir con un(a) chico/a guapo/a
3. mis padres: ver una película
4. yo: llevar un traje/vestido
5. el presidente/primer ministro de mi país: asistir a una conferencia internacional
6. mis amigos y yo: comer en un restaurante
7. ¿?: comprar algo (*something*) bueno, bonito y barato

# Comunicación

**4**

**Ayer** Jot down at what time you did these activities yesterday. Then get together with a classmate and find out at what time he or she did these activities. Be prepared to share your findings with the class.

1. desayunar
2. empezar la primera clase
3. almorzar
4. ver a un(a) amigo/a
5. salir de clase
6. volver a la residencia/casa

**5**

**Las vacaciones** Imagine that you took these photos on a vacation with friends. Get together with a partner and use the pictures to tell him or her about your trip.

**6**

**El fin de semana** Your instructor will give you and your partner different incomplete charts about what four employees at **Almacén Gigante** did last weekend. After you fill out the chart based on each other's information, you will fill out the final column about your partner.

# Síntesis

**7**

**Conversación** Get together with a partner and have a conversation about what you did last week using verbs from the word bank. Don't forget to include school activities, shopping, and pastimes.

| | | | |
|---|---|---|---|
| acampar | comer | gastar | tomar |
| asistir | comprar | hablar | trabajar |
| bailar | correr | jugar | vender |
| beber | escribir | leer | ver |
| buscar | estudiar | oír | viajar |

## 6.4   Demonstrative adjectives and pronouns

### Demonstrative adjectives    Tutorial

**ANTE TODO**   In Spanish, as in English, demonstrative adjectives are words that "demonstrate" or "point out" nouns. Demonstrative adjectives precede the nouns they modify and, like other Spanish adjectives you have studied, agree with them in gender and number. Observe these examples and then study the chart below.

| **esta** camisa | **ese** vendedor | **aquellos** zapatos |
|---|---|---|
| *this shirt* | *that salesman* | *those shoes (over there)* |

### Demonstrative adjectives

| Singular | | Plural | | |
|---|---|---|---|---|
| MASCULINE | FEMININE | MASCULINE | FEMININE | |
| **este** | **esta** | **estos** | **estas** | *this; these* |
| **ese** | **esa** | **esos** | **esas** | *that; those* |
| **aquel** | **aquella** | **aquellos** | **aquellas** | *that; those (over there)* |

▶ There are three sets of demonstrative adjectives. To determine which one to use, you must establish the relationship between the speaker and the noun(s) being pointed out.

▶ The demonstrative adjectives **este**, **esta**, **estos**, and **estas** are used to point out nouns that are close to the speaker and the listener.

*Me gustan estos zapatos.*

▶ The demonstrative adjectives **ese**, **esa**, **esos**, and **esas** are used to point out nouns that are not close in space and time to the speaker. They may, however, be close to the listener.

*Prefiero esos zapatos.*

▶ The demonstrative adjectives **aquel**, **aquella**, **aquellos**, and **aquellas** are used to point out nouns that are far away from the speaker and the listener.

*Aquel auto es de mi hermana.*

## Demonstrative pronouns

▶ Demonstrative pronouns are identical to their corresponding demonstrative adjectives, with the exception that they traditionally carry an accent mark on the stressed vowel. The **Real Academia** now requires this accent only for clarification but it is still commonly used.

| Demonstrative pronouns | | | |
|---|---|---|---|
| **Singular** | | **Plural** | |
| MASCULINE | FEMININE | MASCULINE | FEMININE |
| **éste** | **ésta** | **éstos** | **éstas** |
| **ése** | **ésa** | **ésos** | **ésas** |
| **aquél** | **aquélla** | **aquéllos** | **aquéllas** |

—¿Quieres comprar **este suéter**?
*Do you want to buy this sweater?*

—No, no quiero **éste**. Quiero **ése**.
*No, I don't want this one. I want that one.*

—¿Vas a leer **estas revistas**?
*Are you going to read these magazines?*

—Sí, voy a leer **éstas**. También voy a leer **aquéllas**.
*Yes, I'm going to read these. I'll also read those (over there).*

▶ **¡Atención!** Like demonstrative adjectives, demonstrative pronouns agree in gender and number with the corresponding noun.

**Este libro** es de Pablito.                    **Éstos** son de Juana.

▶ There are three neuter demonstrative pronouns: **esto**, **eso**, and **aquello**. These forms refer to unidentified or unspecified nouns, situations, ideas, and concepts. They do not change in gender or number and never carry an accent mark.

—¿Qué es **esto**?
*What's this?*

—**Eso** es interesante.
*That's interesting.*

—**Aquello** es bonito.
*That's pretty.*

**recursos**

WB
pp. 66–68

LM
p. 36

Ⓢ

vistas.
vhlcentral.com
Lección 6

**¡INTÉNTALO!**   Provide the correct form of the demonstrative adjective for these nouns.

1. la falda / este ___esta falda___
2. los estudiantes / este _____
3. los países / aquel _____
4. la ventana / ese _____
5. los periodistas / ese _____
6. el chico / aquel _____
7. las sandalias / este _____
8. las chicas / aquel _____

# Práctica

**1**

**Cambiar** Make the singular sentences plural and the plural sentences singular.

> **modelo**
>
> Estas camisas son blancas.
> *Esta camisa es blanca.*

1. Aquellos sombreros son muy elegantes.
2. Ese abrigo es muy caro.
3. Estos cinturones son hermosos.
4. Esos precios son muy buenos.
5. Estas faldas son muy cortas.
6. ¿Quieres ir a aquel almacén?
7. Esas blusas son baratas.
8. Esta corbata hace juego con mi traje.

**2**

**Completar** Here are some things people might say while shopping. Complete the sentences with the correct demonstrative pronouns.

1. No me gustan esos zapatos. Voy a comprar _____. (*these*)
2. ¿Vas a comprar ese traje o _____? (*this one*)
3. Esta guayabera es bonita, pero prefiero _____. (*that one*)
4. Estas corbatas rojas son muy bonitas, pero _____ son fabulosas. (*those*)
5. Estos cinturones cuestan demasiado. Prefiero _____. (*those over there*)
6. ¿Te gustan esas botas o _____? (*these*)
7. Esa bolsa roja es bonita, pero prefiero _____. (*that one over there*)
8. No voy a comprar estas botas; voy a comprar _____. (*those over there*)
9. ¿Prefieres estos pantalones o _____? (*those*)
10. Me gusta este vestido, pero voy a comprar _____. (*that one*)
11. Me gusta ese almacén, pero _____ es mejor (*better*). (*that one over there*)
12. Esa blusa es bonita, pero cuesta demasiado. Voy a comprar _____. (*this one*)

**3**

**Describir** With your partner, look for two items in the classroom that are one of these colors: **amarillo, azul, blanco, marrón, negro, verde, rojo.** Take turns pointing them out to each other, first using demonstrative adjectives, and then demonstrative pronouns.

> **modelo**
>
> azul
> **Estudiante 1:** *Esta silla es azul. Aquella mochila es azul.*
> **Estudiante 2:** *Ésta es azul. Aquélla es azul.*

Now use demonstrative adjectives and pronouns to discuss the colors of your classmates' clothing. One of you can ask a question about an article of clothing, using the wrong color. Your partner will correct you and point out that color somewhere else in the room.

> **modelo**
>
> **Estudiante 1:** *¿Esa camisa es negra?*
> **Estudiante 2:** *No, ésa es azul. Aquélla es negra.*

  Practice more at **vistas.vhlcentral.com.**

# Comunicación

**4**

**Conversación** With a classmate, use demonstrative adjectives and pronouns to ask each other questions about the people around you. Use expressions from the word bank and/or your own ideas.

| | |
|---|---|
| ¿A qué hora...? | ¿Cuántos años tiene(n)...? |
| ¿Cómo es/son...? | ¿De dónde es/son...? |
| ¿Cómo se llama...? | ¿De quién es/son...? |
| ¿Cuándo...? | ¿Qué clases toma(n)...? |

*modelo*

**Estudiante 1:** ¿Cómo se llama esa chica?
**Estudiante 2:** Se llama Rebeca.
**Estudiante 1:** ¿A qué hora llegó aquel chico a la clase?
**Estudiante 2:** A las nueve.

**5**

**En una tienda** Imagine that you and a classmate are in Madrid shopping at Zara. Study the floor plan, then have a conversation about your surroundings. Use demonstrative adjectives and pronouns.

*modelo*

**Estudiante 1:** Me gusta este suéter azul.
**Estudiante 2:** Yo prefiero aquella chaqueta.

# Síntesis

**6**

**Diferencias** Your instructor will give you and a partner each a drawing of a store. They are almost identical, but not quite. Use demonstrative adjectives and pronouns to find seven differences.

*modelo*

**Estudiante 1:** Aquellas gafas de sol son feas, ¿verdad?
**Estudiante 2:** No. Aquellas gafas de sol son hermosas.

# Recapitulación

**S Concepts Diagnostics**

Review the grammar concepts you have learned in this lesson by completing these activities.

**1 Completar** Complete the chart with the correct preterite or infinitive form of the verbs. `15 pts.`

| Infinitive | yo | ella | ellos |
|---|---|---|---|
|  |  |  | tomaron |
|  |  | abrió |  |
| comprender |  |  |  |
|  | leí |  |  |
| pagar |  |  |  |

**2 En la tienda** Look at the drawing and complete the conversation with demonstrative adjectives and pronouns. `7 pts.`

**CLIENTE** Buenos días, señorita. Deseo comprar (1) _____ corbata.

**VENDEDORA** Muy bien, señor. ¿No le interesa mirar (2) _____ trajes que están allá? Hay unos que hacen juego con la corbata.

**CLIENTE** (3) _____ de allá son de lana, ¿no? Prefiero ver (4) _____ traje marrón que está detrás de usted.

**VENDEDORA** Estupendo. Como puede ver, es de seda. Cuesta seiscientos cincuenta dólares.

**CLIENTE** Ah... eh... no, creo que sólo voy a comprar la corbata, gracias.

**VENDEDORA** Bueno... si busca algo más económico, hay rebaja en (5) _____ sombreros. Cuestan sólo treinta dólares.

**CLIENTE** ¡Magnífico! Me gusta (6) _____, el blanco que está hasta arriba (*at the top*). Y quiero pagar todo con (7) _____ tarjeta.

**VENDEDORA** Sí, señor. Ahora mismo le traigo el sombrero.

**6.1 Saber and conocer** *p. 200*

| saber | conocer |
|---|---|
| sé | conozco |
| sabes | conoces |
| sabe | conoce |
| sabemos | conocemos |
| sabéis | conocéis |
| saben | conocen |

▶ **saber** = to know facts/how to do something
▶ **conocer** = to know a person, place, or thing

**6.2 Indirect object pronouns** *pp. 202–203*

**Indirect object pronouns**

| Singular | Plural |
|---|---|
| me | nos |
| te | os |
| le | les |

▶ **dar** = doy, das, da, damos, dais, dan
▶ **decir (e:i)** = digo, dices, dice, decimos, decís, dicen

**6.3 Preterite tense of regular verbs** *pp. 206–207*

| comprar | vender | escribir |
|---|---|---|
| compré | vendí | escribí |
| compraste | vendiste | escribiste |
| compró | vendió | escribió |
| compramos | vendimos | escribimos |
| comprasteis | vendisteis | escribisteis |
| compraron | vendieron | escribieron |

**Verbs with spelling changes in the preterite**

▶ **-car:** buscar → yo busqué
▶ **-gar:** llegar → yo llegué
▶ **-zar:** empezar → yo empecé
▶ **creer:** creí, creíste, creyó, creímos, creísteis, creyeron
▶ **leer:** leí, leíste, leyó, leímos, leísteis, leyeron
▶ **oír:** oí, oíste, oyó, oímos, oísteis, oyeron
▶ **ver:** vi, viste, vio, vimos, visteis, vieron

**3** **¿Saber o conocer?** Complete each dialogue with the correct form of **saber** or **conocer**. **10 pts.**

1. —¿Qué _____ hacer tú?
   —(Yo) _____ jugar al fútbol.
2. —¿_____ tú esta tienda de ropa?
   —No, (yo) no la _____. ¿Es buena?
3. —¿Tus padres no _____ a tu novio?
   —No, ¡ellos no _____ que tengo novio!
4. —Mi compañero de cuarto todavía no me
   _____ bien.
   —Y tú, ¿lo quieres _____ a él?
5. —¿_____ ustedes dónde está el mercado?
   —No, nosotros no _____ bien esta ciudad.

**6.4** **Demonstrative adjectives and pronouns** *pp. 210–211*

**Demonstrative adjectives**

| Singular | | Plural | |
|---|---|---|---|
| Masc. | Fem. | Masc. | Fem. |
| este | esta | estos | estas |
| ese | esa | esos | esas |
| aquel | aquella | aquellos | aquellas |

**Demonstrative pronouns**

| Singular | | Plural | |
|---|---|---|---|
| Masc. | Fem. | Masc. | Fem. |
| éste | ésta | éstos | éstas |
| ése | ésa | ésos | ésas |
| aquél | aquélla | aquéllos | aquéllas |

**4** **Oraciones** Form complete sentences using the information provided. Use indirect object pronouns and the present tense of the verbs. **10 pts.**

1. Javier / prestar / el abrigo / a Maripili

   _____

2. nosotros / vender / ropa / a los clientes

   _____

3. el vendedor / traer / las camisetas / a mis amigos y a mí

   _____

4. yo / querer dar / consejos / a ti

   _____

5. ¿tú / ir a comprar / un regalo / a mí?

   _____

**5** **Mi última compra** Write a short paragraph describing the last time you went shopping. Use at least four verbs in the preterite tense. **8 pts.**

> **modelo**
> El viernes pasado, busqué unos zapatos en el centro comercial...

**6** **Poema** Write the missing words to complete the excerpt from the poem *Romance sonámbulo* by Federico García Lorca. **2 EXTRA points!**

> **❝** Verde que _____ quiero verde.
> Verde viento. Verdes ramas°.
> El barco sobre la mar
> y el caballo en la montaña, [...]
> Verde que te quiero _____ (*green*). **❞**

ramas *branches*

Practice more at **vistas.vhlcentral.com.**

# Lectura

## Antes de leer

### Estrategia
**Skimming**

Skimming involves quickly reading through a document to absorb its general meaning. This allows you to understand the main ideas without having to read word for word. When you skim a text, you might want to look at its title and subtitles. You might also want to read the first sentence of each paragraph.

### Examinar el texto

Look at the format of the reading selection. How is it organized? What does the organization of the document tell you about its content?

### Buscar cognados

Scan the reading selection to locate at least five cognates. Based on the cognates, what do you think the reading selection is about?

1. _____   4. _____
2. _____   5. _____
3. _____

The reading selection is about _____.

### Impresiones generales

Now skim the reading selection to understand its general meaning. Jot down your impressions. What new information did you learn about the document by skimming it? Based on all the information you now have, answer these questions in Spanish.

1. Who created this document?
2. What is its purpose?
3. Who is its intended audience?

# Corona

## ¡Corona tiene las ofertas más locas del verano!

### La tienda más elegante de la ciudad con precios increíbles

**Carteras**
**ELEGANCIA**
Colores anaranjado, blanco, rosado y amarillo
**Ahora: 15.000 pesos**
**50% de rebaja**

**Sandalias de playa**
**GINO**
Números del 35 al 38
**A sólo 12.000 pesos**
**50% de descuento**

**Faldas largas**
**ROPA BONITA**
Algodón. De distintos colores
Talla mediana
**Precio especial:**
**8.000 pesos**

**Blusas de seda**
**BAMBÚ**
De cuadros y de lunares
**Ahora: 21.000 pesos**
**40% de rebaja**

**Vestido de algodón**
**PANAMÁ**
Colores blanco, azul y verde
**Ahora: 18.000 pesos**
**30% de rebaja**

**Accesorios**
**BELLEZA**
Cinturones, gafas de sol, sombreros, medias
Diversos estilos
**Todos con un 40% de rebaja**

**Lunes a sábado de 9 a 21 horas.**
**Domingo de 10 a 14 horas.**

## ¡Grandes rebajas!
# Real° Liquidación°
### ¡La rebaja está de moda en Corona!

**y con la tarjeta de crédito más conveniente del mercado.**

**Chaquetas**
**CASINO**
Microfibra. Colores negro,
café y gris
Tallas: P, M, G, XG
**Ahora: 22.500 pesos**

**Zapatos**
**COLOR**
Italianos y franceses
Números del 40 al 45
**A sólo 20.000 pesos**

**Pantalones**
**OCÉANO**
Colores negro, gris y café
**Ahora: 11.500 pesos**
**30% de rebaja**

**Ropa interior**
**ATLÁNTICO**
Tallas: P, M, G
Colores blanco,
negro y gris
**40% de rebaja**

**Traje inglés**
**GALES**
Modelos originales
**Ahora: 105.000 pesos**
**30% de rebaja**

**Accesorios**
**GUAPO**
Gafas de sol, corbatas,
cinturones, calcetines
Diversos estilos
**Todos con un 40%
de rebaja**

Real *Royal* Liquidación *Clearance sale*

**la compra de 40.000 pesos, puede llevar un regalo gratis.**
- Un hermoso cinturón de señora
- Un par de calcetines
- Una corbata de seda
- Una bolsa para la playa
- Una mochila
- Unas medias

# Después de leer

## Completar
Complete this paragraph about the reading selection with the correct forms of the words from the word bank.

| | | |
|---|---|---|
| almacén | hacer juego | tarjeta de crédito |
| caro | increíble | tienda |
| dinero | pantalones | verano |
| falda | rebaja | zapato |

En este anuncio de periódico, el _____ Corona anuncia la liquidación de _____ con grandes _____. Con muy poco _____ usted puede conseguir ropa fina y elegante. Si no tiene dinero en efectivo, puede utilizar su _____ y pagar luego. Para el caballero con gustos refinados, hay _____ importados de París y Roma.
La señora elegante puede encontrar blusas de seda que _____ con todo tipo de _____ o _____. Los precios de esta liquidación son realmente _____.

## ¿Cierto o falso?
Indicate whether each statement is **cierto** or **falso**. Correct the false statements.

1. Hay sandalias de playa.
2. Las corbatas tienen una rebaja del 30%.
3. El almacén Corona tiene un departamento de zapatos.
4. Normalmente las sandalias cuestan 22.000 pesos.
5. Cuando gastas 30.000 pesos en la tienda, llevas un regalo gratis.
6. Tienen carteras amarillas.

## Preguntas
In pairs, take turns asking and answering these questions.

1. Imagina que vas a ir a la tienda Corona. ¿Qué departamentos vas a visitar? ¿El departamento de ropa para señoras, el departamento de ropa para caballeros...?
2. ¿Qué vas a buscar en Corona?
3. ¿Hay tiendas similares a la tienda Corona en tu pueblo o ciudad? ¿Cómo se llaman? ¿Tienen muchas gangas?

# Escritura

## Estrategia
### How to report an interview

There are several ways to prepare a written report about an interview. For example, you can transcribe the interview verbatim, you can simply summarize it, or you can summarize it but quote the speakers occasionally. In any event, the report should begin with an interesting title and a brief introduction, which may include the five Ws (*what, where, when, who, why*) and the H (*how*) of the interview. The report should end with an interesting conclusion. Note that when you transcribe dialogue in Spanish, you should pay careful attention to format and punctuation.

### Writing dialogue in Spanish

- If you need to transcribe an interview verbatim, you can use speakers' names to indicate a change of speaker.

    **CARMELA**  ¿Qué compraste? ¿Encontraste muchas gangas?

    **ROBERTO**  Sí, muchas. Compré un suéter, una camisa y dos corbatas. Y tú, ¿qué compraste?

    **CARMELA**  Una blusa y una falda muy bonitas. ¿Cuánto costó tu camisa?

    **ROBERTO**  Sólo diez dólares. ¿Cuánto costó tu blusa?

    **CARMELA**  Veinte dólares.

- You can also use a dash (*raya*) to mark the beginning of each speaker's words.

    —¿Qué compraste?

    —Un suéter y una camisa muy bonitos. Y tú, ¿encontraste muchas gangas?

    —Sí... compré dos blusas, tres camisetas y un par de zapatos.

    —¡A ver!

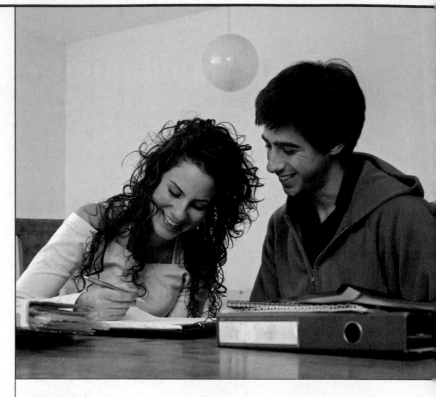

## Tema

### Escribe un informe

Write a report for the school newspaper about an interview you conducted with a student about his or her shopping habits and clothing preferences. First, brainstorm a list of interview questions. Then conduct the interview using the questions below as a guide, but feel free to ask other questions as they occur to you.

Examples of questions:

- ¿Cuándo vas de compras?
- ¿Adónde vas de compras?
- ¿Con quién vas de compras?
- ¿Qué tiendas, almacenes o centros comerciales prefieres?
- ¿Compras ropa de catálogos o por Internet?
- ¿Prefieres comprar ropa cara o barata? ¿Por qué? ¿Te gusta buscar gangas?
- ¿Qué ropa llevas cuando vas a clase?
- ¿Qué ropa llevas cuando sales a bailar?
- ¿Qué ropa llevas cuando practicas un deporte?
- ¿Cuáles son tus colores favoritos? ¿Compras mucha ropa de esos colores?
- ¿Les das ropa a tu familia o a tus amigos/as?

# Escuchar  Audio: Activities

## Estrategia

### Listening for linguistic cues

You can enhance your listening comprehension by listening for specific linguistic cues. For example, if you listen for the endings of conjugated verbs, or for familiar constructions, such as **acabar de** + [*infinitive*] or **ir a** + [*infinitive*], you can find out whether an event already took place, is taking place now, or will take place in the future. Verb endings also give clues about who is participating in the action.

 To practice listening for linguistic cues, you will now listen to four sentences. As you listen, note whether each sentence refers to a past, present, or future action. Also jot down the subject of each sentence.

## Preparación

Based on the photograph, what do you think Marisol has recently done? What do you think Marisol and Alicia are talking about? What else can you guess about their conversation from the visual clues in the photograph?

## Ahora escucha 🎧 

Now you are going to hear Marisol and Alicia's conversation. Make a list of the clothing items that each person mentions. Then put a check mark after the item if the person actually purchased it.

| Marisol | Alicia |
|---------|--------|
| 1. _____ | 1. _____ |
| 2. _____ | 2. _____ |
| 3. _____ | 3. _____ |
| 4. _____ | 4. _____ |

Marisol

Alicia

## Comprensión

### ¿Cierto o falso? 

Indicate whether each statement is **cierto** or **falso**. Then correct the false statements.

1. Marisol y Alicia acaban de ir de compras juntas (*together*).
2. Marisol va a comprar unos pantalones y una blusa mañana.
3. Marisol compró una blusa de cuadros.
4. Alicia compró unos zapatos nuevos hoy.
5. Alicia y Marisol van a ir al café.
6. Marisol gastó todo el dinero de la semana en ropa nueva.

### Preguntas 

Discuss the following questions with a classmate. Be sure to explain your answers.

1. ¿Crees que Alicia y Marisol son buenas amigas? ¿Por qué?
2. ¿Cuál de las dos estudiantes es más ahorradora (*frugal*)? ¿Por qué?
3. ¿Crees que a Alicia le gusta la ropa que Marisol compró?
4. ¿Crees que la moda es importante para Alicia? ¿Para Marisol? ¿Por qué?
5. ¿Es importante para ti estar a la moda? ¿Por qué?

 Practice more at **vistas.vhlcentral.com**.

# En pantalla

Grocery stores in Mexico make one-stop shopping easy! Similar to the concept of a *Super-Walmart* in the U.S., most **supermercados°** in Mexico sell appliances, clothing, medicine, gardening supplies, electronics, and toys in addition to groceries. Large chains, like **Comercial Mexicana**, and smaller grocery stores alike typically sell a variety of products, allowing customers to satisfy all of their routine weekly shopping needs in one trip. Watch the **En pantalla** videoclip to see how one customer takes advantage of one-stop shopping at his local supermarket.

### Vocabulario útil

| | |
|---|---|
| con lo que ahorré | *with what I saved* |
| corazón | *sweetheart* |
| de peluche | *stuffed (toy)* |
| dragón | *dragon* |
| ¿Me lo compras? | *Would you buy it for me?* |

## Comprensión

Indicate whether each statement is **cierto** or **falso**.

| | Cierto | Falso |
|---|---|---|
| 1. El niño quiere un elefante de peluche. | ○ | ○ |
| 2. La señora usa un vestido rojo. | ○ | ○ |
| 3. El niño sigue a la señora hasta la caja. | ○ | ○ |
| 4. La señora no es la mamá del niño. | ○ | ○ |

## Conversar

With a partner, use these cues to create a conversation in Spanish between two friends at a clothing store.

**Estudiante 1:** Would you buy me a(n)...?

**Estudiante 2:** No, because it costs...

**Estudiante 1:** Please! I always (**siempre**) buy you...

**Estudiante 2:** OK, I will buy you this... How much does it cost?

**Estudiante 1:** It's on sale! It only costs....

**supermercados** *supermarkets*

### Anuncio de Comercial Mexicana

**¿Me lo compras?**

**No, corazón.**

**¿Me lo compras, me lo compras, me lo compras?**

**S** **Video: TV Clip**

Practice more at **vistas.vhlcentral.com**.

In the Spanish-speaking world, most city dwellers shop at large supermarkets and little stores that specialize in just one item, such as a butcher shop (**carnicería**), vegetable market (**verdulería**), perfume shop (**perfumería**), or hat shop (**sombrerería**). In small towns where supermarkets are less common, many people rely exclusively on specialty shops. This requires shopping more frequently—often every day or every other day for perishable items—but also means that the foods they consume are fresher and the goods are usually locally produced. Each neighborhood generally has its own shops, so people don't have to walk far to find fresh bread (at a **panadería**) for the midday meal.

### Vocabulario útil

| | |
|---|---|
| colones (pl.) | currency from Costa Rica |
| ¿Cuánto vale? | ¿Cuánto cuesta? |
| descuento | discount |
| disculpe | excuse me |
| ¿Dónde queda...? | Where is... located? |
| los helados | ice cream |
| el regateo | bargaining |

### Preparación

Have you ever been to an open-air market? What did you buy? Have you ever negotiated a price? What did you say?

### Comprensión

Select the option that best summarizes this episode.

a. Randy Cruz va al mercado al aire libre para comprar papayas. Luego va al Mercado Central. Él les pregunta a varios clientes qué compran, prueba (*tastes*) platos típicos y busca la heladería.

b. Randy Cruz va al mercado al aire libre para comprar papayas y pedir un descuento. Luego va al Mercado Central para preguntarles a los clientes qué compran en los mercados.

## Comprar en los mercados

**Trescientos colones.**

**... pero me hace un buen descuento.**

**¿Qué compran en el Mercado Central?**

**S** Video: *Flash cultura*

| recursos | |
|---|---|
| VM pp. 301–302 | vistas.vhlcentral.com Lección 6 |

# Cuba

## El país en cifras

▶ **Área:** 110.860 km² (42.803 millas²),
*aproximadamente el área de Pensilvania*
▶ **Población:** 11.213.000
▶ **Capital:** La Habana—2.100.000

*La Habana Vieja fue declarada° Patrimonio°
Cultural de la Humanidad por la UNESCO
en 1982. Este distrito es uno de los lugares
más fascinantes de Cuba. En La Plaza de
Armas, se puede visitar el majestuoso Palacio
de Capitanes Generales, que ahora es un
museo. En la calle° Obispo, frecuentada por el
autor Ernest Hemingway, hay hermosos cafés,
clubes nocturnos y tiendas elegantes.*

▶ **Ciudades principales:** Santiago de Cuba;
Camagüey; Holguín; Guantánamo

SOURCE: Population Division, UN Secretariat

▶ **Moneda:** peso cubano
▶ **Idiomas:** español (oficial)

Bandera de Cuba

## Cubanos célebres

▶ **Carlos Finlay,** doctor y científico (1833–1915)
▶ **José Martí,** político y poeta (1853–1895)
▶ **Fidel Castro,** ex primer ministro, ex comandante
en jefe° de las fuerzas armadas (1926– )
▶ **Zoé Valdés,** escritora (1959– )
▶ **Ibrahim Ferrer,** músico (1927–2005)

fue declarada *was declared* Patrimonio *Heritage* calle *street*
comandante en jefe *commander in chief* liviano *light*
colibrí abeja *bee hummingbird* ave *bird* mundo *world*
miden *measure* pesan *weigh*

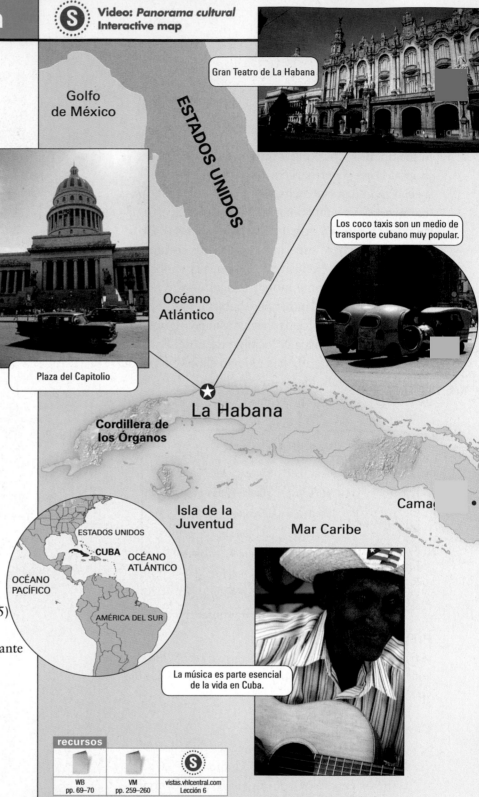

Gran Teatro de La Habana

Golfo de México

ESTADOS UNIDOS

Océano Atlántico

Los coco taxis son un medio de transporte cubano muy popular.

Plaza del Capitolio

La Habana

Cordillera de los Órganos

Isla de la Juventud

Mar Caribe

Camag

ESTADOS UNIDOS

**CUBA**

OCÉANO ATLÁNTICO

OCÉANO PACÍFICO

AMÉRICA DEL SUR

La música es parte esencial de la vida en Cuba.

**recursos**

| WB pp. 69–70 | VM pp. 259–260 | Ⓢ vistas.vhlcentral.com Lección 6 |
| --- | --- | --- |

## ¡Increíble pero cierto!

Pequeño y liviano°, el colibrí abeja° de Cuba
es una de las más de 320 especies de colibrí
y es también el ave° más pequeña del mundo°.
Menores que muchos insectos, estas aves
minúsculas miden° 5 centímetros y pesan°
sólo 1,95 gramos.

## Baile • Ballet Nacional de Cuba

La bailarina Alicia Alonso fundó el Ballet Nacional de Cuba en 1948, después de° convertirse en una estrella° internacional en el Ballet de Nueva York y en Broadway. El Ballet Nacional de Cuba es famoso en todo el mundo por su creatividad y perfección técnica.

## Economía • La caña de azúcar y el tabaco

La caña de azúcar° es el producto agrícola° que más se cultiva en la isla y su exportación es muy importante para la economía del país. El tabaco, que se usa para fabricar los famosos puros° cubanos, es otro cultivo° de mucha importancia.

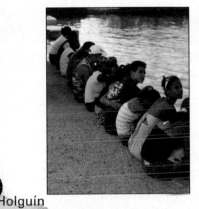

## Gente • Población

La población cubana tiene raíces° muy heterogéneas. La inmigración a la isla fue determinante° desde la colonia hasta mediados° del siglo° XX. Los cubanos de hoy son descendientes de africanos, europeos, chinos y antillanos, entre otros.

## Música • Buena Vista Social Club

En 1997 nace° el fenómeno musical conocido como *Buena Vista Social Club*. Este proyecto reúne° a un grupo de importantes músicos de Cuba, la mayoría ya mayores, con una larga trayectoria interpretando canciones clásicas del son° cubano. Ese mismo año ganaron un *Grammy*. Hoy en día estos músicos son conocidos en todo el mundo, y personas de todas las edades bailan al ritmo° de su música.

Holguín

Santiago de Cuba
Guantánamo

**Sierra Maestra**

**¿Qué aprendiste?** Responde a las preguntas con una oración completa.

1. ¿Qué autor está asociado con la Habana Vieja?
2. ¿Por qué es famoso el Ballet Nacional de Cuba?
3. ¿Cuáles son los dos cultivos más importantes para la economía cubana?
4. ¿Qué fabrican los cubanos con la planta del tabaco?
5. ¿De dónde son muchos de los inmigrantes que llegaron a Cuba?
6. ¿En qué año ganó un *Grammy* el disco *Buena Vista Social Club*?

**Conexión Internet** Investiga estos temas en **vistas.vhlcentral.com**.

Practice more at
**vistas.vhlcentral.com.**

1. Busca información sobre un(a) cubano/a célebre. ¿Por qué es célebre? ¿Qué hace? ¿Todavía vive en Cuba?
2. Busca información sobre una de las ciudades principales de Cuba. ¿Qué atracciones hay en esta ciudad?

después de *after* estrella *star* caña de azúcar *sugar cane* agrícola *farming* puros *cigars* cultivo *crop* raíces *roots* determinante *deciding* mediados *halfway through* siglo *century* nace *is born* reúne *gets together* son *Cuban musical genre* ritmo *rhythm*

## La ropa

| | |
|---|---|
| el abrigo | coat |
| los (blue)jeans | jeans |
| la blusa | blouse |
| la bolsa | purse; bag |
| la bota | boot |
| los calcetines (el calcetín) | sock(s) |
| la camisa | shirt |
| la camiseta | t-shirt |
| la cartera | wallet |
| la chaqueta | jacket |
| el cinturón | belt |
| la corbata | tie |
| la falda | skirt |
| las gafas (de sol) | (sun)glasses |
| los guantes | gloves |
| el impermeable | raincoat |
| las medias | pantyhose; stockings |
| los pantalones | pants |
| los pantalones cortos | shorts |
| la ropa | clothing; clothes |
| la ropa interior | underwear |
| las sandalias | sandals |
| el sombrero | hat |
| el suéter | sweater |
| el traje | suit |
| el traje de baño | bathing suit |
| el vestido | dress |
| los zapatos de tenis | sneakers |

## Verbos

| | |
|---|---|
| conducir | to drive |
| conocer | to know; to be acquainted with |
| ofrecer | to offer |
| parecer | to seem |
| saber | to know; to know how |
| traducir | to translate |

## Ir de compras

| | |
|---|---|
| el almacén | department store |
| la caja | cash register |
| el centro comercial | shopping mall |
| el/la cliente/a | customer |
| el/la dependiente/a | clerk |
| el dinero | money |
| (en) efectivo | cash |
| el mercado (al aire libre) | (open-air) market |
| un par (de zapatos) | a pair (of shoes) |
| el precio (fijo) | (fixed; set) price |
| la rebaja | sale |
| el regalo | gift |
| la tarjeta de crédito | credit card |
| la tienda | shop; store |
| el/la vendedor(a) | salesperson |
| costar (o:ue) | to cost |
| gastar | to spend (money) |
| hacer juego (con) | to match (with) |
| llevar | to wear; to take |
| pagar | to pay |
| regatear | to bargain |
| usar | to wear; to use |
| vender | to sell |

## Adjetivos

| | |
|---|---|
| barato/a | cheap |
| bueno/a | good |
| cada | each |
| caro/a | expensive |
| corto/a | short (in length) |
| elegante | elegant |
| hermoso/a | beautiful |
| largo/a | long |
| loco/a | crazy |
| nuevo/a | new |
| otro/a | other; another |
| pobre | poor |
| rico/a | rich |

## Los colores

| | |
|---|---|
| el color | color |
| amarillo/a | yellow |
| anaranjado/a | orange |
| azul | blue |
| blanco/a | white |
| gris | gray |
| marrón, café | brown |
| morado/a | purple |
| negro/a | black |
| rojo/a | red |
| rosado/a | pink |
| verde | green |

## Palabras adicionales

| | |
|---|---|
| acabar de (+ inf.) | to have just done something |
| anoche | last night |
| anteayer | the day before yesterday |
| ayer | yesterday |
| de repente | suddenly |
| desde | from |
| dos veces | twice; two times |
| hasta | until |
| pasado/a (adj.) | last; past |
| el año pasado | last year |
| la semana pasada | last week |
| prestar | to lend; to loan |
| una vez | once; one time |
| ya | already |

| | |
|---|---|
| Indirect object pronouns | See page 202. |
| Demonstrative adjectives and pronouns | See page 210. |
| Expresiones útiles | See page 195. |

  **S** Audio: Vocabulary

# La rutina diaria

**7**

## Communicative Goals

*You will learn how to:*

- Describe your daily routine
- Talk about personal hygiene
- Reassure someone

**A PRIMERA VISTA**
- ¿Está él en casa o en una tienda?
- ¿Está contento o enojado?
- ¿Cómo es él?
- ¿Qué colores hay en la foto?

# La rutina diaria

## Más vocabulario

| | |
|---|---|
| el baño, el cuarto de baño | bathroom |
| el inodoro | toilet |
| el jabón | soap |
| el despertador | alarm clock |
| el maquillaje | makeup |
| la rutina diaria | daily routine |
| bañarse | to bathe; to take a bath |
| cepillarse el pelo | to brush one's hair |
| dormirse (o:ue) | to go to sleep; to fall asleep |
| lavarse la cara | to wash one's face |
| levantarse | to get up |
| maquillarse | to put on makeup |
| antes (de) | before |
| después | afterwards; then |
| después (de) | after |
| durante | during |
| entonces | then |
| luego | then |
| más tarde | later |
| por la mañana | in the morning |
| por la noche | at night |
| por la tarde | in the afternoon; in the evening |
| por último | finally |

## Variación léxica

afeitarse ⟷ rasurarse (Méx., Amér. C.)
ducha ⟷ regadera (Col., Méx., Venez.)
ducharse ⟷ bañarse (Amér. L.)
pantuflas ⟷ chancletas (Méx., Col.); zapatillas (Esp.)

**En la habitación por la mañana**

**En el baño por la mañana**

**recursos**

WB pp. 73–74 | LM p. 37 | Ⓢ vistas.vhlcentral.com Lección 7

Se peina.
(peinarse)

Se acuesta.
(acostarse)

## En la habitación por la noche

Se lava las manos.
(lavarse las manos)

Se cepilla los dientes.
(cepillarse los dientes)

la toalla

la pasta
de dientes

las pantuflas

## En el baño por la noche

# Práctica

**1 Escuchar** 🎧 Escucha las oraciones e indica si cada oración es **cierta** o **falsa**, según el dibujo.

1. _____      6. _____
2. _____      7. _____
3. _____      8. _____
4. _____      9. _____
5. _____     10. _____

**2 Ordenar** 🎧 Escucha la rutina diaria de Marta. Después ordena los verbos según lo que escuchaste.

____ a. almorzar          ____ e. desayunar
____ b. ducharse          ____ f. dormirse
____ c. peinarse          ____ g. despertarse
____ d. ver la televisión ____ h. estudiar en la biblioteca

**3 Seleccionar** Selecciona la palabra que no está relacionada con cada grupo.

1. lavabo • toalla • despertador • jabón _____
2. manos • antes de • después de • por último _____
3. acostarse • jabón • despertarse • dormirse _____
4. espejo • lavabo • despertador • entonces _____
5. dormirse • toalla • vestirse • levantarse _____
6. pelo • cara • manos • inodoro _____
7. espejo • champú • jabón • pasta de dientes _____
8. maquillarse • vestirse • peinarse • dientes _____
9. baño • dormirse • despertador • acostarse _____
10. ducharse • luego • bañarse • lavarse _____

**4 Identificar** Con un(a) compañero/a, identifica las cosas que cada persona necesita. Sigue el modelo.

> **modelo**
> Jorge / lavarse la cara
> **Estudiante 1:** ¿Qué necesita Jorge para lavarse la cara?
> **Estudiante 2:** Necesita jabón y una toalla.

1. Mariana / maquillarse
2. Gerardo / despertarse
3. Celia / bañarse
4. Gabriel / ducharse
5. Roberto / afeitarse
6. Sonia / lavarse el pelo
7. Vanesa / lavarse las manos
8. Manuel / vestirse
9. Simón / acostarse
10. Daniela / cepillarse los dientes

**5** **La rutina de Andrés** Ordena esta rutina de una manera lógica.

a. Se afeita después de cepillarse los dientes. _____

b. Se acuesta a las once y media de la noche. _____

c. Por último, se duerme. _____

d. Después de afeitarse, sale para las clases. _____

e. Asiste a todas sus clases y vuelve a su casa. _____

f. Andrés se despierta a las seis y media de la mañana. _____

g. Después de volver a casa, come un poco. Luego estudia en su habitación. _____

h. Se viste y entonces se cepilla los dientes. _____

i. Se cepilla los dientes antes de acostarse. _____

j. Se ducha antes de vestirse. _____

**6** **La rutina diaria** Con un(a) compañero/a, mira los dibujos y describe lo que hacen Ángel y Lupita.

1.

2.

3.

4.

5.

6.

7.

8.

Practice more at **vistas.vhlcentral.com.**

# Comunicación

**7**

**La farmacia** Lee el anuncio y responde a las preguntas con un(a) compañero/a.

## LA FARMACIA NUEVO SOL tiene todo
### lo que necesitas para la vida diaria.

**Esta semana tenemos grandes rebajas.**

Con poco dinero puedes comprar lo que necesitas para el cuarto de baño ideal.

**Para los hombres ofrecemos…**
Excelentes cremas de afeitar de Guapo y Máximo

**Para las mujeres ofrecemos…**
Nuevo maquillaje de Marisol y jabones de baño Ilusiones y Belleza

Y para todos tenemos los mejores jabones, pastas de dientes y cepillos de dientes.

### ¡Visita LA FARMACIA NUEVO SOL!
Tenemos los mejores precios. Visita nuestra tienda muy cerca de tu casa.

1. ¿Qué tipo de tienda es?
2. ¿Qué productos ofrecen para las mujeres?
3. ¿Qué productos ofrecen para los hombres?
4. Haz (*Make*) una lista de los verbos que asocias con los productos del anuncio.
5. ¿Dónde compras tus productos de higiene?
6. ¿Tienes una tienda favorita? ¿Cuál es?

**8**

**Rutinas diarias** Trabajen en parejas para describir la rutina diaria de dos o tres de estas personas. Pueden usar palabras de la lista.

| | | |
|---|---|---|
| antes (de) | entonces | primero |
| después (de) | luego | tarde |
| durante el día | por último | temprano |

- un(a) profesor(a) de la universidad
- un(a) turista
- un hombre o una mujer de negocios (*businessman/woman*)
- un vigilante nocturno (*night watchman*)
- un(a) jubilado/a (*retired person*)
- el presidente/primer ministro de tu país
- un niño de cuatro años
- Daniel Espinosa

# ¡Necesito arreglarme!

Es viernes por la tarde y Marissa, Jimena y Felipe
se preparan para salir.

PERSONAJES   MARISSA   JIMENA

**Video:** *Fotonovela*
**Record and Compare**

**MARISSA** ¿Hola? ¿Está ocupado?

**JIMENA** Sí. Me estoy lavando
la cara.

**MARISSA** Necesito usar el baño.

**MARISSA** Tengo que terminar
de arreglarme. Voy al cine
esta noche.

**JIMENA** Yo también tengo
que salir. ¿Te importa si me
maquillo primero? Me voy
a encontrar con mi amiga
Elena en una hora.

**JIMENA** No te preocupes, Marissa.
Llegaste primero. Entonces, te
arreglas el pelo y después
me maquillo.

**FELIPE** ¿Y yo? Tengo crema de
afeitar en la cara. No me voy a ir.
Estoy aquí y aquí me quedo.

**JIMENA** ¡Felipe! ¿Qué
estás haciendo?

**FELIPE** Me estoy afeitando.
¿Hay algún problema?

**JIMENA** ¡Siempre haces
lo mismo!

**FELIPE** Pues, yo no vi a
nadie aquí.

**JIMENA** ¿Por qué no te afeitaste
por la mañana?

**FELIPE** Porque cada vez que
quiero usar el baño, una
de ustedes está aquí.
O bañándose o maquillándose.

**MARISSA** Tú ganas. ¿Adónde vas a
ir esta noche, Felipe?

**FELIPE** Juan Carlos y yo vamos a ir
a un café en el centro. Siempre
hay música en vivo. (*Se despide.*)
Me siento guapísimo. Todavía me
falta cambiarme la camisa.

**FELIPE**

**MARISSA** ¿Adónde vas esta noche?

**JIMENA** A la biblioteca.

**MARISSA** ¡Es viernes! ¡Nadie debe estudiar los viernes! Voy a ver una película de Pedro Almodóvar con unas amigas.

**MARISSA** ¿Por qué no vienen tú y Elena al cine con nosotras? Después, podemos ir a ese café y molestar a Felipe.

**JIMENA** No sé.

**MARISSA** ¿Cuándo fue la última vez que viste a Juan Carlos?

**JIMENA** Cuando fuimos a Mérida.

**MARISSA** A ti te gusta ese chico.

**JIMENA** No tengo idea de qué estás hablando. Si no te importa, nos vemos en el cine.

## Expresiones útiles

### Talking about getting ready

**Necesito arreglarme.**
*I need to get ready.*
**Me estoy lavando la cara.**
*I'm washing my face.*
**¿Te importa si me maquillo primero?**
*Is it OK with you if I put on my makeup first?*
**Tú te arreglas el pelo y después yo me maquillo.**
*You fix your hair and then I'll put on my makeup.*
**Todavía me falta cambiarme la camisa.**
*I still have to change my shirt.*

### Reassuring someone

**Tranquilo/a.**
*Relax.*
**No te preocupes.**
*Don't worry.*

### Talking about past actions

**¿Cuándo fue la última vez que viste a Juan Carlos?**
*When was the last time you saw Juan Carlos?*
**Cuando fuimos a Mérida.**
*When we went to Mérida.*

### Talking about likes and dislikes

**Me fascinan las películas de Almodóvar.**
*I love Almodóvar's movies.*
**Me encanta la música en vivo.**
*I love live music.*
**Me molesta compartir el baño.**
*It bothers me to share the bathroom.*

### Additional vocabulary

**encontrarse con** *to meet up with*
**molestar** *to bother*
**nadie** *no one*

**recursos**

VM
pp. 225–226

vistas.vhlcentral.com
Lección 7

# ¿Qué pasó?

**1** ¿Cierto o falso? Indica si lo que dicen estas oraciones es **cierto** o **falso**. Corrige las oraciones falsas.

1. Marissa va a ver una película de Pedro Almodóvar con unas amigas.

2. Jimena se va a encontrar con Elena en dos horas.

3. Felipe se siente muy feo después de afeitarse.

4. Jimena quiere maquillarse.

5. Marissa quiere ir al café para molestar a Juan Carlos.

**2** Identificar Identifica quién puede decir estas oraciones. Puedes usar cada nombre más de una vez.

1. No puedo usar el baño porque siempre están aquí,
   o bañándose o maquillándose. _____
2. Quiero arreglarme el pelo porque voy al cine esta noche.
   _____
3. Hoy voy a ir a la biblioteca. _____
4. ¡Necesito arreglarme! _____
5. Te gusta Juan Carlos. _____
6. ¿Por qué quieres afeitarte cuando estamos en
   el baño? _____

MARISSA

FELIPE

JIMENA

**3** Ordenar Ordena correctamente los planes que tiene Marissa.

____ a. Voy al café.
____ b. Me arreglo el pelo.
____ c. Molesto a Felipe.
____ d. Me encuentro con unas amigas.
____ e. Entro al baño.
____ f. Voy al cine.

**4** En el baño Trabajen en parejas para representar los papeles de dos compañeros/as de cuarto que deben usar el baño al mismo tiempo para hacer su rutina diaria. Usen las instrucciones como guía.

| Estudiante 1 | Estudiante 2 |
|---|---|
| Di (*Say*) que quieres arreglarte porque vas a ir al cine. | → Di (*Say*) que necesitas arreglarte porque te vas a encontrar con tus amigos/as. |
| Pregunta si puedes secarte el pelo. | → Responde que no porque necesitas lavarte la cara. |
| Di que puede lavarse la cara, pero que después necesitas secarte el pelo. | → Di que puede secarse el pelo, pero que después necesitas peinarte. |

 Practice more at **vistas.vhlcentral.com**.

# Pronunciación   **S** Audio: Concepts, Activities
Record & Compare

## The consonant r

| ropa | rutina | rico | Ramón |
|------|--------|------|-------|

In Spanish, **r** has a strong trilled sound at the beginning of a word. No English words have a trill, but English speakers often produce a trill when they imitate the sound of a motor.

| gustar | durante | primero | crema |
|--------|---------|---------|-------|

In any other position, **r** has a weak sound similar to the English *tt* in *better* or the English *dd* in *ladder*. In contrast to English, the tongue touches the roof of the mouth behind the teeth.

| pizarra | corro | marrón | aburrido |
|---------|-------|--------|----------|

The letter combination **rr**, which only appears between vowels, always has a strong trilled sound.

| caro | carro | pero | perro |
|------|-------|------|-------|

Between vowels, the difference between the strong trilled **rr** and the weak **r** is very important, as a mispronunciation could lead to confusion between two different words.

**S** **Práctica** Lee las palabras en voz alta, prestando (*paying*) atención a la pronunciación de la **r** y la **rr**.

| | | | |
|---|---|---|---|
| 1. Perú | 4. madre | 7. rubio | 10. tarde |
| 2. Rosa | 5. comprar | 8. reloj | 11. cerrar |
| 3. borrador | 6. favor | 9. Arequipa | 12. despertador |

**S** **Oraciones** Lee las oraciones en voz alta, prestando atención a la pronunciación de la **r** y la **rr**.

1. Ramón Robles Ruiz es programador. Su esposa Rosaura es artista.
2. A Rosaura Robles le encanta regatear en el mercado.
3. Ramón nunca regatea... le aburre regatear.
4. Rosaura siempre compra cosas baratas.
5. Ramón no es rico, pero prefiere comprar cosas muy caras.
6. ¡El martes Ramón compró un carro nuevo!

**S** **Refranes** Lee en voz alta los refranes, prestando atención a la **r** y a la **rr**.

Perro que ladra
no muerde.[1]

No se ganó
Zamora en una
hora.[2]

2 Rome wasn't built in a day.

1 A dog's bark is worse than its bite.

**Additional Reading**

# La siesta

**¿Sientes cansancio° después de comer?**
¿Te cuesta° volver al trabajo° o a clase después
del almuerzo? Estas sensaciones son normales.
A muchas personas les gusta relajarse° después de
almorzar. Este momento de descanso es **la siesta**. La
siesta es popular en los países hispanos y viene de
una antigua costumbre° del área del Mediterráneo.
La palabra *siesta* viene del latín, es una forma
corta de decir "sexta hora". La sexta hora del día
es después del mediodía, el momento de más calor.
Debido al° calor y al cansancio, los habitantes
de España, Italia, Grecia y Portugal tienen la
costumbre de dormir la siesta desde hace° más
de° dos mil años. Los españoles y los portugueses
llevaron la costumbre a los países americanos.

Aunque° hoy día esta costumbre está
desapareciendo° en las grandes ciudades, la siesta
todavía es importante en la cultura hispana. En
pueblos pequeños, por ejemplo, muchas oficinas°
y tiendas tienen la costumbre de cerrar por dos o
tres horas después del mediodía. Los empleados
van a su casa, almuerzan con sus familias,
duermen la siesta o hacen actividades, como ir
al gimnasio, y luego regresan al trabajo entre las
2:30 y las 4:30 de la tarde.

Los estudios científicos explican que una
siesta corta después de almorzar ayuda° a trabajar
más y mejor° durante la tarde. Pero ¡cuidado! Esta
siesta debe durar° sólo entre veinte y cuarenta
minutos. Si dormimos más, entramos en la fase de
sueño profundo y es difícil despertarse.

Hoy, algunas empresas° de los EE.UU., Canadá,
Japón, Inglaterra y Alemania tienen salas° especiales
donde los empleados pueden dormir la siesta.

**¿Dónde duermen la siesta?**

■ Costumbre antigua
■ Costumbre nueva

**En los lugares donde la siesta es una costumbre antigua, las
personas la duermen en su casa. En los países donde la siesta
es una costumbre nueva, la gente duerme en sus lugares de
trabajo o en centros de siesta.**

Sientes cansancio *Do you feel tired* Te cuesta *Is it hard for you* trabajo *work*
relajarse *to relax* antigua costumbre *old custom* Debido al *Because (of)*
desde hace *for* más de *more than* Aunque *Although* está desapareciendo *is
disappearing* oficinas *offices* ayuda *helps* mejor *better* durar *last* algunas
empresas *some businesses* salas *rooms*

**1** **¿Cierto o falso?** Indica si lo que dicen las oraciones es
**cierto** o **falso**. Corrige la información falsa.

1. La costumbre de la siesta empezó en Asia.

2. La palabra *siesta* está relacionada con la sexta hora del día.

3. Los españoles y los portugueses llevaron la costumbre de la
siesta a Latinoamérica.

4. La siesta ayuda a trabajar más y mejor durante la tarde.

5. Los horarios de trabajo de las grandes ciudades hispanas son los
mismos que los pueblos pequeños.

6. Una siesta larga siempre es mejor que una siesta corta.

7. En los Estados Unidos, los empleados de algunas empresas pueden
dormir la siesta en el trabajo.

8. Es fácil despertar de un sueño profundo.

ASÍ SE DICE

## El cuidado personal

| | |
|---|---|
| el aseo; el excusado; el servicio; el váter (Esp.) | el baño |
| el cortaúñas | *nail clippers* |
| el desodorante | *deodorant* |
| el enjuague bucal | *mouthwash* |
| el hilo dental/ la seda dental | *dental floss* |
| la máquina de afeitar/ de rasurar (Méx.) | *electric razor* |

EL MUNDO HISPANO

## Costumbres especiales

- **México y El Salvador** Los vendedores pasan por las calles anunciando a gritos° su mercancía°: tanques de gas y flores° en México; pan y tortillas en El Salvador.

- **Costa Rica** Para encontrar las direcciones°, los costarricenses usan referencias a anécdotas, lugares o características geográficas. Por ejemplo: *200 metros norte de la iglesia Católica, frente al° supermercado Mi Mega.*

- **Argentina** En Tigre, una ciudad junto al Río° de la Plata, la gente usa barcos particulares°, barcos colectivos° y barcos-taxi para ir de una isla a otra. Todas las mañanas, un barco colectivo recoge° a los niños y los lleva a la escuela.

gritos *shouts* mercancía *merchandise* flores *flowers* direcciones *addresses* frente al *opposite* río *river* particulares *private* barcos colectivos *collective boats* recoge *picks up*

PERFIL

## El mate

El mate es una parte muy importante de la rutina diaria en muchos países. Es una bebida° muy similar al té que se consume en Argentina, Uruguay y Paraguay. Tradicionalmente se bebe caliente° con una *bombilla*° y en un recipiente° que también se llama *mate*. Por ser amarga, algunos le agregan° azúcar para suavizar su sabor°. El mate se puede tomar a cualquier°

hora y en cualquier lugar, aunque en Argentina las personas prefieren sentarse en círculo e ir pasando el mate de mano en mano mientras° conversan. Los uruguayos, por otra parte, acostumbran llevar el agua° caliente para el mate en un termo°

bajo el brazo° y lo beben mientras caminan. Si ves a una persona con un termo bajo el brazo y un mate en la mano, ¡es casi seguro que es de Uruguay!

bebida *drink* caliente *hot* bombilla *straw (in Argentina)* recipiente *container* amarga *bitter* le agregan *add* suavizar su sabor *soften its flavor* cualquier *any* mientras *while* agua *water* termo *thermos* bajo el brazo *under their arm*

### Conexión Internet

| ¿Qué costumbres son populares en los países hispanos? | Go to **vistas.vhlcentral.com** to find more cultural information related to this **Cultura** section. |
|---|---|

---

ACTIVIDADES

**2** **Comprensión** Completa las oraciones.

1. Uso _____ para limpiar (*to clean*) entre los dientes.
2. En _____ las personas compran pan y tortillas a los vendedores que pasan por la calle.
3. El _____ es una bebida similar al té.
4. Los uruguayos beben mate mientras _____

**3** **¿Qué costumbres tienes?** Escribe cuatro oraciones sobre una costumbre que compartes con tus amigos o con tu familia (por ejemplo: ir al cine, ir a eventos deportivos, leer, comer juntos, etc.). Explica qué haces, cuándo lo haces y con quién.

 Practice more at **vistas.vhlcentral.com**.

## 7.1 Reflexive verbs  Tutorial

**ANTE TODO** A reflexive verb is used to indicate that the subject does something to or for himself or herself. In other words, it "reflects" the action of the verb back to the subject. Reflexive verbs always use reflexive pronouns.

| SUBJECT | REFLEXIVE VERB |
|---|---|
| Joaquín | **se ducha** por la mañana. |

### The verb **lavarse** (*to wash oneself*)

| | | | |
|---|---|---|---|
| **SINGULAR FORMS** | yo | **me lavo** | *I wash (myself)* |
| | tú | **te lavas** | *you wash (yourself)* |
| | Ud. | **se lava** | *you wash (yourself)* |
| | él/ella | **se lava** | *he/she washes (himself/herself)* |
| **PLURAL FORMS** | nosotros/as | **nos lavamos** | *we wash (ourselves)* |
| | vosotros/as | **os laváis** | *you wash (yourselves)* |
| | Uds. | **se lavan** | *you wash (yourselves)* |
| | ellos/ellas | **se lavan** | *they wash (themselves)* |

**AYUDA**

Except for **se**, reflexive pronouns have the same forms as direct and indirect object pronouns.

• • •

**Se** is used for both singular and plural subjects—there is no individual plural form:
Pablo **se** lava.
Ellos **se** lavan.

▶ The pronoun **se** attached to an infinitive identifies the verb as reflexive: **lavarse.**

▶ When a reflexive verb is conjugated, the reflexive pronoun agrees with the subject.

**Me afeito.** **Te despiertas** a las siete.

¿Te importa si me maquillo primero?

A las chicas les encanta maquillarse durante horas y horas.

▶ Like object pronouns, reflexive pronouns generally appear before a conjugated verb. With infinitives and present participles, they may be placed before the conjugated verb or attached to the infinitive or present participle.

| | |
|---|---|
| Ellos **se** van a vestir. | **Nos** estamos lavando las manos. |
| Ellos van a vestir**se**. | Estamos lavándo**nos** las manos. |
| *They are going to get dressed.* | *We are washing our hands.* |

▶ **¡Atención!** When a reflexive pronoun is attached to a present participle, an accent mark is added to maintain the original stress.

bañando ⟶ bañ**á**ndo**se** durmiendo ⟶ durmi**é**ndo**se**

## Common reflexive verbs

| | | | |
|---|---|---|---|
| **acordarse (de)** (o:ue) | to remember | **llamarse** | to be called; to be named |
| **acostarse** (o:ue) | to go to bed | | |
| **afeitarse** | to shave | **maquillarse** | to put on makeup |
| **bañarse** | to bathe; to take a bath | **peinarse** | to comb one's hair |
| **cepillarse** | to brush | **ponerse** | to put on |
| **despedirse (de)** (e:i) | to say goodbye (to) | **ponerse (+ adj.)** | to become (+ adj.) |
| **despertarse** (e:ie) | to wake up | **preocuparse (por)** | to worry (about) |
| **dormirse** (o:ue) | to go to sleep; to fall asleep | **probarse** (o:ue) | to try on |
| **ducharse** | to shower; to take a shower | **quedarse** | to stay; to remain |
| | | **quitarse** | to take off |
| **enojarse (con)** | to get angry (with) | **secarse** | to dry (oneself) |
| **irse** | to go away; to leave | **sentarse** (e:ie) | to sit down |
| **lavarse** | to wash (oneself) | **sentirse** (e:ie) | to feel |
| **levantarse** | to get up | **vestirse** (e:i) | to get dressed |

### COMPARE & CONTRAST

Unlike English, a number of verbs in Spanish can be reflexive or non-reflexive. If the verb acts upon the subject, the reflexive form is used. If the verb acts upon something other than the subject, the non-reflexive form is used. Compare these sentences.

Lola **lava** los platos.

Lola **se lava** la cara.

As the preceding sentences show, reflexive verbs sometimes have different meanings than their non-reflexive counterparts. For example, **lavar** means *to wash*, while **lavarse** means *to wash oneself, to wash up.*

▶ **¡Atención!** Parts of the body or clothing are generally not referred to with possessives, but with articles.

La niña se quitó **un** zapato.　　　　Necesito cepillarme **los** dientes.

**¡INTÉNTALO!**　Indica el presente de estos verbos reflexivos.

**despertarse**
1. Mis hermanos _se despiertan_ tarde.
2. Tú _____ tarde.
3. Nosotros _____ tarde.
4. Benito _____ tarde.
5. Yo _____ tarde.

**ponerse**
1. Él _se pone_ una chaqueta.
2. Yo _____ una chaqueta.
3. Usted _____ una chaqueta.
4. Nosotras _____ una chaqueta.
5. Las niñas _____ una chaqueta.

# Práctica

**1**

**Nuestra rutina** La familia de Blanca sigue la misma rutina todos los días. Según Blanca, ¿qué hacen ellos?

> **modelo**
> mamá / despertarse a las 5:00
> Mamá se despierta a las cinco.

1. Roberto y yo / levantarse a las 7:00
2. papá / ducharse primero y / luego afeitarse
3. yo / lavarse la cara y / vestirse antes de tomar café
4. mamá / peinarse y / luego maquillarse
5. todos (nosotros) / sentarse a la mesa para comer
6. Roberto / cepillarse los dientes después de comer
7. yo / ponerse el abrigo antes de salir
8. nosotros / despedirse de mamá

**2**

**La fiesta elegante** Selecciona el verbo apropiado y completa las oraciones con la forma correcta.

1. Tú _____ (lavar / lavarse) el auto antes de ir a la fiesta.
2. Nosotros no _____ (acordar / acordarse) de comprar los regalos.
3. Para llegar a tiempo, Raúl y Marta _____ (acostar / acostarse) a los niños antes de salir.
4. Yo _____ (sentir / sentirse) cómoda en mi vestido nuevo.
5. Mis amigos siempre _____ (vestir / vestirse) con ropa muy elegante.
6. Los cocineros _____ (probar / probarse) la comida antes de servirla.
7. Usted _____ (preocupar / preocuparse) mucho por llegar antes que (*before*) los demás invitados, ¿no?
8. En general, _____ (afeitar / afeitarse) yo mismo, pero hoy es un día especial y el barbero (*barber*) me _____ (afeitar / afeitarse). ¡Será una fiesta inolvidable!

**3**

**Describir** Mira los dibujos y describe lo que estas personas hacen.

1. el joven

2. Carmen

3. Juan

4. ellos

5. Estrella

6. Toni

# Comunicación

**4**

**Preguntas personales** En parejas, túrnense para hacerse estas preguntas.

1. ¿A qué hora te levantas durante la semana?
2. ¿A qué hora te levantas los fines de semana?
3. ¿Prefieres levantarte tarde o temprano? ¿Por qué?
4. ¿Te enojas frecuentemente con tus amigos?
5. ¿Te preocupas fácilmente? ¿Qué te preocupa?
6. ¿Qué te pone contento/a?
7. ¿Qué haces cuando te sientes triste?
8. ¿Y cuando te sientes alegre?
9. ¿Te acuestas tarde o temprano durante la semana?
10. ¿A qué hora te acuestas los fines de semana?

**5**

**Charadas** En grupos, jueguen a las charadas. Cada persona debe pensar en dos oraciones con verbos reflexivos. La primera persona que adivina la charada dramatiza la siguiente.

**6**

**Debate** En grupos, discutan este tema: ¿Quiénes necesitan más tiempo para arreglarse (*to get ready*) antes de salir, los hombres o las mujeres? Hagan una lista de las razones (*reasons*) que tienen para defender sus ideas e informen a la clase.

**7**

**La coartada** Hoy se cometió un crimen entre las 7 y las 11 de la mañana. En parejas, imaginen que uno de ustedes es un sospechoso y el otro un policía investigador. El policía le pregunta al sospechoso qué hace habitualmente a esas horas y el sospechoso responde. Luego, el policía presenta las respuestas del sospechoso ante el jurado (la clase) y entre todos deciden si es culpable o no.

# Síntesis

**8**

**La familia ocupada** Tú y tu compañero/a asisten a un programa de verano en Lima, Perú. Viven con la familia Ramos. Tu profesor(a) te va a dar la rutina incompleta que la familia sigue en las mañanas. Trabaja con tu compañero/a para completarla.

> **modelo**
>
> **Estudiante 1:** ¿Qué hace el señor Ramos a las seis y cuarto?
> **Estudiante 2:** El señor Ramos se levanta.

 Practice more at **vistas.vhlcentral.com**.

## 7.2 Indefinite and negative words  Tutorial

**ANTE TODO**   Indefinite words refer to people and things that are not specific, for example, *someone* or *something*. Negative words deny the existence of people and things or contradict statements, for instance, *no one* or *nothing*. Spanish indefinite words have corresponding negative words, which are opposite in meaning.

### Indefinite and negative words

| Indefinite words | | Negative words | |
|---|---|---|---|
| **algo** | *something; anything* | **nada** | *nothing; not anything* |
| **alguien** | *someone; somebody; anyone* | **nadie** | *no one; nobody; not anyone* |
| **alguno/a(s), algún** | *some; any* | **ninguno/a, ningún** | *no; none; not any* |
| **o... o** | *either... or* | **ni... ni** | *neither... nor* |
| **siempre** | *always* | **nunca, jamás** | *never, not ever* |
| **también** | *also; too* | **tampoco** | *neither; not either* |

▶ There are two ways to form negative sentences in Spanish. You can place the negative word before the verb, or you can place **no** before the verb and the negative word after.

**Nadie se levanta** temprano.
*No one gets up early.*

**No se levanta nadie** temprano.
*No one gets up early.*

Ellos **nunca gritan**.
*They never shout.*

Ellos **no gritan nunca**.
*They never shout.*

¿Hay algún problema?

Siempre haces esto.

▶ Because they refer to people, **alguien** and **nadie** are often used with the personal **a**. The personal **a** is also used before **alguno/a, algunos/as,** and **ninguno/a** when these words refer to people and they are the direct object of the verb.

—Perdón, señor, ¿busca usted **a alguien**?
—No, gracias, señorita, no busco **a nadie**.

—Tomás, ¿buscas **a alguno** de tus hermanos?
—No, mamá, no busco **a ninguno**.

▶ **¡Atención!** Before a masculine, singular noun, **alguno** and **ninguno** are shortened to **algún** and **ningún**.

—¿Tienen ustedes **algún** amigo peruano?

—No, no tenemos **ningún** amigo peruano.

**AYUDA**

**Alguno/a, algunos/as** are not always used in the same way English uses *some* or *any*. Often, **algún** is used where *a* would be used in English.

**¿Tienes algún libro que hable de los incas?**
*Do you have a book that talks about the Incas?*

Note that **ninguno/a** is rarely used in the plural.

—¿**Visitaste algunos museos?**
—**No, no visité ninguno.**

**COMPARE & CONTRAST**

In English, it is incorrect to use more than one negative word in a sentence. In Spanish, however, sentences frequently contain two or more negative words. Compare these Spanish and English sentences.

> **Nunca** le escribo a **nadie**.
> *I never write to anyone.*

> **No** me preocupo por **nada nunca**.
> *I do not ever worry about anything.*

As the preceding sentences show, once an English sentence contains one negative word (for example, *not* or *never*), no other negative word may be used. Instead, indefinite (or affirmative) words are used. In Spanish, however, once a sentence is negative, no other affirmative (that is, indefinite) word may be used. Instead, all indefinite ideas must be expressed in the negative.

▶ **Pero** is used to mean *but*. The meaning of **sino** is *but rather* or *on the contrary*. It is used when the first part of the sentence is negative and the second part contradicts it.

> Los estudiantes no se acuestan
> temprano **sino** tarde.
> *The students don't go to bed
> early, but rather late.*

> Esas gafas son caras,
> **pero** bonitas.
> *Those glasses are expensive,
> but pretty.*

> María no habla francés
> **sino** español.
> *María doesn't speak French,
> but rather Spanish.*

> José es inteligente, **pero**
> no saca buenas notas.
> *José is intelligent but
> doesn't get good grades.*

**¡INTÉNTALO!**    Cambia las oraciones para que sean negativas.

1. Siempre se viste bien.
   ___Nunca___ se viste bien.
   ___No___ se viste bien ___nunca___.
2. Alguien se ducha.
   _____ se ducha.
   _____ se ducha _____.
3. Ellas van también.
   Ellas _____ van.
   Ellas _____ van _____.
4. Alguien se pone nervioso.
   _____ se pone nervioso.
   _____ se pone nervioso _____.
5. Tú siempre te lavas las manos.
   Tú _____ te lavas las manos.
   Tú ____ te lavas las manos _____.
6. Voy a traer algo.
   _____ voy a traer _____.

7. Juan se afeita también.
   Juan _____ se afeita.
   Juan _____ se afeita _____.
8. Mis amigos viven en una residencia
   o en casa.
   Mis amigos _____ viven _____ en
   una residencia _____ en casa.
9. La profesora hace algo en su escritorio.
   La profesora _____ hace _____
   en su escritorio.
10. Tú y yo vamos al mercado.
    _____ tú _____ yo vamos al mercado.
11. Tienen un espejo en su casa.
    _____ tienen _____ espejo en
    su casa.
12. Algunos niños se ponen sus abrigos.
    _____ niño se pone su abrigo.

# Práctica

**1** ¿**Pero o sino?** Forma oraciones sobre estas personas usando **pero** o **sino**.

> **modelo**
>
> muchos estudiantes viven en residencias estudiantiles / muchos de
> ellos quieren vivir fuera del *(off)* campus
> *Muchos estudiantes viven en residencias estudiantiles, pero muchos
> de ellos quieren vivir fuera del campus.*

1. Marcos nunca se despierta temprano / siempre llega puntual a clase
2. Lisa y Katarina no se acuestan temprano / muy tarde
3. Alfonso es inteligente / algunas veces es antipático
4. los directores de la residencia no son ecuatorianos / peruanos
5. no nos acordamos de comprar champú / compramos jabón
6. Emilia no es estudiante / profesora
7. no quiero levantarme / tengo que ir a clase
8. Miguel no se afeita por la mañana / por la noche

**2** **Completar** Completa esta conversación. Usa expresiones negativas en tus respuestas. Luego, dramatiza la conversación con un(a) compañero/a.

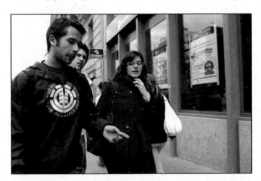

**AURELIO** Ana María, ¿encontraste algún regalo para Eliana?
**ANA MARÍA** (1)_____
**AURELIO** ¿Viste a alguna amiga en el centro comercial?
**ANA MARÍA** (2)_____
**AURELIO** ¿Me llamó alguien?
**ANA MARÍA** (3)_____
**AURELIO** ¿Quieres ir al teatro o al cine esta noche?
**ANA MARÍA** (4)_____
**AURELIO** ¿No quieres salir a comer?
**ANA MARÍA** (5)_____
**AURELIO** ¿Hay algo interesante en la televisión esta noche?
**ANA MARÍA** (6)_____
**AURELIO** ¿Tienes algún problema?
**ANA MARÍA** (7)_____

 Practice more at **vistas.vhlcentral.com**.

# Comunicación

**3**

**Opiniones** Completa estas oraciones de una manera lógica. Luego, compara tus respuestas con las de un(a) compañero/a.

1. Mi habitación es _____, pero _____.
2. Por la noche me gusta _____, pero _____.
3. Un(a) profesor(a) ideal no es _____, sino _____.
4. Mis amigos son _____, pero _____.

**4**

**En el campus** En parejas, háganse preguntas sobre qué hay en su universidad: residencias bonitas, departamento de ingeniería, cines, librerías baratas, estudiantes guapos/as, equipo de fútbol, playa, clases fáciles, museo, profesores/as estrictos/as. Sigan el modelo.

> **modelo**
>
> **Estudiante 1:** ¿Hay algunas residencias bonitas?
> **Estudiante 2:** Sí, hay una/algunas. Está(n) detrás del estadio.
>
> **Estudiante 1:** ¿Hay algún museo?
> **Estudiante 2:** No, no hay ninguno.

**5**

**Quejas** En parejas, hagan una lista de cinco quejas (*complaints*) comunes que tienen los estudiantes. Usen expresiones negativas.

> **modelo**
>
> Nadie me entiende.

Ahora hagan una lista de cinco quejas que los padres tienen de sus hijos.

> **modelo**
>
> Nunca limpian sus habitaciones.

**6**

**Anuncios** En parejas, lean el anuncio y contesten las preguntas.

1. ¿Es el anuncio positivo o negativo? ¿Por qué?
2. ¿Qué palabras indefinidas hay?
3. Escriban el texto del anuncio cambiando todo por expresiones negativas.

Ahora preparen su propio (*own*) anuncio usando expresiones afirmativas y negativas.

**¿Buscas algún producto especial?**

*¡Siempre hay algo para todos en las tiendas García!*

# Síntesis

**7**

**Encuesta** Tu profesor(a) te va a dar una hoja de actividades para hacer una encuesta. Circula por la clase y pídeles a tus compañeros que comparen las actividades que hacen durante la semana con las que hacen durante los fines de semana. Escribe las respuestas.

## 7.3  Preterite of **ser** and **ir**  Tutorial

**ANTE TODO**  In **Lección 6**, you learned how to form the preterite tense of regular -**ar**, -**er**, and -**ir** verbs. The following chart contains the preterite forms of **ser** (*to be*) and **ir** (*to go*). Since these forms are irregular, you will need to memorize them.

### Preterite of **ser** and **ir**

| | | **ser** *(to be)* | **ir** *(to go)* |
|---|---|---|---|
| **SINGULAR FORMS** | yo | **fui** | **fui** |
| | tú | **fuiste** | **fuiste** |
| | Ud./él/ella | **fue** | **fue** |
| **PLURAL FORMS** | nosotros/as | **fuimos** | **fuimos** |
| | vosotros/as | **fuisteis** | **fuisteis** |
| | Uds./ellos/ellas | **fueron** | **fueron** |

**AYUDA**

Note that, whereas regular -**er** and -**ir** verbs have accent marks in the **yo** and **Ud./él/ella** forms of the preterite, **ser** and **ir** do not.

▶ Since the preterite forms of **ser** and **ir** are identical, context clarifies which of the two verbs is being used.

Él **fue** a comprar champú y jabón.
*He went to buy shampoo and soap.*

¿Cómo **fue** la película anoche?
*How was the movie last night?*

¿Cuándo fue la última vez que viste a Juan Carlos?

Cuando fuimos a Mérida.

**¡INTÉNTALO!**  Completa las oraciones usando el pretérito de **ser** e **ir**.

**ir**

1. Los viajeros ___fueron___ a Perú.
2. Patricia _____ a Cuzco.
3. Tú _____ a Iquitos.
4. Gregorio y yo _____ a Lima.
5. Yo _____ a Trujillo.
6. Ustedes _____ a Arequipa.
7. Mi padre _____ a Lima.
8. Nosotras _____ a Cuzco.
9. Él _____ a Machu Picchu.
10. Usted _____ a Nazca.

**ser**

1. Usted ___fue___ muy amable.
2. Yo _____ muy cordial.
3. Ellos _____ simpáticos.
4. Nosotros _____ muy tontos.
5. Ella _____ antipática.
6. Tú _____ muy generoso.
7. Ustedes _____ cordiales.
8. La gente _____ amable.
9. Tomás y yo _____ muy felices.
10. Los profesores _____ buenos.

**recursos**

WB
p. 79

LM
p. 41

vistas.
vhlcentral.com
Lección 7

# Práctica y Comunicación

**1**　

**Completar** Completa estas conversaciones con la forma correcta del pretérito de **ser** o **ir**. Indica el infinitivo de cada forma verbal.

### Conversación 1

| | | ser | ir |
|---|---|---|---|
| **RAÚL** | ¿Adónde (1)_____ ustedes de vacaciones? | ○ | ○ |
| **PILAR** | (2)_____ a Perú. | ○ | ○ |
| **RAÚL** | ¿Cómo (3)_____ el viaje? | ○ | ○ |
| ▶ **PILAR** | ¡(4)_____ estupendo! Machu Picchu y El Callao son increíbles. | ○ | ○ |
| **RAÚL** | ¿(5)_____ caro el viaje? | ○ | ○ |
| **PILAR** | No, el precio (6)_____ muy bajo. Sólo costó tres mil dólares. | ○ | ○ |

### Conversación 2

| | | ser | ir |
|---|---|---|---|
| **ISABEL** | Tina y Vicente (7)_____ novios, ¿no? | ○ | ○ |
| **LUCÍA** | Sí, pero ahora no. Anoche Tina (8)_____ a comer con Gregorio | ○ | ○ |
| | y la semana pasada ellos (9)_____ al partido de fútbol. | ○ | ○ |
| **ISABEL** | ¿Ah sí? Javier y yo (10)_____ al partido y no los vimos. | ○ | ○ |

**2**

**Descripciones** Forma oraciones con estos elementos. Usa el pretérito.

| A | B | C | D |
|---|---|---|---|
| yo | (no) ir | a un restaurante | ayer |
| tú | (no) ser | en autobús | anoche |
| mi compañero/a | | estudiante | anteayer |
| nosotros | | muy simpático/a | la semana pasada |
| mis amigos | | a la playa | el año pasado |
| ustedes | | dependiente/a en una tienda | |

**3**　

**Preguntas** En parejas, túrnense para hacerse estas preguntas.

1. ¿Cuándo fuiste al cine por última vez? ¿Con quién fuiste?
2. ¿Fuiste en auto, en autobús o en metro? ¿Cómo fue el viaje?
3. ¿Cómo fue la película?
4. ¿Fue una película de terror, de acción o un drama?
5. ¿Fue una de las mejores películas que viste? ¿Por qué?
6. ¿Fueron buenos los actores o no? ¿Cuál fue el mejor?
7. ¿Adónde fuiste/fueron después?
8. ¿Fue una buena idea ir al cine?
9. ¿Fuiste feliz ese día?

**4**

**El viaje** En parejas, escriban un diálogo de un(a) viajero/a hablando con el/la agente de viajes sobre un viaje que hizo recientemente. Usen el pretérito de **ser** e **ir**.

> **modelo**
> **Agente:** *¿Cómo fue el viaje?*
> **Viajero:** *El viaje fue maravilloso/horrible…*

 Practice more at **vistas.vhlcentral.com**.

**7.4**    # Verbs like gustar    Tutorial

**ANTE TODO**   In **Lección 2**, you learned how to express preferences with **gustar**. You will now learn more about the verb **gustar** and other similar verbs. Observe these examples.

**Me gusta** ese champú.   ◀

> ENGLISH EQUIVALENT
> *I like that shampoo.*
> LITERAL MEANING
> *That shampoo is pleasing to me.*

**¿Te gustaron** las clases?   ◀

> ENGLISH EQUIVALENT
> *Did you like the classes?*
> LITERAL MEANING
> *Were the classes pleasing to you?*

▶ As the examples show, constructions with **gustar** do not have a direct equivalent in English. The literal meaning of this construction is *to be pleasing to* (*someone*), and it requires the use of an indirect object pronoun.

| INDIRECT OBJECT PRONOUN | VERB | SUBJECT | | SUBJECT | VERB | DIRECT OBJECT |
|---|---|---|---|---|---|---|
| **Me** | **gusta** | ese champú. | | I | like | that shampoo. |

▶ In the diagram above, observe how in the Spanish sentence the object being liked **(ese champú)** is really the subject of the sentence. The person who likes the object, in turn, is an indirect object because it answers the question: *To whom is the shampoo pleasing?*

¿Te gusta Juan Carlos?

Me gustan los cafés que tienen música en vivo.

▶ Other verbs in Spanish are used in the same way as **gustar**. Here is a list of the most common ones.

## Verbs like gustar

| | | | |
|---|---|---|---|
| **aburrir** | *to bore* | **importar** | *to be important to; to matter* |
| **encantar** | *to like very much; to love* (inanimate objects) | **interesar** | *to be interesting to; to interest* |
| **faltar** | *to lack; to need* | **molestar** | *to bother; to annoy* |
| **fascinar** | *to fascinate; to like very much* | **quedar** | *to be left over; to fit* (clothing) |

**¡ATENCIÓN!**

**Faltar** expresses what is lacking or missing. **Me falta una página.** *I'm missing one page.*

**Quedar** expresses how much of something is left. **Nos quedan tres pesos.** *We have three pesos left.*

• • •

**Quedar** also means *to fit.* It can be used to tell how something looks (on someone). **Estos zapatos me quedan bien.** *These shoes fit me well.*

**Esa camisa te queda muy bien.** *That shirt looks good on you.*

▶ The most commonly used verb forms of **gustar** and similar verbs are the third person (singular and plural). When the object or person being liked is singular, the singular form (**gusta**) is used. When two or more objects or persons are being liked, the plural form (**gustan**) is used. Observe the following diagram:

me, te, le,
nos, os, les

SINGULAR
encanta → la película
interesó → el concierto

PLURAL
importan → las vacaciones
fascinaron → los museos de Lima

▶ To express what someone likes or does not like to do, use an appropriate verb followed by an infinitive. The singular form is used even if there is more than one infinitive.

**Nos molesta comer** a las nueve.
*It bothers us to eat at nine o'clock.*

**Les encanta bailar** y **cantar** en las fiestas.
*They love to dance and sing at parties.*

▶ As you learned in **Lección 2**, the construction **a** + [*pronoun*] (**a mí, a ti, a usted, a él,** etc.) is used to clarify or to emphasize who is pleased, bored, etc. The construction **a** + [*noun*] can also be used before the indirect object pronoun to clarify or to emphasize who is pleased.

**A los turistas** les gustó mucho Machu Picchu.
*The tourists liked Machu Picchu a lot.*

**A ti** te gusta cenar en casa, pero **a mí** me aburre.
*You like eating dinner at home, but I get bored.*

▶ **¡Atención! Mí** (*me*) has an accent mark to distinguish it from the possessive adjective **mi** (*my*).

---

**¡INTÉNTALO!** Indica el pronombre de objeto indirecto y la forma del tiempo presente adecuados en cada oración.

**fascinar**

1. A él _le fascina_ viajar.
2. A mí _____ bailar.
3. A nosotras _____ cantar.
4. A ustedes _____ leer.
5. A ti _____ correr y patinar.
6. A ellos _____ los aviones.
7. A mis padres _____ caminar.
8. A usted _____ jugar al tenis.
9. A mi esposo y a mí _____ dormir.
10. A Alberto _____ dibujar y pintar.
11. A todos _____ opinar.
12. A Pili _____ los sombreros.

**aburrir**

1. A ellos _les aburren_ los deportes.
2. A ti _____ las películas.
3. A usted _____ los viajes.
4. A mí _____ las revistas.
5. A Jorge y a Luis _____ los perros.
6. A nosotros _____ las vacaciones.
7. A ustedes _____ el béisbol.
8. A Marcela _____ los libros.
9. A mis amigos _____ los museos.
10. A ella _____ el ciclismo.
11. A Omar _____ ir de compras.
12. A ti y a mí _____ el baile.

# Práctica

**1**

**Completar** Completa las oraciones con todos los elementos necesarios.

1. _____ Adela _____ (encantar) la música de Tito "El Bambino".
2. A _____ me _____ (interesar) la música de otros países.
3. A mis amigos _____ (encantar) las canciones (*songs*) de Calle 13.
4. A Juan y _____ Rafael no les _____ (molestar) la música alta (*loud*).
5. _____ nosotros _____ (fascinar) los grupos de pop latino.
6. _____ señor Ruiz _____ (interesar) más la música clásica.
7. A _____ me _____ (aburrir) la música clásica.
8. ¿A _____ te _____ (faltar) dinero para el concierto de Carlos Santana?
9. No. Ya compré el boleto y _____ (quedar) cinco dólares.
10. ¿Cuánto dinero te _____ (quedar) a _____?

**NOTA CULTURAL**

Hoy día, la música latina es popular en los EE.UU. gracias a artistas como **Shakira**, de nacionalidad colombiana, y **Tito "El Bambino"**, puertorriqueño. Otros artistas, como **Carlos Santana** y **Gloria Estefan**, difundieron (*spread*) la música latina en los años 60, 70, 80 y 90.

**2**

**Describir** Mira los dibujos y describe lo que está pasando. Usa los verbos de la lista.

| | | |
|---|---|---|
| aburrir | faltar | molestar |
| encantar | interesar | quedar |

1. a Ramón

2. a nosotros

3. a ti

LIBROS DE ARTE MODERNO

4. a Sara

**3**

**Gustos** Forma oraciones con los elementos de las columnas.

 modelo

A ti te interesan las ruinas de Machu Picchu.

| A | B | C |
|---|---|---|
| yo | aburrir | despertarse temprano |
| tú | encantar | mirarse en el espejo |
| mi mejor amigo/a | faltar | la música rock |
| mis amigos y yo | fascinar | las pantuflas rosadas |
| Bart y Homero Simpson | interesar | la pasta de dientes con menta (*mint*) |
| Shakira | molestar | las ruinas de Machu Picchu |
| Antonio Banderas | | los zapatos caros |

 Practice more at **vistas.vhlcentral.com**.

# Comunicación

**4**

**Preguntas** En parejas, túrnense para hacer y contestar estas preguntas.

1. ¿Te gusta levantarte temprano o tarde? ¿Por qué? ¿Y a tu compañero/a de cuarto?
2. ¿Te gusta acostarte temprano o tarde? ¿Y a tu compañero/a de cuarto?
3. ¿Te gusta dormir la siesta?
4. ¿Te encanta acampar o prefieres quedarte en un hotel cuando estás de vacaciones?
5. ¿Qué te gusta hacer en el verano?
6. ¿Qué te fascina de esta universidad? ¿Qué te molesta?
7. ¿Te interesan más las ciencias o las humanidades? ¿Por qué?
8. ¿Qué cosas te aburren?

**5**

**Completar** Trabajen en parejas. Túrnense para completar estas frases de una manera lógica.

1. A mi novio/a le fascina(n)…
2. A mi mejor (*best*) amigo/a no le interesa(n)…
3. A mis padres les importa(n)…
4. A nosotros nos molesta(n)…
5. A mis hermanos les aburre(n)…
6. A mi compañero/a de cuarto le aburre(n)…
7. A los turistas les interesa(n)…
8. A los jugadores profesionales les encanta(n)…
9. A nuestro/a profesor(a) le molesta(n)…
10. A mí me importa(n)…

**6**

**La residencia** Tú y tu compañero/a de clase son los directores de una residencia estudiantil en Perú. Su profesor(a) les va a dar a cada uno de ustedes las descripciones de cinco estudiantes. Con la información tienen que escoger quiénes van a ser compañeros de cuarto. Después, completen la lista.

# Síntesis

**7**

**Situación** Trabajen en parejas para representar los papeles de un(a) cliente/a y un(a) dependiente/a en una tienda de ropa. Usen las instrucciones como guía.

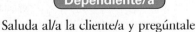

| Dependiente/a | Cliente/a |
|---|---|
| Saluda al/a la cliente/a y pregúntale en qué le puedes servir. | Saluda al/a la dependiente/a y dile (*tell him/her*) qué quieres comprar y qué colores prefieres. |
| Pregúntale si le interesan los estilos modernos y empieza a mostrarle la ropa. | Explícale que los estilos modernos te interesan. Escoge las cosas que te interesan. |
| Habla de los gustos del/de la cliente/a. | Habla de la ropa (me queda(n) bien/mal, me encanta(n)…). |
| Da opiniones favorables al/a la cliente/a (las botas te quedan fantásticas…). | Decide cuáles son las cosas que te gustan y qué vas a comprar. |

# Recapitulación

**S** Concepts Diagnostics

Completa estas actividades para repasar los conceptos de gramática que aprendiste en esta lección.

**1** **Completar** Completa la tabla con la forma correcta de los verbos. `6 pts.`

| yo | tú | nosotros | ellas |
|---|---|---|---|
| me levanto | | | |
| | te afeitas | | |
| | | nos vestimos | |
| | | | se secan |

**2** **Hoy y ayer** Cambia los verbos del presente al pretérito. `5 pts.`

1. Vamos de compras hoy. _____ de compras hoy.
2. Por último, voy a poner el despertador. Por último, _____ a poner el despertador.
3. Lalo es el primero en levantarse. Lalo _____ el primero en levantarse.
4. ¿Vas a tu habitación? ¿_____ a tu habitación?
5. Ustedes son profesores. Ustedes _____ profesores.

**3** **Reflexivos** Completa cada conversación con la forma correcta de los verbos reflexivos. `11 pts.`

**TOMÁS** Yo siempre (1) _____ (bañarse) antes de (2) _____ (acostarse). Esto me relaja porque no (3) _____ (dormirse) fácilmente. Y así puedo (4) _____ (levantarse) más tarde. Y tú, ¿cuándo (5) _____ (ducharse)?

**LETI** Pues por la mañana, para poder (6) _____ (despertarse).

**DAVID** ¿Cómo (7) _____ (sentirse) Pepa hoy?

**MARÍA** Todavía está enojada.

**DAVID** ¿De verdad? Ella nunca (8) _____ (enojarse) con nadie.

**BETO** ¿(Nosotros) (9) _____ (Irse) de esta tienda? Estoy cansado.

**SARA** Pero antes vamos a (10) _____ (probarse) estos sombreros. Si quieres, después (nosotros) (11) _____ (sentarse) un rato.

---

## RESUMEN GRAMATICAL

### 7.1 Reflexive verbs  *pp. 236–237*

| lavarse | |
|---|---|
| me lavo | nos lavamos |
| te lavas | os laváis |
| se lava | se lavan |

### 7.2 Indefinite and negative words  *pp. 240–241*

| Indefinite words | Negative words |
|---|---|
| algo | nada |
| alguien | nadie |
| alguno/a(s), algún | ninguno/a, ningún |
| o... o | ni... ni |
| siempre | nunca, jamás |
| también | tampoco |

### 7.3 Preterite of ser and ir  *p. 244*

▸ The preterite of **ser** and **ir** are identical. Context will determine the meaning.

| ser and ir | |
|---|---|
| fui | fuimos |
| fuiste | fuisteis |
| fue | fueron |

### 7.4 Verbs like gustar  *pp. 246–247*

| aburrir | importar |
|---|---|
| encantar | interesar |
| faltar | molestar |
| fascinar | quedar |

me, te, le, nos, os, les

**SINGULAR**
encanta / interesó ⟩ la película / el concierto

**PLURAL**
importan / fascinaron ⟩ las vacaciones / los museos

▸ Use the construction a + [*noun/pronoun*] to clarify the person in question.

**A mí** me encanta ver películas, ¿y a ti?

**4    Conversaciones** Completa cada conversación de manera lógica con palabras de la lista. No tienes que usar todas las palabras. `8 pts.`

| | | | |
|---|---|---|---|
| algo | nada | ningún | siempre |
| alguien | nadie | nunca | también |
| algún | ni... ni | o... o | tampoco |

1. —¿Tienes _____ plan para esta noche?

   —No, prefiero quedarme en casa. Hoy no quiero ver a _____.

   —Yo _____ me quedo. Estoy muy cansado.

2. —¿Puedo entrar? ¿Hay _____ en el cuarto de baño?

   —Sí. ¡Un momento! Ahora mismo salgo.

3. —¿Puedes prestarme _____ para peinarme? No encuentro _____ mi cepillo _____ mi peine.

   —Lo siento, yo _____ encuentro los míos (*mine*).

4. —¿Me prestas tu maquillaje?

   —Lo siento, no tengo. _____ me maquillo.

**5    Oraciones** Forma oraciones completas con los elementos dados (*given*). Usa el presente de los verbos. `8 pts.`

1. David y Juan / molestar / levantarse temprano
2. Lucía / encantar / las películas de terror
3. todos (nosotros) / importar / la educación
4. tú / aburrir / ver / la televisión

**6    Rutinas** Escribe seis oraciones que describan las rutinas de dos personas que conoces. `12 pts.`

*modelo*

Mi tía se despierta temprano, pero mi primo...

**7    Adivinanza** Completa la adivinanza con las palabras que faltan y adivina la respuesta. `¡2 puntos EXTRA!`

"Cuanto más° _____ (*it dries you*), más se moja°."
¿Qué es? _____

Cuanto más *The more*  se moja *it gets wet*

Practice more at **vistas.vhlcentral.com.**

# Lectura

## Antes de leer

### Estrategia
**Predicting content from the title**

Prediction is an invaluable strategy in reading for comprehension. For example, we can usually predict the content of a newspaper article from its headline. We often decide whether to read the article based on its headline. Predicting content from the title will help you increase your reading comprehension in Spanish.

### Examinar el texto
Lee el título de la lectura y haz tres predicciones sobre el contenido. Escribe tus predicciones en una hoja de papel.

### Compartir
Comparte tus ideas con un(a) compañero/a de clase.

### Cognados
Haz una lista de seis cognados que encuentres en la lectura.

1. _____
2. _____
3. _____
4. _____
5. _____
6. _____

¿Qué te dicen los cognados sobre el tema de la lectura?

---

**Anterior**  **Siguiente**  **Responder**  **Responder a todos**

**De:** Guillermo Zamora

**Para:** Lupe; Marcos; Sandra; Jorge

**Asunto:** ¡Qué día!

**Hola, chicos:**

La semana pasada me di cuenta° de que necesito organizar mejor° mi rutina… pero especialmente debo prepararme mejor para los exámenes. Me falta disciplina, me molesta no tener control de mi tiempo y nunca deseo repetir los eventos de la semana pasada. ☹

El miércoles pasé todo el día y toda la noche estudiando para el examen de biología del jueves por la mañana. Me aburre la biología y no empecé a estudiar hasta el día antes del examen. El jueves a las 8, después de no dormir en toda la noche, fui exhausto al examen. Fue difícil, pero afortunadamente° me acordé de todo el material. Esa noche me acosté temprano y dormí mucho.

Me desperté a las 7, y fue extraño° ver a mi compañero de cuarto, Andrés, preparándose para ir a dormir. Como° siempre se enferma°, tiene problemas para dormir y no hablamos mucho, no le comenté nada. Fui al baño a cepillarme los dientes

🖂 Reenviar ✔ Marcar 🖶 Imprimir ▭ Redactar ▭ Bandeja entrada

para ir a clase. ¿Y Andrés? Él se acostó. "Debe estar enfermo°, ¡otra vez!", pensé.

Mi clase es a las 8, y fue necesario hacer las cosas rápido. Todo empezó a ir mal... eso pasa siempre cuando uno tiene prisa. Cuando busqué mis cosas para el baño, no las encontré. Entonces me duché sin jabón, me cepillé los dientes sin cepillo de dientes y me peiné con las manos. Tampoco encontré ropa limpia y usé la sucia. Rápido, tomé mis libros. ¿Y Andrés? Roncando°... ¡a las 7:50!

Cuando salí corriendo para la clase, la prisa no me permitió ver el campus desierto. Cuando llegué a la clase, no vi a nadie. No vi al profesor ni a los estudiantes. Por último miré mi reloj, y vi la hora. Las 8 en punto... ¡de la noche!

¡Dormí 24 horas!

Guillermo

me di cuenta *I realized* mejor *better* afortunadamente *fortunately*
extraño *strange* Como *Since* se enferma *he gets sick* enfermo *sick*
Roncando *Snoring*

# Después de leer

## Seleccionar
Selecciona la respuesta correcta.

1. ¿Quién es el/la narrador(a)?
   a. Andrés
   b. una profesora
   c. Guillermo
2. ¿Qué le molesta al narrador?
   a. Le molestan los exámenes de biología.
   b. Le molesta no tener control de su tiempo.
   c. Le molesta mucho organizar su rutina.
3. ¿Por qué está exhausto?
   a. Porque fue a una fiesta la noche anterior.
   b. Porque no le gusta la biología.
   c. Porque pasó la noche anterior estudiando.
4. ¿Por qué no hay nadie en clase?
   a. Porque es de noche.
   b. Porque todos están de vacaciones.
   c. Porque el profesor canceló la clase.
5. ¿Cómo es la relación de Guillermo y Andrés?
   a. Son buenos amigos.
   b. No hablan mucho
   c. Tienen una buena relación.

## Ordenar
Ordena los sucesos de la narración. Utiliza los números del 1 al 9.

a. Toma el examen de biología. ____
b. No encuentra sus cosas para el baño. ____
c. Andrés se duerme. ____
d. Pasa todo el día y toda la noche estudiando para un examen. ____
e. Se ducha sin jabón. ____
f. Se acuesta temprano. ____
g. Vuelve a su cuarto después de las 8 de la noche. ____
h. Se despierta a las 7 y su compañero de cuarto se prepara para dormir. ____
i. Va a clase y no hay nadie. ____

## Contestar
Contesta estas preguntas.

1. ¿Cómo es tu rutina diaria? ¿Muy organizada?
2. ¿Cuándo empiezas a estudiar para los exámenes?
3. ¿Tienes compañero/a de cuarto? ¿Es tu amigo/a?
4. Para comunicarte con tus amigos/as, ¿prefieres el teléfono o el correo electrónico? ¿Por qué?

# Escritura

## Estrategia
### Sequencing events

Paying strict attention to sequencing in a narrative will ensure that your writing flows logically from one part to the next.

Every composition should have an introduction, a body, and a conclusion. The introduction presents the subject, the setting, the situation, and the people involved. The main part, or the body, describes the events and people's reactions to these events. The conclusion brings the narrative to a close.

Adverbs and adverbial phrases are sometimes used as transitions between the introduction, the body, and the conclusion. Here is a list of commonly used adverbs in Spanish:

| Adverbios | |
|---|---|
| además; también | *in addition; also* |
| al principio; en un principio | *at first* |
| antes (de) | *before* |
| después | *then* |
| después (de) | *after* |
| entonces; luego | *then* |
| más tarde | *later* |
| primero | *first* |
| pronto | *soon* |
| por fin; finalmente | *finally* |
| al final | *finally* |

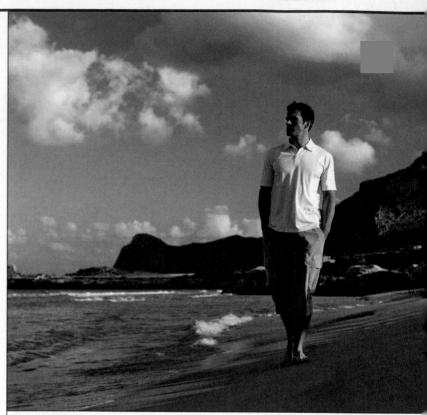

## Tema

### Escribe tu rutina

Imagina tu rutina diaria en uno de estos lugares:

▶ una isla desierta
▶ el Polo Norte
▶ un crucero° transatlántico
▶ un desierto

Escribe una composición en la que describes tu rutina diaria en uno de estos lugares o en algún otro lugar interesante que imagines°. Mientras planeas tu composición, considera cómo cambian algunos de los elementos más básicos de tu rutina diaria en el lugar que escogiste°. Por ejemplo, ¿dónde te acuestas en el Polo Norte? ¿Cómo te duchas en el desierto?

Usa el presente de los verbos reflexivos que conoces e incluye algunos de los adverbios de esta página para organizar la secuencia de tus actividades. Piensa también en la información que debes incluir en cada sección de la narración. Por ejemplo, en la introducción puedes hacer una descripción del lugar y de las personas que están allí, y en la conclusión puedes dar tus opiniones acerca del° lugar y de tu vida diaria allí.

crucero *cruise ship*   que imagines *that you dream up*   escogiste *you chose*
acerca del *about the*

# Escuchar  **Audio: Activities**

## Estrategia
### Using background information

Once you discern the topic of a conversation, take a minute to think about what you already know about the subject. Using this background information will help you guess the meaning of unknown words or linguistic structures.

 To help you practice this strategy, you will now listen to a short paragraph. Jot down the subject of the paragraph, and then use your knowledge of the subject to listen for and write down the paragraph's main points.

## Preparación

Según la foto, ¿dónde están Carolina y Julián? Piensa en lo que sabes de este tipo de situación. ¿De qué van a hablar?

## Ahora escucha

Ahora escucha la entrevista entre Carolina y Julián, teniendo en cuenta (*taking into account*) lo que sabes sobre este tipo de situación. Elige la información que completa correctamente cada oración.

1. Julián es _____.
   a. político
   b. deportista profesional
   c. artista de cine
2. El público de Julián quiere saber de _____.
   a. sus películas
   b. su vida
   c. su novia
3. Julián habla de _____.
   a. sus viajes y sus rutinas
   b. sus parientes y amigos
   c. sus comidas favoritas
4. Julián _____.
   a. se levanta y se acuesta a diferentes horas todos los días
   b. tiene una rutina diaria
   c. no quiere hablar de su vida

## Comprensión

### ¿Cierto o falso?
Indica si las oraciones son **ciertas** o **falsas** según la información que Julián da en la entrevista.

1. Es difícil despertarme; generalmente duermo hasta las diez.
2. Pienso que mi vida no es más interesante que las vidas de ustedes.
3. Me gusta tener tiempo para pensar y meditar.
4. Nunca hago mucho ejercicio; no soy una persona activa.
5. Me fascinan las actividades tranquilas, como escribir y escuchar música clásica.
6. Los viajes me parecen aburridos.

### Preguntas
1. ¿Qué tiene Julián en común con otras personas de su misma profesión?
2. ¿Te parece que Julián siempre fue rico? ¿Por qué?
3. ¿Qué piensas de Julián como persona?

 Practice more at **vistas.vhlcentral.com**.

# En pantalla

En la mayor parte de Argentina, Uruguay y Paraguay, y en algunas partes de Chile, Colombia y Centroamérica, las personas tienen la costumbre° de usar **vos** en lugar de **tú** al hablar o escribir. Este uso es conocido como **el voseo** y se refleja también en la manera de conjugar los verbos. El uso de **vos** como tratamiento de respeto pasó a ser° de uso coloquial a partir del° siglo° XVI.

| Vocabulario útil | |
|---|---|
| **rehacé** | *redo* (en el voseo) |
| **volvete** | *become* (en el voseo) |

## Opciones

Escoge la opción correcta para cada oración.

1. El plomero (*plumber*) va a romper el _____ del chico.
   a. cepillo    b. lavabo    c. espejo
2. El chico y la chica _____ la primera vez que se ven (*they see each other*).
   a. bailan    b. gritan    c. se peinan
3. Al chico _____ conocer a la chica.
   a. le interesa    b. le molesta    c. le aburre
4. Al final _____ rompe el espejo.
   a. la chica    b. el chico    c. el plomero

## La cita

En parejas, imaginen que los chicos del anuncio tienen una primera cita (*date*). Escriban una conversación entre ellos donde hablen sobre lo que les encanta y lo que les molesta. Después dramatícenla para la clase y decidan entre todos si los chicos son compatibles o no.

 **Video: TV Clip**

---

costumbre *custom* pasó a ser *became* a partir del *starting in the* siglo *century* Acá hay... *We need to break it here.* ¿Salís? ¿Sales? (en el voseo) ¿por? *why?*

En este episodio de *Flash cultura* vas a conocer unos entremeses° españoles llamados **tapas**. Hay varias teorías sobre el origen de su nombre. Una dice que viene de la costumbre antigua° de **tapar**° los vasos de vino para evitar° que insectos o polvo entren en° ellos. Otra teoría cuenta que el rey Alfonso X debía° beber un poco de vino por indicación médica y decidió acompañarlo° con algunos bocados° para tapar los efectos del alcohol. Cuando estuvo° mejor, ordenó que siempre en Castilla se sirviera° algo de comer con las bebidas° alcohólicas.

### Vocabulario útil

| | |
|---|---|
| **económicas** | *inexpensive* |
| **montaditos** | *bread slices with assorted toppings* |
| **pagar propinas** | *to tip* |
| **tapar el hambre** | *to take the edge off (lit. putting the lid on one's hunger)* |

### Preparación

En el área donde vives, ¿qué hacen las personas normalmente después del trabajo (*work*)? ¿Van a sus casas? ¿Salen con amigos? ¿Comen?

 ### Ordenar

Ordena estos sucesos de manera lógica.

_____ a. El empleado cuenta los palillos (*counts the toothpicks*) de los montaditos que Mari Carmen comió.

_____ b. Mari Carmen va al barrio de la Ribera.

_____ c. Un hombre en un bar explica cuándo sale a tomar tapas.

_____ d. Un hombre explica la tradición de los montaditos o pinchos.

_____ e. Carmen le pregunta a la chica si los montaditos son buenos para la salud.

## Tapas para todos los días

**Estamos en la Plaza Cataluña, el puro centro de Barcelona.**

—**¿Cuándo sueles° venir a tomar tapas?**
—**Generalmente después del trabajo.**

**Estos son los montaditos, o también llamados pinchos. ¿Te gustan?**

 **Video:** *Flash cultura*

 **Practice more at vistas.vhlcentral.com.**

recursos
VM pp. 303–304
vistas.vhlcentral.com Lección 7

entremeses *hors d'oeuvres* antigua *ancient* tapar *cover* evitar *avoid* entren en *would get in* debía *should* acompañarlo *accompany it* bocados *snacks* estuvo *he was* se sirviera *they should serve* bebidas *drinks* sueles *do you tend*

# Perú

## El país en cifras

▶ **Área:** 1.285.220 km² (496.224 millas²),
*un poco menos que el área de Alaska*

▶ **Población:** 31.197.000

▶ **Capital:** Lima —9.659.000

▶ **Ciudades principales:** Arequipa —848.000,
Trujillo, Chiclayo, Callao, Iquitos

SOURCE: Population Division, UN Secretariat

*Iquitos es un puerto muy importante en el río
Amazonas. Desde Iquitos se envían° muchos
productos a otros lugares, incluyendo goma°, nueces°,
madera°, arroz°, café y tabaco. Iquitos es también un
destino popular para los ecoturistas
que visitan la selva°.*

▶ **Moneda:** nuevo sol

▶ **Idiomas:** español (oficial);
quechua, aimara y otras
lenguas indígenas (oficiales
en los territorios donde se usan)

Bandera de Perú

## Peruanos célebres

▶ **Clorinda Matto de Turner,** escritora (1854–1909)

▶ **César Vallejo,** poeta (1892–1938)

▶ **Javier Pérez de Cuéllar,** diplomático (1920– )

▶ **Mario Vargas Llosa,** escritor (1936– )

Mario Vargas Llosa, Premio
Nobel de Literatura 2010

se envían *are shipped* goma *rubber* nueces *nuts* madera *timber*
arroz *rice* selva *jungle* Hace más de *More than... ago*
grabó *engraved* tamaño *size*

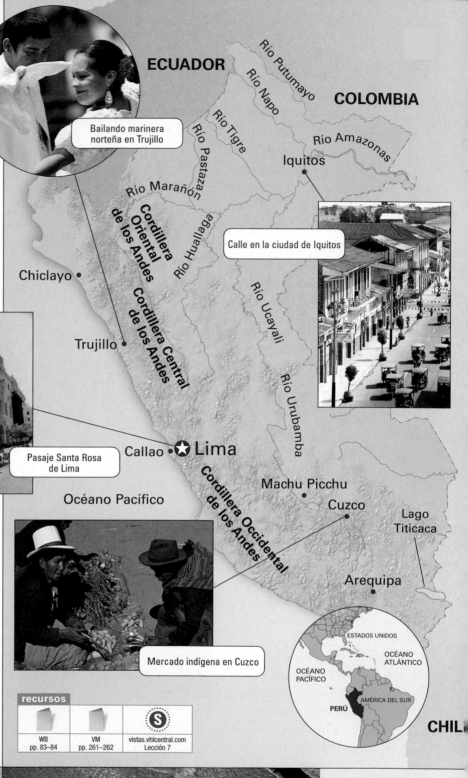

Bailando marinera
norteña en Trujillo

Calle en la ciudad de Iquitos

Pasaje Santa Rosa
de Lima

Mercado indígena en Cuzco

ECUADOR
COLOMBIA
Río Putumayo
Río Napo
Río Tigre
Río Pastaza
Río Amazonas
Iquitos
Río Marañón
Cordillera Oriental de los Andes
Río Huallaga
Chiclayo
Cordillera Central de los Andes
Río Ucayali
Trujillo
Río Urubamba
Callao • ★ Lima
Océano Pacífico
Cordillera Occidental de los Andes
Machu Picchu
Cuzco
Lago Titicaca
Arequipa

ESTADOS UNIDOS
OCÉANO ATLÁNTICO
OCÉANO PACÍFICO
AMÉRICA DEL SUR
PERÚ

CHIL

## ¡Increíble pero cierto!

Hace más de° dos mil años la civilización
nazca de Perú grabó° más de dos mil kilómetros
de líneas en el desierto. Los dibujos sólo son
descifrables desde el aire. Uno de ellos es un
cóndor del tamaño° de un estadio. Las Líneas de
Nazca son uno de los grandes misterios de
la humanidad.

## Lugares • Lima

Lima es una ciudad moderna y antigua° a la vez°. La Iglesia de San Francisco es notable por su arquitectura barroca colonial. También son fascinantes las exhibiciones sobre los incas en el Museo Oro del Perú y en el Museo Nacional de Antropología y Arqueología. Barranco, el barrio° bohemio de la ciudad, es famoso por su ambiente cultural y sus bares y restaurantes.

**BRASIL**

## Historia • Machu Picchu

A 80 kilómetros al noroeste de Cuzco está Machu Picchu, una ciudad antigua del Imperio inca. Está a una altitud de 2.350 metros (7.710 pies), entre dos cimas° de los Andes. Cuando los españoles llegaron a Perú y recorrieron la región, nunca encontraron Machu Picchu. En 1911, el arqueólogo estadounidense Hiram Bingham la descubrió. Todavía no se sabe ni cómo se construyó° una ciudad a esa altura, ni por qué los incas la abandonaron. Sin embargo°, esta ciudad situada en desniveles° naturales es el ejemplo más conocido de la arquitectura inca.

## Artes • La música andina

Machu Picchu aún no existía° cuando se originó la música cautivadora° de las culturas indígenas de los Andes. Los ritmos actuales de la música andina tienen influencias españolas y africanas. Varios tipos de flauta°, entre ellos la quena y la zampoña, caracterizan esta música. En las décadas de los sesenta y los setenta se popularizó un movimiento para preservar la música andina, y hasta° Simon y Garfunkel incorporaron a su repertorio la canción *El cóndor pasa*.

## Economía • Llamas y alpacas

Perú se conoce por sus llamas, alpacas, guanacos y vicuñas, todos ellos animales mamíferos° parientes del camello. Estos animales todavía tienen una enorme importancia en la economía del país. Dan lana para exportar a otros países y para hacer ropa, mantas°, bolsas y otros artículos artesanales. La llama se usa también para la carga y el transporte.

**BOLIVIA**

 **¿Qué aprendiste?** Responde a las preguntas con una oración completa.

1. ¿Qué productos envía Iquitos a otros lugares?
2. ¿Cuáles son las lenguas oficiales de Perú?
3. ¿Por qué es notable la Iglesia de San Francisco en Lima?
4. ¿Qué información sobre Machu Picchu no se sabe todavía?
5. ¿Qué son la quena y la zampoña?
6. ¿Qué hacen los peruanos con la lana de sus llamas y alpacas?

 **Conexión Internet** Investiga estos temas en **vistas.vhlcentral.com**.

1. Investiga la cultura incaica. ¿Cuáles son algunos de los aspectos interesantes de su cultura?
2. Busca información sobre dos artistas, escritores o músicos peruanos y presenta un breve informe a tu clase.

Practice more at **vistas.vhlcentral.com**.

........................................................

**antigua** *old* **a la vez** *at the same time* **barrio** *neighborhood* **cimas** *summits* **se construyó** *was built* **Sin embargo** *However* **desniveles** *uneven pieces of land* **aún no existía** *didn't exist yet* **cautivadora** *captivating* **flauta** *flute* **hasta** *even* **mamíferos** *mammalian* **mantas** *blankets*

## Los verbos reflexivos

| | |
|---|---|
| acordarse (de) (o:ue) | to remember |
| acostarse (o:ue) | to go to bed |
| afeitarse | to shave |
| bañarse | to bathe; to take a bath |
| cepillarse el pelo | to brush one's hair |
| cepillarse los dientes | to brush one's teeth |
| despedirse (de) (e:i) | to say goodbye (to) |
| despertarse (e:ie) | to wake up |
| dormirse (o:ue) | to go to sleep; to fall asleep |
| ducharse | to shower; to take a shower |
| enojarse (con) | to get angry (with) |
| irse | to go away; to leave |
| lavarse la cara | to wash one's face |
| lavarse las manos | to wash one's hands |
| levantarse | to get up |
| llamarse | to be called; to be named |
| maquillarse | to put on makeup |
| peinarse | to comb one's hair |
| ponerse | to put on |
| ponerse (+ *adj.*) | to become (+ adj.) |
| preocuparse (por) | to worry (about) |
| probarse (o:ue) | to try on |
| quedarse | to stay; to remain |
| quitarse | to take off |
| secarse | to dry oneself |
| sentarse (e:ie) | to sit down |
| sentirse (e:ie) | to feel |
| vestirse (e:i) | to get dressed |

## Palabras de secuencia

| | |
|---|---|
| antes (de) | before |
| después | afterwards; then |
| después (de) | after |
| durante | during |
| entonces | then |
| luego | then |
| más tarde | later (on) |
| por último | finally |

## Palabras afirmativas y negativas

| | |
|---|---|
| algo | something; anything |
| alguien | someone; somebody; anyone |
| alguno/a(s), algún | some; any |
| jamás | never; not ever |
| nada | nothing; not anything |
| nadie | no one; nobody; not anyone |
| ni… ni | neither… nor |
| ninguno/a, ningún | no; none; not any |
| nunca | never; not ever |
| o… o | either… or |
| siempre | always |
| también | also; too |
| tampoco | neither; not either |

## En el baño

| | |
|---|---|
| el baño, el cuarto de baño | bathroom |
| el champú | shampoo |
| la crema de afeitar | shaving cream |
| la ducha | shower |
| el espejo | mirror |
| el inodoro | toilet |
| el jabón | soap |
| el lavabo | sink |
| el maquillaje | makeup |
| la pasta de dientes | toothpaste |
| la toalla | towel |

## Verbos similares a gustar

| | |
|---|---|
| aburrir | to bore |
| encantar | to like very much; to love (inanimate objects) |
| faltar | to lack; to need |
| fascinar | to fascinate; to like very much |
| importar | to be important to; to matter |
| interesar | to be interesting to; to interest |
| molestar | to bother; to annoy |
| quedar | to be left over; to fit (clothing) |

## Palabras adicionales

| | |
|---|---|
| el despertador | alarm clock |
| las pantuflas | slippers |
| la rutina diaria | daily routine |
| por la mañana | in the morning |
| por la noche | at night |
| por la tarde | in the afternoon; in the evening |

| | |
|---|---|
| Expresiones útiles | See page 231. |

# La comida

## 8

### Communicative Goals

*You will learn how to:*

- **Order food in a restaurant**
- **Talk about and describe food**

### A PRIMERA VISTA

- ¿Dónde está ella?
- ¿Qué hace?
- ¿Es parte de su rutina diaria?
- ¿Qué colores hay en la foto?

# La comida

## Más vocabulario

| | |
|---|---|
| el/la camarero/a | waiter/waitress |
| la comida | food; meal |
| la cuenta | bill |
| el/la dueño/a | owner; landlord |
| los entremeses | hors d'oeuvres; appetizers |
| el menú | menu |
| el plato (principal) | (main) dish |
| la propina | tip |
| la sección de (no) fumar | (non) smoking section |
| el agua (mineral) | (mineral) water |
| la bebida | drink |
| la cerveza | beer |
| la leche | milk |
| el refresco | soft drink; soda |
| el ajo | garlic |
| las arvejas | peas |
| los cereales | cereal; grains |
| los frijoles | beans |
| el melocotón | peach |
| el pollo (asado) | (roast) chicken |
| el queso | cheese |
| el sándwich | sandwich |
| el yogur | yogurt |
| el aceite | oil |
| la margarina | margarine |
| la mayonesa | mayonnaise |
| el vinagre | vinegar |
| delicioso/a | delicious |
| sabroso/a | tasty; delicious |
| saber | to taste; to know |
| saber a | to taste like |

## Variación léxica

camarones ⟷ gambas (*Esp.*)

camarero ⟷ mesero (*Amér. L.*), mesonero (*Ven.*), mozo (*Arg., Chile, Urug., Perú*)

refresco ⟷ gaseosa (*Amér. C., Amér. S.*)

Las frutas

la pera

la banana

las uvas

la naranja

el limón

Las verduras

el maíz

la cebolla

la lechuga

el champiñón

la zanahoria

el tomate

# Práctica

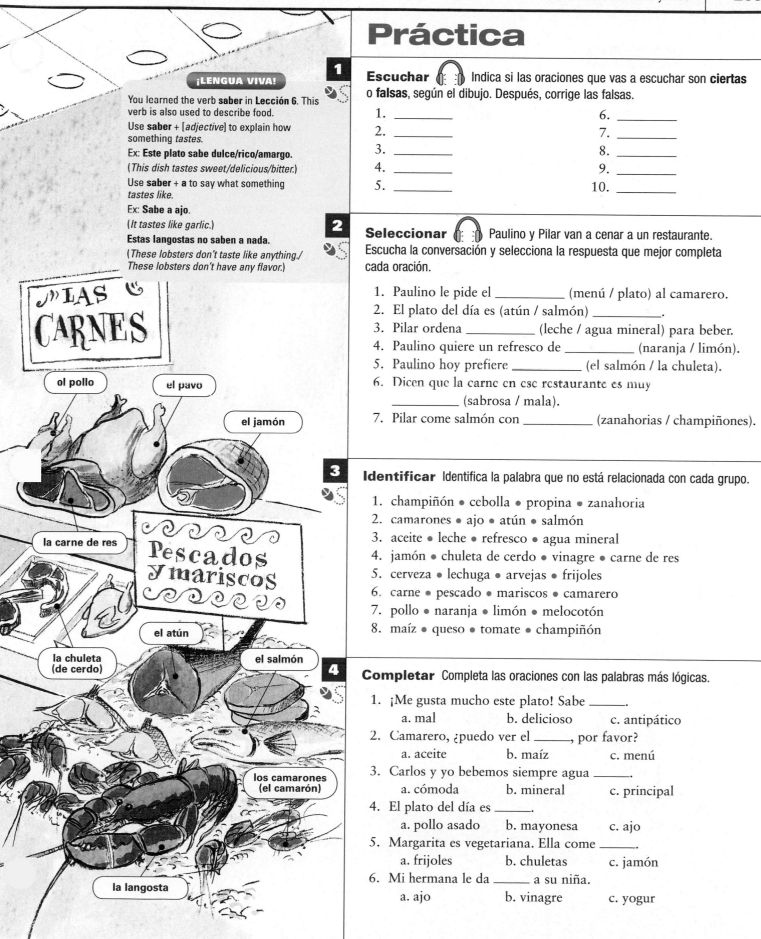

LAS CARNES

el pollo

el pavo

el jamón

la carne de res

Pescados y mariscos

la chuleta (de cerdo)

el atún

el salmón

los camarones (el camarón)

la langosta

**1** **Escuchar** Indica si las oraciones que vas a escuchar son **ciertas** o **falsas**, según el dibujo. Después, corrige las falsas.

1. _____
2. _____
3. _____
4. _____
5. _____
6. _____
7. _____
8. _____
9. _____
10. _____

**2** **Seleccionar** Paulino y Pilar van a cenar a un restaurante. Escucha la conversación y selecciona la respuesta que mejor completa cada oración.

1. Paulino le pide el _____ (menú / plato) al camarero.
2. El plato del día es (atún / salmón) _____.
3. Pilar ordena _____ (leche / agua mineral) para beber.
4. Paulino quiere un refresco de _____ (naranja / limón).
5. Paulino hoy prefiere _____ (el salmón / la chuleta).
6. Dicen que la carne en ese restaurante es muy _____ (sabrosa / mala).
7. Pilar come salmón con _____ (zanahorias / champiñones).

**3** **Identificar** Identifica la palabra que no está relacionada con cada grupo.

1. champiñón • cebolla • propina • zanahoria
2. camarones • ajo • atún • salmón
3. aceite • leche • refresco • agua mineral
4. jamón • chuleta de cerdo • vinagre • carne de res
5. cerveza • lechuga • arvejas • frijoles
6. carne • pescado • mariscos • camarero
7. pollo • naranja • limón • melocotón
8. maíz • queso • tomate • champiñón

**4** **Completar** Completa las oraciones con las palabras más lógicas.

1. ¡Me gusta mucho este plato! Sabe _____.
   a. mal          b. delicioso          c. antipático
2. Camarero, ¿puedo ver el _____, por favor?
   a. aceite          b. maíz          c. menú
3. Carlos y yo bebemos siempre agua _____.
   a. cómoda          b. mineral          c. principal
4. El plato del día es _____.
   a. pollo asado          b. mayonesa          c. ajo
5. Margarita es vegetariana. Ella come _____.
   a. frijoles          b. chuletas          c. jamón
6. Mi hermana le da _____ a su niña.
   a. ajo          b. vinagre          c. yogur

### el desayuno

el jugo (de fruta)

el café

el pan (tostado)

el azúcar

la mantequilla

la salchicha

el huevo

### el almuerzo

el té helado

la manzana

la hamburguesa

el pan

las papas/patatas fritas

### la cena

la sal

el vino tinto

la pimienta

la sopa

el arroz

la ensalada

los espárragos

el bistec

## Más vocabulario

| | |
|---|---|
| escoger | to choose |
| merendar (e:ie) | to snack |
| probar (o:ue) | to taste; to try |
| recomendar (e:ie) | to recommend |
| servir (e:i) | to serve |
| el té | tea |
| el vino blanco | white wine |

**5**

**Completar** Trabaja con un(a) compañero/a de clase para relacionar cada producto con el grupo alimenticio (*food group*) correcto.

> **modelo**
>
> _La carne_ es del grupo uno.

| | | | |
|---|---|---|---|
| el aceite | las bananas | los cereales | la leche |
| el arroz | el café | los espárragos | el pescado |
| el azúcar | la carne | los frijoles | el vino |

1. _____ y el queso son del grupo cuatro.
2. _____ son del grupo ocho.
3. _____ y el pollo son del grupo tres.
4. _____ es del grupo cinco.
5. _____ es del grupo dos.
6. Las manzanas y _____ son del grupo siete.
7. _____ es del grupo seis.
8. _____ son del grupo diez.
9. _____ y los tomates son del grupo nueve.
10. El pan y _____ son del grupo diez.

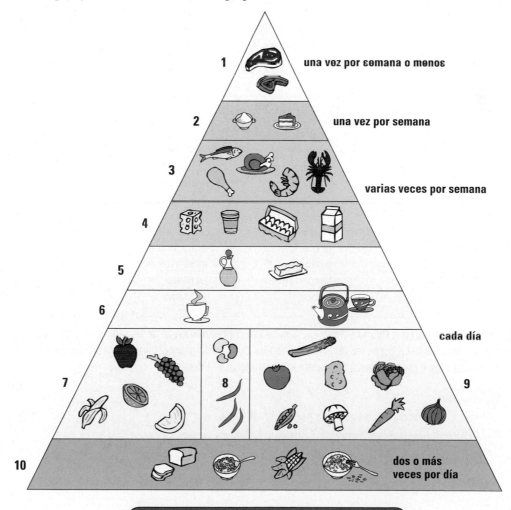

La Pirámide Alimenticia Latinoamericana

**6** **¿Cierto o falso?** Consulta la Pirámide Alimenticia Latinoamericana de la página 265 e indica si lo que dice cada oración es **cierto** o **falso**. Si la oración es falsa, escribe las comidas que sí están en el grupo indicado.

> **modelo**
>
> El queso está en el grupo diez.
> Falso. En ese grupo están el maíz, el pan, los cereales y el arroz.

1. La manzana, la banana, el limón y las arvejas están en el grupo siete.

2. En el grupo cuatro están los huevos, la leche y el aceite.

3. El azúcar está en el grupo dos.

4. En el grupo diez están el pan, el arroz y el maíz.

5. El pollo está en el grupo uno.

6. En el grupo nueve están la lechuga, el tomate, las arvejas, la naranja, la papa, los espárragos y la cebolla.

7. El café y el té están en el mismo grupo.

8. En el grupo cinco está el arroz.

9. El pescado, el yogur y el bistec están en el grupo tres.

**7** **Combinar** Combina palabras de cada columna, en cualquier (*any*) orden, para formar diez oraciones lógicas sobre las comidas. Añade otras palabras si es necesario.

> **modelo**
>
> La camarera nos sirve la ensalada.

| A | B | C |
|---|---|---|
| el/la camarero/a | almorzar | la sección de no fumar |
| el/la dueño/a | escoger | el desayuno |
| mi familia | gustar | la ensalada |
| mi novio/a | merendar | las uvas |
| mis amigos y yo | pedir | el restaurante |
| mis padres | preferir | el jugo de naranja |
| mi hermano/a | probar | el refresco |
| el/la médico/a | recomendar | el plato |
| yo | servir | el arroz |

**NOTA CULTURAL**

El arroz es un alimento básico en el Caribe, Centroamérica y México, entre otros países. Aparece frecuentemente como acompañamiento del plato principal y muchas veces se sirve con frijoles. Un plato muy popular en varios países es **el arroz con pollo** (*chicken and rice casserole*).

**8** **Un menú** En parejas, usen la Pirámide Alimenticia Latinoamericana de la página 265 para crear un menú para una cena especial. Incluyan alimentos de los diez grupos para los entremeses, los platos principales y las bebidas. Luego presenten el menú a la clase.

> **modelo**
>
> La cena especial que vamos a preparar es deliciosa. Primero, hay dos entremeses: ensalada César y sopa de langosta. El plato principal es salmón con salsa de ajo y espárragos. También vamos a servir arroz...

# Comunicación

**9** **Conversación** En parejas, túrnense para hacerse estas preguntas.

1. ¿Meriendas mucho durante el día? ¿Qué comes? ¿A qué hora?
2. ¿Qué te gusta cenar?
3. ¿A qué hora, dónde y con quién almuerzas?
4. ¿Cuáles son las comidas más (*most*) típicas de tu almuerzo?
5. ¿Desayunas? ¿Qué comes y bebes por la mañana?
6. ¿Qué comida te gusta más? ¿Qué comida no conoces y quieres probar?
7. ¿Comes cada día alimentos de los diferentes grupos de la pirámide alimenticia?
   ¿Cuáles son las comidas y bebidas más frecuentes en tu dieta?
8. ¿Qué comida recomiendas a tus amigos? ¿Por qué?
9. ¿Eres vegetariano/a? ¿Crees que ser vegetariano/a es una buena idea? ¿Por qué?
10. ¿Te gusta cocinar (*to cook*)? ¿Qué comidas preparas para tus amigos? ¿Para tu familia?

**10** **Describir** Con dos compañeros/as de clase, describe las dos fotos, contestando estas preguntas.

▶ ¿Quiénes están en las fotos?

▶ ¿Dónde están?

▶ ¿Qué hora es?

▶ ¿Qué comen y qué beben?

**11** **Crucigrama** Tu profesor(a) les va a dar a ti y a tu compañero/a un crucigrama (*crossword puzzle*) incompleto. Tú tienes las palabras que necesita tu compañero/a y él/ella tiene las palabras que tú necesitas. Tienen que darse pistas (*clues*) para completarlo. No pueden decir la palabra; deben utilizar definiciones, ejemplos y frases.

> **modelo**
>
> **6 vertical:** Es un *condimento que normalmente viene con la sal.*
>
> **12 horizontal:** Es una fruta amarilla.

# Una cena... romántica

Maru y Miguel quieren tener una cena romántica,
pero les espera una sorpresa.

Video: *Fotonovela*
Record and Compare

**MARU** No sé qué pedir. ¿Qué me recomiendas?

**MIGUEL** No estoy seguro. Las chuletas de cerdo se ven muy buenas.

**MARU** ¿Vas a pedirlas?

**MIGUEL** No sé.

**MIGUEL** ¡Qué bonitos! ¿Quién te los dio?

**MARU** Me los compró un chico muy guapo e inteligente.

**MIGUEL** ¿Es tan guapo como yo?

**MARU** Sí, como tú, guapísimo.

**MIGUEL** Por nosotros.

**MARU** Dos años.

*(El camarero llega a la mesa.)*

**CAMARERO** ¿Les gustaría saber nuestras especialidades del día?

**MARU** Sí, por favor.

**CAMARERO** Para el entremés, tenemos ceviche de camarón. De plato principal ofrecemos bistec con verduras a la plancha.

**MARU** Voy a probar el jamón.

**CAMARERO** Perfecto. ¿Y para usted, caballero?

**MIGUEL** Pollo asado con champiñones y papas, por favor.

**CAMARERO** Excelente.

*(en otra parte del restaurante)*

**JUAN CARLOS** Disculpe. ¿Qué me puede contar del pollo? ¿Dónde lo consiguió el chef?

**CAMARERO** ¡Oiga! ¿Qué está haciendo?

**CAMARERO**

**JUAN CARLOS**

**FELIPE**

**GERENTE**

**FELIPE** Los espárragos están sabrosísimos esta noche. Usted pidió el pollo, señor. Estos champiñones saben a mantequilla.

**GERENTE** ¿Qué pasa aquí, Esteban?

**CAMARERO** Lo siento señor. Me quitaron la comida.

**GERENTE** (*a Felipe*) Señor, ¿quién es usted? ¿Qué cree que está haciendo?

**JUAN CARLOS** Felipe y yo les servimos la comida a nuestros amigos. Pero desafortunadamente, salió todo mal.

**FELIPE** Soy el peor camarero del mundo. ¡Lo siento! Nosotros vamos a pagar la comida.

**JUAN CARLOS** ¿Nosotros?

**FELIPE** Todo esto fue idea tuya, Juan Carlos.

**JUAN CARLOS** ¿Mi idea? ¡Felipe! (*al gerente*) Señor, él es más responsable que yo.

**GERENTE** Tú y tú, vamos.

## Expresiones útiles

### Ordering food

**¿Qué me recomiendas?**
*What do you recommend?*
**Las chuletas de cerdo se ven muy buenas.**
*The pork chops look good.*
**¿Les gustaría saber nuestras especialidades del día?**
*Would you like to hear our specials?*
**Para el entremés, tenemos ceviche de camarón.**
*For an appetizer, we have shrimp ceviche.*
**De plato principal ofrecemos bistec con verduras a la plancha.**
*For a main course, we have beef with grilled vegetables.*
**Voy a probar el jamón.**
*I am going to try the ham.*

### Describing people and things

**¡Qué bonitos! ¿Quién te los dio?**
*How pretty! Who gave them to you?*
**Me los compró un chico muy guapo e inteligente.**
*A really handsome, intelligent guy bought them for me.*
**¿Es tan guapo como yo?**
*Is he as handsome as I am?*
**Sí, como tú, guapísimo.**
*Yes, like you, gorgeous.*
**Soy el peor camarero del mundo.**
*I am the worst waiter in the world.*
**Él es más responsable que yo.**
*He is more responsible than I am.*

### Additional vocabulary

**el/la gerente** *manager*
**caballero** *gentleman, sir*

**recursos**

VM
pp. 227–228

vistas.vhlcentral.com
Lección 8

# ¿Qué pasó?

**1**  **Escoger** Escoge la respuesta que completa mejor cada oración.

1. Miguel lleva a Maru a un restaurante para _____.
   a. almorzar   b. desayunar   c. cenar
2. El camarero les ofrece _____ como plato principal.
   a. ceviche de camarón   b. bistec con verduras a la plancha
   c. pescado, arroz y ensalada
3. Miguel va a pedir _____.
   a. pollo asado con champiñones y papas
   b. langosta al horno   c. pescado con verduras a la mantequilla
4. Felipe les lleva la comida a sus amigos y prueba _____.
   a. el jamón y los vinos   b. el atún y la lechuga
   c. los espárragos y los champiñones

**2** **Identificar** Indica quién puede decir estas oraciones.

1. Qué desastre. Soy un camarero muy malo.
2. Les recomiendo el bistec con verduras a la plancha.
3. Tal vez escoja las chuletas de cerdo, creo que son muy sabrosas.
4. ¿Qué pasa aquí?
5. Dígame las especialidades del día, por favor.
6. No fue mi idea. Felipe es más responsable que yo.

FELIPE    MARU    JUAN CARLOS

CAMARERO    MIGUEL    GERENTE

**3** **Preguntas** Contesta estas preguntas sobre la **Fotonovela**.

1. ¿Por qué fueron Maru y Miguel a un restaurante?
2. ¿Qué entremés es una de las especialidades del día?
3. ¿Qué pidió Maru?
4. ¿Quiénes van a pagar la cuenta?

**4** **En el restaurante**

1. Prepara con un(a) compañero/a una conversación en la que le preguntas si conoce algún buen restaurante en tu comunidad. Tu compañero/a responde que él/ella sí conoce un restaurante que sirve una comida deliciosa. Lo/La invitas a cenar y tu compañero/a acepta. Determinan la hora para verse en el restaurante y se despiden.

2. Trabaja con un(a) compañero/a para representar los papeles de un(a) cliente/a y un(a) camarero/a en un restaurante. El/La camarero/a te pregunta qué te puede servir y tú preguntas cuál es la especialidad de la casa. El/La camarero/a te dice cuál es la especialidad y te recomienda algunos platos del menú. Tú pides entremeses, un plato principal y escoges una bebida. El/La camarero/a te sirve la comida y tú le das las gracias.

 Practice more at **vistas.vhlcentral.com.**

# Pronunciación

**Audio: Concepts, Activities Record & Compare**

### ll, ñ, c, and z

| **pollo** | **llave** | **ella** | **cebolla** |
|---|---|---|---|

Most Spanish speakers pronounce the letter **ll** like the *y* in *yes*.

| **mañana** | **señor** | **baño** | **niña** |
|---|---|---|---|

The letter **ñ** is pronounced much like the *ny* in *canyon*.

| **café** | **colombiano** | **cuando** | **rico** |
|---|---|---|---|

Before **a**, **o**, or **u**, the Spanish **c** is pronounced like the *c* in *car*.

| **cereales** | **delicioso** | **conducir** | **conocer** |
|---|---|---|---|

Before **e** or **i**, the Spanish **c** is pronounced like the *s* in *sit*. (In parts of Spain, **c** before **e** or **i** is pronounced like the *th* in *think*.)

| **zeta** | **zanahoria** | **almuerzo** | **cerveza** |
|---|---|---|---|

The Spanish **z** is pronounced like the *s* in *sit*. (In parts of Spain, **z** is pronounced like the *th* in *think*.)

**Práctica** Lee las palabras en voz alta.

1. mantequilla
2. cuñada
3. aceite
4. manzana
5. español
6. cepillo
7. zapato
8. azúcar
9. quince
10. compañera
11. almorzar
12. calle

**Oraciones** Lee las oraciones en voz alta.

1. Mi compañero de cuarto se llama Toño Núñez. Su familia es de la ciudad de Guatemala y de Quetzaltenango.
2. Dice que la comida de su mamá es deliciosa, especialmente su pollo al champiñón y sus tortillas de maíz.
3. Creo que Toño tiene razón porque hoy cené en su casa y quiero volver mañana para cenar allí otra vez.

Panza llena, corazón contento.[2]

**Refranes** Lee los refranes en voz alta.

Las apariencias engañan.[1]

1 Looks can be deceiving.
2 A full belly makes a happy heart.

**recursos**

LM
p. 44

vistas.vhlcentral.com
Lección 8

**Additional Reading**

# Frutas y verduras de América

**Imagínate una pizza sin salsa° de tomate** o una hamburguesa sin papas fritas. Ahora piensa que quieres ver una película, pero las palomitas de maíz° y el chocolate no existen. ¡Qué mundo° tan insípido°! Muchas de las comidas más populares del mundo tienen ingredientes esenciales que son originarios del continente llamado Nuevo Mundo. Estas frutas y verduras no fueron introducidas en Europa sino hasta° el siglo° XVI.

El tomate, por ejemplo, era° usado como planta ornamental cuando llegó por primera vez a Europa porque pensaron que era venenoso°. El maíz, por su parte, era ya la base de la comida de muchos países latinoamericanos muchos siglos antes de la llegada de los españoles.

La papa fue un alimento° básico para los incas. Incluso consiguieron deshidratarla para almacenarla° por largos períodos de tiempo. El cacao (planta con la que se hace el chocolate) fue muy importante para los aztecas y los mayas. Ellos usaban sus semillas° como moneda° y como ingrediente de diversas salsas. También las molían° para preparar una bebida, mezclándolas° con agua ¡y con chile!

El aguacate°, la guayaba°, la papaya, la piña y el maracuyá (o fruta de la pasión) son otros ejemplos de frutas originarias de América que son hoy día conocidas en todo el mundo.

**Mole**

---

### ¿En qué alimentos encontramos estas frutas y verduras?

**Tomate:** pizza, ketchup, salsa de tomate, sopa de tomate

**Maíz:** palomitas de maíz, tamales, tortillas, arepas (Colombia y Venezuela), pan

**Papa:** papas fritas, frituras de papa°, puré de papas°, sopa de papas, tortilla de patatas (España)

**Cacao:** mole (México), chocolatinas°, cereales, helados°, tartas°

**Aguacate:** guacamole (México), coctel de camarones, sopa de aguacate, nachos, enchiladas hondureñas

---

salsa *sauce* palomitas de maíz *popcorn* mundo *world* insípido *flavorless* hasta *until* siglo *century* era *was* venenoso *poisonous* alimento *food* almacenarla *to store it* semillas *seeds* moneda *currency* las molían *they used to grind them* mezclándolas *mixing them* aguacate *avocado* guayaba *guava* frituras de papa *chips* puré de papas *mashed potatoes* chocolatinas *chocolate bars* helados *ice cream* tartas *cakes*

---

## ACTIVIDADES

**1** **¿Cierto o falso?** Indica si lo que dicen las oraciones es **cierto** o **falso**. Corrige la información falsa.

1. El tomate se introdujo a Europa como planta ornamental.

2. Los incas sólo consiguieron almacenar las papas por poco tiempo.

3. Los aztecas y los mayas usaron las papas como moneda.

4. El maíz era una comida poco popular en Latinoamérica.

5. El aguacate era el alimento básico de los incas.

6. En México se hace una salsa con chocolate.

7. El aguacate, la guayaba, la papaya, la piña y el maracuyá son originarios de América.

8. Las arepas se hacen con cacao.

9. El aguacate es un ingrediente del cóctel de camarones.

10. En España hacen una tortilla con papas.

## ASÍ SE DICE
### La comida

| | |
|---|---|
| el banano (Col.), el cambur (Ven.), el guineo (Nic.), el plátano (Amér. L., Esp.) | la banana |
| el choclo (Amér. S.), el elote (Méx.), el jojoto (Ven.), la mazorca (Esp.) | *corncob* |
| las caraotas (Ven.), los porotos (Amér. S.), las habichuelas (P. R.) | los frijoles |
| el durazno (Méx.) | el melocotón |
| el jitomate (Méx.) | el tomate |

## EL MUNDO HISPANO
### Algunos platos típicos

- **Ceviche peruano:** Es un plato de pescado crudo° que se marina° en jugo de limón, con sal, pimienta, cebolla y ají°. Se sirve con lechuga, maíz, camote° y papa amarilla.

- **Gazpacho andaluz:** Es una sopa fría típica del sur de España. Se hace con verduras crudas y molidas°: tomate, ají, pepino° y ajo. También lleva pan, sal, aceite y vinagre.

- **Sancocho colombiano:** Es una sopa de pollo, pescado o carne con plátano, maíz, zanahoria, yuca, papas, cebolla, cilantro y ajo. Se sirve con arroz blanco.

crudo *raw* se marina *gets marinated* ají *pepper* camote *sweet potato* molidas *mashed* pepino *cucumber*

## PERFIL
# Ferran Adrià: arte en la cocina°

¿Qué haces si un amigo te invita a comer croquetas líquidas o paella de *Kellogg's*? ¿Piensas que es una broma°? ¡Cuidado! Puedes estar perdiendo la oportunidad de probar los platos de uno de los chefs más innovadores del mundo°: **Ferran Adrià**.

Este artista de la cocina basa su éxito° en la creatividad y en la química. Adrià modifica combinaciones de ingredientes y juega con contrastes de gustos y sensaciones: frío-caliente, crudo-cocido°, dulce°-salado°...

**Aire de zanahorias**

A partir de nuevas técnicas, altera la textura de los alimentos sin alterar su sabor°. Sus platos sorprendentes° y divertidos atraen a muchos nuevos chefs a su academia de cocina experimental. Quizás un día compraremos° en el supermercado té esférico°, carne líquida y espuma° de tomate.

cocina *kitchen* broma *joke* mundo *world* éxito *success* cocido *cooked* dulce *sweet* salado *savory* sabor *taste* sorprendentes *surprising* compraremos *we will buy* esférico *spheric* espuma *foam*

### Conexión Internet

¿Qué platos comen los hispanos en los Estados Unidos?

Go to **vistas.vhlcentral.com** to find more cultural information related to this **Cultura** section.

## ACTIVIDADES

**2 Comprensión** Empareja cada palabra con su definición.

1. fruta amarilla
2. sopa típica de Colombia
3. ingrediente del ceviche
4. chef español

a. gazpacho
b. Ferran Adrià
c. sancocho
d. guineo
e. pescado

**3 ¿Qué plato especial hay en tu región?** Escribe cuatro oraciones sobre un plato típico de tu región. Explica los ingredientes que contiene y cómo se sirve.

 Practice more at **vistas.vhlcentral.com**.

## 8.1 Preterite of stem-changing verbs  Tutorial

**ANTE TODO** As you learned in **Lección 6**, **–ar** and **–er** stem-changing verbs have no stem change in the preterite. **–Ir** stem-changing verbs, however, do have a stem change. Study the following chart and observe where the stem changes occur.

**CONSULTA**

There are a few high-frequency irregular verbs in the preterite. You will learn more about them in **Estructura 9.1**, p. 310.

| Preterite of –ir stem-changing verbs | | |
|---|---|---|
| | **servir** *(to serve)* | **dormir** *(to sleep)* |
| **SINGULAR FORMS** yo | serví | dormí |
| tú | serviste | dormiste |
| Ud./él/ella | s**i**rvió | d**u**rmió |
| **PLURAL FORMS** nosotros/as | servimos | dormimos |
| vosotros/as | servisteis | dormisteis |
| Uds./ellos/ellas | s**i**rvieron | d**u**rmieron |

▶ Stem-changing **–ir** verbs, in the preterite only, have a stem change in the third-person singular and plural forms. The stem change consists of either **e** to **i** or **o** to **u**.

(e ⟶ i) pedir: p**i**dió, p**i**dieron     (o ⟶ u) morir *(to die)*: m**u**rió, m**u**rieron

¿Quién pidió el jamón?

Yo lo pedí.

**¡INTÉNTALO!**  Cambia cada infinitivo al pretérito.

1. Yo _serví, dormí, pedí..._ (servir, dormir, pedir, preferir, repetir, seguir)

2. Usted _____. (morir, conseguir, pedir, sentirse, despedirse, vestirse)

3. Tú _____. (conseguir, servir, morir, pedir, dormir, repetir)

4. Ellas _____. (repetir, dormir, seguir, preferir, morir, servir)

5. Nosotros _____. (seguir, preferir, servir, vestirse, despedirse, dormirse)

6. Ustedes _____. (sentirse, vestirse, conseguir, pedir, despedirse, dormirse)

7. Él _____. (dormir, morir, preferir, repetir, seguir, pedir)

**recursos**

WB
pp. 87–88

LM
p. 45

vistas.
vhlcentral.com
Lección 8

# Práctica

**1**

**Completar** Completa estas oraciones para describir lo que pasó anoche en el restaurante El Famoso.

**NOTA CULTURAL**

El horario de las comidas en España es distinto al de los EE.UU. El desayuno es ligero (*light*). La hora del almuerzo es entre las 2 y las 3 de la tarde. Es la comida más importante del día. Mucha gente merienda o come unas tapas por la tarde. La cena, normalmente ligera, suele (*tends*) ser entre las 9 y las 11 de la noche.

▶ 1. Paula y Humberto Suárez llegaron al restaurante El Famoso a las ocho y _____ (seguir) al camarero a una mesa en la sección de no fumar.

2. El señor Suárez _____ (pedir) una chuleta de cerdo.

3. La señora Suárez _____ (preferir) probar los camarones.

4. De tomar, los dos _____ (pedir) vino tinto.

5. El camarero _____ (repetir) el pedido (*the order*) para confirmarlo.

6. La comida tardó mucho (*took a long time*) en llegar y los señores Suárez _____ (dormirse) esperando la comida.

7. A las nueve y media el camarero les _____ (servir) la comida.

8. Después de comer la chuleta, el señor Suárez _____ (sentirse) muy mal.

9. Pobre señor Suárez… ¿por qué no _____ (pedir) los camarones?

**2**

**El camarero loco** En el restaurante La Hermosa trabaja un camarero muy distraído que siempre comete muchos errores. Indica lo que los clientes pidieron y lo que el camarero les sirvió.

> **modelo**
>
> Armando / papas fritas
> Armando pidió papas fritas, pero el camarero le sirvió maíz.

1. nosotros / jugo de naranja

2. Beatriz / queso

3. tú / arroz

4. Elena y Alejandro / atún

5. usted / agua mineral

6. yo / hamburguesa

 Practice more at **vistas.vhlcentral.com**.

# Comunicación

**3**

**El almuerzo** Trabajen en parejas. Túrnense para completar las oraciones de César de una manera lógica.

> **modelo**
> Mi compañero de cuarto se despertó temprano, pero yo...
> *Mi compañero de cuarto se despertó temprano, pero yo me desperté tarde.*

1. Yo llegué al restaurante a tiempo, pero mis amigos...
2. Beatriz pidió la ensalada de frutas, pero yo...
3. Yolanda les recomendó el bistec, pero Eva y Paco...
4. Nosotros preferimos las papas fritas, pero Yolanda...
5. El camarero sirvió la carne, pero yo...
6. Beatriz y yo pedimos café, pero Yolanda y Paco...
7. Eva se sintió enferma, pero Paco y yo...
8. Nosotros repetimos postre (*dessert*), pero Eva...
9. Ellos salieron tarde, pero yo...
10. Yo me dormí temprano, pero mi compañero de cuarto...

**¡LENGUA VIVA!**

In Spanish, the verb **repetir** is used to express *to have a second helping* (*of something*).

**Cuando mi mamá prepara sopa de champiñones, yo siempre repito.**

*When my mom makes mushroom soup, I always have a second helping.*

**4**

**Entrevista** Trabajen en parejas y túrnense para entrevistar a su compañero/a.

1. ¿Te acostaste tarde o temprano anoche? ¿A qué hora te dormiste? ¿Dormiste bien?
2. ¿A qué hora te despertaste esta mañana? Y, ¿a qué hora te levantaste?
3. ¿A qué hora vas a acostarte esta noche?
4. ¿Qué almorzaste ayer? ¿Quién te sirvió el almuerzo?
5. ¿Qué cenaste ayer?
6. ¿Cenaste en un restaurante recientemente? ¿Con quién(es)?
7. ¿Qué pediste en el restaurante? ¿Qué pidieron los demás?
8. ¿Se durmió alguien en alguna de tus clases la semana pasada? ¿En qué clase?

# Síntesis

**5**

**Describir** En grupos, estudien la foto y las preguntas. Luego, describan la primera (¿y la última?) cita de César y Libertad.

▶ ¿Adónde salieron a cenar?

▶ ¿Qué pidieron?

▶ ¿Les gustó la comida?

▶ ¿Quién prefirió una cena vegetariana? ¿Por qué?

▶ ¿Cómo se vistieron?

▶ ¿De qué hablaron? ¿Les gustó la conversación?

▶ ¿Van a volver a verse? ¿Por qué?

**CONSULTA**

To review words commonly associated with the preterite, such as **anoche**, see **Estructura 6.3**, p. 207.

## 8.2 Double object pronouns  Tutorial

**ANTE TODO** In **Lecciones 5** and **6**, you learned that direct and indirect object pronouns replace nouns and that they often refer to nouns that have already been referenced. You will now learn how to use direct and indirect object pronouns together. Observe the following diagram.

| Indirect Object Pronouns | | | Direct Object Pronouns | |
|---|---|---|---|---|
| me | nos | | lo | los |
| te | os | **+** | | |
| le (se) | les (se) | | la | las |

▶ When direct and indirect object pronouns are used together, the indirect object pronoun always precedes the direct object pronoun.

|  | DOUBLE OBJECT PRONOUNS |
|---|---|
| I.O.    D.O.<br>La camarera **me** muestra **el menú**.<br>*The waitress shows me the menu.* | La camarera **me lo** muestra.<br>*The waitress shows it to me.* |
| I.O.    D.O.<br>**Nos** sirven **los platos**.<br>*They serve us the dishes.* | **Nos los** sirven.<br>*They serve them to us.* |
| I.O.    D.O.<br>Maribel **te** pidió **una hamburguesa**.<br>*Maribel ordered a hamburger for you.* | Maribel **te la** pidió.<br>*Maribel ordered it for you.* |

¿Quién te los dio?

Me los compró un chico muy guapo.

▶ In Spanish, two pronouns that begin with the letter **l** cannot be used together. Therefore, the indirect object pronouns **le** and **les** always change to **se** when they are used with **lo, los, la,** and **las.**

|  | DOUBLE OBJECT PRONOUNS |
|---|---|
| I.O.    D.O.<br>**Le** escribí **la carta**.<br>*I wrote him the letter.* | **Se la** escribí.<br>*I wrote it to him.* |
| I.O.    D.O.<br>**Les** sirvió **los sándwiches**.<br>*He served them the sandwiches.* | **Se los** sirvió.<br>*He served them to them.* |

▶ Because **se** has multiple meanings, Spanish speakers often clarify to whom the pronoun refers by adding **a usted, a él, a ella, a ustedes, a ellos,** or **a ellas.**

¿El sombrero? Carlos **se** lo
   vendió **a ella.**
   *The hat? Carlos sold it to her.*

¿Las verduras? Ellos **se** las
   compran **a usted.**
   *The vegetables? They are buying them for you.*

▶ Double object pronouns are placed before a conjugated verb. With infinitives and present participles, they may be placed before the conjugated verb or attached to the end of the infinitive or present participle.

DOUBLE OBJECT
PRONOUNS
**Te  lo**  voy a mostrar.

DOUBLE OBJECT
PRONOUNS
Voy a mostrár**telo.**

DOUBLE OBJECT
PRONOUNS
**Nos  las**  están comprando.

DOUBLE OBJECT
PRONOUNS
Están comprándo**noslas.**

Mi abuelo **me lo** está leyendo.
Mi abuelo está leyéndo**melo.**

El camarero **se los** va a servir.
El camarero va a servír**selos.**

▶ As you can see above, when double object pronouns are attached to an infinitive or a present participle, an accent mark is added to maintain the original stress.

**¡INTÉNTALO!**   Escribe el pronombre de objeto directo o indirecto que falta en cada oración.

**( Objeto directo )**

1. ¿La ensalada? El camarero nos ___la___ sirvió.
2. ¿El salmón? La dueña me _____ recomienda.
3. ¿La comida? Voy a preparárte_____.
4. ¿Las bebidas? Estamos pidiéndose_____.
5. ¿Los refrescos? Te _____ puedo traer ahora.
6. ¿Los platos de arroz? Van a servírnos_____ después.

**( Objeto indirecto )**

1. ¿Puedes traerme tu plato? No, no ___te___ lo puedo traer.
2. ¿Quieres mostrarle la carta? Sí, voy a mostrár_____la ahora.
3. ¿Les serviste la carne? No, no _____ la serví.
4. ¿Vas a leerle el menú? No, no _____ lo voy a leer.
5. ¿Me recomiendas la langosta? Sí, _____ la recomiendo.
6. ¿Cuándo vas a prepararnos la cena? _____ la voy a preparar en una hora.

# Práctica

**1**

**Responder** Imagínate que trabajas de camarero/a en un restaurante. Responde a los pedidos (*requests*) de estos clientes usando pronombres.

> **modelo**
>
> Sra. Gómez: Una ensalada, por favor.
> *Sí, señora. Enseguida (Right away) se la traigo.*

1. Sres. López: La mantequilla, por favor.
2. Srta. Rivas: Los camarones, por favor.
3. Sra. Lugones: El pollo asado, por favor.
4. Tus compañeros/as de cuarto: Café, por favor.
5. Tu profesor(a) de español: Papas fritas, por favor.
6. Dra. González: La chuleta de cerdo, por favor.
7. Tu padre: Los champiñones, por favor.
8. Dr. Torres: La cuenta, por favor.

**2**

**¿Quién?** La señora Cevallos está planeando una cena. Se pregunta cómo va a resolver ciertas situaciones. En parejas, túrnense para decir lo que ella está pensando. Cambien los sustantivos subrayados por pronombres de objeto directo y hagan los otros cambios necesarios.

> **modelo**
>
> ¡No tengo carne! ¿Quién va a traerme la carne del supermercado? (mi esposo)
> *Mi esposo va a traérmela./Mi esposo me la va a traer.*

1. ¡Las invitaciones! ¿Quién les manda las invitaciones a los invitados (*guests*)? (mi hija)
2. No tengo tiempo de ir a la bodega. ¿Quién me puede comprar el vino? (mi hijo)
3. ¡Ay! No tengo suficientes platos (*plates*). ¿Quién puede prestarme los platos que necesito? (mi mamá)
4. Nos falta mantequilla. ¿Quién nos trae la mantequilla? (mi cuñada)
5. ¡Los entremeses! ¿Quién está preparándonos los entremeses? (Silvia y Renata)
6. No hay suficientes sillas. ¿Quién nos trae las sillas que faltan? (Héctor y Lorena)
7. No tengo tiempo de pedirle el aceite a Mónica. ¿Quién puede pedirle el aceite? (mi hijo)
8. ¿Quién va a servirles la cena a los invitados? (mis hijos)
9. Quiero poner buena música de fondo (*background*). ¿Quién me va a recomendar la música? (mi esposo)
10. ¡Los postres! ¿Quién va a preparar los postres para los invitados? (Sra. Villalba)

 Practice more at **vistas.vhlcentral.com**.

# Comunicación

**3**

**Contestar** Trabajen en parejas. Túrnense para hacer preguntas, usando las palabras interrogativas **¿Quién?** o **¿Cuándo?**, y para responderlas. Sigan el modelo.

> *modelo*
>
> nos enseña español
> **Estudiante 1:** ¿Quién nos enseña español?
> **Estudiante 2:** La profesora Camacho nos lo enseña.

1. te puede explicar (*explain*) la tarea cuando no la entiendes
2. les vende el almuerzo a los estudiantes
3. vas a comprarme boletos (*tickets*) para un concierto
4. te escribe mensajes de texto
5. nos prepara los entremeses
6. me vas a prestar tu computadora
7. te compró esa bebida
8. nos va a recomendar el menú de la cafetería
9. le enseñó español al/a la profesor(a)
10. me vas a mostrar tu casa o apartamento

**4**

**Preguntas** En parejas, túrnense para hacerse estas preguntas.

> *modelo*
>
> **Estudiante 1:** ¿Les prestas tu casa a tus amigos? ¿Por qué?
> **Estudiante 2:** No, no se la presto a mis amigos porque no son muy responsables.

1. ¿Me prestas tu auto? ¿Ya le prestaste tu auto a otro/a amigo/a?
2. ¿Quién te presta dinero cuando lo necesitas?
3. ¿Les prestas dinero a tus amigos? ¿Por qué?
4. ¿Nos compras el almuerzo a mí y a los otros compañeros de clase?
5. ¿Les mandas correo electrónico a tus amigos? ¿Y a tu familia?
6. ¿Les das regalos a tus amigos? ¿Cuándo?
7. ¿Quién te va a preparar la cena esta noche?
8. ¿Quién te va a preparar el desayuno mañana?

# Síntesis

**5**

**Regalos de Navidad** Tu profesor(a) te va a dar a ti y a un(a) compañero/a una parte de la lista de los regalos de Navidad (*Christmas gifts*) que Berta pidió y los regalos que sus parientes le compraron. Conversen para completar sus listas.

> *modelo*
>
> **Estudiante 1:** ¿Qué le pidió Berta a su mamá?
> **Estudiante 2:** Le pidió una computadora. ¿Se la compró?
> **Estudiante 1:** Sí, se la compró.

◀ **NOTA CULTURAL**

Las fiestas navideñas (*Christmas season*) en los países hispanos duran hasta enero. En muchos lugares celebran **la Navidad** (*Christmas*), pero no se dan los regalos hasta el seis de enero, **el Día de los Reyes Magos** (*Three Kings' Day/The Feast of the Epiphany*).

## 8.3 Comparisons  Tutorial

 Both Spanish and English use comparisons to indicate which of two people or things has a lesser, equal, or greater degree of a quality.

#### Comparisons

| **menos interesante** | **más grande** | **tan sabroso como** |
|---|---|---|
| *less interesting* | *bigger* | *as delicious as* |

## Comparisons of inequality

▶ Comparisons of inequality are formed by placing **más** (*more*) or **menos** (*less*) before adjectives, adverbs, and nouns and **que** (*than*) after them.

$$\text{más/menos} + \begin{bmatrix} adjective \\ adverb \\ noun \end{bmatrix} + \text{que}$$

▶ **¡Atención!** Note that while English has a comparative form for short adjectives (*tall**er***), such forms do not exist in Spanish (**más** alto).

#### adjectives

| Los bistecs son **más caros que** el pollo. | Estas uvas son **menos ricas que** esa pera. |
|---|---|
| *Steaks are more expensive than chicken.* | *These grapes are less tasty than that pear.* |

#### adverbs

| Me acuesto **más tarde que** tú. | Luis se despierta **menos temprano que** yo. |
|---|---|
| *I go to bed later than you (do).* | *Luis wakes up less early than I (do).* |

#### nouns

| Juan prepara **más platos que** José. | Susana come **menos carne que** Enrique. |
|---|---|
| *Juan prepares more dishes than José (does).* | *Susana eats less meat than Enrique (does).* |

La ensalada es menos cara que la sopa.

¿El pollo es más rico que el jamón?

▶ When the comparison involves a numerical expression, **de** is used before the number instead of **que**.

| Hay más **de** cincuenta naranjas. | Llego en menos **de** diez minutos. |
|---|---|
| *There are more than fifty oranges.* | *I'll be there in less than ten minutes.* |

▶ With verbs, this construction is used to make comparisons of inequality.

$$\begin{bmatrix} verb \end{bmatrix} + \text{más/menos que}$$

| Mis hermanos **comen más que** yo. | Arturo **duerme menos que** su padre. |
|---|---|
| *My brothers eat more than I (do).* | *Arturo sleeps less than his father (does).* |

# Comparisons of equality

▶ This construction is used to make comparisons of equality.

**tan** + [ *adjective* / *adverb* ] + **como**      **tanto/a(s)** + [ *singular noun* / *plural noun* ] + **como**

¿Es tan guapo como yo?

¿Aquí vienen tantos mexicanos como extranjeros?

▶ **¡Atención!** Note that unlike **tan**, **tanto** acts as an adjective and therefore agrees in number and gender with the noun it modifies.

Estas uvas son **tan ricas como** aquéllas.
*These grapes are as tasty as those ones (are).*

Yo probé **tantos platos como** él.
*I tried as many dishes as he did.*

▶ **Tan** and **tanto** can also be used for emphasis, rather than to compare, with these meanings: **tan** *so*, **tanto** *so much*, **tantos/as** *so many*.

¡Tu almuerzo es **tan** grande!
*Your lunch is so big!*

¡Comes **tantas** manzanas!
*You eat so many apples!*

¡Comes **tanto**!
*You eat so much!*

¡Preparan **tantos** platos!
*They prepare so many dishes!*

▶ Comparisons of equality with verbs are formed by placing **tanto como** after the verb. Note that in this construction **tanto** does not change in number or gender.

[ *verb* ] + **tanto como**

Tú viajas **tanto como** mi tía.
*You travel as much as my aunt (does).*

Ellos hablan **tanto como** mis hermanas.
*They talk as much as my sisters.*

Sabemos **tanto como** ustedes.
*We know as much as you (do).*

No estudio **tanto como** Felipe.
*I don't study as much as Felipe (does).*

# Irregular comparisons

▶ Some adjectives have irregular comparative forms.

| **Irregular comparative forms** | | | |
|---|---|---|---|
| **Adjective** | | **Comparative form** | |
| **bueno/a** | *good* | **mejor** | *better* |
| **malo/a** | *bad* | **peor** | *worse* |
| **grande** | *big* | **mayor** | *bigger* |
| **pequeño/a** | *small* | **menor** | *smaller* |
| **joven** | *young* | **menor** | *younger* |
| **viejo/a** | *old* | **mayor** | *older* |

**CONSULTA**

To review how descriptive adjectives like **bueno**, **malo**, and **grande** shorten before nouns, see **Estructura 3.1**, p. 90.

▶ When **grande** and **pequeño/a** refer to age, the irregular comparative forms, **mayor** and **menor**, are used. However, when these adjectives refer to size, the regular forms, **más grande** and **más pequeño/a**, are used.

Yo soy **menor** que tú.
*I'm younger than you.*

Pedí un plato **más pequeño**.
*I ordered a smaller dish.*

Nuestro hijo es **mayor** que
el hijo de los Andrade.
*Our son is older than the Andrades' son.*

La ensalada de Isabel es **más grande**
que ésa.
*Isabel's salad is bigger than that one.*

▶ The adverbs **bien** and **mal** have the same irregular comparative forms as the adjectives **bueno/a** and **malo/a**.

Julio nada **mejor** que los otros chicos.
*Julio swims better than the other boys.*

Ellas cantan **peor** que las otras chicas.
*They sing worse than the other girls.*

**recursos**

WB
pp. 91–92

LM
p. 47

**S**
vistas.
vhlcentral.com
Lección 8

**¡INTÉNTALO!**    Escribe el equivalente de las palabras en inglés.

1. Ernesto mira más televisión ___que___ (*than*) Alberto.
2. Tú eres _____ (*less*) simpático que Federico.
3. La camarera sirve _____ (*as much*) carne como pescado.
4. Recibo _____ (*more*) propinas que tú.
5. No estudio _____ (*as much as*) tú.
6. ¿Sabes jugar al tenis tan bien _____ (*as*) tu hermana?
7. ¿Puedes beber _____ (*as many*) refrescos como yo?
8. Mis amigos parecen _____ (*as*) simpáticos como ustedes.

# Práctica

**1 Escoger** Escoge la palabra correcta para comparar a dos hermanas muy diferentes. Haz los cambios necesarios.

1. Lucila es más alta y más bonita _____ Tita. (de, más, menos, que)
2. Tita es más delgada porque come _____ verduras que su hermana. (de, más, menos, que)
3. Lucila es más _____ que Tita porque es alegre. (listo, simpático, bajo)
4. A Tita le gusta comer en casa. Va a _____ restaurantes que su hermana. (más, menos, que) Es tímida, pero activa. Hace _____ ejercicio (*exercise*) que su hermana. (más, tanto, menos) Todos los días toma más _____ cinco vasos (*glasses*) de agua mineral. (que, tan, de)
5. Lucila come muchas papas fritas y se preocupa _____ que Tita por comer frutas. (de, más, menos) ¡Son _____ diferentes! Pero se llevan (*they get along*) muy bien. (como, tan, tanto)

**2 Emparejar** Compara a Mario y a Luis, los novios de Lucila y Tita, completando las oraciones de la columna A con las palabras o frases de la columna B.

| A | B |
|---|---|
| 1. Mario es _____ como Luis. | tantas |
| 2. Mario viaja tanto _____ Luis. | diferencia |
| 3. Luis toma _____ clases de cocina (*cooking*) como Mario. | tan interesante |
| 4. Luis habla _____ tan bien como Mario. | amigos extranjeros |
| 5. Mario tiene tantos _____ como Luis. | como |
| 6. ¡Qué casualidad (*coincidence*)! Mario y Luis también son hermanos, pero no hay tanta _____ entre ellos como entre Lucila y Tita. | francés |

**3 Oraciones** Combina elementos de las columnas A, B y C para hacer comparaciones. Escribe oraciones completas.

> **modelo**
>
> Arnold Schwarzenegger tiene tantos autos como Jennifer Aniston.
> Jennifer Aniston es menos musculosa que Arnold Schwarzenegger.

| A | B | C |
|---|---|---|
| la comida japonesa | costar | la gente de Montreal |
| el fútbol | saber | la música *country* |
| Arnold Schwarzenegger | ser | el brócoli |
| el pollo | tener | el presidente de los EE.UU. |
| la gente de Vancouver | ¿? | la comida italiana |
| la primera dama (*lady*) de los EE.UU. | | el hockey |
| las universidades privadas | | Jennifer Aniston |
| las espinacas | | las universidades públicas |
| la música rap | | la carne de res |

# Comunicación

**4**    **Intercambiar** En parejas, hagan comparaciones sobre diferentes cosas. Pueden usar las sugerencias de la lista u otras ideas.

**AYUDA**

You can use these adjectives in your comparisons:
**bonito/a**
**caro/a**
**elegante**
**interesante**
**inteligente**

> **modelo**
>
> **Estudiante 1:** *Los pollos de Pollitos del Corral son muy ricos.*
> **Estudiante 2:** *Pues yo creo que los pollos de Rostipollos son tan buenos como los pollos de Pollitos del Corral.*
> **Estudiante 1:** *Ummm... no tienen tanta mantequilla como los pollos de Pollitos del Corral. Tienes razón. Son muy sabrosos.*

| | |
|---|---|
| restaurantes en tu ciudad/pueblo<br>cafés en tu comunidad<br>tiendas en tu ciudad/pueblo | periódicos en tu ciudad/pueblo<br>revistas favoritas<br>libros favoritos |

comidas favoritas
los profesores
los cursos que toman

**5**    **Conversar** En grupos, túrnense para hacer comparaciones entre ustedes mismos (*yourselves*) y una persona de cada categoría de la lista.

▶ una persona de tu familia

▶ un(a) amigo/a especial

▶ una persona famosa

# Síntesis

**6**    **La familia López** En grupos, túrnense para hablar de Sara, Sabrina, Cristina, Ricardo y David y hacer comparaciones entre ellos.

Sara    Sabrina          David    Ricardo    Cristina

> **modelo**
>
> **Estudiante 1:** *Sara es tan alta como Sabrina.*
> **Estudiante 2:** *Sí, pero David es más alto que ellas.*
> **Estudiante 3:** *En mi opinión, él es guapo también.*

# Superlatives  Tutorial

**ANTE TODO** Both English and Spanish use superlatives to express the highest or lowest degree of a quality.

| **el/la mejor** | **el/la peor** | **el/la más alto/a** |
|---|---|---|
| *the best* | *the worst* | *the tallest* |

▶ This construction is used to form superlatives. Note that the noun is always preceded by a definite article and that **de** is equivalent to the English *in* or *of*.

**el/la/los/las** + [ *noun* ] + **más/menos** + [ *adjective* ] + **de**

▶ The noun can be omitted if the person, place, or thing referred to is clear.

¿El restaurante Las Delicias?
  Es **el más elegante** de la ciudad.
  *The restaurant Las Delicias?*
  *It's the most elegant (one) in the city.*

Recomiendo el pollo asado.
  Es **el más sabroso** del menú.
  *I recommend the roast chicken.*
  *It's the most delicious on the menu.*

▶ Here are some irregular superlative forms.

## Irregular superlatives

| Adjective | | Superlative form | |
|---|---|---|---|
| **bueno/a** | *good* | **el/la mejor** | *(the) best* |
| **malo/a** | *bad* | **el/la peor** | *(the) worst* |
| **grande** | *big* | **el/la mayor** | *(the) biggest* |
| **pequeño/a** | *small* | **el/la menor** | *(the) smallest* |
| **joven** | *young* | **el/la menor** | *(the) youngest* |
| **viejo/a** | *old* | **el/la mayor** | *(the) eldest* |

▶ The absolute superlative is equivalent to *extremely, super,* or *very*. To form the absolute superlative of most adjectives and adverbs, drop the final vowel, if there is one, and add **-ísimo/a(s)**.

**malo** → **mal-** → **malísimo**           **mucho** → **much-** → **muchísimo**

¡El bistec está **malísimo**!           Comes **muchísimo**.

▶ Note these spelling changes.

**rico** → **riquísimo**   **largo** → **larguísimo**   **feliz** → **felicísimo**

**fácil** → **facilísimo**   **joven** → **jovencísimo**   **trabajador** → **trabajadorcísimo**

---

**¡INTÉNTALO!** Escribe el equivalente de las palabras en inglés.

1. Marisa es <u>la más inteligente</u> (*the most intelligent*) de todas.
2. Ricardo y Tomás son _____ (*the least boring*) de la fiesta.
3. Miguel y Antonio son _____ (*the worst*) estudiantes de la clase.
4. Mi profesor de biología es _____ (*the oldest*) de la universidad.

**¡ATENCIÓN!**

While **más** alone means *more*, after **el**, **la**, **los** or **las**, it means *most*. Likewise, **menos** can mean *less* or *least*.

Es **el café más rico del** país.
*It's the most delicious coffee in the country.*

Es **el menú menos caro de** todos éstos.
*It is the least expensive menu of all of these.*

**CONSULTA**

The rule you learned in **Estructura 8.3** (p. 283) regarding the use of **mayor/menor** with age, but not with size, is also true with superlative forms.

recursos

WB
pp. 93–94

LM
p. 48

vistas.
vhlcentral.com
Lección 8

# Práctica y Comunicación

**1**

**El más...** Responde a las preguntas afirmativamente. Usa las palabras entre paréntesis.

> **modelo**
>
> El cuarto está sucísimo, ¿no? (residencia)
> Sí, *es el más sucio de la residencia.*

1. El almacén Velasco es buenísimo, ¿no? (centro comercial)
2. La silla de tu madre es comodísima, ¿no? (casa)
3. Ángela y Julia están nerviosísimas por el examen, ¿no? (clase)
4. Jorge es jovencísimo, ¿no? (mis amigos)

**2**

**Completar** Tu profesor(a) te va a dar una hoja de actividades con descripciones de José Valenzuela Carranza y Ana Orozco Hoffman. Completa las oraciones con las palabras de la lista.

| | | | |
|---|---|---|---|
| altísima | del | mayor | peor |
| atlética | guapísimo | mejor | periodista |
| bajo | la | menor | trabajadorcísimo |
| de | más | Orozco | Valenzuela |

1. José tiene 22 años; es el _____ y el más _____ de su familia.
   Es _____ y _____. Es el mejor _____ de la ciudad
   y el _____ jugador de baloncesto.
2. Ana es la más _____ y _____ mejor jugadora de baloncesto
   del estado. Es la _____ de sus hermanos (tiene 28 años) y es
   _____. Estudió la profesión _____ difícil _____
   todas: medicina.
3. Jorge es el _____ jugador de videojuegos de su familia.
4. Mauricio es el menor de la familia _____.
5. El abuelo es el _____ de todos los miembros de la familia Valenzuela.
6. Fifí es la perra más antipática _____ mundo.

**3**

**Superlativos** Trabajen en parejas para hacer comparaciones. Usen los superlativos.

> **modelo**
>
> Angelina Jolie, Bill Gates, Jimmy Carter
> **Estudiante 1:** Bill Gates es el más rico de los tres.
> **Estudiante 2:** Sí, ¡es riquísimo! Y Jimmy Carter es el mayor de los tres.

1. Guatemala, Argentina, España
2. Jaguar, Prius, Smart
3. la comida mexicana, la comida francesa, la comida árabe
4. Paris Hilton, Meryl Streep, Katie Holmes
5. Ciudad de México, Buenos Aires, Nueva York
6. *Don Quijote de la Mancha, Cien años de soledad, Como agua para chocolate*
7. el fútbol americano, el golf, el béisbol
8. las películas románticas, las películas de acción, las películas cómicas

 Practice more at **vistas.vhlcentral.com**.

# Recapitulación

 **Concepts Diagnostics**

Completa estas actividades para repasar los conceptos de gramática que aprendiste en esta lección.

**1** **Completar** Completa la tabla con la forma correcta del pretérito. **9 pts.**

| Infinitive | yo | usted | ellos |
|------------|-----|-------|-------|
| dormir | | | |
| servir | | | |
| vestirse | | | |

**2** **La cena** Completa la conversación con el pretérito de los verbos. **7 pts.**

**PAULA** ¡Hola, Daniel! ¿Qué tal el fin de semana?

**DANIEL** Muy bien. Marta y yo (1) _____ (conseguir) hacer muchas cosas, pero lo mejor fue la cena del sábado.

**PAULA** Ah, ¿sí? ¿Adónde fueron?

**DANIEL** Al restaurante Vistahermosa. Es elegante, así que (nosotros) (2) _____ (vestirse) bien.

**PAULA** Y, ¿qué platos (3) _____ (pedir, ustedes)?

**DANIEL** Yo (4) _____ (pedir) camarones y Marta (5) _____ (preferir) el pollo. Y al final, el camarero nos (6) _____ (servir) flan.

**PAULA** ¡Qué rico!

**DANIEL** Sí. Pero después de la cena Marta no (7) _____ (sentirse) bien.

**3** **Camareros** Genaro y Úrsula son camareros en un restaurante. Completa la conversación que tienen con su jefe usando pronombres. **8 pts.**

**JEFE** Úrsula, ¿le ofreciste agua fría al cliente de la mesa 22?

**ÚRSULA** Sí, (1) _____ de inmediato.

**JEFE** Genaro, ¿los clientes de la mesa 5 te pidieron ensaladas?

**GENARO** Sí, (2) _____.

**ÚRSULA** Genaro, ¿recuerdas si ya me mostraste los vinos nuevos?

**GENARO** Sí, ya (3) _____.

**JEFE** Genaro, ¿van a pagarte la cuenta los clientes de la mesa 5?

**GENARO** Sí, (4) _____ ahora mismo.

---

**RESUMEN GRAMATICAL**

**8.1** **Preterite of stem-changing verbs**  *p. 274*

| servir | dormir |
|--------|--------|
| serví | dormí |
| serviste | dormiste |
| sirvió | durmió |
| servimos | dormimos |
| servisteis | dormisteis |
| sirvieron | durmieron |

**8.2** **Double object pronouns**  *pp. 277–278*

Indirect Object Pronouns: me, te, le (se), nos, os, les (se)

Direct Object Pronouns: lo, la, los, las

Le escribí la carta. → Se la escribí.

Nos van a servir los platos. → Nos los van a servir./ Van a servírnoslos.

**8.3** **Comparisons**  *pp. 281–283*

| Comparisons of inequality | | |
|---|---|---|
| más/menos + | *adj., adv., n.* | + que |
| *verb* + **más/menos** + **que** | | |

| Comparisons of equality | | |
|---|---|---|
| tan + | *adj., adv.* | + como |
| tanto/a(s) + | *noun* | + como |
| *verb* + **tanto como** | | |

| Irregular comparative forms | |
|---|---|
| bueno/a | mejor |
| malo/a | peor |
| grande | mayor |
| pequeño/a | menor |
| joven | menor |
| viejo/a | mayor |

**4** **El menú** Observa el menú y sus características. Completa las oraciones basándote en los elementos dados. Usa comparativos y superlativos. **14 pts.**

| 8.4 | **Superlatives** | *p. 286* |
|---|---|---|

| el/la/ los/las + | *noun* | + más/ menos + | *adjective* | + de |
|---|---|---|---|---|

▶ Irregular superlatives follow the same pattern as irregular comparatives.

| *Ensaladas* | *Precio* | *Calorías* |
|---|---|---|
| Ensalada de tomates | $9.00 | 170 |
| Ensalada de mariscos | $12.99 | 325 |
| Ensalada de zanahorias | $9.00 | 200 |

| *Platos principales* | | |
|---|---|---|
| Pollo con champiñones | $13.00 | 495 |
| Cerdo con papas | $10.50 | 725 |
| Atún con espárragos | $18.95 | 495 |

1. ensalada de mariscos / otras ensaladas / costar
   La ensalada de mariscos _____ las otras ensaladas.
2. pollo con champiñones / cerdo con papas / calorías
   El pollo con champiñones tiene _____ el cerdo con papas.
3. atún con espárragos / pollo con champiñones / calorías
   El atún con espárragos tiene _____ el pollo con champiñones.
4. ensalada de tomates / ensalada de zanahorias / caro
   La ensalada de tomates es _____ la ensalada de zanahorias.
5. cerdo con papas / platos principales / caro
   El cerdo con papas es _____ los platos principales.
6. ensalada de zanahorias / ensalada de tomates / costar
   La ensalada de zanahorias _____ la ensalada de tomates.
7. ensalada de mariscos / ensaladas / caro
   La ensalada de mariscos es _____ las ensaladas.

**5** **Dos restaurantes** ¿Cuál es el mejor restaurante que conoces? ¿Y el peor? Escribe un párrafo de por lo menos (*at least*) seis oraciones donde expliques por qué piensas así. Puedes hablar de la calidad de la comida, el ambiente, los precios, el servicio, etc. **12 pts.**

**6** **Adivinanza** Completa la adivinanza y adivina la respuesta. **¡2 puntos EXTRA!**

"En el campo yo nací°,
mis hermanos son
los _____ (*garlic, pl.*),
y aquél que llora° por mí
me está partiendo°
en pedazos°."
¿Quién soy? _____

*nací was born* **llora** *cries* **partiendo** *cutting* **pedazos** *pieces*

 Practice more at **vistas.vhlcentral.com**.

# Lectura

## Antes de leer

### Estrategia
#### Reading for the main idea

As you know, you can learn a great deal about a reading selection by looking at the format and looking for cognates, titles, and subtitles. You can skim to get the gist of the reading selection and scan it for specific information. Reading for the main idea is another useful strategy; it involves locating the topic sentences of each paragraph to determine the author's purpose for writing a particular piece. Topic sentences can provide clues about the content of each paragraph, as well as the general organization of the reading. Your choice of which reading strategies to use will depend on the style and format of each reading selection.

### Examinar el texto

En esta sección tenemos dos textos diferentes. ¿Qué estrategias puedes usar para leer la crítica culinaria°? ¿Cuáles son las apropiadas para familiarizarte con el menú? Utiliza las estrategias más eficaces° para cada texto. ¿Qué tienen en común? ¿Qué tipo de comida sirven en el restaurante?

### Identificar la idea principal

Lee la primera frase de cada párrafo de la crítica culinaria del restaurante **La feria del maíz**. Apunta° el tema principal de cada párrafo. Luego lee todo el primer párrafo. ¿Crees que el restaurante le gustó al autor de la crítica culinaria? ¿Por qué? Ahora lee la crítica entera. En tu opinión, ¿cuál es la idea principal de la crítica? ¿Por qué la escribió el autor? Compara tus opiniones con las de un(a) compañero/a.

crítica culinaria *restaurant review* eficaces *efficient*
Apunta *Jot down*

 Practice more at **vistas.vhlcentral.com.**

---

## MENÚ

### Entremeses

Tortilla servida con
• Ajiaceite (chile, aceite)  • Ajicomino (chile, comino)

Pan tostado servido con
• Queso frito a la pimienta  • Salsa de ajo y mayonesa

### Sopas

• Tomate  • Cebolla  • Verduras  • Pollo y huevo
• Carne de res  • Mariscos

### Entradas

Tomaticán
(tomate, papas, maíz, chile, arvejas y zanahorias)

Tamales
(maíz, azúcar, ajo, cebolla)

Frijoles enchilados
(frijoles negros, carne de cerdo o de res, arroz, chile)

Chilaquil
(tortilla de maíz, queso, hierbas y chile)

Tacos
(tortillas, pollo, verduras y salsa)

Cóctel de mariscos
(camarones, langosta, vinagre, sal, pimienta, aceite)

### Postres°

• Plátanos caribeños  • Cóctel de frutas al ron°
• Uvate (uvas, azúcar de caña y ron)  • Flan napolitano
• Helado° de piña y naranja  • Pastel° de yogur

---

## Después de leer

### Preguntas

En parejas, contesten estas preguntas sobre la crítica culinaria de **La feria del maíz.**

1. ¿Quién es el dueño y chef de **La feria del maíz**?

2. ¿Qué tipo de comida se sirve en el restaurante?

3. ¿Cuál es el problema con el servicio?

4. ¿Cómo es el ambiente del restaurante?

5. ¿Qué comidas probó el autor?

6. ¿Quieren ir ustedes al restaurante **La feria del maíz**? ¿Por qué?

23F

# Gastronomía
### Por Eduardo Fernández

## La feria del maíz

Sobresaliente°. En el nuevo restaurante **La feria del maíz** va a encontrar la perfecta combinación entre la comida tradicional y el encanto° de la vieja ciudad de Antigua. Ernesto Sandoval, antiguo jefe de cocina° del famoso restaurante **El fogón**, está teniendo mucho éxito° en su nueva aventura culinaria.

El gerente°, el experimentado José Sierra, controla a la perfección la calidad del servicio. El camarero que me atendió esa noche fue muy amable en todo momento. Sólo hay que comentar que,

**La feria del maíz**
**13 calle 4-41 Zona 1**
**La Antigua, Guatemala**
**2329912**

*lunes a sábado*
*10:30am-11:30pm*
*domingo 10:00am-10:00pm*

Comida ⑂⑂⑂⑂⑂

Servicio ⑂⑂⑂

Ambiente ⑂⑂⑂⑂

Precio ⑂⑂⑂

debido al éxito inmediato de **La feria del maíz**, se necesitan más camareros para atender a los clientes de una forma más eficaz. En esta ocasión, el mesero se

tomó unos veinte minutos en traerme la bebida.

Afortunadamente, no me importó mucho la espera entre plato y plato, pues el ambiente es tan agradable que me sentí como en casa. El restaurante mantiene el estilo colonial de Antigua. Por dentro°, es elegante y rústico a la vez. Cuando el tiempo lo permite, se puede comer también en el patio, donde hay muchas flores.

El servicio de camareros y el ambiente agradable del local pasan a un segundo plano cuando llega la comida, de una calidad extraordinaria. Las tortillas de casa se sirven con un ajiaceite delicioso. La sopa

de mariscos es excelente y los tamales, pues, tengo que confesar que son mejores que los de mi abuelita. También recomiendo los tacos de pollo, servidos con un mole buenísimo. De postre, don Ernesto me preparó su especialidad, unos plátanos caribeños sabrosísimos.

Los precios pueden parecer altos° para una comida tradicional, pero la calidad de los productos con que se cocinan los platos y el exquisito ambiente de **La feria del maíz** garantizan° una experiencia inolvidable°.

*Bebidas*
- Cerveza negra  • Chilate (bebida de maíz, chile y cacao)
- Jugos de fruta  • Agua mineral  • Té helado
- Vino tinto/blanco  • Ron

Postres *Desserts* ron *rum* Helado *Ice cream* Pastel *Cake* Sobresaliente *Outstanding* encanto *charm* jefe de cocina *head chef* éxito *success* gerente *manager* Por dentro *Inside* altos *high* garantizan *guarantee* inolvidable *unforgettable*

---

### Un(a) guía turístico/a 🖱️✂️

Tú eres un(a) guía turístico/a en Guatemala. Estás en el restaurante **La feria del maíz** con un grupo de turistas norteamericanos. Ellos no hablan español y quieren pedir de comer, pero necesitan tu ayuda. Lee nuevamente el menú e indica qué error comete cada turista.

1. La señora Johnson es diabética y no puede comer azúcar. Pide sopa de verduras y tamales. No pide nada de postre.

2. Los señores Petit son vegeterianos y piden sopa de tomate, frijoles enchilados y plátanos caribeños.

3. El señor Smith, que es alérgico al chocolate, pide tortilla servida con ajiaceite, chilaquil y chilate para beber.

4. La adorable hija del señor Smith tiene sólo cuatro años y le gustan mucho las verduras y las frutas naturales. Su papá le pide tomaticán y un cóctel de frutas.

5. La señorita Jackson está a dieta y pide uvate, flan napolitano y helado.

# Escritura

## Estrategia

### Expressing and supporting opinions

Written reviews are just one of the many kinds of writing which require you to state your opinions. In order to convince your reader to take your opinions seriously, it is important to support them as thoroughly as possible. Details, facts, examples, and other forms of evidence are necessary. In a restaurant review, for example, it is not enough just to rate the food, service, and atmosphere. Readers will want details about the dishes you ordered, the kind of service you received, and the type of atmosphere you encountered. If you were writing a concert or album review, what kinds of details might your readers expect to find?

It is easier to include details that support your opinions if you plan ahead. Before going to a place or event that you are planning to review, write a list of questions that your readers might ask. Decide which aspects of the experience you are going to rate and list the details that will help you decide upon a rating. You can then organize these lists into a questionnaire and a rating sheet. Bring these forms with you to help you make your opinions and to remind you of the kinds of information you need to gather in order to support those opinions. Later, these forms will help you organize your review into logical categories. They can also provide the details and other evidence you need to convince your readers of your opinions.

## Tema

### Escribir una crítica

Escribe una crítica culinaria° sobre un restaurante local para periódico de la universidad. Clasifica el restaurante dándole de una a cinco estrellas° y anota tus recomendaciones para futuros clientes del restaurante. Incluye tus opiniones acerca de°:

▶ La comida
  ¿Qué tipo de comida es? ¿Qué tipo de ingredientes usan? ¿Es de buena calidad? ¿Cuál es el mejor plato? ¿Y el peor? ¿Quién es el/la chef?

▶ El servicio
  ¿Es necesario esperar mucho para conseguir una mesa? ¿Tienen los camareros un buen conocimiento del menú? ¿Atienden a los clientes con rapidez° y cortesía?

▶ El ambiente
  ¿Cómo es la decoración del restaurante? ¿Es el ambiente informal o elegante? ¿Hay música o algún tipo de entretenimiento°? ¿Hay un bar? ¿Un patio?

▶ Información práctica
  ¿Cómo son los precios? ¿Se aceptan tarjetas de crédito? ¿Cuál es la dirección° y el número de teléfono? ¿Quién es el/la dueño/a? ¿El/La gerente?

---

crítica culinaria *restaurant review* estrellas *stars* acerca de *about*
rapidez *speed* entretenimiento *entertainment* dirección *address*

# Escuchar 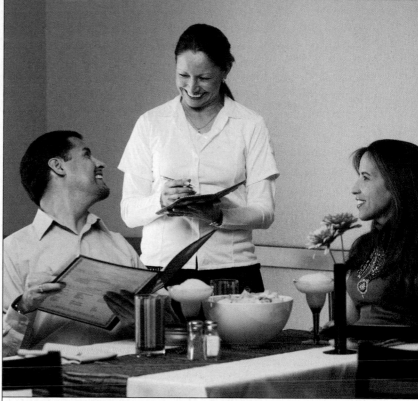 Ⓢ Audio: Activities

## Estrategia

### Jotting down notes as you listen

Jotting down notes while you listen to a conversation in Spanish can help you keep track of the important points or details. It will help you to focus actively on comprehension rather than on remembering what you have heard.

 To practice this strategy, you will now listen to a paragraph. Jot down the main points you hear.

## Preparación

Mira la foto. ¿Dónde están estas personas y qué hacen? ¿Sobre qué crees que están hablando?

## Ahora escucha

Rosa y Roberto están en un restaurante. Escucha la conversación entre ellos y la camarera y toma nota de cuáles son los especiales del día, qué pidieron y qué bebidas se mencionan.

> **Especiales del día**

**Entremeses**

_____

**Plato principal**

_____

_____

_____

> **¿Qué pidieron?**

**Roberto**

_____

**Rosa**

_____

> **Bebidas**

_____

_____

## Comprensión

### Seleccionar

Usa tus notas para seleccionar la opción correcta para completar cada oración.

1. Dos de los mejores platos del restaurante son _____.
   a. los entremeses del día y el cerdo
   b. el salmón y el arroz con pollo
   c. la carne y el arroz con pollo

2. La camarera _____.
   a. los lleva a su mesa, les muestra el menú y les sirve el postre
   b. les habla de los especiales del día, les recomienda unos platos y ellos deciden qué van a comer
   c. les lleva unas bebidas, les recomienda unos platos y les sirve pan

3. Roberto va a comer _____ Rosa.
   a. tantos platos como
   b. más platos que
   c. menos platos que

### Preguntas

En grupos de tres o cuatro, respondan a las preguntas: ¿Conocen los platos que Rosa y Roberto pidieron? ¿Conocen platos con los mismos ingredientes? ¿En qué son diferentes o similares? ¿Cuál les gusta más? ¿Por qué?

 Practice more at **vistas.vhlcentral.com.**

# En pantalla

Los niños en los países hispanos suelen° comer algunos platos que no son muy comunes en los hogares° estadounidenses. Por ejemplo, muchos de los dulces° tradicionales de Colombia se hacen con frutas naturales. En algunas familias mexicanas se sirven pepinos° y jícamas° con limón y chile en polvo° como merienda a media tarde. Y para la comida, en muchos países, les sirven hígado o morcilla° a los niños porque son muy nutritivos. En este anuncio, vas a conocer a un niño peruano al que no le gusta el hígado.

| Vocabulario útil | |
|---|---|
| el cuco | bogeyman |
| fascículos | parts |
| el hígado | liver |
| nutritivo | nutritious |
| recetas | recipes |
| se los lleva... | are taken away by... |
| te dijo | told you |

### Ordenar

Pon en orden lo que ves en el anuncio de televisión. No vas a usar dos elementos.

_____ a. pescado      _____ e. cuco
_____ b. periódicos    _____ f. langosta
_____ c. sal y pimienta   _____ g. niño
_____ d. mamá       _____ h. recetas

### Test

Responde a las preguntas. Después comparte tus respuestas con dos o tres compañeros/as para saber quién es el/la más osado/a (*daring*).

1. ¿Cuál es tu plato favorito?
2. ¿Cuál es el plato más exótico que has probado (*that you have tried*)? ¿Te gustó o no?
3. ¿Qué plato exótico te gustaría (*would you like*) probar?
4. ¿Qué plato no quieres probar nunca? ¿Por qué?

suelen *are in the habit of* hogares *homes* dulces *candy* pepino *cucumber* jícama *yam bean* polvo *powder* morcilla *blood sausage*

Anuncio de **El Comercio**

**¡Grrrrrrr!**

**Y tú, ¿quién eres?**

**El cuco...**

Video: TV Clip

Practice more at **vistas.vhlcentral.com**.

España y la mayoría de los países de Latinoamérica tienen una producción muy abundante de frutas y verduras. Es por esto que en los hogares° hispanos se acostumbra° cocinar° con productos frescos° más que con alimentos° que vienen en latas° o frascos°. Las salsas mexicanas, el gazpacho español y el sancocho colombiano, por ejemplo, deben prepararse con ingredientes frescos para que mantengan° su sabor° auténtico. Actualmente, en los Estados Unidos está creciendo el interés en cocinar con productos frescos y orgánicos. Cada vez hay más mercados° donde los agricultores° pueden vender sus frutas y verduras directamente° al público. Además, las personas prefieren consumir productos locales de temporada°. En este episodio de *Flash cultura* vas a ver algunas de las frutas y verduras típicas de la comida hispana.

| Vocabulario útil | |
|---|---|
| blanda | *soft* |
| cocinar | *to cook* |
| dura | *hard* |
| ¿Está lista para ordenar? | *Are you ready to order?* |
| el plato | *dish (in a meal)* |
| pruébala | *try it, taste it* |
| las ventas | *sales* |

### Preparación
¿Probaste alguna vez comida latina? ¿La compraste en un supermercado o fuiste a un restaurante? ¿Qué plato(s) probaste? ¿Te gustó?

### ¿Cierto o falso?
Indica si cada oración es **cierta** o **falsa**.

1. En Los Ángeles hay comida de países latinoamericanos y de España.
2. Leticia explica que la tortilla del taco americano es blanda y la del taco mexicano es dura.
3. Las ventas de salsa son bajas en los Estados Unidos.
4. Leticia fue a un restaurante ecuatoriano.
5. Leticia probó Inca Kola en un supermercado.

hogares *homes* se acostumbra *they are used* cocinar *to cook* frescos *fresh* alimentos *foods* latas *cans* frascos *jars* para que mantengan *so that they keep* sabor *flavor* mercados *markets* agricultores *farmers* directamente *directly* de temporada *seasonal* mostrará *will show*

## La comida latina

**La mejor comida latina no sólo se encuentra en los grandes restaurantes.**

**Marta nos mostrará° algunos de los platos de la comida mexicana.**

**... hay más lugares donde podemos comprar productos hispanos.**

 **Video:** *Flash cultura*

 Practice more at **vistas.vhlcentral.com**.

recursos

VM
pp. 305–306

vistas.vhlcentral.com
Lección 8

# Guatemala

## El país en cifras

▶ **Área:** 108.890 km² (42.042 millas²),
*un poco más pequeño que Tennessee*

▶ **Población:** 16.227.000

▶ **Capital:** Ciudad de Guatemala—1.281.000

▶ **Ciudades principales:** Quetzaltenango,
Escuintla, Mazatenango, Puerto Barrios

SOURCE: Population Division, UN Secretariat

▶ **Moneda:** quetzal

▶ **Idiomas:** español (oficial),
lenguas mayas, xinca, garífuna
*El español es la lengua de un
60 por ciento° de la población;
el otro 40 por ciento tiene como
lengua materna el xinca, el
garífuna o, en su mayoría°, una
de las lenguas mayas (cakchiquel,
quiché y kekchícomo, entre
otras). Una palabra que las
lenguas mayas tienen en común
es* ixim, *que significa 'maíz', un
cultivo° de mucha importancia
en estas culturas.*

Bandera de Guatemala

**Guatemaltecos célebres**

▶ **Carlos Mérida,** pintor (1891–1984)

▶ **Miguel Ángel Asturias,** escritor (1899–1974)

▶ **Margarita Carrera,** poeta y ensayista (1929– )

▶ **Rigoberta Menchú Tum,** activista (1959– ),
premio Nobel de la Paz° en 1992

por ciento *percent* en su mayoría *most of them* cultivo *crop*
Paz *Peace* telas *fabrics* tinte *dye* aplastados *crushed*
hace... destiñan *keeps the colors from running*

ESTADOS UNIDOS
OCÉANO ATLÁNTICO
GUATEMALA
OCÉANO PACÍFICO
AMÉRICA DEL SUR

Palacio Nacional de la Cultura en la Ciudad de Guatemala

MÉXICO
Sierra de Lacandón
Río Usumacinta
Lago Petén Itzá
Río de la Pasión
BELICE
Mujeres indígenas limpiando cebollas
Lago de Izabal
Sierra Madre
Quetzaltenango
Lago de Atitlán
Sierra de las Minas
★ Guatemala
Antigua Guatemala
Mazatenango
Escuintla
Iglesia de la Merced en Antigua Guatemala
EL SALVADOR
Océano Pacífico

**recursos**
WB pp. 95–96 | VM pp. 263–264 | vistas.vhlcentral.com Lección 8

## ¡Increíble pero cierto!

¿Qué "ingrediente" secreto se encuentra en las telas° tradicionales de Guatemala? ¡El mosquito! El excepcional tinte° de estas telas es producto de una combinación de flores y de mosquitos aplastados°. El insecto hace que los colores no se destiñan°. Quizás es por esto que los artesanos representan la figura del mosquito en muchas de sus telas.

## Ciudades • Antigua Guatemala

Antigua Guatemala fue fundada en 1543. Fue una capital de gran importancia hasta 1773, cuando un terremoto° la destruyó. Sin embargo, conserva el carácter original de su arquitectura y hoy es uno de los centros turísticos del país. Su celebración de la Semana Santa° es, para muchas personas, la más importante del hemisferio.

## Naturaleza • El quetzal

El quetzal simbolizó la libertad para los antiguos° mayas porque creían° que este pájaro° no podía° vivir en cautiverio°. Hoy el quetzal es el símbolo nacional. El pájaro da su nombre a la moneda nacional y aparece también en los billetes° del país. Desafortunadamente, está en peligro° de extinción. Para su protección, el gobierno mantiene una reserva ecológica especial.

## Historia • Los mayas

Desde 1500 a.C. hasta 900 d.C., los mayas habitaron gran parte de lo que ahora es Guatemala. Su civilización fue muy avanzada. Los mayas fueron arquitectos y constructores de pirámides, templos y observatorios. También descubrieron° y usaron el cero antes que los europeos, e inventaron un calendario complejo° y preciso.

## Artesanía • La ropa tradicional

La ropa tradicional de los guatemaltecos se llama *huipil* y muestra el amor° de la cultura maya por la naturaleza. Ellos se inspiran en las flores°, plantas y animales para crear sus diseños° de colores vivos° y formas geométricas. El diseño y los colores de cada *huipil* indican el pueblo de origen y a veces también el sexo y la edad° de la persona que lo lleva.

**¿Qué aprendiste?** Responde a cada pregunta con una oración completa.

1. ¿Qué significa la palabra *ixim*?
2. ¿Quién es Rigoberta Menchú?
3. ¿Qué pájaro representa a Guatemala?
4. ¿Qué simbolizó el quetzal para los mayas?
5. ¿Cuál es la moneda nacional de Guatemala?
6. ¿De qué fueron arquitectos los mayas?
7. ¿Qué celebración de la Antigua Guatemala es la más importante del hemisferio para muchas personas?
8. ¿Qué descubrieron los mayas antes que los europeos?
9. ¿Qué muestra la ropa tradicional de los guatemaltecos?
10. ¿Qué indica un *huipil* con su diseño y sus colores?

**Conexión Internet** Investiga estos temas en **vistas.vhlcentral.com**.

1. Busca información sobre Rigoberta Menchú. ¿De dónde es? ¿Qué libros publicó? ¿Por qué es famosa?
2. Estudia un sitio arqueológico de Guatemala para aprender más sobre los mayas y prepara un breve informe para tu clase.

Practice more at **vistas.vhlcentral.com**.

terremoto *earthquake* Semana Santa *Holy Week* antiguos *ancient* creían *they believed* pájaro *bird* no podía *couldn't* cautiverio *captivity* los billetes *bills* peligro *danger* descubrieron *they discovered* complejo *complex* amor *love* flores *flowers* diseños *designs* vivos *bright* edad *age*

Mar Caribe

Golfo de Honduras

 Puerto Barrios

**HONDURAS**

## Las comidas

| | |
|---|---|
| **el/la camarero/a** | waiter/waitress |
| **la comida** | food; meal |
| **la cuenta** | bill |
| **el/la dueño/a** | owner; landlord |
| **el menú** | menu |
| **la propina** | tip |
| **la sección de (no) fumar** | (non) smoking section |
| **el almuerzo** | lunch |
| **la cena** | dinner |
| **el desayuno** | breakfast |
| **los entremeses** | hors d'oeuvres; appetizers |
| **el plato (principal)** | (main) dish |
| **delicioso/a** | delicious |
| **rico/a** | tasty; delicious |
| **sabroso/a** | tasty; delicious |

## Las frutas

| | |
|---|---|
| **la banana** | banana |
| **las frutas** | fruits |
| **el limón** | lemon |
| **la manzana** | apple |
| **el melocotón** | peach |
| **la naranja** | orange |
| **la pera** | pear |
| **la uva** | grape |

## Las verduras

| | |
|---|---|
| **las arvejas** | peas |
| **la cebolla** | onion |
| **el champiñón** | mushroom |
| **la ensalada** | salad |
| **los espárragos** | asparagus |
| **los frijoles** | beans |
| **la lechuga** | lettuce |
| **el maíz** | corn |
| **las papas/patatas (fritas)** | (fried) potatoes; French fries |
| **el tomate** | tomato |
| **las verduras** | vegetables |
| **la zanahoria** | carrot |

## La carne y el pescado

| | |
|---|---|
| **el atún** | tuna |
| **el bistec** | steak |
| **los camarones** | shrimp |
| **la carne** | meat |
| **la carne de res** | beef |
| **la chuleta (de cerdo)** | (pork) chop |
| **la hamburguesa** | hamburger |
| **el jamón** | ham |
| **la langosta** | lobster |
| **los mariscos** | shellfish |
| **el pavo** | turkey |
| **el pescado** | fish |
| **el pollo (asado)** | (roast) chicken |
| **la salchicha** | sausage |
| **el salmón** | salmon |

## Otras comidas

| | |
|---|---|
| **el aceite** | oil |
| **el ajo** | garlic |
| **el arroz** | rice |
| **el azúcar** | sugar |
| **los cereales** | cereal; grains |
| **el huevo** | egg |
| **la mantequilla** | butter |
| **la margarina** | margarine |
| **la mayonesa** | mayonnaise |
| **el pan (tostado)** | (toasted) bread |
| **la pimienta** | black pepper |
| **el queso** | cheese |
| **la sal** | salt |
| **el sándwich** | sandwich |
| **la sopa** | soup |
| **el vinagre** | vinegar |
| **el yogur** | yogurt |

## Las bebidas

| | |
|---|---|
| **el agua (mineral)** | (mineral) water |
| **la bebida** | drink |
| **el café** | coffee |
| **la cerveza** | beer |
| **el jugo (de fruta)** | (fruit) juice |
| **la leche** | milk |
| **el refresco** | soft drink; soda |
| **el té (helado)** | (iced) tea |
| **el vino (blanco/ tinto)** | (white/red) wine |

## Verbos

| | |
|---|---|
| **escoger** | to choose |
| **merendar (e:ie)** | to snack |
| **morir (o:ue)** | to die |
| **pedir (e:i)** | to order (food) |
| **probar (o:ue)** | to taste; to try |
| **recomendar (e:ie)** | to recommend |
| **saber** | to taste; to know |
| **saber a** | to taste like |
| **servir (e:i)** | to serve |

## Las comparaciones

| | |
|---|---|
| **como** | like; as |
| **más de (+ number)** | more than |
| **más... que** | more... than |
| **menos de (+ number)** | fewer than |
| **menos... que** | less... than |
| **tan... como** | as... as |
| **tantos/as... como** | as many... as |
| **tanto... como** | as much... as |
| **el/la mayor** | the eldest |
| **el/la mejor** | the best |
| **el/la menor** | the youngest |
| **el/la peor** | the worst |
| **mejor** | better |
| **peor** | worse |

| | |
|---|---|
| **Expresiones útiles** | See page 269. |

# Las fiestas

## Communicative Goals

*You will learn how to:*

- **Express congratulations**
- **Express gratitude**
- **Ask for and pay the bill at a restaurant**

### A PRIMERA VISTA

- ¿Se conocen ellos?
- ¿Cómo se sienten, alegres o tristes?
- ¿Está el hombre más contento que la mujer?
- ¿De qué color es su ropa?

# Las fiestas

## Más vocabulario

| | |
|---|---|
| la alegría | happiness |
| la amistad | friendship |
| el amor | love |
| el beso | kiss |
| la sorpresa | surprise |
| el aniversario (de bodas) | (wedding) anniversary |
| la boda | wedding |
| el cumpleaños | birthday |
| el día de fiesta | holiday |
| el divorcio | divorce |
| el matrimonio | marriage |
| la Navidad | Christmas |
| la quinceañera | young woman celebrating her fifteenth birthday |
| el/la recién casado/a | newlywed |
| cambiar (de) | to change |
| celebrar | to celebrate |
| divertirse (e:ie) | to have fun |
| graduarse (de/en) | to graduate (from/in) |
| invitar | to invite |
| jubilarse | to retire (from work) |
| nacer | to be born |
| odiar | to hate |
| pasarlo bien/mal | to have a good/bad time |
| reírse (e:i) | to laugh |
| relajarse | to relax |
| sonreír (e:i) | to smile |
| sorprender | to surprise |
| juntos/as | together |
| ¡Felicidades!/ ¡Felicitaciones! | Congratulations! |

## Variación léxica

pastel ⟷ torta (Arg., Col., Venez.)
comprometerse ⟷ prometerse (Esp.)

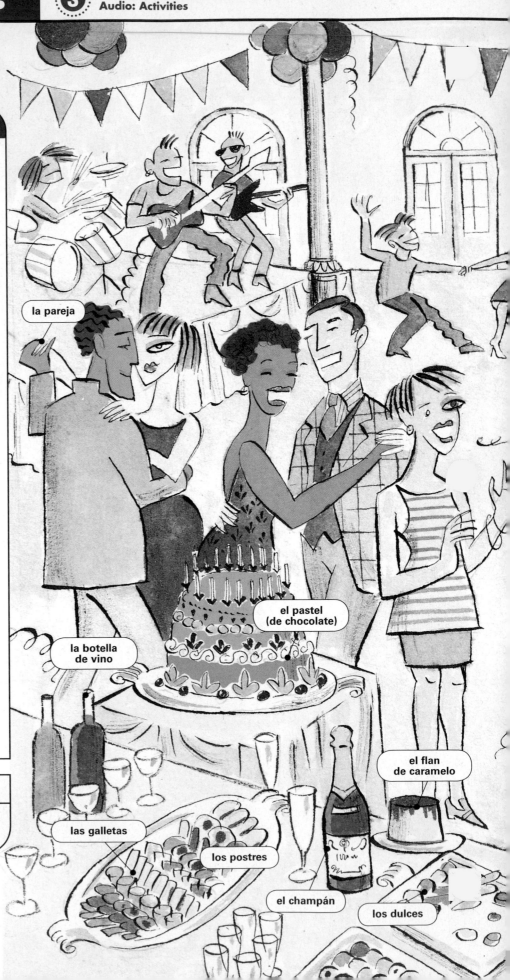

la pareja

el pastel (de chocolate)

la botella de vino

el flan de caramelo

las galletas

los postres

el champán

los dulces

brindar

el invitado

regalar

**Relaciones personales**

| casarse (con) | to get married (to) |
| comprometerse (con) | to get engaged (to) |
| divorciarse (de) | to get divorced (from) |
| enamorarse (de) | to fall in love (with) |
| llevarse bien/mal (con) | to get along well/ badly (with) |
| romper (con) | to break up (with) |
| salir (con) | to go out (with); to date |
| separarse (de) | to separate (from) |
| tener una cita | to have a date; to have an appointment |

el helado

# Práctica

**1**

**Escuchar** Escucha la conversación e indica si las oraciones son **ciertas** o **falsas**.

1. A Silvia no le gusta mucho el chocolate.
2. Silvia sabe que sus amigos le van a hacer una fiesta.
3. Los amigos de Silvia le compraron un pastel de chocolate.
4. Los amigos brindan por Silvia con refrescos.
5. Silvia y sus amigos van a comer helado.
6. Los amigos de Silvia le van a servir flan y galletas.

**2**

**Ordenar** Escucha la narración y ordena las oraciones de acuerdo con los eventos de la vida de Beatriz.

_____ a. Beatriz se compromete con Roberto.

_____ b. Beatriz se gradúa.

_____ c. Beatriz sale con Emilio.

_____ d. Sus padres le hacen una gran fiesta.

_____ e. La pareja se casa.

_____ f. Beatriz nace en Montevideo.

**3**

**Emparejar** Indica la letra de la frase que mejor completa cada oración.

| | | |
|---|---|---|
| a. cambió de | d. nos divertimos | g. se llevan bien |
| b. lo pasaron mal | e. se casaron | h. sonrió |
| c. nació | f. se jubiló | i. tenemos una cita |

1. María y sus compañeras de cuarto _____. Son buenas amigas.
2. Pablo y yo _____ en la fiesta. Bailamos y comimos mucho.
3. Manuel y Felipe _____ en el cine. La película fue muy mala.
4. ¡Tengo una nueva sobrina! Ella _____ ayer por la mañana.
5. Mi madre _____ profesión. Ahora es artista.
6. Mi padre _____ el año pasado. Ahora no trabaja.
7. Jorge y yo _____ esta noche. Vamos a ir a un restaurante muy elegante.
8. Jaime y Laura _____ el septiembre pasado. La boda fue maravillosa.

**4**

**Definiciones** En parejas, definan las palabras y escriban una oración para cada ejemplo.

**modelo**

**romper (con)** una pareja termina la relación
Marta rompió con su novio.

1. regalar
2. helado
3. pareja
4. invitado
5. casarse
6. pasarlo bien
7. sorpresa
8. amistad

# Las etapas de la vida de Sergio

el nacimiento        la niñez        la adolescencia

la juventud        la madurez        la vejez

**Más vocabulario**

| la edad | age |
|---|---|
| el estado civil | marital status |
| las etapas de la vida | the stages of life |
| la muerte | death |
| casado/a | married |
| divorciado/a | divorced |
| separado/a | separated |
| soltero/a | single |
| viudo/a | widower/widow |

**5  Las etapas de la vida** Identifica las etapas de la vida que se describen en estas oraciones.

1. Mi abuela se jubiló y se mudó (*moved*) a Viña del Mar.
2. Mi padre trabaja para una compañía grande en Santiago.
3. ¿Viste a mi nuevo sobrino en el hospital? Es precioso y ¡tan pequeño!
4. Mi abuelo murió este año.
5. Mi hermana celebró su fiesta de quince años.
6. Mi hermana pequeña juega con muñecas (*dolls*).

**NOTA CULTURAL**

**Viña del Mar** es una ciudad en la costa de Chile, situada al oeste de Santiago. Tiene playas hermosas, excelentes hoteles, casinos y buenos restaurantes. El poeta Pablo Neruda pasó muchos años allí.

**¡LENGUA VIVA!**

The term **quinceañera** refers to a girl who is celebrating her 15th birthday. The party is called **la fiesta de quince años**.

**6  Cambiar** En parejas, imaginen que son dos hermanos/as de diferentes edades. Cada vez que el/la hermano/a menor dice algo, se equivoca. El/La hermano/a mayor lo/la corrige (*corrects him/her*), cambiando las expresiones subrayadas (*underlined*). Túrnense para ser mayor y menor, decir algo equivocado y corregir.

**modelo**
**Estudiante 1:** La niñez es cuando trabajamos mucho.
**Estudiante 2:** No, te equivocas (*you're wrong*). La madurez es cuando trabajamos mucho.

1. El nacimiento es el fin de la vida.
2. La juventud es la etapa cuando nos jubilamos.
3. A los sesenta y cinco años, muchas personas comienzan a trabajar.
4. Julián y nuestra prima se divorcian mañana.
5. Mamá odia a su hermana.
6. El abuelo murió, por eso la abuela es separada.
7. Cuando te gradúas de la universidad, estás en la etapa de la adolescencia.
8. Mi tío nunca se casó; es viudo.

**AYUDA**

Other ways to contradict someone:
**No es verdad.** *It's not true.*
**Creo que no.** *I don't think so.*
**¡Claro que no!** *Of course not!*
**¡Qué va!** *No way!*

Practice more at **vistas.vhlcentral.com**.

# Comunicación

**7** **Una fiesta** Trabaja con dos compañeros/as para planear una fiesta. Recuerda incluir la siguiente información.

1. ¿Qué tipo de fiesta es? ¿Dónde va a ser? ¿Cuándo va a ser?
2. ¿A quiénes van a invitar?
3. ¿Qué van a comer? ¿Quiénes van a llevar o a preparar la comida?
4. ¿Qué van a beber? ¿Quiénes van a traer las bebidas?
5. ¿Cómo planean entretener a los invitados? ¿Van a bailar o a jugar algún juego?
6. Después de la fiesta, ¿quiénes van a limpiar (*to clean*)?

**8** **Encuesta** Tu profesor(a) va a darte una hoja de actividades. Haz las preguntas de la hoja a dos o tres compañeros/as de clase para saber qué actitudes tienen en sus relaciones personales. Luego comparte los resultados de la encuesta con la clase y comenta tus conclusiones.

**¡LENGUA VIVA!**

While a **buen(a) amigo/a** is a *good friend*, the term **amigo/a íntimo/a** refers to a *close friend*, or a very good friend, without any romantic overtones.

| Preguntas | Nombres | Actitudes |
|---|---|---|
| 1. ¿Te importa la amistad? ¿Por qué? | | |
| 2. ¿Es mejor tener un(a) buen(a) amigo/a o muchos/as amigos/as? | | |
| 3. ¿Cuáles son las características que buscas en tus amigos/as? | | |
| 4. ¿Tienes novio/a? ¿A qué edad es posible enamorarse? | | |
| 5. ¿Deben las parejas hacer todo juntos? ¿Deben tener las mismas opiniones? ¿Por qué? | | |

**9** **Minidrama** En parejas, consulten la ilustración de la página 302 y luego, usando las palabras de la lista, preparen un minidrama para representar las etapas de la vida de Sergio. Pueden inventar más información sobre su vida.

| | | | |
|---|---|---|---|
| amor | celebrar | enamorarse | romper |
| boda | comprometerse | graduarse | salir |
| cambiar | cumpleaños | jubilarse | separarse |
| casarse | divorciarse | nacer | tener una cita |

# El Día de Muertos

La familia Díaz conmemora el Día de Muertos.

**S** Video: *Fotonovela*
Record and Compare

**MAITE FUENTES** El Día de Muertos se celebra en México el primero y el segundo de noviembre. Como pueden ver, hay calaveras de azúcar, flores, música y comida por todas partes. Ésta es una fiesta única que todos deben ver por lo menos una vez en la vida.

**MARISSA** *Holy moley!* ¡Está delicioso!

**TÍA ANA MARÍA** Mi mamá me enseñó a prepararlo. El mole siempre fue el plato favorito de mi papá. Mi hijo Eduardo nació el día de su cumpleaños. Por eso le pusimos su nombre.

**MARISSA** ¿Cómo se conocieron?

**TÍA ANA MARÍA** En la fiesta de un amigo. Fue amor a primera vista.

**MARISSA** (*Señala la foto.*) La voy a llevar al altar.

**TÍO RAMÓN** ¿Dónde están mis hermanos?

**JIMENA** Mi papá y Felipe están en el otro cuarto. Esos dos antipáticos no quieren decirnos qué están haciendo. Y la tía Ana María...

**TÍO RAMÓN** ... está en la cocina.

**TÍA ANA MARÍA** Marissa, ¿le puedes llevar esa foto que está ahí a Carolina? La necesita para el altar.

**MARISSA** Sí. ¿Son sus padres?

**TÍA ANA MARÍA** Sí, el día de su boda.

**TÍA ANA MARÍA** Ramón, ¿cómo estás?

**TÍO RAMÓN** Bien, gracias. ¿Y Mateo? ¿No vino contigo?

**TÍA ANA MARÍA** No. Ya sabes que me casé con un doctor y, pues, trabaja muchísimo.

**SRA. DÍAZ**
 **SR. DÍAZ**
 **TÍA ANA MARÍA**
 **TÍO RAMÓN**
 **TÍA NAYELI**
 **DON DIEGO**
 **MARTA**
 **VALENTINA**
 **MAITE FUENTES**

**SR. DÍAZ** Familia Díaz, deben prepararse...

**FELIPE** ... ¡para la sorpresa de sus vidas!

**JUAN CARLOS** Gracias por invitarme.

**SR. DÍAZ** Juan Carlos, como eres nuestro amigo, ya eres parte de la familia.

*(En el cementerio)*

**JIMENA** Yo hice las galletas y el pastel. ¿Dónde los puse?

**MARTA** Postres... ¿Cuál prefiero? ¿Galletas? ¿Pastel? ¡Dulces!

**VALENTINA** Me gustan las galletas.

**SR. DÍAZ** Brindamos por ustedes, mamá y papá.

**TÍO RAMÓN** Todas las otras noches estamos separados. Pero esta noche estamos juntos.

**TÍA ANA MARÍA** Con gratitud y amor.

## Expresiones útiles

### Discussing family history

**El mole siempre fue el plato favorito de mi papá.**
*Mole was always my dad's favorite dish.*

**Mi hijo Eduardo nació el día de su cumpleaños.**
*My son Eduardo was born on his birthday.*

**Por eso le pusimos su nombre.**
*That's why we named him after him (after my father).*

**¿Cómo se conocieron sus padres?**
*How did your parents meet?*

**En la fiesta de un amigo. Fue amor a primera vista.**
*At a friend's party. It was love at first sight.*

### Talking about a party/celebration

**Ésta es una fiesta única que todos deben ver por lo menos una vez.**
*This is a unique celebration that everyone should see at least once.*

**Gracias por invitarme.**
*Thanks for inviting me.*

**Brindamos por ustedes.**
*A toast to you.*

### Additional vocabulary

**alma** *soul*
**altar** *altar*
**ángel** *angel*
**calavera de azúcar** *skull made out of sugar*
**cementerio** *cemetery*
**cocina** *kitchen*
**disfraz** *costume*

recursos
VM pp. 229–230
vistas.vhlcentral.com Lección 9

# ¿Qué pasó?

**1** **Completar** Completa las oraciones con la información correcta, según la **Fotonovela**.

1. El Día de Muertos es una _____ única que todos deben ver.
2. La tía Ana María preparó _____ para celebrar.
3. Marissa lleva la _____ al altar.
4. Jimena hizo las _____ y el _____.
5. Marta no sabe qué _____ prefiere.

**2** **Identificar** Identifica quién puede decir estas oraciones. Vas a usar un nombre dos veces.

1. Mis padres se conocieron en la fiesta de un amigo.

2. El Día de Muertos se celebra con flores, calaveras de azúcar, música y comida.

3. Gracias por invitarme a celebrar este Día de Muertos.

4. Los de la foto son mis padres el día de su boda.

5. A mí me gustan mucho las galletas.

6. ¡Qué bueno que estás aquí, Juan Carlos! Eres uno más de la familia.

**SR. DÍAZ**

**MAITE FUENTES**

**JUAN CARLOS**

**VALENTINA**

**TÍA ANA MARÍA**

**3** **Seleccionar** Selecciona algunas de las opciones de la lista para completar las oraciones.

| | | | |
|---|---|---|---|
| amor | días de fiesta | pasarlo bien | salieron |
| el champán | divorciarse | postres | se enamoraron |
| cumpleaños | flan | la quinceañera | una sorpresa |

1. El Sr. Díaz y Felipe prepararon _____ para la familia.
2. Los _____, como el Día de Muertos, se celebran con la familia.
3. Eduardo, el hijo de Ana María, nació el día del _____ de su abuelo.
4. La tía Ana María siente gratitud y _____ hacia (*toward*) sus padres.
5. Los días de fiesta también son para _____ con los amigos.
6. El Día de Muertos se hacen muchos _____.
7. Los padres de la tía Ana María _____ a primera vista.

**4** **Una cena** Trabajen en grupos para representar una conversación en una cena de Año Nuevo.

- Una persona brinda por el año que está por comenzar y por estar con su familia y amigos.
- Cada persona del grupo habla de cuál es su comida favorita en año nuevo.
- Después de la cena, una persona del grupo dice que es hora de (*it's time to*) comer las uvas.
- Cada persona del grupo dice qué desea para el año que empieza.
- Después, cada persona del grupo debe desear Feliz Año Nuevo a las demás.

 Practice more at **vistas.vhlcentral.com**.

# Pronunciación

**Audio: Concepts, Activities
Record & Compare**

## The letters h, j, and g

| | | | |
|---|---|---|---|
| **helado** | **hombre** | **hola** | **hermosa** |

The Spanish **h** is always silent.

| | | | |
|---|---|---|---|
| **José** | **jubilarse** | **dejar** | **pareja** |

The letter **j** is pronounced much like the English *h* in *his*.

| | | | |
|---|---|---|---|
| **agencia** | **general** | **Gil** | **Gisela** |

The letter **g** can be pronounced three different ways. Before **e** or **i**, the letter **g** is pronounced much like the English *h*.

### Gustavo, gracias por llamar el domingo.

At the beginning of a phrase or after the letter **n**, the Spanish **g** is pronounced like the English *g* in *girl*.

### Me gradué en agosto.

In any other position, the Spanish **g** has a somewhat softer sound.

| | | | |
|---|---|---|---|
| **Guerra** | **conseguir** | **guantes** | **agua** |

In the combinations **gue** and **gui**, the **g** has a hard sound and the **u** is silent. In the combination **gua**, the **g** has a hard sound and the **u** is pronounced like the English *w*.

**Práctica**  Lee las palabras en voz alta, prestando atención a la **h**, la **j** y la **g**.

| | | | |
|---|---|---|---|
| 1. hamburguesa | 5. geografía | 9. seguir | 13. Jorge |
| 2. jugar | 6. magnífico | 10. gracias | 14. tengo |
| 3. oreja | 7. espejo | 11. hijo | 15. ahora |
| 4. guapa | 8. hago | 12. galleta | 16. guantes |

**Oraciones**  Lee las oraciones en voz alta, prestando atención a la **h**, la **j** y la **g**.

1. Hola. Me llamo Gustavo Hinojosa Lugones y vivo en Santiago de Chile.
2. Tengo una familia grande; somos tres hermanos y tres hermanas.
3. Voy a graduarme en mayo.
4. Para celebrar mi graduación, mis padres van a regalarme un viaje a Egipto.
5. ¡Qué generosos son!

**Refranes**  Lee los refranes en voz alta, prestando atención a la **h**, la **j** y la **g**.

A la larga, lo más dulce amarga.[1]

El hábito no hace al monje.[2]

1 Too much of a good thing.
2 The clothes don't make the man.

**recursos**

LM
p. 50

vistas.vhlcentral.com
Lección 9

EN DETALLE

Additional Reading

# Semana Santa: vacaciones y tradición

**¿Te imaginas pasar veinticuatro horas tocando un tambor°** entre miles de personas? Así es como mucha gente celebra el Viernes Santo° en el pequeño pueblo de **Calanda**, España.

De todas las celebraciones hispanas, la Semana Santa° es una de las más espectaculares y únicas.

Procesión en Sevilla, España

Semana Santa es la semana antes de Pascua°, una celebración religiosa que conmemora la Pasión de Jesucristo. Generalmente, la gente tiene unos días de vacaciones en esta semana. Algunas personas aprovechan° estos días para viajar, pero otras prefieren participar en las tradicionales celebraciones religiosas en las calles. En **Antigua**, Guatemala, hacen alfombras° de flores° y altares; también organizan Vía Crucis° y danzas. En las famosas procesiones y desfiles° religiosos de **Sevilla**, España, los fieles°

sacan a las calles imágenes religiosas. Las imágenes van encima de plataformas ricamente decoradas con abundantes flores y velas°. En la procesión, los penitentes llevan túnicas y unos sombreros cónicos que les cubren° la cara°. En sus manos llevan faroles° o velas encendidas.

Si visitas algún país hispano durante la Semana Santa, debes asistir a un desfile. Las playas y las discotecas pueden esperar hasta la semana siguiente.

Alfombra de flores en Antigua, Guatemala

## Otras celebraciones famosas

**Ayacucho, Perú:** Además de alfombras de flores y procesiones, aquí hay una antigua tradición llamada "quema de la chamiza"°.

**Iztapalapa, Ciudad de México:** Es famoso el Vía Crucis del cerro° de la Estrella. Es una representación del recorrido° de Jesucristo con la cruz°.

**Popayán, Colombia:** En las procesiones "chiquitas" los niños llevan imágenes que son copias pequeñas de las que llevan los mayores.

tocando un tambor *playing a drum* Viernes Santo *Good Friday* Semana Santa *Holy Week* Pascua *Easter Sunday* aprovechan *take advantage of* alfombras *carpets* flores *flowers* Vía Crucis *Stations of the Cross* desfiles *parades* fieles *faithful* velas *candles* cubren *cover* cara *face* faroles *lamps* quema de la chamiza *burning of brushwood* cerro *hill* recorrido *route* cruz *cross*

## ACTIVIDADES

**1 ¿Cierto o falso?** Indica si lo que dicen las oraciones sobre Semana Santa en países hispanos es **cierto** o **falso**. Corrige las falsas.

1. La Semana Santa se celebra después de Pascua.
2. Las personas tienen días libres durante la Semana Santa.
3. Todas las personas asisten a las celebraciones religiosas.
4. En los países hispanos, las celebraciones se hacen en las calles.
5. En Antigua y en Ayacucho es típico hacer alfombras de flores.
6. En Sevilla, sacan imágenes religiosas a las calles.
7. En Sevilla, las túnicas cubren la cara.
8. En la procesión en Sevilla algunas personas llevan flores en sus manos.
9. El Vía Crucis de Iztapalapa es en el interior de una iglesia.
10. Las procesiones "chiquitas" son famosas en Sevilla, España.

## Fiestas y celebraciones

| la despedida de soltero/a | *bachelor(ette) party* |
|---|---|
| el día feriado/festivo | **el día de fiesta** |
| disfrutar | *to enjoy* |
| festejar | **celebrar** |
| los fuegos artificiales | *fireworks* |
| pasarlo en grande | **divertirse mucho** |
| la vela | *candle* |

## Celebraciones latinoamericanas

- **Oruro, Bolivia** Durante el carnaval de Oruro se realiza la famosa Diablada, una antigua danza° que muestra la lucha° entre el Bien y el Mal: ángeles contra° demonios.

- **Panchimalco, El Salvador** La primera semana de mayo, Panchimalco se cubre de flores y de color. También hacen el Desfile de las palmas° y bailan danzas antiguas.

- **Quito, Ecuador** El mes de agosto es el Mes de las Artes. Danza, teatro, música, cine, artesanías° y otros eventos culturales inundan la ciudad.

- **San Pedro Sula, Honduras** En junio se celebra la Feria Juniana. Hay comida típica, bailes, desfiles, conciertos, rodeos, exposiciones ganaderas° y eventos deportivos y culturales.

danza *dance* lucha *fight* contra *versus* palmas *palm leaves* artesanías *handcrafts* exposiciones ganaderas *cattle shows*

# Festival de Viña del Mar

En 1959 unos estudiantes de **Viña del Mar**, Chile, celebraron una fiesta en una casa de campo conocida como la Quinta Vergara donde hubo° un espectáculo° musical. En 1960 repitieron el evento. Asistió tanta gente que muchos vieron el espectáculo parados° o sentados en el suelo°. Algunos se subieron a los árboles°.

Años después, se convirtió en el **Festival Internacional de la Canción**. Este evento se celebra en febrero, en el mismo lugar donde empezó. ¡Pero ahora nadie necesita subirse a un árbol para verlo! Hay un anfiteatro con capacidad para quince mil personas.

En el festival hay concursos° musicales y conciertos de artistas famosos como Calle 13 y Nelly Furtado.

**Nelly Furtado**

hubo *there was* espectáculo *show* parados *standing* suelo *floor* se subieron a los árboles *climbed trees* concursos *competitions*

**Conexión Internet**

¿Qué celebraciones hispanas hay en los Estados Unidos y Canadá?

Go to **vistas.vhlcentral.com** to find more cultural information related to this **Cultura** section.

---

**2** **Comprensión** Responde a las preguntas.

1. ¿Cuántas personas por día pueden asistir al Festival de Viña del Mar?

2. ¿Qué es la Diablada?

3. ¿Qué celebran en Quito en agosto?

4. Nombra dos atracciones en la Feria Juniana de San Pedro Sula.

5. ¿Qué es la Quinta Vergara?

**3** **¿Cuál es tu celebración favorita?** Escribe un pequeño párrafo sobre la celebración que más te gusta de tu comunidad. Explica cómo se llama, cuándo ocurre y cómo es.

 Practice more at **vistas.vhlcentral.com**.

# 9.1 Irregular preterites  Tutorial

**ANTE TODO** You already know that the verbs **ir** and **ser** are irregular in the preterite. You will now learn other verbs whose preterite forms are also irregular.

### Preterite of **tener**, **venir**, and **decir**

| | | **tener** (**u**-stem) | **venir** (**i**-stem) | **decir** (**j**-stem) |
|---|---|---|---|---|
| **SINGULAR FORMS** | yo | tuv**e** | vin**e** | dij**e** |
| | tú | tuv**iste** | vin**iste** | dij**iste** |
| | Ud./él/ella | tuv**o** | vin**o** | dij**o** |
| **PLURAL FORMS** | nosotros/as | tuv**imos** | vin**imos** | dij**imos** |
| | vosotros/as | tuv**isteis** | vin**isteis** | dij**isteis** |
| | Uds./ellos/ellas | tuv**ieron** | vin**ieron** | dij**eron** |

▶ **¡Atención!** The endings of these verbs are the regular preterite endings of **-er/-ir** verbs, except for the **yo** and **usted/él/ella** forms. Note that these two endings are unaccented.

▶ These verbs observe similar stem changes to **tener, venir,** and **decir**.

| INFINITIVE | U-STEM | PRETERITE FORMS |
|---|---|---|
| poder | pud- | pude, pudiste, pudo, pudimos, pudisteis, pudieron |
| poner | pus- | puse, pusiste, puso, pusimos, pusisteis, pusieron |
| saber | sup- | supe, supiste, supo, supimos, supisteis, supieron |
| estar | estuv- | estuve, estuviste, estuvo, estuvimos, estuvisteis, estuvieron |

| INFINITIVE | I-STEM | PRETERITE FORMS |
|---|---|---|
| querer | quis- | quise, quisiste, quiso, quisimos, quisisteis, quisieron |
| hacer | hic- | hice, hiciste, hizo, hicimos, hicisteis, hicieron |

| INFINITIVE | J-STEM | PRETERITE FORMS |
|---|---|---|
| traer | traj- | traje, trajiste, trajo, trajimos, trajisteis, trajeron |
| conducir | conduj- | conduje, condujiste, condujo, condujimos, condujisteis, condujeron |
| traducir | traduj- | traduje, tradujiste, tradujo, tradujimos, tradujisteis, tradujeron |

▶ **¡Atención!** Most verbs that end in **-cir** are **j**-stem verbs in the preterite. For example, **producir → produje, produjiste,** etc.

> **Produjimos** un documental sobre los accidentes en la casa.
> *We produced a documentary about accidents in the home.*

▶ Notice that the preterites with **j**-stems omit the letter **i** in the **ustedes/ellos/ellas** form.

> Mis amigos **trajeron** comida a la fiesta.
> *My friends brought food to the party.*

> Ellos **dijeron** la verdad.
> *They told the truth.*

## The preterite of dar

| | SINGULAR FORMS | | PLURAL FORMS |
|---|---|---|---|
| yo | d**i** | nosotros/as | d**imos** |
| tú | d**iste** | vosotros/as | d**isteis** |
| Ud./él/ella | d**io** | Uds./ellos/ellas | d**ieron** |

▶ The endings for **dar** are the same as the regular preterite endings for **-er** and **-ir** verbs, except that there are no accent marks.

La camarera me **dio** el menú.
*The waitress gave me the menu.*

Le **di** a Juan algunos consejos.
*I gave Juan some advice.*

Los invitados le **dieron** un regalo.
*The guests gave him/her a gift.*

Nosotros **dimos** una gran fiesta.
*We gave a great party.*

▶ The preterite of **hay** (*inf.* **haber**) is **hubo** (*there was; there were*).

### CONSULTA

Note that there are other ways to say *there was* or *there were* in Spanish. See **Estructura 10.1**, p. 342.

Marissa le dio la foto a la Sra. Díaz.

Hubo una celebración en casa de los Díaz.

---

### ¡INTÉNTALO!

Escribe la forma correcta del pretérito de cada verbo que está entre paréntesis.

1. (querer) tú _quisiste_
2. (decir) usted _____
3. (hacer) nosotras _____
4. (traer) yo _____
5. (conducir) ellas _____
6. (estar) ella _____
7. (tener) tú _____
8. (dar) ella y yo _____
9. (traducir) yo _____
10. (haber) ayer _____
11. (saber) usted _____
12. (poner) ellos _____
13. (venir) yo _____
14. (poder) tú _____
15. (querer) ustedes _____
16. (estar) nosotros _____
17. (decir) tú _____
18. (saber) ellos _____
19. (hacer) él _____
20. (poner) yo _____
21. (traer) nosotras _____
22. (tener) yo _____
23. (dar) tú _____
24. (poder) ustedes _____

### recursos

WB
pp. 99–100

LM
p. 51

**S**
vistas.
vhlcentral.com
Lección 9

# Práctica

**1**

**Completar** Completa estas oraciones con el pretérito de los verbos entre paréntesis.

1. El sábado _____ (haber) una fiesta sorpresa para Elsa en mi casa.
2. Sofía _____ (hacer) un pastel para la fiesta y Miguel _____ (traer) un flan.
3. Los amigos y parientes de Elsa _____ (venir) y _____ (traer) regalos.
4. El hermano de Elsa no _____ (venir) porque _____ (tener) que trabajar.
5. Su tía María Dolores tampoco _____ (poder) venir.
6. Cuando Elsa abrió la puerta, todos gritaron: "¡Feliz cumpleaños!" y su esposo le _____ (dar) un beso.
7. Elsa no _____ (saber) cómo reaccionar (*react*). _____ (Estar) un poco nerviosa al principio, pero pronto sus amigos _____ (poner) música y ella _____ (poder) relajarse bailando con su esposo.
8. Al final de la noche, todos _____ (decir) que se divirtieron mucho.

**NOTA CULTURAL**

El **flan** es un postre muy popular en los países de habla hispana. Se prepara con huevos, leche y azúcar y se sirve con salsa de caramelo. Existen variedades deliciosas como el flan de chocolate o el flan de coco.

**2**

**Describir** En parejas, usen verbos de la lista para describir lo que estas personas hicieron. Deben dar por lo menos dos oraciones por cada dibujo.

| | | | |
|---|---|---|---|
| dar | hacer | tener | traer |
| estar | poner | traducir | venir |

1. el señor López

2. Norma

3. anoche nosotros

4. Roberto y Elena

# Comunicación

**3**

**Preguntas** En parejas, túrnense para hacerse y responder a estas preguntas.

1. ¿Fuiste a una fiesta de cumpleaños el año pasado? ¿De quién?
2. ¿Quiénes fueron a la fiesta?
3. ¿Quién condujo el auto?
4. ¿Cómo estuvo el ambiente de la fiesta?
5. ¿Quién llevó regalos, bebidas o comida? ¿Llevaste algo especial?
6. ¿Hubo comida? ¿Quién la hizo? ¿Hubo champán?
7. ¿Qué regalo hiciste tú? ¿Qué otros regalos trajeron los invitados?
8. ¿Cuántos invitados hubo en la fiesta?
9. ¿Qué tipo de música hubo?
10. ¿Qué te dijeron algunos invitados de la fiesta?

**4**

**Encuesta** Tu profesor(a) va a darte una hoja de actividades. Para cada una de las actividades de la lista, encuentra a alguien que hizo esa actividad en el tiempo indicado.

> **modelo**
>
> traer dulces a clase
> **Estudiante 1:** ¿Trajiste dulces a clase?
> **Estudiante 2:** Sí, traje galletas y helado a la fiesta del fin del semestre.

Actividades                                                        Nombres

1. ponerse un disfraz (costume) de Halloween
2. traer dulces a clase
3. conducir su auto a clase
4. estar en la biblioteca ayer
5. dar un regalo a alguien ayer
6. poder levantarse temprano esta mañana
7. hacer un viaje a un país hispano en el verano
8. tener una cita anoche
9. ir a una fiesta el fin de semana pasado
10. tener que trabajar el sábado pasado

# Síntesis

**5**

**Conversación** En parejas, preparen una conversación en la que uno/a de ustedes va a visitar a su hermano/a para explicarle por qué no fue a su fiesta de graduación y para saber cómo estuvo la fiesta. Incluyan esta información en la conversación:

- cuál fue el menú
- quiénes vinieron a la fiesta y quiénes no pudieron venir
- quiénes prepararon la comida o trajeron algo
- si él/ella tuvo que preparar algo
- lo que la gente hizo antes y después de comer
- cómo lo pasaron, bien o mal

**9.2** # Verbs that change meaning in the preterite

**ANTE TODO** The verbs **conocer**, **saber**, **poder**, and **querer** change meanings when used in the preterite. Because of this, each of them corresponds to more than one verb in English, depending on its tense.

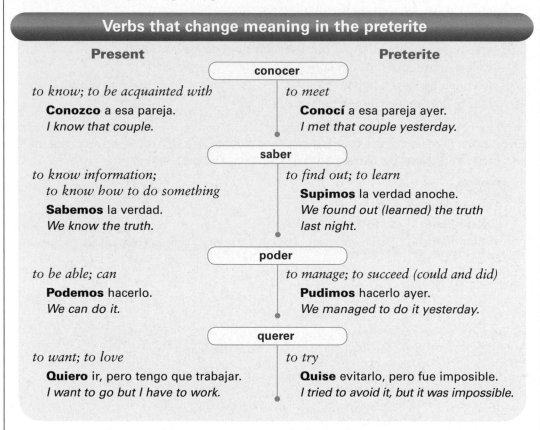

## Verbs that change meaning in the preterite

| Present | Preterite |
|---|---|
| **conocer** | |
| to know; to be acquainted with | to meet |
| **Conozco** a esa pareja. | **Conocí** a esa pareja ayer. |
| *I know that couple.* | *I met that couple yesterday.* |
| **saber** | |
| to know information; to know how to do something | to find out; to learn |
| **Sabemos** la verdad. | **Supimos** la verdad anoche. |
| *We know the truth.* | *We found out (learned) the truth last night.* |
| **poder** | |
| to be able; can | to manage; to succeed (could and did) |
| **Podemos** hacerlo. | **Pudimos** hacerlo ayer. |
| *We can do it.* | *We managed to do it yesterday.* |
| **querer** | |
| to want; to love | to try |
| **Quiero** ir, pero tengo que trabajar. | **Quise** evitarlo, pero fue imposible. |
| *I want to go but I have to work.* | *I tried to avoid it, but it was impossible.* |

**¡ATENCIÓN!**

In the preterite, the verbs **poder** and **querer** have different meanings, depending on whether they are used in affirmative or negative sentences.

**pude** / *succeeded*
**no pude** / *failed (to)*
**quise** / *tried (to)*
**no quise** / *refused (to)*

**¡INTÉNTALO!** Elige la respuesta más lógica.

1. Yo no hice lo que me pidieron mis padres. ¡Tengo mis principios!
   a. No quise hacerlo.           b. No supe hacerlo.

2. Hablamos por primera vez con Nuria y Ana en la boda.
   a. Las conocimos en la boda.   b. Les dijimos en la boda.

3. Por fin hablé con mi hermano después de llamarlo siete veces.
   a. No quise hablar con él.      b. Pude hablar con él.

4. Josefina se acostó para relajarse. Se durmió inmediatamente.
   a. Pudo relajarse.              b. No pudo relajarse.

5. Después de mucho buscar, encontraste la definición en el diccionario.
   a. No supiste la respuesta.     b. Supiste la respuesta.

6. Las chicas fueron a la fiesta. Cantaron y bailaron mucho.
   a. Ellas pudieron divertirse.   b. Ellas no supieron divertirse.

# Práctica y Comunicación

**1**

**Carlos y Eva** Forma oraciones con los siguientes elementos. Usa el pretérito y haz todos los cambios necesarios. Al final, inventa la razón del divorcio de Carlos y Eva.

1. anoche / mi esposa y yo / saber / que / Carlos y Eva / divorciarse

2. los / conocer / viaje / isla de Pascua

3. no / poder / hablar / mucho / con / ellos / ese día

4. pero / ellos / ser / simpático / y / nosotros / hacer planes / vernos / con más / frecuencia

5. yo / poder / encontrar / su / número / teléfono / páginas / amarillo

6. (yo) querer / llamar / los / ese día / pero / no / tener / tiempo

7. cuando / los / llamar / nosotros / poder / hablar / Eva

8. nosotros / saber / razón / divorcio / después / hablar / ella

9. _____

**2**

**Completar** Completa estas frases de una manera lógica.

1. Ayer mi compañero/a de cuarto supo…
2. Esta mañana no pude…
3. Conocí a mi mejor amigo/a en…
4. Mis padres no quisieron…
5. Mi mejor amigo/a no pudo…
6. Mi novio/a y yo nos conocimos en…
7. La semana pasada supe…
8. Ayer mis amigos quisieron…

**3**

**Telenovela** En parejas, escriban el diálogo para una escena de una telenovela (*soap opera*). La escena trata de una situación amorosa entre tres personas: Mirta, Daniel y Raúl. Usen el pretérito de **conocer, poder, querer** y **saber** en su diálogo.

PASIÓN    AVENTURA
SUSPENSO    VENGANZA

LA MUJER DOBLE

# Síntesis

**4**

**Conversación** En una hoja de papel, escribe dos listas: las cosas que hiciste durante el fin de semana y las cosas que quisiste hacer, pero no pudiste. Luego, compara tu lista con la de un(a) compañero/a, y expliquen ambos por qué no pudieron hacer esas cosas.

  Practice more at **vistas.vhlcentral.com.**

## 9.3 ¿Qué? and ¿cuál?  Tutorial

**ANTE TODO** You've already learned how to use interrogative words and phrases. As you know, **¿qué?** and **¿cuál?** or **¿cuáles?** mean *what?* or *which?* However, they are not interchangeable.

▶ **¿Qué?** is used to ask for a definition or an explanation.

**¿Qué** es el flan?
*What is flan?*

**¿Qué** estudias?
*What do you study?*

▶ **¿Cuál(es)?** is used when there is more than one possibility to choose from.

**¿Cuál** de los dos prefieres, el vino o el champán?
*Which of these (two) do you prefer, wine or champagne?*

**¿Cuáles** son tus medias, las negras o las blancas?
*Which ones are your socks, the black ones or the white ones?*

▶ **¿Cuál?** cannot be used before a noun; in this case, **¿qué?** is used.

**¿Qué** sorpresa te dieron tus amigos?
*What surprise did your friends give you?*

**¿Qué** colores te gustan?
*What colors do you like?*

▶ **¿Qué?** used before a noun has the same meaning as **¿cuál?**

**¿Qué regalo** te gusta?
*What (Which) gift do you like?*

**¿Qué dulces** quieren ustedes?
*What (Which) sweets do you want?*

### Review of interrogative words and phrases

| | | | |
|---|---|---|---|
| **¿a qué hora?** | at what time? | **¿cuántos/as?** | how many? |
| **¿adónde?** | (to) where? | **¿de dónde?** | from where? |
| **¿cómo?** | how? | **¿dónde?** | where? |
| **¿cuál(es)?** | what?; which? | **¿por qué?** | why? |
| **¿cuándo?** | when? | **¿qué?** | what?; which? |
| **¿cuánto/a?** | how much? | **¿quién(es)?** | who? |

**¡INTÉNTALO!** Completa las preguntas con **¿qué?** o **¿cuál(es)?**, según el contexto.

1. ¿ _Cuál_ de los dos te gusta más?
2. ¿ _____ es tu teléfono?
3. ¿ _____ tipo de pastel pediste?
4. ¿ _____ es una galleta?
5. ¿ _____ haces ahora?
6. ¿ _____ son tus platos favoritos?
7. ¿ _____ bebidas te gustan más?
8. ¿ _____ es esto?
9. ¿ _____ es el mejor?
10. ¿ _____ es tu opinión?
11. ¿ _____ fiestas celebras tú?
12. ¿ _____ botella de vino prefieres?
13. ¿ _____ es tu helado favorito?
14. ¿ _____ pones en la mesa?
15. ¿ _____ restaurante prefieres?
16. ¿ _____ estudiantes estudian más?
17. ¿ _____ quieres comer esta noche?
18. ¿ _____ es la sorpresa mañana?
19. ¿ _____ postre prefieres?
20. ¿ _____ opinas?

# Práctica y Comunicación

**1** **Completar** Tu clase de español va a crear un sitio web. Completa estas preguntas con alguna(s) palabra(s) interrogativa(s). Luego, con un(a) compañero/a, hagan y contesten las preguntas para obtener la información para el sitio web.

1. ¿_____ es la fecha de tu cumpleaños?
2. ¿_____ naciste?
3. ¿_____ es tu estado civil?
4. ¿_____ te relajas?
5. ¿_____ es tu mejor amigo/a?
6. ¿_____ cosas te hacen reír?
7. ¿_____ postres te gustan? ¿_____ te gusta más?
8. ¿_____ problemas tuviste en la primera cita con alguien?

**2** **Una invitación** En parejas, lean esta invitación. Luego, túrnense para hacer y contestar preguntas con **qué** y **cuál** basadas en la información de la invitación.

> **Estudiante 1:** ¿Cuál es el nombre del padre de la novia?
> **Estudiante 2:** Su nombre es Fernando Sandoval Valera.

Fernando Sandoval Valera
Isabel Arzipe de Sandoval

Lorenzo Vásquez Amaral
Elena Soto de Vásquez

tienen el agrado de invitarlos
a la boda de sus hijos

María Luisa y José Antonio

La ceremonia religiosa tendrá lugar
el sábado 10 de junio a las dos de la tarde
en el Templo de Santo Domingo
(Calle Santo Domingo, 961).

Después de la ceremonia, sírvanse pasar a la recepción en el salón
de baile del Hotel Metrópoli (Sotero del Río, 465).

**3** **Quinceañera** Trabaja con un(a) compañero/a. Uno/a de ustedes es el/la director(a) del salón de fiestas "Renacimiento". La otra persona es el padre/la madre de Sandra, quien quiere hacer la fiesta de quince años de su hija gastando menos de $25 por invitado. Su profesor(a) va a darles la información necesaria para confirmar la reservación.

> **Estudiante 1:** ¿Cuánto cuestan los entremeses?
> **Estudiante 2:** Depende. Puede escoger champiñones por 50 centavos o
>          camarones por dos dólares.
> **Estudiante 1:** ¡Uf! A mi hija le gustan los camarones, pero son muy caros.
> **Estudiante 2:** Bueno, también puede escoger quesos por un dólar por invitado.

 Practice more at **vistas.vhlcentral.com.**

# 9.4 Pronouns after prepositions  Tutorial

**ANTE TODO**    In Spanish, as in English, the object of a preposition is the noun or pronoun that follows a preposition. Observe the following diagram.

| PREPOSITION | NOUN | PREPOSITION | PRONOUN |
|---|---|---|---|
| La sopa es para | Alicia | y para | él. |

## Prepositional pronouns

|  | Singular |  |  | Plural |  |
|---|---|---|---|---|---|
| preposition + | **mí** | me | | **nosotros/as** | us |
| | **ti** | you (fam.) | | **vosotros/as** | you (fam.) |
| | **Ud.** | you (form.) | | **Uds.** | you (form.) |
| | **él** | him | | **ellos** | them (m.) |
| | **ella** | her | | **ellas** | them (f.) |

▶ Note that, except for **mí** and **ti,** these pronouns are the same as the subject pronouns. **¡Atención! Mí** (*me*) has an accent mark to distinguish it from the possessive adjective **mi** (*my*).

▶ The preposition **con** combines with **mí** and **ti** to form **conmigo** and **contigo,** respectively.

—¿Quieres venir **conmigo** a Concepción?     —Sí, gracias, me gustaría ir **contigo.**
*Do you want to come with me to Concepción?*     *Yes, thanks, I would like to go with you.*

▶ The preposition **entre** is followed by **tú** and **yo** instead of **ti** and **mí.**

Papá va a sentarse **entre tú y yo.**
*Dad is going to sit between you and me.*

**CONSULTA**

For more prepositions, refer to **Estructura 2.3,** p. 60.

**¡INTÉNTALO!**    Completa estas oraciones con las preposiciones y los pronombres apropiados.

1. *(with him)* No quiero ir ___con él___ .
2. *(for her)* Las galletas son _____.
3. *(for me)* Los mariscos son _____.
4. *(with you, pl. form.)* Preferimos estar _____.
5. *(with you, sing. fam.)* Me gusta salir _____.
6. *(with me)* ¿Por qué no quieres tener una cita _____?
7. *(for her)* La cuenta es _____.
8. *(for them, m.)* La habitación es muy pequeña _____.
9. *(with them, f.)* Anoche celebré la Navidad _____.
10. *(for you, sing. fam.)* Este beso es _____.
11. *(with you, sing. fam.)* Nunca me aburro _____.
12. *(with you, pl. form.)* ¡Qué bien que vamos _____!
13. *(for you, sing. fam.)* _____ la vida es muy fácil.
14. *(for them, f.)* _____ no hay sorpresas.

# Práctica y Comunicación

**1**

**Completar** David sale con sus amigos a comer. Para saber quién come qué, lee el mensaje electrónico que David le envió (*sent*) a Cecilia dos días después y completa el diálogo en el restaurante con los pronombres apropiados.

> ### modelo
> **Camarero:** Los camarones en salsa verde, ¿para quién son?
> **David:** Son para ____ella____.

| Para: Cecilia | Asunto: El menú |
|---|---|

Hola, Cecilia:

¿Recuerdas la comida del viernes? Quiero repetir el menú en mi casa el miércoles. Ahora voy a escribir lo que comimos, luego me dices si falta algún plato. Yo pedí el filete de pescado y Maribel camarones en salsa verde. Tatiana pidió un plato grandísimo de machas a la parmesana. Diana y Silvia pidieron langostas, ¿te acuerdas? Y tú, ¿qué pediste? Ah, sí, un bistec grande con papas. Héctor también pidió un bistec, pero más pequeño. Miguel pidió pollo y vino tinto para todos. Y la profesora comió ensalada verde porque está a dieta. ¿Falta algo? Espero tu mensaje. Hasta pronto. David.

| | |
|---|---|
| **CAMARERO** | El filete de pescado, ¿para quién es? |
| **DAVID** | Es para (1)_____. |
| **CAMARERO** | Aquí está. ¿Y las machas a la parmesana y las langostas? |
| **DAVID** | Las machas son para (2)_____. |
| **SILVIA Y DIANA** | Las langostas son para (3)_____. |
| **CAMARERO** | Tengo un bistec grande... |
| **DAVID** | Cecilia, es para (4)_____, ¿no es cierto? Y el bistec más pequeño es para (5)_____. |
| **CAMARERO** | ¿Y la botella de vino? |
| **MIGUEL** | Es para todos (6)_____, y el pollo es para (7)_____. |
| **CAMARERO** | (*a la profesora*) Entonces la ensalada verde es para (8)_____. |

**2**

**Compartir** Tu profesor(a) va a darte una hoja de actividades en la que hay un dibujo. En parejas, hagan preguntas para saber dónde está cada una de las personas en el dibujo. Ustedes tienen dos versiones diferentes de la ilustración. Al final deben saber dónde está cada persona.

> ### modelo
> **Estudiante 1:** ¿Quién está al lado de Óscar?
> **Estudiante 2:** Alfredo está al lado de él.

| | | | |
|---|---|---|---|
| Alfredo | Dolores | Graciela | Raúl |
| Sra. Blanco | Enrique | Leonor | Rubén |
| Carlos | Sra. Gómez | Óscar | Yolanda |

# Recapitulación

**S** Concepts
Diagnostics

Completa estas actividades para repasar los conceptos de gramática que aprendiste en esta lección.

**1** **Completar** Completa la tabla con el pretérito de los verbos. `9 pts.`

| Infinitive | yo | ella | nosotros |
|---|---|---|---|
| conducir | | | |
| hacer | | | |
| saber | | | |

**2** **Mi fiesta** Completa este mensaje electrónico con el pretérito de los verbos de la lista. Vas a usar cada verbo sólo una vez. `10 pts.`

| dar | haber | tener |
|---|---|---|
| decir | hacer | traer |
| estar | poder | venir |
| | poner | |

Hola, Omar:

Como tú no (1) _____ venir a mi fiesta de cumpleaños, quiero contarte cómo fue. El día de mi cumpleaños, muy temprano por la mañana, mis hermanos me (2) _____ una gran sorpresa: ellos (3) _____ un regalo delante de la puerta de mi habitación: ¡una bicicleta roja preciosa! Mi madre nos preparó un desayuno riquísimo. Después de desayunar, mis hermanos y yo (4) _____ que limpiar toda la casa, así que (*therefore*) no (5) _____ más celebración hasta la tarde. A las seis y media (nosotros) (6) _____ una barbacoa en el patio de la casa. Todos los invitados (7) _____ bebidas y regalos. (8) _____ todos mis amigos, excepto tú, ¡qué pena! :-(

La fiesta (9) _____ muy animada hasta las diez de la noche, cuando mis padres (10) _____ que los vecinos (*neighbors*) iban a (*were going to*) protestar y entonces todos se fueron a sus casas.

**RESUMEN GRAMATICAL**

**9.1** **Irregular preterites** *pp. 310–311*

| u-stem | estar<br>poder<br>poner<br>saber<br>tener | estuv-<br>pud-<br>pus-<br>sup-<br>tuv- | |
|---|---|---|---|
| i-stem | hacer<br>querer<br>venir | hic-<br>quis-<br>vin- | -e, -iste,<br>-o, -imos,<br>-isteis, -(i)eron |
| j-stem | conducir<br>decir<br>traducir<br>traer | conduj-<br>dij-<br>traduj-<br>traj- | |

▶ Preterite of **dar**: **di, diste, dio, dimos, disteis, dieron**

▶ Preterite of **hay** (*inf.* **haber**): **hubo**

**9.2** **Verbs that change meaning in the preterite** *p. 314*

| Present | Preterite |
|---|---|
| **conocer** | |
| *to know;*<br>*to be acquainted with* | *to meet* |
| **saber** | |
| *to know info.; to know*<br>*how to do something* | *to find out; to learn* |
| **poder** | |
| *to be able; can* | *to manage; to succeed* |
| **querer** | |
| *to want; to love* | *to try* |

**9.3** **¿Qué? and ¿cuál?** *p. 316*

▶ Use **¿qué?** to ask for a definition or an explanation.

▶ Use **¿cuál(es)?** when there is more than one possibility to choose from.

▶ **¿Cuál?** cannot be used before a noun; use **¿qué?** instead.

▶ **¿Qué?** used before a noun has the same meaning as **¿cuál?**

**3** ¿**Presente o pretérito?** Escoge la forma correcta de los verbos en paréntesis. **6 pts.**

1. Después de muchos intentos (*tries*), (podemos/pudimos) hacer una piñata.
2. —¿Conoces a Pepe?
   —Sí, lo (conozco/conocí) en tu fiesta.
3. Como no es de aquí, Cristina no (sabe/supo) mucho de las celebraciones locales.
4. Yo no (quiero/quise) ir a un restaurante grande, pero tú decides.
5. Ellos (quieren/quisieron) darme una sorpresa, pero Nina me lo dijo todo.
6. Mañana se terminan las vacaciones; por fin (podemos/pudimos) volver a la escuela.

| | 9.4 **Pronouns after prepositions** *p. 318* |
|---|---|

**Prepositional pronouns**

| | Singular | Plural |
|---|---|---|
| Preposition + | mí | nosotros/as |
| | ti | vosotros/as |
| | Ud. | Uds. |
| | él | ellos |
| | ella | ellas |

▶ Exceptions: **conmigo, contigo, entre tú y yo**

**4** **Preguntas** Escribe una pregunta para cada respuesta con los elementos dados. Empieza con **qué**, **cuál** o **cuáles** de acuerdo con el contexto y haz los cambios necesarios. **8 pts.**

1. —¿? / pastel / querer —Quiero el pastel de chocolate.
2. —¿? / ser / sangría —La sangría es una bebida típica española.
3. —¿? / ser / restaurante favorito —Mis restaurantes favoritos son Dalí y Jaleo.
4. —¿? / ser / dirección electrónica —Mi dirección electrónica es paco@email.com.

**5** ¿**Dónde me siento?** Completa la conversación con los pronombres apropiados. **7 pts.**

**JUAN** A ver, te voy a decir dónde te vas a sentar. Manuel, ¿ves esa silla? Es para
_____ . Y esa otra silla es para tu novia, que todavía no está aquí.

**MANUEL** Muy bien, yo la reservo para _____ .

**HUGO** ¿Y esta silla es para _____ (*me*)?

**JUAN** No, Hugo. No es para _____ . Es para Carmina, que viene con Julio.

**HUGO** No, Carmina y Julio no pueden venir. Hablé con _____ y me avisaron.

**JUAN** Pues ellos se lo pierden (*it's their loss*). ¡Más comida para _____ (*us*)!

**CAMARERO** Aquí tienen el menú. Les doy un minuto y enseguida estoy con _____ .

**6** **Cumpleaños feliz** Escribe cinco oraciones que describan cómo celebraste tu último cumpleaños. Usa el pretérito y los pronombres que aprendiste en esta lección. **10 pts.**

**7** **Poema** Completa este fragmento del poema *Elegía nocturna* de Carlos Pellicer con el pretérito de los verbos entre paréntesis. **¡2 puntos EXTRA!**

> **Ay de mi corazón° que nadie _____ (querer)**
> **tomar de entre mis manos desoladas.**
> **Tú _____ (venir) a mirar sus llamaradas°**
> **y le miraste arder° claro° y sereno.**

corazón *heart* llamaradas *flames* arder *to burn* claro *clear*

# Lectura

## Antes de leer

### Examinar el texto

Familiarízate con el texto usando las estrategias de lectura más efectivas para ti. ¿Qué tipo de documento es? ¿De qué tratan° las cuatro secciones del documento? Explica tus respuestas.

### Raíces°

Completa el siguiente cuadro° para ampliar tu vocabulario. Usa palabras de la lectura de esta lección y vocabulario de las lecciones anteriores. ¿Qué significan las palabras que escribiste en el cuadro?

| Verbos | Sustantivos | Otras formas |
|---|---|---|
| 1. agradecer *to thank, to be grateful for* | *agradecimiento/ gracias gratitude/thanks* | *agradecido grateful, thankful* |
| 2. estudiar | _____ | _____ |
| 3. _____ | _____ | celebrado |
| 4. _____ | baile | _____ |
| 5. bautizar | _____ | _____ |

# Vida social

## Matrimonio
### Espinoza Álvarez-Reyes Salazar

El día sábado 17 de junio a las 19 horas, se celebró el matrimonio de Silvia Reyes y Carlos Espinoza en la catedral de Santiago. La ceremonia fue oficiada por el pastor Federico Salas y participaron los padres de los novios, el señor Jorge Espinoza y señora y el señor José Alfredo Reyes y señora. Después de la ceremonia, los padres de los recién casados ofrecieron una fiesta bailable en el restaurante La Misión.

# Bautismo

José María recibió el bautismo el 26 de junio.

Sus padres, don Roberto Lagos Moreno y doña María Angélica Sánchez, compartieron la alegría de la fiesta con todos sus parientes y amigos. La ceremonia religiosa tuvo lugar° en la catedral de Aguas Blancas. Después de la ceremonia, padres, parientes y amigos celebraron una fiesta en la residencia de la familia Lagos.

¿De qué tratan...? *What are... about?* Raíces *Roots* cuadro *chart*

32B

# Fiesta de quince años

El doctor don Amador Larenas Fernández y la señora Felisa Vera de Larenas celebraron los quince años de su hija Ana Ester junto a sus parientes y amigos. La quinceañera reside en la ciudad de Valparaíso y es estudiante del Colegio Francés. La fiesta de presentación en sociedad de la señorita Ana Ester fue el día viernes 2 de mayo a las 19 horas en el Club Español. Entre los invitados especiales asistieron el alcalde° de la ciudad, don Pedro Castedo, y su esposa. La música estuvo a cargo de la Orquesta Americana. ¡Feliz cumpleaños, le deseamos a la señorita Ana Ester en su fiesta bailable!

## Expresión de gracias
Carmen Godoy Tapia

Agradecemos° sinceramente a todas las personas que nos acompañaron en el último adiós a nuestra apreciada esposa, madre, abuela y tía, la señora Carmen Godoy Tapia. El funeral tuvo lugar el día 28 de junio en la ciudad de Viña del Mar. La vida de Carmen Godoy fue un ejemplo de trabajo, amistad, alegría y amor para todos nosotros. Su esposo, hijos y familia agradecen de todo corazón° su asistencia° al funeral a todos los parientes y amigos.

vo lugar *took place*  alcalde *mayor*  Agradecemos *We thank*
de todo corazón *sincerely*  asistencia *attendance*

# Después de leer

## Corregir
Escribe estos comentarios otra vez para corregir la información errónea.

1. El alcalde y su esposa asistieron a la boda de Silvia y Carlos.

2. Todos los anuncios (*announcements*) describen eventos felices.

3. Felisa Vera de Larenas cumple quince años.

4. Roberto Lagos y María Angélica Sánchez son hermanos.

5. Carmen Godoy Tapia les dio las gracias a las personas que asistieron al funeral.

## Identificar
Escribe el nombre de la(s) persona(s) descrita(s) (*described*).

1. Dejó viudo a su esposo el 28 de junio.

2. Sus padres y todos los invitados brindaron por él, pero él no entendió por qué.

3. El Club Español les presentó una cuenta considerable.

4. Unió a los novios en santo matrimonio.

5. Su fiesta de cumpleaños se celebró en Valparaíso.

## Un anuncio
Trabajen en grupos pequeños para inventar un anuncio breve sobre una celebración importante. Puede ser una graduación, un matrimonio o una gran fiesta en la que ustedes participan. Incluyan la siguiente información.

1. nombres de los participantes
2. la fecha, la hora y el lugar
3. qué se celebra
4. otros detalles de interés

# Escritura

## Estrategia

### Planning and writing a comparative analysis

Writing any kind of comparative analysis requires careful planning. Venn diagrams are useful for organizing your ideas visually before comparing and contrasting people, places, objects, events, or issues. To create a Venn diagram, draw two circles that overlap one another and label the top of each circle. List the differences between the two elements in the outer rings of the two circles, then list their similarities where the two circles overlap. Review the following example.

### Diferencias y similitudes

**Boda de Silvia Reyes y Carlos Espinoza**

**Diferencias:**
1. Primero hay una celebración religiosa.
2. Se celebra en un restaurante.

**Similitudes:**
1. Las dos fiestas se celebran por la noche.
2. Las dos fiestas son bailables.

**Fiesta de quince años de Ana Ester Larenas Vera**

**Diferencias:**
1. Se celebra en un club.
2. Vienen invitados especiales.

La lista de palabras y expresiones a la derecha puede ayudarte a escribir este tipo de ensayo (*essay*).

## Tema

### Escribir una composición

Compara una celebración familiar (como una boda, una fiesta de cumpleaños o una graduación) a la que tú asististe recientemente con otro tipo de celebración. Utiliza palabras y expresiones de esta lista.

### Para expresar similitudes

| | |
|---|---|
| además; también | *in addition; also* |
| al igual que | *the same as* |
| como | *as; like* |
| de la misma manera | *in the same manner (way)* |
| del mismo modo | *in the same manner (way)* |
| tan + [*adjetivo*] + como | *as + [adjective] + as* |
| tanto/a(s) + [*sustantivo*] + como | *as many/much + [noun] + as* |

### Para expresar diferencias

| | |
|---|---|
| a diferencia de | *unlike* |
| a pesar de | *in spite of* |
| aunque | *although* |
| en cambio | *on the other hand* |
| más/menos... que | *more/less . . . than* |
| no obstante | *nevertheless; however* |
| por el contrario | *on the contrary* |
| por otro lado | *on the other hand* |
| sin embargo | *nevertheless; however* |

# Escuchar  **Audio: Activities**

### Estrategia
**Guessing the meaning of words through context**

When you hear an unfamiliar word, you can often guess its meaning by listening to the words and phrases around it.

To practice this strategy, you will now listen to a paragraph. Jot down the unfamiliar words that you hear. Then listen to the paragraph again and jot down the word or words that give the most useful clues to the meaning of each unfamiliar word.

## Preparación

Lee la invitación. ¿De qué crees que van a hablar Rosa y Josefina?

## Ahora escucha

Ahora escucha la conversación entre Josefina y Rosa. Cuando oigas una de las palabras de la columna A, usa el contexto para identificar el sinónimo o la definición en la columna B.

| A | B |
|---|---|
| ___ 1. festejar | a. conmemoración religiosa de una muerte |
| ___ 2. dicha | b. tolera |
| ___ 3. bien parecido | c. suerte |
| ___ 4. finge (fingir) | d. celebrar |
| ___ 5. soporta (soportar) | e. me divertí |
| ___ 6. yo lo disfruté (disfrutar) | f. horror |
| | g. crea una ficción |
| | h. guapo |

*Margarita Robles de García y Roberto García Olmos*

*Piden su presencia en la celebración del décimo aniversario de bodas el día 13 de marzo con una misa en la Iglesia Virgen del Coromoto a las 6:30*

*seguida por cena y baile en el restaurante El Campanero, Calle Principal, Las Mercedes a las 8:30*

## Comprensión

### ¿Cierto o falso?
Lee cada oración e indica si lo que dice es **cierto** o **falso**. Corrige las oraciones falsas.

1. No invitaron a mucha gente a la fiesta de Margarita y Roberto porque ellos no conocen a muchas personas.

2. Algunos fueron a la fiesta con pareja y otros fueron sin compañero/a.

3. Margarita y Roberto decidieron celebrar el décimo aniversario porque no hicieron una fiesta el día de su boda.

4. Rafael les parece interesante a Rosa y a Josefina.

5. Josefina se divirtió mucho en la fiesta porque bailó toda la noche con Rafael.

### Preguntas
Responde a estas preguntas con oraciones completas.

1. ¿Son solteras Rosa y Josefina? ¿Cómo lo sabes?

2. ¿Tienen las chicas una amistad de mucho tiempo con la pareja que celebra su aniversario? ¿Cómo lo sabes?

# En pantalla

Desfiles°, música, asados°, fuegos artificiales° y baile son los elementos de una buena fiesta. ¿Celebrar durante toda una semana? ¡Eso sí que es una fiesta espectacular! El 18 de septiembre Chile conmemora su independencia de España y los chilenos demuestran su orgullo° nacional durante una semana llena de celebraciones. Durante las Fiestas Patrias° casi todas las oficinas° y escuelas se cierran para que la gente se reúna° a festejar. Desfiles y rodeos representan la tradición de los vaqueros° del país, y la gente baila cueca, el baile nacional. Las familias y los amigos se reúnen para preparar y disfrutar platos tradicionales como las empanadas y asados. Otra de las tradiciones de estas fiestas es hacer volar cometas°, llamadas volantines. Mira el video para descubrir cómo se celebran otras fiestas en Chile.

### Vocabulario útil

| | |
|---|---|
| conejo | *bunny* |
| disfraces | *costumes* |
| mariscal | *traditional Chilean soup with raw seafood* |
| sustos | *frights* |
| vieja (Chi.) | *mother* |

### Seleccionar

Selecciona la palabra que no está relacionada con cada grupo.

1. disfraces • noviembre • arbolito • sustos
2. volantines • arbolito • regalos • diciembre
3. conejo • enero • huevitos • chocolates
4. septiembre • volantines • disfraces • asado

 **Fiesta**

Trabajen en grupos de tres. Imaginen que van a organizar una fiesta para celebrar el 4 de julio. Escriban una invitación electrónica para invitar a sus parientes y amigos a la fiesta. Describan los planes que tienen para la fiesta y díganles a sus amigos qué tiene que traer cada uno.

Desfiles/Paradas *Parades* asados *barbecues* fuegos artificiales *fireworks* orgullo *pride* Fiestas Patrias *Independence Day celebrations* oficinas *offices* se reúna *would get together* vaqueros *cowboys* cometas/volantines *kites*

**Fiestas patrias:**
## Chilevisión

**Noviembre: disfraces, dulces...**

**Mayo: besito, tarjeta, tecito con la mamá...**

**Septiembre... Septiembre: familia, parada militar...**

 **Video: TV Clip**

Practice more at **vistas.vhlcentral.com**.

El Día de los Reyes Magos* es una celebración muy popular en muchos países hispanos. No sólo es el día en que los reyes les traen regalos a los niños, también es una fiesta llena° de tradiciones. La tarde del 5 de enero, en muchas ciudades como Barcelona, España, se hace un desfile° en que los reyes regalan dulces a los niños y reciben sus cartas° con peticiones. Esa noche, antes de irse a dormir, los niños deben dejar un zapato junto a la ventana° y un bocado° para los reyes. En Puerto Rico, por ejemplo, los niños ponen una caja con hierba° bajo su cama para alimentar a los camellos° de los reyes.

### Vocabulario útil

| | |
|---|---|
| **los cabezudos** | *carnival figures with large heads* |
| **los carteles** | *posters* |
| **fiesta de pueblo** | *popular celebration* |
| **santos de palo** | *wooden saints* |

### Preparación

¿Se celebra la Navidad en tu país? ¿Qué otras fiestas importantes se celebran? En cada caso, ¿cuántos días dura la fiesta? ¿Cuáles son las tradiciones y actividades típicas? ¿Hay alguna comida típica en esa celebración?

### Elegir

Indica cuál de las dos opciones resume mejor este episodio.

a. Las Navidades puertorriqueñas son las más largas y terminan después de las fiestas de la calle San Sebastián. Esta fiesta de pueblo se celebra con baile, música y distintas expresiones artísticas típicas.

b. En la celebración de las Navidades puertorriqueñas, los cabezudos son una tradición de España y son el elemento más importante de la fiesta. A la gente le gusta bailar y hacer procesiones por la noche.

\* *According to the Christian tradition, the Three Wise Men were the three kings that traveled to Bethlehem after the birth of Baby Jesus, carrying with them gifts of gold, frankincense and myrrh to pay him homage.*

llena *full* desfile *parade* cartas *letters* ventana *window* bocado *snack*
hierba *grass* alimentar los camellos *feed the camels*

## Las fiestas

**Los cabezudos son una tradición [...] de España.**

**Hay mucha gente y mucho arte.**

**Es una fiesta de pueblo... una tradición. Vengo todos los años.**

Video: *Flash cultura*

Practice more at **vistas.vhlcentral.com**.

| recursos | |
|---|---|
| VM pp. 307–308 | vistas.vhlcentral.com Lección 9 |

**Video:** *Panorama cultural*
**Interactive map**

# Chile

## El país en cifras

▸ **Área:** 756.950 km² (292.259 millas²),
*dos veces el área de Montana*

▸ **Población:** 17.926.000
*Aproximadamente el 80 por ciento de
la población del país es urbana.*

▸ **Capital:** Santiago de Chile—6.237.000

▸ **Ciudades principales:** Valparaíso—
911.000, Concepción, Viña del Mar, Temuco

SOURCE: Population Division, UN Secretariat

▸ **Moneda:** peso chileno

▸ **Idiomas:** español (oficial), mapuche

Bandera de Chile

## Chilenos célebres

▸ **Bernardo O'Higgins,** militar° y
héroe nacional (1778–1842)

▸ **Gabriela Mistral,** Premio Nobel
de Literatura, 1945; poeta y
diplomática (1889–1957)

▸ **Pablo Neruda,** Premio Nobel de
Literatura, 1971; poeta (1904–1973)

▸ **Isabel Allende,** novelista (1942– )

Pablo Neruda

militar *soldier* terremoto *earthquake* heridas *wounded*
hogar *home* desierto *desert* el más seco *the driest* mundo *world*
han tenido *have had* ha sido usado *has been used* Marte *Mars*

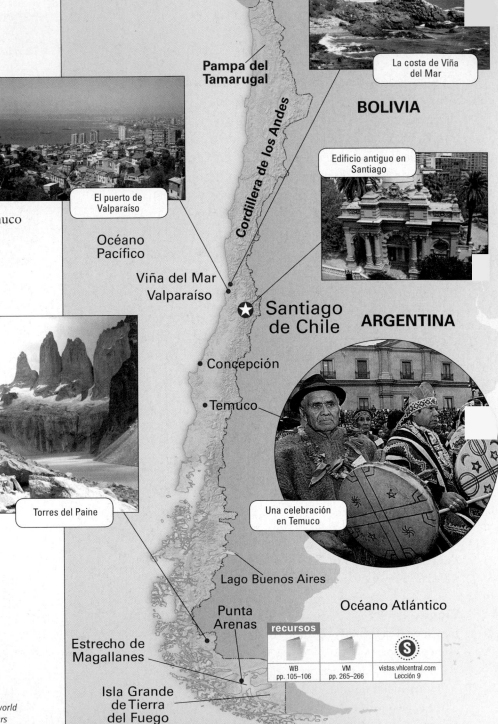

PERÚ

**Pampa del
Tamarugal**

La costa de Viña
del Mar

BOLIVIA

Cordillera de los Andes

El puerto de
Valparaíso

Edificio antiguo en
Santiago

Océano
Pacífico

Viña del Mar
Valparaíso

★ Santiago
de Chile

ARGENTINA

• Concepción

• Temuco

Una celebración
en Temuco

Torres del Paine

Lago Buenos Aires

Océano Atlántico

Punta
Arenas

**recursos**

Estrecho de
Magallanes

Isla Grande
de Tierra
del Fuego

| WB | VM | vistas.vhlcentral.com |
|----|----|----|
| pp. 105–106 | pp. 265–266 | Lección 9 |

## ¡Increíble pero cierto!

El desierto° de Atacama, en el norte de Chile, es
el más seco° del mundo°. Con más de cien mil
km² de superficie, algunas zonas de este desierto
nunca han tenido° lluvia. Atacama ha sido usado°
como escenario para representar a Marte° en
películas y series de televisión.

## Lugares • La isla de Pascua

La isla de Pascua° recibió ese nombre porque los exploradores holandeses° llegaron a la isla por primera vez el día de Pascua de 1722. Ahora es parte del territorio de Chile. La isla de Pascua es famosa por los *moái,* estatuas enormes que representan personas con rasgos° muy exagerados. Estas estatuas las construyeron los *rapa nui,* los antiguos habitantes de la zona. Todavía no se sabe mucho sobre los *rapa nui,* ni tampoco se sabe por qué decidieron abandonar la isla.

## Deportes • Los deportes de invierno

Hay muchos lugares para practicar deportes de invierno en Chile porque las montañas nevadas de los Andes ocupan gran parte del país. El Parque Nacional Villarrica, por ejemplo, situado al pie de un volcán y junto a° un lago, es un sitio popular para el esquí y el *snowboard.* Para los que prefieren deportes más extremos, el centro de esquí Valle Nevado organiza excursiones para practicar heliesquí.

## Ciencias • Astronomía

Los observatorios chilenos, situados en los Andes, son lugares excelentes para las observaciones astronómicas. Científicos° de todo el mundo van a Chile para estudiar las estrellas° y otros cuerpos celestes. Hoy día Chile está construyendo nuevos observatorios y telescopios para mejorar las imágenes del universo.

## Economía • El vino

La producción de vino comenzó en Chile en el siglo° XVI. Ahora la industria del vino constituye una parte importante de la actividad agrícola del país y la exportación de sus productos está aumentando° cada vez más. Los vinos chilenos son muy apreciados internacionalmente por su gran variedad, sus ricos y complejos sabores° y su precio moderado. Los más conocidos son los vinos de Aconcagua y del valle del Maipo.

 **¿Qué aprendiste?** Responde a cada pregunta con una oración completa.

1. ¿Qué porcentaje (*percentage*) de la población chilena es urbana?

2. ¿Qué son los *moái*? ¿Dónde están?

3. ¿Qué deporte extremo ofrece el centro de esquí Valle Nevado?

4. ¿Por qué van a Chile científicos de todo el mundo?

5. ¿Cuándo comenzó la producción de vino en Chile?

6. ¿Por qué son apreciados internacionalmente los vinos chilenos?

 **Conexión Internet** Investiga estos temas en **vistas.vhlcentral.com.**

1. Busca información sobre Pablo Neruda e Isabel Allende. ¿Dónde y cuándo nacieron? ¿Cuáles son algunas de sus obras (*works*)? ¿Cuáles son algunos de los temas de sus obras?

2. Busca información sobre sitios donde los chilenos y los turistas practican deportes de invierno en Chile. Selecciona un sitio y descríbeselo a tu clase.

 Practice more at **vistas.vhlcentral.com.**

La isla de Pascua *Easter Island* holandeses *Dutch* rasgos *features* junto a *beside* Científicos *Scientists* estrellas *stars* siglo *century* aumentando *increasing* complejos sabores *complex flavors*

## Las celebraciones

| | |
|---|---|
| el aniversario (de bodas) | (wedding) anniversary |
| la boda | wedding |
| el cumpleaños | birthday |
| el día de fiesta | holiday |
| la fiesta | party |
| el/la invitado/a | guest |
| la Navidad | Christmas |
| la quinceañera | young woman celebrating her fifteenth birthday |
| la sorpresa | surprise |
| brindar | to toast (drink) |
| celebrar | to celebrate |
| divertirse (e:ie) | to have fun |
| invitar | to invite |
| pasarlo bien/mal | to have a good/bad time |
| regalar | to give (a gift) |
| reírse (e:i) | to laugh |
| relajarse | to relax |
| sonreír (e:i) | to smile |
| sorprender | to surprise |

## Los postres y otras comidas

| | |
|---|---|
| la botella (de vino) | bottle (of wine) |
| el champán | champagne |
| los dulces | sweets; candy |
| el flan (de caramelo) | baked (caramel) custard |
| la galleta | cookie |
| el helado | ice cream |
| el pastel (de chocolate) | (chocolate) cake; pie |
| el postre | dessert |

## Las relaciones personales

| | |
|---|---|
| la amistad | friendship |
| el amor | love |
| el divorcio | divorce |
| el estado civil | marital status |
| el matrimonio | marriage |
| la pareja | (married) couple; partner |
| el/la recién casado/a | newlywed |
| casarse (con) | to get married (to) |
| comprometerse (con) | to get engaged (to) |
| divorciarse (de) | to get divorced (from) |
| enamorarse (de) | to fall in love (with) |
| llevarse bien/mal (con) | to get along well/badly (with) |
| odiar | to hate |
| romper (con) | to break up (with) |
| salir (con) | to go out (with); to date |
| separarse (de) | to separate (from) |
| tener una cita | to have a date; to have an appointment |
| casado/a | married |
| divorciado/a | divorced |
| juntos/as | together |
| separado/a | separated |
| soltero/a | single |
| viudo/a | widower/widow |

## Las etapas de la vida

| | |
|---|---|
| la adolescencia | adolescence |
| la edad | age |
| el estado civil | marital status |
| las etapas de la vida | the stages of life |
| la juventud | youth |
| la madurez | maturity; middle age |
| la muerte | death |
| el nacimiento | birth |
| la niñez | childhood |
| la vejez | old age |
| cambiar (de) | to change |
| graduarse (de/en) | to graduate (from/in) |
| jubilarse | to retire (from work) |
| nacer | to be born |

## Palabras adicionales

| | |
|---|---|
| la alegría | happiness |
| el beso | kiss |
| conmigo | with me |
| contigo | with you |
| ¡Felicidades!/ ¡Felicitaciones! | Congratulations! |
| ¡Feliz cumpleaños! | Happy birthday! |

| | |
|---|---|
| Expresiones útiles | See page 305. |

**recursos**

LM p. 54 | vistas.vhlcentral.com Lección 9

  **Audio: Vocabulary**

# En el consultorio

## Communicative Goals

**You will learn how to:**

- Describe how you feel physically
- Talk about health and medical conditions

## A PRIMERA VISTA

- ¿Están en una farmacia o en un hospital?
- ¿El hombre es médico o dentista?
- ¿Qué hace él, una operación o un examen médico?
- ¿Crees que la paciente está nerviosa?

# En el consultorio

## Más vocabulario

| | |
|---|---|
| la clínica | clinic |
| el consultorio | doctor's office |
| el/la dentista | dentist |
| el examen médico | physical exam |
| la farmacia | pharmacy |
| el hospital | hospital |
| la operación | operation |
| la sala de emergencia(s) | emergency room |
| el cuerpo | body |
| el oído | (sense of) hearing; inner ear |
| el accidente | accident |
| la salud | health |
| el síntoma | symptom |
| caerse | to fall (down) |
| darse con | to bump into; to run into |
| doler (o:ue) | to hurt |
| enfermarse | to get sick |
| estar enfermo/a | to be sick |
| poner una inyección | to give an injection |
| recetar | to prescribe |
| romperse (la pierna) | to break (one's leg) |
| sacar(se) un diente | to have a tooth removed |
| sufrir una enfermedad | to suffer an illness |
| torcerse (o:ue) (el tobillo) | to sprain (one's ankle) |
| toser | to cough |

## Variación léxica

gripe ⟷ gripa (Col., Gua., Méx.)
resfriado ⟷ catarro (Cuba, Esp., Gua.)
sala de emergencia(s) ⟷ sala de urgencias (Arg., Col., Esp., Méx.)
romperse ⟷ quebrarse (Arg., Gua.)

## Síntomas y condiciones médicas

| | |
|---|---|
| el dolor (de cabeza) | (head)ache; pain |
| la gripe | flu |
| el resfriado | cold |
| la tos | cough |
| congestionado/a | congested; stuffed up |
| embarazada | pregnant |
| grave | grave; serious |
| mareado/a | dizzy; nauseated |
| médico/a | medical |
| saludable | healthy |
| sano/a | healthy |
| tener dolor (m.) | to have pain |
| tener fiebre | to have a fever |

# Práctica

**1 Escuchar** 🎧 Escucha las preguntas y selecciona la respuesta más adecuada.

   a. Tengo dolor de cabeza y fiebre.
   b. No fui a la clase porque estaba (*I was*) enfermo.
   c. Me caí la semana pasada jugando al tenis.
   d. Debes ir a la farmacia.
   e. Porque tengo gripe.
   f. Sí, tengo mucha tos por las noches.
   g. Lo llevaron directamente a la sala de emergencia.
   h. No sé. Todavía tienen que tomarme la temperatura.

1. _____    3. _____    5. _____    7. _____
2. _____    4. _____    6. _____    8. _____

**2 Seleccionar** 🎧 Escucha la conversación entre Daniel y su doctor y selecciona la respuesta que mejor complete cada oración.

1. Daniel cree que tiene ____.
   a. gripe      b. un resfriado      c. la temperatura alta
2. A Daniel le duele la cabeza, estornuda, tose y ____.
   a. se cae      b. tiene fiebre      c. está congestionado
3. El doctor le ____.
   a. pone una inyección      b. toma la temperatura
   c. mira el oído
4. A Daniel no le gustan ____.
   a. las inyecciones    b. los antibióticos    c. las visitas al doctor
5. El doctor dice que Daniel tiene ____.
   a. gripe      b. un resfriado      c. fiebre
6. Después de la consulta Daniel va a ____.
   a. la sala de emergencia      b. la clínica      c. la farmacia

**3 Completar** Completa las oraciones con una palabra de la misma familia de la palabra subrayada. Usa la forma correcta de cada palabra.

1. Cuando <u>oyes</u> algo, usas el _____.
2. Cuando te <u>enfermas</u>, te sientes _____ y necesitas ir al consultorio para ver a la _____.
3. ¿Alguien _____? Creo que oí un <u>estornudo</u> (*sneeze*).
4. No puedo <u>arrodillarme</u> (*kneel down*) porque me lastimé la _____ en un accidente de coche.
5. ¿Vas al _____ para <u>consultar</u> al médico?
6. Si te rompes un <u>diente</u>, vas al _____.

**4 Contestar** Mira el dibujo y contesta las preguntas.

1. ¿Qué hace la doctora?      4. ¿Qué hace el paciente?
2. ¿Qué hay en la pared (*wall*)?      5. ¿A quién le duele la garganta?
3. ¿Qué hace la enfermera?      6. ¿Qué tiene la paciente?

**5**

**Asociaciones** Trabajen en parejas para identificar las partes del cuerpo que ustedes asocian con estas actividades. Sigan el modelo.

> **modelo**
>
> nadar
> **Estudiante 1:** Usamos los brazos para nadar.
> **Estudiante 2:** Usamos las piernas también.

1. hablar por teléfono
2. tocar el piano
3. correr en el parque
4. escuchar música
5. ver una película

6. toser
7. llevar zapatos
8. comprar perfume
9. estudiar biología
10. comer pollo asado

**AYUDA**

Remember that in Spanish, parts of the body are usually referred to with an article and not a possessive adjective: **Me duelen los pies.** The indirect object pronoun **me** is used to express the concept of *my*.

**6**

**Cuestionario** Contesta el cuestionario seleccionando las respuestas que reflejen mejor tus experiencias. Suma (*Add*) los puntos de cada respuesta y anota el resultado. Después, con el resto de la clase, compara y analiza los resultados del cuestionario y comenta lo que dicen de la salud y de los hábitos de todo el grupo.

# ¿Tienes buena salud?

| | |
|---|---|
| **27–30 puntos** | Salud y hábitos excelentes |
| **23–26 puntos** | Salud y hábitos buenos |
| **22 puntos o menos** | Salud y hábitos problemáticos |

**1. ¿Con qué frecuencia te enfermas? (resfriados, gripe, etc.)**
Cuatro veces por año o más. (1 punto)
Dos o tres veces por año. (2 puntos)
Casi nunca. (3 puntos)

**2. ¿Con qué frecuencia tienes dolores de estómago o problemas digestivos?**
Con mucha frecuencia. (1 punto)
A veces. (2 puntos)
Casi nunca. (3 puntos)

**3. ¿Con qué frecuencia sufres de dolores de cabeza?**
Frecuentemente. (1 punto)
A veces. (2 puntos)
Casi nunca. (3 puntos)

**4. ¿Comes verduras y frutas?**
No, casi nunca como verduras ni frutas. (1 punto)
Sí, a veces. (2 puntos)
Sí, todos los días. (3 puntos)

**5. ¿Eres alérgico/a a algo?**
Sí, a muchas cosas. (1 punto)
Sí, a algunas cosas. (2 puntos)
No. (3 puntos)

**6. ¿Haces ejercicios aeróbicos?**
No, casi nunca hago ejercicios aeróbicos. (1 punto)
Sí, a veces. (2 puntos)
Sí, con frecuencia. (3 puntos)

**7. ¿Con qué frecuencia te haces un examen médico?**
Nunca o casi nunca. (1 punto)
Cada dos años. (2 puntos)
Cada año y/o antes de empezar a practicar un deporte. (3 puntos)

**8. ¿Con qué frecuencia vas al dentista?**
Nunca voy al dentista. (1 punto)
Sólo cuando me duele un diente. (2 puntos)
Por lo menos una vez por año. (3 puntos)

**9. ¿Qué comes normalmente por la mañana?**
No como nada por la mañana. (1 punto)
Tomo una bebida dietética. (2 puntos)
Como cereal y fruta. (3 puntos)

**10. ¿Con qué frecuencia te sientes mareado/a?**
Frecuentemente. (1 punto)
A veces. (2 puntos)
Casi nunca. (3 puntos)

# Comunicación

**7**

**¿Qué les pasó?** Trabajen en un grupo de dos o tres personas. Hablen de lo que les pasó y de cómo se sienten las personas que aparecen en los dibujos.

1. Adela

2. Francisco

3. Pilar

4. Pedro

5. Cristina

6. Félix

**8**

**Un accidente** Cuéntale a la clase de un accidente o una enfermedad que tuviste. Incluye información que conteste estas preguntas.

✓ ¿Qué ocurrió?

✓ ¿Dónde ocurrió?

✓ ¿Cuándo ocurrió?

✓ ¿Cómo ocurrió?

✓ ¿Quién te ayudó y cómo?

✓ ¿Tuviste algún problema después del accidente o después de la enfermedad?

✓ ¿Cuánto tiempo tuviste el problema?

**9**

**Crucigrama** Tu profesor(a) les va a dar a ti y a un(a) compañero/a un crucigrama *(crossword)* incompleto. Tú tienes las palabras que necesita tu compañero/a y él/ella tiene las palabras que tú necesitas. Tienen que darse pistas para completarlo. No pueden decir la palabra necesaria; deben utilizar definiciones, ejemplos y frases.

> **modelo**
>
> **10 horizontal:** La usamos para hablar.
>
> **14 vertical:** Es el médico que examina los dientes.

# ¡Qué dolor!

Jimena no se siente bien y tiene que ir al doctor.

**Video:** *Fotonovela*
**Record and Compare**

PERSONAJES

 ELENA   JIMENA

**ELENA** ¿Cómo te sientes?

**JIMENA** Me duele un poco la garganta. Pero no tengo fiebre.

**ELENA** Creo que tienes un resfriado. Te voy a llevar a casa.

---

**ELENA** ¿Don Diego ya fue a la farmacia? ¿Cuánto tiempo hace que lo llamaste?

**JIMENA** Hace media hora. Ay, qué cosas, de niña apenas me enfermaba. No perdí ni un solo día de clases.

**ELENA** Yo tampoco.

**ELENA** Nunca tenía resfriados, pero me rompí el brazo dos veces. Mi hermana y yo estábamos paseando en bicicleta y casi me di con un señor que caminaba por la calle. Me caí y me rompí el brazo.

**JIMENA** ¿Qué es esto?

**ELENA** Es té de jengibre. Cuando me dolía el estómago, mi mamá siempre me hacía tomarlo. Se dice que es bueno para el dolor de estómago.

**JIMENA** Pero no me duele el estómago.

---

**JIMENA** Hola, don Diego. Gracias por venir.

**DON DIEGO** Fui a la farmacia. Aquí están las pastillas para el resfriado. Se debe tomar una cada seis horas con las comidas. Y no se deben tomar más de seis pastillas al día.

(*La Sra. Díaz llama a Jimena.*)

**JIMENA** Hola, mamá. Don Diego me trajo los medicamentos... ¿Al doctor? ¿Estás segura? Allá nos vemos. (*A Elena*) Mi mamá ya hizo una cita para mí con el Dr. Meléndez.

**DON DIEGO**

**SRA. DÍAZ**

**DR. MELÉNDEZ**

**SRA. DÍAZ** ¿Te pusiste un suéter anoche?

**JIMENA** No, mamá. Se me olvidó.

**SRA. DÍAZ** Doctor, esta jovencita salió anoche, se le olvidó ponerse un suéter y parece que le dio un resfriado.

**DR. MELÉNDEZ** Jimena, ¿cuáles son tus síntomas?

**JIMENA** Toso con frecuencia y me duele la garganta.

**DR. MELÉNDEZ** ¿Cuánto tiempo hace que tienes estos síntomas?

**JIMENA** Hace dos días que me duele la garganta.

**DR. MELÉNDEZ** Muy bien. Aquí no tienes infección. No tienes fiebre. Te voy a mandar algo para la garganta. Puedes ir por los medicamentos inmediatamente a la farmacia.

**SRA. DÍAZ** Doctor, ¿cómo está? ¿Es grave?

**DR. MELÉNDEZ** No, no es nada grave. Jimena, la próxima vez, escucha a tu mamá. ¡Tienes que usar suéter!

**recursos**

VM
pp. 231–232

vistas.vhlcentral.com
Lección 10

---

## Expresiones útiles

### Discussing medical conditions

**¿Cómo te sientes?**
*How do you feel?*

**Me duele un poco la garganta.**
*My throat hurts a little.*

**No me duele el estómago.**
*My stomach doesn't hurt.*

**De niño/a apenas me enfermaba.**
*As a child, I rarely got sick.*

**¡Soy alérgico/a a chile!**
*I'm allergic to chili powder!*

### Discussing remedies

**Se dice que el té de jengibre es bueno para el dolor de estómago.**
*They say ginger tea is good for stomach aches.*

**Aquí están las pastillas para el resfriado.**
*Here are the pills for your cold.*

**Se debe tomar una cada seis horas.**
*You should take one every six hours.*

### Expressions with hacer

**Hace** + [*period of time*] **que** + [*present /preterite*]

**¿Cuánto tiempo hace que tienes estos síntomas?**
*How long have you had these symptoms?*

**Hace dos días que me duele la garganta.**
*My throat has been hurting for two days.*

**¿Cuánto tiempo hace que lo llamaste?**
*How long has it been since you called him?*

**Hace media hora.**
*It's been a half hour (since I called).*

### Additional vocabulary

**canela** *cinnamon*
**miel** *honey*
**terco** *stubborn*

# ¿Qué pasó?

**1** **¿Cierto o falso?** Decide si lo que dicen estas oraciones sobre Jimena es **cierto** o **falso**. Corrige las oraciones falsas.

|  | Cierto | Falso |
|---|---|---|
| 1. Dice que de niña apenas se enfermaba. | ○ | ○ |
| 2. Tiene dolor de garganta y fiebre. | ○ | ○ |
| 3. Olvidó ponerse un suéter anoche. | ○ | ○ |
| 4. Hace tres días que le duele la garganta. | ○ | ○ |
| 5. El doctor le dice que tiene una infección. | ○ | ○ |

**2** **Identificar** Identifica quién puede decir estas oraciones.

1. Como dice tu mamá, tienes que usar suéter.
2. Por pasear en bicicleta me rompí el brazo dos veces.
3. ¿Cuánto tiempo hace que toses y te duele la garganta?
4. Tengo cita con el Dr. Meléndez.
5. Dicen que el té de jengibre es muy bueno para los dolores de estómago.
6. Nunca perdí un día de clases porque apenas me enfermaba.

**DR. MELÉNDEZ**
**ELENA**

**JIMENA**

**3** **Ordenar** Pon estos sucesos en el orden correcto.

a. Jimena va a ver al doctor. _____
b. El doctor le dice a la Sra. Díaz que no es nada serio. _____
c. Elena le habla a Jimena de cuando se rompió el brazo. _____
d. El doctor le receta medicamentos. _____
e. Jimena le dice a Elena que le duele la garganta. _____
f. Don Diego le trae a Jimena las pastillas para el resfriado. _____

**4** **En el consultorio** Trabajen en parejas para representar los papeles de un(a) médico/a y su paciente. Usen las instrucciones como guía.

**El/La médico/a**

Pregúntale al / a la paciente qué le pasó.

Pregúntale cuánto tiempo hace que se cayó.

Mira el dedo. Debes recomendar un tratamiento (*treatment*) al / a la paciente.

**El/La paciente**

Dile que te caíste en casa. Describe tu dolor.

Describe la situación. Piensas que te rompiste el dedo.

Debes hacer preguntas al / a la médico/a sobre el tratamiento (*treatment*).

**AYUDA**

Here are some useful expressions:

¿Cómo se lastimó...?
¿Qué le pasó?
¿Cuánto tiempo hace que...?
Tengo...
Estoy...
¿Es usted alérgico/a a algún medicamento?
Usted debe...

 Practice more at **vistas.vhlcentral.com**.

# Ortografía

 **Concepts**

## El acento y las sílabas fuertes

In Spanish, written accent marks are used on many words. Here is a review of some of the principles governing word stress and the use of written accents.

---

**as-pi-ri-na    gri-pe         to-man         an-tes**

In Spanish, when a word ends in a vowel, **-n**, or **-s**, the spoken stress usually falls on the next-to-last syllable. Words of this type are very common and do not need a written accent.

**a-sí          in-glés        in-fec-ción     hé-ro-e**

When a word ends in a vowel, **-n**, or **-s**, and the spoken stress does *not* fall on the next-to-last syllable, then a written accent is needed.

---

**hos-pi-tal    na-riz          re-ce-tar       to-ser**

When a word ends in any consonant *other* than **-n** or **-s**, the spoken stress usually falls on the last syllable. Words of this type are very common and do not need a written accent.

---

**lá-piz         fút-bol         hués-ped        sué-ter**

When a word ends in any consonant *other* than **-n** or **-s** and the spoken stress does *not* fall on the last syllable, then a written accent is needed.

---

**far-ma-cia    bio-lo-gí-a     su-cio          frí-o**

Diphthongs (two weak vowels or a strong and weak vowel together) are normally pronounced as a single syllable. A written accent is needed when a diphthong is broken into two syllables.

---

**sol            pan            mar             tos**

Spanish words of only one syllable do not usually carry a written accent (unless it is to distinguish meaning: **se** and **sé**.)

---

**CONSULTA**

In Spanish, **a**, **e**, and **o** are considered strong vowels while **i** and **u** are weak vowels. To review this concept, see **Lección 3**, **Pronunciación**, p. 85.

**Práctica** Busca las palabras que necesitan acento escrito y escribe su forma correcta.

1. sal-mon
2. ins-pec-tor
3. nu-me-ro
4. fa-cil
5. ju-go
6. a-bri-go
7. ra-pi-do

8. sa-ba-do
9. vez
10. me-nu
11. o-pe-ra-cion
12. im-per-me-a-ble
13. a-de-mas
14. re-ga-te-ar

15. an-ti-pa-ti-co
16. far-ma-cia
17. es-qui
18. pen-sion
19. pa-is
20. per-don

**El ahorcado** Juega al ahorcado (*hangman*) para adivinar las palabras.

1. _ l _ _ _ _ _ a          Vas allí cuando estás enfermo.
2. _ _ _ _ e _ c _ _ _ n    Se usa para poner una vacuna (*vaccination*).
3. _ _ d _ o _ _ _ _ _ _ a  Permite ver los huesos.
4. _ _ _ _ i _ o            Trabaja en un hospital.
5. a _ _ _ _ b _ _ _ _ _ _ _  Es una medicina.

**recursos**

LM
p. 56

vistas.vhlcentral.com
Lección 10

**Additional Reading**

# Servicios de salud

**¿Sabías que en los países hispanos no necesitas pagar por los servicios de salud?** Ésta es una de las diferencias que hay entre países como los Estados Unidos y los países hispanos.

En la mayor parte de estos países, el gobierno ofrece servicios médicos muy baratos o gratuitos° a sus ciudadanos°. Los turistas y extranjeros también pueden tener acceso a los servicios médicos a bajo° costo. La Seguridad Social y organizaciones similares son las responsables de gestionar° estos servicios.

Naturalmente, esto no funciona igual° en todos los países. En Ecuador, México y Perú, la situación varía según las regiones. Los habitantes de las ciudades y pueblos grandes tienen acceso a más servicios médicos, mientras que quienes viven en pueblos remotos sólo cuentan con° pequeñas clínicas.

Por su parte, Costa Rica, Colombia, Cuba y España tienen sistemas de salud muy desarrollados°.

**Cruz verde de farmacia en Madrid, España**

### Las farmacias

**Farmacia de guardia:** Las farmacias generalmente tienen un horario comercial. Sin embargo°, en cada barrio° hay una farmacia de guardia que abre las veinticuatro horas del día.

**Productos farmacéuticos:** Todavía hay muchas farmacias tradicionales que están más especializadas en medicinas y productos farmacéuticos. No venden una gran variedad de productos.

**Recetas:** Muchos medicamentos se venden sin receta médica. Los farmacéuticos aconsejan° a las personas sobre problemas de salud y les dan las medicinas.

**Cruz° verde:** En muchos países, las farmacias tienen como símbolo una cruz verde. Cuando la cruz verde está encendida°, la farmacia está abierta.

En España, por ejemplo, todas las personas tienen acceso a ellos y en muchos casos son completamente gratuitos. Según un informe de la Organización Mundial de la Salud, el sistema de salud español ocupa el séptimo° lugar del mundo. Esto se debe no sólo al buen funcionamiento° del sistema, sino también al nivel de salud general de la población. Impresionante, ¿no?

**Consulta médica en la República Dominicana**

gratuitos *free (of charge)* ciudadanos *citizens* bajo *low* gestionar *to manage* igual *in the same way* cuentan con *have* desarrollados *developed* séptimo *seventh* funcionamiento *operation* Sin embargo *However* barrio *neighborhood* aconsejan *advise* Cruz *Cross* encendida *lit (up)*

## ACTIVIDADES

**1** **¿Cierto o falso?** Indica si lo que dicen las oraciones es **cierto** o **falso**. Corrige la información falsa.

1. En los países hispanos los gobiernos ofrecen servicios de salud accesibles a sus ciudadanos.

2. En los países hispanos los extranjeros tienen que pagar mucho dinero por los servicios médicos.

3. El sistema de salud español es uno de los mejores del mundo.

4. Las farmacias de guardia abren sólo los sábados y domingos.

5. En los países hispanos las farmacias venden una gran variedad de productos.

6. Los farmacéuticos de los países hispanos aconsejan a los enfermos y venden algunas medicinas sin necesidad de receta.

7. En México y otros países, los pueblos remotos cuentan con grandes centros médicos.

8. Muchas farmacias usan una cruz verde como símbolo.

## La salud

| | |
|---|---|
| el chequeo (Esp., Méx.) | el examen médico |
| la droguería (Col.) | la farmacia |
| la herida | *injury; wound* |
| la píldora | la pastilla |
| los primeros auxilios | *first aid* |
| la sangre | *blood* |

EL MUNDO HISPANO

## Remedios caseros° y plantas medicinales

- **Achiote°** En Suramérica se usa para curar inflamaciones de garganta. Las hojas° de achiote se cuecen° en agua, se cuelan° y se hacen gárgaras° con esa agua.

- **Ají** En Perú se usan cataplasmas° de las semillas° de ají para aliviar los dolores reumáticos y la tortícolis°.

- **Azúcar** En Nicaragua y otros países centroamericanos se usa el azúcar para detener° la sangre en pequeñas heridas.

- **Sábila (aloe vera)** En Latinoamérica, el jugo de las hojas de sábila se usa para reducir cicatrices°. Se recomienda aplicarlo sobre la cicatriz dos veces al día, durante varios meses.

Remedios caseros *Home remedies* Achiote *Annatto* hojas *leaves* se cuecen *are cooked* se cuelan *they are drained* gárgaras *gargles* cataplasmas *pastes* semillas *seeds* tortícolis *stiff neck* detener *to stop* cicatrices *scars*

# Curanderos° y chamanes

¿Quieres ser doctor(a), juez(a)°, político/a o psicólogo/a? En algunas sociedades de las Américas **los curanderos** y **los chamanes** no tienen que escoger entre estas profesiones porque ellos son mediadores de conflictos y dan consejos a la comunidad. Su opinión es muy respetada.

**Códice Florentino, México, siglo XVI**

Desde las culturas antiguas° de las Américas muchas personas piensan que la salud del cuerpo y de la mente sólo puede existir si hay un equilibrio entre el ser humano y la naturaleza. Los curanderos y los chamanes son quienes cuidan este equilibrio.

Los curanderos se especializan más en enfermedades físicas, mientras que los chamanes están más

relacionados con los males° de la mente y el alma°. Ambos° usan plantas, masajes y rituales y sus conocimientos se basan en la tradición, la experiencia, la observación y la intuición.

**Cuzco, Perú**

Curanderos *Healers* juez(a) *judge* antiguas *ancient* males *illnesses* alma *soul* Ambos *Both*

Conexión Internet

¿Cuáles son algunos hospitales importantes del mundo hispano?

Go to **vistas.vhlcentral.com** to find more cultural information related to this **Cultura** section.

ACTIVIDADES

**2** **Comprensión** Responde a las preguntas.

1. ¿Cómo se les llama a las farmacias en Colombia?
2. ¿Qué parte del achiote se usa para curar la garganta?
3. ¿Cómo se aplica la sábila para reducir cicatrices?
4. En algunas partes de las Américas, ¿quiénes mantienen el equilibrio entre el ser humano y la naturaleza?
5. ¿Qué usan los curanderos y chamanes para curar?

**3** **¿Qué haces cuando tienes gripe?** Escribe cuatro oraciones sobre las cosas que haces cuando tienes gripe. Explica si vas al médico, si tomas medicamentos o si sigues alguna dieta especial. Después, comparte tu texto con un(a) compañero/a.

 Practice more at **vistas.vhlcentral.com.**

**10.1** **The imperfect tense**  Tutorial

**ANTE TODO** In **Lecciones 6–9,** you learned the preterite tense. You will now learn the imperfect, which describes past activities in a different way.

| The imperfect of regular verbs | | | |
|---|---|---|---|
| | **cantar** | **beber** | **escribir** |
| SINGULAR FORMS | | | |
| yo | cant**aba** | beb**ía** | escrib**ía** |
| tú | cant**abas** | beb**ías** | escrib**ías** |
| Ud./él/ella | cant**aba** | beb**ía** | escrib**ía** |
| PLURAL FORMS | | | |
| nosotros/as | cant**ábamos** | beb**íamos** | escrib**íamos** |
| vosotros/as | cant**abais** | beb**íais** | escrib**íais** |
| Uds./ellos/ellas | cant**aban** | beb**ían** | escrib**ían** |

De niña apenas me enfermaba.

Cuando me dolía el estómago, mi mamá me daba té de jengibre.

▶ There are no stem changes in the imperfect.

**entender** (e:ie)
**Entendíamos** japonés.
*We used to understand Japanese.*

**servir** (e:i)
El camarero les **servía** el café.
*The waiter was serving them coffee.*

**doler** (o:ue)
A Javier le **dolía** el tobillo.
*Javier's ankle was hurting.*

▶ The imperfect form of **hay** is **había** *(there was; there were; there used to be).*

▶ **¡Atención!** **Ir, ser,** and **ver** are the only verbs that are irregular in the imperfect.

| The imperfect of irregular verbs | | | |
|---|---|---|---|
| | **ir** | **ser** | **ver** |
| SINGULAR FORMS | | | |
| yo | **ib**a | **er**a | **ve**ía |
| tú | **ib**as | **er**as | **ve**ías |
| Ud./él/ella | **ib**a | **er**a | **ve**ía |
| PLURAL FORMS | | | |
| nosotros/as | **íb**amos | **ér**amos | **ve**íamos |
| vosotros/as | **ib**ais | **er**ais | **ve**íais |
| Uds./ellos/ellas | **ib**an | **er**an | **ve**ían |

**CONSULTA**

You will learn more about the contrast between the preterite and the imperfect in **Estructura 10.2,** pp. 346–347.

# Uses of the imperfect

▶ As a general rule, the imperfect is used to describe actions which are seen by the speaker as incomplete or "continuing," while the preterite is used to describe actions which have been completed. The imperfect expresses what was happening at a certain time or how things used to be. The preterite, in contrast, expresses a completed action.

—¿Qué te **pasó**?
*What happened to you?*

—Me **torcí** el tobillo.
*I sprained my ankle.*

—¿Dónde **vivías** de niño?
*Where did you live as a child?*

—**Vivía** en San José.
*I lived in San José.*

▶ These expressions are often used with the imperfect because they express habitual or repeated actions: **de niño/a** (*as a child*), **todos los días** (*every day*), **mientras** (*while*).

## Uses of the imperfect

| | |
|---|---|
| 1. Habitual or repeated actions . . . . . . . . | **Íbamos** al parque los domingos. *We used to go to the park on Sundays.* |
| 2. Events or actions that were in progress | Yo **leía** mientras él **estudiaba**. *I was reading while he was studying.* |
| 3. Physical characteristics. . . . . . . . . . . . | **Era** alto y guapo. *He was tall and handsome.* |
| 4. Mental or emotional states . . . . . . . . | **Quería** mucho a su familia. *He loved his family very much.* |
| 5. Telling time. . . . . . . . . . . . . . . . . . . . | **Eran** las tres y media. *It was 3:30.* |
| 6. Age . . . . . . . . . . . . . . . . . . . . . . . . . . | Los niños **tenían** seis años. *The children were six years old.* |

**¡INTÉNTALO!** Indica la forma correcta de cada verbo en el imperfecto.

1. Mis hermanos _____veían_____ (ver) televisión todas las tardes.
2. Yo _____ (viajar) en el tren de las 3:30.
3. ¿Dónde _____ (vivir) Samuel de niño?
4. Tú _____ (hablar) con Javier.
5. Leonardo y yo _____ (correr) por el parque.
6. Ustedes _____ (ir) a la clínica.
7. Nadia _____ (bailar) merengue.
8. ¿Cuándo _____ (asistir) tú a clase de español?
9. Yo _____ (ser) muy feliz.
10. Nosotras _____ (comprender) las preguntas.

**recursos**

WB
pp. 111–112

LM
p. 57

Ⓢ
vistas.
vhlcentral.com
Lección 10

# Práctica

**1** **Completar** Primero, completa las oraciones con el imperfecto de los verbos. Luego, pon las oraciones en orden lógico y compáralas con las de un(a) compañero/a.

a. El doctor dijo que no _____ (ser) nada grave. _____
b. El doctor _____ (querer) ver la nariz del niño. _____
c. Su mamá _____ (estar) dibujando cuando Miguelito entró llorando. _____
d. Miguelito _____ (tener) la nariz hinchada (*swollen*). Fueron al hospital. _____
e. Miguelito no _____ (ir) a jugar más. Ahora quería ir a casa a descansar. _____
f. Miguelito y sus amigos _____ (jugar) al béisbol en el patio. _____
g. _____ (Ser) las dos de la tarde. _____
h. Miguelito le dijo a la enfermera que _____ (dolerle) la nariz. _____

**2** **Transformar** Forma oraciones completas para describir lo que hacían Julieta y César. Usa las formas correctas del imperfecto y añade todas las palabras necesarias.

1. Julieta y César / ser / paramédicos

2. trabajar / juntos y / llevarse / muy bien

3. cuando / haber / accidente, / siempre / analizar / situación / con cuidado

4. preocuparse / mucho / por / pacientes

5. si / paciente / tener / mucho / dolor, / ponerle / inyección

**3** **En la escuela de medicina** Usa los verbos de la lista para completar las oraciones con las formas correctas del imperfecto. Algunos verbos se usan más de una vez.

| caerse | enfermarse | ir | querer | tener |
|---|---|---|---|---|
| comprender | estornudar | pensar | sentirse | tomar |
| doler | hacer | poder | ser | toser |

1. Cuando Javier y Victoria _____ estudiantes de medicina, siempre _____ que ir al médico.

2. Cada vez que él _____ un examen, a Javier le _____ mucho la cabeza.

3. Cuando Victoria _____ ejercicios aeróbicos, siempre _____ mareada.

4. Todas las primaveras, Javier _____ mucho porque es alérgico al polen.

5. Victoria también _____ de su bicicleta camino a la escuela.

6. Después de comer en la cafetería, a Victoria siempre le _____ el estómago.

7. Javier _____ ser médico para ayudar a los demás.

8. Pero no _____ por qué él _____ con tanta frecuencia.

9. Cuando Victoria _____ fiebre, no _____ ni leer el termómetro.

10. A Javier _____ los dientes, pero nunca _____ ir al dentista.

11. Victoria _____ mucho cuando _____ congestionada.

12. Javier y Victoria _____ que nunca _____ a graduarse.

 Practice more at **vistas.vhlcentral.com.**

En el consultorio
trescientos cuarenta y cinco
**345**

# Comunicación

**4**

**Entrevista** Trabajen en parejas. Un(a) estudiante usa estas preguntas para entrevistar a su compañero/a. Luego compartan los resultados de la entrevista con la clase.

1. Cuando eras estudiante de primaria, ¿te gustaban tus profesores/as?
2. ¿Veías mucha televisión cuando eras niño/a?
3. Cuando tenías diez años, ¿cuál era tu programa de televisión favorito?
4. Cuando eras niño/a, ¿qué hacía tu familia durante las vacaciones?
5. ¿Cuántos años tenías en 2005?
6. Cuando estabas en el quinto año escolar, ¿qué hacías con tus amigos/as?
7. Cuando tenías once años, ¿cuál era tu grupo musical favorito?
8. Antes de tomar esta clase, ¿sabías hablar español?

**5**

**Describir** En parejas, túrnense para describir cómo eran sus vidas cuando eran niños. Pueden usar las sugerencias de la lista u otras ideas. Luego informen a la clase sobre la vida de su compañero/a.

**NOTA CULTURAL**

**El Parque Nacional Tortuguero** está en la costa del Caribe, al norte de la ciudad de Limón, en Costa Rica. Varias especies de tortuga (*turtle*) van a las playas del parque para poner (*lay*) sus huevos. Esto ocurre de noche, y hay guías que llevan pequeños grupos de turistas a observar este fenómeno biológico.

> *modelo*
>
> De niña, mi familia y yo siempre íbamos a Tortuguero. Tomábamos un barco desde Limón, y por las noches mirábamos las tortugas (*turtles*) en la playa. Algunas veces teníamos suerte, porque las tortugas venían a poner (*lay*) huevos. Otras veces, volvíamos al hotel sin ver ninguna tortuga.

- las vacaciones
- ocasiones especiales
- qué hacías durante el verano
- celebraciones con tus amigos/as
- celebraciones con tu familia

- cómo era tu escuela
- cómo eran tus amigos/as
- los viajes que hacías
- a qué jugabas
- qué hacías cuando te sentías enfermo/a

# Síntesis

**6**

**En el consultorio** Tu profesor(a) te va a dar una lista incompleta con los pacientes que fueron al consultorio del doctor Donoso ayer. En parejas, conversen para completar sus listas y saber a qué hora llegaron las personas al consultorio y cuáles eran sus problemas.

## 10.2 The preterite and the imperfect  Tutorial

**ANTE TODO**  Now that you have learned the forms of the preterite and the imperfect, you will learn more about how they are used. The preterite and the imperfect are not interchangeable. In Spanish, the choice between these two tenses depends on the context and on the point of view of the speaker.

Me rompí el brazo cuando estaba paseando en bicicleta.

Tenía dolor de cabeza, pero me tomé una aspirina y se me fue.

### COMPARE & CONTRAST

| Use the preterite to... | Use the imperfect to... |
|---|---|
| **1.** Express actions that are viewed by the speaker as completed | **1.** Describe an ongoing past action with no reference to its beginning or end |
| Sandra **se rompió** la pierna. *Sandra broke her leg.* | Sandra **esperaba** al doctor. *Sandra was waiting for the doctor.* |
| **Fueron** a Buenos Aires ayer. *They went to Buenos Aires yesterday.* | El médico **se preocupaba** por sus pacientes. *The doctor worried about his patients.* |
| **2.** Express the beginning or end of a past action | **2.** Express habitual past actions and events |
| La película **empezó** a las nueve. *The movie began at nine o'clock.* | Cuando **era** joven, **jugaba** al tenis. *When I was young, I used to play tennis.* |
| Ayer **terminé** el proyecto para la clase de química. *Yesterday I finished the project for chemistry class.* | De niño, Eduardo **se enfermaba** con mucha frecuencia. *As a child, Eduardo used to get sick very frequently.* |
| **3.** Narrate a series of past actions or events | **3.** Describe physical and emotional states or characteristics |
| La doctora me **miró** los oídos, me **hizo** unas preguntas y **escribió** la receta. *The doctor looked in my ears, asked me some questions, and wrote the prescription.* | La chica **quería** descansar. **Se sentía** mal y **tenía** dolor de cabeza. *The girl wanted to rest. She felt ill and had a headache.* |
| **Me di** con la mesa, **me caí** y **me lastimé** el pie. *I bumped into the table, I fell, and I injured my foot.* | Ellos **eran** altos y **tenían** ojos verdes. *They were tall and had green eyes.* |
| | **Estábamos** felices de ver a la familia. *We were happy to see our family.* |

**AYUDA**

These words and expressions, as well as similar ones, commonly occur with the preterite: **ayer, anteayer, una vez, dos veces, tres veces, el año pasado, de repente.**
They usually imply that an action has happened at a specific point in time. For a review, see **Estructura 6.3**, p. 207.

**AYUDA**

These words and expressions, as well as similar ones, commonly occur with the imperfect: **de niño/a, todos los días, mientras, siempre, con frecuencia, todas las semanas.** They usually express habitual or repeated actions in the past.

▶ The preterite and the imperfect often appear in the same sentence. In such cases, the imperfect describes what *was happening*, while the preterite describes the action that "interrupted" the ongoing activity.

**Miraba** la tele cuando **sonó** el teléfono.
*I was watching TV when the phone rang.*

Felicia **leía** el periódico cuando **llegó** Ramiro.
*Felicia was reading the newspaper when Ramiro arrived.*

▶ You will also see the preterite and the imperfect together in narratives such as fiction, news, and the retelling of events. The imperfect provides background information, such as time, weather, and location, while the preterite indicates the specific events that occurred.

**Eran** las dos de la mañana y el detective ya no **podía** mantenerse despierto. **Se bajó** lentamente del coche, **estiró** las piernas y **levantó** los brazos hacia el cielo oscuro.
*It was two in the morning, and the detective could no longer stay awake. He slowly stepped out of the car, stretched his legs, and raised his arms toward the dark sky.*

La luna **estaba** llena y no **había** en el cielo ni una sola nube. De repente, el detective **escuchó** un grito espeluznante proveniente del parque.
*The moon was full and there wasn't a single cloud in the sky. Suddenly, the detective heard a piercing scream coming from the park.*

### Un médico colombiano desarrolló una vacuna contra la malaria

En 1986, el doctor colombiano Manuel Elkin Patarroyo creó la primera vacuna sintética para combatir la malaria. Esta enfermedad parecía haberse erradicado hacía décadas en muchas partes del mundo. Sin embargo, justo cuando Patarroyo terminó de elaborar la inmunización, los casos de malaria empezaban a aumentar de nuevo. En mayo de 1993, el doctor colombiano cedió la patente de la vacuna a la Organización Mundial de la Salud en nombre de Colombia. Los grandes laboratorios farmacéuticos presionaron a la OMS porque querían la vacuna. Las presiones no tuvieron éxito y, en 1995, el doctor Patarroyo y la OMS pactaron continuar con el acuerdo inicial: la vacuna seguía siendo propiedad de la OMS.

**¡INTÉNTALO!** Elige el pretérito o el imperfecto para completar la historia. Explica por qué se usa ese tiempo verbal en cada ocasión.

1. ___Eran___ (Fueron/Eran) las doce.
2. _____ (Hubo/Había) mucha gente en la calle.
3. A las doce y media, Tomás y yo _____ (entramos/entrábamos) en el restaurante Tárcoles.
4. Todos los días yo _____ (almorcé/almorzaba) con Tomás al mediodía.
5. El camarero _____ (llegó/llegaba) inmediatamente con el menú.
6. Nosotros _____ (empezamos/empezábamos) a leerlo.
7. Yo _____ (pedí/pedía) el pescado.
8. De repente, el camarero _____ (volvió/volvía) a nuestra mesa.
9. Y nos _____ (dio/daba) una mala noticia.
10. Desafortunadamente, no _____ (tuvieron/tenían) más pescado.
11. Por eso Tomás y yo _____ (decidimos/decidíamos) comer en otro lugar.
12. _____ (Llovió/Llovía) mucho cuando _____ (salimos/salíamos) del restaurante.
13. Así que _____ (regresamos/regresábamos) al restaurante Tárcoles.
14. Esta vez, _____ (pedí/pedía) arroz con pollo.

# Práctica

**1** **En el periódico** Completa esta noticia con las formas correctas del pretérito o el imperfecto.

## Un accidente trágico

Ayer temprano por la mañana (1)_____ (haber) un trágico accidente en el centro de San José cuando el conductor de un autobús no (2)_____ (ver) venir un carro. La mujer que (3)_____ (manejar) el carro (4)_____ (morir) al instante y los paramédicos (5)_____ (tener) que llevar al pasajero al hospital porque (6)_____ (sufrir) varias fracturas. El conductor del autobús (7)_____ (decir) que no (8)_____ (ver) el carro hasta el último momento porque (9)_____ (estar) muy nublado y (10)_____ (llover). Él (11)_____ (intentar) (*to attempt*) dar un viraje brusco (*to swerve*), pero (12)_____ (perder) el control del autobús y no (13)_____ (poder) evitar (*to avoid*) el accidente. Según nos informaron, no (14)_____ (lastimarse) ningún pasajero del autobús.

> **AYUDA**
>
> Reading Spanish-language newspapers is a good way to practice verb tenses. You will find that both the imperfect and the preterite occur with great regularity. Many newsstands carry international papers, and many Spanish-language newspapers (such as Spain's *El País*, Mexico's *Reforma*, and Argentina's *Clarín*) are on the Web.

**2** **Seleccionar** Utiliza el tiempo verbal adecuado, según el contexto.

1. La semana pasada, Manolo y Aurora _____ (querer) dar una fiesta. _____ (Decidir) invitar a seis amigos y servirles mucha comida.

2. Manolo y Aurora _____ (estar) preparando la comida cuando Elena _____ (llamar). Como siempre, _____ (tener) que estudiar para un examen.

3. A las seis, _____ (volver) a sonar el teléfono. Su amigo Francisco tampoco _____ (poder) ir a la fiesta, porque _____ (tener) fiebre. Manolo y Aurora _____ (sentirse) muy tristes, pero _____ (tener) que preparar la comida.

4. Después de otros quince minutos, _____ (sonar) el teléfono. Sus amigos, los señores Vega, _____ (estar) en camino (*en route*) al hospital: a su hijo le _____ (doler) mucho el estómago. Sólo dos de los amigos _____ (poder) ir a la cena.

5. Por supuesto, _____ (ir) a tener demasiada comida. Finalmente, cinco minutos antes de las ocho, _____ (llamar) Ramón y Javier. Ellos _____ (pensar) que la fiesta _____ (ser) la próxima semana.

6. Tristes, Manolo y Aurora _____ (sentarse) a comer solos. Mientras _____ (comer), pronto _____ (llegar) a la conclusión de que _____ (ser) mejor estar solos: ¡La comida _____ (estar) malísima!

**3** **Completar** Completa las frases de una manera lógica. Usa el pretérito o el imperfecto. En parejas, comparen sus respuestas.

1. De niño/a, yo…
2. Yo conducía el auto mientras…
3. Anoche mi novio/a…
4. Ayer el/la profesor(a)…
5. La semana pasada un(a) amigo/a…
6. Con frecuencia mis padres…
7. Esta mañana en la cafetería…
8. Hablábamos con el doctor cuando…

 Practice more at **vistas.vhlcentral.com.**

# Comunicación

 **4** **Entrevista** Usa estas preguntas para entrevistar a un(a) compañero/a acerca de su primer(a) novio/a. Si quieres, puedes añadir otras preguntas.

1. ¿Quién fue tu primer(a) novio/a?
2. ¿Cuántos años tenías cuando lo/la conociste?
3. ¿Cómo era él/ella?
4. ¿Qué le gustaba hacer? ¿Tenían ustedes los mismos pasatiempos?
5. ¿Por cuánto tiempo salieron ustedes?
6. ¿Adónde iban cuando salían?
7. ¿Pensaban casarse?
8. ¿Cuándo y por qué rompieron?

 **5** **La sala de emergencias** En parejas, miren la lista e inventen qué les pasó a estas personas que están en la sala de emergencias.

> **modelo**
>
> Eran las tres de la tarde. Como todos los días, Pablo jugaba al fútbol con sus amigos. Estaba muy contento. De repente, se cayó y se rompió el brazo. Entonces fue a la sala de emergencias.

| Paciente | Edad | Hora | Estado |
|---|---|---|---|
| 1. Pablo Romero | 9 años | 15:20 | hueso roto (el brazo) |
| 2. Estela Rodríguez | 45 años | 15:25 | tobillo torcido |
| 3. Lupe Quintana | 29 años | 15:37 | embarazada, dolores |
| 4. Manuel López | 52 años | 15:45 | infección de garganta |
| 5. Marta Díaz | 3 años | 16:00 | congestión, fiebre |
| 6. Roberto Salazar | 32 años | 16:06 | dolor de oído |
| 7. Marco Brito | 18 años | 16:18 | daño en el cuello, posible fractura |
| 8. Ana María Ortiz | 66 años | 16:29 | reacción alérgica a un medicamento |

**6** **Situación** Anoche alguien robó (*stole*) el examen de la **Lección 10** de la oficina de tu profesor(a) y tú tienes que averiguar quién lo hizo. Pregúntales a tres compañeros dónde estaban, con quién estaban y qué hicieron entre las ocho y las doce de la noche.

# Síntesis

 **7** **La primera vez** En grupos, cuéntense cómo fue la primera vez que les pusieron una inyección, se rompieron un hueso, pasaron la noche en un hospital, estuvieron mareados/as, etc. Incluyan estos datos en su conversación: una descripción del tiempo que hacía, sus edades, qué pasó y cómo se sentían.

**10.3** | # Constructions with se  Tutorial

**ANTE TODO**  In **Lección 7,** you learned how to use **se** as the third person reflexive pronoun (**Él se despierta. Ellos se visten. Ella se baña.**). **Se** can also be used to form constructions in which the person performing the action is not expressed or is de-emphasized.

## Impersonal constructions with se

▶ In Spanish, verbs that are not reflexive can be used with **se** to form impersonal constructions. These are statements in which the person performing the action is not defined.

| | |
|---|---|
| **Se habla** español en Costa Rica. | **Se puede leer** en la sala de espera. |
| *Spanish is spoken in Costa Rica.* | *You can read in the waiting room.* |
| **Se hacen** operaciones aquí. | **Se necesitan** medicinas enseguida. |
| *They perform operations here.* | *They need medicine right away.* |

**AYUDA**

In English, the passive voice or indefinite subjects (*you, they, one*) are used where Spanish uses impersonal constructions with **se**.

▶ **¡Atención!** Note that the third person singular verb form is used with singular nouns and the third person plural form is used with plural nouns.

| | |
|---|---|
| **Se vende** ropa. | **Se venden** camisas. |

▶ You often see the impersonal **se** in signs, advertisements, and directions.

**SE PROHÍBE
NADAR**

Se necesitan
programadores
**Grupo Tecno**
Tel. 778-34-34

**ENTRADA** ←

**Se entra por la
izquierda**

## Se for unplanned events

¿Te pusiste un suéter anoche?

No, mamá. Se me olvidó.

▶ **Se** also describes accidental or unplanned events. In this construction, the person who performs the action is de-emphasized, implying that the accident or unplanned event is not his or her direct responsibility. Note this construction.

| **se** | + | [ INDIRECT OBJECT PRONOUN ] | + | [ VERB ] | + | [ SUBJECT ] |
|---|---|---|---|---|---|---|
| **Se** | | me | | cayó | | la pluma. |

▶ In this type of construction, what would normally be the direct object of the sentence becomes the subject, and it agrees with the verb, not with the indirect object pronoun.

| I.O. PRONOUN | VERB | | SUBJECT |
|---|---|---|---|
| Se | me, te, le, nos, os, les | quedó / cayó / dañó — SINGULAR | la receta. / la taza. / el radio. |
| | | rompieron / olvidaron / perdieron — PLURAL | las botellas. / las pastillas. / las llaves. |

▶ These verbs are the ones most frequently used with **se** to describe unplanned events.

### Verbs commonly used with se

| | | | |
|---|---|---|---|
| **caer** | to fall; to drop | **perder (e:ie)** | to lose |
| **dañar** | to damage; to break down | **quedar** | to be left behind |
| **olvidar** | to forget | **romper** | to break |

**Se me perdió** el teléfono de la farmacia.
*I lost the pharmacy's phone number.*

**Se nos olvidaron** los pasajes.
*We forgot the tickets.*

▶ **¡Atención!** While Spanish has a verb for *to fall* (**caer**), there is no direct translation for *to drop.* **Dejar caer** (*To let fall*) or a **se** construction is often used to mean *to drop.*

El médico **dejó caer** la aspirina.
*The doctor dropped the aspirin.*

A mí **se me cayeron** los cuadernos.
*I dropped the notebooks.*

**CONSULTA**

For an explanation of prepositional pronouns, refer to **Estructura 9.4,** p. 318.

▶ To clarify or emphasize who the person involved in the action is, this construction commonly begins with the preposition **a** + [*noun*] or **a** + [*prepositional pronoun*].

**Al paciente** se le perdió la receta.
*The patient lost his prescription.*

**A ustedes** se les quedaron los libros en casa.
*You left the books at home.*

 **¡INTÉNTALO!**    Completa las oraciones con **se** impersonal y los verbos en presente.

### A

1. <u>Se enseñan</u> (enseñar) cinco lenguas en esta universidad.
2. _____ (comer) muy bien en Las Delicias.
3. _____ (vender) muchas camisetas allí.
4. _____ (servir) platos exquisitos cada noche.

Completa las oraciones con **se** y los verbos en pretérito.

### B

1. <u>Se me rompieron</u> (*I broke*) las gafas.
2. _____ (*You* (fam., sing.) *dropped*) las pastillas.
3. _____ (*They lost*) la receta.
4. _____ (*You* (form., sing.) *left*) aquí la radiografía.

**recursos**

WB
pp. 117–118

LM
p. 59

vistas.
vhlcentral.com
Lección 10

# Práctica

**1** ¿**Cierto o falso?** Lee estas oraciones sobre la vida en 1901. Indica si lo que dice cada oración es **cierto** o **falso**. Luego corrige las oraciones falsas.

1. Se veía mucha televisión.
2. Se escribían muchos libros.
3. Se viajaba mucho en tren.
4. Se montaba a caballo.
5. Se mandaba correo electrónico.
6. Se preparaban comidas en casa.
7. Se llevaban minifaldas.
8. Se pasaba mucho tiempo con la familia.

**2** **Traducir** Traduce estos letreros (*signs*) y anuncios al español.

1. Nurses needed
2. Eating and drinking prohibited
3. Programmers sought
4. English is spoken
5. Computers sold
6. No talking
7. Teacher needed
8. Books sold
9. Do not enter
10. Spanish is spoken

**3** ¿**Qué pasó?** Mira los dibujos e indica lo que pasó en cada uno.

1. camarero / pastel

2. Sr. Álvarez / espejo

3. Arturo / tarea

4. Sra. Domínguez / llaves

5. Carla y Lupe / botellas de vino

6. Juana / platos

 Practice more at **vistas.vhlcentral.com.**

# Comunicación

**4**

**¿Distraído/a yo?** Trabajen en parejas y usen estas preguntas para averiguar cuál de los/las dos es más distraído/a (*absentminded*).

¿Alguna vez...

1. se te olvidó invitar a alguien a una fiesta o comida? ¿A quién?
2. se te quedó algo importante en la casa? ¿Qué?
3. se te perdió algo importante durante un viaje? ¿Qué?
4. se te rompió algo muy caro? ¿Qué?

¿Sabes...

5. si se permite el ingreso (*admission*) de perros al parque cercano a la universidad?
6. si en el supermercado se aceptan cheques?
7. dónde se arreglan zapatos y botas?
8. qué se sirve en la cafetería de la universidad los lunes?

**5**

**Opiniones** En parejas, terminen cada oración con ideas originales. Después, comparen los resultados con la clase para ver qué pareja tuvo las mejores ideas.

1. No se tiene que dejar propina cuando...
2. Antes de viajar, se debe...
3. Si se come bien, ...
4. Para tener una vida sana, se debe...
5. Se sirve la mejor comida en...
6. Se hablan muchas lenguas en...

# Síntesis

**6**

**Anuncios** En grupos, preparen dos anuncios de televisión para presentar a la clase. Usen el imperfecto y por lo menos dos construcciones con **se** en cada uno.

> **modelo**
>
> Se me cayeron unos libros en el pie y me dolía mucho. Pero ahora no, gracias a SuperAspirina 500. ¡Dos pastillas y se me fue el dolor! Se puede comprar SuperAspirina 500 en todas las farmacias Recetamax.

## 10.4 Adverbs (S) Tutorial

**ANTE TODO**   Adverbs are words that describe how, when, and where actions take place. They can modify verbs, adjectives, and even other adverbs. In previous lessons, you have already learned many Spanish adverbs, such as the ones below.

| | | |
|---|---|---|
| aquí | hoy | nunca |
| ayer | mal | siempre |
| bien | muy | temprano |

▶ The most common adverbs end in **-mente**, equivalent to the English ending *-ly*.

> **verdaderamente** *truly, really*    **generalmente** *generally*    **simplemente** *simply*

▶ To form these adverbs, add **-mente** to the feminine form of the adjective. If the adjective does not have a special feminine form, just add **-mente** to the standard form.
**¡Atención!** Adjectives do not lose their accents when adding **-mente**.

| ADJECTIVE | FEMININE FORM | SUFFIX | ADVERB |
|---|---|---|---|
| seguro | segura | -mente | seguramente |
| fabuloso | fabulosa | -mente | fabulosamente |
| enorme | | -mente | enormemente |
| fácil | | -mente | fácilmente |

▶ Adverbs that end in **-mente** generally follow the verb, while adverbs that modify an adjective or another adverb precede the word they modify.

> Maira dibuja **maravillosamente**.      Sergio está **casi siempre** ocupado.
> *Maira draws wonderfully.*          *Sergio is almost always busy.*

### Common adverbs and adverbial expressions

| | | | | | | | |
|---|---|---|---|---|---|---|---|
| **a menudo** | *often* | **así** | *like this; so* | **menos** | *less* |
| **a tiempo** | *on time* | **bastante** | *enough; rather* | **muchas veces** | *a lot; many times* |
| **a veces** | *sometimes* | **casi** | *almost* | | |
| **además (de)** | *furthermore; besides* | **con frecuencia** | *frequently* | **poco** | *little* |
| | | | | **por lo menos** | *at least* |
| **apenas** | *hardly; scarcely* | **de vez en cuando** | *from time to time* | **pronto** | *soon* |
| | | **despacio** | *slowly* | **rápido** | *quickly* |

**¡ATENCIÓN!**

When a sentence contains two or more adverbs in sequence, the suffix **-mente** is dropped from all but the last adverb.
Ex: **El médico nos habló simple y abiertamente.** *The doctor spoke to us simply and openly.*

**¡ATENCIÓN!**

**Rápido** functions as an adjective (**Ella tiene una computadora rápida.**) as well as an adverb (**Ellas corren rápido.**). Note that as an adverb, **rápido** does not need to agree with any other word in the sentence. You can also use the adverb **rápidamente** (**Ella corre rápidamente.**).

**recursos**

WB
pp. 119–120

LM
p. 60

(S)
vistas.
vhlcentral.com
Lección 10

**¡INTÉNTALO!**   Transforma los adjetivos en adverbios.

1. alegre _alegremente_
2. constante _____
3. gradual _____
4. perfecto _____
5. real _____
6. frecuente _____
7. tranquilo _____
8. regular _____
9. maravilloso _____
10. normal _____
11. básico _____
12. afortunado _____

# Práctica

**1**

**Escoger** Completa la historia con los adverbios adecuados.

1. La cita era a las dos, pero llegamos _____. (mientras, nunca, tarde)
2. El problema fue que _____ se nos dañó el despertador. (aquí, ayer, despacio)
3. La recepcionista no se enojó porque sabe que normalmente llego _____. (a veces, a tiempo, poco)
4. _____ el doctor estaba listo. (Por lo menos, Muchas veces, Casi)
5. _____ tuvimos que esperar cinco minutos. (Así, Además, Apenas)
6. El doctor dijo que nuestra hija Irene necesitaba cambiar su rutina diaria _____. (temprano, menos, inmediatamente)
▶ 7. El doctor nos explicó _____ las recomendaciones del Cirujano General (*Surgeon General*) sobre la salud de los jóvenes. (de vez en cuando, bien, apenas)
8. _____ nos dijo que Irene estaba bien, pero tenía que hacer más ejercicio y comer mejor. (Bastante, Afortunadamente, A menudo)

**NOTA CULTURAL**

La doctora Antonia Novello, de Puerto Rico, fue la primera mujer y la primera hispana en tomar el cargo de **Cirujana General** de los Estados Unidos (1990–1993).

# Comunicación

**2**

**Aspirina** Lee el anuncio y responde a las preguntas con un(a) compañero/a.

No hay tiempo para el dolor de cabeza.

Si tienes prisa, o simplemente quieres que tu dolor de cabeza se vaya muy pronto, piensa en Bayer. Se asimila mejor y actúa rápidamente. Ya no se puede perder tiempo por un dolor de cabeza.

ASPIRINA

Bayer
Siempre a tu lado.

1. ¿Cuáles son los adverbios que aparecen en el anuncio?
2. Según el anuncio, ¿cuáles son las ventajas (*advantages*) de este tipo de aspirina?
3. ¿Tienen ustedes dolores de cabeza? ¿Qué toman para curarlos?
4. ¿Qué medicamentos ven con frecuencia en los anuncios de televisión? Escriban descripciones de varios de estos anuncios. Usen adverbios en sus descripciones.

 Practice more at **vistas.vhlcentral.com**.

# Recapitulación

**S** Concepts Diagnostics

Completa estas actividades para repasar los conceptos de gramática que aprendiste en esta lección.

**1** **Completar** Completa el cuadro con la forma correcta del imperfecto. `12 pts.`

| yo/Ud./él/ella | tú | nosotros | Uds./ellos/ellas |
|---|---|---|---|
| era | | | |
| | cantabas | | |
| | | veníamos | |
| | | | querían |

**2** **Adverbios** Escoge el adverbio correcto de la lista para completar estas oraciones. Lee con cuidado las oraciones; los adverbios sólo se usan una vez. No vas a usar uno de los adverbios. `8 pts.`

| a menudo | apenas | fácilmente |
|---|---|---|
| a tiempo | casi | maravillosamente |
| además | despacio | por lo menos |

1. Pablito se cae _____; un promedio (*average*) de cuatro veces por semana.

2. No me duele nada y no sufro de ninguna enfermedad; me siento _____ bien.

3. —Doctor, ¿cómo supo que tuve una operación de garganta?
   —Muy _____, lo leí en su historial médico.

4. ¿Le duele mucho la espalda (*back*)? Entonces tiene que levantarse _____.

5. Ya te sientes mucho mejor, ¿verdad? Mañana puedes volver al trabajo; tu temperatura es _____ normal.

6. Es importante hacer ejercicio con regularidad, _____ tres veces a la semana.

7. El examen médico no comenzó ni tarde ni temprano. Comenzó _____, a las tres de la tarde.

8. Parece que ya te estás curando del resfriado. _____ estás congestionada.

**RESUMEN GRAMATICAL**

**10.1** **The imperfect tense** *pp. 342–343*

| The imperfect of regular verbs | | |
|---|---|---|
| **cantar** | **beber** | **escribir** |
| cantaba | bebía | escribía |
| cantabas | bebías | escribías |
| cantaba | bebía | escribía |
| cantábamos | bebíamos | escribíamos |
| cantabais | bebíais | escribíais |
| cantaban | bebían | escribían |

► There are no stem changes in the imperfect:
   entender (e:ie) → entendía; servir (e:i) → servía;
   doler (o:ue) → dolía

► The imperfect of **hay** is **había**.

► Only three verbs are irregular in the imperfect.
   ir: **iba, ibas, iba, íbamos, ibais, iban**
   ser: **era, eras, era, éramos, erais, eran**
   ver: **veía, veías, veía, veíamos, veíais, veían**

**10.2** **The preterite and the imperfect** *pp. 346–347*

| Preterite | Imperfect |
|---|---|
| 1. Completed actions | 1. Ongoing past action |
| Fueron a Buenos Aires ayer. | De niño, usted jugaba al fútbol. |
| 2. Beginning or end of past action | 2. Habitual past actions |
| La película empezó a las nueve. | Todos los domingos yo visitaba a mi abuela. |
| 3. Series of past actions or events | 3. Description of states or characteristics |
| Me caí y me lastimé el pie. | Ella era alta. Quería descansar. |

**10.3** **Constructions with se** *pp. 350–351*

| Impersonal constructions with **se** | | |
|---|---|---|
| **Se** | prohíbe fumar. | |
| | habla español. | |
| | hablan varios idiomas. | |

| Se for unplanned events | | |
|---|---|---|
| Se | me, te, le, nos, os, les | cayó la taza. |
| | | dañó el radio. |
| | | rompieron las botellas. |
| | | olvidaron las llaves. |

**10.4   Adverbs**   *p. 354*

| Formation of adverbs |
|---|
| fácil → fácilmente |
| seguro → seguramente |
| verdadero → verdaderamente |

**3**

**Un accidente** Escoge el imperfecto o el pretérito según el contexto para completar esta conversación. **10 pts.**

**NURIA** Hola, Felipe. ¿Estás bien? ¿Qué es eso? ¿(1) (Te lastimaste/Te lastimabas) el pie?

**FELIPE** Ayer (2) (tuve/tenía) un pequeño accidente.

**NURIA** Cuéntame. ¿Cómo (3) (pasó/pasaba)?

**FELIPE** Bueno, (4) (fueron/eran) las cinco de la tarde y (5) (llovió/llovía) mucho cuando (6) (salí/salía) de la casa en mi bicicleta. No (7) (vi/veía) a una chica que (8) (caminó/caminaba) en mi dirección, y los dos (9) (nos caímos/nos caíamos) al suelo (*ground*).

**NURIA** Y la chica, ¿está bien ella?

**FELIPE** Sí. Cuando llegamos al hospital, ella sólo (10) (tuvo/tenía) dolor de cabeza.

**4**

**Oraciones** Escribe oraciones con **se** a partir de los elementos dados (*given*). Usa el tiempo especificado entre paréntesis y añade pronombres cuando sea necesario. **10 pts.**

> **modelo**
>
> Carlos / quedar / la tarea en casa (pretérito)
> A Carlos se le quedó la tarea en casa.

1. en la farmacia / vender / medicamentos (presente)

2. ¿(tú) / olvidar / las llaves / otra vez? (pretérito)

3. (yo) / dañar / la computadora (pretérito)

4. en esta clase / prohibir / hablar inglés (presente)

5. ellos / romper / las gafas / en el accidente (pretérito)

**5**

**En la consulta** Escribe al menos cinco oraciones sobre tu última visita al médico. Incluye cinco verbos en pretérito y cinco en imperfecto. Habla de qué te pasó, cómo te sentías, cómo era el/la doctor(a), qué te dijo, etc. Usa tu imaginación. **10 pts.**

**6**

**Refrán** Completa el refrán con las palabras que faltan. **¡2 puntos EXTRA!**

**" Lo que _____ (*well*) se aprende, nunca _____ pierde. "**

 Practice more at **vistas.vhlcentral.com.**

# Lectura

## Antes de leer

### Estrategia
#### Activating background knowledge

Using what you already know about a particular subject will often help you better understand a reading selection. For example, if you read an article about a recent medical discovery, you might think about what you already know about health in order to understand unfamiliar words or concepts.

### Examinar el texto

Utiliza las estrategias de lectura que tú consideras más efectivas para hacer algunas observaciones preliminares acerca del texto. Después trabajen en parejas para comparar sus observaciones acerca del texto. Luego contesten estas preguntas:

- Analicen el formato del texto: ¿Qué tipo de texto es? ¿Dónde creen que se publicó este artículo?
- ¿Quiénes son Carla Baron y Tomás Monterrey?
- Miren la foto del libro. ¿Qué sugiere el título del libro sobre su contenido?

### Conocimiento previo

Ahora piensen en su conocimiento previo° sobre el cuidado de la salud en los viajes. Consideren estas preguntas:

- ¿Viajaron alguna vez a otro estado o a otro país?
- ¿Tuvieron problemas durante sus viajes con el agua, la comida o el clima del lugar?
- ¿Olvidaron poner en su maleta algún medicamento que después necesitaron?
- Imaginen que su compañero/a se va de viaje. Díganle por lo menos cinco cosas que debe hacer para prevenir cualquier problema de salud.

**conocimiento previo** *background knowledge*

## Libro de la semana

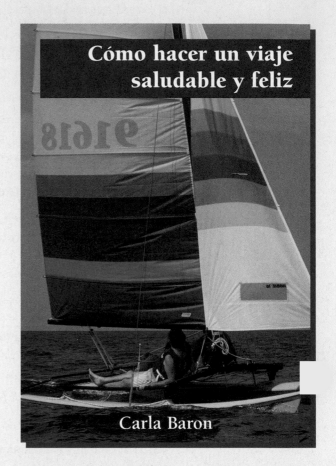

**Cómo hacer un viaje saludable y feliz**

Carla Baron

## Después de leer

### Correspondencias

Busca las correspondencias entre los problemas y las recomendaciones.

**Problemas**

1. el agua _____
2. el sol _____
3. la comida _____
4. la identificación _____
5. el clima _____

**Recomendaciones**

a. Hay que adaptarse a los ingredientes desconocidos (*unknown*).
b. Toma sólo productos purificados (*purified*).
c. Es importante llevar ropa adecuada cuando viajas.
d. Lleva loción o crema con alta protección solar.
e. Lleva tu pasaporte.

# Entrevista a Carla Baron
### por Tomás Monterrey

**Tomás:** ¿Por qué escribió su libro *Cómo hacer un viaje saludable y feliz?*

**Carla:** Me encanta viajar, conocer otras culturas y escribir. Mi primer viaje lo hice cuando era estudiante universitaria. Todavía recuerdo el día en que llegamos a San Juan, Puerto Rico. Era el panorama ideal para unas vacaciones maravillosas, pero al llegar a la habitación del hotel, bebí mucha agua de la llave° y luego pedí un jugo de frutas con mucho hielo°. El clima en San Juan es tropical y yo tenía mucha sed y calor. Los síntomas llegaron en menos de media hora: pasé dos días con dolor de estómago y corriendo al cuarto de baño cada diez minutos. Desde entonces, siempre que viajo sólo bebo agua mineral y llevo un pequeño bolso con medicinas necesarias, como pastillas para el dolor y también bloqueador solar, una crema repelente de mosquitos y un desinfectante.

**Tomás:** ¿Son reales° las situaciones que se narran en su libro?

**Carla:** Sí, son reales y son mis propias° historias°. A menudo los autores crean caricaturas divertidas de un turista en dificultades. ¡En mi libro la turista en dificultades soy yo!

**Tomás:** ¿Qué recomendaciones puede encontrar el lector en su libro?

**Carla:** Bueno, mi libro es anecdótico y humorístico, pero el tema de la salud se trata° de manera seria. En general, se dan recomendaciones sobre ropa adecuada para cada sitio, consejos para protegerse del sol, y comidas y bebidas adecuadas para el turista que viaja al Caribe o Suramérica.

**Tomás:** ¿Tiene algún consejo para las personas que se enferman cuando viajan?

**Carla:** Muchas veces los turistas toman el avión sin saber nada acerca del país que van a visitar. Ponen toda su ropa en la maleta, toman el pasaporte, la cámara fotográfica y ¡a volar°! Es necesario tomar precauciones porque nuestro cuerpo necesita adaptarse al clima, al sol, a la humedad, al agua y a la comida. Se trata de° viajar, admirar las maravillas del mundo y regresar a casa con hermosos recuerdos. En resumen, el secreto es "prevenir en vez de° curar".

llave *faucet*  hielo *ice*  reales *true*  propias *own*  historias *stories*
se trata *is treated*  ¡a volar! *Off they go!*  Se trata de *It's a question of*
en vez de *instead of*

## Seleccionar
Selecciona la respuesta correcta.

1. El tema principal de este libro es _____.
   a. Puerto Rico  b. la salud y el agua  c. otras culturas
   d. el cuidado de la salud en los viajes
2. Las situaciones narradas en el libro son _____.
   a. autobiográficas  b. inventadas  c. ficticias
   d. imaginarias
3. ¿Qué recomendaciones no vas a encontrar en este libro? _____
   a. cómo vestirse adecuadamente
   b. cómo prevenir las quemaduras solares
   c. consejos sobre la comida y la bebida
   d. cómo dar propina en los países del Caribe o de Suramérica
4. En opinión de la señorita Baron, _____.
   a. es bueno tomar agua de la llave y beber jugo de frutas con mucho hielo
   b. es mejor tomar solamente agua embotellada (*bottled*)
   c. los minerales son buenos para el dolor abdominal
   d. es importante visitar el cuarto de baño cada diez minutos
5. ¿Cuál de estos productos no lleva la autora cuando viaja a otros países? _____
   a. desinfectante
   b. crema repelente
   c. detergente
   d. pastillas medicinales

# Escritura

## Estrategia
### Mastering the simple past tenses

In Spanish, when you write about events that occurred in the past you will need to know when to use the preterite and when to use the imperfect tense. A good understanding of the uses of each tense will make it much easier to determine which one to use as you write.

Look at the summary of the uses of the preterite and the imperfect and write your own example sentence for each of the rules described.

### Preterite vs. imperfect

**Preterite**

1. Completed actions
   _____
   _____

2. Beginning or end of past actions
   _____
   _____

3. Series of past actions
   _____
   _____

**Imperfect**

1. Ongoing past actions
   _____
   _____

2. Habitual past actions
   _____
   _____

3. Mental, physical, and emotional states and characteristics in the past
   _____
   _____

Get together with a few classmates to compare your example sentences. Then use these sentences and the chart as a guide to help you decide which tense to use as you are writing a story or other type of narration about the past.

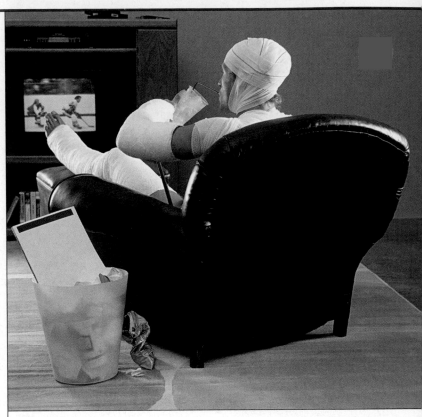

## Tema

### Escribir una historia

Escribe una historia acerca de una experiencia tuya° (o de otra persona) con una enfermedad, accidente o problema médico. Tu historia puede ser real o imaginaria y puede tratarse de un incidente divertido, humorístico o desastroso. Incluye todos los detalles relevantes. Consulta la lista de sugerencias° con detalles que puedes incluir.

▶ Descripción del/de la paciente
  nombre y apellidos
  edad
  características físicas
  historial médico°

▶ Descripción de los síntomas
  enfermedades
  accidente
  problemas médicos

▶ Descripción del tratamiento°
  tratamientos
  recetas
  operaciones

tuya *of yours* sugerencias *suggestions* historial médico *medical history*
tratamiento *treatment*

# Escuchar  Audio: Activities

## Estrategia
### Listening for specific information

You can listen for specific information effectively once you identify the subject of a conversation and use your background knowledge to predict what kinds of information you might hear.

To practice this strategy, you will listen to a paragraph from a letter Marta wrote to a friend about her fifteenth birthday celebration. Before you listen to the paragraph, use what you know about this type of party to predict the content of the letter. What kinds of details might Marta include in her description of the celebration? Now listen to the paragraph and jot down the specific information Marta relates. Then compare these details to the predictions you made about the letter.

## Preparación

Mira la foto. ¿Con quién crees que está conversando Carlos Peña? ¿De qué están hablando?

## Ahora escucha

Ahora escucha la conversación de la señorita Méndez y Carlos Peña. Marca las frases donde se mencionan los síntomas de Carlos.

1. ____ Tiene infección en los ojos.
2. ____ Se lastimó el dedo.
3. ____ No puede dormir.
4. ____ Siente dolor en los huesos.
5. ____ Está mareado.
6. ____ Está congestionado.
7. ____ Le duele el estómago.
8. ____ Le duele la cabeza.
9. ____ Es alérgico a la aspirina.
10. ____ Tiene tos.
11. ____ Le duele la garganta.
12. ____ Se rompió la pierna.
13. ____ Tiene dolor de oído.
14. ____ Tiene frío.

## Comprensión

### Preguntas

1. ¿Tiene fiebre Carlos?

2. ¿Cuánto tiempo hace que le duele la garganta a Carlos?

3. ¿Qué tiene que hacer el médico antes de recetarle algo a Carlos?

4. ¿A qué hora es su cita con el médico?

5. Después de darle una cita con el médico, ¿qué otra información le pide a Carlos la señorita del consultorio?

6. En tu opinión, ¿qué tiene Carlos? ¿Gripe? ¿Un resfriado? ¿Alergias? Explica tu opinión.

### Diálogo

Con un(a) compañero/a, escribe el diálogo entre el Dr. Aguilar y Carlos Peña en el consultorio del médico. Usa la información del diálogo telefónico para pensar en lo que dice el médico mientras examina a Carlos. Imagina cómo responde Carlos y qué preguntas le hace al médico. ¿Cuál es el diagnóstico del médico?

 Practice more at **vistas.vhlcentral.com**.

# En pantalla

Si tienes dolor de estómago, un calambre° u otra dolencia° simple y no quieres ir al médico, puedes ir a la farmacia. En muchos países hispanos, no necesitas una receta para comprar algunas medicinas y, además, los farmacéuticos están capacitados° para recetar medicamentos en casos de enfermedades leves°. Mucha gente los visita pidiendo consejos para aliviar sus males°. Antes, los boticarios° eran una especie de artesanos° de las medicinas que ejercían bajo la tutela° de los médicos. Ahora, su profesión tiene un carácter más científico e incluso forma parte de la oferta educativa de muchas universidades.

| Vocabulario útil | |
|---|---|
| **el bondi** | *bus (Arg.)* |
| **la cancha** | *stadium (Arg.)* |
| **los hinchas** | *sports fans (usually soccer; Arg.)* |
| **se hace el duro** | *acts tough* |
| **tirarse** | *to jump, to dive* |
| **trepar** | *to climb* |

### Preparación

¿Conoces alguna persona temeraria (*reckless*) a quien le gusten las situaciones de riesgo (*risky*)? Comparte alguna de sus anécdotas con la clase.

### ¿Cierto o falso?

Indica si lo que dice cada oración es **cierto** o **falso**. Corrige las oraciones falsas.

1. Bailaba en la bañadera y se cayó.
2. Se cayó del techo (*roof*) cuando quiso arreglar una ventana.
3. Se bajó del (*got off of*) tren en movimiento.
4. Saltó del escenario temerariamente.

### Un chico travieso

Sin duda, Miguel era un niño muy travieso (*mischievous*). En parejas, imaginen cómo fue su niñez: describan lo que hacía en su casa, en la escuela y con sus amigos. Usen el imperfecto.

calambre *cramp* dolencia *ailment* capacitados *qualified* leves *mild* males *illnesses*
boticarios *pharmacists* artesanos *craftsmen* ejercían... *practiced under the guidance*

—**Voy a treparme a arreglar la antena.**
—**¡Sí, Miguel!**

**... bailo en la cancha la *Macarena*...**

**Cualquiera se hace el duro cuando tiene con qué.**

(S) **Video: TV Clip**

Practice more at **vistas.vhlcentral.com.**

Argentina tiene una gran tradición médica influenciada desde el siglo XIX por la medicina francesa. Tres de los cinco premios Nobel de esta nación están relacionados con investigaciones médicas que han hecho° grandes aportes° al avance de las ciencias de la salud. Además, existen otros adelantos° de médicos argentinos que han hecho historia. Entre ellos se cuentan el *bypass* coronario, desarrollado° por el cirujano° René Favaloro en 1967, y la técnica de cirugía cardiovascular sin circulación extracorpórea° desarrollada en 1978 por Federico Benetti, quien es considerado uno de los padres de la cirugía cardíaca moderna.

### Vocabulario útil

| | |
|---|---|
| la cita previa | *previous appointment* |
| la guardia | *emergency room* |
| Me di un golpe. | *I got hit.* |
| la práctica | *rotation (hands-on medical experience)* |

### Preparación

¿Qué haces si tienes un pequeño accidente o quieres hacer una consulta? ¿Visitas a tu médico general o vas al hospital? ¿Debes pedir un turno (*appointment*)?

### ¿Cierto o falso?

Indica si las oraciones son **ciertas** o **falsas**.

1. Silvina tuvo un accidente en su automóvil.
2. Silvina fue a la guardia del hospital.
3. La guardia del hospital está abierta sólo durante el día y es necesario tener cita previa.
4. Los entrevistados (*interviewees*) tienen enfermedades graves.
5. En Argentina, los médicos reciben la certificación cuando terminan la práctica.

## La salud

**1**

**¿Le podría° pedir que me explique qué es la guardia?**

**2**

**Nuestro hospital público es gratuito para todas las personas.**

**3**

**... la carrera de medicina comienza con el primer año de la universidad.**

 **Video:** *Flash cultura*

 Practice more at **vistas.vhlcentral.com.**

| recursos | |
|---|---|
| VM<br>pp. 309–310 |  vistas.vhlcentral.com<br>Lección 10 |

amplia *ample*  han hecho *have done*  aportes *contributions*
adelantos *advances*  desarrollado *developed*  cirujano *surgeon*
extracorpórea *out-of-body*  podría *could*

# Costa Rica

## El país en cifras

▶ **Área:** 51.100 km² (19.730 millas²), aproximadamente el área de Virginia Occidental°

▶ **Población:** 4.957.000

*Costa Rica es el país de Centroamérica con la población más homogénea. El 94% de sus habitantes es blanco y mestizo°. Más del 50% de la población es de ascendencia° española y un alto porcentaje tiene sus orígenes en otros países europeos.*

▶ **Capital:** San José —1.655.000

▶ **Ciudades principales:** Alajuela, Cartago, Puntarenas, Heredia

SOURCE: Population Division, UN Secretariat

▶ **Moneda:** colón costarricense

▶ **Idioma:** español (oficial)

Bandera de Costa Rica

## Costarricenses célebres

▶ **Carmen Lyra,** escritora (1888–1949)

▶ **Chavela Vargas,** cantante (1919– )

▶ **Óscar Arias Sánchez,** ex presidente de Costa Rica (1941– )

▶ **Claudia Poll,** nadadora° olímpica (1972– )

Óscar Arias recibió el Premio Nobel de la Paz en 1987.

Virginia Occidental *West Virginia* mestizo *of indigenous and white parentage* ascendencia *descent* nadadora *swimmer* ejército *army* gastos *expenditures* invertir *to invest* cuartel *barracks*

Mercado Central en San José

Vista del volcán Arenal

**NICARAGUA**

Río Tempisque
Cordillera de Guanacaste
Río San Juan
Cordillera Central
Volcán Arenal
Cordillera de Tilarán
Alajuela
Puntarenas
Heredia
Río Grande de Tárcoles
Volcán Irazú
San José ★ Cartago
Cordillera de

Edificio Metálico en San José

Océano Pacífico

Basílica de Nuestra Señora de los Ángeles en Cartago

ESTADOS UNIDOS
OCÉANO ATLÁNTICO
**COSTA RICA**
OCÉANO PACÍFICO
AMÉRICA DEL SUR

**recursos**
WB pp. 121–122 | VM pp. 267–268 | Ⓢ vistas.vhlcentral.com Lección 10

## ¡Increíble pero cierto!

Costa Rica es el único país latinoamericano que no tiene ejército°. Sin gastos° militares, el gobierno puede invertir° más dinero en la educación y las artes. En la foto aparece el Museo Nacional de Costa Rica, antiguo cuartel° del ejército.

## Lugares • Los parques nacionales

El sistema de parques nacionales de Costa Rica ocupa aproximadamente el 12% de su territorio y fue establecido° para la protección de su biodiversidad. En los parques, los ecoturistas pueden admirar montañas, cataratas° y una gran variedad de plantas exóticas. Algunos ofrecen también la oportunidad de ver quetzales°, monos°, jaguares, armadillos y mariposas° en su hábitat natural.

Mar Caribe

## Economía • Las plantaciones de café

Costa Rica fue el primer país centroamericano en desarrollar° la industria del café. En el siglo° XIX, los costarricenses empezaron a exportar esta semilla a Inglaterra°, lo que significó una contribución importante a la economía de la nación. Actualmente, más de 50.000 costarricenses trabajan en el cultivo del café. Este producto representa cerca del 15% de sus exportaciones anuales.

• Limón

## Sociedad • Una nación progresista

Costa Rica es un país progresista. Tiene un nivel de alfabetización° del 96%, uno de los más altos de Latinoamérica. En 1870, esta nación centroamericana abolió la pena de muerte° y en 1948 eliminó el ejército e hizo obligatoria y gratuita° la educación para todos sus ciudadanos.

Talamanca

**PANAMÁ**

**¿Qué aprendiste?** Responde a las preguntas con oraciones completas.

1. ¿Cómo se llama la capital de Costa Rica?

2. ¿Quién es Claudia Poll?

3. ¿Qué porcentaje del territorio de Costa Rica ocupan los parques nacionales?

4. ¿Para qué se establecieron los parques nacionales?

5. ¿Qué pueden ver los turistas en los parques nacionales?

6. ¿Cuántos costarricenses trabajan en las plantaciones de café hoy día?

7. ¿Cuándo eliminó Costa Rica la pena de muerte?

Parque Morazán
en San José

 **Conexión Internet** Investiga estos temas en **vistas.vhlcentral.com**.

 Practice more at
**vistas.vhlcentral.com.**

1. Busca información sobre Óscar Arias Sánchez. ¿Quién es? ¿Por qué se le considera (*is he considered*) un costarricense célebre?

2. Busca información sobre los artistas de Costa Rica. ¿Qué artista, escritor o cantante te interesa más? ¿Por qué?

......................................................................................................................

establecido *established*  cataratas *waterfalls*  quetzales *type of tropical bird*  monos *monkeys*  mariposas *butterflies*
en desarrollar *to develop*  siglo *century*  Inglaterra *England*  nivel de alfabetización *literacy rate*  pena de muerte *death penalty*  gratuita *free*

## El cuerpo

| | |
|---|---|
| la boca | mouth |
| el brazo | arm |
| la cabeza | head |
| el corazón | heart |
| el cuello | neck |
| el cuerpo | body |
| el dedo | finger |
| el dedo del pie | toe |
| el estómago | stomach |
| la garganta | throat |
| el hueso | bone |
| la nariz | nose |
| el oído | (sense of) hearing; inner ear |
| el ojo | eye |
| la oreja | (outer) ear |
| el pie | foot |
| la pierna | leg |
| la rodilla | knee |
| el tobillo | ankle |

## La salud

| | |
|---|---|
| el accidente | accident |
| el antibiótico | antibiotic |
| la aspirina | aspirin |
| la clínica | clinic |
| el consultorio | doctor's office |
| el/la dentista | dentist |
| el/la doctor(a) | doctor |
| el dolor (de cabeza) | (head)ache; pain |
| el/la enfermero/a | nurse |
| el examen médico | physical exam |
| la farmacia | pharmacy |
| la gripe | flu |
| el hospital | hospital |
| la infección | infection |
| el medicamento | medication |
| la medicina | medicine |
| la operación | operation |
| el/la paciente | patient |
| la pastilla | pill; tablet |
| la radiografía | X-ray |
| la receta | prescription |
| el resfriado | cold (illness) |
| la sala de emergencia(s) | emergency room |
| la salud | health |
| el síntoma | symptom |
| la tos | cough |

## Verbos

| | |
|---|---|
| caerse | to fall (down) |
| dañar | to damage; to break down |
| darse con | to bump into; to run into |
| doler (o:ue) | to hurt |
| enfermarse | to get sick |
| estar enfermo/a | to be sick |
| estornudar | to sneeze |
| lastimarse (el pie) | to injure (one's foot) |
| olvidar | to forget |
| poner una inyección | to give an injection |
| prohibir | to prohibit |
| recetar | to prescribe |
| romper | to break |
| romperse (la pierna) | to break (one's leg) |
| sacar(se) un diente | to have a tooth removed |
| ser alérgico/a (a) | to be allergic (to) |
| sufrir una enfermedad | to suffer an illness |
| tener dolor (m.) | to have a pain |
| tener fiebre | to have a fever |
| tomar la temperatura | to take someone's temperature |
| torcerse (o:ue) (el tobillo) | to sprain (one's ankle) |
| toser | to cough |

## Adjetivos

| | |
|---|---|
| congestionado/a | congested; stuffed-up |
| embarazada | pregnant |
| grave | grave; serious |
| mareado/a | dizzy; nauseated |
| médico/a | medical |
| saludable | healthy |
| sano/a | healthy |

## Adverbios

| | |
|---|---|
| a menudo | often |
| a tiempo | on time |
| a veces | sometimes |
| además (de) | furthermore; besides |
| apenas | hardly; scarcely |
| así | like this; so |
| bastante | enough; rather |
| casi | almost |
| con frecuencia | frequently |
| de niño/a | as a child |
| de vez en cuando | from time to time |
| despacio | slowly |
| menos | less |
| mientras | while |
| muchas veces | a lot; many times |
| poco | little |
| por lo menos | at least |
| pronto | soon |
| rápido | quickly |
| todos los días | every day |

| | |
|---|---|
| Expresiones útiles | See page 337. |

  **Audio: Vocabulary**

**recursos**

LM
p. 60

vistas.vhlcentral.com
Lección 10

# La tecnología

# 11

## Communicative Goals

**You will learn how to:**

- Talk about using technology and electronics
- Use common expressions on the telephone
- Talk about car trouble

### A PRIMERA VISTA
- ¿Qué hace la chica?
- ¿Crees que usa su computadora con frecuencia?
- ¿Es una chica saludable?
- ¿Qué partes del cuerpo se ven en la foto?

# La tecnología

## Más vocabulario

| | |
|---|---|
| la cámara digital/de video | digital/video camera |
| el canal | (TV) channel |
| el correo de voz | voice mail |
| el estéreo | stereo |
| el *fax* | fax (machine) |
| la pantalla táctil | touch screen |
| el reproductor de CD | CD player |
| la televisión por cable | cable television |
| el video | video |
| el archivo | file |
| la arroba | @ symbol |
| el blog | blog |
| la conexión inalámbrica | wireless connection |
| la dirección electrónica | e-mail address |
| Internet | Internet |
| el mensaje de texto | text message |
| la página principal | home page |
| el programa de computación | software |
| la red | network; Web |
| el sitio web | website |
| apagar | to turn off |
| borrar | to erase |
| descargar | to download |
| escanear | to scan |
| funcionar | to work |
| grabar | to record |
| guardar | to save |
| imprimir | to print |
| llamar | to call |
| navegar (en Internet) | to surf (the Internet) |
| poner, prender | to turn on |
| sonar (o:ue) | to ring |
| descompuesto/a | not working; out of order |
| lento/a | slow |
| lleno/a | full |

## Variación léxica

computadora ←→ ordenador (*Esp.*), computador (*Col.*)

descargar ←→ bajar (*Arg., Col., Esp., Ven.*)

el televisor

la pantalla

el reproductor de DVD

la impresora

la computadora (portátil)

el monitor

el (teléfono) celular

el ratón

el teclado

el cederrón

**recursos**

WB pp. 123–124

LM p. 61

**(S)** vistas.vhlcentral.com Lección 11

# Práctica

**1**

**Escuchar** 🎧 Escucha la conversación entre dos amigas. Después completa las oraciones.

1. María y Ana están en _____.
   a. una tienda   b. un cibercafé   c. un restaurante
2. A María le encantan _____.
   a. los celulares   b. las cámaras digitales   c. los cibercafés
3. Ana prefiere guardar las fotos en _____.
   a. la pantalla   b. un archivo   c. un cederrón
4. María quiere tomar un café y _____.
   a. poner la computadora   b. sacar fotos digitales
   c. navegar en Internet
5. Ana paga por el café y _____.
   a. el uso de Internet   b. la impresora   c. el cederrón

**2**

**¿Cierto o falso?** 🎧 Escucha las oraciones e indica si lo que dice cada una es **cierto** o **falso**, según el dibujo.

1. _____        5. _____
2. _____        6. _____
3. _____        7. _____
4. _____        8. _____

**3**

**Oraciones** Escribe oraciones usando estos elementos. Usa el pretérito y añade las palabras necesarias.

1. yo / descargar / fotos / Internet

2. tú / apagar / televisor / diez / noche

3. Daniel y su esposa / comprar / computadora portátil / ayer

4. Sara y yo / ir / cibercafé / para / navegar en Internet

5. Jaime / decidir / comprar / reproductor de MP3

6. teléfono celular / sonar / pero / yo / no contestar

**4**

**Preguntas** Mira el dibujo y contesta las preguntas.

1. ¿Qué tipo de café es?
2. ¿Cuántas impresoras hay? ¿Cuántos ratones?
3. ¿Por qué vinieron estas personas al café?
4. ¿Qué hace el camarero?
5. ¿Qué hace la mujer en la computadora? ¿Y el hombre?
6. ¿Qué máquinas están cerca del televisor?
7. ¿Dónde hay un cibercafé en tu comunidad?
8. ¿Por qué puedes tú necesitar un cibercafé?

Cibercafé CORRIENTES

el control remoto

el reproductor de MP3

el disco compacto

En la gasolinera

**Más vocabulario**

| | |
|---|---|
| la autopista, la carretera | highway |
| la calle | street |
| la circulación, el tráfico | traffic |
| el garaje, el taller (mecánico) | (mechanic's) garage; repair shop |
| la licencia de conducir | driver's license |
| el/la mecánico/a | mechanic |
| la policía | police (force) |
| la velocidad máxima | speed limit |
| arrancar | to start |
| arreglar | to fix; to arrange |
| bajar(se) de | to get off of/out of (a vehicle) |
| conducir, manejar | to drive |
| estacionar | to park |
| parar | to stop |
| subir(se) a | to get on/into (a vehicle) |

**5**   **Completar** Completa estas oraciones con las palabras correctas.

1. Para poder conducir legalmente, necesitas…
2. Puedes poner las maletas en…
3. Si tu carro no funciona, debes llevarlo a…
4. Para llenar el tanque de tu coche, necesitas ir a…
5. Antes de un viaje largo, es importante revisar…
6. Otra palabra para autopista es…
7. Mientras hablas por teléfono celular, no es buena idea…
8. Otra palabra para coche es…

**6**   **Conversación** Completa la conversación con las palabras de la lista.

| el aceite | la gasolina | llenar | el parabrisas | el taller |
|---|---|---|---|---|
| el baúl | las llantas | manejar | revisar | el volante |

**EMPLEADO** Bienvenido al (1)_____ mecánico *Óscar*. ¿En qué le puedo servir?

**JUAN** Buenos días. Quiero (2)_____ el tanque y revisar (3)_____, por favor.

**EMPLEADO** Con mucho gusto. Si quiere, también le limpio (4)_____.

**JUAN** Sí, gracias. Está un poquito sucio. La próxima semana tengo que (5)_____ hasta Buenos Aires. ¿Puede cambiar (6)_____? Están gastadas (*worn*).

**EMPLEADO** Claro que sí, pero voy a tardar (*it will take me*) un par de horas.

**JUAN** Mejor regreso mañana. Ahora no tengo tiempo. ¿Cuánto le debo por (7)_____?

**EMPLEADO** Sesenta pesos. Y veinticinco por (8)_____ y cambiar el aceite.

**¡LENGUA VIVA!**

Aunque **carro** es el término que se usa en la mayoría de países hispanos, no es el único. En España, por ejemplo, se dice **coche**, y en Argentina, Chile y Uruguay se dice **auto**.

**CONSULTA**

For more information about **Buenos Aires**, see **Panorama**, p. 400.

# Comunicación

**7**

**Preguntas** Trabajen en grupos y túrnense para contestar estas preguntas. Después compartan sus respuestas con la clase.

1. a. ¿Tienes un teléfono celular? ¿Para qué lo usas?
   b. ¿Qué utilizas más: el teléfono o el correo electrónico? ¿Por qué?
   c. En tu opinión, ¿cuáles son las ventajas (*advantages*) y desventajas de los diferentes modos de comunicación?

2. a. ¿Con qué frecuencia usas la computadora?
   b. ¿Para qué usas Internet?
   ▶ c. ¿Tienes tu propio blog? ¿Cómo es?

3. a. ¿Miras la televisión con frecuencia? ¿Qué programas ves?
   b. ¿Dónde miras tus programas favoritos, en la tele o en la computadora?
   c. ¿Ves películas en la computadora? ¿Cuál es tu película favorita de todos los tiempos (*of all time*)?
   d. ¿A través de (*By*) qué medio escuchas música? ¿Radio, estéreo, reproductor de MP3 o computadora?

4. a. ¿Tienes licencia de conducir?
   ▶ b. ¿Cuánto tiempo hace que la conseguiste?
   c. ¿Tienes carro? Descríbelo.
   d. ¿Llevas tu carro al taller? ¿Para qué?

**NOTA CULTURAL**

Algunos sitios web utilizan códigos para identificar su país de origen. Éstos son los códigos para algunos países hispanohablantes:

**Argentina** .ar
**Colombia** .co
**España** .es
**México** .mx
**Venezuela** .ve

**CONSULTA**

To review expressions like **hace… que**, see **Lección 10, Expresiones útiles**, p. 337.

**8**

**Postal** En parejas, lean la tarjeta postal. Después contesten las preguntas.

19 julio de 1979

Hola, Paco:

¡Saludos! Estamos de viaje por unas semanas. La Costa del Sol es muy bonita. No hemos encontrado (*we haven't found*) a tus amigos porque nunca están en casa cuando llamamos. El teléfono suena y suena y nadie contesta. Vamos a seguir llamando.

Sacamos muchas fotos muy divertidas. Cuando regresemos y las revelemos (*get them developed*), te las voy a enseñar. Las playas son preciosas. Hasta ahora el único problema fue que la oficina en la cual reservamos un carro perdió nuestros papeles y tuvimos que esperar mucho tiempo.

También tuvimos un pequeño problema con el hotel. La agencia de viajes nos reservó una habitación en un hotel que está muy lejos de todo. No podemos cambiarla, pero no me importa mucho. A pesar de eso, estamos contentos.

Tu hermana, Gabriela

Francisco Jiménez
San Lorenzo 3250
Rosario, Argentina 2000

1. ¿Cuáles son los problemas que ocurren en el viaje de Gabriela?
2. Con la tecnología de hoy, ¿existen los mismos problemas cuando se viaja? ¿Por qué?
3. Hagan una comparación entre la tecnología de los años 70 y 80 y la de hoy.
4. Imaginen que la hija de Gabriela escribe un correo electrónico sobre el mismo tema con fecha de hoy. Escriban ese correo, incorporando la tecnología actual (teléfonos celulares, Internet, cámaras digitales, etc.). Inventen nuevos problemas.

# En el taller

El coche de Miguel está descompuesto y Maru tiene problemas con su computadora.

PERSONAJES    MIGUEL    JORGE

**S** Video: *Fotonovela*
Record and Compare

**MIGUEL** ¿Cómo lo ves?

**JORGE** Creo que puedo arreglarlo. ¿Me pasas la llave?

**MARU** Buenos días, Jorge.

**JORGE** ¡Qué gusto verte, Maru! ¿Cómo está la computadora?

**MARU** Mi amiga Mónica recuperó muchos archivos, pero muchos otros se borraron.

**JORGE** ¿Y dónde está Maru?

**MIGUEL** Acaba de enviarme un mensaje de texto: "Última noticia sobre la computadora portátil: todavía está descompuesta. Moni intenta arreglarla. Voy para allá".

**JORGE** ¿Está descompuesta tu computadora?

**MIGUEL** No, la mía no, la suya. Una amiga la está ayudando.

**JORGE** Un mal día para la tecnología, ¿no?

**MIGUEL** Ella está preparando un proyecto para ver si puede hacer sus prácticas profesionales en el Museo de Antropología.

**JORGE** ¿Y todo está en la computadora?

**MIGUEL** Y claro.

**MARU** Estamos en una triste situación. Yo necesito una computadora nueva, y Miguel necesita otro coche.

**JORGE** Y un televisor nuevo para mí, por favor.

**MARU**

> **MARU** ¿Qué vamos a hacer, Miguel?
>
> **MIGUEL** Tranquila, cariño. Por eso tenemos amigos como Jorge y Mónica. Nos ayudamos los unos a los otros.

> **JORGE** ¿No te sientes afortunada, Maru? No te preocupes. Sube.
>
> **MIGUEL** ¡Por fin!
>
> **MARU** Gracias, Jorge. Eres el mejor mecánico de la ciudad.

> **MIGUEL** ¿Cuánto te debo por el trabajo?
>
> **JORGE** Hombre, no es nada. Guárdalo para el coche nuevo. Eso sí, recomiéndame con tus amigos.
>
> **MIGUEL** Gracias, Jorge.

> **JORGE** No manejes en carretera. Revisa el aceite cada 1.500 kilómetros y asegúrate de llenarle el tanque... No manejes con el cofre abierto. Nos vemos.

## Expresiones útiles

### Giving instructions to a friend

**¿Me pasas la llave?**
*Can you pass me the wrench?*
**No lo manejes en carretera.**
*Don't drive it on the highway.*
**Revisa el aceite cada 1.500 kilómetros.**
*Check the oil every 1,500 kilometers.*
**Asegúrate de llenar el tanque.**
*Make sure to fill up the tank.*
**No manejes con el cofre abierto.**
*Don't drive with the hood open.*
**Recomiéndame con tus amigos.**
*Recommend me to your friends.*

### Taking a phone call

**Aló./Bueno./Diga.**
*Hello.*
**¿Quién habla?/ ¿De parte de quién?**
*Who is speaking/calling?*
**Con él/ella habla.**
*Speaking.*
**¿Puedo dejar un recado?**
*May I leave a message?*

### Reassuring someone

**Tranquilo/a, cariño.**
*Relax, sweetie.*
**Nos ayudamos los unos a los otros.**
*We help each other out.*
**No te preocupes.**
*Don't worry.*

### Additional vocabulary

**entregar** *to hand in*
**el intento** *attempt*
**la noticia** *news*
**el proyecto** *project*
**recuperar** *to recover*

# ¿Qué pasó?

**1**    **Seleccionar** Selecciona las respuestas que completan correctamente estas oraciones.

1. Jorge intenta arreglar _____.
   a. la computadora de Maru   b. el coche de Miguel   c. el teléfono celular de Felipe
2. Maru dice que se borraron muchos _____ de su computadora.
   a. archivos   b. sitios web   c. mensajes de texto
3. Jorge dice que necesita un _____.
   a. navegador GPS   b. reproductor de DVD   c. televisor
4. Maru dice que Jorge es el mejor _____.
   a. mecánico de la ciudad   b. amigo del mundo   c. compañero de la clase
5. Jorge le dice a Miguel que no maneje su coche en _____.
   a. el tráfico   b. el centro de la ciudad   c. la carretera

**2**    **Identificar** Identifica quién puede decir estas oraciones.

1. Cómprate un coche nuevo y recomiéndame con tus amigos.
2. El mensaje de texto de Maru dice que su computadora todavía está descompuesta.
3. Mi amiga Mónica me ayudó a recuperar muchos archivos, pero necesito una computadora nueva.
4. No conduzcas con el cofre abierto y recuerda que el tanque debe estar lleno.
5. Muchos de los archivos de mi computadora se borraron.

**MARU**

**MIGUEL**

**JORGE**

**3**    **Problema mecánico** Trabajen en parejas para representar los papeles de un(a) mecánico/a y un(a) cliente/a que está llamando al taller porque su carro está descompuesto. Usen las instrucciones como guía.

| Mecánico/a | Cliente/a |
|---|---|
| Contesta el teléfono con un saludo y el nombre del taller. | Saluda y explica que tu carro está descompuesto. |
| Pregunta qué tipo de problema tiene exactamente. | Explica que tu carro no arranca cuando hace frío. |
| Di que debe traer el carro al taller. | Pregunta cuándo puedes llevarlo. |
| Ofrece una hora para revisar el carro. | Acepta la hora que ofrece el/la mecánico/a. |
| Da las gracias y despídete. | Despídete y cuelga (*hang up*) el teléfono. |

Ahora cambien los papeles y representen otra conversación. Ustedes son un(a) técnico/a y un(a) cliente/a. Usen estas ideas:

| | |
|---|---|
| el celular no guarda mensajes | la impresora imprime muy lentamente |
| la computadora no descarga fotos | el reproductor de DVD está descompuesto |

# Ortografía

**Concepts**

## La acentuación de palabras similares

Although accent marks usually indicate which syllable in a word is stressed, they are also used to distinguish between words that have the same or similar spellings.

---

**Él maneja el coche.**      **Sí, voy si quieres.**

Although one-syllable words do not usually carry written accents, some *do* have accent marks to distinguish them from words that have the same spelling but different meanings.

- - - - - - - - - - - - - - - - - - - - - - - - - - - - - - - - - - - - - - - - - - - - - - - - -

**Sé cocinar.    Se baña.    ¿Tomas té?    Te duermes.**

**Sé** (*I know*) and **té** (*tea*) have accent marks to distinguish them from the pronouns **se** and **te**.

- - - - - - - - - - - - - - - - - - - - - - - - - - - - - - - - - - - - - - - - - - - - - - - - -

**para mí        mi cámara    Tú lees.        tu estéreo**

**Mí** (*Me*) and **tú** (*you*) have accent marks to distinguish them from the possessive adjectives **mi** and **tu**.

**¿Por qué vas?**            **Voy porque quiero.**

Several words of more than one syllable also have accent marks to distinguish them from words that have the same or similar spellings.

- - - - - - - - - - - - - - - - - - - - - - - - - - - - - - - - - - - - - - - - - - - - - - - - -

**Éste es rápido.**            **Este tren es rápido.**

Demonstrative pronouns have accent marks to distinguish them from demonstrative adjectives.

- - - - - - - - - - - - - - - - - - - - - - - - - - - - - - - - - - - - - - - - - - - - - - - - -

**¿Cuándo fuiste?**            **Fui cuando me llamó.**
**¿Dónde trabajas?**          **Voy al taller donde trabajo.**

Adverbs have accent marks when they are used to convey a question.

---

**Práctica** Marca los acentos en las palabras que los necesitan.

**ANA**   Alo, soy Ana. ¿Que tal?
**JUAN**  Hola, pero... ¿por que me llamas tan tarde?
**ANA**   Porque mañana tienes que llevarme a la universidad. Mi auto esta dañado.
**JUAN**  ¿Como se daño?
**ANA**   Se daño el sabado. Un vecino (*neighbor*) choco con (*crashed into*) el.

**Crucigrama** Utiliza las siguientes pistas (*clues*) para completar el crucigrama. ¡Ojo con los acentos!

**Horizontales**

1. Él _____ levanta.
4. No voy _____ no puedo.
7. Tú _____ acuestas.
9. ¿_____ es el examen?
10. Quiero este video y _____.

**Verticales**

2. ¿Cómo _____ usted?
3. Eres _____ mi hermano.
5. ¿_____ tal?
6. Me gusta _____ suéter.
8. Navego _____ la red.

**recursos**

LM
p. 62

vistas.vhlcentral.com
Lección 11

# El teléfono celular

**¿Cómo te comunicas con tus amigos y familia?** En algunos países hispanos, el servicio de teléfono común° es bastante caro, por lo que el teléfono celular, más accesible y barato, es el favorito de mucha gente.

El servicio más popular entre los jóvenes es el sistema de tarjetas prepagadas°, porque no requiere de un contrato ni de cuotas° extras. En muchos países, puedes encontrar estas tarjetas en cualquier° tienda o recargar el saldo° de tu celular por Internet.

Los celulares de los años 80, grandes e incómodos, eran un símbolo de estatus y estaban limitados al uso de la voz°. Las funciones que entonces° sólo existían en la ciencia ficción, ahora son una realidad. Los celulares de hoy tienen muchas funciones: cámara de fotos o de video,

agenda electrónica°, navegador GPS, juegos, conexión a Internet, reproductor de MP3... Con los teléfonos actuales se puede interactuar en las redes sociales° de Internet y, gracias a la tecnología táctil, acceder a sus aplicaciones de forma diferente y rápida.

Con la evolución de los celulares, muchas personas han dejado de usar ciertos aparatos°: ¿para qué una cámara, un reproductor de música y un celular separados si puedes tener todo en uno°?

## El uso de los celulares

- En el mundo se intercambian cerca de 500 mil millones de mensajes de texto al año.
- En los EE.UU., el 53% de los hispanos con celular lo usan para conectarse a Internet y el 84% de los hispanos menores de 30 años tiene un celular.
- América Latina tiene 179 millones de usuarios de teléfonos celulares. De ellos, el 73% utiliza programas de mensajería instantánea, el 82% navega por Internet y el 55% transfiere datos como videos y fotos.

común *ordinary* prepagadas *prepaid* cuotas *fees* cualquier *any* recargar el saldo *to buy more minutes* voz *voice* en ese entonces *back then* agenda electrónica *PDA* redes sociales *social Networks* aparatos *appliances* todo en uno *all in one*

## ACTIVIDADES

**1** **¿Cierto o falso?** Indica si lo que dicen estas oraciones es **cierto** o **falso**. Corrige la información falsa.

1. El teléfono común es un servicio caro en algunos países.
2. Muchas personas usan más el teléfono celular que el teléfono común.
3. Es difícil encontrar tarjetas prepagadas en los países hispanos.
4. En los años 80 los celulares eran un símbolo de estatus.
5. Los primeros teléfonos celulares eran muy cómodos y pequeños.
6. Hoy en día muy pocas personas usan el celular para sacar fotos y oír música.
7. En los EE.UU., el 12% de los hispanos usa el celular para conectarse a Internet.

## ASÍ SE DICE

### La tecnología

| | |
|---|---|
| los audífonos (Méx., Col.), los auriculares (Arg.), los cascos (Esp.) | *headset; earphones* |
| el móvil (Esp.) | el celular |
| el manos libres (Amér. S.) | *hands-free system* |
| la memoria | *memory* |
| mensajear (Méx.) | **enviar y recibir mensajes de texto** |

## EL MUNDO HISPANO

### Las bicimotos

- **Argentina** El *ciclomotor* se usa mayormente° para repartir a domicilio° comidas y medicinas.

- **Perú** La *motito* se usa mucho para el reparto a domicilio de pan fresco todos los días.

- **México** La *Vespa* se usa para evitar° el tráfico en grandes ciudades.

- **España** La población usa el *Vespino* para ir y volver al trabajo cada día.

- **Puerto Rico** Una *scooter* es el medio de transporte favorito en las zonas rurales.

- **República Dominicana** Las *moto-taxis* son el medio de transporte más económico, ¡pero no olvides el casco°!

mayormente *mainly* repartir a domicilio *home delivery of* evitar *to avoid* casco *helmet*

## PERFIL

# Los mensajes de texto

¿Qué tienen en común un **mensaje de texto** y un telegrama?: la necesidad de decir lo máximo en el menor espacio posible —y rápidamente—. Así como los abuelos se las arreglaron° para hacer más baratos sus telegramas, que se cobraban° por número de palabras, ahora los jóvenes buscan ahorrar° espacio, tiempo y dinero, en sus mensajes de texto. Esta economía del lenguaje dio origen al **lenguaje chat**, una forma de escritura muy creativa y compacta. Olvídate de la gramática, la puntuación y la ortografía: es tan flexible que evoluciona° todos los días con el uso que cada quien° le da, aunque° hay muchas palabras y expresiones ya establecidas°. Fácilmente encontrarás° abreviaturas (**xq?**, "¿Por qué?"; **tkm**, "Te quiero mucho."), sustitución de sonidos por números (**a2**, "Adiós."; **5mntrios**, "Sin comentarios."), símbolos (**ad+**, "además") y omisión de vocales y acentos (**tb**, "también"; **k tl?**, "¿Qué tal?"). Ahora que lo sabes, si un amigo te envía: **cont xfa, m dbs $!°**, puedes responderle: **ntp, ns vms + trd°**.

se las arreglaron *they managed to* se cobraban *were charged* ahorrar *to save* evoluciona *evolves* cada quien *each person* aunque *although* establecidas *fixed* encontrarás *you will find* cont xfa, m dbs $! Contesta, por favor, ¡me debes dinero! ntp, ns vms +trd No te preocupes, nos vemos más tarde.

### Conexión Internet

| | |
|---|---|
| **¿Qué sitios web son populares entre los jóvenes hispanos?** | Go to **vistas.vhlcentral.com** to find more cultural information related to this **Cultura** section. |

## ACTIVIDADES

**2** **Comprensión** Responde a las preguntas.
1. ¿Cuáles son tres formas de decir *headset*?
2. ¿Para qué se usan las bicimotos en Argentina?
3. ¿Qué dio origen al "lenguaje chat"?
4. ¿Es importante escribir los acentos en los mensajes de texto?

**3** **¿Cómo te comunicas?** Escribe un párrafo breve en donde expliques qué utilizas para comunicarte con tus amigos/as (correo electrónico, redes sociales, teléfono, etc.) y de qué hablan cuando se llaman por teléfono.

 Practice more at **vistas.vhlcentral.com**.

## 11.1 Familiar commands  Tutorial

**ANTE TODO** In Spanish, the command forms are used to give orders or advice. You use **tú** commands (**mandatos familiares**) when you want to give an order or advice to someone you normally address with the familiar **tú**.

### Affirmative tú commands

| Infinitive | Present tense él/ella form | Affirmative tú command |
|---|---|---|
| hablar | habla | **habla** (tú) |
| guardar | guarda | **guarda** (tú) |
| prender | prende | **prende** (tú) |
| volver | vuelve | **vuelve** (tú) |
| pedir | pide | **pide** (tú) |
| imprimir | imprime | **imprime** (tú) |

▶ Affirmative **tú** commands usually have the same form as the **él/ella** form of the present indicative.

**Guarda** el documento antes de cerrarlo.
*Save the document before closing it.*

**Imprime** tu tarea para la clase de inglés.
*Print your homework for English class.*

▶ There are eight irregular affirmative **tú** commands.

### Irregular affirmative tú commands

| decir | **di** | salir | **sal** |
|---|---|---|---|
| hacer | **haz** | ser | **sé** |
| ir | **ve** | tener | **ten** |
| poner | **pon** | venir | **ven** |

¡**Sal** ahora mismo!
*Leave at once!*

**Haz** los ejercicios.
*Do the exercises.*

▶ Since **ir** and **ver** have the same **tú** command (**ve**), context will determine the meaning.

**Ve** al cibercafé con Yolanda.
*Go to the cybercafé with Yolanda.*

**Ve** ese programa... es muy interesante.
*See that program... it's very interesting.*

Súbete al coche y préndelo.

No lo manejes en la carretera.

▶ The negative **tú** commands are formed by dropping the final **-o** of the **yo** form of the present tense. For **-ar** verbs, add **-es**. For **-er** and **-ir** verbs, add **-as**.

## Negative tú commands

| Infinitive | Present tense yo form | Negative tú command |
|---|---|---|
| hablar | hablo | **no hables** (tú) |
| guardar | guardo | **no guardes** (tú) |
| prender | prendo | **no prendas** (tú) |
| volver | vuelvo | **no vuelvas** (tú) |
| pedir | pido | **no pidas** (tú) |

Héctor, **no pares** el carro aquí.          **No prendas** la computadora todavía.
*Héctor, don't stop the car here.*          *Don't turn on the computer yet.*

▶ Verbs with irregular **yo** forms maintain the same irregularity in their negative **tú** commands. These verbs include **conducir, conocer, decir, hacer, ofrecer, oír, poner, salir, tener, traducir, traer, venir,** and **ver**.

**No pongas** el cederrón en la computadora.          **No conduzcas** tan rápido.
*Don't put the CD-ROM in the computer.*          *Don't drive so fast.*

▶ Note also that stem-changing verbs keep their stem changes in negative **tú** commands.

No p**ie**rdas tu celular.          No v**ue**lvas a esa gasolinera.          No rep**i**tas las instrucciones.
*Don't lose your cell phone.*          *Don't go back to that gas station.*          *Don't repeat the instructions.*

▶ Verbs ending in **-car**, **-gar**, and **-zar** have a spelling change in the negative **tú** commands.

| sa**car** | c ⟶ **qu** | no sa**qu**es |
| apa**gar** | g ⟶ **gu** | no apa**gu**es |
| almor**zar** | z ⟶ **c** | no almuer**c**es |

▶ The following verbs have irregular negative **tú** commands.

## Irregular negative tú commands

| dar | **no des** |
| estar | **no estés** |
| ir | **no vayas** |
| saber | **no sepas** |
| ser | **no seas** |

**¡ATENCIÓN!**

In affirmative commands, reflexive, indirect, and direct object pronouns are always attached to the end of the verb. In negative commands, these pronouns always precede the verb.

**Bórralos./No los borres.**

**Escríbeles** un correo electrónico./**No les escribas** un correo electrónico.

• • •

When a pronoun is attached to an affirmative command that has two or more syllables, an accent mark is added to maintain the original stress:

**borra → bórralos**

**prende → préndela**

**imprime → imprímelo**

**recursos**

WB
pp. 125–126

LM
p. 63

Ⓢ
vistas.
vhlcentral.com
Lección 11

**¡INTÉNTALO!**          Indica los mandatos familiares afirmativos y negativos de estos verbos.

1. correr          _Corre_ más rápido.          No _corras_ más rápido.
2. llenar          _____ el tanque.          No _____ el tanque.
3. salir          _____ ahora.          No _____ ahora.
4. descargar          _____ ese documento.          No _____ ese documento.
5. levantarse          _____ temprano.          No _____ temprano.
6. hacerlo          _____ ya.          No _____ ahora.

# Práctica

**1 Completar** Tu mejor amigo no entiende nada de tecnología y te pide ayuda. Completa los comentarios de tu amigo con el mandato de cada verbo.

1. No _____ en una hora. _____ ahora mismo. (venir)
2. _____ tu tarea después. No la _____ ahora. (hacer)
3. No _____ a la tienda a comprar papel para la impresora. _____ a la cafetería a comprarme algo de comer. (ir)
4. No _____ que no puedes abrir un archivo. _____ que el programa de computación funciona sin problemas. (decirme)
5. _____ generoso con tu tiempo y no _____ antipático si no entiendo fácilmente. (ser)
6. _____ mucha paciencia y no _____ prisa. (tener)
7. _____ tu teléfono celular, pero no _____ la computadora. (apagar)

**2 Cambiar** Pedro y Marina no pueden ponerse de acuerdo (*agree*) cuando viajan en su carro. Cuando Pedro dice que algo es necesario, Marina expresa una opinión diferente. Usa la información entre paréntesis para formar las órdenes que Marina le da a Pedro.

> **modelo**
> **Pedro:** Necesito revisar el aceite del carro. (seguir hasta el próximo pueblo)
> **Marina:** No revises el aceite del carro. Sigue hasta el próximo pueblo.

1. Necesito conducir más rápido. (parar el carro)
2. Necesito poner el radio. (hablarme)
3. Necesito almorzar ahora. (comer más tarde)
4. Necesito sacar los discos compactos. (manejar con cuidado)
5. Necesito estacionar el carro en esta calle. (pensar en otra opción)
6. Necesito volver a esa gasolinera. (arreglar el carro en un taller)
7. Necesito leer el mapa. (pedirle ayuda a aquella señora)
8. Necesito dormir en el carro. (acostarse en una cama)

**3 Problemas** Tú y tu compañero/a trabajan en el centro de computadoras de la universidad. Muchos estudiantes están llamando con problemas. Denles órdenes para ayudarlos a resolverlos.

> **modelo**
> **Problema:** No veo nada en la pantalla.
> **Tu respuesta:** Prende la pantalla de tu computadora.

| | | | | |
|---|---|---|---|---|
| apagar… | descargar… | grabar… | imprimir… | prender… |
| borrar… | funcionar… | guardar… | navegar… | volver… |

1. No me gusta este programa de computación.
2. Tengo miedo de perder mi documento.
3. Prefiero leer este sitio web en papel.
4. Mi correo electrónico funciona muy lentamente.
5. Busco información sobre los gauchos de Argentina.
6. Tengo demasiados archivos en mi computadora.
7. Mi computadora se congeló (*froze*).
8. Quiero ver las fotos del cumpleaños de mi hermana.

 Practice more at **vistas.vhlcentral.com**.

**NOTA CULTURAL**

**Los gauchos** (*nomadic cowboys*), conocidos por su habilidad (*skill*) para montar a caballo y utilizar el lazo, viven en la Región Pampeana, una llanura muy extensa ubicada en el centro de Argentina y dedicada a la agricultura (*agriculture*).

# Comunicación

**4**

**Órdenes** Circula por la clase e intercambia mandatos negativos y afirmativos con tus compañeros/as. Debes seguir las órdenes que ellos te dan o reaccionar apropiadamente.

> **modelo**
>
> **Estudiante 1:** Dame todo tu dinero.
> **Estudiante 2:** No, no quiero dártelo. Muéstrame tu cuaderno.
> **Estudiante 1:** Aquí está.
> **Estudiante 3:** Ve a la pizarra y escribe tu nombre.
> **Estudiante 4:** No quiero. Hazlo tú.

**5**

**Anuncios** Miren este anuncio. Luego, en grupos pequeños, preparen tres anuncios adicionales para tres escuelas que compiten (*compete*) con ésta.

INFORMÁTICA ARGENTINA

Toma nuestros cursos y aprende a usar la computadora

abre y lee tus archivos

imprime tus documentos

entra al campo de la tecnología

¡Ponte en contacto con nosotros llamando al **11-4-129-1508 HOY!**

# Síntesis

**6**

**¡Tanto que hacer!** Tu profesor(a) te va a dar una lista de diligencias (*errands*). Algunas las hiciste tú y algunas las hizo tu compañero/a. Las diligencias que ya hicieron tienen esta marca ✔. Pero quedan cuatro diligencias por hacer. Dale órdenes a tu compañero/a y él/ella responde para confirmar si hay que hacerla o si ya la hizo.

> **modelo**
>
> **Estudiante 1:** Llena el tanque.
> **Estudiante 2:** Ya llené el tanque. / ¡Ay, no! Tenemos que llenar el tanque.

## 11.2 Por and para   Tutorial

**ANTE TODO**  Unlike English, Spanish has two words that mean *for*: **por** and **para**. These two prepositions are not interchangeable. Study the following charts to see how they are used.

▶ **Por** and **para** are most commonly used to describe aspects of movement, time, and action, but in different circumstances.

| Por | Para |
|---|---|
| **Movement** | |
| **Through or by a place** | **Towards a destination** |
| La excursión nos llevó **por** el centro. | Mis amigos van **para** el estadio. |
| *The tour took us through downtown.* | *My friends are going to the stadium.* |
| **Time** | |
| **Duration of an event** | **Action deadline** |
| Ana navegó la red **por** dos horas. | Tengo que escribir un ensayo **para** mañana. |
| *Ana surfed the net for two hours.* | *I have to write an essay by tomorrow.* |
| **Action** | |
| **Reason or motive for an action or circumstance** | **Indication of for whom something is intended or done** |
| Llegué a casa tarde **por** el tráfico. | Estoy preparando una sorpresa **para** Eduardo. |
| *I got home late because of the traffic.* | *I'm preparing a surprise for Eduardo.* |

▶ Here is a complete list of all of the uses of **por** and **para**.

### Por is used to indicate...

1. **Movement: Motion or a general location**.. *(around, through, along, by)*

   Pasamos **por** el parque y **por** el río.
   *We passed by the park and along the river.*

2. **Time: Duration of an action** . . . . . . . . . *(for, during, in)*

   Estuve en la Patagonia **por** un mes.
   *I was in Patagonia for a month.*

3. **Action: Reason or motive for an action**.. *(because of, on account of, on behalf of)*

   Lo hizo **por** su familia.
   *She did it on behalf of her family.*

4. **Object of a search** . . . . . . . . . . . . . . . . . *(for, in search of)*

   Vengo **por** ti a las ocho.
   *I'm coming for you at eight.*
   Manuel fue **por** su cámara digital.
   *Manuel went in search of his digital camera.*

5. **Means by which something is done** . . . *(by, by way of, by means of)*

   Ellos viajan **por** la autopista.
   *They travel by (by way of) the highway.*

6. **Exchange or substitution** . . . . . . . . . . . . *(for, in exchange for)*

   Le di dinero **por** el reproductor de MP3.
   *I gave him money for the MP3 player.*

7. **Unit of measure**. . . . . . . . . . . . . . . . . . . *(per, by)*

   José manejaba a 120 kilómetros **por** hora.
   *José was driving 120 kilometers per hour.*

| Para is used to indicate... | |
|---|---|
| **1. Movement: Destination** . . . . . . . . . . . . . <br>*(toward, in the direction of)* | Salimos **para** Córdoba el sábado. <br>*We are leaving for Córdoba on Saturday.* |
| **2. Time: Deadline or a specific time** <br>**in the future** . . . . . . . . . . . . . . . . . . . . . . . <br>*(by, for)* | Él va a arreglar el carro **para** el viernes. <br>*He will fix the car by Friday.* |
| **3. Action: Purpose or goal + [*infinitive*]** . . . . <br>*(in order to)* | Juan estudia **para** (ser) mecánico. <br>*Juan is studying to be a mechanic.* |
| **4. Purpose + [*noun*]** . . . . . . . . . . . . . . . . . . <br>*(for, used for)* | Es una llanta **para** el carro. <br>*It's a tire for the car.* |
| **5. The recipient of something** . . . . . . . . . . <br>*(for)* | Compré una impresora **para** mi hijo. <br>*I bought a printer for my son.* |
| **6. Comparison with others or an opinion**. . <br>*(for, considering)* | **Para** un joven, es demasiado serio. <br>*For a young person, he is too serious.* <br>**Para** mí, esta lección no es difícil. <br>*For me, this lesson isn't difficult.* |
| **7. In the employment of** . . . . . . . . . . . . . . . <br>*(for)* | Sara trabaja **para** Telecom Argentina. <br>*Sara works for Telecom Argentina.* |

▶ In many cases it is grammatically correct to use either **por** or **para** in a sentence. The meaning of the sentence is different, however, depending on which preposition is used.

Caminé **por** el parque.
*I walked through the park.*

Caminé **para** el parque.
*I walked to (toward) the park.*

Trabajó **por** su padre.
*He worked for (in place of) his father.*

Trabajó **para** su padre.
*He worked for his father('s company).*

**¡INTÉNTALO!**   Completa estas oraciones con las preposiciones **por** o **para**.

1. Fuimos al cibercafé __*por*__ la tarde.
2. Necesitas un navegador GPS _____ encontrar la casa de Luis.
3. Entraron _____ la puerta.
4. Quiero un pasaje _____ Buenos Aires.
5. _____ arrancar el carro, necesito la llave.
6. Arreglé el televisor _____ mi amigo.
7. Estuvieron nerviosos _____ el examen.
8. ¿No hay una gasolinera _____ aquí?
9. El reproductor de MP3 es _____ usted.
10. Juan está enfermo. Tengo que trabajar _____ él.
11. Estuvimos en Canadá _____ dos meses.
12. _____ mí, el español es fácil.
13. Tengo que estudiar la lección _____ el lunes.
14. Voy a ir _____ la carretera.
15. Compré dulces _____ mi novia.
16. Compramos el auto _____ un buen precio.

# Práctica

**1** **Completar** Completa este párrafo con las preposiciones **por** o **para**.

El mes pasado mi esposo y yo hicimos un viaje a Buenos Aires y sólo pagamos dos mil dólares (1)_____ los pasajes. Estuvimos en Buenos Aires (2)_____ una semana y paseamos por toda la ciudad. Durante el día caminamos (3)_____ la plaza San Martín, el microcentro y el barrio de La Boca, donde viven muchos artistas. (4)_____ la noche fuimos a una tanguería, que es una especie de teatro, (5)_____ mirar a la gente bailar tango. Dos días después decidimos hacer una excursión (6)_____ las pampas (7)_____ ver el paisaje y un rodeo con gauchos. Alquilamos (*We rented*) un carro y manejamos (8)_____ todas partes y pasamos unos días muy agradables. El último día que estuvimos en Buenos Aires fuimos a Galerías Pacífico (9)_____ comprar recuerdos (*souvenirs*) (10)_____ nuestros hijos y nietos. Compramos tantos regalos que tuvimos que pagar impuestos (*duties*) en la aduana al regresar.

**2** **Oraciones** Crea oraciones originales con los elementos de las columnas. Une los elementos usando **por** o **para**.

**NOTA CULTURAL**

**Mar del Plata** es un centro turístico en la costa de Argentina. La ciudad es conocida como "la perla del Atlántico" y todos los años muchos turistas visitan sus playas y casinos.

> **modelo**
> Fuimos a Mar del Plata por razones de salud para visitar a un *especialista*.

| | | | | |
|---|---|---|---|---|
| (no) fue al mercado | por/para | comprar frutas | por/para | ¿? |
| (no) fuimos a las montañas | por/para | tres días | por/para | ¿? |
| (no) fuiste a Mar del Plata | por/para | razones de salud | por/para | ¿? |
| (no) fueron a Buenos Aires | por/para | tomar el sol | por/para | ¿? |

**3** **Describir** Usa **por** o **para** y el tiempo presente para describir estos dibujos.

1. _____  2. _____  3. _____

4. _____  5. _____  6. _____

 Practice more at **vistas.vhlcentral.com**.

# Comunicación

**4**

**Descripciones** Usa **por** o **para** y completa estas frases de manera lógica. Luego, compara tus respuestas con las de un(a) compañero/a.

1. En casa, hablo con mis amigos…
2. Mi padre/madre trabaja…
3. Ayer fui al taller…
4. Los miércoles tengo clases…
5. A veces voy a la biblioteca…
6. Esta noche tengo que estudiar…
7. Necesito… dólares…
8. Compré un regalo…
9. Mi mejor amigo/a estudia…
10. Necesito hacer la tarea…

**5**

**Situación** En parejas, dramaticen esta situación. Utilicen muchos ejemplos de **por** y **para**.

| **Hijo/a** | **Padre/Madre** |
|---|---|
| Pídele dinero a tu padre/madre. | → Pregúntale a tu hijo/a para qué lo necesita. |
| Dile que quieres comprar un carro. | → Pregúntale por qué necesita un carro. |
| Explica tres razones por las que necesitas un carro. | → Explica por qué sus razones son buenas o malas. |
| Dile que por no tener un carro tu vida es muy difícil. | → Decide si vas a darle el dinero y explica por qué. |

# Síntesis

**6**

**Una subasta (*auction*)** Cada estudiante debe traer a la clase un objeto o una foto del objeto para vender. En grupos, túrnense para ser el/la vendedor(a) y los postores (*bidders*). Para empezar, el/la vendedor(a) describe el objeto y explica para qué se usa y por qué alguien debe comprarlo.

> **modelo**
>
> **Vendedora:** Aquí tengo un reproductor de CD. Pueden usarlo para disfrutar su música favorita o para escuchar canciones en español. Sólo hace un año que lo compré y todavía funciona perfectamente. ¿Quién ofrece $ 1.500 para empezar?
>
> **Postor(a) 1:** Pero los reproductores de CD son anticuados. Te doy $ 20.
>
> **Vendedora:** Ah, pero éste es muy especial porque viene con el CD que grabé cuando quería ser cantante de ópera.
>
> **Postor(a) 2:** Ah, ¡entonces te doy $ 100!

## 11.3 Reciprocal reflexives  Tutorial

**ANTE TODO** In **Lección 7**, you learned that reflexive verbs indicate that the subject of a sentence does the action to itself. Reciprocal reflexives, on the other hand, express a shared or reciprocal action between two or more people or things. In this context, the pronoun means *(to) each other* or *(to) one another*.

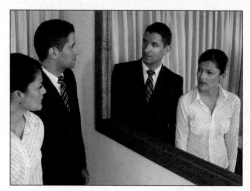

Luis y Marta **se** miran en el espejo.
*Luis and Marta look at themselves in the mirror.*

Luis y Marta **se** miran.
*Luis and Marta look at each other.*

▶ Only the plural forms of the reflexive pronouns (**nos**, **os**, **se**) are used to express reciprocal actions because the action must involve more than one person or thing.

Cuando **nos vimos** en la calle, **nos abrazamos**.
*When we saw each other on the street, we hugged (one another).*

Ustedes **se** van a **encontrar** en el cibercafé, ¿no?
*You are meeting (each other) at the cybercafé, right?*

**Nos ayudamos** cuando usamos la computadora.
*We help each other when we use the computer.*

Las amigas **se saludaron** y **se besaron**.
*The friends greeted each other and kissed (one another).*

**¡ATENCIÓN!**

Here is a list of common verbs that can express reciprocal actions:
**abrazar(se)** *to hug; to embrace (each other)*
**ayudar(se)** *to help (each other)*
**besar(se)** *to kiss (each other)*
**encontrar(se)** *to meet (each other); to run into (each other)*
**saludar(se)** *to greet (each other)*

 **¡INTÉNTALO!** Indica el reflexivo recíproco adecuado de estos verbos en el presente o el pretérito.

**presente**

1. (escribir) Los novios _se escriben_.
   Nosotros _____.
   Ana y Ernesto _____.
2. (escuchar) Mis tíos _____.
   Nosotros _____.
   Ellos _____.
3. (ver) Nosotros _____.
   Fernando y Tomás _____.
   Ustedes _____.
4. (llamar) Ellas _____.
   Mis hermanos _____.
   Pepa y yo _____.

**pretérito**

1. (saludar) Nicolás y tú _se saludaron_.
   Nuestros vecinos _____.
   Nosotros _____.
2. (hablar) Los amigos _____.
   Elena y yo _____.
   Ustedes _____.
3. (conocer) Alberto y yo _____.
   Ustedes _____.
   Ellos _____.
4. (encontrar) Ana y Javier _____.
   Los primos _____.
   Mi hermana y yo _____.

**recursos**

WB
pp. 129–130

LM
p. 65

vistas.
vhlcentral.com
Lección 11

# Práctica y Comunicación

**1**

**Un amor recíproco** Describe a Laura y a Elián usando los verbos recíprocos.

> **modelo**
> Laura veía a Elián todos los días. Elián veía a Laura todos los días.
> *Laura y Elián se veían todos los días.*

1. Laura conocía bien a Elián. Elián conocía bien a Laura.

2. Laura miraba a Elián con amor. Elián la miraba con amor también.

3. Laura entendía bien a Elián. Elián entendía bien a Laura.

4. Laura hablaba con Elián todas las noches por teléfono. Elián hablaba con Laura todas las noches por teléfono.

5. Laura ayudaba a Elián con sus problemas. Elián la ayudaba también con sus problemas.

**2** **Describir** Mira los dibujos y describe lo que estas personas hicieron.

1. Las hermanas _____.

2. Ellos _____.

3. Gilberto y Mercedes _____ / _____ / _____.

4. Tú y yo _____ / _____.

**3**

**Preguntas** En parejas, túrnense para hacerse estas preguntas.

1. ¿Se vieron tú y tu mejor amigo/a ayer? ¿Cuándo se ven ustedes normalmente?

2. ¿Dónde se encuentran tú y tus amigos?

3. ¿Se ayudan tú y tu mejor amigo/a con sus problemas?

4. ¿Se entienden bien tus compañeros de clase?

5. ¿Dónde se conocieron tú y tu mejor amigo/a? ¿Cuánto tiempo hace que se conocen ustedes?

6. ¿Cuándo se dan regalos tú y tu novio/a?

7. ¿Se escriben tú y tus amigos mensajes de texto o prefieren llamarse por teléfono?

8. ¿Siempre se llevan bien tú y tu compañero/a de cuarto? Explica.

 Practice more at **vistas.vhlcentral.com**.

## 11.4 Stressed possessive adjectives and pronouns  Tutorial

**ANTE TODO**   Spanish has two types of possessive adjectives: the unstressed (or short) forms you learned in **Lección 3** and the stressed (or long) forms. The stressed forms are used for emphasis or to express *of mine, of yours*, and so on.

### Stressed possessive adjectives

| Masculine singular | Feminine singular | Masculine plural | Feminine plural | |
|---|---|---|---|---|
| mío | mía | míos | mías | *my; (of) mine* |
| tuyo | tuya | tuyos | tuyas | *your; (of) yours* (fam.) |
| suyo | suya | suyos | suyas | *your; (of) yours* (form.); *his; (of) his; her; (of) hers; its* |
| nuestro | nuestra | nuestros | nuestras | *our; (of) ours* |
| vuestro | vuestra | vuestros | vuestras | *your; (of) yours* (fam.) |
| suyo | suya | suyos | suyas | *your; (of) yours* (form.); *their; (of) theirs* |

▶ **¡Atención!** Used with **un/una**, these possessives are similar in meaning to the English expression *of mine/yours/etc.*

> Juancho es **un** amigo **mío**.           Ella es **una** compañera **nuestra**.
> *Juancho is a friend of mine.*           *She is a classmate of ours.*

▶ Stressed possessive adjectives agree in gender and number with the nouns they modify. While unstressed possessive adjectives are placed before the noun, stressed possessive adjectives are placed after the noun they modify.

> **su** impresora                    la impresora **suya**
> *her printer*                       *her printer*
>
> **nuestros** televisores            los televisores **nuestros**
> *our television sets*               *our television sets*

▶ A definite article, an indefinite article, or a demonstrative adjective usually precedes a noun modified by a stressed possessive adjective.

> Me encantan { **unos** discos compactos **tuyos**.   *I love some of your CDs.*
> **los** discos compactos **tuyos**.   *I love your CDs.*
> **estos** discos compactos **tuyos**.   *I love these CDs of yours.*

▶ Since **suyo, suya, suyos,** and **suyas** have more than one meaning, you can avoid confusion by using the construction: [*article*] + [*noun*] + **de** + [*subject pronoun*].

> el teclado **suyo**      el teclado **de él/ella/usted**        *his/her keyboard*
> el teclado **de ustedes/ellos/ellas**    *your keyboard*

**CONSULTA**

This is the same construction you learned in **Lección 3** for clarifying **su** and **sus**. To review unstressed possessive adjectives, see **Estructura 3.2**, p. 93.

# Possessive pronouns

▶ Possessive pronouns are used to replace a noun + [*possessive adjective*]. In Spanish, the possessive pronouns have the same forms as the stressed possessive adjectives, but they are preceded by a definite article.

<table>
<tr><td>**la** cámara **nuestra**</td><td></td><td>**la nuestra**</td></tr>
<tr><td>**el** navegador GPS **tuyo**</td><td></td><td>**el tuyo**</td></tr>
<tr><td>**los** archivos **suyos**</td><td></td><td>**los suyos**</td></tr>
</table>

▶ A possessive pronoun agrees in number and gender with the noun it replaces.

—Aquí está **mi coche**. ¿Dónde está **el tuyo**?
*Here's my car. Where is yours?*

—**El mío** está en el taller de mi hermano.
*Mine is at my brother's garage.*

—¿Tienes **las revistas** de Carlos?
*Do you have Carlos' magazines?*

—No, pero tengo **las nuestras.**
*No, but I have ours.*

¿También está descompuesta tu computadora?

No, la mía no, la suya.

**¡INTÉNTALO!**   Indica las formas tónicas (*stressed*) de estos adjetivos posesivos y los pronombres posesivos correspondientes.

| | adjetivos | pronombres |
|---|---|---|
| 1. su cámara digital | la cámara digital suya | la suya |
| 2. mi televisor | | |
| 3. nuestros discos compactos | | |
| 4. tus calculadoras | | |
| 5. su monitor | | |
| 6. mis videos | | |
| 7. nuestra impresora | | |
| 8. tu estéreo | | |
| 9. nuestro cederrón | | |
| 10. mi computadora | | |

# Práctica

**1**

**Oraciones** Forma oraciones con estas palabras. Usa el presente y haz los cambios necesarios.

1. un / amiga / suyo / vivir / Mendoza
2. ¿me / prestar / calculadora / tuyo?
3. el / coche / suyo / nunca / funcionar / bien
4. no / nos / interesar / problemas / suyo
5. yo / querer / cámara digital / mío / ahora mismo
6. un / amigos / nuestro / manejar / como / loco

**2**

**¿Es suyo?** Un policía ha capturado (*has captured*) al hombre que robó (*robbed*) en tu casa. Ahora quiere saber qué cosas son tuyas. Túrnate con un(a) compañero/a para hacer el papel del policía y usa las pistas (*clues*) para contestar las preguntas.

> **modelo**
> no/viejo
> **Policía:** Esta impresora, ¿es suya?
> **Estudiante:** No, no es mía. La mía era más vieja.

1. sí

2. no/pequeño

3. sí

4. sí

5. no/grande

6. no/caro

**3**

**Conversaciones** Completa estas conversaciones con las formas adecuadas de los pronombres posesivos.

1. —La casa de ellos estaba en la Avenida Alvear. ¿Dónde estaba la casa de ustedes?
   —_____ estaba en la calle Bolívar.
2. —A Carmen le encanta su monitor nuevo.
   —¿Sí? A José no le gusta _____.
3. —Puse mis discos aquí. ¿Dónde pusiste _____, Alfonso?
   —Puse _____ en el escritorio.
4. —Se me olvidó traer mis llaves. ¿Trajeron ustedes _____?
   —No, dejamos _____ en casa.
5. —Yo compré mi computadora en una tienda y Marta compró _____ en Internet. Y _____, ¿dónde la compraste?
   —_____ es de Cíbermax.

 Practice more at **vistas.vhlcentral.com**.

# Comunicación

**4**

**Vendedores competitivos** Trabajen en grupos de tres. Uno/a de ustedes va a una tienda a comprar un aparato tecnológico (reproductor de MP3, computadora portátil, monitor, etc.). Los/as otros/as dos son empleados/as de dos marcas rivales y compiten para convencer al/a la cliente/a de que compre su producto. Usen los adjetivos posesivos y túrnense para comprar y vender. ¿Quién es el/la mejor vendedor/a?

> **modelo**
>
> **Estudiante 1:** *Buenos días, quiero comprar un reproductor de MP3.*
> **Estudiante 2:** *Tengo lo que necesita. El mío, tiene capacidad para 500 canciones.*
> **Estudiante 3:** *El tuyo es muy viejo, con el mío también puedes ver videos…*

**5**

**Comparar** Trabajen en parejas. Intenta (*Try to*) convencer a tu compañero/a de que algo que tú tienes es mejor que lo que él/ella tiene. Pueden hablar de sus carros, reproductores de MP3, teléfonos celulares, clases, horarios o trabajos.

> **modelo**
>
> **Estudiante 1:** *Mi computadora tiene una pantalla de quince*
> *pulgadas (inches). ¿Y la tuya?*
> **Estudiante 2:** *La mía es mejor porque tiene una pantalla de*
> *diecisiete pulgadas.*
> **Estudiante 1:** *Pues la mía…*

# Síntesis

**6**

**Inventos locos** En grupos pequeños, imaginen que construyeron un aparato tecnológico revolucionario. Dibujen su invento y descríbanlo contestando estas preguntas. Incluyan todos los detalles que crean (*that you believe*) necesarios. Luego, compártanlo con la clase. Utilicen los posesivos, **por** y **para** y el vocabulario de **Contextos**.

> **modelo**
>
> *Nuestro aparato se usa para cocinar huevos y funciona*
> *de una manera muy fácil...*

- ¿Para qué se usa?
- ¿Cómo es?
- ¿Cuánto cuesta?

- ¿Qué personas van a comprar este aparato?

# Recapitulación

**S** Concepts Diagnostics

Completa estas actividades para repasar los conceptos de gramática que aprendiste en esta lección.

**1** **Completar** Completa la tabla con las formas de los mandatos familiares. `8 pts.`

| Infinitivo | Mandato | |
|---|---|---|
| | **Afirmativo** | **Negativo** |
| **comer** | come | no comas |
| **hacer** | | |
| **sacar** | | |
| **venir** | | |
| **ir** | | |

**2** **Por y para** Completa el diálogo con **por** o **para**. `10 pts.`

**MARIO** Hola, yo trabajo (1) _____ el periódico de la universidad. ¿Puedo hacerte unas preguntas?

**INÉS** Sí, claro.

**MARIO** ¿Navegas mucho (2) _____ la red?

**INÉS** Sí, todos los días me conecto a Internet (3) _____ leer mi correo y navego (4) _____ una hora. También me gusta hablar (5) _____ *Skype* con mis amigos. Es muy bueno y, (6) _____ mí, es divertido.

**MARIO** ¿Y qué piensas sobre hacer la tarea en la computadora?

**INÉS** En general, me parece bien, pero (7) _____ ejemplo, anoche hice unos ejercicios (8) _____ la clase de álgebra y al final me dolieron los ojos. (9) _____ eso a veces prefiero hacer la tarea a mano.

**MARIO** Muy bien. Muchas gracias (10) _____ tu tiempo.

**3** **Posesivos** Completa las oraciones y confirma de quién son las cosas. `6 pts.`

1. —¿Éste es mi bolígrafo? —Sí, es el _____ (*fam.*).

2. —¿Ésta es la cámara de tu papá? —Sí, es la _____.

3. —¿Ese teléfono es de Pilar? —Sí, es el _____.

4. —¿Éstos son los cederrones de ustedes? —No, no son _____.

5. —¿Ésta es tu computadora portátil? —No, no es _____.

6. —¿Ésas son mis fotos? —Sí, son las _____ (*form.*).

**RESUMEN GRAMATICAL**

**11.1** **Familiar commands** *pp. 378–379*

| tú commands | | |
|---|---|---|
| **Infinitive** | **Affirmative** | **Negative** |
| guardar | **guarda** | no guardes |
| volver | **vuelve** | no vuelvas |
| imprimir | **imprime** | no imprimas |

► Irregular **tú** command forms

| dar → **no des** | saber → **no sepas** |
|---|---|
| decir → **di** | salir → **sal** |
| estar → **no estés** | ser → **sé, no seas** |
| hacer → **haz** | tener → **ten** |
| ir → **ve, no vayas** | venir → **ven** |
| poner → **pon** | |

► Verbs ending in **-car, -gar, -zar** have a spelling change in the negative **tú** commands:

sacar → **no saques**
apagar → **no apagues**
almorzar → **no almuerces**

**11.2** **Por and para** *pp. 382–383*

► Uses of **por**:

motion or general location; duration; reason or motive; object of a search; means by which something is done; exchange or substitution; unit of measure

► Uses of **para**:

destination; deadline; purpose or goal; recipient of something; comparison or opinion; in the employment of.

**11.3** **Reciprocal reflexives** *p. 386*

► Reciprocal reflexives express a shared or reciprocal action between two or more people or things. Only the plural forms (**nos, os, se**) are used.

Cuando **nos vimos** en la calle, **nos abrazamos**.

► Common verbs that can express reciprocal actions:

**abrazar(se), ayudar(se), besar(se), conocer(se), encontrar(se), escribir(se), escuchar(se), hablar(se), llamar(se), mirar(se), saludar(se), ver(se)**

**4** **Ángel y diablito** A Juan le gusta pedir consejos a su ángel y a su diablito imaginarios. Completa las respuestas con mandatos familiares desde las dos perspectivas. **8 pts.**

1. Estoy manejando. ¿Voy más rápido?
   **Á** No, no _____ más rápido.
   **D** Sí, _____ más rápido.
2. Es el reproductor de música de mi hermana.
   ¿Lo pongo en mi mochila?
   **Á** No, no _____ en tu mochila.
   **D** Sí, _____ en tu mochila.
3. Necesito estirar (*to stretch*) las piernas.
   ¿Doy un paseo?
   **Á** Sí, _____ un paseo.
   **D** No, no _____ un paseo.
4. Mi amigo necesita imprimir algo. ¿Apago la impresora?
   **Á** No, no _____ la impresora.
   **D** Sí, _____ la impresora.

| 11.4 Stressed possessive adjectives and pronouns | |
|---|---|
| *pp. 388–389* | |

| Stressed possessive adjectives | |
|---|---|
| **Masculine** | **Feminine** |
| mío(s) | mía(s) |
| tuyo(s) | tuya(s) |
| suyo(s) | suya(s) |
| nuestro(s) | nuestra(s) |
| vuestro(s) | vuestra(s) |
| suyo(s) | suya(s) |

la impresora **suya** → la suya

las llaves **mías** → las mías

**5** **Oraciones** Forma oraciones para expresar acciones recíprocas con el tiempo indicado. **6 pts.**

> **modelo**
> tú y yo / conocer / bien (presente) *Tú y yo nos conocemos bien.*

1. José y Paco / llamar / una vez por semana (imperfecto)
2. mi novia y yo / ver / todos los días (presente)
3. los compañeros de clase / ayudar / con la tarea (pretérito)
4. tú y tu mamá / escribir / por correo electrónico / cada semana (imperfecto)
5. mis hermanas y yo / entender / perfectamente (presente)
6. los profesores / saludar / con mucho respeto (pretérito)

**6** **La tecnología** Escribe al menos seis oraciones diciéndole a un(a) amigo/a qué hacer para tener "una buena relación" con la tecnología. Usa mandatos familiares afirmativos y negativos. **12 pts.**

**7** **Saber compartir** Completa la expresión con los dos pronombres posesivos que faltan.
**¡2 puntos EXTRA!**

" Lo que° es _____
es _____. "

Lo que *What*

Practice more at **vistas.vhlcentral.com.**

# Lectura

## Antes de leer

### Estrategia

**Recognizing borrowed words**

One way languages grow is by borrowing words from each other. English words that relate to technology often are borrowed by Spanish and other languages throughout the world. Sometimes the words are modified slightly to fit the sounds of the languages that borrow them. When reading in Spanish, you can often increase your understanding by looking for words borrowed from English or other languages you know.

### Examinar el texto

Observa la tira cómica°. ¿De qué trata°? ¿Cómo lo sabes?

### Buscar

Esta lectura contiene una palabra tomada° del inglés. Trabaja con un(a) compañero/a para encontrarla.

_____

Repasa° las palabras nuevas relacionadas con la tecnología que aprendiste en **Contextos** y expande la lista de palabras tomadas del inglés.

_____   _____

_____   _____

_____   _____

### Sobre el autor

**Juan Matías Loiseau** (1974). Más conocido como Tute, este artista nació en Buenos Aires, Argentina. Estudió diseño gráfico, humorismo y cine. Sus tiras cómicas se publican en Estados Unidos, Francia y toda Latinoamérica.

_____

tira cómica *comic strip*  ¿De qué trata? *What is it about?*
tomada *taken*  Repasa *Review*

# Después de leer

## Comprensión

Indica si las oraciones son **ciertas** o **falsas**. Corrige las falsas.

| Cierto | Falso | |
|--------|-------|---|
| ____ | ____ | 1. Hay tres personajes en la tira cómica: un usuario de teléfono, un amigo y un empleado de la empresa (*company*) telefónica. |
| ____ | ____ | 2. El nuevo servicio de teléfono incluye las llamadas telefónicas únicamente. |
| ____ | ____ | 3. El empleado duerme en su casa. |
| ____ | ____ | 4. El contrato de teléfono dura (*lasts*) un año. |
| ____ | ____ | 5. El usuario y el amigo están trabajando (*working*). |

## Preguntas

Responde a estas preguntas con oraciones completas. Usa el pretérito y el imperfecto.

1. ¿Al usuario le gustaba usar el teléfono celular todo el tiempo?

2. ¿Por qué el usuario decidió tirar el teléfono al mar?

3. Según el amigo, ¿para qué tenía el usuario que tirar el teléfono celular al mar?

4. ¿Qué ocurrió cuando el usuario tiró el teléfono?

5. ¿Qué le dijo el empleado al usuario cuando salió del mar?

## Conversar

En grupos pequeños, hablen de estos temas.

1. ¿Se sienten identificados/as con el usuario de teléfono de la tira cómica? ¿Por qué?

2. ¿Cuáles son los aspectos positivos y los negativos de tener teléfono celular?

3. ¿Cuál es para ustedes el límite que debe tener la tecnología en nuestras vidas?

te viene *comes with* tipo *guy, dude* te avisa *alerts you* escuchás *listen (Arg.)* distraídos *careless* piso *floor* bolsa de dormir *sleeping bag* darle de baja *to suspend* harto *fed up* revolear *throw it away with energy (S. America)* bien hecho *well done* llamada perdida *missed call*

# Escritura

## Estrategia

### Listing key words

Once you have determined the purpose for a piece of writing and identified your audience, it is helpful to make a list of key words you can use while writing. If you were to write a description of your campus, for example, you would probably need a list of prepositions that describe location, such as **en frente de, al lado de,** and **detrás de.** Likewise, a list of descriptive adjectives would be useful to you if you were writing about the people and places of your childhood.

By preparing a list of potential words ahead of time, you will find it easier to avoid using the dictionary while writing your first draft. You will probably also learn a few new words in Spanish while preparing your list of key words.

Listing useful vocabulary is also a valuable organizational strategy, since the act of brainstorming key words will help you to form ideas about your topic. In addition, a list of key words can help you avoid redundancy when you write.

If you were going to help someone write a personal ad, what words would be most helpful to you? Jot a few of them down and compare your list with a partner's. Did you choose the same words? Would you choose any different or additional words, based on what your partner wrote?

1. _____
2. _____
3. _____
4. _____
5. _____
6. _____

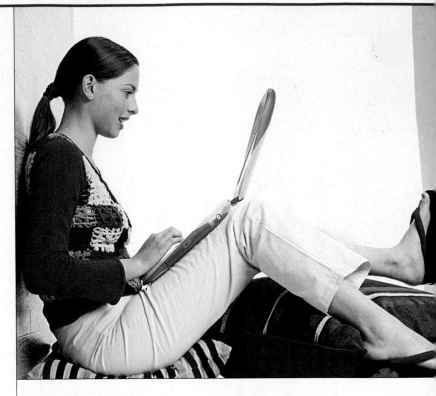

## Tema

### Escribir instrucciones

Un(a) amigo/a tuyo/a quiere escribir un anuncio personal en un sitio web para citas románticas. Tú tienes experiencia con esto y vas a decirle qué debe y no debe decir en su perfil°.

Escríbele un correo en el que le explicas claramente° cómo hacerlo.

Cuando escribas tu correo, considera esta información:

▶ el nombre del sitio web

▶ mandatos afirmativos que describen en detalle lo que tu amigo/a debe escribir

▶ una descripción física, sus pasatiempos, sus actividades favoritas y otras cosas originales como el tipo de carro que tiene o su signo del zodiaco

▶ su dirección electrónica, su número de teléfono celular, etc.

▶ mandatos negativos sobre cosas que tu amigo/a no debe escribir en el anuncio

perfil *profile*  claramente *clearly*

# Escuchar  Audio: Activities

## Estrategia

### Recognizing the genre of spoken discourse

You will encounter many different genres of spoken discourse in Spanish. For example, you may hear a political speech, a radio interview, a commercial, a voicemail message, or a news broadcast. Try to identify the genre of what you hear so that you can activate your background knowledge about that type of discourse and identify the speakers' motives and intentions.

 To practice this strategy, you will now listen to two short selections. Identify the genre of each one.

## Preparación

Mira la foto de Ricardo Moreno. ¿Puedes imaginarte qué tipo de discurso vas a oír?

## Ahora escucha

Mientras escuchas a Ricardo Moreno, responde a las preguntas.

1. ¿Qué tipo de discurso es?
   a. las noticias° por radio o televisión
   b. una conversación entre amigos
   c. un anuncio comercial
   d. una reseña° de una película

2. ¿De qué habla?
   a. del tiempo     c. de un producto o servicio
   b. de su vida     d. de algo que oyó o vio

3. ¿Cuál es el propósito°?
   a. informar       c. relacionarse con alguien
   b. vender         d. dar opiniones

noticias *news*   reseña *review*   propósito *purpose*

## Comprensión

### Identificar

Indica si esta información está incluida en el discurso; si está incluida, escribe los detalles que escuchaste.

|  | Sí | No |
|---|---|---|
| 1. El anuncio describe un servicio. | ○ | ○ |
| 2. Explica cómo está de salud. | ○ | ○ |
| 3. Informa sobre la variedad de productos. | ○ | ○ |
| 4. Pide tu opinión. | ○ | ○ |
| 5. Explica por qué es la mejor tienda. | ○ | ○ |
| 6. Informa sobre el tiempo para mañana. | ○ | ○ |
| 7. Informa dónde se puede conseguir el servicio. | ○ | ○ |
| 8. Informa sobre las noticias del mundo. | ○ | ○ |

### Haz un anuncio

Con tres o cuatro compañeros, hagan un anuncio comercial de algún producto. No se olviden de dar toda la información necesaria. Después presenten su anuncio a la clase. Entre todos, decidan cuál es el mejor anuncio.

 Practice more at **vistas.vhlcentral.com.**

# En pantalla

No sólo del fútbol y el béisbol viven los aficionados hispanos; también del automovilismo°. En Argentina es el segundo deporte más popular después del fútbol. En la Fórmula 1, la leyenda del argentino Juan Manuel Fangio aún sigue viva. España tiene circuitos importantes, como Jerez y Montmeló, y pilotos reconocidos como Fernando Alonso y Pedro de la Rosa. En México encontramos la tradicional Copa Turmex y las *NASCAR Corona Series*, y pilotos como Adrián Fernández y Esteban Gutiérrez. En NASCAR, el colombiano Juan Pablo Montoya y el cubano-americano Aric Almirola han hecho un buen papel°.

| Vocabulario útil | |
|---|---|
| ¿Cómo quedó? | How does it look? |
| cuénteme | tell me |
| la llama | flame; llama (the animal) |
| malinterpretar | misunderstand |
| veamos | let's see |

### Preparación
¿Alguna vez le pediste a alguien que hiciera algo y te malinterpretó o se lo pediste a la persona equivocada?

### Ordenar
Ordena cronológicamente estas oraciones.
a. El dueño del taller malinterpretó el pedido.
b. El cliente se sorprendió cuando lo vio y se le cayó el casco (*helmet*).
c. Pensó que el cliente no se refería a (*didn't refer to*) las llamas de fuego sino a los animales.
d. El cliente pidió que pintaran (*painted*) su carro con llamas.
e. El dueño estaba muy orgulloso (*proud*) cuando le mostró al cliente cómo quedó el carro.

 ### ¿Cómo terminó?
En parejas, imaginen el final de la historia. ¿Cómo se sentían el cliente y el dueño del taller? ¿Qué ocurrió después? ¿Encontraron una solución? Usen el pretérito y el imperfecto.

automovilismo *car racing*  han hecho un buen papel *have done a good job*

## Anuncio de Davivienda

**Don Álex, lo estábamos esperando.**

**Cuénteme. ¿Cómo quedó mi carro?**

**Quedó espectacular [...] Llamas por arriba, por los lados...**

 Video: TV Clip

 Practice more at **vistas.vhlcentral.com.**

Hoy día, en cualquier ciudad grande latinoamericana puedes encontrar **un cibercafé.** Allí uno puede disfrutar de° un refresco o un café mientras navega en Internet, escribe correo electrónico o chatea°. De hecho°, el negocio° del cibercafé está mucho más desarrollado° en Latinoamérica que en los Estados Unidos. En una ciudad hispana, es común ver varios en una misma cuadra°. Los cibercafés ofrecen servicios especializados que permiten su coexistencia. Por ejemplo, mientras que el cibercafé Videomax atrae° a los niños con videojuegos, el Conécta-T ofrece servicio de chat con cámara para jóvenes, y el Mundo° Ejecutivo atrae a profesionales, todos en la misma calle.

| Vocabulario útil | |
|---|---|
| chateando | *chatting* |
| comunidad indígena | *indigenous community* |
| localizados | *located* |
| usuarios | *users* |

### Preparación

¿Con qué frecuencia navegas en Internet? ¿Dónde lo haces, en tu casa o en un lugar público?

### Elegir

Indica cuál de las dos opciones resume mejor este episodio.

a. En Cuzco, Internet es un elemento importante para las comunidades indígenas que quieren vender sus productos en otros países. Con Internet inalámbrica, estas comunidades chatean con clientes en otros países.

b. En Cuzco, la comunidad y los turistas usan la tecnología de los celulares e Internet para comunicarse con sus familias o vender productos. Para navegar en Internet, se pueden visitar las cabinas de Internet o ir a la Plaza de Armas con una computadora portátil.

disfrutar de *enjoy* chatea *chat (from the English verb* to chat*)* De hecho *In fact* negocio *business* desarrollado *developed* cuadra *(city) block* atrae *attracts* Mundo *World*

## Maravillas de la tecnología

... los cibercafés se conocen comúnmente como "cabinas de Internet" y están localizados por todo el país.

... el primer *hotspot* de Cuzco [...] permite a los usuarios navegar de manera inalámbrica...

Puedo usar Internet en medio de la plaza y nadie me molesta.

 Video: *Flash cultura*

Practice more at **vistas.vhlcentral.com.**

| recursos | |
|---|---|
| VM pp. 311–312 | vistas.vhlcentral.com Lección 11 |

# Argentina

## El país en cifras

▶ **Área:** 2.780.400 km$^2$ (1.074.000 millas$^2$)
*Argentina es el país de habla española más
grande del mundo. Su territorio es dos veces
el tamaño° de Alaska.*

▶ **Población:** 42.548.000

▶ **Capital:** Buenos Aires (y su área
metropolitana) —13.401.000
*En el gran Buenos Aires vive más del
treinta por ciento de la población
total del país. La ciudad es conocida°
como el "París de Suramérica" por su
estilo parisino°.*

Buenos Aires

▶ **Ciudades principales:**
Córdoba —1.552.000, Rosario —
1.280.000, Mendoza —956.000

SOURCE: Population Division, UN Secretariat

▶ **Moneda:** peso argentino

▶ **Idiomas:** español (oficial), lenguas
indígenas

Bandera de Argentina

## Argentinos célebres

▶ **Jorge Luis Borges,** escritor (1899–1986)
▶ **María Eva Duarte de Perón ("Evita"),**
primera dama° (1919–1952)
▶ **Mercedes Sosa,** cantante (1935–2009)
▶ **Leandro "Gato" Barbieri,** saxofonista (1932– )

tamaño *size*  conocida *known*  parisino *Parisian*  primera dama *First Lady*
ancha *wide*  mide *it measures*  campo *field*

Gaucho de las pampas

BOLIVIA

PARAGUAY

Las cataratas
del Iguazú

ESTADOS UNIDOS

OCÉANO
ATLÁNTICO

OCÉANO
PACÍFICO

AMÉRICA DEL SUR

ARGENTINA

San Miguel
de Tucumán

Córdoba

La Cordillera
de los Andes

Aconcagua

Mendoza

Rosario • Río Paraná

URUGUAY

CHILE

⭐ Buenos Aires

La Pampa

Mar
del Plata

Océano
Atlántico

San Carlos
de Bariloche

Monte Fitz Roy (Chaltén)

Patagonia

Vista de San Carlos
de Bariloche

Tierra del Fuego

| recursos | | |
|---|---|---|
| WB pp. 133–134 | VM pp. 269–270 | **S** vistas.vhlcentral.com Lección 11 |

## ¡Increíble pero cierto!

La Avenida 9 de Julio en Buenos Aires es
la calle más ancha° del mundo. De lado a
lado mide° cerca de 140 metros, lo que es
equivalente a un campo° y medio de fútbol.
Su nombre conmemora el Día de la
Independencia de Argentina.

**BRASIL**

### Historia • Inmigración europea

Se dice que Argentina es el país más "europeo" de toda Latinoamérica. Después del año 1880, inmigrantes italianos, alemanes, españoles e ingleses llegaron para establecerse en esta nación. Esta diversidad cultural ha dejado° una profunda huella° en la música, el cine y la arquitectura argentinos.

### Artes • El tango

El tango es uno de los símbolos culturales más importantes de Argentina. Este género° musical es una mezcla de ritmos de origen africano, italiano y español, y se originó a finales del siglo XIX entre los porteños°. Poco después se hizo popular entre el resto de los argentinos y su fama llegó hasta París. Como baile, el tango en un principio° era provocativo y violento, pero se hizo más romántico durante los años 30. Hoy día, este estilo musical tiene adeptos° en muchas partes del mundo°.

### Lugares • Las cataratas del Iguazú

Las famosas cataratas° del Iguazú se encuentran entre las fronteras de Argentina, Paraguay y Brasil, al norte de Buenos Aires. Cerca de ellas confluyen° los ríos Iguazú y Paraná. Estas extensas caídas de agua tienen hasta 80 metros (262 pies) de altura° y en época° de lluvias llegan a medir 4 kilómetros (2,5 millas) de ancho. Situadas en el Parque Nacional Iguazú, las cataratas son un destino° turístico muy visitado.

Artesano en
Buenos Aires

 **¿Qué aprendiste?** Responde a cada pregunta con una oración completa.

1. ¿Qué porcentaje de la población de Argentina vive en el gran Buenos Aires?

2. ¿Quién era Mercedes Sosa?

3. Se dice que Argentina es el país más europeo de Latinoamérica. ¿Por qué?

4. ¿Qué tipo de baile es uno de los símbolos culturales más importantes de Argentina?

5. ¿Dónde y cuándo se originó el tango?

6. ¿Cómo era el baile del tango originalmente?

7. ¿En qué parque nacional están las cataratas del Iguazú?

 **Conexión Internet** Investiga estos temas en **vistas.vhlcentral.com**.

1. Busca información sobre el tango. ¿Te gustan los ritmos y sonidos del tango? ¿Por qué? ¿Se baila el tango en tu comunidad?

2. ¿Quiénes fueron Juan y Eva Perón y qué importancia tienen en la historia de Argentina?

 Practice more at **vistas.vhlcentral.com**.

ha dejado *has left* huella *mark* género *genre* porteños *people of Buenos Aires* en un principio *at first* adeptos *followers*
mundo *world* cataratas *waterfalls* confluyen *converge* altura *height* época *season* destino *destination*

## La tecnología

| | |
|---|---|
| la cámara digital/ de video | digital/video camera |
| el canal | (TV) channel |
| el cibercafé | cybercafé |
| el control remoto | remote control |
| el correo de voz | voice mail |
| el disco compacto | CD |
| el estéreo | stereo |
| el fax | fax (machine) |
| la pantalla táctil | touch screen |
| el radio | radio (set) |
| el reproductor de CD | CD player |
| el reproductor de MP3 | MP3 player |
| el (teléfono) celular | (cell) phone |
| la televisión por cable | cable television |
| el televisor | televison set |
| el video | video |
| apagar | to turn off |
| funcionar | to work |
| llamar | to call |
| poner, prender | to turn on |
| sonar (o:ue) | to ring |
| descompuesto/a | not working; out of order |
| lento/a | slow |
| lleno/a | full |

## Verbos

| | |
|---|---|
| abrazar(se) | to hug; to embrace (each other) |
| ayudar(se) | to help (each other) |
| besar(se) | to kiss (each other) |
| encontrar(se) (o:ue) | to meet (each other); to run into (each other) |
| saludar(se) | to greet (each other) |

## La computadora

| | |
|---|---|
| el archivo | file |
| la arroba | @ symbol |
| el blog | blog |
| el cederrón | CD-ROM |
| la computadora (portátil) | (portable) computer; (laptop) |
| la conexión inalámbrica | wireless (connection) |
| la dirección electrónica | e-mail address |
| el disco compacto | CD |
| la impresora | printer |
| Internet | Internet |
| el mensaje de texto | text message |
| el monitor | (computer) monitor |
| la página principal | home page |
| la pantalla | screen |
| el programa de computación | software |
| el ratón | mouse |
| la red | network; Web |
| el reproductor de DVD | DVD player |
| el sitio web | website |
| el teclado | keyboard |
| borrar | to erase |
| descargar | to download |
| escanear | to scan |
| grabar | to record |
| guardar | to save |
| imprimir | to print |
| navegar (en Internet) | to surf (the Internet) |

## El carro

| | |
|---|---|
| la autopista, la carretera | highway |
| el baúl | trunk |
| la calle | street |
| el capó, el cofre | hood |
| el carro, el coche | car |
| la circulación, el tráfico | traffic |
| el garaje, el taller (mecánico) | garage; (mechanic's) repair shop |
| la gasolina | gasoline |
| la gasolinera | gas station |
| la licencia de conducir | driver's license |
| la llanta | tire |
| el/la mecánico/a | mechanic |
| el navegador GPS | GPS |
| el parabrisas | windshield |
| la policía | police (force) |
| la velocidad máxima | speed limit |
| el volante | steering wheel |
| arrancar | to start |
| arreglar | to fix; to arrange |
| bajar(se) de | to get off of/out of (a vehicle) |
| conducir, manejar | to drive |
| estacionar | to park |
| llenar (el tanque) | to fill (the tank) |
| parar | to stop |
| revisar (el aceite) | to check (the oil) |
| subir(se) a | to get on/into (a vehicle) |

## Otras palabras y expresiones

| | |
|---|---|
| por aquí | around here |
| por ejemplo | for example |
| por eso | that's why; therefore |
| por fin | finally |

| | |
|---|---|
| Por and para | See pages 382–383. |
| Stressed possessive adjectives and pronouns | See pages 388–389. |
| Expresiones útiles | See page 373. |

  **Audio: Vocabulary**

# La vivienda

**12**

**Communicative Goals**

*You will learn how to:*

- Welcome people to your home
- Describe your house or apartment
- Talk about household chores
- Give instructions

**A PRIMERA VISTA**

- ¿Están los chicos en casa?
- ¿Viven en una casa o en un apartamento?
- ¿Ya comieron o van a comer?
- ¿Están de buen humor o de mal humor?

# La vivienda

## Más vocabulario

| | |
|---|---|
| las afueras | suburbs; outskirts |
| el alquiler | rent (payment) |
| el ama (m., f.) de casa | housekeeper; caretaker |
| el barrio | neighborhood |
| el edificio de apartamentos | apartment building |
| el/la vecino/a | neighbor |
| la vivienda | housing |
| el balcón | balcony |
| la entrada | entrance |
| la escalera | stairs; stairway |
| el garaje | garage |
| el jardín | garden; yard |
| el patio | patio; yard |
| el sótano | basement; cellar |
| la cafetera | coffee maker |
| el electrodoméstico | electrical appliance |
| el horno (de microondas) | (microwave) oven |
| la lavadora | washing machine |
| la luz | light; electricity |
| la secadora | clothes dryer |
| la tostadora | toaster |
| el cartel | poster |
| la mesita de noche | night stand |
| los muebles | furniture |
| alquilar | to rent |
| mudarse | to move (from one house to another) |

## Variación léxica

dormitorio ⟷ aposento (Rep. Dom.); recámara (Méx.)

apartamento ⟷ departamento (Arg., Chile, Méx.); piso (Esp.)

lavar los platos ⟷ lavar/fregar los trastes (Amér. C., Rep. Dom.)

el altillo

## el dormitorio

la cómoda

el armario

el cuadro/ la pintura

Hace la cama. (hacer)

la almohada

la manta

## Los quehaceres domésticos

| | |
|---|---|
| arreglar | to neaten; to straighten up |
| barrer el suelo | to sweep the floor |
| cocinar | to cook |
| ensuciar | to get (something) dirty |
| hacer quehaceres domésticos | to do household chores |
| lavar (el suelo, los platos) | to wash (the floor, the dishes) |
| limpiar la casa | to clean the house |
| planchar la ropa | to iron the clothes |
| quitar la mesa | to clear the table |
| quitar el polvo | to dust |

## la sala

las cortinas

la lámpara

la mesita

el sofá

Pasa la aspiradora. (pasar)

la alfombra

la oficina

el sillón

la pared

el estante

Sacude los muebles.
(sacudir)

la cocina

el refrigerador

el congelador

la cocina, la estufa

el horno

el lavaplatos

Saca la basura.
(sacar)

# Práctica

**1** **Escuchar** 🎧 Escucha la conversación y completa las oraciones.

1. Pedro va a limpiar primero _____.
2. Paula va a comenzar en _____.
3. Pedro va a _____ en el sótano.
4. Pedro también va a limpiar _____.
5. Ellos están limpiando la casa porque
   _____.

**2** **Respuestas** 🎧 Escucha las preguntas y selecciona la respuesta más adecuada. Una respuesta no se va a usar.

____ a. Sí, la alfombra estaba muy sucia.
____ b. No, porque todavía se están mudando.
____ c. Sí, sacudí la mesa y el estante.
____ d. Sí, puse el pollo en el horno.
____ e. Hice la cama, pero no limpié los muebles.
____ f. Sí, después de sacarla de la secadora.

**3** **Escoger** Escoge la letra de la respuesta correcta.

1. Cuando quieres tener una lámpara y un despertador cerca de tu cama, puedes ponerlos en _____.
   a. el barrio  b. el cuadro  c. la mesita de noche
2. Si no quieres vivir en el centro de la ciudad, puedes mudarte _____.
   a. al alquiler  b. a las afueras  c. a la vivienda
3. Guardamos (*We keep*) los pantalones, las camisas y los zapatos en _____.
   a. la secadora  b. el armario  c. el patio
4. Para subir de la planta baja al primer piso, usas _____.
   a. la entrada  b. el cartel  c. la escalera
5. Ponemos cuadros y pinturas en _____.
   a. las paredes  b. los quehaceres  c. los jardines

**4** **Definiciones** En parejas, identifiquen cada cosa que se describe. Luego inventen sus propias descripciones de algunas palabras y expresiones de **Contextos**.

**modelo**
**Estudiante 1:** *Es donde pones los libros.*
**Estudiante 2:** *el estante*

1. Es donde pones la cabeza cuando duermes.
2. Es el quehacer doméstico que haces después de comer.
3. Algunos de ellos son las cómodas y los sillones.
4. Son las personas que viven en tu barrio.
5. _____
6. _____

**el comedor**

---

**5** **Completar** Completa estas frases con las palabras más adecuadas.

1. Para tomar vino necesitas…
2. Para comer una ensalada necesitas…
3. Para tomar café necesitas…
4. Para poner la comida en la mesa necesitas…
5. Para limpiarte la boca después de comer necesitas…
6. Para cortar (*to cut*) un bistec necesitas…
7. Para tomar agua necesitas…
8. Para tomar sopa necesitas…

**6** **Los quehaceres** Trabajen en grupos para indicar quién hace estos quehaceres domésticos en sus casas. Luego contesten las preguntas.

| | | |
|---|---|---|
| barrer el suelo | lavar los platos | planchar la ropa |
| cocinar | lavar la ropa | sacar la basura |
| hacer las camas | pasar la aspiradora | sacudir los muebles |

*modelo*

**Estudiante 1:** ¿Quién pasa la aspiradora en tu casa?
**Estudiante 2:** Mi hermano y yo pasamos la aspiradora.

1. ¿Quién hace más quehaceres, tú o tus compañeros/as?
2. ¿Quiénes hacen la mayoría de los quehaceres, los hombres o las mujeres?
3. ¿Piensas que debes hacer más quehaceres? ¿Por qué?

 Practice more at **vistas.vhlcentral.com**.

# Comunicación

**7**

**La vida doméstica** En parejas, describan las habitaciones que ven en estas fotos. Identifiquen y describan cinco muebles o adornos (*accessories*) de cada foto y digan dos quehaceres que se pueden hacer en cada habitación.

**8**

**Mi apartamento** Dibuja el plano (*floor plan*) de un apartamento amueblado (*furnished*) imaginario y escribe los nombres de las habitaciones y de los muebles. En parejas, siéntense espalda contra espalda (*sit back to back*). Uno/a de ustedes describe su apartamento mientras su compañero/a lo dibuja según la descripción. Cuando terminen, miren el segundo dibujo. ¿Es similar al dibujo original? Hablen de los cambios que se necesitan hacer para mejorar el dibujo. Repitan la actividad intercambiando papeles.

**CONSULTA**

To review bathroom-related vocabulary, see **Lección 7, Contextos,** p. 226.

**9**

**¡Corre, corre!** Tu profesor(a) va a darte una serie incompleta de dibujos que forman una historia. Tú y tu compañero/a tienen dos series diferentes. Descríbanse los dibujos para completar la historia.

> **modelo**
>
> **Estudiante 1:** Marta quita la mesa.
> **Estudiante 2:** Francisco...

# Los quehaceres

Jimena y Felipe deben limpiar el apartamento para poder ir de viaje con Marissa.

PERSONAJES

 JIMENA

 FELIPE

 **Video:** *Fotonovela*
**Record and Compare**

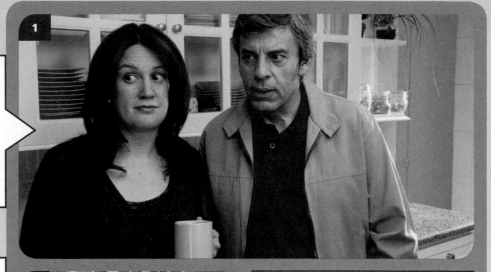

**SR. DÍAZ** Quieren ir a Yucatán con Marissa, ¿verdad?

**SRA. DÍAZ** Entonces, les sugiero que arreglen este apartamento. Regresamos más tarde.

**SR. DÍAZ** Les aconsejo que preparen la cena para las 8:30.

**MARISSA** ¿Qué pasa?

**JIMENA** Nuestros papás quieren que Felipe y yo arreglemos toda la casa.

**FELIPE** Y que, además, preparemos la cena.

**MARISSA** ¡Pues, yo les ayudo!

*(Don Diego llega a ayudar a los chicos.)*

**FELIPE** Tenemos que limpiar la casa hoy.

**JIMENA** ¿Nos ayuda, don Diego?

**DON DIEGO** Claro. Recomiendo que se organicen en equipos para limpiar.

**MARISSA** Mis padres siempre quieren que mis hermanos y yo ayudemos con los quehaceres. No me molesta ayudar. Pero odio limpiar el baño.

**JIMENA** Lo que más odio yo es sacar la basura.

**JUAN CARLOS** Hola, Jimena. ¿Está Felipe? *(a Felipe)* Te olvidaste del partido de fútbol.

**FELIPE** Juan Carlos, ¿verdad que mi papá te considera como de la familia?

**JUAN CARLOS** Sí.

**MARISSA** Yo lleno el lavaplatos... después de vaciarlo.

**DON DIEGO** Juan Carlos, ¿por qué no terminas de pasar la aspiradora? Y Felipe, tú limpia el polvo. ¡Ya casi acaban!

**SRA. DÍAZ**

**SR. DÍAZ**

**MARISSA**

**JUAN CARLOS**

**DON DIEGO**

*(Los chicos preparan la cena y ponen la mesa.)*

**JUAN CARLOS** ¿Dónde están los tenedores?

**JIMENA** Allá.

**JUAN CARLOS** ¿Y las servilletas?

**MARISSA** Aquí están.

**FELIPE** La sala está tan limpia. Le pasamos la aspiradora al sillón y a las cortinas. ¡Y también a las almohadas!

**JIMENA** Yucatán, ¡ya casi llegamos!

*(Papá y mamá regresan a casa.)*

**SRA. DÍAZ** ¡Qué bonita está la casa!

**SR. DÍAZ** Buen trabajo, muchachos. ¿Qué hay para cenar?

**JIMENA** Quesadillas. Vengan.

**SRA. DÍAZ** Don Diego, quédese a cenar con nosotros. Venga.

**SR. DÍAZ** Sí, don Diego. Pase.

**DON DIEGO** Gracias.

## Expresiones útiles

### Making recommendations

**Le(s) sugiero que arregle(n) este apartamento.**
*I suggest you tidy up this apartment.*
**Le(s) aconsejo que prepare(n) la cena para las ocho y media.**
*I recommend that you have dinner ready for eight thirty.*

### Organizing work

**Recomiendo que se organicen en equipos para limpiar.**
*I recommend that you divide yourselves into teams to clean.*
**Yo lleno el lavaplatos... después de vaciarlo.**
*I'll fill the dishwasher... after I empty it.*
**¿Por qué no terminas de pasar la aspiradora?**
*Why don't you finish vacuuming?*
**¡Ya casi acaban!**
*You're almost finished!*
**Felipe, tú quita el polvo.**
*Felipe, you dust.*

### Making polite requests

**Don Diego, quédese a cenar con nosotros.**
*Don Diego, stay and have dinner with us.*
**Venga.**
*Come on.*
**Don Diego, pase.**
*Don Diego, come in.*

### Additional vocabulary

**el plumero** *duster*

recursos

VM
pp. 235–236

vistas.vhlcentral.com
Lección 12

# ¿Qué pasó?

**1**

**¿Cierto o falso?** Indica si lo que dicen estas oraciones es **cierto** o **falso**. Corrige las oraciones falsas.

| | Cierto | Falso |
|---|:---:|:---:|
| 1. Felipe y Jimena tienen que preparar el desayuno. | ○ | ○ |
| 2. Don Diego ayuda a los chicos organizando los quehaceres domésticos. | ○ | ○ |
| 3. Jimena le dice a Juan Carlos dónde están los tenedores. | ○ | ○ |
| 4. A Marissa no le molesta limpiar el baño. | ○ | ○ |
| 5. Juan Carlos termina de lavar los platos. | ○ | ○ |

**2**

**Identificar** Identifica quién puede decir estas oraciones.

1. Yo les ayudo, no me molesta hacer quehaceres domésticos.
2. No me gusta sacar la basura, pero es necesario hacerlo.
3. Es importante que termines de pasar la aspiradora, Juan Carlos.
4. ¡La casa está muy limpia! ¡Qué bueno que pasamos la aspiradora!
5. ¡Buen trabajo, chicos! ¿Qué vamos a cenar?

JIMENA

DON DIEGO

FELIPE

SR. DÍAZ

MARISSA

**3**

**Completar** Los chicos y don Diego están haciendo los quehaceres. Adivina en qué cuarto está cada uno de ellos.

1. Jimena limpia el congelador. Jimena está en _____.
2. Don Diego limpia el escritorio. Don Diego está en _____.
3. Felipe pasa la aspiradora debajo de la mesa y las sillas. Felipe está en _____.
4. Juan Carlos sacude el sillón. Juan Carlos está en _____.
5. Marissa hace la cama. Marissa está en _____.

**4**

**Mi casa** Dibuja el plano de una casa o de un apartamento. Puede ser el plano de la casa o del apartamento donde vives o de donde te gustaría (*you would like*) vivir. Después, trabajen en parejas y describan lo que se hace en cuatro de las habitaciones. Para terminar, pídanse (*ask for*) ayuda para hacer dos quehaceres domésticos. Pueden usar estas frases en su conversación.

| | |
|---|---|
| Quiero mostrarte... | Al fondo hay... |
| Ésta es (la cocina). | Quiero que me ayudes a (sacar la basura). |
| Allí yo (preparo la comida). | Por favor, ayúdame con... |

 Practice more at **vistas.vhlcentral.com**.

# Ortografía  **S** Concepts
## Mayúsculas y minúsculas

Here are some of the rules that govern the use of capital letters (**mayúsculas**) and lowercase letters (**minúsculas**) in Spanish.

**Los estudiantes llegaron al aeropuerto a las dos. Luego fueron al hotel.**

In both Spanish and English, the first letter of every sentence is capitalized.

---

**Rubén Blades    Panamá    Colón    los Andes**

The first letter of all proper nouns (names of people, countries, cities, geographical features, etc.) is capitalized.

---

**Cien años de soledad    Don Quijote de la Mancha
El País    Muy Interesante**

The first letter of the first word in titles of books, films, and works of art is generally capitalized, as well as the first letter of any proper names. In newspaper and magazine titles, as well as other short titles, the initial letter of each word is often capitalized.

---

**la señora Ramos    don Francisco
el presidente    Sra. Vives**

Titles associated with people are *not* capitalized unless they appear as the first word in a sentence. Note, however, that the first letter of an abbreviated title is capitalized.

---

**Último    Álex    MENÚ    PERDÓN**

Accent marks should be retained on capital letters. In practice, however, this rule is often ignored.

---

**lunes    viernes    marzo    primavera**

The first letter of days, months, and seasons is <u>not</u> capitalized.

---

**español    estadounidense    japonés    panameños**

The first letter of nationalities and languages is <u>not</u> capitalized.

**Práctica** Corrige las mayúsculas y minúsculas incorrectas.

1. soy lourdes romero. Soy Colombiana.
2. éste Es mi Hermano álex.
3. somos De panamá.
4. ¿es ud. La sra. benavides?
5. ud. Llegó el Lunes, ¿no?

**Palabras desordenadas** Lee el diálogo de las serpientes. Ordena las letras para saber de qué palabras se trata. Después escribe las letras indicadas para descubrir por qué llora Pepito.

m n a a P á ⬚⬚⬚⬚⬚⬚
s t e m r a ⬚⬚⬚⬚⬚⬚
i g s l é n ⬚⬚⬚⬚⬚⬚
y a U r u g u ⬚⬚⬚⬚⬚⬚⬚
r o ñ e s a ⬚⬚⬚⬚⬚⬚

¡ _orque _e acabo de morder° la _en_u_!

**venenosas** *venomous*  **morder** *to bite*

Respuestas: Panamá, martes, inglés, Uruguay, señora.
¡Porque me acabo de morder la lengua!

fesor Herrera, ¿es cierto que somos venenosas°?

Sí, Pepito. ¿Por qué lloras?

recursos
LM p. 68
vistas.vhlcentral.com Lección 12

**Additional Reading**

# El patio central

**En las tardes cálidas° de Oaxaca, México; Córdoba, España, o Popayán, Colombia,** es un placer sentarse en **el patio central** de una casa y tomar un refresco disfrutando de° una buena conversación. De influencia árabe, esta característica arquitectónica° fue traída° a las Américas por los españoles. En la época° colonial, se construyeron casas, palacios, monasterios, hospitales y escuelas con patio central. Éste es un espacio privado e íntimo en donde se puede disfrutar del sol y de la brisa° estando aislado° de la calle.

El centro del patio es un espacio abierto. Alrededor de° él, separado por columnas, hay un pasillo cubierto°. Así, en el patio hay zonas de sol y de sombra°. El patio es una parte importante de la vivienda familiar y su decoración se cuida° mucho. En el centro del patio muchas veces hay una fuente°, plantas e incluso árboles°. El agua es un elemento muy importante en la cultura islámica porque simboliza la purificación del cuerpo y del alma°. Por esta razón y para disminuir° la temperatura, el agua en estas construcciones es muy importante. El agua y la vegetación ayudan a mantener la temperatura fresca y el patio proporciona° luz y ventilación a todas las habitaciones.

## La distribución

Las casas con patio central eran usualmente las viviendas de familias adineradas°. Son casas de dos o tres pisos. Los cuartos de la planta baja son las áreas comunes: cocina, comedor, sala, etc., y tienen puertas al patio. En los pisos superiores están las habitaciones privadas de la familia.

cálidas *hot* disfrutando de *enjoying* arquitectónica *architectural* traída *brought* época *era* brisa *breeze* aislado *isolated* Alrededor de *Surrounding* cubierto *covered* sombra *shade* se cuida *is looked after* fuente *fountain* árboles *trees* alma *soul* disminuir *lower* proporciona *provides* adineradas *wealthy*

---

**ACTIVIDADES**

**1** **¿Cierto o falso?** Indica si lo que dicen las oraciones es **cierto** o **falso**. Corrige las falsas.

1. Los patios centrales de Latinoamérica tienen su origen en la tradición indígena.
2. Los españoles llevaron a América el concepto del patio.
3. En la época colonial las casas eran las únicas construcciones con patio central.
4. El patio es una parte importante en estas construcciones, y es por eso que se le presta atención a su decoración.
5. El patio central es un lugar de descanso que da luz y ventilación a las habitaciones.
6. Las fuentes en los patios tienen importancia por razones culturales y porque bajan la temperatura.
7. En la cultura española el agua simboliza salud y bienestar del cuerpo y del alma.
8. Las casas con patio central eran para personas adineradas.
9. Los cuartos de la planta baja son privados.
10. Las alcobas están en los pisos superiores.

ASÍ SE DICE

## La vivienda

| | |
|---|---|
| el ático, el desván | el altillo |
| la cobija (Col., Méx.), la frazada (Arg., Cuba, Ven.) | la manta |
| el escaparate (Cuba, Ven.), el ropero (Méx.) | el armario |
| el fregadero | *kitchen sink* |
| el frigidaire (Perú); el frigorífico (Esp.), la nevera | el refrigerador |
| el lavavajillas (Arg., Esp., Méx.) | el lavaplatos |

EL MUNDO HISPANO

## Los muebles

- **Mecedora°** La mecedora es un mueble típico de Latinoamérica, especialmente de la zona del Caribe. A las personas les gusta relajarse mientras se mecen° en el patio.

- **Mesa camilla** Era un mueble popular en España hasta hace algunos años. Es una mesa con un bastidor° en la parte inferior° para poner un brasero°. En invierno, las personas se sentaban alrededor de la mesa camilla para conversar, jugar a las cartas o tomar café.

- **Hamaca** Se cree que los taínos hicieron las primeras hamacas con fibras vegetales. Su uso es muy popular en toda Latinoamérica para dormir y descansar.

Mecedora *Rocking chair* se mecen *they rock themselves* bastidor *frame* inferior *bottom* brasero *container for hot coals*

PERFIL

# Las islas flotantes del lago Titicaca

Bolivia y Perú comparten **el lago Titicaca**, donde viven **los uros**, uno de los pueblos indígenas más antiguos de América. Hace muchos años, los uros fueron a vivir al lago escapando de **los incas**. Hoy en día, siguen viviendo allí en cuarenta **islas flotantes** que ellos mismos hacen con unos juncos° llamados **totora**. Primero tejen° grandes plataformas. Luego, con el mismo material, construyen sus casas sobre las plataformas. La totora es resistente, pero con el tiempo el agua la pudre°. Los habitantes de las islas

necesitan renovar continuamente las plataformas y las casas. Sus muebles y sus barcos también están hechos° de juncos. Los uros viven de la pesca y del turismo; en las islas hay unas tiendas donde venden artesanías° hechas con totora.

PERÚ

Lago Titicaca

BOLIVIA

juncos *reeds* tejen *they weave* la pudre *rots it* hechos *made* artesanías *handcrafts*

### Conexión Internet

¿Cómo son las casas modernas en los países hispanos?

Go to **vistas.vhlcentral.com** to find more cultural information related to this **Cultura** section.

---

ACTIVIDADES

**2** **Comprensión** Responde a las preguntas.

1. Tu amigo mexicano te dice: "La **cobija** azul está en el **ropero**". ¿Qué quiere decir?

2. ¿Quiénes hicieron las primeras hamacas? ¿Qué material usaron?

3. ¿Qué grupo indígena vive en el lago Titicaca?

4. ¿Qué pueden comprar los turistas en las islas flotantes del lago Titicaca?

**3** **Viviendas tradicionales** Escribe cuatro oraciones sobre una vivienda tradicional que conoces. Explica en qué lugar se encuentra, de qué materiales está hecha y cómo es.

 Practice more at **vistas.vhlcentral.com.**

## 12.1 Relative pronouns  Tutorial

**ANTE TODO** In both English and Spanish, relative pronouns are used to combine two sentences or clauses that share a common element, such as a noun or pronoun. Study this diagram.

Mis padres me regalaron **la aspiradora**.
*My parents gave me the vacuum cleaner.*

**La aspiradora** funciona muy bien.
*The vacuum cleaner works really well.*

La aspiradora **que** me regalaron mis padres funciona muy bien.
*The vacuum cleaner that my parents gave me works really well.*

**Lourdes** es muy inteligente.
*Lourdes is very intelligent.*

**Lourdes** estudia español.
*Lourdes is studying Spanish.*

Lourdes, **quien** estudia español, es muy inteligente.
*Lourdes, who studies Spanish, is very intelligent.*

Eso fue todo lo que dijimos.

Mi papá se lleva bien con Juan Carlos, quien es como mi hermano.

▶ Spanish has three frequently-used relative pronouns. **¡Atención!** Even though interrogative words (**qué**, **quién**, etc.) always carry an accent, relative pronouns never carry a written accent.

| | |
|---|---|
| **que** | *that; which; who* |
| **quien(es)** | *who; whom; that* |
| **lo que** | *that which; what* |

▶ **Que** is the most frequently used relative pronoun. It can refer to things or to people. Unlike its English counterpart, *that*, **que** is never omitted.

¿Dónde está la cafetera **que** compré?
*Where is the coffee maker (that) I bought?*

El hombre **que** limpia es Pedro.
*The man who is cleaning is Pedro.*

▶ The relative pronoun **quien** refers only to people, and is often used after a preposition or the personal **a. Quien** has only two forms: **quien** (singular) and **quienes** (plural).

¿Son las chicas **de quienes** me hablaste la semana pasada?
*Are they the girls (that) you told me about last week?*

Eva, **a quien** conocí anoche, es mi nueva vecina.
*Eva, whom I met last night, is my new neighbor.*

**¡LENGUA VIVA!**

In English, it is generally recommended that *who(m)* be used to refer to people, and that *that* and *which* be used to refer to things. In Spanish, however, it is perfectly acceptable to use **que** when referring to people.

▶ **Quien(es)** is occasionally used instead of **que** in clauses set off by commas.

Lola, **quien** es cubana, es médica.
*Lola, who is Cuban, is a doctor.*

Su tía, **que** es alemana, ya llegó.
*His aunt, who is German, already arrived.*

▶ Unlike **que** and **quien(es), lo que** doesn't refer to a specific noun. It refers to an idea, a situation, or a past event and means *what, that which,* or *the thing that.*

**Lo que** me molesta es el calor.
*What bothers me is the heat.*

**Lo que** quiero es una casa.
*What I want is a house.*

Este supermercado tiene todo **lo que** necesito.

A Samuel no le gustó **lo que** le dijo Violeta

**¡INTÉNTALO!**  Completa estas oraciones con pronombres relativos.

1. Voy a utilizar los platos ____que____ me regaló mi abuela.
2. Ana comparte un apartamento con la chica a _____ conocimos en la fiesta de Jorge.
3. Esta oficina tiene todo _____ necesitamos.
4. Puedes estudiar en el dormitorio _____ está a la derecha de la cocina.
5. Los señores _____ viven en esa casa acaban de llegar de Centroamérica.
6. Los niños a _____ viste en nuestro jardín son mis sobrinos.
7. La piscina _____ ves desde la ventana es la piscina de mis vecinos.
8. Fue Úrsula _____ ayudó a mamá a limpiar el refrigerador.
9. Ya te dije que fue mi padre _____ alquiló el apartamento.
10. _____ te dijo Pablo no es cierto.
11. Tengo que sacudir los muebles _____ están en el altillo una vez al mes.
12. No entiendo por qué no lavaste los vasos _____ te dije.
13. La mujer a _____ saludaste vive en las afueras.
14. ¿Sabes _____ necesita este dormitorio? ¡Unas cortinas!
15. No quiero volver a hacer _____ hice ayer.
16. No me gusta vivir con personas a _____ no conozco.

**recursos**

WB
pp. 137–138

LM
p. 69

Ⓢ
vistas.
vhlcentral.com
Lección 12

# Práctica

**1**

**Combinar** Combina elementos de la columna A y la columna B para formar oraciones lógicas.

**A**

1. Ése es el hombre _____.
2. Rubén Blades, _____.
3. No traje _____.
4. ¿Te gusta la manta _____?
5. ¿Cómo se llama el programa _____?
6. La mujer _____.

**B**

a. con quien bailaba es mi vecina
b. que te compró Cecilia
c. quien es de Panamá, es un cantante muy bueno
d. que arregló mi lavadora
e. lo que necesito para la clase de matemáticas
f. que comiste en el restaurante
g. que escuchaste en la radio anoche

**NOTA CULTURAL**

**Rubén Blades** es un cantante, compositor y actor panameño muy famoso. Este versátil abogado fue también Ministro de Turismo en su país (2004-2009) y fue nombrado Embajador contra el racismo por las Naciones Unidas en el 2000.

**2**

**Completar** Completa la historia sobre la casa que Jaime y Tina quieren comprar, usando los pronombres relativos **que, quien, quienes** o **lo que**.

1. Jaime y Tina son los chicos a _____ conocí la semana pasada.
2. Quieren comprar una casa _____ está en las afueras de la ciudad.
3. Es una casa _____ era de una artista famosa.
4. La artista, a _____ yo conocía, murió el año pasado y no tenía hijos.
5. Ahora se vende la casa con todos los muebles _____ ella tenía.
6. La sala tiene una alfombra _____ ella trajo de Kuwait.
7. La casa tiene muchos estantes, _____ a Tina le encanta.

**3**

**Oraciones** Javier y Ana acaban de casarse y han comprado (*they have bought*) una casa y muchas otras cosas. Combina sus declaraciones para formar una sola oración con los pronombres relativos **que, quien(es)** y **lo que**.

> **modelo**
> Vamos a usar los vasos nuevos mañana. Los pusimos en el comedor.
> *Mañana vamos a usar los vasos nuevos que pusimos en el comedor.*

1. Tenemos una cafetera nueva. Mi prima nos la regaló.
2. Tenemos una cómoda nueva. Es bueno porque no hay espacio en el armario.
3. Esos platos no nos costaron mucho. Están encima del horno.
4. Esas copas me las regaló mi amiga Amalia. Ella viene a visitarme mañana.
5. La lavadora está casi nueva. Nos la regalaron mis suegros.
6. La vecina nos dio una manta de lana. Ella la compró en México.

 Practice more at **vistas.vhlcentral.com.**

# Comunicación

**4**

**Entrevista** En parejas, túrnense para hacerse estas preguntas.

1. ¿Qué es lo que más te gusta de vivir en las afueras o en la ciudad?
2. ¿Cómo son las personas que viven en tu barrio?
3. ¿Cuál es el quehacer doméstico que pagarías (*you would pay*) por no hacer?
4. ¿Quién es la persona que hace los quehaceres domésticos en tu casa?
5. ¿Hay vecinos que te caen bien? ¿Quiénes?
6. ¿De qué vecino es el coche que más te gusta?
7. ¿Cuál es el barrio de tu ciudad que más te gusta y por qué?
8. ¿Quién es la persona a quien le pedirías (*you would ask*) que te ayude con los quehaceres?
9. ¿Cuál es el lugar de la casa donde te sientes más cómodo/a? ¿Por qué?
10. ¿Qué es lo que más te gusta de tu barrio?
11. ¿Qué hace el vecino que más llama la atención?
12. ¿Qué es lo que menos te gusta de tu barrio?

**5**

**Adivinanza** En grupos, túrnense para describir distintas partes de una vivienda usando pronombres relativos. Los demás compañeros tienen que hacer preguntas hasta que adivinen (*they guess*) la palabra.

**modelo**

**Estudiante 1:** Es lo que tenemos en el dormitorio.
**Estudiante 2:** ¿Es el mueble que usamos para dormir?
**Estudiante 1:** No. Es lo que usamos para guardar la ropa.
**Estudiante 3:** Lo sé. Es la cómoda.

# Síntesis

**6**

**Definir** En parejas, definan las palabras. Usen los pronombres relativos **que, quien(es)** y **lo que.** Luego compartan sus definiciones con la clase.

| | | | |
|---|---|---|---|
| alquiler | flan | patio | tenedor |
| amigos | guantes | postre | termómetro |
| aspiradora | jabón | sillón | vaso |
| enfermera | manta | sótano | vecino |

**modelo**

lavadora   Es lo que se usa para lavar la ropa.
pastel   Es un *postre que comes en tu cumpleaños.*

## 12.2 Formal (usted/ustedes) commands  Tutorial

**ANTE TODO**   As you learned in **Lección 11**, the command forms are used to give orders or advice. Formal commands are used with people you address as **usted** or **ustedes**. Observe these examples, then study the chart.

**Hable** con ellos, don Francisco.
*Talk with them, Don Francisco.*

**Coma** frutas y verduras.
*Eat fruits and vegetables.*

**Laven** los platos ahora mismo.
*Wash the dishes right now.*

**Beban** menos té y café.
*Drink less tea and coffee.*

### Formal commands (Ud. and Uds.)

| Infinitive | Present tense yo form | Ud. command | Uds. command |
|---|---|---|---|
| limpiar | limpi**o** | limpi**e** | limpi**en** |
| barrer | barr**o** | barr**a** | barr**an** |
| sacudir | sacud**o** | sacud**a** | sacud**an** |
| decir (e:i) | dig**o** | dig**a** | dig**an** |
| pensar (e:ie) | piens**o** | piens**e** | piens**en** |
| volver (o:ue) | vuelv**o** | vuelv**a** | vuelv**an** |
| servir (e:i) | sirv**o** | sirv**a** | sirv**an** |

▶ The **usted** and **ustedes** commands, like the negative **tú** commands, are formed by dropping the final **-o** of the **yo** form of the present tense. For **-ar** verbs, add **-e** or **-en**. For **-er** and **-ir** verbs, add **-a** or **-an**.

Don Diego, quédese a cenar con nosotros.

No se preocupen, yo los ayudo.

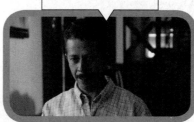

▶ Verbs with irregular **yo** forms maintain the same irregularity in their formal commands. These verbs include **conducir, conocer, decir, hacer, ofrecer, oír, poner, salir, tener, traducir, traer, venir,** and **ver**.

**Oiga,** don Manolo...
*Listen, Don Manolo...*

**¡Salga** inmediatamente!
*Leave immediately!*

**Ponga** la mesa, por favor.
*Set the table, please.*

**Hagan** la cama antes de salir.
*Make the bed before leaving.*

▶ Note also that verbs maintain their stem changes in **usted** and **ustedes** commands.

| e:ie | o:ue | e:i |
|---|---|---|

No **pierda** la llave.
**Cierren** la puerta.

**Vuelva** temprano, joven.
**Duerman** bien, chicos.

**Sirva** la sopa, por favor.
**Repitan** las frases.

▶ Verbs ending in **-car**, **-gar**, and **-zar** have a spelling change in the command forms.

| | | | |
|---|---|---|---|
| sa**car** | **c** ⟶ **qu** | sa**que**, sa**quen** |
| ju**gar** | **g** ⟶ **gu** | jue**gue**, jue**guen** |
| almor**zar** | **z** ⟶ **c** | almuer**ce**, almuer**cen** |

▶ These verbs have irregular formal commands.

| Infinitive | Ud. command | Uds. command |
|---|---|---|
| dar | **dé** | **den** |
| estar | **esté** | **estén** |
| ir | **vaya** | **vayan** |
| saber | **sepa** | **sepan** |
| ser | **sea** | **sean** |

▶ To make a formal command negative, simply place **no** before the verb.

**No ponga** las maletas en la cama.
*Don't put the suitcases on the bed.*

**No ensucien** los sillones.
*Don't dirty the armchairs.*

▶ In affirmative commands, reflexive, indirect and direct object pronouns are always attached to the end of the verb.

Siénten**se**, por favor.
Síga**me**, Laura.

Acuésten**se** ahora.
Pónganlas en el suelo, por favor.

▶ **¡Atención!** When a pronoun is attached to an affirmative command that has two or more syllables, an accent mark is added to maintain the original stress.

| limpie ⟶ **límpielo** | lean ⟶ **léanlo** |
|---|---|
| diga ⟶ **dígamelo** | sacudan ⟶ **sacúdanlos** |

▶ In negative commands, these pronouns always precede the verb.

No **se** preocupe.
No **me lo** dé.

No **los** ensucien.
No **nos las** traigan.

▶ **Usted** and **ustedes** can be used with the command forms to strike a more formal tone. In such instances, they follow the command form.

**Muéstrele usted** la foto a su amigo.
*Show the photo to your friend.*

**Tomen ustedes** esta mesa.
*Take this table.*

**¡INTÉNTALO!**   Indica los mandatos (*commands*) afirmativos y negativos correspondientes.

1. escucharlo (Ud.) _____Escúchelo_____. _____No lo escuche_____.
2. decírmelo (Uds.) _____. _____.
3. salir (Ud.) _____. _____.
4. servírnoslo (Uds.) _____. _____.
5. barrerla (Ud.) _____. _____.
6. hacerlo (Ud.) _____. _____.

# Práctica

**1**

**Completar** La señora González quiere mudarse de casa. Ayúdala a organizarse. Indica el mandato formal de cada verbo.

1. _____ los anuncios del periódico y _____. (Leer, guardarlos)
2. _____ personalmente y _____ las casas usted misma. (Ir, ver)
3. Decida qué casa quiere y _____ al agente. _____ un contrato de alquiler. (llamar, Pedirle)
4. _____ un camión *(truck)* para ese día y _____ la hora exacta de llegada. (Contratar, preguntarles)
5. El día de la mudanza *(On moving day)* _____ tranquila. _____ a revisar su lista para completar todo lo que tiene que hacer. (estar, Volver)
6. Primero, _____ a todos en casa que usted va a estar ocupada. No _____ que usted va a hacerlo todo. (decirles, decirles)
7. _____ tiempo para hacer las maletas tranquilamente. No _____ las maletas a los niños más grandes. (Sacar, hacerles)
8. No _____. _____ que todo va a salir bien. (preocuparse, Saber)

**2**

**¿Qué dicen?** Mira los dibujos y escribe un mandato lógico para cada uno. Usa palabras que aprendiste en **Contextos**.

1. _____

2. _____

3. _____

4. _____

5. _____

6. _____

 Practice more at **vistas.vhlcentral.com.**

# Comunicación

**3**

**Solucionar** Trabajen en parejas. Un(a) estudiante presenta los problemas de la columna A y el/la otro/a los de la columna B. Usen mandatos formales y túrnense para ofrecer soluciones.

> **modelo**
>
> **Estudiante 1:** Vilma se torció un tobillo jugando al tenis. Es la tercera vez.
> **Estudiante 2:** *No juegue más al tenis. / Vaya a ver a un especialista.*

**A**

1. Se me perdió el libro de español con todas mis notas.
2. A Vicente se le cayó la botella de vino para la cena.
3. ¿Cómo? ¿Se le olvidó traer el traje de baño a la playa?
4. Se nos quedaron los boletos en la casa. El avión sale en una hora.

**B**

1. Mis hijas no se levantan temprano. Siempre llegan tarde a la escuela.
2. A mi abuela le robaron (*stole*) las maletas. Era su primer día de vacaciones.
3. Nuestra casa es demasiado pequeña para nuestra familia.
4. Me preocupo constantemente por Roberto. Trabaja demasiado.

**4**

**Conversaciones** En parejas, escojan dos situaciones y preparen conversaciones para presentar a la clase. Usen mandatos formales.

> **modelo**
>
> **Lupita:** Señor Ramírez, siento mucho llegar tan tarde. Mi niño se enfermó. ¿Qué debo hacer?
> **Sr. Ramírez:** *No se preocupe. Siéntese y descanse un poco.*

**SITUACIÓN 1** Profesor Rosado, no vine la semana pasada porque el equipo jugaba en Boquete. ¿Qué debo hacer para ponerme al día *(catch up)*?

**SITUACIÓN 2** Los invitados de la boda llegan a las cuatro de la tarde, las mesas están sin poner y el champán sin servir. Son las tres de la tarde y los camareros apenas están llegando. ¿Qué deben hacer los camareros?

**SITUACIÓN 3** Mi novio es un poco aburrido. No le gustan ni el cine, ni los deportes, ni salir a comer. Tampoco habla mucho. ¿Qué puedo hacer?

▶ **SITUACIÓN 4** Tengo que preparar una presentación para mañana sobre el Canal de Panamá. ¿Por dónde comienzo?

**NOTA CULTURAL**

El 31 de diciembre de 1999, los Estados Unidos cedió el control del **Canal de Panamá** al gobierno de Panamá, terminando así con casi cien años de administración estadounidense.

# Síntesis

**5**

**Presentar** En grupos, preparen un anuncio de televisión para presentar a la clase. El anuncio debe tratar de un detergente, un electrodoméstico o una agencia inmobiliaria (*real estate agency*). Usen mandatos, los pronombres relativos (**que, quien(es)** o **lo que**) y el **se** impersonal.

> **modelo**
>
> *Compre el lavaplatos Destellos. Tiene todo lo que usted desea. Es el lavaplatos que mejor funciona. Venga a verlo ahora mismo… No pierda ni un minuto más. Se aceptan tarjetas de crédito.*

**12.3** # The present subjunctive  Tutorial

**ANTE TODO**    With the exception of commands, all the verb forms you have been using have been in the indicative mood. The indicative is used to state facts and to express actions or states that the speaker considers to be real and definite. In contrast, the subjunctive mood expresses the speaker's attitudes toward events, as well as actions or states the speaker views as uncertain or hypothetical.

Por favor, quiten los platos de la mesa.

Les aconsejo que preparen la cena.

▶ The present subjunctive is formed very much like **usted**, **ustedes** and *negative* **tú** commands. From the **yo** form of the present indicative, drop the **-o** ending, and replace it with the subjunctive endings.

| INFINITIVE | PRESENT INDICATIVE | VERB STEM | PRESENT SUBJUNCTIVE |
|---|---|---|---|
| hablar | **hablo** | **habl-** | **hable** |
| comer | **como** | **com-** | **coma** |
| escribir | **escribo** | **escrib-** | **escriba** |

▶ The present subjunctive endings are:

| -ar verbs | | -er and -ir verbs | |
|---|---|---|---|
| -e | -emos | -a | -amos |
| -es | -éis | -as | -áis |
| -e | -en | -a | -an |

## Present subjunctive of regular verbs

| | | hablar | comer | escribir |
|---|---|---|---|---|
| SINGULAR FORMS | yo | habl**e** | com**a** | escrib**a** |
| | tú | habl**es** | com**as** | escrib**as** |
| | Ud./él/ella | habl**e** | com**a** | escrib**a** |
| PLURAL FORMS | nosotros/as | habl**emos** | com**amos** | escrib**amos** |
| | vosotros/as | habl**éis** | com**áis** | escrib**áis** |
| | Uds./ellos/ellas | habl**en** | com**an** | escrib**an** |

▶ Verbs with irregular **yo** forms show the same irregularity in all forms of the present subjunctive.

| Infinitive | Present indicative | Verb stem | Present subjunctive |
|---|---|---|---|
| conducir | conduzco | **conduzc-** | **conduzca** |
| conocer | conozco | **conozc-** | **conozca** |
| decir | digo | **dig-** | **diga** |
| hacer | hago | **hag-** | **haga** |
| ofrecer | ofrezco | **ofrezc-** | **ofrezca** |
| oír | oigo | **oig-** | **oiga** |
| parecer | parezco | **parezc-** | **parezca** |
| poner | pongo | **pong-** | **ponga** |
| tener | tengo | **teng-** | **tenga** |
| traducir | traduzco | **traduzc-** | **traduzca** |
| traer | traigo | **traig-** | **traiga** |
| venir | vengo | **veng-** | **venga** |
| ver | veo | **ve-** | **vea** |

▶ To maintain the **-c, -g,** and **z** sounds, verbs ending in **-car, -gar,** and **-zar** have a spelling change in all forms of the present subjunctive.

| | |
|---|---|
| **sacar:** | sa**que**, sa**ques**, sa**que**, sa**que**mos, sa**qué**is, sa**quen** |
| **jugar:** | jue**gue**, jue**gues**, jue**gue**, ju**gue**mos, ju**gué**is, jue**guen** |
| **almorzar:** | almuer**ce**, almuer**ces**, almuer**ce**, almor**ce**mos, almor**cé**is, almuer**cen** |

## Present subjunctive of stem-changing verbs

▶ **-Ar** and **-er** stem-changing verbs have the same stem changes in the subjunctive as they do in the present indicative.

| | |
|---|---|
| **pensar (e:ie):** | p**ie**nse, p**ie**nses, p**ie**nse, pensemos, penséis, p**ie**nsen |
| **mostrar (o:ue):** | m**ue**stre, m**ue**stres, m**ue**stre, mostremos, mostréis, m**ue**stren |
| **entender (e:ie):** | ent**ie**nda, ent**ie**ndas, ent**ie**nda, entendamos, entendáis, ent**ie**ndan |
| **volver (o:ue):** | v**ue**lva, v**ue**lvas, v**ue**lva, volvamos, volváis, v**ue**lvan |

▶ **-Ir** stem-changing verbs have the same stem changes in the subjunctive as they do in the present indicative, but in addition, the **nosotros/as** and **vosotros/as** forms undergo a stem change. The unstressed **e** changes to **i,** while the unstressed **o** changes to **u.**

| | |
|---|---|
| **pedir (e:i):** | p**i**da, p**i**das, p**i**da, p**i**damos, p**i**dáis, p**i**dan |
| **sentir (e:ie):** | s**ie**nta, s**ie**ntas, s**ie**nta, s**i**ntamos, s**i**ntáis, s**ie**ntan |
| **dormir (o:ue):** | d**ue**rma, d**ue**rmas, d**ue**rma, d**u**rmamos, d**u**rmáis, d**ue**rman |

# Irregular verbs in the present subjunctive

▶ These five verbs are irregular in the present subjunctive.

| Irregular verbs in the present subjunctive | | | | | |
|---|---|---|---|---|---|
| | **dar** | **estar** | **ir** | **saber** | **ser** |
| **SINGULAR FORMS** yo | **dé** | **esté** | **vaya** | **sepa** | **sea** |
| tú | **des** | **estés** | **vayas** | **sepas** | **seas** |
| Ud./él/ella | **dé** | **esté** | **vaya** | **sepa** | **sea** |
| **PLURAL FORMS** nosotros/as | **demos** | **estemos** | **vayamos** | **sepamos** | **seamos** |
| vosotros/as | **deis** | **estéis** | **vayáis** | **sepáis** | **seáis** |
| Uds./ellos/ellas | **den** | **estén** | **vayan** | **sepan** | **sean** |

▶ **¡Atención!** The subjunctive form of **hay** (*there is, there are*) is also irregular: **haya**.

# General uses of the subjunctive

▶ The subjunctive is mainly used to express: 1) will and influence, 2) emotion, 3) doubt, disbelief, and denial, and 4) indefiniteness and nonexistence.

▶ The subjunctive is most often used in sentences that consist of a main clause and a subordinate clause. The main clause contains a verb or expression that triggers the use of the subjunctive. The conjunction **que** connects the subordinate clause to the main clause.

| Main clause | Connector | Subordinate clause |
|---|---|---|
| **Es** muy importante | que | **vayas** al hotel ahora mismo. |

▶ These impersonal expressions are always followed by clauses in the subjunctive:

| | | |
|---|---|---|
| **Es bueno que...** *It's good that...* | **Es mejor que...** *It's better that...* | **Es malo que...** *It's bad that...* |
| **Es importante que...** *It's important that...* | **Es necesario que...** *It's necessary that...* | **Es urgente que...** *It's urgent that...* |

**¡INTÉNTALO!**    Indica el presente de subjuntivo de estos verbos.

1. (alquilar, beber, vivir)    que yo _alquile, beba, viva_
2. (estudiar, aprender, asistir)    que tú _____
3. (encontrar, poder, tener)    que él _____
4. (hacer, pedir, dormir)    que nosotras _____
5. (dar, hablar, escribir)    que ellos _____
6. (pagar, empezar, buscar)    que ustedes _____
7. (ser, ir, saber)    que yo _____
8. (estar, dar, oír)    que tú _____

**recursos**

WB
pp. 141–142

LM
p. 71

vistas.
vhlcentral.com
Lección 12

# Práctica y Comunicación

**1** **Completar** Completa las oraciones con el presente de subjuntivo de los verbos entre paréntesis. Luego empareja las oraciones del primer grupo con las del segundo grupo.

### A

1. Es mejor que _____ en casa. (nosotros, cenar) ____
2. Es importante que _____ las casas colgadas de Cuenca. (tú, visitar) ____
3. Señora, es urgente que le _____ el diente. Tiene una infección. (yo, sacar) ____
4. Es malo que Ana les _____ tantos dulces a los niños. (dar) ____
5. Es necesario que _____ a la una de la tarde. (ustedes, llegar) ____
6. Es importante que _____ temprano. (nosotros, acostarse) ____

**NOTA CULTURAL**

**Las casas colgadas** (*hanging*) de Cuenca, España, son muy famosas. Situadas en un acantilado (*cliff*), forman parte del paisaje de la ciudad.

### B

a. Es importante que _____ más verduras. (ellos, comer)
b. No, es mejor que _____ a comer. (nosotros, salir)
c. Y yo creo que es bueno que _____ a Madrid después. (yo, ir)
d. En mi opinión, no es necesario que _____ tanto. (nosotros, dormir)
e. ¿Ah, sí? ¿Es necesario que me _____ un antibiótico también? (yo, tomar)
f. Para llegar a tiempo, es necesario que _____ temprano. (nosotros, almorzar)

**2** **Minidiálogos** En parejas, completen los minidiálogos con expresiones impersonales de una manera lógica.

> **modelo**
>
> **Miguelito:** Mamá, no quiero arreglar mi cuarto.
> **Sra. Casas:** Es necesario que lo arregles. Y es importante que sacudas los muebles también.

1. **MIGUELITO** Mamá, no quiero estudiar. Quiero salir a jugar con mis amigos.
   **SRA. CASAS** _____

2. **MIGUELITO** Mamá, es que no me gustan las verduras. Prefiero comer pasteles.
   **SRA. CASAS** _____

3. **MIGUELITO** ¿Tengo que poner la mesa, mamá?
   **SRA. CASAS** _____

4. **MIGUELITO** No me siento bien, mamá. Me duele todo el cuerpo y tengo fiebre.
   **SRA. CASAS** _____

**3** **Entrevista** Trabajen en parejas. Entrevístense usando estas preguntas. Expliquen sus respuestas.

1. ¿Es importante que las personas sepan una segunda lengua? ¿Por qué?
2. ¿Es urgente que los norteamericanos aprendan otras lenguas?
3. Si un(a) norteamericano/a quiere aprender francés, ¿es mejor que lo aprenda en Francia?
4. ¿Es necesario que una persona sepa decir "te amo" en la lengua nativa de su pareja?
5. ¿Es importante que un cantante de ópera entienda italiano?

 Practice more at **vistas.vhlcentral.com**.

**12.4** **Subjunctive with verbs of will and influence**  **S** Tutorial

**ANTE TODO**  You will now learn how to use the subjunctive with verbs and expressions of will and influence.

Quiero que tengas dientes más blancos.

▶ Verbs of will and influence are often used when someone wants to affect the actions or behavior of other people.

> Enrique **quiere** que salgamos a cenar.
> *Enrique wants us to go out to dinner.*

> Paola **prefiere** que cenemos en casa.
> *Paola prefers that we have dinner at home.*

▶ Here is a list of widely used verbs of will and influence.

### Verbs of will and influence

| aconsejar | to advise | pedir (e:i) | to ask (for) |
|---|---|---|---|
| desear | to wish; to desire | preferir (e:ie) | to prefer |
| importar | to be important; to matter | prohibir | to prohibit |
| | | querer (e:ie) | to want |
| insistir (en) | to insist (on) | recomendar (e:ie) | to recommend |
| mandar | to order | rogar (o:ue) | to beg; to plead |
| necesitar | to need | sugerir (e:ie) | to suggest |

▶ Some impersonal expressions, such as **es necesario que, es importante que, es mejor que,** and **es urgente que,** are considered expressions of will or influence.

▶ When the main clause contains an expression of will or influence, the subjunctive is required in the subordinate clause, provided that the two clauses have different subjects.

| Main clause | Connector | Subordinate clause |
|---|---|---|
| VERB OF WILL | | SUBJUNCTIVE |
| Mi mamá **prefiere** | que | yo **saque** la basura. |

> Les sugiero que arreglen este apartamento.

> Recomiendo que se organicen en equipos.

▶ Indirect object pronouns are often used with the verbs **aconsejar, importar, mandar, pedir, prohibir, recomendar, rogar,** and **sugerir.**

**Te** aconsejo que estudies.
*I advise you to study.*

**Le** sugiero que vaya a casa.
*I suggest that he go home.*

**Les** recomiendo que barran el suelo.
*I recommend that you sweep the floor.*

**Le** ruego que no venga.
*I'm begging you not to come.*

▶ Note that all the forms of **prohibir** in the present tense carry a written accent, except for the **nosotros/as** form: **prohíbo, prohíbes, prohíbe, prohibimos, prohibís, prohíben.**

Ella les **prohíbe** que miren la televisión.
*She prohibits them from watching TV.*

Nos **prohíben** que nademos en la piscina.
*They prohibit that we swim in the swimming pool.*

▶ The infinitive is used with words or expressions of will and influence if there is no change of subject in the sentence.

No quiero **sacudir** los muebles.
*I don't want to dust the furniture.*

Paco prefiere **descansar.**
*Paco prefers to rest.*

Es importante **sacar** la basura.
*It's important to take out the trash.*

No es necesario **quitar** la mesa.
*It's not necessary to clear the table.*

---

**¡INTÉNTALO!** Completa cada oración con la forma correcta del verbo entre paréntesis.

1. Te sugiero que ____vayas____ (ir) con ella al supermercado.
2. Él necesita que yo le _____ (prestar) dinero.
3. No queremos que tú _____ (hacer) nada especial para nosotros.
4. Mis papás quieren que yo _____ (limpiar) mi cuarto.
5. Nos piden que la _____ (ayudar) a preparar la comida.
6. Quieren que tú _____ (sacar) la basura todos los días.
7. Quiero _____ (descansar) esta noche.
8. Es importante que ustedes _____ (limpiar) los estantes.
9. Su tía les manda que _____ (poner) la mesa.
10. Te aconsejo que no _____ (salir) con él.
11. Mi tío insiste en que mi prima _____ (hacer) la cama.
12. Prefiero _____ (ir) al cine.
13. Es necesario _____ (estudiar).
14. Recomiendo que ustedes _____ (pasar) la aspiradora.

**recursos**

WB pp. 143–144

LM p. 72

vistas. vhlcentral.com Lección 12

# Práctica

**1**

**Completar** Completa el diálogo con verbos de la lista.

| | | | |
|---|---|---|---|
| cocina | haga | quiere | sea |
| comas | ponga | saber | ser |
| diga | prohíbe | sé | vaya |

**IRENE**   Tengo problemas con Vilma. Sé que debo hablar con ella. ¿Qué me recomiendas que le (1)_____?

**JULIA**   Pues, necesito (2)_____ más antes de darte consejos.

**IRENE**   Bueno, para empezar me (3)_____ que traiga dulces a la casa.

**JULIA**   Pero chica, tiene razón. Es mejor que tú no (4)_____ cosas dulces.

**IRENE**   Sí, ya lo sé. Pero quiero que (5)_____ más flexible. Además, insiste en que yo (6)_____ todo en la casa.

**JULIA**   Yo (7)_____ que Vilma (8)_____ y hace los quehaceres todos los días.

**IRENE**   Sí, pero siempre que hay fiesta me pide que (9)_____ los cubiertos y las copas en la mesa y que (10)_____ al sótano por las servilletas y los platos. ¡Es lo que más odio: ir al sótano!

**JULIA**   Mujer, ¡Vilma sólo (11)_____ que ayudes en la casa!

**2**

**Aconsejar** En parejas, lean lo que dice cada persona. Luego den consejos lógicos usando verbos como **aconsejar**, **recomendar** y **prohibir**. Sus consejos deben ser diferentes de lo que la persona quiere hacer.

> **modelo**
>
> **Isabel:** Quiero conseguir un comedor con los muebles más caros del mundo.
>
> **Consejo:** *Te aconsejamos que consigas unos muebles menos caros.*

1. **DAVID**    Pienso poner el cuadro del lago de Maracaibo en la cocina.
2. **SARA**    Voy en bicicleta a comprar unas copas de cristal.
3. **SR. ALARCÓN**    Insisto en comenzar a arreglar el jardín en marzo.
4. **SRA. VILLA**    Quiero ver las tazas y los platos de la tienda El Ama de Casa Feliz.
5. **DOLORES**    Voy a poner servilletas de tela (*cloth*) para los cuarenta invitados.
6. **SR. PARDO**    Pienso poner todos mis muebles nuevos en el altillo.
7. **SRA. GONZÁLEZ**    Hay una fiesta en casa esta noche, pero no quiero limpiarla.
8. **CARLITOS**    Hoy no tengo ganas de hacer las camas ni de quitar la mesa.

**NOTA CULTURAL**

En el **lago de Maracaibo,** en Venezuela, hay casas suspendidas sobre el agua que se llaman **palafitos**. Este tipo de construcciones les recordó a los conquistadores la ciudad de Venecia, Italia, de donde viene el nombre "Venezuela", que significa "pequeña Venecia".

**3**

**Preguntas** En parejas, túrnense para contestar las preguntas. Usen el subjuntivo.

1. ¿Te dan consejos tus amigos/as? ¿Qué te aconsejan? ¿Aceptas sus consejos? ¿Por qué?
2. ¿Qué te sugieren tus profesores que hagas antes de terminar los cursos que tomas?
3. ¿Insisten tus amigos/as en que salgas mucho con ellos?
4. ¿Qué quieres que te regalen tu familia y tus amigos/as en tu cumpleaños?
5. ¿Qué le recomiendas tú a un(a) amigo/a que no quiere salir los sábados con su novio/a?
6. ¿Qué les aconsejas a los nuevos estudiantes de tu universidad?

 Practice more at **vistas.vhlcentral.com**.

# Comunicación

**4**  **Inventar** En parejas, preparen una lista de seis personas famosas. Un(a) estudiante da el nombre de una persona famosa y el/la otro/a le da un consejo.

> ### modelo
> **Estudiante 1:** Judge Judy.
> **Estudiante 2:** Le recomiendo que sea más simpática con la gente.
> **Estudiante 2:** Orlando Bloom.
> **Estudiante 1:** Le aconsejo que haga más películas.

**5**  **Hablar** En parejas, miren la ilustración. Imaginen que Gerardo es su hermano y necesita ayuda para arreglar su casa y resolver sus problemas románticos y económicos. Usen expresiones impersonales y verbos como **aconsejar, sugerir** y **recomendar**.

> ### modelo
> Es mejor que arregles el apartamento más a menudo.
> Te aconsejo que no dejes para mañana lo que puedes hacer hoy.

# Síntesis

**6**  **La doctora Salvamórez** Hernán tiene problemas con su novia y le escribe a la doctora Salvamórez, columnista del periódico *Panamá y su gente*. Ella responde a las cartas de personas con problemas románticos. En parejas, lean el mensaje de Hernán y después usen el subjuntivo para escribir los consejos de la doctora.

> Estimada doctora Salvamórez:
>
> Mi novia nunca quiere que yo salga de casa. No le molesta que vengan mis amigos a visitarme. Pero insiste en que nosotros sólo miremos los programas de televisión que ella quiere. Necesita saber dónde estoy en cada momento, y yo necesito que ella me dé un poco de independencia. ¿Qué hago?
>
> Hernán

SUBJECT Y Javier       CONJUGATED FORM empiezo       Main clause

# Recapitulación

Dudan

**Concepts Diagnostics**

Completa estas actividades para repasar los conceptos de gramática que aprendiste en esta lección.

## 1 Completar
Completa el cuadro con la forma correspondiente del presente de subjuntivo.  **12 pts.**

| yo/él/ella | tú | nosotros/as | Uds./ellos/ellas |
|---|---|---|---|
| limpie | | | |
| | vengas | | |
| | | queramos | |
| | | | ofrezcan |

## 2 El apartamento ideal
Completa este folleto (*brochure*) informativo con la forma correcta del presente de subjuntivo.  **8 pts.**

> ## ¿Eres joven y buscas tu primera vivienda? Te ofrezco estos consejos:
>
> - Te sugiero que primero (tú) (1) _____ (escribir) una lista de las cosas que quieres en un apartamento.
>
> - Quiero que después (2) _____ (pensar) muy bien cuáles son tus prioridades. Es necesario que cada persona (3) _____ (tener) sus prioridades claras, porque el hogar (*home*) perfecto no existe.
>
> - Antes de decidir en qué área quieren vivir, les aconsejo a ti y a tu futuro/a compañero/a de apartamento que (4) _____ (salir) a ver la ciudad y que (5) _____ (conocer) los distintos barrios y las afueras.
>
> - Pidan que el agente les (6) _____ (mostrar) todas las partes de cada casa.
>
> - Finalmente, como consumidores, es importante que nosotros (7) _____ (saber) bien nuestros derechos (*rights*); por eso, deben insistir en que todos los puntos del contrato (8) _____ (estar) muy claros antes de firmarlo (*signing it*).
>
> ### ¡Buena suerte!

## RESUMEN GRAMATICAL

### 12.1 Relative pronouns  *pp. 414–415*

| Relative pronouns | |
|---|---|
| que | *that; which; who* |
| quien(es) | *who; whom; that* |
| lo que | *that which; what* |

### 12.2 Formal commands  *pp. 418–419*

| Formal commands (Ud. and Uds.) | | |
|---|---|---|
| Infinitive | Present tense yo form | Ud(s). command |
| limpiar | limpio | limpie(n) |
| barrer | barro | barra(n) |
| sacudir | sacudo | sacuda(n) |

▶ Verbs with stem changes or irregular **yo** forms maintain the same irregularity in the formal commands:

hacer: yo **hago** → **Hagan** la cama.

| Irregular formal commands | |
|---|---|
| dar | dé (Ud.); den (Uds.) |
| estar | esté(n) |
| ir | vaya(n) |
| saber | sepa(n) |
| ser | sea(n) |

### 12.3 The present subjunctive  *pp. 422–424*

| Present subjunctive of regular verbs | | |
|---|---|---|
| hablar | comer | escribir |
| hable | coma | escriba |
| hables | comas | escribas |
| hable | coma | escriba |
| hablemos | comamos | escribamos |
| habléis | comáis | escribáis |
| hablen | coman | escriban |

**3** **Relativos** Completa las oraciones con **lo que**, **que** o **quien**. (8 pts.)

1. Me encanta la alfombra _____ está en el comedor.
2. Mi amiga Tere, con _____ trabajo, me regaló ese cuadro.
3. Todas las cosas _____ tenemos vienen de la casa de mis abuelos.
4. Hija, no compres más cosas. _____ debes hacer ahora es organizarlo todo.
5. La agencia de decoración de _____ le hablé se llama Casabella.
6. Esas flores las dejaron en la puerta mis nuevos vecinos, a _____ aún (*yet*) no conozco.
7. Leonor no compró nada, porque _____ le gustaba era muy caro.
8. Mi amigo Aldo, a _____ visité ayer, es un cocinero excelente.

| Irregular verbs in the present subjunctive | | |
|---|---|---|
| dar | | dé, des, dé, demos, deis, den |
| estar | est- + | -é, -és, -é, -emos, -éis, -én |
| ir | vay- + | |
| saber | sep- + | -a, -as, -a, -amos, -áis, -an |
| ser | se- + | |

**12.4** **Subjunctive with verbs of will and influence**
*pp. 426–427*

► Verbs of will and influence: **aconsejar, desear, importar, insistir (en), mandar, necesitar, pedir** (e:i), **preferir** (e:ie), **prohibir, querer** (e:ie), **recomendar** (e:ie), **rogar** (o:ue), **sugerir** (e:ie)

**4** **Preparando la casa** Martín y Ángela van a hacer un curso de verano en Costa Rica y una vecina va a cuidarles (*take care of*) la casa mientras ellos no están. Completa las instrucciones de la vecina con mandatos formales. Usa cada verbo una sola vez y agrega pronombres de objeto directo o indirecto si es necesario. (10 pts.)

| | | | | |
|---|---|---|---|---|
| arreglar | dejar | hacer | pedir | sacudir |
| barrer | ensuciar | limpiar | poner | tener |

Primero, (1) _____ ustedes las maletas. Las cosas que no se llevan a Costa Rica, (2) _____ en el altillo. Ángela, (3) _____ las habitaciones y Martín, (4) _____ usted la cocina y el baño. Después, los dos (5) _____ el suelo y (6) _____ los muebles de toda la casa. Ángela, no (7) _____ sus joyas (*jewelry*) en el apartamento. (8) _____ cuidado ¡y no (9) _____ nada antes de irse! Por último, (10) _____ a alguien que recoja (*pick up*) su correo.

**5** **Los quehaceres** A tu compañero/a de cuarto no le gusta ayudar con los quehaceres. Escribe al menos seis oraciones dándole consejos para hacer más divertidos los quehaceres. (12 pts.)

*modelo*
Te sugiero que pongas música mientras lavas los platos…

**6** **El circo** Completa esta famosa frase que tiene su origen en el circo (*circus*). (¡2 puntos EXTRA!)

" ¡_____ (Pasar) ustedes y _____ (ver)! El espectáculo va a comenzar. "

Practice more at **vistas.vhlcentral.com.**

# Lectura
## Antes de leer

### Estrategia
**Locating the main parts of a sentence**

Did you know that a text written in Spanish is an average of 15% longer than the same text written in English? Since the Spanish language tends to use more words to express ideas, you will often encounter long sentences when reading in Spanish. Of course, the length of sentences varies with genre and with authors' individual styles. To help you understand long sentences, identify the main parts of the sentence before trying to read it in its entirety. First locate the main verb of the sentence, along with its subject, ignoring any words or phrases set off by commas. Then reread the sentence, adding details like direct and indirect objects, transitional words, and prepositional phrases.

### Examinar el texto
Mira el formato de la lectura. ¿Qué tipo de documento es? ¿Qué cognados encuentras en la lectura? ¿Qué te dicen sobre el tema de la selección?

### ¿Probable o improbable?
Mira brevemente el texto e indica si estas oraciones son probables o improbables.

1. Este folleto° es de interés turístico.
2. Describe un edificio moderno cubano.
3. Incluye algunas explicaciones de arquitectura.
4. Espera atraer° a visitantes al lugar.

### Oraciones largas
Mira el texto y busca algunas oraciones largas. Con un(a) compañero/a, identifiquen las partes principales de la oración y después examinen las descripciones adicionales. ¿Qué significan las oraciones?

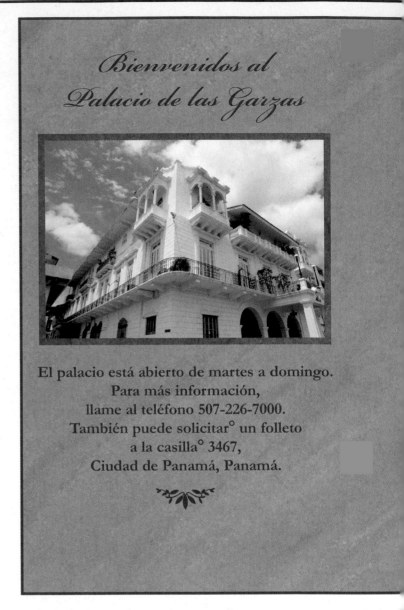

*Bienvenidos al Palacio de las Garzas*

El palacio está abierto de martes a domingo.
Para más información,
llame al teléfono 507-226-7000.
También puede solicitar° un folleto
a la casilla° 3467,
Ciudad de Panamá, Panamá.

## Después de leer
### Ordenar
Pon estos eventos en el orden cronológico adecuado.

_____ El palacio se convirtió en residencia presidencial.
_____ Durante diferentes épocas°, maestros, médicos y banqueros ejercieron su profesión en el palacio.
_____ El Dr. Belisario Porras ocupó el palacio por primera vez.
_____ Los españoles construyeron el palacio.
_____ Se renovó el palacio.
_____ Los turistas pueden visitar el palacio de martes a domingo.

Practice more at **vistas.vhlcentral.com.**

folleto *brochure* atraer *to attract* épocas *time periods*

El Palacio de las Garzas° es la residencia oficial del Presidente de Panamá desde 1903. Fue construido en 1673 para ser la casa de un gobernador español. Con el paso de los años fue almacén, escuela, hospital, aduana, banco y por último, palacio presidencial.

En la actualidad el edificio tiene tres pisos, pero los planos originales muestran una construcción de un piso con un gran patio en el centro. La restauración del palacio comenzó en el año 1922 y los trabajos fueron realizados por el arquitecto Villanueva-Myers y el pintor Roberto Lewis. El palacio, un monumento al estilo colonial, todavía conserva su elegancia y buen gusto, y es una de las principales atracciones turísticas del barrio Casco Viejo°.

## Planta baja

### EL PATIO DE LAS GARZAS

Una antigua puerta de hierro° recibe a los visitantes. El patio interior todavía conserva los elementos originales de la construcción: piso de mármol°, columnas cubiertas° de nácar° y una magnífica fuente° de agua en el centro. Aquí están las nueve garzas que le dan el nombre al palacio y que representan las nueve provincias de Panamá.

## Primer piso

### EL SALÓN AMARILLO

Aquí el turista puede visitar una galería de cuarenta y un retratos° de gobernadores y personajes ilustres de Panamá. La principal atracción de este salón es el sillón presidencial, que se usa especialmente cuando hay cambio de presidente. Otros atractivos de esta área son el comedor Los Tamarindos, que se destaca° por la elegancia de sus muebles y sus lámparas de cristal, y el Patio Andaluz, con sus coloridos mosaicos que representan la unión de la cultura indígena y la española.

### EL SALÓN DR. BELISARIO PORRAS

Este elegante y majestuoso salón es uno de los lugares más importantes del Palacio de las Garzas. Lleva su nombre en honor al Dr. Belisario Porras, quien fue tres veces presidente de Panamá (1912–1916, 1918–1920 y 1920–1924).

## Segundo piso

Es el área residencial del palacio y el visitante no tiene acceso a ella. Los armarios, las cómodas y los espejos de la alcoba fueron comprados en Italia y Francia por el presidente Porras, mientras que las alfombras, cortinas y frazadas° son originarias de España.

solicitar *request*  casilla *post office box*  **Garzas** *Herons*  **Casco Viejo** *Old Quarter*
**hierro** *iron*  **mármol** *marble*  **cubiertas** *covered*  **nácar** *mother-of-pearl*
**fuente** *fountain*  **retratos** *portraits*  **se destaca** *stands out*  **frazadas** *blankets*

## Preguntas

Contesta las preguntas.

1. ¿Qué sala es notable por sus muebles elegantes y sus lámparas de cristal?
2. ¿En qué parte del palacio se encuentra la residencia del presidente?
3. ¿Dónde empiezan los turistas su visita al palacio?
4. ¿En qué lugar se representa artísticamente la rica herencia cultural de Panamá?
5. ¿Qué salón honra la memoria de un gran panameño?
6. ¿Qué partes del palacio te gustaría (*would you like*) visitar? ¿Por qué? Explica tu respuesta.

## Conversación

En grupos de tres o cuatro estudiantes, hablen sobre lo siguiente:

1. ¿Qué tiene en común el Palacio de las Garzas con otras residencias presidenciales u otras casas muy grandes?
2. ¿Te gustaría vivir en el Palacio de las Garzas? ¿Por qué?
3. Imagina que puedes diseñar tu palacio ideal. Describe los planos para cada piso del palacio.

# Escritura

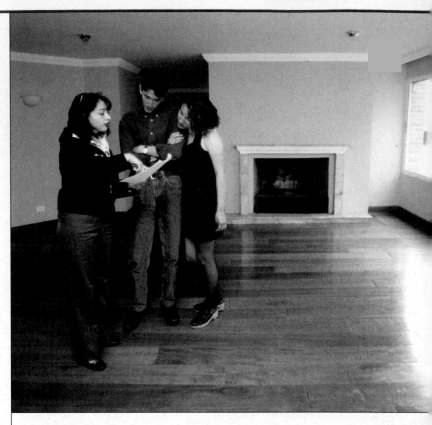

## Estrategia
### Using linking words

You can make your writing sound more sophisticated by using linking words to connect simple sentences or ideas and create more complex sentences. Consider these passages, which illustrate this effect:

**Without linking words**

En la actualidad el edificio tiene tres pisos. Los planos originales muestran una construcción de un piso con un gran patio en el centro. La restauración del palacio comenzó en el año 1922. Los trabajos fueron realizados por el arquitecto Villanueva-Myers y el pintor Roberto Lewis.

**With linking words**

En la actualidad el edificio tiene tres pisos, pero los planos originales muestran una construcción de un piso con un gran patio en el centro. La restauración del palacio comenzó en el año 1922 y los trabajos fueron realizados por el arquitecto Villanueva-Myers y el pintor Roberto Lewis.

**Linking words**

| | |
|---|---|
| **cuando** | *when* |
| **mientras** | *while* |
| **o** | *or* |
| **pero** | *but* |
| **porque** | *because* |
| **pues** | *since* |
| **que** | *that; who; which* |
| **quien(es)** | *who* |
| **sino** | *but (rather)* |
| **y** | *and* |

## Tema

### Escribir un contrato de arrendamiento°

Eres el/la administrador(a)° de un edificio de apartamentos. Prepara un contrato de arrendamiento para los nuevos inquilinos°. El contrato debe incluir estos detalles:

▶ la dirección° del apartamento y del/de la administrador(a)

▶ las fechas del contrato

▶ el precio del alquiler y el día que se debe pagar

▶ el precio del depósito

▶ información y reglas° acerca de:
     la basura
     el correo
     los animales domésticos
     el ruido°
     los servicios de electricidad y agua
     el uso de electrodomésticos

▶ otros aspectos importantes de la vida comunitaria

contrato de arrendamiento *lease*    administrador(a) *manager*    inquilinos *tenants*
dirección *address*    reglas *rules*    ruido *noise*

# Escuchar  Audio: Activities

## Estrategia
### Using visual cues

Visual cues like illustrations and headings provide useful clues about what you will hear.

To practice this strategy, you will listen to a passage related to the following photo. Jot down the clues the photo gives you as you listen.

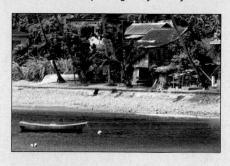

## Preparación

Mira el dibujo. ¿Qué pistas te da para comprender la conversación que vas a escuchar? ¿Qué significa *bienes raíces*?

## Ahora escucha

Mira los anuncios de esta página y escucha la conversación entre el señor Núñez, Adriana y Felipe. Luego indica si cada descripción se refiere a la casa ideal de Adriana y Felipe, a la casa del anuncio o al apartamento del anuncio.

| Frases | La casa ideal | La casa del anuncio | El apartamento del anuncio |
|---|---|---|---|
| Es barato. | ___ | ___ | ___ |
| Tiene cuatro alcobas. | ___ | ___ | ___ |
| Tiene una oficina. | ___ | ___ | ___ |
| Tiene un balcón. | ___ | ___ | ___ |
| Tiene una cocina moderna. | ___ | ___ | ___ |
| Tiene un jardín muy grande. | ___ | ___ | ___ |
| Tiene un patio. | ___ | ___ | ___ |

### 18G

# Bienes raíces

Se vende.
4 alcobas, 3 baños, cocina moderna, jardín con árboles frutales.
B/. 225.000

Se alquila.
2 alcobas, 1 baño.
Balcón.
Urbanización Las Brisas. B/. 525

## Comprensión

### Preguntas

1. ¿Cuál es la relación entre el señor Núñez, Adriana y Felipe? ¿Cómo lo sabes?

2. ¿Qué diferencia de opinión hay entre Adriana y Felipe sobre dónde quieren vivir?

3. Usa la información de los dibujos y la conversación para entender lo que dice Adriana al final. ¿Qué significa "todo a su debido tiempo"?

### Conversación

En parejas, túrnense para hacer y responder a las preguntas.

1. ¿Qué tienen en común el apartamento y la casa del anuncio con el lugar donde tú vives?
2. ¿Qué piensas de la recomendación del señor Núñez?
3. ¿Qué tipo de sugerencias te da tu familia sobre dónde vivir?
4. ¿Dónde prefieres vivir tú, en un apartamento o en una casa? Explica por qué.

 Practice more at **vistas.vhlcentral.com.**

# En pantalla

En los países hispanos el costo del servicio de electricidad y de los electrodomésticos es muy caro. Es por eso que no es muy común tener muchos electrodomésticos. Por ejemplo, en los lugares donde hace mucho calor, mucha gente no tiene aire acondicionado°; utiliza los ventiladores°, que usan menos electricidad. Muchas personas lavan la ropa a mano o barren el piso en vez de usar una lavadora o una aspiradora.

## Vocabulario útil

| | |
|---|---|
| mascota | *pet* |
| un poco asustado | *a bit scared* |
| suavizante | *(fabric) softener* |
| suavizar | *to soften* |

## Preparación

¿Lavas tu ropa, cocinas, barres? ¿Te piden que hagas algunos quehaceres domésticos en casa?

## Preguntas

Contesta estas preguntas.

1. ¿Qué le encanta al osito (*little bear*)*Softy*?

2. ¿Por qué se lastimó cuando se cayó sobre las toallas?

3. Según el anuncio, ¿qué es lo que un suavizante barato no puede hacer?

4. ¿Cómo se siente *Softy* cuando llega el médico: tranquilo o asustado?

5. ¿Qué le recomienda el médico a la mujer?

## Consejos

Cuando la mujer visita a *Softy* en el hospital, el médico le da consejos y órdenes sobre cómo tratar a su mascota. En parejas, preparen una lista de los consejos y órdenes que el médico le da. Usen el subjuntivo y el imperativo.

aire acondicionado *air conditioning* ventiladores *fans*

## Anuncio de Comfort

¡Hola! Soy *Softy* y me encanta la ropa suave.

¡Ay, mi brazo!

Si usted quiere a su mascota, tiene que usar siempre Comfort.

Video: TV Clip

Practice more at **vistas.vhlcentral.com**.

En el sur de la Ciudad de México hay una construcción que fusiona° el funcionalismo con elementos de la cultura mexicana. Es la casa y estudio° en que el muralista Diego Rivera y su esposa, Frida Kahlo, vivieron hasta 1934. El creador fue el destacado° arquitecto y pintor mexicano Juan O'Gorman, amigo de la pareja. Como Frida y Diego necesitaban cada uno un lugar tranquilo para trabajar, O'Gorman hizo dos casas, cada una con un taller°, conectadas por un puente° en la parte superior°. En 1981, años después de la muerte de los artistas, se creó ahí el Museo Casa Estudio Diego Rivera y Frida Kahlo. Este museo busca conservar, investigar y difundir° la obra° de estos dos mexicanos, como lo hace el Museo Casa de Frida Kahlo, que vas a ver a continuación.

## La casa de Frida

**El hogar en que nació la pintora Frida Kahlo en 1907 se caracteriza por su arquitectura típicamente mexicana...**

### Vocabulario útil

| | |
|---|---|
| jardinero | gardener |
| muros | walls |
| la silla de ruedas | wheelchair |
| las valiosas obras | valuable works |

**Esta casa tiene varios detalles que revelan el amor de esta mexicana por la cultura de su país, por ejemplo, la cocina.**

### Preparación

Imagina que eres un(a) artista, ¿cómo sería (*would be*) tu casa? ¿Sería muy diferente de la casa en donde vives ahora?

### ¿Cierto o falso?

Indica si lo que dicen estas oraciones es **cierto** o **falso**.

1. La casa de Frida Kahlo está en el centro de México, D.F.

2. La casa de Frida se transformó en un museo en los años 50.

3. Frida Kahlo vivió sola en su casa.

4. Entre las obras que se exhiben está el cuadro (*painting*) *Las dos Fridas.*

5. El jardinero actual (*current*) jamás conoció ni a Frida ni a Diego.

6. En el museo se exhiben la silla de ruedas y los aparatos ortopédicos de Frida.

**Uno de los espacios más atractivos de esta casa es este estudio que Diego instaló...**

fusiona *fuse* estudio *studio* destacado *prominent* taller *art studio* puente *bridge* parte superior *top* difundir *to spread* obra *work*

 **Video:** *Flash cultura*

**recursos**

VM
pp. 313–314

vistas.vhlcentral.com
Lección 12

# Panamá

## El país en cifras

▶ **Área:** 78.200 km² (30.193 millas²), *aproximadamente el área de Carolina del Sur*

▶ **Población:** 3.773.000

▶ **Capital:** La Ciudad de Panamá —1.527.000

▶ **Ciudades principales:** Colón, David

SOURCE: Population Division, UN Secretariat

▶ **Moneda:** balboa; es equivalente al dólar estadounidense.

*En Panamá circulan los billetes de dólar estadounidense. El país centroamericano, sin embargo, acuña° su propia moneda. "El peso" es una moneda grande equivalente a cincuenta centavos°. La moneda de cinco centavos es llamada frecuentemente "real".*

▶ **Idiomas:** español (oficial), lenguas indígenas, inglés
*Muchos panameños son bilingües. La lengua materna del 14% de los panameños es el inglés.*

Bandera de Panamá

### Panameños célebres
▶ **Mariano Rivera,** beisbolista (1969– )
▶ **Mireya Moscoso,** política (1946– )
▶ **Rubén Blades,** músico y político (1948– )

acuña *mints* centavos *cents*
peaje *toll* promedio *average*

recursos
WB pp. 145–146 | VM pp. 271–272 | vistas.vhlcentral.com Lección 12

Un turista disfruta del bosque tropical colgado de un cable.

Mujer kuna lavando una mola

Ruinas de un fuerte panameño

## ¡Increíble pero cierto!

¿Conocías estos datos sobre el Canal de Panamá?
• Gracias al Canal de Panamá, el viaje en barco de Nueva York a Tokio es 3.000 millas más corto.
• Su construcción costó 639 millones de dólares.
• Hoy lo usan en promedio 39 barcos al día.
• El peaje° promedio° cuesta 54.000 dólares.

## Lugares • El Canal de Panamá

El Canal de Panamá conecta el océano Pacífico con el océano Atlántico. La construcción de este cauce° artificial empezó en 1903 y concluyó diez años después. Es una de las principales fuentes° de ingresos° del país, gracias al dinero que aportan los más de 14.000 buques° que transitan anualmente por esta ruta y a las actividades comerciales que se han desarrollado° en torno a° ella.

## Artes • La mola

La mola es una forma de arte textil de los kunas, una tribu indígena que vive principalmente en las islas San Blas. Esta pieza artesanal se confecciona con fragmentos de tela° de colores vivos. Algunos de sus diseños son abstractos, inspirados en las formas del coral, y otros son geométricos, como en las molas más tradicionales. Antiguamente, estos tejidos se usaban sólo como ropa, pero hoy día también sirven para decorar las casas.

## Naturaleza • El mar

Panamá, cuyo° nombre significa "lugar de muchos peces°", es un país muy frecuentado por los aficionados del buceo y la pesca. El territorio panameño cuenta con una gran variedad de playas en los dos lados del Istmo°, con el mar Caribe a un lado y el océano Pacífico al otro. Algunas zonas costeras están destinadas al turismo. Otras están protegidas por la diversidad de su fauna marina, en la que abundan los arrecifes° de coral, como el Parque Nacional Marino Isla Bastimentos.

**COLOMBIA**

**¿Qué aprendiste?** Responde a cada pregunta con una oración completa.

1. ¿Cuál es la lengua materna del catorce por ciento de los panameños?

2. ¿A qué unidad monetaria (*monetary unit*) es equivalente el balboa?

3. ¿Qué océanos une el Canal de Panamá?

4. ¿Quién es Mariano Rivera?

5. ¿Qué son las molas?

6. ¿Cómo son los diseños de las molas?

7. ¿Para qué se usan las molas?

8. ¿Cómo son las playas de Panamá?

9. ¿Qué significa "Panamá"?

Vista de la Ciudad de Panamá

 **Conexión Internet** Investiga estos temas en **vistas.vhlcentral.com.**

1. Investiga la historia de las relaciones entre Panamá y los Estados Unidos y la decisión de devolver (*give back*) el Canal de Panamá. ¿Estás de acuerdo con la decisión? Explica tu opinión.

2. Investiga sobre los kunas u otro grupo indígena de Panamá. ¿En qué partes del país viven? ¿Qué lenguas hablan? ¿Cómo es su cultura?

 Practice more at **vistas.vhlcentral.com.**

**cauce** *channel* **fuentes** *sources* **ingresos** *income* **buques** *ships* **han desarrollado** *have developed* **en torno a** *around* **tela** *fabric* **cuyo** *whose* **peces** *fish* **istmo** *isthmus* **arrecifes** *reefs*

## Las viviendas

| | |
|---|---|
| las afueras | suburbs; outskirts |
| el alquiler | rent (payment) |
| el ama (m., f.) de casa | housekeeper; caretaker |
| el barrio | neighborhood |
| el edificio de apartamentos | apartment building |
| el/la vecino/a | neighbor |
| la vivienda | housing |
| alquilar | to rent |
| mudarse | to move (from one house to another) |

## Los cuartos y otros lugares

| | |
|---|---|
| el altillo | attic |
| el balcón | balcony |
| la cocina | kitchen |
| el comedor | dining room |
| el dormitorio | bedroom |
| la entrada | entrance |
| la escalera | stairs; stairway |
| el garaje | garage |
| el jardín | garden; yard |
| la oficina | office |
| el pasillo | hallway |
| el patio | patio; yard |
| la sala | living room |
| el sótano | basement; cellar |

## Los muebles y otras cosas

| | |
|---|---|
| la alfombra | carpet; rug |
| la almohada | pillow |
| el armario | closet |
| el cartel | poster |
| la cómoda | chest of drawers |
| las cortinas | curtains |
| el cuadro | picture |
| el estante | bookcase; bookshelves |
| la lámpara | lamp |
| la luz | light; electricity |
| la manta | blanket |
| la mesita | end table |
| la mesita de noche | night stand |
| los muebles | furniture |
| la pared | wall |
| la pintura | painting; picture |
| el sillón | armchair |
| el sofá | couch; sofa |

## Los electrodomésticos

| | |
|---|---|
| la cafetera | coffee maker |
| la cocina, la estufa | stove |
| el congelador | freezer |
| el electrodoméstico | electric appliance |
| el horno (de microondas) | (microwave) oven |
| la lavadora | washing machine |
| el lavaplatos | dishwasher |
| el refrigerador | refrigerator |
| la secadora | clothes dryer |
| la tostadora | toaster |

## La mesa

| | |
|---|---|
| la copa | wineglass; goblet |
| la cuchara | (table or large) spoon |
| el cuchillo | knife |
| el plato | plate |
| la servilleta | napkin |
| la taza | cup |
| el tenedor | fork |
| el vaso | glass |

## Los quehaceres domésticos

| | |
|---|---|
| arreglar | to neaten; to straighten up |
| barrer el suelo | to sweep the floor |
| cocinar | to cook |
| ensuciar | to get (something) dirty |
| hacer la cama | to make the bed |
| hacer quehaceres domésticos | to do household chores |
| lavar (el suelo, los platos) | to wash (the floor, the dishes) |
| limpiar la casa | to clean the house |
| pasar la aspiradora | to vacuum |
| planchar la ropa | to iron the clothes |
| poner la mesa | to set the table |
| quitar la mesa | to clear the table |
| quitar el polvo | to dust |
| sacar la basura | to take out the trash |
| sacudir los muebles | to dust the furniture |

## Verbos y expresiones verbales

| | |
|---|---|
| aconsejar | to advise |
| insistir (en) | to insist (on) |
| mandar | to order |
| recomendar (e:ie) | to recommend |
| rogar (o:ue) | to beg; to plead |
| sugerir (e:ie) | to suggest |
| Es bueno que… | It's good that… |
| Es importante que… | It's important that… |
| Es malo que… | It's bad that… |
| Es mejor que… | It's better that… |
| Es necesario que… | It's necessary that… |
| Es urgente que… | It's urgent that… |

| | |
|---|---|
| Relative pronouns | See page 414. |
| Expresiones útiles | See page 409. |

Audio: Vocabulary

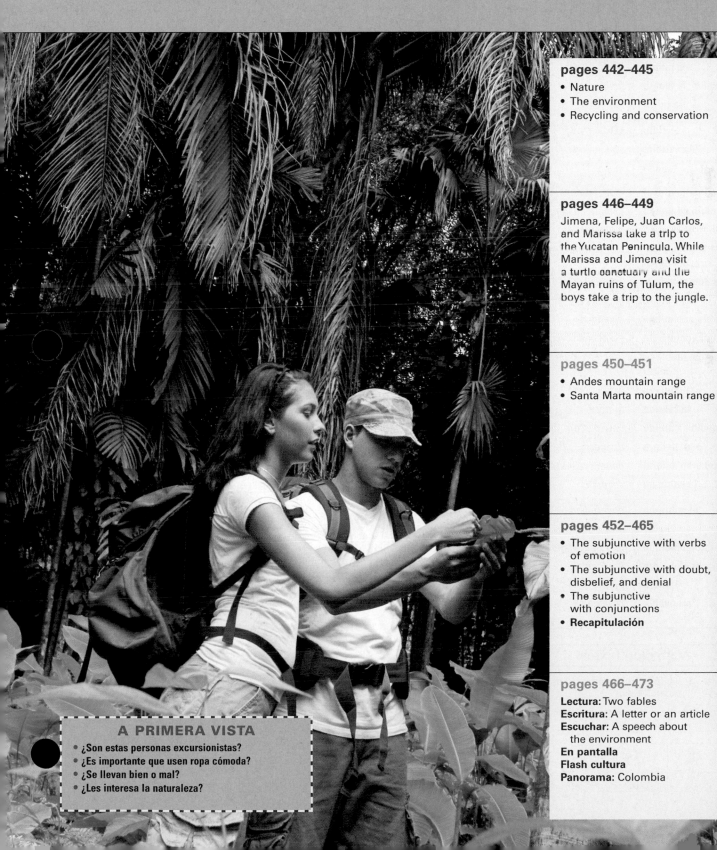

# La naturaleza

## 13

**A PRIMERA VISTA**
- ¿Son estas personas excursionistas?
- ¿Es importante que usen ropa cómoda?
- ¿Se llevan bien o mal?
- ¿Les interesa la naturaleza?

# La naturaleza

## Más vocabulario

| | |
|---|---|
| el bosque (tropical) | (tropical; rain) forest |
| el desierto | desert |
| la naturaleza | nature |
| la planta | plant |
| la selva, la jungla | jungle |
| la tierra | land; soil |
| el cielo | sky |
| la estrella | star |
| la luna | moon |
| el calentamiento global | global warming |
| el cambio climático | climate change |
| la conservación | conservation |
| la contaminación (del aire; del agua) | (air; water) pollution |
| la deforestación | deforestation |
| la ecología | ecology |
| el/la ecologista | ecologist |
| el ecoturismo | ecotourism |
| la energía (nuclear; solar) | (nuclear; solar) energy |
| la extinción | extinction |
| la fábrica | factory |
| el medio ambiente | environment |
| el peligro | danger |
| el recurso natural | natural resource |
| la solución | solution |
| el gobierno | government |
| la ley | law |
| la (sobre)población | (over)population |
| ecológico/a | ecological |
| puro/a | pure |
| renovable | renewable |

## Variación léxica

hierba ←→ pasto (*Perú*); grama (*Venez., Col.*); zacate (*Méx.*)

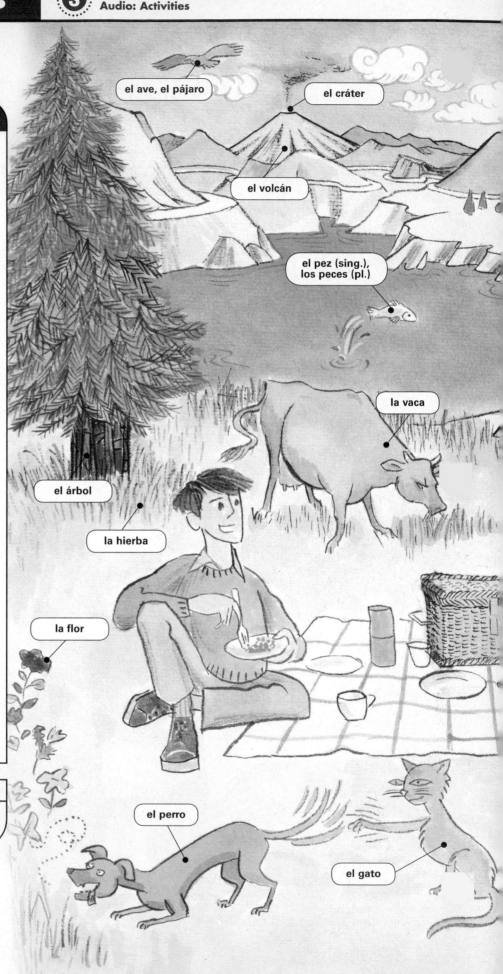

el ave, el pájaro · el cráter · el volcán · el pez (sing.), los peces (pl.) · la vaca · el árbol · la hierba · la flor · el perro · el gato

# Práctica

la nube

el sol

el valle

el sendero

el lago

la piedra

el río

### Más vocabulario

| el animal | animal |
|---|---|
| la ballena | whale |
| el mono | monkey |
| la tortuga (marina) | (sea) turtle |

**1**

**Escuchar** Mientras escuchas estas oraciones, anota los sustantivos (*nouns*) que se refieren a las plantas, los animales, la tierra y el cielo.

| Plantas | Animales | Tierra | Cielo |
|---|---|---|---|
| _____ | _____ | _____ | _____ |
| _____ | _____ | _____ | _____ |
| _____ | _____ | _____ | _____ |

**2**

**¿Cierto o falso?** Escucha las oraciones e indica si lo que dice cada una es **cierto** o **falso**, según el dibujo.

1. _____    4. _____
2. _____    5. _____
3. _____    6. _____

**3**

**Seleccionar** Selecciona la palabra que no está relacionada.

1. estrella • gobierno • luna • sol
2. lago • río • mar • peligro
3. vaca • ballena • pájaro • población
4. cielo • cráter • aire • nube
5. desierto • solución • selva • bosque
6. flor • hierba • renovable • árbol

**4**

**Definir** Trabaja con un(a) compañero/a para definir o describir cada palabra. Sigue el modelo.

> **modelo**
>
> **Estudiante 1:** *¿Qué es el cielo?*
> **Estudiante 2:** *El cielo está sobre la tierra y tiene nubes.*

1. la población
2. un mono
3. el calentamiento global
4. la naturaleza
5. un desierto
6. la extinción
7. la ecología
8. un sendero

**5**

**Describir** Trabajen en parejas para describir estas fotos.

Recicla la lata
de aluminio.
(reciclar)

el envase
de plástico

Recoge la
botella de vidrio.
(recoger)

**El reciclaje**

### Más vocabulario

| | |
|---|---|
| **cazar** | *to hunt* |
| **conservar** | *to conserve* |
| **contaminar** | *to pollute* |
| **controlar** | *to control* |
| **cuidar** | *to take care of* |
| **dejar de (+ *inf.*)** | *to stop (doing something)* |
| **desarrollar** | *to develop* |
| **descubrir** | *to discover* |
| **destruir** | *to destroy* |
| **estar afectado/a (por)** | *to be affected (by)* |
| **estar contaminado/a** | *to be polluted* |
| **evitar** | *to avoid* |
| **mejorar** | *to improve* |
| **proteger** | *to protect* |
| **reducir** | *to reduce* |
| **resolver (o:ue)** | *to resolve; to solve* |
| **respirar** | *to breathe* |

**6**

**Completar** Selecciona la palabra o la expresión adecuada para completar
cada oración.

| | | |
|---|---|---|
| contaminar | destruyen | reciclamos |
| controlan | están afectadas | recoger |
| cuidan | mejoramos | resolver |
| descubrir | proteger | se desarrollaron |

1. Si vemos basura en las calles, la debemos _____.
2. Los científicos trabajan para _____ nuevas soluciones.
3. Es necesario que todos trabajemos juntos para _____ los problemas del medio ambiente.
4. Debemos _____ el medio ambiente porque hoy día está en peligro.
5. Muchas leyes nuevas _____ el nivel de emisiones que producen las fábricas.
6. Las primeras civilizaciones _____ cerca de los ríos y los mares.
7. Todas las personas _____ por la contaminación.
8. Los turistas deben tener cuidado de no _____ los lugares que visitan.
9. Podemos conservar los recursos si _____ el aluminio, el vidrio y el plástico.
10. La contaminación y la deforestación _____ el medio ambiente.

Practice more at **vistas.vhlcentral.com**.

# Comunicación

**7**   **¿Es importante?**   En parejas, lean este párrafo y contesten las preguntas.

### Los problemas del medio ambiente

importantísimo
muy importante
importante
poco importante
no es importante

la deforestación    los animales en peligro de extinción    la contaminación del aire    la contaminación del agua    la basura en las ciudades

**Para celebrar El día de la Tierra**, una estación de radio colombiana hizo una pequeña encuesta entre estudiantes universitarios, donde les preguntaron sobre los problemas del medio ambiente. Se les preguntó cuáles creían que eran los cinco problemas más importantes del medio ambiente. Ellos también tenían que decidir el orden de importancia de estos problemas, del uno al cinco.

Los resultados probaron (*proved*) que la mayoría de los estudiantes están preocupados por la contaminación del aire. Muchos mencionaron que no hay aire puro en las ciudades. El problema número dos para los estudiantes es que los ríos y los lagos están afectados por la contaminación. La deforestación quedó como el problema número tres, la basura en las ciudades como el número cuatro y los animales en peligro de extinción como el cinco.

1. ¿Según la encuesta, qué problema consideran más grave? ¿Qué problema consideran menos grave?

2. ¿Cómo creen ustedes que se puede evitar o resolver el problema más importante?

3. ¿Es necesario resolver el problema menos importante? ¿Por qué?

4. ¿Consideran ustedes que existen los mismos problemas en su comunidad? Den algunos ejemplos.

**8**   **Situaciones** Trabajen en grupos pequeños para representar estas situaciones.

1. Unos/as representantes de una agencia ambiental (*environmental*) hablan con el/la presidente/a de una fábrica que está contaminando el aire o el río de la zona.

2. Un(a) guía de ecoturismo habla con un grupo sobre cómo disfrutar (*enjoy*) de la naturaleza y conservar el medio ambiente.

3. Un(a) representante de la universidad habla con un grupo de nuevos estudiantes sobre la campaña (*campaign*) ambiental de la universidad y trata de reclutar (*tries to recruit*) miembros para un club que trabaja para la protección del medio ambiente.

**9**   **Escribir una carta** Trabajen en parejas para escribir una carta a una fábrica real o imaginaria que esté contaminando el medio ambiente. Expliquen las consecuencias que sus acciones van a tener para el medio ambiente. Sugiéranle algunas ideas para que solucione el problema. Utilicen por lo menos diez palabras de **Contextos**.

# Aventuras en la naturaleza

Las chicas visitan un santuario de tortugas, mientras los chicos pasean por la selva.

MARISSA

JIMENA

Video: *Fotonovela*
Record and Compare

**MARISSA** Querida tía Ana María, lo estoy pasando muy bien. Es maravilloso que México tenga tantos programas estupendos para proteger a las tortugas. Hoy estamos en Tulum, y ¡el paisaje es espectacular! Con cariño, Marissa.

**MARISSA** Estoy tan feliz de que estés aquí conmigo.

**JIMENA** Es mucho más divertido cuando se viaja con amigos.

(*Llegan Felipe y Juan Carlos*)

**JIMENA** ¿Qué pasó?

**JUAN CARLOS** No lo van a creer.

**FELIPE** Juan Carlos encontró al grupo. ¡Yo esperaba encontrarlos también! ¡Pero nunca vinieron por mí! Yo estaba asustado. Regresé al lugar de donde salimos y esperé. Me perdí todo el recorrido.

**GUÍA** A menos que protejamos a los animales de la contaminación y la deforestación, muchos van a estar en peligro de extinción. Por favor, síganme y eviten pisar las plantas.

**FELIPE** Nos retrasamos sólo cinco minutos... Qué extraño. Estaban aquí hace unos minutos.

**JUAN CARLOS** ¿Adónde se fueron?

**FELIPE** No creo que puedan ir muy lejos.

(*Se separan para buscar al grupo.*)

**FELIPE** Decidí seguir un río y...

**MARISSA** No es posible que un guía continúe el recorrido cuando hay dos personas perdidas.

**JIMENA** Vamos a ver, chicos, ¿qué pasó? Dígannos la verdad.

**JUAN CARLOS**

**FELIPE**

**GUÍA**

**7**

**JUAN CARLOS** Felipe se cayó. Él no quería contarles.

**JIMENA** ¡Lo sabía!

**8**

**FELIPE** Y ustedes, ¿qué hicieron hoy?

**JIMENA** Marissa y yo fuimos al santuario de las tortugas.

**9**

**MARISSA** Aprendimos sobre las normas que existen para proteger a las tortugas marinas.

**JIMENA** Pero no cabe duda de que necesitamos aprobar más leyes para protegerlas.

**MARISSA** Fue muy divertido verlas tan cerca.

**10**

**JUAN CARLOS** Entonces se divirtieron. ¡Qué bien!

**JIMENA** Gracias, y tú, pobrecito, pasaste todo el día con mi hermano. Siempre te mete en problemas.

## Expresiones útiles

### Talking about the environment

**Aprendimos sobre las normas que existen para proteger a las tortugas marinas.**
*We learned about the regulations that exist to protect sea turtles.*

**Afortunadamente, ahora la población está aumentando.**
*Fortunately, the population is now growing.*

**No cabe duda de que necesitamos aprobar más leyes para protegerlas.**
*There is no doubt that we need to pass more laws to protect them.*

**Es maravilloso que México tenga tantos programas estupendos para proteger a las tortugas.**
*It's marvelous that Mexico has so many wonderful programs to protect the turtles.*

**A menos que protejamos a los animales de la contaminación y la deforestación, muchos van a estar en peligro de extinción.**
*Unless we protect animals from pollution and habitat loss, many of them will become endangered.*

### Additional vocabulary

**aumentar**
*to grow; to get bigger*
**meterse en problemas**
*to get into trouble*
**perdido/a**
*lost*
**el recorrido**
*tour*
**sobre todo**
*above all*

recursos

VM
pp. 237–238

vistas.vhlcentral.com
Lección 13

# ¿Qué pasó?

**1** **Seleccionar** Selecciona la respuesta más lógica para completar cada oración.

1. México tiene muchos programas para _____ a las tortugas.
   a. destruir      b. reciclar      c. proteger
2. Según la guía, muchos animales van a estar en peligro de _____ si no los protegemos.
   a. reciclaje      b. extinción      c. deforestación
3. La guía les pide a los visitantes que eviten pisar _____.
   a. las plantas      b. las piedras      c. la tierra
4. Felipe no quería contarles a las chicas que se _____.
   a. divirtió      b. alegró      c. cayó
5. Jimena dice que debe haber más _____ para proteger a las tortugas.
   a. playas      b. leyes      c. gobiernos

**2** **Identificar** Identifica quién puede decir estas oraciones. Puedes usar algunos nombres más de una vez.

1. Fue divertido ver a las tortugas y aprender las normas para protegerlas.
2. Tenemos que evitar la contaminación y la deforestación.
3. Estoy feliz de estar aquí, Tulum es maravilloso.
4. Es una lástima que me pierda el recorrido.
5. No es posible que esa historia que nos dices sea verdad.
6. No van a creer lo que le sucedió a Felipe.
7. Tenemos que cuidar las plantas y los animales.
8. Ojalá que mi hermano no se meta en más problemas.

**FELIPE**      **MARISSA**

**JIMENA**

**GUÍA**      **JUAN CARLOS**

**NOTA CULTURAL**

**Tulum** es una importante zona arqueológica que se localiza en la costa del estado de Quintana Roo, México. La ciudad amurallada (*walled*), construida (*built*) por los mayas, es famosa por su ubicación (*location*) dramática en un acantilado (*cliff*) frente al mar.

**3** **Preguntas** Responde a estas preguntas usando la información de **Fotonovela**.

1. ¿Qué lugar visitan Marissa y Jimena?
2. ¿Adónde fueron Juan Carlos y Felipe?
3. Según la guía, ¿por qué muchos animales están en peligro de extinción?
4. ¿Por qué Jimena y Marissa no creen la historia de Felipe?
5. ¿Qué esperaba Felipe cuando se perdió?

**4** **El medio ambiente** En parejas, discutan algunos problemas ambientales y sus posibles soluciones. Usen estas preguntas y frases en su conversación.

- ¿Hay problemas de contaminación donde vives?
- Tenemos un problema muy grave de contaminación de...
- ¿Cómo podemos resolver los problemas de la contaminación?

# Ortografía  Concepts

## Los signos de puntuación

In Spanish, as in English, punctuation marks are important because they help you express your ideas in a clear, organized way.

---

**No podía ver las llaves. Las buscó por los estantes, las mesas, las sillas, el suelo; minutos después, decidió mirar por la ventana. Allí estaban…**

The **punto y coma (;)**, the **tres puntos (…)**, and the **punto (.)** are used in very similar ways in Spanish and English.

---

**Argentina, Brasil, Paraguay y Uruguay son miembros de Mercosur.**

In Spanish, the **coma (,)** is not used before **y** or **o** in a series.

---

| 13,5% | 29,2° | 3.000.000 | $2.999,99 |

In numbers, Spanish uses a **coma** where English uses a decimal point and a **punto** where English uses a comma.

---

¿Cómo te llamas?        ¿Dónde está?        ¡Ven aquí!        Hola

Questions in Spanish are preceded and followed by **signos de interrogación (¿ ?)**, and exclamations are preceded and followed by **signos de exclamación (¡ !)**.

---

**Práctica** Lee el párrafo e indica los signos de puntuación necesarios.

Ayer recibí la invitación de boda de Marta mi amiga colombiana inmediatamente empecé a pensar en un posible regalo fui al almacén donde Marta y su novio tenían una lista de regalos había de todo copas cafeteras tostadoras finalmente decidí regalarles un perro ya sé que es un regalo extraño pero espero que les guste a los dos

**¿Palabras de amor?** El siguiente diálogo tiene diferentes significados (*meanings*) dependiendo de los signos de puntuación que utilices y el lugar donde los pongas. Intenta encontrar los diferentes significados.

| | |
|---|---|
| **JULIÁN** | me quieres |
| **MARISOL** | no puedo vivir sin ti |
| **JULIÁN** | me quieres dejar |
| **MARISOL** | no me parece mala idea |
| **JULIÁN** | no eres feliz conmigo |
| **MARISOL** | no soy feliz |

**Additional Reading**

# ¡Los Andes se mueven!

**Los Andes,** la cadena° de montañas más extensa de América, son conocidos como "la espina dorsal° de Suramérica". Sus 7.240 kilómetros (4.500 millas) van desde el norte° de la región entre Venezuela y Colombia, hasta el extremo sur°, entre Argentina y Chile, y pasan por casi todos los países suramericanos. La cordillera° de los Andes, formada hace 27 millones de años, es la segunda más alta del mundo, después de la del Himalaya (aunque° esta última es mucho más "joven", ya que se formó hace apenas cinco millones de años).

Para poder atravesar° de un lado a otro de los Andes, existen varios pasos o puertos° de montaña. Situados a grandes alturas°, son generalmente estrechos° y peligrosos. En algunos de ellos hay, también, vías ferroviarias°.

De acuerdo con° varias instituciones científicas, la cordillera de los Andes se eleva° y se hace más angosta° cada año. La capital de Chile se acerca° a la capital de Argentina a un ritmo° de 19,4 milímetros por año. Si ese ritmo se mantiene°, Santiago y Buenos Aires podrían unirse° en unos... 63 millones de años, ¡casi el mismo tiempo que ha transcurrido° desde la extinción de los dinosaurios!

### Los Andes en números

**3** Cordilleras que forman los Andes: Las cordilleras Central, Occidental y Oriental

**900** (A.C.°) Año aproximado en que empezó el desarrollo° de la cultura chavín, en los Andes peruanos

**600** Número aproximado de volcanes que hay en los Andes

**6.960** Metros (**22.835** pies) de altura del Aconcagua (Argentina), el pico° más alto de los Andes

cadena *range* espina dorsal *spine* norte *north* sur *south* cordillera *mountain range* aunque *although* atravesar *to cross* puertos *passes* alturas *heights* estrechos *narrow* vías ferroviarias *railroad tracks* De acuerdo con *According to* se eleva *rises* angosta *narrow* se acerca *gets closer* ritmo *rate* se mantiene *keeps going* podrían unirse *could join together* ha transcurrido *has gone by* A.C. *Before Christ* desarrollo *development* pico *peak*

**Arequipa, Perú**

## ACTIVIDADES

**1** **Escoger** Escoge la opción que completa mejor cada oración.

1. Los Andes son la cadena montañosa más extensa del...
   a. mundo.  b. continente americano.  c. hemisferio norte.

2. "La espina dorsal de Suramérica" es...
   a. los Andes.  b. el Himalaya.  c. el Aconcagua.

3. La cordillera de los Andes se extiende...
   a. de este a oeste.  b. de sur a oeste.  c. de norte a sur.

4. El Himalaya y los Andes tienen...
   a. diferente altura.  b. la misma altura.  c. el mismo color.

5. Es posible atravesar los Andes por medio de...
   a. montañas  b. puertos  c. aviones

6. En algunos de los puertos de montaña de los Andes hay...
   a. puertas.  b. vías ferroviarias.  c. cordilleras.

7. En 63 millones de años, Buenos Aires y Santiago podrían...
   a. separarse.  b. desarrollarse.  c. unirse.

8. El Aconcagua es...
   a. una montaña.  b. un grupo indígena.  c. un volcán.

## ASÍ SE DICE

### La naturaleza

| | |
|---|---|
| el arco iris | *rainbow* |
| la cascada; la catarata | *waterfall* |
| el cerro; la colina; la loma | *hill, hillock* |
| la cima; la cumbre; el tope (Col.) | *summit; mountain top* |
| la maleza; los rastrojos (Col.); la yerba mala (Cuba); los hierbajos (Méx.); los yuyos (Arg.) | *weeds* |
| la niebla | *fog* |

## EL MUNDO HISPANO

### Cuerpos° de agua

- **Lago de Maracaibo** es el lago natural más grande de Suramérica y tiene una conexión directa y natural con el mar.

- **Lago Titicaca** es el lago navegable más alto del mundo. Se encuentra a más de 3.800 metros de altitud.

- **Bahía Mosquito** es una bahía bioluminiscente. En sus aguas viven unos microorganismos que emiten luz° cuando sienten que algo agita° el agua.

Cuerpos *Bodies* emiten luz *emit light* agita *shakes*

## PERFIL

# La Sierra Nevada de Santa Marta

**La Sierra Nevada de Santa Marta** es una cadena de montañas en la costa norte de Colombia. Se eleva abruptamente desde las costas del mar Caribe y en apenas 42 kilómetros llega a una altura de 5.775 metros

(18.947 pies) en sus picos nevados°. Tiene las montañas más altas de Colombia y es la formación montañosa costera° más alta del mundo.

Los pueblos indígenas que habitan allí lograron° mantener los frágiles ecosistemas de estas montañas a través de° un sofisticado sistema de terrazas° y senderos empedrados° que permitieron° el control de las aguas en una región de muchas

lluvias, evitando° así la erosión de la tierra. La Sierra fue nombrada Reserva de la Biosfera por la UNESCO en 1979.

nevados *snowcapped* costera *coastal* lograron *managed* a través de *by means of* terrazas *terraces* empedrados *cobblestone* permitieron *allowed* evitando *avoiding*

### Conexión Internet

| ¿Dónde se puede hacer ecoturismo en Latinoamérica? | Go to **vistas.vhlcentral.com** to find more cultural information related to this **Cultura** section. |
|---|---|

## ACTIVIDADES

**2** **Comprensión** Indica si lo que dice cada oración es **cierto** o **falso**. Corrige la información falsa.

1. En Colombia, *weeds* se dice **hierbajos**.
2. El lago Titicaca es el más grande del mundo.
3. La Sierra Nevada de Santa Marta es la formación montañosa costera más alta del mundo.
4. Los indígenas destruyeron el ecosistema de Santa Marta.

**3** **Maravillas de la naturaleza** Escribe un párrafo breve donde describas alguna maravilla de la naturaleza que has (*you have*) visitado y que te impresionó. Puede ser cualquier (*any*) sitio natural: un río, una montaña, una selva, etc.

 Practice more at **vistas.vhlcentral.com**.

## 13.1 The subjunctive with verbs of emotion

 Tutorial

**ANTE TODO** In the previous lesson, you learned how to use the subjunctive with expressions of will and influence. You will now learn how to use the subjunctive with verbs and expressions of emotion.

| Main clause | | Subordinate clause |
|---|---|---|

Marta **espera** ( que ) yo **vaya** al lago este fin de semana.

▶ When the verb in the main clause of a sentence expresses an emotion or feeling, such as hope, fear, joy, pity, surprise, etc., the subjunctive is required in the subordinate clause.

**Nos alegramos de** que te **gusten** las flores.
*We are happy that you like the flowers.*

**Siento** que tú no **puedas** venir mañana.
*I'm sorry that you can't come tomorrow.*

**Temo** que Ana no **pueda** ir mañana con nosotros.
*I'm afraid that Ana won't be able to go with us tomorrow.*

Le **sorprende** que Juan **sea** tan joven.
*It surprises him that Juan is so young.*

Es una lástima que ellos no estén aquí con nosotros.

Me alegro de que te divirtieras.

### Common verbs and expressions of emotion

| | | | |
|---|---|---|---|
| alegrarse (de) | to be happy | tener miedo (de) | to be afraid (of) |
| esperar | to hope; to wish | es extraño | it's strange |
| gustar | to be pleasing; to like | es una lástima | it's a shame |
| molestar | to bother | es ridículo | it's ridiculous |
| sentir (e:ie) | to be sorry; to regret | es terrible | it's terrible |
| sorprender | to surprise | es triste | it's sad |
| temer | to be afraid; to fear | ojalá (que) | I hope (that); I wish (that) |

**CONSULTA**

Certain verbs of emotion, like **gustar, molestar,** and **sorprender,** require indirect object pronouns. For more examples, see **Estructura 7.4,** pp. 246–247.

**Me molesta** que la gente no **recicle** el plástico.
*It bothers me that people don't recycle plastic.*

**Es triste** que **tengamos** problemas como el cambio climático.
*It's sad that we have problems like climate change.*

▶ As with expressions of will and influence, the infinitive, not the subjunctive, is used after an expression of emotion when there is no change of subject from the main clause to the subordinate clause. Compare these sentences.

Temo **llegar** tarde.
*I'm afraid I'll arrive late.*

Temo que mi novio **llegue** tarde.
*I'm afraid my boyfriend will arrive late.*

▶ The expression **ojalá (que)** means *I hope* or *I wish*, and it is always followed by the subjunctive. Note that the use of **que** with this expression is optional.

**Ojalá (que) se conserven**
nuestros recursos naturales.
*I hope (that) our natural resources will be conserved.*

**Ojalá (que) recojan** la
basura hoy.
*I hope (that) they collect the garbage today.*

Ojalá que
su aseguradora escuche
sus necesidades con la
misma atención.

**COLMENA**
*salud - medicina*
Con su familia, por su futuro.

Por fin usted se puede poner en manos
de una compañía confiable.

---

**¡INTÉNTALO!**  Completa las oraciones con las formas correctas de los verbos.

1. Ojalá que ellos <u>descubran</u> (descubrir) nuevas formas de energía.
2. Espero que Ana nos _____ (ayudar) a recoger la basura en la carretera.
3. Es una lástima que la gente no _____ (reciclar) más.
4. Esperamos _____ (proteger) a las tortugas marinas que llegan a esta playa.
5. Me alegro de que mis amigos _____ (querer) conservar la naturaleza.
6. Espero que tú _____ (venir) a la reunión (*meeting*) del Club de Ecología.
7. Es malo _____ (contaminar) el medio ambiente.
8. A mis padres les gusta que nosotros _____ (participar) en la reunión.
9. Es terrible que nuestras ciudades _____ (estar) afectadas por la contaminación.
10. Ojalá que yo _____ (poder) hacer algo para reducir el calentamiento global.

# Práctica

**1** **Completar** Completa el diálogo con palabras de la lista. Compara tus respuestas con las de un(a) compañero/a.

Bogotá, Colombia

| | | |
|---|---|---|
| alegro | molesta | salga |
| encuentren | ojalá | tengo miedo de |
| estén | puedan | vayan |
| lleguen | reduzcan | visitar |

**NOTA CULTURAL**

Los principales factores que determinan la temperatura de **Bogotá, Colombia,** son su proximidad al ecuador y su altitud, 2.640 metros (8.660 pies) sobre el nivel (*level*) del mar. Con un promedio (*average*) de 13° C (56° F), Bogotá disfruta de un clima templado (*mild*) durante la mayor parte del año. Hay, sin embargo, variaciones considerables entre el día (18° C) y la noche (7° C).

**OLGA** Me alegro de que Adriana y Raquel (1)_____ a Colombia. ¿Van a estudiar?

**SARA** Sí. Es una lástima que (2)_____ una semana tarde. Ojalá que la universidad las ayude a buscar casa. (3)_____ que no consigan dónde vivir.

**OLGA** Me (4)_____ que seas tan pesimista, pero sí, yo también espero que (5)_____ gente simpática y que hablen mucho español.

**SARA** Sí, ojalá. Van a hacer un estudio sobre la deforestación en las costas. Es triste que en tantos países los recursos naturales (6)_____ en peligro.

**OLGA** Pues, me (7)_____ de que no se queden mucho en la capital por la contaminación. (8)_____ tengan tiempo de viajar por el país.

**SARA** Sí, espero que (9)_____ ir a Medellín. Sé que también quieren (10)_____ la Catedral de Sal de Zipaquirá.

**2** **Transformar** Transforma estos elementos en oraciones completas para formar un diálogo entre Juan y la madre de Raquel. Añade palabras si es necesario. Luego, con un(a) compañero/a, presenta el diálogo a la clase.

1. Juan, / esperar / (tú) escribirle / Raquel. / Ser / tu / novia. / Ojalá / no / sentirse / sola
2. molestarme / (usted) decirme / lo que / tener / hacer. / Ahora / mismo / le / estar / escribiendo
3. alegrarme / oírte / decir / eso. / Ser / terrible / estar / lejos / cuando / nadie / recordarte
4. señora, / ¡yo / tener / miedo de / (ella) no recordarme / mí! / Ser / triste / estar / sin / novia
5. ser / ridículo / (tú) sentirte / así. / Tú / saber / ella / querer / casarse / contigo
6. ridículo / o / no, / sorprenderme / (todos) preocuparse / ella / y / (nadie) acordarse de / mí

 Practice more at **vistas.vhlcentral.com.**

# Comunicación

**3**

**Comentar** En parejas, túrnense para formar oraciones sobre su comunidad, sus clases, su gobierno o algún otro tema, usando expresiones como **me alegro de que, temo que** y **es extraño que.** Luego, reaccionen a los comentarios de su compañero/a.

> **modelo**
>
> **Estudiante 1:** Me alegro de que vayan a limpiar el río.
> **Estudiante 2:** Yo también. Me preocupa que el agua del río esté tan sucia.

**4**

**Contestar** Lee el mensaje electrónico que Raquel le escribió a su novio, Juan. Luego, en parejas, contesten el mensaje usando expresiones como **me sorprende que, me molesta que** y **es una lástima que.**

| De: | Raquel |
|-----|--------|
| Para: | Juan |
| Asunto: | ¡Hola! |

Hola, Juan:

Mi amor, siento no escribirte más frecuentemente. La verdad es que estoy muy ocupada todo el tiempo. No sabes cuánto me estoy divirtiendo en Colombia. Me sorprende haber podido adaptarme tan bien. Es bueno tener tanto trabajo. Aprendo mucho mas aquí que en el laboratorio de la universidad. Me encanta que me den responsabilidades y que compartan sus muchos conocimientos conmigo. Ay, pero pienso mucho en ti. Qué triste es que no podamos estar juntos por tanto tiempo. Ojalá que los días pasen rápido. Bueno, querido, es todo por ahora. Escríbeme pronto.

Te quiero y te extraño mucho,

Raquel

**AYUDA**

**Echar de menos (a alguien)** and **extrañar (a alguien)** are two ways of saying *to miss (someone).*

# Síntesis

**5**

**No te preocupes** Estás muy preocupado/a por los problemas del medio ambiente y le comentas a tu compañero/a todas tus preocupaciones. Él/Ella va a darte la solución adecuada para tus preocupaciones. Su profesor(a) les va a dar una hoja distinta a cada uno/a con la información necesaria para completar la actividad.

> **modelo**
>
> **Estudiante 1:** Me molesta que las personas tiren basura en las calles.
> **Estudiante 2:** Por eso es muy importante que los políticos hagan leyes
> para conservar las ciudades limpias.

## 13.2 The subjunctive with doubt, disbelief, and denial

 **Tutorial**

**ANTE TODO**    Just as the subjunctive is required with expressions of emotion, influence, and will, it is also used with expressions of doubt, disbelief, and denial.

| Main clause | | Subordinate clause |
|---|---|---|
| **Dudan** | que | su hijo les **diga** la verdad. |

▶ The subjunctive is always used in a subordinate clause when there is a change of subject and the expression in the main clause implies negation or uncertainty.

No creo que puedan ir muy lejos.

No es posible que el guía continúe el recorrido sin ustedes.

▶ Here is a list of some common expressions of doubt, disbelief, or denial.

### Expressions of doubt, disbelief, or denial

| | | | |
|---|---|---|---|
| **dudar** | to doubt | **no es seguro** | it's not certain |
| **negar** (e:ie) | to deny | **no es verdad** | it's not true |
| **no creer** | not to believe | **es imposible** | it's impossible |
| **no estar seguro/a (de)** | not to be sure | **es improbable** | it's improbable |
| **no es cierto** | it's not true; it's not certain | **(no) es posible** | it's (not) possible |
| | | **(no) es probable** | it's (not) probable |

El gobierno **niega** que el agua **esté** contaminada.
*The government denies that the water is contaminated.*

**Dudo** que el gobierno **resuelva** el problema.
*I doubt that the government will solve the problem.*

**Es probable** que **haya** menos bosques y selvas en el futuro.
*It's probable that there will be fewer forests and jungles in the future.*

**No es verdad** que mi hermano **estudie** ecología.
*It's not true that my brother studies ecology.*

**¡LENGUA VIVA!**

In English, the expression *it is probable* indicates a fairly high degree of certainty. In Spanish, however, **es probable** implies uncertainty and therefore triggers the subjunctive in the subordinate clause: **Es probable que venga Elena (pero quizás no puede).**

▶ The indicative is used in a subordinate clause when there is no doubt or uncertainty in the main clause. Here is a list of some expressions of certainty.

## Expressions of certainty

| | | | |
|---|---|---|---|
| **no dudar** | *not to doubt* | **estar seguro/a (de)** | *to be sure* |
| **no cabe duda de** | *there is no doubt* | **es cierto** | *it's true; it's certain* |
| **no hay duda de** | *there is no doubt* | **es seguro** | *it's certain* |
| **no negar** (e:ie) | *not to deny* | **es verdad** | *it's true* |
| **creer** | *to believe* | **es obvio** | *it's obvious* |

**No negamos** que **hay** demasiados carros en las carreteras.
*We don't deny that there are too many cars on the highways.*

**Es verdad** que Colombia **es** un país bonito.
*It's true that Colombia is a beautiful country.*

**No hay duda de** que el Amazonas **es** uno de los ríos más largos.
*There is no doubt that the Amazon is one of the longest rivers.*

**Es obvio** que las ballenas **están** en peligro de extinción.
*It's obvious that whales are in danger of extinction.*

▶ In affirmative sentences, the verb **creer** expresses belief or certainty, so it is followed by the indicative. In negative sentences, however, when doubt is implied, **creer** is followed by the subjunctive.

**Creo** que **debemos** usar exclusivamente la energía solar.
*I believe we should use solar energy exclusively.*

**No creo** que **haya** vida en el planeta Marte.
*I don't believe that there is life on the planet Mars.*

▶ The expressions **quizás** and **tal vez** are usually followed by the subjunctive because they imply doubt about something.

**Quizás haga** sol mañana.
*Perhaps it will be sunny tomorrow.*

**Tal vez veamos** la luna esta noche.
*Perhaps we will see the moon tonight.*

**¡INTÉNTALO!**   Completa estas oraciones con la forma correcta del verbo.

1. Dudo que ellos ___trabajen___ (trabajar).
2. Es cierto que él _____ (comer) mucho.
3. Es imposible que ellos _____ (salir).
4. Es probable que ustedes _____ (ganar).
5. No creo que ella _____ (volver).
6. Es posible que nosotros _____ (ir).
7. Dudamos que tú _____ (reciclar).
8. Creo que ellos _____ (jugar) al fútbol.
9. No niego que ustedes _____ (estudiar).
10. Es posible que ella no _____ (venir) a casa.
11. Es probable que Lucio y Carmen _____ (dormir).
12. Es posible que mi prima Marta _____ (llamar).
13. Tal vez Juan no nos _____ (oír).
14. No es cierto que Paco y Daniel nos _____ (ayudar).

# Práctica

**1**

**Escoger** Escoge las respuestas correctas para completar el diálogo. Luego dramatiza el diálogo con un(a) compañero/a.

**RAÚL**    Ustedes dudan que yo realmente (1)_____ (estudio/estudie). No niego que a veces me (2)_____ (divierto/divierta) demasiado, pero no cabe duda de que (3)_____ (tomo/tome) mis estudios en serio. Estoy seguro de que cuando me vean graduarme van a pensar de manera diferente. Creo que no (4)_____ (tienen/tengan) razón con sus críticas.

**PAPÁ**    Es posible que tu mamá y yo no (5)_____ (tenemos/tengamos) razón. Es cierto que a veces (6)_____ (dudamos/dudemos) de ti. Pero no hay duda de que te (7)_____ (pasas/pases) toda la noche en Internet y oyendo música. No es nada seguro que (8)_____ (estás/estés) estudiando.

**RAÚL**    Es verdad que (9)_____ (uso/use) mucho la computadora pero, ¡piensen! ¿No es posible que (10)_____ (es/sea) para buscar información para mis clases? ¡No hay duda de que Internet (11)_____ (es/sea) el mejor recurso del mundo! Es obvio que ustedes (12)_____ (piensan/piensen) que no hago nada, pero no es cierto.

**PAPÁ**    No dudo que esta conversación nos (13)_____ (va/vaya) a ayudar. Pero tal vez esta noche (14)_____ (puedes/puedas) trabajar sin música. ¿Está bien?

**2**

**Dudas** Carolina es una chica que siempre miente. Expresa tus dudas sobre lo que Carolina está diciendo ahora. Usa las expresiones entre paréntesis para tus respuestas.

> **modelo**
>
> El próximo año Marta y yo vamos de vacaciones por diez meses. (dudar)
> *¡Ja! Dudo que vayan de vacaciones por ese tiempo. ¡Ustedes no son ricas!*

1. Estoy escribiendo una novela en español. (no creer)

2. Mi tía es la directora de PETA. (no ser verdad)

3. Dos profesores míos juegan para los Osos *(Bears)* de Chicago. (ser imposible)

4. Mi mejor amiga conoce al chef Bobby Flay. (no ser cierto)

5. Mi padre es dueño del Centro Rockefeller. (no ser posible)

6. Yo ya tengo un doctorado *(doctorate)* en lenguas. (ser improbable)

**AYUDA**

Here are some useful expressions to say that you don't believe someone.
**¡Qué va!**
**¡Imposible!**
**¡No te creo!**
**¡Es mentira!**

Practice more at **vistas.vhlcentral.com.**

# Comunicación

**3**

**Entrevista** En parejas, imaginen que trabajan para un periódico y que tienen que hacerle una entrevista a la ecologista Mary Axtmann, quien colaboró en la fundación de la organización Ciudadanos Pro Bosque San Patricio, en Puerto Rico. Escriban seis preguntas para la entrevista ▶ después de leer las declaraciones de Mary Axtmann. Al final, inventen las respuestas de Axtmann.

**NOTA CULTURAL**

La asociación de **Mary Axtmann** trabaja para la conservación del Bosque San Patricio. También ofrece conferencias sobre temas ambientales, hace un censo anual de pájaros y tiene un grupo de guías voluntarios. La comunidad hace todo el trabajo; la asociación no recibe ninguna ayuda del gobierno.

## Declaraciones de Mary Axtmann:

"... que el bosque es un recurso ecológico educativo para la comunidad."

"El Bosque San Patricio es un pulmón (*lung*) que produce oxígeno para la ciudad."

"El Bosque San Patricio está en medio de la ciudad de San Juan. Por eso digo que este bosque es una esmeralda (*emerald*) en un mar de concreto."

"El bosque pertenece (*belongs*) a la comunidad."

"Nosotros salvamos este bosque mediante la propuesta (*proposal*) y no la protesta."

**4**

**Adivinar** Escribe cinco oraciones sobre tu vida presente y futura. Cuatro deben ser falsas y sólo una debe ser cierta. Presenta tus oraciones al grupo. El grupo adivina cuál es la oración cierta y expresa sus dudas sobre las oraciones falsas.

**AYUDA**

Here are some useful verbs for talking about plans.

**esperar** → *to hope*
**querer** → *to want*
**pretender** → *to intend*
**pensar** → *to plan*

Note that **pretender** and *pretend* are false cognates. To express *to pretend*, use the verb **fingir**.

*modelo*

**Estudiante 1:** Quiero irme un año a la selva a trabajar.
**Estudiante 2:** Dudo que te guste vivir en la selva.
**Estudiante 3:** En cinco años voy a ser presidente de los Estados Unidos.
**Estudiante 2:** No creo que seas presidente de los Estados Unidos en cinco años. ¡Tal vez en treinta!

# Síntesis

**5**

**Intercambiar** En grupos, escriban un párrafo sobre los problemas del medio ambiente en su estado o en su comunidad. Compartan su párrafo con otro grupo, que va a ofrecer opiniones y soluciones. Luego presenten su párrafo, con las opiniones y soluciones del otro grupo, a la clase.

## 13.3 The subjunctive with conjunctions  Tutorial

**ANTE TODO**   Conjunctions are words or phrases that connect other words and clauses in sentences. Certain conjunctions commonly introduce adverbial clauses, which describe *how*, *why*, *when*, and *where* an action takes place.

| Main clause | Conjunction | Adverbial clause |
|---|---|---|
| Vamos a visitar a Carlos | **antes de que** | **regrese** a California. |

> Muchos animales van a estar en peligro de extinción, a menos que los protejamos.

> Marissa habla con Jimena antes de que lleguen los chicos.

▶ With certain conjunctions, the subjunctive is used to express a hypothetical situation, uncertainty as to whether an action or event will take place, or a condition that may or may not be fulfilled.

> Voy a dejar un recado **en caso de que Gustavo me llame.**
> *I'm going to leave a message in case Gustavo calls me.*

> Voy al supermercado **para que tengas** algo de comer.
> *I'm going to the store so that you'll have something to eat.*

▶ Here is a list of the conjunctions that always require the subjunctive.

### Conjunctions that require the subjunctive

| | | | |
|---|---|---|---|
| **a menos que** | unless | **en caso (de) que** | in case (that) |
| **antes (de) que** | before | **para que** | so that |
| **con tal (de) que** | provided that | **sin que** | without |

> Algunos animales van a morir **a menos que** haya leyes para protegerlos.
> *Some animals are going to die unless there are laws to protect them.*

> Ellos nos llevan a la selva **para que** veamos las plantas tropicales.
> *They are taking us to the jungle so that we may see the tropical plants.*

▶ The infinitive, not **que** + [*subjunctive*], is used after the prepositions **antes de, para**, and **sin** when there is no change of subject. **¡Atención!** While you may use a present participle with the English equivalent of these conjunctions, in Spanish you cannot.

> Te llamamos **antes de salir** de la casa.
> *We will call you before leaving the house.*

> Te llamamos mañana **antes de que salgas.**
> *We will call you tomorrow before you leave.*

# Conjunctions with subjunctive or indicative

Voy a formar un club de ecología tan pronto como vuelva al DF.

Cuando veo basura, la recojo.

## Conjunctions used with subjunctive or indicative

| | | | |
|---|---|---|---|
| **cuando** | *when* | **hasta que** | *until* |
| **después de que** | *after* | **tan pronto como** | *as soon as* |
| **en cuanto** | *as soon as* | | |

▶ With the conjunctions above, use the subjunctive in the subordinate clause if the main clause expresses a future action or command.

Vamos a resolver el problema **cuando desarrollemos** nuevas tecnologías.
*We are going to solve the problem when we develop new technologies.*

**Después de que** ustedes **tomen** sus refrescos, reciclen las botellas.
*After you drink your soft drinks, recycle the bottles.*

▶ With these conjunctions, the indicative is used in the subordinate clause if the verb in the main clause expresses an action that habitually happens, or that happened in the past.

Contaminan los ríos **cuando construyen** nuevos edificios.
*They pollute the rivers when they build new buildings.*

Contaminaron el río **cuando construyeron** ese edificio.
*They polluted the river when they built that building.*

**¡INTÉNTALO!** Completa las oraciones con las formas correctas de los verbos.

1. Voy a estudiar ecología cuando ___vuelva___ (volver) a la universidad.
2. No podemos evitar el cambio climático, a menos que todos _____ (trabajar) juntos.
3. No podemos conducir sin _____ (contaminar) el aire.
4. Siempre recogemos mucha basura cuando _____ (ir) al parque.
5. Elisa habló con el presidente del Club de Ecología después de que _____ (terminar) la reunión.
6. Vamos de excursión para _____ (observar) los animales y las plantas.
7. La contaminación va a ser un problema muy serio hasta que nosotros _____ (cambiar) nuestros sistemas de producción y transporte.
8. El gobierno debe crear más parques nacionales antes de que los bosques y ríos _____ (estar) completamente contaminados.
9. La gente recicla con tal de que no _____ (ser) díficil.

**recursos**

WB
pp. 155–156

LM
p. 77

Ⓢ
vistas.
vhlcentral.com
Lección 13

# Práctica

**1**

**Completar** La señora Montero habla de una excursión que quiere hacer con su familia. Completa las oraciones con la forma correcta de cada verbo.

1. Voy a llevar a mis hijos al parque para que _____ (aprender) sobre la naturaleza.
2. Voy a pasar todo el día allí a menos que _____ (hacer) mucho frío.
3. Podemos explorar el parque en bicicleta sin _____ (caminar) demasiado.
4. Vamos a bajar al cráter con tal de que no se _____ (prohibir).
5. Siempre llevamos al perro cuando _____ (ir) al parque.
6. No pensamos ir muy lejos en caso de que _____ (llover).
7. Vamos a almorzar a la orilla (*shore*) del río cuando nosotros _____ (terminar) de preparar la comida.
8. Mis hijos van a dejar todo limpio antes de _____ (salir) del parque.

**2**

**Frases** Completa estas frases de una manera lógica.

1. No podemos controlar la contaminación del aire a menos que…
2. Voy a reciclar los productos de papel y de vidrio en cuanto…
3. Debemos comprar coches eléctricos tan pronto como…
4. Protegemos los animales en peligro de extinción para que…
5. Mis amigos y yo vamos a recoger la basura de la universidad después de que…
6. No podemos desarrollar nuevas fuentes (*sources*) de energía sin…
7. Hay que eliminar la contaminación del agua para…
8. No podemos proteger la naturaleza sin que…

**3**

**Organizaciones colombianas** En parejas, lean las descripciones de las organizaciones de conservación. Luego expresen en sus propias (*own*) palabras las opiniones de cada organización.

**Organización:**
**Fundación Río Orinoco**

**Problema:**
La destrucción de los ríos

**Solución:**
Programa para limpiar las orillas de los ríos y reducir la erosión y así proteger los ríos

**Organización:**
**Oficina de Turismo Internacional**

**Problema:**
Necesidad de mejorar la imagen del país en el mercado turístico internacional

**Solución:**
Plan para promover el ecoturismo en los 54 parques nacionales, usando agencias de publicidad e implementando un plan agresivo de conservación

**Organización:**
**Asociación Nabusimake-Pico Colón**

**Problema:**
Un lugar turístico popular en la Sierra Nevada de Santa Marta necesita mejor mantenimiento

**Solución:**
Programa de voluntarios para limpiar y mejorar los senderos

**AYUDA**

Here are some expressions you can use as you complete **Actividad 3.**

**Se puede evitar…
con tal de que…**

**Es necesario…
para que…**

**Debemos prohibir…
antes de que…**

**No es posible…
sin que…**

**Vamos a… tan
pronto como…**

**A menos que… no
vamos a…**

# Comunicación

**4**

**Preguntas** En parejas, túrnense para hacerse estas preguntas.

1. ¿Qué haces cada noche antes de acostarte?
2. ¿Qué haces después de salir de la universidad?
3. ¿Qué hace tu familia para que puedas asistir a la universidad?
4. ¿Qué piensas hacer tan pronto como te gradúes?
5. ¿Qué quieres hacer mañana, a menos que haga mal tiempo?
6. ¿Qué haces en tus clases sin que los profesores lo sepan?

**5**

**Comparar** En parejas, comparen una actividad rutinaria que ustedes hacen con algo que van a hacer en el futuro. Usen palabras de la lista.

| | | | |
|---|---|---|---|
| antes de | después de que | hasta que | sin (que) |
| antes de que | en caso de que | para (que) | tan pronto como |

> **modelo**
>
> **Estudiante 1:** El sábado vamos al lago. Tan pronto como volvamos, vamos a estudiar para el examen.
> **Estudiante 2:** Todos los sábados llevo a mi primo al parque para que juegue. Pero el sábado que viene, con tal de que no llueva, lo voy a llevar a las montañas.

# Síntesis

**6**

**Tres en raya** *(Tic-Tac-Toe)* Formen dos equipos. Con el vocabulario de esta lección, una persona comienza una frase y otra persona de su equipo la termina usando palabras de la gráfica. El primer equipo que forme tres oraciones seguidas *(in a row)* gana el tres en raya. Hay que usar la conjunción o la preposición y el verbo correctamente. Si no, ¡no cuenta!

**¡LENGUA VIVA!**

*Tic-Tac-Toe* has various names in the Spanish-speaking world, including **tres en raya, tres en línea, ta-te-ti, gato, la vieja,** and **triqui-triqui.**

> **modelo**
>
> *Equipo 1*
> **Estudiante 1:** Dudo que podamos eliminar la deforestación...
> **Estudiante 2:** sin que nos ayude el gobierno.
> *Equipo 2*
> **Estudiante 1:** Creo que podemos conservar nuestros recursos naturales...
> **Estudiante 2:** con tal de que todos hagamos algo para ayudar.

| cuando | con tal de que | para que |
|---|---|---|
| antes de que | para | sin que |
| hasta que | en caso de que | antes de |

# Recapitulación

**S Concepts Diagnostics**

Completa estas actividades para repasar los conceptos de gramática que aprendiste en esta lección.

**1** **Subjuntivo con conjunciones** Escoge la forma correcta del verbo para completar las oraciones. **8 pts.**

1. En cuanto (empiecen/empiezan) las vacaciones, vamos a viajar.
2. Por favor, llámeme a las siete y media en caso de que no (me despierto/me despierte).
3. Toni va a usar su bicicleta hasta que los coches híbridos (cuesten/cuestan) menos dinero.
4. Tan pronto como supe la noticia (*news*) (te llamé/te llame).
5. Debemos conservar el agua antes de que no (queda/quede) nada para beber.
6. ¿Siempre recoges la basura después de que (terminas/termines) de comer en un picnic?
7. Siempre quiero vender mi camioneta (*SUV*) cuando (yo) (piense/pienso) en la contaminación.
8. Estudiantes, pueden entrar al parque natural con tal de que no (tocan/toquen) las plantas.

**2** **Creer o no creer** Completa estos diálogos con la forma correcta del presente de indicativo o de subjuntivo, según el contexto. **8 pts.**

**CAROLA** Creo que (1) _____ (nosotras, deber) escribir nuestra presentación sobre el reciclaje.

**MÓNICA** Hmm, no estoy segura de que el reciclaje (2) _____ (ser) un buen tema. No hay duda de que la gente ya (3) _____ (saber) reciclar.

**CAROLA** Sí, pero dudo que todos lo (4) _____ (practicar).

• • •

**PACO** ¿Sabes, Néstor? El sábado voy a ir a limpiar el río con un grupo de voluntarios. ¿Quieres venir?

**NÉSTOR** No es seguro que (5) _____ (yo, poder) ir. El lunes hay un examen y tengo que estudiar.

**PACO** ¿Estás seguro de que no (6) _____ (tener) tiempo? Es imposible que (7) _____ (ir) a estudiar todo el fin de semana.

**NÉSTOR** Pues sí, pero es muy probable que (8) _____ (llover).

---

**RESUMEN GRAMATICAL**

**13.1** **The subjunctive with verbs of emotion**
*pp. 452–453*

| Verbs and expressions of emotion | |
|---|---|
| alegrarse (de) | tener miedo (de) |
| esperar | es extraño |
| gustar | es una lástima |
| molestar | es ridículo |
| sentir (e:ie) | es terrible |
| sorprender | es triste |
| temer | ojalá (que) |

| Main clause | | Subordinate clause |
|---|---|---|
| Marta **espera** | que | yo **vaya** al lago mañana. |
| **Ojalá** | | **comamos** en casa. |

**13.2** **The subjunctive with doubt, disbelief, and denial**
*pp. 456–457*

| Expressions of doubt, disbelief, or denial (used with subjunctive) | |
|---|---|
| dudar | no es verdad |
| negar (e:ie) | es imposible |
| no creer | es improbable |
| no estar seguro/a (de) | (no) es posible |
| no es cierto | (no) es probable |
| no es seguro | |

| Expressions of certainty (used with indicative) | |
|---|---|
| no dudar | estar seguro/a (de) |
| no cabe duda de | es cierto |
| no hay duda de | es seguro |
| no negar (e:ie) | es verdad |
| creer | es obvio |

▶ The infinitive is used after these expressions when there is no change of subject.

**13.3** **The subjunctive with conjunctions**
*pp. 460–461*

| Conjunctions that require the subjunctive | |
|---|---|
| a menos que | en caso (de) que |
| antes (de) que | para que |
| con tal (de) que | sin que |

▶ The infinitive is used after the prepositions **antes de**, **para**, and **sin** when there is no change of subject.

Te llamamos **antes de salir** de casa.

Te llamamos mañana **antes de que salgas**.

| Conjunctions used with subjunctive or indicative | |
| --- | --- |
| cuando<br>después de que<br>en cuanto | hasta que<br>tan pronto como |

**3** **Reacciones** Reacciona a estas oraciones según las pistas (*clues*). Sigue el modelo. **10 pts.**

> **modelo**
>
> Tú casi nunca reciclas nada.
> (yo, molestar)
> A mí me molesta que tú casi nunca
> recicles nada.

1. La Ciudad de México tiene un problema grave de contaminación. (ser una lástima)
2. En ese safari permiten tocar a los animales. (ser extraño)
3. Julia y Víctor no pueden ir a las montañas. (yo, sentir)
4. El nuevo programa de reciclaje es un éxito. (nosotros, esperar)
5. A María no le gustan los perros. (ser una lástima)
6. Existen leyes ecologistas en este país. (Juan, alegrarse de)
7. El gobierno no busca soluciones. (ellos, temer)
8. La mayoría de la población no cuida el medio ambiente. (ser triste)
9. Muchas personas cazan animales en esta región. (yo, sorprender)
10. La situación mejora día a día. (ojalá que)

**4** **Oraciones** Forma oraciones con estos elementos. Usa el subjuntivo cuando sea necesario. **10 pts.**

1. ser ridículo / los coches / contaminar tanto
2. no caber duda de / tú y yo / poder / hacer mucho más
3. los ecologistas / temer / los recursos naturales / desaparecer / poco a poco
4. yo / alegrarse de / en mi ciudad / reciclarse / el plástico, el vidrio y el aluminio
5. todos (nosotros) / ir a respirar / mejor / cuando / (nosotros) llegar / a la montaña

**5** **Escribir** Escribe un diálogo de al menos siete oraciones en el que un(a) amigo/a hace comentarios pesimistas sobre la situación del medio ambiente en tu región y tú respondes con comentarios optimistas. Usa verbos y expresiones de esta lección. **14 pts.**

**6** **Canción** Completa estos versos de una canción de Juan Luis Guerra. **¡2 puntos EXTRA!**

**❝** Ojalá que _____ (llover)
café en el campo.
Pa'° que todos los niños
_____ (cantar) en el campo. **❞**

Pa' *short for* Para

 Practice more at **vistas.vhlcentral.com**.

# Lectura
## Antes de leer

### Estrategia
**Recognizing the purpose of a text**

When you are faced with an unfamiliar text, it is important to determine the writer's purpose. If you are reading an editorial in a newspaper, for example, you know that the journalist's objective is to persuade you of his or her point of view. Identifying the purpose of a text will help you better comprehend its meaning.

### Examinar los textos

Primero, utiliza la estrategia de lectura para familiarizarte con los textos. Después contesta estas preguntas y compara tus respuestas con las de un(a) compañero/a.

- ¿De qué tratan los textos?°
- ¿Son fábulas°, poemas, artículos de periódico…?
- ¿Cómo lo sabes?

### Predicciones

Lee estas predicciones sobre la lectura e indica si estás de acuerdo° con ellas. Después compara tus opiniones con las de un(a) compañero/a.
1. Los textos son del género° de ficción.
2. Los personajes son animales.
3. La acción de los textos tiene lugar en un zoológico.
4. Hay alguna moraleja°.

### Determinar el propósito

Con un(a) compañero/a, hablen de los posibles propósitos° de los textos. Consideren estas preguntas:
- ¿Qué te dice el género de los textos sobre los posibles propósitos de los textos?
- ¿Piensas que los textos pueden tener más de un propósito? ¿Por qué?

¿De qué tratan los textos? *What are the texts about?*
fábulas *fables*   estás de acuerdo *you agree*
género *genre*   moraleja *moral*   propósitos *purposes*

ⓢ Practice more at **vistas.vhlcentral.com.**

## Sobre los autores

**Félix María Samaniego** (1745–1801) nació en España y escribió las *Fábulas morales* que ilustran de manera humorística el carácter humano. Los protagonistas de muchas de sus fábulas son animales que hablan.

## El perro y el cocodrilo

Bebiendo un perro en el Nilo°,
al mismo tiempo corría.
"Bebe quieto°", le decía
un taimado° cocodrilo.

Díjole° el perro prudente:
"Dañoso° es beber y andar°;
pero ¿es sano el aguardar
a que me claves el diente°? "

¡Oh qué docto° perro viejo!
Yo venero° su sentir°
en esto de no seguir
del enemigo el consejo.

Tomás de Iriarte (1750–1791) nació en las islas Canarias y tuvo gran éxito° con su libro *Fábulas literarias*. Su tendencia a representar la lógica a través de° símbolos de la naturaleza fue de gran influencia para muchos autores de su época°.

## El pato° y la serpiente

A orillas° de un estanque°,
diciendo estaba un pato:
"¿A qué animal dio el cielo°
los dones que me ha dado°?

"Soy de agua, tierra y aire:
cuando de andar me canso°,
si se me antoja, vuelo°;
si se me antoja, nado".

Una serpiente astuta
que le estaba escuchando,
le llamó con un silbo°,
y le dijo "¡Seo° guapo!

"No hay que echar tantas plantas°;
pues ni anda como el gamo°,
ni vuela como el sacre°,
ni nada como el barbo°;

"y así tenga sabido
que lo importante y raro°
no es entender de todo,
sino ser diestro° en algo".

Nilo *Nile* quieto *in peace* taimado *sly* Díjole *Said to him* Dañoso *Harmful* andar *to walk* ¿es sano... diente? *Is it good for me to wait for you to sink your teeth into me?* docto *wise* venero *revere* sentir *wisdom* éxito *success* a través de *through* época *time* pato *duck* orillas *banks* estanque *pond* cielo *heaven* los dones... dado *the gifts that it has given me* me canso *I get tired* si se... vuelo *if I feel like it, I fly* silbo *hiss* Seo *Señor* No hay... plantas *There's no reason to boast* gamo *deer* sacre *falcon* barbo *barbel (a type of fish)* raro *rare* diestro *skillful*

# Después de leer

## Comprensión

Escoge la mejor opción para completar cada oración.

1. El cocodrilo _____ perro.
   a. está preocupado por el   b. quiere comerse al
   c. tiene miedo del
2. El perro _____ cocodrilo.
   a. tiene miedo del   b. es amigo del
   c. quiere quedarse con el
3. El pato cree que es un animal _____.
   a. muy famoso   b. muy hermoso
   c. de muchos talentos
4. La serpiente cree que el pato es _____.
   a. muy inteligente   b. muy tonto   c. muy feo

## Preguntas

Responde a las preguntas.

1. ¿Qué representa el cocodrilo?
   _____
2. ¿Qué representa el pato?
   _____
3. ¿Cuál es la moraleja (*moral*) de "El perro y el cocodrilo"?
   _____
4. ¿Cuál es la moraleja de "El pato y la serpiente"?
   _____

## Coméntalo

En parejas, túrnense para hacerse estas preguntas. ¿Estás de acuerdo con las moralejas de estas fábulas? ¿Por qué? ¿Cuál de estas fábulas te gusta más? ¿Por qué? ¿Conoces otras fábulas? ¿Cuál es su propósito?

## Escribir

Escribe una fábula para compartir con la clase. Puedes escoger algunos animales de la lista o escoger otros. ¿Qué características deben tener estos animales?

- una abeja (*bee*)
- un gato
- un mono
- un burro
- un perro
- una tortuga
- un águila (*eagle*)
- un pavo real (*peacock*)

# Escritura

## Estrategia
### Considering audience and purpose

Writing always has a specific purpose. During the planning stages, a writer must determine to whom he or she is addressing the piece, and what he or she wants to express to the reader. Once you have defined both your audience and your purpose, you will be able to decide which genre, vocabulary, and grammatical structures will best serve your literary composition.

Let's say you want to share your thoughts on local traffic problems. Your audience can be either the local government or the community. You could choose to write a newspaper article, a letter to the editor, or a letter to the city's governing board. But first you should ask yourself these questions:

1. Are you going to comment on traffic problems in general, or are you going to point out several specific problems?
2. Are you simply intending to register a complaint?
3. Are you simply intending to inform others and increase public awareness of the problems?
4. Are you hoping to persuade others to adopt your point of view?
5. Are you hoping to inspire others to take concrete actions?

The answers to these questions will help you establish the purpose of your writing and determine your audience. Of course, your writing can have more than one purpose. For example, you may intend for your writing to both inform others of a problem and inspire them to take action.

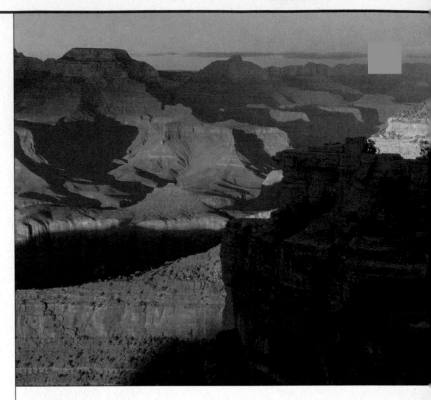

## Tema
### Escribir una carta o un artículo

Escoge uno de estos temas. Luego decide si vas a escribir una carta a un(a) amigo/a, una carta a un periódico, un artículo de periódico o de revista, etc.

1. Escribe sobre los programas que existen para proteger la naturaleza en tu comunidad. ¿Funcionan bien? ¿Participan todos los vecinos de tu comunidad en los programas? ¿Tienes dudas sobre la eficacia° de estos programas?

2. Describe uno de los atractivos naturales de tu región. ¿Te sientes optimista sobre el futuro del medio ambiente en tu región? ¿Qué están haciendo el gobierno y los ciudadanos° de tu región para proteger la naturaleza? ¿Es necesario hacer más?

3. Escribe sobre algún programa de protección del medio ambiente a nivel° nacional. ¿Es un programa del gobierno o de una empresa° privada°? ¿Cómo funciona? ¿Quiénes participan? ¿Tienes dudas sobre el programa? ¿Crees que debe cambiarse o mejorarse? ¿Cómo?

eficacia *effectiveness* ciudadanos *citizens* nivel *level* empresa *company* privada *private*

# Escuchar  Audio: Activities

## Estrategia
### Using background knowledge/ Guessing meaning from context

Listening for the general idea, or gist, can help you follow what someone is saying even if you can't hear or understand some of the words. When you listen for the gist, you simply try to capture the essence of what you hear without focusing on individual words.

 To practice these strategies, you will listen to a paragraph written by Jaime Urbinas, an urban planner. Before listening to the paragraph, write down what you think it will be about, based on Jaime Urbinas' profession. As you listen to the paragraph, jot down any words or expressions you don't know and use context clues to guess their meanings.

## Preparación

Mira el dibujo. ¿Qué pistas° te da sobre el tema del discurso° de Soledad Morales?

## Ahora escucha

Vas a escuchar un discurso de Soledad Morales, una activista preocupada por el medio ambiente. Antes de escuchar, marca las palabras y frases que tú crees que ella va a usar en su discurso. Después marca las palabras y frases que escuchaste.

| Palabras | Antes de escuchar | Después de escuchar |
|---|---|---|
| el futuro | _____ | _____ |
| el cine | _____ | _____ |
| los recursos naturales | _____ | _____ |
| el aire | _____ | _____ |
| los ríos | _____ | _____ |
| la contaminación | _____ | _____ |
| las diversiones | _____ | _____ |
| el reciclaje | _____ | _____ |

## Comprensión

### Escoger

Subraya° el equivalente correcto de cada palabra.
1. patrimonio (fatherland, heritage, acrimony)
2. ancianos (elderly, ancient, antiques)
3. entrelazadas (destined, interrupted, intertwined)
4. aguantar (to hold back, to destroy, to pollute)
5. apreciar (to value, to imitate, to consider)
6. tala (planting, cutting, watering)

### Ahora ustedes

Trabaja con un(a) compañero/a. Escriban seis recomendaciones que creen que la señora Morales va a darle al gobierno colombiano para mejorar los problemas del medio ambiente.

1. _____
2. _____
3. _____
4. _____
5. _____
6. _____

---

pistas *clues*   discurso *speech*   Subraya *Underline*

 Practice more at **vistas.vhlcentral.com**.

# En pantalla

En 1990, el periodista argentino Víctor Sueiro vio "un túnel oscuro°, una luz blanca intensa que se hizo más fuerte°" y sintió "una paz° total". Durante cuarenta segundos, una muerte clínica° causada por un paro cardíaco° lo llevó a tener esa famosa visión. Después de "volver de la muerte", se dedicó° a escribir sobre el fin de la vida, los ángeles y misterios similares, y sus libros tuvieron gran éxito. A continuación vas a ver a Sueiro en un anuncio que, con humor, nos hace una invitación ecológica.

| Vocabulario útil | |
|---|---|
| derrochando | *wasting* |
| energía eléctrica | *electric energy* |
| el más allá | *the afterlife* |
| una luz blanca | *a white light* |

## Preparación

¿Conoces a alguien a quien le ocurrió algo que parecía sobrenatural (*supernatural*)? Explica qué ocurrió (*what happened*), si es posible...

## Preguntas

Contesta las preguntas con oraciones completas.

1. ¿Qué vio Víctor Sueiro cuando fue al más allá?
2. ¿Qué le piden que haga? ¿Por qué?
3. ¿Por qué es importante que apague la luz?
4. ¿Qué hace Víctor Sueiro cuando despierta?

## Creencias

Víctor Sueiro estuvo clínicamente muerto por 40 segundos. Luego escribió un libro que decía que no debíamos tener miedo del más allá porque hay una luz hermosa al final. ¿Qué opinas de su historia? Usa el subjuntivo en tus respuestas.

**modelo**

> Dudo que estuviera muerto. No creo que recuerde lo que vio...

oscuro *dark*  más fuerte *stronger*  paz *peace*  muerte clínica *clinical death*
paro cardíaco *cardiac arrest*  se dedicó *he devoted himself*

## Anuncio de Edenor

**Tenemos información de que usted fue al más allá y volvió. ¿Es correcto?**

**¿Qué me está pidiendo?**

**¿Qué hacemos?**

 **Video: TV Clip**

 Practice more at **vistas.vhlcentral.com.**

Centroamérica es una región con un gran crecimiento° en el turismo, especialmente ecológico, y no por pocas razones°. Con solamente el uno por ciento° de la superficie terrestre°, esta zona tiene el ocho por ciento de las reservas naturales del planeta. Algunas de estas maravillas son la isla Coiba en Panamá, la Reserva de la Biosfera Maya en Guatemala, el volcán Mombacho en Nicaragua, el parque El Imposible en El Salvador y Pico Bonito en Honduras. En este episodio de Flash cultura vas a conocer más tesoros° naturales en un país ecológico por tradición: Costa Rica.

### Vocabulario útil

| | |
|---|---|
| **aguas termales** | *hot springs* |
| **hace erupción** | *erupts* |
| **los poderes curativos** | *healing powers* |
| **rocas incandescentes** | *incandescent rocks* |

### Preparación

¿Qué sabes de los volcanes de Costa Rica? ¿Y de sus aguas termales? Si no sabes nada, escribe tres predicciones sobre cada tema.

### ¿Cierto o falso?

Indica si estas oraciones son **ciertas** o **falsas**.

1. Centroamérica es una zona de pocos volcanes.

2. El volcán Arenal está en un parque nacional.

3. El volcán Arenal hace erupción pocas veces.

4. Las aguas termales cerca del volcán vienen del mar.

5. Cuando Alberto sale del agua, tiene calor.

6. Se pueden ver las rocas incandescentes desde algunos hoteles.

## Naturaleza en Costa Rica

1

**Aquí existen más de cien volcanes. Hoy visitaremos el Parque Nacional Volcán Arenal.**

2

**En los alrededores del volcán [...] nacen aguas termales de origen volcánico...**

3

**Puedes escuchar cada rugido° del volcán Arenal...**

**Video:** *Flash cultura*

Practice more at **vistas.vhlcentral.com.**

**recursos**

VM pp. 315–316     vistas.vhlcentral.com Lección 13

crecimiento *growth*  razones *reasons*  por ciento *per cent*
superficie terrestre *earth's surface*  tesoros *treasures*  rugido *roar*

**Video:** *Panorama cultural*
**Interactive map**

# Colombia

## El país en cifras

▶ **Área**: 1.138.910 km² (439.734 millas²), *tres veces el área de Montana*

▶ **Población**: 49.385.000

*De todos los países de habla hispana, sólo México tiene más habitantes que Colombia. Casi toda la población colombiana vive en las áreas montañosas y la costa occidental° del país. Aproximadamente el 55% de la superficie° del país está sin poblar°.*

▶ **Capital**: Bogotá —9.521.000

▶ **Ciudades principales**: Medellín —4.019.000, Cali —2.627.000, Barranquilla —2.015.000, Cartagena —1.076.000

SOURCE: Population Division, UN Secretariat

Medellín

▶ **Moneda**: peso colombiano

▶ **Idiomas**: español (oficial); lenguas indígenas, criollas y gitanas

Bandera de Colombia

## Colombianos célebres

▶ **Edgar Negret,** escultor°, pintor (1920– )
▶ **Juan Pablo Montoya,** automovilista (1975– )
▶ **Fernando Botero,** pintor, escultor (1932– )
▶ **Shakira,** cantante (1977– )

occidental *western*  superficie *surface*  sin poblar *unpopulated*
escultor *sculptor*  dioses *gods*  arrojaban *threw*  oro *gold*
cacique *chief*  llevó *led*

Palacio de San Francisco, Bogotá

Baile típico de Cartagena

Barranquilla

Cartagena

Mar Caribe

PANAMÁ

Sierra Nevada de Santa Marta

VENEZUELA

ESTADOS UNIDOS

OCÉANO ATLÁNTICO

COLOMBIA

OCÉANO PACÍFICO

AMÉRICA DEL SUR

Cordillera Occidental de los Andes

Cordillera Central de los Andes

Río Magdalena

Medellín

Río Meta

Cali

Volcán Nevado del Huila

Bogotá

Cordillera Oriental de los Andes

Océano Pacífico

Cultivo de caña de azúcar cerca de Cali

ECUADOR

PERÚ

**recursos**

| WB pp. 157–158 | VM pp. 273–274 | vistas.vhlcentral.com Lección 13 |
|---|---|---|

## ¡Increíble pero cierto!

En el siglo XVI los exploradores españoles oyeron la leyenda de El Dorado. Esta leyenda cuenta que los indios, como parte de un ritual en honor a los dioses°, arrojaban° oro° a la laguna de Guatavita y el cacique° se sumergía en sus aguas cubierto de oro. Aunque esto era cierto, muy pronto la exageración llevó° al mito de una ciudad de oro.

Laguna de Guatavita

## Lugares • El Museo del Oro

El famoso Museo del Oro del Banco de la República fue fundado° en Bogotá en 1939 para preservar las piezas de orfebrería° de la época precolombina. Tiene más de 30.000 piezas de oro y otros materiales; en él se pueden ver joyas°, ornamentos religiosos y figuras que representaban ídolos. El cuidado con el que se hicieron los objetos de oro refleja la creencia° de las tribus indígenas de que el oro era la expresión física de la energía creadora° de los dioses.

## Literatura • Gabriel García Márquez (1927–2014)

Gabriel García Márquez, ganador del Premio Nobel de Literatura en 1982, es uno de los escritores contemporáneos más importantes del mundo. García Márquez publicó su primer cuento° en 1947, cuando era estudiante universitario. Su libro más conocido, *Cien años de soledad,* está escrito en el estilo° literario llamado "realismo mágico", un estilo que mezcla° la realidad con lo irreal y lo mítico°.

## Historia • Cartagena de Indias

Los españoles fundaron la ciudad de Cartagena de Indias en 1533 y construyeron a su lado la fortaleza° más grande de las Américas, el Castillo de San Felipe de Barajas. En la ciudad de Cartagena se conservan muchos edificios de la época colonial, como iglesias, monasterios, palacios y mansiones. Cartagena es conocida también por el Festival Internacional de Música y su prestigioso Festival Internacional de Cine.

## Costumbres • El Carnaval

Durante el Carnaval de Barranquilla, la ciudad vive casi exclusivamente para esta fiesta. Este festival es una fusión de las culturas que han llegado° a las costas caribeñas de Colombia y de sus grupos autóctonos°. El evento más importante es la Batalla° de las Flores, un desfile° de carrozas° decoradas con flores. En 2003, la UNESCO declaró este carnaval como Patrimonio de la Humanidad°.

**BRASIL**

 **¿Qué aprendiste?** Responde a cada pregunta con una oración completa.

1. ¿Cuáles son las principales ciudades de Colombia?
2. ¿Qué país de habla hispana tiene más habitantes que Colombia?
3. ¿Quién es Edgar Negret?
4. ¿Cuándo oyeron los españoles la leyenda de El Dorado?
5. ¿Para qué fue fundado el Museo del Oro?
6. ¿Quién ganó el Premio Nobel de Literatura en 1982?
7. ¿Qué construyeron los españoles al lado de la ciudad de Cartagena de Indias?
8. ¿Cuál es el evento más importante del Carnaval de Barranquilla?

 **Conexión Internet** Investiga estos temas en **vistas.vhlcentral.com.**

Practice more at
**vistas.vhlcentral.com.**

1. Busca información sobre las ciudades más grandes de Colombia. ¿Qué lugares de interés hay en estas ciudades? ¿Qué puede hacer un(a) turista en estas ciudades?
2. Busca información sobre pintores y escultores colombianos como Edgar Negret, Débora Arango o Fernando Botero. ¿Cuáles son algunas de sus obras más conocidas? ¿Cuáles son sus temas?

fundado *founded* orfebrería *goldsmithing* joyas *jewels* creencia *belief* creadora *creative* cuento *story* estilo *style* mezcla *mixes* mítico *mythical* fortaleza *fortress* han llegado *have arrived* autóctonos *indigenous* Batalla *Battle* desfile *parade* carrozas *floats* Patrimonio de la Humanidad *World Heritage*

## La naturaleza

| | |
|---|---|
| el árbol | tree |
| el bosque (tropical) | (tropical; rain) forest |
| el cielo | sky |
| el cráter | crater |
| el desierto | desert |
| la estrella | star |
| la flor | flower |
| la hierba | grass |
| el lago | lake |
| la luna | moon |
| la naturaleza | nature |
| la nube | cloud |
| la piedra | stone |
| la planta | plant |
| el río | river |
| la selva, la jungla | jungle |
| el sendero | trail; path |
| el sol | sun |
| la tierra | land; soil |
| el valle | valley |
| el volcán | volcano |

## Los animales

| | |
|---|---|
| el animal | animal |
| el ave, el pájaro | bird |
| la ballena | whale |
| el gato | cat |
| el mono | monkey |
| el perro | dog |
| el pez (sing.), los peces (pl.) | fish |
| la tortuga (marina) | (sea) turtle |
| la vaca | cow |

## El medio ambiente

| | |
|---|---|
| el calentamiento global | global warming |
| el cambio climático | climate change |
| la conservación | conservation |
| la contaminación (del aire; del agua) | (air; water) pollution |
| la deforestación | deforestation |
| la ecología | ecology |
| el/la ecologista | ecologist |
| el ecoturismo | ecotourism |
| la energía (nuclear, solar) | (nuclear, solar) energy |
| el envase | container |
| la extinción | extinction |
| la fábrica | factory |
| el gobierno | government |
| la lata | (tin) can |
| la ley | law |
| el medio ambiente | environment |
| el peligro | danger |
| la (sobre)población | (over)population |
| el reciclaje | recycling |
| el recurso natural | natural resource |
| la solución | solution |
| cazar | to hunt |
| conservar | to conserve |
| contaminar | to pollute |
| controlar | to control |
| cuidar | to take care of |
| dejar de (+ *inf.*) | to stop (doing something) |
| desarrollar | to develop |
| descubrir | to discover |
| destruir | to destroy |
| estar afectado/a (por) | to be affected (by) |
| estar contaminado/a | to be polluted |
| evitar | to avoid |
| mejorar | to improve |
| proteger | to protect |
| reciclar | to recycle |
| recoger | to pick up |
| reducir | to reduce |
| resolver (o:ue) | to resolve; to solve |
| respirar | to breathe |
| de aluminio | (made) of aluminum |
| de plástico | (made) of plastic |
| de vidrio | (made) of glass |
| ecológico/a | ecological |
| puro/a | pure |
| renovable | renewable |

## Las emociones

| | |
|---|---|
| alegrarse (de) | to be happy |
| esperar | to hope; to wish |
| sentir (e:ie) | to be sorry; to regret |
| temer | to fear |
| es extraño | it's strange |
| es una lástima | it's a shame |
| es ridículo | it's ridiculous |
| es terrible | it's terrible |
| es triste | it's sad |
| ojalá (que) | I hope (that); I wish (that) |

## Las dudas y certezas

| | |
|---|---|
| (no) creer | (not) to believe |
| (no) dudar | (not) to doubt |
| (no) negar (e:ie) | (not) to deny |
| es imposible | it's impossible |
| es improbable | it's improbable |
| es obvio | it's obvious |
| No cabe duda de | There is no doubt that… |
| No hay duda de | There is no doubt that… |
| (no) es cierto | it's (not) certain |
| (no) es posible | it's (not) possible |
| (no) es probable | it's (not) probable |
| (no) es seguro | it's (not) certain |
| (no) es verdad | it's (not) true |

## Conjunciones

| | |
|---|---|
| a menos que | unless |
| antes (de) que | before |
| con tal (de) que | provided (that) |
| cuando | when |
| después de que | after |
| en caso (de) que | in case (that) |
| en cuanto | as soon as |
| hasta que | until |
| para que | so that |
| sin que | without |
| tan pronto como | as soon as |

| | |
|---|---|
| Expresiones útiles | See page 447. |

  **Audio: Vocabulary**

# En la ciudad

**14**

## Communicative Goals

*You will learn how to:*
- Give advice to others
- Give and receive directions
- Discuss daily errands and city life

# En la ciudad

## Más vocabulario

| | |
|---|---|
| la frutería | fruit store |
| la heladería | ice cream shop |
| la pastelería | pastry shop |
| la pescadería | fish market |
| la cuadra | (city) block |
| la dirección | address |
| la esquina | corner |
| el estacionamiento | parking lot |
| derecho | straight (ahead) |
| enfrente de | opposite; facing |
| hacia | toward |
| cruzar | to cross |
| doblar | to turn |
| hacer diligencias | to run errands |
| quedar | to be located |
| el cheque (de viajero) | (traveler's) check |
| la cuenta corriente | checking account |
| la cuenta de ahorros | savings account |
| ahorrar | to save (money) |
| cobrar | to cash (a check) |
| depositar | to deposit |
| firmar | to sign |
| llenar (un formulario) | to fill out (a form) |
| pagar a plazos | to pay in installments |
| pagar al contado/ en efectivo | to pay in cash |
| pedir prestado/a | to borrow |
| pedir un préstamo | to apply for a loan |
| ser gratis | to be free of charge |

## Variación léxica

cuadra ⟷ manzana (*Esp.*)
estacionamiento ⟷ aparcamiento (*Esp.*)
doblar ⟷ girar; virar; dar vuelta
hacer diligencias ⟷ hacer mandados

la peluquería, el salón de belleza

el banco

el supermercado

la panadería

la joyería

el cajero automático

Indica cómo llegar. (indicar)

Está perdida. (estar)

# Práctica

el letrero

la carnicería

la zapatería

la lavandería

**1**

**Escuchar** 🎧 Mira el dibujo. Luego escucha las oraciones e indica si lo que dice cada una es **cierto** o **falso**.

|  | Cierto | Falso |  | Cierto | Falso |
|---|---|---|---|---|---|
| 1. | ○ | ○ | 6. | ○ | ○ |
| 2. | ○ | ○ | 7. | ○ | ○ |
| 3. | ○ | ○ | 8. | ○ | ○ |
| 4. | ○ | ○ | 9. | ○ | ○ |
| 5. | ○ | ○ | 10. | ○ | ○ |

**2**

**¿Quién la hizo?** 🎧 Escucha la conversación entre Telma y Armando. Escribe el nombre de la persona que hizo cada diligencia o una X si nadie la hizo. Una diligencia la hicieron los dos.

1. abrir una cuenta corriente
2. abrir una cuenta de ahorros
3. ir al banco
4. ir a la panadería
5. ir a la peluquería
6. ir al supermercado

**3**

**Seleccionar** Indica dónde haces estas diligencias.

| banco | joyería | pescadería |
|---|---|---|
| carnicería | lavandería | salón de belleza |
| frutería | pastelería | zapatería |

1. comprar galletas
2. comprar manzanas
3. lavar la ropa
4. comprar mariscos
5. comprar pollo
6. comprar sandalias

**4**

**Completar** Completa las oraciones con las palabras más adecuadas.

1. El banco me regaló un reloj. Fue _____.
2. Me gusta _____ dinero, pero no me molesta gastarlo.
3. La cajera me dijo que tenía que _____ el cheque en el dorso (*on the back*) para cobrarlo.
4. Para pagar con un cheque, necesito tener dinero en mi _____.
5. Mi madre va a un _____ para obtener dinero en efectivo cuando el banco está cerrado.
6. Cada viernes, Julio lleva su cheque al banco y lo _____ para tener dinero en efectivo.
7. Ana _____ su cheque en su cuenta de ahorros.
8. Cuando viajas, es buena idea llevar cheques _____.

Manda/Envía un paquete. (mandar, enviar)

la estampilla, el sello

Hacen cola. (hacer)

el cartero

el correo

Echa una carta al buzón. (echar)

el sobre

**En el correo**

**¡LENGUA VIVA!**

Note that **correo** can mean either *mail* or *post office*. Other ways to say *post office* are **la oficina de correos** and **correos**.

**5**   **Conversación** Completa la conversación entre Juanita y el cartero con las palabras más adecuadas.

CARTERO   Buenas tardes, ¿es usted la señorita Ramírez? Le traigo un (1) _____.

JUANITA   Sí, soy yo. ¿Quién lo envía?

CARTERO   La señora Brito. Y también tiene dos (2) _____.

JUANITA   Ay, pero ¡ninguna es de mi novio! ¿No llegó nada de Manuel Fuentes?

CARTERO   Sí, pero él echó la carta al (3) _____ sin poner un (4) _____ en el sobre.

JUANITA   Entonces, ¿qué recomienda usted que haga?

CARTERO   Sugiero que vaya al (5) _____. Con tal de que pague el costo del sello, se le puede dar la carta sin ningún problema.

JUANITA   Uy, otra diligencia, y no tengo mucho tiempo esta tarde para (6) _____ cola en el correo, pero voy enseguida. ¡Ojalá que sea una carta de amor!

**¡LENGUA VIVA!**

In Spanish, **Soy yo** means *That's me* or *It's me.* **¿Eres tú?/ ¿Es usted?** means *Is that you?*

**6**   **En el banco** Tú eres un(a) empleado/a de banco y tu compañero/a es un(a) estudiante universitario/a que necesita abrir una cuenta corriente. En parejas, hagan una lista de las palabras que pueden necesitar para la conversación. Después lean estas situaciones y modifiquen su lista original según la situación.

- una pareja de recién casados quiere pedir un préstamo para comprar una casa
- una persona quiere información de los servicios que ofrece el banco
- un(a) estudiante va a estudiar al extranjero (*abroad*) y quiere saber qué tiene que hacer para llevar su dinero de una forma segura
- una persona acaba de ganar 50 millones de dólares en la lotería y quiere saber cómo invertirlos (*invest them*)

Ahora, escojan una de las cuatro situaciones y represéntenla para la clase.

 Practice more at **vistas.vhlcentral.com.**

# Comunicación

**7**

**Diligencias** En parejas, decidan quién va a hacer cada diligencia y cuál es la manera más rápida de llegar a los diferentes lugares desde el campus.

> **modelo**
>
> cobrar unos cheques
> **Estudiante 1:** *Yo voy a cobrar unos cheques. ¿Cómo llego al banco?*
> **Estudiante 2:** *Conduce hacia el norte hasta cruzar la calle Oak. El banco queda en la esquina a la izquierda.*

1. enviar un paquete
2. comprar botas nuevas
3. comprar un pastel de cumpleaños
4. lavar unas camisas
5. comprar helado
6. cortarse (*to cut*) el pelo

**8**

**El Hatillo** Trabajen en parejas para representar los papeles de un(a) turista que está perdido/a en El Hatillo y de un(a) residente de la ciudad que quiere ayudarlo/la.

> **modelo**
>
> Plaza Sucre, café Primavera
> **Estudiante 1:** *Perdón, ¿por dónde queda la Plaza Sucre?*
> **Estudiante 2:** *Del café Primavera, camine derecho por la calle Sucre hasta cruzar la calle Comercio...*

1. Plaza Bolívar, farmacia
2. Casa de la Cultura, Plaza Sucre
3. banco, terminal
4. estacionamiento (este), escuela
5. Plaza Sucre, estacionamiento (oeste)
6. joyería, banco
7. farmacia, joyería
8. zapatería, iglesia

**9**

**Cómo llegar** En grupos, escriban un minidrama en el que unos/as turistas están preguntando cómo llegar a diferentes sitios de la comunidad en la que ustedes viven.

# Corriendo por la ciudad

**Maru necesita entregar unos documentos en el Museo de Antropología.**

PERSONAJES    MARU    MIGUEL

 Video: *Fotonovela*
Record and Compare

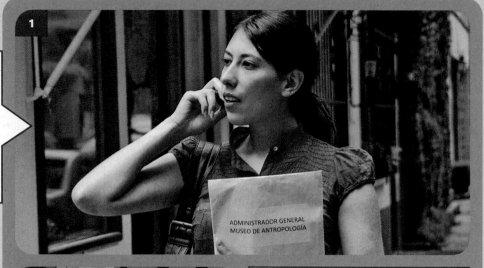

**MARU** Miguel, ¿estás seguro de que tu coche está estacionado en la calle de Independencia? Estoy en la esquina de Zaragoza y Francisco Sosa. OK. Estoy enfrente del salón de belleza.

**MARU** ¿Me puedes prestar algo de dinero?

**MÓNICA** Déjame ver cuánto tengo. Estoy haciendo diligencias, y me gasté casi todo el efectivo en la carnicería y en la panadería y en la frutería.

**MIGUEL** Dobla a la avenida Hidalgo. Luego cruza la calle Independencia y dobla a la derecha. El coche está enfrente de la pastelería.

**MARU** ¡Ahí está! Gracias, cariño. Hablamos luego.

**MARU** Vamos, arranca. Pensé que podías aguantar unos kilómetros más. Necesito un coche que funcione bien. (*en el teléfono*) Miguel, tu coche está descompuesto. Voy a pasar al banco porque necesito dinero, y luego me voy en taxi al museo.

**MARU** Hola, Moni. Lo siento, tengo que ir a entregar un paquete y todavía tengo que ir a un cajero.

**MÓNICA** ¡Uf! Y la cola está súper larga.

**MÓNICA** ¿Estás bien? Te ves pálida. Sentémonos un minuto.

**MARU** ¡No tengo tiempo! Tengo que llegar al Museo de Antropología. Necesito entregar...

**MÓNICA** ¡Ah, sí, tu proyecto!

MÓNICA

**MÓNICA** ¿Puedes mandarlo por correo? El correo está muy cerca de aquí.

**MARU** El plazo para mandarlo por correo se venció la semana pasada. Tengo que entregarlo personalmente.

**MARU** ¿Me podrías prestar tu coche?

**MÓNICA** Estás muy nerviosa para manejar con este tráfico. Te acompaño. ¡No!, mejor, yo te llevo. Mi coche está en el estacionamiento de la calle Constitución.

**MARU** En esta esquina dobla a la derecha. En el semáforo, a la izquierda y sigue derecho.

**MÓNICA** Hay demasiado tráfico. No sé si podemos...

**MARU** Hola, Miguel. No, no hubo más problemas. Lo entregué justo a tiempo. Nos vemos más tarde. (*a Mónica*) ¡Vamos a celebrar!

**recursos**

VM pp. 239–240

vistas.vhlcentral.com Lección 14

## Expresiones útiles

### Getting/giving directions

**Estoy en la esquina de Zaragoza y Francisco Sosa.**
*I'm at the corner of Zaragoza and Francisco Sosa.*
**Dobla a la avenida Hidalgo.**
*Turn on Hidalgo Avenue.*
**Luego cruza la calle Independencia y dobla a la derecha.**
*Then cross Independencia Street and turn right.*
**El coche está enfrente de la pastelería.**
*The car is in front of the bakery.*
**En el semáforo, a la izquierda y sigue derecho.**
*Left at the light, then straight ahead.*

### Talking about errands

**Voy a pasar al banco porque necesito dinero.**
*I'm going to the bank because I need money.*
**No tengo tiempo.**
*I don't have time.*
**Estoy haciendo diligencias, y me gasté casi todo el efectivo.**
*I'm running errands, and I spent most of my cash.*

### Asking for a favor

**¿Me puedes prestar algo de dinero?**
*Could you lend me some money?*
**¿Me podrías prestar tu coche?**
*Could I borrow your car?*

### Talking about deadlines

**Tengo que entregar mi proyecto.**
*I have to turn in my project.*
**El plazo para mandarlo por correo se venció la semana pasada.**
*The deadline to mail it in passed last week.*

### Additional vocabulary

**acompañar** *to accompany*
**aguantar** *to endure, to hold up*
**ándale** *come on*
**pálido/a** *pale*
**¿Qué onda?** *What's up?*

# ¿Qué pasó?

**1** ¿Cierto o falso? Decide si lo que dicen estas oraciones es **cierto** o **falso**. Corrige las oraciones falsas.

| | Cierto | Falso |
|---|---|---|
| 1. Miguel dice que su coche está estacionado enfrente de la carnicería. | ○ | ○ |
| 2. Maru necesita pasar al banco porque necesita dinero. | ○ | ○ |
| 3. Mónica gastó el efectivo en la joyería y el supermercado. | ○ | ○ |
| 4. Maru puede mandar el paquete por correo. | ○ | ○ |

**CONSULTA**

To review the use of verbs like **necesitar**, see **Estructura 12.4**, p. 426.

**2** Ordenar Pon los sucesos de la **Fotonovela** en el orden correcto.

a. Maru le pide dinero prestado a Mónica. _____

b. Maru entregó el paquete justo a tiempo (*just in time*). _____

c. Mónica dice que hay una cola súper larga en el banco. _____

d. Mónica lleva a Maru en su coche. _____

e. Maru dice que se va a ir en taxi al museo. _____

f. Maru le dice a Mónica que doble a la derecha en la esquina. _____

**3** Otras diligencias En parejas, hagan una lista de las diligencias que Miguel, Maru y Mónica necesitan hacer para completar estas actividades.

1. enviar un paquete por correo
2. pedir una beca (*scholarship*)
3. visitar una nueva ciudad
4. abrir una cuenta corriente
5. celebrar el cumpleaños de Mónica
6. comprar una nueva computadora portátil

**MARU**

**MIGUEL**

**MÓNICA**

**4** Conversación Un(a) compañero/a y tú son vecinos/as. Uno/a de ustedes acaba de mudarse y necesita ayuda porque no conoce la ciudad. Los/Las dos tienen que hacer algunas diligencias y deciden hacerlas juntos/as. Preparen una conversación breve incluyendo planes para ir a estos lugares.

**modelo**

**Estudiante 1:** *Necesito lavar mi ropa. ¿Sabes dónde queda una lavandería?*

**Estudiante 2:** *Sí. Aquí a dos cuadras hay una. También tengo que lavar mi ropa. ¿Qué te parece si vamos juntos?*

▶ un banco

▶ una lavandería

▶ un supermercado

▶ una heladería

▶ una panadería

**AYUDA**

**primero** *first*
**luego** *then*
**¿Sabes dónde queda…?**
*Do you know where…is?*
**¿Qué te parece?**
*What do you think?*
**¡Cómo no!**
*But of course!*

 Practice more at **vistas.vhlcentral.com**.

# Ortografía   Ⓢ Concepts

## Las abreviaturas

In Spanish, as in English, abbreviations are often used in order to save space and time while writing. Here are some of the most commonly used abbreviations in Spanish.

---

usted → Ud.      ustedes → Uds.

As you have already learned, the subject pronouns **usted** and **ustedes** are often abbreviated.

---

don → D.      doña → Dña.      doctor(a) → Dr(a).

señor → Sr.      señora → Sra.      señorita → Srta.

These titles are frequently abbreviated.

---

centímetro → cm      metro → m      kilómetro → km

litro → l      gramo → g, gr      kilogramo → kg

The abbreviations for these units of measurement are often used, but without periods.

---

por ejemplo → p. ej.      página(s) → pág(s).

These abbreviations are often seen in books.

---

derecha → dcha.      izquierda → izq., izqda.

código postal → C.P.      número → n.°

These abbreviations are often used in mailing addresses.

---

Banco → Bco.      Compañía → Cía.

cuenta corriente → c/c.      Sociedad Anónima (*Inc.*) → S.A.

These abbreviations are frequently used in the business world.

---

Ⓢ **Práctica** Escribe otra vez esta información usando las abreviaturas adecuadas.

1. doña María
2. señora Pérez
3. Compañía Mexicana de Inversiones
4. usted

5. Banco de Santander
6. doctor Medina
7. Código Postal 03697
8. cuenta corriente número 20-453

Ⓢ **Emparejar** En la tabla hay nueve abreviaturas. Empareja los cuadros necesarios para formarlas.

| S. | c. | C. | c | co. | U |
|----|----|----|----|----|----|
| B | c/ | Sr | A. | D | dc |
| ta. | P. | ña. | ha. | m | d. |

**EN DETALLE**

**Additional Reading**

# Paseando en metro

**Hoy es el primer día de Teresa en la Ciudad de México.** Debe tomar el metro para ir del centro de la ciudad a Coyoacán, en el sur. Llega a la estación Zócalo y compra un pasaje por el equivalente a veintitrés centavos° de dólar, ¡qué ganga! Con este pasaje puede ir a cualquier° parte de la ciudad o del área metropolitana.

No sólo en México, sino también en ciudades de Venezuela, Chile, Argentina y España, hay sistemas de transporte público eficientes y

muy económicos. También suele haber° varios tipos de transporte: autobús, metro, tranvía°, microbús y tren. Generalmente se pueden comprar abonos° de uno o varios días para un determinado tipo de transporte. En algunas ciudades también existen abonos de transporte

combinados que permiten usar, por ejemplo, el metro y el autobús o el autobús y el tren. En estas ciudades, los metros, autobuses y trenes pasan con mucha frecuencia. Las paradas° y estaciones están bien señalizadas°.

Vaya°, Teresa ya está llegando a Coyoacán. Con lo que ahorró en el pasaje del metro, puede comprarse un helado de mango y unos esquites° en el jardín Centenario.

### El metro

El primer metro de Suramérica que se abrió al público fue el de Buenos Aires, Argentina (1° de diciembre de 1913); el último, el de Valparaíso, Chile (23 de noviembre de 2005).

| Ciudad | Pasajeros/Día (aprox.) |
|---|---|
| México D.F., México | 4.500.000 |
| Madrid, España | 2.500.000 |
| Santiago, Chile | 2.500.000 |
| Buenos Aires, Argentina | 1.700.000 |
| Caracas, Venezuela | 1.650.000 |
| Medellín, Colombia | 500.000 |
| Guadalajara, México | 165.000 |

centavos *cents* cualquier *any* suele haber *there usually are* tranvía *streetcar* abonos *passes* paradas *stops* señalizadas *labeled* Vaya *Well* esquites *toasted corn kernels*

---

**ACTIVIDADES**

**1** **¿Cierto o falso?** Indica si lo que dice cada oración es **cierto** o **falso**. Corrige la información falsa.

1. En la Ciudad de México, el pasaje de metro cuesta 23 dólares.

2. En México, un pasaje se puede usar sólo para ir al centro de la ciudad.

3. En Chile hay varios tipos de transporte público.

4. En ningún caso los abonos de transporte sirven para más de un tipo de transporte.

5. Los trenes, autobuses y metros pasan con mucha frecuencia.

6. Hay pocos letreros en las paradas y estaciones.

7. Los servicios de metro de México y España son los que mayor cantidad de viajeros transporta cada día.

8. La ciudad de Buenos Aires tiene el sistema de metro más viejo de Latinoamérica.

9. El metro que lleva menos tiempo en servicio es el de la ciudad de Medellín, Colombia.

## ASÍ SE DICE

### En la ciudad

| | |
|---|---|
| el parqueadero (Col., Pan.) el parqueo (Bol., Cuba, Amér. C.) | el estacionamiento |
| dar un aventón (Méx.); dar botella (Cuba) | to give (someone) a ride |
| el subterráneo, el subte (Arg.) | el metro |

## EL MUNDO HISPANO

### Apodos de ciudades

Así como Nueva York es la Gran Manzana, muchas ciudades hispanas tienen un apodo°.

- **La tacita de plata°** A Cádiz, España, se le llama así por sus edificios blancos de estilo árabe.

- **Ciudad de la eterna primavera** Arica, Chile; Cuernavaca, México, y Medellín, Colombia, llevan este sobrenombre por su clima templado° durante todo el año.

- **La docta°** Así se conoce a la ciudad argentina de Córdoba por su gran tradición universitaria.

- **La ciudad de los reyes** Así se conoce Lima, Perú, porque fue la capital del Virreinato° del Perú y allí vivían los virreyes°.

- **La arenosa** Barranquilla, Colombia, se le llama así por sus orillas del río cubiertas° de arena.

apodo *nickname* plata *silver* templado *mild* docta *erudite* Virreinato *Viceroyalty* virreyes *viceroys* cubiertas *covered*

## PERFIL

# Luis Barragán: arquitectura y emoción

Para el arquitecto mexicano **Luis Barragán** (1902–1988) los sentimientos° y emociones que despiertan sus diseños eran muy importantes. Afirmaba° que la arquitectura tiene una dimensión espiritual. Para él, era belleza, inspiración, magia°, serenidad, misterio, silencio, privacidad, asombro°...

**Casa Barragán, Ciudad de México, 1947-1948**

Las obras de Barragán muestran un suave° equilibrio entre la naturaleza y la creación humana. Su estilo también combina la arquitectura tradicional mexicana con conceptos modernos. Una característica de sus casas son las paredes

envolventes° de diferentes colores con muy pocas ventanas.

En 1980, Barragán obtuvo° el Premio Pritzker, algo así como el Premio Nobel de Arquitectura. Está claro que este artista logró° que sus casas transmitieran sentimientos especiales.

sentimientos *feelings* Afirmaba *He stated* magia *magic* asombro *amazement* suave *smooth* envolventes *enveloping* obtuvo *received* logró *managed*

### Conexión Internet

| | |
|---|---|
| ¿Qué otros arquitectos combinan las construcciones con la naturaleza? | Go to **vistas.vhlcentral.com** to find more cultural information related to this **Cultura** section. |

## ACTIVIDADES

**2** **Comprensión** Responde a las preguntas.

1. ¿En qué país estás si te dicen "Dame botella al parqueo"?
2. ¿Qué ciudades tienen clima templado todo el año?
3. ¿Qué es más importante en los diseños de Barragán: la naturaleza o la creación humana?
4. ¿Qué premio obtuvo Barragán y cuándo?

**3** **¿Qué ciudad te gusta?** Escribe un párrafo breve sobre el sentimiento que despiertan las construcciones que hay en una ciudad o un pueblo que te guste mucho. Explica cómo es y cómo te sientes cuando estás allí. Inventa un apodo para este lugar.

 Practice more at **vistas.vhlcentral.com**.

## 14.1 The subjunctive in adjective clauses  Tutorial

**ANTE TODO** In **Lección 13**, you learned that the subjunctive is used in adverbial clauses after certain conjunctions. You will now learn how the subjunctive can be used in adjective clauses to express that the existence of someone or something is uncertain or indefinite.

¿Conoces una joyería que esté cerca?

No, no conozco ninguna joyería que esté cerca de aquí.

▶ The subjunctive is used in an adjective (or subordinate) clause that refers to a person, place, thing, or idea that either does not exist or whose existence is uncertain or indefinite. In the examples below, compare the differences in meaning between the statements using the indicative and those using the subjunctive.

| Indicative | Subjunctive |
|---|---|
| Necesito **el libro** que **tiene** información sobre Venezuela. <br> *I need **the book** that has information about Venezuela.* | Necesito **un libro** que **tenga** información sobre Venezuela. <br> *I need **a book** that has information about Venezuela.* |
| Quiero vivir en **esta casa** que **tiene** jardín. <br> *I want to live in **this house** that has a garden.* | Quiero vivir en **una casa** que **tenga** jardín. <br> *I want to live in **a house** that has a garden.* |
| En mi barrio, hay **una heladería** que **vende** helado de mango. <br> *In my neighborhood, **there's an ice cream shop** that sells mango ice cream.* | En mi barrio no hay **ninguna heladería** que **venda** helado de mango. <br> *In my neighborhood **there is no ice cream shop** that sells mango ice cream.* |

▶ When the adjective clause refers to a person, place, thing, or idea that is clearly known, certain, or definite, the indicative is used.

Quiero ir **al supermercado** que **vende** productos venezolanos.
*I want to go to the supermarket that sells Venezuelan products.*

Busco **al profesor** que **enseña** japonés.
*I'm looking for the professor who teaches Japanese.*

Conozco **a alguien** que **va** a esa peluquería.
*I know someone who goes to that beauty salon.*

Tengo **un amigo** que **vive** cerca de mi casa.
*I have a friend who lives near my house.*

▶ The personal **a** is not used with direct objects that are hypothetical people. However, as you learned in **Lección 7**, **alguien** and **nadie** are always preceded by the personal **a** when they function as direct objects.

Necesitamos **un empleado** que **sepa** usar computadoras.
*We need an employee who knows how to use computers.*

Necesitamos **al empleado** que **sabe** usar computadoras.
*We need the employee who knows how to use computers.*

Buscamos **a alguien** que **pueda** cocinar.
*We're looking for someone who can cook.*

No conocemos **a nadie** que **pueda** cocinar.
*We don't know anyone who can cook.*

▶ The subjunctive is commonly used in questions with adjective clauses when the speaker is trying to find out information about which he or she is uncertain. However, if the person who responds to the question knows the information, the indicative is used.

—¿Hay un parque que **esté** cerca de nuestro hotel?
*Is there a park that's near our hotel?*

—Sí, hay un parque que **está** muy cerca del hotel.
*Yes, there's a park that's very near the hotel.*

▶ **¡Atención!** Here are some verbs which are commonly followed by adjective clauses in the subjunctive:

### Verbs commonly used with subjunctive

| | |
|---|---|
| buscar | haber |
| conocer | necesitar |
| encontrar | querer |

SECCIÓN AMARILLA
Busque cualquier información que necesite.

**¡INTÉNTALO!** Escoge entre el subjuntivo y el indicativo para completar cada oración.

1. Necesito una persona que ___pueda___ (puede/pueda) cantar bien.
2. Buscamos a alguien que _____ (tiene/tenga) paciencia.
3. ¿Hay restaurantes aquí que _____ (sirven/sirvan) comida japonesa?
4. Tengo una amiga que _____ (saca/saque) fotografías muy bonitas.
5. Hay una carnicería que _____ (está/esté) cerca de aquí.
6. No vemos ningún apartamento que nos _____ (interesa/interese).
7. Conozco a un estudiante que _____ (come/coma) hamburguesas todos los días.
8. ¿Hay alguien que _____ (dice/diga) la verdad?

# Práctica

**1**

**Completar** Completa estas oraciones con la forma correcta del indicativo o del subjuntivo de los verbos entre paréntesis.

1. Buscamos un hotel que _____ (tener) piscina.
2. ¿Sabe usted dónde _____ (quedar) el Correo Central?
3. ¿Hay algún buzón por aquí donde yo _____ (poder) echar una carta?
4. Ana quiere ir a la carnicería que _____ (estar) en la avenida Lecuna.
5. Encontramos un restaurante que _____ (servir) comida típica venezolana.
6. ¿Conoces a alguien que _____ (saber) mandar un *fax* por computadora?
7. Llamas al empleado que _____ (entender) este nuevo programa de computación.
8. No hay nada en este mundo que _____ (ser) gratis.

**2**

**Oraciones** Marta está haciendo diligencias en Caracas con una amiga. Forma oraciones con estos elementos, usando el presente de indicativo o de subjuntivo. Haz los cambios que sean necesarios.

1. yo / conocer / un / panadería / que / vender / pan / cubano

2. ¿hay / alguien / que / saber / dirección / de / un / buen / carnicería?

3. yo / querer / comprarle / mi / hija / un / zapatos / que / gustar

4. ella / no / encontrar / nada / que / gustar / en / ese / zapatería

5. ¿tener / dependientas / algo / que / ser / más / barato?

6. ¿conocer / tú / alguno / banco / que / ofrecer / cuentas / corrientes / gratis?

7. nosotras / no / conocer / nadie / que / hacer / tanto / diligencias / como / nosotras

8. nosotras / necesitar / un / línea / de / metro / que / nos / llevar / a / casa

◀

**3**

**Anuncios clasificados** En parejas, lean estos anuncios y luego describan el tipo de persona u objeto que se busca.

## CLASIFICADOS

**VENDEDOR(A)** Se necesita persona dinámica y responsable con buena presencia. Experiencia mínima de un año. Horario de trabajo flexible. Llamar a Joyería Aurora de 10 a 13h y de 16 a 18h. Tel: 263-7553

**PELUQUERÍA UNISEX** Se busca persona con experiencia en peluquería y maquillaje para trabajar tiempo completo. Llamar de 9 a 13: 30h. Tel: 261-3548

**COMPARTIR APARTAMENTO** Se necesita compañera para compartir apartamento de 2 alcobas en el Chaco. Alquiler $500 por mes. No fumar. Llamar al 951-3642 entre 19 y 22h.

**CLASES DE INGLÉS** Profesor de Inglaterra con diez años de experiencia ofrece clases para grupos o instrucción privada para individuos. Llamar al 933-4110 de 16:30 a 18:30.

**SE BUSCA CONDOMINIO** Se busca condominio en Sabana Grande con 3 alcobas, 2 baños, sala, comedor y aire acondicionado. Tel: 977-2018.

**EJECUTIVO DE CUENTAS** Se requiere joven profesional con al menos dos años de experiencia en el sector financiero. Se ofrecen beneficios excelentes. Enviar currículum vitae al Banco Unión, Avda. Urdaneta 263, Caracas.

# Comunicación

**4**

**Subjuntivo** Completa estas frases de una manera lógica. Luego, con un(a) compañero/a, túrnense para comparar sus respuestas.

> **modelo**
>
> **Estudiante 1:** Tengo una novia que sabe bailar tango. ¿Y tú?
>
> **Estudiante 2:** Yo tengo un novio que habla alemán.

1. Deseo un trabajo (*job*) que...
2. Algún día espero tener un apartamento/una casa que...
3. Mis padres buscan un carro que..., pero yo quiero un carro que...
4. Tengo un(a) novio/a que...
5. Un(a) consejero/a (*advisor*) debe ser una persona que...
6. Me gustaría (*I would like*) conocer a alguien que...
7. En esta clase no hay nadie que...
8. No tengo ningún profesor que...

**5**

**Encuesta** Tu profesor(a) va a darte una hoja de actividades. Circula por la clase y pregúntales a tus compañeros/as si conocen a alguien que haga cada actividad de la lista. Si responden que sí, pregúntales quién es y anota sus respuestas. Luego informa a la clase de los resultados de tu encuesta.

**6**

**¿Compatibles?** Vas a mudarte a un apartamento con dos dormitorios. Como no quieres pagar la renta tú solo/a, estás buscando a un(a) compañero/a para que viva contigo. Escribe un anuncio buscando a alguien con cuatro características que consideres importantes y pégalo en la pared de la clase. Puedes usar algunas de estas opciones u otras en tu anuncio y no olvides usar el subjuntivo.

- cocinar
- escuchar hip-hop
- estar informado/a
- gustarle la política/el arte/los deportes

- llevarse bien con los animales
- ser vegetariano/a / limpio/a / optimista
- tener paciencia

> **modelo**
>
> Busco a alguien a quien no le guste el fútbol, que sea vegetariano, juegue videojuegos y le fascine la ciencia ficción.

Luego lee los anuncios de tus compañeros/as. ¿Con quién(es) podrías compartir tu apartamento? Busca tres candidatos/as y entrevístalos/las en dos minutos. Túrnate para entrevistar y ser entrevistado. ¿Encontraste a la persona ideal para que viva contigo?

# Síntesis

**7**

**Busca los cuatro** Tu profesor(a) te va a dar una hoja con ocho anuncios clasificados y a tu compañero/a otra hoja con ocho anuncios distintos a los tuyos. Háganse preguntas para encontrar los cuatro anuncios de cada hoja que tienen su respuesta en la otra.

Practice more at **vistas.vhlcentral.com**.

# 14.2 Nosotros/as commands  Tutorial

**ANTE TODO** You have already learned familiar (**tú**) commands and formal (**usted/ustedes**) commands. You will now learn **nosotros/as** commands, which are used to give orders or suggestions that include yourself and other people.

▶ **Nosotros/as** commands correspond to the English *Let's*.

▶ Both affirmative and negative **nosotros/as** commands are generally formed by using the first-person plural form of the present subjunctive.

**Crucemos** la calle.
*Let's cross the street.*

**No crucemos** la calle.
*Let's not cross the street.*

▶ The affirmative *Let's* + [*verb*] command may also be expressed with **vamos a** + [*infinitive*]. However, remember that **vamos a** + [*infinitive*] can also mean *we are going to (do something)*. Context and tone of voice determine which meaning is being expressed.

**Vamos a cruzar** la calle.
*Let's cross the street.*

**Vamos a trabajar** mucho.
*We're going to work a lot.*

▶ To express *Let's go*, the present indicative form of **ir** (**vamos**) is used, not the subjunctive. For the negative command, however, the subjunctive is used.

**Vamos** a la pescadería.

No **vayamos** a la pescadería.

Pensemos, ¿adónde fuiste hoy?

¡Eso es! ¡El carro de Miguel! Vamos.

▶ Object pronouns are always attached to affirmative **nosotros/as** commands. A written accent is added to maintain the original stress.

**Firmemos** el cheque.
**Firmémoslo.**

**Escribamos** a Ana y Raúl.
**Escribámosles.**

▶ Object pronouns are placed in front of negative **nosotros/as** commands.

No **les paguemos** el préstamo.

No **se lo digamos** a ellos.

**CONSULTA**

Remember that stem-changing –**ir** verbs have an additional stem change in the **nosotros/as** and **vosotros/as** forms of the present subjunctive. To review these forms, see **Estructura 12.3**, p. 423.

**¡ATENCIÓN!**

When **nos** or **se** is attached to an affirmative **nosotros/as** command, the final –**s** is dropped from the verb ending.

**Sentémonos** allí.
**Démoselo** a ella.
**Mandémoselo** a ellos.

• • •

The **nosotros/as** command form of **irse** is **vámonos**. Its negative form is **no nos vayamos**.

**recursos**

WB
pp. 163–164

LM
p. 82

vistas.
vhlcentral.com
Lección 14

**¡INTÉNTALO!** Indica los mandatos afirmativos y negativos de la primera persona del plural (**nosotros/as**) de estos verbos.

1. estudiar _estudiemos, no estudiemos_
2. cenar _____
3. leer _____
4. decidir _____

5. decir _____
6. cerrar _____
7. levantarse _____
8. irse _____

# Práctica

**1**

**Completar** Completa esta conversación con mandatos de **nosotros/as.** Luego, representa la conversación con un(a) compañero/a.

**MARÍA**  Sergio, ¿quieres hacer diligencias ahora o por la tarde?

**SERGIO**  No (1)_____ (dejarlas) para más tarde. (2)_____ (Hacerlas) ahora. ¿Qué tenemos que hacer?

**MARÍA**  Necesito comprar sellos.

**SERGIO**  Yo también. (3)_____ (Ir) al correo.

**MARÍA**  Pues, antes de ir al correo, necesito sacar dinero de mi cuenta corriente.

**SERGIO**  Bueno, (4)_____ (buscar) un cajero automático.

**MARÍA**  ¿Tienes hambre?

**SERGIO**  Sí. (5)_____ (Cruzar) la calle y (6)_____ (entrar) en ese café.

**MARÍA**  Buena idea.

**SERGIO**  ¿Nos sentamos aquí?

**MARÍA**  No, no (7)_____ (sentarse) aquí; (8)_____ (sentarse) enfrente de la ventana.

**SERGIO**  ¿Qué pedimos?

**MARÍA**  (9)_____ (Pedir) café y pan dulce.

**2**

**Responder** Responde a cada mandato de **nosotros/as** según las indicaciones entre paréntesis. Sustituye los sustantivos por los objetos directos e indirectos.

> **modelo**
>
> Vamos a vender el carro.
> *Sí, vendámoslo./No, no lo vendamos.*

1. Vamos a levantarnos a las seis. (sí)

2. Vamos a enviar los paquetes. (no)

3. Vamos a depositar el cheque. (sí)

4. Vamos al supermercado. (no)

5. Vamos a mandar esta postal a nuestros amigos. (no)

6. Vamos a limpiar la habitación. (sí)

7. Vamos a mirar la televisión. (no)

8. Vamos a bailar. (sí)

9. Vamos a pintar la sala. (no)

10. Vamos a comprar estampillas. (sí)

 Practice more at **vistas.vhlcentral.com.**

# Comunicación

**3**

**Preguntar** Tú y tu compañero/a están de vacaciones en Caracas y se hacen sugerencias para resolver las situaciones que se presentan. Inventen mandatos afirmativos o negativos de **nosotros/as.**

> **modelo**
>
> Se nos olvidaron las tarjetas de crédito.
>
> *Paguemos en efectivo./No compremos más regalos.*

**A**

1. El museo está a sólo una cuadra de aquí.
2. Tenemos hambre.
3. Hay mucha cola en el cine.

**B**

1. Tenemos muchos cheques de viajero.
2. Tenemos prisa para llegar al cine.
3. Estamos cansados y queremos dormir.

**4**

**Decisiones** Trabajen en grupos pequeños. Ustedes están en Caracas por dos días. Lean esta página de una guía turística sobre la ciudad y decidan qué van a hacer hoy por la mañana, por la tarde y por la noche. Hagan oraciones con mandatos afirmativos o negativos de **nosotros/as.**

> **modelo**
>
> Visitemos el Museo de Arte Contemporáneo Sofía Imber
> esta tarde. Quiero ver las esculturas de Jesús Rafael Soto.

## GUÍA DE Caracas

### MUSEOS

- **Museo de Arte Colonial**
  Avenida Panteón

- **Museo de Arte Contemporáneo Sofía Imber** Parque Central. Esculturas de Jesús Rafael Soto y pinturas de Miró, Chagall y Picasso.

- **Galería de Arte Nacional** Parque Central. Colección de más de 4.000 obras de arte venezolano.

### SITIOS DE INTERÉS

- **Plaza Bolívar**

- **Jardín Botánico** Avenida Interna UCV. De 8:00 a 5:00.

- **Parque del Este** Avenida Francisco de Miranda. Parque más grande de la ciudad con terrario.

- **Casa Natal de Simón Bolívar** Esquina de Sociedad de la avenida Universitaria. Casa colonial donde nació El Libertador.

### RESTAURANTES

- **El Barquero**
  Avenida Luis Roche

- **Restaurante El Coyuco**
  Avenida Urdaneta

- **Restaurante Sorrento**
  Avenida Francisco Solano

- **Café Tonino**
  Avenida Andrés Bello

# Síntesis

**5**

**Situación** Tú y un(a) compañero/a viven juntos/as en un apartamento y tienen problemas económicos. Describan los problemas y sugieran algunas soluciones. Hagan oraciones con mandatos afirmativos o negativos de **nosotros/as.**

> **modelo**
>
> Hagamos un presupuesto (*budget*).
>
> Es importante que no gastemos tanto dinero.

**14.3** **Past participles used as adjectives**  Tutorial

**ANTE TODO** In **Lección 5**, you learned about present participles (**estudiando**). Both Spanish and English have past participles. The past participles of English verbs often end in **-ed** (*to turn* → *turned*), but many are also irregular (*to buy* → *bought; to drive* → *driven*).

▶ In Spanish, regular **-ar** verbs form the past participle with **-ado**. Regular **-er** and **-ir** verbs form the past participle with **-ido.**

| INFINITIVE | STEM | PAST PARTICIPLE |
|---|---|---|
| bailar | bail- | **bailado** |
| comer | com- | **comido** |
| vivir | viv- | **vivido** |

▶ **¡Atención!** The past participles of **-er** and **-ir** verbs whose stems end in **-a, -e,** or **-o** carry a written accent mark on the **i** of the **-ido** ending.

| caer | | **caído** | reír | | **reído** |
|---|---|---|---|---|---|
| creer | | **creído** | sonreír | | **sonreído** |
| leer | | **leído** | traer | | **traído** |
| oír | | **oído** | | | |

**AYUDA**

You already know several past participles used as adjectives: **aburrido, interesado, nublado, perdido,** etc.

• • •

Note that all irregular past participles except **dicho** and **hecho** end in **-to.**

**Irregular past participles**

| abrir | | **abierto** | morir | | **muerto** |
|---|---|---|---|---|---|
| decir | | **dicho** | poner | | **puesto** |
| describir | | **descrito** | resolver | | **resuelto** |
| descubrir | | **descubierto** | romper | | **roto** |
| escribir | | **escrito** | ver | | **visto** |
| hacer | | **hecho** | volver | | **vuelto** |

▶ In Spanish, as in English, past participles can be used as adjectives. They are often used with the verb **estar** to describe a condition or state that results from an action. Like other Spanish adjectives, they must agree in gender and number with the nouns they modify.

En la entrada hay algunos letreros **escritos** en español.
*In the entrance, there are some signs written in Spanish.*

Tenemos la mesa **puesta** y la cena **hecha.**
*We have the table set and dinner made.*

**¡INTÉNTALO!** Indica la forma correcta del participio pasado de estos verbos.

1. hablar *hablado*
2. beber _____
3. decidir _____
4. romper _____

5. escribir _____
6. cantar _____
7. oír _____
8. traer _____

9. correr _____
10. leer _____
11. ver _____
12. hacer _____

# Práctica

**1**

**Completar** Completa las oraciones con la forma adecuada del participio pasado del verbo que está entre paréntesis.

1. Hoy mi peluquería favorita está _____ (cerrar).
2. Por eso, voy a otro salón de belleza que está _____ (abrir) todos los días.
3. Queda en la Plaza Bolívar, una plaza muy _____ (conocer).
4. Todos los productos y servicios de esta tienda están _____ (describir) en un catálogo.
5. El nombre del salón está _____ (escribir) en el letrero y en la acera (*sidewalk*).
6. Cuando la tarea esté _____ (hacer), necesito pasar por el banco.

**2**

**Preparativos** Tú y tu compañero/a van a hacer un viaje. Túrnense para hacerse estas preguntas sobre los preparativos (*preparations*). Respondan afirmativamente y usen el participio pasado en sus respuestas.

> **modelo**
>
> **Estudiante 1:** ¿Firmaste el cheque de viajero?
> **Estudiante 2:** Sí, el cheque de viajero ya está firmado.

1. ¿Compraste los pasajes para el avión?
2. ¿Confirmaste las reservaciones para el hotel?
3. ¿Firmaste tu pasaporte?
4. ¿Lavaste la ropa?
5. ¿Resolviste el problema con el banco?
6. ¿Pagaste todas las cuentas?
7. ¿Hiciste todas las diligencias?
8. ¿Hiciste las maletas?

**3**

**El estudiante competitivo** En parejas, túrnense para hacer el papel de un(a) estudiante que es muy competitivo/a y siempre quiere ser mejor que los demás. Usen los participios pasados de los verbos subrayados.

> **modelo**
>
> **Estudiante 1:** A veces se me daña la computadora.
> **Estudiante 2:** Yo sé mucho de computadoras. Mi computadora nunca está dañada.

1. Yo no hago la cama todos los días.
2. Casi nunca resuelvo mis problemas.
3. Nunca guardo mis documentos importantes.
4. Es difícil para mí terminar mis tareas.
5. Siempre se me olvida firmar mis tarjetas de crédito.
6. Nunca pongo la mesa cuando ceno.
7. No quiero escribir la composición para mañana.
8. Casi nunca lavo mi carro.

 Practice more at **vistas.vhlcentral.com**.

# Comunicación

**4**

**Preguntas** En parejas, túrnense para hacerse estas preguntas.

1. ¿Dejas alguna luz prendida en tu casa por la noche?
2. ¿Está ordenado tu cuarto?
3. ¿Prefieres comprar libros usados o nuevos? ¿Por qué?
4. ¿Tienes mucho dinero ahorrado?
5. ¿Necesitas pedirles dinero prestado a tus padres?
6. ¿Estás preocupado/a por el medio ambiente?
7. ¿Qué haces cuando no estás preparado/a para una clase?
8. ¿Qué haces cuando estás perdido/a en una ciudad?

**5**

**Describir** Tú y un(a) compañero/a son agentes de policía y tienen que investigar un crimen. Miren el dibujo y describan lo que encontraron en la habitación del señor Villalonga. Usen el participio pasado en la descripción. Luego, comparen su descripción con la de otra pareja.

> **modelo**
>
> La puerta del baño no estaba cerrada.

# Síntesis

**6**

**Entre líneas** En parejas, representen una conversación entre un empleado de banco y una clienta. Usen las primeras dos líneas del diálogo para empezar y la última para terminar, pero inventen las líneas del medio (*middle*). Usen participios pasados.

**EMPLEADO** Buenos días, señora Ibáñez. ¿En qué la puedo ayudar?

**CLIENTA** Tengo un problema con este banco. ¡Todavía no está resuelto!

...

**CLIENTA** ¡No vuelvo nunca a este banco!

# Recapitulación

  Concepts Diagnostics

Completa estas actividades para repasar los conceptos de gramática que aprendiste en esta lección.

**1**

**Completar** Completa la tabla con la forma correcta de los verbos. **8 pts.**

| Infinitivo | Participio | Infinitivo | Participio |
|------------|------------|------------|------------|
| completar  | completada | hacer      |            |
| corregir   |            | pagar      | pagado     |
| cubrir     |            | pedir      |            |
| decir      |            | perder     |            |
| escribir   |            | poner      |            |

**2**

**Los novios** Completa este diálogo entre dos novios con mandatos en la forma de **nosotros/as**. **10 pts.**

**SIMÓN** ¿Quieres ir al cine mañana?

**CARLA** Sí, ¡qué buena idea! (1) _____ (Comprar) los boletos (*tickets*) por Internet.

**SIMÓN** No, mejor (2) _____ (pedírselos) a mi prima, quien trabaja en el cine y los consigue gratis.

**CARLA** ¡Fantástico!

**SIMÓN** Y también quiero visitar la nueva galería de arte el fin de semana que viene.

**CARLA** ¿Por qué esperar? (3) _____ (Visitarla) esta tarde.

**SIMÓN** Bueno, pero primero tengo que limpiar mi apartamento.

**CARLA** No hay problema. (4) _____ (Limpiarlo) juntos.

**SIMÓN** Muy bien. ¿Y tú no tienes que hacer diligencias hoy? (5) _____ (Hacerlas) también.

**CARLA** Sí, tengo que ir al correo y al banco. (6) _____ (Ir) al banco hoy, pero no (7) _____ (ir) al correo todavía. Antes tengo que escribir una carta.

**SIMÓN** ¿Una carta misteriosa? (8) _____ (Escribirla) ahora.

**CARLA** No, mejor no (9) _____ (escribirla) hasta que regresemos de la galería donde venden un papel reciclado muy lindo (*cute*).

**SIMÓN** ¿Papel lindo? Pues, ¿para quién es la carta?

**CARLA** No importa. (10) _____ (Empezar) a limpiar.

---

**RESUMEN GRAMATICAL**

**14.1** **The subjunctive in adjective clauses**
*pp. 486–487*

▶ When adjective clauses refer to something that is known, certain, or definite, the indicative is used.

Necesito **el libro** que **tiene** fotos.

▶ When adjective clauses refer to something that is uncertain or indefinite, the subjunctive is used.

Necesito **un libro** que **tenga** fotos.

**14.2** **Nosotros/as commands** *p. 490*

▶ Same as **nosotros/as** form of present subjunctive.

| Affirmative | Negative |
|-------------|----------|
| **Démosle un libro a Lola.** | **No le demos un libro a Lola.** |
| **Démoselo.** | **No se lo demos.** |

▶ While the subjunctive form of the verb **ir** is used for the negative **nosotros/as** command, the indicative is used for the affirmative command.

No **vayamos** a la plaza.          **Vamos** a la plaza.

**14.3** **Past participles used as adjectives** *p. 493*

| Past participles | | |
|---|---|---|
| Infinitive | Stem | Past participle |
| bailar | bail- | **bailado** |
| comer | com- | **comido** |
| vivir | viv- | **vivido** |

| Irregular past participles | | | |
|---|---|---|---|
| abrir | **abierto** | morir | **muerto** |
| decir | **dicho** | poner | **puesto** |
| describir | **descrito** | resolver | **resuelto** |
| descubrir | **descubierto** | romper | **roto** |
| escribir | **escrito** | ver | **visto** |
| hacer | **hecho** | volver | **vuelto** |

▶ Like common adjectives, past participles must agre with the noun they modify.

Hay unos letreros **escritos** en español.

**3**  **Verbos** Escribe los verbos en el presente de indicativo o de subjuntivo. `10 pts.`

1. —¿Sabes dónde hay un restaurante donde nosotros (1) _____ (poder) comer paella valenciana? —No, no conozco ninguno que (2) _____ (servir) paella, pero conozco uno que (3) _____ (especializarse) en tapas españolas.

2. Busco vendedores que (4) _____ (ser) bilingües. No estoy seguro de conocer a alguien que (5) _____ (tener) esa característica. Pero ahora que lo pienso, ¡sí! Tengo dos amigos que (6) _____ (trabajar) en el almacén Excelencia. Los voy a llamar. Debo decirles que necesitamos que (ellos) (7) _____ (saber) hablar inglés.

3. Se busca apartamento que (8) _____ (estar) bien situado, que (9) _____ (costar) menos de $800 al mes y que (10) _____ (permitir) tener perros.

**4**  **La mamá de Pedro** Completa las respuestas de Pedro a las preguntas de su mamá. `10 pts.`

> **modelo**
>
> **MAMÁ:** ¿Te ayudo a guardar la ropa?
> **PEDRO:** La ropa ya *está guardada*.

1. **MAMÁ** ¿Cuándo se van a vestir tú y tu hermano para la fiesta?
   **PEDRO** Nosotros ya _____ _____.

2. **MAMÁ** Hijo, ¿puedes ordenar tu habitación?
   **PEDRO** La habitación ya _____ _____.

3. **MAMÁ** ¿Ya se murieron tus peces?
   **PEDRO** No, todavía no _____ _____.

4. **MAMÁ** ¿Te ayudo a hacer tus diligencias?
   **PEDRO** Gracias, mamá, pero las diligencias ya _____ _____.

5. **MAMÁ** ¿Cuándo terminas tu proyecto?
   **PEDRO** El proyecto ya _____ _____.

**5**  **La ciudad ideal** Escribe un párrafo de al menos seis oraciones describiendo cómo es la comunidad ideal donde te gustaría (*you would like*) vivir en el futuro y compárala con la comunidad donde vives ahora. Usa cláusulas adjetivas y el vocabulario de esta lección. `12 pts.`

**6**  **Adivinanza** Completa la adivinanza y adivina la respuesta. `¡2 puntos EXTRA!`

❝ Me llegan las cartas
y no sé _____ (*to read*)
y, aunque° me las como,
no mancho° el papel. ❞
¿Quién soy? _____

aunque *although*  no mancho *I don't stain*

🔊 Practice more at **vistas.vhlcentral.com**.

# Lectura

## Antes de leer

### Estrategia
**Identifying point of view**

You can understand a narrative more completely if you identify the point of view of the narrator. You can do this by simply asking yourself from whose perspective the story is being told. Some stories are narrated in the first person. That is, the narrator is a character in the story, and everything you read is filtered through that person's thoughts, emotions, and opinions. Other stories have an omniscient narrator who is not one of the story's characters and who reports the thoughts and actions of all the characters.

### Examinar el texto

Lee brevemente este cuento escrito por Marco Denevi. ¿Crees que se narra en primera persona o tiene un narrador omnisciente? ¿Cómo lo sabes?

_____

_____

### Punto de vista

Éstos son fragmentos de *Esquina peligrosa* en los que se cambió el punto de vista° a primera persona. Completa cada oración de manera lógica.

1. Le _____ a mi chofer que me condujese hasta aquel barrio...
2. Al doblar la esquina _____ el almacén, el mismo viejo y sombrío almacén donde _____ había trabajado como dependiente...
3. El recuerdo de _____ niñez me puso nostálgico. Se _____ humedecieron los ojos.
4. Yo _____ la canasta de mimbre, _____ llenándola con paquetes [...] y _____ a hacer el reparto.

**Marco Denevi** (1922–1998) fue un escritor y dramaturgo argentino. Estudió derecho y más tarde se convirtió en escritor. Algunas de sus obras, como *Rosaura a las diez*, han sido° llevadas al cine. Denevi se caracteriza por su gran creatividad e ingenio, que jamás dejan de sorprender al lector°.

# Esquina peligrosa

*Marco Denevi*

El señor Epidídimus, el magnate de las finanzas°, uno de los hombres más ricos del mundo, sintió un día el vehemente deseo de visitar el barrio donde había vivido cuando era niño y trabajaba como dependiente de almacén.

Le ordenó a su chofer que lo condujese hasta aquel barrio humilde° y remoto. Pero el barrio estaba tan cambiado que el señor Epidídimus no lo reconoció. En lugar de calles de tierra había bulevares asfaltados°, y las míseras casitas de antaño° habían sido reemplazadas por torres de departamentos°.

Al doblar una esquina vio el almacén, el mismo viejo y sombrío° almacén donde él había trabajado como dependiente cuando tenía doce años.
—Deténgase aquí—le dijo al chofer. Descendió del automóvil y entró en el almacén. Todo se conservaba igual que en la época de su infancia: las estanterías, la anticuada caja registradora°, la balanza de pesas° y, alrededor, el mudo asedio° de la mercadería.

El señor Epidídimus percibió el mismo olor de sesenta años atrás: un olor picante y agridulce a jabón

---

han sido *have been* lector *reader* finanzas *finance* humilde *humble, modest* asfaltados *paved with asphalt* antaño *yesteryear* torres de departamentos *apartment buildings* sombrío *somber* anticuada caja registradora *old-fashioned cash register* balanza de pesas *scale* mudo asedio *silent siege* aserrín *sawdust* acaroína *pesticide* penumbra del fondo *half-light from the back* reparto *delivery* lodazal *bog*

amarillo, a aserrín° húmedo, a vinagre, a aceitunas, a acaroína°. El recuerdo de su niñez lo puso nostálgico. Se le humedecieron los ojos. Le pareció que retrocedía en el tiempo.

Desde la penumbra del fondo° le llegó la voz ruda del patrón:

—¿Estas son horas de venir? Te quedaste dormido, como siempre.

El señor Epidídimus tomó la canasta de mimbre, fue llenándola con paquetes de azúcar, de yerba y de fideos, y salió a hacer el reparto°.

La noche anterior había llovido y las calles de tierra estaban convertidas en un lodazal°.

(1974)

❧

© Denevi, Marco, *Cartas peligrosas y otros cuentos. Obras Completas, Tomo 5,* Buenos Aires, Corregidor, 1999, págs. 192–193.

## Después de leer

### Comprensión
Indica si las oraciones son **ciertas** o **falsas**. Corrige las falsas.

Cierto Falso

1. El señor Epidídimus tiene una tienda con la que gana poco dinero.
2. Epidídimus vivía en un barrio humilde cuando era pequeño.
3. Epidídimus le ordenó al chofer que lo llevara a un barrio de gente con poco dinero.
4. Cuando Epidídimus entró al almacén se acordó de experiencias pasadas.
5. Epidídimus les dio órdenes a los empleados del almacén.

### Interpretación
Responde a estas preguntas con oraciones completas.

1. ¿Es rico o pobre Epidídimus? ¿Cómo lo sabes?
2. ¿Por qué Epidídimus va al almacén?
3. ¿De quién es la voz "ruda" que Epidídimus escucha? ¿Qué orden crees que le dio a Epidídimus?
4. ¿Qué hace Epidídimus al final?

### Coméntalo
En parejas, hablen de sus impresiones y conclusiones. Tomen como guía estas preguntas.

- ¿Te sorprendió el final de este cuento? ¿Por qué?
- ¿Qué va a hacer Epidídimus el resto del día?
- ¿Crees que Epidídimus niño estaba soñando o Epidídimus adulto estaba recordando?
- ¿Por qué crees que el cuento se llama *Esquina peligrosa*?

# Escritura

## Estrategia

### Avoiding redundancies

Redundancy is the needless repetition of words or ideas. To avoid redundancy with verbs and nouns, consult a Spanish language thesaurus (**Diccionario de sinónimos**). You can also avoid redundancy by using object pronouns, possessive adjectives, demonstrative adjectives and pronouns, and relative pronouns. Remember that, in Spanish, subject pronouns are generally used only for clarification, emphasis, or contrast. Study the example below:

<u>Redundant:</u>

Susana quería visitar a su amiga. Susana estaba en la ciudad. Susana tomó el tren y perdió el mapa de la ciudad. Susana estaba perdida en la ciudad. Susana estaba nerviosa. Por fin, la amiga de Susana la llamó a Susana y le indicó cómo llegar.

<u>Improved:</u>

Susana, quien estaba en la ciudad, quería visitar a su amiga. Tomó el tren y perdió el mapa. Estaba perdida y nerviosa. Por fin, su amiga la llamó y le indicó cómo llegar.

## Tema

### Escribir un correo electrónico

Vas a visitar a un(a) amigo/a que vive en una ciudad que no conoces. Vas a pasar allí una semana y tienes que hacer también un trabajo para tu clase de literatura. Tienes planes de alquilar un carro, pero no sabes cómo llegar del aeropuerto a la casa de tu amigo/a.

Escríbele a tu amigo/a un mensaje electrónico describiendo lo que te interesa hacer allí y dale sugerencias de actividades que pueden hacer juntos/as. Menciona lo que necesitas para hacer tu trabajo. Puedes basarte en una visita real o imaginaria.

Considera esta lista de datos que puedes incluir:

▶ El nombre de la ciudad que vas a visitar
▶ Los lugares que más te interesa visitar
▶ Lo que necesitas para hacer tu trabajo:
     acceso a Internet
     saber cómo llegar a la biblioteca pública
     tiempo para estar solo/a
     libros para consultar
▶ Mandatos para las actividades que van a compartir

# Escuchar  Audio: Activities

## Estrategia

**Listening for specific information/**
**Listening for linguistic cues**

As you already know, you don't have to hear or understand every word when listening to Spanish. You can often get the facts you need by listening for specific pieces of information. You should also be aware of the linguistic structures you hear. For example, by listening for verb endings, you can ascertain whether the verbs describe past, present, or future actions, and they can also indicate who is performing the action.

 To practice these strategies, you will listen to a short paragraph about an environmental issue. What environmental problem is being discussed? What is the cause of the problem? Has the problem been solved, or is the solution under development?

## Preparación

Describe la foto. Según la foto, ¿qué información específica piensas que vas a oír en el diálogo?

## Ahora escucha

Lee estas frases y luego escucha la conversación entre Alberto y Eduardo. Indica si cada verbo se refiere a algo en el pasado, en el presente o en el futuro.

**Acciones**

1. Demetrio / comprar en Macro _____
2. Alberto / comprar en Macro _____
3. Alberto / estudiar psicología _____
4. carro / tener frenos malos _____
5. Eduardo / comprar un anillo para Rebeca _____
6. Eduardo / estudiar _____

## Comprensión

**Descripciones**

Marca las frases que describen correctamente a Alberto.

1. _____ Es organizado en sus estudios.
2. _____ Compró unas flores para su novia.
3. _____ No le gusta tomar el metro.
4. _____ No conoce bien la zona de Sabana Grande y Chacaíto.
5. _____ No tiene buen sentido de la orientación°.
6. _____ Le gusta ir a los lugares que están de moda.

**Preguntas**

1. ¿Por qué Alberto prefiere ir en metro a Macro?
2. ¿Crees que Alberto y Eduardo viven en una ciudad grande o en un pueblo? ¿Cómo lo sabes?
3. ¿Va Eduardo a acompañar a Alberto? ¿Por qué?

**Conversación**

En grupos pequeños, hablen de sus tiendas favoritas y de cómo llegar a ellas desde la universidad. ¿En qué lugares tienen la última moda? ¿Los mejores precios? ¿Hay buenas tiendas cerca de la universidad?

sentido de la **orientación** *sense of direction*

 Practice more at **vistas.vhlcentral.com.**

# En pantalla

Son muchos los íconos de Buenos Aires. En La Boca, se viven dos pasiones: el tango y el fútbol. En los Bosques de Palermo, pasean los enamorados. En San Telmo, se compran antigüedades° y también se respira tango. En el cementerio de La Recoleta, turistas y cientos de gatos recorren las adornadas° tumbas y los elegantes mausoleos. Pero quizá el símbolo más famoso sea el Obelisco de Buenos Aires, ubicado en la intersección de las Avenidas Corrientes y 9 de Julio. Y ésta última° es el escenario del video que vas a ver a continuación°.

| Vocabulario útil | |
|---|---|
| avanzar | to move forward |
| caminante | walker |
| detenerse | to stop |
| en el medio | in the middle |
| hombrecito blanco/rojo | little white/red man |
| peatones | pedestrians |
| plazoleta (Arg.) | traffic island |
| semáforo | traffic lights |

## Preparación

Imagina que vas a cruzar la avenida más ancha del mundo. ¿Qué instrucciones se necesitan?

## Ordenar

Ordena los pasos (*steps*) para cruzar la avenida.

a. Avancemos cuando el hombrecito blanco nos protege.
b. Primero, detengámonos. Miremos las señales y los semáforos.
c. Dejemos pasar los autos.
d. Detengámonos en el medio cuando el hombrecito blanco nos abandona.
e. Ya llegamos, ¡corramos felices!

## Instrucciones

En parejas, describan los siete pasos para hacer una de estas cuatro tareas. Utilicen mandatos con **tú**.

a. preparar una ensalada
b. ver una película en el cine
c. dormirse
d. llegar a la universidad

antigüedades *antiques* adornadas *decorated* última *last one* a continuación *next*

## Cruzar 9 de Julio

**Para ello necesitaremos: semáforos, dos pares...**

**El hombrecito blanco significa: Vé tranquilo caminante.**

**¡Debemos detenernos!**

 Video: TV Clip

 Practice more at **vistas.vhlcentral.com**.

En una ciudad tan grande como el D.F., la vida es más fácil gracias al Sistema de Transporte Colectivo Metro y los viajes muchas veces pueden ser interesantes: en el metro se promueve° la cultura. Allí se construyó el primer museo del mundo en un transporte colectivo. También hay programas de préstamo° de libros para motivar a los usuarios a leer en el tiempo muerto° que pasan dentro° del sistema. ¿Quieres saber más? Descubre qué hace tan especial al Metro del D.F. en este episodio de *Flash cultura*.

### Vocabulario útil

| | |
|---|---|
| concurrido | busy, crowded |
| se esconde | is hidden |
| transbordo | transfer, change |
| tranvía | streetcar |

### Preparación

Imagina que estás en México, D.F., una de las ciudades más grandes del mundo. ¿Qué transporte usas para ir de un lugar a otro? ¿Por qué?

### Seleccionar

Selecciona la respuesta correcta.

1. El Bosque de Chapultepec es uno de los lugares más (solitarios/concurridos) de la ciudad.
2. En las estaciones (de transbordo/subterráncas) los pasajeros pueden cambiar de trenes para llegar fácilmente a su destino.
3. Algunas líneas del Metro no son subterráneas, sino superficiales, es decir, (paran/circulan) al nivel de la calle.
4. Dentro de algunas estaciones hay (danzas indígenas/exposiciones de arte).

## El Metro del D.F.

**Viajando en el Metro... puedes conocer más acerca de la cultura de este país.**

**Para la gente... mayor dc 60 años, es el transporte totalmente gratuito.**

**... el Metro [...] está conectado con los demás sistemas de transporte...**

 **Video:** *Flash cultura*

recursos
VM pp. 317–318
vistas.vhlcentral.com Lección 14

 Practice more at **vistas.vhlcentral.com.**

se promueve *is stimulated* préstamo *loan* tiempo muerto *down time* dentro *inside*

**Video:** *Panorama cultural*
**Interactive map**

# Venezuela

## El país en cifras

▶ **Área:** 912.050 km² (352.144 millas²),
*aproximadamente dos veces el área de California*

▶ **Población:** 31.292.000

▶ **Capital:** Caracas —3.292.000

▶ **Ciudades principales:** Maracaibo —2.357.000,
Valencia —1.905.000, Barquisimeto
—1.273.000, Maracay —1.138.000

SOURCE: Population Division, UN Secretariat

▶ **Moneda:** bolívar

▶ **Idiomas:** español (oficial), lenguas
indígenas (oficiales)

*El yanomami es uno de los idiomas indígenas
que se habla en Venezuela. La cultura de los
yanomami tiene su centro en el sur de Venezuela,
en el bosque tropical. Son cazadores° y agricultores
y viven en comunidades de hasta 400 miembros.*

Bandera de Venezuela

### Venezolanos célebres

▶ **Teresa Carreño,** compositora y pianista
(1853–1917)

▶ **Rómulo Gallegos,** escritor y político
(1884–1969)

▶ **Andrés Eloy Blanco,** poeta (1897–1955)

▶ **Baruj Benacerraf,** científico (1920–2011)

*En 1980, Baruj Benacerraf, junto con dos de
sus colegas, recibió el Premio Nobel por sus
investigaciones en el campo° de la inmunología y
las enfermedades autoinmunes. Nacido en Caracas,
Benacerraf también vivió en París y los
Estados Unidos.*

cazadores *hunters* campo *field* caída *drop* Salto Ángel *Angel Falls*
catarata *waterfall* la dio a conocer *made it known*

Isla Margarita

Maracaibo •

Lago de
Maracaibo

Valencia •

✪ Caracas

**Cordillera Central
de la Costa**

Río Orinoco

**Macizo de las
Guayanas**

**GUYANA**

Río Orinoco

**BRASIL**

Vista de Caracas

Una piragua

ESTADOS UNIDOS

OCÉANO
ATLÁNTICO

OCÉANO
PACÍFICO

**VENEZUELA**

**recursos**

WB
pp. 167–168

VM
pp. 275–276

vistas.vhlcentral.com
Lección 14

## ¡Increíble pero cierto!

Con una caída° de 979 metros (3.212 pies)
desde la meseta de Auyan Tepuy, Salto Ángel°,
en Venezuela, es la catarata° más alta del
mundo, ¡diecisiete veces más alta que las
cataratas del Niágara! James C. Angel la dio a
conocer° en 1935. Los indígenas de la zona la
denominan "Kerepakupai Merú".

## Economía • El petróleo

La industria petrolera° es muy importante para la economía venezolana. La mayor concentración de petróleo del país se encuentra debajo del lago Maracaibo. En 1976 se nacionalizaron las empresas° petroleras y pasaron a ser propiedad° del estado con el nombre de *Petróleos de Venezuela*. Este producto representa más del 70% de las exportaciones del país, siendo los Estados Unidos su principal comprador°.

## Actualidades • Caracas

El *boom* petrolero de los años cincuenta transformó a Caracas en una ciudad cosmopolita. Sus rascacielos° y excelentes sistemas de transporte la hacen una de las ciudades más modernas de Latinoamérica. El metro, construido en 1983, es uno de los más modernos del mundo y sus extensas carreteras y autopistas conectan la ciudad con el interior del país. El corazón de la capital es el Parque Central, una zona de centros comerciales, tiendas, restaurantes y clubes.

## Historia • Simón Bolívar (1783–1830)

A principios del siglo° XIX, el territorio de la actual Venezuela, al igual que gran parte de América, todavía estaba bajo el dominio de la Corona° española. El general Simón Bolívar, nacido en Caracas, es llamado "El Libertador" porque fue el líder del movimiento independentista suramericano en el área que hoy es Venezuela, Colombia, Ecuador, Perú y Bolivia.

 **¿Qué aprendiste?** Responde a cada pregunta con una oración completa.

1. ¿Cuál es la moneda de Venezuela?
2. ¿Quién fue Rómulo Gallegos?
3. ¿Cuándo se dio a conocer el Salto Ángel?
4. ¿Cuál es el producto más exportado de Venezuela?
5. ¿Qué ocurrió en 1976 con las empresas petroleras?
6. ¿Cómo se llama la capital de Venezuela?
7. ¿Qué hay en el Parque Central de Caracas?
8. ¿Por qué es conocido Simón Bolívar como "El Libertador"?

Sombreros y hamacas en Ciudad Bolívar

 **Conexión Internet** Investiga estos temas en **vistas.vhlcentral.com**.

1. Busca información sobre Simón Bolívar. ¿Cuáles son algunos de los episodios más importantes de su vida? ¿Crees que Bolívar fue un estadista (*statesman*) de primera categoría? ¿Por qué?
2. Prepara un plan para un viaje de ecoturismo por el Orinoco. ¿Qué quieres ver y hacer durante la excursión?

 Practice more at **vistas.vhlcentral.com**.

industria petrolera *oil industry* empresas *companies* propiedad *property* comprador *buyer* rascacielos *skyscrapers* siglo *century* Corona *Crown*

## En la ciudad

| | |
|---|---|
| el banco | bank |
| la carnicería | butcher shop |
| el correo | post office |
| el estacionamiento | parking lot |
| la frutería | fruit store |
| la heladería | ice cream shop |
| la joyería | jewelry store |
| la lavandería | laundromat |
| la panadería | bakery |
| la pastelería | pastry shop |
| la peluquería, el salón de belleza | beauty salon |
| la pescadería | fish market |
| el supermercado | supermarket |
| la zapatería | shoe store |
| hacer cola | to stand in line |
| hacer diligencias | to run errands |

## En el banco

| | |
|---|---|
| el cajero automático | ATM |
| el cheque (de viajero) | (traveler's) check |
| la cuenta corriente | checking account |
| la cuenta de ahorros | savings account |
| ahorrar | to save (money) |
| cobrar | to cash (a check) |
| depositar | to deposit |
| firmar | to sign |
| llenar (un formulario) | to fill out (a form) |
| pagar a plazos | to pay in installments |
| pagar al contado/ en efectivo | to pay in cash |
| pedir prestado/a | to borrow |
| pedir un préstamo | to apply for a loan |
| ser gratis | to be free of charge |

## Cómo llegar

| | |
|---|---|
| la cuadra | (city) block |
| la dirección | address |
| la esquina | corner |
| el letrero | sign |
| cruzar | to cross |
| doblar | to turn |
| estar perdido/a | to be lost |
| indicar cómo llegar | to give directions |
| quedar | to be located |
| (al) este | (to the) east |
| (al) norte | (to the) north |
| (al) oeste | (to the) west |
| (al) sur | (to the) south |
| derecho | straight (ahead) |
| enfrente de | opposite; facing |
| hacia | toward |

| | |
|---|---|
| Past participles used as adjectives | See page 493. |
| Expresiones útiles | See page 481. |

## En el correo

| | |
|---|---|
| el cartero | mail carrier |
| el correo | mail/post office |
| la estampilla, el sello | stamp |
| el paquete | package |
| el sobre | envelope |
| echar (una carta) al buzón | to put (a letter) in the mailbox; to mail |
| enviar, mandar | to send; to mail |

  **Audio: Vocabulary**

## Communicative Goals

*You will learn how to:*

- Talk about health, well-being, and nutrition
- Talk about physical activities

### A PRIMERA VISTA
- ¿Está la chica en un gimnasio o en un lugar al aire libre?
- ¿Practica ella deportes frecuentemente?
- ¿Es activa o sedentaria?
- ¿Es probable que le importe su salud?

# El bienestar

## Más vocabulario

| | |
|---|---|
| adelgazar | to lose weight; to slim down |
| aliviar el estrés | to reduce stress |
| aliviar la tensión | to reduce tension |
| apurarse, darse prisa | to hurry; to rush |
| aumentar de peso, engordar | to gain weight |
| calentarse (e:ie) | to warm up |
| disfrutar (de) | to enjoy; to reap the benefits (of) |
| entrenarse | to practice; to train |
| estar a dieta | to be on a diet |
| estar en buena forma | to be in good shape |
| hacer gimnasia | to work out |
| llevar una vida sana | to lead a healthy lifestyle |
| mantenerse en forma | to stay in shape |
| sufrir muchas presiones | to be under a lot of pressure |
| tratar de (+ *inf.*) | to try (to do something) |
| la droga | drug |
| el/la drogadicto/a | drug addict |
| activo/a | active |
| débil | weak |
| en exceso | in excess; too much |
| flexible | flexible |
| fuerte | strong |
| sedentario/a | sedentary; related to sitting |
| tranquilo/a | calm; quiet |
| el bienestar | well-being |

## Variación léxica

hacer ejercicios aeróbicos ⟷ hacer aeróbic *(Esp.)*

el/la entrenador(a) ⟷ el/la monitor(a)

el teleadicto

Hace ejercicios de estiramiento. (hacer)

la clase de ejercicios aeróbicos

Suda. (sudar)

Hace ejercicio. (hacer)

el entrenador

el músculo

la cinta caminadora

No fumar.

el masaje

Hacen ejercicios aeróbicos.
(hacer)

Levanta pesas.
(levantar)

# Práctica

**1**

**Escuchar** Mira el dibujo. Luego escucha las oraciones e indica si lo que se dice en cada oración es **cierto** o **falso**.

| | Cierto | Falso | | Cierto | Falso |
|---|---|---|---|---|---|
| 1. | ○ | ○ | 6. | ○ | ○ |
| 2. | ○ | ○ | 7. | ○ | ○ |
| 3. | ○ | ○ | 8. | ○ | ○ |
| 4. | ○ | ○ | 9. | ○ | ○ |
| 5. | ○ | ○ | 10. | ○ | ○ |

**2**

**Seleccionar** Escucha el anuncio del gimnasio Sucre. Marca con una **X** los servicios que se ofrecen.

_____ 1. dietas para adelgazar

_____ 2. programa para aumentar de peso

_____ 3. clases de gimnasia

_____ 4. entrenador personal

_____ 5. masajes

_____ 6. programa para dejar de fumar

**3**

**Identificar** Identifica el antónimo (*antonym*) de cada palabra.

| | |
|---|---|
| apurarse | fuerte |
| disfrutar | mantenerse en forma |
| engordar | sedentario |
| estar enfermo | sufrir muchas presiones |
| flexible | tranquilo |

1. activo
2. adelgazar
3. aliviar el estrés
4. débil

5. ir despacio
6. estar sano
7. nervioso
8. ser teleadicto

**4**

**Combinar** Combina elementos de cada columna para formar ocho oraciones lógicas sobre el bienestar.

1. David levanta pesas
2. Estás en buena forma
3. Felipe se lastimó
4. José y Rafael
5. Mi hermano
6. Sara hace ejercicios de
7. Mis primas están a dieta
8. Para llevar una vida sana,

a. aumentó de peso.
b. estiramiento.
c. porque quieren adelgazar.
d. porque haces ejercicio.
e. sudan mucho en el gimnasio.
f. un músculo de la pierna.
g. no se debe fumar.
h. y corre mucho.

la proteína    la grasa    el colesterol    los minerales    las vitaminas

**La nutrición**

### Más vocabulario

| | |
|---|---|
| la bebida alcohólica | alcoholic beverage |
| la cafeína | caffeine |
| la caloría | calorie |
| la merienda | afternoon snack |
| la nutrición | nutrition |
| el/la nutricionista | nutritionist |
| comer una dieta equilibrada | to eat a balanced diet |
| consumir alcohol | to consume alcohol |
| descafeinado/a | decaffeinated |

---

**5 Completar** Completa cada oración con la palabra adecuada.

1. Después de hacer ejercicio, como pollo o bistec porque contienen _____.
   a. drogas      b. proteínas      c. grasa

2. Para _____, es necesario consumir comidas de todos los grupos alimenticios (*nutrition groups*).
   a. aliviar el estrés      b. correr      c. comer una dieta equilibrada

3. Mis primas _____ una buena comida.
   a. disfrutan de      b. tratan de      c. sudan

4. Mi entrenador no come queso ni papas fritas porque contienen _____.
   a. dietas      b. vitaminas      c. mucha grasa

5. Mi padre no come mantequilla porque él necesita reducir _____.
   a. la nutrición      b. el colesterol      c. el bienestar

6. Mi novio cuenta _____ porque está a dieta.
   a. las pesas      b. los músculos      c. las calorías

> **CONSULTA**
>
> To review what you have learned about nutrition and food groups, see **Contextos, Lección 8**, pp. 262–265.

---

**6 La nutrición** En parejas, hablen de los tipos de comida que comen y las consecuencias que tienen para su salud. Luego compartan la información con la clase.

1. ¿Cuántas comidas con mucha grasa comes regularmente? ¿Piensas que debes comer menos comidas de este tipo? ¿Por qué?

2. ¿Compras comidas con muchos minerales y vitaminas? ¿Necesitas consumir más comidas que los contienen? ¿Por qué?

3. ¿Algún miembro de tu familia tiene problemas con el colesterol? ¿Qué haces para evitar problemas con el colesterol?

4. ¿Eres vegetariano/a? ¿Conoces a alguien que sea vegetariano/a? ¿Qué piensas de la idea de no comer carne u otros productos animales? ¿Es posible comer una dieta equilibrada sin comer carne? Explica.

5. ¿Tomas cafeína en exceso? ¿Qué ventajas (*advantages*) y desventajas tiene la cafeína? Da ejemplos de productos que contienen cafeína y de productos descafeinados.

6. ¿Llevas una vida sana? ¿Y tus amigos? ¿Crees que, en general, los estudiantes llevan una vida sana? ¿Por qué?

> **AYUDA**
>
> Some useful words:
>
> **sano = saludable**
>
> **en general = por lo general**
>
> **estricto**
>
> **normalmente**
>
> **muchas veces**
>
> **a veces**
>
> **de vez en cuando**

Practice more at **vistas.vhlcentral.com**.

# Comunicación

**7**  **Un anuncio** En grupos de cuatro, imaginen que son dueños/as de un gimnasio con un equipo (*equipment*) moderno, entrenadores cualificados y un(a) nutricionista. Preparen y presenten un anuncio para la televisión que hable del gimnasio y atraiga (*attracts*) a una gran variedad de nuevos clientes. No se olviden de presentar esta información:

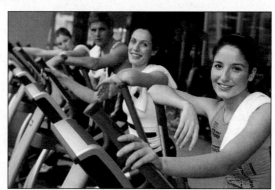

- ▶ las ventajas de estar en buena forma
- ▶ el equipo que tienen
- ▶ los servicios y clases que ofrecen
- ▶ las características únicas
- ▶ la dirección y el teléfono
- ▶ el precio para los socios (*members*)

**8**  **Recomendaciones para la salud** En parejas, imaginen que están preocupados/as por los malos hábitos de un(a) amigo/a que no está bien últimamente (*lately*). Escriban y representen una conversación en la cual hablen de lo que está pasando en la vida de su amigo/a y los cambios que necesita hacer para llevar una vida sana.

**9**  **El teleadicto** Con un(a) compañero/a, representen los papeles de un(a) nutricionista y un(a) teleadicto/a. La persona sedentaria habla de sus malos hábitos para la comida y de que no hace ejercicio. También dice que toma demasiado café y que siente mucho estrés. El/La nutricionista le sugiere una dieta equilibrada con bebidas descafeinadas y una rutina para mantenerse en buena forma. El/La teleadicto/a le da las gracias por su ayuda.

**10**   **El gimnasio perfecto** Tú y tu compañero/a quieren encontrar el gimnasio perfecto. Su profesor(a) les va a dar a cada uno/a de ustedes el anuncio de un gimnasio. Túrnense para hacerse preguntas sobre las actividades que se ofrecen en cada uno. Al final, decidan cuál es el mejor gimnasio y compartan su decisión con la clase.

**11**  **¿Quién es?** Trabajen en grupos. Cada uno/a de ustedes va a elegir a una persona famosa por temas de salud y bienestar. Los demás miembros del grupo deben hacer preguntas hasta descubrir a quién eligió cada quien. Recuerden usar el vocabulario de la lección.

> **modelo**
>
> **Estudiante 1:** ¿Haces ejercicio todos los días?
> **Estudiante 2:** Sí, sobre todo hago ejercicios aeróbicos.
> ¡Me encanta la música!
> **Estudiante 3:** ¿Comes una dieta equilibrada?
> **Estudiante 2:** Sí, y hace más de 40 años que perdí más
> de 100 libras (*pounds*) de peso.
> **Estudiante 1:** ¡Ya sé! ¡Eres Richard Simmons!

# Chichén Itzá

Los chicos exploran Chichén Itzá y se relajan en un spa.

PERSONAJES    MARISSA    FELIPE

**S** Video: *Fotonovela*
Record and Compare

**1**

**MARISSA** ¡Chichén Itzá es impresionante! Qué lástima que Maru y Miguel no hayan podido venir. Sobre todo Maru.

**FELIPE** Ha estado bajo mucha presión.

**MARISSA** ¿Ustedes ya habían venido antes?

**FELIPE** Sí. Nuestros papás nos trajeron cuando éramos niños.

**2**

**FELIPE** El otro día le gané a Juan Carlos en el parque.

**JUAN CARLOS** Estaba mirando hacia otro lado, cuando me di cuenta, Felipe ya había empezado a correr.

(*en otro lugar de las ruinas*)

**JUAN CARLOS** ¡Hace calor!

**JIMENA** ¡Sí! Hay que estar en buena forma para recorrer las ruinas.

**3**

**5**

**JUAN CARLOS** Siempre había llevado una vida sana antes de entrar a la universidad.

**JIMENA** Tienes razón. La universidad hace que seamos muy sedentarios.

**JUAN CARLOS** ¡Busquemos a Felipe y a Marissa!

**4**

**6**

**FELIPE** ¡Gané!

**JIMENA** Qué calor. Tengo una idea. Vamos.

**JUAN CARLOS**

**JIMENA**

**EMPLEADA**

**EMPLEADA** Ofrecemos varios servicios para aliviar el estrés: masajes, saunas...

**FELIPE** Me gustaría un masaje.
**MARISSA** Yo prefiero un baño mineral.

**JUAN CARLOS** ¿Crees que tienes un poco de tiempo libre la semana que viene? Me gustaría invitarte a salir.
**JIMENA** ¿Sin Felipe?
**JUAN CARLOS** Sin Felipe.

**EMPLEADA** ¿Ya tomaron una decisión?
**JIMENA** Sí.

**recursos**

VM
pp. 241–242

vistas.vhlcentral.com
Lección 15

## Expresiones útiles

### Wishing a friend were with you

**Qué lástima que no hayan podido venir.**
*What a shame that they were not able to come.*
**Sobre todo Maru.**
*Especially Maru.*
**Él/Ella ha estado bajo mucha presión.**
*He/She has been under a lot of pressure.*
**Creo que ellos ya habían venido antes.**
*I think they had already come (here) before.*

### Talking about trips

**¿Ustedes ya habían venido antes?**
*Had you been (here) before?*
**Sí. He querido regresar desde que leí el *Chilam Balam*.**
*Yes. I have wanted to come back ever since I read the* Chilam Balam.
**¿Recuerdas cuando nos trajo papá?**
*Remember when Dad brought us?*
**Al llegar a la cima, comenzaste a llorar.**
*When we got to the top, you started to cry.*

### Talking about well-being

**Siempre había llevado una vida sana antes de entrar a la universidad.**
*I had always maintained a healthy lifestyle before starting college.*
**Ofrecemos varios servicios para aliviar el estrés.**
*We offer many services to relieve stress.*
**Me gustaría un masaje.**
*I would like a massage.*

### Additional vocabulary

**la cima** *top, peak*
**el escalón** *step*
**el muro** *wall*
**tomar una decisión** *to make a decision*

# ¿Qué pasó?

**1**

**Seleccionar** Selecciona la respuesta que completa mejor cada oración.

1. Felipe y Marissa piensan que Maru _____.
   a. debe hacer ejercicio      b. aumentó de peso      c. ha estado bajo mucha presión
2. Felipe y Jimena visitaron Chichén Itzá _____.
   a. para aliviar el estrés      b. cuando eran niños      c. para llevar una vida sana
3. Jimena dice que la universidad hace a los estudiantes _____.
   a. comer una dieta equilibrada      b. ser sedentarios      c. levantar pesas
4. En el spa ofrecen servicios para _____.
   a. sudar      b. aliviar el estrés      c. ser flexibles
5. Felipe elige que le den un _____.
   a. baño mineral      b. almuerzo      c. masaje

**2**

**Identificar** Identifica quién puede decir estas oraciones.

1. No me di cuenta (*I didn't realize*) de que habías empezado a correr, por eso ganaste.
2. Miguel y Maru no visitaron Chichén Itzá, ¡qué lástima que no hayan podido venir!
3. Se necesita estar en buena forma para visitar este tipo de lugares.
4. Los masajes, saunas y baños minerales que ofrecemos alivian la tensión.
5. Si salimos, no invites a Felipe.
6. Yo corro más rápido que Juan Carlos.

**MARISSA**  **FELIPE**

**JIMENA**

**JUAN CARLOS**  **EMPLEADA**

**3**

**Inventar** En parejas, hagan descripciones de los personajes de la **Fotonovela**. Utilicen las oraciones, la lista de palabras y otras expresiones que sepan.

| | | |
|---|---|---|
| aliviar el estrés | hacer ejercicios de estiramiento | masaje |
| bienestar | llevar una vida sana | teleadicto/a |
| grasa | mantenerse en forma | vitamina |

> **modelo**
>
> **Estudiante 1:** Felipe es activo, flexible y fuerte.
> **Estudiante 2:** Marissa siempre hace ejercicios de estiramiento. Está en buena forma y lleva una vida muy sana...

1. A Juan Carlos le duelen los músculos después de hacer gimnasia.
2. Maru a veces sufre presiones y estrés en la universidad.
3. A Jimena le encanta salir con amigos o leer un buen libro.
4. Felipe trata de comer una dieta equilibrada.
5. Juan Carlos no es muy flexible.

 Practice more at **vistas.vhlcentral.com**.

# Ortografía  **Concepts**

## Las letras **b** y **v**

Since there is no difference in pronunciation between the Spanish letters **b** and **v**, spelling words that contain these letters can be tricky. Here are some tips.

| | | | |
|---|---|---|---|
| **nombre** | **blusa** | **absoluto** | **descubrir** |

The letter **b** is always used before consonants.

| | | | |
|---|---|---|---|
| **bonita** | **botella** | **buscar** | **bienestar** |

At the beginning of words, the letter **b** is usually used when it is followed by the letter combinations **-on, -or, -ot, -u, -ur, -us, -ien,** and **-ene.**

| | | | |
|---|---|---|---|
| **adelgazaba** | **disfrutaban** | **ibas** | **íbamos** |

The letter **b** is used in the verb endings of the imperfect tense for **-ar** verbs and the verb **ir.**

| | | | |
|---|---|---|---|
| **voy** | **vamos** | **estuvo** | **tuvieron** |

The letter **v** is used in the present tense forms of **ir** and in the preterite forms of **estar** and **tener.**

| | | | |
|---|---|---|---|
| **octavo** | **huevo** | **activa** | **grave** |

The letter **v** is used in these noun and adjective endings: **-avo/a, -evo/a, -ivo/a, -ave, -eve.**

 **Práctica**  Completa las palabras con las letras **b** o **v**.

1. Una __ez me lastimé el __razo cuando esta__a __uceando.
2. Manuela se ol__idó sus li__ros en el auto__ús.
3. Ernesto tomó el __orrador y se puso todo __lanco de tiza.
4. Para tener una __ida sana y saluda__le, necesitas tomar __itaminas.
5. En mi pue__lo hay un __ule__ar que tiene muchos ár__oles.

 **El ahorcado** (*Hangman*)  Juega al ahorcado para adivinar las palabras.

1. __ u __ __ s        Están en el cielo.

2. __ u __ __ n        Relacionado con el correo

3. __ o __ e __ __ a        Está llena de líquido.

4. __ i __ __ e        Fenómeno meteorológico

5. __ e __ __ __ __ __ s        Los "ojos" de la casa

**recursos**

LM
p. 86

vistas.vhlcentral.com
Lección 15

**EN DETALLE**

**S** Additional Reading

# Spas naturales

**¿Hay algo mejor que un buen baño° para descansar y aliviar la tensión?** Y si el baño se toma en una terma°, el beneficio° es mayor. Los tratamientos con agua y lodo° para mejorar la salud y el bienestar son populares en las Américas desde hace muchos siglos°. Las termas son manantiales° naturales de agua caliente. La temperatura facilita la absorción de minerales y otros elementos que contiene el agua y que son buenos para la salud. El agua de las termas se usa en piscinas, baños y duchas o en el sitio natural en el que surge°: pozas°, estanques° o cuevas°.

**Ecotermales en Arenal, Costa Rica**

En Baños de San Vicente, en Ecuador, son muy populares los tratamientos° con lodo volcánico.

El lodo caliente se extiende por el cuerpo; así la piel° absorbe los minerales

**Volcán de lodo El Totumo, Colombia**

beneficiosos para la salud; también se usa para dar masajes. La lodoterapia es útil para tratar varias enfermedades, además hace que la piel se vea radiante.

En Costa Rica, la actividad volcánica también ha dado° origen a fuentes° y pozas termales. Si te gusta cuidarte y amas la naturaleza, recuerda estos nombres: Las Hornillas y Las Pailas. Son pozas naturales de aguas termales que están cerca del volcán Rincón de la Vieja. Un baño termal en medio de un paisaje tan hermoso es una experiencia única.

baño *bath* terma *hot spring* beneficio *benefit* lodo *mud* siglos *centuries* manantiales *springs* surge *springs forth* pozas *small pools* estanques *ponds* cuevas *caves* tratamientos *treatments* piel *skin* ha dado *has given* fuentes *springs* balnearios *spas* cascadas *waterfalls* algas *seaweed* temazcales *steam and medicinal herb baths*

## Otros balnearios°

Todos ofrecen piscinas, baños, pozas y duchas de aguas termales y además...

| Lugar | Servicios |
| --- | --- |
| El Edén y Yanasara, Curgos (Perú) | cascadas° de aguas termales |
| Montbrió del Camp, Tarragona (España) | baños de algas° |
| Puyuhuapi (Chile) | duchas de agua de mar; baños de algas |
| Termas de Río Hondo, Santiago del Estero (Argentina) | baños de lodo |
| Tepoztlán, Morelos (México) | temazcales° aztecas |
| Uyuni, Potosí (Bolivia) | baños de sal |

## ACTIVIDADES

**1** **¿Cierto o falso?** Indica si lo que dicen las oraciones es cierto o falso. Corrige la información falsa.

1. Las aguas termales son beneficiosas para algunas enfermedades, incluido el estrés.

2. Los tratamientos con agua y lodo se conocen sólo desde hace pocos años.

3. Las termas son manantiales naturales de agua caliente.

4. La lodoterapia es un tratamiento con barro.

5. La temperatura de las aguas termales no afecta la absorción de los minerales.

6. Mucha gente va a Baños de San Vicente, Ecuador, por sus playas.

7. Las Hornillas son pozas de aguas termales en Costa Rica.

8. Montbrió del Camp ofrece baños de sal.

9. Es posible ver aguas termales en forma de cascadas.

10. Tepoztlán ofrece temazcales aztecas.

## El ejercicio

| | |
|---|---|
| los abdominales | *sit-ups* |
| la bicicleta estática | *stationary bicycle* |
| el calambre muscular | *(muscular) cramp* |
| el (fisi)culturismo; la musculación (Esp.) | *bodybuilding* |
| las flexiones de pecho; las lagartijas (Méx.; Col.); las planchas (Esp.) | *push-ups* |
| la cinta (trotadora) (Arg.; Chile) | la cinta caminadora |

## Creencias° sobre la salud

- **Colombia** Como algunos suelos son de baldosas°, se cree que si uno anda descalzo° se enfrían° los pies y esto puede causar un resfriado o artritis.

- **Cuba** Por la mañana, muchas madres sacan a sus bebés a los patios y a las puertas de las casas. La creencia es que unos cinco minutos de sol ayudan a fijar° el calcio en los huesos y aumentan la inmunidad contra las enfermedades.

- **México** Muchas personas tienen la costumbre de tomar a diario un vaso de jugo del cactus conocido como "nopal". Se dice que es bueno para reducir el colesterol y el azúcar en la sangre y que ayuda a adelgazar.

**Creencias** *Beliefs* **baldosas** *tiles* **anda descalzo** *walks barefoot* **se enfrían** *get cold* **fijar** *to set*

## Las frutas y la salud

Desde hace muchos años se conocen las propiedades de la papaya para tratar problemas digestivos. Esta fruta originaria de las Américas contiene una enzima, la papaína, que actúa de forma semejante° a como lo hacen los jugos gástricos. Una porción de papaya o un vaso de jugo de esta fruta ayuda a la digestión. La papaya también es rica en vitaminas A y C.

La piña° también es una fruta natural de las Américas que es buena para la digestión. La piña contiene bromelina, una enzima que, como la papaína, ayuda a digerir° las proteínas. Esta deliciosa fruta contiene también ácido cítrico, vitaminas y minerales. Además, tiene efectos diuréticos y antiinflamatorios que pueden aliviar las enfermedades reumáticas. La piña ofrece una ayuda fácil y sabrosa para perder peso por su contenido en fibra y su efecto diurético. Una rodaja° o un vaso de jugo de piña fresca antes de comer

puede ayudar en cualquier° dieta para adelgazar.

**semejante** *similar* **piña** *pineapple* **digerir** *to digest* **rodaja** *slice* **cualquier** *any*

**Conexión Internet**

¿Qué sistemas de ejercicio son más populares entre los hispanos?

Go to **vistas.vhlcentral.com** to find more cultural information related to this **Cultura** section.

**2** **Comprensión** Responde a las preguntas.

1. Una argentina te dice: "Voy a usar la cinta." ¿Qué va a hacer?
2. Según los colombianos, ¿qué efectos negativos tiene el no usar zapatos en casa?
3. ¿Cómo se llama la enzima de la papaya que ayuda a la digestión?
4. ¿Cómo se aconseja consumir la piña en dietas de adelgazamiento?

**3** **Para sentirte mejor** Entrevista a un(a) compañero/a sobre las cosas que hace todos los días y las cosas que hace al menos una o dos veces a la semana para sentirse mejor. Hablen sobre actividades deportivas, la alimentación y lo que hacen en sus ratos libres.

  Practice more at **vistas.vhlcentral.com**.

## 15.1 The present perfect  Tutorial

**ANTE TODO** In **Lección 14**, you learned how to form past participles. You will now learn how to form the present perfect indicative (**el pretérito perfecto de indicativo**), a compound tense that uses the past participle. The present perfect is used to talk about what someone *has done*. In Spanish, it is formed with the present tense of the auxiliary verb **haber** and a past participle.

> Maru **ha estado** bajo mucha presión.

> **He querido** regresar desde que leí el *Chilam Balam*.

**NOTA CULTURAL**

**El Chilam Balam** es un grupo de libros sobre la civilización maya. Hablan sobre historia, rituales, medicina, astronomía y literatura, entre otros temas. Fueron escritos en diferentes épocas (*times*) por autores anónimos y en lengua maya.

### Present indicative of **haber**

| Singular forms | | Plural forms | |
|---|---|---|---|
| yo | **he** | nosotros/as | **hemos** |
| tú | **has** | vosotros/as | **habéis** |
| Ud./él/ella | **ha** | Uds./ellos/ellas | **han** |

Tú no **has aumentado** de peso.
*You haven't gained weight.*

Yo ya **he leído** esos libros.
*I've already read those books.*

¿**Ha asistido** Juan a la clase de yoga?
*Has Juan attended the yoga class?*

**Hemos conocido** al entrenador.
*We have met the trainer.*

**CONSULTA**

To review what you have learned about past participles, see **Estructura 14.3**, p. 493.

▶ The past participle does not change in form when it is part of the present perfect tense; it only changes in form when it is used as an adjective.

Clara **ha abierto** las ventanas.
*Clara has opened the windows.*

Yo **he cerrado** la puerta del gimnasio.
*I've closed the door to the gym.*

Las ventanas están **abiertas.**
*The windows are open.*

La puerta del gimnasio está **cerrada.**
*The door to the gym is closed.*

▶ In Spanish, the present perfect indicative generally is used just as in English: to talk about what someone has done or what has occurred. It usually refers to the recent past.

**He trabajado** cuarenta horas esta semana.
*I have worked forty hours this week.*

¿Cuál es el último libro que **has leído**?
*What is the last book that you have read?*

**CONSULTA**

Remember that the Spanish equivalent of the English *to have just* (*done something*) is **acabar de** + [*infinitive*]. Do not use the present perfect to express that English structure.
**Juan acaba de llegar.**
*Juan has just arrived.*
See **Estructura 6.3**, p. 207.

▶ In English, the auxiliary verb and the past participle are often separated. In Spanish, however, these two elements—**haber** and the past participle—cannot be separated by any word.

> Siempre **hemos vivido** en Bolivia.
> *We have always lived in Bolivia.*

> Usted nunca **ha venido** a mi oficina.
> *You have never come to my office.*

¿Y Juan Carlos todavía no te ha invitado a salir?

Últimamente hemos sufrido muchas presiones en la universidad.

▶ The word **no** and any object or reflexive pronouns are placed immediately before **haber**.

> Yo **no he comido** la merienda.
> *I haven't eaten the snack.*

> ¿Por qué **no la has comido**?
> *Why haven't you eaten it?*

> Susana ya **se ha entrenado**.
> *Susana has already practiced.*

> Ellos **no lo han terminado**.
> *They haven't finished it.*

▶ Note that *to have* can be either a main verb or an auxiliary verb in English. As a main verb, it corresponds to **tener,** while as an auxiliary, it corresponds to **haber.**

> **Tengo** muchos amigos.
> *I have a lot of friends.*

> **He tenido** mucho éxito.
> *I have had a lot of success.*

▶ To form the present perfect of **hay,** use the third-person singular of **haber (ha) + habido.**

> **Ha habido** muchos problemas con el nuevo profesor.
> *There have been a lot of problems with the new professor.*

> **Ha habido** un accidente en la calle Central.
> *There has been an accident on Central Street.*

**¡INTÉNTALO!** Indica el pretérito perfecto de indicativo de estos verbos.

1. (disfrutar, comer, vivir) yo *he disfrutado, he comido, he vivido*
2. (traer, adelgazar, compartir) tú _____
3. (venir, estar, correr) usted _____
4. (leer, resolver, poner) ella _____
5. (decir, romper, hacer) ellos _____
6. (mantenerse, dormirse) nosotros _____
7. (estar, escribir, ver) yo _____
8. (vivir, correr, morir) él _____

recursos

WB
pp. 171–172

LM
p. 87

Ⓢ
vistas.
vhlcentral.com
Lección 15

# Práctica

**1** **Completar** Estas oraciones describen cómo es la vida de unos estudiantes. Completa las oraciones con el pretérito perfecto de indicativo de los verbos de la lista.

| adelgazar | comer | llevar |
|-----------|-------|--------|
| aumentar | hacer | sufrir |

1. Luisa _____ muchas presiones este año.
2. Juan y Raúl _____ de peso porque no hacen ejercicio.
3. Pero María y yo _____ porque trabajamos en exceso y nos olvidamos de comer.
4. Desde siempre, yo _____ una vida muy sana.
5. Pero tú y yo no _____ gimnasia este semestre.

**2** **¿Qué has hecho?** Indica si has hecho lo siguiente.

> **modelo**
> escalar una montaña
> *Sí, he escalado varias montañas./No, no he escalado nunca una montaña.*

1. jugar al baloncesto
2. viajar a Bolivia
3. conocer a una persona famosa
4. levantar pesas
5. comer un insecto
6. recibir un masaje
7. aprender varios idiomas
8. bailar salsa
9. ver una película en español
10. escuchar música latina
11. estar despierto/a 24 horas
12. bucear

**3** **La vida sana** En parejas, túrnense para hacer preguntas sobre el tema de la vida sana. Sean creativos.

> **modelo**
> encontrar un gimnasio
> **Estudiante 1:** *¿Has encontrado un buen gimnasio cerca de tu casa?*
> **Estudiante 2:** *Yo no he encontrado un gimnasio, pero sé que debo buscar uno.*

1. tratar de estar en forma
2. estar a dieta los últimos dos meses
3. dejar de tomar refrescos
4. hacerse una prueba del colesterol
5. entrenarse cinco días a la semana
6. cambiar de una vida sedentaria a una vida activa
7. tomar vitaminas por las noches y por las mañanas
8. hacer ejercicio para aliviar la tensión
9. consumir mucha proteína
10. dejar de fumar

 Practice more at **vistas.vhlcentral.com**.

# Comunicación

**4**

**Descripción** En parejas, describan lo que han hecho y no han hecho estas personas. Usen la imaginación.

1. Jorge y Raúl

2. Luisa

3. Jacobo

4. Natalia y Diego

5. Ricardo

6. Carmen

**5**

**Describir** En parejas, identifiquen a una persona que lleva una vida muy sana. Puede ser una persona que conocen o un personaje que aparece en una película o programa de televisión. Entre los dos, escriban una descripción de lo que esta persona ha hecho para llevar una vida sana.

*modelo*

Mario López siempre ha hecho todo lo posible para mantenerse en forma. Él…

# Síntesis

**6**

**Situación** Trabajen en parejas para representar una conversación entre un(a) enfermero/a de la clínica de la universidad y un(a) estudiante.

- El/La estudiante no se siente nada bien.
- El/La enfermero/a debe averiguar de dónde viene el problema e investigar los hábitos del/de la estudiante.
- El/La estudiante le explica lo que ha hecho en los últimos meses y cómo se ha sentido.
- Luego el/la enfermero/a le da recomendaciones de cómo llevar una vida más sana.

## 15.2 The past perfect  Tutorial

**ANTE TODO** The past perfect indicative (**el pretérito pluscuamperfecto de indicativo**) is used to talk about what someone *had done* or what *had occurred* before another past action, event, or state. Like the present perfect, the past perfect uses a form of **haber**—in this case, the imperfect—plus the past participle.

| Past perfect indicative | | | |
|---|---|---|---|
| | **cerrar** | **perder** | **asistir** |
| **SINGULAR FORMS** yo | **había** cerrado | **había** perdido | **había** asistido |
| tú | **habías** cerrado | **habías** perdido | **habías** asistido |
| Ud./él/ella | **había** cerrado | **había** perdido | **había** asistido |
| **PLURAL FORMS** nosotros/as | **habíamos** cerrado | **habíamos** perdido | **habíamos** asistido |
| vosotros/as | **habíais** cerrado | **habíais** perdido | **habíais** asistido |
| Uds./ellos/ellas | **habían** cerrado | **habían** perdido | **habían** asistido |

Antes de 2010, **había vivido** en La Paz.
*Before 2010, I had lived in La Paz.*

Cuando llegamos, Luis ya **había salido.**
*When we arrived, Luis had already left.*

▶ The past perfect is often used with the word **ya** (*already*) to indicate that an action, event, or state had already occurred before another. Remember that, unlike its English equivalent, **ya** cannot be placed between **haber** and the past participle.

Ella **ya había salido** cuando llamaron.
*She had already left when they called.*

Cuando llegué, Raúl **ya se había acostado.**
*When I arrived, Raúl had already gone to bed.*

▶ **¡Atención!** The past perfect is often used in conjunction with **antes de** + [*noun*] or **antes de** + [*infinitive*] to describe when the action(s) occurred.

**Antes de este año,** nunca **había estudiado español.**
*Before this year, I had never studied Spanish.*

Luis me **había llamado antes de venir.**
*Luis had called me before he came.*

 **¡INTÉNTALO!** Indica el pretérito pluscuamperfecto de indicativo de cada verbo.

1. Nosotros ya ___habíamos cenado___ (cenar) cuando nos llamaron.
2. Antes de tomar esta clase, yo no _____ (estudiar) nunca el español.
3. Antes de ir a México, ellos nunca _____ (ir) a otro país.
4. Eduardo nunca _____ (entrenarse) tanto en invierno.
5. Tú siempre _____ (llevar) una vida sana antes del año pasado.
6. Antes de conocerte, yo ya te _____ (ver) muchas veces.

recursos

WB
pp. 173–174

LM
p. 88

vistas.
vhlcentral.com
Lección 15

# Práctica

**1** **Completar** Completa los minidiálogos con las formas correctas del pretérito pluscuamperfecto de indicativo.

1. **SARA** Antes de cumplir los 15 años, ¿_____ (estudiar) tú otra lengua?

   **JOSÉ** Sí, _____ (tomar) clases de inglés y de italiano.

▶ 2. **DOLORES** Antes de ir a Argentina, ¿_____ (probar) tú y tu familia el mate?

   **TOMÁS** Sí, ya _____ (tomar) mate muchas veces.

3. **ANTONIO** Antes de este año, ¿_____ (correr) usted en un maratón?

   **SRA. VERA** No, nunca lo _____ (hacer).

4. **SOFÍA** Antes de su enfermedad, ¿_____ (sufrir) muchas presiones tu tío?

   **IRENE** Sí... y él nunca _____ (mantenerse) en buena forma.

**2** **Quehaceres** Indica lo que ya había hecho cada miembro de la familia antes de la llegada de la madre, la señora Ferrer.

**3** **Tu vida** Indica si ya habías hecho estas cosas antes de cumplir los dieciséis años.

1. hacer un viaje en avión
2. escalar una montaña
3. escribir un poema
4. filmar un video
5. enamorarte
6. tomar clases de aeróbicos
7. montar a caballo
8. ir de pesca
9. manejar un carro
10. cantar frente a 50 o más personas

 Practice more at **vistas.vhlcentral.com**.

# Comunicación

**4**

**Lo dudo** Tu profesor(a) va a darte una hoja de actividades. Escribe cinco oraciones, algunas ciertas y algunas falsas, de cosas que habías hecho antes de venir a la universidad. Luego, en grupos, túrnense para leer sus oraciones. Cada miembro del grupo debe decir "es cierto" o "lo dudo" después de cada una. Escribe la reacción de cada compañero/a en la columna apropiada. ¿Quién obtuvo más respuestas ciertas?

| Oraciones | Miguel | Ana | Beatriz |
|---|---|---|---|
| 1. Cuando tenía 10 años, ya había manejado el carro de mi papá. | Lo dudo. | Es cierto. | Lo dudo. |
| 2. | | | |
| 3. | | | |
| 4. | | | |
| 5. | | | |

# Síntesis

**5**

**Gimnasio Olímpico** En parejas, lean el anuncio y contesten las preguntas.

Hasta el año pasado, siempre había mirado la tele sentado en el sofá durante mis ratos libres. ¡Era sedentario y teleadicto! Jamás había practicado ningún deporte y había aumentado mucho de peso.

Este año, he empezado a llevar una dieta equilibrada y voy al gimnasio todos los días. He comenzado a ser una persona muy activa y he adelgazado. Disfruto de una vida sana. ¡Me siento muy feliz!

Manténgase en forma.

**¡Acabo de descubrir una nueva vida!**

**¡Venga al Gimnasio Olímpico hoy mismo!**

1. Identifiquen los elementos del pretérito pluscuamperfecto de indicativo en el anuncio.
2. ¿Cómo era la vida del hombre cuando llevaba una vida sedentaria? ¿Cómo es ahora?
3. ¿Se identifican ustedes con algunos de los hábitos, presentes o pasados, de este hombre? ¿Con cuáles?
4. ¿Qué les recomienda el hombre del anuncio a los lectores? ¿Creen que les da buenos consejos?

## 15.3 The present perfect subjunctive  Tutorial

**ANTE TODO**   The present perfect subjunctive (**el pretérito perfecto de subjuntivo**), like the present perfect indicative, is used to talk about what *has happened*. The present perfect subjunctive is formed using the present subjunctive of the auxiliary verb **haber** and a past participle.

| Present perfect indicative | | Present perfect subjunctive | |
|---|---|---|---|
| PRESENT INDICATIVE OF **HABER** | PAST PARTICIPLE | PRESENT SUBJUNCTIVE OF **HABER** | PAST PARTICIPLE |
| yo   he | hablado | yo   haya | hablado |

### Present perfect subjunctive

| | | cerrar | perder | asistir |
|---|---|---|---|---|
| SINGULAR FORMS | yo | **haya** cerrado | **haya** perdido | **haya** asistido |
| | tú | **hayas** cerrado | **hayas** perdido | **hayas** asistido |
| | Ud./él/ella | **haya** cerrado | **haya** perdido | **haya** asistido |
| PLURAL FORMS | nosotros/as | **hayamos** cerrado | **hayamos** perdido | **hayamos** asistido |
| | vosotros/as | **hayáis** cerrado | **hayáis** perdido | **hayáis** asistido |
| | Uds./ellos/ellas | **hayan** cerrado | **hayan** perdido | **hayan** asistido |

▶ The same conditions which trigger the use of the present subjunctive apply to the present perfect subjunctive.

| Present subjunctive | Present perfect subjunctive |
|---|---|
| Espero que **duermas** bien. | Espero que **hayas dormido** bien. |
| *I hope that you sleep well.* | *I hope that you have slept well.* |
| No creo que **aumente** de peso. | No creo que **haya aumentado** de peso. |
| *I don't think he will gain weight.* | *I don't think he has gained weight.* |

▶ The action expressed by the present perfect subjunctive is seen as occurring before the action expressed in the main clause.

Me alegro de que ustedes **se hayan reído** tanto esta tarde.
*I'm glad that you have laughed so much this afternoon.*

Dudo que tú **te hayas divertido** mucho con tu suegra.
*I doubt that you have enjoyed yourself much with your mother-in-law.*

**¡ATENCIÓN!**

In Spanish the present perfect subjunctive is used to express a recent action.

No creo que lo **hayas dicho** bien.
*I don't think that you have said it right.*

Espero que él **haya llegado**.
*I hope that he has arrived.*

**recursos**

WB
pp. 175–176

LM
p. 89

vistas.
vhlcentral.com
Lección 15

 **¡INTÉNTALO!**   Indica el pretérito perfecto de subjuntivo de los verbos entre paréntesis.

1. Me gusta que ustedes ___hayan dicho___ (decir) la verdad.
2. No creo que tú _____ (comer) tanto.
3. Es imposible que usted _____ (poder) hacer tal (*such a*) cosa.
4. Me alegro de que tú y yo _____ (merendar) juntas.
5. Es posible que yo _____ (adelgazar) un poco esta semana.
6. Espero que ellas _____ (sentirse) mejor después de la clase.

# Práctica

**1**

**Completar** Laura está preocupada por su familia y sus amigos/as. Completa las oraciones con la forma correcta del pretérito perfecto de subjuntivo de los verbos entre paréntesis.

1. ¡Qué lástima que Julio _____ (sentirse) tan mal en la competencia! Dudo que _____ (entrenarse) lo suficiente.

2. No creo que Lourdes y su amiga _____ (irse) de ese trabajo donde siempre tienen tantos problemas. Espero que Lourdes _____ (aprender) a aliviar el estrés.

3. Es triste que Nuria y yo _____ (perder) el partido. Esperamos que los entrenadores del gimnasio nos _____ (preparar) un buen programa para ponernos en forma.

4. No estoy segura de que Samuel _____ (llevar) una vida sana. Es bueno que él _____ (decidir) mejorar su dieta.

5. Me preocupa mucho que Ana y Rosa _____ (fumar) tanto de jóvenes. Es increíble que ellas no _____ (enfermarse).

6. Me alegro de que mi abuela _____ (disfrutar) de buena salud toda su vida. Es maravilloso que ella _____ (cumplir) noventa años.

**2**

**Describir** Usa el pretérito perfecto de subjuntivo para hacer dos comentarios sobre cada dibujo. Usa expresiones como **no creo que, dudo que, es probable que, me alegro de que, espero que** y **siento que**.

> **modelo**
>
> Es probable que Javier haya levantado pesas durante muchos años.
>
> Me alegro de que Javier se haya mantenido en forma.

**CONSULTA**

To review verbs of will and influence, see **Estructura 12.4,** p. 426.
To review expressions of doubt, disbelief, and denial, see **Estructura 13.2,** p. 456.

Javier

1. Rosa y Sandra

2. Roberto

3. Mariela

4. Lorena y su amigo

5. la señora Matos

6. Sonia y René

 Practice more at **vistas.vhlcentral.com**.

# Comunicación

**3**

**¿Sí o no?** En parejas, comenten estas afirmaciones (*statements*) usando las expresiones de la lista.

| | | |
|---|---|---|
| Dudo que… | Es imposible que… | Me alegro de que (no)… |
| Es bueno que (no)… | Espero que (no)… | No creo que… |

**modelo**

**Estudiante 1:** Ya llegó el fin del año escolar.

**Estudiante 2:** Es imposible que haya llegado el fin del año escolar.

1. Recibí una A en la clase de español.
2. Tu mejor amigo/a aumentó de peso recientemente.
3. Lady Gaga dio un concierto ayer con Andrea Bocelli.
4. Mis padres ganaron un millón de dólares.
5. He aprendido a hablar japonés.
6. Nuestro/a profesor(a) nació en Bolivia.
7. Salí anoche con…
8. El año pasado mi familia y yo fuimos de excursión a…

**4**

**Viaje por Bolivia** Imaginen que sus amigos, Luis y Julia, están viajando por Bolivia y que les han mandado postales a ustedes. En grupos, lean las postales y conversen de lo que les han escrito Luis y Julia. Usen expresiones como **dudo que, espero que, me alegro de que, temo que, siento que** y **es posible que.**

1° de febrero
Hola:
Estamos aprendiendo sobre la antigua cultura aimará aquí en Tiahuanaco. Julia se enfermó, quizás por algo que comió ayer. Creo que no vamos a poder ir a la región amazónica.
Abrazos,
Luis

13 de febrero
Hola:
Llegamos a Oruro justo a tiempo para el carnaval. Hemos bailado, escuchado música y disfrutado de las fiestas. ¡Todo fenomenal!
Chau,
Julia

# Recapitulación

 **Concepts Diagnostics**

Completa estas actividades para repasar los conceptos de gramática que aprendiste en esta lección.

**1** **Completar** Completa cada tabla con el pretérito pluscuamperfecto de indicativo y el pretérito perfecto de subjuntivo de los verbos. **12 pts.**

### PRETÉRITO PLUSCUAMPERFECTO

| Infinitivo | tú | nosotros | ustedes |
|---|---|---|---|
| disfrutar | | | |
| apurarse | | | |

### PRETÉRITO PERFECTO DE SUBJUNTIVO

| Infinitivo | yo | él | ellas |
|---|---|---|---|
| tratar | | | |
| entrenarse | | | |

**2** **Preguntas** Completa las preguntas para estas respuestas usando el pretérito perfecto de indicativo. **8 pts.**

**modelo**
—¿Has llamado a tus padres? —Sí, los llamé ayer.

1. —¿Tú _____ ejercicio esta mañana en el gimnasio? —No, hice ejercicio en el parque.

2. —Y ustedes, ¿_____ ya? —Sí, desayunamos en el hotel.

3. —Y Juan y Felipe, ¿adónde _____ ? —Fueron al cine.

4. —Paco, ¿(nosotros) _____ la cuenta del gimnasio? —Sí, la recibimos la semana pasada.

5. —Señor Martín, ¿_____ algo ya? —Sí, pesqué uno grande. Ya me puedo ir a casa contento.

6. —Inés, ¿_____ mi pelota de fútbol? —Sí, la vi esta mañana en el coche.

7. —Yo no _____ café todavía. ¿Alguien quiere acompañarme? —No, gracias. Yo ya tomé mi café en casa.

8. —¿Ya te _____ el doctor que puedes comer chocolate? —Sí, me lo dijo ayer.

## RESUMEN GRAMATICAL

**15.1** **The present perfect** *pp. 518–519*

| Present indicative of **haber** | |
|---|---|
| he | hemos |
| has | habéis |
| ha | han |

Present perfect: present tense of **haber** + past participle

| Present perfect indicative | |
|---|---|
| **he** empezado | **hemos** empezado |
| **has** empezado | **habéis** empezado |
| **ha** empezado | **han** empezado |

**He empezado** a ir al gimnasio con regularidad.
*I have begun to go to the gym regularly.*

**15.2** **The past perfect** *p. 522*

Past perfect: imperfect tense of **haber** + past participle

| Past perfect indicative | |
|---|---|
| **había** vivido | **habíamos** vivido |
| **habías** vivido | **habíais** vivido |
| **había** vivido | **habían** vivido |

Antes de 2011, yo ya **había vivido** en tres países diferentes.
*Before 2011, I had already lived in three different countries.*

**15.3** **The present perfect subjunctive** *p. 525*

Present perfect subjunctive: present subjunctive of **haber** + past participle

| Present perfect subjunctive | |
|---|---|
| **haya** comido | **hayamos** comido |
| **hayas** comido | **hayáis** comido |
| **haya** comido | **hayan** comido |

Espero que **hayas comido** bien.
*I hope that you have eaten well.*

**3**

**Oraciones** Forma oraciones completas con los elementos dados. Usa el pretérito pluscuamperfecto de indicativo y haz todos los cambios necesarios. Sigue el modelo. **8 pts.**

> modelo
>
> yo / ya / conocer / muchos amigos *Yo ya había conocido a muchos amigos.*

1. tú / todavía no / aprender / mantenerse en forma
2. los hermanos Falcón / todavía no / perder / partido de vóleibol
3. Elías / ya / entrenarse / para / maratón
4. nosotros / siempre / sufrir / muchas presiones

**4**

**Una carta** Completa esta carta con el pretérito perfecto de indicativo o de subjuntivo. **12 pts.**

Queridos papá y mamá:

¿Cómo (1) _____ (estar)? Mamá, espero que no (2) _____ (tú, enfermarse) otra vez. Yo sé que (3) _____ (tú, seguir) los consejos del doctor, pero estoy preocupada.

Y en mi vida, ¿qué (4) _____ (pasar) últimamente (lately)? Pues, nada nuevo, sólo trabajo. Los problemas en la compañía, yo los (5) _____ (resolver) casi todos. Pero estoy bien. Es verdad que (6) _____ (yo, adelgazar) un poco, pero no creo que (7) _____ (ser) a causa del estrés. Espero que no (8) _____ (ustedes, sentirse) mal porque no pude visitarlos. Es extraño que no (9) _____ (recibir) mis cartas. Tengo miedo de que (10) _____ (las cartas, perderse).

Me alegro de que papá (11) _____ (tomar) vacaciones para venir a visitarme. ¡Es increíble que nosotros no (12) _____ (verse) en casi un año!

Un abrazo y hasta muy pronto,
Belén

**5**

**Manteniéndote en forma** Escribe al menos cinco oraciones para describir cómo te has mantenido en forma este semestre. Di qué cosas han cambiado este semestre en relación con el año pasado. Usa las formas verbales que aprendiste en esta lección. **10 pts.**

**6**

**Poema** Completa este fragmento de un poema de Nezahualcóyotl con el pretérito perfecto de indicativo de los verbos. **¡2 puntos EXTRA!**

"_____ (Llegar) aquí,
soy Yoyontzin.
Sólo busco las flores
sobre la tierra, _____ (venir)
a cortarlas."

 Practice more at **vistas.vhlcentral.com**.

# Lectura

## Antes de leer

### Estrategia
**Making inferences**

For dramatic effect and to achieve a smoother writing style, authors often do not explicitly supply the reader with all the details of a story or poem. Clues in the text can help you infer those things the writer chooses not to state in a direct manner. You simply "read between the lines" to fill in the missing information and draw conclusions. To practice making inferences, read these statements:

A Liliana le encanta ir al gimnasio. Hace años que empezó a levantar pesas.

Based on this statement alone, what inferences can you draw about Liliana?

### El autor

Ve a la página 473 de tu libro y lee la biografía de Gabriel García Márquez.

### El título

Sin leer el texto del cuento (*story*), lee el título. Escribe cinco oraciones que empiecen con la frase "Un día de éstos".

### El cuento

Éstas son algunas palabras que vas a encontrar al leer *Un día de éstos*. Busca su significado en el diccionario. Según estas palabras, ¿de qué piensas que trata (*is about*) el cuento?

| | |
|---|---|
| alcalde | lágrimas |
| dentadura postiza | muela |
| displicente | pañuelo |
| enjuto | rencor |
| guerrera | teniente |

# Un día de éstos

**Gabriel García Márquez**

El lunes amaneció tibio° y sin lluvia. Don Aurelio Escovar, dentista sin título y buen madrugador°, abrió su gabinete° a las seis. Sacó de la vidriera° una dentadura postiza° montada aún° en el molde de yeso° y puso sobre la mesa un puñado° de instrumentos que ordenó de mayor a menor, como en una exposición. Llevaba una camisa a rayas, sin cuello, cerrada arriba con un botón dorado°, y los pantalones sostenidos con cargadores° elásticos. Era rígido, enjuto, con una mirada que raras veces correspondía a la situación, como la mirada de los sordos°.

Cuando tuvo las cosas dispuestas sobre la mesa rodó la fresa° hacia el sillón de resortes y se sentó a pulir° la dentadura postiza. Parecía no pensar en lo que hacía, pero trabajaba con obstinación, pedaleando en la fresa incluso cuando no se servía de ella.

Después de las ocho hizo una pausa para mirar el cielo por la ventana y vio dos gallinazos° pensativos que se secaban al sol en el caballete° de la casa vecina. Siguió trabajando con la idea de que antes del almuerzo volvería a llover°. La voz destemplada° de su hijo de once años lo sacó de su abstracción.

—Papá.

—Qué.

—Dice el alcalde que si le sacas una muela.

—Dile que no estoy aquí.

Estaba puliendo un diente de oro°. Lo retiró a la distancia del brazo y lo examinó con los ojos a medio cerrar. En la salita de espera volvió a gritar su hijo.

—Dice que sí estás porque te está oyendo.

El dentista siguió examinando el diente. Sólo cuando lo puso en la mesa con los trabajos terminados, dijo:

amaneció tibio *dawn broke warm* madrugador *early riser* gabinete *office* vidriera *glass cabinet* dentadura postiza *dentures* montada aún *still set* yeso *plaster* puñado *handful* dorado *gold* sostenidos con cargadores *held by suspenders* sordos *deaf* rodó la fresa *he turned the drill* pulir *to polish* gallinazos *vultures* caballete *ridge* volvería a llover *it would rain again* voz destemplada *harsh voice* oro *gold* cajita de cartón *small cardboard box* puente *bridge* te pega un tiro *he will shoot you* Sin apresurarse *Without haste* gaveta *drawer* Hizo girar *He turned* apoyada *resting* umbral *threshold* mejilla *cheek* hinchada *swollen* barba *beard* marchitos *faded* hervían *were boiling* pomos de loza *china bottles* cancel de tela *cloth screen* se acercaba *was approaching* talones *heels* mandíbula *jaw* cautelosa *cautious* cacerola *saucepan* pinzas *pliers* escupidera *spittoon* aguamanil *washstand* cordal *wisdom tooth* gatillo *pliers* se aferró *clung* barras *arms* descargó *unloaded* vacío helado *icy hollowness* riñones *kidneys* no soltó un suspiro *he didn't let out a sigh* muñeca *wrist* amarga ternura *bitter tenderness* teniente *lieutenant* crujido *crunch* a través de *through* sudoroso *sweaty* jadeante *panting* se desabotonó *he unbuttoned* a tientas *blindly* bolsillo *pocket* trapo *cloth* cielorraso desfondado *ceiling with the paint sagging* telaraña polvorienta *dusty spiderweb* haga buches de *rinse your mouth out with* vaina *thing*

—Mejor.

Volvió a operar la fresa. De una cajita de cartón° donde guardaba las cosas por hacer, sacó un puente° de varias piezas y empezó a pulir el oro.

—Papá.

—Qué.

Aún no había cambiado de expresión.

—Dice que si no le sacas la muela te pega un tiro°.

Sin apresurarse°, con un movimiento extremadamente tranquilo, dejó de pedalear en la fresa, la retiró del sillón y abrió por completo la gaveta° inferior de la mesa. Allí estaba el revólver.

—Bueno —dijo—. Dile que venga a pegármelo.

Hizo girar° el sillón hasta quedar de frente a la puerta, la mano apoyada° en el borde de la gaveta. El alcalde apareció en el umbral°. Se había afeitado la mejilla° izquierda, pero en la otra, hinchada° y dolorida, tenía una barba° de cinco días. El dentista vio en sus ojos marchitos° muchas noches de desesperación. Cerró la gaveta con la punta de los dedos y dijo suavemente:

—Siéntese.

—Buenos días —dijo el alcalde.

—Buenos —dijo el dentista.

Mientras hervían° los instrumentos, el alcalde apoyó el cráneo en el cabezal de la silla y se sintió mejor. Respiraba un olor glacial. Era un gabinete pobre: una vieja silla de madera, la fresa de pedal y una vidriera con pomos de loza°. Frente a la silla, una ventana con un cancel de tela° hasta la altura de un hombre. Cuando sintió que el dentista se acercaba°, el alcalde afirmó los talones° y abrió la boca.

Don Aurelio Escovar le movió la cabeza hacia la luz. Después de observar la muela dañada, ajustó la mandíbula° con una presión cautelosa° de los dedos.

—Tiene que ser sin anestesia —dijo.

—¿Por qué?

—Porque tiene un absceso.

El alcalde lo miró en los ojos.

—Está bien —dijo, y trató de sonreír. El dentista no le correspondió. Llevó a la mesa de trabajo la cacerola° con los instrumentos hervidos y los sacó del agua con unas pinzas° frías, todavía sin apresurarse. Después rodó la escupidera° con la punta del zapato y fue a lavarse las manos en el aguamanil°. Hizo todo sin mirar al alcalde. Pero el alcalde no lo perdió de vista.

Era una cordal° inferior. El dentista abrió las piernas y apretó la muela con el gatillo° caliente. El alcalde se aferró° a las barras° de la silla, descargó° toda su fuerza en los pies y sintió un vacío helado° en los riñones°, pero no soltó un suspiro°. El dentista sólo movió la muñeca. Sin rencor, más bien con una amarga ternura°, dijo:

—Aquí nos paga veinte muertos, teniente°.

El alcalde sintió un crujido° de huesos en la mandíbula y sus ojos se llenaron de lágrimas. Pero no suspiró hasta que no sintió salir la muela. Entonces la vio a través de° las lágrimas. Le pareció tan extraña a su dolor, que no pudo entender la tortura de sus cinco noches anteriores. Inclinado sobre la escupidera, sudoroso°, jadeante°, se desabotonó° la guerrera y buscó a tientas° el pañuelo en el bolsillo° del pantalón. El dentista le dio un trapo° limpio.

—Séquese las lágrimas —dijo.

El alcalde lo hizo. Estaba temblando. Mientras el dentista se lavaba las manos, vio el cielorraso desfondado° y una telaraña polvorienta° con huevos de araña e insectos muertos. El dentista regresó secándose. "Acuéstese —dijo— y haga buches de° agua de sal." El alcalde se puso de pie, se despidió con un displicente saludo militar, y se dirigió a la puerta estirando las piernas, sin abotonarse la guerrera.

—Me pasa la cuenta —dijo.

—¿A usted o al municipio?

El alcalde no lo miró. Cerró la puerta, y dijo, a través de la red metálica:

—Es la misma vaina°.

# Después de leer

## Comprensión 🖐️ⓒ

Completa las oraciones con la palabra o expresión correcta.

1. Don Aurelio Escovar es _____ sin título.
2. Al alcalde le duele _____.
3. Aurelio Escovar y el alcalde se llevan _____.
4. El alcalde amenaza (*threatens*) al dentista con pegarle un _____.
5. Finalmente, Aurelio Escovar _____ la muela al alcalde.
6. El alcalde llevaba varias noches sin _____.

## Interpretación 🖐️ⓒ

En parejas, respondan a estas preguntas. Luego comparen sus respuestas con las de otra pareja.

1. ¿Cómo reacciona don Aurelio cuando escucha que el alcalde amenaza con pegarle un tiro? ¿Qué les dice esta actitud sobre las personalidades del dentista y del alcalde?
2. ¿Por qué creen que don Aurelio y el alcalde no se llevan bien?
3. ¿Creen que era realmente necesario no usar anestesia?
4. ¿Qué piensan que significa el comentario "aquí nos paga veinte muertos, teniente"? ¿Qué les dice esto del alcalde y su autoridad en el pueblo?
5. ¿Cómo se puede interpretar el saludo militar y la frase final del alcalde "es la misma vaina"?

# Escritura

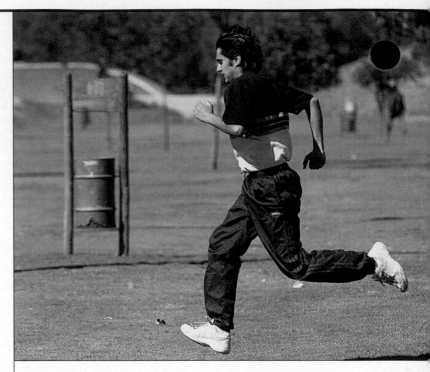

## Estrategia

### Organizing information logically

Many times a written piece may require you to include a great deal of information. You might want to organize your information in one of three different ways:

▶ chronologically (e.g., events in the history of a country)

▶ sequentially (e.g., steps in a recipe)

▶ in order of importance

Organizing your information beforehand will make both your writing and your message clearer to your readers. If you were writing a piece on weight reduction, for example, you would need to organize your ideas about two general areas: eating right and exercise. You would need to decide which of the two is more important according to your purpose in writing the piece. If your main idea is that eating right is the key to losing weight, you might want to start your piece with a discussion of good eating habits. You might want to discuss the following aspects of eating right in order of their importance:

▶ quantities of food

▶ selecting appropriate foods from the food pyramid

▶ healthy recipes

▶ percentage of fat in each meal

▶ calorie count

▶ percentage of carbohydrates in each meal

▶ frequency of meals

You would then complete the piece by following the same process to discuss the various aspects of the importance of getting exercise.

## Tema

### Escribir un plan personal de bienestar

Desarrolla un plan personal para mejorar tu bienestar, tanto físico como emocional. Tu plan debe describir:

1. lo que has hecho para mejorar tu bienestar y llevar una vida sana
2. lo que no has podido hacer todavía
3. las actividades que debes hacer en los próximos meses

Considera también estas preguntas:

**La nutrición**

▶ ¿Comes una dieta equilibrada?

▶ ¿Consumes suficientes vitaminas y minerales?

▶ ¿Consumes demasiada grasa?

▶ ¿Quieres aumentar de peso o adelgazar?

▶ ¿Qué puedes hacer para mejorar tu dieta?

**El ejercicio**

▶ ¿Haces ejercicio? ¿Con qué frecuencia?

▶ ¿Vas al gimnasio? ¿Qué tipo de ejercicios haces allí?

▶ ¿Practicas algún deporte?

▶ ¿Qué puedes hacer para mejorar tu bienestar físico?

**El estrés**

▶ ¿Sufres muchas presiones?

▶ ¿Qué actividades o problemas te causan estrés?

▶ ¿Qué haces (o debes hacer) para aliviar el estrés y sentirte más tranquilo/a?

▶ ¿Qué puedes hacer para mejorar tu bienestar emocional?

# Escuchar  **Audio: Activities**

## Estrategia
### Listening for the gist/
### Listening for cognates

Combining these two strategies is an easy way to get a good sense of what you hear. When you listen for the gist, you get the general idea of what you're hearing, which allows you to interpret cognates and other words in a meaningful context. Similarly, the cognates give you information about the details of the story that you might not have understood when listening for the gist.

 To practice these strategies, you will listen to a short paragraph. Write down the gist of what you hear and jot down a few cognates. Based on the gist and the cognates, what conclusions can you draw about what you heard?

## Preparación

Mira la foto. ¿Qué pistas° te da de lo que vas a oír?

## Ahora escucha

Escucha lo que dice Ofelia Cortez de Bauer. Anota algunos de los cognados que escuchas y también la idea general del discurso°.

_____
_____
_____

Idea general: _____

Ahora contesta las siguientes preguntas.

1. ¿Cuál es el género° del discurso?
2. ¿Cuál es el tema?
3. ¿Cuál es el propósito°?

pistas *clues* discurso *speech* género *genre* propósito *purpose* público *audience* debía haber incluido *should have included*

 Practice more at **vistas.vhlcentral.com.**

## Comprensión

### ¿Cierto o falso?

Indica si lo que dicen estas oraciones es **cierto** o **falso**. Corrige las oraciones falsas.

|  | Cierto | Falso |
|---|---|---|
| 1. La señora Bauer habla de la importancia de estar en buena forma y de hacer ejercicio. | ○ | ○ |
| 2. Según ella, lo más importante es que lleves el programa sugerido por los expertos. | ○ | ○ |
| 3. La señora Bauer participa en actividades individuales y de grupo. | ○ | ○ |
| 4. El único objetivo del tipo de programa que ella sugiere es adelgazar. | ○ | ○ |

### Preguntas

Responde a las preguntas.

1. Imagina que el programa de radio sigue. Según las pistas que ella dio, ¿qué vas a oír en la segunda parte?
2. ¿A qué tipo de público° le interesa el tema del que habla la señora Bauer?
3. ¿Sigues los consejos de la señora Bauer? Explica tu respuesta.
4. ¿Qué piensas de los consejos que ella da? ¿Hay otra información que ella debía haber incluido°?

# En pantalla

Para Iker, cada persona se parece a un animal. Por ejemplo, su papá es un oso°. A Iker le habría gustado° ser un oso también, pero él es otro animal. Y eso es algo que nadie sabe en la escuela. Iker ha conseguido mantenerlo así gracias a algunos trucos°, pero tiene miedo de que los demás lo sepan. ¿Qué podría° pasar si° sus compañeros descubren el secreto de Iker?

## Preparación

### ¿Cierto o falso?

Lee la lista de **Expresiones útiles** e indica si lo que dice cada oración es **cierto** o **falso**. Corrige las oraciones falsas.

_____ 1. Me prestaste tu balón (*ball*) y yo te lo tengo que devolver.

_____ 2. Si (*If*) quiero disimular algo, se lo digo a todos.

_____ 3. Es común que una hija salga igual a su madre.

_____ 4. Para hacerme un peinado especial, voy al salón de belleza.

_____ 5. Para cocinar el pan, lo meto en el congelador.

_____ 6. Si no hago ejercicios de estiramiento, me siento tieso.

**Rasgos de familia**

En parejas, túrnense para hacerse estas preguntas.

1. ¿Tienes rasgos particulares? ¿Cuáles son de tu apariencia física (*physical appearance*)? ¿Cuáles son de tu personalidad?

2. ¿Cuáles de tus rasgos son buenos? ¿Cuáles son malos? ¿Cómo determinas que son buenos o malos?

3. ¿Cuáles de tus rasgos particulares, buenos y malos, te hacen una persona única?

4. ¿Es común alguno de esos rasgos en tu familia? ¿Ha pasado de generación en generación?

5. ¿Tienes compañeros que comparten tus mismos rasgos? ¿Qué tienen en común ustedes?

6. ¿Qué animal crees que serías (*you would be*) según (*according to*) tus rasgos? Explica tu respuesta.

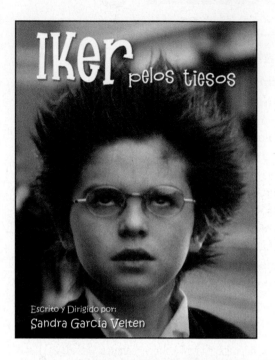

**Iker** pelos tiesos

Escrito y Dirigido por:
Sandra García Velten

---

### Expresiones útiles

| | |
|---|---|
| **devolver** | *to return, to give back* |
| **disimular** | *to hide, to disguise* |
| **me hubiera gustado** | *I would have liked* |
| **meter** | *to put (something) in, to introduce* |
| **el peinado** | *hairstyle* |
| **salir (igual) a** | *to take after* |
| **si supieran** | *if they knew* |
| **tieso/a** | *stiff* |

---

### Para hablar del corto

| | |
|---|---|
| **burlarse (de)** | *to make fun (of)* |
| **esconder(se)** | *to hide (oneself)* |
| **la fuerza** | *strength* |
| **orgulloso/a** | *proud* |
| **pelear(se)** | *to fight (with one another)* |
| **el rasgo** | *feature, characteristic* |
| **sentirse cohibido/a** | *to feel self-conscious* |

---

oso *bear* le habría gustado *he would have liked*
trucos *tricks* podría *could* si *if*

 **Video: Short Film**

## Escenas: Iker pelos tiesos

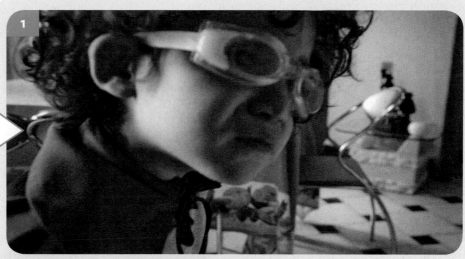

**IKER:** Tito es un mosquito; de esos que nunca dejan de molestar... ni en las noches.

**IKER:** Mi mamá es un perico (*parrot*), como todas las mamás.

**NIÑO 3:** Ey, no hay paso. (*Hey, there's no way through.*)

**IKER:** Pero, ¿por qué?

**IKER:** ... [yo] salí igual a mi abuelo... soy un puercoespín (*porcupine*).

**IKER:** ¿Qué me dirían si supieran mi secreto?

**IKER:** ¿Y por qué ese niño está pasando?

**NIÑO 5:** Porque éste es nuestro territorio.

# Comprensión

### Escoger

Escoge la opción que completa mejor cada oración.

1. Iker siempre _____ su pelo tieso.
   a. muestra
   b. corta
   c. disimula

2. En la familia de Iker, _____ el mismo rasgo.
   a. no hay dos personas con
   b. él y su abuelo comparten
   c. el abuelo y Tito tienen

3. Para Iker, su _____ es un perico.
   a. hermana
   b. mamá
   c. maestra (*teacher*)

4. Para Iker, es probable que sus compañeros _____ si saben su secreto.
   a. lo acepten
   b. se burlen de él
   c. se escondan

5. Iker se sintió _____ cuando su compañero le dijo que le gustaba su peinado.
   a. aliviado (*relieved*)
   b. cohibido
   c. enojado

6. Al final, Iker estaba _____ de mostrar su peinado natural.
   a. avergonzado
   b. nervioso
   c. orgulloso

### Preguntas

En parejas, respondan a estas preguntas con oraciones completas.

1. ¿En qué situaciones se le pone el pelo tieso a Iker?
2. ¿Por qué esconde Iker su peinado natural?
3. ¿Cómo se sintió Iker después de pelearse con los niños en el patio?
4. ¿Se han sentido ustedes cohibidos/as alguna vez?
5. ¿Cuáles son las consecuencias positivas de presentarse ante el mundo tal y como son?
6. ¿Creen que la percepción que tienen de ustedes mismos/as influye en (*influences*) la manera en que ven a los demás? Expliquen su respuesta.

### Superhéroes

A. Imagina que un día descubres que tienes un superpoder (*superpower*). Escribe un parrafo donde describas tu experiencia. No te olvides de presentar esta información:

  ▸ cuál es tu superpoder
  ▸ cómo y cuándo lo descubriste
  ▸ quién, además de ti, sabe que tienes ese superpoder
  ▸ qué características positivas y negativas implica (*involves*) tener ese superpoder
  ▸ cómo has usado tu superpoder para ayudar a otros
  ▸ si has decidido usar tu superpoder para mejorar el mundo
  ▸ cuál es tu nombre de superhéroe/superheroína

**modelo**

> Puedo saltar (*leap*) muros de hasta cinco metros de alto. Lo supe un día que mi gato quedó atrapado en el techo de un edificio...

B. En grupos pequeños, compartan sus párrafos. Conversen para decidir quiénes tienen los mejores superpoderes, los más divertidos, los más útiles (*useful*), etc., y quién escogió el mejor nombre de superhéroe/superheroína.

 Practice more at **vistas.vhlcentral.com**.

¿Cómo sobrevivir° en la selva de concreto de una gran ciudad hispana? Sin duda, los parques públicos son la respuesta cuando se busca un oasis. Los Bosques de Palermo en Buenos Aires, el Bosque de Chapultepec en la Ciudad de México, el Parque Quinta Vergara en Viña del Mar o la Casa de Campo en Madrid son vitales para la salud física y mental de sus habitantes. Unos tienen museos, lagos y zoológicos, otros hasta parques de diversiones° y jardines. En ellos siempre vas a ver gente haciendo ejercicio, relajándose o reunida con familiares y amigos. A continuación conocerás uno de los muchos parques de Madrid, El Retiro, y vas a ver cómo se relajan los madrileños.

### Vocabulario útil

| | |
|---|---|
| **árabe** | *Moorish, Arab* |
| **el bullicio** | *hustle and bustle* |
| **combatir el estrés** | *to fight stress* |
| **el ruido** | *noise* |

### Preparación

¿Sufres de estrés? ¿Qué situaciones te producen estrés? ¿Qué haces para combatirlo?

### ¿Cierto o falso?

Indica si las oraciones son **ciertas** o **falsas**.

1. Madrid es la segunda ciudad más grande de España, después de Barcelona.

2. Madrid es una ciudad muy poco congestionada (*congested*) gracias a los policías de tráfico.

3. Un turista estadounidense intenta saltearse la cola (*cut the line*) para conseguir unos boletos para un espectáculo.

4. En el Parque del Retiro, puedes descansar, hacer gimnasia, etc.

5. Los baños termales Medina Mayrit son de influencia cristiana.

6. En Medina Mayrit es posible bañarse en aguas termales, tomar el té y hasta comer.

**sobrevivir** *to survive*  **parques de diversiones** *amusement parks*

## ¿Estrés? ¿Qué estrés?

**El tráfico, el ruido de las calles... Todos quieren llegar al trabajo a tiempo.**

**... es un lugar donde la gente viene a "retirarse", a escapar del estrés y el bullicio de la ciudad.**

**... en pleno centro de Madrid, encontramos los Baños Árabes [...]**

 **Video:** *Flash cultura*

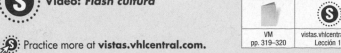 Practice more at **vistas.vhlcentral.com.**

| recursos | |
|---|---|
| VM pp. 319–320 | vistas.vhlcentral.com Lección 15 |

# Bolivia

## El país en cifras

▶ **Área:** 1.098.580 km² (424.162 millas²), *equivalente al área total de Francia y España*

▶ **Población:** 10.854.000

*Los indígenas quechua y aimará constituyen más de la mitad° de la población de Bolivia. Estos grupos indígenas han mantenido sus culturas y lenguas tradicionales. Las personas de ascendencia° indígena y europea representan la tercera parte de la población. Los demás son de ascendencia europea nacida en Latinoamérica. Una gran mayoría de los bolivianos, más o menos el 70%, vive en el altiplano°.*

▶ **Capital:** La Paz, sede° del gobierno, capital administrativa—1.840.000; Sucre, sede del Tribunal Supremo, capital constitucional y judicial

▶ **Ciudades principales:** Santa Cruz de la Sierra—1.916.000, Cochabamba, Oruro, Potosí

SOURCE: Population Division, UN Secretariat

▶ **Moneda:** peso boliviano

▶ **Idiomas:** español (oficial), aimará (oficial), quechua (oficial)

Bandera de Bolivia

### Bolivianos célebres

▶ **Jesús Lara,** escritor (1898–1980)
▶ **Víctor Paz Estenssoro,** político y presidente (1907–2001)
▶ **María Luisa Pacheco,** pintora (1919–1982)
▶ **Matilde Casazola,** poeta (1942– )

mitad *half*   ascendencia *descent*   altiplano *high plateau*   sede *seat*
paraguas *umbrella*   cascada *waterfall*

Plaza 14 de Septiembre

Vista de la ciudad de Sucre

PERÚ

BRASIL

Río Beni

Río Mamoré

Illampu

La Paz

Lago Titicaca

Tiahuanaco

Cordillera Oriental de los Andes

Río Grande

Oruro

Cordillera Central de los Andes

Santa Cruz de la Sierra

Lago Poopó

Sucre

Cochabamba

Potosí

Río Pilcomayo

Vista de la ciudad de Oruro

PARAGUAY

ARGENTINA

CHILE

ESTADOS UNIDOS

OCÉANO ATLÁNTICO

OCÉANO PACÍFICO

BOLIVIA

**recursos**

| WB pp. 177–178 | VM pp. 277–278 | vistas.vhlcentral.com Lección 15 |

## ¡Increíble pero cierto!

La Paz es la capital más alta del mundo. Su aeropuerto está situado a una altitud de 4.061 metros (13.325 pies). Ah, y si viajas en carro hasta La Paz, ¡no te olvides del paraguas°! En la carretera, que cruza 9.000 metros de densa selva, te encontrarás con una cascada°.

## Lugares • El lago Titicaca

Titicaca, situado en los Andes de Bolivia y Perú, es el lago navegable más alto del mundo, a una altitud de 3.810 metros (12.500 pies). Con un área de más de 8.300 kilómetros$^2$ (3.200 millas$^2$), también es el segundo lago más grande de Suramérica, después del lago de Maracaibo (Venezuela). La mitología inca cuenta que los hijos del dios° Sol emergieron de las profundas aguas del lago Titicaca para fundar su imperio°.

## Artes • La música andina

La música andina, compartida por Bolivia, Perú, Ecuador, Chile y Argentina, es el aspecto más conocido de su folclore. Hay muchos conjuntos° profesionales que dan a conocer° esta música popular, de origen indígena, alrededor° del mundo. Algunos de los grupos más importantes y que llevan más de treinta años actuando en escenarios internacionales son Los Kjarkas (Bolivia), Inti Illimani (Chile), Los Chaskis (Argentina) e Illapu (Chile).

## Historia • Tiahuanaco

Tiahuanaco, que significa "Ciudad de los dioses", es un sitio arqueológico de ruinas preincaicas situado cerca de La Paz y del lago Titicaca. Se piensa que los antepasados° de los indígenas aimará fundaron este centro ceremonial hace unos 15.000 años. En el año 1100, la ciudad tenía unos 60.000 habitantes. En este sitio se pueden ver el Templo de Kalasasaya, el Monolito Ponce, el Templete Subterráneo, la Puerta del Sol y la Puerta de la Luna. La Puerta del Sol es un impresionante monumento que tiene tres metros de alto y cuatro de ancho° y que pesa unas 10 toneladas.

 **¿Qué aprendiste?** Responde a las preguntas con una oración completa.

1. ¿Qué idiomas se hablan en Bolivia?
2. ¿Dónde vive la mayoría de los bolivianos?
3. ¿Cuál es la capital administrativa de Bolivia?
4. Según la mitología inca, ¿qué ocurrió en el lago Titicaca?
5. ¿De qué países es la música andina?
6. ¿Qué origen tiene esta música?
7. ¿Cómo se llama el sitio arqueológico situado cerca de La Paz y el lago Titicaca?
8. ¿Qué es la Puerta del Sol?

 **Conexión Internet** Investiga estos temas en **vistas.vhlcentral.com**.

Practice more at
**vistas.vhlcentral.com**.

1. Busca información sobre un(a) boliviano/a célebre. ¿Cuáles son algunos de los episodios más importantes de su vida? ¿Qué ha hecho esta persona? ¿Por qué es célebre?
2. Busca información sobre Tiahuanaco u otro sitio arqueológico en Bolivia. ¿Qué han descubierto los arqueólogos en ese sitio?

dios *god*   imperio *empire*   conjuntos *groups*   dan a conocer *make known*   alrededor *around*   antepasados *ancestors*   ancho *wide*

## El bienestar

| | |
|---|---|
| el bienestar | well-being |
| la droga | drug |
| el/la drogadicto/a | drug addict |
| el masaje | massage |
| el/la teleadicto/a | couch potato |
| adelgazar | to lose weight; to slim down |
| aliviar el estrés | to reduce stress |
| aliviar la tensión | to reduce tension |
| apurarse, darse prisa | to hurry; to rush |
| aumentar de peso, engordar | to gain weight |
| disfrutar (de) | to enjoy; to reap the benefits (of) |
| estar a dieta | to be on a diet |
| (no) fumar | (not) to smoke |
| llevar una vida sana | to lead a healthy lifestyle |
| sufrir muchas presiones | to be under a lot of pressure |
| tratar de (+ inf.) | to try (to do something) |
| activo/a | active |
| débil | weak |
| en exceso | in excess; too much |
| flexible | flexible |
| fuerte | strong |
| sedentario/a | sedentary; related to sitting |
| tranquilo/a | calm; quiet |

## En el gimnasio

| | |
|---|---|
| la cinta caminadora | treadmill |
| la clase de ejercicios aeróbicos | aerobics class |
| el/la entrenador(a) | trainer |
| el músculo | muscle |
| calentarse (e:ie) | to warm up |
| entrenarse | to practice; to train |
| estar en buena forma | to be in good shape |
| hacer ejercicio | to exercise |
| hacer ejercicios aeróbicos | to do aerobics |
| hacer ejercicios de estiramiento | to do stretching exercises |
| hacer gimnasia | to work out |
| levantar pesas | to lift weights |
| mantenerse en forma | to stay in shape |
| sudar | to sweat |

## La nutrición

| | |
|---|---|
| la bebida alcohólica | alcoholic beverage |
| la cafeína | caffeine |
| la caloría | calorie |
| el colesterol | cholesterol |
| la grasa | fat |
| la merienda | afternoon snack |
| el mineral | mineral |
| la nutrición | nutrition |
| el/la nutricionista | nutritionist |
| la proteína | protein |
| la vitamina | vitamin |
| comer una dieta equilibrada | to eat a balanced diet |
| consumir alcohol | to consume alcohol |
| descafeinado/a | decaffeinated |

| | |
|---|---|
| Expresiones útiles | See page 513. |

  **Audio: Vocabulary**

# El mundo del trabajo

# 16

## Communicative Goals

**You will learn how to:**

- Talk about your future plans
- Talk about and discuss work
- Interview for a job
- Express agreement and disagreement

## A PRIMERA VISTA
- ¿Están trabajando las personas en la foto?
- ¿Dibujan algo?
- ¿Llevan ropa profesional?
- ¿Están descansando o están ocupados?

# El mundo del trabajo

## Más vocabulario

| | |
|---|---|
| el/la abogado/a | lawyer |
| el actor, la actriz | actor |
| el/la consejero/a | counselor; advisor |
| el/la contador(a) | accountant |
| el/la corredor(a) de bolsa | stockbroker |
| el/la diseñador(a) | designer |
| el/la electricista | electrician |
| el/la gerente | manager |
| el hombre/la mujer de negocios | businessperson |
| el/la jefe/a | boss |
| el/la maestro/a | teacher |
| el/la político/a | politician |
| el/la psicólogo/a | psychologist |
| el/la secretario/a | secretary |
| el/la técnico/a | technician |
| el ascenso | promotion |
| el aumento de sueldo | raise |
| la carrera | career |
| la compañía, la empresa | company; firm |
| el empleo | job; employment |
| los negocios | business; commerce |
| la ocupación | occupation |
| el oficio | trade |
| la profesión | profession |
| la reunión | meeting |
| el teletrabajo | telecommuting |
| el trabajo | job; work |
| la videoconferencia | videoconference |
| dejar | to quit; to leave behind |
| despedir (e:i) | to fire |
| invertir (e:ie) | to invest |
| renunciar (a) | to resign (from) |
| tener éxito | to be successful |
| comercial | commercial; business-related |

## Variación léxica

abogado/a ⟷ licenciado/a (*Amér. C.*)

contador(a) ⟷ contable (*Esp.*)

el carpintero

el pintor

el arquitecto

el peluquero

la arqueóloga

el científico

**recursos**

| | | |
|---|---|---|
| WB pp. 181–182 | LM p. 91 | vistas.vhlcentral.com Lección 16 |

# Práctica

el cocinero

el bombero

la reportera

**1**

**Escuchar** 🎧 Escucha la descripción que hace Juan Figueres de su profesión y luego completa las oraciones con las palabras adecuadas.

1. Juan Figueres es _____.
   a. actor   b. hombre de negocios   c. pintor
2. El Sr. Figueres es el _____ de una compañía multinacional.
   a. secretario   b. técnico   c. gerente
3. El Sr. Figueres quería _____ en la cual pudiera (*he could*) trabajar en otros países.
   a. una carrera   b. un ascenso   c. un aumento de sueldo
4. El Sr. Figueres viaja mucho porque _____.
   a. tiene reuniones en otros países   b. es político
   c. toma muchas vacaciones

**2**

**¿Cierto o falso?** 🎧 Escucha las descripciones de las profesiones de Ana y Marco. Indica si lo que dice cada oración es **cierto** o **falso**.

1. Ana es maestra de inglés.
2. Ana asiste a muchas reuniones.
3. Ana recibió un aumento de sueldo.
4. Marco hace muchos viajes.
5. Marco quiere dejar su empresa.
6. El jefe de Marco es cocinero.

**3**

**Escoger** Escoge la ocupación que corresponda a cada descripción.

| | | |
|---|---|---|
| la arquitecta | el científico | la electricista |
| el bombero | el corredor de bolsa | el maestro |
| la carpintera | el diseñador | la técnica |

1. Desarrolla teorías de biología, química, física, etc.
2. Nos ayuda a iluminar nuestras casas.
3. Combate los incendios (*fires*) que destruyen edificios.
4. Ayuda a la gente a invertir su dinero.
5. Enseña a los niños.
6. Diseña ropa.
7. Arregla las computadoras.
8. Diseña edificios.

**4**

**Asociaciones** ¿Qué profesiones asocias con estas palabras?

*modelo*
emociones   *psicólogo/a*

1. pinturas
2. consejos
3. elecciones
4. comida
5. leyes
6. teatro
7. pirámide
8. periódico
9. pelo

**5** **Conversación** Completa la entrevista con el nuevo vocabulario que se ofrece en la lista de la derecha.

| | |
|---|---|
| **ENTREVISTADOR** | Recibí la (1)_____ que usted llenó y vi que tiene mucha experiencia. |
| **ASPIRANTE** | Por eso decidí mandar una copia de mi (2)_____ cuando vi su (3)_____ en el periódico. |
| **ENTREVISTADOR** | Me alegro de que lo haya hecho. Pero dígame, ¿por qué dejó usted su (4)_____ anterior? |
| **ASPIRANTE** | Lo dejé porque quiero un mejor (5)_____. |
| **ENTREVISTADOR** | ¿Y cuánto quiere (6)_____ usted? |
| **ASPIRANTE** | Pues, eso depende de los (7)_____ que me puedan ofrecer. |
| **ENTREVISTADOR** | Muy bien. Pues, creo que usted tiene la experiencia necesaria, pero tengo que (8)_____ a dos aspirantes más. Le vamos a llamar la semana que viene. |
| **ASPIRANTE** | Hasta pronto, y gracias por la (9)_____. |

### Más vocabulario

| | |
|---|---|
| **el anuncio** | *advertisement* |
| **el/la aspirante** | *candidate; applicant* |
| **los beneficios** | *benefits* |
| **el currículum** | *résumé* |
| **la entrevista** | *interview* |
| **el/la entrevistador(a)** | *interviewer* |
| **el puesto** | *position; job* |
| **el salario, el sueldo** | *salary* |
| **la solicitud (de trabajo)** | *(job) application* |
| **contratar** | *to hire* |
| **entrevistar** | *to interview* |
| **ganar** | *to earn* |
| **obtener** | *to obtain; to get* |
| **solicitar** | *to apply (for a job)* |

**6** **Completar** Escoge la respuesta que completa cada oración.

1. Voy a _____ mi empleo.
   a. tener éxito     b. renunciar a     c. entrevistar
2. Quiero dejar mi _____ porque no me llevo bien con mi jefe.
   a. anuncio     b. gerente     c. puesto
3. Por eso, fui a una _____ con una consejera de carreras.
   a. profesión     b. reunión     c. ocupación
4. Ella me dijo que necesito revisar mi _____.
   a. currículum     b. compañía     c. aspirante
5. ¿Cuándo obtuviste _____ más reciente?, me preguntó.
   a. la reunión     b. la videoconferencia     c. el aumento de sueldo
6. Le dije que deseo trabajar en una empresa con excelentes _____.
   a. beneficios     b. entrevistas     c. solicitudes de trabajo
7. Y quiero tener la oportunidad de _____ en la nueva empresa.
   a. invertir     b. obtener     c. perder

◀ **¡LENGUA VIVA!**

**Trabajo, empleo,** and **puesto** all can translate as *job*, but each has additional meanings: **trabajo** means *work*, **empleo** means *employment*, and **puesto** means *position*.

**7** **Preguntas** Responde a cada pregunta con una respuesta breve.

1. ¿Te gusta tu especialización?
2. ¿Lees los anuncios de empleo en el periódico o en Internet con regularidad?
3. ¿Piensas que una carrera que beneficia a otros es más importante que un empleo con un salario muy bueno? Explica tu respuesta.
4. ¿Obtienes siempre los puestos que quieres?
5. ¿Te preparas bien para las entrevistas?
6. ¿Crees que una persona debe renunciar a un puesto si no le ofrecen ascensos?
7. ¿Te gustaría (*Would you like*) más un teletrabajo o un trabajo tradicional en una oficina?
8. ¿Piensas que los jefes siempre tienen razón?
9. ¿Quieres crear tu propia empresa? ¿Por qué?
10. ¿Cuál es tu carrera ideal?

# Comunicación

**8**

**Una entrevista** Trabaja con un(a) compañero/a para representar los papeles de un(a) aspirante a un puesto y un(a) entrevistador(a).

El/La entrevistador(a) debe describir...

▶ el puesto,

▶ las responsabilidades,

▶ el salario y

▶ los beneficios.

El/La aspirante debe...

▶ presentar su experiencia y

▶ obtener más información sobre el puesto.

Entonces...

▶ el/la entrevistador(a) debe decidir si va a contratar al/a la aspirante y

▶ el/la aspirante debe decidir si va a aceptar el puesto.

**9**

**Un(a) consejero/a de carreras** En parejas, representen los papeles de un(a) consejero/a de carreras y una persona que quiere saber cuál es la mejor ocupación para él/ella. El/La consejero/a debe hacerle preguntas sobre su educación, su experiencia y sus intereses y debe sugerir dos o tres profesiones posibles. Después, intercambien los papeles.

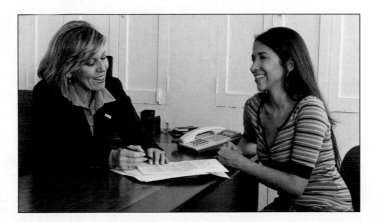

**10**

**Una feria de trabajo** La clase va a celebrar una feria (*fair*) de trabajo. Unos estudiantes van a ser representantes de compañías que buscan empleados y otros van a estar buscando empleo.

● Los representantes deben preparar carteles con el nombre de su compañía y los puestos que ofrecen.

● Los que buscan empleo deben circular por la clase y hablar con tres representantes sobre sus experiencias de trabajo y el tipo de trabajo que están buscando.

● Los entrevistadores deben describir los puestos y conseguir los nombres y las referencias de los solicitantes.

# La entrevista de trabajo

Los chicos hablan de sus planes para el futuro. Y la Sra. Díaz prepara a Miguel para unas entrevistas de trabajo.

**PERSONAJES**

 **MARISSA**

 **FELIPE**

 **Video:** *Fotonovela*
**Record and Compare**

**MARISSA** En menos de dos meses, ya habré regresado a mi casa en Wisconsin.

**FELIPE** No pensé que el año terminara tan pronto.

**JIMENA** ¡Todavía no se ha acabado! Tengo que escribir tres ensayos.

**MARISSA** ¿Qué piensas hacer después de graduarte, Felipe?

**JUAN CARLOS** Vamos a crear una compañía de asesores de negocios.

**FELIPE** Les enseñaremos a las empresas a disminuir la cantidad de contaminación que producen.

(*Mientras tanto, en la oficina de la Sra. Díaz*)

**MIGUEL** Gracias por recibirme hoy.

**SRA. DÍAZ** De nada, Miguel. Estoy muy feliz de poder ayudarte con las entrevistas de trabajo.

**MARISSA** Estoy segura de que tendrán mucho éxito.

**FELIPE** También me gustaría viajar. Me muero por ir a visitarte a los Estados Unidos.

**JIMENA** Pues date prisa. Pronto estará lejos trabajando como arqueóloga.

**MARISSA** No sé cómo vaya a ser mi vida a los 30 años. Probablemente me habré ido de Wisconsin y seré arqueóloga en un país exótico.

**JUAN CARLOS** (*a Jimena*) Para entonces ya serás doctora.

**SRA. DÍAZ** Durante la entrevista, tienes que convencer al entrevistador de que tú eres el mejor candidato. ¿Estás listo para comenzar?

**MIGUEL** Sí.

**JIMENA**   **JUAN CARLOS**   **MIGUEL**   **SRA. DÍAZ**

**MIGUEL** Mucho gusto. Soy Miguel Ángel Lagasca Martínez.

**SRA. DÍAZ** Encantada, Miguel. Veamos. Hábleme sobre su trabajo en el Museo Guggenheim de Bilbao.

**MIGUEL** Estuve allí seis meses en una práctica.

**SRA. DÍAZ** ¿Cuáles son sus planes para el futuro?

**MIGUEL** Seguir estudiando historia del arte, especialmente la española y la latinoamericana. Me encanta el arte moderno. En el futuro, quiero trabajar en un museo y ser un pintor famoso.

**SRA. DÍAZ** ¿Qué te hace especial, Miguel?

**MIGUEL** ¿Especial?

**SRA. DÍAZ** Bueno. Paremos un momento. Necesitas relajarte. Vamos a caminar.

**MIGUEL** Estamos esperando noticias del museo. (*al teléfono*) Hola. ¿Maru? ¡Genial! (*a la Sra. Díaz*) ¡La aceptaron!

**SRA. DÍAZ** Felicidades. Ahora quiero que tomes ese mismo entusiasmo y lo lleves a la entrevista.

## Expresiones útiles

### Talking about future plans

**En menos de dos meses, ya habré regresado a mi casa en Wisconsin.**
*In less than two months, I'll have gone back home to Wisconsin.*

**¿Qué piensas hacer después de graduarte?**
*What do you think you'll be doing after graduation?*

**Vamos a crear una compañía de asesores de negocios.**
*We're going to open a consulting firm.*

**Les enseñaremos a las empresas a disminuir la cantidad de contaminación que producen.**
*We'll teach businesses how to reduce the amount of pollution they produce.*

**No sé cómo vaya a ser mi vida a los treinta años.**
*I don't know what my life will be like when I am thirty.*

**Probablemente me habré ido de Wisconsin.**
*I'll probably have left Wisconsin.*

**Seré arqueóloga de un país exótico.**
*I'll be an archeologist in some exotic country.*

### Reactions

**Estoy seguro/a de que tendrán mucho éxito.**
*I'm sure you'll be very successful.*

**¡Genial!**
*Great!*

### Additional Vocabulary

**ejercer** *to practice/exercise (a degree/profession)*
**enterarse** *to find out*
**establecer** *to establish*
**extrañar** *to miss*
**por el porvenir** *for/to the future*
**el título** *title*

# ¿Qué pasó?

**1**   **¿Cierto o falso?** Indica si lo que dicen estas oraciones es **cierto** o **falso**.
Corrige las oraciones falsas.

|  | Cierto | Falso |
|---|---|---|
| 1. Juan Carlos y Felipe quieren crear su propia empresa. | ○ | ○ |
| 2. En el futuro, Marissa va a viajar porque va a ser psicóloga. | ○ | ○ |
| 3. La Sra. Díaz ayuda a Miguel con su currículum. | ○ | ○ |
| 4. Miguel quiere seguir estudiando historia del arte. | ○ | ○ |

**2**   **Identificar** Identifica quién puede decir estas oraciones.

1. Nosotros vamos a ayudar a que se reduzca la contaminación.
2. Me gustan los hospitales, por eso quiero ser doctora.
3. No imagino cómo será mi vida en el futuro.
4. Quiero ser un pintor famoso, como Salvador Dalí.
5. Lleva ese entusiasmo a la entrevista y serás el mejor candidato.

**3**   **Profesiones** Los protagonistas de la **Fotonovela** mencionan estas profesiones. En parejas, túrnense para definir cada profesión.

1. arqueólogo/a
2. doctor(a)
3. administrador(a) de empresas
4. artista
5. hombre/mujer de negocios
6. abogado/a
7. pintor(a)
8. profesor(a)

**4**   **Mis planes** En grupos, hablen de sus planes para el futuro. Utilicen estas preguntas y frases.

- ¿Qué piensas hacer después de graduarte?
- ¿Quieres saber cuáles son mis planes para el futuro?
- ¿Cuáles son tus planes?
- ¿Dónde trabajarás?
- El próximo año/verano, voy a...
- Seré...
- Trabajaré en...

# Ortografía  Concepts
## Las letras **y**, **ll** y **h**

The letters **ll** and **y** were not pronounced alike in Old Spanish. Nowadays, however, **ll** and **y** have the same or similar pronunciations in many parts of the Spanish-speaking world. This results in frequent misspellings. The letter **h**, as you already know, is silent in Spanish, and it is often difficult to know whether words should be written with or without it. Here are some of the word groups that are spelled with each letter.

| **talla** | **sello** | **botella** | **amarillo** |
|---|---|---|---|

The letter **ll** is used in these endings: **-allo/a, -ello/a, -illo/a**.

| **llave** | **llega** | **llorar** | **lluvia** |
|---|---|---|---|

The letter **ll** is used at the beginning of words in these combinations: **lla-, lle-, llo-, llu-**.

| **cayendo** | **leyeron** | **oye** | **incluye** |
|---|---|---|---|

The letter **y** is used in some forms of the verbs **caer**, **leer**, and **oír** and in verbs ending in **-uir**.

| **hiperactivo** | **hospital** | **hipopótamo** | **humor** |
|---|---|---|---|

The letter **h** is used at the beginning of words in these combinations: **hiper-, hosp-, hidr-, hipo-, hum-**.

| **hiato** | **hierba** | **hueso** | **huir** |
|---|---|---|---|

The letter **h** is also used in words that begin with these combinations: **hia-, hie-, hue-, hui-**.

**Práctica** Llena los espacios con **h, ll** o **y**. Después escribe una frase con cada una de las palabras.

1. cuchi___o
2. ___ielo
3. cue___o
4. estampi___a
5. estre___a
6. ___uésped
7. destru___ó
8. pla___a

**Adivinanza** Aquí tienes una adivinanza (*riddle*). Intenta descubrir de qué se trata.

Una cajita chiquita, blanca como la nieve: todos la saben abrir, nadie la sabe cerrar.[1]

Pista: Es una comida.

[1] El huevo

**EN DETALLE**

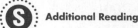

S Additional Reading

# Beneficios
# en los empleos

**¿Qué piensas si te ofrecen un trabajo que te da treinta días de vacaciones pagadas?** Los beneficios laborales° en los Estados Unidos, España e Hispanoamérica son diferentes en varios sentidos°. En España, por ejemplo, todos los empleados, por ley, tienen treinta días de vacaciones pagadas al año. Otro ejemplo lo hallamos en las licencias por maternidad°. En los Estados Unidos se otorgan° doce semanas, dependiendo de la empresa si esos días son pagados o no. En muchos países hispanoamericanos, sin embargo, las leyes dictan que esta licencia sea pagada. Países como Chile y Venezuela ofrecen a las madres trabajadoras° dieciocho semanas de licencia pagada.

Otra diferencia está en los sistemas de jubilación° de los países hispanoamericanos. Hasta la década de 1990, la mayoría de los países de Centroamérica y Suramérica tenía un sistema de jubilación público. Es decir, las personas no tenían que pagar directamente por su jubilación, sino que el Estado la administraba. Sin embargo, en los últimos años las cosas han cambiado en Hispanoamérica: desde hace más de una década, casi todos los países han incorporado el sistema privado° de jubilación, y en muchos países podemos encontrar los dos sistemas (público y privado) funcionando al mismo tiempo, como en Colombia, Perú o Costa Rica.

### El currículum vitae

- El currículum vitae contiene información personal y es fundamental que sea muy detallado°. En ocasiones, mientras más páginas tenga, mejor.
- Normalmente incluye° la educación completa del aspirante, todos los trabajos que ha tenido e incluso sus gustos personales y pasatiempos.
- Puede también incluir detalles que no se suelen incluir en los Estados Unidos: una foto del aspirante, su estado civil e incluso si tiene auto y de qué tipo.

beneficios laborales *job benefits* varios sentidos *many ways* licencias por maternidad *maternity leave* se otorga *is given* ley *law* madres trabajadoras *working mothers* jubilación *retirement* privado *private* detallado *detailed* incluye *includes*

**ACTIVIDADES**

1 **¿Cierto o falso?** Indica si lo que dicen estas oraciones es cierto o falso. Corrige la información falsa.

1. Los trabajadores de los Estados Unidos y los de España tienen beneficios laborales diferentes.

2. La licencia por maternidad es igual en Hispanoamérica y los Estados Unidos.

3. En Venezuela, la licencia por maternidad es de cuatro meses y medio.

4. En España, los empleados tienen treinta días de vacaciones al año.

5. Hasta 1990, muchos países hispanoamericanos tenían un sistema de jubilación privado.

6. En Perú sólo tienen sistema de jubilación privado.

7. En general, el currículum vitae hispano y el estadounidense tienen contenido distinto.

8. En Hispanoamérica, es importante que el currículum vitae tenga pocas páginas.

ASÍ SE DICE

## El trabajo

| | |
|---|---|
| la chamba (Méx.); el curro (Esp.); el laburo (Arg.); la pega (Chi.) | el trabajo |
| el/la cirujano/a | *surgeon* |
| la huelga | *strike* |
| el/la niñero/a | *babysitter* |
| el impuesto | *tax* |

### EL MUNDO HISPANO

## Igualdad° laboral

- **United Fruit Company** fue, por casi cien años, la mayor corporación estadounidense. Monopolizó las exportaciones de frutas de Hispanoamérica, e influenció enormemente la economía y la política de la región hasta 1970.

- **Fair Trade Coffee** trabaja para proteger a los agricultores° de café de los abusos de las grandes compañías multinacionales. Ahora, en lugares como Centroamérica, los agricultores pueden obtener mayores ganancias° a través del comercio directo y los precios justos°.

- **Oxfam International** trabaja en países como Guatemala, Ecuador, Nicaragua y Perú para concientizar a la opinión pública° de que la igualdad entre las personas es tan importante como el crecimiento° económico de las naciones.

Igualdad *Equality* agricultores *farmers* ganancias *profits* justos *fair* concientizar a la opinión pública *to make public opinion aware* crecimiento *growth*

### PERFIL

## César Chávez

**César Estrada Chávez** (1927–1993) nació cerca de Yuma, Arizona. De padres mexicanos, empezó a trabajar en el campo a los diez años de edad. Comenzó a luchar contra la discriminación en los años 40, mientras estaba en la Marina°. Fue en esos tiempos cuando se sentó en la sección para blancos en un cine segregacionista y se negó° a moverse.

Junto a su esposa, Helen Fabela, fundó° en 1962 la Asociación Nacional de Trabajadores del Campo° que después se convertiría en la coalición Trabajadores del Campo Unidos. Participó y organizó muchas huelgas en grandes compañías para lograr mejores condiciones laborales° y salarios más altos y justos para los trabajadores. Es considerado un héroe del movimiento laboral estadounidense. Desde el año 2000, la

fecha de su cumpleaños es un día festivo pagado° en California y otros estados.

Marina *Navy* se negó *he refused* fundó *he established* Trabajadores del Campo *Farm Workers* condiciones laborales *working conditions* día festivo pagado *paid holiday*

### Conexión Internet

¿Qué industrias importantes hay en los países hispanos?

Go to **vistas.vhlcentral.com** to find more cultural information related to this **Cultura** section.

---

### ACTIVIDADES

**2** **Comprensión** Responde a las preguntas.

1. ¿Cómo dice un argentino "perdí mi trabajo"?
2. ¿Cuál es el principio fundamental del Fair Trade Coffee?
3. ¿Para qué César Chávez organizó huelgas contra grandes compañías?
4. ¿Qué día es un día festivo pagado en California?

**3**  **Sus ambiciones laborales** En parejas, hagan una lista con al menos tres ideas sobre las expectativas que tienen sobre su futuro como trabajadores/as. Pueden describir las ideas y ambiciones sobre el trabajo que quieren tener. ¿Conocen bien las reglas que deben seguir para conseguir un trabajo? ¿Les gustan? ¿Les disgustan? Luego van a exponer sus ideas ante la clase para un debate.

 Practice more at **vistas.vhlcentral.com**.

## 16.1 The future  Tutorial

**ANTE TODO** You have already learned ways of expressing the near future in Spanish. You will now learn how to form and use the future tense. Compare the different ways of expressing the future in Spanish and English.

| Present indicative |
| --- |

**Voy** al cine mañana.
*I'm going to the movies tomorrow.*

| Present subjunctive |
| --- |

Ojalá **vaya al cine** mañana.
*I hope I will go to the movies tomorrow.*

| ir a + [*infinitive*] |
| --- |

**Voy a ir** al cine.
*I'm going to go to the movies.*

| Future |
| --- |

**Iré** al cine.
*I will go to the movies.*

**CONSULTA**

To review **ir a** + [*infinitive*], see **Estructura 4.1**, p. 126.

▶ In Spanish, the future is a simple tense that consists of one word, whereas in English it is made up of the auxiliary verb *will* or *shall*, and the main verb.

### Future tense

| | | estudiar | aprender | recibir |
| --- | --- | --- | --- | --- |
| **SINGULAR FORMS** | yo | estudiar**é** | aprender**é** | recibir**é** |
| | tú | estudiar**ás** | aprender**ás** | recibir**ás** |
| | Ud./él/ella | estudiar**á** | aprender**á** | recibir**á** |
| **PLURAL FORMS** | nosotros/as | estudiar**emos** | aprender**emos** | recibir**emos** |
| | vosotros/as | estudiar**éis** | aprender**éis** | recibir**éis** |
| | Uds./ellos/ellas | estudiar**án** | aprender**án** | recibir**án** |

▶ **¡Atención!** Note that all of the future endings have a written accent except the **nosotros/as** form.

¿Cuándo **recibirás** el ascenso?
*When **will you receive** the promotion?*

Mañana **aprenderemos** más.
*Tomorrow **we will learn** more.*

▶ The future endings are the same for regular and irregular verbs. For regular verbs, simply add the endings to the infinitive. For irregular verbs, add the endings to the irregular stem.

| Irregular verbs in the future |
| --- |

| INFINITIVE | STEM | FUTURE FORMS |
| --- | --- | --- |
| decir | dir- | dir**é** |
| hacer | har- | har**é** |
| poder | podr- | podr**é** |
| poner | pondr- | pondr**é** |
| querer | querr- | querr**é** |
| saber | sabr- | sabr**é** |
| salir | saldr- | saldr**é** |
| tener | tendr- | tendr**é** |
| venir | vendr- | vendr**é** |

▶ The future of **hay** (*inf.* **haber**) is **habrá** *(there will be)*.

La próxima semana **habrá** dos reuniones.
*Next week there will be two meetings.*

**Habrá** muchos gerentes en la videoconferencia.
*There will be many managers at the videoconference.*

▶ Although the English word *will* can refer to future time, it also refers to someone's willingness to do something. In this case, Spanish uses **querer** + [*infinitive*], not the future tense.

**¿Quieres llamarme**, por favor?
*Will you please call me?*

**¿Quieren ustedes escucharnos**, por favor?
*Will you please listen to us?*

### COMPARE & CONTRAST

In Spanish, the future tense has an additional use: expressing conjecture or probability. English sentences involving expressions such as *I wonder, I bet, must be, may, might*, and *probably* are often translated into Spanish using the *future of probability*.

—¿Dónde **estarán** mis llaves?
*I wonder where my keys are.*

—¿Qué hora **será**?
*What time can it be? (I wonder what time it is.)*

—**Estarán** en la cocina.
*They're probably in the kitchen.*

—**Serán** las once o las doce.
*It must be (It's probably) eleven or twelve.*

Note that although the future tense is used, these verbs express conjecture about *present* conditions, events, or actions.

**CONSULTA**

To review these conjunctions of time, see **Estructura 13.3**, p. 461.

▶ The future may also be used in the main clause of sentences in which the present subjunctive follows a conjunction of time such as **cuando, después (de) que, en cuanto, hasta que**, and **tan pronto como**.

**Cuando llegues** a la oficina, **hablaremos**.
*When you arrive at the office, we will talk.*

**Saldremos tan pronto como termine** su trabajo.
*We will leave as soon as you finish your work.*

**¡INTÉNTALO!** Conjuga en futuro los verbos entre paréntesis.

1. (dejar, correr, invertir) yo ___ dejaré, correré, invertiré
2. (renunciar, beber, vivir) tú ___
3. (hacer, poner, venir) Lola ___
4. (tener, decir, querer) nosotros ___
5. (ir, ser, estar) ustedes ___
6. (solicitar, comer, repetir) usted ___
7. (saber, salir, poder) yo ___
8. (encontrar, jugar, servir) tú ___

**recursos**

WB pp. 183–184

LM p. 93

vistas. vhlcentral.com Lección 16

# Práctica

**1**

**Planes** Celia está hablando de sus planes. Repite lo que dice, usando el tiempo futuro.

> **modelo**
>
> Voy a consultar el índice de Empresas 500 en la biblioteca.
> *Consultaré el índice de Empresas 500 en la biblioteca.*

1. Álvaro y yo nos vamos a casar pronto.
2. Julián me va a decir dónde puedo buscar trabajo.
3. Voy a buscar un puesto con un buen sueldo.
4. Voy a leer los anuncios clasificados todos los días.
5. Voy a obtener un puesto en mi especialización.
6. Mis amigos van a estar contentos por mí.

**2**

**La predicción inolvidable** Completa el párrafo con el futuro de los verbos.

| asustarse | conseguir | estar | olvidar | tener |
|---|---|---|---|---|
| casarse | escribir | hacerse | ser | terminar |

Nunca (1) _____ lo que me dijo la vidente (*clairvoyant*) antes de que se quedara sin batería mi teléfono celular: "En cinco años (2) _____ realidad todos tus deseos. (3) _____ tus estudios, (4) _____ un empleo rápidamente y tu éxito (5) _____ asombroso. (6) _____ con un hombre bueno y hermoso, del que (7) _____ enamorada. Pero en realidad (8) _____ una vida muy triste porque un día, cuando menos lo esperes..."

**3**

**Preguntas** Imaginen que han aceptado uno de los puestos de los anuncios. En parejas, túrnense para hablar sobre los detalles (*details*) del puesto. Usen las preguntas como guía y hagan también sus propias preguntas.

**Laboratorios LUNA**
Se busca científico con mucha imaginación para crear nuevos productos. Mínimo 3 años de experiencia. Puesto con buen sueldo y buenos beneficios.
Tel: 492-38-67

**SE BUSCA CONTADOR(A)**
Mínimo 5 años de experiencia. Debe hablar inglés, francés y alemán. Salario: 120.000 dólares al año. Envíen currículum por fax al: 924-90-34.

**SE BUSCAN**
Actores y actrices con experiencia para telenovela. Trabajarán por las noches. Salario: 40 dólares la hora. Soliciten puesto en persona. Calle El Lago n. 24, Managua.

**SE NECESITAN**
Jóvenes periodistas para el sitio web de un periódico nacional. Horario: 4:30 a 20:30. Comenzarán inmediatamente. Salario 20.000 dólares al año. Tel. contacto: 245-94-30.

1. ¿Cuál será el trabajo?
2. ¿Qué harás?
3. ¿Cuánto te pagarán?
4. ¿Sabes si te ofrecerán beneficios?
5. ¿Sabes el horario que tendrás? ¿Es importante saberlo?
6. ¿Crees que te gustará? ¿Por qué?
7. ¿Cuándo comenzarás a trabajar?
8. ¿Qué crees que aprenderás?

# Comunicación

**4**

**Conversar** Tú y tu compañero/a viajarán a la República Dominicana por siete días. Indiquen lo que harán y no harán. Digan dónde, cómo, con quién o en qué fechas lo harán, usando el anuncio como guía. Pueden usar sus propias ideas también.

> **modelo**
>
> **Estudiante 1:** ¿Qué haremos el martes?
> **Estudiante 2:** Visitaremos el Jardín Botánico.
> **Estudiante 1:** Pues, tú visitarás el Jardín Botánico y yo caminaré por el Mercado Modelo.

---

## ¡Bienvenido a la República Dominicana!

Se divertirá desde el momento en que llegue al **Aeropuerto Internacional de las Américas**.

• Visite la ciudad colonial de **Santo Domingo** con su interesante arquitectura.

• Vaya al **Jardín Botánico** y disfrute de nuestra abundante naturaleza.

• En el **Mercado Modelo** no va a poder resistir la tentación de comprar artesanías.

• No deje de escalar el **Pico Duarte** (se recomiendan 3 días).

• ¿Le gusta bucear? **Cabarete** tiene todo el equipo que usted necesita.

• ¿Desea nadar? **Punta Cana** le ofrece hermosas playas.

---

**5**

**Planear** En grupos pequeños, hagan planes para formar una empresa privada. Usen las preguntas como guía. Después presenten su plan a la clase.

1. ¿Cómo se llamará y qué tipo de empresa será?
2. ¿Cuántos empleados tendrá y cuáles serán sus oficios o profesiones?
3. ¿Qué tipo de beneficios se ofrecerán?
4. ¿Quién será el/la gerente y quién será el jefe/la jefa? ¿Por qué?
5. ¿Permitirá su empresa el teletrabajo? ¿Por qué?
6. ¿Dónde pondrán anuncios para conseguir empleados?

# Síntesis

**6**

**El futuro de Cristina** Tu profesor(a) va a darte una serie incompleta de dibujos sobre el futuro de Cristina. Tú y tu compañero/a tienen dos series diferentes. Háganse preguntas y respondan de acuerdo a los dibujos para completar la historia.

> **modelo**
>
> **Estudiante 1:** ¿Qué hará Cristina en el año 2020?
> **Estudiante 2:** Ella se graduará en el año 2020.

# 16.2 The future perfect  Tutorial

**ANTE TODO**   Like other compound tenses you have learned, the future perfect (**el futuro perfecto**) is formed with a form of **haber** and the past participle. It is used to talk about what will have happened by some future point in time.

## Future perfect

|  | **hablar** | **comer** | **vivir** |
|---|---|---|---|
| **SINGULAR FORMS** | | | |
| yo | **habré** hablado | **habré** comido | **habré** vivido |
| tú | **habrás** hablado | **habrás** comido | **habrás** vivido |
| Ud./él/ella | **habrá** hablado | **habrá** comido | **habrá** vivido |
| **PLURAL FORMS** | | | |
| nosotros/as | **habremos** hablado | **habremos** comido | **habremos** vivido |
| vosotros/as | **habréis** hablado | **habréis** comido | **habréis** vivido |
| Uds./ellos/ellas | **habrán** hablado | **habrán** comido | **habrán** vivido |

> **¡ATENCIÓN!**
>
> As with other compound tenses, the past participle never varies in the future perfect; it always ends in **-o**.

En dos meses, ya habré regresado a Wisconsin.

Tendremos una compañía muy exitosas.

Sí, porque muchas empresas habrán solicitado nuestros servicios.

▶ The phrases **para** + [*time expression*] and **dentro de** + [*time expression*] are used with the future perfect to talk about what will have happened by some future point in time.

> **Para el lunes, habré hecho** todas las preparaciones.
> *By Monday, I will have made all the preparations.*

> **Dentro de un año, habré renunciado** a mi trabajo.
> *Within a year, I will have resigned from my job.*

**¡INTÉNTALO!**   Indica la forma apropiada del futuro perfecto.

1. Para el sábado, nosotros _habremos obtenido_ (obtener) el dinero.
2. Yo _____ (terminar) el trabajo para cuando lleguen mis amigos.
3. Silvia _____ (hacer) todos los planes para el próximo fin de semana.
4. Para el cinco de junio, ustedes _____ (llegar) a Quito.
5. Para esa fecha, Ernesto y tú _____ (recibir) muchas ofertas.
6. Para el ocho de octubre, nosotros ya _____ (llegar) a Colombia.
7. Para entonces, yo _____ (volver) de la República Dominicana.
8. Para cuando yo te llame, ¿tú _____ (decidir) lo que vamos a hacer?
9. Para las nueve, mi hermana _____ (salir).
10. Para las ocho, tú y yo _____ (limpiar) el piso.

**recursos**

WB
pp. 185

LM
p. 94

vistas.
vhlcentral.com
Lección 16

# Práctica y Comunicación

**1** **¿Qué habrá pasado?** Forma oraciones lógicas combinando ambas (*both*) columnas.

**A**

1. Para el año 2050, la población del mundo
2. Para la semana que viene, el profesor
3. Antes de cumplir los 40 años, yo
4. Dentro de una semana, ellos
5. Para cuando se dé cuenta, el científico
6. Para fin de año, las termitas

**B**

a. me habré jubilado.
b. habrá corregido los exámenes.
c. habrá aumentado un 47%.
d. habrán destruido su casa.
e. habrán atravesado el océano Pacífico.
f. habré escrito un libro, plantado un árbol y tenido tres hijos.
g. habrá hecho un gran daño a la humanidad.

**2** **Escoger** Juan Luis habla de lo que habrá ocurrido en ciertos momentos del futuro. Escoge los verbos que mejor completen cada oración y ponlos en el futuro perfecto.

| casarse | leer | solicitar |
| comprar | romperse | tomar |
| graduarse | ser | viajar |

1. Para mañana por la tarde, yo ya _____ mi examen de economía.
2. Para la semana que viene, el profesor _____ nuestros exámenes.
3. Dentro de tres meses, Juan y Marisa _____ en Las Vegas.
4. Dentro de cinco meses, tú y yo _____ de la universidad.
5. Para finales (*end*) de mayo, yo _____ un trabajo en un banco.
6. Dentro de un año, tú _____ una casa nueva.
7. Antes de cumplir los 50 años, usted _____ a Europa.
8. Dentro de 25 años, Emilia ya _____ presidenta de los EE.UU.

**3** **Encuesta** Tu profesor(a) te va a dar una hoja de actividades. Pregúntales a tres compañeros/as para cuándo habrán hecho las cosas relacionadas con sus futuras carreras que se mencionan en la lista. Toma nota de las respuestas y luego comparte con la clase la información que obtuviste.

# Síntesis

**4** **Competir** En parejas, preparen una conversación hipotética (8 líneas o más) que ocurra en una fiesta. Una persona dice lo que habrá hecho para algún momento del futuro; la otra responde, diciendo cada vez algo más exagerado. Prepárense para representar la conversación delante de la clase.

**modelo**

**Estudiante 1:** Cuando tenga 30 años, habré ganado un millón de dólares.
**Estudiante 2:** Y yo habré llegado a ser multimillonaria.
**Estudiante 1:** Para el 2020, me habrán escogido como la mejor escritora (*writer*) del país.
**Estudiante 2:** Pues, yo habré ganado el Premio Nobel de Literatura.

 Practice more at **vistas.vhlcentral.com.**

## 16.3 The past subjunctive  Tutorial

**ANTE TODO**   You will now learn how to form and use the past subjunctive (**el pretérito imperfecto de subjuntivo**), also called the imperfect subjunctive. Like the present subjunctive, the past subjunctive is used mainly in multiple-clause sentences which express states and conditions such as will, influence, emotion, commands, indefiniteness, and non-existence.

### The past subjunctive

| | | estudiar | aprender | recibir |
|---|---|---|---|---|
| SINGULAR FORMS | yo | estudia**ra** | aprendie**ra** | recibie**ra** |
| | tú | estudia**ras** | aprendie**ras** | recibie**ras** |
| | Ud./él/ella | estudia**ra** | aprendie**ra** | recibie**ra** |
| PLURAL FORMS | nosotros/as | estudiá**ramos** | aprendié**ramos** | recibié**ramos** |
| | vosotros/as | estudia**rais** | aprendie**rais** | recibie**rais** |
| | Uds./ellos/ellas | estudia**ran** | aprendie**ran** | recibie**ran** |

► The past subjunctive endings are the same for all verbs.

| | |
|---|---|
| -ra | -ramos |
| -ras | -rais |
| -ra | -ran |

► The past subjunctive is formed using the **Uds./ellos/ellas** form of the preterite. By dropping the **-ron** ending from this preterite form, you establish the stem of all the past subjunctive forms. To this stem you then add the past subjunctive endings.

| INFINITIVE | PRETERITE FORM | PAST SUBJUNCTIVE |
|---|---|---|
| hablar | ellos habla~~ron~~ | habla**ra**, habla**ras**, hablá**ramos** |
| beber | ellos bebie~~ron~~ | bebie**ra**, bebie**ras**, bebié**ramos** |
| escribir | ellos escribie~~ron~~ | escribie**ra**, escribie**ras**, escribié**ramos** |

► For verbs with irregular preterites, add the past subjunctive endings to the irregular stem.

| INFINITIVE | PRETERITE FORM | PAST SUBJUNCTIVE |
|---|---|---|
| dar | die~~ron~~ | die**ra**, die**ras**, dié**ramos** |
| decir | dije~~ron~~ | dije**ra**, dije**ras**, dijé**ramos** |
| estar | estuvie~~ron~~ | estuvie**ra**, estuvie**ras**, estuvié**ramos** |
| hacer | hicie~~ron~~ | hicie**ra**, hicie**ras**, hicié**ramos** |
| ir/ser | fue~~ron~~ | fue**ra**, fue**ras**, fué**ramos** |
| poder | pudie~~ron~~ | pudie**ra**, pudie**ras**, pudié**ramos** |
| poner | pusie~~ron~~ | pusie**ra**, pusie**ras**, pusié**ramos** |
| querer | quisie~~ron~~ | quisie**ra**, quisie**ras**, quisié**ramos** |
| saber | supie~~ron~~ | supie**ra**, supie**ras**, supié**ramos** |
| tener | tuvie~~ron~~ | tuvie**ra**, tuvie**ras**, tuvié**ramos** |
| venir | vinie~~ron~~ | vinie**ra**, vinie**ras**, vinié**ramos** |

**¡ATENCIÓN!**

Note that the **nosotros/as** form of the past subjunctive always has a written accent.

**¡LENGUA VIVA!**

The past subjunctive has another set of endings:

| | |
|---|---|
| -se | -semos |
| -ses | -seis |
| -se | -sen |

It's a good idea to learn to recognize these endings because they are sometimes used in literary and formal contexts.

**Deseaba que mi esposo recibiese un ascenso.**

**¡LENGUA VIVA!**

**Quisiera**, the past subjunctive form of **querer**, is often used to make polite requests.

**Quisiera hablar con Marco, por favor.**
*I would like to speak to Marco, please.*

**¿Quisieran ustedes algo más?**
*Would you like anything else?*

▶ **-Ir** stem-changing verbs and other verbs with spelling changes follow a similar process to form the past subjunctive.

| INFINITIVE | PRETERITE FORM | PAST SUBJUNCTIVE |
|---|---|---|
| preferir | **prefirie**ron | prefirie**ra**, prefirie**ras**, prefirié**ramos** |
| repetir | **repitie**ron | repitie**ra**, repitie**ras**, repitié**ramos** |
| dormir | **durmie**ron | durmie**ra**, durmie**ras**, durmié**ramos** |
| conducir | **conduje**ron | conduje**ra**, conduje**ras**, condujé**ramos** |
| creer | **creye**ron | creye**ra**, creye**ras**, creyé**ramos** |
| destruir | **destruye**ron | destruye**ra**, destruye**ras**, destruyé**ramos** |
| oír | **oye**ron | oye**ra**, oye**ras**, oyé**ramos** |

**AYUDA**

When a situation that triggers the subjunctive is involved, most cases follow these patterns: *main verb in present indicative →  subordinate verb in present subjunctive* **Espero** que María **venga** a la reunión.

*main verb in past indicative →  subordinate verb in past subjunctive* **Esperaba** que María **viniera** a la reunión.

▶ The past subjunctive is used in the same contexts and situations as the present subjunctive and the present perfect subjunctive, except that it generally describes actions, events, or conditions that have already happened.

Me pidieron que no **llegara** tarde.
*They asked me not to arrive late.*

Me sorprendió que ustedes no **vinieran** a la cena.
*It surprised me that you didn't come to the dinner.*

Salió antes de que yo **pudiera** hablar contigo.
*He left before I could talk to you.*

Ellos querían que yo **escribiera** una novela romántica.
*They wanted me to write a romantic novel.*

Cuando llegaste, no creí que tuviéramos muchas cosas en común.

No pensé que el año terminara tan pronto.

**¡INTÉNTALO!** Indica la forma apropiada del pretérito imperfecto de subjuntivo de los verbos entre paréntesis.

1. Quería que tú ___vinieras___ (venir) más temprano.
2. Esperábamos que ustedes _____ (hablar) mucho más en la reunión.
3. No creían que yo _____ (poder) hacerlo.
4. Se opuso a que nosotros _____ (invertir) el dinero.
5. Sentí mucho que ustedes no _____ (estar) con nosotros anoche.
6. No era necesario que ellas _____ (hacer) todo.
7. Me pareció increíble que tú _____ (saber) dónde encontrarlo.
8. No había nadie que _____ (creer) tu historia.
9. Mis padres insistieron en que yo _____ (ir) a la universidad.
10. Queríamos salir antes de que ustedes _____ (llegar).

**recursos**

WB
pp. 186–188

LM
p. 95

Ⓢ
vistas.
vhlcentral.com
Lección 16

# Práctica

**1**

**Diálogos** Completa los diálogos con el pretérito imperfecto de subjuntivo de los verbos entre paréntesis. Después representa los diálogos con un(a) compañero/a.

1. —¿Qué le dijo el consejero a Andrés? Quisiera saberlo.
   —Le aconsejó que _____ (dejar) los estudios de arte y que _____ (estudiar) una carrera que _____ (pagar) mejor.
   —Siempre el dinero. ¿No se enojó Andrés de que le _____ (aconsejar) eso?
   —Sí, y le dijo que no creía que ninguna otra carrera le _____ (ir) a gustar más.

2. —Qué lástima que ellos no te _____ (ofrecer) el puesto de gerente.
   —Querían a alguien que _____ (tener) experiencia en el sector público.
   —Pero, ¿cómo? ¿Y tu maestría? ¿No te molestó que te _____ (decir) eso?
   —No, no tengo experiencia en esa área, pero les gustó mucho mi currículum. Me pidieron que _____ (volver) en un año y _____ (solicitar) el puesto otra vez. Para entonces habré obtenido la experiencia que necesito y podré conseguir el puesto que quiera.

3. —Cuánto me alegré de que tus hijas _____ (venir) ayer a visitarte. ¿Cuándo se van?
   —Bueno, yo esperaba que se _____ (quedar) dos semanas, pero no pueden. Ojalá _____ (poder). Hace mucho que no las veo.

**2**

**Año nuevo, vida nueva** El año pasado, Marta y Alberto querían cambiar de vida. Aquí tienen las listas con sus propósitos para el Año Nuevo (*New Year's resolutions*). Ellos no consiguieron hacer realidad ninguno. En parejas, lean las listas y escriban por qué creen que no los consiguieron. Usen el pretérito imperfecto de subjuntivo.

> **modelo**
>
> **obtener un mejor puesto de trabajo**
> *Era difícil que Alberto consiguiera un mejor puesto porque su novia le pidió que no cambiara de empleo.*

**AYUDA**

Puedes usar estas expresiones:
**No era verdad que…**
**Era difícil que…**
**Era imposible que…**
**No era cierto que…**
**Su novio/a no quería que…**

**Alberto**
pedir un aumento de sueldo
tener una vida más sana
visitar más a su familia
dejar de fumar

**Marta**
querer mejorar su relación de pareja
terminar los estudios con buenas notas
cambiar de casa
ahorrar más

 Practice more at **vistas.vhlcentral.com**.

# Comunicación

**3**

**Reaccionar** Manuel acaba de llegar de Nicaragua. Reacciona a lo que te dice usando el pretérito imperfecto de subjuntivo. Escribe las oraciones y luego compáralas con las de un(a) compañero/a.

> **modelo**
>
> El día que llegué, me esperaban mi abuela y tres primos.
> *¡Qué bien! Me alegré de que vieras a tu familia después de tantos años.*

1. Fuimos al volcán Masaya. ¡Y vimos la lava del volcán!
2. Visitamos la Catedral de Managua, que fue dañada por el terremoto (*earthquake*) de 1972.
3. No tuvimos tiempo de ir a la playa, pero pasamos unos días en el Hotel Dariense en Granada.
4. Fui a conocer el nuevo museo de arte y también fui al Teatro Rubén Darío.
5. Nos divertimos haciendo compras en Metrocentro.
6. Eché monedas (*I threw coins*) en la fuente (*fountain*) de la Plaza de la República y pedí un deseo.

**NOTA CULTURAL**

El nicaragüense **Rubén Darío** (1867–1916) es uno de los poetas más famosos de Latinoamérica. *Cantos de vida y esperanza* es una de sus obras.

**Catedral de Managua, Nicaragua**

**4**

**Oraciones** Escribe cinco oraciones sobre lo que otros esperaban de ti en el pasado y cinco más sobre lo que tú esperabas de ellos. Luego, en grupos, túrnense para compartir sus propias oraciones y para transformar las oraciones de sus compañeros/as. Sigan el modelo.

> **modelo**
>
> **Estudiante 1:** Mi profesora quería que yo fuera a Granada para estudiar español.
> **Estudiante 2:** Su profesora quería que Mark fuera a Granada para estudiar español.
> **Estudiante 3:** Yo deseaba que mis padres me enviaran a España.
> **Estudiante 4:** Cecilia deseaba que sus padres la enviaran a España.

# Síntesis

**5**

**¡Vaya fiesta!** Dos amigos/as fueron a una fiesta y se enojaron. Uno/a quería irse temprano, pero el/la otro/a quería irse más tarde porque estaba hablando con el/la chico/a que le gustaba a su amigo/a. En parejas, inventen una conversación en la que esos/as amigos/as intentan arreglar todos los malentendidos (*misunderstandings*) que tuvieron en la fiesta. Usen el pretérito imperfecto de subjuntivo y después representen la conversación delante de la clase.

> **modelo**
>
> **Estudiante 1:** ¡Yo no pensaba que fueras tan aburrido/a!
> **Estudiante 2:** Yo no soy aburrido/a, sólo quería que nos fuéramos temprano.

# Recapitulación

**S Concepts Diagnostics**

Completa estas actividades para repasar los conceptos de gramática que aprendiste en esta lección.

**1 Completar** Completa el cuadro con el futuro. **6 pts.**

| Infinitivo | yo | ella | nosotros |
|---|---|---|---|
| decir | diré | | |
| poner | | | pondremos |
| salir | | saldrá | |

**2 Verbos** Completa el cuadro con el pretérito imperfecto de subjuntivo. **6 pts.**

| Infinitivo | tú | nosotras | ustedes |
|---|---|---|---|
| dar | | | dieran |
| saber | | supiéramos | |
| ir | fueras | | |

**3 La oficina de empleo** La nueva oficina de empleo está un poco desorganizada. Completa los diálogos con expresiones de probabilidad, utilizando el futuro perfecto de los verbos. **10 pts.**

**SR. PÉREZ** No encuentro el currículum de Mario Gómez.

**SRA. MARÍN** (1) _____ (Tomarlo) la secretaria.

**LAURA** ¿De dónde vienen estas ofertas de trabajo?

**ROMÁN** No estoy seguro. (2) _____ (Salir) en el periódico de hoy.

**ROMÁN** ¿Has visto la lista nueva de aspirantes?

**LAURA** No, (3) _____ (tú, ponerla) en el archivo.

**SR. PÉREZ** José Osorio todavía no ha recibido el informe.

**LAURA** (4) _____ (Nosotros, olvidarse) de enviarlo por correo.

**SRA. MARÍN** ¿Sabes dónde están las solicitudes de los aspirantes?

**ROMÁN** (5) _____ (Yo, dejarlas) en mi carro.

---

## RESUMEN GRAMATICAL

### 16.1 The future    *pp. 552–553*

| Future tense of **estudiar*** | |
|---|---|
| estudiaré | estudiaremos |
| estudiarás | estudiaréis |
| estudiará | estudiarán |

*Same endings for -ar, -er, and -ir verbs.

| Irregular verbs in the future | | |
|---|---|---|
| **Infinitive** | **Stem** | **Future forms** |
| decir | dir- | diré |
| hacer | har- | haré |
| poder | podr- | podré |
| poner | pondr- | pondré |
| querer | querr- | querré |
| saber | sabr- | sabré |
| salir | saldr- | saldré |
| tener | tendr- | tendré |
| venir | vendr- | vendré |

► The future of **hay** is **habrá** (*there will be*).

► The future can also express conjecture or probability.

### 16.2 The future perfect    *p. 556*

| Future perfect of **vivir** | |
|---|---|
| **habré** vivido | **habremos** vivido |
| **habrás** vivido | **habréis** vivido |
| **habrá** vivido | **habrán** vivido |

► The future perfect can also express probability in the past.

### 16.3 The past subjunctive    *pp. 558–559*

| Past subjunctive of **aprender*** | |
|---|---|
| aprendiera | aprendiéramos |
| aprendieras | aprendierais |
| aprendiera | aprendieran |

*Same endings for -ar, -er, and -ir verbs.

| Verbs with irregular preterites | | |
| --- | --- | --- |
| **Infinitive** | **Preterite form** | **Past subjunctive** |
| dar | dieron | diera |
| decir | dijeron | dijera |
| estar | estuvieron | estuviera |
| hacer | hicieron | hiciera |
| ir/ser | fueron | fuera |
| poder | pudieron | pudiera |
| poner | pusieron | pusiera |
| querer | quisieron | quisiera |
| saber | supieron | supiera |
| tener | tuvieron | tuviera |
| venir | vinieron | viniera |

**4** **Una decisión difícil** Completa el párrafo con el pretérito imperfecto de subjuntivo de los verbos. **8 pts.**

| | | |
| --- | --- | --- |
| aceptar | estudiar | ir |
| contratar | graduarse | poder |
| dejar | invertir | trabajar |

Cuando yo tenía doce años, me gustaba mucho pintar y mi profesor de dibujo me aconsejó que (1) _____ a una escuela de arte cuando (2) _____ de la escuela secundaria. Mis padres, por el contrario, siempre quisieron que sus hijos (3) _____ en la empresa familiar, y me dijeron que (4) _____ el arte y que (5) _____ una carrera con más futuro. Ellos no querían que yo (6) _____ mi tiempo y mi juventud en el arte. Mi madre en particular nos sugirió a mi hermana y a mí la carrera de administración de empresas, para que los dos (7) _____ ayudarlos con los negocios en el futuro. No fue fácil que mis padres (8) _____ mi decisión de dedicarme a la pintura, pero están muy felices de tener mis obras en su sala de reuniones.

**5** **La semana de Rita** Con el futuro de los verbos, completa la descripción que hace Rita de lo que hará la semana próxima. **10 pts.**

El lunes por la mañana (1) _____ (llegar) el traje que pedí por Internet y por la tarde Luis (2) _____ (invitar, a mí) a ir al cine. El martes mi consejero y yo (3) _____ (comer) en La Delicia y a las cuatro (yo) (4) _____ (tener) una entrevista de trabajo en Industrias Levonox. El miércoles por la mañana (5) _____ (ir) a mi clase de inglés y por la tarde (6) _____ (visitar) a Luis. El jueves por la mañana, los gerentes de Levonox (7) _____ (llamar, a mí) por teléfono para decirme si conseguí el puesto. Por la tarde (yo) (8) _____ (cuidar) a mi sobrino Héctor. El viernes Ana y Luis (9) _____ (venir) a casa para trabajar conmigo y el sábado por fin (yo) (10) _____ (descansar).

**6** **El futuro** Escribe al menos cinco oraciones describiendo cómo será la vida de varias personas cercanas a ti dentro de diez años. Usa tu imaginación y verbos en futuro y en futuro perfecto. **10 pts.**

**7** **Canción** Escribe las palabras que faltan para completar este fragmento de la canción *Lo que pidas* de Julieta Venegas. **¡2 puntos EXTRA!**

| | | | |
| --- | --- | --- | --- |
| daré | fuera | quisiera | saldré |

66 Lo que más (1) _____ pedirte
es que te quedes conmigo,
niño te (2) _____ lo que pidas
sólo no te vayas nunca. 99

Practice more at **vistas.vhlcentral.com**.

# Lectura

## Antes de leer

### Estrategia
**Recognizing similes and metaphors**

Similes and metaphors are figures of speech that are often used in literature to make descriptions more colorful and vivid.

In English, a simile (**símil**) makes a comparison using the words *as* or *like*. In Spanish, the words **como** and **parece** are most often used. Example: **Estoy tan feliz como un niño con zapatos nuevos.**

A metaphor (**metáfora**) is a figure of speech that identifies one thing with the attributes and qualities of another. Whereas a simile says one thing is like another, a metaphor says that one thing *is* another. In Spanish, **ser** is most often used in metaphors. Example: **La vida es sueño.** (*Life is a dream.*)

### Examinar el texto

Lee el texto una vez usando las estrategias de lectura de las lecciones anteriores. ¿Qué te indican sobre el contenido de la lectura? Toma nota de las metáforas y los símiles que encuentres. ¿Qué significan? ¿Qué te dicen sobre el tema de la lectura?

### ¿Cómo son?

En parejas, hablen sobre las diferencias entre el **yo interior** de una persona y su **yo social**. ¿Hay muchas diferencias entre su forma de ser "privada" y su forma de ser cuando están con otras personas?

*Las dos Fridas*, de Frida Kahlo

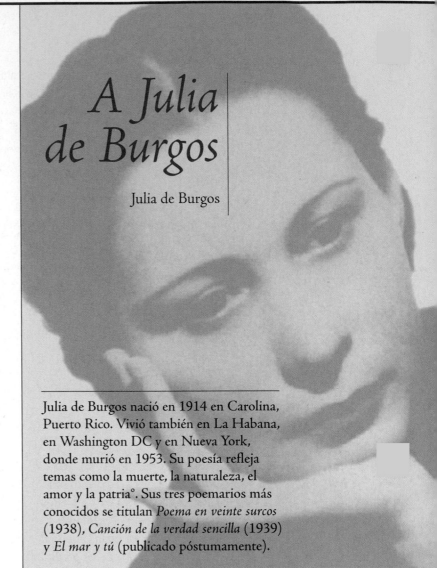

# A Julia de Burgos

Julia de Burgos

Julia de Burgos nació en 1914 en Carolina, Puerto Rico. Vivió también en La Habana, en Washington DC y en Nueva York, donde murió en 1953. Su poesía refleja temas como la muerte, la naturaleza, el amor y la patria°. Sus tres poemarios más conocidos se titulan *Poema en veinte surcos* (1938), *Canción de la verdad sencilla* (1939) y *El mar y tú* (publicado póstumamente).

## Después de leer

### Comprensión 🐾

Responde a las preguntas.

1. ¿Quiénes son las dos "Julias" presentes en el poema?
2. ¿Qué características tiene cada una?
3. ¿Quién es la que habla de las dos?
4. ¿Qué piensas que ella siente por la otra Julia?
5. ¿Qué diferencias hay en el aspecto físico de una y otra mujer? ¿Qué simboliza esto?
6. ¿Cuáles son los temas más importantes del poema?

 Practice more at **vistas.vhlcentral.com.**

Ya las gentes murmuran que yo soy tu enemiga
porque dicen que en verso doy al mundo tu yo.

Mienten°, Julia de Burgos. Mienten, Julia de Burgos.
La que se alza° en mis versos no es tu voz°: es mi voz;
5  porque tú eres ropaje° y la esencia soy yo;
y el más profundo abismo se tiende° entre las dos.

Tú eres fría muñeca° de mentira social,
y yo, viril destello° de la humana verdad.

Tú, miel° de cortesanas hipocresías; yo no;
10  que en todos mis poemas desnudo° el corazón.

Tú eres como tu mundo, egoísta; yo no;
que en todo me lo juego° a ser lo que soy yo.

Tú eres sólo la grave señora señorona°;
yo no; yo soy la vida, la fuerza°, la mujer.

15  Tú eres de tu marido, de tu amo°; yo no;
yo de nadie, o de todos, porque a todos, a todos,
en mi limpio sentir y en mi pensar me doy.

Tú te rizas° el pelo y te pintas°; yo no;
a mí me riza el viento; a mí me pinta el sol.

20  Tú eres dama casera°, resignada, sumisa,
atada° a los prejuicios de los hombres; yo no;
que yo soy Rocinante* corriendo desbocado°
olfateando° horizontes de justicia de Dios.

* **Rocinante:** El caballo de don Quijote, personaje literario
de fama universal que se relaciona con el idealismo y
el poder de la imaginación frente a la realidad.

25  Tú en ti misma no mandas°; a ti todos te mandan;
en ti mandan tu esposo, tus padres, tus parientes,
el cura°, la modista°, el teatro, el casino,
el auto, las alhajas°, el banquete, el champán,
el cielo y el infierno, y el qué dirán social°.

30  En mí no, que en mí manda mi solo corazón,
mi solo pensamiento; quien manda en mí soy yo.

Tú, flor de aristocracia; y yo la flor del pueblo.
Tú en ti lo tienes todo y a todos se lo debes,
mientras que yo, mi nada a nadie se la debo.

35  Tú, clavada° al estático dividendo ancestral°,
y yo, un uno en la cifra° del divisor social,
somos el duelo a muerte° que se acerca° fatal.

Cuando las multitudes corran alborotadas°
dejando atrás cenizas° de injusticias quemadas,
y cuando con la tea° de las siete virtudes,
40  tras los siete pecados°, corran las multitudes,
contra ti, y contra todo lo injusto y lo inhumano,
yo iré en medio de ellas con la tea en la mano.

patria *homeland* Mienten *They are lying* se alza *rises up* voz
*voice* ropaje *apparel* se tiende *lays* muñeca *doll* destello
*sparkle* miel *honey* desnudo *I uncover* me lo juego *I risk*
señorona *matronly* fuerza *strength* amo *master* te rizas *curl*
te pintas *put on makeup* dama casera *home-loving lady* atada
*tied* desbocado *wildly* olfateando *sniffing* no mandas *are
not the boss* cura *priest* modista *dressmaker* alhajas *jewelry*
el qué dirán social *what society would say* clavada *stuck*
ancestral *ancient* cifra *number* duelo a muerte *duel to the
death* se acerca *approaches* alborotadas *rowdy* cenizas *ashes*
tea *torch* pecados *sins*

## Interpretación

Responde a las preguntas.

1. ¿Qué te resulta llamativo en el título de este poema?

2. ¿Por qué crees que se repite el "tú" y el "yo" en el poema? ¿Qué función tiene este desdoblamiento?

3. ¿Cómo interpretas los versos "tú eres fría muñeca de mentira social / y yo, viril destello de la humana verdad"? ¿Qué sustantivos (*nouns*) se contraponen en estos dos versos?

4. ¿Es positivo o negativo el comentario sobre la vida social: "miel de cortesanas hipocresías"?

5. Comenta la oposición entre "señorona" y "mujer" que aparece en los versos trece y catorce. ¿Podrías decir qué personas son las que dominan a la "señorona" y qué caracteriza, en cambio, a la mujer?

## Monólogo

Imagina que eres un personaje famoso de la historia, la literatura o la vida actual. Escribe un monólogo breve para presentar en clase. Debes escribirlo en segunda persona. Para la representación necesitarás un espejo. Tus compañeros/as deben adivinar quién eres. Sigue el modelo.

**modelo**

Eres una mujer que vivió hace más de 150 años. La gente piensa que eres una gran poetisa. Te gustaba escribir y pasar tiempo con tu familia y, además de poesías, escribías muchas cartas. Me gusta tu poesía porque es muy íntima y personal. (Emily Dickinson)

Escribe sobre estos temas:

▶ cómo lo/la ven las otras personas
▶ lo que te gusta y lo que no te gusta de él/ella
▶ lo que quieres o esperas que haga

# Escritura

## Estrategia
### Using note cards

Note cards serve as valuable study aids in many different contexts. When you write, note cards can help you organize and sequence the information you wish to present.

Let's say you are going to write a personal narrative about a trip you took. You would jot down notes about each part of the trip on a different note card. Then you could easily arrange them in chronological order or use a different organization, such as the best parts and the worst parts, traveling and staying, before and after, etc.

Here are some helpful techniques for using note cards to prepare for your writing:

▶ Label the top of each card with a general subject, such as **el avión** or **el hotel.**

▶ Number the cards in each subject category in the upper right corner to help you organize them.

▶ Use only the front side of each note card so that you can easily flip through them to find information.

Study the following example of a note card used to prepare a composition:

> 3
>
> *En el aeropuerto de Santo Domingo*
>
> *Cuando llegamos al aeropuerto de Santo Domingo, después de siete horas de viaje, estábamos cansados pero felices. Hacía sol y viento.*

## Tema

### Escribir una composición

Escribe una composición sobre tus planes profesionales y personales para el futuro. Utiliza el tiempo futuro. No te olvides de hacer planes para estas áreas de tu vida:

**Lugar**
▶ ¿Dónde vivirás?
▶ ¿Vivirás en la misma ciudad siempre? ¿Te mudarás mucho?

**Familia**
▶ ¿Te casarás? ¿Con quién?
▶ ¿Tendrás hijos? ¿Cuántos?

**Empleo**
▶ ¿En qué profesión trabajarás?
▶ ¿Tendrás tu propia empresa?

**Finanzas**
▶ ¿Ganarás mucho dinero?
▶ ¿Ahorrarás mucho? ¿Lo invertirás?

Termina tu composición con una lista de metas profesionales, utilizando el futuro perfecto.

Por ejemplo: **Para el año 2020, habré empezado mi propio negocio. Para el año 2030, habré ganado más dinero que Bill Gates.**

# Escuchar  Audio: Activities

## Estrategia
### Using background knowledge/ Listening for specific information

If you know the subject of something you are going to hear, your background knowledge will help you anticipate words and phrases you're going to hear, and will help you identify important information that you should listen for.

To practice these strategies, you will listen to a radio advertisement for the **Hotel El Retiro**. Before you listen, write down a list of the things you expect the advertisement to contain. Then make another list of important information you would listen for if you were a tourist considering staying at the hotel. After listening to the advertisement, look at your lists again. Did they help you anticipate the content of the advertisement and focus on key information? Explain your answer.

## Preparación

Mira la foto. ¿De qué crees que van a hablar? Haz una lista de la información que esperas oír en este tipo de situación.

## Ahora escucha

Ahora vas a oír una entrevista entre la señora Sánchez y Rafael Ventura Romero. Antes de escuchar la entrevista, haz una lista de la información que esperas oír según tu conocimiento previo° del tema.

1. _____
2. _____
3. _____
4. _____

Mientras escuchas la entrevista, llena el formulario con la información necesaria. Si no oyes un dato° que necesitas, escribe *Buscar en el currículum*. ¿Oíste toda la información que habías anotado en tu lista?

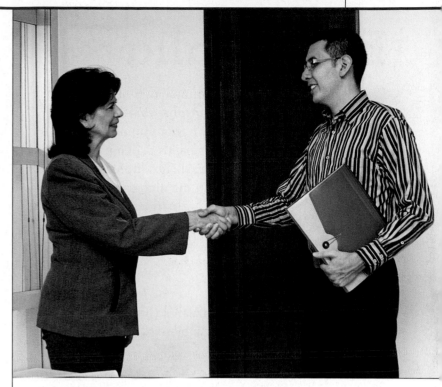

## Comprensión

Puesto solicitado _____
Nombre y apellidos del solicitante _____
Dirección _____ Tel. _____
- - - - - - - - - - - - - - - - - - - - - - - - - - - -
Educación _____
Experiencia profesional: Puesto _____
Empresa _____
¿Cuánto tiempo? _____
**Referencias:**
Nombre _____
Dirección _____ Tel. _____
Nombre _____
Dirección _____ Tel. _____

### Preguntas

1. ¿Cuántos años hace que Rafael Ventura trabaja para Dulces González?
2. ¿Cuántas referencias tiene Rafael?
3. ¿Cuándo se gradúa Rafael?
4. ¿Cuál es la profesión de Armando Carreño?
5. ¿Cómo sabes si los resultados de la entrevista han sido positivos para Rafael Ventura?

**conocimiento previo** *prior knowledge* **dato** *fact; piece of information*

 Practice more at **vistas.vhlcentral.com.**

# En pantalla

Ésta es la historia de un espantapájaros que trabaja en un campo de trigo°. Es un trabajo fácil, aunque muy solitario, y los días se le hacen muy largos. Para entretenerse°, mira a los pájaros, que parecen tenerle miedo. Pero, ¿por qué, si él es inofensivo° y amigable°? Sin embargo, un día algo cambia en la vida del espantapájaros. Él tomará entonces una decisión que lo llevará a un final inesperado°.

## Preparación

### Completar

Completa cada oración con la palabra correcta de **Expresiones útiles**. Haz los cambios necesarios.

1. Me pongo una _____ cuando estoy enfermo.
2. Como dijo Shakespeare, el amor es _____.
3. En un incendio (*fire*), todo se _____ y sólo quedan las _____.
4. El trabajo de un espantapájaros es _____ a las aves.
5. El _____ es un pájaro muy hábil (*skillful*) para _____.

 **¿Son buenos o son malos?**

En grupos pequeños, escojan una de estas ocupaciones y conversen sobre los puntos positivos y negativos de esa área de trabajo.

> **modelo**
>
> árbitro (*referee*)
> **Estudiante 1:** *Puede conocer a jugadores famosos.*
> **Estudiante 2:** *Y es quien hace que las reglas del juego se obedezcan (be obeyed).*
> **Estudiante 3:** *Sí, pero si hace algo mal, todos lo odian.*

- agente funerario (*mortician*)
- dentista
- ingeniero/a nuclear
- leñador(a) (*logger*)
- oficial de seguridad en un aeropuerto
- policía de tránsito (*traffic*)
- político/a
- recaudador(a) de impuestos (*tax collector*)

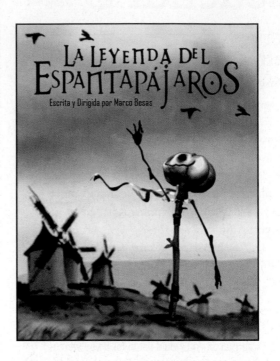

### Expresiones útiles

| | |
|---|---|
| **asustar** | *to scare* |
| **la bufanda** | *scarf* |
| **las cenizas** | *ashes* |
| **ciego** | *blind* |
| **el cuervo** | *crow* |
| **érase una vez** | *once upon a time* |
| **el espantapájaros** | *scarecrow* |
| **quemar** | *to burn* |
| **salvar** | *to save* |
| **solitario/a** | *lonely* |
| **volar** | *to fly* |

### Para hablar del corto

| | |
|---|---|
| **la calabaza** | *pumpkin* |
| **el estereotipo** | *stereotype* |
| **incomprendido/a** | *misunderstood* |
| **la leyenda** | *legend* |
| **el luto** | *mourning* |
| **el molino** | *windmill* |
| **prejuzgar** | *to prejudge* |

**campo de trigo** *wheat field* **entretenerse** *to amuse oneself* **inofensivo** *harmless*
**amigable** *friendly* **inesperado** *unexpected*

 **Video: Short Film**

# Escenas: La leyenda del espantapájaros

**NARRADOR** Érase una vez un espantapájaros que no tenía amigos.

**NARRADOR** Cada vez que [los pájaros] pasaban, él los saludaba, pero ellos nunca le respondían.

**NARRADOR** Y el cuervo explicó que el trabajo de los espantapájaros era asustar a los pobres pájaros que sólo querían comer.

**NARRADOR** Una noche fría, cayó a sus pies un cuervo ciego.

**NARRADOR** El espantapájaros preguntó por qué los pájaros nunca querían hacerse amigos de los espantapájaros.

**NARRADOR** Esa misma noche decidió cambiar su vida.

# Comprensión

## Ordenar

Ordena las oraciones según (*as*) ocurrieron en el cortometraje.

_____ a. Los cuervos esparcieron (*scattered*) las cenizas del espantapájaros por toda la comarca (*region*).

_____ b. El amo (*owner*) se aterrorizó (*became terrified*) al ver que su espantapájaros hablaba.

_____ c. El cuervo ciego supo que lo había salvado un espantapájaros.

_____ d. El espantapájaros murió.

_____ e. Un cuervo ciego que tiritaba (*was shivering*) y moría de hambre cayó a los pies del espantapájaros.

_____ f. En memoria del espantapájaros, los cuervos decidieron vestirse de luto.

_____ g. Los vecinos quemaron el lugar donde estaba el espantapájaros.

_____ h. El amo pensó que si el espantapájaros podía hablar, era obra del diablo (*devil*).

_____ i. El espantapájaros quiso darle semillas (*seeds*) a un pájaro, pero éste no le hizo caso (*didn't pay attention to him*).

_____ j. Los cuervos quisieron salvar al espantapájaros.

_____ k. El espantapájaros se escondió (*hid*).

_____ l. El espantapájaros decidió que ya no quería trabajar asustando pájaros.

## Preguntas

En parejas, respondan a estas preguntas con oraciones completas. Luego, compartan sus respuestas con la clase.

1. ¿Qué fue lo que siempre deseó el espantapájaros? ¿Por qué?

2. ¿Qué hizo el cuervo ciego al escuchar la confesión del espantapájaros? ¿Por qué?

3. Al final, ¿qué pensaron los cuervos del espantapájaros? ¿Qué cambió en su actitud (*attitude*)? ¿Por qué?

4. ¿Cómo se cumplió (*came true*) finalmente el eterno deseo (*wish*) del espantapájaros?

5. ¿Qué haces si una responsabilidad de tu trabajo va en contra de lo que tú eres, de tus principios (*principles*) o de tus deseos?

6. ¿Te has sentido víctima de los prejuicios de los demás? ¿Cómo manejas esas situaciones?

7. ¿Alguna vez has juzgado a alguien sin conocerlo/a y después descubriste que estabas equivocado/a?

8. ¿Qué haces cuando eres injusto/a con alguien? ¿Admites tu error o no le dices nada?

## Un final diferente

En parejas, escriban un final diferente para la historia del espantapájaros. Luego, compártanlo con la clase.

| Vocabulario útil | | | |
|---|---|---|---|
| **acercarse (a)** | *to approach* | **la esperanza** | *hope* |
| **las alas** | *wings* | **el incendio** | *fire* |
| **el amanecer** | *dawn* | **llamar la atención** | *to call atention* |
| **apagar (el fuego)** | *to put out (the fire)* | **el monstruo** | *monster* |
| **la armonía** | *harmony* | **las plumas** | *feathers* |
| **disfrazarse** | *to disguise oneself* | **razonar** | *to reason* |
| **escapar(se)** | *to escape* | **transformarse (en)** | *to turn (into)* |

Viernes en la tarde, llega el esperado fin de semana… y si el lunes es día festivo°, ¡mejor aún!° En varios países hispanos, además de tener entre quince y treinta días de vacaciones pagadas, hay bastantes días festivos. Por ejemplo, Puerto Rico tiene veintiún feriados°, Colombia tiene dieciocho y Argentina, México y Chile tienen más de trece. Aunque parece que se trabaja menos, no siempre es el caso: las jornadas laborales° suelen ser más largas en Latinoamérica. Así que la gente aprovecha° los **puentes**° para descansar e incluso para hacer viajes cortos.

### Vocabulario útil

| | |
|---|---|
| **el desarrollo** | *development* |
| **el horario** | *schedule* |
| **promover** | *to promote* |
| **las ventas** | *sales* |

### Preparación

¿Trabajas? ¿Cuáles son tus metas (*goals*) profesionales?

### Escoger

Escoge la opción correcta de cada par de afirmaciones.

1. a. Todos los ecuatorianos son muy felices en su trabajo.
   b. En Ecuador, como en todos los países del mundo, hay personas que aman su trabajo y hay otras que lo odian.
2. a. El objetivo principal de la agencia Klein Tours es mostrar al mundo las maravillas de Ecuador.
   b. La agencia de viajes Klein Tours quiere mostrar al mundo que tiene los empleados más fieles y profesionales de toda Latinoamérica.

## El mundo del trabajo

**Gabriela, ¿qué es lo más difícil de ser una mujer policía?**

**Amo mi trabajo. Imagínate, tengo la sonrisa del mundo entre mis manos.**

**Nuestra principal estrategia de ventas es promover nuestra naturaleza...**

 **Video:** *Flash cultura*

 Practice more at **vistas.vhlcentral.com.**

**recursos**

| VM pp. 321–322 | vistas.vhlcentral.com Lección 16 |
|---|---|

día festivo *holiday*  ¡mejor aún! *even better!*  feriados *holidays*  jornadas laborales *working days*  aprovecha *make the most of*  puentes *long weekends*

# Nicaragua

## El país en cifras

▶ **Área:** 129.494 km² (49.998 millas²), *aproximadamente el área de Nueva York. Nicaragua es el país más grande de Centroamérica. Su terreno es muy variado e incluye bosques tropicales, montañas, sabanas° y marismas°, además de unos 40 volcanes.*

▶ **Población:** 6.265.000

▶ **Capital:** Managua—1.015.000
*Managua está en una región de una notable inestabilidad geográfica, con muchos volcanes y terremotos°. En décadas recientes, los nicaragüenses han decidido que no vale la pena° construir rascacielos° porque no resisten los terremotos.*

▶ **Ciudades principales:** León, Masaya, Granada

SOURCE: Population Division, UN Secretariat

▶ **Moneda:** córdoba

▶ **Idiomas:** español (oficial); lenguas indígenas y criollas (oficiales); inglés

Bandera de Nicaragua

### Nicaragüenses célebres

▶ **Rubén Darío,** poeta (1867–1916)
▶ **Violeta Barrios de Chamorro,** política y ex-presidenta (1929– )
▶ **Daniel Ortega,** político y presidente (1945– )
▶ **Gioconda Belli,** poeta (1948– )

sabanas *grasslands* marismas *marshes* terremotos *earthquakes*
no vale la pena *it's not worthwhile* rascacielos *skyscrapers*
agua dulce *fresh water* Surgió *Emerged* maravillas *wonders*

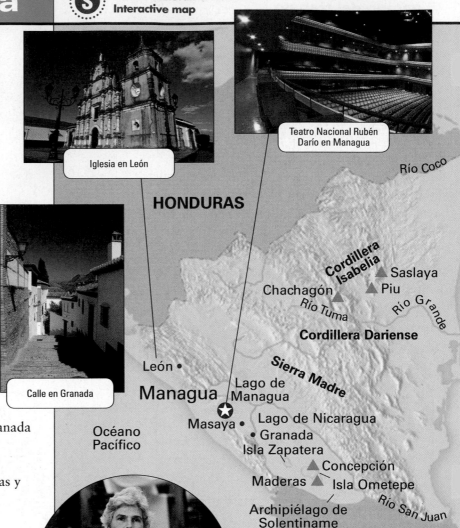

Iglesia en León

Teatro Nacional Rubén Darío en Managua

Río Coco

**HONDURAS**

**Cordillera Isabelia**

Chachagón ▲ Saslaya ▲
▲ Piu
Río Tuma

Río Grande

**Cordillera Dariense**

León •

**Sierra Madre**

Lago de Managua

**Managua** ★

Masaya •

Lago de Nicaragua
• Granada
Isla Zapatera

Océano Pacífico

▲ Concepción

Maderas ▲ Isla Ometepe

Archipiélago de Solentiname

Río San Juan

**COSTA RICA**

Calle en Granada

Violeta Barrios de Chamorro

ESTADOS UNIDOS

OCÉANO ATLÁNTICO

**NICARAGUA**

OCÉANO PACÍFICO

AMÉRICA DEL SUR

**recursos**

| WB p. 189 | VM pp. 279–280 | vistas.vhlcentral.com Lección 16 |
|---|---|---|

## ¡Increíble pero cierto!

Ometepe, que en náhuatl significa "dos montañas", es la isla más grande del mundo en un lago de agua dulce°. Surgió° en el Lago de Nicaragua por la actividad de los volcanes Maderas y Concepción. Por su valor natural y arqueológico, fue nominada para las siete nuevas maravillas° del mundo en 2009.

## Historia • Las huellas° de Acahualinca

La región de Managua se caracteriza por tener un gran número de sitios prehistóricos. Las huellas de Acahualinca son uno de los restos° más famosos y antiguos°. Se formaron hace más de 6.000 años, a orillas° del lago de Managua. Las huellas, tanto de humanos como de animales, se dirigen° hacia una misma dirección, lo que ha hecho pensar a los expertos que éstos corrían hacia el lago para escapar de una erupción volcánica.

## Artes • Ernesto Cardenal (1925– )

Ernesto Cardenal, poeta, escultor y sacerdote° católico, es uno de los escritores más famosos de Nicaragua, país conocido por sus grandes poetas. Ha escrito más de 35 libros y es considerado uno de los principales autores de Latinoamérica. Desde joven creyó en el poder de la poesía para mejorar la sociedad y trabajó por establecer la igualdad° y la justicia en su país. En los años 60, Cardenal estableció la comunidad artística del archipiélago de Solentiname en el lago de Nicaragua. Fue ministro de cultura del país desde 1979 hasta 1988 y participó en la fundación de Casa de los Tres Mundos, una organización creada para el intercambio cultural internacional.

## Naturaleza • El lago de Nicaragua

El lago de Nicaragua, con un área de más de 8.000 km² (3.100 millas²), es el lago más grande de Centroamérica. Tiene más de 400 islas e islotes° de origen volcánico, entre ellas la isla Zapatera. Allí se han encontrado numerosos objetos de cerámica y estatuas prehispánicos. Se cree que la isla era un centro ceremonial indígena.

 **¿Qué aprendiste?** Responde a cada pregunta con una oración completa.

1. ¿Por qué no hay muchos rascacielos en Managua?

2. Nombra dos poetas de Nicaragua.

3. ¿Qué significa Ometepe en náhuatl?

4. ¿Cuál es una de las teorías sobre la formación de las huellas de Acahualinca?

5. ¿Por qué es famoso el archipiélago de Solentiname?

6. ¿Qué cree Ernesto Cardenal acerca de la poesía?

7. ¿Cómo se formaron las islas del lago de Nicaragua?

8. ¿Qué hay de interés arqueológico en la isla Zapatera?

 **Conexión Internet** Investiga estos temas en **vistas.vhlcentral.com**.

1. ¿Dónde se habla inglés en Nicaragua y por qué?
2. ¿Qué información hay ahora sobre la economía y/o los derechos humanos en Nicaragua?

 Practice more at **vistas.vhlcentral.com**.

........................................................................................

**huellas** *footprints* **restos** *remains* **antiguos** *ancient* **orillas** *shores* **se dirigen** *are headed* **sacerdote** *priest* **igualdad** *equality*
**islotes** *islets*

# La República Dominicana

## El país en cifras

▸ **Área:** 48.730 km² (18.815 millas²), *el área combinada de New Hampshire y Vermont*

▸ **Población:** 10.867.000

*La isla La Española, llamada así tras° el primer viaje de Cristóbal Colón, estuvo bajo el completo dominio de la corona° española hasta 1697, cuando la parte oeste de la isla pasó a ser propiedad° francesa. Hoy día está dividida políticamente en dos países, la República Dominicana en la zona este y Haití en el oeste.*

SOURCE: Population Division, UN Secretariat

▸ **Capital:** Santo Domingo—2.381.000

▸ **Ciudades principales:** Santiago de los Caballeros, La Vega, Puerto Plata, San Pedro de Macorís

▸ **Moneda:** peso dominicano

▸ **Idiomas:** español (oficial), criollo haitiano

Bandera de la
República Dominicana

## Dominicanos célebres

▸ **Juan Pablo Duarte,** político y padre de la patria° (1813–1876)

▸ **Celeste Woss y Gil,** pintora (1891–1985)

▸ **Juan Luis Guerra,** compositor y cantante de merengue (1957– )

tras *after* corona *crown* propiedad *property*
padre de la patria *founding father* restos *remains*
tumbas *graves* navegante *sailor* reemplazó *replaced*

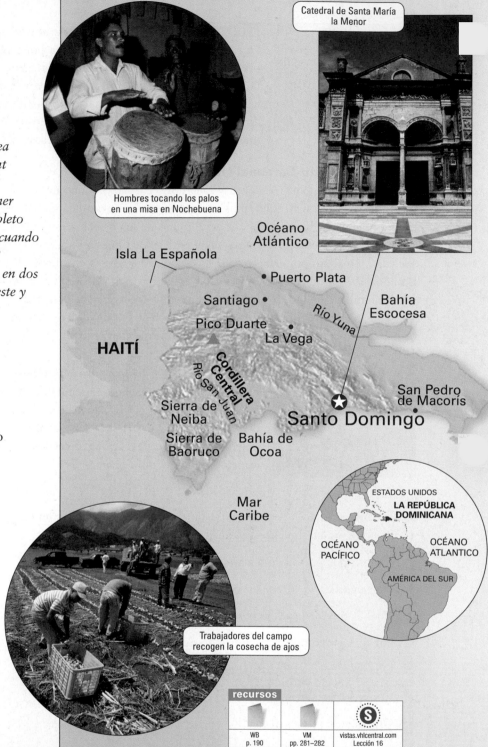

Catedral de Santa María la Menor

Hombres tocando los palos
en una misa en Nochebuena

Océano Atlántico

Isla La Española

Puerto Plata

Santiago

Pico Duarte

La Vega

Río Yuna

Bahía Escocesa

**HAITÍ**

Cordillera Central

Río San Juan

Sierra de Neiba

Sierra de Baoruco

Bahía de Ocoa

San Pedro de Macorís

★ **Santo Domingo**

Mar Caribe

ESTADOS UNIDOS

**LA REPÚBLICA DOMINICANA**

OCÉANO PACÍFICO

OCÉANO ATLÁNTICO

AMÉRICA DEL SUR

Trabajadores del campo
recogen la cosecha de ajos

**recursos**

| WB p. 190 | VM pp. 281–282 | vistas.vhlcentral.com Lección 16 |

## ¡Increíble pero cierto!

Los restos° de Cristóbal Colón pasaron por varias ciudades desde su muerte en el siglo XVI hasta el siglo XIX. Por esto, se conocen dos tumbas° de este navegante°: una en la Catedral de Sevilla, España y otra en el Museo Faro a Colón en Santo Domingo, que reemplazó° la tumba inicial en la catedral de la capital dominicana.

## Ciudades • Santo Domingo

La zona colonial de Santo Domingo, ciudad fundada en 1496, posee° algunas de las construcciones más antiguas del hemisferio. Gracias a las restauraciones°, la arquitectura de la ciudad es famosa no sólo por su belleza sino también por el buen estado de sus edificios. Entre sus sitios más visitados se cuentan° la Calle de las Damas, llamada así porque allí paseaban las señoras de la corte del Virrey; el Alcázar de Colón, un palacio construido entre 1510 y 1514 por Diego Colón, hijo de Cristóbal; y la Fortaleza Ozama, la más vieja de las Américas, construida entre 1502 y 1508.

## Deportes • El béisbol

El béisbol es un deporte muy practicado en el Caribe. Los primeros países hispanos en tener una liga fueron Cuba y México, donde se empezó a jugar al béisbol en el siglo° XIX. Hoy día este deporte es una afición° nacional en la República Dominicana. Pedro Martínez (foto, derecha) y David Ortiz son sólo dos de los muchísimos beisbolistas dominicanos que han alcanzado° enorme éxito e inmensa popularidad entre los aficionados.

## Artes • El merengue

El merengue, un ritmo originario de la República Dominicana, tiene sus raíces° en el campo. Tradicionalmente las canciones hablaban de los problemas sociales de los campesinos°. Sus instrumentos eran la guitarra, el acordeón, el guayano° y la tambora, un tambor° característico del lugar. Entre 1930 y 1960, el merengue se popularizó en las ciudades; adoptó un tono más urbano, en el que se incorporaron instrumentos como el saxofón y el bajo°, y empezaron a formarse grandes orquestas. Uno de los cantantes y compositores de merengue más famosos es Juan Luis Guerra.

**¿Qué aprendiste?** Responde a cada pregunta con una oración completa.

1. ¿Quién es Juan Luis Guerra?

2. ¿Cuándo se fundó la ciudad de Santo Domingo?

3. ¿Qué es el Alcázar de Colón?

4. Nombra dos beisbolistas famosos de la República Dominicana.

5. ¿De qué hablaban las canciones de merengue tradicionales?

6. ¿Qué instrumentos se utilizaban para tocar (*play*) el merengue?

7. ¿Cuándo se transformó el merengue en un estilo urbano?

8. ¿Qué cantante ha ayudado a internacionalizar el merengue?

**Conexión Internet** Investiga estos temas en **vistas.vhlcentral.com**.

Practice more at
**vistas.vhlcentral.com.**

1. Busca más información sobre la isla La Española. ¿Cómo son las relaciones entre la República Dominicana y Haití?

2. Busca más información sobre la zona colonial de Santo Domingo: la Catedral de Santa María, la Casa de Bastidas o el Panteón Nacional. ¿Cómo son estos edificios? ¿Te gustan? Explica tus respuestas.

....................................................................................................................................

posee *possesses* restauraciones *restorations* se cuentan *are included* siglo *century* afición *pastime* han alcanzado *have reached*
raíces *roots* campesinos *rural people* guayano *metal scraper* tambor *drum* bajo *bass*

## Las ocupaciones

| | |
|---|---|
| el/la abogado/a | lawyer |
| el actor, la actriz | actor |
| el/la arqueólogo/a | archaeologist |
| el/la arquitecto/a | architect |
| el/la bombero/a | firefighter |
| el/la carpintero/a | carpenter |
| el/la científico/a | scientist |
| el/la cocinero/a | cook; chef |
| el/la consejero/a | counselor; advisor |
| el/la contador(a) | accountant |
| el/la corredor(a) de bolsa | stockbroker |
| el/la diseñador(a) | designer |
| el/la electricista | electrician |
| el hombre/la mujer de negocios | businessperson |
| el/la maestro/a | teacher |
| el/la peluquero/a | hairdresser |
| el/la pintor(a) | painter |
| el/la político/a | politician |
| el/la psicólogo/a | psychologist |
| el/la reportero/a | reporter; journalist |
| el/la secretario/a | secretary |
| el/la técnico/a | technician |

## La entrevista

| | |
|---|---|
| el anuncio | advertisement |
| el/la aspirante | candidate; applicant |
| los beneficios | benefits |
| el currículum | résumé |
| la entrevista | interview |
| el/la entrevistador(a) | interviewer |
| el puesto | position; job |
| el salario, el sueldo | salary |
| la solicitud (de trabajo) | (job) application |
| contratar | to hire |
| entrevistar | to interview |
| ganar | to earn |
| obtener | to obtain; to get |
| solicitar | to apply (for a job) |

## El mundo del trabajo

| | |
|---|---|
| el ascenso | promotion |
| el aumento de sueldo | raise |
| la carrera | career |
| la compañía, la empresa | company; firm |
| el empleo | job; employment |
| el/la gerente | manager |
| el/la jefe/a | boss |
| los negocios | business; commerce |
| la ocupación | occupation |
| el oficio | trade |
| la profesión | profession |
| la reunión | meeting |
| el teletrabajo | telecommuting |
| el trabajo | job; work |
| la videoconferencia | videoconference |
| dejar | to quit; to leave behind |
| despedir (e:i) | to fire |
| invertir (e:ie) | to invest |
| renunciar (a) | to resign (from) |
| tener éxito | to be successful |
| comercial | commercial; business-related |

## Palabras adicionales

| | |
|---|---|
| dentro de (diez años) | within (ten years) |
| en el futuro | in the future |
| el porvenir | the future |
| próximo/a | next |

| | |
|---|---|
| Expresiones útiles | See page 547. |

**recursos**

LM p. 95 · vistas.vhlcentral.com Lección 16

  **Audio: Vocabulary**

# Un festival de arte

## 17

**Communicative Goals**

*You will learn how to:*

- Talk about and discuss the arts
- Express what you would like to do
- Express hesitation

### A PRIMERA VISTA
- ¿Estará trabajando el hombre de la foto?
- ¿Es artista o arquitecto?
- ¿Tendrá un oficio?
- ¿Será una persona creativa o no?

# Un festival de arte

## Más vocabulario

| | |
|---|---|
| el/la compositor(a) | composer |
| el/la director(a) | director; (musical) conductor |
| el/la dramaturgo/a | playwright |
| el/la escritor(a) | writer |
| el personaje (principal) | (main) character |
| las bellas artes | (fine) arts |
| el boleto | ticket |
| la canción | song |
| la comedia | comedy; play |
| el cuento | short story |
| la cultura | culture |
| el drama | drama; play |
| el espectáculo | show |
| el festival | festival |
| la historia | history; story |
| la obra | work (of art, music, etc.) |
| la obra maestra | masterpiece |
| la ópera | opera |
| la orquesta | orchestra |
| aburrirse | to get bored |
| dirigir | to direct |
| presentar | to present; to put on (a performance) |
| publicar | to publish |
| artístico/a | artistic |
| clásico/a | classical |
| dramático/a | dramatic |
| extranjero/a | foreign |
| folclórico/a | folk |
| moderno/a | modern |
| musical | musical |
| romántico/a | romantic |
| talentoso/a | talented |

## Variación léxica

banda ⟷ grupo musical (Esp.)
boleto ⟷ entrada (Esp.)

**recursos**

WB pp. 191–192 | LM p. 97 | vistas.vhlcentral.com Lección 17

la cerámica

Pinta.
(pintar)

el poeta

el poema

El músico toca un
instrumento. (tocar)

La banda da un
concierto. (dar)

la cantante

el baile

# Práctica

**1** **Escuchar** 🎧 Escucha la conversación y contesta las preguntas.

1. ¿Adónde fueron Ricardo y Juanita?

2. ¿Cuál fue el espectáculo que más le gustó a Ricardo?

3. ¿Qué le gustó más a Juanita?

4. ¿Qué dijo Ricardo del actor?

5. ¿Qué dijo Juanita del actor?

6. ¿Qué compró Juanita en el festival?

7. ¿Qué compró Ricardo?

8. ¿Qué poetas le interesaron a Ricardo?

**2** **Artes** 🎧 Escucha las oraciones y escribe el número de cada oración debajo del arte correspondiente.

| teatro | artesanía | poesía |
|---|---|---|
|  |  |  |

| música | danza |
|---|---|
|  |  |

**3** **¿Cierto o falso?** Indica si lo que dice cada oración es **cierto** o **falso.**

|  | Cierto | Falso |
|---|---|---|
| 1. Las bellas artes incluyen la pintura, la escultura, la música, el baile y el drama. | ○ | ○ |
| 2. Un boleto es un tipo de instrumento musical que se usa mucho en las óperas. | ○ | ○ |
| 3. El tejido es un tipo de música. | ○ | ○ |
| 4. Un cuento es una narración corta que puede ser oral o escrita. | ○ | ○ |
| 5. Un compositor es el personaje principal de una obra de teatro. | ○ | ○ |
| 6. Publicar es la acción de hablar en público a grandes grupos. | ○ | ○ |

**4** **Artistas** Indica la profesión de cada uno de estos artistas.

1. Javier Bardem
2. Frida Kahlo
3. Gloria Estefan
4. Octavio Paz
5. William Shakespeare
6. Miguel de Cervantes
7. Joan Miró
8. Leonard Bernstein
9. Toni Morrison
10. Fred Astaire

**5**

**Los favoritos** En parejas, túrnense para preguntarse cuál es su película o programa favorito de cada categoría.

> **modelo**
>
> película musical
> Mi *película musical favorita es Dreamgirls.*

1. película de ciencia ficción _____
2. programa de entrevistas _____
3. telenovela _____
4. película de horror _____
5. película de acción _____
6. concurso _____
7. programa de realidad _____
8. película de aventuras _____
9. documental _____
10. programa de dibujos animados _____

### El cine y la televisión

| | |
|---|---|
| el canal | *channel* |
| el concurso | *game show; contest* |
| los dibujos animados | *cartoons* |
| el documental | *documentary* |
| la estrella (*m., f.*) de cine | *movie star* |
| el premio | *prize; award* |
| el programa de entrevistas/realidad | *talk/reality show* |
| la telenovela | *soap opera* |
| …de acción | *action* |
| …de aventuras | *adventure* |
| …de ciencia ficción | *science fiction* |
| …de horror | *horror* |
| …de vaqueros | *western* |

**6** **Completar** Completa las frases con las palabras adecuadas.

| | | | |
|---|---|---|---|
| aburrirse | canal | estrella | musical |
| aplauden | de vaqueros | extranjera | romántica |
| artística | director | folclórica | talentosa |

1. Una película que fue hecha en otro país es una película…
2. Si las personas que asisten a un espectáculo lo aprecian, ellos…
3. Una persona que puede hacer algo muy bien es una persona…
4. Una película que trata del amor y de las emociones es una película…
5. Una persona que pinta, esculpe y/o hace artesanía es una persona…
6. La música que refleja la cultura de una región o de un país es música…
7. Si la acción tiene lugar en el oeste de los EE.UU. durante el siglo XIX, probablemente es una película…
8. Una obra en la cual los actores presentan la historia por medio de (*by means of*) canciones y bailes es un drama…
9. Cuando una película no tiene una buena historia, el público empieza a…
10. Si quieres ver otro programa de televisión, es necesario que cambies de…

> **¡ATENCIÓN!**
>
> **Apreciar** means *to appreciate* only in the sense of evaluating what something is worth. Use **agradecer** to express the idea *to be thankful for*.
>
> Ella sabe **apreciar** la buena música.
> *She appreciates good music.*
>
> Le **agradezco** mucho su ayuda.
> *I thank you for your help.*

**7**

**Analogías** En parejas, completen las analogías con las palabras adecuadas. Después, preparen una conversación utilizando al menos seis de las palabras que han encontrado.

1. alegre ⟷ triste ⊜ comedia ⟷
2. escultor ⟷ escultora ⊜ bailarín ⟷
3. drama ⟷ dramaturgo ⊜ pintura ⟷
4. *Los Simpson* ⟷ dibujos animados ⊜ *Jeopardy* ⟷
5. de entrevistas ⟷ programa ⊜ de vaqueros ⟷
6. aplaudir ⟷ público ⊜ hacer el papel ⟷
7. poema ⟷ literatura ⊜ tejido ⟷
8. músico ⟷ tocar ⊜ cantante ⟷

> **¡LENGUA VIVA!**
>
> Remember that, in Spanish, last names do not have a plural form, although **los** may be used with a family name.
>
> **Los Simpson**
> *The Simpsons*

Practice more at **vistas.vhlcentral.com.**

# Comunicación

**8** **Crucigrama** Su profesor(a) les va a dar un crucigrama (*crossword puzzle*) incompleto. Tú tienes las palabras que necesita tu compañero/a y él/ella tiene las palabras que tú necesitas. Sin revelar las palabras, utilicen pistas (*clues*) que les permitan adivinar las respuestas.

> **modelo**
>
> **1 horizontal:** Fiesta popular que generalmente tiene lugar en las calles de las ciudades.
>
> **2 vertical:** Novelas que puedes ver en la televisión.

**9** **Preguntas** Contesta estas preguntas sobre el arte en tu vida. Comparte tus respuestas con un(a) compañero/a de clase.

**La música**

1. ¿Qué tipo de música prefieres? ¿Por qué?
2. ¿Tocas un instrumento? ¿Cuál?
3. ¿Hay algún instrumento que quisieras aprender a tocar?

**El cine**

4. ¿Con qué frecuencia vas al cine?
5. ¿Qué tipos de películas prefieres?

**Las bellas artes**

6. ¿Qué haces que se puede considerar artístico? ¿Pintas, dibujas, esculpes, haces artesanías, actúas en dramas, tocas un instrumento, cantas o escribes poemas?
7. ¿Con qué frecuencia vas a un museo de arte o asistes a conciertos, al teatro o a lecturas públicas de poesía?
8. ¿Es el arte una parte importante de tu vida? ¿Por qué?

**10** **Programa** Trabajen en grupos pequeños para crear un programa de televisión o un corto (*short film*) para el canal de televisión de la universidad.

**AYUDA**

el género *genre*
el propósito *purpose*

▶▶ Primero decidan el género y el propósito del programa o del corto. Cada grupo debe escoger un género distinto. Algunos de los géneros posibles: documental, concurso, programa de realidad, película de acción.

▶ Después, escriban el programa o el corto y preséntenlo a la clase.

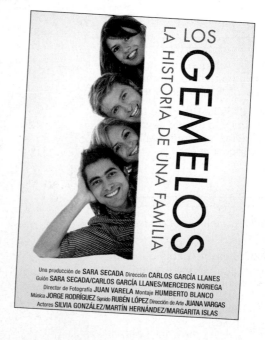

LOS GEMELOS

LA HISTORIA DE UNA FAMILIA

Una producción de SARA SECADA  Dirección CARLOS GARCÍA LLANES
Guión SARA SECADA/CARLOS GARCÍA LLANES/MERCEDES NORIEGA
Director de Fotografía JUAN VARELA  Montaje HUMBERTO BLANCO
Música JORGE RODRÍGUEZ  Sonido RUBÉN LÓPEZ  Dirección de Arte JUANA VARGAS
Actores SILVIA GONZÁLEZ/MARTÍN HERNÁNDEZ/MARGARITA ISLAS

# Una sorpresa para Maru

Miguel y Maru hacen una visita muy especial al Museo de Arte Popular.
Por otra parte, Jimena y Juan Carlos hablan sobre arte.

**PERSONAJES**

JUAN CARLOS    JIMENA

 **Video:** *Fotonovela*
**Record and Compare**

**JUAN CARLOS** Cuando era niño, iba con frecuencia a espectáculos culturales con mi mamá. A ella le gustan el teatro, los conciertos, la poesía y especialmente la danza.

**JIMENA** Mi mamá hubiera querido que tocara algún instrumento. Pero la verdad es que no tengo nada de talento musical, y Felipe tampoco.

**MARU** ¿Todo bien, Miguel? ¿Qué tienes allí?

**MIGUEL** ¿Podría pedirte algo?

**MARU** Claro.

**JIMENA** Aunque no tengamos talento artístico, mi mamá nos enseñó a apreciar la música.

**JUAN CARLOS** Creo que tu mamá y la mía se llevarían bien. Tal vez algún día lleguen a conocerse.

(*Mientras tanto, en el Museo de Arte Popular*)

**MARU** Siempre había querido venir aquí. Me encantan las artesanías de cerámica y sus tejidos. El arte folclórico nos cuenta la historia de su gente y su país.

**MIGUEL** María Eugenia Castaño Ricaurte, ¿me harías el honor de casarte conmigo?

**MIGUEL**

**MARU**

**FELIPE**

**7**

*(Juan Carlos y Jimena hablan de los espectáculos que les gustan.)*

**JUAN CARLOS** ¿Qué clase de espectáculos te gustan?

**JIMENA** Me gusta la música en vivo y el teatro. Además, me encantan las películas.

**8**

**JIMENA** ¿Cuáles son tus películas favoritas?

**JUAN CARLOS** Las de ciencia ficción y las de terror.

**9**

**JUAN CARLOS** ¿Te gustan las películas de acción?

**JIMENA** Sí, me fascinan, y también los documentales.

**JUAN CARLOS** Bueno, podríamos ir a verlos juntos.

**10**

*(Y... en el museo)*

**MARU** Sí. ¡Sí acepto casarme contigo! Qué anillo tan hermoso.

## Expresiones útiles

### Talking about the arts

**Mi mamá hubiera querido que tocara algún instrumento.**
*My mother would have wanted me to play some instrument.*
**Pero la verdad es que no tengo nada de talento musical.**
*But the truth is I don't have any musical talent.*
**Me encantan las artesanías de cerámica y los tejidos.**
*I love ceramic crafts and weavings.*
**El arte folclórico nos cuenta la historia de su gente y su país.**
*Folkloric art tells us the history of its people and its country.*

### Getting engaged

**¿Podría pedirte algo?**
*Could I ask you for something?*
**¿Me harías el honor de casarte conmigo?**
*Would you do me the honor of marrying me?*
**Sí. ¡Sí acepto casarme contigo!**
*Yes. Yes, I'll marry you!*
**Qué anillo tan hermoso.**
*What a beautiful ring.*

### Additional vocabulary

**(No) Estoy de acuerdo.**
*I (dis)agree.*

**recursos**
VM pp. 245–246
vistas.vhlcentral.com
Lección 17

# ¿Qué pasó?

**1**    **Seleccionar** Selecciona la respuesta correcta.

1. Cuando era niño, Juan Carlos iba a los _____ culturales.
   a. premios   b. espectáculos   c. boletos
2. Jimena dice que no tiene talento _____.
   a. musical   b. moderno   c. folclórico
3. A Maru le encanta ver las _____ en cerámica y los tejidos.
   a. bailarinas   b. artesanías   c. bellas artes
4. A Jimena le gusta escuchar música en vivo e ir al _____.
   a. cine   b. festival   c. teatro
5. A Juan Carlos le gustan las películas de _____.
   a. acción y de vaqueros   b. aventuras y de drama   c. ciencia ficción y de terror

**2**    **Identificar** Identifica quién puede decir estas oraciones.

1. A mí mamá le gusta mucho la danza, pero también el teatro.
2. ¡Qué bonito es el arte folclórico que hay en este museo!
3. Me gustan mucho las películas.
4. Te voy a invitar a ver documentales, a mí también me gustan.
5. Nunca pude aprender a tocar un instrumento musical.
6. Me haces el hombre más feliz por querer casarte conmigo.

**MARU**

**JIMENA**

**MIGUEL**

**JUAN CARLOS**

**3**    **Correspondencias** ¿A qué eventos culturales asistirán juntos Jimena y Juan Carlos?

| una exposición de cerámica precolombina | un concierto | una ópera |
| una exposición de pintura española | una telenovela | una tragedia |

1. Escucharán música clásica y conocerán a un director muy famoso.
2. El público aplaudirá mucho a la señora que es soprano.
3. Como a Marissa le gusta la historia, la llevarán a ver esto.
4. Como a Miguel le gustaría ver arte, entonces irán con él.

**4**    **El fin de semana** Vas a asistir a dos eventos culturales el próximo fin de semana con un(a) compañero/a de clase. Comenten entre ustedes por qué les gustan o les disgustan algunas de las actividades que van sugiriendo. Escojan al final dos actividades que puedan realizar juntos/as. Usen estas frases y expresiones en su conversación.

▶ ¿Qué te gustaría ver/hacer este fin de semana?

▶ ¿Te gustaría asistir a...?

▶ ¡Me encanta(n)... !

▶ Odio..., ¿qué tal si...?

 Practice more at **vistas.vhlcentral.com**.

# Ortografía  Concepts
## Las trampas ortográficas

Some of the most common spelling mistakes in Spanish occur when two or more words have very similar spellings. This section reviews some of those words.

**compro**   **compró**   **hablo**   **habló**

There is no accent mark in the **yo** form of **–ar** verbs in the present tense. There is, however, an accent mark in the **Ud./él/ella** form of **–ar** verbs in the preterite.

---

**este** (adjective)   **éste** (pronoun)   **esté** (verb)

The demonstrative adjectives **esta** and **este** do not have an accent mark. The demonstrative pronouns **ésta** and **éste** have an accent mark on the first syllable. The verb forms **está** (*present indicative*) and **esté** (*present subjunctive*) have an accent mark on the last syllable.

---

**jo-ven**   **jó-ve-nes**   **bai-la-rín**   **bai-la-ri-na**

The location of the stressed syllable in a word determines whether or not a written accent mark is needed. When a plural or feminine form has more syllables than the singular or masculine form, an accent mark must sometimes be added or deleted to maintain the correct stress.

---

**No me gusta la ópera, sino el teatro.**
**No quiero ir al festival si no vienes conmigo.**

The conjunction **sino** (*but rather*) should not be confused with **si no** (*if not*). Note also the difference between **mediodía** (*noon*) and **medio día** (*half a day*) and between **por qué** (*why*) and **porque** (*because*).

**Práctica** Completa las frases con las palabras adecuadas para cada ocasión.

1. Javier me explicó que _____ lo invitabas, él no iba a venir. (sino/si no)
2. Me gustan mucho las _____ folclóricas. (canciones/canciónes)
3. Marina _____ su espectáculo en El Salvador. (presento/presentó)
4. Yo prefiero _____. (éste/esté)

**Palabras desordenadas** Ordena las letras para descubrir las palabras correctas. Después, ordena las letras indicadas para descubrir la respuesta a la pregunta.

### ¿Adónde va Manuel?

yunasedó   ☐ a ☐ a ☐ ☐ ☐ ☐

querop   ☐ ☐ a ☐ ☐ ☐

zogadela   a ☐ ☐ a ☐ ☐ ☐ ☐

áset   ☐ ☐ a ☐ ☐

haitesabonci   ☐ ☐ ☐ ☐ a ☐ ☐ ☐ a ☐ ☐ ☐

Manuel va __ __ __ __ __ __ __ __.[1]

**recursos**

LM
p. 98

vistas.vhlcentral.com
Lección 17

Additional Reading

# Museo de Arte
# Contemporáneo de Caracas

**Una visita al Museo de Arte Contemporáneo de Caracas Sofía Imbert (MACCSI) es una experiencia única.** Su colección permanente incluye unas 3.000 obras de artistas de todo el mundo. Además, el museo organiza exposiciones temporales° de escultura, dibujo, pintura, fotografía, cine y video. En sus salas se pueden admirar obras de artistas como Matisse, Miró, Picasso, Chagall, Tàpies y Botero.

**Exposición Cuerpo plural, MACCSI**

En 2004 el museo tuvo que cerrar a causa de un incendio°. Entonces, su valiosa° colección fue trasladada al Museo de Bellas Artes, también en Caracas. Además se realizaron

*La lección de esquí,* de Joan Miró

exposiciones en otros lugares, incluso al aire libre, en parques y bulevares.

Cuando el MACCSI reabrió° sus puertas, un año después, lo hizo con nuevos conceptos e ideas. Se dio más atención a las cerámicas y fotografías de la colección. También se creó una sala multimedia dedicada a las últimas tendencias° como video-arte y *performance.*

El MACCSI es un importante centro cultural. Además de las salas de exposición, cuenta con° un jardín de esculturas, un auditorio y una biblioteca especializada en arte. También organiza talleres° y recibe a grupos escolares. Un viaje a Caracas no puede estar completo sin una visita a este maravilloso museo.

## Otros museos importantes

**Museo del Jade (San José, Costa Rica):** Tiene la colección de piezas de jade más grande del mundo. La colección tiene un gran valor° y una gran importancia histórica. Incluye muchas joyas° precolombinas.

**Museo de Instrumentos Musicales (La Paz, Bolivia):** Muestra más de 2.500 instrumentos musicales bolivianos y de otras partes del mundo. Tiene un taller de construcción de instrumentos musicales.

**Museo de Culturas Populares (México, D.F., México):** El museo investiga y difunde° las diferentes manifestaciones culturales de México, realiza exposiciones y organiza seminarios, cursos y talleres.

**Museo del Cine Pablo Ducrós Hicken (Buenos Aires, Argentina):** Dedicado a la historia del cine argentino, expone películas, libros, revistas, guiones°, carteles, fotografías, cámaras y proyectores antiguos.

exposiciones temporales *temporary exhibitions* incendio *fire* valiosa *valuable* reabrió *reopened* tendencias *trends* cuenta con *it has* talleres *workshops* valor *value* joyas *jewelry* difunde *spreads* guiones *scripts*

---

**ACTIVIDADES**

**1** **¿Cierto o falso?** Indica si lo que dice cada oración es cierto o falso. Corrige la información falsa.

1. La colección permanente del MACCSI tiene sólo obras de artistas venezolanos.

2. Durante el tiempo que el museo cerró a causa de un incendio, se realizaron exposiciones al aire libre.

3. Cuando el museo reabrió, se dio más atención a la pintura.

4. En el jardín del museo también pueden admirarse obras de arte.

5. La importancia del Museo del Jade se debe a las joyas europeas que se exponen en él.

6. En el Museo de Instrumentos Musicales de La Paz también se hacen instrumentos musicales.

7. En Buenos Aires hay un museo dedicado a la historia del cine de Hollywood.

## ASÍ SE DICE

### Arte y espectáculos

| | |
|---|---|
| las caricaturas (Col., El Salv., Méx.); los dibujitos (Arg.); los muñequitos (Cuba) | los dibujos animados |
| el coro | *choir* |
| el escenario | *stage* |
| el estreno | *debut, premiere* |
| el/la guionista | *scriptwriter* |

## EL MUNDO HISPANO

### Artistas hispanos

- **Myrna Báez** (Santurce, Puerto Rico, 1931) Innovó las técnicas de la pintura y el grabado° en Latinoamérica. En 2001, el Museo de Arte de Puerto Rico le rindió homenaje° a sus cuarenta años de carrera artística.

- **Joaquín Cortés** (Córdoba, España, 1969) Bailarín y coreógrafo. En sus espectáculos une° sus raíces gitanas° a influencias musicales de todo el mundo.

- **Tania León** (La Habana, Cuba, 1943) Compositora y directora de orquesta. Ha sido cofundadora° y directora musical del *Dance Theater of Harlem*, y ha compuesto numerosas obras.

- **Rafael Murillo Selva** (Tegucigalpa, Honduras, 1936) Dramaturgo. En su obra refleja preocupaciones sociales y la cultura hondureña.

grabado *engraving* rindió homenaje *paid homage* une *combines* raíces gitanas *gypsy roots* cofundadora *co-founder*

## PERFIL

# Fernando Botero: un estilo único

El dibujante°, pintor y escultor **Fernando Botero** es un colombiano de fama internacional. Ha expuesto sus obras en galerías y museos de las Américas, Europa y Asia.

La pintura siempre ha sido su pasión. Su estilo se caracteriza por un cierto aire ingenuo° y unas proporciones exageradas. Mucha gente dice que Botero "pinta gordos", pero esto no es correcto. En su obra no sólo las personas son exageradas; los animales y los objetos también. Botero dice que empezó a pintar personas y cosas voluminosas por intuición. Luego, estudiando la pintura de los maestros italianos, se reafirmó su interés por el volumen y comenzó a usarlo conscientemente° en sus pinturas y esculturas, muchas de las cuales se exhiben en ciudades de todo el mundo. Botero es un trabajador incansable° y es que, para él, lo más divertido del mundo es pintar y crear.

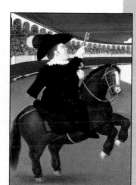

*El alguacil*, de **Fernando Botero**

dibujante *drawer* ingenuo *naive* conscientemente *consciously* incansable *tireless*

### Conexión Internet

¿Qué otros artistas de origen hispano son famosos?

Go to **vistas.vhlcentral.com** to find more cultural information related to this **Cultura** section.

## ACTIVIDADES

**2 Comprensión** Responde a las preguntas.

1. ¿Cómo se dice en español *"The scriptwriter is on stage"*?

2. ¿Cuál fue la contribución de Myrna Báez al arte latinoamericano?

3. ¿En qué actividades artísticas trabaja Tania León?

4. ¿Qué tipo de obras realiza Fernando Botero?

5. ¿Cuáles son dos características del estilo de Botero?

**3 Sus artistas favoritos** En grupos pequeños, hablen sobre sus artistas favoritos (de cualquier disciplina artística). Hablen de la obra que más les gusta de estos artistas y expliquen por qué.

 Practice more at **vistas.vhlcentral.com**.

**17.1** # The conditional  Tutorial

**ANTE TODO** The conditional tense in Spanish expresses what you *would do* or what *would happen* under certain circumstances.

| | | visitar | comer | aplaudir |
|---|---|---|---|---|
| **The conditional tense** | | | | |
| SINGULAR FORMS | yo | visitaría | comería | aplaudiría |
| | tú | visitarías | comerías | aplaudirías |
| | Ud./él/ella | visitaría | comería | aplaudiría |
| PLURAL FORMS | nosotros/as | visitaríamos | comeríamos | aplaudiríamos |
| | vosotros/as | visitaríais | comeríais | aplaudiríais |
| | Uds./ellos/ellas | visitarían | comerían | aplaudirían |

Creo que tu mamá y la mía se llevarían bien.

Pensé que te gustaría el Museo de Arte Popular.

▶ The conditional tense is formed much like the future tense. The endings are the same for all verbs, both regular and irregular. For regular verbs, you simply add the appropriate endings to the infinitive. **¡Atención!** All forms of the conditional have an accent mark.

▶ For irregular verbs, add the conditional endings to the irregular stems.

| INFINITIVE | STEM | CONDITIONAL | INFINITIVE | STEM | CONDITIONAL |
|---|---|---|---|---|---|
| decir | dir- | diría | querer | querr- | querría |
| hacer | har- | haría | saber | sabr- | sabría |
| poder | podr- | podría | salir | saldr- | saldría |
| poner | pondr- | pondría | tener | tendr- | tendría |
| haber | habr- | habría | venir | vendr- | vendría |

▶ While in English the conditional is a compound verb form made up of the auxiliary verb *would* and a main verb, in Spanish it is a simple verb form that consists of one word.

Yo no me **pondría** ese vestido.
*I would not wear that dress.*

¿**Vivirían** ustedes en otro país?
*Would you live in another country?*

**¡ATENCIÓN!**

The polite expressions **Me gustaría...** (*I would like...*) and **Te gustaría...** (*You would like...*) are other examples of the conditional.

**AYUDA**

The infinitive of **hay** is **haber**, so its conditional form is **habría**.

▶ The conditional is commonly used to make polite requests.

¿**Podrías** abrir la ventana, por favor?
*Would you open the window, please?*

¿**Sería** tan amable de venir a mi oficina?
*Would you be so kind as to come to my office?*

▶ In Spanish, as in English, the conditional expresses the future in relation to a past action or state of being. In other words, the future indicates what *will happen* whereas the conditional indicates what *would happen*.

**Creo** que mañana **hará** sol.
*I think it will be sunny tomorrow.*

**Creía** que hoy **haría** sol.
*I thought it would be sunny today.*

▶ The English *would* is often used with a verb to express the conditional, but it can also mean *used to*, in the sense of past habitual action. To express past habitual actions, Spanish uses the imperfect, not the conditional.

**Íbamos** al parque los sábados.
*We would go to the park on Saturdays.*

De adolescentes, **comíamos** mucho.
*As teenagers, we used to eat a lot.*

**Sin ti, no sé qué haría.**

*Sólo tú sabes ordenar mi vida.*

---

**COMPARE & CONTRAST**

In **Lección 16**, you learned the *future of probability*. Spanish also has the *conditional of probability*, which expresses conjecture or probability about a past condition, event, or action. Compare these Spanish and English sentences.

**Serían** las once de la noche
cuando Elvira me llamó.
*It must have been (It was probably)
11 p.m. when Elvira called me.*

Sonó el teléfono. ¿**Llamaría** Emilio
para cancelar nuestra cita?
*The phone rang. I wondered if it was
Emilio calling to cancel our date.*

Note that English conveys conjecture or probability with phrases such as *I wondered if, probably,* and *must have been*. In contrast, Spanish gets these same ideas across with conditional forms.

---

**¡INTÉNTALO!** Indica la forma apropiada del condicional de los verbos.

1. Yo _____escucharía, leería, esculpiría_____ (escuchar, leer, esculpir)
2. Tú _____ (apreciar, comprender, compartir)
3. Marcos _____ (poner, venir, querer)
4. Nosotras _____ (ser, saber, ir)
5. Ustedes _____ (presentar, deber, aplaudir)
6. Ella _____ (salir, poder, hacer)
7. Yo _____ (tener, tocar, aburrirse)
8. Tú _____ (decir, ver, publicar)

# Práctica

**1**

**De viaje** A un grupo de artistas le gustaría hacer un viaje a Honduras. En estas oraciones nos cuentan sus planes de viaje. Complétalas con el condicional del verbo entre paréntesis.

1. Me _____ (gustar) llevar algunos libros de poesía de Leticia de Oyuela.
2. Ana _____ (querer) ir primero a Copán para conocer las ruinas mayas.
3. Yo _____ (decir) que fuéramos a Tegucigalpa primero.
4. Nosotras _____ (preferir) ver una obra del Grupo Dramático de Tegucigalpa. Luego _____ (poder) tomarnos un café.
5. Y nosotros _____ (ver) los cuadros del pintor José Antonio Velásquez. Y tú, Luisa, ¿qué _____ (hacer)?
6. Yo _____ (tener) interés en ver o comprar cerámica de José Arturo Machado. Y a ti, Carlos, ¿te _____ (interesar) ver la arquitectura colonial?

**NOTA CULTURAL**

**Leticia de Oyuela** (1935–2008) fue una escritora hondureña. En sus obras, Oyuela combinaba la historia con la ficción y, a través de sus personajes, cuestionaba y desafiaba (*used to challenge*) las normas sociales.

**2**

**¿Qué harías?** En parejas, pregúntense qué harían en estas situaciones.

> Estás en un concierto de tu banda favorita y la persona que está sentada delante no te deja ver.

> Un amigo actor te invita a ver una película que acaba de hacer, y no te gusta nada cómo hace su papel.

> Estás invitado/a a los Premios Ariel. Es posible que te vayan a dar un premio, pero ese día estás muy enfermo/a.

> Te invitan, pagándote mucho dinero, a un programa de televisión para hablar de tu vida privada y pelearte (*to fight*) con tu novio/a durante el programa.

**NOTA CULTURAL**

**Los Premios Ariel** de México son el equivalente a los Premios Oscar en los Estados Unidos. Cada año los entrega la Academia Mexicana de Ciencias y Artes Cinematográficas. Algunas películas que han ganado un premio Ariel son *Amores perros* y *El laberinto del fauno*.

**3**

**Sugerencias** Matilde busca trabajo. Dile ocho cosas que tú harías si fueras ella. Usa el condicional. Luego compara tus sugerencias con las de un(a) compañero/a.

**modelo**
> Si yo fuera tú, buscaría trabajo en el periódico.

**AYUDA**

Here are two ways of saying *If I were you:*
**Si yo fuera tú…**
**Yo en tu lugar…**

 Practice more at **vistas.vhlcentral.com**.

# Comunicación

**4**

**Conversaciones** Tu profesor(a) te dará una hoja de actividades. En ella se presentan dos listas con diferentes problemas que supuestamente tienen los estudiantes. En parejas, túrnense para explicar los problemas de su lista; uno/a cuenta lo que le pasa y el/la otro/a dice lo que haría en esa situación usando la frase "Yo en tu lugar...".

> **modelo**
>
> **Estudiante 1:** ¡Qué problema! Mi novio no me habla desde el domingo.
> **Estudiante 2:** Yo en tu lugar, no le diría nada por unos días para ver qué pasa.

**5**

**Luces, cámara y acción** En grupos pequeños, elijan una película que les guste y después escriban una lista con las cosas que habrían hecho de manera diferente si hubieran sido los directores. Después, uno del grupo tiene que leer su lista, y el resto de la clase tiene que adivinar de qué película se trata.

Yo no contrataría a Robert Downey Jr. para ese papel.

Ni tampoco haría muchas películas sobre el mismo tema.

Tony Sparks y Pepper Potts se casarían y tendrían hijos.

Yo cambiaría el final de la historia.

# Síntesis

**6**

**Encuesta** Tu profesor(a) te dará una hoja de actividades. Circula por la clase y pregúntales a tres compañeros/as qué actividad(es) de las que se describen les gustaría realizar. Usa el condicional de los verbos. Anota las respuestas e informa a la clase los resultados de la encuesta.

> **modelo**
>
> **Estudiante 1:** ¿Harías el papel de un loco en una obra de teatro?
> **Estudiante 2:** Sí, lo haría. Sería un papel muy interesante.

## 17.2 The conditional perfect  Tutorial

**ANTE TODO** Like other compound tenses you have learned—the present perfect, the past perfect, and the future perfect—the conditional perfect (**el condicional perfecto**) is formed with **haber** + [*past participle*].

> Felipe habría venido con nosotros, pero sigue molesto.

> Sí, pensé que ya se le había pasado el enojo.

### The conditional perfect

|  |  | pintar | comer | vivir |
|---|---|---|---|---|
| **SINGULAR FORMS** | yo | **habría** pintado | **habría** comido | **habría** vivido |
|  | tú | **habrías** pintado | **habrías** comido | **habrías** vivido |
|  | Ud./él/ella | **habría** pintado | **habría** comido | **habría** vivido |
| **PLURAL FORMS** | nosotros/as | **habríamos** pintado | **habríamos** comido | **habríamos** vivido |
|  | vosotros/as | **habríais** pintado | **habríais** comido | **habríais** vivido |
|  | Uds./ellos/ellas | **habrían** pintado | **habrían** comido | **habrían** vivido |

▶ The conditional perfect is used to express an action that would have occurred, but didn't.

¿No fuiste al espectáculo?
¡Te **habrías divertido**!
*You didn't go to the show?*
*You would have had a good time!*

Sandra **habría preferido** ir a la ópera, pero Omar prefirió ir al cine.
*Sandra would have preferred to go to the opera, but Omar preferred to see a movie.*

 **¡INTÉNTALO!** Indica las formas apropiadas del condicional perfecto de los verbos.

1. Nosotros ___habríamos hecho___ (hacer) todos los quehaceres.
2. Tú _____ (apreciar) mi poesía.
3. Ellos _____ (pintar) un mural.
4. Usted _____ (tocar) el piano.
5. Ellas _____ (poner) la mesa.
6. Tú y yo _____ (resolver) los problemas.
7. Silvia y Alberto _____ (esculpir) una estatua.
8. Yo _____ (presentar) el informe.
9. Ustedes _____ (vivir) en el campo.
10. Tú _____ (abrir) la puerta.

**recursos**

WB p. 195

LM p. 100

vistas. vhlcentral.com Lección 17

# Práctica

**1**

**Completar** Completa los diálogos con la forma apropiada del condicional perfecto de los verbos de la lista. Luego, en parejas, representen los diálogos.

| | | | |
|---|---|---|---|
| divertirse | presentar | sentir | tocar |
| hacer | querer | tener | venir |

1. —Tú _____ el papel de Aída mejor que ella. ¡Qué lástima!
   —Sí, mis padres _____ desde California sólo para oírme cantar.
2. —Olga, yo esperaba algo más. Con un poco de dedicación y práctica la orquesta _____ mejor y los músicos _____ más éxito.
   —Menos mal que la compositora no los escuchó. Se _____ avergonzada.
3. —Tania _____ la comedia pero no pudo porque cerraron el teatro.
   —¡Qué lástima! Mi esposa y yo _____ ir a la presentación de la obra. Siempre veo tragedias y sé que _____.

**¡LENGUA VIVA!**

The expression **Menos mal que...** means *It's a good thing that...* or *It's just as well that...* It is followed by a verb in the indicative.

**2**

**Combinar** En parejas, imaginen qué harían estas personas en las situaciones presentadas. Combina elementos de cada una de las tres columnas para formar ocho oraciones usando el condicional perfecto.

**NOTA CULTURAL**

El director de cine **Alejandro González Iñárritu** forma parte de la nueva generación de directores mexicanos. Su película *Amores perros* fue nominada para el Oscar a la mejor película extranjera en 2001.

|  A |  B |  C |
|---|---|---|
| con talento artístico | yo | estudiar... |
| con más tiempo libre | tú | pintar... |
| en otro país | la gente | esculpir... |
| con más aprecio de las artes | mis compañeros y yo | viajar... |
| con más dinero | los artistas | escribir... |
| en otra película | Alejandro González Iñárritu | publicar... |

**3**

**¿Qué habrías hecho?** Estos dibujos muestran situaciones poco comunes. No sabemos qué hicieron estas personas, pero tú, ¿qué habrías hecho? Comparte tus respuestas con un(a) compañero/a.

**AYUDA**

Here are some suggestions:

**Habría llevado el dinero a...**

**Yo habría atacado al oso (bear) con...**

**Yo habría...**

1.

2.

3.

4.

 Practice more at **vistas.vhlcentral.com**.

# Comunicación

**4**

**Preguntas** En parejas, imaginen que tienen cincuenta años y están hablando de sus años de juventud. ¿Qué habrían hecho de manera diferente? Túrnense para hacerse y contestar las preguntas.

> **modelo**
>
> ¿Te (interesar) aprender a tocar un instrumento?
> **Estudiante 1:** ¿Te habría interesado aprender a tocar un instrumento?
> **Estudiante 2:** Sí, habría aprendido a tocar el piano.

1. ¿Te (gustar) viajar por Latinoamérica?
2. ¿A qué escritores (leer)?
3. ¿Qué clases (tomar)?
4. ¿Qué tipo de música (escuchar)?
5. ¿Qué tipo de amigos/as (tener)?
6. ¿A qué fiestas o viajes no (ir)?
7. ¿Con qué tipo de persona (salir)?
8. ¿Qué tipo de ropa (llevar)?

**5**

**Pobre Mario** En parejas, lean la carta que Mario le escribió a Enrique. Digan qué cosas Mario habría hecho de una manera diferente, de haber tenido la oportunidad.

> **modelo**
>
> Mario no habría hecho este musical.

> Enrique:
>
> Ya llegó el último día del musical. Yo creía que nunca iba a acabar. En general, los cantantes y actores eran bastante malos, pero no tuve tiempo de buscar otros, y además los buenos ya tenían trabajo en otras obras. Ayer todo salió muy mal. Como era la última noche, yo había invitado a unos críticos a ver la obra, pero no pudieron verla. El primer problema fue la cantante principal. Ella estaba enojada conmigo porque no quise pagarle todo el dinero que quería. Dijo que tenía problemas de garganta, y no salió a cantar. Conseguí otra cantante, pero los músicos de la orquesta todavía no habían llegado. Tenían que venir todos en un autobús no muy caro que yo había alquilado, pero el autobús salió a una hora equivocada. Entonces, el bailarín se enojó conmigo porque todo iba a empezar tarde. Quizás tenía razón mi padre. Seguramente soy mejor contador que director teatral.
>
> Escríbeme,
> Mario

◀ **¡LENGUA VIVA!**
The useful expression **de haber tenido la oportunidad** means *if I/he/you/etc. had had the opportunity.* You can use this construction in similar instances, such as **De haberlo sabido ayer, te habría llamado.**

# Síntesis

**6**

**Yo en tu lugar** Primero, cada estudiante hace una lista con tres errores que ha cometido o tres problemas que ha tenido en su vida. Después, en parejas, túrnense para decirse qué habrían hecho en esas situaciones.

> **modelo**
>
> **Estudiante 1:** El año pasado saqué una mala nota en el examen de biología.
> **Estudiante 2:** Yo no habría sacado una mala nota. Habría estudiado más.

**CONSULTA**

To review the past perfect indicative, see **Estructura 15.2**, p. 522.

To review the present perfect subjunctive, see **Estructura 15.3**, p. 525.

**17.3** # The past perfect subjunctive  Tutorial

**ANTE TODO** The past perfect subjunctive (**el pluscuamperfecto de subjuntivo**), also called the pluperfect subjunctive, is formed with the past subjunctive of **haber** + [*past participle*]. Compare the following subjunctive forms.

| Present subjunctive | Present perfect subjunctive |
|---|---|
| yo trabaje | yo haya trabajado |

| Past subjunctive | Past perfect subjunctive |
|---|---|
| yo trabajara | yo hubiera trabajado |

### Past perfect subjunctive

| | | pintar | comer | vivir |
|---|---|---|---|---|
| SINGULAR FORMS | yo | **hubiera** pintado | **hubiera** comido | **hubiera** vivido |
| | tú | **hubieras** pintado | **hubieras** comido | **hubieras** vivido |
| | Ud./él/ella | **hubiera** pintado | **hubiera** comido | **hubiera** vivido |
| PLURAL FORMS | nosotros/as | **hubiéramos** pintado | **hubiéramos** comido | **hubiéramos** vivido |
| | vosotros/as | **hubierais** pintado | **hubierais** comido | **hubierais** vivido |
| | Uds./ellos/ellas | **hubieran** pintado | **hubieran** comido | **hubieran** vivido |

▶ The past perfect subjunctive is used in subordinate clauses under the same conditions that you have learned for other subjunctive forms, and in the same way the past perfect is used in English (*I had talked, you had spoken,* etc.). It refers to actions or conditions that had taken place before another action or condition in the past.

No había nadie que **hubiera dormido**.
*There wasn't anyone who had slept.*

Esperaba que Juan **hubiera ganado** el partido.
*I hoped that Juan had won the game.*

Dudaba que ellos **hubieran llegado**.
*I doubted that they had arrived.*

Llegué antes de que la clase **hubiera comenzado**.
*I arrived before the class had begun.*

 **¡INTÉNTALO!** Indica la forma apropiada del pluscuamperfecto de subjuntivo de cada verbo.

1. Esperaba que ustedes ___hubieran hecho___ (hacer) las reservaciones.
2. Dudaba que tú _____ (decir) eso.
3. No estaba seguro de que ellos _____ (ir).
4. No creían que nosotros _____ (hablar) con Ricardo.
5. No había nadie que _____ (poder) comer tanto como él.
6. No había nadie que _____ (ver) el espectáculo.
7. Me molestó que tú no me _____ (llamar) antes.
8. ¿Había alguien que no _____ (apreciar) esa película?
9. No creían que nosotras _____ (bailar) en el festival.
10. No era cierto que yo _____ (ir) con él al concierto.

**recursos**

WB
pp. 196–198

LM
p. 101

**S**
vistas.
vhlcentral.com
Lección 17

# Práctica

**1** **Completar** Completa las oraciones con el pluscuamperfecto de subjuntivo de los verbos.

1. Me alegré de que mi familia _____ (irse) de viaje.
2. Me molestaba que Carlos y Miguel no _____ (venir) a visitarme.
3. Dudaba que la música que yo escuchaba _____ (ser) la misma que escuchaban mis padres.
4. No creían que nosotros _____ (poder) aprender español en un año.
5. Los músicos se alegraban de que su programa le _____ (gustar) tanto al público.
6. La profesora se sorprendió de que nosotros _____ (hacer) la tarea antes de venir a clase.

**2** **Transformar** María está hablando de las emociones que ha sentido ante ciertos acontecimientos (*events*). Transforma sus oraciones según el modelo.

**modelo**
Me alegro de que hayan venido los padres de Micaela.
*Me alegré de que hubieran venido los padres de Micaela.*

1. Es muy triste que haya muerto la tía de Miguel.
2. Dudo que Guillermo haya comprado una casa tan grande.
3. No puedo creer que nuestro equipo haya perdido el partido.
4. Me alegro de que mi novio me haya llamado.
5. Me molesta que el periódico no haya llegado.
6. Dudo que hayan cerrado el Museo de Arte.

**3** **El regreso** Durante 30 años, el astronauta Emilio Hernández estuvo en el espacio sin tener noticias de la Tierra. Usa el pluscuamperfecto de subjuntivo para indicar lo que Emilio esperaba que hubiera pasado.

**modelo**
su esposa / no casarse con otro hombre
*Esperaba que su esposa no se hubiera casado con otro hombre.*

1. su hija Diana / conseguir ser una pintora famosa
2. los políticos / acabar con todas las guerras (*wars*)
3. su suegra / irse a vivir a El Salvador
4. su hermano Ramón / tener un empleo más de dos meses
5. todos los países / resolver sus problemas económicos
6. su esposa / ya pagar el préstamo de la casa

Practice more at **vistas.vhlcentral.com**.

# Comunicación

**4**

**El robo** La semana pasada desaparecieron varias obras del museo. El detective sospechaba que los empleados del museo le estaban mintiendo. En parejas, siguiendo el modelo, digan qué era lo que pensaba el detective. Después, intenten descubrir qué pasó realmente. Presenten su teoría del robo a la clase.

> **modelo**
>
> El vigilante (*security guard*) le dijo que alguien había abierto las ventanas de la sala.
>
> *El detective dudaba (no creía, pensaba que no era cierto, etc.) que alguien hubiera abierto las ventanas de la sala.*

1. El carpintero le dijo que ese día no había encontrado nada extraño en el museo.
2. La abogada le dijo que ella no había estado en el museo esa tarde.
3. El técnico le dijo que había comprado una casa porque había ganado la lotería.
4. La directora del museo le dijo que había visto al vigilante hablando con la abogada.
5. El vigilante dijo que la directora había dicho que esa noche no tenían que trabajar.
6. El carpintero se acordó de que la directora y el vigilante habían sido novios.

**5**

**Reacciones** Imagina que estos acontecimientos (*events*) ocurrieron la semana pasada. Indica cómo reaccionaste ante cada uno. Comparte tu reacción con un(a) compañero/a.

> **modelo**
>
> Vino a visitarte tu tía de El Salvador.
>
> *Me alegré de que hubiera venido a visitarme.*

1. Perdiste tu mochila con tus tarjetas de crédito y tus documentos.
2. Tu ex novio/a se casó con tu mejor amigo/a.
3. Encontraste cincuenta mil dólares cerca del banco.
4. Tus amigos/as te hicieron una fiesta sorpresa.

# Síntesis

**6**

**Noticias** En grupos, lean estos titulares (*headlines*) e indiquen cuáles habrían sido sus reacciones si esto les hubiera ocurrido a ustedes. Luego escriban tres titulares más y compártanlos con los demás grupos. Utilicen el pluscuamperfecto de subjuntivo.

**Un grupo de turistas se encuentra con Elvis en una gasolinera.**
El cantante los saludó, les cantó unas canciones y después se marchó hacia las montañas, caminando tranquilamente.

**Tres jóvenes estudiantes se perdieron en un bosque de Maine.**
Después de estar tres horas perdidos, aparecieron en una gasolinera de un desierto de Australia.

**Ayer, una joven hondureña, después de pasar tres años en coma, se despertó y descubrió que podía entender el lenguaje de los animales.**
La joven, de momento, no quiere hablar con la prensa, pero una amiga suya nos dice que está deseando ir al zoológico.

## Recapitulación

**Concepts Diagnostics**

Completa estas actividades para repasar los conceptos de gramática que aprendiste en esta lección.

**1** **Completar** Completa el cuadro con la forma correcta de los verbos. **12 pts.**

| Infinitivo | tú | nosotros | ellas |
|---|---|---|---|
| pintar | | | |
| | | | querrían |
| | | podríamos | |
| | habrías | | |

**2** **Diálogo** Completa el diálogo con la forma adecuada del condicional de los verbos de la lista. **8 pts.**

| dejar | gustar | llover | sorprender |
|---|---|---|---|
| encantar | ir | poder | volver |

**OMAR** ¿Sabes? El concierto al aire libre fue un éxito. Yo creía que (1) _____, pero hizo sol.

**NIDIA** Ah, me alegro. Te dije que Jaime y yo (2) _____, pero tuvimos un imprevisto (*something came up*) y no pudimos. Y a Laura, ¿la viste allí?

**OMAR** Sí, ella fue. Al contrario que tú, al principio me dijo que ella y su marido no (3) _____ ir, pero al final aparecieron. Necesitaba relajarse un poco; está muy estresada con su trabajo.

**NIDIA** A mí no me (4) _____ que lo dejara. Yo, en su lugar, (5) _____ esa compañía y (6) _____ a escribir poesía. En realidad no necesita el dinero.

**OMAR** Estoy de acuerdo. Oye, esta noche voy a ir al teatro. ¿(7) _____ ir conmigo? Jaime también puede acompañarnos. Es una comedia familiar.

**NIDIA** A nosotros (8) _____ ir. ¿A qué hora es?

**OMAR** A las siete y media.

**RESUMEN GRAMATICAL**

**17.1** **The conditional** *pp. 588–589*

| The conditional tense* of **aplaudir** | |
|---|---|
| aplaudiría | aplaudiríamos |
| aplaudirías | aplaudiríais |
| aplaudiría | aplaudirían |

*Same endings for **-ar**, **-er**, and **-ir** verbs.

| Irregular verbs | | |
|---|---|---|
| **Infinitive** | **Stem** | **Conditional** |
| decir | dir- | diría |
| hacer | har- | haría |
| poder | podr- | podría |
| poner | pondr- | pondría |
| haber | habr- | habría |
| querer | querr- | querría |
| saber | sabr- | sabría |
| salir | saldr- | saldría |
| tener | tendr- | tendría |
| venir | vendr- | vendría |

**17.2** **The conditional perfect** *p. 592*

| pintar | |
|---|---|
| habría pintado | habríamos pintado |
| habrías pintado | habríais pintado |
| habría pintado | habrían pintado |

**17.3** **The past perfect subjunctive** *p. 595*

| cantar | |
|---|---|
| hubiera cantado | hubiéramos cantado |
| hubieras cantado | hubierais cantado |
| hubiera cantado | hubieran cantado |

► To form the past perfect subjunctive, take the **Uds./ellos/ellas** form of the preterite of **haber**, drop the ending (**-ron**), and add the past subjunctive endings (**-ra, -ras, -ra, -ramos, -rais, -ran**).

► Note that the **nosotros/as** form takes an accent.

**3**  **Fin de curso** El espectáculo de fin de curso de la escuela se canceló por falta de interés y ahora todos se arrepienten (*regrets it*). Completa las oraciones con el condicional perfecto. **8 pts.**

1. La profesora de danza _____ (convencer) a los mejores bailarines de que participaran.
2. Tú no _____ (escribir) en el periódico que el comité organizador era incompetente.
3. Los profesores _____ (animar) a todos a participar.
4. Nosotros _____ (invitar) a nuestros amigos y familiares.
5. Tú _____ (publicar) un artículo muy positivo sobre el espectáculo.
6. Los padres de los estudiantes _____ (dar) más dinero y apoyo.
7. Mis compañeros de drama y yo _____ (presentar) una comedia muy divertida.
8. El director _____ (hacer) del espectáculo su máxima prioridad.

**4**  **El arte** Estos estudiantes están decepcionados (*disappointed*) con sus estudios de arte. Escribe oraciones a partir de los elementos dados. Usa el imperfecto de indicativo y el pluscuamperfecto de subjuntivo. Sigue el modelo. **12 pts.**

> **modelo**
> yo / esperar / la universidad / poner / más énfasis en el arte
> *Yo esperaba que la universidad hubiera puesto más énfasis en el arte.*

1. Sonia / querer / el departamento de arte / ofrecer / más clases
2. no haber nadie / oír / de ningún ex alumno / con éxito en el mundo artístico
3. nosotros / desear / haber / más exhibiciones de trabajos de estudiantes
4. ser una lástima / los profesores / no ser / más exigentes
5. Juanjo / dudar / nosotros / poder / escoger una universidad con menos recursos
6. ser increíble / la universidad / no construir / un museo más grande

**5**  **Una vida diferente** Piensa en un(a) artista famoso/a (pintor(a), cantante, actor/ actriz, bailarín/bailarina, etc.) y escribe al menos cinco oraciones que describan cómo sería tu vida ahora si fueras esa persona. Usa las tres formas verbales que aprendiste en esta lección ¡y también tu imaginación! **10 pts.**

**6** **Adivinanza** Completa la adivinanza con la forma correcta del condicional del verbo **ser** y adivina la respuesta. **¡2 puntos EXTRA!**

> " Me puedes ver en tu piso,
> y también en tu nariz;
> sin mí no habría ricos
> y nadie _____ (ser) feliz.
> ¿Quién soy? "

_____

# Lectura

## Antes de leer

> ### Estrategia
> **Identifying stylistic devices**
>
> There are several stylistic devices (**recursos estilísticos**) that can be used for effect in poetic or literary narratives. *Anaphora* consists of successive clauses or sentences that start with the same word(s). *Parallelism* uses successive clauses or sentences with a similar structure. *Repetition* consists of words or phrases repeated throughout the text. *Enumeration* uses the accumulation of words to describe something. Identifying these devices can help you to focus on topics or ideas that the author chose to emphasize.

### Contestar

1. ¿Cuál es tu instrumento musical favorito? ¿Sabes tocarlo? ¿Puedes describir su forma?
2. Compara el sonido de ese instrumento con algunos sonidos de la naturaleza. (Por ejemplo: El piano suena como la lluvia.)
3. ¿Qué instrumento es el "protagonista" de estos poemas de García Lorca?
4. Localiza en estos tres poemas algunos ejemplos de los recursos estilísticos que aparecen en la **Estrategia**. ¿Qué elementos o temas se enfatizan mediante esos recursos?

### Resumen

Completa el párrafo con palabras de la lista.

| | | |
|---|---|---|
| artesanía | música | poeta |
| dramaturgo | poemas | talento |

Los _____ se titulan *La guitarra, Las seis cuerdas* y *Danza*. Son obras del _____ Federico García Lorca. Estos textos reflejan la importancia de la _____ en la poesía de este escritor. Lorca es conocido por su _____.

🖱️ Practice more at **vistas.vhlcentral.com.**

## Federico García Lorca

*El escritor español Federico García Lorca nació en 1898 en Fuente Vaqueros, Granada. En 1919 se mudó a Madrid y allí vivió en una residencia estudiantil donde se hizo° amigo del pintor Salvador Dalí y del cineasta° Luis Buñuel. En 1920 estrenó° su primera obra teatral,* El maleficio° de la mariposa°. *En 1929 viajó a los Estados Unidos, donde asistió a clases en la Universidad de Columbia. Al volver a España, dirigió la compañía de teatro universitario "La Barraca", un proyecto promovido° por el gobierno de la República para llevar el teatro clásico a los pueblos españoles. Fue asesinado en agosto de 1936 en Víznar, Granada, durante la dictadura° militar de Francisco Franco. Entre sus obras más conocidas están* Poema del cante jondo *(1931) y* Bodas de sangre *(1933). El amor, la muerte y la marginación son algunos de los temas presentes en su obra.*

## Danza

EN EL HUERTO° DE LA PETENERA°

En la noche del huerto,
seis gitanas°,
vestidas de blanco
bailan.

En la noche del huerto,
coronadas°,
con rosas de papel
y biznagas°.

En la noche del huerto,
sus dientes de nácar°,
escriben la sombra°
quemada.

Y en la noche del huerto,
sus sombras se alargan°,
y llegan hasta el cielo
moradas.

# Las seis cuerdas

La guitarra,
hace llorar° a los sueños°.
El sollozo° de las almas°
perdidas,
se escapa por su boca
redonda°.
Y como la tarántula
teje° una gran estrella
para cazar suspiros°,
que flotan en su negro
aljibe° de madera°.

# La guitarra

Empieza el llanto°
de la guitarra.
Se rompen las copas
de la madrugada°.
Empieza el llanto
de la guitarra.
Es inútil
callarla°.
Es imposible
callarla.
Llora monótona
como llora el agua,
como llora el viento
sobre la nevada°.
Es imposible
callarla.
Llora por cosas
lejanas°.
Arena° del Sur caliente
que pide camelias blancas.
Llora flecha sin blanco°,
la tarde sin mañana,
y el primer pájaro muerto
sobre la rama°.
¡Oh guitarra!
Corazón malherido°
por cinco espadas°.

# Después de leer

## Comprensión

Completa cada oración con la opción correcta.

1. En el poema *La guitarra* se habla del "llanto" de la guitarra. La palabra "llanto" se relaciona con el verbo _____.
   a. llover        b. cantar        c. llorar
2. El llanto de la guitarra en *La guitarra* se compara con _____.
   a. el viento        b. la nieve        c. el tornado
3. En el poema *Las seis cuerdas* se personifica a la guitarra como _____.
   a. una tarántula        b. un pájaro        c. una estrella
4. En *Danza*, las gitanas bailan en el _____.
   a. teatro        b. huerto        c. patio

## Interpretación

En grupos pequeños, respondan a las preguntas.

1. En los poemas *La guitarra* y *Las seis cuerdas* se personifica a la guitarra. Analicen esa personificación. ¿Qué cosas humanas puede hacer la guitarra? ¿En qué se parece a una persona?
2. ¿Creen que la música de *La guitarra* y *Las seis cuerdas* es alegre o triste? ¿En qué tipo de música te hace pensar?
3. ¿Puede existir alguna relación entre las seis cuerdas de la guitarra y las seis gitanas bailando en el huerto en el poema *Danza*? ¿Cuál?

## Conversación

Primero, comenta con un(a) compañero/a tus gustos musicales (instrumentos favoritos, grupos, estilo de música, cantantes). Después, intercambien las experiencias más intensas o importantes que hayan tenido con la música (un concierto, un recuerdo asociado a una canción, etc.).

**se hizo** *he became* **cineasta** *filmmaker* **estrenó** *premiered* **maleficio** *curse; spell* **mariposa** *butterfly* **promovido** *promoted* **dictadura** *dictatorship* **huerto** *orchard* **petenera** *Andalusian song* **gitanas** *gypsies* **coronadas** *crowned* **biznagas** *type of plant* **nácar** *mother-of-pearl* **sombra** *shadow* **se alargan** *get longer* **llorar** *to cry* **sueños** *dreams* **sollozo** *sobbing* **almas** *souls* **redonda** *round* **teje** *spins* **suspiros** *sighs* **aljibe** *well* **madera** *wood* **llanto** *crying* **madrugada** *dawn* **inútil callarla** *useless to silence her* **nevada** *snowfall* **lejanas** *far-off* **Arena** *Sand* **flecha sin blanco** *arrow without a target* **rama** *branch* **malherido** *wounded* **espadas** *swords*

# Escritura

## Estrategia
### Finding biographical information

Biographical information can be useful for a great variety of writing topics. Whether you are writing about a famous person, a period in history, or even a particular career or industry, you will be able to make your writing both more accurate and more interesting when you provide detailed information about the people who are related to your topic.

To research biographical information, you may wish to start with general reference sources, such as encyclopedias and periodicals. Additional background information on people can be found in biographies or in nonfiction books about the person's field or industry. For example, if you wanted to write about Sonia Sotomayor, you could find background information from periodicals, including magazine interviews. You might also find information in books or articles related to contemporary politics and Law.

Biographical information may also be available on the Internet, and depending on your writing topic, you may even be able to conduct interviews to get the information you need. Make sure to confirm the reliability of your sources whenever your writing includes information about other people.

You might want to look for the following kinds of information:

- date of birth
- date of death
- childhood experiences
- education
- family life
- place of residence
- life-changing events
- personal and professional accomplishments

## Tema

### ¿A quién te gustaría conocer?

Si pudieras invitar a cinco personas famosas a cenar en tu casa, ¿a quiénes invitarías? Pueden ser de cualquier (*any*) época de la historia y de cualquier profesión. Algunas posibilidades son:

- el arte
- la música
- el cine
- las ciencias
- la religión
- la política

Escribe una composición breve sobre la cena. Explica por qué invitarías a estas personas y describe lo que harías, lo que preguntarías y lo que dirías si tuvieras la oportunidad de conocerlas. Utiliza el condicional.

# Escuchar  **S** Audio: Activities

## Estrategia

**Listening for key words/
Using the context**

The comprehension of key words is vital to understanding spoken Spanish. Use your background knowledge of the subject to help you anticipate what the key words might be. When you hear unfamiliar words, remember that you can use context to figure out their meaning.

 To practice these strategies, you will now listen to a paragraph from a letter sent to a job applicant. Jot down key words, as well as any other words you figured out from the context.

## Preparación

...sándote en el dibujo, ¿qué palabras crees que usaría un crítico en una reseña (*review*) de esta película?

## Ahora escucha  **S**

Ahora vas a escuchar la reseña de la película. Mientras escuches al crítico, recuerda que las críticas de cine son principalmente descriptivas. La primera vez que la escuches, identifica las palabras clave (*key*) y escríbelas en la columna A. Luego, escucha otra vez la reseña e identifica el significado de las palabras en la columna B mediante el contexto.

| A | B |
|---|---|
| 1. _____ | 1. estrenar |
| 2. _____ | 2. a pesar de |
| 3. _____ | 3. con reservas |
| 4. _____ | 4. supuestamente |
| 5. _____ | 5. la trama |
| 6. _____ | 6. conocimiento |

## Comprensión S

### Cierto o falso

| | Cierto | Falso |
|---|:---:|:---:|
| 1. *El fantasma del lago Enriquillo* es una película de ciencia ficción. | ○ | ○ |
| 2. Los efectos especiales son espectaculares. | ○ | ○ |
| 3. Generalmente se ha visto a Jorge Verdoso en comedias románticas. | ○ | ○ |
| 4. Jaime Rebelde es un actor espectacular. | ○ | ○ |

### Preguntas S

1. ¿Qué aspectos de la película le gustaron al crítico?
2. ¿Qué no le gustó al crítico de la película?
3. ¿Irías a ver esta película? ¿Por qué?
4. Para ti, ¿cuáles son los aspectos más importantes de una película? Explica tu respuesta.

### Ahora ustedes

Trabajen en grupos. Escojan una película con actores muy famosos que no fue lo que esperaban. Escriban una reseña que describa el papel de los actores, la trama, los efectos especiales, la cinematografía u otros aspectos importantes de la película.

# En pantalla

*Lo que me prende*° es un programa del canal mexicano Once TV que muestra lo que a los jóvenes les apasiona° desde su perspectiva, es decir°, como ellos lo ven. Los episodios muestran desde el gusto de un chico por el grafiti o la afición° de una chica por la natación, hasta la pasión de una joven por el piano, historia que te presentamos a continuación°. Montserrat es una mexicana que ama° tocar este instrumento. Aunque comenzó sus lecciones a los nueve años, la música ha estado dentro de ella desde antes de nacer y es ahora su estilo de vida°.

### Vocabulario útil

| | |
|---|---|
| **el detonante** | *trigger* |
| **majestuoso** | *majestic* |
| **la pieza** | *piece* |
| **la prepa(ratoria)** | *high-school (Mex.)* |
| **propedéutico** | *preparatory (course)* |
| **rebasa** | *exceeds* |

### Indicar

Indica las expresiones que escuches en el anuncio.

_____ 1. A mí lo que me prende es tocar el piano.

_____ 2. La música siempre me gustó.

_____ 3. Su papá y yo le prohibimos escuchar música clásica.

_____ 4. Estuve en el instrumento correcto.

_____ 5. Siempre tuve tiempo para ir a fiestas.

_____ 6. Tomé un año de puro (*of only*) piano.

### Las preguntas

En grupos de tres, imaginen que son reporteros y van a entrevistar a Montserrat. Escriban cinco preguntas para ella y luego compártanlas con la clase.

Lo que me prende *What rocks my world* les apasiona *have a passion for* es decir *that is* afición *love; liking* a continuación *next* ama *loves* estilo de vida *lifestyle* inquieta *lively* dedicarle *to devote to it* no me di por vencida *I didn't give up*

**Lo que me prende: Piano**

**Montse fue una niña muy inquieta° siempre.**

**Tenía muy poco tiempo para dedicarle° [al piano].**

**... pero no me di por vencida°.**

 **Video: TV Clip**

 Practice more at **vistas.vhlcentral.com.**

Todos los países hispanos cuentan con una gran variedad de museos, desde arte clásico o contemporáneo, hasta los que se especializan en la rica historia local que puede venir desde las antiguas° culturas prehispánicas. El Museo de Arte Popular, en la Ciudad de México, que viste en el episodio de **Fotonovela**, tiene como misión difundir°, preservar y continuar las técnicas tradicionales de elaborar artesanías mexicanas. Algunas de ellas son la cerámica, la joyería°, los textiles y el papel maché. A continuación vas a ver otro tipo de museos en España.

| Vocabulario útil | |
|---|---|
| el lienzo | canvas |
| la muestra | exhibit |
| la obra maestra | masterpiece |
| el primer plano | foreground |

## Preparación

¿Te interesa el arte? Cuando viajas, ¿visitas los museos del lugar al que vas? ¿Cuál es, de entre todas las artes, la que más te gusta o emociona?

## ¿Cierto o falso?

Indica si las oraciones son **ciertas** o **falsas**.

1. En Madrid, la oferta de arte es muy limitada.

2. En el Triángulo dorado de los museos hay tres museos muy importantes de Madrid.

3. En la obra *Las Meninas* de Velázquez, la perspectiva es muy real.

4. El Museo Reina Sofía está dedicado al arte contemporáneo y antiguo.

5. El lienzo *Guernica* de Picasso es pequeño.

6. La colección del Museo Thyssen era privada y luego fue donada (*donated*) al estado español.

7. El Greco era español.

## Palacios del arte

... una ciudad [...] con una riquísima y selecta oferta de hoteles, restaurantes [...] y especialmente... ¡arte!

El edificio fue [...] un hospital. Hoy en día, está dedicado al arte contemporáneo.

Muchos aseguran° que es el primer surrealista.

Video: *Flash cultura*

Practice more at **vistas.vhlcentral.com**.

| recursos | |
|---|---|
| VM pp. 323–324 | vistas.vhlcentral.com Lección 17 |

antiguas *ancient*  difundir *to spread*  joyería *jewelry*  aseguran *assure*

# El Salvador

## El país en cifras

▶ **Área:** 21.040 km$^2$ (8.124 millas$^2$),
el tamaño° de Massachusetts
▶ **Población:** 6.383.000
*El Salvador es el país centroamericano más
pequeño y el más densamente poblado. Su
población, al igual que la de Honduras, es muy
homogénea: casi el 90 por ciento es mestiza.*
▶ **Capital:** San Salvador—1.691.000
▶ **Ciudades principales:** Soyapango, Santa Ana,
San Miguel, Mejicanos

SOURCE: Population Division, UN Secretariat

▶ **Moneda:** dólar estadounidense
▶ **Idiomas:** español (oficial), náhuatl, lenca

Bandera de El Salvador

## Salvadoreños célebres

▶ **Óscar Romero,** arzobispo° y activista por los
derechos humanos° (1917–1980)
▶ **Claribel Alegría,**
poeta, novelista y
cuentista (1924– )
▶ **Roque Dalton,** poeta,
ensayista y novelista
(1935–1975)
▶ **María Eugenia Brizuela,**
política (1956– )

Óscar Romero

tamaño *size* arzobispo *archbishop* derechos humanos *human rights*
laguna *lagoon* sirena *mermaid*

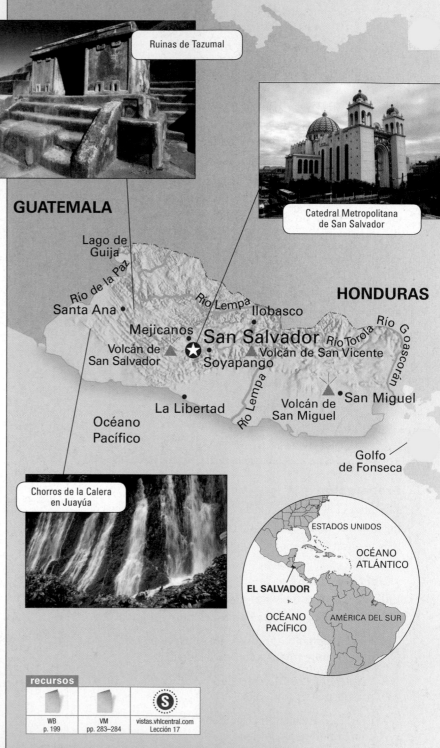

Ruinas de Tazumal

Catedral Metropolitana
de San Salvador

GUATEMALA

Lago de
Guija

Río de la Paz

Santa Ana

Río Lempa

Ilobasco

HONDURAS

Río Torola

Río Goascorán

Mejicanos    San Salvador

Volcán de
San Salvador    Soyapango    Volcán de San Vicente

La Libertad

Río Lempa

Volcán de
San Miguel    San Miguel

Océano
Pacífico

Golfo
de Fonseca

Chorros de la Calera
en Juayúa

ESTADOS UNIDOS

OCÉANO
ATLÁNTICO

EL SALVADOR

OCÉANO
PACÍFICO    AMÉRICA DEL SUR

**recursos**

WB
p. 199

VM
pp. 283–284

S vistas.vhlcentral.com
Lección 17

## ¡Increíble pero cierto!

El rico folclor salvadoreño se basa sobre todo
en sus extraordinarios recursos naturales. Por
ejemplo, según una leyenda, las muertes que
se producen en la laguna° de Alegría tienen
su explicación en la existencia de una sirena°
solitaria que vive en el lago y captura a los
jóvenes atractivos.

## Deportes • El surfing

El Salvador es uno de los destinos favoritos en Latinoamérica para la práctica del surfing. Cuenta con 300 kilómetros de costa a lo largo del océano Pacífico y sus olas° altas son ideales para quienes practican este deporte. De sus playas, La Libertad es la más visitada por surfistas de todo el mundo, gracias a que está muy cerca de la capital salvadoreña. Sin embargo, los fines de semana muchos visitantes prefieren viajar a la Costa del Bálsamo, donde se concentra menos gente.

## Naturaleza • El Parque Nacional Montecristo

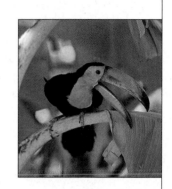

El Parque Nacional Montecristo se encuentra en la región norte del país. Se le conoce también como El Trifinio porque se ubica° en el punto donde se unen las fronteras de Guatemala, Honduras y El Salvador. Este bosque reúne a muchas especies vegetales y animales, como orquídeas, monos araña°, pumas, quetzales y tucanes. Además, las copas° de sus enormes árboles forman una bóveda° que impide° el paso de la luz solar. Este espacio natural se encuentra a una altitud de 2.400 metros (7.900 pies) sobre el nivel del mar y recibe 200 centímetros (80 pulgadas°) de lluvia al año.

## Artes • La artesanía de Ilobasco

Ilobasco es un pueblo conocido por sus artesanías. En él se elaboran objetos con arcilla° y cerámica pintada a mano, como juguetes°, adornos° y utensilios de cocina. Además, son famosas sus "sorpresas", que son pequeñas piezas° de cerámica en cuyo interior se representan escenas de la vida diaria. Los turistas realizan excursiones para ver la elaboración, paso a paso°, de estos productos.

 **¿Qué aprendiste?** Responde a cada pregunta con una oración completa.

1. ¿Qué tienen en común las poblaciones de El Salvador y Honduras?

2. ¿Qué es el náhuatl?

3. ¿Quién es María Eugenia Brizuela?

4. Hay muchos lugares ideales para el surfing en El Salvador. ¿Por qué?

5. ¿A qué altitud se encuentra el Parque Nacional Montecristo?

6. ¿Cuáles son algunos de los animales y las plantas que viven en este parque?

7. ¿Por qué se le llama El Trifinio al Parque Nacional Montecristo?

8. ¿Por qué es famoso el pueblo de Ilobasco?

9. ¿Qué se puede ver en un viaje a Ilobasco?

10. ¿Qué son las "sorpresas" de Ilobasco?

 **Conexión Internet** Investiga estos temas en **vistas.vhlcentral.com**.

1. El Parque Nacional Montecristo es una reserva natural; busca información sobre otros parques o zonas protegidas en El Salvador. ¿Cómo son estos lugares? ¿Qué tipos de plantas y animales se encuentran allí?

2. Busca información sobre museos u otros lugares turísticos en San Salvador (u otra ciudad de El Salvador).

 Practice more at **vistas.vhlcentral.com**.

olas *waves* se ubica *it is located* monos araña *spider monkeys* copas *tops* bóveda *cap* impide *blocks* pulgadas *inches* arcilla *clay* juguetes *toys* adornos *ornaments* piezas *pieces* paso a paso *step by step*

# Honduras

## El país en cifras

▶ **Área:** 112.492 km² (43.870 millas²), *un poco más grande que Tennessee*

▶ **Población:** 8.386.000

*Cerca del 90 por ciento de la población de Honduras es mestiza. Todavía hay pequeños grupos indígenas como los jicaque, los misquito y los paya, que han mantenido su cultura sin influencias exteriores y que no hablan español.*

▶ **Capital:** Tegucigalpa—1.181.000

Tegucigalpa

▶ **Ciudades principales:** San Pedro Sula, El Progreso, La Ceiba

SOURCE: Population Division, UN Secretariat

▶ **Moneda:** lempira

▶ **Idiomas:** español (oficial), lenguas indígenas, inglés

Bandera de Honduras

### Hondureños célebres

▶ **José Antonio Velásquez,** pintor (1906–1983)

▶ **Argentina Díaz Lozano,** escritora (1912–1999)

▶ **Carlos Roberto Reina,** juez° y presidente del país (1926–2003)

▶ **Roberto Sosa,** escritor (1930– )

juez *judge*  presos *prisoners*  madera *wood*  hamacas *hammocks*

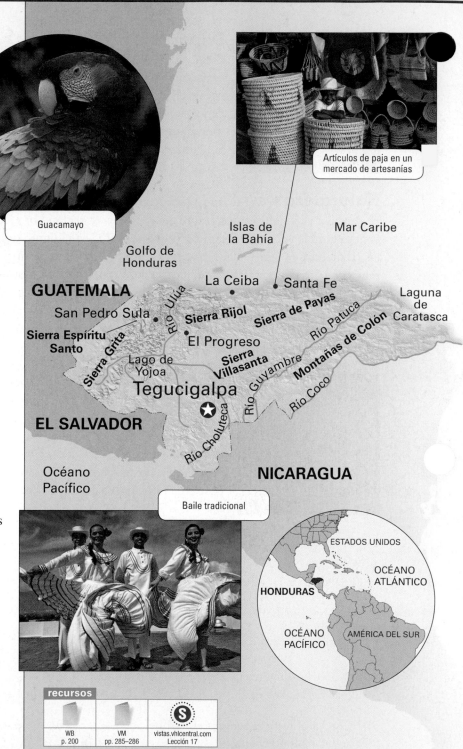

Guacamayo

Artículos de paja en un mercado de artesanías

Islas de la Bahía

Mar Caribe

Golfo de Honduras

**GUATEMALA**

La Ceiba    Santa Fe

Laguna de Caratasca

San Pedro Sula    Río Ulúa    **Sierra Rijol**    **Sierra de Payas**

**Sierra Espíritu Santo**    Río Patuca

**Sierra Grita**    El Progreso    **Sierra Villasanta**    **Montañas de Colón**

Lago de Yojoa    Río Guyambre

**Tegucigalpa**    Río Coco

**EL SALVADOR**    Río Choluteca

Océano Pacífico    **NICARAGUA**

Baile tradicional

ESTADOS UNIDOS

OCÉANO ATLÁNTICO

**HONDURAS**

OCÉANO PACÍFICO    AMÉRICA DEL SUR

**recursos**

| WB p. 200 | VM pp. 285–286 | Ⓢ vistas.vhlcentral.com Lección 17 |

## ¡Increíble pero cierto!

¿Irías de compras a una prisión? Hace un tiempo, cuando la Penitenciaría Central de Tegucigalpa aún funcionaba, los presos° hacían objetos de madera°, hamacas° y hasta instrumentos musicales y los vendían en una tienda dentro de la prisión. Allí, los turistas podían regatear con este especial grupo de artesanos.

## Lugares • **Copán**

Copán es una zona arqueológica muy importante de Honduras. Fue construida por los mayas y se calcula que en el año 400 d. C. albergaba° a una ciudad con más de 150 edificios y una gran cantidad de plazas, patios, templos y canchas° para el juego de pelota°. Las ruinas más famosas del lugar son los edificios adornados con esculturas pintadas a mano, los cetros° ceremoniales de piedra y el templo Rosalila.

## Economía • **Las plantaciones de bananas**

Desde hace más de cien años, las bananas son la exportación principal de Honduras y han tenido un papel fundamental en su historia. En 1899, la Standard Fruit Company empezó a exportar bananas del país centroamericano hacia Nueva Orleans. Esta fruta resultó tan popular en los Estados Unidos que generó grandes beneficios° para esta compañía y para la United Fruit Company, otra empresa norteamericana. Estas trasnacionales intervinieron muchas veces en la política hondureña debido° al enorme poder° económico que alcanzaron en la nación.

## Artes • **José Antonio Velásquez (1906–1983)**

José Antonio Velásquez fue un famoso pintor hondureño. Es catalogado como primitivista° porque sus obras representan aspectos de la vida cotidiana. En la pintura de Velásquez es notorio el énfasis en los detalles°, la falta casi total de los juegos de perspectiva y la pureza en el uso del color. Por todo ello, el artista ha sido comparado con importantes pintores europeos del mismo género° como Paul Gauguin o Emil Nolde.

*San Antonio de Oriente*, 1957,
José Antonio Velásquez

**¿Qué aprendiste?** Responde a cada pregunta con una oración completa.

1. ¿Qué es el lempira?

2. ¿Por qué es famoso Copán?

3. ¿Dónde está el templo Rosalila?

4. ¿Cuál es la exportación principal de Honduras?

5. ¿Qué fue la Standard Fruit Company?

6. ¿Cómo es el estilo de José Antonio Velásquez?

7. ¿Qué temas trataba Velásquez en su pintura?

**Conexión Internet** Investiga estos temas en **vistas.vhlcentral.com**.

1. ¿Cuáles son algunas de las exportaciones principales de Honduras, además de las bananas? ¿A qué países exporta Honduras sus productos?

2. Busca información sobre Copán u otro sitio arqueológico en Honduras. En tu opinión, ¿cuáles son los aspectos más interesantes del sitio?

 Practice more at **vistas.vhlcentral.com**.

albergaba *housed*  canchas *courts*  juego de pelota *pre-Columbian ceremonial ball game*  cetros *scepters*  beneficios *profits*
debido a *due to*  poder *power*  primitivista *primitivist*  detalles *details*  género *genre*

## Las bellas artes

| | |
|---|---|
| el baile, la danza | dance |
| la banda | band |
| las bellas artes | (fine) arts |
| el boleto | ticket |
| la canción | song |
| la comedia | comedy; play |
| el concierto | concert |
| el cuento | short story |
| la cultura | culture |
| el drama | drama; play |
| la escultura | sculpture |
| el espectáculo | show |
| la estatua | statue |
| el festival | festival |
| la historia | history; story |
| la música | music |
| la obra | work (of art, music, etc.) |
| la obra maestra | masterpiece |
| la ópera | opera |
| la orquesta | orchestra |
| el personaje (principal) | (main) character |
| la pintura | painting |
| el poema | poem |
| la poesía | poetry |
| el público | audience |
| el teatro | theater |
| la tragedia | tragedy |
| aburrirse | to get bored |
| aplaudir | to applaud |
| apreciar | to appreciate |
| dirigir | to direct |
| esculpir | to sculpt |
| hacer el papel (de) | to play the role (of) |
| pintar | to paint |
| presentar | to present; to put on (a performance) |
| publicar | to publish |
| tocar (un instrumento musical) | to touch; to play (a musical instrument) |
| artístico/a | artistic |
| clásico/a | classical |
| dramático/a | dramatic |
| extranjero/a | foreign |
| folclórico/a | folk |
| moderno/a | modern |
| musical | musical |
| romántico/a | romantic |
| talentoso/a | talented |

## Los artistas

| | |
|---|---|
| el bailarín, la bailarina | dancer |
| el/la cantante | singer |
| el/la compositor(a) | composer |
| el/la director(a) | director; (musical) conductor |
| el/la dramaturgo/a | playwright |
| el/la escritor(a) | writer |
| el/la escultor(a) | sculptor |
| la estrella (m., f.) de cine | movie star |
| el/la músico/a | musician |
| el/la poeta | poet |

## El cine y la televisión

| | |
|---|---|
| el canal | channel |
| el concurso | game show; contest |
| los dibujos animados | cartoons |
| el documental | documentary |
| el premio | prize; award |
| el programa de entrevistas/realidad | talk/reality show |
| la telenovela | soap opera |
| … de acción | action |
| … de aventuras | adventure |
| … de ciencia ficción | science fiction |
| … de horror | horror |
| … de vaqueros | western |

## La artesanía

| | |
|---|---|
| la artesanía | craftsmanship; crafts |
| la cerámica | pottery |
| el tejido | weaving |

| | |
|---|---|
| Expresiones útiles | See page 583. |

  **Audio: Vocabulary**

recursos

LM p. 101

vistas.vhlcentral.com Lección 17

# Las actualidades

# 18

**Communicative Goals**

*You will learn how to:*

• Discuss current events and issues
• Talk about and discuss the media
• Reflect on experiences, such as travel

**contextos**

**fotonovela**

**cultura**

**estructura**

**adelante**

## A PRIMERA VISTA
• ¿Qué profesión tendrán estas personas?
  ¿Son reporteros?
• ¿Es una videoconferencia?
• ¿Hacen entrevistas?
• ¿Es posible que hablen con estrellas de cine?
  ¿Con políticos?

# Las actualidades

## Más vocabulario

| | |
|---|---|
| el acontecimiento | event |
| las actualidades | news; current events |
| el artículo | article |
| la encuesta | poll; survey |
| el informe | report; paper (written work) |
| los medios de comunicación | media; means of communication |
| las noticias | news |
| la prensa | press |
| el reportaje | report |
| el desastre (natural) | (natural) disaster |
| el huracán | hurricane |
| la inundación | flood |
| el terremoto | earthquake |
| el desempleo | unemployment |
| la (des)igualdad | (in)equality |
| la discriminación | discrimination |
| la guerra | war |
| la libertad | liberty; freedom |
| la paz | peace |
| el racismo | racism |
| el sexismo | sexism |
| el SIDA | AIDS |
| anunciar | to announce; to advertise |
| comunicarse (con) | to communicate (with) |
| durar | to last |
| informar | to inform |
| luchar (por/contra) | to fight; to struggle (for/against) |
| transmitir, emitir | to broadcast |
| (inter)nacional | (inter)national |
| peligroso/a | dangerous |

## Variación léxica

informe ⟷ trabajo (*Esp.*)
noticiero ⟷ informativo (*Esp.*)

la tormenta

el ejército

el soldado

el discurso

la huelga

el candidato

el crimen

el choque

la violencia

VOTA POR DÍAZ

NO

# Práctica

**el tornado**

**el incendio**

### La política

| | |
|---|---|
| el/la ciudadano/a | citizen |
| el deber | responsibility; obligation |
| los derechos | rights |
| la dictadura | dictatorship |
| las elecciones | election |
| el impuesto | tax |
| la política | politics |
| el/la representante | representative |
| declarar | to declare; to say |
| elegir (e:i) | to elect |
| obedecer | to obey |
| votar | to vote |
| político/a | political |

**BANCO**

**el diario**

DIARIO

**el noticiero**

NOTICIAS CANAL 7

**la locutora**

**1 Escuchar** Escucha las noticias y selecciona la frase que mejor completa las oraciones.

1. Los ciudadanos creen que ____.
   a. hay un huracán en el Caribe
   b. hay discriminación en la imposición de los impuestos
   c. hay una encuesta en el Caribe

2. Los ciudadanos creen que los candidatos tienen ____.
   a. el deber de asegurar la igualdad en los impuestos
   b. el deber de hacer las encuestas
   c. los impuestos

3. La encuesta muestra que los ciudadanos ____.
   a. quieren desigualdad en las elecciones
   b. quieren hacer otra encuesta
   c. quieren igualdad en los impuestos

4. Hay ____ en el Caribe.
   a. un incendio grande  b. una tormenta peligrosa  c. un tornado

5. Los servicios de Puerto Rico predijeron anoche que ____ podrían destruir edificios y playas.
   a. los vientos  b. los terremotos  c. las inundaciones

**2 ¿Cierto o falso?** Escucha las oraciones e indica si lo que dice cada una es **cierto** o **falso**, según el dibujo.

1. _____     3. _____     5. _____

2. _____     4. _____     6. _____

**3 Categorías** Mira la lista e indica la categoria de cada uno de estos términos. Las categorías son: **desastres naturales, política** y **medios de comunicación.**

1. reportaje        4. candidato/a       7. prensa

2. inundación       5. encuesta          8. elecciones

3. incendio         6. noticiero         9. terremoto

**4 Definir** Trabaja con un(a) compañero/a para definir estas palabras.

1. guerra           5. discurso          9. huelga

2. crimen           6. acontecimiento    10. racismo

3. ejército         7. sexismo           11. locutor(a)

4. desempleo        8. SIDA              12. libertad

**5**

**Completar** Completa la noticia con los verbos adecuados para cada oración. Conjuga los verbos en el tiempo verbal correspondiente.

1. El grupo _____ a todos los medios de comunicación que iba a organizar una huelga general de los trabajadores.
   a. durar          b. votar          c. anunciar

2. Los representantes les pidieron a los ciudadanos que _____ al presidente.
   a. comer          b. obedecer          c. aburrir

3. La oposición, por otro lado, _____ a un líder para promover la huelga.
   a. publicar          b. emitir          c. elegir

4. El líder de la oposición dijo que si el gobierno ignoraba sus opiniones, la huelga iba a _____ mucho tiempo.
   a. transmitir          b. obedecer          c. durar

5. Hoy día, el líder de la oposición declaró que los ciudadanos estaban listos para _____ por sus derechos.
   a. informar          b. comunicarse          c. luchar

**6**

**Conversación** Completa esta conversación con las palabras adecuadas.

| | | |
|---|---|---|
| artículo | derechos | peligrosa |
| choque | dictaduras | transmitir |
| declarar | paz | violencia |

**RAÚL** Oye, Agustín, ¿leíste el (1)_____ del diario *El País*?

**AGUSTÍN** ¿Cuál? ¿El del (2)_____ entre dos autobuses?

**RAÚL** No, el otro sobre...

**AGUSTÍN** ¿Sobre la tormenta (3)_____ que viene mañana?

**RAÚL** No, hombre, el artículo sobre política...

**AGUSTÍN** ¡Ay, claro! Un análisis de las peores (4)_____ de la historia.

**RAÚL** ¡Agustín! Deja de interrumpir. Te quería hablar del artículo sobre la organización que lucha por los (5)_____ humanos y la (6)_____.

**AGUSTÍN** Ah, no lo leí.

**RAÚL** Parece que te interesan más las noticias sobre la (7)_____, ¿eh?

**7**

**La vida civil** ¿Estás de acuerdo con estas afirmaciones? Comparte tus respuestas con la clase. ◄

1. Los medios de comunicación nos informan bien de las noticias.
2. Los medios de comunicación nos dan una visión global del mundo.
3. Los candidatos para las elecciones deben aparecer en todos los medios de comunicación.
4. Nosotros y nuestros representantes nos comunicamos bien.
5. Es importante que todos obedezcamos las leyes.
6. Es importante leer el diario todos los días.
7. Es importante mirar o escuchar un noticiero todos los días.
8. Es importante votar.

**AYUDA**
You may want to use these expressions:
**En mi opinión...**
**Está claro que...**
**(No) Estoy de acuerdo.**
**Según mis padres...**
**Sería ideal que...**

 Practice more at **vistas.vhlcentral.com.**

# Comunicación

**8**

**Las actualidades** En parejas, describan lo que ven en las fotos. Luego, escriban una historia para explicar qué pasó en cada foto.

**9**

**Un noticiero** En grupos, trabajen para presentar un noticiero de la tarde. Presenten por lo menos tres reportajes sobre espectáculos, política, crimen y temas sociales.

**¡LENGUA VIVA!**

Here are four ways to say *to happen:*

**acontecer**

**ocurrir**

**pasar**

**suceder**

**10**

**Las elecciones** Trabajen en parejas para representar una entrevista entre un(a) reportero/a de la televisión y un(a) político/a que va a ser candidato/a en las próximas elecciones.

▶ Antes de la entrevista, hagan una lista de los temas de los que el/la candidato/a va a hablar y de las preguntas que el/la reportero/a le va a hacer.

▶ Durante la entrevista, la clase va a hacer el papel del público.

▶ Después de la entrevista, el/la reportero/a va a hacerle preguntas y pedirle comentarios al público.

# Hasta pronto, Marissa

Marissa debe regresar a Wisconsin y quiere despedirse de sus amigos.

PERSONAJES

 MARISSA

 SR. DÍAZ

**S** Video: *Fotonovela*
Record and Compare

**MARISSA** ¡Hola, don Roberto! ¿Dónde están todos?

**SR. DÍAZ** Todos me dijeron que te pidiera una disculpa de su parte.

**MARISSA** (*triste*) Ah. No hay problema. ¿Puedo poner la tele?

**SR. DÍAZ** Claro.

**MAITE FUENTES** Un incendio en el centro ha ocasionado daños en tres edificios. Los representantes de la policía nos informan que no hay heridos. Aunque las elecciones son en pocas semanas, las encuestas no muestran un líder definido.

(*La familia Díaz y sus amigos sorprenden a Marissa en el restaurante.*)

**MARISSA** No tenía ni idea. (*a Jimena*) Tu papá me hizo creer que no podría despedirme de ustedes.

**MARISSA** Si hubiera sabido que ellos no iban a estar aquí, me habría despedido anoche.

**SR. DÍAZ** ¡Ánimo! No es un adiós, Marissa. Vamos a seguir en contacto. Pero, creo que tenemos algo de tiempo antes de que te vayas. Te llevo a comer tu última comida mexicana.

**EMPLEADO** Buenos días, señor Díaz. ¡Qué gusto verlo!

**SR. DÍAZ** Igualmente. Ella es Marissa. Pasó el año con nosotros. Quería que su última comida en México fuera la mejor de todas.

**EMPLEADO** Muy amable de su parte, señor. Su mesa está lista. Síganme, por favor.

**SR. DÍAZ** Chicos, me dicen que se van a casar. Felicidades.

**MIGUEL** Nos casamos aquí en México el año que viene. Ojalá usted y su esposa puedan ir. (*a Marissa*) Si tú no estás harta de nosotros, nos encantaría que también vinieras.

**MAITE FUENTES**

**DON DIEGO**

**EMPLEADO**

**SRA. DÍAZ**

**JIMENA**

**MIGUEL**

**FELIPE**

**MARU**

**JUAN CARLOS**

**SRA. DÍAZ** Marissa, ¿cuál fue tu experiencia favorita en México?

**MARISSA** Bueno, si tuviera que elegir una sola experiencia, tendría que ser el Día de Muertos. Chichén Itzá fue muy emocionante también. No puedo decidirme. ¡La he pasado de película!

**SR. DÍAZ** Mi hermana Ana María me pidió que te diera esto.

**MARISSA** *No way!*

**JUAN CARLOS** ¿Qué es?

**MARISSA** La receta del mole de la tía.

**FELIPE** Nosotros también tenemos algo para ti.

**MARISSA** ¡Mi diccionario! Lo dejo contigo, Felipe. Tenías razón. No lo necesito.

**SR. DÍAZ** Si queremos llegar a tiempo al aeropuerto, tenemos que irnos ya.

**MARU** Te veremos en nuestra boda.

**MARISSA** ¡Sí, seguro!

**SR. DÍAZ** Bueno, vámonos.

**MARISSA** (*a todos*) Cuídense. Gracias por todo.

## Expresiones útiles

### Expressing delight and surprise

**¡Qué gusto verlo/la!**
*How nice to see you! (form.)*
**¡Qué gusto verte!**
*How nice to see you! (fam.)*
**¡No tenía ni idea!**
*I had no idea!*
**¡Felicidades!**
*Congratulations!*

### Playing a joke on someone

**Todos me dijeron que te pidiera una disculpa de su parte.**
*They all told me to ask you to excuse them / forgive them.*
**Tu papá me hizo creer que no podría despedirme de ustedes.**
*Your dad made me think I wouldn't be able to say goodbye to you.*

### Talking about past and future trips

**Si tuviera que elegir una sola experiencia, tendría que ser el Día de Muertos.**
*If I had to pick just one experience, it would have to be the Day of the Dead.*
**¡La he pasado de película!**
*I've had an awesome time!*
**Ojalá que usted y su esposa pueden ir.**
*I hope you and your wife can come.*
**Si tú no estás harta de nosotros, nos encantaría que también vinieras.**
*If you aren't sick of us, we'd love you to come, too.*
**Si queremos llegar a tiempo al aeropuerto, tenemos que irnos ya.**
*If we want to get to the airport on time, we should go now.*

**recursos**

VM
pp. 247–248

vistas.vhlcentral.com
Lección 18

# ¿Qué pasó?

**1**

**¿Cierto o falso?** Decide si lo que se afirma en las oraciones es **cierto** o **falso**. Corrige las oraciones falsas.

|   | Cierto | Falso |
|---|--------|-------|
| 1. Según la reportera, las elecciones son la próxima semana. | ○ | ○ |
| 2. Marissa dice que una de sus experiencias favoritas en México fue el Día de Muertos. | ○ | ○ |
| 3. La reportera dice que hay una inundación en el centro. | ○ | ○ |
| 4. La Sra. Díaz le envía la receta de los tacos a Marissa. | ○ | ○ |
| 5. Marissa le deja su diccionario a Jimena. | ○ | ○ |

**2**

**Identificar** Identifica quién puede hacer estas afirmaciones.

1. Espero que disfrutes tu última comida en México.

2. Los voy a extrañar mucho, ¡lo he pasado maravillosamente!

3. El presidente habló sobre los candidatos en estas elecciones.

4. ¿Qué fue lo que más te gustó de México?

5. No faltes a nuestra boda, nos dará mucho gusto verte de nuevo.

**MAITE FUENTES**

**SR. DÍAZ**

**MARU**

**MARISSA**

**SRA. DÍAZ**

**3**

**Preguntas** Responde a las preguntas.

1. ¿Dónde y cuándo se casarán Miguel y Maru?

2. ¿Por qué Marissa no imaginaba que vería a sus amigos en el restaurante?

3. Según lo que dice Maite Fuentes, ¿qué ha ocasionado el incendio en el centro?

4. ¿Por qué el Sr. Díaz le dice a Marissa que tienen que irse ya?

5. ¿Qué dice Marissa sobre la experiencia que vivió en Chichén Itzá?

**4**

**Las experiencias de Marissa** Trabajen en parejas para representar una conversación en español entre Marissa y un(a) amigo/a con quien se encuentra cuando ella acaba de regresar de México. Hablen de las experiencias buenas y malas que tuvieron durante ese tiempo. Utilicen estas frases y expresiones en la conversación:

▶ ¡Qué gusto volver a verte!
▶ Gusto de verte.
▶ Lo pasé de película/maravillosamente/muy bien.

▶ Me divertí mucho.
▶ Lo mejor fue...
▶ Lo peor fue...

# Ortografía (S) Concepts
## Neologismos y anglicismos

As societies develop and interact, new words are needed to refer to inventions and discoveries, as well as to objects and ideas introduced by other cultures. In Spanish, many new terms have been invented to refer to such developments, and additional words have been "borrowed" from other languages.

| | | |
|---|---|---|
| **bajar un programa** *download* | **borrar** *to delete* | **correo basura** *junk mail* |
| **en línea** *online* | **enlace** *link* | **herramienta** *tool* |
| **navegador** *browser* | **pirata** *hacker* | **sistema operativo** *operating system* |

Many Spanish neologisms, or "new words," refer to computers and technology. Due to the newness of these words, more than one term may be considered acceptable.

| | | | |
|---|---|---|---|
| **cederrón, CD-ROM** | **escáner** | **fax** | **zoom** |

In Spanish, many anglicisms, or words borrowed from English, refer to computers and technology. Note that the spelling of these words is often adapted to the sounds of the Spanish language.

| | | | |
|---|---|---|---|
| **jazz, yaz** | **rap** | **rock** | **walkman** |

Music and music technology are another common source of anglicisms.

| | | | |
|---|---|---|---|
| **gángster** | **hippy, jipi** | **póquer** | **whisky, güisqui** |

Other borrowed words refer to people or things that are strongly associated with another culture.

| | | | |
|---|---|---|---|
| **chárter** | **esnob** | **estrés** | **flirtear** |
| **gol** | **hall** | **hobby** | **iceberg** |
| **jersey** | **júnior** | **récord** | **yogur** |

There are many other sources of borrowed words. Over time, some anglicisms are replaced by new terms in Spanish, while others are accepted as standard usage.

**Práctica** Completa el diálogo usando las palabras de la lista.

| | | |
|---|---|---|
| borrar | correo basura | esnob |
| chárter | en línea | estrés |

**GUSTAVO** Voy a leer el correo electrónico.

**REBECA** Bah, yo sólo recibo _____. Lo único que hago con la computadora es _____ mensajes.

**GUSTAVO** Mira, cariño, hay un anuncio en Internet; un viaje barato a Punta del Este. Es un vuelo _____.

**REBECA** Últimamente tengo tanto _____. Sería buena idea que fuéramos de vacaciones. Pero busca un hotel muy bueno.

**GUSTAVO** Rebeca, no seas _____, lo importante es ir y disfrutar. Voy a comprar los boletos ahora mismo _____.

**Dibujo** Describe el dibujo utilizando por lo menos cinco anglicismos.

recursos

LM
p. 104

(S)

vistas.vhlcentral.com
Lección 18

**Additional Reading**

# Protestas sociales

**¿Cómo reaccionas ante° una situación injusta?** ¿Protestas? Las huelgas y manifestaciones° son expresiones de protesta. Mucha gente asocia las huelgas con "no trabajar", pero no siempre es así. Hay huelgas donde los empleados del gobierno aplican las regulaciones escrupulosamente, demorando° los procesos administrativos; en otras, los trabajadores aumentan la producción. En países como España, las huelgas muchas veces se anuncian con anticipación° y, en los lugares que van a ser afectados, se ponen carteles con información como: "Esta oficina cerrará el día 14 con motivo de la huelga. Disculpen las molestias°".

Las manifestaciones son otra forma de protesta: la gente sale a la calle llevando carteles con frases y eslóganes. Una forma original de manifestación son los "cacerolazos", en los cuales la gente golpea° cacerolas y sartenes°. Los primeros cacerolazos tuvieron lugar en Chile y más tarde pasaron a otros países. Otras veces, el buen humor ayuda a confrontar temas serios y los manifestantes° marchan bailando, cantando eslóganes y tocando silbatos° y tambores°.

Actualmente° se puede protestar sin salir de casa. Lo único que necesitas es tener una computadora con conexión a Internet para poder participar en manifestaciones virtuales. Y no sólo de tu país, sino de todo el mundo.

### Los eslóganes

**El pueblo unido jamás será vencido°.** Es el primer verso° de una canción que popularizó el grupo chileno Quilapayún.

**Basta ya°.** Se ha usado en el País Vasco en España durante manifestaciones en contra del terrorismo.

**Agua para todos.** Se ha gritado en manifestaciones contra la privatización del agua en varios países hispanos.

**Ni guerra que nos mate°, ni paz que nos oprima°.** Surgió° en la **Movilización Nacional de Mujeres contra la Guerra**, en Colombia (2002) para expresar un no rotundo° a la guerra.

**Ni un paso° atrás.** Ha sido usado en muchos países, como en Argentina por las Madres de la Plaza de Mayo*.

* Las Madres de la Plaza de Mayo es un grupo de mujeres que tiene hijos o familiares que desaparecieron durante la dictadura militar en Argentina (1976–1983).

ante *in the presence of* manifestaciones *demonstrations* demorando *delaying* con anticipación *in advance* Disculpen las molestias. *We apologize for any inconvenience.* golpea *bang* cacerolas y sartenes *pots and pans* manifestantes *demonstrators* silbatos *whistles* tambores *drums* Actualmente *Currently* vencido *defeated* verso *line* Basta ya. *Enough.* mate *kills* oprima *oppresses* Surgió *It arose* rotundo *absolute* paso *step*

**1** **¿Cierto o falso?** Indica si lo que dice cada oración es cierto o falso. Corrige la información falsa.

1. En algunas huelgas las personas trabajan más de lo normal.

2. En España, las huelgas se hacen sin notificación previa.

3. En las manifestaciones virtuales se puede protestar sin salir de casa.

4. En algunas manifestaciones la gente canta y baila.

5. "Basta ya" es un eslogan que se ha usado en España en manifestaciones contra el terrorismo.

6. En el año 2002 se llevó a cabo la Movilización Nacional de Mujeres contra la Guerra en Argentina.

7. Los primeros "cacerolazos" se hicieron en Venezuela.

8. "Agua para todos" es un eslogan del grupo Quilapayún.

### Periodismo y política

| | |
|---|---|
| la campaña | *campaign* |
| el encabezado | *headline* |
| la prensa amarilla | *tabloid press* |
| el sindicato | *(labor) union* |
| el suceso, el hecho | **el acontecimiento** |

## Hispanos en la historia

- **Sonia Sotomayor** (Nueva York, EE.UU., 1954– ) Doctora en Derecho de ascendencia puertorriqueña. Es la primera mujer hispana en ocupar el cargo de Jueza Asociada en la Corte Suprema de los Estados Unidos.

- **Che Guevara** (Rosario, Argentina, 1928–La Higuera, Bolivia, 1967) Ernesto "Che" Guevara es una de las figuras más controversiales del siglo° XX. Médico de profesión, fue uno de los líderes de la revolución cubana y participó en las revoluciones de otros países.

- **Rigoberta Menchú Tum** (Laj Chimel, Guatemala, 1959– ) De origen maya, desde niña sufrió la pobreza y la represión, lo que la llevó muy pronto a luchar por los derechos humanos. En 1992 recibió el Premio Nobel de la Paz.

- **José Martí** (La Habana, Cuba, 1853–Dos Ríos, Cuba, 1895) Fue periodista, filósofo, poeta, diplomático e independentista°. Desde su juventud se opuso al régimen colonialista español. Murió luchando por la independencia de Cuba.

**siglo** *century* **independentista** *supporter of independence*

# Dos nuevos líderes en Latinoamérica

En 2006, la chilena **Michelle Bachelet Jeria** y el boliviano **Juan Evo Morales Ayma** fueron proclamados presidentes de sus respectivos países. Para algunos, estos nombramientos fueron una sorpresa.

Michelle Bachelet estudió Medicina y se especializó en pediatría y salud pública. Fue víctima de la represión de Augusto Pinochet, quien gobernó el país de 1973 a 1990, y vivió varios años exiliada. Regresó a Chile y en 2000 fue nombrada Ministra de Salud. En 2002 fue Ministra de Defensa Nacional. Y en 2006 se convirtió en la primera mujer presidente de Chile, cargo que ocupó hasta 2010.

Evo Morales es un indígena del altiplano andino°. Su lengua materna es el aimará. De niño, trabajó como pastor° de llamas. Luego, se trasladó a Cochabamba donde participó en asociaciones campesinas°. Morales reivindicó la forma tradicional de vida y los derechos de los campesinos indígenas. En 2006 ascendió a la presidencia de Bolivia. En 2009, la ONU lo nombró "Héroe Mundial de la Madre Tierra".

**altiplano andino** *Andean high plateau* **pastor** *shepherd* **campesinas** *farmers'*

 **Conexión Internet**

| | |
|---|---|
| **¿Quiénes son otros líderes y pioneros hispanos?** | Go to **vistas.vhlcentral.com** to find more cultural information related to this **Cultura** section. |

**2** **Comprensión** Responde a las preguntas.

1. ¿Cuáles son los sinónimos de **acontecimiento**?
2. ¿En qué es pionera Sonia Sotomayor?
3. ¿Qué cargos políticos ocupó Michelle Bachelet antes de ser presidenta?
4. ¿Por qué luchó Evo Morales en varias asociaciones campesinas?

**3** **Líderes** ¿Quién es el/la líder de tu comunidad o región que más admiras? Primero, escribe un breve párrafo explicando quién es, qué hace y por qué lo/la admiras. Luego, lee tu texto a la clase.

 Practice more at **vistas.vhlcentral.com**.

## 18.1 Si clauses  Tutorial

**ANTE TODO** **Si** (*If*) clauses describe a condition or event upon which another condition or event depends. Sentences with **si** clauses consist of a **si** clause and a main (or result) clause.

Si pudieras, ¿irías a nuestra boda?

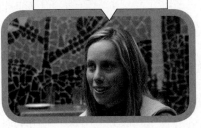

Sí, si tuviera la oportunidad, iría con mucho gusto.

**¡ATENCIÓN!**

Remember the difference between **si** (*if*) and **sí** (*yes*).

▶ **Si** clauses can speculate or hypothesize about a current event or condition. They express what *would happen* if an event or condition *were to occur*. This is called a contrary-to-fact situation. In such instances, the verb in the **si** clause is in the past subjunctive while the verb in the main clause is in the conditional.

Si **cambiaras** de empleo, **serías** más feliz.
*If you changed jobs, you would be happier.*

**Iría** de viaje a Suramérica si **tuviera** dinero.
*I would travel to South America if I had money.*

▶ **Si** clauses can also describe a contrary-to-fact situation in the past. They can express what *would have happened* if an event or condition *had occurred*. In these sentences, the verb in the **si** clause is in the past perfect subjunctive while the verb in the main clause is in the conditional perfect.

Si **hubiera sido** estrella de cine, **habría sido** rico.
*If I had been a movie star, I would have been rich.*

No **habrías tenido** hambre si **hubieras desayunado**.
*You wouldn't have been hungry if you had eaten breakfast.*

**¡LENGUA VIVA!**

Note that in Spanish the conditional is never used immediately following **si**.

▶ **Si** clauses can also express conditions or events that are possible or likely to occur. In such instances, the **si** clause is in the present indicative while the main clause uses a present, near future, future, or command form.

Si **puedes** venir, **llámame**.
*If you can come, call me.*

Si **puedo** venir, **te llamo**.
*If I can come, I'll call you.*

Si **terminas** la tarea, **tendrás** tiempo para mirar la televisión.
*If you finish your homework, you will have time to watch TV.*

Si **terminas** la tarea, **vas a tener** tiempo para mirar la televisión.
*If you finish your homework, you are going to have time to watch TV.*

▶ When the **si** clause expresses habitual past conditions or events, *not* a contrary-to-fact situation, the imperfect is used in both the **si** clause and the main (or result) clause.

Si Alicia me **invitaba** a una fiesta,
  yo siempre **iba**.
*If (Whenever) Alicia invited me to a party,
  I would (used to) go.*

Mis padres siempre **iban** a la playa
  si **hacía** buen tiempo.
*My parents always went to the beach
  if the weather was good.*

▶ The **si** clause may be the first or second clause in a sentence. Note that a comma is used only when the **si** clause comes first.

**Si tuviera tiempo,** iría contigo.
*If I had time, I would go with you.*

Iría contigo **si tuviera tiempo.**
*I would go with you if I had time.*

## Summary of si clause sequences

| Condition | Si clause | Main clause |
|---|---|---|
| Possible or likely | **Si** + present | Present |
| Possible or likely | **Si** + present | Near future (**ir a** + infinitive) |
| Possible or likely | **Si** + present | Future |
| Possible or likely | **Si** + present | Command |
| Habitual in the past | **Si** + imperfect | Imperfect |
| Contrary-to-fact (present) | **Si** + past (imperfect) subjunctive | Conditional |
| Contrary-to-fact (past) | **Si** + past perfect (pluperfect) subjunctive | Conditional perfect |

**¡INTÉNTALO!** Cambia los tiempos y modos de los verbos que aparecen entre paréntesis para practicar todos los tipos de oraciones con **si** que se muestran en la tabla anterior.

1. Si usted ___va___ (ir) a la playa, tenga cuidado con el sol.

2. Si tú _____ (querer), te preparo la merienda.

3. Si _____ (hacer) buen tiempo, voy a ir al parque.

4. Si mis amigos _____ (ir) de viaje, sacaban muchas fotos.

5. Si ella me _____ (llamar), yo la invitaría a la fiesta.

6. Si nosotros _____ (querer) ir al teatro, compraríamos los boletos antes.

7. Si tú _____ (levantarse) temprano, desayunarías antes de ir a clase.

8. Si ellos _____ (tener) tiempo, te llamarían.

9. Si yo _____ (ser) astronauta, habría ido a la Luna.

10. Si él _____ (ganar) un millón de dólares, habría comprado una mansión.

11. Si ustedes me _____ (decir) la verdad, no habríamos tenido este problema.

12. Si ellos _____ (trabajar) más, habrían tenido más éxito.

recursos

WB
pp. 203–204

LM
p. 105

vistas.
vhlcentral.com
Lección 18

# Práctica

**1** **Emparejar** Empareja frases de la columna A con las de la columna B para crear oraciones lógicas.

**A**

1. Si aquí hubiera terremotos, _____
2. Si me informo bien, _____
3. Si te doy el informe, _____
4. Si la guerra hubiera continuado, _____
5. Si la huelga dura más de un mes, _____

**B**

a. ¿se lo muestras al director?
b. habrían muerto muchos más.
c. muchos van a pasar hambre.
d. podré explicar el desempleo.
e. no permitiríamos edificios altos.

**2** **Minidiálogos** Completa los minidiálogos entre Teresa y Anita.

**TERESA** ¿Qué (1)_____ hecho tú si tu papá te (2)_____ regalado un carro?
**ANITA** Me (3)_____ muerto de la felicidad.

**ANITA** Si (4)_____ a Paraguay, ¿qué vas a hacer?
**TERESA** (5)_____ a visitar a mis parientes.

**TERESA** Si tú y tu familia (6)_____ un millón de dólares, ¿qué comprarían?
**ANITA** Si nosotros tuviéramos un millón de dólares, (7)_____ tres casas nuevas.

**ANITA** Si tú (8)_____ tiempo, ¿irías al cine con más frecuencia?
**TERESA** Sí, yo (9)_____ con más frecuencia si tuviera tiempo.

**3** **Completar** En parejas, túrnense para completar las frases de una manera lógica. Luego lean sus oraciones a la clase.

1. Si tuviera un accidente de carro...
2. Me volvería loco/a (*I would go crazy*) si mi familia...
3. Me habría ido al Cuerpo de Paz (*Peace Corps*) si...
4. No volveré a ver las noticias en ese canal si...
5. Habría menos problemas si los medios de comunicación...
6. Si mis padres hubieran insistido en que fuera al ejército...
7. Si me ofrecen un viaje a la Luna...
8. Me habría enojado mucho si...
9. Si hubiera un desastre natural en mi ciudad...
10. Yo habría votado en las elecciones pasadas si...

 Practice more at **vistas.vhlcentral.com**.

# Comunicación

**4**

**Situaciones** Trabajen en grupos para contestar las preguntas. Después deben comunicar sus respuestas a la clase.

1. ¿Qué harían si fueran de vacaciones a Uruguay y al llegar no hubiera habitaciones en ningún hotel?
2. ¿Qué hacen si encuentran dinero en la calle?
3. Imaginen que estuvieron en Montevideo por tres semanas. ¿Qué habrían hecho si hubieran visto un crimen allí?
4. ¿Qué harían si fueran de viaje y las líneas aéreas estuvieran en huelga?
5. ¿Qué hacen si están en la calle y alguien les pide dinero?
6. ¿Qué harían si estuvieran en un país extranjero y un reportero los confundiera *(confused)* con unos actores o unas actrices de Hollywood?
7. ¿Qué dirían sus padres si los/las vieran ahora mismo?
8. ¿Qué haría cada uno/a de ustedes si fuera presidente/a o primer(a) ministro/a de este país?

**5**

**¿Qué harían?** En parejas, túrnense para hablar de lo que hacen, harían o habrían hecho en estas circunstancias.

1. si ves a tu novio/a con otro/a en el cine
2. si hubieras ganado un viaje a Uruguay
3. si mañana tuvieras el día libre
4. si te casaras y tuvieras ocho hijos
5. si tuvieras que cuidar a tus padres cuando sean mayores
6. si no tuvieras que preocuparte por el dinero
7. si te acusaran de cometer un crimen
8. si hubieras vivido bajo una dictadura

# Síntesis

**6**

**Entrevista** En grupos, preparen cinco preguntas para hacerle a un(a) candidato/a a la presidencia de su país. Luego, túrnense para hacer el papel de entrevistador(a) y de candidato/a. El/La entrevistador(a) reacciona a cada una de las respuestas del/de la candidato/a.

> **modelo**
>
> **Entrevistador(a):** ¿Qué haría usted en cuanto a la obesidad infantil?
> **Candidato/a:** Pues, dudo que podamos decirles a los padres cómo alimentar a sus hijos. Creo que ellos deben preocuparse por darles comida saludable.
> **Entrevistador(a):** ¿Entonces usted no haría nada para combatir la obesidad infantil?
> **Candidato/a:** Si yo fuera presidente/a...

**18.2** # Summary of the uses of **S** Tutorial
the subjunctive

**ANTE TODO** Since **Lección 12**, you have been learning about subjunctive verb forms and practicing their uses. The following chart summarizes the subjunctive forms you have studied. The chart on the next page summarizes the uses of the subjunctive you have seen and contrasts them with uses of the indicative and the infinitive. These charts will help you review and synthesize what you have learned about the subjunctive in this book.

Espero que lo hayas pasado bien en México.

Sí, si hubiera podido, me habría quedado más tiempo.

## Summary of subjunctive forms

### -ar verbs

| PRESENT SUBJUNCTIVE | PAST SUBJUNCTIVE |
|---|---|
| hable | hablara |
| hables | hablaras |
| hable | hablara |
| hablemos | habláramos |
| habléis | hablarais |
| hablen | hablaran |

PRESENT PERFECT SUBJUNCTIVE

haya hablado
hayas hablado
haya hablado

hayamos hablado
hayáis hablado
hayan hablado

PAST PERFECT SUBJUNCTIVE

hubiera hablado
hubieras hablado
hubiera hablado

hubiéramos hablado
hubierais hablado
hubieran hablado

### -er verbs

| PRESENT SUBJUNCTIVE | PAST SUBJUNCTIVE |
|---|---|
| beba | bebiera |
| bebas | bebieras |
| beba | bebiera |
| bebamos | bebiéramos |
| bebáis | bebierais |
| beban | bebieran |

PRESENT PERFECT SUBJUNCTIVE

haya bebido
hayas bebido
haya bebido

hayamos bebido
hayáis bebido
hayan bebido

PAST PERFECT SUBJUNCTIVE

hubiera bebido
hubieras bebido
hubiera bebido

hubiéramos bebido
hubierais bebido
hubieran bebido

### -ir verbs

| PRESENT SUBJUNCTIVE | PAST SUBJUNCTIVE |
|---|---|
| viva | viviera |
| vivas | vivieras |
| viva | viviera |
| vivamos | viviéramos |
| viváis | vivierais |
| vivan | vivieran |

PRESENT PERFECT SUBJUNCTIVE

haya vivido
hayas vivido
haya vivido

hayamos vivido
hayáis vivido
hayan vivido

PAST PERFECT SUBJUNCTIVE

hubiera vivido
hubieras vivido
hubiera vivido

hubiéramos vivido
hubierais vivido
hubieran vivido

**CONSULTA**

To review the subjunctive, refer to these sections:
Present subjunctive, **Estructura 12.3**, pp. 422–424.
Present perfect subjunctive, **Estructura 15.3**, p. 525.
Past subjunctive, **Estructura 16.3**, pp. 558–559.
Past perfect subjunctive, **Estructura 17.3**, p. 595.

## The subjunctive is used…

1. After verbs and/or expressions of will and influence, when the subject of the subordinate clause is different from the subject of the main clause

   Los ciudadanos **desean** que el candidato presidencial los **escuche.**

2. After verbs and/or expressions of emotion, when the subject of the subordinate clause is different from the subject of the main clause

   Alejandra **se alegró** mucho de que le **dieran** el trabajo.

3. After verbs and/or expressions of doubt, disbelief, and denial

   **Dudo** que **vaya** a tener problemas para encontrar su maleta.

4. After the conjunctions **a menos que, antes (de) que, con tal (de) que, en caso (de) que, para que,** and **sin que**

   Cierra las ventanas **antes de que empiece** la tormenta.

5. After **cuando, después (de) que, en cuanto, hasta que,** and **tan pronto como** when they refer to future actions

   **Tan pronto como haga** la tarea, podrá salir con sus amigos.

6. To refer to an indefinite or nonexistent antecedent mentioned in the main clause

   Busco **un** empleado que **haya estudiado** computación.

7. After **si** to express something impossible, improbable, or contrary to fact

   **Si hubieras escuchado** el noticiero, te habrías informado sobre el terremoto.

## The indicative is used…

1. After verbs and/or expressions of certainty and belief

   **Es cierto** que Uruguay **tiene** unas playas espectaculares.

2. After the conjunctions **cuando, después (de) que, en cuanto, hasta que,** and **tan pronto como** when they do not refer to future actions

   Hay más violencia **cuando hay** desigualdad social.

3. To refer to a definite or specific antecedent mentioned in the main clause

   Busco a **la** señora que me **informó** del crimen que ocurrió ayer.

4. After **si** to express something possible, probable, or not contrary to fact

   Pronto habrá más igualdad **si luchamos** contra la discriminación.

## The infinitive is used…

1. After expressions of will and influence when there is no change of subject from the main clause to the subordinate clause

   Martín **desea ir** a Montevideo este año.

2. After expressions of emotion when there is no change of subject from the main clause to the subordinate clause

   **Me alegro de conocer** a tu esposo.

recursos

WB
pp. 205–208

LM
p. 106

vistas.
vhlcentral.com
Lección 18

# Práctica

**1** **Conversación** Completa la conversación con los tiempos verbales adecuados.

**EMA** Busco al reportero que (1)_____ (publicar) el libro sobre la dictadura de Stroessner.

**ROSA** Ah, usted busca a Miguel Pérez. Ha salido.

**EMA** Le había dicho que yo vendría a verlo el martes, pero él me dijo que (2)_____ (venir) hoy.

**ROSA** No creo que a Miguel se le (3)_____ (olvidar) la cita. Si usted le (4)_____ (pedir) una cita, él me lo habría mencionado.

**EMA** Pues no, no pedí cita, pero si él me hubiera dicho que era necesario yo lo (5)_____ (hacer).

**ROSA** Creo que Miguel (6)_____ (ir) a cubrir un incendio hace media hora. No pensaba que nadie (7)_____ (ir) a venir esta tarde. Si quiere, le digo que la (8)_____ (llamar) tan pronto como (9)_____ (llegar). A menos que usted (10)_____ (querer) dejar un recado…
*(Entra Miguel.)*

**EMA** ¡Miguel! Amor, si hubieras llegado cinco minutos más tarde, no me (11)_____ (encontrar) aquí.

**MIGUEL** ¡Ema! ¿Qué haces aquí?

**EMA** Me dijiste que viniera hoy para que (12)_____ (poder) pasar más tiempo juntos.

**ROSA** *(En voz baja)* ¿Cómo? ¿Serán novios?

**NOTA CULTURAL**

El general **Alfredo Stroessner** es el dictador que más tiempo ha durado en el poder en un país de Suramérica. Stroessner se hizo presidente de Paraguay en 1954 y el 3 de febrero de 1989 fue derrocado (*overthrown*) en un golpe militar (*coup*). Después de esto, Stroessner se exilió a Brasil donde murió en 2006.

**2** **Escribir** Escribe uno o dos párrafos sobre tu participación en las próximas elecciones. Usa por lo menos cuatro de estas frases.

▶ Votaré por… con tal de que…
▶ Quisiera saber…
▶ Si gana mi candidato/a…
▶ Espero que la economía…
▶ Estoy seguro/a de que…
▶ A menos que…

▶ Mis padres siempre me dijeron que…
▶ Si a la gente realmente le importara la familia…
▶ No habría escogido a ese/a candidato/a si…
▶ Si le preocuparan más los impuestos…
▶ Dudo que el/la otro/a candidato/a…
▶ En las próximas elecciones espero que…

**3** **Explicar** En parejas, escriban una conversación breve sobre cada tema de la lista. Usen por lo menos un verbo en subjuntivo y otro en indicativo o en infinitivo. Sigan el modelo.

| unas elecciones | una huelga | una inundación | la prensa |
| una guerra | un incendio | la libertad | un terremoto |

**modelo**
un tornado
**Estudiante 1:** *Temo que este año haya tornados por nuestra zona.*
**Estudiante 2:** *No te preocupes. Creo que este año no va a haber muchos tornados.*

**AYUDA**

Some useful expressions:
**Espero que…**
**Ojalá que…**
**Es posible que…**
**Es terrible que…**
**Es importante que…**

 Practice more at **vistas.vhlcentral.com.**

# Comunicación

**4**

**Preguntas**  En parejas, túrnense para hacerse estas preguntas.

1. ¿Te irías a vivir a un lugar donde pudiera ocurrir un desastre natural? ¿Por qué?
2. ¿Te gustaría que tu vida fuera como la de tus padres? ¿Por qué? Y tus hijos, ¿preferirías que tuvieran experiencias diferentes a las tuyas? ¿Cuáles?
3. ¿Te parece importante que elijamos a una mujer como presidenta? ¿Por qué?
4. Si hubiera una guerra y te llamaran para entrar en el ejército, ¿obedecerías? ¿Lo considerarías tu deber? ¿Qué sentirías? ¿Qué pensarías?
5. Si sólo pudieras recibir noticias de un medio de comunicación, ¿cuál escogerías y por qué? Y si pudieras trabajar en un medio de comunicación, ¿escogerías el mismo?

**5**

**Consejos**  En parejas, lean esta guía turística. Luego túrnense para representar los papeles de un(a) cliente/a y de un(a) agente de viajes. El/La agente le da consejos al/a la cliente/a sobre los lugares que debe visitar y el/la cliente/a da su opinión sobre los consejos.

**NOTA CULTURAL**

**Uruguay** tiene uno de los climas más moderados del mundo: la temperatura media es de 22° C (72° F) en el verano y de 13° C (55° F) en el invierno. La mayoría de los días son soleados, cuando llueve, lo hace moderadamente y nunca nieva.

### ¡Conozca Uruguay!

La **Plaza Independencia** en **Montevideo**, con su **Puerta de la Ciudadela**, forma el límite entre la ciudad antigua y la nueva. Si le interesan las compras, desde este lugar puede comenzar su paseo por la **Avenida 18 de Julio**, la principal arteria comercial de la capital.

No deje de ir a **Punta del Este**. Conocerá uno de los lugares turísticos más fascinantes del mundo. No se pierda las maravillosas playas, el **Museo de Arte Americano** y la **Catedral de Maldonado** (1895) con su famoso altar, obra del escultor **Antonio Veiga**.

Sin duda, querrá conocer la famosa ciudad vacacional de **Piriápolis**, con su puerto que atrae cruceros, y disfrutar de sus playas y lindos paseos.

Tampoco se debe perder la **Costa de Oro**, junto al **Río de la Plata**. Para aquéllos interesados en la historia, dos lugares favoritos son la conocida iglesia **Nuestra Señora de Lourdes** y el chalet de **Pablo Neruda**.

# Síntesis

**6**

**Dos artículos**  Tu profesor(a) les va a dar a ti y a tu compañero/a dos artículos. Trabajando en parejas, cada uno escoge y lee un artículo. Luego, háganse preguntas sobre los artículos.

# Recapitulación

**S** Concepts Diagnostics

Completa estas actividades para repasar los conceptos de gramática que aprendiste en esta lección.

**1** **Condicionales** Empareja las frases de la columna A con las de la columna B para crear oraciones lógicas. **8 pts.**

| A | B |
|---|---|
| ___ 1. Todos estaríamos mejor informados | a. cambia el canal. |
| ___ 2. ¿Te sentirás mejor | b. ya los habrían despedido. |
| ___ 3. Si esos locutores no tuvieran tanta experiencia, | c. si leyéramos el periódico todos los días. |
| ___ 4. ¿Votarías por un candidato como él | d. la gente no podrá salir a protestar. |
| ___ 5. Si no te gusta este noticiero, | e. si no tienen nada más que decir. |
| ___ 6. El candidato Díaz habría ganado las elecciones | f. si te digo que ya terminó la huelga? |
| ___ 7. Si la tormenta no se va pronto, | g. Leopoldo fue a votar. |
| ___ 8. Ustedes se pueden ir | h. si supieras que no ha obedecido las leyes? |
| | i. si hubiera hecho más entrevistas para la televisión. |

**2** **Escoger** Escoge la opción correcta para completar cada oración. **10 pts.**

1. Ojalá que aquí (hubiera/hay) un canal independiente.

2. Susana dudaba que (hubieras estudiado/estudias) medicina.

3. En cuanto (termine/terminé) mis estudios, buscaré trabajo.

4. Miguel me dijo que su familia nunca (veía/viera) los noticieros en la televisión.

5. Para estar bien informados, yo les recomiendo que (leen/lean) el diario *El Sol*.

6. Es terrible que en los últimos meses (haya habido/ha habido) tres desastres naturales.

7. Cuando (termine/terminé) mis estudios, encontré trabajo en un diario local.

8. El presidente no quiso (declarar/que declarara) la guerra.

9. Todos dudaban que la noticia (fuera/era) real.

10. Me sorprende que en el mundo todavía (exista/existe) la censura.

---

**RESUMEN GRAMATICAL**

**18.1** **Si clauses** *pp. 618–619*

Summary of si clause sequences

| | | |
|---|---|---|
| Possible or likely | **Si** + present | + present<br>+ **ir a** + infinitive<br>+ future<br>+ command |
| Habitual in the past | **Si** + imperfect | + imperfect |
| Contrary-to-fact (present) | **Si** + past subjunctive | + conditional |
| Contrary-to-fact (past) | **Si** + past perfect subjunctive | + conditional perfect |

**18.2** **Summary of the uses of the subjunctive**
*pp. 622–623*

**Summary of subjunctive forms**

▶ **Present:** (**-ar**) hable, (**-er**) beba, (**-ir**) viva

▶ **Past:** (**-ar**) hablara, (**-er**) bebiera, (**-ir**) viviera

▶ **Present perfect:** haya + past participle

▶ **Past perfect:** hubiera + past participle

| The subjunctive is used... |
|---|
| **1.** After verbs and/or expressions of:<br>▶ Will and influence (when subject changes)<br>▶ Emotion (when subject changes)<br>▶ Doubt, disbelief, denial |
| **2.** After **a menos que, antes (de) que, con tal (de) que, en caso (de) que, para que, sin que** |
| **3.** After **cuando, después (de) que, en cuanto, hasta que, tan pronto como** when they refer to future actions |
| **4.** To refer to an indefinite or nonexistent antecedent |
| **5.** After **si** to express something impossible, improbable, or contrary to fact |

**3**

**Las elecciones** Completa el diálogo con la forma correcta del verbo entre paréntesis eligiendo entre el subjuntivo, el indicativo y el infinitivo, según el contexto. **12 pts.**

**NOTA CULTURAL**

En algunos países hispanos, las votaciones (*voting*) se realizan los fines de semana porque los gobiernos tratan de promover (*to promote*) la participación de la población rural. Las personas que viven en el campo generalmente van al mercado y a la iglesia los domingos. Por eso es un buen momento para ejercer (*exercise*) su derecho al voto.

**SERGIO**   ¿Ya has decidido por cuál candidato vas a votar en las elecciones del sábado?

**MARINA**   No, todavía no. Es posible que no (1) _____ (yo, votar). Para mí es muy difícil (2) _____ (decidir) quién será el mejor representante. Y tú, ¿ya has tomado una decisión?

**SERGIO**   Sí. Mi amigo Julio nos aconsejó que (3) _____ (leer) la entrevista que le hicieron al candidato Rodríguez en el diario *Tribuna*. En cuanto la (4) _____ (yo, leer), decidí votar por él.

**MARINA**   ¿Hablas en serio? Espero que ya lo (5) _____ (tú, pensar) muy bien. El diario *Tribuna* no siempre es objetivo. Dudo que (6) _____ (ser) una fuente fiable (*reliable source*). No vas a tener una idea clara de las habilidades de cada candidato a menos que (7) _____ (tú, comparar) información de distintas fuentes.

**SERGIO**   Tienes razón, hoy día no hay ningún medio de comunicación que (8) _____ (decir) toda la verdad de forma independiente.

**MARINA**   Tengo una idea. Sugiero que (9) _____ (nosotros, ir) esta noche a mi casa para (10) _____ (ver) juntos el debate de los candidatos por televisión. ¿Qué te parece?

**SERGIO**   Es una buena idea, pero no creo que (11) _____ (yo, tener) tiempo.

**MARINA**   No te preocupes. Voy a grabarlo para que (12) _____ (tú, poder) verlo.

**4**

**Escribir** Hoy día, cada vez más personas se mantienen informadas a través de Internet. Piensa cómo cambiaría tu vida diaria si no existiera este medio de comunicación. ¿Cómo te informarías de las actualidades del mundo y de las noticias locales? ¿Cómo te llegarían noticias de tus amigos si no existiera el correo electrónico ni las redes sociales en línea (*social networking websites*)? Escribe al menos siete oraciones con **si**. **20 pts.**

**5**

**Canción** Completa estos versos de una canción de Juan Luis Guerra con el pretérito imperfecto de subjuntivo de los verbos en la forma **nosotros/as**. **¡2 puntos EXTRA!**

**❝** Y si aquí,
_____ (luchar) juntos
por la sociedad
y _____ (hablar) menos
resolviendo más. **❞**

# Lectura

## Antes de leer

### Estrategia
#### Recognizing chronological order

Recognizing the chronological order of events in a narrative is key to understanding the cause and effect relationship between them. When you are able to establish the chronological chain of events, you will easily be able to follow the plot. In order to be more aware of the order of events in a narrative, you may find it helpful to prepare a numbered list of the events as you read.

### Examinar el texto

Lee el texto usando las estrategias de lectura que has aprendido.

▸ ¿Ves palabras nuevas o cognados? ¿Cuáles son?

▸ ¿Qué te dice el dibujo sobre el contenido?

▸ ¿Tienes algún conocimiento previo° sobre don Quijote?

▸ ¿Cuál es el propósito° del texto?

▸ ¿De qué trata° la lectura?

### Ordenar

Lee el texto otra vez para establecer el orden cronológico de los eventos. Luego ordena estos eventos según la historia.

_____ Don Quijote lucha contra los molinos de viento pensando que son gigantes.

_____ Don Quijote y Sancho toman el camino hacia Puerto Lápice.

_____ Don Quijote y Sancho descubren unos molinos de viento en un campo.

_____ El primer molino da un mal golpe a don Quijote, a su lanza y a su caballo.

_____ Don Quijote y Sancho Panza salen de su pueblo en busca de aventuras.

# Don Quijote y los molinos de viento

## Miguel de Cervantes

**Fragmento adaptado de**
*El ingenioso hidalgo don Quijote de la Mancha*

*Miguel de Cervantes Saavedra, el escritor más universal de la literatura española, nació en Alcalá de Henares en 1547 y murió en Madrid en 1616, tras° haber vivido una vida llena de momentos difíciles, llegando a estar en la cárcel° más de una vez. Su obra, sin embargo, ha disfrutado a través de los siglos de todo el éxito que se merece. Don Quijote representa no sólo la locura° sino también la búsqueda° del ideal. En esta ocasión presentamos el famoso episodio de los molinos de viento°.*

Entonces descubrieron treinta o cuarenta molinos de viento que había en aquel campo°. Cuando don Quijote los vio, dijo a su escudero°:

—La fortuna va guiando nuestras cosas mejor de lo que deseamos; porque allí, amigo Sancho Panza, se ven treinta, o pocos más, enormes gigantes con los que pienso hacer batalla y quitarles a todos las vidas, y comenzaremos a ser ricos; que ésta es buena guerra, y es gran servicio de Dios quitar tan malos seres° de la tierra.

—¿Qué gigantes?

—Aquéllos que ves allí —respondió su amo°— de los brazos largos, que algunos normalmente los tienen de casi dos leguas°.

## Después de leer

### ¿Realidad o fantasía? 

Indica si las afirmaciones sobre la lectura pertenecen a la realidad o la fantasía.

1. Don Quijote desea matar° a los enemigos.
2. Su escudero no ve a ningún ser sobrenatural.
3. El caballero ataca a unas criaturas cobardes y viles.
4. Don Quijote no ganó la batalla porque los gigantes fueron transformados en molinos de viento.
5. El sabio Frestón transformó los gigantes en molinos de viento.

conocimiento previo *prior knowledge* propósito *purpose*
¿De qué trata...? *What is... about?* matar *to kill*

—Mire usted —respondió Sancho— que aquéllos que allí están no son gigantes, sino molinos de viento, y lo que parecen brazos son las aspas°, que movidas por el viento, hacen andar la piedra del molino.

—Bien veo —respondió don Quijote— que no estás acostumbrado a las aventuras: ellos son gigantes; y si tienes miedo, quítate de ahí y reza° mientras yo voy a combatir con ellos en fiera° batalla.

Y diciendo esto, dio de espuelas° a su caballo Rocinante, sin oír las voces que su escudero Sancho le daba, diciéndole que, sin duda alguna, eran molinos de viento, y no gigantes, aquéllos que iba a atacar. Pero él iba tan convencido de que eran gigantes, que ni oía las voces de su escudero Sancho, ni se daba cuenta, aunque estaba ya muy cerca, de lo que eran; antes iba diciendo en voz alta:

—No huyáis°, cobardes° y viles criaturas, que sólo os ataca un caballero°.

Se levantó entonces un poco de viento, y las grandes aspas comenzaron a moverse, y cuando don Quijote vio esto, dijo:

—Pues aunque mováis más brazos que los del gigante Briareo, me lo vais a pagar.

Y diciendo esto, y encomendándose de todo corazón° a su señora Dulcinea, pidiéndole que le ayudase en esta difícil situación, bien cubierto de su rodela°, con la lanza en posición de ataque, fue a todo el galope de Rocinante y embistió° el primer molino que estaba delante: y dándole con la lanza en el aspa, el viento la giró con tanta furia, que la rompió en pequeños fragmentos, llevándose con ella al caballo y al caballero, que fue dando vueltas por el campo. Fue rápidamente Sancho Panza a ayudarle, todo lo rápido que podía correr su asno°, y cuando llegó encontró que no se podía mover: tan grande fue el golpe° que se dio con Rocinante.

—¡Por Dios! —dijo Sancho—. ¿No le dije yo que mirase bien lo que hacía, que sólo eran molinos de viento, y la única persona que podía equivocarse era alguien que tuviese otros molinos en la cabeza?

—Calla°, amigo Sancho —respondió don Quijote—, que las cosas de la guerra, más que otras, cambian continuamente; estoy pensando que aquel sabio° Frestón, que me robó el estudio y los libros, ha convertido estos gigantes en molinos por quitarme la gloria de su vencimiento°: tan grande es la enemistad que me tiene; pero al final, sus malas artes no van a poder nada contra la bondad de mi espada°.

—Dios lo haga como pueda —respondió Sancho Panza.

Y ayudándole a levantarse, volvió a subir sobre Rocinante, que medio despaldado estaba°. Y hablando de la pasada aventura, siguieron el camino del Puerto Lápice.

**tras** *after*  **cárcel** *jail*  **locura** *insanity*  **búsqueda** *search*  **molinos de viento** *windmills*  **campo** *field*  **escudero** *squire*  **seres** *beings*  **amo** *master*  **leguas** *leagues (measure of distance)*  **aspas** *sails*  **reza** *pray*  **fiera** *vicious*  **dio de espuelas** *he spurred*  **No huyáis** *Do not flee*  **cobardes** *cowards*  **caballero** *knight*  **encomendándose de todo corazón** *entrusting himself with all his heart*  **rodela** *round shield*  **embistió** *charged*  **asno** *donkey*  **golpe** *blow (knock into)*  **Calla** *Be quiet*  **sabio** *magician*  **vencimiento** *defeat*  **espada** *sword*  **que medio despaldado estaba** *whose back was half-broken*

## Personajes

1. En este fragmento, se mencionan estos personajes. ¿Quiénes son?
   - ▶ don Quijote
   - ▶ Rocinante
   - ▶ Dulcinea
   - ▶ Sancho Panza
   - ▶ los gigantes
   - ▶ Frestón
2. ¿Qué puedes deducir de los personajes según la información que se da en este episodio?
3. ¿Quiénes son los personajes principales?
4. ¿Cuáles son las diferencias entre don Quijote y Sancho Panza? ¿Qué tienen en común?

## ¿Un loco o un héroe?

En un párrafo da tu opinión del personaje de don Quijote, basándote en la aventura de los molinos de viento. Ten en cuenta las acciones, los motivos y los sentimientos de don Quijote en su batalla contra los molinos de viento.

## Una entrevista

Trabajen en grupos de tres para preparar una entrevista sobre los acontecimientos de este fragmento de la novela de Cervantes. Un(a) estudiante representará el papel del/de la entrevistador(a) y los otros dos asumirán los papeles de don Quijote y de Sancho Panza, quienes comentarán el episodio desde su punto de vista.

# Escritura

## Estrategia
### Writing strong introductions and conclusions

Introductions and conclusions serve a similar purpose: both are intended to focus the reader's attention on the topic being covered. The introduction presents a brief preview of the topic. In addition, it informs your reader of the important points that will be covered in the body of your writing. The conclusion reaffirms those points and concisely sums up the information that has been provided. A compelling fact or statistic, a humorous anecdote, or a question directed to the reader are all interesting ways to begin or end your writing.

For example, if you were writing a biographical report on Miguel de Cervantes, you might begin your essay with the fact that his most famous work, *Don Quijote de la Mancha*, is the second most widely published book ever. The rest of your introductory paragraph would outline the areas you would cover in the body of your paper, such as Cervantes' life, his works, and the impact of *Don Quijote* on world literature. In your conclusion, you would sum up the most important information in the report and tie this information together in a way that would make your reader want to learn even more about the topic. You could write, for example: "Cervantes, with his wit and profound understanding of human nature, is without peer in the history of world literature."

### Introducciones y conclusiones

Trabajen en parejas para escribir una oración de introducción y otra de conclusión sobre estos temas.

1. el episodio de los molinos de viento de *Don Quijote de la Mancha*
2. la definición de la locura
3. la realidad y la fantasía en la literatura

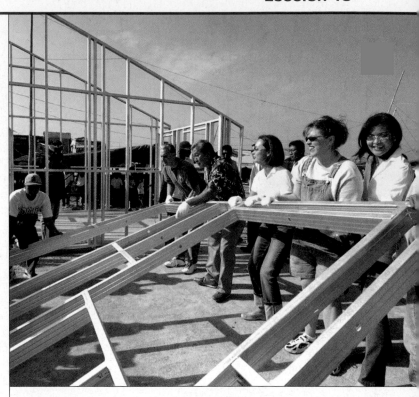

## Tema

### Escribir una composición

Si tuvieras la oportunidad, ¿qué harías para mejorar el mundo? Escribe una composición sobre los cambios que harías en el mundo si tuvieras el poder° y los recursos necesarios. Piensa en lo que puedes hacer ahora y en lo que podrás hacer en el futuro. Considera estas preguntas:

▶ ¿Pondrías fin a todas las guerras? ¿Cómo?

▶ ¿Protegerías el medio ambiente? ¿Cómo?

▶ ¿Promoverías° la igualdad y eliminarías el sexismo y el racismo? ¿Cómo?

▶ ¿Eliminarías la corrupción en la política? ¿Cómo?

▶ ¿Eliminarías la escasez de viviendas° y el hambre?

▶ ¿Educarías a los demás sobre el SIDA? ¿Cómo?

▶ ¿Promoverías el fin de la violencia entre seres humanos?

▶ ¿Promoverías tu causa en los medios de comunicación? ¿Cómo?

▶ ¿Te dedicarías a alguna causa específica dentro de tu comunidad? ¿Cuál?

▶ ¿Te dedicarías a solucionar problemas nacionales o internacionales? ¿Cuáles?

poder *power* Promoverías *Would you promote* escasez de viviendas *homelessness*

# Escuchar  Audio: Activities

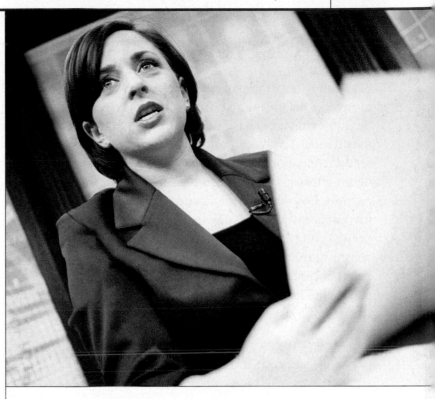

## Preparación

...ándote en la foto, anticipa lo que vas a escuchar en el siguiente fragmento. Haz una lista y anota los diferentes tipos de información que crees que vas a oír.

## Ahora escucha

Revisa la lista que hiciste para **Preparación.** Luego escucha el noticiero presentado por Sonia Hernández. Mientras escuchas, apunta los tipos de información que anticipaste y los que no anticipaste.

> **Tipos de información que anticipaste**
> 1. _____
> 2. _____
> 3. _____

> **Tipos de información que no anticipaste**
> 1. _____
> 2. _____
> 3. _____

## Comprensión

### Preguntas

1. ¿Dónde está Sonia Hernández?
   _____

2. ¿Quién es Jaime Pantufla?
   _____

3. ¿Dónde hubo una tormenta?
   _____

4. ¿Qué tipo de música toca el grupo Dictadura de Metal?
   _____

5. ¿Qué tipo de artista es Ugo Nespolo?
   _____

6. Además de lo que Sonia menciona, ¿de qué piensas que va a hablar en la próxima sección del programa?
   _____

### Ahora ustedes

En parejas, usen la presentación de Sonia Hernández como modelo para escribir un breve noticiero para la comunidad donde viven. Incluyan noticias locales, nacionales e internacionales. Luego compartan el papel de locutor(a) y presenten el noticiero a la clase. Pueden grabar el noticiero si quieren.

# En pantalla

Este anuncio forma parte de una campaña para motivar a los jóvenes a participar en las elecciones de 2006 en México. Estas elecciones fueron las más reñidas hasta ese momento. Ésta fue apenas la segunda elección después de más de setenta años de un gobierno federal encabezado° por un sólo partido. Los votantes mexicanos, cada vez más involucrados y mejor informados, tuvieron que decidir entre los cinco candidatos contendientes, cuatro hombres y una mujer. A diferencia de los Estados Unidos, en México como en muchos países de Latinoamérica es muy común que haya cinco, seis o más candidatos a la presidencia.

### Vocabulario útil

| | |
|---|---|
| mitad | *half* |
| reñidas | *hard-fought* |
| cállate | *be quiet* |
| te quejas | *you complain* |
| concientizar | *to raise awareness* |
| campaña | *campaign* |

**Preguntas**

En grupos de tres, respondan a las preguntas.
1. ¿Qué piensan que promueve (*promotes*) este anuncio?
2. ¿A qué público está dirigido? ¿Cómo lo saben?
3. ¿A qué se refieren cuando dicen "cállate"?
4. ¿Creen que es un anuncio efectivo? ¿Por qué?
5. ¿Qué anuncios conocen que promuevan el mismo mensaje?

**Anuncio**

En grupos pequeños, imaginen que tienen que crear un anuncio para televisión sobre un problema social o político que les preocupe. Escriban un párrafo donde digan de qué quieren hablar en el anuncio y por qué, qué celebridades quieren que aparezcan en él y dónde les gustaría filmarlo.

**Anuncio sobre elecciones**

A ti no te gustaría que te dijeran...

... con quién tienes que andar°...

... cuál disco vas a comprar...

Video: TV Clip

Practice more at **vistas.vhlcentral.com**.

encabezado *lead* andar *to go out with (Mex.)*

En los años veinte, menos de 5.000 puertorriqueños vivían en Nueva York. Para el 2007 eran casi 800.000. Además de Nueva York, ciudades como Chicago, Philadelphia, Newark y Providence tienen grandes comunidades puertorriqueñas. Ahora son un poco más de 4.000.000 los que viven en todos los estados, principalmente en el noreste° del país y en el centro de Florida. Los boricuas° en los EE.UU. han creado nuevas manifestaciones de su cultura, como la música salsa en la ciudad de Nueva York y los multitudinarios° desfiles° que se realizan cada año en todo el país, una gran muestra del orgullo° y la identidad de los puertorriqueños.

### Vocabulario útil

| | |
|---|---|
| la estadidad | *statehood* |
| la patria | *homeland* |
| las relaciones exteriores | *foreign policy* |
| la soberanía | *sovereignty* |

### Preparación

¿Qué sabes de Puerto Rico? ¿Sabes qué territorios estadounidenses tienen un estatus especial? ¿En qué se diferencian de un estado normal?

### ¿Cierto o falso?

Indica si las oraciones son **ciertas** o **falsas**.

1. Los puertorriqueños sirven en el ejército de los EE.UU.

2. Puerto Rico es territorio de los EE.UU., pero el congreso estadounidense no tiene autoridad en la isla.

3. En Puerto Rico se usa la misma (*same*) moneda que en los EE.UU.

4. En la isla se pagan sólo impuestos locales.

5. El comercio de la isla está a cargo del gobernador de Puerto Rico.

6. La mayoría de los puertorriqueños quieren que la isla sea una nación independiente.

noreste *northeast* boricuas *people from Puerto Rico*
multitudinarios *with mass participation* desfiles *parades* orgullo *pride*

## Puerto Rico: ¿nación o estado?

**Cuando estás aquí no sabes si estás en un país latinoamericano o si estás en los EE.UU.**

**... todo lo relacionado a la defensa, las relaciones exteriores [...] está a cargo del gobierno federal de los EE.UU.**

—¿Cuál es su preferencia política?
—Yo quiero la estadidad...

Video: *Flash cultura*

Practice more at **vistas.vhlcentral.com**.

recursos

VM pp. 325–326

vistas.vhlcentral.com Lección 18

# Paraguay

## El país en cifras

▶ **Área:** 406.750 km² (157.046 millas²),
*el tamaño° de California*

▶ **Población:** 7.007.000

▶ **Capital:** Asunción—2.277.000

▶ **Ciudades principales:** Ciudad del Este,
San Lorenzo, Lambaré, Fernando de la Mora

SOURCE: Population Division, UN Secretariat

▶ **Moneda:** guaraní

▶ **Idiomas:** español (oficial), guaraní (oficial)

*Las tribus indígenas que habitaban la zona antes
de la llegada de los españoles hablaban guaraní.
Ahora el 90 por ciento de los paraguayos habla
esta lengua, que se usa con frecuencia en canciones,
poemas, periódicos y libros. Varios institutos y
asociaciones, como el Teatro Guaraní, se dedican
a preservar la cultura y la lengua guaraníes.*

Bandera de Paraguay

## Paraguayos célebres

▶ **Agustín Barrios,** guitarrista y compositor
(1885–1944)

▶ **Josefina Plá,** escritora y ceramista
(1909–1999)

▶ **Augusto Roa Bastos,** escritor (1917–2005)

▶ **Olga Blinder,** pintora (1921–2008)

tamaño *size* multara *fined*

**recursos**

| WB p. 209 | VM pp. 287–288 | vistas.vhlcentral.com Lección 18 |

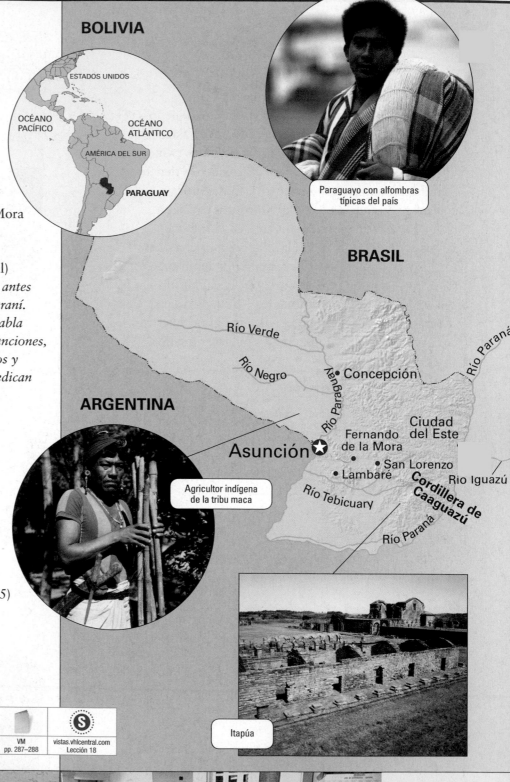

BOLIVIA

ESTADOS UNIDOS

OCÉANO PACÍFICO

OCÉANO ATLÁNTICO

AMÉRICA DEL SUR

PARAGUAY

Paraguayo con alfombras típicas del país

BRASIL

Río Verde

Río Negro

Río Paraná

Concepción

ARGENTINA

Río Paraguay

Ciudad del Este

Fernando de la Mora

Asunción

San Lorenzo

Lambaré

Río Iguazú

Cordillera de Caaguazú

Río Tebicuary

Río Paraná

Agricultor indígena de la tribu maca

Itapúa

## ¡Increíble pero cierto!

¿Te imaginas qué pasaría si el gobierno multara° a
los ciudadanos que no van a votar? En Paraguay
es una obligación. Ésta es una ley nacional, que
otros países también tienen, para obligar a los
ciudadanos a participar en las elecciones. En
Paraguay los ciudadanos que no van a votar
tienen que pagar una multa al gobierno.

## Artesanía • El ñandutí

La artesanía más famosa de Paraguay se llama ñandutí y es un encaje°
hecho a mano originario de Itauguá. En guaraní, la palabra ñandutí significa
telaraña° y esta pieza recibe ese nombre porque imita el trazado° que crean
los arácnidos. Estos encajes suelen ser° blancos, pero también los hay de
colores, con formas geométricas o florales.

## Ciencias • La represa Itaipú

La represa° Itaipú es una instalación hidroeléctrica que se encuentra en la
frontera entre Paraguay y Brasil. Su construcción inició en 1974 y duró 8 años.
La cantidad de concreto que se utilizó durante los primeros cinco años de esta
obra fue similar a la que se necesita para construir un edificio de 350 pisos.
Cien mil trabajadores paraguayos participaron en el proyecto. En 1984 se puso
en funcionamiento la Central Hidroeléctrica de Itaipú y gracias a su cercanía
con las famosas Cataratas de Iguazú, muchos turistas la visitan diariamente.

## Naturaleza • Los ríos Paraguay y Paraná

Los ríos Paraguay y Paraná sirven de frontera natural entre Argentina y
Paraguay, y son las principales rutas de transporte de este último país. El
Paraná tiene unos 3.200 kilómetros navegables, y por esta ruta pasan barcos
de más de 5.000 toneladas, los cuales viajan desde el estuario° del Río de la
Plata hasta la ciudad de Asunción. El río Paraguay divide el Gran Chaco de la
meseta° Paraná, donde vive la mayoría de los paraguayos.

 **¿Qué aprendiste?** Responde a cada pregunta con una oración completa.

1. ¿Quién fue Augusto Roa Bastos?

2. ¿Cómo se llama la moneda de Paraguay?

3. ¿Qué es el ñandutí?

4. ¿De dónde es originario el ñandutí?

5. ¿Qué forma imita el ñandutí?

6. En total, ¿cuántos años tomó la construcción de la represa Itaipú?

7. ¿A cuántos paraguayos dio trabajo la construcción de la represa?

8. ¿Qué países separan los ríos Paraguay y Paraná?

9. ¿Qué distancia se puede navegar por el Paraná?

 **Conexión Internet** Investiga estos temas en **vistas.vhlcentral.com**.

1. Busca información sobre Alfredo Stroessner, el ex presidente de Paraguay. ¿Por qué se le considera
un dictador?

2. Busca información sobre la historia de Paraguay. En tu opinión, ¿cuáles fueron los episodios decisivos
en su historia?

 Practice more at **vistas.vhlcentral.com**.

encaje *lace* telaraña *spiderweb* trazado *outline; design* suelen ser *are usually* represa *dam* estuario *estuary* meseta *plateau*

# Uruguay

## El país en cifras

▶ **Área:** 176.220 km² (68.039 millas²), *el tamaño° del estado de Washington*

▶ **Población:** 3.430.000

▶ **Capital:** Montevideo—1.644.000

*Casi la mitad° de la población de Uruguay vive en Montevideo. Situada en la desembocadura° del famoso Río de la Plata, esta ciudad cosmopolita e intelectual es también un destino popular para las vacaciones, debido a sus numerosas playas de arena° blanca que se extienden hasta la ciudad de Punta del Este.*

▶ **Ciudades principales:** Salto, Paysandú, Las Piedras, Rivera

SOURCE: Population Division, UN Secretariat

▶ **Moneda:** peso uruguayo

▶ **Idiomas:** español (oficial)

Bandera de Uruguay

**Uruguayos célebres**

▶ **Horacio Quiroga,** escritor (1878–1937)

▶ **Juana de Ibarbourou,** escritora (1892–1979)

▶ **Mario Benedetti,** escritor (1920–2009)

▶ **Cristina Peri Rossi,** escritora y profesora (1941– )

tamaño *size* mitad *half* desembocadura *mouth* arena *sand* avestruz *ostrich* no voladora *flightless* medir *measure* cotizado *valued*

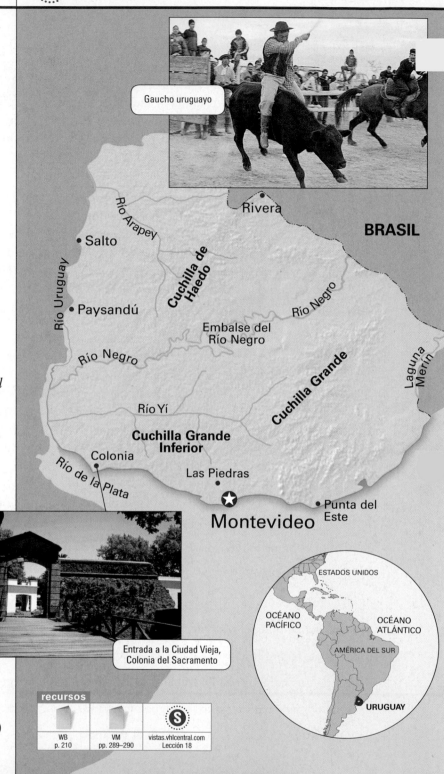

Gaucho uruguayo

Entrada a la Ciudad Vieja, Colonia del Sacramento

**recursos**

| WB p. 210 | VM pp. 289–290 | vistas.vhlcentral.com Lección 18 |

## ¡Increíble pero cierto!

En Uruguay hay muchos animales curiosos, entre ellos el ñandú. De la misma familia del avestruz°, el ñandú es el ave no voladora° más grande del hemisferio occidental. Puede llegar a medir° dos metros. Normalmente, va en grupos de veinte o treinta y vive en el campo. Es muy cotizado° por su carne, sus plumas y sus huevos.

## Costumbres • La carne y el mate

En Uruguay y Argentina, la carne es un elemento esencial de la dieta diaria. Algunos platillos representativos de estas naciones son el asado°, la parrillada° y el chivito°. El mate, una infusión similar al té, también es típico de la región. Esta bebida de origen indígena está muy presente en la vida social y familiar de estos países aunque, curiosamente, no se puede consumir en bares o restaurantes.

## Deportes • El fútbol

El fútbol es el deporte nacional de Uruguay. El primer equipo de balompié uruguayo se formó en 1891 y en 1930 el país suramericano fue la sede° de la primera Copa Mundial de esta disciplina. El equipo nacional ha conseguido grandes éxitos a lo largo de los años: dos campeonatos olímpicos, en 1923 y 1928, y dos campeonatos mundiales, en 1930 y 1950. De hecho, Uruguay y Argentina han presentado su candidatura binacional para que la Copa Mundial de Fútbol de 2030 se celebre en sus países.

## Costumbres • El Carnaval

El Carnaval de Montevideo es el de mayor duración en el mundo. A lo largo de 40 días, los uruguayos disfrutan de los desfiles° y la música que inundan las calles de su capital. La celebración más conocida es el Desfile de las Llamadas, en el que participan bailarines al ritmo del candombe, una danza de tradición africana.

Edificio del Parlamento
en Montevideo

**¿Qué aprendiste?** Responde a cada pregunta con una oración completa.

1. ¿Qué tienen en común los uruguayos célebres mencionados en la página anterior (*previous*)?

2. ¿Cuál es el elemento esencial de la dieta uruguaya?

3. ¿Qué es el ñandú?

4. ¿Qué es el mate?

5. ¿Cuándo se formó el primer equipo uruguayo de fútbol?

6. ¿Cuándo se celebró la primera Copa Mundial de fútbol?

7. ¿Cómo se llama la celebración más conocida del Carnaval de Montevideo?

8. ¿Cuántos días dura el Carnaval de Montevideo?

**Conexión Internet** Investiga estos temas en **vistas.vhlcentral.com**.

1. Uruguay es conocido como un país de muchos escritores. Busca información sobre uno de ellos y escribe una biografía.

2. Investiga cuáles son las comidas y bebidas favoritas de los uruguayos. Descríbelas e indica cuáles te gustaría probar y por qué.

 Practice more at **vistas.vhlcentral.com.**

asado *barbecued beef*  parrillada *barbecue*  chivito *goat*  sede *site*  desfiles *parades*

## Los medios de comunicación

| | |
|---|---|
| el acontecimiento | event |
| las actualidades | news; current events |
| el artículo | article |
| el diario | newspaper |
| el informe | report; paper (written work) |
| el/la locutor(a) | (TV or radio) announcer |
| los medios de comunicación | media; means of communication |
| las noticias | news |
| el noticiero | newscast |
| la prensa | press |
| el reportaje | report |
| anunciar | to announce; to advertise |
| comunicarse (con) | to communicate (with) |
| durar | to last |
| informar | to inform |
| ocurrir | to occur; to happen |
| transmitir, emitir | to broadcast |
| (inter)nacional | (inter)national |
| peligroso/a | dangerous |

## Las noticias

| | |
|---|---|
| el choque | collision |
| el crimen | crime; murder |
| el desastre (natural) | (natural) disaster |
| el desempleo | unemployment |
| la (des)igualdad | (in)equality |
| la discriminación | discrimination |
| el ejército | army |
| la experiencia | experience |
| la guerra | war |
| la huelga | strike |
| el huracán | hurricane |
| el incendio | fire |
| la inundación | flood |
| la libertad | liberty; freedom |
| la paz | peace |
| el racismo | racism |
| el sexismo | sexism |
| el SIDA | AIDS |
| el/la soldado | soldier |
| el terremoto | earthquake |
| la tormenta | storm |
| el tornado | tornado |
| la violencia | violence |

## La política

| | |
|---|---|
| el/la candidato/a | candidate |
| el/la ciudadano/a | citizen |
| el deber | responsibility; obligation |
| los derechos | rights |
| la dictadura | dictatorship |
| el discurso | speech |
| las elecciones | election |
| la encuesta | poll; survey |
| el impuesto | tax |
| la política | politics |
| el/la representante | representative |
| declarar | to declare; to say |
| elegir (e:i) | to elect |
| luchar (por/contra) | to fight; to struggle (for/against) |
| obedecer | to obey |
| votar | to vote |
| político/a | political |

| | |
|---|---|
| **Expresiones útiles** | See page 617. |

  **Audio: Vocabulary**

# Plan de escritura

**1  Ideas y organización**

Begin by organizing your writing materials. If you prefer to write by hand, you may want to have a few spare pens and pencils on hand, as well as an eraser or correction fluid. If you prefer to use a word-processing program, make sure you know how to type Spanish accent marks, the **tilde**, and Spanish punctuation marks. Then make a list of the resources you can consult while writing. Finally, make a list of the basic ideas you want to cover. Beside each idea, jot down a few Spanish words and phrases you may want to use while writing.

**2  Primer borrador**

Write your first draft, using the resources and ideas you gathered in **Ideas y organización.**

**3  Comentario**

Exchange papers with a classmate and comment on each other's work, using these questions as a guide. Begin by mentioning what you like about your classmate's writing.

a. How can your classmate make his or her writing clearer, more logical, or more organized?

b. What suggestions do you have for making the writing more interesting or complete?

c. Do you see any spelling or grammatical errors?

**4  Redacción**

Revise your first draft, keeping in mind your classmate's comments. Also, incorporate any new information you may have. Before handing in the final version, review your work using these guidelines:

a. Make sure each verb agrees with its subject. Then check the gender and number of each article, noun, and adjective.

b. Check your spelling and punctuation.

c. Consult your **Anotaciones para mejorar la escritura** (see description below) to avoid repetition of previous errors.

**5  Evaluación y progreso**

You may want to share what you've written with a classmate, a small group, or the entire class. After your instructor has returned your paper, review the comments and corrections. On a separate sheet of paper, write the heading **Anotaciones para mejorar** (*Notes for improving*) **la escritura** and list your most common errors. Place this list and your corrected document in your writing portfolio (**Carpeta de trabajos**) and consult it from time to time to gauge your progress.

# Spanish Terms for Direction Lines and Classroom Use

Below is a list of useful terms that you might hear your instructor say in class. It also includes Spanish terms that appear in the direction lines of your textbook.

## En las instrucciones *In direction lines*

| | |
|---|---|
| **Cambia/Cambien...** | *Change...* |
| **Camina/Caminen por la clase.** | *Walk around the classroom.* |
| **Ciertas o falsas** | *True or false* |
| **Cierto o falso** | *True or false* |
| **Circula/Circulen por la clase.** | *Walk around the classroom.* |
| **Completa las oraciones de una manera lógica.** | *Complete the sentences logically.* |
| **Con un(a) compañero/a...** | *With a classmate...* |
| **Contesta las preguntas.** | *Answer the questions.* |
| **Corrige las oraciones falsas.** | *Correct the false statements.* |
| **Cuenta/Cuenten...** | *Tell...* |
| **Di/Digan...** | *Say...* |
| **Discute/Discutan...** | *Discuss...* |
| **En grupos...** | *In groups...* |
| **En parejas...** | *In pairs...* |
| **Entrevista...** | *Interview...* |
| **Escúchala** | *Listen to it* |
| **Forma oraciones completas.** | *Create/Make complete sentences.* |
| **Háganse preguntas.** | *Ask each other questions.* |
| **Haz el papel de...** | *Play the role of...* |
| **Haz los cambios necesarios.** | *Make the necessary changes.* |
| **Indica/Indiquen si las oraciones...** | *Indicate if the sentences...* |
| **Intercambia/Intercambien...** | *Exchange...* |
| **Lee/Lean en voz alta.** | *Read aloud.* |
| **Pon/Pongan...** | *Put...* |
| **... que mejor completa...** | *...that best completes...* |
| **Reúnete...** | *Get together...* |
| **... se da/dan como ejemplo.** | *...is/are given as a model.* |
| **Toma nota...** | *Take note...* |
| **Tomen apuntes.** | *Take notes.* |
| **Túrnense...** | *Take turns...* |

## Palabras útiles *Useful words*

| | |
|---|---|
| **la adivinanza** | *riddle* |
| **el anuncio** | *advertisement/ad* |
| **los apuntes** | *notes* |
| **el borrador** | *draft* |
| **la canción** | *song* |
| **la concordancia** | *agreement* |
| **el contenido** | *contents* |
| **el cortometraje** | *short film* |
| **eficaz** | *efficient* |
| **la encuesta** | *survey* |
| **el equipo** | *team* |
| **el esquema** | *outline* |
| **el folleto** | *brochure* |
| **las frases** | *statements* |
| **la hoja de actividades** | *activity sheet/handout* |
| **la hoja de papel** | *piece of paper* |
| **la información errónea** | *incorrect information* |
| **el/la lector(a)** | *reader* |
| **la lectura** | *reading* |
| **las oraciones** | *sentences* |
| **la ortografía** | *spelling* |
| **el papel** | *role* |
| **el párrafo** | *paragraph* |
| **el paso** | *step* |
| **la(s) persona(s) descrita(s)** | *the person (people) described* |
| **la pista** | *clue* |
| **por ejemplo** | *for example* |
| **el propósito** | *purpose* |
| **los recursos** | *resources* |
| **el reportaje** | *report* |
| **los resultados** | *results* |
| **según** | *according to* |
| **siguiente** | *following* |
| **la sugerencia** | *suggestion* |
| **el sustantivo** | *noun* |
| **el tema** | *topic* |
| **último** | *last* |
| **el último recurso** | *last resort* |

## Verbos útiles — Useful verbs

| | |
|---|---|
| adivinar | to guess |
| anotar | to jot down |
| añadir | to add |
| apoyar | to support |
| averiguar | to find out |
| cambiar | to change |
| combinar | to combine |
| compartir | to share |
| comprobar (o:ue) | to check |
| corregir (e:i) | to correct |
| crear | to create |
| devolver (o:ue) | to return |
| doblar | to fold |
| dramatizar | to act out |
| elegir (e:i) | to choose/select |
| emparejar | to match |
| entrevistar | to interview |
| escoger | to choose |
| identificar | to identify |
| incluir | to include |
| informar | to report |
| intentar | to try |
| intercambiar | to exchange |
| investigar | to research |
| marcar | to mark |
| preguntar | to ask |
| recordar (o:ue) | to remember |
| responder | to answer |
| revisar | to revise |
| seguir (e:i) | to follow |
| seleccionar | to select |
| subrayar | to underline |
| traducir | to translate |
| tratar de | to be about |

## Expresiones útiles — Useful expressions

| | |
|---|---|
| Ahora mismo. | Right away. |
| ¿Cómo no? | But of course. |
| ¿Cómo se dice _____ en español? | How do you say _____ in Spanish? |
| ¿Cómo se escribe _____? | How do you spell _____? |
| ¿Comprende(n)? | Do you understand? |
| Con gusto. | With pleasure. |
| Con permiso. | Excuse me. |
| De acuerdo. | Okay. |
| De nada. | You're welcome. |
| ¿De veras? | Really? |
| ¿En qué página estamos? | What page are we on? |
| ¿En serio? | Seriously? |
| Enseguida. | Right away. |
| hoy día | nowadays |
| Más despacio, por favor. | Slower, please. |
| Muchas gracias. | Thanks a lot. |
| No entiendo. | I don't understand. |
| No hay de qué. | Don't mention it. |
| No importa. | No problem./It doesn't matter. |
| ¡No me digas! | You don't say! |
| No sé. | I don't know. |
| ¡Ojalá! | Hopefully! |
| Perdone. | Pardon me. |
| Por favor. | Please. |
| Por supuesto. | Of course. |
| ¡Qué bien! | Great! |
| ¡Qué gracioso! | How funny! |
| ¡Qué pena! | What a shame/pity! |
| ¿Qué significa _____? | What does _____ mean? |
| Repite, por favor. | Please repeat. |
| Tengo una pregunta. | I have a question. |
| ¿Tiene(n) alguna pregunta? | Do you have any questions? |
| Vaya(n) a la página dos. | Go to page 2. |

# Glossary of Grammatical Terms

**ADJECTIVE** A word that modifies, or describes, a noun or pronoun.

**muchos** libros
*many books*

un hombre **rico**
*a **rich** man*

las mujeres **altas**
*the **tall** women*

**Demonstrative adjective** An adjective that specifies which noun a speaker is referring to.

**esta** fiesta
***this** party*

**ese** chico
***that** boy*

**aquellas** flores
***those** flowers*

**Possessive adjective** An adjective that indicates ownership or possession.

**mi** mejor vestido
***my** best dress*

Éste es **mi** hermano.
*This is **my** brother.*

**Stressed possessive adjective** A possessive adjective that emphasizes the owner or possessor.

Es un libro **mío**.
*It's **my** book./It's a book **of mine**.*

Es amiga **tuya**; yo no la conozco.
*She's a friend **of yours**; I don't know her.*

**ADVERB** A word that modifies, or describes, a verb, adjective, or other adverb.

Pancho escribe **rápidamente**.
*Pancho writes **quickly**.*

Este cuadro es **muy** bonito.
*This picture is **very** pretty.*

**ARTICLE** A word that points out a noun in either a specific or a non-specific way.

**Definite article** An article that points out a noun in a specific way.

**el** libro
*the book*

**la** maleta
*the suitcase*

**los** diccionarios
*the dictionaries*

**las** palabras
*the words*

**Indefinite article** An article that points out a noun in a general, non-specific way.

**un** lápiz
*a pencil*

**una** computadora
*a computer*

**unos** pájaros
*some birds*

**unas** escuelas
*some schools*

**CLAUSE** A group of words that contains both a conjugated verb and a subject, either expressed or implied.

**Main (or Independent) clause** A clause that can stand alone as a complete sentence.

Pienso ir a cenar pronto.
*I plan to go to dinner soon.*

**Subordinate (or Dependent) clause** A clause that does not express a complete thought and therefore cannot stand alone as a sentence.

Trabajo en la cafetería **porque necesito dinero para la escuela**.
*I work in the cafeteria **because I need money for school**.*

**COMPARATIVE** A construction used with an adjective or adverb to express a comparison between two people, places, or things.

Este programa es **más interesante que** el otro.
*This program is **more interesting than** the other one.*

Tomás no es **tan alto como** Alberto.
*Tomás is not **as tall as** Alberto.*

**CONJUGATION** A set of the forms of a verb for a specific tense or mood or the process by which these verb forms are presented.

Preterite conjugation of **cantar**:

| | |
|---|---|
| canté | cantamos |
| cantaste | cantasteis |
| cantó | cantaron |

**CONJUNCTION** A word used to connect words, clauses, or phrases.

Susana es de Cuba **y** Pedro es de España.
*Susana is from Cuba **and** Pedro is from Spain.*

No quiero estudiar **pero** tengo que hacerlo.
*I don't want to study, **but** I have to.*

**CONTRACTION** The joining of two words into one. The only contractions in Spanish are **al** and **del**.

Mi hermano fue **al** concierto ayer.
*My brother went **to the** concert yesterday.*

Saqué dinero **del** banco.
*I took money **from the** bank.*

**DIRECT OBJECT** A noun or pronoun that directly receives the action of the verb.

Tomás lee **el libro**.     La pagó ayer.
*Tomás reads **the book**.     She paid **it** yesterday.*

**GENDER** The grammatical categorizing of certain kinds of words, such as nouns and pronouns, as masculine, feminine, or neuter.

**Masculine**
*articles* **el, un**
*pronouns* **él, lo, mío, éste, ése, aquél**
*adjective* **simpático**

**Feminine**
*articles* **la, una**
*pronouns* **ella, la, mía, ésta, ésa, aquélla**
*adjective* **simpática**

**IMPERSONAL EXPRESSION** A third-person expression with no expressed or specific subject.

**Es** muy importante.     **Llueve** mucho.
*It's very important.     It's raining hard.*

Aquí **se habla** español.
*Spanish **is spoken** here.*

**INDIRECT OBJECT** A noun or pronoun that receives the action of the verb indirectly; the object, often a living being, to or for whom an action is performed.

Eduardo **le** dio un libro **a Linda**.
*Eduardo gave a book **to Linda**.*

La profesora **me** puso una C en el examen.
*The professor gave **me** a C on the test.*

**INFINITIVE** The basic form of a verb. Infinitives in Spanish end in **-ar**, **-er**, or **-ir**.

hablar        correr        abrir
*to speak     to run        to open*

**INTERROGATIVE** An adjective or pronoun used to ask a question.

**¿Quién** habla?          **¿Cuántos** compraste?
*Who is speaking?     How many did you buy?*

**¿Qué** piensas hacer hoy?
*What do you plan to do today?*

**INVERSION** Changing the word order of a sentence, often to form a question.

*Statement:* Elena pagó la cuenta del restaurante.

*Inversion:* ¿Pagó Elena la cuenta del restaurante?

**MOOD** A grammatical distinction of verbs that indicates whether the verb is intended to make a statement or command or to express a doubt, emotion, or condition contrary to fact.

**Imperative mood** Verb forms used to make commands.

**Di** la verdad.          **Caminen** ustedes conmigo.
*Tell the truth.          Walk with me.*

**¡Comamos** ahora!
*Let's eat now!*

**Indicative mood** Verb forms used to state facts, actions, and states considered to be real.

**Sé** que **tienes** el dinero.
*I know that you have the money.*

**Subjunctive mood** Verb forms used principally in subordinate (dependent) clauses to express wishes, desires, emotions, doubts, and certain conditions, such as contrary-to-fact situations.

Prefieren que **hables** en español.
*They prefer that **you speak** in Spanish.*

Dudo que Luis **tenga** el dinero necesario.
*I doubt that Luis **has** the necessary money.*

**NOUN** A word that identifies people, animals, places, things, and ideas.

| | |
|---|---|
| hombre | gato |
| *man* | *cat* |
| México | casa |
| *Mexico* | *house* |
| libertad | libro |
| *freedom* | *book* |

**NUMBER** A grammatical term that refers to singular or plural. Nouns in Spanish and English have number. Other parts of a sentence, such as adjectives, articles, and verbs, can also have number.

| Singular | Plural |
|---|---|
| **una** cosa | **unas** cosas |
| *a thing* | *some things* |
| **el** profesor | **los** profesores |
| *the professor* | *the professors* |

**NUMBERS** Words that represent amounts.

**Cardinal numbers** Words that show specific amounts.

**cinco** minutos
*five minutes*

el año **dos mil veintitrés**
*the year 2023*

**Ordinal numbers** Words that indicate the order of a noun in a series.

el **cuarto** jugador　la **décima** hora
*the fourth player*　*the tenth hour*

**PAST PARTICIPLE** A past form of the verb used in compound tenses. The past participle may also be used as an adjective, but it must then agree in number and gender with the word it modifies.

Han **buscado** por todas partes.
*They have searched everywhere.*

Yo no había **estudiado** para el examen.
*I hadn't studied for the exam.*

Hay una **ventana abierta** en la sala.
*There is an open window in the living room.*

**PERSON** The form of the verb or pronoun that indicates the speaker, the one spoken to, or the one spoken about. In Spanish, as in English, there are three persons: first, second, and third.

| Person | Singular | Plural |
|---|---|---|
| 1st | **yo** *I* | **nosotros/as** *we* |
| 2nd | **tú, Ud.** *you* | **vosotros/as, Uds.** *you* |
| 3rd | **él, ella** *he, she* | **ellos, ellas** *they* |

**PREPOSITION** A word or words that describe(s) the relationship, most often in time or space, between two other words.

Anita es **de** California.
*Anita is from California.*

La chaqueta está **en** el carro.
*The jacket is in the car.*

Marta se peinó **antes de** salir.
*Marta combed her hair before going out.*

**PRESENT PARTICIPLE** In English, a verb form that ends in *-ing.* In Spanish, the present participle ends in **-ndo**, and is often used with **estar** to form a progressive tense.

Mi hermana está **hablando** por teléfono ahora mismo.
*My sister is talking on the phone right now.*

**PRONOUN** A word that takes the place of a noun or nouns.

**Demonstrative pronoun** A pronoun that takes the place of a specific noun.

Quiero **ésta**.
*I want this one.*

¿Vas a comprar **ése**?
*Are you going to buy that one?*

Juan prefirió **aquéllos**.
*Juan preferred those (over there).*

**Object pronoun** A pronoun that functions as a direct or indirect object of the verb.

**Te** digo la verdad.
*I'm telling you the truth.*

**Me lo** trajo Juan.
*Juan brought it to me.*

**Reflexive pronoun** A pronoun that indicates that the action of a verb is performed by the subject on itself. These pronouns are often expressed in English with *-self: myself, yourself,* etc.

Yo **me** bañé antes de salir.
*I bathed (myself) before going out.*

Elena **se** acostó a las once y media.
*Elena went to bed at eleven-thirty.*

**Relative pronoun** A pronoun that connects a subordinate clause to a main clause.

El chico **que** nos escribió viene de visita mañana.
*The boy **who** wrote us is coming to visit tomorrow.*

Ya sé **lo que** tenemos que hacer.
*I already know **what** we have to do.*

**Subject pronoun** A pronoun that replaces the name or title of a person or thing, and acts as the subject of a verb.

**Tú** debes estudiar más.
***You** should study more.*

**Él** llegó primero.
***He** arrived first.*

**SUBJECT** A noun or pronoun that performs the action of a verb and is often implied by the verb.

**María** va al supermercado.
***María** goes to the supermarket.*

**(Ellos)** Trabajan mucho.
***They** work hard.*

Esos **libros** son muy caros.
*Those **books** are very expensive.*

**SUPERLATIVE** A word or construction used with an adjective or adverb to express the highest or lowest degree of a specific quality among three or more people, places, or things.

De todas mis clases, ésta es la **más interesante**.
*Of all my classes, this is the **most interesting**.*

Raúl es el **menos simpático** de los chicos.
*Raúl is the **least pleasant** of the boys.*

**TENSE** A set of verb forms that indicates the time of an action or state: past, present, or future.

**Compound tense** A two-word tense made up of an auxiliary verb and a present or past participle. In Spanish, there are two auxiliary verbs: **estar** and **haber**.

En este momento, **estoy estudiando**.
*At this time, **I am studying**.*

El paquete no **ha llegado** todavía.
*The package **has** not **arrived** yet.*

**Simple tense** A tense expressed by a single verb form.

María **estaba** enferma anoche.
*María **was** sick last night.*

Juana **hablará** con su mamá mañana.
*Juana **will speak** with her mom tomorrow.*

**VERB** A word that expresses actions or states-of-being.

**Auxiliary verb** A verb used with a present or past participle to form a compound tense. **Haber** is the most commonly used auxiliary verb in Spanish.

Los chicos **han** visto los elefantes.
*The children **have** seen the elephants.*

Espero que **hayas** comido.
*I hope you **have** eaten.*

**Reflexive verb** A verb that describes an action performed by the subject on itself and is always used with a reflexive pronoun.

**Me compré** un carro nuevo.
*I bought **myself** a new car.*

Pedro y Adela **se levantan** muy temprano.
*Pedro and Adela **get (themselves) up** very early.*

**Spelling change verb** A verb that undergoes a predictable change in spelling, in order to reflect its actual pronunciation in the various conjugations.

| | | | |
|---|---|---|---|
| **practicar** | c→qu | practico | practiqué |
| **dirigir** | g→j | dirigí | dirijo |
| **almorzar** | z→c | almorzó | almorcé |

**Stem-changing verb** A verb whose stem vowel undergoes one or more predictable changes in the various conjugations.

| | |
|---|---|
| entender (e:ie) | entiendo |
| pedir (e:i) | piden |
| dormir (o:ue, u) | duermo, durmieron |

# Verb Conjugation Tables

## The verb lists

The list of verbs below, and the model-verb tables that start on page A-11 show you how to conjugate every verb taught in **VISTAS**. Each verb in the list is followed by a model verb conjugated according to the same pattern. The number in parentheses indicates where in the verb tables you can find the conjugated forms of the model verb. If you want to find out how to conjugate **divertirse**, for example, look up number 33, **sentir**, the model for verbs that follow the e:ie stem-change pattern.

## How to use the verb tables

In the tables you will find the infinitive, present and past participles, and all the simple forms of each model verb. The formation of the compound tenses of any verb can be inferred from the table of compound tenses, pages A-11–12, either by combining the past participle of the verb with a conjugated form of **haber** or by combining the present participle with a conjugated form of **estar**.

**abrazar** (z:c) like cruzar (37)

**abrir** like vivir (3) *except* past participle is **abierto**

**aburrir(se)** like vivir (3)

**acabar de** like hablar (1)

**acampar** like hablar (1)

**acompañar** like hablar (1)

**aconsejar** like hablar (1)

**acordarse** (o:ue) like contar (24)

**acostarse** (o:ue) like contar (24)

**adelgazar** (z:c) like cruzar (37)

**afeitarse** like hablar (1)

**ahorrar** like hablar (1)

**alegrarse** like hablar (1)

**aliviar** like hablar (1)

**almorzar** (o:ue) like contar (24) *except* (z:c)

**alquilar** like hablar (1)

**andar** like hablar (1) *except* preterite stem is **anduv-**

**anunciar** like hablar (1)

**apagar** (g:gu) like llegar (41)

**aplaudir** like vivir (3)

**apreciar** like hablar (1)

**aprender** like comer (2)

**apurarse** like hablar (1)

**arrancar** (c:qu) like tocar (43)

**arreglar** like hablar (1)

**asistir** like vivir (3)

**aumentar** like hablar (1)

**ayudar(se)** like hablar (1)

**bailar** like hablar (1)

**bajar(se)** like hablar (1)

**bañarse** like hablar (1)

**barrer** like comer (2)

**beber** like comer (2)

**besar(se)** like hablar (1)

**borrar** like hablar (1)

**brindar** like hablar (1)

**bucear** like hablar (1)

**buscar** (c:qu) like tocar (43)

**caber** (4)

**caer(se)** (5)

**calentarse** (e:ie) like pensar (30)

**calzar** (z:c) like cruzar (37)

**cambiar** like hablar (1)

**caminar** like hablar (1)

**cantar** like hablar (1)

**casarse** like hablar (1)

**cazar** (z:c) like cruzar (37)

**celebrar** like hablar (1)

**cenar** like hablar (1)

**cepillarse** like hablar (1)

**cerrar** (e:ie) like pensar (30)

**cobrar** like hablar (1)

**cocinar** like hablar (1)

**comenzar** (e:ie) (z:c) like empezar (26)

**comer** (2)

**compartir** like vivir (3)

**comprar** like hablar (1)

**comprender** like comer (2)

**comprometerse** like comer (2)

**comunicarse** (c:qu) like tocar (43)

**conducir** (c:zc) (6)

**confirmar** like hablar (1)

**conocer** (c:zc) (35)

**conseguir** (e:i) (g:gu) like seguir (32)

**conservar** like hablar (1)

**consumir** like vivir (3)

**contaminar** like hablar (1)

**contar** (o:ue) (24)

**contratar** like hablar (1)

**contestar** like hablar (1)

**conversar** like hablar (1)

**controlar** like hablar (1)

**correr** like comer (2)

**costar** (o:ue) like contar (24)

**creer** (y) (36)

**cruzar** (z:c) (37)

**cuidar** like hablar (1)

**cumplir** like vivir (3)

**dañar** like hablar (1)

**dar** (7)

**deber** like comer (2)

**decidir** like vivir (3)

**decir** (e:i) (8)

**declarar** like hablar (1)

**dejar** like hablar (1)

**depositar** like hablar (1)

**desarrollar** like hablar (1)

**desayunar** like hablar (1)

**descansar** like hablar (1)

**descargar** like llegar (41)

**describir** like vivir (3) *except* past participle is descrito

**descubrir** like vivir (3) *except* past participle is descubierto

**desear** like hablar (1)

**despedirse** (e:i) like pedir (29)

**despertarse** (e:ie) like pensar (30)

**destruir** (y) (38)

**dibujar** like hablar (1)

**dirigir** (g:j) like vivir (3) *except* (g:j)

**disfrutar** like hablar (1)

**divertirse** (e:ie) like sentir (33)

**divorciarse** like hablar (1)

**doblar** like hablar (1)

**doler** (o:ue) like volver (34) *except* past participle is regular

**dormir(se)** (o:ue, u) (25)

**ducharse** like hablar (1)

**dudar** like hablar (1)

**durar** like hablar (1)

**echar** like hablar (1)

**elegir** (e:i) like pedir (29) *except* (g:j)

**emitir** like vivir (3)
**empezar** (e:ie) (z:c) (26)
**enamorarse** like hablar (1)
**encantar** like hablar (1)
**encontrar(se)** (o:ue) like contar (24)
**enfermarse** like hablar (1)
**engordar** like hablar (1)
**enojarse** like hablar (1)
**enseñar** like hablar (1)
**ensuciar** like hablar (1)
**entender** (e:ie) (27)
**entrenarse** like hablar (1)
**entrevistar** like hablar (1)
**enviar** (envío) (39)
**escalar** like hablar (1)
**escanear** like hablar (1)
**escoger** (g:j) like proteger (42)
**escribir** like vivir (3) *except* past participle is **escrito**
**escuchar** like hablar (1)
**esculpir** like vivir (3)
**esperar** like hablar (1)
**esquiar** (esquío) like enviar (39)
**establecer** (c:zc) like conocer (35)
**estacionar** like hablar (1)
**estar** (9)
**estornudar** like hablar (1)
**estudiar** like hablar (1)
**evitar** like hablar (1)
**explicar** (c:qu) like tocar (43)
**faltar** like hablar (1)
**fascinar** like hablar (1)
**firmar** like hablar (1)
**fumar** like hablar (1)
**funcionar** like hablar (1)
**ganar** like hablar (1)
**gastar** like hablar (1)
**grabar** like hablar (1)
**graduarse** (gradúo) (40)
**guardar** like hablar (1)
**gustar** like hablar (1)
**haber** (hay) (10)
**hablar** (1)
**hacer** (11)
**importar** like hablar (1)
**imprimir** like vivir (3)
**indicar** (c:qu) like tocar (43)
**informar** like hablar (1)
**insistir** like vivir (3)
**interesar** like hablar (1)

**invertir** (e:ie) like sentir (33)
**invitar** like hablar (1)
**ir(se)** (12)
**jubilarse** like hablar (1)
**jugar** (u:ue) (g:gu) (28)
**lastimarse** like hablar (1)
**lavar(se)** like hablar (1)
**leer** (y) like creer (36)
**levantar(se)** like hablar (1)
**limpiar** like hablar (1)
**llamar(se)** like hablar (1)
**llegar** (g:gu) (41)
**llenar** like hablar (1)
**llevar(se)** like hablar (1)
**llover** (o:ue) like volver (34) *except* past participle is regular
**luchar** like hablar (1)
**mandar** like hablar (1)
**manejar** like hablar (1)
**mantener(se)** (e:ie) like tener (20)
**maquillarse** like hablar (1)
**mejorar** like hablar (1)
**merendar** (e:ie) like pensar (30)
**mirar** like hablar (1)
**molestar** like hablar (1)
**montar** like hablar (1)
**morir** (o:ue) like dormir (25) *except* past participle is **muerto**
**mostrar** (o:ue) like contar (24)
**mudarse** like hablar (1)
**nacer** (c:zc) like conocer (35)
**nadar** like hablar (1)
**navegar** (g:gu) like llegar (41)
**necesitar** like hablar (1)
**negar** (e:ie) like pensar (30) *except* (g:gu)
**nevar** (e:ie) like pensar (30)
**obedecer** (c:zc) like conocer (35)
**obtener** (e:ie) like tener (20)
**ocurrir** like vivir (3)
**odiar** like hablar (1)
**ofrecer** (c:zc) like conocer (35)
**oír** (13)
**olvidar** like hablar (1)
**pagar** (g:gu) like llegar (41)
**parar** like hablar (1)

**parecer** (c:zc) like conocer (35)
**pasar** like hablar (1)
**pasear** like hablar (1)
**patinar** like hablar (1)
**pedir** (e:i) (29)
**peinarse** like hablar (1)
**pensar** (e:ie) (30)
**perder** (e:ie) like entender (27)
**pescar** (c:qu) like tocar (43)
**pintar** like hablar (1)
**planchar** like hablar (1)
**poder** (o:ue) (14)
**poner(se)** (15)
**practicar** (c:qu) like tocar (43)
**preferir** (e:ie) like sentir (33)
**preguntar** like hablar (1)
**prender** like comer (2)
**preocuparse** like hablar (1)
**preparar** like hablar (1)
**presentar** like hablar (1)
**prestar** like hablar (1)
**probar(se)** (o:ue) like contar (24)
**prohibir** like vivir (3)
**proteger** (g:j) (42)
**publicar** (c:qu) like tocar (43)
**quedar(se)** like hablar (1)
**querer** (e:ie) (16)
**quitar(se)** like hablar (1)
**recetar** like hablar (1)
**recibir** like vivir (3)
**reciclar** like hablar (1)
**recoger** (g:j) like proteger (42)
**recomendar** (e:ie) like pensar (30)
**recordar** (o:ue) like contar (24)
**reducir** (c:zc) like conducir (6)
**regalar** like hablar (1)
**regatear** like hablar (1)
**regresar** like hablar (1)
**reír(se)** (e:i) (31)
**relajarse** like hablar (1)
**renunciar** like hablar (1)
**repetir** (e:i) like pedir (29)
**resolver** (o:ue) like volver (34)
**respirar** like hablar (1)
**revisar** like hablar (1)

**rogar** (o:ue) like contar (24) *except* (g:gu)
**romper(se)** like comer (2) *except* past participle is **roto**
**saber** (17)
**sacar** (c:qu) like tocar (43)
**sacudir** like vivir (3)
**salir** (18)
**saludar(se)** like hablar (1)
**secar(se)** (c:qu) like tocar (43)
**seguir** (e:i) (32)
**sentarse** (e:ie) like pensar (30)
**sentir(se)** (e:ie) (33)
**separarse** like hablar (1)
**ser** (19)
**servir** (e:i) like pedir (29)
**solicitar** like hablar (1)
**sonar** (o:ue) like contar (24)
**sonreír** (e:i) like reír(se) (31)
**sorprender** like comer (2)
**subir** like vivir (3)
**sudar** like hablar (1)
**sufrir** like vivir (3)
**sugerir** (e:ie) like sentir (33)
**suponer** like poner (15)
**temer** like comer (2)
**tener** (e:ie) (20)
**terminar** like hablar (1)
**tocar** (c:qu) (43)
**tomar** like hablar (1)
**torcerse** (o:ue) like volver (34) *except* (c:z) and past participle is regular; e.g., yo **tuerzo**
**toser** like comer (2)
**trabajar** like hablar (1)
**traducir** (c:zc) like conducir (6)
**traer** (21)
**transmitir** like vivir (3)
**tratar** like hablar (1)
**usar** like hablar (1)
**vender** like comer (2)
**venir** (e:ie, i) (22)
**ver** (23)
**vestirse** (e:i) like pedir (29)
**viajar** like hablar (1)
**visitar** like hablar (1)
**vivir** (3)
**volver** (o:ue) (34)
**votar** like hablar (1)

## jular verbs: simple tenses

| Infinitive | INDICATIVE | | | | | SUBJUNCTIVE | | IMPERATIVE |
| --- | --- | --- | --- | --- | --- | --- | --- | --- |
| | Present | Imperfect | Preterite | Future | Conditional | Present | Past | |
| **1** hablar | hablo | hablaba | hablé | hablaré | hablaría | hable | hablara | |
| | hablas | hablabas | hablaste | hablarás | hablarías | hables | hablaras | habla tú (no hables) |
| | habla | hablaba | habló | hablará | hablaría | hable | hablara | hable Ud. |
| **Participles:** | hablamos | hablábamos | hablamos | hablaremos | hablaríamos | hablemos | habláramos | hablemos |
| hablando | habláis | hablabais | hablasteis | hablaréis | hablaría s | habléis | hablarais | hablad (no habléis) |
| hablado | hablan | hablaban | hablaron | hablarán | hablarían | hablen | hablaran | hablen Uds. |
| **2** comer | como | comía | comí | comeré | comería | coma | comiera | |
| | comes | comías | comiste | comerás | comerías | comas | comieras | come tú (no comas) |
| | come | comía | comió | comerá | comería | coma | comiera | coma Ud. |
| **Participles:** | comemos | comíamos | comimos | comeremos | comeríamos | comamos | comiéramos | comamos |
| comiendo | coméis | comíais | comisteis | comeréis | comeríais | comáis | comierais | comed (no comáis) |
| comido | comen | comían | comieron | comerán | comerían | coman | comieran | coman Uds. |
| **3** vivir | vivo | vivía | viví | viviré | viviría | viva | viviera | |
| | vives | vivías | viviste | vivirás | vivirías | vivas | vivieras | vive tú (no vivas) |
| | vive | vivía | vivió | vivirá | viviría | viva | viviera | viva Ud. |
| **Participles:** | vivimos | vivíamos | vivimos | viviremos | viviríamos | vivamos | viviéramos | vivamos |
| viviendo | vivís | vivíais | vivisteis | viviréis | viviríais | viváis | vivierais | vivid (no viváis) |
| vivido | viven | vivían | vivieron | vivirán | vivirían | vivan | vivieran | vivan Uds. |

# All verbs: compound tenses

## PERFECT TENSES

| INDICATIVE | | | | SUBJUNCTIVE | |
| --- | --- | --- | --- | --- | --- |
| Present Perfect | Past Perfect | Future Perfect | Conditional Perfect | Present Perfect | Past Perfect |
| he | había | habré | habría | haya | hubiera |
| has hablado | habías hablado | habrás hablado | habrías hablado | hayas hablado | hubieras hablado |
| ha comido | había comido | habrá comido | habría comido | haya comido | hubiera comido |
| hemos vivido | habíamos vivido | habremos vivido | habríamos vivido | hayamos vivido | hubiéramos vivido |
| habéis | habíais | habréis | habríais | hayáis | hubierais |
| han | habían | habrán | habrían | hayan | hubieran |

## PROGRESSIVE TENSES

### INDICATIVE

| Present Progressive | Past Progressive | Future Progressive | Conditional Progressive |
|---|---|---|---|
| estoy | estaba | estaré | estaría |
| estás | estabas | estarás | estarías |
| está  hablando | estaba  hablando | estará  hablando | estaría  hablando |
| estamos  comiendo | estábamos  comiendo | estaremos  comiendo | estaríamos  comiendo |
| estáis  viviendo | estabais  viviendo | estaréis  viviendo | estaríais  viviendo |
| están | estaban | estarán | estarían |

### SUBJUNCTIVE

| Present Progressive | Past Progressive |
|---|---|
| esté | estuviera |
| estés | estuvieras |
| esté  hablando | estuviera  hablando |
| estemos  comiendo | estuviéramos  comiendo |
| estéis  viviendo | estuvierais  viviendo |
| estén | estuvieran |

# Irregular verbs

| Infinitive | Present | Imperfect | Preterite | Future | Conditional | SUBJ Present | SUBJ Past | IMPERATIVE |
|---|---|---|---|---|---|---|---|---|
| **caber** | **quepo** | cabía | **cupe** | **cabré** | **cabría** | **quepa** | **cupiera** | |
|  | cabes | cabías | **cupiste** | **cabrás** | **cabrías** | **quepas** | **cupieras** | cabe tú (no **quepas**) |
|  | cabe | cabía | **cupo** | **cabrá** | **cabría** | **quepa** | **cupiera** | **quepa** Ud. |
| **Participles:** | cabemos | cabíamos | **cupimos** | **cabremos** | **cabríamos** | **quepamos** | **cupiéramos** | **quepamos** |
| cabiendo | cabéis | cabíais | **cupisteis** | **cabréis** | **cabríais** | **quepáis** | **cupierais** | cabed (no **quepáis**) |
| cabido | caben | cabían | **cupieron** | **cabrán** | **cabrían** | **quepan** | **cupieran** | **quepan** Uds. |
| **caer(se)** | **caigo** | caía | caí | caeré | caería | **caiga** | **cayera** | |
|  | caes | caías | **caíste** | caerás | caerías | **caigas** | **cayeras** | cae tú (no **caigas**) |
|  | cae | caía | **cayó** | caerá | caería | **caiga** | **cayera** | **caiga** Ud. |
| **Participles:** | caemos | caíamos | **caímos** | caeremos | caeríamos | **caigamos** | **cayéramos** | **caigamos** |
| **cayendo** | caéis | caíais | **caísteis** | caeréis | caeríais | **caigáis** | **cayerais** | caed (no **caigáis**) |
| **caído** | caen | caían | **cayeron** | caerán | caerían | **caigan** | **cayeran** | **caigan** Uds. |
| **conducir** | **conduzco** | conducía | **conduje** | conduciré | conduciría | **conduzca** | **condujera** | |
| (c:zc) | conduces | conducías | **condujiste** | conducirás | conducirías | **conduzcas** | **condujeras** | conduce tú (no **conduzcas**) |
|  | conduce | conducía | **condujo** | conducirá | conduciría | **conduzca** | **condujera** | **conduzca** Ud. |
| **Participles:** | **conducimos** | conducíamos | **condujimos** | conduciremos | conduciríamos | **conduzcamos** | **condujéramos** | **conduzcamos** |
| conduciendo | conducís | conducíais | **condujisteis** | conduciréis | conduciríais | **conduzcáis** | **condujerais** | conducid (no **conduzcáis**) |
| conducido | conducen | conducían | **condujeron** | conducirán | conducirían | **conduzcan** | **condujeran** | **conduzcan** Uds. |

4  5  6

**7. dar** — Participles: dando, dado

| | INDICATIVE | | | | | SUBJUNCTIVE | | IMPERATIVE |
|---|---|---|---|---|---|---|---|---|
| | Present | Imperfect | Preterite | Future | Conditional | Present | Past | |
| | doy | daba | di | daré | daría | dé | diera | |
| | das | dabas | diste | darás | darías | des | dieras | da tú (no des) |
| | da | daba | dio | dará | daría | dé | diera | dé Ud. |
| | damos | dábamos | dimos | daremos | daríamos | demos | diéramos | demos |
| | dais | dabais | disteis | daréis | daríais | deis | dierais | dad (no deis) |
| | dan | daban | dieron | darán | darían | den | dieran | den Uds. |

**8. decir (e:i)** — Participles: diciendo, dicho

| | INDICATIVE | | | | | SUBJUNCTIVE | | IMPERATIVE |
|---|---|---|---|---|---|---|---|---|
| | Present | Imperfect | Preterite | Future | Conditional | Present | Past | |
| | digo | decía | dije | diré | diría | diga | dijera | |
| | dices | decías | dijiste | dirás | dirías | digas | dijeras | di tú (no digas) |
| | dice | decía | dijo | dirá | diría | diga | dijera | diga Ud. |
| | decimos | decíamos | dijimos | diremos | diríamos | digamos | dijéramos | digamos |
| | decís | decíais | dijisteis | diréis | diríais | digáis | dijerais | decid (no digáis) |
| | dicen | decían | dijeron | dirán | dirían | digan | dijeran | digan Uds. |

**9. estar** — Participles: estando, estado

| | INDICATIVE | | | | | SUBJUNCTIVE | | IMPERATIVE |
|---|---|---|---|---|---|---|---|---|
| | Present | Imperfect | Preterite | Future | Conditional | Present | Past | |
| | estoy | estaba | estuve | estaré | estaría | esté | estuviera | |
| | estás | estabas | estuviste | estarás | estarías | estés | estuvieras | está tú (no estés) |
| | está | estaba | estuvo | estará | estaría | esté | estuviera | esté Ud. |
| | estamos | estábamos | estuvimos | estaremos | estaríamos | estemos | estuviéramos | estemos |
| | estáis | estabais | estuvisteis | estaréis | estaríais | estéis | estuvierais | estad (no estéis) |
| | están | estaban | estuvieron | estarán | estarían | estén | estuvieran | estén Uds. |

**10. haber** — Participles: habiendo, habido

| | INDICATIVE | | | | | SUBJUNCTIVE | | IMPERATIVE |
|---|---|---|---|---|---|---|---|---|
| | Present | Imperfect | Preterite | Future | Conditional | Present | Past | |
| | he | había | hube | habré | habría | haya | hubiera | |
| | has | habías | hubiste | habrás | habrías | hayas | hubieras | |
| | ha | había | hubo | habrá | habría | haya | hubiera | |
| | hemos | habíamos | hubimos | habremos | habríamos | hayamos | hubiéramos | |
| | habéis | habíais | hubisteis | habréis | habríais | hayáis | hubierais | |
| | han | habían | hubieron | habrán | habrían | hayan | hubieran | |

**11. hacer** — Participles: haciendo, hecho

| | INDICATIVE | | | | | SUBJUNCTIVE | | IMPERATIVE |
|---|---|---|---|---|---|---|---|---|
| | Present | Imperfect | Preterite | Future | Conditional | Present | Past | |
| | hago | hacía | hice | haré | haría | haga | hiciera | |
| | haces | hacías | hiciste | harás | harías | hagas | hicieras | haz tú (no hagas) |
| | hace | hacía | hizo | hará | haría | haga | hiciera | haga Ud. |
| | hacemos | hacíamos | hicimos | haremos | haríamos | hagamos | hiciéramos | hagamos |
| | hacéis | hacíais | hicisteis | haréis | haríais | hagáis | hicierais | haced (no hagáis) |
| | hacen | hacían | hicieron | harán | harían | hagan | hicieran | hagan Uds. |

**12. ir** — Participles: yendo, ido

| | INDICATIVE | | | | | SUBJUNCTIVE | | IMPERATIVE |
|---|---|---|---|---|---|---|---|---|
| | Present | Imperfect | Preterite | Future | Conditional | Present | Past | |
| | voy | iba | fui | iré | iría | vaya | fuera | |
| | vas | ibas | fuiste | irás | irías | vayas | fueras | ve tú (no vayas) |
| | va | iba | fue | irá | iría | vaya | fuera | vaya Ud. |
| | vamos | íbamos | fuimos | iremos | iríamos | vayamos | fuéramos | vamos |
| | vais | ibais | fuisteis | iréis | iríais | vayáis | fuerais | id (no vayáis) |
| | van | iban | fueron | irán | irían | vayan | fueran | vayan Uds. |

**13. oír (y)** — Participles: oyendo, oído

| | INDICATIVE | | | | | SUBJUNCTIVE | | IMPERATIVE |
|---|---|---|---|---|---|---|---|---|
| | Present | Imperfect | Preterite | Future | Conditional | Present | Past | |
| | oigo | oía | oí | oiré | oiría | oiga | oyera | |
| | oyes | oías | oíste | oirás | oirías | oigas | oyeras | oye tú (no oigas) |
| | oye | oía | oyó | oirá | oiría | oiga | oyera | oiga Ud. |
| | oímos | oíamos | oímos | oiremos | oiríamos | oigamos | oyéramos | oigamos |
| | oís | oíais | oísteis | oiréis | oiríais | oigáis | oyerais | oíd (no oigáis) |
| | oyen | oían | oyeron | oirán | oirían | oigan | oyeran | oigan Uds. |

## 14 poder (o:ue)
Participles: pudiendo, podido

| | INDICATIVE | | | | | SUBJUNCTIVE | | IMPERATIVE |
|---|---|---|---|---|---|---|---|---|
| | Present | Imperfect | Preterite | Future | Conditional | Present | Past | |
| | puedo | podía | pude | podré | podría | pueda | pudiera | |
| | puedes | podías | pudiste | podrás | podrías | puedas | pudieras | puede tú (no puedas) |
| | puede | podía | pudo | podrá | podría | pueda | pudiera | pueda Ud. |
| | podemos | podíamos | pudimos | podremos | podríamos | podamos | pudiéramos | podamos |
| | podéis | podíais | pudisteis | podréis | podríais | podáis | pudierais | poded (no podáis) |
| | pueden | podían | pudieron | podrán | podrían | puedan | pudieran | puedan Uds. |

## 15 poner
Participles: poniendo, puesto

| | INDICATIVE | | | | | SUBJUNCTIVE | | IMPERATIVE |
|---|---|---|---|---|---|---|---|---|
| | Present | Imperfect | Preterite | Future | Conditional | Present | Past | |
| | pongo | ponía | puse | pondré | pondría | ponga | pusiera | |
| | pones | ponías | pusiste | pondrás | pondrías | pongas | pusieras | pon tú (no pongas) |
| | pone | ponía | puso | pondrá | pondría | ponga | pusiera | ponga Ud. |
| | ponemos | poníamos | pusimos | pondremos | pondríamos | pongamos | pusiéramos | pongamos |
| | ponéis | poníais | pusisteis | pondréis | pondríais | pongáis | pusierais | poned (no pongáis) |
| | ponen | ponían | pusieron | pondrán | pondrían | pongan | pusieran | pongan Uds. |

## 16 querer (e:ie)
Participles: queriendo, querido

| | INDICATIVE | | | | | SUBJUNCTIVE | | IMPERATIVE |
|---|---|---|---|---|---|---|---|---|
| | Present | Imperfect | Preterite | Future | Conditional | Present | Past | |
| | quiero | quería | quise | querré | querría | quiera | quisiera | |
| | quieres | querías | quisiste | querrás | querrías | quieras | quisieras | quiere tú (no quieras) |
| | quiere | quería | quiso | querrá | querría | quiera | quisiera | quiera Ud. |
| | queremos | queríamos | quisimos | querremos | querríamos | queramos | quisiéramos | queramos |
| | queréis | queríais | quisisteis | querréis | querríais | queráis | quisierais | quered (no queráis) |
| | quieren | querían | quisieron | querrán | querrían | quieran | quisieran | quieran Uds. |

## 17 saber
Participles: sabiendo, sabido

| | INDICATIVE | | | | | SUBJUNCTIVE | | IMPERATIVE |
|---|---|---|---|---|---|---|---|---|
| | Present | Imperfect | Preterite | Future | Conditional | Present | Past | |
| | sé | sabía | supe | sabré | sabría | sepa | supiera | |
| | sabes | sabías | supiste | sabrás | sabrías | sepas | supieras | sabe tú (no sepas) |
| | sabe | sabía | supo | sabrá | sabría | sepa | supiera | sepa Ud. |
| | sabemos | sabíamos | supimos | sabremos | sabríamos | sepamos | supiéramos | sepamos |
| | sabéis | sabíais | supisteis | sabréis | sabríais | sepáis | supierais | sabed (no sepáis) |
| | saben | sabían | supieron | sabrán | sabrían | sepan | supieran | sepan Uds. |

## 18 salir
Participles: saliendo, salido

| | INDICATIVE | | | | | SUBJUNCTIVE | | IMPERATIVE |
|---|---|---|---|---|---|---|---|---|
| | Present | Imperfect | Preterite | Future | Conditional | Present | Past | |
| | salgo | salía | salí | saldré | saldría | salga | saliera | |
| | sales | salías | saliste | saldrás | saldrías | salgas | salieras | sal tú (no salgas) |
| | sale | salía | salió | saldrá | saldría | salga | saliera | salga Ud. |
| | salimos | salíamos | salimos | saldremos | saldríamos | salgamos | saliéramos | salgamos |
| | salís | salíais | salisteis | saldréis | saldríais | salgáis | salierais | salid (no salgáis) |
| | salen | salían | salieron | saldrán | saldrían | salgan | salieran | salgan Uds. |

## 19 ser
Participles: siendo, sido

| | INDICATIVE | | | | | SUBJUNCTIVE | | IMPERATIVE |
|---|---|---|---|---|---|---|---|---|
| | Present | Imperfect | Preterite | Future | Conditional | Present | Past | |
| | soy | era | fui | seré | sería | sea | fuera | |
| | eres | eras | fuiste | serás | serías | seas | fueras | sé tú (no seas) |
| | es | era | fue | será | sería | sea | fuera | sea Ud. |
| | somos | éramos | fuimos | seremos | seríamos | seamos | fuéramos | seamos |
| | sois | erais | fuisteis | seréis | seríais | seáis | fuerais | sed (no seáis) |
| | son | eran | fueron | serán | serían | sean | fueran | sean Uds. |

## 20 tener (e:ie)
Participles: teniendo, tenido

| | INDICATIVE | | | | | SUBJUNCTIVE | | IMPERATIVE |
|---|---|---|---|---|---|---|---|---|
| | Present | Imperfect | Preterite | Future | Conditional | Present | Past | |
| | tengo | tenía | tuve | tendré | tendría | tenga | tuviera | |
| | tienes | tenías | tuviste | tendrás | tendrías | tengas | tuvieras | ten tú (no tengas) |
| | tiene | tenía | tuvo | tendrá | tendría | tenga | tuviera | tenga Ud. |
| | tenemos | teníamos | tuvimos | tendremos | tendríamos | tengamos | tuviéramos | tengamos |
| | tenéis | teníais | tuvisteis | tendréis | tendríais | tengáis | tuvierais | tened (no tengáis) |
| | tienen | tenían | tuvieron | tendrán | tendrían | tengan | tuvieran | tengan Uds. |

**21** traer
Participles: **trayendo**, traído

| | INDICATIVE | | | | | SUBJUNCTIVE | | IMPERATIVE |
|---|---|---|---|---|---|---|---|---|
| Infinitive | Present | Imperfect | Preterite | Future | Conditional | Present | Past | |
| | **traigo** | traía | **traje** | traeré | traería | **traiga** | **trajera** | |
| | traes | traías | **trajiste** | traerás | traerías | **traigas** | **trajeras** | trae tú (no **traigas**) |
| | trae | traía | **trajo** | traerá | traería | **traiga** | **trajera** | **traiga** Ud. |
| | traemos | traíamos | **trajimos** | traeremos | traeríamos | **traigamos** | **trajéramos** | **traigamos** |
| | traéis | traíais | **trajisteis** | traeréis | traeríais | **traigáis** | **trajerais** | traed (no **traigáis**) |
| | traen | traían | **trajeron** | traerán | traerían | **traigan** | **trajeran** | **traigan** Uds. |

**22** venir (e:ie)
Participles: **viniendo**, venido

| | INDICATIVE | | | | | SUBJUNCTIVE | | IMPERATIVE |
|---|---|---|---|---|---|---|---|---|
| Infinitive | Present | Imperfect | Preterite | Future | Conditional | Present | Past | |
| | **vengo** | venía | **vine** | **vendré** | **vendría** | **venga** | **viniera** | |
| | **vienes** | venías | **viniste** | **vendrás** | **vendrías** | **vengas** | **vinieras** | **ven** tú (no **vengas**) |
| | **viene** | venía | **vino** | **vendrá** | **vendría** | **venga** | **viniera** | **venga** Ud. |
| | venimos | veníamos | **vinimos** | **vendremos** | **vendríamos** | **vengamos** | **viniéramos** | **vengamos** |
| | venís | veníais | **vinisteis** | **vendréis** | **vendríais** | **vengáis** | **vinierais** | venid (no **vengáis**) |
| | **vienen** | venían | **vinieron** | **vendrán** | **vendrían** | **vengan** | **vinieran** | **vengan** Uds. |

**23** ver
Participles: **viendo**, visto

| | INDICATIVE | | | | | SUBJUNCTIVE | | IMPERATIVE |
|---|---|---|---|---|---|---|---|---|
| Infinitive | Present | Imperfect | Preterite | Future | Conditional | Present | Past | |
| | **veo** | **veía** | **vi** | veré | vería | **vea** | **viera** | |
| | ves | **veías** | viste | verás | verías | **veas** | **vieras** | **ve** tú (no **veas**) |
| | ve | **veía** | **vio** | verá | vería | **vea** | **viera** | **vea** Ud. |
| | vemos | **veíamos** | vimos | veremos | veríamos | **veamos** | **viéramos** | **veamos** |
| | veis | **veíais** | visteis | veréis | veríais | **veáis** | **vierais** | ved (no **veáis**) |
| | ven | **veían** | **vieron** | verán | verían | **vean** | **vieran** | **vean** Uds. |

## Stem-changing verbs

**24** contar (o:ue)
Participles: contando, contado

| | INDICATIVE | | | | | SUBJUNCTIVE | | IMPERATIVE |
|---|---|---|---|---|---|---|---|---|
| Infinitive | Present | Imperfect | Preterite | Future | Conditional | Present | Past | |
| | **cuento** | contaba | conté | contaré | contaría | **cuente** | contara | |
| | **cuentas** | contabas | contaste | contarás | contarías | **cuentes** | contaras | **cuenta** tú (no **cuentes**) |
| | **cuenta** | contaba | contó | contará | contaría | **cuente** | contara | **cuente** Ud. |
| | contamos | contábamos | contamos | contaremos | contaríamos | contemos | contáramos | contemos |
| | contáis | contabais | contasteis | contaréis | contaríais | contéis | contarais | contad (no contéis) |
| | **cuentan** | contaban | contaron | contarán | contarían | **cuenten** | contaran | **cuenten** Uds. |

**25** dormir (o:ue)
Participles: **durmiendo**, dormido

| | INDICATIVE | | | | | SUBJUNCTIVE | | IMPERATIVE |
|---|---|---|---|---|---|---|---|---|
| Infinitive | Present | Imperfect | Preterite | Future | Conditional | Present | Past | |
| | **duermo** | dormía | dormí | dormiré | dormiría | **duerma** | **durmiera** | |
| | **duermes** | dormías | dormiste | dormirás | dormirías | **duermas** | **durmieras** | **duerme** tú (no **duermas**) |
| | **duerme** | dormía | **durmió** | dormirá | dormiría | **duerma** | **durmiera** | **duerma** Ud. |
| | dormimos | dormíamos | dormimos | dormiremos | dormiríamos | **durmamos** | **durmiéramos** | **durmamos** |
| | dormís | dormíais | dormisteis | dormiréis | dormiríais | **durmáis** | **durmierais** | dormid (no **durmáis**) |
| | **duermen** | dormían | **durmieron** | dormirán | dormirían | **duerman** | **durmieran** | **duerman** Uds. |

**26** empezar (e:ie) (z:c)
Participles: empezando, empezado

| | INDICATIVE | | | | | SUBJUNCTIVE | | IMPERATIVE |
|---|---|---|---|---|---|---|---|---|
| Infinitive | Present | Imperfect | Preterite | Future | Conditional | Present | Past | |
| | **empiezo** | empezaba | **empecé** | empezaré | empezaría | **empiece** | empezara | |
| | **empiezas** | empezabas | empezaste | empezarás | empezarías | **empieces** | empezaras | **empieza** tú (no **empieces**) |
| | **empieza** | empezaba | empezó | empezará | empezaría | **empiece** | empezara | **empiece** Ud. |
| | empezamos | empezábamos | empezamos | empezaremos | empezaríamos | **empecemos** | empezáramos | **empecemos** |
| | empezáis | empezabais | empezasteis | empezaréis | empezaríais | **empecéis** | empezarais | empezad (no **empecéis**) |
| | **empiezan** | empezaban | empezaron | empezarán | empezarían | **empiecen** | empezaran | **empiecen** Uds. |

**27. entender (e:ie)** — Participles: entendiendo, entendido

| | INDICATIVE | | | | | SUBJUNCTIVE | | IMPERATIVE |
|---|---|---|---|---|---|---|---|---|
| | Present | Imperfect | Preterite | Future | Conditional | Present | Past | |
| | entiendo | entendía | entendí | entenderé | entendería | entienda | entendiera | |
| | entiendes | entendías | entendiste | entenderás | entenderías | entiendas | entendieras | entiende tú (no entiendas) |
| | entiende | entendía | entendió | entenderá | entendería | entienda | entendiera | entienda Ud. |
| | entendemos | entendíamos | entendimos | entenderemos | entenderíamos | entendamos | entendiéramos | entendamos |
| | entendéis | entendíais | entendisteis | entenderéis | entenderíais | entendáis | entendierais | entended (no entendáis) |
| | entienden | entendían | entendieron | entenderán | entenderían | entiendan | entendieran | entiendan Uds. |

**28. jugar (u:ue) (g:gu)** — Participles: jugando, jugado

| | INDICATIVE | | | | | SUBJUNCTIVE | | IMPERATIVE |
|---|---|---|---|---|---|---|---|---|
| | Present | Imperfect | Preterite | Future | Conditional | Present | Past | |
| | juego | jugaba | jugué | jugaré | jugaría | juegue | jugara | |
| | juegas | jugabas | jugaste | jugarás | jugarías | juegues | jugaras | juega tú (no juegues) |
| | juega | jugaba | jugó | jugará | jugaría | juegue | jugara | juegue Ud. |
| | jugamos | jugábamos | jugamos | jugaremos | jugaríamos | juguemos | jugáramos | juguemos |
| | jugáis | jugabais | jugasteis | jugaréis | jugaríais | juguéis | jugarais | jugad (no juguéis) |
| | juegan | jugaban | jugaron | jugarán | jugarían | jueguen | jugaran | jueguen Uds. |

**29. pedir (e:i)** — Participles: pidiendo, pedido

| | INDICATIVE | | | | | SUBJUNCTIVE | | IMPERATIVE |
|---|---|---|---|---|---|---|---|---|
| | Present | Imperfect | Preterite | Future | Conditional | Present | Past | |
| | pido | pedía | pedí | pediré | pediría | pida | pidiera | |
| | pides | pedías | pediste | pedirás | pedirías | pidas | pidieras | pide tú (no pidas) |
| | pide | pedía | pidió | pedirá | pediría | pida | pidiera | pida Ud. |
| | pedimos | pedíamos | pedimos | pediremos | pediríamos | pidamos | pidiéramos | pidamos |
| | pedís | pedíais | pedisteis | pediréis | pediríais | pidáis | pidierais | pedid (no pidáis) |
| | piden | pedían | pidieron | pedirán | pedirían | pidan | pidieran | pidan Uds. |

**30. pensar (e:ie)** — Participles: pensando, pensado

| | INDICATIVE | | | | | SUBJUNCTIVE | | IMPERATIVE |
|---|---|---|---|---|---|---|---|---|
| | Present | Imperfect | Preterite | Future | Conditional | Present | Past | |
| | pienso | pensaba | pensé | pensaré | pensaría | piense | pensara | |
| | piensas | pensabas | pensaste | pensarás | pensarías | pienses | pensaras | piensa tú (no pienses) |
| | piensa | pensaba | pensó | pensará | pensaría | piense | pensara | piense Ud. |
| | pensamos | pensábamos | pensamos | pensaremos | pensaríamos | pensemos | pensáramos | pensemos |
| | pensáis | pensabais | pensasteis | pensaréis | pensaríais | penséis | pensarais | pensad (no penséis) |
| | piensan | pensaban | pensaron | pensarán | pensarían | piensen | pensaran | piensen Uds. |

**31. reír(se) (e:i)** — Participles: riendo, reído

| | INDICATIVE | | | | | SUBJUNCTIVE | | IMPERATIVE |
|---|---|---|---|---|---|---|---|---|
| | Present | Imperfect | Preterite | Future | Conditional | Present | Past | |
| | río | reía | reí | reiré | reiría | ría | riera | |
| | ríes | reías | reíste | reirás | reirías | rías | rieras | ríe tú (no rías) |
| | ríe | reía | rió | reirá | reiría | ría | riera | ría Ud. |
| | reímos | reíamos | reímos | reiremos | reiríamos | riamos | riéramos | riamos |
| | reís | reíais | reísteis | reiréis | reiríais | riáis | rierais | reíd (no riáis) |
| | ríen | reían | rieron | reirán | reirían | rían | rieran | rían Uds. |

**32. seguir (e:i) (gu:g)** — Participles: siguiendo, seguido

| | INDICATIVE | | | | | SUBJUNCTIVE | | IMPERATIVE |
|---|---|---|---|---|---|---|---|---|
| | Present | Imperfect | Preterite | Future | Conditional | Present | Past | |
| | sigo | seguía | seguí | seguiré | seguiría | siga | siguiera | |
| | sigues | seguías | seguiste | seguirás | seguirías | sigas | siguieras | sigue tú (no sigas) |
| | sigue | seguía | siguió | seguirá | seguiría | siga | siguiera | siga Ud. |
| | seguimos | seguíamos | seguimos | seguiremos | seguiríamos | sigamos | siguiéramos | sigamos |
| | seguís | seguíais | seguisteis | seguiréis | seguiríais | sigáis | siguierais | seguid (no sigáis) |
| | siguen | seguían | siguieron | seguirán | seguirían | sigan | siguieran | sigan Uds. |

**33. sentir (e:ie)** — Participles: sintiendo, sentido

| | INDICATIVE | | | | | SUBJUNCTIVE | | IMPERATIVE |
|---|---|---|---|---|---|---|---|---|
| | Present | Imperfect | Preterite | Future | Conditional | Present | Past | |
| | siento | sentía | sentí | sentiré | sentiría | sienta | sintiera | |
| | sientes | sentías | sentiste | sentirás | sentirías | sientas | sintieras | siente tú (no sientas) |
| | siente | sentía | sintió | sentirá | sentiría | sienta | sintiera | sienta Ud. |
| | sentimos | sentíamos | sentimos | sentiremos | sentiríamos | sintamos | sintiéramos | sintamos |
| | sentís | sentíais | sentisteis | sentiréis | sentiríais | sintáis | sintierais | sentid (no sintáis) |
| | sienten | sentían | sintieron | sentirán | sentirían | sientan | sintieran | sientan Uds. |

**34. volver (o:ue)**
Participles: volviendo, vuelto

| | Indicative | | | | | Subjunctive | | Imperative |
|---|---|---|---|---|---|---|---|---|
| | Present | Imperfect | Preterite | Future | Conditional | Present | Past | |
| | vuelvo | volvía | volví | volveré | volvería | vuelva | volviera | |
| | vuelves | volvías | volviste | volverás | volverías | vuelvas | volvieras | vuelve tú (no vuelvas) |
| | vuelve | volvía | volvió | volverá | volvería | vuelva | volviera | vuelva Ud. |
| | volvemos | volvíamos | volvimos | volveremos | volveríamos | volvamos | volviéramos | volvamos |
| | volvéis | volvíais | volvisteis | volveréis | volveríais | volváis | volvierais | volved (no volváis) |
| | vuelven | volvían | volvieron | volverán | volverían | vuelvan | volvieran | vuelvan Uds. |

# Verbs with spelling changes only

**35. conocer (c:zc)**
Participles: conociendo, conocido

| | Indicative | | | | | Subjunctive | | Imperative |
|---|---|---|---|---|---|---|---|---|
| | Present | Imperfect | Preterite | Future | Conditional | Present | Past | |
| | conozco | conocía | conocí | conoceré | conocería | conozca | conociera | |
| | conoces | conocías | conociste | conocerás | conocerías | conozcas | conocieras | conoce tú (no conozcas) |
| | conoce | conocía | conoció | conocerá | conocería | conozca | conociera | conozca Ud. |
| | conocemos | conocíamos | conocimos | conoceremos | conoceríamos | conozcamos | conociéramos | conozcamos |
| | conocéis | conocíais | conocisteis | conoceréis | conoceríais | conozcáis | conocierais | conoced (no conozcáis) |
| | conocen | conocían | conocieron | conocerán | conocerían | conozcan | conocieran | conozcan Uds. |

**36. creer (y)**
Participles: creyendo, creído

| | Indicative | | | | | Subjunctive | | Imperative |
|---|---|---|---|---|---|---|---|---|
| | Present | Imperfect | Preterite | Future | Conditional | Present | Past | |
| | creo | creía | creí | creeré | creería | crea | creyera | |
| | crees | creías | creíste | creerás | creerías | creas | creyeras | cree tú (no creas) |
| | cree | creía | creyó | creerá | creería | crea | creyera | crea Ud. |
| | creemos | creíamos | creímos | creeremos | creeríamos | creamos | creyéramos | creamos |
| | creéis | creíais | creísteis | creeréis | creeríais | creáis | creyerais | creed (no creáis) |
| | creen | creían | creyeron | creerán | creerían | crean | creyeran | crean Uds. |

**37. cruzar (z:c)**
Participles: cruzando, cruzado

| | Indicative | | | | | Subjunctive | | Imperative |
|---|---|---|---|---|---|---|---|---|
| | Present | Imperfect | Preterite | Future | Conditional | Present | Past | |
| | cruzo | cruzaba | crucé | cruzaré | cruzaría | cruce | cruzara | |
| | cruzas | cruzabas | cruzaste | cruzarás | cruzarías | cruces | cruzaras | cruza tú (no cruces) |
| | cruza | cruzaba | cruzó | cruzará | cruzaría | cruce | cruzara | cruce Ud. |
| | cruzamos | cruzábamos | cruzamos | cruzaremos | cruzaríamos | crucemos | cruzáramos | crucemos |
| | cruzáis | cruzabais | cruzasteis | cruzaréis | cruzaríais | crucéis | cruzarais | cruzad (no crucéis) |
| | cruzan | cruzaban | cruzaron | cruzarán | cruzarían | crucen | cruzaran | crucen Uds. |

**38. destruir (y)**
Participles: destruyendo, destruido

| | Indicative | | | | | Subjunctive | | Imperative |
|---|---|---|---|---|---|---|---|---|
| | Present | Imperfect | Preterite | Future | Conditional | Present | Past | |
| | destruyo | destruía | destruí | destruiré | destruiría | destruya | destruyera | |
| | destruyes | destruías | destruiste | destruirás | destruirías | destruyas | destruyeras | destruye tú (no destruyas) |
| | destruye | destruía | destruyó | destruirá | destruiría | destruya | destruyera | destruya Ud. |
| | destruimos | destruíamos | destruimos | destruiremos | destruiríamos | destruyamos | destruyéramos | destruyamos |
| | destruís | destruíais | destruisteis | destruiréis | destruiríais | destruyáis | destruyerais | destruid (no destruyáis) |
| | destruyen | destruían | destruyeron | destruirán | destruirían | destruyan | destruyeran | destruyan Uds. |

**39. enviar (envío)**
Participles: enviando, enviado

| | Indicative | | | | | Subjunctive | | Imperative |
|---|---|---|---|---|---|---|---|---|
| | Present | Imperfect | Preterite | Future | Conditional | Present | Past | |
| | envío | enviaba | envié | enviaré | enviaría | envíe | enviara | |
| | envías | enviabas | enviaste | enviarás | enviarías | envíes | enviaras | envía tú (no envíes) |
| | envía | enviaba | envió | enviará | enviaría | envíe | enviara | envíe Ud. |
| | enviamos | enviábamos | enviamos | enviaremos | enviaríamos | enviemos | enviáramos | enviemos |
| | enviáis | enviabais | enviasteis | enviaréis | enviaríais | enviéis | enviarais | enviad (no enviéis) |
| | envían | enviaban | enviaron | enviarán | enviarían | envíen | enviaran | envíen Uds. |

**40. graduarse (gradúo)**
Participles: graduando, graduado

| | INDICATIVE | | | | | SUBJUNCTIVE | | IMPERATIVE |
|---|---|---|---|---|---|---|---|---|
| | Present | Imperfect | Preterite | Future | Conditional | Present | Past | |
| | gradúo | graduaba | gradué | graduaré | graduaría | gradúe | graduara | |
| | gradúas | graduabas | graduaste | graduarás | graduarías | gradúes | graduaras | gradúa tú (no gradúes) |
| | gradúa | graduaba | graduó | graduará | graduaría | gradúe | graduara | gradúe Ud. |
| | graduamos | graduábamos | graduamos | graduaremos | graduaríamos | graduemos | graduáramos | graduemos |
| | graduáis | graduabais | graduasteis | graduaréis | graduaríais | graduéis | graduarais | graduad (no graduéis) |
| | gradúan | graduaban | graduaron | graduarán | graduarían | gradúen | graduaran | gradúen Uds. |

**41. llegar (g:gu)**
Participles: llegando, llegado

| | INDICATIVE | | | | | SUBJUNCTIVE | | IMPERATIVE |
|---|---|---|---|---|---|---|---|---|
| | Present | Imperfect | Preterite | Future | Conditional | Present | Past | |
| | llego | llegaba | llegué | llegaré | llegaría | llegue | llegara | |
| | llegas | llegabas | llegaste | llegarás | llegarías | llegues | llegaras | llega tú (no llegues) |
| | llega | llegaba | llegó | llegará | llegaría | llegue | llegara | llegue Ud. |
| | llegamos | llegábamos | llegamos | llegaremos | llegaríamos | lleguemos | llegáramos | lleguemos |
| | llegáis | llegabais | llegasteis | llegaréis | llegaríais | lleguéis | llegarais | llegad (no lleguéis) |
| | llegan | llegaban | llegaron | llegarán | llegarían | lleguen | llegaran | lleguen Uds. |

**42. proteger (g:j)**
Participles: protegiendo, protegido

| | INDICATIVE | | | | | SUBJUNCTIVE | | IMPERATIVE |
|---|---|---|---|---|---|---|---|---|
| | Present | Imperfect | Preterite | Future | Conditional | Present | Past | |
| | protejo | protegía | protegí | protegeré | protegería | proteja | protegiera | |
| | proteges | protegías | protegiste | protegerás | protegerías | protejas | protegieras | protege tú (no protejas) |
| | protege | protegía | protegió | protegerá | protegería | proteja | protegiera | proteja Ud. |
| | protegemos | protegíamos | protegimos | protegeremos | protegeríamos | protejamos | protegiéramos | protejamos |
| | protegéis | protegíais | protegisteis | protegeréis | protegeríais | protejáis | protegierais | proteged (no protejáis) |
| | protegen | protegían | protegieron | protegerán | protegerían | protejan | protegieran | protejan Uds. |

**43. tocar (c:qu)**
Participles: tocando, tocado

| | INDICATIVE | | | | | SUBJUNCTIVE | | IMPERATIVE |
|---|---|---|---|---|---|---|---|---|
| | Present | Imperfect | Preterite | Future | Conditional | Present | Past | |
| | toco | tocaba | toqué | tocaré | tocaría | toque | tocara | |
| | tocas | tocabas | tocaste | tocarás | tocarías | toques | tocaras | toca tú (no toques) |
| | toca | tocaba | tocó | tocará | tocaría | toque | tocara | toque Ud. |
| | tocamos | tocábamos | tocamos | tocaremos | tocaríamos | toquemos | tocáramos | toquemos |
| | tocáis | tocabais | tocasteis | tocaréis | tocaríais | toquéis | tocarais | tocad (no toquéis) |
| | tocan | tocaban | tocaron | tocarán | tocarían | toquen | tocaran | toquen Uds. |

# Guide to Vocabulary

## Note on alphabetization

For purposes of alphabetization, **ch** and **ll** are not treated as separate letters, but **ñ** follows **n**. Therefore, in this glossary you will find that **año**, for example, appears after **anuncio**.

## Abbreviations used in this glossary

| | | | | | |
|---|---|---|---|---|---|
| *adj.* | adjective | *form.* | formal | *pl.* | plural |
| *adv.* | adverb | *indef.* | indefinite | *poss.* | possessive |
| *art.* | article | *interj.* | interjection | *prep.* | preposition |
| *conj.* | conjunction | *i.o.* | indirect object | *pron.* | pronoun |
| *def.* | definite | *m.* | masculine | *ref.* | reflexive |
| *d.o.* | direct object | *n.* | noun | *sing.* | singular |
| *f.* | feminine | *obj.* | object | *sub.* | subject |
| *fam.* | familiar | *p.p.* | past participle | *v.* | verb |

## Spanish-English

### A

**a** *prep.* at; to 1
   **¿A qué hora...?** At what time...? 1
   **a bordo** aboard 1
   **a dieta** on a diet 15
   **a la derecha** to the right 2
   **a la izquierda** to the left 2
   **a la plancha** grilled 8
   **a la(s) +** *time* at + *time* 1
   **a menos que** unless 13
   **a menudo** *adv.* often 10
   **a nombre de** in the name of 5
   **a plazos** in installments 14
   **A sus órdenes.** At your service. 11
   **a tiempo** *adv.* on time 10
   **a veces** *adv.* sometimes 10
   **a ver** let's see
**¡Abajo!** *adv.* Down! 15
**abeja** *f.* bee
**abierto/a** *adj.* open 5, 14
**abogado/a** *m., f.* lawyer 16
**abrazar(se)** *v.* to hug; to embrace (each other) 11
**abrazo** *m.* hug
**abrigo** *m.* coat 6
**abril** *m.* April 5
**abrir** *v.* to open 3
**abuelo/a** *m., f.* grandfather; grandmother 3
**abuelos** *pl.* grandparents 3
**aburrido/a** *adj.* bored; boring 5
**aburrir** *v.* to bore 7
**aburrirse** *v.* to get bored 17
**acabar de (+** *inf.***)** *v.* to have just done something 6
**acampar** *v.* to camp 5
**accidente** *m.* accident 10
**acción** *f.* action 17
   **de acción** action (genre) 17

**aceite** *m.* oil 8
**aceptar: ¡Acepto casarme contigo!** I'll marry you! 17
**ácido/a** *adj.* acid 13
**acompañar** *v.* to accompany 14
**aconsejar** *v.* to advise 12
**acontecimiento** *m.* event 18
**acordarse (de) (o:ue)** *v.* to remember 7
**acostarse (o:ue)** *v.* to go to bed 7
**activo/a** *adj.* active 15
**actor** *m.* actor 16
**actriz** *f.* actor 16
**actualidades** *f., pl.* news; current events 18
**acuático/a** *adj.* aquatic 4
**adelgazar** *v.* to lose weight; to slim down 15
**además (de)** *adv.* furthermore; besides 10
**adicional** *adj.* additional
**adiós** *m.* good-bye 1
**adjetivo** *m.* adjective
**administración de empresas** *f.* business administration 2
**adolescencia** *f.* adolescence 9
**¿adónde?** *adv.* where (to)? (destination) 2
**aduana** *f.* customs 5
**aeróbico/a** *adj.* aerobic 15
**aeropuerto** *m.* airport 5
**afectado/a** *adj.* affected 13
**afeitarse** *v.* to shave 7
**aficionado/a** *adj.* fan 4
**afirmativo/a** *adj.* affirmative
**afuera** *adv.* outside 5
**afueras** *f., pl.* suburbs; outskirts 12
**agencia de viajes** *f.* travel agency 5
**agente de viajes** *m., f.* travel agent 5
**agosto** *m.* August 5
**agradable** *adj.* pleasant 5

**agua** *f.* water 8
   **agua mineral** mineral water 8
**aguantar** *v.* to endure, to hold up 14
**ahora** *adv.* now 2
   **ahora mismo** right now 5
**ahorrar** *v.* to save (money) 14
**ahorros** *m.* savings 14
**aire** *m.* air 5
**ajo** *m.* garlic 8
**al** (*contraction of* **a + el**) 2
   **al aire libre** open-air 6
   **al contado** in cash 14
   **(al) este** (to the) east 14
   **al fondo (de)** at the end (of) 12
   **al lado de** beside 2
   **(al) norte** (to the) north 14
   **(al) oeste** (to the) west 14
   **(al) sur** (to the) south 14
**alcoba** *f.* bedroom 12
**alcohol** *m.* alcohol 15
**alcohólico/a** *adj.* alcoholic 15
**alegrarse (de)** *v.* to be happy 13
**alegre** *adj.* happy; joyful 5
**alegría** *f.* happiness 9
**alemán, alemana** *adj.* German 3
**alérgico/a** *adj.* allergic 10
**alfombra** *f.* carpet; rug 12
**algo** *pron.* something; anything 7
**algodón** *m.* cotton 6
**alguien** *pron.* someone; somebody; anyone 7
**algún, alguno/a(s)** *adj.* any; some 7
**alimento** *m.* food
   **alimentación** *f.* diet
**aliviar** *v.* to reduce 15
   **aliviar el estrés/la tensión** to reduce stress/tension 15
**allá** *adv.* over there 2
**allí** *adv.* there 2
   **allí mismo** right there 14
**alma** *f.* soul 9
**almacén** *m.* department store 6

**almohada** *f.* pillow 12
**almorzar (o:ue)** *v.* to have lunch 4
**almuerzo** *m.* lunch 4, 8
**aló** *interj.* hello (*on the telephone*) 11
**alquilar** *v.* to rent 12
**alquiler** *m.* rent (payment) 12
**altar** *m.* altar 9
**altillo** *m.* attic 12
**alto/a** *adj.* tall 3
**aluminio** *m.* aluminum 13
**ama de casa** *m., f.* housekeeper; caretaker 12
**amable** *adj.* nice; friendly 5
**amarillo/a** *adj.* yellow 6
**amigo/a** *m., f.* friend 3
**amistad** *f.* friendship 9
**amor** *m.* love 9
  **amor a primera vista** love at first sight 9
**anaranjado/a** *adj.* orange 6
**ándale** *interj.* come on 14
**andar** *v.* **en patineta** to skateboard 4
**ángel** *m.* angel 9
**anillo** *m.* ring 17
**animal** *m.* animal 13
**aniversario (de bodas)** *m.* (wedding) anniversary 9
**anoche** *adv.* last night 6
**anteayer** *adv.* the day before yesterday 6
**antes** *adv.* before 7
  **antes (de) que** *conj.* before 13
  **antes de** *prep.* before 7
**antibiótico** *m.* antibiotic 10
**antipático/a** *adj.* unpleasant 3
**anunciar** *v.* to announce; to advertise 18
**anuncio** *m.* advertisement 16
**año** *m.* year 5
  **año pasado** last year 6
**apagar** *v.* to turn off 11
**aparato** *m.* appliance
**apartamento** *m.* apartment 12
**apellido** *m.* last name 3
**apenas** *adv.* hardly; scarcely 10
**aplaudir** *v.* to applaud 17
**apreciar** *v.* to appreciate 17
**aprender (a + inf.)** *v.* to learn 3
**apurarse** *v.* to hurry; to rush 15
**aquel, aquella** *adj.* that; those (over there) 6
**aquél, aquélla** *pron.* that; those (over there) 6
**aquello** *neuter, pron.* that; that thing; that fact 6
**aquellos/as** *pl. adj.* those (over there) 6
**aquéllos/as** *pl. pron.* those (ones) (over there) 6
**aquí** *adv.* here 1
  **Aquí está(n)...** Here is/are... 5
  **aquí mismo** right here 11
**árbol** *m.* tree 13

**archivo** *m.* file 11
**arete** *m.* earing 6
**Argentina** *f.* Argentina 1
**argentino/a** *adj.* Argentine 3
**armario** *m.* closet 12
**arqueología** *f.* archaeology 2
**arqueólogo/a** *m., f.* archaeologist 16
**arquitecto/a** *m., f.* architect 16
**arrancar** *v.* to start (*a car*) 11
**arreglar** *v.* to fix; to arrange 11; to neaten; to straighten up 12
**arreglarse** *v.* to get ready 7; to fix oneself (*clothes, hair, etc. to go out*) 7
**arriba: hasta arriba** to the top 15
**arroba** *f.* @ symbol 11
**arroz** *m.* rice 8
**arte** *m.* art 2
**artes** *f., pl.* arts 17
**artesanía** *f.* craftsmanship; crafts 17
**artículo** *m.* article 18
**artista** *m., f.* artist 3
**artístico/a** *adj.* artistic 17
**arveja** *m.* pea 8
**asado/a** *adj.* roast 8
**ascenso** *m.* promotion 16
**ascensor** *m.* elevator 5
**así** *adv.* like this; so (*in such a way*) 10
**asistir (a)** *v.* to attend 3
**aspiradora** *f.* vacuum cleaner 12
**aspirante** *m., f.* candidate; applicant 16
**aspirina** *f.* aspirin 10
**atún** *m.* tuna 8
**aumentar** *v.* to grow; to get bigger 13
**aumentar** *v.* **de peso** to gain weight 15
**aumento** *m.* increase 16
  **aumento de sueldo** pay raise 16
**aunque** although
**autobús** *m.* bus 1
**automático/a** *adj.* automatic
**auto(móvil)** *m.* auto(mobile) 5
**autopista** *f.* highway 11
**ave** *f.* bird 13
**avenida** *f.* avenue
**aventura** *f.* adventure 17
  **de aventura** adventure (genre) 17
**avergonzado/a** *adj.* embarrassed 5
**avión** *m.* airplane 5
**¡Ay!** *interj.* Oh!
  **¡Ay, qué dolor!** Oh, what pain!
**ayer** *adv.* yesterday 6
**ayudar(se)** *v.* to help (each other) 11, 12
**azúcar** *m.* sugar 8
**azul** *adj. m., f.* blue 6

## B

**bailar** *v.* to dance 2
**bailarín/bailarina** *m., f.* dancer 17
**baile** *m.* dance 17
**bajar(se) de** *v.* to get off of/out of (a vehicle) 11
**bajo/a** *adj.* short (*in height*) 3
**bajo control** under control 7
**balcón** *m.* balcony 12
**balde** *m.* bucket 5
**ballena** *f.* whale 13
**baloncesto** *m.* basketball 4
**banana** *f.* banana 8
**banco** *m.* bank 14
**banda** *f.* band 17
**bandera** *f.* flag
**bañarse** *v.* to bathe; to take a bath 7
**baño** *m.* bathroom 7
**barato/a** *adj.* cheap 6
**barco** *m.* boat 5
**barrer** *v.* to sweep 12
  **barrer el suelo** *v.* to sweep the floor 12
**barrio** *m.* neighborhood 12
**bastante** *adv.* enough; rather 10; pretty 13
**basura** *f.* trash 12
**baúl** *m.* trunk 11
**beber** *v.* to drink 3
**bebida** *f.* drink 8
  **bebida alcohólica** *f.* alcoholic beverage 15
**béisbol** *m.* baseball 4
**bellas artes** *f., pl.* fine arts 17
**belleza** *f.* beauty 14
**beneficio** *m.* benefit 16
**besar(se)** *v.* to kiss (each other) 11
**beso** *m.* kiss 9
**biblioteca** *f.* library 2
**bicicleta** *f.* bicycle 4
**bien** *adj.* well 1
**bienestar** *m.* well-being 15
**bienvenido(s)/a(s)** *adj.* welcome 12
**billete** *m.* paper money; ticket
**billón** *m.* trillion
**biología** *f.* biology 2
**bisabuelo/a** *m., f.* great-grandfather/great-grandmother 3
**bistec** *m.* steak 8
**bizcocho** *m.* biscuit
**blanco/a** *adj.* white 6
**blog** *m.* blog 11
**(blue)jeans** *m., pl.* jeans 6
**blusa** *f.* blouse 6
**boca** *f.* mouth 10
**boda** *f.* wedding 9
**boleto** *m.* ticket 2, 17
**bolsa** *f.* purse, bag 6
**bombero/a** *m., f.* firefighter 16
**bonito/a** *adj.* pretty 3
**borrador** *m.* eraser 2
**borrar** *v.* to erase 11

**bosque** *m.* forest 13
   **bosque tropical** tropical forest; rainforest 13
**bota** *f.* boot 6
**botella** *f.* bottle 9
   **botella de vino** bottle of wine 9
**botones** *m., f. sing.* bellhop 5
**brazo** *m.* arm 10
**brindar** *v.* to toast (*drink*) 9
**bucear** *v.* to scuba dive 4
**bueno** *adv.* well
**buen, bueno/a** *adj.* good 3, 6
   **buena forma** good shape (*physical*) 15
   **Buena idea.** Good idea.
   **Buenas noches.** Good evening; Good night. 1
   **Buenas tardes.** Good afternoon. 1
   **buenísimo/a** extremely good
   **Bueno.** Hello. (*on telephone*) 11
   **Buenos días.** Good morning. 1
**bulevar** *m.* boulevard
**buscar** *v.* to look for 2
**buzón** *m.* mailbox 14

### C

**caballero** *m.* gentleman, sir 8
**caballo** *m.* horse 5
**cabe: no cabe duda de** there's no doubt 13
**cabeza** *f.* head 10
**cada** *adj. m., f.* each 6
**caerse** *v.* to fall (down) 10
**café** *m.* café 4; *adj. m., f.* brown 6; *m.* coffee 8
**cafeína** *f.* caffeine 14
**cafetera** *f.* coffee maker 12
**cafetería** *f.* cafeteria 2
**caído/a** *p.p.* fallen 14
**caja** *f.* cash register 6
**cajero/a** *m., f.* cashier 14
   **cajero automático** *m.* ATM 14
**calavera de azúcar** *f.* skull made out of sugar 9
**calcetín (calcetines)** *m.* sock(s) 6
**calculadora** *f.* calculator 2
**caldo** *m.* soup
**calentamiento global** *m.* global warming 13
**calentarse (e:ie)** *v.* to warm up 15
**calidad** *f.* quality 6
**calle** *f.* street 11
**calor** *m.* heat 4
**caloría** *f.* calorie 15
**calzar** *v.* to take size... shoes 6
**cama** *f.* bed 5
**cámara digital** *f.* digital camera 11
**cámara de video** *f.* video camera 11
**camarero/a** *m., f.* waiter/waitress 8

**camarón** *m.* shrimp 8
**cambiar (de)** *v.* to change 9
**cambio: de cambio** in change 2
**cambio** *m.* **climático** climate change 13
**cambio** *m.* **de moneda** currency exchange
**caminar** *v.* to walk 2
**camino** *m.* road
**camión** *m.* truck; bus
**camisa** *f.* shirt 6
**camiseta** *f.* t-shirt 6
**campo** *m.* countryside 5
**canadiense** *adj.* Canadian 3
**canal** *m.* (TV) channel 11; 17
**canción** *f.* song 17
**candidato/a** *m., f.* candidate 18
**canela** *f.* cinnamon 10
**cansado/a** *adj.* tired 5
**cantante** *m., f.* singer 17
**cantar** *v.* to sing 2
**capital** *f.* capital city 1
**capó** *m.* hood 11
**cara** *f.* face 7
**caramelo** *m.* caramel 9
**carne** *f.* meat 8
   **carne de res** *f.* beef 8
**carnicería** *f.* butcher shop 14
**caro/a** *adj.* expensive 6
**carpintero/a** *m., f.* carpenter 16
**carrera** *f.* career 16
**carretera** *f.* highway 11
**carro** *m.* car; automobile 11
**carta** *f.* letter 4; (playing) card 5
**cartel** *m.* poster 12
**cartera** *f.* wallet 4, 6
**cartero** *m.* mail carrier 14
**casa** *f.* house; home 2
**casado/a** *adj.* married 9
**casarse (con)** *v.* to get married (to) 9
**casi** *adv.* almost 10
**catorce** *adj.* fourteen 1
**cazar** *v.* to hunt 13
**cebolla** *f.* onion 8
**cederrón** *m.* CD-ROM 11
**celebrar** *v.* to celebrate 9
**cementerio** *m.* cemetery 9
**cena** *f.* dinner 8
**cenar** *v.* to have dinner 2
**centro** *m.* downtown 4
   **centro comercial** shopping mall 9
**cepillarse los dientes/el pelo** *v.* to brush one's teeth/one's hair 7
**cerámica** *f.* pottery 17
**cerca de** *prep.* near 2
**cerdo** *m.* pork 8
**cereales** *m., pl.* cereal; grains 8
**cero** *m.* zero 1
**cerrado/a** *adj.* closed 5, 14
**cerrar (e:ie)** *v.* to close 4
**cerveza** *f.* beer 8
**césped** *m.* grass
**ceviche** *m.* marinated fish dish 8
   **ceviche de camarón** *m.* lemon-marinated shrimp 8

**chaleco** *m.* vest
**champán** *m.* champagne 9
**champiñón** *m.* mushroom 8
**champú** *m.* shampoo 7
**chaqueta** *f.* jacket 6
**chau** *fam. interj.* bye 1
**cheque** *m.* (bank) check 14
   **cheque (de viajero)** *m.* (traveler's) check 14
**chévere** *adj., fam.* terrific
**chico/a** *m., f.* boy/girl 1
**chino/a** *adj.* Chinese 3
**chocar (con)** *v.* to run into
**chocolate** *m.* chocolate 9
**choque** *m.* collision 18
**chuleta** *f.* chop (*food*) 8
   **chuleta de cerdo** *f.* pork chop 8
**cibercafé** *m.* cybercafé
**ciclismo** *m.* cycling 4
**cielo** *m.* sky 13
**cien(to)** one hundred 2
**ciencia** *f.* science 2
   **ciencias ambientales** environmental sciences 2
   **de ciencia ficción** *f.* science fiction (genre) 17
**científico/a** *m., f.* scientist 16
**cierto** *m.* certain 13
   **es cierto** it's certain 13
   **no es cierto** it's not certain 13
**cima** *f.* top, peak 15
**cinco** five 1
**cincuenta** fifty 2
**cine** *m.* movie theater 4
**cinta** *f.* (audio)tape
   **cinta caminadora** *f.* treadmill 15
**cinturón** *m.* belt 6
**circulación** *f.* traffic 11
**cita** *f.* date; appointment 9
**ciudad** *f.* city 4
**ciudadano/a** *m., f.* citizen 18
**Claro (que sí).** *fam.* Of course.
**clase** *f.* class 2
   **clase de ejercicios aeróbicos** *f.* aerobics class 15
**clásico/a** *adj.* classical 17
**cliente/a** *m., f.* customer 6
**clínica** *f.* clinic 10
**cobrar** *v.* to cash (a check) 14
**coche** *m.* car; automobile 11
**cocina** *f.* kitchen; stove 9, 12
**cocinar** *v.* to cook 12
**cocinero/a** *m., f.* cook, chef 16
**cofre** *m.* hood 14
**cola** *f.* line 14
**colesterol** *m.* cholesterol 15
**color** *m.* color 6
**comedia** *f.* comedy; play 17
**comedor** *m.* dining room 12
**comenzar (e:ie)** *v.* to begin 4
**comer** *v.* to eat 3
**comercial** *adj.* commercial; business-related 16
**comida** *f.* food; meal 4, 8
**como** like; as 8
**¿cómo?** what?; how? 1

**¿Cómo es...?** What's... like? 3
**¿Cómo está usted?** *form.* How are you? 1
**¿Cómo estás?** *fam.* How are you? 1
**¿Cómo les fue...?** *pl.* How did ... go for you? 15
**¿Cómo se llama usted?** *(form.)* What's your name? 1
**¿Cómo te llamas?** *fam.* What's your name? 1
**cómoda** *f.* chest of drawers 12
**cómodo/a** *adj.* comfortable 5
**compañero/a de clase** *m., f.* classmate 2
**compañero/a de cuarto** *m., f.* roommate 2
**compañía** *f.* company; firm 16
**compartir** *v.* to share 3
**completamente** *adv.* completely 5, 16
**compositor(a)** *m., f.* composer 17
**comprar** *v.* to buy 2
**compras** *f., pl.* purchases 5
  **ir de compras** go shopping 5
**comprender** *v.* to understand 3
**comprobar** *v.* to check
**comprometerse (con)** *v.* to get engaged (to) 9
**computación** *f.* computer science 2
**computadora** *f.* computer 1
**computadora portátil** *f.* portable computer; laptop 11
**comunicación** *f.* communication 18
**comunicarse (con)** *v.* to communicate (with) 18
**comunidad** *f.* community 1
**con** *prep.* with 2
  **Con él/ella habla.** Speaking./ This is he/she. *(on telephone)* 11
  **con frecuencia** *adv.* frequently 10
  **Con permiso.** Pardon me; Excuse me. 1
  **con tal (de) que** provided (that) 13
**concierto** *m.* concert 17
**concordar** *v.* to agree
**concurso** *m.* game show; contest 17
**conducir** *v.* to drive 6, 11
**conductor(a)** *m., f.* driver 1
**conexión** *f.* **inalámbrica** wireless (connection) 11
**confirmar** *v.* to confirm 5
**confirmar** *v.* **una reservación** *f.* to confirm a reservation 5
**confundido/a** *adj.* confused 5
**congelador** *m.* freezer 12
**congestionado/a** *adj.* congested; stuffed-up 10
**conmigo** *pron.* with me 4, 9
**conocer** *v.* to know; to be acquainted with 6
**conocido** *adj.; p.p.* known
**conseguir (e:i)** *v.* to get; to obtain 4
**consejero/a** *m., f.* counselor; advisor 16

**consejo** *m.* advice
**conservación** *f.* conservation 13
**conservar** *v.* to conserve 13
**construir** *v.* to build
**consultorio** *m.* doctor's office 10
**consumir** *v.* to consume 15
**contabilidad** *f.* accounting 2
**contador(a)** *m., f.* accountant 16
**contaminación** *f.* pollution 13
  **contaminación del aire/del agua** air/water pollution 13
**contaminado/a** *adj.* polluted 13
**contaminar** *v.* to pollute 13
**contar (o:ue)** *v.* to count; to tell 4
**contar (con)** *v.* to count (on) 12
**contento/a** *adj.* happy; content 5
**contestadora** *f.* answering machine 11
**contestar** *v.* to answer 2
**contigo** *fam. pron.* with you 5, 9
**contratar** *v.* to hire 16
**control** *m.* control 7
  **control remoto** remote control 11
**controlar** *v.* to control 13
**conversación** *f.* conversation 1
**conversar** *v.* to converse, to chat 2
**copa** *f.* wineglass; goblet 12
**corazón** *m.* heart 10
**corbata** *f.* tie 6
**corredor(a)** *m., f.* **de bolsa** stockbroker 16
**correo** *m.* mail; post office 14
  **correo electrónico** *m.* e-mail 4
  **correo de voz** *m.* voice mail 11
**correr** *v.* to run 3
**cortesía** *f.* courtesy
**cortinas** *f., pl.* curtains 12
**corto/a** *adj.* short (*in length*) 6
**cosa** *f.* thing 1
**Costa Rica** *f.* Costa Rica 1
**costar (o:ue)** *f.* to cost 6
**costarricense** *adj.* Costa Rican 3
**cráter** *m.* crater 13
**creer** *v.* to believe 13
  **creer (en)** *v.* to believe (in) 3
  **no creer (en)** *v.* not to believe (in) 13
**creído/a** *adj., p.p.* believed 14
**crema de afeitar** *f.* shaving cream 5, 7
**crimen** *m.* crime; murder 18
**cruzar** *v.* to cross 14
**cuaderno** *m.* notebook 1
**cuadra** *f.* (city) block 14
**¿cuál(es)?** which?; which one(s)? 2
  **¿Cuál es la fecha de hoy?** What is today's date? 5
**cuadro** *m.* picture 12
**cuadros** *m., pl.* plaid 6
**cuando** when 7; 13
**¿cuándo?** when? 2
**¿cuánto(s)/a(s)?** how much/how many? 1
  **¿Cuánto cuesta...?** How much does... cost? 6

**¿Cuántos años tienes?** How old are you? 3
**cuarenta** forty 2
**cuarto de baño** *m.* bathroom 7
**cuarto** *m.* room 2; 7
**cuarto/a** *adj.* fourth 5
  **menos cuarto** quarter to (time)
  **y cuarto** quarter after (time) 1
**cuatro** four 1
**cuatrocientos/as** four hundred 2
**Cuba** *f.* Cuba 1
**cubano/a** *adj.* Cuban 3
**cubiertos** *m., pl.* silverware
**cubierto/a** *p.p.* covered
**cubrir** *v.* to cover
**cuchara** *f.* (table or large) spoon 12
**cuchillo** *m.* knife 12
**cuello** *m.* neck 10
**cuenta** *f.* bill 8; account 14
  **cuenta corriente** *f.* checking account 14
  **cuenta de ahorros** *f.* savings account 14
**cuento** *m.* short story 17
**cuerpo** *m.* body 10
**cuidado** *m.* care 3
**cuidar** *v.* to take care of 13
  **¡Cuídense!** Take care! 14
**cultura** *f.* culture 2, 17
**cumpleaños** *m., sing.* birthday 9
**cumplir años** *v.* to have a birthday 9
**cuñado/a** *m., f.* brother-in-law; sister-in-law 3
**currículum** *m.* résumé 16
**curso** *m.* course 2

## D

**danza** *f.* dance 17
**dañar** *v.* to damage; to break down 10
**dar** *v.* to give 6, 9
  **dar un consejo** *v.* to give advice
  **darse con** *v.* to bump into; to run into (something) 10
  **darse prisa** *v.* to hurry; to rush 15
**de** *prep.* of; from 1
  **¿De dónde eres?** *fam.* Where are you from? 1
  **¿De dónde es usted?** *form.* Where are you from? 1
  **¿De parte de quién?** Who is speaking/calling? *(on telephone)* 11
  **¿de quién...?** whose...? *(sing.)* 1
  **¿de quiénes...?** whose...? *(pl.)* 1
  **de algodón** (made) of cotton 6
  **de aluminio** (made) of aluminum 13
  **de buen humor** in a good mood 5
  **de compras** shopping 5
  **de cuadros** plaid 6

**de excursión** hiking 4
**de hecho** in fact
**de ida y vuelta** roundtrip 5
**de la mañana** in the morning;
   A.M. 1
**de la noche** in the evening; at
   night; P.M. 1
**de la tarde** in the afternoon; in
   the early evening; P.M. 1
**de lana** (made) of wool 6
**de lunares** polka-dotted 6
**de mal humor** in a bad mood 5
**de mi vida** of my life 15
**de moda** in fashion 6
**De nada.** You're welcome. 1
**de niño/a** as a child 10
**de parte de** on behalf of 11
**de plástico** (made) of plastic 13
**de rayas** striped 6
**de repente** suddenly 6
**de seda** (made) of silk 6
**de vaqueros** western (genre) 17
**de vez en cuando** from
   time to time 10
**de vidrio** (made) of glass 13
**debajo de** *prep.* below; under 2
**deber (+ *inf.*)** *v.* should; must;
   ought to 3
   **Debe ser...** It must be... 6
**deber** *m.* responsibility;
   obligation 18
**debido a** due to (the fact that)
**débil** *adj.* weak 15
**decidido/a** *adj.* decided 14
**decidir (+ *inf.*)** *v.* to decide 3
**décimo/a** *adj.* tenth 5
**decir (e:i)** *v.* **(que)** to say (that);
   to tell (that) 4, 9
   **decir la respuesta** to say the
      answer 4
   **decir la verdad** to tell the
      truth 4
   **decir mentiras** to tell lies 4
**declarar** *v.* to declare; to say 18
**dedo** *m.* finger 10
**dedo del pie** *m.* toe 10
**deforestación** *f.* deforestation 13
**dejar** *v.* to let 12; to quit; to leave
   behind 16
   **dejar de (+ *inf.*)** *v.* to stop
      (*doing something*) 13
   **dejar una propina** *v.* to leave
      a tip 9
**del** (*contraction of* **de + el**) of the;
   from the
**delante de** *prep.* in front of 2
**delgado/a** *adj.* thin; slender 3
**delicioso/a** *adj.* delicious 8
**demás** *adj.* the rest
**demasiado** *adj., adv.* too much 6
**dentista** *m., f.* dentist 10
**dentro de (diez años)** within
   (ten years) 16; inside
**dependiente/a** *m., f.* clerk 6
**deporte** *m.* sport 4
**deportista** *m.* sports person

**deportivo/a** *adj.* sports-related 4
**depositar** *v.* to deposit 14
**derecha** *f.* right 2
**derecho** *adj.* straight (ahead) 14
   **a la derecha de** to the right of 2
**derechos** *m., pl.* rights 18
**desarrollar** *v.* to develop 13
**desastre (natural)** *m.* (natural)
   disaster 18
**desayunar** *v.* to have breakfast 2
**desayuno** *m.* breakfast 8
**descafeinado/a** *adj.*
   decaffeinated 15
**descansar** *v.* to rest 2
**descargar** *v.* to download 11
**descompuesto/a** *adj.* not
   working; out of order 11
**describir** *v.* to describe 3
**descrito/a** *p.p.* described 14
**descubierto/a** *p.p.* discovered 14
**descubrir** *v.* to discover 13
**desde** *prep.* from 6
**desear** *v.* to wish; to desire 2
**desempleo** *m.* unemployment 18
**desierto** *m.* desert 13
**desigualdad** *f.* inequality 18
**desordenado/a** *adj.* disorderly 5
**despacio** *adv.* slowly 10
**despedida** *f.* farewell; good-bye
**despedir (e:i)** *v.* to fire 16
**despedirse (de) (e:i)** *v.* to say
   goodbye (to) 7
**despejado/a** *adj.* clear (*weather*)
**despertador** *m.* alarm clock 7
**despertarse (e:ie)** *v.* to wake up 7
**después** *adv.* afterwards; then 7
   **después de** after 7
   **después de que** *conj.* after 13
**destruir** *v.* to destroy 13
**detrás de** *prep.* behind 2
**día** *m.* day 1
   **día de fiesta** holiday 9
**diario** *m.* diary 1; newspaper 18
   **diario/a** *adj.* daily 7
**dibujar** *v.* to draw 2
**dibujo** *m.* drawing 17
   **dibujos animados** *m., pl.*
      cartoons 17
**diccionario** *m.* dictionary 1
**dicho/a** *p.p.* said 14
**diciembre** *m.* December 5
**dictadura** *f.* dictatorship 18
**diecinueve** nineteen 1
**dieciocho** eighteen 1
**dieciséis** sixteen 1
**diecisiete** seventeen 1
**diente** *m.* tooth 7
**dieta** *f.* diet 15
   **comer una dieta equilibrada**
      to eat a balanced diet 15
**diez** ten 1
**difícil** *adj.* difficult; hard 3
**Diga.** Hello. (*on telephone*) 11
**diligencia** *f.* errand 14
**dinero** *m.* money 6
**dirección** *f.* address 14

**dirección electrónica** *f.* e-mail
   address 11
**director(a)** *m., f.* director;
   (*musical*) conductor 17
**dirigir** *v.* to direct 17
**disco compacto** compact disc
   (CD) 11
**discriminación** *f.*
   discrimination 18
**discurso** *m.* speech 18
**diseñador(a)** *m., f.* designer 16
**diseño** *m.* design
**disfraz** *m.* costume
**disfrutar (de)** *v.* to enjoy; to reap
   the benefits (of) 15
**disminuir** *v.* to reduce 16
**diversión** *f.* fun activity;
   entertainment; recreation 4
**divertido/a** *adj.* fun 7
**divertirse (e:ie)** *v.* to have fun 9
**divorciado/a** *adj.* divorced 9
**divorciarse (de)** *v.* to get divorced
   (from) 9
**divorcio** *m.* divorce 9
**doblar** *v.* to turn 14
**doble** *adj.* double
**doce** twelve 1
**doctor(a)** *m., f.* doctor 3; 10
**documental** *m.* documentary 17
**documentos de viaje** *m., pl.*
   travel documents
**doler (o:ue)** *v.* to hurt 10
**dolor** *m.* ache; pain 10
   **dolor de cabeza** *m.* head
      ache 10
**doméstico/a** *adj.* domestic 12
**domingo** *m.* Sunday 2
**don** *m.* Mr.; sir 1
**doña** *f.* Mrs.; ma'am 1
**donde** *prep.* where
   **¿Dónde está...?** Where is...? 2
   **¿dónde?** where? 1
**dormir (o:ue)** *v.* to sleep 4
**dormirse (o:ue)** *v.* to go to sleep;
   to fall asleep 7
**dormitorio** *m.* bedroom 12
**dos** two 1
   **dos veces** *f.* twice; two times 6
**doscientos/as** two hundred 2
**drama** *m.* drama; play 17
**dramático/a** *adj.* dramatic 17
**dramaturgo/a** *m., f.* playwright 17
**droga** *f.* drug 15
**drogadicto/a** *adj.* drug addict 15
**ducha** *f.* shower 7
**ducharse** *v.* to shower; to take a
   shower 7
**duda** *f.* doubt 13
**dudar** *v.* to doubt 13
   **no dudar** *v.* not to doubt 13
**dueño/a** *m., f.* owner; landlord 8
**dulces** *m., pl.* sweets; candy 9
**durante** *prep.* during 7
**durar** *v.* to last 18

## E

**e** *conj.* (used instead of *y* before words beginning with *i* and *hi*) and 4
**echar** *v.* to throw
  **echar (una carta) al buzón** *v.* to put (a letter) in the mailbox 14; to mail 14
**ecología** *f.* ecology 13
**ecologista** *m., f.* ecologist 13
**ecológico/a** *adj.* ecological 13
**economía** *f.* economics 2
**ecoturismo** *m.* ecotourism 13
**Ecuador** *m.* Ecuador 1
**ecuatoriano/a** *adj.* Ecuadorian 3
**edad** *f.* age 9
**edificio** *m.* building 12
  **edificio de apartamentos** apartment building 12
**(en) efectivo** *m.* cash 6
**ejercer** *v.* to practice/exercise (a degree/profession) 16
**ejercicio** *m.* exercise 15
  **ejercicios aeróbicos** aerobic exercises 15
  **ejercicios de estiramiento** stretching exercises 15
**ejército** *m.* army 18
**el** *m., sing., def. art.* the 1
**él** *sub. pron.* he 1; *adj. pron.* him
**elecciones** *f., pl.* election 18
**electricista** *m., f.* electrician 16
**electrodoméstico** *m.* electric appliance 12
**elegante** *adj. m., f.* elegant 6
**elegir (e:i)** *v.* to elect 18
**ella** *sub. pron.* she 1; *obj. pron.* her
**ellos/as** *sub. pron.* they 1; them 1
**embarazada** *adj.* pregnant 10
**emergencia** *f.* emergency 10
**emitir** *v.* to broadcast 18
**emocionante** *adj. m., f.* exciting
**empezar (e:ie)** *v.* to begin 4
**empleado/a** *m., f.* employee 5
**empleo** *m.* job; employment 16
**empresa** *f.* company; firm 16
**en** *prep.* in; on; at 2
  **en casa** at home 7
  **en caso (de) que** in case (that) 13
  **en cuanto** as soon as 13
  **en efectivo** in cash 14
  **en exceso** in excess; too much 15
  **en línea** in-line 4
  **¡En marcha!** Let's get going! 15
  **en mi nombre** in my name
  **en punto** on the dot; exactly; sharp (*time*) 1
  **en qué** in what; how 2
  **¿En qué puedo servirles?** How can I help you? 5
  **en vivo** live 7
**enamorado/a (de)** *adj.* in love (with) 5
**enamorarse (de)** *v.* to fall in love (with) 9

**encantado/a** *adj.* delighted; pleased to meet you 1
**encantar** *v.* to like very much; to love (*inanimate objects*) 7
  **¡Me encantó!** I loved it! 15
**encima de** *prep.* on top of 2
**encontrar (o:ue)** *v.* to find 4
**encontrar(se) (o:ue)** *v.* to meet (each other); to run into (each other) 11
  **encontrarse con** to meet up with 7
**encuesta** *f.* poll; survey 18
**energía** *f.* energy 13
  **energía nuclear** nuclear energy 13
  **energía solar** solar energy 13
**enero** *m.* January 5
**enfermarse** *v.* to get sick 10
**enfermedad** *f.* illness 10
**enfermero/a** *m., f.* nurse 10
**enfermo/a** *adj.* sick 10
**enfrente de** *adv.* opposite; facing 14
**engordar** *v.* to gain weight 15
**enojado/a** *adj.* mad; angry 5
**enojarse (con)** *v.* to get angry (with) 7
**ensalada** *f.* salad 8
**ensayo** *m.* essay 3
**enseguida** *adv.* right away
**enseñar** *v.* to teach 2
**ensuciar** *v.* to get (something) dirty 12
**entender (e:ie)** *v.* to understand 4
**enterarse** *v.* to find out 16
**entonces** *adv.* so, then 5, 7
**entrada** *f.* entrance 12; ticket 17
**entre** *prep.* between; among 2
**entregar** *v.* to hand in 11
**entremeses** *m., pl.* hors d'oeuvres; appetizers 8
**entrenador(a)** *m., f.* trainer 15
**entrenarse** *v.* to practice; to train 15
**entrevista** *f.* interview 16
**entrevistador(a)** *m., f.* interviewer 16
**entrevistar** *v.* to interview 16
**envase** *m.* container 13
**enviar** *v.* to send; to mail 14
**equilibrado/a** *adj.* balanced 15
**equipado/a** *adj.* equipped 15
**equipaje** *m.* luggage 5
**equipo** *m.* team 4
**equivocado/a** *adj.* wrong 5
**eres** *fam.* you are 1
**es** he/she/it is 1
  **Es bueno que...** It's good that... 12
  **Es de...** He/She is from... 1
  **es extraño** it's strange 13
  **es igual** it's the same 5
  **Es importante que...** It's important that... 12
  **es imposible** it's impossible 13
  **es improbable** it's improbable 13
  **Es malo que...** It's bad that... 12

  **Es mejor que...** It's better that... 12
  **Es necesario que...** It's necessary that... 12
  **es obvio** it's obvious 13
  **es ridículo** it's ridiculous 13
  **es seguro** it's sure 13
  **es terrible** it's terrible 13
  **es triste** it's sad 13
  **Es urgente que...** It's urgent that... 12
  **Es la una.** It's one o'clock. 1
  **es una lástima** it's a shame 13
  **es verdad** it's true 13
**esa(s)** *f., adj.* that; those 6
**ésa(s)** *f., pron.* that (one); those (ones) 6
**escalar** *v.* to climb 4
  **escalar montañas** *v.* to climb mountains 4
**escalera** *f.* stairs; stairway 12
**escalón** *m.* step 15
**escanear** *v.* to scan 11
**escoger** *v.* to choose 8
**escribir** *v.* to write 3
  **escribir un mensaje electrónico** to write an e-mail message 4
  **escribir una postal** to write a postcard 4
  **escribir una carta** to write a letter 4
**escrito/a** *p.p.* written 14
**escritor(a)** *m., f.* writer 17
**escritorio** *m.* desk 2
**escuchar** *v.* to listen to
  **escuchar la radio** to listen (to) the radio 2
  **escuchar música** to listen (to) music 2
**escuela** *f.* school 1
**esculpir** *v.* to sculpt 17
**escultor(a)** *m., f.* sculptor 17
**escultura** *f.* sculpture 17
**ese** *m., sing., adj.* that 6
**ése** *m., sing., pron.* that one 6
**eso** *neuter, pron.* that; that thing 6
**esos** *m., pl., adj.* those 6
**ésos** *m., pl., pron.* those (ones) 6
**España** *f.* Spain 1
**español** *m.* Spanish (*language*) 2
**español(a)** *adj. m., f.* Spanish 3
**espárragos** *m., pl.* asparagus 8
**especialidad: las especialidades del día** today's specials 8
**especialización** *f.* major 2
**espectacular** *adj.* spectacular 15
**espectáculo** *m.* show 17
**espejo** *m.* mirror 7
**esperar** *v.* to hope; to wish 13
  **esperar (+ infin.)** *v.* to wait (for); to hope 2
**esposo/a** *m., f.* husband/wife; spouse 3
**esquí (acuático)** *m.* (water) skiing 4

**esquiar** *v.* to ski 4
**esquina** *m.* corner 14
**está** he/she/it is, you are
  **Está (muy) despejado.** It's (very) clear. (*weather*)
  **Está lloviendo.** It's raining. 5
  **Está nevando.** It's snowing. 5
  **Está (muy) nublado.** It's (very) cloudy. (*weather*) 5
  **Está bien.** That's fine. 11
**esta(s)** *f., adj.* this; these 6
  **esta noche** tonight 4
**ésta(s)** *f., pron.* this (one); these (ones) 6
  **Ésta es...** *f.* This is... (*introducing someone*) 1
**establecer** *v.* to establish 16
**estación** *f.* station; season 5
  **estación de autobuses** bus station 5
  **estación del metro** subway station 5
  **estación de tren** train station 5
**estacionamiento** *m.* parking lot 14
**estacionar** *v.* to park 11
**estadio** *m.* stadium 2
**estado civil** *m.* marital status 9
**Estados Unidos** *m., pl.* (EE.UU.; E.U.) United States 1
**estadounidense** *adj. m., f.* from the United States 3
**estampado/a** *adj.* print
**estampilla** *f.* stamp 14
**estante** *m.* bookcase; bookshelves 12
**estar** *v.* to be 2
  **estar a (veinte kilómetros) de aquí** to be (20 kilometers) from here 11
  **estar a dieta** to be on a diet 15
  **estar aburrido/a** to be bored 5
  **estar afectado/a (por)** to be affected (by) 13
  **estar bajo control** to be under control 7
  **estar cansado/a** to be tired 5
  **estar contaminado/a** to be polluted 13
  **estar de acuerdo** to agree 17
    **Estoy de acuerdo.** I agree. 17
    **No estoy de acuerdo.** I don't agree. 17
  **estar de moda** to be in fashion 6
  **estar de vacaciones** *f., pl.* to be on vacation 5
  **estar en buena forma** to be in good shape 15
  **estar enfermo/a** to be sick 10
  **estar harto/a de...** to be sick of... 18
  **estar listo/a** to be ready 15
  **estar perdido/a** to be lost 14

**estar roto/a** to be broken 10
**estar seguro/a** to be sure 5
**estar torcido/a** to be twisted; to be sprained 10
**No está nada mal.** It's not bad at all. 5
**estatua** *f.* statue 17
**este** *m.* east 14
**este** *m., sing., adj.* this 6
**éste** *m., sing., pron.* this (one) 6
  **Éste es...** *m.* This is... (*introducing someone*) 1
**estéreo** *m.* stereo 11
**estilo** *m.* style
**estiramiento** *m.* stretching 15
**esto** *neuter pron.* this; this thing 6
**estómago** *m.* stomach 10
**estornudar** *v.* to sneeze 10
**estos** *m., pl., adj.* these 6
**éstos** *m., pl., pron.* these (ones) 6
**estrella** *f.* star 13
  **estrella de cine** *m., f.* movie star 17
**estrés** *m.* stress 15
**estudiante** *m., f.* student 1, 2
**estudiantil** *adj. m., f.* student 2
**estudiar** *v.* to study 2
**estufa** *f.* stove 12
**estupendo/a** *adj.* stupendous 5
**etapa** *f.* stage 9
**evitar** *v.* to avoid 13
**examen** *m.* test; exam 2
  **examen médico** physical exam 10
**excelente** *adj. m., f.* excellent 5
**exceso** *m.* excess; too much 15
**excursión** *f.* hike; tour; excursion 4
**excursionista** *m., f.* hiker
**éxito** *m.* success 16
**experiencia** *f.* experience 18
**explicar** *v.* to explain 2
**explorar** *v.* to explore
**expresión** *f.* expression
**extinción** *f.* extinction 13
**extranjero/a** *adj.* foreign 17
**extrañar** *v.* to miss 16
**extraño/a** *adj.* strange 13

**F**

**fábrica** *f.* factory 13
**fabuloso/a** *adj.* fabulous 5
**fácil** *adj.* easy 3
**falda** *f.* skirt 6
**faltar** *v.* to lack; to need 7
**familia** *f.* family 3
**famoso/a** *adj.* famous 16
**farmacia** *f.* pharmacy 10
**fascinar** *v.* to fascinate 7
**favorito/a** *adj.* favorite 4
**fax** *m.* fax (machine) 11
**febrero** *m.* February 5
**fecha** *f.* date 5
**feliz** *adj.* happy 5

**¡Felicidades!** Congratulations! 9
**¡Felicitaciones!** Congratulations! 9
**¡Feliz cumpleaños!** Happy birthday! 9
**fenomenal** *adj.* great, phenomenal 5
**feo/a** *adj.* ugly 3
**festival** *m.* festival 17
**fiebre** *f.* fever 10
**fiesta** *f.* party 9
**fijo/a** *adj.* fixed, set 6
**fin** *m.* end 4
  **fin de semana** weekend 4
**finalmente** *adv.* finally 15
**firmar** *v.* to sign (*a document*) 14
**física** *f.* physics 2
**flan (de caramelo)** *m.* baked (caramel) custard 9
**flexible** *adj.* flexible 15
**flor** *f.* flower 13
**folclórico/a** *adj.* folk; folkloric 17
**folleto** *m.* brochure
**fondo** *m.* end 12
**forma** *f.* shape 15
**formulario** *m.* form 14
**foto(grafía)** *f.* photograph 1
**francés, francesa** *adj. m., f.* French 3
**frecuentemente** *adv.* frequently 10
**frenos** *m., pl.* brakes
**frente (frío)** *m.* (cold) front 5
**fresco/a** *adj.* cool 5
**frijoles** *m., pl.* beans 8
**frío/a** *adj.* cold 5
**frito/a** *adj.* fried 8
**fruta** *f.* fruit 8
**frutería** *f.* fruit store 14
**frutilla** *f.* strawberry 8
**fuera** *adv.* outside
**fuerte** *adj. m., f.* strong 15
**fumar** *v.* to smoke 15
  **(no) fumar** *v.* (not) to smoke 15
**funcionar** *v.* to work 11; to function
**fútbol** *m.* soccer 4
**fútbol americano** *m.* football 4
**futuro/a** *adj.* future 16
  **en el futuro** in the future 16

**G**

**gafas (de sol)** *f., pl.* (sun)glasses 6
**gafas (oscuras)** *f., pl.* (sun)glasses
**galleta** *f.* cookie 9
**ganar** *v.* to win 4; to earn (money) 16
**ganga** *f.* bargain 6
**garaje** *m.* garage; (mechanic's) repair shop 11; garage (*in a house*) 12
**garganta** *f.* throat 10
**gasolina** *f.* gasoline 11
**gasolinera** *f.* gas station 11
**gastar** *v.* to spend (*money*) 6

**gato** *m.* cat 13
**gemelo/a** *m., f.* twin 3
**genial** *adj.* great 16
**gente** *f.* people 3
**geografía** *f.* geography 2
**gerente** *m., f.* manager 8, 16
**gimnasio** *m.* gymnasium 4
**gobierno** *m.* government 13
**golf** *m.* golf 4
**gordo/a** *adj.* fat 3
**grabar** *v.* to record 11
**gracias** *f., pl.* thank you; thanks 1
   **Gracias por invitarme.**
   Thanks for having me. 9
**graduarse (de/en)** *v.* to graduate
   (from/in) 9
**gran, grande** *adj.* big; large 3
**grasa** *f.* fat 15
**gratis** *adj. m., f.* free of charge 14
**grave** *adj.* grave; serious 10
**gravísimo/a** *adj.* extremely
   serious 13
**grillo** *m.* cricket
**gripe** *f.* flu 10
**gris** *adj. m., f.* gray 6
**gritar** *v.* to scream, to shout 7
**grito** *m.* scream 5
**guantes** *m., pl.* gloves 6
**guapo/a** *adj.* handsome; good-
   looking 3
**guardar** *v.* to save (on a
   computer) 11
**guerra** *f.* war 18
**guía** *m., f.* guide
**gustar** *v.* to be pleasing to; to like 2
   **Me gustaría...** I would like...
**gusto** *m.* pleasure 1
   **El gusto es mío.** The pleasure
   is mine. 1
   **Gusto de verlo/la.** *(form.)* It's
   nice to see you.
   **Gusto de verte.** *(fam.)* It's
   nice to see you.
   **Mucho gusto.** Pleased to meet
   you. 1
   **¡Qué gusto verlo/la!** *(form.)*
   *How nice to see you!* 18
   **¡Qué gusto verte!** *(fam.) How
   nice to see you!* 18

## H

**haber** *(auxiliar) v.* to have (done
   something) 15
   **Ha sido un placer.** It's been a
   pleasure. 15
**habitación** *f.* room 5
   **habitación doble** double
   room 5
   **habitación individual** single
   room 5
**hablar** *v.* to talk; to speak 2
**hacer** *v.* to do; to make 4
   **Hace buen tiempo.** The
   weather is good. 5
   **Hace (mucho) calor.** It's (very)
   hot. *(weather)* 5

**Hace fresco.** It's cool.
   *(weather)* 5
**Hace (mucho) frío.** It's (very)
   cold. *(weather)* 5
**Hace mal tiempo.** The weather
   is bad. 5
**Hace (mucho) sol.** It's (very)
   sunny. *(weather)* 5
**Hace (mucho) viento.** It's
   (very) windy. *(weather)* 5
**hacer cola** to stand in line 14
**hacer diligencias** to run
   errands 14
**hacer ejercicio** to exercise 15
**hacer ejercicios aeróbicos** to
   do aerobics 15
**hacer ejercicios de
   estiramiento** to do stretching
   exercises 15
**hacer el papel (de)** to play the
   role (of) 17
**hacer gimnasia** to work out 15
**hacer juego (con)** to match
   (with) 6
**hacer la cama** to make the
   bed 12
**hacer las maletas** to pack
   (one's) suitcases 5
**hacer quehaceres domésticos**
   to do household chores 12
**hacer (wind)surf** to (wind)surf 5
**hacer turismo** to go
   sightseeing
**hacer un viaje** to take a trip 5
**¿Me harías el honor de
casarte conmingo?** Would
   you do me the honor of
   marrying me? 17
**hacia** *prep.* toward 14
**hambre** *f.* hunger 3
**hamburguesa** *f.* hamburger 8
**hasta** *prep.* until 6; toward
   **Hasta la vista.** See you later. 1
   **Hasta luego.** See you later. 1
   **Hasta mañana.** See you
   tomorrow. 1
   **hasta que** until 13
   **Hasta pronto.** See you soon. 1
**hay** there is; there are 1
   **Hay (mucha) contaminación.**
   It's (very) smoggy.
   **Hay (mucha) niebla.** It's (very)
   foggy.
   **Hay que** It is necessary that 14
   **No hay duda de** There's no
   doubt 13
   **No hay de qué.** You're
   welcome. 1
**hecho/a** *p.p.* done 14
**heladería** *f.* ice cream shop 14
**helado/a** *adj.* iced 8
**helado** *m.* ice cream 9
**hermanastro/a** *m., f.* stepbrother/
   stepsister 3
**hermano/a** *m., f.* brother/sister 3
**hermano/a mayor/menor** *m., f.*
   older/younger brother/sister 3

**hermanos** *m., pl.* siblings
   (brothers and sisters) 3
**hermoso/a** *adj.* beautiful 6
**hierba** *f.* grass 13
**hijastro/a** *m., f.* stepson/
   stepdaughter 3
**hijo/a** *m., f.* son/daughter 3
   **hijo/a único/a** *m., f.* only
   child 3
   **hijos** *m., pl.* children 3
**híjole** *interj.* wow 6
**historia** *f.* history 2; story 17
**hockey** *m.* hockey 4
**hola** *interj.* hello; hi 1
**hombre** *m.* man 1
   **hombre de negocios** *m.*
   businessman 16
**hora** *f.* hour 1; the time
**horario** *m.* schedule 2
**horno** *m.* oven 12
   **horno de microondas** *m.*
   microwave oven 12
**horror** *m.* horror 17
   **de horror** horror (genre) 17
**hospital** *m.* hospital 10
**hotel** *m.* hotel 5
**hoy** *adv.* today 2
   **hoy día** *adv.* nowadays
   **Hoy es...** Today is... 2
**hueco** *m.* hole 4
**huelga** *f.* strike (*labor*) 18
**hueso** *m.* bone 10
**huésped** *m., f.* guest 5
**huevo** *m.* egg 8
**humanidades** *f., pl.* humanities 2
**huracán** *m.* hurricane 18

## I

**ida** *f.* one way (*travel*)
**idea** *f.* idea 4
**iglesia** *f.* church 4
**igualdad** *f.* equality 18
**igualmente** *adv.* likewise 1
**impermeable** *m.* raincoat 6
**importante** *adj. m., f.* important 3
**importar** *v.* to be important to;
   to matter 7
**imposible** *adj. m., f.*
   impossible 13
**impresora** *f.* printer 11
**imprimir** *v.* to print 11
**improbable** *adj. m., f.*
   improbable 13
**impuesto** *m.* tax 18
**incendio** *m.* fire 18
**increíble** *adj. m., f.* incredible 5
**indicar cómo llegar** *v.* to give
   directions 14
**individual** *adj.* private (room) 5
**infección** *f.* infection 10
**informar** *v.* to inform 18
**informe** *m.* report; paper (*written
   work*) 18
**ingeniero/a** *m., f.* engineer 3

**inglés** *m.* English (*language*) 2
**inglés, inglesa** *adj.* English 3
**inodoro** *m.* toilet 7
**insistir (en)** *v.* to insist (on) 12
**inspector(a) de aduanas** *m., f.*
  customs inspector 5
**inteligente** *adj. m., f.* intelligent 3
**intento** *m.* attempt 11
**intercambiar** *v.* to exchange
**interesante** *adj. m., f.*
  interesting 3
**interesar** *v.* to be interesting to;
  to interest 7
**internacional** *adj. m., f.*
  international 18
**Internet** Internet 11
**inundación** *f.* flood 18
**invertir (e:ie)** *v.* to invest 16
**invierno** *m.* winter 5
**invitado/a** *m., f.* guest 9
  **invitar** *v.* to invite 9
**inyección** *f.* injection 10
**ir** *v.* to go 4
  **ir a (+ *inf.*)** to be going to do
    something 4
  **ir de compras** to go shopping 5
  **ir de excursión (a las
    montañas)** to go on a hike
    (in the mountains) 4
  **ir de pesca** to go fishing
  **ir de vacaciones** to go on
    vacation 5
  **ir en autobús** to go by bus 5
  **ir en auto(móvil)** to go by
    auto(mobile); to go by car 5
  **ir en avión** to go by plane 5
  **ir en barco** to go by boat 5
  **ir en metro** to go by subway
  **ir en motocicleta** to go by
    motorcycle 5
  **ir en taxi** to go by taxi 5
  **ir en tren** to go by train 5
**irse** *v.* to go away; to leave 7
**italiano/a** *adj.* Italian 3
**izquierdo/a** *adj.* left 2
  **a la izquierda de** to the left
    of 2

### J

**jabón** *m.* soap 7
**jamás** *adv.* never; not ever 7
**jamón** *m.* ham 8
**japonés, japonesa** *adj.*
  Japanese 3
**jardín** *m.* garden; yard 12
**jefe, jefa** *m., f.* boss 16
**jengibre** *m.* ginger 10
**joven** *adj. m., f., sing.* (**jóvenes** *pl.*)
  young 3
  **joven** *m., f., sing.* (**jóvenes** *pl.*)
  youth; young person 1
**joyería** *f.* jewelry store 14
**jubilarse** *v.* to retire (*from work*) 9
**juego** *m.* game

**jueves** *m., sing.* Thursday 2
**jugador(a)** *m., f.* player 4
**jugar (u:ue)** *v.* to play 4
  **jugar a las cartas** *f., pl.* to
    play cards 5
**jugo** *m.* juice 8
  **jugo de fruta** *m.* fruit juice 8
**julio** *m.* July 5
**jungla** *f.* jungle 13
**junio** *m.* June 5
**juntos/as** *adj.* together 9
**juventud** *f.* youth 9

### K

**kilómetro** *m.* kilometer 1

### L

**la** *f., sing., def. art.* the 1
  **la** *f., sing., d.o. pron.* her, it,
    *form.* you 5
**laboratorio** *m.* laboratory 2
**lago** *m.* lake 13
**lámpara** *f.* lamp 12
**lana** *f.* wool 6
**langosta** *f.* lobster 8
**lápiz** *m.* pencil 1
**largo/a** *adj.* long 6
**las** *f., pl., def. art.* the 1
  **las** *f., pl., d.o. pron.* them, *form.*
    you 5
**lástima** *f.* shame 13
**lastimarse** *v.* to injure oneself 10
  **lastimarse el pie** to injure
    one's foot 10
**lata** *f.* (*tin*) can 13
**lavabo** *m.* sink 7
**lavadora** *f.* washing machine 12
**lavandería** *f.* laundromat 14
**lavaplatos** *m., sing.* dishwasher 12
**lavar** *v.* to wash 12
  **lavar (el suelo, los platos)** to
    wash (the floor, the dishes) 12
**lavarse** *v.* to wash oneself 7
  **lavarse la cara** to wash one's
    face 7
  **lavarse las manos** to wash
    one's hands 7
**le** *sing., i.o. pron.* to/for him, her,
  *form.* you 6
  **Le presento a...** *form.* I would
    like to introduce you to (name). 1
**lección** *f.* lesson 1
**leche** *f.* milk 8
**lechuga** *f.* lettuce 8
**leer** *v.* to read 3
  **leer correo electrónico**
    to read e-mail 4
  **leer un periódico** to read a
    newspaper 4
  **leer una revista** to read a
    magazine 4
**leído/a** *p.p.* read 14
**lejos de** *prep.* far from 2

**lengua** *f.* language 2
  **lenguas extranjeras** *f., pl.*
    foreign languages 2
**lentes de contacto** *m., pl.*
  contact lenses
  **lentes (de sol)** (sun)glasses
**lento/a** *adj.* slow 11
**les** *pl., i.o. pron.* to/for them, *form.*
  you 6
**letrero** *m.* sign 14
**levantar** *v.* to lift 15
  **levantar pesas** to lift
    weights 15
**levantarse** *v.* to get up 7
**ley** *f.* law 13
**libertad** *f.* liberty; freedom 18
**libre** *adj. m., f.* free 4
**librería** *f.* bookstore 2
**libro** *m.* book 2
**licencia de conducir** *f.* driver's
  license 11
**limón** *m.* lemon 8
**limpiar** *v.* to clean 12
  **limpiar la casa** *v.* to clean the
    house 12
**limpio/a** *adj.* clean 5
**línea** *f.* line 4
**listo/a** *adj.* ready; smart 5
**literatura** *f.* literature 2
**llamar** *v.* to call 11
  **llamar por teléfono** to call on
    the phone
**llamarse** *v.* to be called; to be
  named 7
**llanta** *f.* tire 11
**llave** *f.* key 5; wrench 11
**llegada** *f.* arrival 5
**llegar** *v.* to arrive 2
**llenar** *v.* to fill 11, 14
  **llenar el tanque** to fill the
    tank 11
  **llenar (un formulario)** to fill
    out (a form) 14
**lleno/a** *adj.* full 11
**llevar** *v.* to carry 2; *v.* to wear;
  to take 6
  **llevar una vida sana** to lead
    a healthy lifestyle 15
  **llevarse bien/mal (con)** to
    get along well/badly (with) 9
**llorar** *v.* to cry 15
**llover (o:ue)** *v.* to rain 5
  **Llueve.** It's raining. 5
**lluvia** *f.* rain
**lo** *m., sing. d.o. pron.* him, it, *form.*
  you 5
  **¡Lo he pasado de película!**
    I've had a fantastic time! 18
  **lo mejor** the best (thing) 18
  **lo que** that which; what 12
  **Lo siento.** I'm sorry. 1
**loco/a** *adj.* crazy 6
**locutor(a)** *m., f.* (TV or radio)
  announcer 18
**lodo** *m.* mud
**los** *m., pl., def. art.* the 1

**los** *m. pl., d.o. pron.* them, *form.* you 5
**luchar (contra/por)** *v.* to fight; to struggle (against/for) 18
**luego** *adv.* then 7; *adv.* later 1
**lugar** *m.* place 2, 4
**luna** *f.* moon 13
**lunares** *m.* polka dots 6
**lunes** *m., sing.* Monday 2
**luz** *f.* light; electricity 12

## M

**madrastra** *f.* stepmother 3
**madre** *f.* mother 3
**madurez** *f.* maturity; middle age 9
**maestro/a** *m., f.* teacher 16
**magnífico/a** *adj.* magnificent 5
**maíz** *m.* corn 8
**mal, malo/a** *adj.* bad 3
**maleta** *f.* suitcase 1
**mamá** *f.* mom 3
**mandar** *v.* to order 12; to send; to mail 14
**manejar** *v.* to drive 11
**manera** *f.* way 16
**mano** *f.* hand 1
**manta** *f.* blanket 12
**mantener (e:ie)** *v.* to maintain 15
   **mantenerse en forma** to stay in shape 15
**mantequilla** *f.* butter 8
**manzana** *f.* apple 8
**mañana** *f.* morning, a.m. 1; tomorrow 1
**mapa** *m.* map 2
**maquillaje** *m.* makeup 7
**maquillarse** *v.* to put on makeup 7
**mar** *m.* sea 5
**maravilloso/a** *adj.* marvelous 5
**mareado/a** *adj.* dizzy; nauseated 10
**margarina** *f.* margarine 8
**mariscos** *m., pl.* shellfish 8
**marrón** *adj. m., f.* brown 6
**martes** *m., sing.* Tuesday 2
**marzo** *m.* March 5
**más** *pron.* more 2
   **más de (+ *number*)** more than 8
   **más tarde** later (on) 7
   **más... que** more... than 8
**masaje** *m.* massage 15
**matemáticas** *f., pl.* mathematics 2
**materia** *f.* course 2
**matrimonio** *m.* marriage 9
**máximo/a** *adj.* maximum 11
**mayo** *m.* May 5
**mayonesa** *f.* mayonnaise 8
**mayor** *adj.* older 3
   **el/la mayor** *adj.* eldest 8; oldest
**me** *sing., d.o. pron.* me 5; *sing. i.o. pron.* to/for me 6
   **Me duele mucho.** It hurts me a lot. 10

**Me gusta...** I like... 2
**No me gustan nada.** I don't like them at all. 2
**Me gustaría(n)...** I would like... 17
**Me llamo...** My name is... 1
**Me muero por...** I'm dying to (for)...
**mecánico/a** *m., f.* mechanic 11
**mediano/a** *adj.* medium
**medianoche** *f.* midnight 1
**medias** *f., pl.* pantyhose, stockings 6
**medicamento** *m.* medication 10
**medicina** *f.* medicine 10
**médico/a** *m., f.* doctor 3; *adj.* medical 10
**medio/a** *adj.* half 3
   **medio ambiente** *m.* environment 13
   **medio/a hermano/a** *m., f.* half-brother/half-sister 3
   **mediodía** *m.* noon 1
   **medios de comunicación** *m., pl.* means of communication; media 18
   **y media** thirty minutes past the hour (time) 1
**mejor** *adj.* better 8
   **el/la mejor** *m., f.* the best 8
**mejorar** *v.* to improve 13
**melocotón** *m.* peach 8
**menor** *adj.* younger 3
   **el/la menor** *m., f.* youngest 8
**menos** *adv.* less 10
   **menos cuarto..., menos quince...** quarter to... (*time*) 1
   **menos de (+ *number*)** fewer than 8
   **menos... que** less... than 8
**mensaje** *m.* **de texto** text message 11
**mensaje electrónico** *m.* e-mail message 4
**mentira** *f.* lie 4
**menú** *m.* menu 8
**mercado** *m.* market 6
   **mercado al aire libre** open-air market 6
**merendar (e:ie)** *v.* to snack 8; to have an afternoon snack
**merienda** *f.* afternoon snack 15
**mes** *m.* month 5
**mesa** *f.* table 2
**mesita** *f.* end table 12
   **mesita de noche** night stand 12
**meterse en problemas** *v.* to get into trouble 13
**metro** *m.* subway 5
**mexicano/a** *adj.* Mexican 3
**México** *m.* Mexico 1
**mí** *pron., obj. of prep.* me 8
**mi(s)** *poss. adj.* my 3
**microonda** *f.* microwave 12
   **horno de microondas** *m.* microwave oven 12

**miedo** *m.* fear 3
**miel** *f.* honey 10
**mientras** *adv.* while 10
**miércoles** *m., sing.* Wednesday 2
**mil** *m.* one thousand 2
   **mil millones** billion
**milla** *f.* mile 11
**millón** *m.* million 2
**millones (de)** *m.* millions (of)
**mineral** *m.* mineral 15
**minuto** *m.* minute 1
**mío(s)/a(s)** *poss.* my; (of) mine 11
**mirar** *v.* to look (at); to watch 2
   **mirar (la) televisión** to watch television 2
**mismo/a** *adj.* same 3
**mochila** *f.* backpack 2
**moda** *f.* fashion 6
**módem** *m.* modem
**moderno/a** *adj.* modern 17
**molestar** *v.* to bother; to annoy 7
**monitor** *m.* (computer) monitor 11
   **monitor(a)** *m., f.* trainer
**mono** *m.* monkey 13
**montaña** *f.* mountain 4
**montar** *v.* **a caballo** to ride a horse 5
**montón: un montón de** a lot of 4
**monumento** *m.* monument 4
**morado/a** *adj.* purple 6
**moreno/a** *adj.* brunet(te) 3
**morir (o:ue)** *v.* to die 8
**mostrar (o:ue)** *v.* to show 4
**motocicleta** *f.* motorcycle 5
**motor** *m.* motor
**muchacho/a** *m., f.* boy; girl 3
**mucho/a** *adj., adv.* a lot of; much 2; many 3
   **(Muchas) gracias.** Thank you (very much); Thanks (a lot). 1
   **muchas veces** *adv.* a lot; many times 10
   **Muchísimas gracias.** Thank you very, very much. 9
   **Mucho gusto.** Pleased to meet you. 1
**muchísimo** very much 2
**mudarse** *v.* to move (from one house to another) 12
**muebles** *m., pl.* furniture 12
**muela** *f.* tooth
**muerte** *f.* death 9
**muerto/a** *p.p.* died 14
**mujer** *f.* woman 1
   **mujer de negocios** *f.* business woman 16
   **mujer policía** *f.* female police officer
**multa** *f.* fine
**mundial** *adj. m., f.* worldwide
**mundo** *m.* world 8, 13
**muro** *m.* wall 15
**músculo** *m.* muscle 15
**museo** *m.* museum 4
**música** *f.* music 2, 17
**musical** *adj. m., f.* musical 17

**músico/a** *m., f.* musician 17
**muy** *adv.* very 1
  **Muy amable.** That's very kind of you. 5
  **(Muy) bien, gracias.** (Very) well, thanks. 1

## N

**nacer** *v.* to be born 9
**nacimiento** *m.* birth 9
**nacional** *adj. m., f.* national 18
**nacionalidad** *f.* nationality 1
**nada** nothing 1; not anything 7
  **nada mal** not bad at all 5
**nadar** *v.* to swim 4
**nadie** *pron.* no one, nobody, not anyone 7
**naranja** *f.* orange 8
**nariz** *f.* nose 10
**natación** *f.* swimming 4
**natural** *adj. m., f.* natural 13
**naturaleza** *f.* nature 13
**navegador** *m.* **GPS** GPS 11
**navegar (en Internet)** *v.* to surf (the Internet) 11
**Navidad** *f.* Christmas 9
**necesario/a** *adj.* necessary 12
**necesitar (+ *inf.*)** *v.* to need 2
**negar (e:ie)** *v.* to deny 13
  **no negar (e:ie)** *v.* not to deny 13
**negocios** *m., pl.* business; commerce 16
**negro/a** *adj.* black 6
**nervioso/a** *adj.* nervous 5
**nevar (e:ie)** *v.* to snow 5
  **Nieva.** It's snowing. 5
**ni...ni** neither... nor 7
**niebla** *f.* fog
**nieto/a** *m., f.* grandson/ granddaughter 3
**nieve** *f.* snow
**ningún, ninguno/a(s)** *adj.* no; none; not any 7
**niñez** *f.* childhood 9
**niño/a** *m., f.* child 3
**no** no; not 1
  **¿no?** right? 1
  **No cabe duda de...** There is no doubt... 13
  **No es para tanto.** It's not a big deal. 12
  **no es seguro** it's not sure 13
  **no es verdad** it's not true 13
  **No está nada mal.** It's not bad at all. 5
  **no estar de acuerdo** to disagree
  **No estoy seguro.** I'm not sure.
  **no hay** there is not; there are not 1
  **No hay de qué.** You're welcome. 1
  **No hay duda de...** There is no doubt... 13

**No hay problema.** No problem. 7
**¡No me diga(s)!** You don't say!
**No me gustan nada.** I don't like them at all. 2
**no muy bien** not very well 1
**No quiero.** I don't want to. 4
**No sé.** I don't know.
**No se preocupe.** (*form.*) Don't worry. 7
**No te preocupes.** (*fam.*) Don't worry. 7
**no tener razón** to be wrong 3
**noche** *f.* night 1
**nombre** *m.* name 1
**norte** *m.* north 14
**norteamericano/a** *adj.* (North) American 3
**nos** *pl., d.o. pron.* us 5; *pl., i.o. pron.* to/for us 6
  **Nos vemos.** See you. 1
**nosotros/as** *sub. pron.* we 1; *ob. pron.* us
**noticia** *f.* news 11
**noticias** *f., pl.* news 18
**noticiero** *m.* newscast 18
**novecientos/as** nine hundred 2
**noveno/a** *adj.* ninth 5
**noventa** ninety 2
**noviembre** *m.* November 5
**novio/a** *m., f.* boyfriend/ girlfriend 3
**nube** *f.* cloud 13
**nublado/a** *adj.* cloudy 5
  **Está (muy) nublado.** It's very cloudy. 5
**nuclear** *adj. m. f.* nuclear 13
**nuera** *f.* daughter-in-law 3
**nuestro(s)/a(s)** *poss. adj.* our 3; (of ours) 11
**nueve** nine 1
**nuevo/a** *adj.* new 6
**número** *m.* number 1; (shoe) size 6
**nunca** *adj.* never; not ever 7
**nutrición** *f.* nutrition 15
**nutricionista** *m., f.* nutritionist 15

## O

**o** or 7
**o... o** or; either... or 7
**obedecer** *v.* to obey 18
**obra** *f.* work (*of art, literature, music, etc.*) 17
  **obra maestra** *f.* masterpiece 17
**obtener** *v.* to obtain; to get 16
**obvio/a** *adj.* obvious 13
**océano** *m.* ocean
**ochenta** eighty 2
**ocho** eight 1
**ochocientos/as** eight hundred 2
**octavo/a** *adj.* eighth 5

**octubre** *m.* October 5
**ocupación** *f.* occupation 16
**ocupado/a** *adj.* busy 5
**ocurrir** *v.* to occur; to happen 18
**odiar** *v.* to hate 9
**oeste** *m.* west 14
**oferta** *f.* offer
**oficina** *f.* office 12
**oficio** *m.* trade 16
**ofrecer** *v.* to offer 6
**oído** *m.* (sense of) hearing; inner ear 10
  **oído/a** *p.p.* heard 14
**oír** *v.* to hear 4
  **Oiga/Oigan.** *form., sing./pl.* Listen. (*in conversation*) 1
  **Oye.** *fam., sing.* Listen. (*in conversation*) 1
**ojalá (que)** *interj.* I hope (that); I wish (that) 13
**ojo** *m.* eye 10
**olvidar** *v.* to forget 10
**once** eleven 1
**ópera** *f.* opera 17
**operación** *f.* operation 10
**ordenado/a** *adj.* orderly 5
**ordinal** *adj.* ordinal (*number*)
**oreja** *f.* (outer) ear 10
**organizarse** *v.* to organize oneself 12
**orquesta** *f.* orchestra 17
**ortografía** *f.* spelling
**ortográfico/a** *adj.* spelling
**os** *fam., pl. d.o. pron.* you 5; *fam., pl. i.o. pron.* to/for you 6
**otoño** *m.* autumn 5
**otro/a** *adj.* other; another 6
  **otra vez** again

## P

**paciente** *m., f.* patient 10
**padrastro** *m.* stepfather 3
**padre** *m.* father 3
  **padres** *m., pl.* parents 3
**pagar** *v.* to pay 6, 9
  **pagar a plazos** to pay in installments 14
  **pagar al contado** to pay in cash 14
  **pagar en efectivo** to pay in cash 14
  **pagar la cuenta** to pay the bill 9
**página** *f.* page 11
  **página principal** *f.* home page 11
**país** *m.* country 1
**paisaje** *m.* landscape 5
**pájaro** *m.* bird 13
**palabra** *f.* word 1
**paleta helada** *f.* popsicle 4
**pálido/a** *adj.* pale 14
**pan** *m.* bread 8
  **pan tostado** *m.* toasted bread 8
**panadería** *f.* bakery 14

**pantalla** *f.* screen 11
   **pantalla táctil** *f.* touch screen 11
**pantalones** *m., pl.* pants 6
   **pantalones cortos** *m., pl.* shorts 6
**pantuflas** *f.* slippers 7
**papa** *f.* potato 8
   **papas fritas** *f., pl.* fried potatoes; French fries 8
**papá** *m.* dad 3
   **papás** *m., pl.* parents 3
**papel** *m.* paper 2; role 17
**papelera** *f.* wastebasket 2
**paquete** *m.* package 14
**par** *m.* pair 6
   **par de zapatos** pair of shoes 6
**para** *prep.* for; in order to; by; used for; considering 11
   **para que** so that 13
**parabrisas** *m., sing.* windshield 11
**parar** *v.* to stop 11
**parecer** *v.* to seem 6
**pared** *f.* wall 12
**pareja** *f.* (married) couple; partner 9
**parientes** *m., pl.* relatives 3
**parque** *m.* park 4
**párrafo** *m.* paragraph
**parte: de parte de** on behalf of 11
**partido** *m.* game; match (*sports*) 4
**pasado/a** *adj.* last; past 6
   **pasado** *p.p.* passed
**pasaje** *m.* ticket 5
   **pasaje de ida y vuelta** *m.* roundtrip ticket 5
**pasajero/a** *m., f.* passenger 1
**pasaporte** *m.* passport 5
**pasar** *v.* to go through 5
   **pasar la aspiradora** to vacuum 12
   **pasar por el banco** to go by the bank 14
   **pasar por la aduana** to go through customs
   **pasar tiempo** to spend time
   **pasarlo bien/mal** to have a good/bad time 9
**pasatiempo** *m.* pastime; hobby 4
**pasear** *v.* to take a walk; to stroll 4
   **pasear en bicicleta** to ride a bicycle 4
   **pasear por** to walk around 4
**pasillo** *m.* hallway 12
**pasta** *f.* **de dientes** toothpaste 7
**pastel** *m.* cake; pie 9
   **pastel de chocolate** *m.* chocolate cake 9
   **pastel de cumpleaños** *m.* birthday cake
**pastelería** *f.* pastry shop 14
**pastilla** *f.* pill; tablet 10
**patata** *f.* potato; 8
   **patatas fritas** *f., pl.* fried potatoes; French fries 8

**patinar (en línea)** *v.* to (inline) skate 4
**patineta** *f.* skateboard 4
**patio** *m.* patio; yard 12
**pavo** *m.* turkey 8
**paz** *f.* peace 18
**pedir (e:i)** *v.* to ask for; to request 4; to order (*food*) 8
   **pedir prestado** *v.* to borrow 14
   **pedir un préstamo** *v.* to apply for a loan 14
   **Todos me dijeron que te pidiera disculpas de su parte.** They all told me to ask you to excuse them/forgive them. 18
**peinarse** *v.* to comb one's hair 7
**película** *f.* movie 4
**peligro** *m.* danger 13
**peligroso/a** *adj.* dangerous 18
**pelirrojo/a** *adj.* red-haired 3
**pelo** *m.* hair 7
**pelota** *f.* ball 4
**peluquería** *f.* beauty salon 14
**peluquero/a** *m., f.* hairdresser 16
**penicilina** *f.* penicillin 10
**pensar (e:ie)** *v.* to think 4
   **pensar (+ inf.)** *v.* to intend to; to plan to (*do something*) 4
   **pensar en** *v.* to think about 4
**pensión** *f.* boardinghouse
**peor** *adj.* worse 8
   **el/la peor** *adj.* the worst 8
**pequeño/a** *adj.* small 3
**pera** *f.* pear 8
**perder (e:ie)** *v.* to lose; to miss 4
**perdido/a** *adj.* lost 13, 14
**Perdón.** Pardon me.; Excuse me. 1
**perezoso/a** *adj.* lazy
**perfecto/a** *adj.* perfect 5
**periódico** *m.* newspaper 4
**periodismo** *m.* journalism 2
**periodista** *m., f.* journalist 3
**permiso** *m.* permission
**pero** *conj.* but 2
**perro** *m.* dog 13
**persona** *f.* person 3
**personaje** *m.* character 17
   **personaje principal** *m.* main character 17
**pesas** *f. pl.* weights 15
**pesca** *f.* fishing
**pescadería** *f.* fish market 14
**pescado** *m.* fish (*cooked*) 8
**pescar** *v.* to fish 5
**peso** *m.* weight 15
**pez** *m., sing.* (**peces** *pl.*) fish (*live*) 13
**pie** *m.* foot 10
**piedra** *f.* stone 13
**pierna** *f.* leg 10
**pimienta** *f.* black pepper 8
**pintar** *v.* to paint 17
**pintor(a)** *m., f.* painter 16
**pintura** *f.* painting; picture 12, 17
**piña** *f.* pineapple 8
**piscina** *f.* swimming pool 4
**piso** *m.* floor (*of a building*) 5
**pizarra** *f.* blackboard 2

**placer** *m.* pleasure 15
   **Ha sido un placer.** It's been a pleasure. 15
**planchar la ropa** *v.* to iron the clothes 12
**planes** *m., pl.* plans 4
**planta** *f.* plant 13
   **planta baja** *f.* ground floor 5
**plástico** *m.* plastic 13
**plato** *m.* dish (*in a meal*) 8; *m.* plate 12
   **plato principal** *m.* main dish 8
**playa** *f.* beach 5
**plaza** *f.* city or town square 4
**plazos** *m., pl.* periods; time 14
**pluma** *f.* pen 2
**plumero** *m.* duster 12
**población** *f.* population 13
**pobre** *adj. m., f.* poor 6
**pobrecito/a** *adj.* poor thing 3
**pobreza** *f.* poverty
**poco/a** *adj.* little; few 5; 10
**poder (o:ue)** *v.* to be able to; can 4
   **¿Podría pedirte algo?** Could I ask you something? 17
   **¿Puedo dejar un recado?** May I leave a message? 11
**poema** *m.* poem 17
**poesía** *f.* poetry 17
**poeta** *m., f.* poet 17
**policía** *f.* police (force) 11
**política** *f.* politics 18
**político/a** *m., f.* politician 16; *adj.* political 18
**pollo** *m.* chicken 8
   **pollo asado** *m.* roast chicken 8
**ponchar** *v.* to go flat
**poner** *v.* to put; to place 4; *v.* to turn on (*electrical appliances*) 11
   **poner la mesa** *v.* to set the table 12
   **poner una inyección** *v.* to give an injection 10
**ponerse (+ adj.)** *v.* to become (+ adj.) 7; to put on 7
   **ponerle el nombre** to name someone/something 9
**por** *prep.* in exchange for; for; by; in; through; around; along; during; because of; on account of; on behalf of; in search of; by way of; by means of 11
   **por aquí** around here 11
   **por avión** by plane
   **por ejemplo** for example 11
   **por eso** that's why; therefore 11
   **por favor** please 1
   **por fin** finally 11
   **por la mañana** in the morning 7
   **por la noche** at night 7
   **por la tarde** in the afternoon 7
   **por lo menos** *adv.* at least 10
   **¿por qué?** why? 2
   **Por supuesto.** Of course.
   **por teléfono** by phone; on the phone

**por último** finally 7
**porque** *conj.* because 2
**portátil** *m.* portable 11
**portero/a** *m., f.* doorman/
  doorwoman 1
**porvenir** *m.* future 16
  **¡Por el porvenir!** Here's to the
  future! 16
**posesivo/a** *adj.* possessive 3
**posible** *adj.* possible 13
  **es posible** it's possible 13
  **no es posible** it's not
  possible 13
**postal** *f.* postcard 4
**postre** *m.* dessert 9
**practicar** *v.* to practice 2
  **practicar deportes** *m., pl.* to
  play sports 4
**precio (fijo)** *m.* (fixed; set)
  price 6
**preferir (e:ie)** *v.* to prefer 4
**pregunta** *f.* question
**preguntar** *v.* to ask (*a question*) 2
**premio** *m.* prize; award 17
**prender** *v.* to turn on 11
**prensa** *f.* press 18
**preocupado/a (por)** *adj.* worried
  (about) 5
**preocuparse (por)** *v.* to worry
  (about) 7
**preparar** *v.* to prepare 2
**preposición** *f.* preposition
**presentación** *f.* introduction
**presentar** *v.* to introduce; to
  present 17; to put on (*a
  performance*) 17
  **Le presento a...** I would like
  to introduce you to (name).
  (*form.*) 1
  **Te presento a...** I would like
  to introduce you to (name).
  (*fam.*) 1
**presiones** *f., pl.* pressures 15
**prestado/a** *adj.* borrowed
**préstamo** *m.* loan 14
**prestar** *v.* to lend; to loan 6
**primavera** *f.* spring 5
**primer, primero/a** *adj.* first 2, 5
**primo/a** *m., f.* cousin 3
**principal** *adj. m., f.* main 8
**prisa** *f.* haste 3
  **darse prisa** *v.* to hurry;
  to rush 15
**probable** *adj. m., f.* probable 13
  **es probable** it's probable 13
  **no es probable** it's not
  probable 13
**probar (o:ue)** *v.* to taste; to try 8
**probarse (o:ue)** *v.* to try on 7
**problema** *m.* problem 1
**profesión** *f.* profession 3; 16
**profesor(a)** *m., f.* teacher 1, 2
**programa** *m.* 1
  **programa de computación**
  *m.* software 11
  **programa de entrevistas** *m.*
  talk show 17

**programa de realidad** *m.*
  reality show 17
**programador(a)** *m., f.* computer
  programmer 3
**prohibir** *v.* to prohibit 10;
  to forbid
**pronombre** *m.* pronoun
**pronto** *adv.* soon 10
**propina** *f.* tip 8
**propio/a** *adj.* own 16
**proteger** *v.* to protect 13
**proteína** *f.* protein 15
**próximo/a** *adj.* next 3, 16
**proyecto** *m.* project 11
**prueba** *f.* test; quiz 2
**psicología** *f.* psychology 2
**psicólogo/a** *m., f.* psychologist 16
**publicar** *v.* to publish 17
**público** *m.* audience 17
**pueblo** *m.* town 4
**puerta** *f.* door 2
**Puerto Rico** *m.* Puerto Rico 1
**puertorriqueño/a** *adj.* Puerto
  Rican 3
**pues** *conj.* well
**puesto** *m.* position; job 16
**puesto/a** *p.p.* put 14
**puro/a** *adj.* pure 13

### Q

**que** *pron.* that; which; who 12
  **¿En qué...?** In which...? 2
  **¡Qué...!** How...!
  **¡Qué dolor!** What pain!
  **¡Qué ropa más bonita!**
  What pretty clothes! 6
  **¡Qué sorpresa!** What a
  surprise!
  **¿qué?** what? 1
  **¿Qué día es hoy?** What day is
  it? 2
  **¿Qué hay de nuevo?** What's
  new? 1
  **¿Qué hora es?** What time
  is it? 1
  **¿Qué les parece?** What do
  you (*pl.*) think?
  **Qué onda?** What's up? 14
  **¿Qué pasa?** What's happening?
  What's going on? 1
  **¿Qué pasó?** What happened? 11
  **¿Qué precio tiene?** What is
  the price?
  **¿Qué tal...?** How are you?;
  How is it going? 1; How
  is/are...? 2
  **¿Qué talla lleva/usa?** What
  size do you wear? 6
  **¿Qué tiempo hace?** How's
  the weather? 5
**quedar** *v.* to be left over; to fit
  (*clothing*) 7; to be left behind; to
  be located 14
**quedarse** *v.* to stay; to remain 7
**quehaceres domésticos** *m., pl.*
  household chores 12

**quemado/a** *adj.* burned (out) 11
**quemar (un CD/DVD)** *v.* to burn
  (a CD/DVD)
**querer (e:ie)** *v.* to want; to love 4
**queso** *m.* cheese 8
**quien(es)** *pron.* who; whom;
  that 12
  **¿quién(es)?** who?; whom? 1
  **¿Quién es...?** Who is...? 1
  **¿Quién habla?** Who is
  speaking/calling? (*telephone*) 11
**química** *f.* chemistry 2
**quince** fifteen 1
  **menos quince** quarter to
  (time) 1
  **y quince** quarter after (time) 1
**quinceañera** *f.* young woman
  celebrating her fifteenth birthday 9
**quinientos/as** *adj.* five
  hundred 2
**quinto/a** *adj.* fifth 5
**quisiera** *v.* I would like 17
**quitar el polvo** *v.* to dust 12
**quitar la mesa** *v.* to clear the
  table 12
**quitarse** *v.* to take off 7
**quizás** *adv.* maybe 5

### R

**racismo** *m.* racism 18
**radio** *f.* radio (*medium*) 2;
  *m.* radio (set) 2
**radiografía** *f.* X-ray 10
**rápido/a** *adv.* quickly 10
**ratón** *m.* mouse 11
**ratos libres** *m., pl.* spare (free)
  time 4
**raya** *f.* stripe 6
**razón** *f.* reason 3
**rebaja** *f.* sale 6
**receta** *f.* prescription 10
**recetar** *v.* to prescribe 10
**recibir** *v.* to receive 3
**reciclaje** *m.* recycling 13
**reciclar** *v.* to recycle 13
**recién casado/a** *m., f.* newly-
  wed 9
**recoger** *v.* to pick up 13
**recomendar (e:ie)** *v.* to
  recommend 8, 12
**recordar (o:ue)** *v.* to remember 4
**recorrer** *v.* to tour an area
**recorrido** *m.* tour 13
**recuperar** *v.* to recover 11
**recurso** *m.* resource 13
  **recurso natural** *m.* natural
  resource 13
**red** *f.* network; Web 11
**reducir** *v.* to reduce 13
**refresco** *m.* soft drink 8
**refrigerador** *m.* refrigerator 12
**regalar** *v.* to give (a gift) 9
**regalo** *m.* gift 6
**regatear** *v.* to bargain 6
**región** *f.* region; area 13
**regresar** *v.* to return 2
**regular** *adv.* so-so; OK 1

**reído** *p.p.* laughed 14
**reírse (e:i)** *v.* to laugh 9
**relaciones** *f., pl.* relationships
**relajarse** *v.* to relax 9
**reloj** *m.* clock; watch 2
**renovable** *adj.* renewable 13
**renunciar (a)** *v.* to resign (from) 16
**repetir (e:i)** *v.* to repeat 4
**reportaje** *m.* report 18
**reportero/a** *m., f.* reporter; journalist 16
**representante** *m., f.* representative 18
**reproductor de CD** *m.* CD player 11
**reproductor de DVD** *m.* DVD player 11
**reproductor de MP3** *m.* MP3 player 11
**resfriado** *m.* cold (*illness*) 10
**residencia estudiantil** *f.* dormitory 2
**resolver (o:ue)** *v.* to resolve; to solve 13
**respirar** *v.* to breathe 13
**responsable** *adj.* responsible 8
**respuesta** *f.* answer
**restaurante** *m.* restaurant 4
**resuelto/a** *p.p.* resolved 14
**reunión** *f.* meeting 16
**revisar** *v.* to check 11
    **revisar el aceite** *v.* to check the oil 11
**revista** *f.* magazine 4
**rico/a** *adj.* rich 6; *adj.* tasty; delicious 8
**ridículo/a** *adj.* ridiculous 13
**río** *m.* river 13
**riquísimo/a** *adj.* extremely delicious 8
**rodilla** *f.* knee 10
**rogar (o:ue)** *v.* to beg; to plead 12
**rojo/a** *adj.* red 6
**romántico/a** *adj.* romantic 17
**romper** *v.* to break 10
    **romperse la pierna** *v.* to break one's leg 10
**romper (con)** *v.* to break up (with) 9
**ropa** *f.* clothing; clothes 6
    **ropa interior** *f.* underwear 6
**rosado/a** *adj.* pink 6
**roto/a** *adj.* broken 10, 14
**rubio/a** *adj.* blond(e) 3
**ruso/a** *adj.* Russian 3
**rutina** *f.* routine 7
    **rutina diaria** *f.* daily routine 7

**S**

**sábado** *m.* Saturday 2
**saber** *v.* to know; to know how 6; to taste 8
    **saber a** to taste like 8
**sabrosísimo/a** *adj.* extremely delicious 8

**sabroso/a** *adj.* tasty; delicious 8
**sacar** *v.* to take out
    **sacar buenas notas** to get good grades 2
    **sacar fotos** to take photos 5
    **sacar la basura** to take out the trash 12
    **sacar(se) un diente** to have a tooth removed 10
**sacudir** *v.* to dust 12
    **sacudir los muebles** to dust the furniture 12
**sal** *f.* salt 8
**sala** *f.* living room 12; room
    **sala de emergencia(s)** emergency room 10
**salario** *m.* salary 16
**salchicha** *f.* sausage 8
**salida** *f.* departure; exit 5
**salir** *v.* to leave 4; to go out
    **salir (con)** to go out (with); to date 9
    **salir de** to leave from
    **salir para** to leave for (*a place*)
**salmón** *m.* salmon 8
**salón de belleza** *m.* beauty salon 14
**salud** *f.* health 10
**saludable** *adj.* healthy 10
**saludar(se)** *v.* to greet (each other) 11
**saludo** *m.* greeting 1
    **saludos a...** greetings to... 1
**sandalia** *f.* sandal 6
**sandía** *f.* watermelon 8
**sándwich** *m.* sandwich 8
**sano/a** *adj.* healthy 10
**se** *ref. pron.* himself, herself, itself, *form.* yourself, themselves, yourselves 7
**se** *impersonal* one 10
    **Se nos dañó...** The... broke down. 11
    **Se hizo...** He/she/it became...
    **Se nos pinchó una llanta.** We had a flat tire. 11
**secadora** *f.* clothes dryer 12
**secarse** *v.* to dry oneself 7
**sección de (no) fumar** *f.* (non) smoking section 8
**secretario/a** *m., f.* secretary 16
**secuencia** *f.* sequence
**sed** *f.* thirst 3
**seda** *f.* silk 6
**sedentario/a** *adj.* sedentary; related to sitting 15
**seguir (e:i)** *v.* to follow; to continue 4
**según** according to
**segundo/a** *adj.* second 5
**seguro/a** *adj.* sure; safe 5
**seis** six 1
**seiscientos/as** six hundred 2
**sello** *m.* stamp 14
**selva** *f.* jungle 13
**semáforo** *m.* traffic light 14
**semana** *f.* week 2
    **fin** *m.* **de semana** weekend 4
    **semana** *f.* **pasada** last week 6

**semestre** *m.* semester 2
**sendero** *m.* trail; trailhead 13
**sentarse (e:ie)** *v.* to sit down 7
**sentir(se) (e:ie)** *v.* to feel 7; to be sorry; to regret 13
**señor (Sr.); don** *m.* Mr.; sir 1
**señora (Sra.); doña** *f.* Mrs.; ma'am 1
**señorita (Srta.)** *f.* Miss 1
**separado/a** *adj.* separated 9
**separarse (de)** *v.* to separate (from) 9
**septiembre** *m.* September 5
**séptimo/a** *adj.* seventh 5
**ser** *v.* to be 1
    **ser aficionado/a (a)** to be a fan (of) 4
    **ser alérgico/a (a)** to be allergic (to) 10
    **ser gratis** to be free of charge 14
**serio/a** *adj.* serious
**servicio** *m.* service 15
**servilleta** *f.* napkin 12
**servir (e:i)** *v.* to serve 8; to help 5
**sesenta** sixty 2
**setecientos/as** *adj.* seven hundred 2
**setenta** seventy 2
**sexismo** *m.* sexism 18
**sexto/a** *adj.* sixth 5
**sí** *adv.* yes 1
**si** *conj.* if 4
**SIDA** *m.* AIDS 18
**sido** *p.p.* been 15
**siempre** *adv.* always 7
**siete** seven 1
**silla** *f.* seat 2
**sillón** *m.* armchair 12
**similar** *adj. m., f.* similar
**simpático/a** *adj.* nice; likeable 3
**sin** *prep.* without 2, 13
    **sin duda** without a doubt
    **sin embargo** however
    **sin que** *conj.* without 13
**sino** but (rather) 7
**síntoma** *m.* symptom 10
**sitio** *m.* place 3
**sitio** *m.* **web;** website 11
**situado/a** *p.p.* located
**sobre** *m.* envelope 14; *prep.* on; over 2
    **sobre todo** above all 13
**(sobre)población** *f.* (over)population 13
**sobrino/a** *m., f.* nephew; niece 3
**sociología** *f.* sociology 2
**sofá** *m.* couch; sofa 12
**sol** *m.* sun 4; 5; 13
**solar** *adj. m., f.* solar 13
**soldado** *m., f.* soldier 18
**soleado/a** *adj.* sunny
**solicitar** *v.* to apply (*for a job*) 16
**solicitud (de trabajo)** *f.* (job) application 16
**sólo** *adv.* only 3
**solo/a** *adj.* alone
**soltero/a** *adj.* single 9
**solución** *f.* solution 13

**sombrero** *m.* hat 6
**Son las dos.** It's two o'clock. 1
**sonar (o:ue)** *v.* to ring 11
**sonreído** *p.p.* smiled 14
**sonreír (e:i)** *v.* to smile 9
**sopa** *f.* soup 8
**sorprender** *v.* to surprise 9
**sorpresa** *f.* surprise 9
**sótano** *m.* basement; cellar 12
**soy** I am 1
   **Soy de...** I'm from... 1
   **Soy yo.** That's me.
**su(s)** *poss. adj.* his; her; its; *form.*
   your; their 3
**subir(se) a** *v.* to get on/into
   (*a vehicle*) 11
**sucio/a** *adj.* dirty 5
**sudar** *v.* to sweat 15
**suegro/a** *m., f.* father-in-law;
   mother-in-law 3
**sueldo** *m.* salary 16
**suelo** *m.* floor 12
**sueño** *m.* sleep 3
**suerte** *f.* luck 3
**suéter** *m.* sweater 6
**sufrir** *v.* to suffer 10
   **sufrir muchas presiones** to
     be under a lot of pressure 15
   **sufrir una enfermedad** to
     suffer an illness 10
**sugerir (e:ie)** *v.* to suggest 12
**supermercado** *m.* supermarket 14
**suponer** *v.* to suppose 4
**sur** *m.* south 14
**sustantivo** *m.* noun
**suyo(s)/a(s)** *poss.* (of) his/her; (of)
   hers; (of) its; (of) *form.* your, (of)
   yours, (of) their 11

## T

**tabla de (wind)surf** *f.* surf
   board/sailboard 3
**tal vez** *adv.* maybe 5
**talentoso/a** *adj.* talented 17
**talla** *f.* size 6
   **talla grande** *f.* large
**taller** *m.* **mecánico** garage;
   mechanic's repairshop 11
**también** *adv.* also; too 2; 7
**tampoco** *adv.* neither; not
   either 7
**tan** *adv.* so 5
   **tan... como** as... as 8
   **tan pronto como** *conj.* as
     soon as 13
**tanque** *m.* tank 11
**tanto** *adv.* so much
   **tanto... como** as much... as 8
   **tantos/as... como** as
     many... as 8
**tarde** *adv.* late 7; *f.* afternoon;
   evening; P.M. 1
**tarea** *f.* homework 2
**tarjeta** *f.* (post) card
**tarjeta de crédito** *f.* credit card 6
**tarjeta postal** *f.* postcard 4
**taxi** *m.* taxi 5

**taza** *f.* cup 12
**te** *sing., fam., d.o. pron.* you 5;
   *sing., fam., i.o. pron.* to/for
   you 6
   **Te presento a...** *fam.* I would
     like to introduce you to (name). 1
   **¿Te gustaría?** Would you like
     to? 17
   **¿Te gusta(n)...?** Do you
     like...? 2
**té** *m.* tea 8
   **té helado** *m.* iced tea 8
**teatro** *m.* theater 17
**teclado** *m.* keyboard 11
**técnico/a** *m., f.* technician 16
**tejido** *m.* weaving 17
**teleadicto/a** *m., f.* couch
   potato 15
**(teléfono) celular** *m.* (cell)
   phone 11
**telenovela** *f.* soap opera 17
**teletrabajo** *m.* telecommuting 16
**televisión** *f.* television 2; 11
**televisión por cable** *f.* cable
   television 11
**televisor** *m.* television set 11
**temer** *v.* to fear 13
**temperatura** *f.* temperature 10
**temporada** *f.* period of time 5
**temprano** *adv.* early 7
**tenedor** *m.* fork 12
**tener** *v.* to have 3
   **tener... años** to be... years
     old 3
   **Tengo... años.** I'm... years
     old. 3
   **tener (mucho) calor** to be
     (very) hot 3
   **tener (mucho) cuidado** to be
     (very) careful 3
   **tener dolor** to have a pain 10
   **tener éxito** to be successful 16
   **tener fiebre** to have a fever 10
   **tener (mucho) frío** to be (very)
     cold 3
   **tener ganas de (+ inf.)** to feel
     like (*doing something*) 3
   **tener (mucha) hambre** *f.* to
     be (very) hungry 3
   **tener (mucho) miedo (de)** to
     be (very) afraid (of); to be
     (very) scared (of) 3
   **tener miedo (de) que** to be
     afraid that
   **tener planes** *m., pl.* to have
     plans 4
   **tener (mucha) prisa** to be in a
     (big) hurry 3
   **tener que (+ inf.)** *v.* to have
     to (*do something*) 3
   **tener razón** *f.* to be right 3
   **tener (mucha) sed** *f.* to be
     (very) thirsty 3
   **tener (mucho) sueño** to be
     (very) sleepy 3
   **tener (mucha) suerte** to be
     (very) lucky 3
   **tener tiempo** to have time 4

   **tener una cita** to have a date;
     to have an appointment 9
**tenis** *m.* tennis 4
**tensión** *f.* tension 15
**tercer, tercero/a** *adj.* third 5
**terco/a** *adj.* stubborn 10
**terminar** *v.* to end; to finish 2
   **terminar de (+ inf.)** *v.* to finish
     (*doing something*) 4
**terremoto** *m.* earthquake 18
**terrible** *adj. m., f.* terrible 13
**ti** *prep., obj. of prep., fam.* you
**tiempo** *m.* time 4; weather 5
   **tiempo libre** free time
**tienda** *f.* shop; store 6
**tierra** *f.* land; soil 13
**tinto/a** *adj.* red (wine) 8
**tío/a** *m., f.* uncle; aunt 3
**tíos** *m., pl.* aunts and uncles 3
**título** *m.* title 16
**tiza** *f.* chalk 2
**toalla** *f.* towel 7
**tobillo** *m.* ankle 10
**tocar** *v.* to play (*a musical
   instrument*) 17; to touch
**todavía** *adv.* yet; still 3, 5
**todo** *m.* everything 5
   **en todo el mundo** throughout
     the world 13
   **Todo está bajo control.**
     Everything is under control. 7
   **todo derecho** straight (ahead)
     14
**todo(s)/a(s)** *adj.* all 4; whole
**todos** *m., pl.* all of us; *m., pl.*
   everybody; everyone
**todos los días** *adv.* every day 10
**tomar** *v.* to take; to drink 2
   **tomar clases** *f., pl.* to take
     classes 2
   **tomar el sol** to sunbathe 4
   **tomar en cuenta** to take into
     account
   **tomar fotos** *f., pl.* to take
     photos 5
   **tomar la temperatura** to take
     someone's temperature 10
   **tomar una decisión** to make
     a decision 15
**tomate** *m.* tomato 8
**tonto/a** *adj.* silly; foolish 3
**torcerse (o:ue) (el tobillo)** *v.* to
   sprain (one's ankle) 10
**torcido/a** *adj.* twisted;
   sprained 10
**tormenta** *f.* storm 18
**tornado** *m.* tornado 18
**tortilla** *f.* tortilla 8
   **tortilla de maíz** corn tortilla 8
**tortuga (marina)** *f.* (sea) turtle 13
**tos** *f., sing.* cough 10
**toser** *v.* to cough 10
**tostado/a** *adj.* toasted 8
**tostadora** *f.* toaster 12
**trabajador(a)** *adj.* hard-working 3
**trabajar** *v.* to work 2
**trabajo** *m.* job; work 16

**traducir** *v.* to translate 6
**traer** *v.* to bring 4
**tráfico** *m.* traffic 11
**tragedia** *f.* tragedy 17
**traído/a** *p.p.* brought 14
**traje** *m.* suit 6
   **traje (de baño)** *m.* (bathing) suit 6
**trajinera** *f.* type of barge 3
**tranquilo/a** *adj.* calm; quiet 15
   **Tranquilo.** Don't worry.; Be cool. 7
   **Tranquilo/a, cariño.** Relax, sweetie. 11
**transmitir** *v.* to broadcast 18
**tratar de (+ inf.)** *v.* to try (*to do something*) 15
**trece** thirteen 1
**treinta** thirty 1, 2
   **y treinta** thirty minutes past the hour (time) 1
**tren** *m.* train 5
**tres** three 1
**trescientos/as** *adj.* three hundred 2
**trimestre** *m.* trimester; quarter 2
**triste** *adj.* sad 5
**tú** *fam. sub. pron.* you 1
   **Tú eres...** You are... 1
**tu(s)** *fam. poss. adj.* your 3
**turismo** *m.* tourism 5
**turista** *m., f.* tourist 1
**turístico/a** *adj.* touristic
**tuyo(s)/a(s)** *fam. poss. pron.* your; (of) yours 11

---

### U

**Ud.** *form. sing.* you 1
**Uds.** *form., pl.* you 1
**último/a** *adj.* last 7
   **la última vez** the last time 7
**un, uno/a** *indef. art.* a; one 1
   **uno/a** *m., f., sing. pron.* one 1
      **a la una** at one o'clock 1
   **una vez** once; one time 6
   **una vez más** one more time 9
**único/a** *adj.* only 3; unique 9
**universidad** *f.* university; college 2
**unos/as** *m., f., pl. indef. art.* some 1
   **los unos a los otros** each other 11
   **unos/as** *pron.* some 1
**urgente** *adj.* urgent 12
**usar** *v.* to wear; to use 6
**usted (Ud.)** *form. sing.* you 1
   **ustedes (Uds.)** *form., pl.* you 1
**útil** *adj.* useful
**uva** *f.* grape 8

---

### V

**vaca** *f.* cow 13
**vacaciones** *f. pl.* vacation 5

**valle** *m.* valley 13
**vamos** let's go 4
**vaquero** *m.* cowboy 17
   **de vaqueros** *m., pl.* western (genre) 17
**varios/as** *adj. m. f., pl.* various; several 8
**vaso** *m.* glass 12
**veces** *f., pl.* times 6
**vecino/a** *m., f.* neighbor 12
**veinte** twenty 1
**veinticinco** twenty-five 1
**veinticuatro** twenty-four 1
**veintidós** twenty-two 1
**veintinueve** twenty-nine 1
**veintiocho** twenty-eight 1
**veintiséis** twenty-six 1
**veintisiete** twenty-seven 1
**veintitrés** twenty-three 1
**veintiún, veintiuno/a** twenty-one 1
**vejez** *f.* old age 9
**velocidad** *f.* speed 11
   **velocidad máxima** *f.* speed limit 11
**vencer** *v.* to expire 14
**vendedor(a)** *m., f.* salesperson 6
**vender** *v.* to sell 6
**venir** *v.* to come 3
**ventana** *f.* window 2
**ver** *v.* to see 4
   **a ver** *v.* let's see 2
   **ver películas** *f., pl.* to see movies 4
**verano** *m.* summer 5
**verbo** *m.* verb
**verdad** *f.* truth
   **¿verdad?** right? 1
**verde** *adj., m. f.* green 6
**verduras** *pl., f.* vegetables 8
**vestido** *m.* dress 6
**vestirse (e:i)** *v.* to get dressed 7
**vez** *f.* time 6
**viajar** *v.* to travel 2
**viaje** *m.* trip 5
**viajero/a** *m., f.* traveler 5
**vida** *f.* life 9
**video** *m.* video 1, 11
**videoconferencia** *f.* videoconference 16
**videojuego** *m.* video game 4
**vidrio** *m.* glass 13
**viejo/a** *adj.* old 3
**viento** *m.* wind 5
**viernes** *m., sing.* Friday 2
**vinagre** *m.* vinegar 8
**vino** *m.* wine 8
   **vino blanco** *m.* white wine 8
   **vino tinto** *m.* red wine 8
**violencia** *f.* violence 18
**visitar** *v.* to visit 4
   **visitar monumentos** *m., pl.* to visit monuments 4
**visto/a** *p.p.* seen 14
**vitamina** *f.* vitamin 15

**viudo/a** *adj.* widower/widow 9
**vivienda** *f.* housing 12
**vivir** *v.* to live 3
**vivo/a** *adj.* bright; lively; living
**volante** *m.* steering wheel 11
**volcán** *m.* volcano 13
**vóleibol** *m.* volleyball 4
**volver (o:ue)** *v.* to return 4
**volver a ver(te, lo, la)** *v.* to see (you, him, her) again 18
**vos** *pron.* you
**vosotros/as** *form., pl.* you 1
**votar** *v.* to vote 18
**vuelta** *f.* return trip
**vuelto/a** *p.p.* returned 14
**vuestro(s)/a(s)** *poss. adj.* your 3; (of) yours *fam.* 11

---

### W

**walkman** *m.* walkman

---

### Y

**y** *conj.* and 1
   **y cuarto** quarter after (time) 1
   **y media** half-past (time) 1
   **y quince** quarter after (time) 1
   **y treinta** thirty (minutes past the hour) 1
   **¿Y tú?** *fam.* And you? 1
   **¿Y usted?** *form.* And you? 1
**ya** *adv.* already 6
**yerno** *m.* son-in-law 3
**yo** *sub. pron.* I 1
   **Yo soy...** I'm... 1
**yogur** *m.* yogurt 8

---

### Z

**zanahoria** *f.* carrot 8
**zapatería** *f.* shoe store 14
**zapatos de tenis** *m., pl.* tennis shoes, sneakers 6

## English-Spanish

### A

a **un/a** *m., f., sing.; indef. art.* 1
@ (*symbol*) **arroba** *f.* 11
A.M. **mañana** *f.* 1
able: be able to **poder (o:ue)** *v.* 4
aboard **a bordo** 1
above all **sobre todo** 13
accident **accidente** *m.* 10
accompany **acompañar** *v.* 14
account **cuenta** *f.* 14
  on account of **por** *prep.* 11
accountant **contador(a)** *m., f.* 16
accounting **contabilidad** *f.* 2
ache **dolor** *m.*
acquainted: be acquainted with **conocer** *v.* 6
action (genre) **de acción** *f.* 17
active **activo/a** *adj.* 15
actor **actor** *m.,* **actriz** *f.* 16
addict (drug) **drogadicto/a** *adj.* 15
additional **adicional** *adj.*
address **dirección** *f.* 14
adjective **adjetivo** *m.*
adolescence **adolescencia** *f.* 9
adventure (genre) **de aventura** *f.* 17
advertise **anunciar** *v.* 18
advertisement **anuncio** *m.* 16
advice **consejo** *m.* 6
  give advice **dar consejos** 6
advise **aconsejar** *v.* 12
advisor **consejero/a** *m., f.* 16
aerobic **aeróbico/a** *adj.*
  aerobics class **clase de ejercicios aeróbicos** 15
  to do aerobics **hacer ejercicios aeróbicos** 15
affected **afectado/a** *adj.* 13
  be affected (by) **estar** *v.* **afectado/a (por)** 13
affirmative **afirmativo/a** *adj.*
afraid: be (very) afraid (of) **tener (mucho) miedo (de)** 3
  be afraid that **tener miedo (de) que**
after **después de** *prep.* 7; **después de que** *conj.* 13
afternoon **tarde** *f.* 1
afterward **después** *adv.* 7
again **otra vez**
age **edad** *f.* 9
agree **concordar** *v.*
agree **estar** *v.* **de acuerdo** 17
  I agree. **Estoy de acuerdo.** 17
  I don't agree. **No estoy de acuerdo.** 17
agreement **acuerdo** *m.* 16
AIDS **SIDA** *m.* 18
air **aire** *m.* 13
  air pollution **contaminación del aire** 13
airplane **avión** *m.* 5
airport **aeropuerto** *m.* 5
alarm clock **despertador** *m.* 7
alcohol **alcohol** *m.* 15

to consume alcohol **consumir alcohol** 15
alcoholic **alcohólico/a** *adj.* 15
all **todo(s)/a(s)** *adj.* 4
  all of us **todos** 1
  all over the world **en todo el mundo**
allergic **alérgico/a** *adj.* 10
  be allergic (to) **ser alérgico/a (a)** 10
alleviate **aliviar** *v.*
almost **casi** *adv.* 10
alone **solo/a** *adj.*
along **por** *prep.* 11
already **ya** *adv.* 6
also **también** *adv.* 2; 7
altar **altar** *m.* 9
aluminum **aluminio** *m.* 13
  (made) of aluminum **de aluminio** 13
always **siempre** *adv.* 7
American (North) **norteamericano/a** *adj.* 3
among **entre** *prep.* 2
amusement **diversión** *f.*
and **y** 1, **e** (before words beginning with i or hi) 4
  And you? **¿Y tú?** *fam.* 1; **¿Y usted?** *form.* 1
angel **ángel** *m.* 9
angry **enojado/a** *adj.* 5
  get angry (with) **enojarse** *v.* **(con)** 7
animal **animal** *m.* 13
ankle **tobillo** *m.* 10
anniversary **aniversario** *m.* 9
  (wedding) anniversary **aniversario** *m.* **(de bodas)** 9
announce **anunciar** *v.* 18
announcer (TV/radio) **locutor(a)** *m., f.* 18
annoy **molestar** *v.* 7
another **otro/a** *adj.* 6
answer **contestar** *v.* 2; **respuesta** *f.*
answering machine **contestadora** *f.*
antibiotic **antibiótico** *m.* 10
any **algún, alguno/a(s)** *adj.* 7
anyone **alguien** *pron.* 7
anything **algo** *pron.* 7
apartment **apartamento** *m.* 12
apartment building **edificio de apartamentos** 12
appear **parecer** *v.*
appetizers **entremeses** *m., pl.* 8
applaud **aplaudir** *v.* 17
apple **manzana** *f.* 8
appliance (electric) **electrodoméstico** *m.* 12
applicant **aspirante** *m., f.* 16
application **solicitud** *f.* 16
  job application **solicitud de trabajo** 16
apply (for a job) **solicitar** *v.* 16
  apply for a loan **pedir (e:ie)** *v.* **un préstamo** 14
appointment **cita** *f.* 9
  have an appointment **tener** *v.* **una cita** 9
appreciate **apreciar** *v.* 17

April **abril** *m.* 5
aquatic **acuático/a** *adj.*
archaeologist **arqueólogo/a** *m., f.* 16
archaeology **arqueología** *f.* 2
architect **arquitecto/a** *m., f.* 16
area **región** *f.* 13
Argentina **Argentina** *f.* 1
Argentine **argentino/a** *adj.* 3
arm **brazo** *m.* 10
armchair **sillón** *m.* 12
army **ejército** *m.* 18
around **por** *prep.* 11
  around here **por aquí** 11
arrange **arreglar** *v.* 11
arrival **llegada** *f.* 5
arrive **llegar** *v.* 2
art **arte** *m.* 2
  (fine) arts **bellas artes** *f., pl.* 17
article *m.* **artículo** 18
artist **artista** *m., f.* 3
artistic **artístico/a** *adj.* 17
arts **artes** *f., pl.* 17
as **como** 8
  as a child **de niño/a** 10
  as... as **tan... como** 8
  as many... as **tantos/as... como** 8
  as much... as **tanto... como** 8
  as soon as **en cuanto** *conj.* 13; **tan pronto como** *conj.* 13
ask (a question) **preguntar** *v.* 2
  ask for **pedir (e:i)** *v.* 4
asparagus **espárragos** *m., pl.* 8
aspirin **aspirina** *f.* 10
at **a** *prep.* 1; **en** *prep.* 2
  at + time **a la(s)** + time 1
  at home **en casa** 7
  at least **por lo menos** 10
  at night **por la noche** 7
  at the end (of) **al fondo (de)** 12
  At what time...? **¿A qué hora...?** 1
  At your service. **A sus órdenes.** 11
ATM **cajero automático** *m.* 14
attempt **intento** *m.* 11
attend **asistir (a)** *v.* 3
attic **altillo** *m.* 12
attract **atraer** *v.* 4
audience **público** *m.* 17
August **agosto** *m.* 5
aunt **tía** *f.* 3
  aunts and uncles **tíos** *m., pl.* 3
automobile **automóvil** *m.* 5; **carro** *m.;* **coche** *m.* 11
autumn **otoño** *m.* 5
avenue **avenida** *f.*
avoid **evitar** *v.* 13
award **premio** *m.* 17

### B

backpack **mochila** *f.* 2
bad **mal, malo/a** *adj.* 3
  It's bad that... **Es malo que...** 12

It's not at all bad. **No está nada mal.** 5
bag **bolsa** *f.* 6
bakery **panadería** *f.* 14
balanced **equilibrado/a** *adj.* 15
  to eat a balanced diet **comer una dieta equilibrada** 15
balcony **balcón** *m.* 12
ball **pelota** *f.* 4
banana **banana** *f.* 8
band **banda** *f.* 17
bank **banco** *m.* 14
bargain **ganga** *f.* 6; **regatear** *v.* 6
baseball (*game*) **béisbol** *m.* 4
basement **sótano** *m.* 12
basketball (*game*) **baloncesto** *m.* 4
bathe **bañarse** *v.* 7
bathing suit **traje** *m.* **de baño** 6
bathroom **baño** *m.* 7; **cuarto de baño** *m.* 7
be **ser** *v.* 1; **estar** *v.* 2
  be... years old **tener... años** 3
  be sick of... **estar harto/a de...** 18
beach **playa** *f.* 5
beans **frijoles** *m., pl.* 8
beautiful **hermoso/a** *adj.* 6
beauty **belleza** *f.* 14
  beauty salon **peluquería** *f.* 14; **salón** *m.* **de belleza** 14
because **porque** *conj.* 2
  because of **por** *prep.* 11
become (+ *adj.*) **ponerse (+ adj.)** 7; **convertirse** *v.*
bed **cama** *f.* 5
  go to bed **acostarse (o:ue)** *v.* 7
bedroom **alcoba** *f.*; **dormitorio** *m.* 12; **recámara** *f.*
beef **carne de res** *f.* 8
been **sido** *p.p.* 15
beer **cerveza** *f.* 8
before **antes** *adv.* 7; **antes de** *prep.* 7; **antes (de) que** *conj.* 13
beg **rogar (o:ue)** *v.* 12
begin **comenzar (e:ie)** *v.* 4; **empezar (e:ie)** *v.* 4
behalf: on behalf of **de parte de** 11
behind **detrás de** *prep.* 2
believe (in) **creer** *v.* **(en)** 3; **creer** *v.* 13
  not to believe **no creer** 13
believed **creído/a** *p.p.* 14
bellhop **botones** *m., f. sing.* 5
below **debajo de** *prep.* 2
belt **cinturón** *m.* 6
benefit **beneficio** *m.* 16
beside **al lado de** *prep.* 2
besides **además (de)** *adv.* 10
best **mejor** *adj.*
  the best **el/la mejor** *m., f.* 8; **lo mejor** *neuter* 18
better **mejor** *adj.* 8
  It's better that... **Es mejor que...** 12
between **entre** *prep.* 2

beverage **bebida** *f.*
  alcoholic beverage **bebida alcohólica** *f.* 15
bicycle **bicicleta** *f.* 4
big **gran, grande** *adj.* 3
bill **cuenta** *f.* 9
billion **mil millones**
biology **biología** *f.* 2
bird **ave** *f.* 13; **pájaro** *m.* 13
birth **nacimiento** *m.* 9
birthday **cumpleaños** *m., sing.* 9
  have a birthday **cumplir** *v.* **años** 9
black **negro/a** *adj.* 6
blackboard **pizarra** *f.* 2
blanket **manta** *f.* 12
block (city) **cuadra** *f.* 14
blog **blog** *m.* 11
blond(e) **rubio/a** *adj.* 3
blouse **blusa** *f.* 6
blue **azul** *adj. m., f.* 6
boarding house **pensión** *f.*
boat **barco** *m.* 5
body **cuerpo** *m.* 10
bone **hueso** *m.* 10
book **libro** *m.* 2
bookcase **estante** *m.* 12
bookshelves **estante** *m.* 12
bookstore **librería** *f.* 2
boot **bota** *f.* 6
bore **aburrir** *v.* 7
bored **aburrido/a** *adj.* 5
  be bored **estar** *v.* **aburrido/a** 5
  get bored **aburrirse** *v.* 17
boring **aburrido/a** *adj.* 5
born: be born **nacer** *v.* 9
borrow **pedir (e:ie)** *v.* **prestado** 14
borrowed **prestado/a** *adj.*
boss **jefe** *m.*, **jefa** *f.* 16
bother **molestar** *v.* 7
bottle **botella** *f.* 9
  bottle of wine **botella de vino** 9
bottom **fondo** *m.*
boulevard **bulevar** *m.*
boy **chico** *m.* 1; **muchacho** *m.* 3
boyfriend **novio** *m.* 3
brakes **frenos** *m., pl.*
bread **pan** *m.* 8
break **romper** *v.* 10
  break (one's leg) **romperse (la pierna)** 10
break down **dañar** *v.* 10
  The... broke down. **Se nos dañó el/la...** 11
  break up (with) **romper** *v.* **(con)** 9
breakfast **desayuno** *m.* 2, 8
  have breakfast **desayunar** *v.* 2
breathe **respirar** *v.* 13
bring **traer** *v.* 4
broadcast **transmitir** *v.* 18; **emitir** *v.* 18
brochure **folleto** *m.*
broken **roto/a** *adj.* 10, 14
  be broken **estar roto/a** 10

brother **hermano** *m.* 3
  brother-in-law **cuñado** *m., f.* 3
  brothers and sisters **hermanos** *m., pl.* 3
brought **traído/a** *p.p.* 14
brown **café** *adj.* 6; **marrón** *adj.* 6
brunet(te) **moreno/a** *adj.* 3
brush **cepillar** *v.* 7
  brush one's hair **cepillarse el pelo** 7
  brush one's teeth **cepillarse los dientes** 7
bucket **balde** *m.* 5
build **construir** *v.* 4
building **edificio** *m.* 12
bump into (*something accidentally*) **darse con** 10; (*someone*) **encontrarse** *v.* 11
burn (a CD/DVD) **quemar** *v.* **(un CD/DVD)**
burned (out) **quemado/a** *adj.* 11
bus **autobús** *m.* 1
  bus station **estación** *f.* **de autobuses** 5
business **negocios** *m. pl.* 16
  business administration **administración** *f.* **de empresas** 2
  business-related **comercial** *adj.* 16
businessperson **hombre** *m.* **/ mujer** *f.* **de negocios** 16
busy **ocupado/a** *adj.* 5
but **pero** *conj.* 2; (rather) **sino** *conj.* (*in negative sentences*) 7
butcher shop **carnicería** *f.* 14
butter **mantequilla** *f.* 8
buy **comprar** *v.* 2
by **por** *prep.* 11; **para** *prep.* 11
  by means of **por** *prep.* 11
  by phone **por teléfono** 11
  by plane **en avión** 5
  by way of **por** *prep.* 11
bye **chau** *interj. fam.* 1

## C

cable television **televisión** *f.* **por cable** *m.* 11
café **café** *m.* 4
cafeteria **cafetería** *f.* 2
caffeine **cafeína** *f.* 15
cake **pastel** *m.* 9
  chocolate cake **pastel de chocolate** *m.* 9
calculator **calculadora** *f.* 2
call **llamar** *v.* 11
  be called **llamarse** *v.* 7
  call on the phone **llamar por teléfono**
calm **tranquilo/a** *adj.* 15
calorie **caloría** *f.* 15
camera **cámara** *f.* 11
camp **acampar** *v.* 5
can (tin) **lata** *f.* 13
can **poder (o:ue)** *v.* 4

Could I ask you something?
**¿Podría pedirte algo?** 17
Canadian **canadiense** *adj.* 3
candidate **aspirante** *m., f.* 16;
  candidate **candidato/a** *m., f.* 18
candy **dulces** *m., pl.* 9
capital city **capital** *f.* 1
car **coche** *m.* 11; **carro** *m.* 11;
  **auto(móvil)** *m.* 5
caramel **caramelo** *m.* 9
card **tarjeta** *f.*; *(playing)*
  **carta** *f.* 5
care **cuidado** *m.* 3
  Take care! **¡Cuídense!** *v.* 15
  take care of **cuidar** *v.* 13
career **carrera** *f.* 16
careful: be (very) careful **tener** *v.*
  **(mucho) cuidado** 3
caretaker **ama** *m., f.* **de casa** 12
carpenter **carpintero/a** *m., f.* 16
carpet **alfombra** *f.* 12
carrot **zanahoria** *f.* 8
carry **llevar** *v.* 2
cartoons **dibujos** *m, pl.*
  **animados** 17
case: in case (that) **en caso (de)**
  **que** 13
cash (a check) **cobrar** *v.* 14;
  cash **(en) efectivo** 6
  cash register **caja** *f.* 6
  pay in cash **pagar** *v.* **al contado**
  14; **pagar en efectivo** 14
cashier **cajero/a** *m., f.*
cat **gato** *m.* 13
CD **disco compacto** *m.* 11
CD player **reproductor de CD**
  *m.* 11
CD-ROM **cederrón** *m.* 11
celebrate **celebrar** *v.* 9
celebration **celebración** *f.*
  young woman's fifteenth
  birthday celebration
  **quinceañera** *f.* 9
cellar **sótano** *m.* 12
(cell) phone **(teléfono)**
  **celular** *m.* 11
cemetery **cementerio** *m.* 9
cereal **cereales** *m., pl.* 8
certain **cierto** *m.*; **seguro** *m.* 13
  it's (not) certain **(no) es**
  **cierto/seguro** 13
chalk **tiza** *f.* 2
champagne **champán** *m.* 9
change: in change **de cambio** 2
change **cambiar** *v.* **(de)** 9
channel *(TV)* **canal** *m.* 11; 17
character *(fictional)* **personaje**
  *m.* 11, 17
  (main) character *m.* **personaje**
  **(principal)** 17
chat **conversar** *v.* 2
chauffeur **conductor(a)** *m., f.* 1
cheap **barato/a** *adj.* 6
check **comprobar (o:ue)** *v.*;
  **revisar** *v.* 11; *(bank)* **cheque**
  *m.* 14
  check the oil **revisar el aceite** 11
checking account **cuenta** *f.*
  **corriente** 14

cheese **queso** *m.* 8
chef **cocinero/a** *m., f.* 16
chemistry **química** *f.* 2
chest of drawers **cómoda** *f.* 12
chicken **pollo** *m.* 8
child **niño/a** *m., f.* 3
childhood **niñez** *f.* 9
children **hijos** *m., pl.* 3
Chinese **chino/a** *adj.* 3
chocolate **chocolate** *m.* 9
  chocolate cake **pastel** *m.* **de**
  **chocolate** 9
cholesterol **colesterol** *m.* 15
choose **escoger** *v.* 8
chop *(food)* **chuleta** *f.* 8
Christmas **Navidad** *f.* 9
church **iglesia** *f.* 4
cinnamon **canela** *f.* 10
citizen **ciudadano/a** *adj.* 18
city **ciudad** *f.* 4
class **clase** *f.* 2
  take classes **tomar clases** 2
classical **clásico/a** *adj.* 17
classmate **compañero/a** *m., f.* **de**
  **clase** 2
clean **limpio/a** *adj.* 5;
  **limpiar** *v.* 12
  clean the house *v.* **limpiar la**
  **casa** 12
clear *(weather)* **despejado/a** *adj.*
  clear the table **quitar la**
  **mesa** 12
  It's (very) clear. *(weather)*
  **Está (muy) despejado.**
clerk **dependiente/a** *m., f.* 6
climate change **cambio climático**
  *m.* 13
climb **escalar** *v.* 4
  climb mountains **escalar**
  **montañas** 4
clinic **clínica** *f.* 10
clock **reloj** *m.* 2
close **cerrar (e:ie)** *v.* 4
closed **cerrado/a** *adj.* 5
closet **armario** *m.* 12
clothes **ropa** *f.* 6
  clothes dryer **secadora** *f.* 12
clothing **ropa** *f.* 6
cloud **nube** *f.* 13
cloudy **nublado/a** *adj.* 5
  It's (very) cloudy. **Está (muy)**
  **nublado.** 5
coat **abrigo** *m.* 6
coffee **café** *m.* 8
  coffee maker **cafetera** *f.* 12
cold **frío** *m.* 5;
  *(illness)* **resfriado** *m.* 10
be *(feel)* (very) cold **tener**
  **(mucho) frío** 3
  It's (very) cold. *(weather)* **Hace**
  **(mucho) frío.** 5
college **universidad** *f.* 2
collision **choque** *m.* 18
color **color** *m.* 6
comb one's hair **peinarse** *v.* 7
come **venir** *v.* 3
come on **ándale** *interj.* 14
comedy **comedia** *f.* 17
comfortable **cómodo/a** *adj.* 5

commerce **negocios** *m., pl.* 16
commercial **comercial** *adj.* 16
communicate (with) **comunicarse**
  *v.* **(con)** 18
communication **comunicación**
  *f.* 18
  means of communication
  **medios** *m. pl.* **de**
  **comunicación** 18
community **comunidad** *f.* 1
company **compañía** *f.* 16;
  **empresa** *f.* 16
comparison **comparación** *f.*
completely **completamente**
  *adv.* 16
composer **compositor(a)** *m., f.* 17
computer **computadora** *f.* 1
  computer disc **disco** *m.*
  computer monitor **monitor**
  *m.* 11
  computer programmer
  **programador(a)** *m., f.* 3
  computer science **computación**
  *f.* 2
concert **concierto** *m.* 17
conductor *(musical)* **director(a)**
  *m., f.* 17
confirm **confirmar** *v.* 5
  confirm a reservation **confirmar**
  **una reservación** 5
confused **confundido/a** *adj.* 5
congested **congestionado/a**
  *adj.* 10
Congratulations! **¡Felicidades!;**
  **¡Felicitaciones!** *f., pl.* 9
conservation **conservación** *f.* 13
conserve **conservar** *v.* 13
considering **para** *prep.* 11
consume **consumir** *v.* 15
container **envase** *m.* 13
contamination **contaminación** *f.*
content **contento/a** *adj.* 5
contest **concurso** *m.* 17
continue **seguir (e:i)** *v.* 4
control **control** *m.*; **controlar** *v.* 13
  be under control **estar bajo**
  **control** 7
conversation **conversación** *f.* 1
converse **conversar** *v.* 2
cook **cocinar** *v.* 12; **cocinero/a**
  *m., f.* 16
cookie **galleta** *f.* 9
cool **fresco/a** *adj.* 5
  Be cool. **Tranquilo.** 7
  It's cool. *(weather)* **Hace**
  **fresco.** 5
corn **maíz** *m.* 8
corner **esquina** *f.* 14
cost **costar (o:ue)** *v.* 6
Costa Rica **Costa Rica** *f.* 1
Costa Rican **costarricense** *adj.* 3
costume **disfraz** *m.*
cotton **algodón** *f.* 6
  (made of) cotton **de algodón** 6
couch **sofá** *m.* 12
couch potato **teleadicto/a**
  *m., f.* 15
cough **tos** *f.* 10; **toser** *v.* 10
counselor **consejero/a** *m., f.* 16

count (on) **contar (o:ue)** v.
   **(con)** 4, 12
country (*nation*) **país** m. 1
countryside **campo** m. 5
(married) couple **pareja** f. 9
course **curso** m. 2; **materia** f. 2
courtesy **cortesía** f.
cousin **primo/a** m., f. 3
cover **cubrir** v.
covered **cubierto/a** p.p.
cow **vaca** f. 13
crafts **artesanía** f. 17
craftsmanship **artesanía** f. 17
crater **cráter** m. 13
crazy **loco/a** adj. 6
create **crear** v.
credit **crédito** m. 6
   credit card **tarjeta** f. **de**
      **crédito** 6
crime **crimen** m. 18
cross **cruzar** v. 14
cry **llorar** v. 15
Cuba **Cuba** f. 1
Cuban **cubano/a** adj. 3
culture **cultura** f. 2, 17
cup **taza** f. 12
currency exchange **cambio** m. **de**
   **moneda**
current events **actualidades** f.,
   pl. 18
curtains **cortinas** f., pl. 12
custard (*baked*) **flan** m. 9
custom **costumbre** f. 1
customer **cliente/a** m., f. 6
customs **aduana** f. 5
   customs inspector **inspector(a)**
      m., f. **de aduanas** 5
cybercafé **cibercafé** m. 11
cycling **ciclismo** m. 4

### D

dad **papá** m. 3
daily **diario/a** adj. 7
   daily routine **rutina** f. **diaria** 7
damage **dañar** v. 10
dance **bailar** v. 2; **danza** f. 17;
   **baile** m. 17
dancer **bailarín/bailarina** m.,
   f. 17
danger **peligro** m. 13
dangerous **peligroso/a** adj. 18
date (*appointment*) **cita** f. 9;
   (*calendar*) **fecha** f. 5; (*someone*)
   **salir** v. **con (alguien)** 9
   have a date **tener una cita** 9
daughter **hija** f. 3
daughter-in-law **nuera** f. 3
day **día** m. 3
   day before yesterday
      **anteayer** adv. 6
deal: It's not a big deal. **No es**
   **para tanto.** 12
death **muerte** f. 9
decaffeinated **descafeinado/a**
   adj. 15

December **diciembre** m. 5
decide **decidir** v. **(+ inf.)** 3
decided **decidido/a** adj. p.p. 14
declare **declarar** v. 18
deforestation **deforestación** f. 13
delicious **delicioso/a** adj. 8;
   **rico/a** adj. 8; **sabroso/a** adj. 8
delighted **encantado/a** adj. 1
dentist **dentista** m., f. 10
deny **negar (e:ie)** v. 13
   not to deny **no dudar** 13
department store **almacén** m. 6
departure **salida** f. 5
deposit **depositar** v. 14
describe **describir** v. 3
described **descrito/a** p.p. 14
desert **desierto** m. 13
design **diseño** m.
designer **diseñador(a)** m., f. 16
desire **desear** v. 2
desk **escritorio** m. 2
dessert **postre** m. 9
destroy **destruir** v. 13
develop **desarrollar** v. 13
diary **diario** m. 1
dictatorship **dictadura** f. 18
dictionary **diccionario** m. 1
die **morir (o:ue)** v. 8
died **muerto/a** p.p. 14
diet **dieta** f. 15; **alimentación**
   balanced diet **dieta**
      **equilibrada** 15
   be on a diet **estar a dieta** 15
difficult **difícil** adj. m., f. 3
digital camera **cámara** f.
   **digital** 11
dining room **comedor** m. 12
dinner **cena** f. 2, 8
   have dinner **cenar** v. 2
direct **dirigir** v. 17
director **director(a)** m., f. 17
dirty **ensuciar** v.; **sucio/a** adj. 5
   get (something) dirty **ensuciar**
      v. 12
disagree **no estar de acuerdo**
disaster **desastre** m. 18
discover **descubrir** v. 13
discovered **descubierto/a** p.p. 14
discrimination **discriminación**
   f. 18
dish **plato** m. 8, 12
   main dish m. **plato principal** 8
dishwasher **lavaplatos** m.,
   sing. 12
disk **disco** m.
disorderly **desordenado/a** adj. 5
dive **bucear** v. 4
divorce **divorcio** m. 9
divorced **divorciado/a** adj. 9
   get divorced (from) **divorciarse**
      v. **(de)** 9
dizzy **mareado/a** adj. 10
do **hacer** v. 4
   do aerobics **hacer ejercicios**
      **aeróbicos** 15
   do household chores **hacer**
      **quehaceres domésticos** 12
   do stretching exercises **hacer**
      **ejercicios de estiramiento** 15

(I) don't want to. **No quiero.** 4
doctor **doctor(a)** m., f. 3; 10;
   **médico/a** m., f. 3
documentary (*film*) **documental**
   m. 17
dog **perro** m. 13
domestic **doméstico/a** adj.
   domestic appliance
      **electrodoméstico** m.
done **hecho/a** p.p. 14
door **puerta** f. 2
doorman/doorwoman **portero/a**
   m., f. 1
dormitory **residencia** f.
   **estudiantil** 2
double **doble** adj. 5
   double room **habitación** f.
      **doble** 5
doubt **duda** f. 13; **dudar** v. 13
   not to doubt 13
   There is no doubt that...
      **No cabe duda de** 13;
      **No hay duda de** 13
Down with...! **¡Abajo el/la...!**
download **descargar** v. 11
downtown **centro** m. 4
drama **drama** m. 17
dramatic **dramático/a** adj. 17
draw **dibujar** v. 2
drawing **dibujo** m. 17
dress **vestido** m. 6
   get dressed **vestirse (e:i)** v. 7
drink **beber** v. 3; **bebida** f. 8;
   **tomar** v. 2
drive **conducir** v. 6; **manejar**
   v. 11
driver **conductor(a)** m., f. 1
drug **droga** f. 15
   drug addict **drogadicto/a**
      adj. 15
dry oneself **secarse** v. 7
during **durante** prep. 7; **por**
   prep. 11
dust **sacudir** v. 12;
   **quitar** v. **el polvo** 12
dust the furniture **sacudir los**
   **muebles** 12
duster **plumero** m. 12
DVD player **reproductor** m. **de**
   **DVD** 11

### E

each **cada** adj. 6
each other **los unos a los otros** 11
eagle **águila** f.
ear (*outer*) **oreja** f. 10
earing **arete** m. 6
early **temprano** adv. 7
earn **ganar** v. 16
earthquake **terremoto** m. 18
ease **aliviar** v.
east **este** m. 14
   to the east **al este** 14
easy **fácil** adj. m., f. 3
eat **comer** v. 3
ecological **ecológico/a** adj. 13
ecologist **ecologista** m., f. 13

ecology **ecología** f. 13
economics **economía** f. 2
ecotourism **ecoturismo** m. 13
Ecuador **Ecuador** m. 1
Ecuadorian **ecuatoriano/a** adj. 3
effective **eficaz** adj. m., f.
egg **huevo** m. 8
eight **ocho** 1
eight hundred **ochocientos/as** 2
eighteen **dieciocho** 1
eighth **octavo/a** 5
eighty **ochenta** 2
either… or **o… o** conj. 7
eldest **el/la mayor** 8
elect **elegir** v. 18
election **elecciones** f. pl. 18
electric appliance
   **electrodoméstico** m. 12
electrician **electricista** m., f. 16
electricity **luz** f. 12
elegant **elegante** adj. m., f. 6
elevator **ascensor** m. 5
eleven **once** 1
e-mail **correo** m. **electrónico** 4
e-mail address **dirrección** f.
   **electrónica** 11
   e-mail message **mensaje** m.
      **electrónico** 4
   read e-mail **leer** v. **el correo**
      **electrónico** 4
embarrassed **avergonzado/a**
   adj. 5 embrace (each other)
   **abrazar(se)** v. 11
emergency **emergencia** f. 10
   emergency room **sala** f. **de**
      **cmergencia** 10
employee **empleado/a** m., f. 5
employment **empleo** m. 16
end **fin** m. 4; **terminar** v. 2
   end table **mesita** f. 12
endure **aguantar** v. 14
energy **energía** f. 13
engaged: get engaged (to)
   **comprometerse** v. **(con)** 9
engineer **ingeniero/a** m., f. 3
English (language) **inglés** m. 2;
   **inglés, inglesa** adj. 3
enjoy **disfrutar** v. **(de)** 15
enough **bastante** adv. 10
entertainment **diversión** f. 4
entrance **entrada** f. 12
envelope **sobre** m. 14
environment **medio ambiente**
   m. 13
environmental sciences **ciencias**
   **ambientales** 2
equality **igualdad** f. 18
equipped **equipado/a** adj. 15
erase **borrar** v. 11
eraser **borrador** m. 2
errand **diligencia** f. 14
essay **ensayo** m. 3
evening **tarde** f. 1
event **acontecimiento** m. 18
every day **todos los días** 10
everything **todo** m. 5
   Everything is under control.
      **Todo está bajo control.** 7
exactly **en punto** 1
exam **examen** m. 2
excellent **excelente** adj. 5

excess **exceso** m. 15
   in excess **en exceso** 15
exchange **intercambiar** v.
   in exchange for **por** 11
exciting **emocionante** adj. m., f.
excursion **excursión** f.
excuse **disculpar** v.
Excuse me. (May I?) **Con**
   **permiso.** 1; (I beg your
   pardon.) **Perdón.** 1
exercise **ejercicio** m. 15;
   **hacer** v. **ejercicio** 15;
   (a degree/profession) **ejercer**
   v. 16
exit **salida** f. 5
expensive **caro/a** adj. 6
experience **experiencia** f. 18
expire **vencer** v. 14
explain **explicar** v. 2
explore **explorar** v.
expression **expresión** f.
extinction **extinción** f. 13
extremely delicious **riquísimo/a**
   adj. 8
extremely serious **gravísimo**
   adj. 13
eye **ojo** m. 10

---

**F**

fabulous **fabuloso/a** adj. 5
face **cara** f. 7
facing **enfrente de** prep. 14
fact: in fact **de hecho**
factory **fábrica** f. 13
fall (down) **caerse** v. 10
   fall asleep **dormirse (o:ue)** v. 7
   fall in love (with) **enamorarse**
      v. **(de)** 9
fall (season) **otoño** m. 5
fallen **caído/a** p.p. 14
family **familia** f. 3
famous **famoso/a** adj. 16
fan **aficionado/a** adj. 4
   be a fan (of) **ser aficionado/a**
      **(a)** 4
far from **lejos de** prep. 2
farewell **despedida** f.
fascinate **fascinar** v. 7
fashion **moda** f. 6
   be in fashion **estar de moda** 6
fast **rápido/a** adj.
fat **gordo/a** adj. 3; **grasa** f. 15
father **padre** m. 3
father-in-law **suegro** m. 3
favorite **favorito/a** adj. 4
fax (machine) **fax** m. 11
fear **miedo** m. 3; **temer** v. 13
February **febrero** m. 5
feel **sentir(se) (e:ie)** v. 7
   feel like (doing something) **tener**
      **ganas de (+ inf.)** 3
festival **festival** m. 17
fever **fiebre** f. 10
   have a fever **tener** v. **fiebre** 10

few **pocos/as** adj. pl.
   fewer than **menos de**
      (+ number) 8
field: major field of study
   **especialización** f.
fifteen **quince** 1
   fifteen-year-old girl **quinceañera** f.
   young woman celebrating her
   fifteenth birthday **quinceañera**
   f. 9
fifth **quinto/a** 5
fifty **cincuenta** 2
fight (for/against) **luchar** v. **(por/**
   **contra)** 18
figure (number) **cifra** f.
file **archivo** m. 11
fill **llenar** v. 11
   fill out (a form) **llenar (un**
      **formulario)** 14
   fill the tank **llenar el**
      **tanque** 11
finally **finalmente** adv. 15; **por**
   **último** 7; **por fin** 11
find **encontrar (o:ue)** v. 4
   find (each other) **encontrar(se)**
   find out **enterarse** v. 16
fine **multa** f.
   That's fine. **Está bien.** 11
(fine) arts **bellas artes** f., pl. 17
finger **dedo** m. 10
finish **terminar** v. 2
   finish (doing something)
      **terminar** v. **de (+ inf.)** 4
fire **incendio** m. 18; **despedir**
   **(e:i)** v. 16
firefighter **bombero/a** m., f. 16
firm **compañía** f. 16; **empresa**
   f. 16
first **primer, primero/a** 2, 5
fish (food) **pescado** m. 8;
   **pescar** v. 5; (live) **pez** m., sing.
   **(peces** pl.) 13
   fish market **pescadería** f. 14
fishing **pesca** f. 5
fit (clothing) **quedar** v. 7
five **cinco** 1
five hundred **quinientos/as** 2
fix (put in working order) **arreglar**
   v. 11; (clothes, hair, etc. to
   go out) **arreglarse** 7
fixed **fijo/a** adj. 6
flag **bandera** f.
flank steak **lomo** m. 8
flat tire: We had a flat tire. **Se nos**
   **pinchó una llanta.** 11
flexible **flexible** adj. 15
flood **inundación** f. 18
floor (of a building) **piso** m. 5;
   **suelo** m. 12
   ground floor **planta baja** f. 5
   top floor **planta** f. **alta**
flower **flor** f. 13
flu **gripe** f. 10
fog **niebla** f.
folk **folclórico/a** adj. 17

follow **seguir (e:i)** *v.* 4
food **comida** *f.* 4, 8
foolish **tonto/a** *adj.* 3
foot **pie** *m.* 10
football **fútbol** *m.* **americano** 4
for **para** *prep.* 11; **por** *prep.* 11
  for example **por ejemplo** 11
  for me **para mí** 8
forbid **prohibir** *v.*
foreign **extranjero/a** *adj.* 17
  foreign languages **lenguas**
    *f., pl.* **extranjeras** 2
forest **bosque** *m.* 13
forget **olvidar** *v.* 10
fork **tenedor** *m.* 12
form **formulario** *m.* 14
forty **cuarenta** *m.* 2
four **cuatro** 1
four hundred **cuatrocientos/as** 2
fourteen **catorce** 1
fourth **cuarto/a** *m., f.* 5
free **libre** *adj. m., f.* 4
  be free (of charge) **ser**
    **gratis** 14
  free time **tiempo libre**; spare
    (free) time **ratos libres** 4
freedom **libertad** *f.* 18
freezer **congelador** *m.* 12
French **francés, francesa** *adj.* 3
  French fries **papas** *f., pl.*
    **fritas** 8; **patatas** *f., pl.* **fritas** 8
frequently **frecuentemente**
  *adv.* 10; **con frecuencia** *adv.* 10
Friday **viernes** *m., sing.* 2
fried **frito/a** *adj.* 8
  fried potatoes **papas** *f., pl.*
    **fritas** 8; **patatas** *f., pl.*
    **fritas** 8
friend **amigo/a** *m., f.* 3
friendly **amable** *adj. m., f.* 5
friendship **amistad** *f.* 9
from **de** *prep.* 1; **desde** *prep.* 6
  from the United States
    **estadounidense** *m., f.*
    *adj.* 3
  from time to time **de vez en**
    **cuando** 10
  He/She/It is from... **Es de...**;
    I'm from... **Soy de...** 1
front: (cold) front **frente (frío)**
  *m.* 5
fruit **fruta** *f.* 8
  fruit juice **jugo** *m.* **de fruta** 8
  fruit store **frutería** *f.* 14
full **lleno/a** *adj.* 11
fun **divertido/a** *adj.* 7
  fun activity **diversión** *f.* 4
  have fun **divertirse (e:ie)** *v.* 9
function **funcionar** *v.*
furniture **muebles** *m., pl.* 12
furthermore **además (de)** *adv.* 10
future **futuro** *adj.* 16; **porvenir**
  *m.* 16
  Here's to the future! **¡Por el**
    **porvenir!** 16
  in the future **en el futuro** 16

## G

gain weight **aumentar** *v.* **de**
  **peso** 15; **engordar** *v.* 15
game **juego** *m.*; (*match*)
  **partido** *m.* 4
  game show **concurso** *m.* 17
garage (*in a house*) **garaje** *m.* 12;
  **garaje** *m.* 11; **taller**
  **(mecánico)** 11
garden **jardín** *m.* 12
garlic **ajo** *m.* 8
gas station **gasolinera** *f.* 11
gasoline **gasolina** *f.* 11
gentleman **caballero** *m.* 8
geography **geografía** *f.* 2
German **alemán, alemana** *adj.* 3
get **conseguir (e:i)** *v.* 4; **obtener**
  *v.* 16
  get along well/badly (with)
    **llevarse bien/mal (con)** 9
  get bigger **aumentar** *v.* 13
  get bored **aburrirse** *v.* 17
  get good grades **sacar buenas**
    **notas** 2
  get into trouble **meterse en**
    **problemas** *v.* 13
  get off of (a vehicle) **bajar(se)** *v.*
    **de** 11
  get on/into (a vehicle) **subir(se)**
    *v.* **a** 11
  get out of (a vehicle) **bajar(se)**
    *v.* **de** 11
  get ready **arreglarse** *v.* 7
  get up **levantarse** *v.* 7
gift **regalo** *m.* 6
ginger **jengibre** *m.* 10
girl **chica** *f.* 1; **muchacha** *f.* 3
girlfriend **novia** *f.* 3
give **dar** *v.* 6, 9;
  (*as a gift*) **regalar** 9
  give directions **indicar cómo**
    **llegar** 14
glass (*drinking*) **vaso** *m.* 12;
  **vidrio** *m.* 13
  (made) of glass **de vidrio** 13
glasses **gafas** *f., pl.* 6
  sunglasses **gafas** *f., pl.*
    **de sol** 6
global warming **calentamiento**
  **global** *m.* 13
gloves **guantes** *m., pl.* 6
go **ir** *v.* 4
  go away **irse** 7
  go by boat **ir en barco** 5
  go by bus **ir en autobús** 5
  go by car **ir en auto(móvil)** 5
  go by motorcycle **ir en**
    **motocicleta** 5
  go by taxi **ir en taxi** 5
  go by the bank **pasar por el**
    **banco** 14
  go down **bajar(se)** *v.*
  go on a hike (in the mountains)
    **ir de excursión (a las**
    **montañas)** 4

go out **salir** *v.* 9
go out (with) **salir** *v.* **(con)** 9
go up **subir** *v.*
Let's go. **Vamos.** 4
goblet **copa** *f.* 12
going to: be going to (*do*
  *something*) **ir a (+ inf.)** 4
golf **golf** *m.* 4
good **buen, bueno/a** *adj.* 3, 6
  Good afternoon. **Buenas**
    **tardes.** 1
  Good evening. **Buenas**
    **noches.** 1
  Good idea. **Buena idea.** 4
  Good morning. **Buenos días.** 1
  Good night. **Buenas noches.** 1
  It's good that... **Es bueno**
    **que...** 12
goodbye **adiós** *m.* 1
  say goodbye (to) **despedirse** *v.*
    **(de) (e:i)** 7
good-looking **guapo/a** *adj.* 3
government **gobierno** *m.* 13
GPS **navegador GPS** *m.* 11
graduate (from/in) **graduarse** *v.*
  **(de/en)** 9
grains **cereales** *m., pl.* 8
granddaughter **nieta** *f.* 3
grandfather **abuelo** *m.* 3
grandmother **abuela** *f.* 3
grandparents **abuelos** *m., pl.* 3
grandson **nieto** *m.* 3
grape **uva** *f.* 8
grass **hierba** *f.* 13
grave **grave** *adj.* 10
gray **gris** *adj. m., f.* 6
great **fenomenal** *adj. m., f.* 5;
  **genial** *adj.* 16
great-grandfather **bisabuelo** *m.* 3
great-grandmother **bisabuela** *f.* 3
green **verde** *adj. m., f.* 6
greet (each other) **saludar(se)**
  *v.* 11
greeting **saludo** *m.* 1
  Greetings to... **Saludos a...** 1
grilled **a la plancha** 8
ground floor **planta baja** *f.* 5
grow **aumentar** *v.* 13
guest (*at a house/hotel*) **huésped**
  *m., f.* 5 (*invited to a function*)
  **invitado/a** *m., f.* 9
guide **guía** *m., f.* 13
gymnasium **gimnasio** *m.* 4

## H

hair **pelo** *m.* 7
hairdresser **peluquero/a** *m., f.* 16
half **medio/a** *adj.* 3
  half-brother **medio hermano** 3
  half-sister **media hermana** 3
  half-past... (*time*) **...y**
    **media** 1
hallway **pasillo** *m.* 12
ham **jamón** *m.* 8
hamburger **hamburguesa** *f.* 8

hand **mano** *f.* 1
hand in **entregar** *v.* 11
handsome **guapo/a** *adj.* 3
happen **ocurrir** *v.* 18
happiness **alegría** *v.* 9
Happy birthday!
  **¡Feliz cumpleaños!** 9
happy **alegre** *adj.* 5; **contento/a**
  *adj.* 5; **feliz** *adj. m., f.* 5
  be happy **alegrarse** *v.* **(de)** 13
hard **difícil** *adj. m., f.* 3
hard-working **trabajador(a)**
  *adj.* 3
hardly **apenas** *adv.* 10
haste **prisa** *f.* 3
hat **sombrero** *m.* 6
hate **odiar** *v.* 9
have **tener** *v.* 3
  have time **tener tiempo** 4
  have to (*do something*) **tener**
    **que** (+ *inf.*) 3; **deber** (+ *inf.*)
  have a tooth removed **sacar(se)**
    **un diente** 10
he **él** 1
head **cabeza** *f.* 10
headache **dolor** *m.* **de cabeza** 10
health **salud** *f.* 10
healthy **saludable** *adj. m., f.* 10;
  **sano/a** *adj.* 10
  lead a healthy lifestyle **llevar** *v.*
    **una vida sana** 15
hear **oír** *v.* 4
heard **oído/a** *p.p.* 14
hearing: sense of hearing **oído**
  *m.* 10
heart **corazón** *m.* 10
heat **calor** *m.* 5
Hello. **Hola.** 1; (*on the telephone*)
  **Aló.** 11; **Bueno.** 11; **Diga.** 11
help **ayudar** *v.* 12; **servir (e:i)**
  *v.* 5
  help each other **ayudarse** *v.* 11
her **su(s)** *poss. adj.* 3; (of) hers
  **suyo(s)/a(s)** *poss.* 11
  her **la** *f., sing., d.o. pron.* 5
  to/for her **le** *f., sing., i.o. pron.* 6
here **aquí** *adv.* 1
  Here is/are... **Aquí está(n)...** 5
Hi. **Hola.** 1
highway **autopista** *f.* 11;
  **carretera** *f.* 11
hike **excursión** *f.* 4
  go on a hike **hacer una**
    **excursión** 5; **ir de**
    **excursión** 4
hiker **excursionista** *m., f.*
hiking **de excursión** 4
him: to/for him **le** *m., sing., i.o.*
  *pron.* 6
hire **contratar** *v.* 16
his **su(s)** *poss. adj.* 3; (of) his
  **suyo(s)/a(s)** *poss. pron.* 11
  his **lo** *m., sing., d.o. pron.* 5
history **historia** *f.* 2; 17
hobby **pasatiempo** *m.* 4
hockey **hockey** *m.* 4
hold up **aguantar** *v.* 14

hole **hueco** *m.* 4
holiday **día** *m.* **de fiesta** 9
home **casa** *f.* 2
  home page **página** *f.*
    **principal** 11
homework **tarea** *f.* 2
honey **miel** *f.* 10
hood **capó** *m.* 11; **cofre** *m.* 11
hope **esperar** *v.* (+ *inf.*) 2;
  **esperar** *v.* 13
  I hope (that) **ojalá (que)** 13
horror (genre) **de horror** *m.* 17
hors d'oeuvres **entremeses** *m.,*
  *pl.* 8
horse **caballo** *m.* 5
hospital **hospital** *m.* 10
hot: be (*feel*) (very) hot **tener**
  **(mucho) calor** 3
  It's (very) hot. **Hace (mucho)**
    **calor.** 5
hotel **hotel** *m.* 5
hour **hora** *f.* 1
house **casa** *f.* 2
household chores **quehaceres** *m.*
  *pl.* **domésticos** 12
housekeeper **ama** *m., f.* **de casa** 12
housing **vivienda** *f.* 12
How...! **¡Qué...!**
  how **¿cómo?** *adv.* 1
  How are you? **¿Qué tal?** 1
  How are you? **¿Cómo estás?**
    *fam.* 1
  How are you? **¿Cómo está**
    **usted?** *form.* 1
  How can I help you? **¿En qué**
    **puedo servirles?** 5
  How did it go for you...?
    **¿Cómo le/les fue...?** 15
  How is it going? **¿Qué tal?** 1
  How is/are...? **¿Qué tal...?** 2
  How is the weather? **¿Qué**
    **tiempo hace?** 15
  How much/many?
    **¿Cuánto(s)/a(s)?** 1
  How much does... cost?
    **¿Cuánto cuesta...?** 6
  How old are you? **¿Cuántos**
    **años tienes?** *fam.* 3
however **sin embargo**
hug (each other) **abrazar(se)**
  *v.* 11
humanities **humanidades** *f., pl.* 2
hundred **cien, ciento** 2
hunger **hambre** *f.* 3
hungry: be (very) hungry **tener** *v.*
  **(mucha) hambre** 3
hunt **cazar** *v.* 13
hurricane **huracán** *m.* 18
hurry **apurarse** *v.* 15; **darse prisa**
  *v.* 15
  be in a (big) hurry **tener** *v.*
    **(mucha) prisa** 3
hurt **doler (o:ue)** *v.* 10
  It hurts me a lot... **Me duele**
    **mucho...** 10
husband **esposo** *m.* 3

I **yo** 1
  I am... **Yo soy...** 1
  I hope (that) **Ojalá (que)**
    *interj.* 13
  I wish (that) **Ojalá (que)**
    *interj.* 13
ice cream **helado** *m.* 9
  ice cream shop **heladería** *f.* 14
iced **helado/a** *adj.* 8
  iced tea **té** *m.* **helado** 8
idea **idea** *f.* 4
if **si** *conj.* 4
illness **enfermedad** *f.* 10
important **importante** *adj.* 3
  be important to **importar** *v.* 7
  It's important that... **Es**
    **importante que...** 12
impossible **imposible** *adj.* 13
  it's impossible **es imposible** 13
improbable **improbable** *adj.* 13
  it's improbable **es**
    **improbable** 13
improve **mejorar** *v.* 13
in **en** *prep.* 2; **por** *prep.* 11
  in the afternoon **de la tarde** 1;
    **por la tarde** 7
  in a bad mood **de mal humor** 5
  in the direction of **para** *prep.* 1;
  in the early evening **de la tarde** 1
  in the evening **de la noche** 1;
    **por la tarde** 7
  in a good mood **de buen**
    **humor** 5
  in the morning **de la**
    **mañana** 1; **por la**
    **mañana** 7
  in love (with)
    **enamorado/a (de)** 5
  in search of **por** *prep.* 11
in front of **delante de** *prep.* 2
increase **aumento** *m.* 16
incredible **increíble** *adj.* 5
inequality **desigualdad** *f.* 18
infection **infección** *f.* 10
inform **informar** *v.* 18
injection **inyección** *f.* 10
  give an injection *v.* **poner una**
    **inyección** 10
injure (oneself) **lastimarse** 10
  injure (one's foot) **lastimarse** *v.*
    **(el pie)** 10
inner ear **oído** *m.* 10
inside **dentro** *adv.*
insist (on) **insistir** *v.* **(en)** 12
installments: pay in installments
  **pagar** *v.* **a plazos** 14
intelligent **inteligente** *adj.* 3
intend to **pensar** *v.* (+ *inf.*) 4
interest **interesar** *v.* 7
interesting **interesante** *adj.* 3
  be interesting to **interesar** *v.* 7
international **internacional**
  *adj. m., f.* 18
Internet **Internet** 11

interview **entrevista** f. 16;
  interview **entrevistar** v. 16
interviewer **entrevistador(a)** m.,
  f. 16
introduction **presentación** f.
  I would like to introduce you to
    (name). **Le presento a...**
    form. 1; **Te presento a...**
    fam. 1
invest **invertir (e:ie)** v. 16
invite **invitar** v. 9
iron (clothes) **planchar** v. **la**
  **ropa** 12
it **lo/la** sing., d.o., pron. 5
Italian **italiano/a** adj. 3
its **su(s)** poss. adj. 3;
  **suyo(s)/a(s)** poss. pron. 11
It's me. **Soy yo.**
it's the same **es igual** 5

### J

jacket **chaqueta** f. 6
January **enero** m. 5
Japanese **japonés, japonesa**
  adj. 3
jeans **(blue)jeans** m., pl. 6
jewelry store **joyería** f. 14
job **empleo** m. 16; **puesto**
  m. 16; **trabajo** m. 16
  job application **solicitud** f. **de**
    **trabajo** 16
jog **correr** v.
journalism **periodismo** m. 2
journalist **periodista** m., f. 3;
  **reportero/a** m., f. 16
joy **alegría** f. 9
  give joy **dar** v. **alegría** 9
joyful **alegre** adj. 5
juice **jugo** m. 8
July **julio** m. 5
June **junio** m. 5
jungle **selva, jungla** f. 13
just **apenas** adv.
  have just done something
    **acabar de (+ inf.)** 6

### K

key **llave** f. 5
keyboard **teclado** m. 11
kilometer **kilómetro** m. 11
kind: That's very kind of you. **Muy**
  **amable.** 5
kiss **beso** m. 9
  kiss each other **besarse** v. 11
kitchen **cocina** f. 9, 12
knee **rodilla** f. 10
knife **cuchillo** m. 12
know **saber** v. 6; **conocer** v. 6
know how **saber** v. 6

### L

laboratory **laboratorio** m. 2
lack **faltar** v. 7
lake **lago** m. 13
lamp **lámpara** f. 12
land **tierra** f. 13
landlord **dueño/a** m., f. 8
landscape **paisaje** m. 5
language **lengua** f. 2
laptop (computer) **computadora**
  f. **portátil** 11
large **grande** adj. 3
large (clothing size) **talla**
  **grande**
last **durar** v. 18; **pasado/a**
  adj. 6; **último/a** adj. 7
  last name **apellido** m. 3
  last night **anoche** adv. 6
  last week **semana** f. **pasada** 6
  last year **año** m. **pasado** 6
  the last time **la última vez** 7
late **tarde** adv. 7
later (on) **más tarde** 7
  See you later. **Hasta la vista.** 1;
    **Hasta luego.** 1
laugh **reírse (e:i)** v. 9
laughed **reído** p.p. 14
laundromat **lavandería** f. 14
law **ley** f. 13
lawyer **abogado/a** m., f. 16
lazy **perezoso/a** adj.
learn **aprender** v. (a + inf.) 3
least, at **por lo menos** adv. 10
leave **salir** v. 4; **irse** v. 7
  leave a tip **dejar una**
    **propina** 9
  leave behind **dejar** v. 16
  leave for (a place) **salir para**
  leave from **salir de**
left **izquierdo/a** adj. 2
  be left over **quedar** v. 7
  to the left of **a la izquierda de** 2
leg **pierna** f. 10
lemon **limón** m. 8
lend **prestar** v. 6
less **menos** adv. 10
  less... than **menos... que** 8
  less than **menos de (+ number)**
lesson **lección** f. 1
let **dejar** v. 12
let's see **a ver** 2
letter **carta** f. 4, 14
lettuce **lechuga** f. 8
liberty **libertad** f. 18
library **biblioteca** f. 2
license (driver's) **licencia** f. **de**
  **conducir** 11
lie **mentira** f. 4
life **vida** f. 9
  of my life **de mi vida** 15
lifestyle: lead a healthy lifestyle
  **llevar una vida sana** 15
lift **levantar** v. 15
  lift weights **levantar pesas** 15
light **luz** f. 12
like **como** prep. 8; **gustar** v. 2
  I don't like them at all. **No me**
    **gustan nada.** 2

I like... **Me gusta(n)...** 2
like this **así** adv. 10
like very much **encantar** v.;
  **fascinar** v. 7
Do you like...? **¿Te**
  **gusta(n)...?** 2
likeable **simpático/a** adj. 3
likewise **igualmente** adv. 1
line **línea** f. 4; **cola** (queue) f. 14
listen (to) **escuchar** v. 2
  Listen! (command) **¡Oye!** fam.,
    sing. 1; **¡Oiga/Oigan!** form.,
    sing./pl. 1
  listen to music **escuchar**
    **música** 2
  listen (to) the radio **escuchar la**
    **radio** 2
literature **literatura** f. 2
little (quantity) **poco/a** adj. 5;
  **poco** adv. 10
live **vivir** v. 3; **en vivo** adj. 7
living room **sala** f. 12
loan **préstamo** m. 14; **prestar**
  v. 6, 14
lobster **langosta** f. 8
located **situado/a** adj.
  be located **quedar** v. 14
long **largo/a** adj. 6
look (at) **mirar** v. 2
look for **buscar** v. 2
lose **perder (e:ie)** v. 4
  lose weight **adelgazar** v. 15
lost **perdido/a** adj. 13, 14
  be lost **estar perdido/a** 14
lot, a **muchas veces** adv. 10
lot of, a **mucho/a** adj. 2, 3; **un**
  **montón de** 4
love (another person) **querer**
  **(e:ie)** v. 4; (inanimate objects)
  **encantar** v. 7; **amor** m. 9
  in love **enamorado/a** adj. 5
  I loved it! **¡Me encantó!** 15
  love at first sight **amor a**
    **primera vista** 9
luck **suerte** f. 3
lucky: be (very) lucky **tener**
  **(mucha) suerte** 3
luggage **equipaje** m. 5
lunch **almuerzo** m. 4, 8
  have lunch **almorzar (o:ue)**
    v. 4

### M

ma'am **señora (Sra.); doña** f. 1
mad **enojado/a** adj. 5
magazine **revista** f. 4
magnificent **magnífico/a** adj. 5
mail **correo** m. 14; **enviar** v.,
  **mandar** v. 14; **echar (una**
  **carta) al buzón** 14
  mail **correo** m. 14; **enviar** v.,
    **mandar** v. 14
  mail carrier **cartero** m. 14
mailbox **buzón** m. 14
main **principal** adj. m., f. 8
maintain **mantener** v. 15
major **especialización** f. 2

make **hacer** *v.* 4
  make a decision **tomar una decisión** 15
  make the bed **hacer la cama** 12
makeup **maquillaje** *m.* 7
  put on makeup **maquillarse** *v.* 7
man **hombre** *m.* 1
manager **gerente** *m., f.* 8, 16
many **mucho/a** *adj.* 3
  many times **muchas veces** 10
map **mapa** *m.* 2
March **marzo** *m.* 5
margarine **margarina** *f.* 8
marinated fish **ceviche** *m.* 8
  lemon-marinated shrimp **ceviche** *m.* **de camarón** 8
marital status **estado** *m.* **civil** 9
market **mercado** *m.* 6
  open-air market **mercado al aire libre** 6
marriage **matrimonio** *m.* 9
married **casado/a** *adj.* 9
  get married (to) **casarse** *v.* **(con)** 9
  I'll marry you! **¡Acepto casarme contigo!** 17
marvelous **maravilloso/a** *adj.* 5
massage **masaje** *m.* 15
masterpiece **obra maestra** *f.* 17
match (*sports*) **partido** *m.* 4
match (with) **hacer** *v.* **juego (con)** 6
mathematics **matemáticas** *f., pl.* 2
matter **importar** *v.* 7
maturity **madurez** *f.* 9
maximum **máximo/a** *adj.* 11
May **mayo** *m.* 5
May I leave a message? **¿Puedo dejar un recado?** 11
maybe **tal vez** 5; **quizás** 5
mayonnaise **mayonesa** *f.* 8
me **me** *sing., d.o. pron.* 5
  to/for me **me** *sing., i.o. pron.* 6
meal **comida** *f.* 4, 8
means of communication **medios** *m., pl.* **de comunicación** 18
meat **carne** *f.* 8
mechanic **mecánico/a** *m., f.* 11
  mechanic's repair shop **taller mecánico** 11
media **medios** *m., pl.* **de comunicación** 18
medical **médico/a** *adj.* 10
medication **medicamento** *m.* 10
medicine **medicina** *f.* 10
medium **mediano/a** *adj.*
meet (each other) **encontrar(se)** *v.* 11; **conocerse(se)** *v.* 8
  meet up with **encontrarse con** 7
meeting **reunión** *f.* 16
menu **menú** *m.* 8
message **mensaje** *m.*
Mexican **mexicano/a** *adj.* 3
Mexico **México** *m.* 1

microwave **microonda** *f.* 12
  microwave oven **horno** *m.* **de microondas** 12
middle age **madurez** *f.* 9
midnight **medianoche** *f.* 1
mile **milla** *f.* 11
milk **leche** *f.* 8
million **millón** *m.* 2
  million of **millón de** 2
mine **mío(s)/a(s)** *poss.* 11
mineral **mineral** *m.* 15
  mineral water **agua** *f.* **mineral** 8
minute **minuto** *m.* 1
mirror **espejo** *m.* 7
Miss **señorita (Srta.)** *f.* 1
miss **perder (e:ie)** *v.* 4; **extrañar** *v.* 16
mistaken **equivocado/a** *adj.*
modem **módem** *m.*
modern **moderno/a** *adj.* 17
mom **mamá** *f.* 3
Monday **lunes** *m., sing.* 2
money **dinero** *m.* 6
monitor **monitor** *m.* 11
monkey **mono** *m.* 13
month **mes** *m.* 5
monument **monumento** *m.* 4
moon **luna** *f.* 13
more **más** 2
  more... than **más... que** 8
  more than **más de (+ number)** 8
morning **mañana** *f.* 1
mother **madre** *f.* 3
mother-in-law **suegra** *f.* 3
motor **motor** *m.*
motorcycle **motocicleta** *f.* 5
mountain **montaña** *f.* 4
mouse **ratón** *m.* 11
mouth **boca** *f.* 10
move (*from one house to another*) **mudarse** *v.* 12
movie **película** *f.* 4
  movie star **estrella** *f.* **de cine** 17
  movie theater **cine** *m.* 4
MP3 player **reproductor** *m.* **de MP3** 11
Mr. **señor (Sr.)**; **don** *m.* 1
Mrs. **señora (Sra.)**; **doña** *f.* 1
much **mucho/a** *adj.* 2, 3
  very much **muchísimo/a** *adj.* 2
mud **lodo** *m.*
murder **crimen** *m.* 18
muscle **músculo** *m.* 15
museum **museo** *m.* 4
mushroom **champiñón** *m.* 8
music **música** *f.* 2, 17
musical **musical** *adj., m., f.* 17
musician **músico/a** *m., f.* 17
must **deber** *v.* (*+ inf.*) 3
  It must be... **Debe ser...** 6
my **mi(s)** *poss. adj.* 3; **mío(s)/a(s)** *poss. pron.* 11

## N

name **nombre** *m.* 1
  be named **llamarse** *v.* 7
  in the name of **a nombre de** 5
  last name **apellido** *m.*
  My name is... **Me llamo...** 1
  name someone/something **ponerle el nombre** 9
napkin **servilleta** *f.* 12
national **nacional** *adj. m., f.* 18
nationality **nacionalidad** *f.* 1
natural **natural** *adj. m., f.* 13
  natural disaster **desastre** *m.* **natural** 18
  natural resource **recurso** *m.* **natural** 13
nature **naturaleza** *f.* 13
nauseated **mareado/a** *adj.* 10
near **cerca de** *prep.* 2
neaten **arreglar** *v.* 12
necessary **necesario/a** *adj.* 12
  It is necessary that... **Hay que...** 12, 14
neck **cuello** *m.* 10
need **faltar** *v.* 7; **necesitar** *v.* (*+ inf.*) 2
neighbor **vecino/a** *m., f.* 12
neighborhood **barrio** *m.* 12
neither **tampoco** *adv.* 7
neither... nor **ni... ni** *conj.* 7
nephew **sobrino** *m.* 3
nervous **nervioso/a** *adj.* 5
network **red** *f.* 11
never **nunca** *adj.* 7; **jamás** 7
new **nuevo/a** *adj.* 6
newlywed **recién casado/a** *m., f.* 9
news **noticias** *f., pl.* 18; **actualidades** *f., pl.* 18; **noticia** *f.* 11
newscast **noticiero** *m.* 18
newspaper **periódico** 4; **diario** *m.* 18
next **próximo/a** *adj.* 3, 16
  next to **al lado de** *prep.* 2
nice **simpático/a** *adj.* 3; **amable** *adj. m., f.* 5
niece **sobrina** *f.* 3
night **noche** *f.* 1
  night stand **mesita** *f.* **de noche** 12
nine **nueve** 1
nine hundred **novecientos/as** 2
nineteen **diecinueve** 1
ninety **noventa** 2
ninth **noveno/a** 5
no **no** 1; **ningún, ninguno/a(s)** *adj.* 7
  no one **nadie** *pron.* 7
  No problem. **No hay problema.**
nobody **nadie** 7
none **ningún, ninguno/a(s)** *adj.* 7

noon **mediodía** m. 1
nor **ni** conj. 7
north **norte** m. 14
  to the north **al norte** 14
nose **nariz** f. 10
not **no** 1
  not any **ningún, ninguno/a(s)** adj. 7
  not anyone **nadie** pron. 7
  not anything **nada** pron. 7
  not bad at all **nada mal** 5
  not either **tampoco** adv. 7
  not ever **nunca** adv. 7; **jamás** adv. 7
  not very well **no muy bien** 1
  not working **descompuesto/a** adj. 11
outside **afuera** adv. 5
notebook **cuaderno** m. 1
nothing **nada** 1; 7
noun **sustantivo** m.
November **noviembre** m. 5
now **ahora** adv. 2
nowadays **hoy día** adv.
nuclear **nuclear** adj. m., f. 13
  nuclear energy **energía nuclear** 13
number **número** m. 1
nurse **enfermero/a** m., f. 10
nutrition **nutrición** f. 15
nutritionist **nutricionista** m., f. 15

### O

o'clock: It's... o'clock **Son las...** 1
  It's one o'clock. **Es la una.** 1
obey **obedecer** v. 18
obligation **deber** m. 18
obtain **conseguir (e:i)** v. 4; **obtener** v. 16
obvious **obvio/a** adj. 13
  it's obvious **es obvio** 13
occupation **ocupación** f. 16
occur **ocurrir** v. 18
October **octubre** m. 5
of **de** prep. 1
  Of course. **Claro que sí.; Por supuesto.**
offer **oferta** f.; **ofrecer (c:zc)** v. 6
office **oficina** f. 12
  doctor's office **consultorio** m. 10
often **a menudo** adv. 10
Oh! **¡Ay!**
oil **aceite** m. 8
OK **regular** adj. 1
  It's okay. **Está bien.**
old **viejo/a** adj. 3
old age **vejez** f. 9
older **mayor** adj. m., f. 3
  older brother, sister **hermano/a mayor** m., f. 3
oldest **el/la mayor** 8
on **en** prep. 2; **sobre** prep. 2

on behalf of **por** prep. 11
on the dot **en punto** 1
on time **a tiempo** 10
on top of **encima de** 2
once **una vez** 6
one **un, uno/a** m., f., sing. pron. 1
  one hundred **cien(to)** 2
  one million **un millón** m. 2
  one more time **una vez más** 9
  one thousand **mil** 2
  one time **una vez** 6
onion **cebolla** f. 8
only **sólo** adv. 3; **único/a** adj. 3
  only child **hijo/a único/a** m., f. 3
open **abierto/a** adj. 5, 14; **abrir** v. 3
open-air **al aire libre** 6
opera **ópera** f. 17
operation **operación** f. 10
opposite **enfrente de** prep. 14
or **o** conj. 7
orange **anaranjado/a** adj. 6; **naranja** f. 8
orchestra **orquesta** f. 17
order **mandar** 12; (food) **pedir (e:i)** v. 8
  in order to **para** prep. 11
orderly **ordenado/a** adj. 5
ordinal (numbers) **ordinal** adj.
organize oneself **organizarse** v. 12
other **otro/a** adj. 6
ought to **deber** v. (+ inf.) adj. 3
our **nuestro(s)/a(s)** poss. adj. 3; poss. pron. 11
out of order **descompuesto/a** adj. 11
outside **afuera** adv. 5
outskirts **afueras** f., pl. 12
oven **horno** m. 12
over **sobre** prep. 2
(over)population **(sobre)población** f. 13
over there **allá** adv. 2
own **propio/a** adj. 16
owner **dueño/a** m., f. 8

### P

p.m. **tarde** f. 1
pack (one's suitcases) **hacer** v. **las maletas** 5
package **paquete** m. 14
page **página** f. 11
pain **dolor** m. 10
  have a pain **tener** v. **dolor** 10
paint **pintar** v. 17
painter **pintor(a)** m., f. 16
painting **pintura** f. 12, 17
pair **par** m. 6
  pair of shoes **par** m. **de zapatos** 6
pale **pálido/a** adj. 14
pants **pantalones** m., pl. 6
pantyhose **medias** f., pl. 6

paper **papel** m. 2; (report) **informe** m. 18
Pardon me. (May I?) **Con permiso.** 1; (Excuse me.) Pardon me. **Perdón.** 1
parents **padres** m., pl. 3; **papás** m., pl. 3
park **estacionar** v. 11; **parque** m. 4
parking lot **estacionamiento** m. 14
partner (one of a married couple) **pareja** f. 9
party **fiesta** f. 9
passed **pasado/a** p.p.
passenger **pasajero/a** m., f. 1
passport **pasaporte** m. 5
past **pasado/a** adj. 6
pastime **pasatiempo** m. 4
pastry shop **pastelería** f. 14
patient **paciente** m., f. 10
patio **patio** m. 12
pay **pagar** v. 6
pay in cash **pagar** v. **al contado; pagar en efectivo** 14
pay in installments **pagar** v. **a plazos** 14
pay the bill **pagar la cuenta** 9
pea **arveja** m. 8
peace **paz** f. 18
peach **melocotón** m. 8
peak **cima** f. 15
pear **pera** f. 8
pen **pluma** f. 2
pencil **lápiz** m. 1
penicillin **penicilina** f. 10
people **gente** f. 3
pepper (black) **pimienta** f. 8
per **por** prep. 11
perfect **perfecto/a** adj. 5
period of time **temporada** f. 5
person **persona** f. 3
pharmacy **farmacia** f. 10
phenomenal **fenomenal** adj. 5
photograph **foto(grafía)** f. 1
physical (exam) **examen** m. **médico** 10
physician **doctor(a), médico/a** m., f. 3
physics **física** f. sing. 2
pick up **recoger** v. 13
picture **cuadro** m. 12; **pintura** f. 12
pie **pastel** m. 9
pill (tablet) **pastilla** f. 10
pillow **almohada** f. 12
pineapple **piña** f. 8
pink **rosado/a** adj. 6
place **lugar** m. 2, 4; **sitio** m. 3; **poner** v. 4
plaid **de cuadros** 6
plans **planes** m., pl. 4
  have plans **tener planes** 4
plant **planta** f. 13
plastic **plástico** m. 13
  (made) of plastic **de plástico** 13
plate **plato** m. 12

plate **plato** *m.* 12

play **drama** *m.* 17; **comedia** *f.* 17
**jugar (u:ue)** *v.* 4; (*a musical instrument*) **tocar** *v.* 17; (*a role*) **hacer el papel de** 17; (*cards*) **jugar a (las cartas)** 5; (*sports*) **practicar deportes** 4

player **jugador(a)** *m., f.* 4

playwright **dramaturgo/a** *m., f.* 17

plead **rogar (o:ue)** *v.* 12

pleasant **agradable** *adj.* 5

please **por favor** 1

Pleased to meet you. **Mucho gusto.** 1; **Encantado/a.** *adj.* 1

pleasing: be pleasing to **gustar** *v.* 7

pleasure **gusto** *m.* 1; **placer** *m.* 15
It's a pleasure to... **Gusto de** (+ *inf.*) 18
It's been a pleasure. **Ha sido un placer.** 15
The pleasure is mine. **El gusto es mío.** 1

poem **poema** *m.* 17

poet **poeta** *m., f.* 17

poetry **poesía** *f.* 17

police (force) **policía** *f.* 11

political **político/a** *adj.* 18

politician **político/a** *m., f.* 16

politics **política** *f.* 18

polka-dotted **de lunares** 6

poll **encuesta** *f.* 18

pollute **contaminar** *v.* 13

polluted **contaminado/a** *m., f.* 13
be polluted **estar contaminado/a** 13

pollution **contaminación** *f.* 13

pool **piscina** *f.* 4

poor **pobre** *adj., m., f.* 6
poor thing **pobrecito/a** *adj.* 3

popsicle **paleta helada** *f.* 4

population **población** *f.* 13

pork **cerdo** *m.* 8
pork chop **chuleta** *f.* **de cerdo** 8

portable **portátil** *adj.* 11
portable computer **computadora** *f.* **portátil** 11

position **puesto** *m.* 16

possessive **posesivo/a** *adj.* 3

possible **posible** *adj.* 13
it's (not) possible **(no) es posible** 13

post office **correo** *m.* 14

postcard **postal** *f.* 4

poster **cartel** *m.* 12

potato **papa** *f.* 8; **patata** *f.* 8

pottery **cerámica** *f.* 17

practice **entrenarse** *v.* 15; **practicar** *v.* 2; (a degree/profession) **ejercer** *v.* 16

prefer **preferir (e:ie)** *v.* 4

pregnant **embarazada** *adj. f.* 10

prepare **preparar** *v.* 2

preposition **preposición** *f.*

prescribe (*medicine*) **recetar** *v.* 10

prescription **receta** *f.* 10

present **regalo** *m.*; **presentar** *v.* 17

press **prensa** *f.* 18

pressure **presión** *f.*
be under a lot of pressure **sufrir muchas presiones** 15

pretty **bonito/a** *adj.* 3; **bastante** *adv.* 13

price **precio** *m.* 6
(fixed, set) price **precio** *m.* **fijo** 6

print **estampado/a** *adj.*; **imprimir** *v.* 11

printer **impresora** *f.* 11

private (*room*) **individual** *adj.*

prize **premio** *m.* 17

probable **probable** *adj.* 13
it's (not) probable **(no) es probable** 13

problem **problema** *m.* 1

profession **profesión** *f.* 3; 16

professor **profesor(a)** *m., f.*

program **programa** *m.* 1

programmer **programador(a)** *m., f.* 3

prohibit **prohibir** *v.* 10

project **proyecto** *m.* 11

promotion (*career*) **ascenso** *m.* 16

pronoun **pronombre** *m.*

protect **proteger** *v.* 13

protein **proteína** *f.* 15

provided (that) **con tal (de) que** *conj.* 13

psychologist **psicólogo/a** *m., f.* 16

psychology **psicología** *f.* 2

publish **publicar** *v.* 17

Puerto Rican **puertorriqueño/a** *adj.* 3

Puerto Rico **Puerto Rico** *m.* 1

pull a tooth **sacar una muela**

purchases **compras** *f., pl.* 5

pure **puro/a** *adj.* 13

purple **morado/a** *adj.* 6

purse **bolsa** *f.* 6

put **poner** *v.* 4; **puesto/a** *p.p.* 14
put (a letter) in the mailbox **echar (una carta) al buzón** 14
put on (*a performance*) **presentar** *v.* 17
put on (*clothing*) **ponerse** *v.* 7
put on makeup **maquillarse** *v.* 7

**Q**

quality **calidad** *f.* 6

quarter (*academic*) **trimestre** *m.* 2
quarter after (*time*) **y cuarto** 1; **y quince** 1
quarter to (*time*) **menos cuarto** 1; **menos quince** 1

question **pregunta** *f.* 2

quickly **rápido** *adv.* 10

quiet **tranquilo/a** *adj.* 15

quit **dejar** *v.* 16

quiz **prueba** *f.* 2

**R**

racism **racismo** *m.* 18

radio (*medium*) **radio** *f.* 2
radio (set) **radio** *m.* 11

rain **llover (o:ue)** *v.* 5; **lluvia** *f.* 13
It's raining. **Llueve.** 5; **Está lloviendo.** 5

raincoat **impermeable** *m.* 6

rainforest **bosque** *m.* **tropical** 13

raise (*salary*) **aumento de sueldo** 16

rather **bastante** *adv.* 10

reality show **programa de realidad** *m.* 17

read **leer** *v.* 3; **leído/a** *p.p.* 14
read e-mail **leer correo electrónico** 4
read a magazine **leer una revista** 4
read a newspaper **leer un periódico** 4

ready **listo/a** *adj.* 5
(Are you) ready? **¿(Están) listos?** 15

reap the benefits (of) *v.* **disfrutar** *v.* **(de)** 15

receive **recibir** *v.* 3

recommend **recomendar (e:ie)** *v.* 8; 12

record **grabar** *v.* 11

recover **recuperar** *v.* 11

recreation **diversión** *f.* 4

recycle **reciclar** *v.* 13

recycling **reciclaje** *m.* 13

red **rojo/a** *adj.* 6

red-haired **pelirrojo/a** *adj.* 3

reduce **reducir** *v.* 13; **disminuir** *v.* 16
reduce stress/tension **aliviar el estrés/la tensión** 15

refrigerator **refrigerador** *m.* 12

region **región** *f.* 13

regret **sentir (e:ie)** *v.* 13

related to sitting **sedentario/a** *adj.* 15

relatives **parientes** *m., pl.* 3

relax **relajarse** *v.* 9
Relax, sweetie. **Tranquilo/a, cariño.** 11

remain **quedarse** *v.* 7

remember **acordarse (o:ue)** *v.* **(de)** 7; **recordar (o:ue)** *v.* 4

remote control **control remoto** *m.* 11

renewable **renovable** *adj.* 13

rent **alquilar** *v.* 12; (payment) **alquiler** *m.* 12

repeat **repetir (e:i)** *v.* 4

report **informe** *m.* 18; **reportaje** *m.* 18

reporter **reportero/a** *m., f.* 16

representative **representante** *m., f.* 18

request **pedir (e:i)** *v.* 4

reservation **reservación** *f.* 5

resign (from) **renunciar (a)** *v.* 16
resolve **resolver (o:ue)** *v.* 13
resolved **resuelto/a** *p.p.* 14
resource **recurso** *m.* 13
responsibility **deber** *m.* 18
    **responsabilidad** *f.*
responsible **responsable** *adj.* 8
rest **descansar** *v.* 2
restaurant **restaurante** *m.* 4
résumé **currículum** *m.* 16
retire (from work) **jubilarse** *v.* 9
return **regresar** *v.* 2; **volver
    (o:ue)** *v.* 4
returned **vuelto/a** *p.p.* 14
rice **arroz** *m.* 8
rich **rico/a** *adj.* 6
ride a bicycle **pasear** *v.* **en
    bicicleta** 4
ride a horse **montar** *v.* **a
    caballo** 5
ridiculous **ridículo/a** *adj.* 13
    it's ridiculous **es ridículo** 13
right **derecha** *f.* 2
    be right **tener razón** 3
    right? *(question tag)* **¿no?** 1;
        **¿verdad?** 1
    right away **enseguida** *adv.*
    right here **aquí mismo** 11
    right now **ahora mismo** 5
    right there **allí mismo** 14
    to the right of **a la
        derecha de** 2
rights **derechos** *m.* 18
ring **anillo** *m.* 17
ring (*a doorbell*) **sonar (o:ue)**
    *v.* 11
river **río** *m.* 13
road **camino** *m.*
roast **asado/a** *adj.* 8
roast chicken **pollo** *m.* **asado** 8
rollerblade **patinar en línea** *v.*
romantic **romántico/a** *adj.* 17
room **habitación** *f.* 5; **cuarto**
    *m.* 2; 7
    living room **sala** *f.* 12
roommate **compañero/a**
    *m., f.* **de cuarto** 2
roundtrip **de ida y vuelta** 5
    roundtrip ticket **pasaje** *m.* **de
        ida y vuelta** 5
routine **rutina** *f.* 7
rug **alfombra** *f.* 12
run **correr** *v.* 3
    run errands **hacer
        diligencias** 14
    run into (*have an accident*)
        **chocar (con)** *v.*; (*meet
        accidentally*) **encontrar(se)
        (o:ue)** *v.* 11; (*run into
        something*) **darse (con)** 10
    run into (each other)
        **encontrar(se) (o:ue)** *v.* 11
rush **apurarse, darse prisa** *v.* 15
Russian **ruso/a** *adj.* 3

## S

sad **triste** *adj.* 5; 13
    it's sad **es triste** 13
safe **seguro/a** *adj.* 5
said **dicho/a** *p.p.* 14
sailboard **tabla de windsurf** *f.* 5
salad **ensalada** *f.* 8
salary **salario** *m.* 16; **sueldo**
    *m.* 16
sale **rebaja** *f.* 6
salesperson **vendedor(a)** *m., f.* 6
salmon **salmón** *m.* 8
salt **sal** *f.* 8
same **mismo/a** *adj.* 3
sandal **sandalia** *f.* 6
sandwich **sándwich** *m.* 8
Saturday **sábado** *m.* 2
sausage **salchicha** *f.* 8
save (*on a computer*) **guardar**
    *v.* 11; save (*money*) **ahorrar**
    *v.* 14
savings **ahorros** *m.* 14
    savings account **cuenta** *f.* **de
        ahorros** 14
say **decir** *v.* 4; **declarar** *v.* 18
say (that) **decir (que)** *v.* 4, 9
    say the answer **decir la
        respuesta** 4
scan **escanear** *v.* 11
scarcely **apenas** *adv.* 10
scared: be (very) scared (of) **tener
    (mucho) miedo (de)** 3
schedule **horario** *m.* 2
school **escuela** *f.* 1
science *f.* **ciencia** 2
    science fiction **ciencia ficción**
        *f.* 17
scientist **científico/a** *m., f.* 16
scream **grito** *m.* 5; **gritar** *v.* 7
screen **pantalla** *f.* 11
scuba dive **bucear** *v.* 4
sculpt **esculpir** *v.* 17
sculptor **escultor(a)** *m., f.* 17
sculpture **escultura** *f.* 17
sea **mar** *m.* 5
    (sea) turtle **tortuga (marina)**
        *f.* 13
season **estación** *f.* 5
seat **silla** *f.* 2
second **segundo/a** 5
secretary **secretario/a** *m., f.* 16
sedentary **sedentario/a** *adj.* 15
see **ver** *v.* 4
    see (you, him, her) again **volver
        a ver(te, lo, la)** 18
    see movies **ver películas** 4
    See you. **Nos vemos.** 1
    See you later. **Hasta la vista.** 1;
        **Hasta luego.** 1
    See you soon. **Hasta pronto.** 1
    See you tomorrow. **Hasta
        mañana.** 1
seem **parecer** *v.* 6
seen **visto/a** *p.p.* 14
sell **vender** *v.* 6
semester **semestre** *m.* 2
send **enviar; mandar** *v.* 14
separate (from) **separarse** *v.*
    **(de)** 9

separated **separado/a** *adj.* 9
September **septiembre** *m.* 5
sequence **secuencia** *f.*
serious **grave** *adj.* 10
serve **servir (e:i)** *v.* 8
service **servicio** *m.* 15
set (*fixed*) **fijo** *adj.* 6
    set the table **poner la mesa** 12
seven **siete** 1
seven hundred **setecientos/as** 2
seventeen **diecisiete** 1
seventh **séptimo/a** 5
seventy **setenta** 2
several **varios/as** *adj. pl.* 8
sexism **sexismo** *m.* 18
shame **lástima** *f.* 13
    it's a shame **es una lástima** 13
shampoo **champú** *m.* 7
shape **forma** *f.* 15
    be in good shape **estar en
        buena forma** 15
    stay in shape **mantenerse en
        forma** 15
share **compartir** *v.* 3
sharp (*time*) **en punto** 1
shave **afeitarse** *v.* 7
shaving cream **crema** *f.* **de
    afeitar** 5, 7
she **ella** 1
shellfish **mariscos** *m., pl.* 8
ship **barco** *m.*
shirt **camisa** *f.* 6
shoe **zapato** *m.* 6
    shoe size **número** *m.* 6
    shoe store **zapatería** *f.* 14
    tennis shoes **zapatos** *m., pl.* **de
        tenis** 6
shop **tienda** *f.* 6
shopping, to go **ir de compras** 5
    shopping mall **centro
        comercial** *m.* 6
short (*in height*) **bajo/a** *adj.* 3; (*in
    length*) **corto/a** *adj.* 6
short story **cuento** *m.* 17
shorts **pantalones cortos**
    *m., pl.* 6
should (*do something*) **deber** *v.*
    **(+ inf.)** 3
shout **gritar** *v.* 7
show **espectáculo** *m.* 17;
    **mostrar (o:ue)** *v.* 4
    game show **concurso** *m.* 17
shower **ducha** *f.* 7; **ducharse** *v.* 7
shrimp **camarón** *m.* 8
siblings **hermanos/as** *pl.* 3
sick **enfermo/a** *adj.* 10
    be sick **estar enfermo/a** 10
    get sick **enfermarse** *v.* 10
sign **firmar** *v.* 14; **letrero** *m.* 14
silk **seda** *f.* 6
    (made of) **de seda** 6
silly **tonto/a** *adj.* 3
since **desde** *prep.*
sing **cantar** *v.* 2
singer **cantante** *m., f.* 17
single **soltero/a** *adj.* 9
    single room **habitación** *f.*
        **individual** 5
sink **lavabo** *m.* 7

sir **señor (Sr.), don** *m.* 1;
   **caballero** *m.* 8
sister **hermana** *f.* 3
sister-in-law **cuñada** *f.* 3
sit down **sentarse (e:ie)** *v.* 7
six **seis** 1
six hundred **seiscientos/as** 2
sixteen **dieciséis** 1
sixth **sexto/a** 5
sixty **sesenta** 2
size **talla** *f.* 6
   shoe size *m.* **número** 6
(in-line) skate **patinar (en línea)** 4
skateboard **andar en patineta**
   *v.* 4
ski **esquiar** *v.* 4
skiing **esquí** *m.* 4
   water-skiing **esquí** *m.*
     **acuático** 4
skirt **falda** *f.* 6
skull made out of sugar **calavera**
   **de azúcar** *f.* 9
sky **cielo** *m.* 13
sleep **dormir (o:ue)** *v.* 4; **sueño**
   *m.* 3
   go to sleep **dormirse**
     **(o:ue)** *v.* 7
sleepy: be (very) sleepy **tener**
   **(mucho) sueño** 3
slender **delgado/a** *adj.* 3
slim down **adelgazar** *v.* 15
slippers **pantuflas** *f.* 7
slow **lento/a** *adj.* 11
slowly **despacio** *adv.* 10
small **pequeño/a** *adj.* 3
smart **listo/a** *adj.* 5
smile **sonreír (e:i)** *v.* 9
smiled **sonreído** *p.p.* 14
smoggy: It's (very) smoggy. **Hay**
   **(mucha) contaminación.** 4
smoke **fumar** *v.* 8; 15
   (not) to smoke **(no) fumar** 15
smoking section **sección** *f.* **de**
   **fumar** 8
   (non) smoking section *f.* **sección**
   **de (no) fumar** 8
snack **merendar** *v.* 8; 15;
   afternoon snack **merienda**
     *f.* 15
   have a snack **merendar** *v.*
sneakers **los zapatos de tenis** 6
sneeze **estornudar** *v.* 10
snow **nevar (e:ie)** *v.* 5; **nieve** *f.*
snowing: It's snowing. **Nieva.** 5;
   **Está nevando.** 5
so (*in such a way*) **así** *adv.* 10;
   **tan** *adv.* 5; **tan** *adv.* 5, 7
   so much **tanto** *adv.*
   so-so **regular** 1
   so that **para que** *conj.* 13
soap **jabón** *m.* 7
soap opera **telenovela** *f.* 17
soccer **fútbol** *m.* 4
sociology **sociología** *f.* 2
sock(s) **calcetín (calcetines)** *m.* 6
sofa **sofá** *m.* 12
soft drink **refresco** *m.* 8
software **programa** *m.* **de**
   **computación** 11
soil **tierra** *f.* 13
solar **solar** *adj., m., f.* 13

solar energy **energía solar** 13
soldier **soldado** *m., f.* 18
solution **solución** *f.* 13
solve **resolver (o:ue)** *v.* 13
some **algún, alguno/a(s)** *adj.* 7;
   **unos/as** *pron./ m., f., pl; indef.*
     *art.* 1
somebody **alguien** *pron.* 7
someone **alguien** *pron.* 7
something **algo** *pron.* 7
sometimes **a veces** *adv.* 10
son **hijo** *m.* 3
song **canción** *f.* 17
son-in-law **yerno** *m.* 3
soon **pronto** *adv.* 10
   See you soon. **Hasta pronto.** 1
sorry: be sorry **sentir (e:ie)** *v.* 13
   I'm sorry. **Lo siento.** 1
soul **alma** *f.* 9
soup **caldo** *m.* **sopa** *f.*
south **sur** *m.* 14
   to the south **al sur** 14
Spain **España** *f.* 1
Spanish (*language*) **español** *m.* 2;
   **español(a)** *adj.* 3
spare (free) time **ratos libres** 4
speak **hablar** *v.* 2
   Speaking. (*on the telephone*)
   **Con él/ella habla.** 11
special: today's specials **las**
   **especialidades del día** 8
spectacular **espectacular** *adj. m.,*
   *f.* 5
speech **discurso** *m.* 18
speed **velocidad** *f.* 11
   speed limit **velocidad** *f.*
     **máxima** 11
spelling **ortografía** *f.,*
   **ortográfico/a** *adj.*
spend (*money*) **gastar** *v.* 6
spoon (*table or large*) **cuchara**
   *f.* 12
sport **deporte** *m.* 4
   sports-related **deportivo/a**
     *adj.* 4
spouse **esposo/a** *m., f.* 3
sprain (one's ankle) **torcerse**
   **(o:ue)** *v.* **(el tobillo)** 10
sprained **torcido/a** *adj.* 10
   be sprained **estar torcido/a** 10
spring **primavera** *f.* 5
(city or town) square **plaza** *f.* 4
stadium **estadio** *m.* 2
stage **etapa** *f.* 9
stairs **escalera** *f.* 12
stairway **escalera** *f.* 12
stamp **estampilla** *f.* 14; **sello**
   *m.* 14
stand in line **hacer** *v.* **cola** 14
star **estrella** *f.* 13
start (*a vehicle*) **arrancar** *v.* 11
station **estación** *f.* 5
statue **estatua** *f.* 17
status: marital status **estado** *m.*
   **civil** 9
stay **quedarse** *v.* 7
   stay in shape **mantenerse en**
     **forma** 15
steak **bistec** *m.* 8

steering wheel **volante** *m.* 11
step **escalón** *m.* 15
stepbrother **hermanastro** *m.* 3
stepdaughter **hijastra** *f.* 3
stepfather **padrastro** *m.* 3
stepmother **madrastra** *f.* 3
stepsister **hermanastra** *f.* 3
stepson **hijastro** *m.* 3
stereo **estéreo** *m.* 11
still **todavía** *adv.* 5
stockbroker **corredor(a)** *m., f.* **de**
   **bolsa** 16
stockings **medias** *f., pl.* 6
stomach **estómago** *m.* 10
stone **piedra** *f.* 13
stop **parar** *v.* 11
   stop (*doing something*) **dejar de**
   **(+ *inf.*)** 13
store **tienda** *f.* 6
storm **tormenta** *f.* 18
story **cuento** *m.* 17; **historia**
   *f.* 17
stove **cocina, estufa** *f.* 9, 12
straight **derecho** *adj.* 14
   straight (ahead) **derecho** 14
straighten up **arreglar** *v.* 12
strange **extraño/a** *adj.* 13
   it's strange **es extraño** 13
strawberry **frutilla** *f.* 8, **fresa**
street **calle** *f.* 11
stress **estrés** *m.* 15
stretching **estiramiento** *m.* 15
   do stretching exercises **hacer**
     **ejercicios**; *m. pl.* **de**
     **estiramiento** 15
strike (*labor*) **huelga** *f.* 18
stripe **raya** *f.* 6
   striped **de rayas** 6
stroll **pasear** *v.* 4
strong **fuerte** *adj. m. f.* 15
struggle (for/against) **luchar** *v.*
   **(por/contra)** 18
student **estudiante** *m., f.* 1; 2;
   **estudiantil** *adj.* 2
study **estudiar** *v.* 2
stuffed-up (*sinuses*)
   **congestionado/a** *adj.* 10
stupendous **estupendo/a** *adj.* 5
style **estilo** *m.*
suburbs **afueras** *f., pl.* 12
subway **metro** *m.* 5
   subway station **estación** *f.*
     **del metro** 5
success **éxito** *m.* 16
successful: be successful **tener**
   **éxito** 16
such as **tales como**
suddenly **de repente** *adv.* 6
suffer **sufrir** *v.* 10
   suffer an illness **sufrir una**
     **enfermedad** 10
sugar **azúcar** *m.* 8
suggest **sugerir (e:ie)** *v.* 12
suit **traje** *m.* 6
suitcase **maleta** *f.* 1
summer **verano** *m.* 5
sun **sol** *m.* 5; 13

sunbathe **tomar** *v.* **el sol** 4
Sunday **domingo** *m.* 2
(sun)glasses **gafas** *f., pl.*
 **(oscuras/de sol)** 6; **lentes** *m.*
 *pl.* **(de sol)** 6
sunny: It's (very) sunny. **Hace**
 **(mucho) sol.** 5
supermarket **supermercado**
 *m.* 14
suppose **suponer** *v.* 4
sure **seguro/a** *adj.* 5
 be sure **estar seguro/a** 5
surf (*the Internet*) **navegar** *v.* **(en**
 **Internet)** 11
surfboard **tabla de surf** *f.* 5
surprise **sorprender** *v.* 9;
 **sorpresa** *f.* 9
survey **encuesta** *f.* 18
sweat **sudar** *v.* 15
sweater **suéter** *m.* 6
sweep the floor **barrer el suelo** 12
sweets **dulces** *m., pl.* 9
swim **nadar** *v.* 4
swimming **natación** *f.* 4
 swimming pool **piscina** *f.* 4
symptom **síntoma** *m.* 10

**T**

table **mesa** *f.* 2
tablespoon **cuchara** *f.* 12
tablet (*pill*) **pastilla** *f.* 10
take **tomar** *v.* 2; **llevar** *v.* 6;
 take care of **cuidar** *v.* 13
 take someone's temperature
  **tomar** *v.* **la temperatura** 10
 take (*wear*) a shoe size
  **calzar** *v.* 6
 take a bath **bañarse** *v.* 7
 take a shower **ducharse** *v.* 7
 take off **quitarse** *v.* 7
 take out the trash *v.* **sacar la**
  **basura** 12
 take photos **tomar** *v.* **fotos** 5;
  **sacar** *v.* **fotos** 5
talented **talentoso/a** *adj.* 17
talk **hablar** *v.* 2
 talk show **programa** *m.* **de**
  **entrevistas** 17
tall **alto/a** *adj.* 3
tank **tanque** *m.* 11
taste **probar (o:ue)** *v.* 8; **saber** *v.* 8
 taste like **saber a** 8
tasty **rico/a** *adj.* 8; **sabroso/a**
 *adj.* 8
tax **impuesto** *m.* 18
taxi **taxi** *m.* 5
tea **té** *m.* 8
teach **enseñar** *v.* 2
teacher **profesor(a)** *m., f.* 1, 2;
 **maestro/a** *m., f.* 16
team **equipo** *m.* 4
technician **técnico/a** *m., f.* 16
telecommuting **teletrabajo** *m.* 16
telephone **teléfono** 11
 (cell) phone **(teléfono)** *m.*
  **celular** 11
television **televisión** *f.* 2; 11
 television set **televisor** *m.* 11

tell **contar** *v.* 4; **decir** *v.* 4
tell (that) **decir** *v.* **(que)** 4, 9
 tell lies **decir mentiras** 4
 tell the truth **decir la verdad** 4
temperature **temperatura** *f.* 10
ten **diez** 1
tennis **tenis** *m.* 4
 tennis shoes **zapatos** *m., pl.* **de**
  **tenis** 6
tension **tensión** *f.* 15
tent **tienda** *f.* **de campaña**
tenth **décimo/a** 5
terrible **terrible** *adj. m., f.* 13
 it's terrible **es terrible** 13
terrific **chévere** *adj.*
test **prueba** *f.* 2; **examen** *m.* 2
text message **mensaje** *m.* **de**
 **texto** 11
Thank you. **Gracias.** *f., pl.* 1
 Thank you (very much).
  **(Muchas) gracias.** 1
 Thank you very, very much.
  **Muchísimas gracias.** 9
 Thanks (a lot). **(Muchas)**
  **gracias.** 1
 Thanks for having me. **Gracias**
  **por invitarme.** 9
that **que, quien(es), lo que**
 *pron.* 12
 that (one) **ése, ésa, eso**
  *pron.* 6; **ese, esa,** *adj.* 6
 that (over there) **aquél,**
  **aquélla, aquello** *pron.* 6;
  **aquel, aquella** *adj.* 6
 that which **lo que** *conj.* 12
 that's me **soy yo**
 that's why **por eso** 11
the **el** *m.,* **la** *f. sing.,* **los** *m.,*
 **las** *f., pl.* 1
theater **teatro** *m.* 17
their **su(s)** *poss. adj.* 3;
 **suyo(s)/a(s)** *poss. pron.* 11
them **los/las** *pl., d.o. pron.* 5
 to/for them **les** *pl., i.o. pron.* 6
then (*afterward*) **después** *adv.* 7;
 (*as a result*) **entonces** *adv.* 5, 7;
 (*next*) **luego** *adv.* 7; **pues**
 *adv.* 15
there **allí** *adv.* 2
 There is/are... **Hay...** 1;
 There is/are not... **No hay...** 1
therefore **por eso** 11
these **éstos, éstas** *pron.* 6;
 **estos, estas** *adj.* 6
they **ellos** *m.,* **ellas** *f. pron.*
 They all told me to ask you to
 excuse them/forgive them.
  **Todos me dijeron que te**
  **pidiera disculpas de su**
  **parte.** 18
thin **delgado/a** *adj.* 3
thing **cosa** *f.* 1
think **pensar (e:ie)** *v.* 4; (believe)
 **creer** *v.*
 think about **pensar en** *v.* 4
third **tercero/a** 5
thirst **sed** *f.* 3
thirsty: be (very) thirsty **tener**
 **(mucha) sed** 3
thirteen **trece** 1
thirty **treinta** 1, 2; thirty (*minutes*
 *past the hour*) **y treinta; y**
 **media** 1

this **este, esta** *adj.;* **éste, ésta,**
 **esto** *pron.* 6
 This is... (*introduction*)
  **Éste/a es...** 1
 This is he/she. (*on telephone*)
  **Con él/ella habla.** 11
those **ésos, ésas** *pron.* 6; **esos,**
 **esas** *adj.* 6
those (over there) **aquéllos,**
 **aquéllas** *pron.* 6; **aquellos,**
 **aquellas** *adj.* 6
thousand **mil** *m.* 6
three **tres** 1
three hundred **trescientos/as** 2
throat **garganta** *f.* 10
through **por** *prep.* 11
throughout: throughout the world
 **en todo el mundo** 13
Thursday **jueves** *m., sing.* 2
thus (*in such a way*) **así** *adj.*
ticket **boleto** *m.* 2, 17; **pasaje** *m.* 5
tie **corbata** *f.* 6
time **vez** *f.* 6; **tiempo** *m.* 4
 have a good/bad time **pasarlo**
  **bien/mal** 9
 I've had a fantastic time. **Lo**
  **he pasado de película.** 18
 What time is it? **¿Qué hora**
  **es?** 1
 (At) What time...? **¿A qué**
  **hora...?** 1
times **veces** *f., pl.* 6
 many times **muchas veces** 10
 two times **dos veces** 6
tip **propina** *f.* 9
tire **llanta** *f.* 11
tired **cansado/a** *adj.* 5
 be tired **estar cansado/a** 5
to **a** *prep.* 1
toast (*drink*) **brindar** *v.* 9
 toast **pan** *m.* **tostado**
toasted **tostado/a** *adj.* 8
 toasted bread **pan tostado** *m.* 8
toaster **tostadora** *f.* 12
today **hoy** *adv.* 2
 Today is... **Hoy es...** 2
toe **dedo** *m.* **del pie** 10
together **juntos/as** *adj.* 9
toilet **inodoro** *m.* 7
tomato **tomate** *m.* 8
tomorrow **mañana** *f.* 1
 See you tomorrow. **Hasta**
  **mañana.** 1
tonight **esta noche** *adv.* 4
too **también** *adv.* 2; 7
 too much **demasiado** *adv.* 6;
  **en exceso** 15
tooth **diente** *m.* 7
toothpaste **pasta** *f.* **de dientes** 7
top **cima** *f.* 15
 to the top **hasta arriba** 15
tornado **tornado** *m.* 18
tortilla **tortilla** *f.* 8
touch **tocar** *v.* 17
touch screen **pantalla táctil** *f.* 11
tour **excursión** *f.* 4; **recorrido**
 *m.* 13
tour an area **recorrer** *v.*
tourism **turismo** *m.* 5

tourist **turista** *m., f.* 1;
   **turístico/a** *adj.*
toward **hacia** *prep.* 14;
   **para** *prep.* 11
towel **toalla** *f.* 7
town **pueblo** *m.* 4
trade **oficio** *m.* 16
traffic **circulación** *f.* 11; **tráfico**
   *m.* 11
   traffic light **semáforo** *m.* 14
tragedy **tragedia** *f.* 17
trail **sendero** *m.* 13
   trailhead **sendero** *m.* 13
train **entrenarse** *v.* 15; **tren** *m.* 5
   train station **estación** *f.* **(de)**
     **tren** *m.* 5
trainer **entrenador(a)** *m., f.* 15
translate **traducir** *v.* 6
trash **basura** *f.* 12
travel **viajar** *v.* 2
   travel agent **agente** *m., f.*
     **de viajes** 5
traveler **viajero/a** *m., f.* 5
   (traveler's) check **cheque (de**
     **viajero)** 14
treadmill **cinta caminadora** *f.* 15
tree **árbol** *m.* 13
trillion **billón** *m.*
trimester **trimestre** *m.* 2
trip **viaje** *m.* 5
   take a trip **hacer un viaje** 5
tropical forest **bosque** *m.*
   **tropical** 13
true **verdad** *adj.* 13
   it's (not) true **(no) es verdad** 13
trunk **baúl** *m.* 11
truth **verdad** *f.*
try **Intentar** *v.*; **probar (o:ue)** *v.* 8
   try (*to do something*) **tratar de**
     **(+ inf.)** 15
   try on **probarse (o:ue)** *v.* 7
t-shirt **camiseta** *f.* 6
Tuesday **martes** *m., sing.* 2
tuna **atún** *m.* 8
turkey **pavo** *m.* 8
turn **doblar** *v.* 14
   turn off (*electricity/appliance*)
     **apagar** *v.* 11
   turn on (*electricity/appliance*)
     **poner** *v.* 11; **prender** *v.* 11
twelve **doce** 1
twenty **veinte** 1
twenty-eight **veintiocho** 1
twenty-five **veinticinco** 1
twenty-four **veinticuatro** 1
twenty-nine **veintinueve** 1
twenty-one **veintiún,**
   **veintiuno/a** 1
twenty-seven **veintisiete** 1
twenty-six **veintiséis** 1
twenty-three **veintitrés** 1
twenty-two **veintidós** 1
twice **dos veces** 6
twin **gemelo/a** *m., f.* 3
twisted **torcido/a** *adj.* 10
   be twisted **estar torcido/a** 10
two **dos** 1
   two hundred **doscientos/as** 2
   two times **dos veces** 6

## U

ugly **feo/a** *adj.* 3
uncle **tío** *m.* 3
under **bajo** *adv.* 7;
   **debajo de** *prep.* 2
understand **comprender** *v.* 3;
   **entender (e:ie)** *v.* 4
underwear **ropa interior** 6
unemployment **desempleo** *m.* 18
unique **único/a** *adj.* 9
United States **Estados Unidos**
   **(EE.UU.)** *m. pl.* 1
university **universidad** *f.* 2
unless **a menos que** *adv.* 13
unmarried **soltero/a** *adj.*
unpleasant **antipático/a** *adj.* 3
until **hasta** *prep.* 6; **hasta que**
   *conj.* 13
up **arriba** *adv.* 15
urgent **urgente** *adj.* 12
   It's urgent that... **Es urgente**
     **que...** 12
us **nos** *pl., d.o. pron.* 5
   to/for us **nos** *pl., i.o. pron.* 6
use **usar** *v.* 6
used for **para** *prep.* 11
useful **útil** *adj. m., f.*

## V

vacation **vacaciones** *f., pl.* 5
   be on vacation **estar de**
     **vacaciones** 5
   go on vacation **ir de**
     **vacaciones** 5
vacuum **pasar** *v.* **la aspiradora** 12
   vacuum cleaner **aspiradora** *f.* 12
valley **valle** *m.* 13
various **varios/as** *adj. m., f. pl.* 8
vegetables **verduras** *pl., f.* 8
verb **verbo** *m.*
very **muy** *adv.* 1
   very much **muchísimo** *adv.* 2
   (Very) well, thank you. **(Muy)**
     **bien, gracias.** 1
video **video** *m.* 1, 11
   video camera **cámara** *f.* **de**
     **video** 11
videoconference
   **videoconferencia** *f.* 16
   video game **videojuego** *m.* 4
vinegar **vinagre** *m.* 8
violence **violencia** *f.* 18
visit **visitar** *v.* 4
   visit monuments **visitar**
     **monumentos** 4
vitamin **vitamina** *f.* 15
voice mail **correo de voz** *m.* 11
volcano **volcán** *m.* 13
volleyball **vóleibol** *m.* 4
vote **votar** *v.* 18

## W

wait (for) **esperar** *v.* **(+ inf.)** 2
waiter/waitress **camarero/a**
   *m., f.* 8
wake up **despertarse (e:ie)** *v.* 7
walk **caminar** *v.* 2
   take a walk **pasear** *v.* 4;
   walk around **pasear por** 4
walkman *walkman* *m.*
wall **pared** *f.* 12; **muro** *m.* 15
wallet **cartera** *f.* 4, 6
want **querer (e:ie)** *v.* 4
war **guerra** *f.* 18
warm (oneself) up **calentarse**
   **(e:ie)** *v.* 15
wash **lavar** *v.* 12
   wash one's face/hands **lavarse**
     **la cara/las manos** 7
   wash (the floor, the dishes)
     **lavar (el suelo, los**
     **platos)** 12
   wash oneself **lavarse** *v.* 7
washing machine **lavadora** *f.* 12
wastebasket **papelera** *f.* 2
watch **mirar** *v.* 2; **reloj** *m.* 2
   watch television **mirar (la)**
     **televisión** 2
water **agua** *f.* 8
   water pollution **contaminación**
     **del agua** 13
   water-skiing **esquí** *m.*
     **acuático** 4
way **manera** *f.* 16
we **nosotros(as)** *m., f.* 1
weak **débil** *adj. m., f.* 15
wear **llevar** *v.* 6; **usar** *v.* 6
weather **tiempo** *m.*
   The weather is bad. **Hace mal**
     **tiempo.** 5
   The weather is good. **Hace**
     **buen tiempo.** 5
weaving **tejido** *m.* 17
Web **red** *f.* 11
website **sitio** *m.* **web** 11
wedding **boda** *f.* 9
Wednesday **miércoles** *m., sing.* 2
week **semana** *f.* 2
weekend **fin** *m.* **de semana** 4
weight **peso** *m.* 15
   lift weights **levantar** *v.* **pesas**
     *f., pl.* 15
welcome **bienvenido(s)/a(s)**
   *adj.* 12
well: (Very) well, thanks. **(Muy)**
   **bien, gracias.** 1
well-being **bienestar** *m.* 15
well organized **ordenado/a** *adj.*
west **oeste** *m.* 14
   to the west **al oeste** 14
western (*genre*) **de vaqueros** 17
whale **ballena** *f.* 13
what **lo que** *pron.* 12
what? **¿qué?** 1
   At what time...? **¿A qué**
     **hora...?** 1

What a pleasure to…! **¡Qué gusto (+ *inf*.)…!** 18
What day is it? **¿Qué día es hoy?** 2
What do you guys think? **¿Qué les parece?** 9
What happened? **¿Qué pasó?** 11
What is today's date? **¿Cuál es la fecha de hoy?** 5
What nice clothes! **¡Qué ropa más bonita!** 6
What size do you take? **¿Qué talla lleva (usa)?** 6
What time is it? **¿Qué hora es?** 1
What's going on? **¿Qué pasa?** 1
What's happening? **¿Qué pasa?** 1
What's… like? **¿Cómo es…?** 3
What's new? **¿Qué hay de nuevo?** 1
What's the weather like? **¿Qué tiempo hace?** 5
What's up? **¿Qué onda?** 14
What's wrong? **¿Qué pasó?** 11
What's your name? **¿Cómo se llama usted?** *form.* 1
What's your name? **¿Cómo te llamas (tú)?** *fam.* 1
when **cuando** *conj.* 7; 13
When? **¿Cuándo?** 2
where **donde**
where (to)? (*destination*) **¿adónde?** 2; (*location*) **¿dónde?** 1
Where are you from? **¿De dónde eres (tú)?** (*fam.*) 1; **¿De dónde es (usted)?** (*form.*) 1
Where is…? **¿Dónde está…?** 2
(to) where? **¿adónde?** 2
which **que** *pron.*, **lo que** *pron.* 12
which? **¿cuál?** 2; **¿qué?** 2
In which…? **¿En qué…?** 2
which one(s)? **¿cuál(es)?** 2
while **mientras** *adv.* 10
white **blanco/a** *adj.* 6
white wine **vino blanco** 8
who **que** *pron.* 12; **quien(es)** *pron.* 12
who? **¿quién(es)?** 1
Who is…? **¿Quién es…?** 1
Who is speaking/calling? (*on telephone*) **¿De parte de quién?** 11
Who is speaking? (*on telephone*) **¿Quién habla?** 11
whole **todo/a** *adj.*
whom **quien(es)** *pron.* 12
whose? **¿de quién(es)?** 1
why? **¿por qué?** 2
widower/widow **viudo/a** *adj.* 9
wife **esposa** *f.* 3
win **ganar** *v.* 4
wind **viento** *m.* 5
window **ventana** *f.* 2
windshield **parabrisas** *m.*, *sing.* 11

windy: It's (very) windy. **Hace (mucho) viento.** 5
wine **vino** *m.* 8
red wine **vino tinto** 8
white wine **vino blanco** 8
wineglass **copa** *f.* 12
winter **invierno** *m.* 5
wireless (connection) **conexión inalámbrica** *f.* 11
wish **desear** *v.* 2; **esperar** *v.* 13
I wish (that) **ojalá (que)** 13
with **con** *prep.* 2
with me **conmigo** 4; 9
with you **contigo** *fam.* 5, 9
within (ten years) **dentro de (diez años)** *prep.* 16
without **sin** *prep.* 2; 13; 15; **sin que** *conj.* 13
woman **mujer** *f.* 1
wool **lana** *f.* 6
(made of) wool **de lana** 6
word **palabra** *f.* 1
work **trabajar** *v.* 2; **funcionar** *v.* 11; **trabajo** *m.* 16
work (of art, literature, music, etc.) **obra** *f.* 17
work out **hacer gimnasia** 15
world **mundo** *m.* 8, 13
worldwide **mundial** *adj. m., f.*
worried (about) **preocupado/a (por)** *adj.* 5
worry (about) **preocuparse** *v.* (por) 7
Don't worry. **No se preocupe.** *form.* 7; **Tranquilo.**; **No te preocupes.** *fam.* 7
worse **peor** *adj. m., f.* 8
worst **el/la peor** 8
Would you like to…? **¿Te gustaría…?** *fam.* 4
Would you do me the honor of marrying me? **¿Me harías el honor de casarte conmigo?** 17
wow **híjole** *interj.* 6
wrench **llave** *f.* 11
write **escribir** *v.* 3
write a letter/post card/e-mail message **escribir una carta/postal/mensaje electrónico** 4
writer **escritor(a)** *m., f* 17
written **escrito/a** *p.p.* 14
wrong **equivocado/a** *adj.* 5
be wrong **no tener razón** 3

### X

X-ray **radiografía** *f.* 10

### Y

yard **jardín** *m.* 12; **patio** *m.* 12
year **año** *m.* 5
be… years old **tener… años** 3
yellow **amarillo/a** *adj.* 6

yes **sí** *interj.* 1
yesterday **ayer** *adv.* 6
yet **todavía** *adv.* 5
yogurt **yogur** *m.* 8
You **tú** *fam.* **usted (Ud.)** *form. sing.* **vosotros/as** *m., f. fam.* **ustedes (Uds.)** *form.* 1; (to, for) you *fam. sing.* **te** *pl.* **os** 6; *form. sing.* **le** *pl.* **les** 6
you **te** *fam., sing.,* **lo/la** *form., sing.,* **os** *fam., pl.,* **los/las** *form., pl, d.o. pron.* 5
You don't say! **¡No me digas!** *fam.*; **¡No me diga!** *form.* 11
You are… **Tú eres…** 1
You're welcome. **De nada.** 1; **No hay de qué.** 1
young **joven** *adj., sing.* (**jóvenes** *pl.*) 3
young person **joven** *m., f., sing.* (**jóvenes** *pl.*) 1
young woman **señorita (Srta.)** *f.*
younger **menor** *adj. m., f.* 3
younger: younger brother, sister *m., f.* **hermano/a menor** 3
youngest **el/la menor** *m., f.* 8
your **su(s)** *poss. adj. form.* 3
your **tu(s)** *poss. adj. fam. sing.* 3
your **vuestro/a(s)** *poss. adj. form. pl.* 3
your(s) *form.* **suyo(s)/a(s)** *poss. pron. form.* 11
your(s) **tuyo(s)/a(s)** *poss. fam. sing.* 11
your(s) **vuestro(s)/a(s)** *poss. fam.* 11
youth *f.* **juventud** 9

### Z

zero **cero** *m.* 1

# Text Credits

**31** © Joaquín Salvador Lavado (QUINO). *Toda Mafalda* – Ediciones de La Flor, 1993.

**394–395** © Juan Matías Loiseau "Tute", *El celular*, reprinted by permission of the author.

**498–499** © Denevi, Marco, *Cartas peligrosas y otros cuentos. Obras completas, Tomo 5*, Buenos Aires, Corregidor, 1999, págs. 192–193.

**530–531** © Gabriel García Márquez, *Un día de éstos*, reprinted by permission of Carmen Balcells.

**564–565** © Julia de Burgos, "A Julia de Burgos" from *Song of the Simple Truth: The Complete Poems of Julia de Burgos*, 1996. Published by Curbstone Press. Distributed by Consortium.

**600–601** © Federico García Lorca, *Danza, Las seis cuerdas, La guitarra*. Reprinted by permission of Herederos de Federico García Lorca.

# Photography Credits

All images © Vista Higher Learning unless otherwise noted.

**Cover:** © Jean-Dominique Dallet/Getty Images

**Frontmatter: iii** (l) © Andresr/Shutterstock; **xxviii** (tl, tml, ml, tr, tmr, mr, ml, bl) Carolina Zapata; **xxix** (tl, tr, b) Carolina Zapata.

All Fotonovela photos taken by Carolina Zapata.

**Lesson One: 1** (full pg) Paula Díez; **2** © John Henley/Corbis; **3** Martín Bernetti; **4** Martín Bernetti; **10** (l) Rachel Distler; (r) Ali Burafi; **11** (l) © Mark Mainz/Getty Images; (m) Paola Rios-Schaaf; (r) © Hans Georg Roth/Corbis; **12** (l) Janet Dracksdorf; (r) © Tom Grill/Corbis; **16** (l) © José Girarte/iStockphoto; (r) © Blend Images/Alamy; **19** (m) Anne Loubet; (r) © Getty Images/Digital Vision; **31** (ml) Ana Cabezas Martín; (mml) Martín Bernetti; (mmr) © Serban Enache/Dreamstime; (mr) Vanessa Bertozzi; (bl) © Corey Hochachka/Design Pics/Corbis; (br) Ramiro Isaza © Fotocolombia.com; **32** Carolina Zapata; **33** Paula Diez; **36** (t) © Robert Holmes/Corbis; (m) © Jon Arnold Images Ltd./Alamy; (b) © Andresr/Shutterstock; **37** (tl) © PhotoDisc; (tr) © Tony Arruza/Corbis; (ml) © Schwarz Shaul/Corbis SYGMA; (br) Marta Mesa.

**Lesson Two: 39** (full pg) Paula Diez; **42** Martín Bernetti; **48** (r) © Pablo Corral V/Corbis; **49** (t) © Murle/Dreamstime; (b) © Paul Almasy/Corbis; **57** © Stephen Coburn/Shutterstock; **59** (l) Paola Rios-Schaaf; (r) © Image Source/Corbis; **67** (l) © Rick Gomez/Corbis; (r) © Hola Images/Workbook.com; **68** José Blanco; **69** (r) Pascal Pernix; **70** (b) Martín Bernetti; **71** Nora y Susana © Fotocolombia.com; **74** (tl) Sarah Kenney; (tr) José Blanco; (m) © Elke Stolzenberg/Corbis; (b) © Reuters/Corbis; **75** (tl) © Washington Post/Getty Images; (tmr) José Blanco; (ml) Diego Velázquez. *Las meninas*. 1656. Derechos reservados © Museo Nacional del Prado, Madrid. © Erich Lessing/Art Resource; (bl) © Iconotec/Fotosearch; (mbr) © Owen Franken/Corbis.

**Lesson Three: 77** (full pg) © Ronnie Kaufman/Corbis; **79** Martín Bernetti; **80** (tl) Anne Loubet; (tr) © Blend Images/Alamy; (tml) Ana Cabezas Martín; (bml, br) Martín Bernetti; (bl) © Ariel Skelley/Corbis; **86** (tl) © David Cantor/AP Wide World Photos; (tr) © Rafael Perez/Reuters/Corbis; (b) © Martial Trezzini/epa./Corbis; **87** (t) © Dani Cardona/Reuters/Corbis; (b) © Ballesteros/epa/Corbis; **90** (l, r) Martín Bernetti; **92** © Andres Rodriguez/Alamy; **97** (l) © Tyler Olson/Fotolia.com; (r) Martín Bernetti; **98** Martín Bernetti; **106** (t, m, b) Martín Bernetti; **107** (t) Nora y Susana © Fotocolombia.com; (m) © Chuck Savage/Corbis; (b) Martín Bernetti; **108** © Tom & Dee Ann McCarthy/Corbis; **109** Martín Bernetti; **112** (tr, tl, ml, b) Martín Bernetti; (mr) Lauren Krolick; **113** (tl, ml, bl) Martín Bernetti; (tr) Oswaldo Guayasamín. *Madre y niño en azul*. 1986. Cortesía Fundación Guayasamín. Quito, Ecuador.; (br) © Gerardo Mora.

**Lesson Four: 115** (full pg) © Digital Vision/Getty Images; **117** © George Shelley/Corbis; **119** © Nora y Susana/fotocolombia.com; **124** (l) © Javier Soriano/AFP/Getty Images; (r) © AP Photo/Fernando Bustamante; **125** (t) © sportgraphic/Shutterstock; (b) © Aurora Photos/Alamy; **135** © Twentieth Century-Fox Film Corporation/The Kobal Collection/The Picture-desk; **139** Anne Loubet; **141** © Images.com/Corbis; **142** Martín Bernetti; **143** © Fernando Llano/AP Wide World Photos; **144** Martín Bernetti; **145** © Rick Gomez/Corbis; **148** (tl) © Randy Miramontez/Shutterstock; (tr) Frida Kahlo. *Autorretrato con mono*. 1938. Oil on masonite, overall 16 x 12" (40.64 x 30.48 cms.). Albright-Knox Art Gallery, Buffalo, New York. Bequest of A Conger Goodyear, 1966. © Albright-Knox Art Gallery/Corbis; (ml) Ruben Varela; (mr) Isabelle Alouane; (b) © Henry Romero/Reuters/Corbis; **149** (tl) © Radius Images/Alamy; (tr) © Bettmann/Corbis; (b) © David R. Frazier Photolibrary, Inc./Alamy.

**Lesson Five: 151** (full pg) © Gavin Hellier/Getty Images; **162** © Gary Cook/Alamy; **163** (t) © AFP/Getty Images; (b) © Mark A. Johnson/Corbis; **180** Carlos Gaudier; **181** (tr, m, b) Carlos Gaudier; **182** Carolina Zapata; **186** (tl) © Nanniqui/Dreamstime; (tr) José Blanco; (ml) Carlos Gaudier; (mr) © Capricornis Photographic Inc./Shutterstock; (b) © Dave G. Houser/Corbis; **187** (tl, bl) Carlos Gaudier; (tr) © Lawrence Manning/Corbis; (br) © StockTrek/Getty Images.

**Lesson Six: 189** (full pg) © Asiapix Royalty-Free/Inmagine; **198** © Jose Caballero Digital Press Photos/Newscom; (b) Janet Dracksdorf; **199** (t) © Carlos Alvarez/Getty Images; (bl) © Guiseppe Carace/Getty Images; (br) © Mark Mainz/Getty Images; **204** (tl, tm, tr, bl, bm, br) Pascal Pernix; **209** (tl, tr, ml, mr) Martín Bernetti; **210** (t, b) Paula Díez; **211** Paula Díez; **216** Paula Díez; **217** Paula Díez; **218** © Noam/fotolia; **222** (t, mtl, mtr, mb) Pascal Pernix; (b) © PhotoDisk/Getty Images; **223** (tl) © Don Emmert/AFP/Getty Images; (tr, bl) Pascal Pernix; (br) © Road Movie Prods/The Kobal Collection/The Picture-desk.

**Lesson Seven: 225** (full pg) © Flying Colours Ltd/Getty Images; **234** © Stewart Cohen/Blend Images/Corbis; **235** (t) Ali Burafi; (b) Janet Dracksdorf; **237** (l, r) Martín Bernetti; **239** (l) Martín Bernetti; (r) © Ariel Skelley/Corbis; **242** José Blanco; **243** (b) Martín Bernetti; **252-253** © DIDEM HIZAR/fotolia; **254** © i love images/Alamy; **255** Martín Bernetti; **256** © Kevin Dodge/Masterfile; **258** (t, mtr) Martín Bernetti; (mbl) © RICHARD SMITH/CORBIS SYGMA; (mbr) © Charles & Josette Lenars/Corbis; (b) © Yan Arthus-Peleaz Inc./Corbis; **259** (tr) © Mick Roessler/Corbis; (bl) © Jeremy Horner/Corbis; (br) © Marshall Bruce/iStockphoto.

**Lesson Eight:** 261 (full pg) © Mark Leibowitz/Masterfile; 267 (r) Anne Loubet; 272 (t) Rachel Distler; (b) © Greg Elms/Lonely Planet Images; 273 (t, m) © Carlos Cazalis/Corbis; (b) © Studio Bonisolli/Stockfood; 276 Paula Díez; 278 (l) © Pixtal/Age Fotostock; (r) José Blanco; 282 (r) José Blanco; 283 (l) José Blanco; 292 Vanessa Bertozzi; 293 © Jack Hollingsworth/Getty Images; 296 (t) © Henryk Sadura/Shutterstock; (ml, b) © Dave G. Houser/Corbis; (mr) © Henryk Sadura/Shutterstock; 297 (tl) © Jenkedco/Shutterstock; (tr) © Michael & Patricia Fogden/Corbis; (bl) © Vladimir Korostyshevskiy/Shutterstock; (br) © Paul W. Liebhardt/Corbis.

**Lesson Nine:** 299 (full pg) © Susana/Fotocolombia.com; 308 (l) © Sylwia Blaszczyszyn/Dreamstime; (r) © PictureNet/Corbis; 309 (t) © Simon Cruz/AP Wide World Photos; (b) © Rune Hellestad/Corbis; 322 (t) © Katrina Brown/123RF; (b) Esteban Corbo; 323 Armando Brito; 324 © Blend Images/Alamy; 328 (tl, tr, mtr) Lauren Krolick; (mtl) Kathryn Alena Korf; (mbl) © Bettmann/Corbis; (mbr) © MACARENA MINGUELL/AFP/Getty Images; (b) Bruce R. Korf; 329 (tl) Lars Rosen Gunnilstam; (tr, br) Lauren Krolick; (bl) © Nikolay Starchenko/Shutterstock.

**Lesson Ten:** 331 (full pg) © Steve Cole/iStockphoto; 340 (t) Ali Burafi; (b) © Ricardo Figueroa/AP Wide World Photos; 341 (t) © The Art Archive/Templo Mayor Library Mexico/Dagli Orti/The Picture-desk; (m) © face to face Bildagentur GmbH/Alamy; (b) © AFP/Getty Images; 345 © ISO K° - photography/fotolia; 349 Oscar Artavia Solano; 350 (l) © LisaInGlasses/iStockphoto; (r) © Krek/Dreamstime; 359 © mlstock@mountainlight.com; 360 © Anthony Redpath/Masterfile; 361 Paula Díez; 365 (tl, tr, mm, mr) Oscar Artavia Solano; (ml) © Bill Gentile/Corbis; (b) © Bob Winsett/Corbis; 366 (tl) © Frank Burek/Corbis; (mr) © Martin Rogers/Corbis; (ml) © Jacques M. Chenet/Corbis; (b) Oscar Artavia Solano.

**Lesson Eleven:** 367 (full pg) Paula Díez; 376 (l) © Ariel Skelley/Getty Images; (r) Paula Díez; 377 (t) © Zsolt Nyulaszi/Shutterstock; (b) © M. Timothy O'Keefe/Alamy; 381 © LdF/iStockphoto; 385 Katie Wade; 386 (l, r) Paula Díez; 390 (t) © gmnicholas/iStockphoto; (ml, bm) Martín Bernetti; (mm) © Auris/iStockphoto; (tr[1]) © NickyBlade/iStockphoto; (tr[2], tm) © LdF/iStockphoto; (br) © Art Directors & TRIP/Alamy; 396 © Chad Johnston/Masterfile; 397 © morchella/fotolia; 400 (t, b) Ali Burafi; (ml) María Eugenia Corbo; (mm) © Galen Rowell/Corbis; (mr) Lauren Krolick; 401 (tl) María Eugenia Corbo; (tr, b) Ali Burafi; (m) © Michael Hieber/Shutterstock.

**Lesson Twelve:** 403 (full pg) © Rolf Bruderer/Corbis; 407 (t) © TerryJ/iStockphoto; (b) © Harry Neave/fotolia; 412 (l) © Dusko Despotovic/Corbis; (r) Martín Bernetti; 413 (l) Maribel Garcia; (r) Martin Bernetti; 415 (l) © Monkeybusinessimages/Dreamstime; (r) Anne Loubet; 416 © Blend Images/Alamy; 432 © Danny Lehman/Corbis; 434 Martín Bernetti; 438 (tl) © Kevin Schafer/Corbis; (tr) © Danny Lehman/Corbis; (m) © Hernan H. Hernandez A./Shutterstock; 439 (tl, tr) © Danny Lehman/Corbis; (b) © Claudio Lovo/Shutterstock.

**Lesson Thirteen:** 441 (full pg) © Gabriela Medina/Getty Images; 443 (tl) © gaceworship/Big Stock Photo; (tr) © GOODSHOOT/Alamy; (bl) © National Geographic Singles 65/Inmagine; (br) © Les Cunliffe/123RF; 450 (t) Lauren Krolick; (b) © Digital Vision/Fotosearch; 451 (t) © Cédric Hunt; (bl) Doug Myerscough; (br) © David South/Alamy; 459 (t, b) Mary Axtmann; 468 © Ric Ergenbright/Corbis; 472 (tr) © Cédric Hunt; (b) © Adam Woolfitt/Corbis; 473 (tl) Mónica María González; (tr) © Reuters/Corbis; (br) © Jeremy Horner/Corbis.

**Lesson Fourteen:** 475 (full pg) © David R. Frazier/Danita Delimont; 484 (l) www.metro.df.gob.mx; (r) Ali Burafi; 485 (t, b) D.R. ® LUIS BARRAGAN/BARRAGAN FOUNDATION/PROLITTERIS/SOMAAP/MEXICO/2011; 491 Paula Díez; 499 © Radius Images/Alamy; 501 Paula Díez; 504 (t) © Janne Hämäläinen/Shutterstock; (mt) © Alexander Chaikin/Shutterstock; (mb) © Buddy Mays/Corbis; (b) © Vladimir Melnik/Shutterstock; 505 (tl) © Reuters/Corbis; (tr) © Royalty Free/Corbis; (bl) © Pablo Corral V./Corbis; (br) © Mireille Vautier/Alamy.

**Lesson Fifteen:** 507 (full pg) © Thinkstock/Getty Images; 511 © Javier Larrea/Age Fotostock; 516 (l) © Krysztof Dydynski/Getty Images; (r) Oscar Artavia Solano; 517 (t, b) Oscar Artavia Solano; 524 © diego_cervo/iStockphoto; 530–531 © Tom Grill/Corbis; 532 Martín Bernetti; 533 © Javier Larrea/Age Fotostock; 538 (tr) © SIME/eStock Photo; (m) © INTERFOTO/Alamy; 539 (t) © Daniel Wiedemann/Shutterstock; (m) © Anders Ryman/Alamy; (b) Martín Bernetti.

**Lesson Sixteen:** 541 (full pg) © Peter Beck/Corbis; 545 (t) © Orange Line Media/Shutterstock; (b) Paula Díez; 550 (l) © PhotoAlto/Alamy; 551 (t) © 2002 USPS; (b) © Galen Rowell/Corbis; 560 © pezography/Big Stock Photo; 561 © rj lerich/Big Stock Photo; 564 (b) Frida Kahlo. *Las dos Fridas*. 1939. Oil on Canvas. 5'8.5" x 5'8.5" © Banco de México Trust. © Schalkwijk/Art Resource; 566 Martín Bernetti; 567 Paula Díez; 572 (tl) © Holger Mette/Shutterstock; (tr) © rj lerich/Shutterstock; (mt) © tobe_dw/Shutterstock; (mb) © Bill Gentile/Corbis; (b) © Scott B. Rosen/Alamy; 573 (t) © Grigory Kubatyan/Shutterstock; (m) © Claudia Daut/Reuters/Corbis; (b) © holdeneye/Shutterstock; 574 (tr) © Reinhard Eisele/Corbis; (m) © Richard Bickel/Corbis; (b) Columbus, Christopher (Italian Cristoforo Colombo). Navigator, discoverer of America. Genoa 1451-Valladolid 20.5.1506. Portrait. Painting by Ridolfo Ghirlandaio (1483–1561). © akg-images/The Image Works; 575 (t) © Jeremy Horner/Corbis; (m) © Reuters/Corbis; (b) © Lawrence Manning/Corbis.

**Lesson Seventeen:** 577 (full pg) © Index Stock Imagery Inc.; 581 © Andres Rodriguez/Fotolia; 586 (l) © Exposicion Cuerpo Plural, Museo de Arte Contemporaneo, Caracas, Venezuela, octubre 2005 (Sala 1). Fotografia Morella Munoz-Tebar. Archivo MAC.; (r) Joan Miró. *La lección de esquí*. © Art Resource, NY; 587 (t) © Raul Benegas; (b) Fernando Botero. *El alguacil*. 20th Century © Fernando Botero © Christie's Images/Corbis; 591 © Marvel Productions/The Kobal Collection/The Picture-desk; 602 Martín Bernetti; 606 (tl) © José F. Poblete/Corbis; (tr) © L. Kragt Bakker/Shutterstock; (ml) © Leif Skoogfors/Corbis; (mr) © Andre Nantel/Shutterstock; (b) © Royalty Free/Corbis; 607 (t) © Guy Motil/Corbis; (m) © Royalty Free/Corbis; (b) © Romeo A. Escobar, *La Sala de La Miniatura*, San Salvador. www.ilobasco.net.; 608 (tl) © Stuart Westmorland/Corbis; (tr) © ImageState/Alamy; (ml) © Sandra A. Dunlap/Shutterstock; (mr) © ImageState/Alamy; 609 (t) © Holger Mette/Shutterstock; (m) © Elmer Martinez/AFP/Getty Images; (b) José Antonio Velásquez. *San Antonio de Oriente*. 1957. Colección: Art Museum of the Americas, Organization of American States, Washington, D.C. © Coleccion: Art of the Americas, Organization of American States. Washington D.C.

**Lesson Eighteen:** 611 (full pg) © Douglas Kirkland/Corbis; 615 (t) © robert paul van beets/Shutterstock; (b) Janet Dracksdorf; 620 (l) José Blancoe; (r) © Homer Sykes/Alamy; 621 © Alex Ibanez, HO/AP Wide World Photos; 624 Anne Loubet; 629 (l) © Dave G. Houser/Corbis; 634 © Joel Nito/AFP/Getty Images; 635 © John Lund/Corbis; 638 (t) © Peter Guttman/Corbis; (ml) © Paul Almasy/Corbis; (b) © Carlos Carrion/Corbis; 639 (t) © JTB MEDIA CREATION, Inc./Alamy; (m) © Joel Creed; Ecoscene/Corbis; (b) © Hugh Percival/Fotolia.com; 640 (tl) © Bettmann/Corbis; (tr) © Reuters/Corbis; (m, b) María Eugenia Corbo; 641 (tl) Janet Dracksdorf; (tr) © Simon Bruty/SI; (m) © Andres Stapff/Reuters/Corbis; (b) © Wolfgang Kaehler/Corbis.

## About the Authors

**José A. Blanco** founded Vista Higher Learning in 1998. A native of Barranquilla, Colombia, Mr. Blanco holds a B.A. in Literature from the University of California, Santa Cruz, and a M.A. in Hispanic Studies from Brown University. He has worked as a writer, editor, and translator for Houghton Mifflin and D.C. Heath and Company and has taught Spanish at the secondary and university levels. Mr. Blanco is also the co-author of several other Vista Higher Learning programs: **Panorama, Aventuras,** and **¡Viva!** at the introductory level, **Ventanas, Facetas, Enfoques, Imagina,** and **Sueña** at the intermediate level, and **Revista** at the advanced conversation level.

**Philip Redwine Donley** received his M.A. in Hispanic Literature from the University of Texas at Austin in 1986 and his Ph.D. in Foreign Language Education from the University of Texas at Austin in 1997. Dr. Donley taught Spanish at Austin Community College, Southwestern University, and the University of Texas at Austin. He published articles and conducted workshops about language anxiety management, and the development of critical thinking skills, and was involved in research about teaching languages to the visually impaired. Dr. Donley was also the co-author of **Aventuras** and **Panorama,** two other introductory college Spanish textbook programs published by Vista Higher Learning.

## About the Illustrators

**Yayo,** an internationally acclaimed illustrator, was born in Colombia. He has illustrated children's books, newspapers, and magazines, and has been exhibited around the world. He currently lives in Montreal, Canada.

**Pere Virgili** lives and works in Barcelona, Spain. His illustrations have appeared in textbooks, newspapers, and magazines throughout Spain and Europe.

Born in Caracas, Venezuela, **Hermann Mejía** studied illustration at the *Instituto de Diseño de Caracas.* Hermann currently lives and works in the United States.

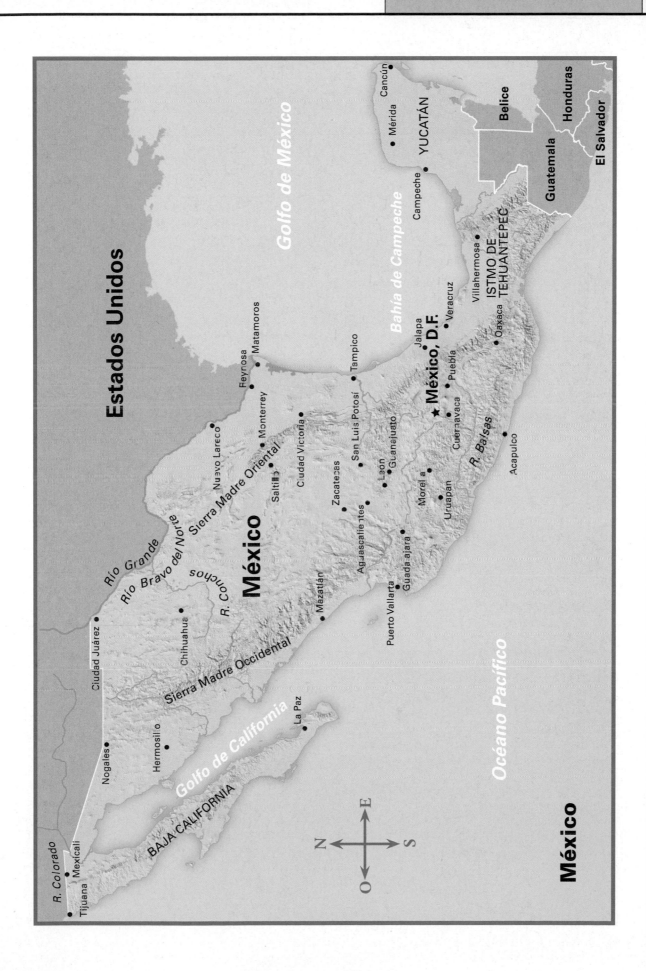

Estados Unidos

Golfo de México

Belice

Honduras

El Salvador

Guatemala

Cancún

Mérida

YUCATÁN

Campeche

Bahía de Campeche

Villahermosa

ISTMO DE TEHUANTEPEC

Veracruz

Oaxaca

Jalapa

México, D.F.

Puebla

Cuernavaca

R. Balsas

Acapulco

Uruapan

Morelia

Matamoros

Reynosa

Tampico

Monterrey

San Luis Potosí

Nuevo Laredo

Ciudad Victoria

León

Guanajuato

Saltillo

Zacatecas

Aguascalientes

Guadalajara

Mazatlán

Puerto Vallarta

Sierra Madre Oriental

México

Río Grande

Río Bravo del Norte

R. Conchos

Ciudad Juárez

Chihuahua

Sierra Madre Occidental

Hermosillo

La Paz

Golfo de California

BAJA CALIFORNIA

Nogales

R. Colorado

Mexicali

Tijuana

Océano Pacífico

N

E

S

O

México

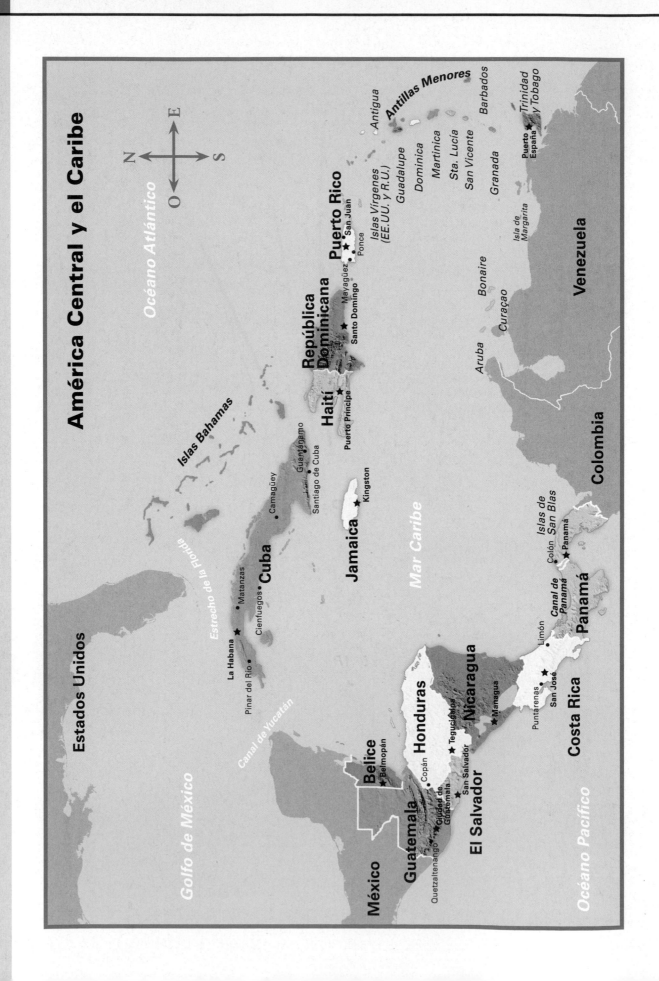

# América Central y el Caribe

**Estados Unidos**

*Golfo de México*

*Océano Atlántico*

N
O — E
S

*Estrecho de la Florida*

*Islas Bahamas*

**México**

*Canal de Yucatán*

La Habana ★
Pinar del Río •
Matanzas •
Cienfuegos • **Cuba**
Camagüey •
Santiago de Cuba •
Guantánamo •

**Guatemala**
Quetzaltenango •
Ciudad de Guatemala ★
Copán •
**Belice**
Belmopán ★
**Honduras**
Tegucigalpa ★
San Salvador ★
**El Salvador**
**Nicaragua**
Managua ★
**Costa Rica**
Puntarenas •
San José ★
Limón •

**Panamá**
*Canal de Panamá*
Colón • Panamá ★
*Islas de San Blas*

Kingston ★
**Jamaica**

*Mar Caribe*

**Haití**
Puerto Príncipe ★
**República Dominicana**
Santo Domingo ★
Mayagüez • ★ San Juan
**Puerto Rico**
Ponce •

*Islas Vírgenes (EE.UU. y R.U.)*
Antigua
**Antillas Menores**
Guadalupe
Dominica
Martinica
Sta. Lucía
San Vicente
Barbados
Granada
*Trinidad y Tobago*
Puerto España ★

*Isla de Margarita*
Aruba
Bonaire
Curaçao

**Venezuela**

**Colombia**

*Océano Pacífico*

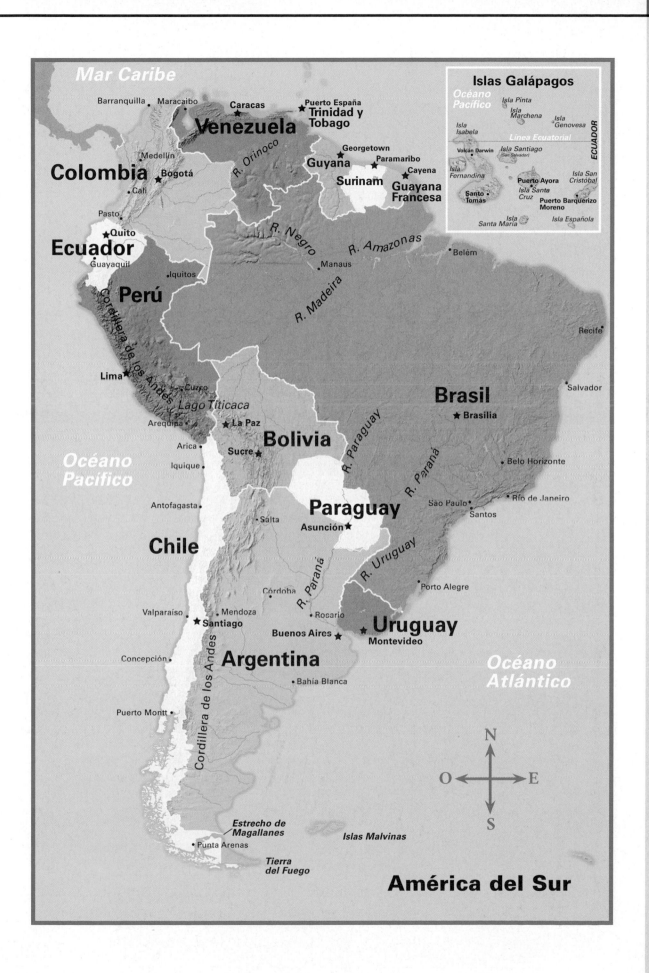

Islas Galápagos

América del Sur

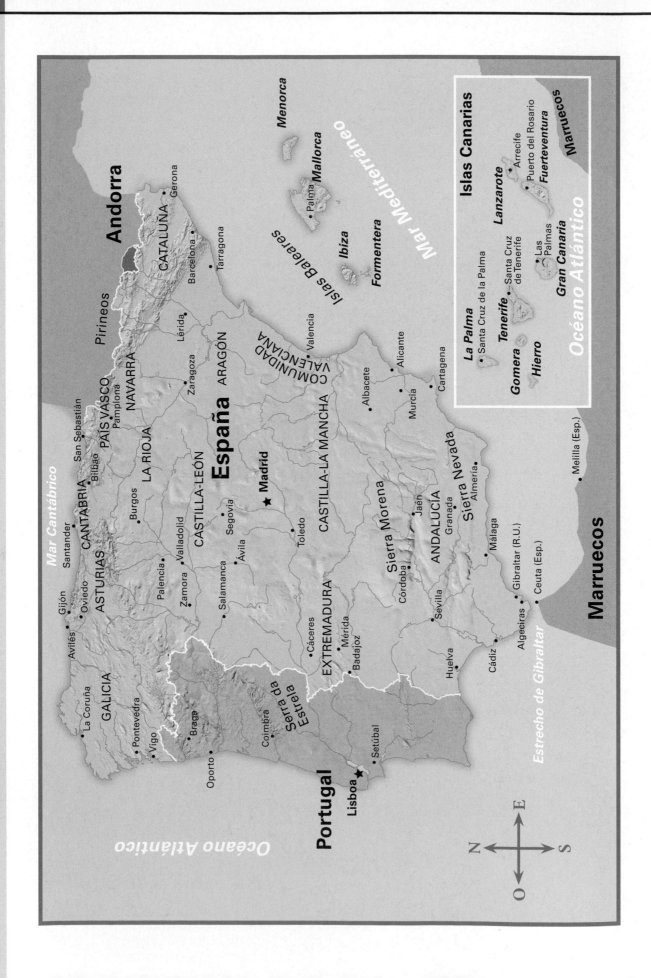